Monopolkommission

Hauptgutachten 2006/2007

Weniger Staat,
mehr Wettbewerb

Gesundheitsmärkte und staatliche Beihilfen
in der Wettbewerbsordnung

 **Nomos**

Die Deutsche Bibliothek verzeichnet diese Publikation in
der Deutschen Nationalbibliografie; detaillierte bibliografische
Daten sind im Internet über http://dnb.ddb.de abrufbar.

ISBN 978-3-8329-4023-2

1. Auflage 2008
© Nomos Verlagsgesellschaft, Baden-Baden 2008. Printed in Germany. Alle Rechte, auch
die des Nachdrucks von Auszügen, der photomechanischen Wiedergabe und der Übersetzung, vorbehalten. Gedruckt auf alterungsbeständigem Papier.

Siebzehntes Hauptgutachten der Monopolkommission 2006/2007

Inhaltsverzeichnis

Kapitel IV

Missbrauchsaufsicht über marktbeherrschende Unternehmen und Zusammenschlusskontrolle

Kapitel VI

Der more economic approach in der europäischen Beihilfen-kontrolle

Anhang

Verzeichnis der Abbildungen

Seite

Verzeichnis der Übersichten

Verzeichnis der Tabellen

Vorwort

[1] Gemäß § 44 Abs. 1 des Gesetzes gegen Wettbewerbsbeschränkungen (GWB) in der Bekanntmachung der Neufassung vom 15. Juli 2005[1] legt die Monopolkommission ihr Siebzehntes Zweijahresgutachten (Hauptgutachten 2006/2007) vor[2]. Es trägt den Titel

Weniger Staat, mehr Wettbewerb

– Gesundheitsmärkte und staatliche Beihilfen in der Wettbewerbsordnung –

Damit weist die Monopolkommission darauf hin, dass staatliche Intervention und Regulierung – trotz aller insbesondere durch den Vorrang des europäischen Rechts angestoßenen Privatisierungs- und Liberalisierungsfortschritte – ein immer noch zu hohes Ausmaß aufweist. Ordnungspolitisch geboten ist vielmehr die Rücknahme des Staatseinflusses in vielen Bereichen, die bei gegebenem gesetzlichem Rahmen stärker selbstregulierend gestaltet werden können. Die Monopolkommission hat hierzu in diesem Gutachten einige Empfehlungen abgegeben. Sie betreffen insbesondere die Bahnprivatisierung, den Krankenhauswettbewerb und die Vergabe staatlicher Beihilfen.

[2] Das Einleitungskapitel der Zweijahrsgutachten behandelt regelmäßig aktuelle Probleme der Wettbewerbspolitik sowie ordnungspolitische Grundsatzfragen. Im vorliegenden Hauptgutachten sind folgende Problemfelder angesprochen:

– Die im April dieses Jahres von der Bundesregierung beschlossene Teilprivatisierung der Deutschen Bahn AG wird von der Monopolkommission begrüßt. Sie hält das zugrunde liegende Konzept für einen Fortschritt gegenüber früheren Plänen zur integralen Privatisierung der Deutschen Bahn AG.

– Die Monopolkommission würdigt das im September 2007 von der EU-Kommission vorgestellte 3. Legislaturpaket zur Förderung des europäischen Energiebinnenmarktes. Die zentralen Aspekte des Legislativpakets sind die Vorschläge zur vertikalen Entflechtung von Energieunternehmen sowie zur Gründung einer europäischen Regulierungsbehörde.

– Beim Übergang von der Regulierung zur Wettbewerbsaufsicht auf Telekommunikationsmärkten besteht die Gefahr einer Zementierung der Regulierung, wenn die Frage nach der Eignung des Wettbewerbsrechts unzureichend geprüft wird. Die Monopolkommissiion spricht sich dafür aus, dass die Europäische Kommission die Durchführung des Drei-Kriterien-Tests auf nationaler Ebene vorsieht und dazu gegebenenfalls Prüfkriterien vorgibt. Skeptisch steht die Monopolkommission der Idee gegenüber, im Telekommunikationsgesetz eine von der Feststellung der Regulierungsbedürftigkeit unabhängige Missbrauchsaufsicht zu etablieren. Positiv sieht sie den Vorschlag, bei der Frage nach dem „Wie" der Regulierung auf das stärker ökonomisch orientierte Konzept der „ladder of remedies" abzustellen.

– Die gesetzlich vorgesehene Untersuchung von Stand und Entwicklung der wirtschaftlichen Konzentration auf der Basis amtlicher Daten ist im GWB unzureichend geregelt. Die Monopolkommission weist auf die Defizite hin und schlägt eine Neufassung der entsprechenden Vorschriften in § 47 GWB vor.

– Zum Abschluss des Einleitungskapitels erörtert die Monopolkommission die Erfordernisse, für sie ein erweitertes Aktieneinsichtsrecht bei der Bundesnetzagentur einzurichten, wie es § 46 Abs. 2a GWB sowie § 121 Abs. 2 des Telekommunikationsgesetzes vorsehen. Nach Auffassung der Kommission lässt sich der gesetzliche Auftrag, in zweijährlichen Sondergutachten die Regulierungspraxis im Eisenbahn-, Energiewirtschafts- und Postsektor zu würdigen, nur bei vollständiger Information über die entsprechenden Akteninhalte sachgerecht erfüllen.

---

[1] BGBl. I S. 2114. Ein Auszug aus dem Gesetz (§§ 44 bis 47 GWB) ist im Anhang dieses Gutachtens (Teil A) abgedruckt.
[2] Die bisher veröffentlichten Haupt- und Sondergutachten der Monopolkommission sind im Anhang dieses Gutachtens (Teil D) aufgelistet.

[3] Die ersten vier Hauptkapitel dieses Zweijahresgutachten enthalten Fortschreibungen der Untersuchungsthemen, die der Gesetzgeber in § 44 Abs. 1 GWB vorgegeben hat. Danach soll die Monopolkommission Stand und absehbare Entwicklung der Unternehmenskonzentration in der Bundesrepublik Deutschland beurteilen und die Vorschriften über die Zusammenschlusskontrolle würdigen.

Kapitel I behandelt die Strukturen und die wettbewerbspolitische Bedeutung der Beteiligungsnetze und der Gruppenbildung deutscher Unternehmen. In Kapitel II werden die Ergebnisse der amtlichen Statistik zur Konzentration in fast allen Wirtschaftsbereichen in der Bundesrepublik Deutschland dargestellt. Die Konzentration von Großunternehmen (aggregierte Konzentration) auf der Basis der Wertschöpfung, die gesamtwirtschaftliche Bedeutung sowie der Verflechtungsgrad der größten deutschen Konzerne werden in Kapitel III untersucht. In Kapitel IV würdigt die Monopolkommission die Anwendung der Vorschriften zur Missbrauchsaufsicht und zur Fusionskontrolle nach deutschem Recht sowie die Entscheidungspraxis zur europäischen Fusionskontrolle.

[4] In den beiden Sonderkapiteln behandelt die Monopolkommission den Krankenhausmarkt und die europäische Beihilfenkontrolle.

Der Krankenhausmarkt ist in den letzten Jahren verstärkt in den Blickpunkt des wettbewerbspolitischen Interesses geraten. Da Wettbewerb auf diesem Markt gleichzeitig nur innerhalb eines engen Korsetts aus gesundheitspolitischen Vorschriften und Regelungen wirken kann, erörtert die Monopolkommission in Kapitel V die aus diesen Zusammenhängen erwachsenden ordnungspolitischen Herausforderungen.

Die EU-Kommission hat eine umfassende Reform der europäischen Beihilfenkontrolle angekündigt. Die Monopolkommission würdigt die Vorschläge im Lichte ihrer wettbewerbspolitischen Bedeutung und schlägt in Kapitel VI ein Maßnahmenpaket vor zur Rückführung der Beihilfenaufsicht der EU-Kommission auf wettbewerbsrelevante Beihilfen und zur Schaffung nationaler Kontrollmechanismen.

[5] In den statistischen Anlagen zu diesem Zweijahresgutachten sind die empirischen Ergebnisse der Konzentrationsuntersuchung in tabellarischen Übersichten zusammengestellt. In einem ausführlichen Tabellenteil werden die vom Statistischen Bundesamt aufbereiteten Daten zur wirtschaftlichen Konzentration dokumentiert, die der Konzentrationsberichterstattung in Kapitel II zugrunde liegen. Außerdem enthält der statistische Anhang weiterführende Übersichtstabellen zur Untersuchung der aggregierten Konzentration in Kapitel III. Er wird erstmalig nicht in Buchform vorgestellt, sondern diesem Zweijahresgutachten in elektronischer Form auf einer CD-ROM beigelegt.

[6] Zur Vorbereitung dieses Hauptgutachtens war die Monopolkommission wiederum auf die Mitarbeit und den fachlichen Rat von Sachverständigen aus den verschiedenen Bereichen angewiesen. Die Kommission dankt allen im Gutachten genannten Wissenschaftlern sowie Angehörigen von Behörden, Unternehmen und Verbänden für ihre Unterstützung.

Der Präsident des Bundeskartellamtes, Herr Dr. Bernhard Heitzer, der Vizepräsident, Herr Dr. Peter Klocker, sowie die zuständigen Beamten, insbesondere die Leiter der Beschlussabteilungen und der Grundsatzabteilung, haben zu den Vorarbeiten maßgeblich beigetragen. Sie haben der Monopolkommission und ihren wissenschaftlichen Mitarbeitern in gemeinsamen Sitzungen und zahlreichen Einzelgesprächen Gelegenheit zur Erörterung der Entscheidungspraxis wie auch allgemeiner wettbewerbspolitischer Fragestellungen gegeben.

Das Statistische Bundesamt hat unter der Leitung seines Präsidenten, Herrn Walter Radermacher, im Rahmen der am 1. Januar 2001 in Kraft getretenen novellierten Fassung von § 47 Abs. 1 GWB zum konzentrationsstatistischen Untersuchungsprogramm der Monopolkommission beigetragen. Der Präsident des Statistischen Bundesamtes und der Leiter der Gruppe IV A des Amtes, Herr Peter Schmidt, haben mit der Monopolkommission am 17. Oktober 2007 Fragen der zukünftigen Zusammenarbeit erörtert. Unterstützt wurde das Statistische Bundesamt maßgeblich durch die Vorarbeiten der statistischen Ämter der Länder.

Fragen der europäischen Fusionskontrolle und der Beihilfenkontrolle nach Artikel 87 EGV wurden am 10. April 2008 mit Vertretern der Generaldirektion Wettbewerb der Europäischen Kommission diskutiert. Teilnehmer waren Herr Dr. Herbert Ungerer (Stellvertretender Generaldirektor), Herr Emil Paulis (Direktor Wettbewerbspolitik und -strategie, Direktion A), Herr Thomas Deisenhofer (Assistent des Generaldirektors) und Herr Jürgen Föcking (Abteilung A/3).

[7] Die Unternehmen aus dem Berichtskreis der Untersuchungen zur aggregierten Konzentration stellten mit teilweise erheblichem Aufwand Jahresabschlussdaten für ihre inländischen Konzernteile zusammen. Die Grafiken, die das Netzwerk aus gegenseitigen Kapitalbeteiligungen und personellen Verflechtungen der „100 Größten" in Kapitel III darstellen, wurden von Herrn Dr. Lothar Krempel, Mitarbeiter des Max-Planck-Instituts für Gesellschaftsforschung, Köln, auf der Grundlage der von der Monopolkommission ermittelten Daten erstellt. Der Deutsche Gewerkschaftsbund lieferte Angaben über die Mitgliedschaft von Gewerkschaftsvertretern in den Aufsichtsräten der Großunternehmen. Das Bundeskartellamt stellte der Monopolkommission eine Sonderauswertung zur Beteiligung der „100 Größten" an den gemäß § 39 Abs. 6 GWB anzuzeigenden Zusammenschlüssen sowie an der Anzahl der Freigabeentscheidungen zur Verfügung.

[8] Zu dem Sonderkapitel über das Gesundheitswesen (Kapitel V) hat Herr Prof. Dr. Stefan Felder (Universität Magdeburg) der Monopolkommission ein Gutachten erstattet mit dem Titel „Der Krankenhaussektor in einem wettbewerblich ausgerichteten deutschen Gesundheitssystem".[3]

In einem Expertenworkshop hat die Monopolkommission am 20. November 2007 Fragen des Gesundheitswesens (und hier insbesondere die Thesen des Gutachtens von Prof. Felder) mit externen Sachverständigen diskutiert. Teilnehmer waren Herr Dr. Boris Augurzky (Rheinisch-Westfälisches Institut für Wirtschaftsforschung, Essen), Herr Prof. Dr. Friedrich Breyer (Universität Konstanz), Herr Prof. Dr. Stefan Felder (Universität Magdeburg), Herr Dr. Klaus Jacobi (Wissenschaftliches Institut der AOK (WIdO), Bonn) und Herr Wolfgang Pföhler (Rhön Klinikum AG).

Die Ergebnisse des Gutachtens und der Fachdiskussion stellen wichtige Beiträge zur Meinungsbildung der Monopolkommission dar.

[9] Seit Fertigstellung des Sechzehnten Sondergutachtens Mitte 2006 hat die Monopolkommission folgende Sondergutachten veröffentlicht:

– Sondergutachten 46, Die Privatisierung der Deutschen Bahn AG (Sondergutachten gemäß § 44 Abs. 1 Satz 4 GWB),

– Sondergutachten 47, Preiskontrollen in Energiewirtschaft und Handel?, Zur Novellierung des GWB (Sondergutachten gemäß § 44 Abs. 1 Satz 3 und 4 GWB),

– Sondergutachten 48, Wettbewerbs- und Regulierungsversuche im Eisenbahnverkehr (Sondergutachten gemäß § 36 Allgemeines Eisenbahngesetz),

– Sondergutachten 49, Strom und Gas 2007: Wettbewerbsdefizite und zögerliche Regulierung (Sondergutachten gemäß § 62 Abs. 1 Energiewirtschaftsgesetz),

– Sondergutachten 50, Wettbewerbsentwicklung bei der Telekommunikation 2007: Wendepunkt der Regulierung (Sondergutachten gemäß § 121 Abs. 2 Telekommunikationsgesetz),

– Sondergutachten 51, Wettbewerbsentwicklung bei der Post 2007: Monopolkampf mit allen Mitteln (Sondergutachten gemäß § 44 Postgesetz in Verbindung mit § 81 Abs. 3 Telekommunikationsgesetz 1996),

– Sondergutachten 52, Zusammenschlussvorhaben der Asklepios Kliniken Hamburg GmbH mit der Krankenhaus Mariahilf gGmbH (Sondergutachten gemäß § 42 Abs. 4 Satz 2 GWB),

---

[3] Eine Zusammenstellung aller bisherigen Veröffentlichungen von im Auftrag der Monopolkommission durch Externe erstellten Gutachten ist im Anhang dieses Hauptgutachtens (Teil C) aufgeführt.

– Sondergutachten 53, Zusammenschlussvorhaben des Universitätsklinikums Greifswald mit der Kreiskrankenhaus Wolgast gGmbH (Sondergutachten gemäß § 42 Abs. 4 Satz 2 GWB).

[10] Für den kommenden Berichtszeitraum hat sich eine Veränderung bei der Zusammensetzung der Monopolkommission ergeben. Die Kommissionsmitglieder Prof. Katharina Trebitsch, Jörn Aldag und Prof. Dr. Jürgen Basedow scheiden mit Ablauf ihrer zweiten Amtsperiode am 30. Juni 2008 aus. An ihre Stelle wurden vom Herrn Bundespräsidenten auf Vorschlag der Bundesregierung Frau Dr. Angelika Westerwelle und Herr Prof. Dr. Daniel Zimmer berufen; die Vorbereitungen zur Berufung eines weiteren Mitglieds der Monopolkommission sind derzeit noch nicht abgeschlossen. Die Amtszeiten der Kommissionsmitglieder Prof. Dr. Justus Haucap und Peter-Michael Preusker enden am 30. Juni 2010.

[11] Die Vorarbeiten zu diesem Zweijahresgutachten und zu den Sondergutachten in dieser Berichtsperiode wurden von den Mitarbeiterinnen und Mitarbeitern der Monopolkommission geleistet. Dem wissenschaftlichen Stab gehörten in diesem Zeitraum Herr Dr. Horst Greiffenberg als Generalsekretär sowie Frau Dr. Lieselotte Locher, Frau Dr. Gyde Neumann, Frau Dr. Katrin Roesen, Frau Dr. Juliane Scholl, Frau Dr. Anne Sohns, Herr Marc Bataille, Herr Achim Buchwald, Herr Dr. Michael Coenen, Herr Dr. Klaus Holthoff-Frank, Herr Dr. Oliver Raschka sowie in der Schlussphase Frau Dr. Andrea Schweinsberg und Herr Andreas Liebe an. An der Erstellung des Gutachtens haben außerdem Frau Marie-Luise Grans, Frau Roswitha Möller, Frau Elke Windscheidt sowie Herr Henrik Abram und Herr Peter Göbel mitgewirkt. Die Monopolkommission dankt allen Mitarbeitern für die geleistete Arbeit, die insbesondere in der Schlussphase der Gutachten weit über die Erfüllung der Dienstpflichten hinausgegangen ist.

Bonn, den 30. Juni 2008

J. Basedow

J. Aldag   J. Haucap   P.-M. Preusker   K. Trebitsch

Kurzfassung

Aktuelle Probleme der Wettbewerbspolitik

Wettbewerbspolitische Aspekte der Bahnprivatisierung

1.* Die Bundesregierung hat beschlossen, die Beteiligung privaten Kapitals an der Deutschen Bahn AG (DB AG) noch im Jahr 2008 zu ermöglichen. Dazu sollen die gegenwärtigen Gesellschaften für den Güterverkehr, den Personenverkehr und den Regionalverkehr in einer neuen Gesellschaft für die Bereiche Verkehr und Logistik zusammengefasst werden. Die DB AG als ihr – bislang – alleiniger Gesellschafter soll bis zu 24,9 Prozent der Tochtergesellschaft an private Investoren veräußern. Außerdem wird die DB AG weiter 100 Prozent des Eigentums an der Netzgesellschaft halten. Die DB AG ihrerseits steht auch künftig im 100-prozentigen Eigentum des Bundes; der Bund bleibt damit auch alleiniger Eigentümer der Infrastrukturen.

2.* Die Monopolkommission sieht in dem Teilprivatisierungskonzept einen deutlichen Fortschritt gegenüber früheren Plänen zur integralen Privatisierung der DB AG unter Einschluss von Netz und Betrieb. Zwar wird die Empfehlung der Monopolkommission zu einer Trennung von Netz und Betrieb nicht erfüllt, weil der Konzernverbund von Infrastruktur und Verkehrsunternehmen bestehen bleibt. Einer späteren Aufspaltung des Konzerns in ein Eisenbahnverkehrsunternehmen, das dann vielleicht auch in größerem Umfang privatisiert werden könnte, und ein davon unabhängiges Infrastrukturunternehmen steht das nunmehr beschlossene Teilprivatisierungsmodell aber jedenfalls nicht entgegen. Nach Auffassung der Monopolkommission ist eine solche Aufspaltung nach wie vor wünschenswert, damit die Netzgesellschaft in dem Wettbewerb zwischen der Verkehrsgesellschaft der DB AG und den privaten Konkurrenten eine neutrale Position einnimmt. Von einem unverzerrten Wettbewerb im Netz ist am ehesten eine Ausweitung der Verkehrsanteile des Bahnsektors im gesamten Verkehrsmarkt zu erwarten. Damit ließen sich auch die Umweltbelastungen reduzieren, die vor allem vom Straßenverkehr ausgehen.

3.* Die einheitliche Konzernleitung von Netz- und Verkehrsunternehmen begründet freilich auch für die Zukunft die Gefahr der Diskriminierung privater Wettbewerber im Netz. Dieses Bedenken ist nicht nur wettbewerbspolitischer, sondern auch europarechtlicher Natur. Die Eisenbahn-Richtlinien der Europäischen Union fordern eine tatsächliche Unabhängigkeit des Bereichs Verkehr und Logistik vom Netzbereich. Ihr Sinn und Zweck wird durch den Bestand einer gemeinsamen Holdinggesellschaft stark gefährdet. Die institutionelle Verflechtung darf nach Auffassung der Monopolkommission nicht noch zusätzlich durch personelle Verflechtungen verstärkt werden. Die Führung von Netzgesellschaft, Verkehrsgesellschaft und Holdinggesellschaft in Personal-

union begegnet daher gemeinschaftsrechtlichen Bedenken. Die Beziehungen zwischen den Gesellschaften sollten vielmehr so gestaltet werden, dass Netzunternehmen einerseits und Verkehrsunternehmen andererseits jeweils die größtmögliche operative Unabhängigkeit genießen.

4.* Im politischen Raum sind Forderungen nach einer Veränderungssperre für das nun gefundene Privatisierungsmodell laut geworden. Ihnen tritt die Monopolkommission entgegen. Die DB AG muss die Möglichkeit haben, auch jenseits der gegenwärtig vereinbarten Tranche von 24,9 Prozent durch weitere Privatisierungen privates Eigenkapital anzuziehen. Nur so kann sie langfristig den Innovations- und Investitionserfordernissen genügen, die auf sie zukommen werden, wenn sie im Wettbewerb mit anderen Verkehrsträgern Schritt halten will. Eine Veränderungssperre wäre auch mit den Grundgedanken des Artikel 87 e GG unvereinbar und ließe sich nach Überzeugung der Monopolkommission auch nicht mit den Mitteln des Tarifvertrages einführen.

5.* Problematisch erscheinen der Monopolkommission die Absichten der Bundesregierung hinsichtlich der Verwendung des Veräußerungserlöses. Er soll zum Teil in den Bundeshaushalt fließen, zum Teil für Investitionsprogramme und zum Teil zur Aufstockung des Eigenkapitals der DB AG verwendet werden. Eingenommen wird der Veräußerungserlös von der DB AG, also der Holding. Die Monopolkommission macht darauf aufmerksam, dass eine Mittelzuweisung durch dieses Staatsunternehmen an die Tochtergesellschaften, also die Netzgesellschaft einerseits und das Verkehrsunternehmen andererseits, den Tatbestand der Beihilfe gemäß Artikel 87 EG erfüllt. Die Zulässigkeit einer solchen Beihilfe ist hinsichtlich der Infrastruktur gemäß Artikel 73 EG eher zu bejahen, als wenn die Mittel dem Verkehrsunternehmen zugewendet werden. Denn im letzteren Falle hätten sie eine Verzerrung des Wettbewerbs zwischen dem Verkehrsunternehmen und seinen privaten Wettbewerbern zur Folge.

Entflechtungsvorschläge der EU-Kommission für die Energiewirtschaft

6.* Am 19. September 2007 wurde von der EU-Kommission das 3. Legislativpaket zur Förderung des europäischen Energiebinnenmarktes verabschiedet. Einen zentralen Aspekt des Pakets stellt die Konzernentflechtung des Übertragungsnetz- bzw. Fernleitungsnetzbetriebs dar. Diese soll entweder in Form einer eigentumsrechtlichen Entflechtung (ownership unbundling) oder alternativ durch den Einsatz eines unabhängigen Netzbetreibers (Independent System Operator, ISO) erreicht werden. Hierdurch erhofft sich die EU-Kommission, den negativen Folgen der vertikalen Integration auf den Wettbewerb am besten entgegenwirken zu können.

7.* Bei dem von der EU-Kommission präferierten Instrument einer eigentumsrechtlichen Entflechtung wird der Netzbereich aus der Wertschöpfungskette eines vertikal integrierten Energieversorgungsunternehmens herausgelöst. Alle dem Netzbereich zuzuordnenden Vermögenswerte werden auf einen von dem ursprünglichen Mutterkonzern unabhängigen Dritten übertragen. Die ISO-Lösung stellt einen strukturellen Eingriff mit einer im Vergleich zur eigentumsrechtlichen Entflechtung geringeren Eingriffsintensität dar, weil das Übertragungs- bzw. Fernleitungsnetz im Eigentum des vertikal integrierten Versorgungsunternehmens verbleiben kann. Jedoch darf die eigentliche Geschäftstätigkeit nur von einem unabhängigen Netzbetreiber wahrgenommen werden, der völlig getrennt von dem vertikal integrierten Unternehmen ist.

8.* In den Mitgliedstaaten stoßen die Pläne der EU-Kommission auf ein geteiltes Echo. Während etwa Großbritannien, die Niederlande, Schweden und Dänemark den Vorschlag der EU-Kommission unterstützen, lehnen ihn Frankreich und Deutschland als Hauptbetroffene ab. Die beiden Mitgliedstaaten haben einen Alternativvorschlag – den sog. dritten Weg – erarbeitet, der von sechs weiteren Mitgliedstaaten unterstützt wird. Nach Auffassung dieser acht Mitgliedstaaten kann eine wirksame Abtrennung des Netzbetriebs bereits durch die Einführung von Kontrollmaßnahmen und Sicherheitsklauseln gewährleistet werden, die eine Verschärfung der bereits bestehenden Entflechtungsbestimmungen darstellen, ohne dabei eine Konzernentflechtung im Sinne des Kommissionsvorschlags vorzunehmen. Vor dem Hintergrund, dass die acht Befürworterstaaten des dritten Weges die angestrebte Einigung im Ministerrat blockieren können, sucht die EU-Kommission eine Kompromisslösung. Nach den Vorstellungen der EU-Kommission soll der dritte Weg eine deutliche Verschärfung erfahren (z. B. ein Vetorecht der nationalen Regulierungsbehörden bei Personal- und Investitionsentscheidungen des Aufsichtsrates), bevor er als weitere Variante in das Legislativpaket aufgenommen werden kann. Im Juni 2006 einigte sich der Ministerrat, den dritten Weg als zusätzliche Option in das Legislativpaket für beide Sektoren – Strom und Gas – aufzunehmen.

Gleichzeitig versucht die Kommission jedoch, das Ziel einer eigentumsrechtlichen Entflechtung, welches sie im Gesetzgebungsprozess aufgrund des politischen Widerstands nicht durchsetzen vermag, als ausführendes Organ mithilfe ihrer weitreichenden Befugnisse im Wettbewerbsrecht durchzusetzen. Hierbei verzeichnet sie bereits erste Erfolge. Im Februar 2008 hat der deutsche E.ON-Konzern – aufgrund der Befürchtung einer drohenden Bußgeldfestsetzung von bis zu 10 Prozent des weltweiten Konzernumsatzes – angeboten, die eigenen Übertragungsnetze an einen Betreiber zu veräußern, der nicht im Bereich der Stromerzeugung oder Stromversorgung tätig ist. Darüber hinaus möchte E.ON etwa ein Fünftel der Kraftwerkskapazitäten zum Verkauf anbieten. Im Gegenzug hat die EU-Kommission in Aussicht gestellt, das laufende Kartellverfahren mit den drohenden Bußgeldsanktionen einzustellen.

9.* Die Monopolkommission stimmt zwar der Auffassung der EU-Kommission zu, dass sich die Wettbewerbsdefizite auf den Märkten für leitungsgebundene Energien primär durch den Einsatz strukturpolitischer Instrumente beheben lassen. Dabei kann eine vertikale Konzernentflechtung vor allem positive Auswirkungen auf den Netzausbau an den sog. Grenzkuppelstellen haben. Dennoch stellen die Untersuchungen der EU-Kommission und die hieraus abgeleiteten Implikationen zum gegenwärtigen Zeitpunkt keine hinreichende Basis dar, um einen derartig harten strukturpolitischen Eingriff zu rechtfertigen. Das Datenmaterial, welches die EU-Kommission bei den Untersuchungen zum deutschen Energiemarkt verwendet hat, bezieht sich zum überwiegenden Teil auf Zeiträume vor Inkrafttreten des Energiewirtschaftsgesetzes von 2005. Insbesondere die Entflechtungsvorgaben des EnWG waren noch nicht vollständig umgesetzt, die Bundesnetzagentur noch nicht als Regulierungsbehörde im Energiebereich etabliert und demzufolge fand auch noch keine Ex-ante-Regulierung der Durchleitungsentgelte statt. Deshalb lässt sich bisher keine seriöse Aussage über die Wirksamkeit des heute geltenden deutschen Regulierungsmodells machen. Die Monopolkommission bezweifelt zum aktuellen Zeitpunkt, dass sich der Wettbewerb auf den leitungsgebundenen Energiemärkten ausschließlich durch die beiden von der EU-Kommission vorgeschlagenen Alternativen der Konzernentflechtung beleben lässt.

10.* In diesem Zusammenhang gibt die Monopolkommission zu bedenken, dass die Entflechtungsvorschläge und deren Umsetzung mit nicht unerheblichen ökonomischen Risiken und rechtlichen Problemen verbunden sind. So besteht die Gefahr, dass die Investitionsanreize der Netzbetreiber deutlich reduziert werden. Auch die Auswirkung der Entflechtung auf die Energiepreise ist ungewiss. Es ist möglich, dass die Energiepreise als Folge einer Entflechtung ansteigen. Darüber hinaus stellt insbesondere die eigentumsrechtliche Entflechtung einen erheblichen Eingriff in die privaten Eigentumsrechte dar. Dies kann langwierige Rechtsstreitigkeiten zur Folge haben, zumal auch die Gesetzgebungskompetenz der Gemeinschaft hinsichtlich der Eigentumsordnung sehr zweifelhaft ist. Ferner würde das Entflechtungsinstrument der EU-Kommission in den betroffenen Ländern eine asymmetrische Wirkung entfalten. So soll es bei Unternehmen im Staatsbesitz ausreichen, dass zwei voneinander getrennte öffentliche Einrichtungen die Kontrolle über die Gasgewinnungsaktivitäten (bzw. die Stromerzeugungs- und Versorgungsaktivitäten) einerseits und die Fernleitungsaktivitäten (bzw. die Übertragungsaktivitäten) andererseits ausüben. Falls der betroffene Konzern in privater Hand ist, dürfte dieser hingegen im Anschluss an eine vertikale Trennung keine signifikanten Beteiligungen an der Netzgesellschaft halten.

11.* Letztlich lässt sich durch die angestrebte vertikale Trennung auf dem Strommarkt das eigentliche Problem, die hohe Anbieterkonzentration bei der Stromerzeugung, nicht direkt und bestenfalls nur langfristig lösen. An der Wirksamkeit des EU-Entflechtungsinstruments für den Gassektor hegt die Monopolkommission ganz grundsätzlich Zweifel. Neben der Tatsache, dass sich die Anbieter auf dem Gasmarkt in einem gewissen Substitutionswettbewerb mit den Anbietern anderer Rohstoffe befinden, setzen sich die Gasanbieter primär aus Unternehmen zusammen, deren Hauptsitz außerhalb der EU liegt. Falls Unternehmen wie Gazprom zu einer Entflechtung ihrer Netze innerhalb der EU gezwungen werden sollten, können sie hierauf problemlos mit einer Erhöhung der Netzentgelte/Gaspreise an der russischen Grenze reagieren. Bei einer Trennung von Gasproduktion, Transport und Vertrieb wäre die Gefahr einer doppelten Marginalisierung erheblich größer als auf dem Strommarkt, da die Gasimportpreise kaum beeinflusst werden können.

12.* Daher empfiehlt die Monopolkommission, in den nächsten zwei bis drei Jahren die bestehende Netzregulierung durch gezielte Maßnahmen zu festigen, und begrüßt deshalb prinzipiell die geplante Verschärfung der bestehenden Entflechtungsvorschriften des EnWG im Rahmen des sog. dritten Weges. Sie stimmt jedoch der EU-Kommission zu, dass die Auflagen an den Netzbetreiber weiter verschärft werden müssen. Die Monopolkommission hat sich in ihrem Sondergutachten zum Energiemarkt vom November 2007 dafür ausgesprochen, dass es sämtlichen Mitarbeitern des Netzbetreibers verboten sein sollte, andere Funktionen innerhalb des Konzerns wahrzunehmen. Somit würde die Weitergabe geschäftssensibler Informationen und die hierdurch induzierte Bevorzugung von Konzernschwestern deutlich erschwert.

13.* Zusätzlich sollte das detaillierte Maßnahmenbündel, das die Monopolkommission in ihrem Sondergutachten zum Energiemarkt vorgeschlagen hat, zügig umgesetzt werden. Lassen sich nach einem Zeitraum von etwa sechs Jahren seit Beginn der Regulierung noch immer gravierende strukturelle Defizite auf den Märkten für leitungsgebundene Energien nachweisen, wäre eine eigentumsrechtliche Entflechtung als Ultima Ratio denkbar.

Übergang von der Regulierung zur Wettbewerbsaufsicht bei Telekommunikationsmärkten

14.* Mit zunehmendem Wettbewerb auf den Telekommunikationsmärkten sind nach und nach Märkte aus der sektorspezifischen Regulierung in das allgemeine Wettbewerbsrecht zu entlassen. Die institutionelle Zuständigkeit wechselt von der Bundesnetzagentur zum Bundeskartellamt. Bei der Diskussion um den Übergang in das allgemeine Wettbewerbsrecht stehen zwei Aspekte im Vordergrund. Erstens wird bemängelt, dass bei der Prüfung der Regulierungsbedürftigkeit gemäß § 10 Abs. 2 TKG das Kriterium der Insuffizienz des Wettbewerbsrechts lediglich unzureichend untersucht wird. In der Folge komme es zu einer Zementierung der Regulierung. Zweitens wird vorgebracht, dass das Wettbewerbsrecht bei der Verfolgung von missbräuchlichen Verhaltensweisen weniger effizient sei als die Ex-Post-Regulierung nach dem TKG und dass die Regulierungsbehörde für die Missbrauchsaufsicht im Bereich der Telekommunikation die sachnähere Behörde sei. Daher bedürfe es bei der Deregulierung eines Zwischenschritts.

15.* Bestandteil des Drei-Kriterien-Tests des § 10 Abs. 2 TKG ist die Prüfung, ob das allgemeine Wettbewerbsrecht ausreicht, einem bestimmten Marktversagen entgegenzuwirken. Dieser Insuffizienztest ist potenziell das wichtigste Kriterium für die Frage der Deregulierung, was aber weder in der Märkteempfehlung der Europäischen Kommission noch in der praktischen Anwendung des Drei-Kriterien-Tests zum Ausdruck kommt. In der Praxis der Regulierung wird die fehlende Eignung des Wettbewerbsrechts regelmäßig mit strukturellen Unterschieden zwischen Wettbewerbsrecht und Regulierungsrecht begründet, die immer bestehen. Reichen sie zur Begründung von sektorspezifischer Regulierung bzw. zur Verneinung eines Deregulierungsbedarfs aus, läuft die Begrenzungswirkung des dritten Kriteriums des Drei-Kriterien-Tests ins Leere.

16.* Nach Auffassung der Monopolkommission sollten an die Prüfung der Insuffizienz des Wettbewerbsrechts hohe Anforderungen gestellt werden. Dabei ist zu beachten, dass die strukturellen Nachteile der lediglich nachträglich und nur punktuell möglichen Eingriffe nach dem Wettbewerbsrecht nicht bedeuten, dass das Wettbewerbsrecht stets ungeeignet ist. Dagegen spricht nicht nur, dass Regulierung in der Marktwirtschaft wegen ihrer Eingriffsintensität die zu begründende Ausnahme sein muss, sondern auch, dass sie die wichtigste Ursache für Marktversagen auf Telekommunikationsmärkten, nämlich die Existenz von Bottlenecks, nicht beseitigen kann, sondern diese eher dadurch zementiert, dass Zugangsregulierung Anreize vermindert, in die Umgehung oder Duplizierung von Bottlenecks zu investieren. Hilfreich wäre, wenn die Europäische Kommission, die den Drei-Kriterien-Test auf der Gemeinschaftsebene anwendet, Prüfkriterien für die Durchführung dieses Tests auf nationaler Ebene vorgeben würde.

17.* Die Monopolkommission lehnt es ab, als Zwischenschritt für den Übergang in das allgemeine Wettbewerbsrecht im TKG eine von der Feststellung der Regulierungsbedürftigkeit unabhängige Missbrauchsaufsicht zu verankern. Zweifelhaft ist bereits, ob eine Regelung, die darauf hinausläuft, die Vorschriften des TKG zur Missbrauchsaufsicht von der Feststellung der Regulierungsbedürftigkeit abzukoppeln, mit europäischem Recht vereinbar wäre. Wenig überzeugend sind auch die Argumente, die Bundesnetzagentur sei die sachnähere Behörde für die Missbrauchsaufsicht auf Telekommunikationsmärkten und das TKG erlaube ein effizienteres und schnelleres Eingreifen. Selbst wenn es zutrifft, dass die Bundesnetzagentur über größere spezifische Marktkenntnisse im Bereich der Telekommunikation verfügt, hat das Bundeskartellamt aufgrund der Vielzahl der Fälle eine höhere Sachkunde in ökonomischen Fragen und ist wegen seiner langjährigen Amtspraxis die sachnähere Behörde für die Aufgabe der Missbrauchsaufsicht über marktbeherrschende Unternehmen. Hinzu kommt, dass das wettbewerbsrechtliche Instrumentarium im Bereich der Verhaltenskontrolle in den letzten Jahren verschärft worden ist und die Befugnisse der Kartellbehörden erweitert wurden. Für einen konsequenten Übergang in das allgemeine Wettbewerbsrecht spricht auch, dass die Regulierungsbehörde in einem stärkeren Maße politischen Einflüssen ausgesetzt ist als das Bundeskartellamt. Dies liegt zum einen an den Entscheidungsstrukturen in der Bundesnetzagentur, zum anderen daran, dass der Bund weiterhin gleichzeitig Eigentümer und Regulierer ist, was zwingend zu Interessenkonflikten führt.

18.* Die Monopolkommission lehnt es ebenfalls ab, dass die Bundesnetzagentur als Wettbewerbsbehörde tätig wird und im Rahmen der Missbrauchsaufsicht auf Telekommunikationsmärkten Kartellrecht anwendet. Dagegen spricht, dass die parallele Anwendung von Wettbewerbsrecht durch verschiedene Behörden Probleme im Hinblick auf die Einheitlichkeit der Rechtsanwendung aufwerfen würde. Ähnliche Probleme treten auf, wenn sich das Bundeskartellamt und die Bundesnetzagentur gemäß dem Konzept der „ladder of remedies" in Fällen, in denen die optimale Zuordnung zu einer Rechtsmaterie und der zugehörigen Behörde nicht eindeutig ist, einvernehmlich auf eine Zuständigkeit einigen sollen. Positiv sieht die Monopolkommission dagegen den Vorschlag, bei der Frage nach dem „Wie" der Regulierung auf das stärker ökonomisch orientierte Konzept der „ladder of remedies" abzustellen.

Zusammenarbeit mit dem Statistischen Bundesamt und Gesetzesvorschlag für § 47 GWB

19.* Die Zusammenarbeit mit dem Statistischen Bundesamt war in den vergangenen zwei Jahren vorwiegend kooperativ. Insbesondere die vorbereitenden Arbeiten zum vorliegenden Hauptgutachten verliefen in produktiver, partnerschaftlicher Atmosphäre. Das Statistische Bundesamt hat durch die Bereitstellung des Unternehmensregisters erstmals eine umfassende, sektorübergreifende Konzentrationserfassung der deutschen Wirtschaft ermöglicht. Für die Berichterstattung der Monopolkommission bedeutet dies eine erhebliche Verbesserung, obwohl methodische Weiterentwicklungen zur Qualitätsverbesserung der Daten unerlässlich sind.

20.* Eine aus Sicht der Monopolkommission besonders bedeutende Weiterentwicklung in der Wirtschaftsstatistik ist der Aufbau einer Datenbank zu multinationalen Unternehmensgruppen im Rahmen des EU-Projektes „EuroGroups Register". Diese Daten werden erstmals einen Einblick in europäische Marktstrukturen und die wirtschaftliche Verflechtung von Märkten und Unternehmen auf europäischer Ebene ermöglichen. Nur mit dieser Kenntnis kann die Wettbewerbssituation der vielen international agierenden Unternehmen in Deutschland beurteilt werden. Das Statistische Bundesamt zeigte bisher eine eher zurückhaltende Position bzgl. des EU-Projektes aufgrund rechtlicher Bedenken. Die rechtlichen Voraussetzungen werden derzeit über Verordnungen geschaffen. Ein stärkeres Engagement des Statistisches Bundesamtes für die Durchsetzung der Interessen Deutschlands in diesem Bereich wäre gerade in der Aufbauphase der Datenbank von größter Bedeutung.

21.* Unterschiedliche Auffassungen haben das Statistische Bundesamt und die Monopolkommission bezüglich der Auslegung des § 47 GWB. Die Monopolkommission möchte zukünftig die Möglichkeit haben, Auswertungen nach § 16 Abs. 6 Bundesstatistikgesetz (BStatG) vorzunehmen. Diese Vorschrift ermöglicht die Übermittlung von anonymisierten Einzelangaben für die Durchführung wissenschaftlicher Vorhaben und würde die Analysemöglichkeiten der Monopolkommission erheblich verbessern. Das Statistische Bundesamt schließt eine Anwendungsmöglichkeit von § 16 Abs. 6 BStatG für die Monopolkommission aus rechtlichen Gründen aus. Die Monopolkommission teilt diese Rechtsauffassung nicht.

22.* Gemeinsam wurde festgestellt, dass es auf Basis der derzeitigen Rechtsgrundlage keine einheitliche Rechtsauffassung bezüglich der Anwendbarkeit von § 16 Abs. 6 BStatG gibt. Im Ergebnis herrscht Einigkeit darüber, dass die bestehenden unterschiedlichen Auslegungen nur durch eine Gesetzesänderung aufgehoben werden können. Die derzeitige Formulierung des § 47 GWB wird zudem dem aktuellen Verfahren nicht mehr gerecht. Deshalb wurden gemeinsam Inhalte und Ziele einer Änderung des § 47 GWB formuliert. Auf dieser Basis macht die Monopolkommission einen Vorschlag zur Gesetzesänderung.

Akteneinsicht bei der Bundesnetzagentur

23.* Zur Erfüllung ihres gesetzlichen Auftrags hat die Monopolkommission mit der Siebten Novelle des Gesetzes gegen Wettbewerbsbeschränkungen (GWB) nach § 46 Abs. 2a ein Recht auf Zugang zu den Akten der Kartellbehörde einschließlich Betriebs- und Geschäftsgeheimnisse sowie persönliche Daten erhalten, soweit dies zur ordnungsgemäßen Erfüllung ihrer Aufgaben erforderlich ist. Die neue Vorschrift beschreibt die Grundlagen der bis dahin gängigen Praxis und enthält insofern lediglich eine ausdrückliche Klarstellung des derzeitigen Rechtszustands.

24.* Der Umfang des gesetzlichen Auftrags der Monopolkommission ist in den letzten Jahren erheblich über die im GWB niedergelegten Vorschriften erweitert worden. Die zusätzlichen Aufgaben sind im Telekommunikationsgesetz (TKG), im Postgesetz (PostG), im Allgemeinen Eisenbahngesetz (AEG) und im Energiewirtschaftsgesetz (EnWG) geregelt. Allen Aufgabenstellungen gemeinsam ist eine Würdigung der Regulierungspraxis in den von den Gesetzen betroffenen Netzsektoren. Ein Akteneinsichtsrecht der Monopolkommission war in keinem der Gesetze vorgesehen. Ohne gesetzliche Grundlage sah sich die Bundesnetzagentur für Elektrizität, Gas, Telekommunikation, Post und Eisenbahnen nicht in der Lage, vertrauliche Informationen zur Regulierungspraxis zu überlassen, wie dies etwa im Falle der Entscheidungspraxis des Bundeskartellamts geschieht.

25.* Die Monopolkommission hatte dem Gesetzgeber vorgeschlagen, für sie auch im Falle der Regulierungspraxis der Bundesnetzagentur ein Akteneinsichtsrecht einzurichten. Dies ist bisher lediglich im Falle des TKG geschehen, wo in Anlehnung an die Formulierung von § 46 Abs. 2a GWB eine entsprechende Vorschrift neu in das Gesetz aufgenommen worden ist. Dagegen fehlt eine Regelung der Akteneinsicht in den übrigen Gesetzen (PostG, AEG, EnWG).

26.* Infolge fehlender gesetzlicher Grundlagen kann die Monopolkommission die ihr übertragenen Aufgaben nur unvollständig erfüllen. Eine umfassende Würdigung der Regulierungspraxis ist nur auf der Grundlage aller relevanten Informationen der Fallakten möglich unter Einschluss von vertraulichen Sachverhalten. Die Einrichtung eines Akteneinsichtsrechts für die Monopolkommission in den genannten Gesetzen liegt aber auch im Interesse der Bundesnetzagentur. Eine solche Vorschrift liefert eine klare Ermächtigungsgrundlage für die Befugnisse der Monopolkommission im Zusammenhang mit der Beurteilung der Regulierungspraxis und verschafft der Behörde – anders als im Falle informeller Verfahren – Rechtssicherheit im Hinblick auf die Zulässigkeit einer Informationsweitergabe an die Kommission.

Vorbemerkung zu Kapitel I und II

27.* Auf der Grundlage des § 44 GWB beurteilt die Monopolkommission in den Kapiteln I und II ihres zweijährlich erscheinenden Hauptgutachtens regelmäßig den Stand und die absehbare Entwicklung der Unternehmenskonzentration in der Bundesrepublik Deutschland. Hierfür wird eine umfassende und kontinuierliche Konzentrationsstatistik geführt, die die Beobachtung allgemeiner Tendenzen der Unternehmenskonzentration in Deutschland ermöglicht. Die vollständigen Konzentrationstabellen sowie ergänzende methodische Erläuterungen werden als Anlagen zum Hauptgutachten in Form einer beigefügten CD-ROM veröffentlicht.

28.* Der Anspruch an eine umfassende und kontinuierliche Konzentrationsstatistik ist nur über eine Festsetzung von allgemeinen Strukturen zu erfüllen. Die Konzentrationsmaße werden ausschließlich für den nationalen Markt nach der Wirtschaftszweigklassifikation bzw. dem Güterverzeichnis für Produktionsstatistiken erhoben. Dadurch können die geografisch und sachlich relevanten Märkte nicht adäquat abgebildet werden. Die Analysen der Monopolkommission haben insgesamt gezeigt, dass in Zeiten der Globalisierung eine auf Deutschland beschränkte Berichterstattung schwer interpretierbar wird. Wenn nationale Märkte zu einem Binnenmarkt oder globalen Markt zusammenwachsen, gibt die Entwicklung der nationalen Angebotskonzentration ein verzerrtes Bild ab. Systematische Interpretationsschwierigkeiten ergeben sich auch, wenn ein großer Teil der erfassten Unternehmen auf regional begrenzten Märkten aktiv ist, wie z. B. Krankenhäuser, Ver- und Entsorgungsunternehmen, täglich erscheinende Presseerzeugnisse oder Kreditinstitute. Hier unterschätzen die ausgewiesenen Konzentrationsmaße die auf den relevanten regionalen Märkten tatsächlich vorherrschenden Konzentrationen. Die sachlich relevanten Märkte werden von der Europäischen Kommission nach der Austauschbarkeit bzw. Substituierbarkeit der Erzeugnisse definiert. Bei dieser Abgrenzung unterliegen auch die sachlich relevanten Märkte laufenden Veränderungen, z. B. durch technischen Fortschritt oder Produktinnovationen, die über die vorhandenen Wirt-

schaftsklassifikationen nicht erfasst werden können. Darüber hinaus können Konzentrationsmaße nur ein Indikator neben anderen zur Feststellung der Wettbewerbsintensität in einem Markt sein. Weitere Indikatoren, wie beispielsweise potenzielle Wettbewerber oder Markteintrittsbarrieren, werden durch die Statistik nicht erfasst.

29.* Die Monopolkommission versucht dem Rechnung zu tragen, indem sie zusätzliche Informationen zu einzelnen Branchen auswertet, z. B. erstmalig die Außenhandelsverflechtungen. Zudem beabsichtigt sie, Vorschläge für eine verbesserte Konzentrationsberichterstattung zu entwickeln, die noch stärker eine wettbewerbspolitisch relevante Interpretation ermöglicht. Die Monopolkommission überlegt in diesem Zusammenhang auch, ob sie nicht die flächendeckende Konzentrationsberichterstattung für alle Branchen zugunsten einer tiefer gehenden empirischen Analyse einzelner, besonders problematischer Branchen aufgibt. Sie gibt allen interessierten Parteien hiermit die Gelegenheit, sich dazu zu äußern.

I. Erfassung von wirtschaftlicher Konzentration und Unternehmensgruppen in Deutschland

30.* Die empirische Grundlage für Konzentrationsstatistiken der Monopolkommission für das vorliegende Hauptgutachten ist eine Datenbasis des Statistischen Bundesamtes, die sich erstmals aus dem amtlichen Unternehmensregister und kommerziellen Daten zu Unternehmensverflechtungen zusammensetzt. Der Einsatz des Unternehmensregisters anstelle der bisher verwendeten Investitionserhebung ermöglicht eine erheblich verbesserte Darstellung der deutschen Unternehmenslandschaft. Anstelle der bisher betrachteten Unternehmen ab 20 Beschäftigten im Bergbau, Verarbeitenden Gewerbe und Baugewerbe mit insgesamt rd. 51 000 Einheiten werden nun rd. 3 Mio. Einheiten ab einem Jahresumsatz von 17 500 Euro und/oder mit mindestens einem sozialversicherungspflichtig Beschäftigten für nahezu alle Wirtschaftsbereiche erfasst. Zusätzlich werden verschiedene Erhebungs- und Fachstatistiken des Statistischen Bundesamtes herangezogen, wie z. B. die Produktionsstatistik, die Außenhandelsstatistik und Auswertungen zu öffentlichen Fonds, Einrichtungen und Unternehmen, sowie Daten aus anderen Quellen. Die aktuell verfügbaren Daten beziehen sich auf das Berichtsjahr 2005. Aufgrund der Verwendung administrativer Datenquellen ist eine Berichterstattung mit aktuelleren Daten in absehbarer Zeit leider nicht möglich.

31.* Die Anteile gruppenzugehöriger Unternehmen am Umsatz und an den Beschäftigten sind auch in der erweiterten Datenbank teilweise erheblich. Die Untersuchung zur gesamtwirtschaftlichen Bedeutung von Unternehmensgruppen zeigt, dass 6,3 Prozent der Unternehmen in Deutschland einer Gruppe angehören. Diese vereinen rd. 66 Prozent der Umsätze und 53 Prozent der Beschäftigten auf sich. Besonders hoch sind diese Anteile in den Bereichen Bergbau, Verarbeitendes Gewerbe, Energie-

und Wasserversorgung sowie Verkehr und Nachrichten-übermittlung.

32.* Die Monopolkommission hat die Struktur und Verteilung der deutschen Unternehmensgruppen unter verschiedenen Aspekten untersucht. Gruppenzugehörige Unternehmen mit Gruppenmitgliedern außerhalb der jeweiligen Erfassungsgrenze (z. B. aus einem anderen Wirtschaftsbereich oder aus dem Ausland) können trotz geringer Marktanteile den Wettbewerb beeinflussen. Über vertikale Verflechtungen mit exklusiven Lieferverträgen zwischen Unternehmen auf vor- oder nachgelagerter Ebene reduziert sich beispielsweise die Anzahl der verfügbaren Lieferanten bzw. Abnehmer für die unabhängigen Unternehmen. In diesem Fall würden die Konzentrationsmaße, die alle Unternehmen eines Wirtschaftszweiges berücksichtigen, ein falsches Bild über die Wettbewerbsstruktur liefern. Diese Art der Verflechtung konnte insbesondere zwischen der Entsorgungswirtschaft, die den Gemeinden obliegt, der Energieversorgung und den Großabnehmern von Energie festgestellt werden. Auch Verflechtungen des Dienstleistungssektors mit Schiff- und Luftfahrtsleistungen sowie weiteren Industrien sind deutlich zu erkennen. Neben den vertikalen Verflechtungen können konglomerate (branchenfremde) oder multinationale Verbindungen die Kapitalverfügbarkeit von Unternehmen steigern, so dass diese die Konkurrenz mittel- bis langfristig verdrängen können. Auf diese Art verbundene Unternehmen haben besonders hohe Umsatzanteile in den Wirtschaftszweigen 10, Kohle und Torf (71,8 Prozent), 23, Kokerei-, Mineralölerzeugnisse, Spalt- und Brutstoffe (88,2 Prozent), 24, Chemische Erzeugnisse (53,2 Prozent), 27, Metallerzeugung und -bearbeitung (58,8 Prozent), 35, Sonstige Fahrzeuge (Wasser-, Schienen-, Luftfahrzeuge) (66,3 Prozent), und 40, Energieversorgung (69,4 Prozent).

33.* Die Bedeutung ausländischer Kontrolle wird sowohl nach dem Sitz der Gruppenoberhäupter als auch nach Wirtschaftszweigen analysiert. Deutsche gruppenzugehörige Unternehmen mit einem ausländischen Gruppenoberhaupt vereinen zwar nur 0,7 Prozent aller Unternehmen auf sich, haben jedoch einen Umsatzanteil von rd. 19 Prozent und einen Beschäftigtenanteil von 10 Prozent. Diejenigen mit Gruppenoberhäuptern aus den USA haben die höchsten Umsatzanteile unter den multinationalen Gruppen, gefolgt von Großbritannien, den Niederlanden, Frankreich und der Schweiz. Bei der Betrachtung nach Wirtschaftszweigen haben die Unternehmen multinationaler Gruppen im WZ 23, Kokerei-, Mineralölerzeugnisse, Spalt- und Brutstoffe (87,3 Prozent), die höchsten Umsatzanteile, gefolgt von WZ 21, Papiergewerbe (40,6 Prozent), WZ 32, Nachrichtentechnik, Rundfunk- und Fernsehgeräte (39,6 Prozent), WZ 30, Büromaschinen, DV-geräte und -einrichtungen (38 Prozent), und WZ 35, Sonstige Fahrzeuge (Wasser-, Schienen-, Luftfahrzeuge) (37,7 Prozent).

34.* Der Anteil staatlich kontrollierter Unternehmen in einer Branche kann den Wettbewerb, z. B. durch direkte Subventionsleistungen, Finanzierungsvorteile (durch weiche Budgetbeschränkungen), Steuervergünstigungen oder Regulierungen in Teilbereichen, erheblich beeinflussen. In Branchen, die noch ganz oder teilweise reguliert werden (Energie- und Wasserversorgung, Eisenbahn und Entsorgung), sind die Umsatzanteile staatlicher Unternehmen besonders hoch. In diesen Bereichen wird die Entwicklung der Konzentration mit zunehmender Privatisierung besonders interessant sein.

II. Stand und Entwicklung der wirtschaftlichen Konzentration in Deutschland

35.* Die Monopolkommission untersucht den Stand und die Entwicklung von wirtschaftlicher Konzentration in Deutschland auf der Basis der Konzentrationsstatistik. Im ersten Teil wird der Stand der Konzentration in Deutschland im Jahr 2005 nach Wirtschaftsabschnitten betrachtet. Für die Wirtschaftsabschnitte C, D und F haben sich die Berichtskreise im Vergleich zu vorherigen Veröffentlichungen durch den Einbezug kleiner Unternehmen so stark verändert, dass zunächst eine Vergleichsanalyse zu den Konzentrationsmaßen durchgeführt wird. Diese zeigt, dass die Konzentration bis zum Berichtsjahr 2003 in vielen Wirtschaftszweigen durch die Abschneidegrenze von Unternehmen mit 20 und mehr Beschäftigten überschätzt worden ist. In einigen Branchen liegt sie im Jahr 2005 jedoch trotz erweiterter Datenbasis höher als im Jahr 2003. Hierzu zählen unter anderem die Wirtschaftszweige 3410, Herstellung von Kraftwagen und Kraftwagenmotoren, 3430, Herstellung von Teilen und Zubehör für Kraftwagen und Kraftwagenmotoren, und 2416, Herstellung von Kunststoffen in Primärformen, welche gleichzeitig zu den größten Wirtschaftszweigen Deutschlands gemessen am Umsatz gehören. In diesen Bereichen kann eine reale Erhöhung der Konzentration unterstellt werden.

36.* Trotz der Problematik, geografisch und sachlich relevante Märkte in der Konzentrationsstatistik adäquat abzubilden, können die Marktstrukturen einzelner Wirtschaftszweige sehr gut durch die vorliegenden Daten dargestellt werden. Hierzu gehören aus dem Verarbeitenden Gewerbe die Wirtschaftszweige der Ernährungsindustrie, Verlags- und Druckerzeugnisse, soweit sie höchstens viermal wöchentlich erscheinen, die Herstellung von Beton, Zement und Gips sowie Erzeugnisse aus diesen Baustoffen. Diese Industrien sind größtenteils auch hoch konzentriert.

37.* Für alle erstmals in der Konzentrationsstatistik erfassten Wirtschaftsabschnitte werden zur Beurteilung der Daten zunächst Vergleichszahlen aus Branchenberichten und von Verbänden und Forschungsinstituten herangezogen. Diese zeigen, dass die Qualität der Datenbasis in vielen Bereichen noch keine Interpretation der Daten zulässt. In einigen Wirtschaftsabschnitten wird die Anzahl der Einheiten viel zu hoch angegeben. Gründe hierfür sind zum einen fehlerhafte Wirtschaftszweigzuordnungen, zum anderen können Unternehmensgruppen aufgrund ihrer Organisationsformen nicht systematisch zusammengefasst werden. Dies trifft insbesondere auf die Branchen Energie, Einzelhandel, Kreditinstitute und Versicherungen zu.

38.* Im Wirtschaftsabschnitt I, Verkehr und Nachrichtenübermittlung, zeigen die Konzentrationsergebnisse insbesondere in einigen ehemals staatlich kontrollierten Bereichen bzw. strukturbedingten Monopolen die noch vorhandene Konzentration gut an. Besonders interessant wird in diesen Bereichen die langfristige Entwicklung der Konzentrationskennzahlen sein. Gleiches gilt für andere Bereiche, in denen erstmals Konzentrationsmaße erfasst worden sind, wie z. B. die Erbringung von Dienstleistungen. Hier erwartet die Monopolkommission eine steigende Konsolidierung über die Etablierung von Unternehmensketten.

39.* Die Entwicklung der Konzentrationsmaße in den Wirtschaftsabschnitten Bergbau und Verarbeitendes Gewerbe zwischen 1995 und 2004 wird auf der Basis der Investitionserhebung betrachtet. Die Wirtschaftszweige, welche im Beobachtungszeitraum eine Umsatzsteigerung realisiert haben, werden nach ihrem Konzentrationsniveau im Ausgangsjahr 1995 und ihrer Konzentrationsentwicklung bis zum Jahr 2004 in vier Quadranten eingeteilt (vgl. Abbildung).

40.* Insgesamt gab es in 148 Wirtschaftszweigen des Bergbaus und des Verarbeitenden Gewerbes eine Umsatzsteigerung im Betrachtungszeitraum. Von diesen liegen etwa 40 Prozent unter einer Konzentrationsrate der zehn größten Unternehmen von 50 Prozent im Basisjahr 1995 (Quadranten I und II in der Abbildung) und 60 Prozent darüber (Quadranten III und IV). Die durchschnittliche jährliche Wachstumsrate der Konzentrationsrate der zehn größten Unternehmen (CR10) ist bis 2004 in rd. 50 Prozent der Wirtschaftszweige positiv (Quadranten II und III).

41.* Eine Zeitreihenanalyse identifiziert die Wirtschaftszweige, in denen die Unternehmenskonzentration erheblich gestiegen ist. Dies trifft auf die Wirtschaftszweige 1513, Fleischverarbeitung, 2212, Verlegen von Zeitungen, 3611, Herstellung von Büromöbeln, und 2442, Herstellung von pharmazeutischen Spezialitäten und sonstigen pharmazeutischen Erzeugnissen, aus dem Quadranten II zu. Von besonderem wettbewerbspolitischen Interesse sind die Wirtschaftszweige des Quadranten III, welche bereits im Ausgangsjahr eine hohe Konzentration aufweisen, die im Beobachtungszeitraum noch gestiegen ist. Hierzu zählen unter anderem die Wirtschaftszweige 1512, Schlachten von Geflügel, und 3210, Herstellung von elektronischen Bauelementen. In 26 Wirtschaftszweigen ist die Konzentration über den gesamten Beobachtungszeitraum sehr hoch.

Abbildung

Zusammenhang zwischen dem Ausgangsniveau der CR10 im Jahr 1995 und der durchschnittlichen jährlichen Wachstumsrate der CR10 (dW$_t$) nach Wirtschaftszweigen zwischen 1995 und 2004

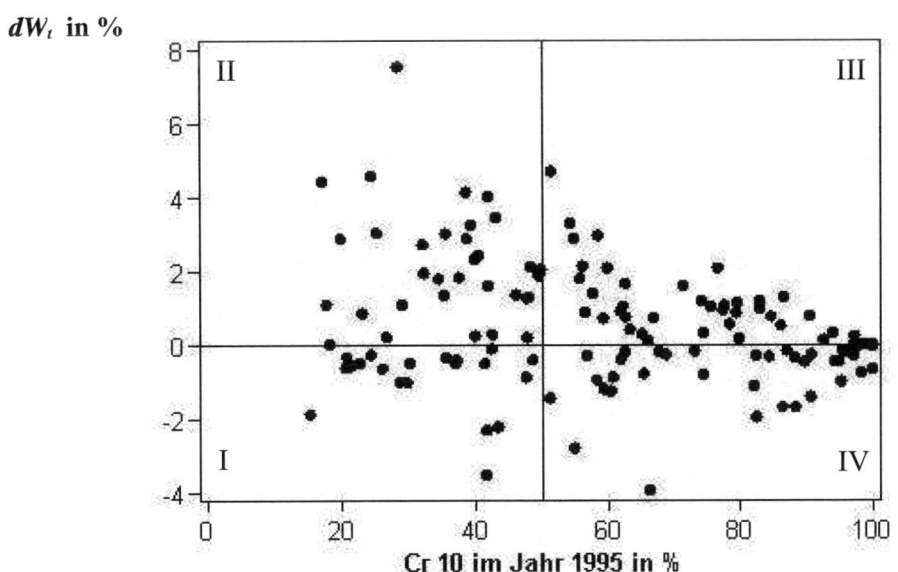

Quelle: Eigene Darstellung der Monopolkommission auf der Basis von Daten des Statistischen Bundesamtes

III. Stand und Entwicklung der Konzentration von Großunternehmen (aggregierte Konzentration)

42.* Ausgangspunkt der Berichterstattung der Monopolkommission zur Beurteilung von Stand und Entwicklung der aggregierten Konzentration ist die Ermittlung der hundert größten Unternehmen aus allen Wirtschaftsbereichen nach dem Merkmal der inländischen Wertschöpfung. Die Monopolkommission analysiert zusätzlich zu den inländischen Konzernbereichen die weltweite Wertschöpfung der Großunternehmen. Die Untersuchung der hundert gemessen an ihrer inländischen Wertschöpfung größten Unternehmen erstreckt sich ferner auf die Verflechtungen zwischen den Großunternehmen im Hinblick auf Anteilsbesitz, personelle Verbindungen und die Zusammenarbeit über Gemeinschaftsunternehmen. Die Betrachtung der „100 Größten" wird ergänzt durch die Bestimmung der gemessen an den branchenspezifischen Geschäftsvolumina größten Unternehmen des Produzierenden Gewerbes, des Handels, des Verkehrs- und Dienstleistungsgewerbes, des Kreditgewerbes sowie des Versicherungsgewerbes.

43.* Insgesamt wiesen die hundert größten Unternehmen im Berichtsjahr eine Wertschöpfung von rund 281 Mrd. Euro auf. Sie stieg gegenüber 2004 um 13,2 Prozent. Die Wertschöpfung aller Unternehmen in Deutschland erhöhte sich im Berichtszeitraum um 4,9 Prozent. Der Beitrag der Großunternehmen zu der Gesamtwertschöpfung aller Unternehmen erhöhte sich somit auf 18,0 Prozent (2004: 16,7 Prozent) und wies den höchsten Stand seit dem Berichtsjahr 2000 auf.

Der infolge der Globalisierung zunehmenden internationalen Ausrichtung der Produktions- und Beschaffungsprozesse und der damit verbundenen Ausgliederung von Geschäftsbereichen ins Ausland wird durch eine zusätzliche Analyse der weltweiten Wertschöpfung Rechnung getragen. Dieses Vorgehen ermöglicht es zudem, das wirtschaftliche Gewicht der für diese Unternehmen zuständigen Entscheidungszentralen angemessen zu erfassen. Der Anteil der inländischen Wertschöpfung an der weltweiten Wertschöpfung der zehn größten Unternehmen verringerte sich geringfügig von 57,7 Prozent im Jahr 2004 auf 57,3 Prozent in 2006. Die Ergebnisse deuten darauf hin, dass sich die relative Zunahme der Verlagerung vor allem arbeitsintensiver Teile der Wertschöpfungskette in ausländische Niederlassungen oder der Vorleistungen, die Großunternehmen von in- oder ausländischen Lieferanten beziehen, im Berichtszeitraum zumindest abgeschwächt hat.

44.* Die zehn größten Unternehmen hatten an der Wertschöpfung aller untersuchten Großunternehmen einen Anteil von 40,98 Prozent, der unter dem Wert der Vorperiode (42,45 Prozent) lag. Der Anteil der zwanzig größten Unternehmen an der Wertschöpfung der „100 Größten" verminderte sich ebenfalls von 61,78 Prozent im Jahr 2004 auf 58,88 Prozent in 2006.

45.* Soweit die jeweiligen Daten für beide Jahre festgestellt werden konnten, wurde die Entwicklung der Groß-

unternehmen zwischen 2004 und 2006 auch hinsichtlich der Merkmale Anzahl der Beschäftigten, Sachanlagevermögen und Cashflow analysiert.

In die Untersuchung der Beschäftigtenzahlen wurden 88 Unternehmen einbezogen, die in beiden Berichtsjahren unter den hundert Größten waren. Ihr Anteil an der Anzahl der Beschäftigten aller Unternehmen betrug 2006 13,40 Prozent gegenüber 13,98 Prozent in 2004. Die Bedeutung der Großunternehmen als Arbeitgeber hat sich somit erneut verringert, wobei sich die drastische Absenkung der Beschäftigtenzahl der Großunternehmen in den Vorperioden als Folge unternehmerischer Konsolidierungsmaßnahmen im Jahr 2006 deutlich abschwächte.

Der moderate Rückgang der Beschäftigtenzahl führte in Verbindung mit dem deutlichen Anstieg der inländischen Wertschöpfung zu einer Steigerung der Wertschöpfung pro Arbeitnehmer in den 88 untersuchten Unternehmen um 21,57 Prozent auf durchschnittlich 116,71 Tsd. Euro im Jahr 2006.

46.* Neben der Wertschöpfung werden branchenspezifische Merkmale zur Beurteilung der Unternehmensgröße herangezogen, welche direkt aus dem Jahresabschluss zu ersehen sind. Dies ist im Falle von Industrie-, Verkehrs- und Dienstleistungsunternehmen sowie Handelsunternehmen der Umsatz. Die Größe von Kreditinstituten wird bevorzugt anhand der Bilanzsumme beurteilt und die der Versicherungsunternehmen anhand ihrer Beitragseinnahmen. Die Wertschöpfung ist jedoch als überlegenes Größenkriterium zu betrachten, da sie im Gegensatz zu den genannten, das Geschäftsvolumen kennzeichnenden alternativen Merkmalen den branchenübergreifenden Vergleich von Unternehmen erlaubt und den Grad ihrer vertikalen Integration widerspiegelt. Die Untersuchung der gemessen an ihrem Geschäftsvolumen größten Unternehmen stellt daher eine ergänzende Untersuchung mit dem Ziel dar, die Bedeutung von Großunternehmen in den einzelnen Wirtschaftszweigen näher zu beleuchten.

Das Wachstum des Geschäftsvolumens der jeweils größten Unternehmen übertraf im Produzierenden Gewerbe sowie im Versicherungs- und im Kreditgewerbe die allgemeine Marktentwicklung. Die aggregierte Konzentration nahm dagegen im Handel sowie im Verkehrs- und Dienstleistungsgewerbe ab. Gemessen am Anteil des Geschäftsvolumens aller in einer Branche tätigen Unternehmen, der auf die jeweils zehn größten Unternehmen der Branche entfällt, weisen das Versicherungs- und das Kreditgewerbe unverändert die höchste Konzentration auf.

47.* Die Anteilseigner der Großunternehmen werden zum einen hinsichtlich der Anteilseignerstruktur der Unternehmen des Berichtskreises analysiert, zum anderen werden die Kapitalverflechtungen der „100 Größten" untereinander untersucht. Bei der Mehrzahl der Unternehmen aus dem Untersuchungskreis veränderten sich die Besitzverhältnisse nicht wesentlich. Die öffentliche Hand reduzierte wie bereits in 2004 ihren Anteilsbesitz an einigen Großunternehmen (Deutsche Telekom AG, Deutsche Post AG, Fraport AG Frankfurt Airport Services Worldwide).

Hinsichtlich der Anteilseignergruppen, die jeweils die Eigenkapitalmehrheit der untersuchten Großunternehmen auf sich vereinen, ergaben sich die folgenden Änderungen. Die Zahl der mehrheitlich in ausländischem Einzelbesitz befindlichen Unternehmen erhöhte sich gegenüber 2004 um vier auf nunmehr 28 Unternehmen. An zweiter Stelle lag mit einem Wert von unverändert 21 die Anzahl der Unternehmen, die sich überwiegend in der Hand von Einzelpersonen, Familien oder Familienstiftungen befanden. Nur wenig geringer (20 Fälle, 2004: 20) war die Anzahl der Unternehmen, deren Anteilsmehrheit in Streubesitz lag. Die gemessen an der Anzahl der ihr angehörenden Unternehmen viertstärkste Gruppe waren 2006 die zwölf (2004: zwölf) Großunternehmen, die sich mehrheitlich im Besitz der öffentlichen Hand befanden. In ebenfalls zwölf Fällen (2004: 14) konnte das Eigenkapital nicht mehrheitlich einem anderen Großunternehmen, ausländischem Einzelbesitz, der öffentlichen Hand, Einzelpersonen, Familien und Familienstiftungen, Streubesitz sowie sonstigen Anteilseignern zugeordnet werden. In zwei (2004: drei) Fällen summierten sich die Anteile der „100 Größten" auf über 50 Prozent.

48.* Im Berichtszeitraum erhöhte sich die Zahl der verflochtenen Unternehmen von 35 in 2004 auf 39. Der leichte Anstieg ist im Wesentlichen eine Folge der Wechsel in der Zusammensetzung des Unternehmenskreises. Betrachtet man die Entwicklung seit dem Jahr 1996, ergibt sich eine fortschreitende Tendenz zur Kapitalentflechtung. Den 39 Unternehmen standen im Berichtsjahr 1996 noch 62 Unternehmen im Beteiligungsnetzwerk gegenüber. Dem gleichen Trend folgen die Gesamtzahl der Anteilseigner (1996: 39, 2006: 21) sowie die Anzahl der Beteiligungsunternehmen (1996: 51, 2006: 29). Die Zahl aller Beteiligungsfälle sank im gleichen Zeitraum von 143 auf 50. Nach der Einbeziehung der Daten aus den letzten Hauptgutachten kann zudem festgestellt werden, dass die Gesamtzahl der Beteiligungen der größten Finanzdienstleister stetig von 75 Beteiligungsfällen in 1996 auf 26 Beteiligungsfälle in 2006 fiel. Die meisten Beteiligungen an anderen Unternehmen aus dem Kreis der „100 Größten" wies mit einem Wert von 16 (2004: 14) wie in den Vorjahren die Allianz SE auf. Der Rückgang der Beteiligungsverflechtungen lässt sich auf die fortschreitende Globalisierung und die zunehmende Bedeutung internationaler Konzerne, aber auch auf institutionelle Veränderungen im Inland zurückzuführen. Neben Entflechtungsvorgängen kann die Abnahme des Verflechtungsgrades zum Teil auch durch Fusionen vormals eng verflochtener Mitglieder des Kreises der hundert größten Unternehmen erklärt werden.

49.* Bei der Untersuchung der personellen Verflechtungen werden ausschließlich diejenigen Unternehmensverbindungen berücksichtigt, bei denen eine oder mehrere Personen gleichzeitig den Geschäftsführungs- oder Kontrollorganen von mindestens zwei Unternehmen aus dem Kreis der „100 Größten" angehören. 2006 entsandten 34 (2004: 34) Unternehmen aus dem Untersuchungskreis Mitglieder ihrer Geschäftsführung in die Kontrollorgane von 44 (2004: 46) Unternehmen aus diesem Kreis. Die Gesamtzahl der Verflechtungen über Geschäftsführungs-

mitglieder betrug 84 (2004: 86). Die Anzahl der Verbindungen über Geschäftsführungsmitglieder von Banken und Versicherungen verminderte sich um 20 Prozent von 30 in 2004 auf 24 im Jahr 2006. Seit 1996 ist diese Zahl um 76,2 Prozent gesunken. Der Zehnjahresvergleich verdeutlicht wie im Falle der Kapitalverflechtungen eine stetig abnehmende Rolle der Finanzdienstleister im Netzwerk der personellen Verflechtungen.

50.* Die Anzahl der Verflechtungen der zwanzig größten Unternehmen über Gemeinschaftsunternehmen hat sich 2006 mit 30 derartigen Unternehmensbeziehungen gegenüber 2004 (35 Verflechtungen) verringert. Der Grad der Verflechtung als der Anteil der Verflechtungen an der Gesamtzahl möglicher Verbindungen sank von 18,4 Prozent auf 15,8 Prozent in 2006. Insgesamt bestanden 58 (2004: 75) Gemeinschaftsunternehmen. In einigen Fällen erfolgte der Kontakt zwischen zwei Unternehmen über mehrere Gemeinschaftsunternehmen. In einem Fall waren mehr als zwei Gesellschaften an einem gemeinsamen Unternehmen beteiligt.

Neben den zwanzig größten Unternehmen wurden ergänzend die acht (2004: sieben) Energieversorgungsunternehmen aus dem Kreis der „100 Größten" hinsichtlich ihrer Kooperation über Gemeinschaftsunternehmen untersucht. Die Zahl der Verflechtungen zwischen den Energieversorgern stieg von neun in 2004 auf elf in 2006. Der Verflechtungsgrad der sieben Unternehmen, die in beiden Jahren – 2004 und 2006 – zum Untersuchungskreis zählten, erhöhte sich von 42,9 Prozent auf 47,6 Prozent. Die Zahl der Gemeinschaftsunternehmen reduzierte sich im gleichen Zeitraum geringfügig von 48 auf 45. Die Unternehmen der Energiewirtschaft zeichneten sich mit 28 bzw. 62 Prozent aller Fälle durch eine besonders intensive Zusammenarbeit über Gemeinschaftsunternehmen aus, die in derselben Branche tätig waren wie ihre Obergesellschaften.

51.* Mit der Untersuchung der Beteiligung der „100 Größten" an den dem Bundeskartellamt nach § 39 Abs. 6 GWB angezeigten vollzogenen Unternehmenszusammenschlüssen betont die Monopolkommission die wettbewerbspolitische Bedeutung des externen Wachstums der „100 Größten". An den 2006/07 insgesamt angezeigten 3 303 (2004/05: 2 541) Zusammenschlüssen waren Unternehmen aus dem Betrachtungskreis in 582 (2004/05: 661) Fällen beteiligt. Der Anteil der „100 Größten" an der Gesamtzahl der Fusionen verminderte sich damit erneut von 26,0 Prozent auf 17,6 Prozent. Im Berichtszeitraum 2006/07 waren zudem 3 779 Freigabeentscheidungen zu verzeichnen, von denen 529 (14 Prozent) auf die hundert größten Unternehmen entfielen.

52.* In der Gesamtschau ergibt sich im Berichtszeitraum hinsichtlich der verschiedenen untersuchten Größenmerkmale und Wirtschaftszweige der Eindruck einer leicht zunehmenden Konzentration. Der Anteil der Großunternehmen an der Gesamtwertschöpfung hat sich entgegen der Entwicklung in den vergangenen Jahren deutlich erhöht. Im Produzierenden Gewerbe setzte sich der bereits in den Vorjahren verzeichnete Prozess einer fortschreitenden Konzentration fort. Eine Zunahme der

Konzentration ergab sich gegenüber der Vorperiode im Kredit- und Versicherungsgewerbe. Dagegen sank die Bedeutung der Großunternehmen im Handel und im Verkehrs- und Dienstleistungsgewerbe. Entgegen der gesamtwirtschaftlichen Entwicklung verringerte sich die Anzahl der von den Großunternehmen zur Verfügung gestellten Arbeitsplätze.

Tendenziell rückläufig sind ebenfalls die Beteiligungsverflechtungen sowie die personellen Verbindungen unter den „100 Größten", was zu einer Auflösung des Großteils des Netzwerks aus gegenseitigen Verflechtungen führte. Der leichte Anstieg der Kapitalbeteiligungen resultiert im Wesentlichen aus Veränderungen in der Zusammensetzung des Untersuchungskreises. Die Anzahl der Verflechtungen über Gemeinschaftsunternehmen verringerte sich im Berichtszeitraum ebenso wie die Beteiligung der Großunternehmen an den dem Bundeskartellamt angezeigten Zusammenschlüssen und der Zahl der Freigabeentscheidungen.

IV. Missbrauchsaufsicht über marktbeherrschende Unternehmen und Zusammenschlusskontrolle

53.* Im Rahmen der Missbrauchsaufsicht hat das Bundeskartellamt im Berichtszeitraum mehrere Verfahren mit kartellrechtlicher Bedeutung geführt. Traditionell stellt der Energiesektor einen Schwerpunkt der Arbeiten des Bundeskartellamtes dar. Im Berichtszeitraum hat die Novellierung des Energiewirtschaftsgesetzes auf die Amtspraxis Einfluss genommen. Mit Beginn der Regulierung der Gas- und Elektrizitätsnetze nach den Vorschriften des novellierten EnWG durch die Bundesnetzagentur entfällt die Zuständigkeit des Bundeskartellamtes, Missbrauchsfälle beim Netzzugang und Netzanschluss nach nationalem Recht gemäß § 111 EnWG zu ahnden. Der Schwerpunkt der Kartellamtstätigkeit liegt nunmehr in den nicht regulierten Beschaffungs-, Erzeugungs- und Absatzmärkten. Das Bundeskartellamt hat wegen des Verdachts des Missbrauchs einer marktbeherrschenden Stellung unter anderem Verfahren gegen langfristige Gaslieferverträge mit Weiterverteilern und gegen die Berücksichtigung bestimmter Kostenelemente auf der Grundlage des CO_2-Emmissionshandels bei der Strompreisbildung geführt. Die Monopolkommission sieht in der Untersagung von langfristigen Gaslieferverträgen ein wirksames Instrument der Wettbewerbsförderung, rät allerdings dazu, die Wirkungen auf die Anreizstrukturen der Ferngasunternehmen zu beachten und nach Ablauf der Untersagungsbefristung sorgfältig zu prüfen, ob die dann gültige Marktsituation eine erneute Untersagung erfordert. Die Monopolkommission erkennt die Anstrengungen des Bundeskartellamtes an, dem marktmächtigen Duopol aus E.ON und RWE einen Missbrauch seiner marktbeherrschenden Stellung nachzuweisen. Sie ist aber dennoch der Auffassung, dass sich ein erhöhtes Preisniveau im Stromsektor nicht anhand der Einpreisung der CO_2-Zertifikate nachweisen lässt. Die Monopolkommission ist der Auffassung, dass die Einpreisung aus ökonomischer Sicht nicht nur legitim, sondern für die Funktionsfähigkeit des CO_2-Zertifikatehandels grundsätzlich auch zwingend not-

wendig ist und der Argumentation des Bundeskartellamtes nicht ausnahmslos zugestimmt werden kann.

54.* Im Februar 2006 schloss das Bundeskartellamt ein Missbrauchsverfahren gegen Soda-Club, einen Hersteller von Besprudelungsgeräten für die Trinkwasserherstellung, ab. Das Unternehmen hatte versucht, Wettbewerber von der Befüllung der für das Endgerät benötigten CO_2-Zylinder auszuschließen, indem es die Behälter nur zur Miete an die Endkunden abgab. Die Klage gegen den Beschluss wurde zwischenzeitlich durch Entscheidungen des Oberlandesgerichts und des Bundesgerichtshofs zurückgewiesen. Die Monopolkommission stellt bei diesem Verfahren heraus, dass es sich auch um eine Abschottung eines Sekundärmarktes handelte, da der Befüllmarkt ein Teilmarkt des Marktes für die Zylinder darstellt. Eine solche Konstellation ist auf verschiedenen Märkten, beispielsweise dem für Drucker und Druckerpatronen, bekannt. Im Verhalten einer Kopplung von Primär- und Sekundärprodukt muss jedoch noch kein Missbrauch zu sehen sein, wenn es sich um eine Konstellation handelt, die zu Wohlfahrtsgewinnen führt. Die Monopolkommission ist der Meinung, dass die Abschottung eines Sekundärmarktes unter engen Voraussetzungen aus ökonomischen Erwägungen nicht zu beanstanden ist. Diese Voraussetzungen sind ein aktiver Wettbewerb auf dem Primärmarkt und die Segmentierung der Nachfrager in Gruppen, die von einem reziproken Verhältnis von nachgefragter Menge und Preiselastizität geprägt sind. Im untersuchten Missbrauchsfall lagen diese Voraussetzungen jedoch nicht vor.

55.* In einem Verfahren gegen das Unternehmen „Praktiker Baumärkte GmbH" ahndete das Bundeskartellamt eine unbillige Behinderung im Vertikalverhältnis zwischen Franchisenehmern und Franchisegebern. Das Unternehmen, das sowohl Regiebetriebe unterhält als auch eigene Franchisenehmer beliefert, hatte einigen Franchisenehmern eine 100prozentige Bezugspflicht der Baumarktwaren über Praktiker auferlegt und gleichzeitig die Einkaufsvorteile, die es erzielte, nicht an die Franchisenehmer weitergegeben. Durch dieses Vorgehen konnten die Praktiker-Regiebetriebe deutlich günstiger anbieten, als es den Franchisenehmern des Unternehmens möglich war. Im Januar 2008 hat das Oberlandesgericht Düsseldorf den Beschluss des Bundeskartellamtes aufgehoben. Die Monopolkommission sieht in dem Verhalten von Praktiker nur bedingt eine Wettbewerbsbeschränkung, da der Verhaltensspielraum von Praktiker als Franchisegeber in der hart umkämpften Branche weiterhin durch die Konkurrenz dritter Wettbewerber kontrolliert wird. Allerdings besteht zum Teil ein Wettbewerbsverhältnis von Regiebetrieben und Franchisenehmern auf denselben räumlichen Märkten; dort ist auch zum Teil die Gefahr einer Preis-Kosten-Schere gegeben. Im Rahmen der letzten Änderung des GWB ist in § 20 Abs. 4 Satz 2 Nr. 3 das Verbot einer solchen Spreizung der Abgabepreise als Regelbeispiel einer unbilligen Behinderung aufgenommen worden. Die Monopolkommission hält die Änderung jedoch nur begrenzt für sinnvoll, da dem Franchisegeber weiterhin Möglichkeiten bleiben, die im Markt verbleibenden Renten abzuschöpfen, gleichzeitig aber befürchtet werden muss, dass auch effizienzsteigernde Praktiken untersagt werden.

56.* Eine Änderung hat auch das Verbot erfahren, Produkte unter Einstandspreis anzubieten. Der im Dezember 2007 geänderte § 20 Abs. 4 GWB enthält nun ein Regelbeispiel, in welchem für Lebensmittel im Sinne des § 2 Abs. 2 des Lebensmittel- und Futtermittelgesetzbuches nun auch das gelegentliche Angebot unter Einstandspreis als unbillige Behinderung definiert wird. Die Monopolkommission kritisiert die Änderung, wie auch das Untereinstandspreisverbot an sich, da es de facto nicht zu Vorteilen für den Kunden führt. Auch trägt es nur sehr begrenzt zum Schutz kleiner Händler bei, da große Ketten allein aufgrund ihrer Einkaufsvorteile weiterhin günstiger anbieten können. Das Setzen von Untereinstandspreisen im Rahmen einer Mischkalkulation sieht die Monopolkommission als regulären Parameter im Wettbewerbsgeschehen, solange der Untereinstandspreis nicht als Instrument einer wettbewerbsbeschränkenden Verdrängungsstrategie genutzt wird. Auch zeigt die Fallpraxis des Bundeskartellamtes in mehreren Fällen, dass die operative Umsetzung des Untereinstandspreisverbotes mit Problemen behaftet ist. So mussten im Missbrauchsfall um die Drogerieartikelkette Rossmann verschiedene Rabatte auf einzelne Produkte der Produktpalette umgelegt werden. Hier blieb fraglich, ob der Werbekostenzuschuss nur auf tatsächlich beworbene Produkte umzulegen sei. Die Monopolkommission hält eine eindeutige und ökonomisch korrekte Zurechnung für nicht möglich, weshalb in einer freien Gesellschaft der Anbieter selbst über die Zurechnung entscheiden sollte. Es zeigt sich dadurch aber auch, dass eine konsistente Umsetzung des Untereinstandspreisverbotes nicht möglich ist.

57.* Schließlich beschäftigte sich ein Missbrauchsverfahren im Berichtszeitraum mit dem Boykott gewerblicher Spielevermittler durch die staatlichen Landeslottogesellschaften. Auf dem regulierten Markt für Glücksspiele führte der Auftritt privater Spielevermittler zu einer Überwindung der Monopolstellung der staatlichen Lottogesellschaften. Daraus ergab sich der Anreiz für die Landeslottogesellschaften, gewerbliche Spielevermittler in ihrem Aktionsradius einzuschränken. Der Deutsche Lotto- und Totoblock forderte seine Mitglieder daher auf, keine Spielscheine von Spielevermittlern anzunehmen, die ihre Tätigkeit auf den terrestrischen Vertrieb ausgedehnt hatten. Das Bundeskartellamt ahndete das Vorgehen als Boykott im Sinne des § 21 GWB. Der Beschluss des Bundeskartellamtes wurde im Beschwerdeverfahren weitestgehend bestätigt. Die Monopolkommission hält das Vorgehen des Bundeskartellamtes nach geltendem Recht für richtig, weist jedoch auf Zielkonflikte zwischen der Bekämpfung der Spielsucht einerseits und der wettbewerbsbedingten Ausweitung des Glücksspiels andererseits hin. Zudem besteht die Gefahr, dass durch den Eingriff des Bundeskartellamtes nicht der Verbraucher profitiert, sondern lediglich Monopolrenten von öffentlichen zu privaten Anbietern verschoben werden.

58.* Die Fusionskontrollstatistik des Bundeskartellamtes weist für den Berichtszeitraum der Monopolkommission 2006/2007 einen deutlichen Anstieg der Fallzahlen gegenüber den Vorjahren auf. Erneut ist die Zahl der Neuanmeldungen gestiegen. Für den nächsten Berichtszeitraum ist demnach mit einem weiteren Anstieg der Fallzahlen zu rechnen. Im vergangenen Berichtszeitraum hat das Bundeskartellamt 65 Fälle im Hauptprüfverfahren abgeschlossen, davon 38 Fälle mit einer Freigabe ohne Auflagen und Bedingungen. In 15 Fällen wurde eine Freigabe unter Bedingungen und Auflagen erteilt. Zwölf Vorhaben wurden untersagt.

Die Monopolkommission hat sich mit den Aufgreifkriterien der Fusionskontrolle auseinandergesetzt und ist dabei auf Möglichkeiten eingegangen, diese hinsichtlich einer effizienteren Zweckerfüllung anzupassen. Im Hinblick auf die Verbundklausel des § 36 Abs. 2 Satz 1 GWB und die allgemeine Aufgreifschwelle des § 36 Abs. 1 Ziff. 1 GWB ist festzustellen, dass diese Heuristik für die Notifizierungspflicht von Zusammenschlüssen beim Bundeskartellamt insbesondere kritische Fusionsvorhaben erfassen soll. Am Beispiel von Fusionen unter Beteiligung öffentlicher Krankenhäuser zeigte sich, dass die Kontrollpflicht in diesem Sektor in verschiedenen Fällen davon abhängig ist, welche Beteiligungen die tragende Gebietskörperschaft eingegangen ist. Im Zusammenschlussverfahren des Universitätsklinikums Greifswald mit dem Kreiskrankenhaus Wolgast war der Zusammenschluss zunächst deshalb anmeldepflichtig, weil dem Universitätsklinikum die Einnahmen des Landes Mecklenburg-Vorpommern zugerechnet wurden, die zu einem wesentlichen Teil aus den Zuflüssen der Landeslottogesellschaft stammen. Im Mai 2008 hat das Oberlandesgericht Düsseldorf der Beschwerde der Anmelderin entsprochen. Zwar seien die Umsatzerlöse des Landes Mecklenburg-Vorpommern und verbundener Unternehmen mit zu berücksichtigen, es sei jedoch bei der Berücksichtigung der Lotterieumsätze die Gewinnausschüttung erlösmindernd abzuziehen. Unter Annahme dieser Methodik zur Berechnung der Umsatzerlöse erreicht der Zusammenschluss die allgemeine Aufgreifschwelle nicht mehr. Im Zusammenschlussverfahren Kliniken Ludwigsburg-Bietigheim/Enzkreis-Kliniken war vor allem die Zurechnung der Umsatzerlöse der Sparkasse Ludwigsburg ausschlaggebend für das Erreichen der fusionskontrollrechtlichen Umsatzschwellen. Die Monopolkommission hat darauf hingewiesen, dass die konzernmäßige Konsolidierung der Umsätze im Falle von Gebietskörperschaften qualitativ gegenüber privaten Unternehmen abzugrenzen ist. Insbesondere bei Zusammenschlüssen öffentlicher Krankenhäuser sollte die Kontrollpflicht häufiger ausgelöst werden und weniger abhängig von solchen Unternehmen sein, die aufgrund der Verbundklausel über die Gebietskörperschaften zugerechnet werden. Die Monopolkommission hält die Notwendigkeit einer stärkeren Beteiligung der Zusammenschlusskontrolle bei Krankenhausfusionen auch aufgrund der stark regionalen Marktabgrenzung und der sehr hohen administrativen Marktzutrittsschranken für gegeben. Sie schlägt daher vor, die Berechnung der Umsatzerlöse auf diesem Markt anzupassen, indem § 38 GWB durch folgenden Absatz ergänzt wird: „Für den

Umsatz von Krankenhausunternehmen ist das Dreifache der Umsatzerlöse in Ansatz zu bringen."

59.* Im Berichtszeitraum hat die Anwendung der Bagatellmarktklausel des § 35 Abs. 2 Satz 2 GWB eine Konkretisierung erfahren. Mit seiner Entscheidung im Rechtsbeschwerdeverfahren zum Zusammenschlussfall Sulzer/Kelmix/Werfo hat der Bundesgerichtshof nun für eine Klärung in der Frage gesorgt, ob bei Anwendung der Bagatellmarktklausel auf den Inlandsmarkt abzustellen ist oder ob hinsichtlich der Bagatellumsätze die ökonomische Marktabgrenzung angenommen werden muss. Bei Letzterer können die relevanten Märkte über den Geltungsbereich des GWB hinausgehen. Hier ist nun im Sinne der Regelung nur auf die Umsätze auf dem Inlandsmarkt abzustellen. Die Monopolkommission begrüßt den Beschluss des Bundesgerichtshofs, da er auf den Sinn und Zweck der Bagatellmarktklausel abstellt, nur Zusammenschlüsse mit hinreichender gesamtwirtschaftlicher Bedeutung im Inland zu erfassen. Eine solche zweckbezogene Auslegung sollte jedoch auch bei der Zusammenfassung von Umsätzen aus mehreren sachlich relevanten Märkten erfolgen, da auch die gesamtwirtschaftliche Bedeutung eines Zusammenschlusses bei einer Vielzahl betroffener Märkte wächst. Hier hat der Bundesgerichtshof jedoch einer Addition der Umsätze hohe Hürden gesetzt. Die Monopolkommission empfiehlt dem Gesetzgeber daher, die Bagatellmarktklausel dahingehend zu konkretisieren, dass die Zusammenfassung mehrerer Inlandsmärkte explizit in die Norm aufgenommen wird.

60.* Die Bagatellmarktklausel ist in diesem Zusammenhang auch als Indikator zu sehen, ob ein Zusammenschluss überhaupt hinreichende Bedeutung in Deutschland hat. Denn gemäß § 130 Abs. 2 findet das GWB Anwendung auf alle Wettbewerbsbeschränkungen, die sich im Geltungsbereich des Gesetzes auswirken, auch wenn sie außerhalb dieses Geltungsbereichs veranlasst werden. Demzufolge sind auch Fusionen von ausländischen Unternehmen in Deutschland anmeldepflichtig, wenn sie Auswirkungen in Deutschland haben. Im Falle der Fusionsvorhaben der ausländischen Unternehmen Coherent/Excel, CVS Ferrari/Cargotec und Phonak/GN ReSound hat das Bundeskartellamt das Vorhaben jeweils untersagt. Neben der Bagatellmarktklausel dient die Inlandsumsatzgrenze von 25 Mio. Euro dazu, den qualitativen Inlandsbezug eines Zusammenschlusses festzustellen. Hier wird bislang auf den Umsatz eines der beteiligten Unternehmen abgestellt, welches diese Schwelle in Deutschland erzielen muss. Zuweilen werden diese Aufgreifkriterien der deutschen Fusionskontrolle im Falle von Auslandsfusionsvorhaben als kritisch beurteilt, weil weltweite Zusammenschlüsse auf diese Weise in mehreren Jurisdiktionen anmeldepflichtig werden und die Bagatellmarktschwelle für die Beteiligten schwierig ermittelbar ist, da sie bereits auf die sachliche Marktabgrenzung der materiellen Prüfung zurückgreift. Hier zielen Lösungsvorschläge darauf ab, die Aufgreifkriterien durch eine zweite Inlandsumsatzschwelle zu stärken, die gegebenenfalls auch die Bagatellmarktklausel ersetzen könnten. Die Monopolkommission steht einer solchen Anpassung des GWB jedoch kritisch gegenüber, da zu

befürchten ist, dass Zusammenschlüsse aus der Kontrollpflicht entlassen würden, die zu einer erheblichen Wettbewerbsbeschränkung im Inland beitragen könnten. Hier ist darauf zu verweisen, dass die genannten Auslandsfusionen, in denen es zu einer Untersagung kam, bei einer Ausweitung der bestehenden Inlandsumsatzschwelle von 25 Mio. Euro auf zwei beteiligte Unternehmen teilweise nicht erfasst worden wären.

61.* In mehreren Fällen des Berichtszeitraumes haben Zusammenschlussbeteiligte darauf verwiesen, dass das GWB aufgrund einer Überlagerung durch andere Normen nicht anwendbar sei. Hier sind vor allem Krankenhausfusionen zu nennen, bei denen die Beteiligten in mehreren Fällen von einer Nichtanwendbarkeit des GWB ausgingen, da dieses durch die Ausschlussklausel des § 69 SGB V bzw. höherrangiges Krankenhausplanungsrecht verdrängt werde. In den untersagten Zusammenschlussfällen Rhön-Klinikum AG/Kreiskrankenhäuser Bad Neustadt, Mellrichstadt und LBK Hamburg/Krankenhaus Mariahilf stellten die Beteiligten jeweils Antrag auf Ministererlaubnis gemäß § 42 GWB. In ihren Sondergutachten gemäß § 42 Abs. 4 GWB im Rahmen der Verfahren hat sich die Monopolkommission dazu geäußert, dass sie das GWB auch in diesen Fällen für anwendbar hält. Am 16. Januar 2008 bestätigte auch der Bundesgerichtshof in seiner Entscheidung zum Fall Rhön-Klinikum AG/Kreiskrankenhäuser Bad Neustadt, Mellrichstadt höchstrichterlich die Anwendung des Wettbewerbsrechts bei Zusammenschlüssen öffentlicher Krankenhäuser. Eine Überlagerung des Wettbewerbsrechts wurde auch im Zusammenschlussverfahren Region Hannover/Klinikum Region Hannover vorgebracht, da der Zusammenschluss auf der kommunalen Neuordnung der Gebietskörperschaften in der Region Hannover beruhte. Das Bundeskartellamt sah auch in diesem Fall den Anwendungsbereich des GWB nicht eingeschränkt. Das Verfahren endete am 13. November 2006 mit einer Freigabe.

62.* Ob einer starken Präsenz von Krankenhauszusammenschlüssen im Berichtszeitraum hat sich die Monopolkommission mit der Marktabgrenzung im Krankenhaussektor beschäftigt. Die Praxis des Bundeskartellamtes zeigt, dass Patienten eine wohnortnahe Versorgung vorziehen und hier häufig kleine Regionalmärkte abzugrenzen sind. Das Amt errechnet unter anderem eine Selbstversorgungsquote, verzichtet dabei aber darauf, feste Werte zu nennen, ab denen ein räumlich relevanter Markt abzugrenzen ist. Vielmehr werden verschiedene Kriterien in die Abgrenzung einbezogen. Die exakte Methodik der räumlichen Marktabgrenzung durch das Bundeskartellamt wird von der Monopolkommission begrüßt. Im Falle der sachlichen Marktabgrenzung stellt das Bundeskartellamt regelmäßig auf den Gesamtmarkt für Krankenhausdienstleistungen ab und unterscheidet nicht weiter nach Fachabteilungen. In einer eigenen empirischen Studie stellt das Bundeskartellamt starke Verflechtungen zwischen den Fachabteilungen fest, weshalb es eine Abgrenzung des Gesamtmarktes für akutstationäre Krankenhausdienstleistungen als adäquat erachtet. Eine Unterscheidung trifft das Amt allerdings dann, wenn eine psychiatrische Klinik an einem Zusammenschluss beteiligt ist, da sich die Psychiatrie vom somatischen Krankenhausmarkt aus verschiedenen Gründen abgrenzt. Die Monopolkommission hält eine Abgrenzung nach Fachabteilungen in vielen Zusammenhängen für nicht zielgenau. Sie schlägt jedoch vor, allein diejenigen DRG-Fallgruppen in die Marktabgrenzung mit einzubeziehen, in denen mindestens zwei der beteiligten Häuser ein Minimum an Fällen abgerechnet haben. Diese Abgrenzung führt nach Ansicht der Monopolkommission zu einer besseren Eingrenzung des von dem Zusammenschluss betroffenen Bereiches.

63.* Im Berichtszeitraum hat das Bundeskartellamt seine Marktabgrenzung im Energiesektor modifiziert und an aktuelle Marktentwicklungen angepasst. Die Monopolkommission, die sich bereits in ihrem letzten Hauptgutachten für eine Modifizierung ausgesprochen hat, begrüßt dieses Vorgehen des Bundeskartellamtes. Allerdings moniert sie, dass diese Marktabgrenzung nicht das gesamte Marktgeschehen abzubilden vermag. So ist sie der Meinung, dass dem Regelenergiemarkt nicht ausreichend Beachtung geschenkt und die Distributionsstufe zu wenig differenziert betrachtet wird. Die Monopolkommission hätte eine Fundierung der Analysen des Bundeskartellamtes mit quantitativen ökonomischen Verfahren unterstützt, weil sie darin einen zusätzlichen Erkenntnisgewinn gesehen hätte. Auch die aktuelle Diskussion zur Abgrenzung eines einheitlichen Wärmemarktes, dem der Heizenergieträger Gas hinzuzurechnen wäre, könnte von einer solchen Fundierung profitieren. Die Monopolkommission schlägt vor, bei der Marktabgrenzung im Gassektor dahingehend zu unterscheiden, welcher wettbewerbspolitischen Maßnahme sie als Grundlage dient. Sie plädiert für eine weite Marktabgrenzung bei der Verwendung harter strukturpolitischer Elemente, wie der eigentumsrechtlichen Entflechtung, und sieht eine etwas engere, rein auf den Gasmarkt bezogene Abgrenzung als hinreichend im Rahmen der Fusionskontrolle und der Missbrauchsaufsicht an. Die eigentumsrechtliche Entflechtung stellt einen erheblichen Eingriff in die Eigentumsrechte der Unternehmen dar und bedarf von daher nach Auffassung der Monopolkommission eines sehr sensitiven Vorgehens und einer umfassenden Analyse sämtlicher Wettbewerbskräfte. Daher plädiert sie hier für die tendenziell weitere Marktabgrenzung. Darüber hinaus beleuchtet die Monopolkommission die veränderte Sicht des Bundeskartellamtes auf die Wettbewerbsbeziehungen der verschiedenen Vertriebsschienen im Lebensmitteleinzelhandel.

64.* Die Monopolkommission hat die materielle Prüfung der Wettbewerbsbedingungen in verschiedenen Zusammenschlussverfahren durch das Bundeskartellamt genauer untersucht. Im Zusammenschlussverfahren der amerikanischen Unternehmen Coherent und Excel, die in der Produktion von Laser- und Präzisionsoptikprodukten tätig sind, hat das Budeskartellamt den Zusammenschluss untersagt, weil er auf dem Markt für sealed-off RF CO_2 Laser bis 600 W zu einer marktbeherrschenden Stellung führe. Zwar hielten die Beteiligten nach einem Zusammenschluss hohe Marktanteile auf diesem Markt, auffällig war jedoch, dass bei Lasern bis 100 W zuletzt mehrere

kleine Unternehmen in den Markt eingetreten sind. Die Monopolkommission hat daher moniert, dass in diesem Fall der Wettbewerb durch Randanbieter genauer zu prüfen gewesen wäre, da dieser theoretisch geeignet sein könnte, die marktbeherrschende Stellung der Beteiligten zu erodieren. Die Monopolkommission stellt jedoch auch fest, dass die Marktzutritte vor allem das Segment für Laser niedriger Leistungsstärke betreffen und allein aufgrund der Marktstellung im Bereich der leistungsstärkeren Laser keine andere Entscheidung möglich gewesen wäre.

65.* Untersagt hat das Bundeskartellamt auch den Zusammenschluss der Hörgerätehersteller Phonak und GN ReSound, da dieser zur Entstehung eines marktbeherrschenden Oligopols führe. Das Bundeskartellamt zeigt, dass durch Verflechtung der Anbieter über verschiedene Verbände, Gemeinschaftsunternehmen und durch Patenttausch ein weitgehendes Parallelverhalten der bestehenden Oligopolanbieter bereits vorliegt und mit GN ReSound nun der einzige preisaktive Wettbewerber in das Oligopol integriert würde. Es konnte überzeugend dargelegt werden, dass der bestehende Oligopolverbund über eine hohe Markttransparenz verfügt, wirksame Sanktionsmechanismen besitzt und eine disziplinierende Nachfragemacht als Gegengewicht hier nicht existiert. Die Monopolkommission begrüßt, dass das Kartellamt seine Untersuchung stark im Hinblick auf die strategischen Möglichkeiten der Akteure aufbaut, nach denen sich mögliche Wettbewerbsprozesse zukünftig ergeben.

66.* Eine Zunahme der Konzentration hat es auch im Luftverkehr gegeben. So hat das Bundeskartellamt im Berichtszeitraum die Akquisitionen von dba und LTU durch Air Berlin freigegeben. Die angemeldete Übernahme von Condor befindet sich noch in der Prüfung. Bereits bei der Übernahme der LTU war auffällig, dass sich durch den Zusammenschluss hohe Konzentrationen auf einigen Mittelstreckenrouten nach Spanien ergaben. Das Bundeskartellamt stützt seine Freigabeentscheidung jedoch sehr stark auf die niedrigen Marktzutrittsschranken im Luftverkehr, die es potenzieller Konkurrenz einfach ermöglichen, auf den betroffenen Strecken in Konkurrenz zu den Beteiligten zu treten. Die Monopolkommission hält einen stark generalisierenden Verweis auf den potenziellen Wettbewerb im Luftverkehr jedoch nicht für angebracht. Bei einem Verweis auf den potenziellen Wettbewerb sind die Eintrittswahrscheinlichkeiten und Möglichkeiten einzelner Wettbewerber genau darzustellen. So kann in Anlehnung an den Beschluss Ryanair/Aer Lingus der Europäischen Kommission beispielsweise zwischen den Markteintrittsbarrieren von Wettbewerbern unterschieden werden, die auf einer Seite der betroffenen Strecke bereits eine Basis besitzen, und solchen, die eine solche Basis erst aufbauen oder Punkt-zu-Punkt-Verkehre anbieten müssten.

67.* Der Trend, dass die Stromerzeuger verstärkt nachgelagerte Unternehmen akquirieren, wurde durch das Bundeskartellamt unterbunden. Die beiden Fälle E.ON/ Stadtwerke Eschwege sowie RWE/Saar Ferngas haben diesbezüglich zu einer Abkehr geführt. Die Monopolkommission begrüßt diese Entscheidungen, weil sie einer weiter fortschreitenden vertikalen Konzentration im Stromsektor entgegenwirken. Sie sieht in der Vorwärtsintegration der Duopolmitglieder eine Marktabschottung und einen sukzessiven Ausbau von Marktmacht. Darüber hinaus stellt die vertikale Integration nach Auffassung der Monopolkommission eine erhebliche Marktzutrittsschranke dar, die verhindert, dass sich potenzielle Wettbewerber auf dem Strommarkt etablieren können, die nicht alle Marktstufen abdecken. Zudem wäre im Falle einer fortschreitenden vertikalen Integration, zum Beispiel durch Stadtwerksbeteiligungen, der Einfluss auf die Erzeugungskapazitäten der Stadtwerke, als aktuell einzigem Gegenpol zu den vier Verbundunternehmen, ausgesprochen kritisch zu sehen.

68.* Im November 2007 hat das Bundeskartellamt die Übernahme der Lotto Rheinland-Pfalz durch das Land Rheinland-Pfalz untersagt, da diese zu einer Verstärkung der marktbeherrschenden Stellung der Lotto Rheinland-Pfalz in Rheinland-Pfalz und zu einer Verstärkung marktbeherrschender Stellungen der Lottogesellschaften in Baden-Württemberg, Bayern, Hessen, Sachsen und Thüringen auf den Lottomärkten in den jeweiligen Ländern führen würde. Die Lotto Rheinland-Pfalz ist derzeit die einzige unter den deutschen Landeslottogesellschaften, die durch das Bundesland, in dessen Auftrage sie Glücksspiele veranstaltet, nicht kontrolliert wird. Die Monopolkommission sieht in dem Zusammenschlussverfahren die Besonderheit, dass das Land Rheinland-Pfalz auch ohne den Zusammenschluss der alleinige Veranstalter von Glücksspielen in Rheinland Pfalz würde. Dies ergibt sich aus dem neuen rheinland-pfälzischen Landesglücksspielgesetz, nach dem das Land Rheinland-Pfalz nur noch dann eine Konzession an die Lotto Rheinland-Pfalz erteilt, wenn es daran eine Mehrheit besitzt. Andernfalls will das Land Rheinland-Pfalz die Austragung von Glücksspielen auf eine Eigengesellschaft übertragen. Scheitert das Fusionsverfahren an einer Untersagung des Bundeskartellamtes, dann geht die Veranstaltung von Glücksspielen in Rheinland-Pfalz somit dennoch auf das Land Rheinland-Pfalz über. Dies lenkt eine besondere Aufmerksamkeit auf die Prüfung der Kausalität des Zusammenschlusses für die Begründung oder Verstärkung einer marktbeherrschenden Stellung. Hier hat das Bundeskartellamt eine, im Vergleich zur Betrachtung der Verstärkungswirkungen, kurze Analyse vorgenommen und die Kausalität bejaht. Die Monopolkommission sieht in einem solchen Fall jedoch einen besonderen Prüfbedarf, da in diesem Fall unklar bleibt, ob der Zusammenschluss tatsächlich Auswirkungen auf die Verstärkungswirkung hat und hier nicht eine effizienzsteigernde Fusion untersagt wird. Die Kausalität ist daher durch eine begründete Prognose darüber zu prüfen, ob die vom Bundeskartellamt festgestellten Verstärkungswirkungen einer marktbeherrschenden Stellung auch im Falle einer Ausrichtung der Lotterien durch das Land Rheinland-Pfalz einträten.

69.* Das Bundeskartellamt hat im Berichtszeitraum von der Möglichkeit Gebrauch gemacht, einer durch einen Zusammenschluss entstehenden marktbeherrschenden Stellung im Rahmen der Abwägungsklausel Verbesserun-

gen der Wettbewerbsbedingungen auf anderen Märkten gegenüberzustellen. Gewürdigt wurde die Fallpraxis des Bundeskartellamtes in zwei Fällen: Die Monopolkommission schließt sich der Argumentation des Bundeskartellamtes an, das die Schaffung einer gemeinsamen Plattform für den Handel mit Sekundärkapazitäten für den Gastransport, der trac-x, im Rahmen der Abwägungsklausel freigegeben hat. Auch die Monopolkommission sieht durch den Zusammenschluss positive Wirkungen auf die Anzahl der teilnehmenden Unternehmen, das Transaktionsvolumen, die Liquidität und das damit verbundene Entstehen von Netzwerkeffekten. Ebenso befürwortet die Monopolkommission die im April 2008 erfolgte Freigabe im Fall Kabel Deutschland/Orion-Gesellschaften. Die Überwindung der künstlichen Trennung der Netzebenen 3 und 4 im deutschen Breitbandkabelnetz begünstigt den Ausbau dieser Netze als alternative Infrastruktur für das Angebot von Telekommunikationsdiensten und schafft die Voraussetzung für Infrastrukturwettbewerb mit anderen Festnetzbetreibern auf Telekommunikationsmärkten.

70.* Während des Berichtszeitraums 2006/2007 gab es eine Reihe bemerkenswerter Entwicklungen bei der europäischen Fusionskontrolle: Mit 758 Zusammenschlüssen wurden mehr Fälle in Brüssel notifiziert als während der „Fusionswelle" in den Jahren 2000/2001. Allerdings hat die Europäische Kommission – wie im vorigen Berichtszeitraum – lediglich eine Untersagung ausgesprochen (Ryanair/Aer Lingus). Die im Zuge der letzten FKVO-Reform eingeführten Verweisungsmöglichkeiten auf Initiative der Parteien, vor allem Artikel 4 Abs. 5 FKVO, haben erneut deutlich an Bedeutung gewonnen. Daneben hat die spanische Regierung die ausschließliche Zuständigkeit der Europäischen Kommission in den Fusionsfällen E.ON/Endesa und Enel/Acciona/Endesa bestritten. Bei der Marktabgrenzung ist die Europäische Kommission in mehreren Verfahren von dem Ansatz einer möglichst klaren und trennscharfen Definition abgerückt. Der SIEC-Test hat sich endgültig etabliert und wurde in einem ersten „Lücken"-Fall – T-Mobile Austria/Tele.ring – angewendet. Das Marktbeherrschungskriterium blieb – im Rahmen des neuen Tests – weiterhin von Bedeutung. In einigen Verfahren setzte sich die Europäische Kommission mit dem Effizienzeinwand auseinander. Effizienzen spielten ebenfalls eine bedeutende Rolle bei der Diskussion über die Behandlung von nichthorizontalen Zusammenschlüssen, die im November 2007 in Leitlinien der Europäischen Kommission mündete. Noch im Entwurf befinden sich die überarbeiteten Leitlinien zu Abhilfemaßnahmen. Das Gericht erster Instanz (EuG) erließ unter anderem sein lang erwartetes Urteil Schneider Electric/Kommission zu Schadensersatzansprüchen in Fusionsfällen.

71.* Im Berichtszeitraum hat die spanische Regierung die ausschließliche Zuständigkeit Brüssels in den Zusammenschlussverfahren E.ON/Endesa und Enel/Acciona/Endesa bestritten. Obwohl die Europäische Kommission beide Vorhaben ohne Bedingungen genehmigt hatte, machte Spanien die Durchführung der Zusammenschlüsse von weitreichenden Auflagen abhängig. Die Monopolkommission lehnt mitgliedstaatliche Eingriffe in die durch die FKVO vorgegebene Zuständigkeit der Europäischen Kommission strikt ab. Sie wendet sich nachdrücklich gegen eine nationale Politik, welche die Bildung von inländischen Champions fördert und die Belange der Wettbewerbspolitik gegenüber industriepolitischen Interessen zurückstellt, und erinnert in diesem Zusammenhang daran, dass derartige Eingriffe letztlich zulasten der Verbraucher gehen. Nach Ansicht der Monopolkommission sollte die Europäische Kommission alle ihr zu Gebote stehenden Mittel ausschöpfen, um Spanien zur Rücknahme der ausgesprochenen Auflagen zu bewegen und damit auch ein Zeichen im Hinblick auf andere Mitgliedstaaten zu setzen.

72.* Im Rahmen der Zuständigkeitsverteilung zwischen Europäischer Kommission einerseits und den nationalen Wettbewerbsbehörden andererseits treten die Verweisungen auf Initiative der Mitgliedstaaten nach Artikel 9 und 22 FKVO immer mehr in den Hintergrund. Dagegen ist ein erheblicher Zuwachs bei den Verweisungen auf Antrag der am Zusammenschluss beteiligten Unternehmen zu verzeichnen. Wesentlich häufiger sind dabei Verweisungen von den nationalen Wettbewerbsbehörden hin zur Europäischen Kommission als umgekehrt. Wie schon im letzten Berichtszeitraum zu beobachten, machen die Mitgliedstaaten jedoch kaum von ihrem Vetorecht Gebrauch.

73.* Bemerkenswert ist die Entwicklung hin zu einer weniger starren Marktabgrenzung, die im Berichtszeitraum zu erkennen ist. In mehreren Fällen – unter anderem in den Entscheidungen Omya/Huber, Glatfelder/Crompton und Travelport/Worldspan – definiert die Europäische Kommission zwar einen relevanten sachlichen Markt – oft unter explizitem Ausschluss bestimmter benachbarter Produkte. Gleichzeitig erklärt sie aber, dass von diesen benachbarten Produkten ein gewisser Wettbewerbsdruck auf die Zusammenschlussparteien ausgehe und deshalb bei der weiteren wettbewerblichen Würdigung zu berücksichtigen sei. Nach Auffassung der Monopolkommission bleibt abzuwarten, ob diese Vorgehensweise vor dem EuGH Bestand haben wird. Zweifelhaft ist das vor allem in Fällen, in denen die Europäische Kommission bei ihrer wettbewerblichen Würdigung auf das Kriterium der Marktbeherrschung abstellt. Die Frage nach der Entstehung oder Verstärkung einer marktbeherrschenden Stellung setzt die Definition eines sachlich und räumlich relevanten Marktes als klaren Bezugsrahmen voraus. Auch die Feststellung einer erheblichen Behinderung wirksamen Wettbewerbs erfordert Nachvollziehbarkeit der Entscheidung. Wegen der unscharfen Konturen des SIEC-Tests sind die Stimmigkeit der Begründung und die Konsistenz des Verfahrens dort besonders wichtig.

74.* War der letzte Berichtszeitraum noch durch den Übergang vom Marktbeherrschungs- zum SIEC-Test geprägt, hat sich Letzterer in den vergangenen zwei Jahren endgültig etabliert. Die Einführung des SIEC-Tests wurde unter anderem mit möglichen Lücken des Marktbeherrschungskriteriums bei der Erfassung nicht koordinierter Effekte im Oligopol begründet. In dem Zusammenschluss T-Mobile Austria/Tele.ring wendet die Europäische Kommission den SIEC-Test nunmehr erstmals auf einen sog.

„Lücken"-Fall an. Wie bereits in der Vergangenheit hat die Europäische Kommission ökonomische Studien und ökonometrische Analysen zur Beurteilung von einzelnen Zusammenschlussvorhaben herangezogen. Dies geschah – z. B. in den Fällen Omya/Huber, Inco/Falconbridge, Ineos/BP Dormagen sowie Sea-Invest/EMO-EKOM und Ryanair/Aer Lingus – sowohl im Rahmen der Marktdefinition als auch bei der weiteren wettbewerblichen Würdigung.

Festzuhalten ist jedoch auch, dass das Marktbeherrschungskriterium im Rahmen des SIEC-Tests durchaus bedeutend blieb. Immerhin in fünf von zehn bedingten Freigabeentscheidungen der zweiten Phase prüfte die Europäische Kommission die Entstehung oder Verstärkung von Marktbeherrschung. Schließlich stützte sich die Wettbewerbsbehörde auch bei der einzigen Verbotsverfügung während des Berichtszeitraums – Ryanair/Aer Lingus – auf den Aspekt der Marktbeherrschung. Die Marktanteile spielen ebenfalls weiterhin eine wichtige Rolle in der Entscheidungspraxis und bilden regelmäßig den Ausgangspunkt für die weitere wettbewerbliche Würdigung. Die Europäische Kommission betont in mehreren Entscheidungen (z. B. Metso/Aker Kvaerner, Orica/Dyno und Renolit/Solvay), dass sehr hohe Marktanteile von 50 Prozent und mehr schon für sich allein ein Indiz für die beherrschende Stellung der Zusammenschlussbeteiligten bilden.

75.* Die Monopolkommission beurteilt es prinzipiell positiv, wenn traditionelle Untersuchungsmethoden durch ökonometrische Analysen ergänzt werden, weil dadurch Fehlerquellen aufgedeckt und die wettbewerbliche Einschätzung verbessert werden kann. Insbesondere die beiden Fälle Ryanair/Aer Lingus und Omya/Huber geben indes Anlass zu der Frage, ob die durchgeführten Analysen tatsächlich einen zusätzlichen Erkenntnisgewinn für die Beurteilung der Zusammenschlüsse erbracht haben. Nach Auffassung der Monopolkommission sollte die Europäische Kommission ihre knappen Ressourcen angesichts des hohen personellen und zeitlichen Aufwands, der mit der Erstellung ökonomischer Analysen verbunden ist, auf wirkliche Zweifelsfälle konzentrieren.

76.* Während des Berichtszeitraums standen die horizontalen Zusammenschlüsse im Mittelpunkt der Entscheidungspraxis. Hingegen traten nur wenige Fälle mit vertikalen Effekten, etwa SFR/Télé2France und Thales/Finmeccanica/AAS/Telespazio, auf. Konglomerate Auswirkungen wurden ebenfalls nur selten – beispielsweise in den Verfahren Metso/Aker Kvaerner und Danone/Numico – geprüft. In beiden Fällen hat die Europäische Kommission die Ausweitung des Produktportfolios prinzipiell positiv bewertet. Aus Sicht der Nachfrager wird es als vorteilhaft angesehen, wenn diese das ganze „Sortiment" bei einem einzigen Anbieter beziehen können. Im Fall Danone/Numico erscheint es allerdings fraglich, ob dieser Vorteil tatsächlich auf dem Zusammenschluss beruht. Es fällt außerdem auf, dass die Europäische Kommission möglichen Wettbewerbsbeeinträchtigungen, die mit der Erweiterung der Produktportfolios einhergehen können, nicht nachgeht.

77.* Im November 2007 hat die Europäische Kommission Leitlinien zu nichthorizontalen Fusionen veröffentlicht. Die Monopolkommission teilt die Auffassung, dass von nichthorizontalen Zusammenschlüssen in der Regel geringere Risiken für den Wettbewerb als von horizontalen Fusionen ausgehen. Sie gibt allerdings zu bedenken, dass eine Unterscheidung zwischen horizontalen und nichthorizontalen Zusammenschlüssen in der Praxis erhebliche Schwierigkeiten aufwerfen kann. Vor diesem Hintergrund wird ein rein verhaltensbezogener Ansatz bei der Prüfung nichthorizontaler Zusammenschlüsse skeptisch gesehen. Schon früher hat die Monopolkommission sich dafür ausgesprochen, auch bei konglomeraten Zusammenschlüssen Marktstrukturkriterien, wie sie z. B. § 19 Abs. 2 GWB vorsieht, zu berücksichtigen. Die Monopolkommission wendet sich ferner gegen die Untersuchung von Missbrauchspraktiken im Rahmen der Fusionskontrolle.

78.* Eine wesentliche Neuerung der Verordnung Nr. 139/2004 besteht darin, dass die Europäische Kommission nach Erwägungsgrund 29 begründeten und wahrscheinlichen Effizienzvorteilen Rechnung tragen soll. Die Europäische Kommission hat sich gleich in mehreren Fällen – Korsnäs/Cartonboard, T-Mobile Austria/Tele.ring sowie Inco/Falconbridge und Ryanair/Aer Lingus – mit möglichen Effizienzvorteilen auseinandergesetzt. Eine eingehende Prüfung findet in den Zweite-Phase-Verfahren Inco/Falconbridge und Ryanair/Aer Lingus statt. In keinem der genannten Fälle wurde das Ergebnis der Wettbewerbsanalyse aufgrund der geltend gemachten Effizienzen revidiert. In Fällen, in denen die Europäische Kommission erhebliche Wettbewerbsbeeinträchtigungen befürchtete, wurde der Effizienzeinwand abgelehnt, weil die erforderlichen Voraussetzungen nicht erfüllt waren. Eine echte Abwägung zwischen Wettbewerbsbeschränkung auf der einen Seite und Effizienzgewinnen auf der anderen Seite musste die Europäische Kommission daher noch nicht vornehmen.

79.* Die Monopolkommission bewertet das Vorgehen der Europäischen Kommission in dem Fall Korsnäs/Cartonboard, der in der ersten Verfahrensphase ohne Bedingungen und Auflagen freigegeben wurde, kritisch. Obwohl die Wettbewerbsbehörde bereits im ersten Schritt das Vorliegen wettbewerblicher Bedenken verneinte, setzte sie sich in einem zweiten Schritt mit den geltend gemachten Effizienzvorteilen auseinander. Die Monopolkommission spricht sich nachdrücklich für eine Trennung zwischen der vorrangigen Untersuchung wettbewerbsbeschränkender Wirkungen und der nachfolgenden Effizienzprüfung aus. Eine Effizienzprüfung ist nur dann vorzunehmen, wenn die Wettbewerbsanalyse ernsthafte Bedenken gegen den Zusammenschluss ergeben hat. Diesem Ansatz ist auch die Europäische Kommission in den Fällen Inco/Falconbridge und Ryanair/Aer Lingus gefolgt.

80.* In dem Verfahren Ryanair/Aer Lingus erfüllt nach Ansicht der Europäischen Kommission keiner der vorgetragenen Effizienzvorteile sämtliche erforderlichen Voraussetzungen. Die Entscheidung macht deutlich, dass die reine Behauptung oder Annahme der Parteien, es werde durch den Zusammenschluss zu Effizienzvorteilen kommen, nicht für einen positiven Bescheid der Wettbewerbsbehörde ausreicht. Ein wichtiges Indiz für die Seriosität der dargelegten Vorteile stellen Dokumente dar, die vor dem konkreten Zusammenschluss erstellt worden sind und die vorgebrachte Argumentation stützen. Die Verfügung bestätigt ferner, dass nur solche Effizienzvorteile berücksichtigt werden, die aus dem Zusammenschluss hervorgehen. Keine Berücksichtigung finden hingegen Kosteneinsparungen, die auch ein Unternehmen alleine erzielen könnte. Zudem stellt die Europäische Kommission klar, dass nur zusätzliche Effizienzgewinne berücksichtigt werden. Für die betroffenen Unternehmen bedeutet dies, dass sie aus erhöhter Nachfragemacht resultierende Kosteneinsparungen nicht als effizienzfördernd im Fusionskontrollverfahren geltend machen können.

81.* Während des Berichtszeitraums sind 31 Erste-Phase- und zehn Zweite-Phase-Entscheidungen unter Bedingungen und Auflagen ergangen. In fast allen Zweite-Phase-Verfahren hat die Europäische Kommission strukturelle Zusagen entgegengenommen. Zum Teil tritt neben die Veräußerung von Produktionsanlagen die Abgabe von Lieferverträgen, Marken oder Technologie. Vereinzelt bilden jedoch auch verhaltensorientierte Verpflichtungen den Schwerpunkt der den Parteien auferlegten Maßnahmen, so z. B. in den Verfahren SFR/Télé2France und Axalto/Gemplus. Nur in einem einzigen Verfahren – Ryanair/Aer Lingus – hielt die Europäische Kommission die angebotenen Zusagen nicht für ausreichend und sprach eine Untersagung aus. Die Zahl der Untersagungen bleibt damit auf einem anhaltend niedrigen Niveau. Der Eindruck verfestigt sich, dass die Europäische Kommission eher bereit ist, umfangreiche Zusagen entgegenzunehmen als ein Verbot zu erteilen. Die Monopolkommission bewertet dieses Vorgehen insbesondere vor dem Hintergrund der in der Vergangenheit festgestellten Defizite bei der Umsetzung von Abhilfemaßnahmen skeptisch. Sie weist auch auf die Gefahr hin, dass die Wettbewerbsbehörde das Instrument der Abhilfemaßnahmen zu einer aktiven Industriepolitik nutzen kann.

82.* Im April 2007 hat die Europäische Kommission den Entwurf von überarbeiteten Leitlinien zu Abhilfemaßnahmen vorgelegt. Sie reagierte damit vornehmlich auf eine im Jahr 2005 veröffentlichte Studie, die erhebliche Defizite bei der Zusagendurchsetzung festgestellt hatte. Die Monopolkommission begrüßt die Initiative der Europäischen Kommission insbesondere vor dem Hintergrund der aufgedeckten Mängel. Ein strengerer Ansatz bei der Entgegennahme von Zusagen, wie er in dem Entwurf zum Ausdruck kommt, ist notwendig, da sich in der Vergangenheit nur etwa die Hälfte der Abhilfemaßnahmen als wirkungsvoll erwiesen hat. Besonders bedeutsam ist ein solcher Ansatz vor dem Hintergrund, dass die Europäische Kommission eher dazu neigt, umfangreiche Verpflichtungen aufzuerlegen als Untersagungen auszusprechen.

Im Einzelnen teilt die Monopolkommission die grundsätzlichen Bedenken der Europäischen Kommission gegenüber verhaltensorientierten Abhilfemaßnahmen. Für zu wenig kritisch hält sie in diesem Zusammenhang allerdings die Ausführungen zu Zugangsverpflichtungen. Zuzustimmen ist der Europäischen Kommission, wenn sie die Bedeutung des richtigen Erwerbers für den Erfolg der Abhilfemaßnahme unterstreicht. Außerdem unterstützt die Monopolkommission die Initiative der Europäischen Kommission, verstärkt auf Upfront-Buyer- und Fix-it-first-Lösungen zurückzugreifen. Unter anderem wird auf diese Weise sichergestellt, dass die Fusion nur vollzogen wird, wenn sich überhaupt ein fähiger Erwerber für das Veräußerungspaket findet.

83.* Das Gericht erster Instanz und der Europäische Gerichtshof haben im Berichtszeitraum mehrere wichtige Entscheidungen getroffen. Besonders hervorzuheben ist das Urteil Schneider Electric/Kommission, in dem sich das EuG zum ersten Mal zu Schadensersatzansprüchen in Fusionskontrollverfahren äußert und Schneider Electric Schadensersatz gemäß Artikel 288 Abs. 2 EGV zuspricht. Das EuG bejaht einen hinreichend qualifizierten Rechtsverstoß lediglich im Hinblick auf die Verletzung der Verteidigungsrechte nach Artikel 18 FKVO. Den Ersatz weiterer Schäden verweigert das Gericht mit dem Hinweis darauf, dass auch ohne den festgestellten Fehler kein Anspruch auf eine Freigabe des Zusammenschlusses bestanden habe. Bei der Feststellung eines hinreichend qualifizierten Verstoßes betont das Gericht somit formale Aspekte. Auf diese Weise stärkt es die Verteidigungsrechte der betroffenen Unternehmen und sichert ein faires Verfahren. Soweit Fehler bei der ökonomischen Analyse betroffen sind, schließt das EuG eine Schadensersatzpflicht zwar nicht prinzipiell aus. Es unterstreicht jedoch mehrmals den weiten Beurteilungsspielraum der Europäischen Kommission. Außerdem erklärt das Gericht, dass ein hinreichend enger Kausalzusammenhang stets dann fehle, wenn auch bei korrektem Vorgehen nicht nur eine Freigabeentscheidung denkbar gewesen wäre. Vor diesem Hintergrund dürfte eine Schadensersatzpflicht aufgrund materieller Beurteilungsfehler auf wenige Ausnahmefälle beschränkt bleiben.

84.* Für Aufsehen sorgte ferner das Urteil Impala/Kommission, mit dem das Gericht erster Instanz eine Freigabeentscheidung der Europäischen Kommission (Sony/Bertelsmann) für nichtig erklärte. Das Gericht bestätigt zunächst die Kriterien, die es im Urteil Airtours/Kommission für die Prüfung einer gemeinsamen Marktbeherrschung aufgestellt hat. Anschließend macht das Gericht Ausführungen zum Beweismaßstab bei der Verstärkung gemeinsamer Marktbeherrschung. Es verzichtet hier auf einen direkten Beweis für die Markttransparenz und lässt gewisse Indizien genügen. Fraglich ist allerdings, ob das Urteil in der Praxis zu einer wesentlichen Beweiserleichterung führen wird. Bei näherer Betrachtung dürften nämlich auch die Voraussetzungen für eine Beweisführung auf der Basis der genannten Indizien nicht einfach zu erfüllen sein. Dies gilt vor allem für die vom Gericht erwähnten „Preise oberhalb des Wettbewerbsniveaus" und für das „Fehlen sonstiger vernünftiger Erklärungen für eine festgestellte Preisparallelität". Die Monopolkommission stimmt dem Gericht allerdings insoweit zu, als das Vorliegen von Preisparallelität alleine keinen ausreichenden Beleg für eine gemeinsame Marktbeherrschung darstellt.

Das Gericht greift daneben die fundamentale Kehrtwendung der Europäischen Kommission zwischen der Mitteilung der Beschwerdepunkte gemäß Artikel 18 FKVO, der mündlichen Anhörung der Zusammenschlussbeteiligten und der abschließenden Entscheidung nach Artikel 8 Abs. 2 FKVO an und betont damit – wie später erneut in Schneider Electric/Kommission – die Bedeutung der Verfahrensrechte der Parteien. Nach Auffassung der Monopolkommission muss sich die Europäische Kommission aufgrund der Ausführungen des Gerichts zu den Beschwerdepunkten in Zukunft verstärkt bemühen, Meinungsänderungen im Verlauf eines Fusionskontrollverfahrens plausibel zu begründen. Es ist jedenfalls zu gewährleisten, dass die Parteien zu allen entscheidungserheblichen Punkten Stellung nehmen können.

85.* Die Monopolkommission wendet sich ausdrücklich gegen Forderungen, die Möglichkeit von Drittklagen im Wege einer regelmäßigen Anwendung von Artikel 10 Abs. 6 FKVO einzuschränken. Bei der Freigabefiktion nach Artikel 10 Abs. 6 FKVO handelt es sich um ein Instrument, mit dem die Parteien vor Verzögerungen seitens der Wettbewerbsbehörde geschützt werden sollen, nicht um ein Instrument zur Vermeidung von Klagen. Gegen den vorgeschlagenen Weg sprechen zum einen die damit einhergehende Intransparenz sowie die erhöhte Gefahr politischer Einflussnahme. Zum anderen bezieht sich Artikel 10 Abs. 6 FKVO erkennbar nur auf Ausnahmefälle und kann eine behördliche Entscheidung nach Artikel 2 FKVO nicht generell ersetzen. Die FKVO schützt zudem nicht nur die Institution des Wettbewerbs als solche, sondern auch das Vertrauen Dritter auf den Erhalt des Wettbewerbs. Daher müssen Dritte in gleicher Weise wie die Zusammenschlussbeteiligten auf die Richtigkeit der Ergebnisse bauen und sie gegebenenfalls auch angreifen können. Darüber hinaus würde ein wichtiges Instrument zur Gewährleistung korrekter Entscheidungen entfallen, wenn die Möglichkeit von Drittklagen beseitigt würde. Gäbe es keine Möglichkeit zur Drittklage, würde schließlich auch die Wachsamkeit von Wettbewerbern und sonstigen Marktteilnehmern in Bezug auf die Richtigkeit von Entscheidungen nachlassen. Eine systematische Verzögerung der Fusionskontrollverfahren zum Zweck der Genehmigungsfiktion gemäß Artikel 10 Abs. 6 FKVO wäre nach Auffassung der Monopolkommission grob verfahrensfehlerhaft und würde einen qualifizierten Rechtsverstoß darstellen, der nach Artikel 288 Abs. 2 EGV die Amtshaftung der Gemeinschaft auslösen würde.

V. Potenziale für mehr Wettbewerb auf dem Krankenhausmarkt

86.* Der deutsche Krankenhausmarkt befindet sich im Umbruch. In den zurückliegenden Jahren wurde seine Finanzierung von tagesgleichen Pflegesätzen auf DRG-Fallpauschalen umgestellt. Zugleich setzt sich der durch die angespannten Staatsfinanzen bedingte schleichende

Rückzug der öffentlichen Hand aus der Investitionsfinanzierung fort.

87.* Auf dem Krankenhausmarkt hat die stetige Steigerung der Gesundheitsausgaben vielfältige demografische und technologische Ursachen und wird zugleich beeinflusst von nachfrageseitigen Besonderheiten und einer umfangreichen staatlichen Regulierung. Die demografische Alterung bildet eine Herausforderung für die Finanzierung des Gesundheitswesens. Auch für den Krankenhaussektor ist zumindest in mittlerer Frist mit einer weiteren Steigerung des Kostendrucks aufgrund demografischer Einflüsse zu rechnen. Der Gesetzgeber hat in der jüngeren Vergangenheit wiederholt versucht, die Kosten auf den Gesundheitsmärkten zu begrenzen und zu dämpfen. Die gesetzlichen Maßnahmen weisen durchweg eine hohe Regulierungsdichte auf und scheinen den Kräften des Wettbewerbs nur noch wenig Raum zu lassen. Nach Überzeugung der Monopolkommission sollte aber gerade der verbleibende Wettbewerb gestärkt und im Sinne eines effizienten Einsatzes der verfügbaren Mittel genutzt werden.

88.* Technologiebedingte Einflussfaktoren sind nicht minder relevant. Der medizinisch-technische Fortschritt kann Diagnostik und Therapie in entscheidender Weise verbessern und von den Präferenzen der Patienten und der Zahlungsbereitschaft der Versichertengemeinschaft gedeckt sein. Allerdings bestehen für die Anbieter von Krankenhausleistungen auch Möglichkeiten zur Beeinflussung der Patientennachfrage durch ihr Angebot. Denn die Nachfrage nach Gesundheitsleistungen entfaltet sich in der Beziehung zwischen Patient und behandelndem Arzt. Den Anbietern ist hierbei die Tatsache von Nutzen, dass die individuellen Gesundheitskosten der Patienten in dem bestehenden Vollversicherungssystem weitgehend sozialisiert werden und die Patienten in der Regel in Anbetracht einer schwerwiegenden Erkrankung nur unvollständig über ihre Bedürfnisse informiert sind.

89.* Die Krankenhausbetreiber reagieren auf die sich verändernden wirtschaftlichen und politischen Rahmenbedingungen mit stetiger Rationalisierung, mit vermehrten Krankenhausfusionen und der Privatisierung öffentlicher Kliniken. Die durch eine Privatisierung bewirkte Minderung politischer Einflüsse stärkt die Anreize für das Krankenhaus zu einem an wirtschaftlichen Kriterien ausgerichteten Angebot und rückt in privaten Kliniken die Wirtschaftlichkeit von Arbeitsabläufen und des Einsatzes von Ressourcen deutlicher in den Blickpunkt. Ob private Krankenhäuser bei der Aufnahme von Krediten zur Finanzierung von Investitionen hingegen im Vorteil sind, ist zweifelhaft. Entscheidender wird bei der Kreditvergabe seit Basel II die Prüfung sein, inwiefern die bestehenden organisatorischen Strukturen eines Krankenhauses Rückschlüsse auf ein niedriges Kreditausfallrisiko zulassen.

90.* Krankenhausfusionen erschließen Größenvorteile und können zu Qualitätssteigerungen infolge von mit dem Fallaufkommen wachsendem ärztlichem Sachverstand und steigender Routine führen. Gleichzeitig mindert eine konkurrenzlose Alleinstellung die Anreize eines Krankenhauses zu einem effizienten Angebot in sämtlichen Dienstleistungsbereichen. In der Regel ist daher davon auszugehen, dass marktmächtige Krankenhäuser die vorhandenen Qualitätssteigerungspotenziale nur unvollkommen umsetzen. Da jedoch insgesamt die Qualitätsentwicklung infolge einer Fusion keineswegs klar ist, schließt dies im Einzelfall, insbesondere bei einer Fusion vergleichsweise kleiner Krankenhäuser, die mit erheblichen Lernkurveneffekten verbunden ist, nicht aus, dass die fusionsbedingten Vorteile überwiegen.

91.* Durch die Rechtsprechung und den öffentlichen Diskurs im Rahmen der Ministererlaubnisverfahren ist die Rolle der Fusionskontrolle im Krankenhaussektor inzwischen weitgehend gefestigt. Krankenhäuser sind als Unternehmen im Sinne des Wettbewerbsrechts zu behandeln. Die Monopolkommission bemerkt zur Fusionskontrolle im Krankenhaussektor allerdings, dass aufgrund der zumeist geringen Größe der beteiligten Krankenhausunternehmen eine Vielzahl von Krankenhausfusionen erst gar nicht von den Aufgreifschwellen des GWB erfasst wird und daher vom Bundeskartellamt unbeobachtet bleibt. Die geringe Überwachungsintensität kann insofern als problematisch erachtet werden, als sich Krankenhäuser als Dienstleistungsanbieter typischerweise einer überwiegend regional gebundenen Nachfrage gegenübersehen und daher auch die Wettbewerbsbeschränkungen aus Krankenhauszusammenschlüssen, trotz ihrer offensichtlich mangelnden Relevanz für den Gesamtmarkt, im regionalen Umfeld dennoch von einiger Bedeutung sein können.

92.* Die Monopolkommission fordert daher, die Aufgreifschwelle für den Krankenhausmarkt herabzusetzen und dem § 38 GWB den folgenden Absatz hinzuzufügen: „Für den Umsatz von Krankenhausunternehmen ist das Dreifache der Umsatzerlöse in Ansatz zu bringen."

93.* Der Preiswettbewerb ist auf dem Krankenhausmarkt aufgrund der vorherrschenden engen Regulierung und der weitgehenden Vollversicherung der Patienten stark eingeschränkt. Zwar lässt das DRG-Fallpauschalensystem, über das die laufenden Betriebskosten der Krankenhäuser abgerechnet werden, Unterschiede im Preisniveau zwischen den Bundesländern zu, jedoch erlaubt es keine Preisdifferenzierung der Krankenhäuser gegenüber unterschiedlichen gesetzlichen Krankenversicherungsträgern. Gesetzlich versicherte Patienten genießen in dem bestehenden Vollversicherungssystem das Recht auf Behandlung in sämtlichen Plankrankenhäusern und den Vertragskrankenhäusern. Ihnen sichert § 39 SGB V weitgehende Wahlfreiheiten, die lediglich formal durch die Empfehlungen des jeweils einweisenden Arztes begrenzt sind und eine weitgehend preisunelastische Nachfrage nach Krankenhausleistungen bewirken. Die Patienten nehmen daher Leistungen allein unter Qualitätsgesichtspunkten in Anspruch und ohne Rücksicht auf die durch sie verursachten Kosten. Die Regulierung durch das DRG-System bedingt, dass fusionsbedingte Marktmacht nicht dazu genutzt werden kann, Preise kurzfristig missbräuchlich anzuheben. Selbst für solche Krankenhausbehandlungen, deren Nachfrage preiselastisch reagiert, bleiben daher auf dem Krankenhausmarkt die ansonsten durch fusionsbedingte Marktmacht induzierten, preisbedingten allokativen Effizienzverluste aus.

94.* In Anbetracht des weitgehend fehlenden Preiswettbewerbs und der allgemeinen Präferenz von Patienten für eine wohnortnahe Krankenhausversorgung bilden der Standort des Krankenhauses und die Qualität des Dienstleistungsangebotes die entscheidenden Wettbewerbsparameter im Krankenhausmarkt. Qualitätswettbewerb ist besonders in jenen Bereichen relevant, in denen der Patient selbstständig Entscheidungen zu seiner Therapie treffen kann, also typischerweise für den recht breiten Bereich der elektiven, planbaren Krankenhausleistungen. Empirische Untersuchungen belegen, dass der Qualitätswettbewerb überall dort wirksam ist, wo Qualität durch die Patienten leicht zu beobachten ist. Da allerdings auf dem deutschen Krankenhausmarkt die Transparenz des Leistungsgeschehens weitgehend fehlt, ist auch der Qualitätswettbewerb zwischen den Krankenhäusern in seiner Funktionsfähigkeit beschränkt. Gegenwärtig entfalten die Verpflichtungen zur Offenlegung bestimmter Qualitätsindikatoren gemäß § 137 SGB V ihre Wirkungen vornehmlich auf professioneller Ebene. Damit Patienten künftig in stärkerem Maße als bisher die sich bietenden Qualitätsinformationen nutzen können, ist darauf zu achten, leicht verständliche und für Vergleiche geeignete Informationsangebote zur Qualität von Krankenhausbehandlungen vorzubereiten. Überlegenswert ist die Bildung eines Qualitätsregisters für Krankenhausbehandlungen, das systematisch Daten der Krankenhäuser über Behandlungsmaßnahmen und Pflegeresultate abbilden würde. Ein solches Qualitätsregister würde zum einen der Qualitätstransparenz gegenüber den Patienten dienen sowie zum anderen der evidenzbasierten Medizin breitere Möglichkeiten bieten.

95.* Der Monopolkommission erscheinen die Grenzen zulässiger Werbung im Krankenhaussektor, die das Heilmittelwerbegesetz und die Berufsordnung der Ärzte setzen, gegenwärtig als zu vage und damit tendenziell als zu restriktiv. Krankenhäuser könnten zur Wahrung der Rechtssicherheit durch sie gezwungen sein, mit der Weitergabe von Qualitätsinformationen an eine breite Öffentlichkeit übervorsichtig umzugehen. Die Monopolkommission bewertet zudem die zunehmend engen vertraglichen Bindungen (aus sog. Kick-back-Verträgen) zwischen dem stationären und dem ambulanten Sektor als kritisch für die Funktionsfähigkeit des Qualitätswettbewerbs in der Krankenhausversorgung. Diese können dazu beitragen, dass wirtschaftliche Abhängigkeiten entstehen und einweisende Ärzte die ihnen zustehende Mittlerfunktion bei der Krankenhauswahl der Patienten nur unzureichend erfüllen.

96.* Den verbleibenden Qualitätswettbewerb im Krankenhaussektor erachtet die Monopolkommission als außerordentlich schützenswert, da er die Wahlmöglichkeiten der Patienten sichert und einziger Garant für eine hochwertige Versorgung ist. Die Kommission stellt fest, dass bei der fusionskontrollrechtlichen Beurteilung von Krankenhauszusammenschlüssen gerade auf den Erhalt des verbleibenden Qualitätswettbewerbs Wert zu legen

ist. Für die Fusionskontrolle auf dem Krankenhausmarkt muss daher gelten, dass heute Strukturen erhalten werden sollen, die dem Gesetzgeber für die Zukunft die Möglichkeit belassen, die Rolle des Preiswettbewerbs und des Qualitätswettbewerbs im Interesse einer präferenzgerechten und qualitativ hochwertigen Versorgung der Patienten mit Krankenhausleistungen weiter zu stärken.

97.* Die Monopolkommission sieht in der von den Bundesländern geleisteten zentralen Krankenhausplanung und der mit ihr verbundenen Investitionsförderung für Plankrankenhäuser ein wichtiges Hemmnis für Innovationen und Wirtschaftlichkeit im Krankenhaussektor. Sie plädiert stattdessen für eine Krankenhausplanung, die nicht länger die Gewährleistung einer allumfassenden Krankenhausversorgung auf dem Gebiet eines jeden Bundeslandes im Blick hat, sondern auf die Sicherstellung lediglich einer unbedingt erforderlichen Mindestversorgung gerichtet ist. Für alle übrigen Bereiche muss ein Finanzierungssystem gefunden werden, das es den Krankenhäusern erlaubt, ihr Angebot im Wettbewerb an dem durch die Krankenkassen und Patienten geäußerten lokalen Bedarf auszurichten und stetig fortzuentwickeln. Ausschlaggebend für diese Forderung sind die zahlreichen verzerrenden Wirkungen des Investitionsförderverfahrens, das zudem anfällig gegenüber sachfremder politischer Einflussnahme ist. Die staatliche Investitionsförderung benachteiligt Nichtplankrankenhäuser gegenüber Plankrankenhäusern im Wettbewerb um Privatpatienten, ihr zentralistisches Verfahren nutzt die dezentral vorliegenden Informationen über den lokalen Bedarf an Krankenhausdienstleistungen nicht in effizienter Weise, lässt mögliche innovatorische Potenziale unausgeschöpft und kann im Einzelfall sinnvolle unternehmerische Tätigkeit von Krankenhausträgern unterbinden. Am bedeutendsten aber ist, dass die staatliche Investitionssteuerung im Krankenhauswesen die Investitionsentscheidungen verzerrt, da sie Entscheidungen über Anlagegüter und Technologien auf der einen Seite von den Entscheidungen über Arbeit, nämlich Behandlung, auf der anderen loslöst und die betriebswirtschaftlichen Beziehungen der Kosten- und Ertragsseite eines Investitionsprojektes vernachlässigt.

98.* Das DRG-Abrechnungssystem setzt den Krankenhäusern kurzfristige Kostensenkungsanreize und stärkt während der Konvergenzphase die Transparenz der Angebots- und Kostenstrukturen im Krankenhauswesen. Mit Blick auf die Gesamtheit der deutschen Krankenhäuser allerdings handelt es sich weiterhin um eine kostenbasierte Regulierung, in der die Preise für einzelne Krankenhausleistungen nur insofern von der Zahlungsbereitschaft der Gesellschaft abhängig sind, als die Nebenbedingung moderater Krankenkassenbeiträge eingehalten werden soll, und sie ansonsten einzig von ihren durchschnittlichen Bereitstellungskosten abhängig gemacht werden. Das DRG-Fallpauschalensystem entspricht daher im Wesentlichen einer Price-Cap-Regulierung, wie sie üblicherweise zur Regulierung natürlicher Monopole Anwendung findet. Es bleibt insgesamt weitgehend unklar, ob das momentane Finanzierungsregime eher eine Erhöhung der Angebotsqualität durch gesteigerte Transparenz oder ihre Verringerung fördert. Denn in dem Festpreissystem erweisen sich die Anreize für Krankenhausbetreiber als problematisch, zur Steigerung der eigenen Gewinne die Behandlungsqualität abzusenken, Patienten zu frühzeitig aus der Behandlung zu entlassen, eine Selektion der Patienten nach wirtschaftlichen Kriterien vorzunehmen sowie unnötige, zusätzliche Behandlungen auszuführen.

99.* Bedenklich sind auch der Trend zur Einzelleistungsvergütung und der Trend zu standardisierten Behandlungen und Prozeduren, die verhindern, dass sich die möglicherweise heterogenen Präferenzen der Patienten in Bezug auf die Krankenhausversorgung in einem entsprechend differenzierten und effizienten Angebot widerspiegeln. Das DRG-Fallpauschalensystem läuft Gefahr, durch seine zunehmende Ausdifferenzierung die Vorteile der prospektiven Vergütung weitgehend zu verspielen. Den Krankenhäusern bleiben ohne explizite Verhandlungen mit den Kostenträgern nur geringe Spielräume zur Entwicklung innovativer Behandlungen, die einerseits teurer als etablierte Methoden sind, andererseits aber auch die Qualität weiter verbessern würden. Die Monopolkommission ist der Auffassung, dass die sich gegenwärtig bietenden Fehlanreize nur schwerlich über eine weitere Ausdifferenzierung des einheitlich gültigen Fallpauschalensystems und über eine weiter intensivierte Regulierung des Krankenhausmarktes zu kontrollieren sind. Die weitere Differenzierung der Fallpauschalen sollte daher zumindest gestoppt, wenn nicht zurückgeführt werden, um den Krankenhäusern neue Gestaltungsspielräume bei der Entwicklung und Umsetzung innovativer Behandlungen zu eröffnen.

100.* Aus Sicht der Monopolkommission ist es ein überlegenswerter Schritt, den Krankenhausmarkt erneut einem monistischen Finanzierungssystem zu unterwerfen. In einem solchen würden sämtliche Betriebsausgaben und Investitionen aus Fallpauschalen gedeckt. Nach der Rückkehr zur Monistik generieren nun Investitionszuschläge auf die Betriebskosten-Fallpauschalen einen Anreiz für Investoren zum Abbau des bestehenden Investitionsstaus. Aus wettbewerbsökonomischer Perspektive ist ein Ausgleich des Investitionsstaus vor Einführung der Monistik keineswegs zwingend. Man mag daher den unvermittelten Übergang zur Monistik wegen der Unterschiede im Investitionsniveau als unfair empfinden, weil ihnen keine entsprechenden Leistungsunterschiede in der Vergangenheit gegenüberstehen. Die Monopolkommission sieht ihren Ausgleich jedoch kritisch. Dieser müsste über einen Ausgleichspool erfolgen. Einerseits wären seine Transaktionskosten aber vermutlich nicht unerheblich. Lösungen, die noch dazu eine Streckung der Ausgleichszahlungen über einen längeren Zeitraum vorsehen, führen weiterhin zum Aufbau einer schwerfälligen Bürokratie und bergen die Gefahr einer ineffizienten Geldanlage durch den Staat. Aus ökonomischer Sicht schließlich ist an jeder Form des Ausgleichs von Unterschieden im bestehenden Investitionsbestand grundsätzlich problematisch, dass der Restwert investierten Kapitals eine vergangenheitsbezogene Größe ist, die an sich für zukunftsbezogene Entscheidungen keine Relevanz besitzt.

101.* Größtes Hindernis bei der Einführung der Monistik dürften Konflikte zwischen den Bundesländern werden. Diese sind ihren Subventionspflichten zuletzt in sehr unterschiedlicher Weise nachgekommen und es dürfte daher zu einer politischen Auseinandersetzung darüber kommen, wer in einem monistischen Krankenhausfinanzierungssystem welche Lasten trägt. Sollten die Bundesländer künftig in mindestens demselben Maße wie bisher zur Investitionsfinanzierung des Krankenhaussektors beitragen, muss die Umstellung auf ein monistisches Finanzierungssystem nicht zu einer höheren Beitragslast auf den Schultern der Versicherten in der gesetzlichen Krankenversicherung führen.

102.* Wenn kein vollmonistisches System erreicht werden kann, ist zumindest über die Einführung einer teilmonistischen Finanzierung, wie sie beispielsweise das Rheinisch-Westfälische Institut für Wirtschaftsforschung (RWI) diskutiert, nachzudenken. Hierbei würde auf die antragspflichtige Einzelförderung von Krankenhäusern verzichtet und es würden sämtliche staatlichen Mittel nur noch in Form pauschaler Fördermittelzuwendungen an die Krankenhäuser ausgeschüttet. Allerdings müsste ein geeigneter Schlüssel gefunden werden, über den die Bundesländer ihre Fördergelder ausschütten. Da die bisherige Bindung an die Planbettenzahl aufgrund der mit Angebots- oder Prozessinnovationen im Krankenhaussegment zwangsläufig einhergehenden Kapazitätsanpassungen nicht anreizgerecht erscheint, muss ein zeitgemäßerer Schlüssel etwa in Form einer Bindung an den Krankenhausumsatz entwickelt werden.

103.* Das sich einstellende marktliche Leistungsangebot sollte dann bei korrekt bemessenen Investitionszuschlägen dem effizienten Versorgungsniveau weitgehend entsprechen. Mögliche innovative Anpassungen können dann auch in marktstrukturellen Veränderungen gesehen werden, etwa in einer stärkeren Integration der ambulanten Versorgung in den Krankenhausbetrieb oder in der Umsetzung von Portalklinikkonzepten in weniger dicht besiedelten Regionen, durch die in einem Klinikverbund die unmittelbare Notfallversorgung vor Ort sichergestellt und gleichzeitig die spezialisierte stationäre Krankenhausversorgung in überregionalen Zentren übernommen werden kann. Mit Blick auf die Forderung nach der Sicherstellung einer flächendeckenden Versorgung mit Krankenhausleistungen betont die Monopolkommission, dass es bei der Daseinsvorsorge auf Krankenhausmärkten in erster Linie nicht um die Korrektur eines ökonomisch fundierten Marktversagens geht, sondern vielmehr um die Bereitstellung eines politisch gewünschten, flächendeckenden Umfangs an Krankenhausleistungen nach dem Prinzip der Tarifgleichheit im Raum. Auch wenn dieser politisch gewünschte Umfang nicht dem ökonomisch effizienten Umfang entspricht, kann seine Bereitstellung legitim sein, denn es spielen hierbei neben ökonomischen Effizienzzielen auch an Wertvorstellungen anknüpfende Zielsetzungen eine Rolle.

104.* Der Monopolkommission erscheint es nicht sinnvoll, den Sicherstellungsauftrag für Reservekapazitäten und die Notfallversorgung den Krankenkassen zu übertragen, gerade weil bei der gemeinschaftlichen Bereitstellung dieser Güter ein Trittbrettfahrerproblem aufzutreten droht und daher der sensible Bereich allgemeiner Versorgungssicherheit potenziell einem privaten Bereitstellungsproblem ausgesetzt ist. Auch eine bundeszentrale Organisation der allgemeinen Notfallversorgung erscheint unangemessen. Gegen sie und für die Organisation durch die Länder, Kreise und Gemeinden sprechen insbesondere die besseren Möglichkeiten der Wahrnehmung lokaler Präferenzen und die hierdurch erreichte stärkere Übereinstimmung der Zahler- und Empfängerkreise. Das Zusatzangebot ließe sich dann in effizienter Weise durch wettbewerbskonforme, wiederkehrende Ausschreibungen sicherstellen. Die Ausschreibungsverfahren sind in einer Weise zu gestalten, dass stets jener Bieter mit dem Zusatzangebot betraut wird, der dieses in der gewünschten Qualität und im gewünschten Umfang mit dem geringsten Bedarf an öffentlichen Zuschüssen bereitstellt. Im Ergebnis entstünde auf dem Krankenhausmarkt also wieder eine Form dualer Finanzierung.

105.* Die Monopolkommission schlägt die Einführung spezieller Optionstarife für die Krankenhausversorgung in der gesetzlichen Krankenversicherung vor, welche die Steuerungsmöglichkeiten der Krankenkassen ausweiten. Die Krankenkassen sollen für Optionstarife mit einzelnen Krankenhäusern selektive Versorgungsverträge abschließen. Den Versicherten wird sodann die Möglichkeit eröffnet, durch ein freiwilliges Opting-out zwar nicht auf den Leistungsumfang dieses Vollversicherungsschutzes zu verzichten, wohl aber auf die freie Auswahl des Krankenhauses, in dem eine Behandlung erbracht werden soll. Für die Krankenkassen bedeutet dies, dass sie zur Sicherstellung der Behandlung ihrer Versicherten im Optionstarif selektive Versorgungsverträge mit geeigneten Krankenhäusern über das gesamte Leistungsangebot des gesetzlichen Standardtarifs, mithin über die Behandlung sämtlicher Diagnosen des DRG-Katalogs, abschließen müssen.

106.* Die Grenzen des Optionsmodells sind durch den Gesetzgeber abzustecken und einer kontinuierlichen Überprüfung zu unterwerfen. Hierbei gilt es insbesondere zu berücksichtigen, dass den Krankenkassen auf der einen Seite hinlängliche Möglichkeiten gegeben sein müssen, ihre Tarife qualitativ zu differenzieren und so Vorteile im Wettbewerb gegenüber anderen Krankenkassen auch durch Unterschiede im Leistungsangebot zu erlangen. Um Härten für die Versicherten im Optionstarif zu vermeiden, erscheint es sinnvoll, die maximal zulässige Entfernung zwischen dem Wohnort der Versicherten und dem nächstgelegenen Vertragskrankenhaus regulatorisch vorzugeben. Zudem ist dem kritischen Zeitinkonsistenzproblem bei langfristigen Versicherungskontrakten Rechnung zu tragen: In jungen Jahren unterschätzen Versicherte regelmäßig das Bedürfnis für den Versicherungsschutz, den sie im Alter benötigen. Die Monopolkommission ist deshalb der Auffassung, dass das Optionsmodell in einem ersten Schritt lediglich den Krankenhauszugang auf die unmittelbaren Vertragskrankenhäuser der Krankenkasse beschränken und ansonsten das Leistungsspektrum für die Versicherten im Optionstarif gegenüber dem gesetzlichen Standardtarif unverändert lassen soll.

107.* Ziel jeder Krankenkasse ist es dann, durch eine geeignete Ausgestaltung ihres Optionstarifs hinsichtlich der Preis- und/oder Qualitätskomponente gegenüber den Angeboten konkurrierender Krankenkassen für Versicherte attraktiv zu werden. Zur Realisierung der Einsparpotenziale durch selektives Kontrahieren ist es erforderlich, eine zumindest befristete Bindung der Versicherten an den freiwillig durch sie gewählten Optionstarif zuzulassen. Andernfalls böte sich für gesunde Versicherte eine Möglichkeit zu schädlichem Trittbrettfahrerverhalten. Ziel der Krankenhäuser im Vertragswettbewerb ist es, von den Krankenkassen als Vertragskrankenhäuser für die Optionstarife berücksichtigt zu werden. Ihre Wettbewerbsparameter sind konkurrenzfähige Preise einerseits und eine überlegene Behandlungsqualität andererseits. Die Monopolkommission ist der Auffassung, dass der Wettbewerb der Krankenhäuser um die Aufnahme in die Optionstarife der gesetzlichen Krankenkassen dann zu besonders wirkungsvollen Ergebnissen gelangen kann, wenn die gesetzlichen Vorgaben zu den Inhalten von Vereinbarungen zwischen Krankenhäusern und Krankenkassen nicht restriktiv sind. Insbesondere soll das DRG-Vergütungssystem für die Tarife im Optionstarif lediglich noch empfehlenden Charakter besitzen. Die Vertragspartner sollen grundsätzlich frei sein, Zu- und Abschläge oder eine alternative Vergütungsstruktur zu vereinbaren.

108.* Für die Patienten bedeutet die Wahl des Optionstarifes keinerlei Einschränkung des Leistungsniveaus in der Krankenhausversorgung. Jeder Versicherte hat auch weiterhin Anspruch auf jede Krankenhausbehandlung im vollen Umfang des gesetzlichen Standardtarifs. Die Regelungen der gesetzlichen Krankenkassen zum Versicherungsschutz im Ausland sollen im Optionstarif denen des gesetzlichen Standardtarifs entsprechen. Auch im Hinblick auf die Gewährleistung einer qualitativ hochwertigen Versorgung in Notfällen, bei denen die Transportzeit des Patienten bis zur Einlieferung ins Krankenhaus ein wesentlicher Faktor für den späteren Heilungserfolg ist, soll im Optionstarif die Notfallversorgung von den Beschränkungen der selektiven Versorgungsverträge ausgenommen sein. Mithin soll im Notfall daher auch der Versicherte im Optionstarif freien Zugang zu jedem Krankenhaus erhalten.

109.* Der Gesetzgeber muss außerdem Rahmenbedingungen für den Preiswettbewerb im Optionsmodell vorgeben. Zu klären ist, in welcher Weise die Krankenkassen ihren Versicherten Preisnachlässe für die Wahrnehmung des Optionstarifes gewähren dürfen. Eine politisch leicht zu vermittelnde Lösung mag darin gesehen werden, den Beitragssatz im Optionstarif abzusenken. Problematisch ist hierbei jedoch insbesondere der Umstand, dass die gesetzliche Krankenversicherung neben ihrer primären Aufgabe, die unmittelbaren Vermögensrisiken einer Erkrankung auf die Versicherten umzulegen, zusätzlich auch Teile des Vermögensausgleichs im Sozialsystem als eine sekundäre Umverteilungsaufgabe wahrnimmt. Für Preisnachlässe im Optionstarif durch Absenkung des Beitragssatzes bedeutet dies, dass die Teilnahme an dem Optionsmodell für ansonsten homogene Versichertengruppen sehr unterschiedlich attraktiv sein kann, nur weil sich diese in der Höhe ihrer Erwerbseinkommen unterscheiden.

110.* Es ist grundsätzlich eine Preisdifferenzierung wünschenswert, die den Versicherten korrekte Signale zur Wirtschaftlichkeit ihrer Tarifentscheidung übermittelt. Idealerweise sollten daher den Versicherten Preisnachlässe in Form von kassenindividuellen, pauschalen Prämien gewährt werden. Zudem ist darüber nachzudenken, ob preismindernde Prämien nicht lediglich je Beitragszahler, sondern je Versichertem ausgezahlt werden sollen. Weiterhin ist die Möglichkeit einer regionalen Prämiendifferenzierung zu erwägen. Hierdurch würde der Tatsache Rechnung getragen, dass sich die Krankenhausversorgung überwiegend im regionalen, wohnortnahen Umfeld der Versicherten abspielt, daher auch für den einzelnen Versicherten die vor Ort zwischen seiner Krankenkasse und den Krankenhäusern geschlossenen selektiven Verträge eine besondere Relevanz besitzen.

111.* Es wäre anreizschädlich, Kostenersparnisse, die eine Krankenkasse alleine aus der erfolgreichen Einführung ihres Optionstarifes bei einem Teil ihrer Versicherten erzielt, ganz oder teilweise zugunsten allgemeiner Solidarziele über den Risikostrukturausgleich auch den Versicherten im Standardtarif zukommen zu lassen. Aus Sicht der Monopolkommission ist daher unter Beachtung des hierfür erforderlichen zusätzlichen bürokratischen Aufwandes zu empfehlen, den Risikostrukturausgleich für die Tarife des Optionsmodells von dem Risikostrukturausgleich für den gesetzlichen Standardtarif zu trennen.

112.* Damit der Vertragswettbewerb der Krankenkassen funktionsfähig wird, muss schließlich die Nachfragemacht marktbeherrschender Krankenkassen der Wettbewerbsaufsicht unterworfen werden. Der § 69 SGB V kommt für die Rechtsbeziehungen von Krankenkassen zu den Leistungserbringern im Gesundheitswesen einer Bereichsausnahme gegenüber dem deutschen Kartell- und Unlauterkeitsrecht gleich. Durch diese ist den Krankenkassen die wettbewerbspolitisch problematische Möglichkeit gegeben, Verträge mit Leistungserbringern anstatt einzeln nun kollektiv abzuschließen. Die Koordination zwischen den Marktseiten und der Marktseiten untereinander würde den vertragswettbewerblichen Wirkmechanismus stören und die für die Versicherten der gesetzlichen Krankenversicherung mittel- bis langfristig möglichen qualitativen und preislichen Verbesserungen untergraben. Es steht die Bildung eines bilateralen Oligopols mit mittel- bis langfristigen Tendenzen zu überhöhten Preisen, eingeschränkten Angebotsmengen und suboptimalen Angebotsqualitäten zu befürchten, in dem jede Marktseite die Partizipation ihrer Mitglieder an den Überschüssen des Krankenhausmarktes durch oligopolistische Strukturen sichert. Mithin ist der dem § 69 SGB V zugrunde liegenden Logik, wonach die Bündelung von Einkaufsmacht zur Kostendämpfung im Gesundheitswesen führen und übernormale Gewinne reduzieren kann, aus wettbewerbsökonomischer wie aus ordnungspolitischer Sicht nicht pauschal zuzustimmen. Die vertraglichen Vereinbarungen zwischen den gesetzlichen Krankenkassen

und den Krankenhäusern sind daher nach Auffassung der Monopolkommission im vollen Umfang wettbewerbsrechtlichen Regelungen und kartellrechtlicher Kontrolle zu unterwerfen.

VI. Der more economic approach in der europäischen Beihilfenkontrolle

113.* Die EU-Kommission hat eine umfassende Reform der europäischen Beihilfenkontrolle angekündigt. In ihrem im November 2005 veröffentlichten State Aid Action Plan (SAAP – Aktionsplan Staatliche Beihilfen) benennt sie als ein herausragendes Ziel dieser Reform, dass ein stärker ökonomisch fundierter Ansatz (more economic approach) zur Anwendung kommen soll. Unter Berufung auf einen more economic approach strebt die EU-Kommission bereits seit einigen Jahren eine schrittweise Reform der unternehmensbezogenen europäischen Wettbewerbsvorschriften an (Artikel 81, 82 EGV und europäische Fusionskontrollnormen, nachstehend: EU-Kartellrecht). Der von der Kommission im EU-Kartellrecht befürwortete more economic approach ist Gegenstand zahlreicher wissenschaftlicher Arbeiten und wird in der juristischen und ökonomischen Fachwelt kontrovers diskutiert. Die wissenschaftliche Diskussion über die Chancen und Risiken eines more economic approach in der Beihilfenkontrolle findet dagegen bislang nur in wesentlich geringerem Umfang statt.

114.* Die in Artikel 87 ff. EGV geregelte Beihilfenkontrolle bildet neben dem EU-Kartellrecht den zweiten Bestandteil des europäischen Wettbewerbsrechts. Während die Artikel 81 und 82 EGV privat veranlasste Wettbewerbsbeschränkungen kontrollieren sollen, geht es in Artikel 87 ff. EGV um einen wichtigen Fall staatlicher Wettbewerbsbeschränkungen, nämlich die Gewährung von Beihilfen durch Mitgliedstaaten. Der Begriff Beihilfen wird im europäischen Recht für Subventionen verwendet, welche die in Artikel 87 Abs. 1 EGV genannten fünf Voraussetzungen erfüllen. Nach dieser Definition sind Maßnahmen dann als Beihilfen zu qualifizieren, wenn sie

- erstens eine „Begünstigung", also einen wirtschaftlichen Vorteil für den Empfänger, beinhalten,

- zweitens zugunsten „bestimmter Unternehmen oder Produktionszweige" gewährt werden, also selektiv wirken,

- drittens „staatlich" sind oder aus „staatlichen Mitteln" gewährt werden,

- viertens den „Wettbewerb verfälschen oder zu verfälschen drohen" und

- fünftens den „Handel zwischen den Mitgliedstaaten beeinträchtigen".

115.* Die Vergabe von Beihilfen kann zu erheblichen Wettbewerbsverzerrungen auf den betroffenen Produkt- und Dienstleistungsmärkten in allokativer, produktiver und dynamischer Hinsicht führen. Die Verursacher möglicher Wettbewerbsbeschränkungen sind hier nicht Unternehmen und Marktteilnehmer, sondern staatliche

Hoheitsträger. Neben dem Beweggrund, grenzüberschreitende Wettbewerbsbeschränkungen zu verhindern, kann mit der Delegierung der Beihihilfenkontrolle an eine supranationale Instanz wie die EU grundsätzlich auch bezweckt werden, den effizienten Einsatz öffentlicher Ressourcen extern überprüfen zu lassen. Staatliche Beihilfen können nicht nur zu erheblichen negativen Folgen für den Wettbewerb, sondern auch zu weiteren volkswirtschaftlichen Kosten und Ineffizienzen führen. Da für Beihilfen ein Transferschema kennzeichnend ist, sind sie zunächst mit direkten Finanzierungskosten verbunden. Außerdem stammen die Zuwendungen aus Steuern, die ihrerseits Wohlfahrtsverluste in anderen Bereichen nach sich ziehen (Schattenpreis der Besteuerung) oder anders eingesetzt werden könnten (Opportunitätskosten). Zudem können Beihilfen bedingt durch Fehlprognosen und Mitnahmeeffekte zu einer Verschwendung öffentlicher Mittel führen. Darüber hinaus besteht die Gefahr, dass die verantwortlichen politischen Entscheidungsträger Beihilfen öffentlichkeitswirksam einsetzen und Partikularinteressen unterstützen, um die eigene Wiederwahl bzw. den Wahlerfolg der eigenen Partei zu fördern.

116.* Die gesetzessystematische Stellung und der Wortlaut des Beihilfenverbotstatbestands machen deutlich, dass die Artikel 87 ff. EGV auf den Wettbewerb im Binnenmarkt und nicht auf eine externe Haushaltskontrolle ausgerichtet sind. Durch die bereits 1958 erfolgte Einführung der Beihilfenkontrollvorschriften sollte die Errichtung eines einheitlichen Binnenmarkts gefördert und verhindert werden, dass die Mitgliedstaaten den Abbau von Handelshemmnissen und die Verwirklichung der europäischen Grundfreiheiten durch den Einsatz von Beihilfen konterkarieren. Eine Kompetenz zur Kontrolle der Haushalte steht der EU-Kommission innerhalb der Artikel 87 ff. EGV dagegen nicht zu. Vielmehr sind die Mitgliedstaaten aufgefordert, im innerstaatlichen Bereich wirksame Kontrollmechanismen und ein stringentes System zu schaffen, um eine Verschwendung staatlicher Mittel als Folge von Beihilfenexzessen zu verhindern.

117.* Zum Schutz des grenzüberschreitenden Wettbewerbs im EU-Binnenmarkt erfüllt die europäische Beihilfenkontrolle eine wichtige und tragende Funktion. In außereuropäischen Staaten fehlen häufig entsprechende Schutzmechanismen, so dass die Vergabe von Beihilfen durch die politischen Entscheidungsträger keiner strengen Kontrolle wie die durch die EU-Mitgliedstaaten vergebenen Beihilfen unterliegt. Infolgedessen besteht bei international umworbenen Großprojekten die Möglichkeit, dass Drittstaaten den Unternehmen höhere Beihilfenbeträge (Subventionen) in Aussicht stellen können als die an Artikel 87 ff. EGV gebundenen EU-Mitgliedstaaten. Nach Ansicht der Monopolkommission sollten die EU-Beihilfenregeln jedoch auch in solchen Konstellationen keine Einschränkung erfahren und nicht aufgeweicht werden. Vielmehr sollte angestrebt werden, bessere Schutzstandards auf internationaler Ebene zu etablieren und die Einführung strengerer Subventionsregeln (insbesondere im Rahmen der WTO) auch im Verhältnis zu Drittstaaten zu erwirken. Allerdings sollten auch die Beihilfen, welche die EU selbst vergibt, einer strengeren Kontrolle unterworfen werden. Diese sind im Gegensatz zu Beihilfen, die durch die Mitgliedstaaten vergeben werden, nicht dem Kontrollregime der Artikel 87 ff. EGV unterworfen. Nach Ansicht der Monopolkommission ist zu erwägen, die Kontrolle über nationale und EU-eigene Subventionen auf eine neu zu errichtende, unabhängige europäische Aufsichtsbehörde zu übertragen, die frei von politischer Einflussnahme agieren kann.

118.* Maßnahmen der Mitgliedstaaten mit Beihilfencharakter sind nach Artikel 87 Abs. 1 EGV grundsätzlich unvereinbar mit dem Gemeinsamen Markt. Dieses Beihilfenverbot gilt allerdings nicht absolut, vielmehr sind zahlreiche Ausnahmen und Rechtfertigungsgründe im EGV (insbesondere in Artikel 87 Abs. 3 EGV) vorgesehen. Über die Freistellung entscheidet die EU-Kommission, die hierbei über ein sehr weites Ermessen verfügt. Die Mitgliedstaaten sind dazu verpflichtet, die EU-Kommission über jede beabsichtigte Einführung oder Umgestaltung von Beihilfen so rechtzeitig zu unterrichten, dass sie sich dazu äußern kann (Anmeldepflicht, Artikel 88 Abs. 3 Satz 1 EGV). Solange eine solche Anmeldung bei der EU-Kommission nicht erfolgt und diese nicht abschließend entschieden hat, darf der Mitgliedstaat die Beihilfe nicht gewähren (Durchführungsverbot, Artikel 88 Abs. 3 Satz 3 EGV).

119.* Zur Umsetzung der von der EU-Kommission im SAAP angekündigten Reform sind inzwischen mehrere Maßnahmen ergangen. Diese machen deutlich, dass die EU-Kommission mit der Etablierung eines more economic approach in der Beihilfenkontrolle nicht bezweckt, künftig auf Per-se-Regeln und Vermutungstatbestände zu verzichten. Vielmehr hat die EU-Kommission den Anwendungsbereich der De-minimis-Verordnung erweitert und die Obergrenze der pauschal freigestellten Beihilfenbeträge auf 200 000 Euro (bezogen auf einen Zeitraum von drei Jahren) erhöht. Zudem hat sie eine allgemeine Gruppenfreistellungsverordnung vorgeschlagen, die mehr Beihilfen als bisher von der Anmeldepflicht befreien und einen einheitlichen Rechtsrahmen schaffen soll.

120.* Der more economic approach der EU-Kommission setzt nicht bereits auf der Ebene des Beihilfentatbestands (Artikel 87 Abs. 1 EGV), sondern erst auf der Ebene der Rechtfertigung (Artikel 87 Abs. 3 EGV) an, bei welcher die Mitgliedstaaten die Beweislast dafür tragen, dass die jeweilige Beihilfe ausnahmsweise mit dem Gemeinsamen Markt vereinbar ist. Die EU-Kommission beabsichtigt, innerhalb dieser Vereinbarkeitsprüfung einen dreistufigen Abwägungstest durchzuführen, den sie in Sekundärrechtsakten für bestimmte Arten von Beihilfen (z. B. im Bereich Forschung, Entwicklung und Innovation) weiter konkretisiert. Auf Stufe 1 dieses Tests soll überprüft werden, ob die Beihilfenmaßnahme einem genau definierten Ziel von gemeinsamem Interesse dient, das durch das freie Spiel der Marktkräfte nicht erreicht werden kann. Als schützenswertes Ziel soll nach dem Willen der EU-Kommission künftig vor allem die Beseitigung eines Marktversagens gelten. Hierbei handelt es sich um den klassischen ökonomischen Rechtfertigungsgrund für die Vergabe von Beihilfen. Auf Stufe 2 des Abwägungstests soll überprüft werden, ob das Beihilfeninstrument geeignet ist, das im gemeinsamen Interesse liegende Ziel zu verwirklichen, d. h., das Marktversagen zu beheben oder ein anderes schützenswertes Ziel zu verfolgen. Auf Stufe 3 des Tests soll abschließend überprüft werden, ob die Nachteile – insbesondere die Wettbewerbs- und Handelsverzerrungen – begrenzt sind, so dass die positiven Folgen überwiegen.

121.* Da die Rechtfertigungsgründe in Artikel 87 Abs. 3 EGV sehr weit formuliert sind, sieht es die Monopolkommission grundsätzlich als positiv an, dass die EU-Kommission ihr Vorgehen bei der Vereinbarkeitsprüfung konkretisiert. Hierdurch werden die Transparenz und das ökonomische Fundament der Vereinbarkeitsprüfung auf Rechtfertigungsebene im Vergleich zur früheren Praxis erhöht. Im Zusammenhang mit dem Marktversagenskriterium als Rechtfertigungsgrund ist zu beachten, dass Beihilfen im Idealfall dazu beitragen können, ein Marktversagen einzudämmen. Jedoch wird im Falle eines ausnahmsweise bestehenden Marktversagens die Ausgangssituation durch die Gewährung einer Beihilfe nicht generell verbessert. Vielmehr besteht die Gefahr, dass staatliche Beihilfen die gewünschte Wirkung verfehlen und die Wettbewerbssituation nachteilig verändern (Second-best-Problematik). Ursachen eines Staats- oder Politikversagens bei der Vergabe von Beihilfen können insbesondere Informationsdefizite, fehlerhafte Analysen und Prognosen, Entscheidungs- und Wirkungsverzögerungen beim Mitteleinsatz sowie Fehlanreize innerhalb der Politik und der öffentlichen Bürokratie darstellen. Daher sollte das etwaige Marktversagen mit dem drohenden Staatsversagen abgewogen werden. Schließlich sollte berücksichtigt werden, dass eine Beihilfenvergabe nicht bereits dann gerechtfertigt ist, wenn ein Marktversagen vorliegt, sondern nur, wenn sich die Beihilfe zur Korrektur dieses Marktversagens in besonderem Maße eignet.

122.* Auf der vorgelagerten Tatbestandsebene (Artikel 87 Abs. 1 EGV) sollte nach Ansicht der Monopolkommission in Bezug auf das dortige Merkmal der zwischenstaatlichen Handelsbeeinträchtigung ebenso wie im Kartellrecht als ungeschriebene Voraussetzung verlangt werden, dass die Beeinträchtigung „spürbar" ist. Auf diese Weise kann vermieden werden, dass sich der Anwendungsbereich des Beihilfenverbots auch auf Sachverhalte von geringer zwischenstaatlicher Bedeutung mit lediglich lokalem Schwerpunkt erstreckt.

123.* Die Monopolkommission empfiehlt darüber hinaus, bereits auf Tatbestandsebene innerhalb des Artikel 87 Abs. 1 EGV die objektive Eignung einer Beihilfe zur Wettbewerbsverfälschung zu prüfen und ebenfalls eine „Spürbarkeit" wie im Kartellrecht zu verlangen. In Bezug auf das Merkmal der Wettbewerbsverfälschung nimmt die EU-Kommission bislang in der Regel lediglich eine pauschale sektorspezifische Untersuchung vor, die deutlich hinter den Maßstäben zurückbleibt, die im EU-Kartellrecht traditionell angewendet wurden und welche die EU-Kommission dort nun unter Berufung auf einen more economic approach um flexible ökonomische Kriterien ergänzen möchte. Der Reformansatz der EU-Kommis-

sion, eine nähere Untersuchung der marktstrukturellen Ausgangssituation und Wettbewerbslage erst auf Rechtfertigungsebene und dort auf Stufe 3 des oben dargestellten Abwägungstests durchzuführen, erscheint problematisch, da es in vielen Fällen zu dieser Prüfung gar nicht erst kommen wird. Sollte nämlich eine Beihilfenmaßnahme bereits eine der vorangehenden Stufen des Abwägungstests nicht bestehen – weil die Beihilfe entweder nicht auf die Beseitigung eines Marktversagens ausgerichtet ist (Stufe 1) oder aber hierfür nicht geeignet und erforderlich ist (Stufe 2) – wird der Test abgebrochen. Demzufolge sind auch nach dem neuen Ansatz Fälle denkbar, in denen die EU-Kommission eine Beihilfenmaßnahme untersagt, ohne dass ihre negative Wirkung auf den Wettbewerb im EU-Binnenmarkt untersucht worden wäre. Dies ist nicht überzeugend, da das europäische Beihilfenverbot nur dann eingreift und ein Einschreiten der EU-Kommission als Kontrollinstanz rechtfertigt, wenn eine drohende Verfälschung des Wettbewerbs im Binnenmarkt zuvor festgestellt worden ist.

124.* Die Monopolkommission hält es bei bestimmten Formen mitgliedstaatlicher Beihilfen durchaus für sachgerecht, das Vorliegen einer Wettbewerbsverfälschung zu vermuten (etwa bei Rettungs- und Umstrukturierungsbeihilfen). Da jedoch das Merkmal der Begünstigung innerhalb des Artikel 87 Abs. 1 EGV sehr weit ausgelegt wird, erscheint eine pauschale Vermutung nicht in allen Konstellationen gerechtfertigt. Nach Ansicht der Monopolkommission sollte zudem ein widerlegbarer Spürbarkeitstest eingeführt werden, der bei Beihilfen unterhalb eines bestimmten Schwellenwerts (z. B. 1 Mio. Euro) eine vereinfachte Freistellung unter Heranziehung verschiedener Kriterien ermöglicht. Sollten weder der Spürbarkeitstest noch andere Vermutungtatbestände eingreifen, ist die EU-Kommission aufgefordert, die Frage, ob die jeweilige Maßnahme grenzüberschreitende Wettbewerbsbeschränkungen hervorruft, im Rahmen einer näheren Untersuchung zu klären. Insoweit sind mehrere Faktoren zu berücksichtigen, die sowohl die Beihilfe und ihre Vergabe (Beihilfenkriterien) als auch die relevanten Märkte, die prognostizierbaren Auswirkungen auf den Wettbewerb und die Marktstellung des begünstigten Unternehmens (Marktkriterien) betreffen.

125.* Diese Vorgehensweise hätte auch nicht zwangsläufig zur Folge, dass den Mitgliedstaaten und nationalen Gerichten die Beurteilung der Frage erschwert wird, ob eine Maßnahme nach Artikel 88 Abs. 3 EGV anmeldepflichtig ist bzw. gegen das Durchführungsverbot verstoßen worden ist. Dem könnte dadurch begegnet werden, dass im Rahmen des Artikel 88 Abs. 3 EGV die bisherigen niedrigen Nachweisanforderungen beibehalten werden und nur der EU-Kommission bei Artikel 87 Abs. 1 EGV eine erhöhte Darlegungspflicht auferlegt wird. Der Umstand, dass die europäischen Gerichte für die Auslegung des Beihilfenverbotstatbestands letztverbindlich zuständig sind und traditionell sehr geringe Anforderungen an das Vorliegen des darin enthaltenen Merkmals der Wettbewerbsverfälschung gestellt haben, spricht ebenfalls nicht gegen den skizzierten Ansatz, da eine gesetzliche Klarstellung möglich wäre. Zudem ist denkbar, dass bereits eine veränderte Rechtsanwendungspraxis ausreicht und die europäischen Gerichte ihre traditionelle Rechtsprechung aufgeben.

126.* Das in der Beihilfenkontrolle angewendete Verfahren sollte nach Ansicht der Monopolkommission reformiert und in bestimmten Punkten an das europäische Kartellverfahren angeglichen werden. In diesem Zusammenhang sollten die Verfahrensrechte von Wettbewerbern und Beihilfenempfängern gestärkt, die Untersuchungsmöglichkeiten der EU-Kommission gegenüber Unternehmen verbessert und kürzere, verbindliche Genehmigungsfristen eingeführt werden. Zu erwägen ist, anstelle des bisherigen Legalitätsprinzips der EU-Kommission, wie im Kartellrecht, ein Aufgreifermessen einzuräumen, sofern die Beihilfe ein bestimmtes Volumen nicht überschreitet. Hierdurch würde es der EU-Kommission ermöglicht, Prioritäten zu setzen und sich auf wichtige Beihilfenfälle zu konzentrieren. Das Aufgreifermessen könnte durch die Einführung einer privaten Feststellungsklage flankiert werden. Die Monopolkommission empfiehlt zudem, Klagen des Beihilfenempfängers, betroffener Wettbewerber und ihrer Verbände vor den Gemeinschaftsgerichten auch bei allgemeinen Beihilfenregelungen zuzulassen. Darüber hinaus sollten Wettbewerber leichter Rechtsschutz auf europäischer Ebene erlangen können. Der Rechtsschutz auf nationaler Ebene sollte zusammenhängend geregelt werden und den Bedürfnissen des Beihilfenrechts Rechnung tragen. Hierbei sollte insbesondere in Anlehnung an das Kartellrecht (§ 33 Abs. 2 GWB) eine Klagebefugnis für Verbände eingeführt werden. Welche Mindeststandards dafür in den Mitgliedstaaten zu schaffen sind, könnte Gegenstand einer EU-Richtlinie werden. Darüber hinaus sollte die aufschiebende Wirkung von Klagen in Rückforderungsfällen ausgeschlossen und ein effizientes Rechtsschutzsystem geschaffen werden, das ähnlich wie im öffentlichen Vergaberecht (§§ 104 ff. GWB) ausgestaltet werden könnte.

127.* Bei einer Rückführung der europäischen Beihilfenkontrolle auf den Schutz des grenzüberschreitenden Wettbewerbs wird ihr Anwendungsbereich im Vergleich zur bisherigen Verwaltungspraxis der EU-Kommission begrenzt. Nach Ansicht der Monopolkommission ist es geboten, zugleich auf nationaler Ebene effektive komplementäre Kontrollmechanismen zu schaffen. Andernfalls besteht die Gefahr, dass infolge einer zu geringen Kontrolldichte die Vergabe von Beihilfen auf einem ineffizient hohen, volkswirtschaftlich schädlichen Niveau erfolgt. Während sich die Kompetenz der EU-Kommission im Rahmen der europäischen Beihilfenkontrolle auf den Schutz des grenzüberschreitenden Wettbewerbs beschränkt, sind die Mitgliedstaaten berufen, die gesamten volkswirtschaftlichen Kosten – einschließlich der Finanzierungs- und anderen Opportunitätskosten – bei der Vergabe von Beihilfen in Rechnung zu stellen und mit dem erwarteten Nutzen abzuwägen.

128.* Nach Ansicht der Monopolkommission sollten nationale Beihilfenprogramme einer regelmäßigen Erfolgskontrolle unterzogen werden und in gravierenden Fällen, in denen die Einzelbeihilfe oder das Beihilfenprogramm ein näher zu definierendes Volumen überschreitet, eine gesamtwirtschaftlich angelegte Ex-ante-Kontrolle durch eine unabhängige nationale Instanz durchgeführt werden. Zudem sollten Beihilfen grundsätzlich im Rahmen eines offenen und transparenten Verfahrens vergeben werden. Beihilfen, die von vornherein auf individuelle Unternehmen oder eine spezifische Branche zugeschnitten sind, sollten verboten und nur in Ausnahmefällen im Rahmen einer nationalen Ex-ante-Kontrolle erlaubt werden. Neben einer Befristung von Beihilfenprogrammen und einer degressiven Ausgestaltung langfristiger Förderungen sollten Beihilfen ab einem bestimmten Volumen durch die jeweilige öffentliche Stelle vorab auf einer zentralen Plattform im Internet veröffentlicht werden. Darüber hinaus sollten insbesondere subjektive Rechte potenzieller Beihilfenempfänger, betroffener Wettbewerber und ihrer Verbände sowie ein effizientes Rechtsschutzsystem geschaffen werden.

129.* Die Vorschläge der Monopolkommission zur Rückführung der Beihilfenaufsicht der EU-Kommission auf wettbewerbsrelevante Beihilfen und zur Schaffung nationaler Kontrollmechanismen stellen ein Maßnahmepaket dar, das nur zusammenhängend verwirklicht werden sollte, da europäische und nationale Beihilfenkontrolle miteinander verzahnt sind und nur so die Effektivität der Vergabe von Beihilfen sichergestellt werden kann.

Einleitung

Aktuelle Probleme der Wettbewerbspolitik

1. Wettbewerbspolitische Aspekte der Bahnprivatisierung

1. Die Bundesregierung hat im April 2008 beschlossen, noch in diesem Jahr die Beteiligung privaten Kapitals an der Deutschen Bahn AG (DB AG) zu ermöglichen. Damit werden verschiedene Ziele verfolgt: die Stärkung der Eigenkapitalbasis und damit der Investitionskraft der DB AG im Hinblick auf die Herausforderungen des europäischen Schienenverkehrsmarktes, die Gewinnung zusätzlichen Kapitals zur Ertüchtigung des Schienennetzes, die Steigerung der Attraktivität des Schienenverkehrs durch innovative Investitionen und ein Beitrag für den Bundeshaushalt. Umgesetzt werden soll die Teilprivatisierung in einer veränderten Konzernstruktur. An deren Spitze wird – zu 100 Prozent im Bundeseigentum – die DB AG als Holding-Gesellschaft stehen. Die DB AG wird einerseits zu 100 Prozent Eigentümerin aller Infrastrukturunternehmen sein, so dass das Gleisnetz und die Bahnhöfe weiterhin vollständig im Eigentum des Bundes verbleiben. Andererseits werden die gegenwärtigen Gesellschaften für den Güterverkehr, den Personenfernverkehr und den Regionalverkehr sowie die dazugehörigen Dienstleistungen in einer neuen Gesellschaft für die Bereiche Verkehr und Logistik zusammengefasst, an der sich mit maximal 24,9 Prozent privates Kapital beteiligen soll. Private Investoren sollen jedoch keinen unternehmensbestimmenden Einfluss auf den Kernbereich der Unternehmenspolitik der DB AG erhalten. Für die Umsetzung dieses Konzepts ist der Abschluss eines Beteiligungsvertrages des Bundes mit der DB AG geplant; einer gesetzlichen Grundlage bedürfe es nach Artikel 87e GG nicht.

2. Aus der dargestellten Struktur ergibt sich, dass der Konzernverbund von Netz- und Betriebsgesellschaften nicht aufgelöst wird. In dem Kompromisspapier des Koalitionsausschusses heißt es ausdrücklich, dass der integrierte Konzern der DB AG erhalten bleibe und gesichert werde. Andererseits werde aber aus wettbewerbs- wie aus europarechtlichen Gründen sichergestellt, dass der Bereich Verkehr und Logistik keine diskriminierenden Einflüsse auf die Infrastrukturunternehmen ausüben könne.

3. Die Monopolkommission sieht in dem Teilprivatisierungskonzept einen deutlichen Fortschritt gegenüber früheren Plänen zur integralen Privatisierung der Deutschen Bahn AG unter Einschluss von Netz und Betrieb. Sie hat sich schon bei früherer Gelegenheit für eine eigentumsmäßige Separierung des Netzes und die Ausgliederung aus dem Konzernverbund der Deutschen Bahn AG ausgesprochen, die am besten das Diskriminierungspotenzial des Unternehmens gegenüber Wettbewerbern im Netz und eine tatsächliche Gleichbehandlung aller Eisenbahn-

verkehrsunternehmen erreichen könne.[1] Der Beschluss der Bundesregierung verwirklicht diese Zielvorstellung zwar nicht, weil die künftige teilprivatisierte Gesellschaft für Verkehr und Logistik und die Infrastrukturgesellschaft Teil desselben Konzerns sein werden. Möglich bleibt aber eine spätere Aufspaltung des Konzerns in ein Eisenbahnverkehrsunternehmen, das dann vielleicht auch in größerem Umfang privatisiert wird, und ein Infrastrukturunternehmen, das den konkurrierenden Eisenbahnverkehrsunternehmen neutral gegenübersteht. Eine integrale Privatisierung hätte diese Option für die Zukunft praktisch ausgeschlossen. Sie hätte damit einen Weg verbaut, der nach Auffassung der Monopolkommission auf Dauer am ehesten geeignet ist, die Leistungsfähigkeit des Bahnsektors innerhalb des gesamten Verkehrssystems zu erhöhen und den Anteil der Eisenbahn an der gesamten Verkehrsleistung zu steigern. Dies läge im Interesse von Verladern und Fahrgästen und würde die Umweltbelastungen durch den Verkehr insgesamt reduzieren. Es wäre im Übrigen auch die einzige Lösung, die eine Trennung der privatwirtschaftlichen und öffentlichen Interessen ermöglicht.[2]

4. Der Kabinettsbeschluss hält freilich auch für die Zukunft an einem integralen Bahnkonzern fest. Damit werden für die Konzernleitung erhebliche Anreize dafür geschaffen, die Unternehmenspolitik der Tochtergesellschaften so auszurichten, dass die kumulierten Geschäftsergebnisse optimiert werden. Implizit werden damit der Netzgesellschaft auch weiterhin Anreize vermittelt, konkurrierende Eisenbahnverkehrsunternehmen zugunsten der konzerneigenen Gesellschaft für Verkehr und Logistik zu diskriminieren. Dass das Netzunternehmen weiterhin zu 100 Prozent im Staatseigentum steht, verringert diese Anreize nicht. Die Erfahrungen mit anderen teilprivatisierten Staatsunternehmen im Bereich der Telekommunikation und der Post belegen vielmehr, dass der staatliche Eigentümer seinen Einfluss im Interesse einer Ergebnisverbesserung ebenso geltend macht wie ein privater Eigentümer und vielfach zusätzlich seine Regulierungskompetenzen in diesem Sinne nutzt. Nichts spricht dafür, dass dies bei der Deutschen Bahn AG anders sein wird. Umso wichtiger ist der Hinweis in dem Kabinettsbeschluss auf wettbewerbs- und europarechtliche Regelungen, die diskriminierenden Einflüssen der Gesellschaft für Verkehr und Logistik auf die Infrastrukturunternehmen entgegenstehen. Die Monopolkommission verweist auf ihre Analyse der geltenden Eisenbahn-Richtlinien der Europäischen Union, nach denen eine tatsächliche

---

[1] Vgl. Monopolkommission, Die Privatisierung der Deutschen Bahn AG, Sondergutachten 46, Baden-Baden 2006, Tz. 41.
[2] Vgl. ebenda, Tz. 26 und 29.

Unabhängigkeit des Bereichs Verkehr und Logistik vom Netzbereich gefordert wird.[3] Diese tatsächliche Unabhängigkeit kann auf vielfältige Weise beeinträchtigt werden, insbesondere auch durch personelle Verflechtungen. Die geplante Konzernstruktur impliziert, dass die Holding-Gesellschaft Einfluss auf die Gesellschaft für Verkehr und Logistik einerseits und die Infrastrukturunternehmen andererseits nehmen kann. Diese institutionelle Verflechtung darf aber nach Auffassung der Monopolkommission nicht noch zusätzlich durch personelle Verflechtungen verstärkt werden. Es ist daher darauf zu achten, dass Vorstandsmitglieder der Gesellschaft für Verkehr und Logistik nicht zugleich dem Vorstand der Holding und/oder dem Vorstand der Infrastrukturgesellschaften angehören und umgekehrt.

5. Für die Ausgestaltung der Beziehungen zwischen einer Holding-Gesellschaft und ihren Beteiligungsgesellschaften gibt es vielfältige Möglichkeiten. Vor allem lässt sich der Einfluss der Holding auf das operative Geschäft der Beteiligungsgesellschaften sehr unterschiedlich regeln. Diese Fragen werden Gegenstand des Beteiligungsvertrages zwischen der Bundesrepublik und der DB AG sein. Nach Auffassung der Monopolkommission kommt es wettbewerbspolitisch darauf an, die Gesellschaft für Verkehr und Logistik in ihren operativen Entscheidungen in größtmöglichem Umfang von den Einflüssen der Holding zu befreien. Gleiches gilt auch für die künftigen Infrastrukturunternehmen. Zwar wächst mit dieser operativen Unabhängigkeit auch das Bedürfnis für anderweitige Koordinationsmechanismen, doch ist eine Koordinierung unter Gleichgestellten zwischen den Netzgesellschaften einerseits und den Unternehmen für Verkehr und Logistik andererseits sehr viel eher dazu geeignet, das Eigeninteresse der jeweiligen operativen Gesellschaften zum Tragen zu bringen, als dies bei einer zentralen Koordinierung durch die Holding der Fall wäre.

6. Im Anschluss an die Einigung über das skizzierte Teilprivatisierungsmodell sind im politischen Raum Forderungen laut geworden, nach denen die Höchstgrenze von 24,9 Prozent für die Beteiligung von Privatkapital an der Gesellschaft für Verkehr und Logistik auf Dauer festgeschrieben werden müsse. Als rechtliche Instrumente, die zur Verankerung einer solchen Veränderungssperre in Betracht kommen, werden einfachgesetzliche Regelungen, eine Grundgesetzänderung und auch Tarifverträge genannt.

7. Die Monopolkommission lehnt solche Bestrebungen ab und betrachtet die Wirkungen solcher Regelungen mit großer Skepsis. Wie und von wem sich ein Unternehmen sein Eigenkapital beschafft, muss in erster Linie im Hinblick auf die zu dem jeweiligen Zeitpunkt bestehenden Verhältnisse und insbesondere die jeweiligen Gegebenheiten des Kapitalmarkts beurteilt werden. Angenommen, die Gesellschaft für Verkehr und Logistik benötige, um mit einem technologischen Entwicklungsschub Schritt halten zu können, in größerem Umfang neues Kapital; sie

wird dieses Bedürfnis entweder durch die – im Allgemeinen teurere – Aufnahme von Fremdkapital befriedigen können oder durch die Beschaffung von Eigenkapital. Wenn der staatliche Eigentümer unter den finanzwirtschaftlichen Gegebenheiten des jeweiligen Zeitpunkts das gewünschte zusätzliche Kapital nicht gewähren kann, würde die angestrebte Veränderungssperre bewirken, dass das Unternehmen das teurere Fremdkapital aufnehmen muss, statt sich über eine zusätzliche Privatisierungstranche billigeres Eigenkapital zu verschaffen. Dies würde die DB-Gesellschaft für Verkehr und Logistik in ihren Wettbewerbschancen gegenüber anderen Eisenbahnverkehrsunternehmen sowie gegenüber konkurrierenden Verkehrsträgern nachhaltig beeinträchtigen.

8. Von einer solchen Veränderungssperre ist aber auch aus rechtspolitischen Gründen abzuraten. Als der Verfassungsgesetzgeber im Jahre 1994 den Artikel 87e GG schuf, hat er mit Bedacht nur für die Privatisierung der Infrastruktur eine gesetzliche Grundlage gefordert (Artikel 87e Abs. 3 Satz 3 und 4 GG). Für die Privatisierung von Eisenbahnverkehrsunternehmen besteht gerade kein Gesetzesvorbehalt und dies macht sich die Bundesregierung zum gegenwärtigen Zeitpunkt auch zunutze, wie sich aus dem Beschluss des Kabinettsausschusses ausdrücklich ergibt. Hinter dieser unterschiedlichen Regelung des Artikel 87e GG für Eisenbahninfrastruktur einerseits und Betriebsunternehmen andererseits stehen die oben angedeuteten wirtschaftlichen Erwägungen: Die Betriebsunternehmen sollen in ihrer Kapitalbeschaffung nicht durch ein gesetzliches Korsett behindert werden. Es wäre widersprüchlich und würde dem Zweck der verfassungsrechtlichen Regelung zuwiderlaufen, wenn der Gesetzgeber die gewollte Flexibilität der Eigenkapitalbeschaffung der Betriebsunternehmen im Jahre 2008 wieder beseitigen würde. Zwar ließe sich auch dies ohne weiteres durch ein Verfassungsgesetz, also eine Änderung des Artikel 87e GG, erreichen. Die Festschreibung von Kapitalstrukturen eines Unternehmens ist indessen prinzipiell kein Gegenstand von Verfassungsrang, der mit anderen Regelungen der Verfassung wie etwa der Verbürgung der Grundrechte oder den Grundprinzipien der staatlichen Ordnung gleichwertig wäre.

9. Nach Auffassung der Monopolkommission sind auch Überlegungen zu einer tarifvertraglichen Festschreibung der Privatisierungsobergrenze verfehlt. Zunächst ist zu bedenken, dass eine solche Festschreibung in einem befristeten Tarifvertrag nur während der Laufzeit des Tarifvertrages wirksam wäre. Eine dauerhafte Veränderungssperre könnte also allenfalls durch einen unbefristeten Tarifvertrag vereinbart werden, der das Kündigungsrecht für immer ausschließt; selbst dann ist die Kündigung aus wichtigem Grund freilich vorbehalten (§ 314 BGB).

10. Im Übrigen bestehen erhebliche Zweifel, ob ein Tarifvertrag überhaupt Regelungen enthalten kann, die das Eigentum am Unternehmen des Arbeitgebers betreffen, und welche Wirkungen ein solcher Tarifvertrag haben könnte. Gemäß § 1 des Tarifvertragsgesetzes (TVG) regelt der Tarifvertrag „die Rechte und Pflichte der Tarifvertragsparteien und enthält Rechtsnormen, die den

---

[3] Vgl. ebenda, Tz. 67 f.

Inhalt, den Abschluss und die Beendigung von Arbeitsverhältnissen sowie betriebliche und betriebsverfassungsrechtliche Fragen ordnen können". Die vier hier angesprochenen Themenkreise betreffen allesamt andere Fragen als das Eigentum am Unternehmen des Arbeitgebers. Was zunächst die „Rechte und Pflichten der Tarifvertragsparteien" betrifft, so wäre Tarifvertragspartei weder die Holding noch die Bundesrepublik Deutschland als deren Eigentümer, sondern die DB AG; gemäß § 2 Abs. 1 TVG können Tarifvertragsparteien auch nur Gewerkschaften, einzelne Arbeitgeber sowie Vereinigungen von Arbeitgebern sein, womit andere Personen, insbesondere die Eigentümer der Arbeitgeber-Unternehmen ausgeschlossen sind. Ersichtlich handelt es sich bei der Privatisierungssperre auch nicht um eine Rechtsnorm, „die den Inhalt, den Abschluss und die Beendigung von Arbeitsverhältnissen" oder „betriebsverfassungsrechtliche Fragen" ordnen würde. Allenfalls könnte man die Eigentumslage den betrieblichen Fragen im Sinne von § 1 Abs. 1 TVG zuordnen; im Hinblick auf die strikte arbeitsrechtliche Trennung zwischen Betrieb und Unternehmen geht es jedoch bei den betrieblichen Fragen um einen engeren Themenkreis. Ein Vertrag zwischen der Bundesrepublik Deutschland und den Gewerkschaften der Eisenbahner, in dem eine Privatisierungsobergrenze festgelegt würde, wäre folglich kein Tarifvertrag im Sinne des Tarifvertragsgesetzes und könnte auch nicht dessen Wirkungen beanspruchen. Seine Wirkungen würden sich ausschließlich nach Zivilrecht beurteilen und wären insofern auf den Kreis der unmittelbaren Vertragsparteien beschränkt; die tarifgebundenen Arbeitnehmer würden also nicht durch einen solchen Vertrag berechtigt.

11. Neben den strukturellen Anreizwirkungen des Teilprivatisierungsbeschlusses macht die Monopolkommission auch auf die wettbewerblichen Wirkungen aufmerksam, die sich aus der Verwendung des zu erzielenden Veräußerungserlöses ergeben können, wenn dieser in Form einer Beihilfe an die Bahn zurückfließt. Der Privatisierungserlös steht aus rechtlicher Sicht allein dem Veräußerer zu, hier also der Holding DB AG. Die öffentliche Diskussion um die Teilprivatisierung wurde jedoch auch von Argumenten geleitet, die darauf hindeuteten, dass der Rückfluss dieser Mittel zur Schulterung notwendiger Investitionen im Bahnsektor ein wesentlicher Bestandteil des Privatisierungsplanes sei. Im Kompromisspapier des Koalitionsausschusses heißt es zur Verwendung des Privatisierungserlöses, dass dieser „zu etwa gleichen Teilen für ein Innovations- und Investitionsprogramm für den Schienenverkehr, die Aufstockung des Eigenkapitals der Deutschen Bahn AG und für den Bundeshaushalt" verwendet werden soll. Diese Aufstellung könnte bedeuten, dass ein Teil des Privatisierungserlöses von der Holding-Gesellschaft an die operativen Unternehmen ausgekehrt wird. Da die Holding zu 100 Prozent in staatlichem Eigentum steht, würde es sich bei solchen Mittelzuweisungen um Zuwendungen aus staatlichen Mitteln handeln, die den Beihilfentatbestand im Sinne des Artikel 87 EGV erfüllen. Bei der Verwendung als Beihilfe sind mögliche wettbewerbsbeschränkende Auswirkungen zu beachten, die sich als solche im In- und Ausland entfalten können.

12. Die Vergabe einer Beihilfe an das Unternehmen Deutsche Bahn führt auf der einen Seite zu zusätzlichen Verzerrungen im Wettbewerb der Verkehrsträger. Solche Verzerrungen bestimmen allerdings aus sozialen, regionalen oder umweltpolitischen Erwägungen die ordnungsrechtliche Struktur aller Verkehrsbereiche. Sie sind daher auch europarechtlich durch die Regelung in Artikel 73 EGV teilweise von dem allgemeinen Beihilfeverbot ausgenommen. Allerdings erwirkt dieses Plazet keine generelle Sonderbehandlung von Beihilfen im Bahnsektor, sondern erstreckt sich vor allem auf nichtdiskriminierende Beihilfen, die sich insbesondere auf Verkehrsinfrastrukturen beziehen. Es muss daher zwischen den Wirkungen unterschieden werden, die Beihilfen im Netz- und im Betriebsbereich der Deutschen Bahn auf den Wettbewerb entfalten. Da bei einer Beihilfe in die Bahninfrastruktur in der Regel kein Unternehmen begünstigt wird, das mit anderen Bahnunternehmen im Wettbewerb steht, kann diese Beihilfe in vielen Fällen als unschädlich angesehen werden. Anders sind Beihilfen zu beurteilen, die der zukünftig teilprivatisierten Betriebsebene zukommen. Die neue Gesellschaft für die Bereiche Verkehr und Logistik sieht sich bereits jetzt dem Wettbewerb mit nationaler und internationaler Konkurrenz ausgesetzt. Eine Beihilfe in diesen Bereich, beispielsweise zum Erwerb neuen Fahrzeugmaterials, wie es das Kompromisspapier des Koalitionsausschusses in den formulierten Zielen der Bahnprivatisierung andeutet, stellt daher eine Wettbewerbsverzerrung des intramodalen Wettbewerbs der Bahnverkehrsunternehmen dar. Sie ist aus wettbewerbspolitischen Gesichtspunkten unbedingt abzulehnen.

13. Die Monopolkommission empfiehlt daher, auch bei der Verwendung des Privatisierungserlöses als Beihilfe die wettbewerbspolitisch gebotene Trennung zwischen staatlicher Infrastrukturgesellschaft und den Verkehrsbetriebsgesellschaften zu beachten. Sollen die Veräußerungserlöse eine juristisch und ökonomisch unbedenkliche Verwendung finden, so müssen diese daher alleine der DB Netz zum Ausbau von Bahnhöfen und Schieneninfrastruktur zugute kommen, die auf der Betriebsebene von allen Wettbewerbern genutzt werden. Vor diesem Hintergrund ist auch die Teilprivatisierung der Betriebsebene insgesamt zu sehen, die aus Sicht der Monopolkommission ein Einstieg ist, einen wettbewerbsfähigen Wirtschaftsbereich, zugunsten der Verbraucher, zukünftig stärker dem Anreiz- und Kontrollsystem der Kapitalmärkte auszusetzen. Dabei ist dem Schutz des Wettbewerbs dadurch Rechnung zu tragen, dass mögliche wettbewerbsverzerrende Wirkungen durch eine sorgfältige Abtrennung des zukünftig teilprivatisierten Betriebsbereiches von finanziellen und strukturellen Einflussmöglichkeiten aus dem staatlich gestützten Infrastrukturbereich vermieden werden.

14. Insgesamt begrüßt die Monopolkommission die sich abzeichnende Teilprivatisierung des Bereichs Verkehr und Logistik der Deutschen Bahn AG. Sie empfiehlt der Bundesregierung, bei der Besetzung der Vorstände der Infrastrukturunternehmen, der Holding-Gesellschaft und des Unternehmens für den Bereich Verkehr und Logistik auf eine strikte Ämtertrennung zu achten, um die Unabhängigkeit des Netzunternehmens von dem Betriebsunternehmen zu gewährleisten. Von allen Versuchen, die gegenwärtig vereinbarte Teilprivatisierung rechtlich zu verewigen, ist dringend abzuraten.

2. Entflechtungsvorschläge der EU-Kommission für die Energiewirtschaft

15. Die Monopolkommission hat in ihrem im November 2007 veröffentlichten Sondergutachten zum deutschen Energiemarkt[4] festgestellt, dass auch nach mehr als zwei Jahren nach Inkrafttreten des EnWG 2005 noch nicht von einem funktionsfähigen Wettbewerb auf den leitungsgebundenen Energiemärkten für Elektrizität und Gas gesprochen werden kann. Dabei sind die Ursachen primär struktureller Art, was sich am natürlichen Monopol beim Netz- und Leitungsbetrieb, den zahlreichen horizontalen und vertikalen Verflechtungen der marktbeherrschenden Verbundunternehmen[5] untereinander und mit den nachgelagerten Stadtwerken sowie der hohen Anbieterkonzentration bei der Stromerzeugung und beim Gasangebot zeigt. Darüber hinaus ist kurz- und mittelfristig nicht davon auszugehen, dass ein grenzüberschreitender europäischer Strom- bzw. Gashandel den Wettbewerb beleben kann, da an nahezu allen deutschen Außengrenzen erhebliche Netzengpässe auftreten. Zu diesen strukturellen Problemen kommen Markteintrittsbarrieren institutioneller Art wie politische Widerstände beim Netz- und Kraftwerksbau, lange Genehmigungsverfahren und die Unsicherheit über die Verteilung der CO_2-Emissionsrechte hinzu. Diese strukturellen und institutionellen Voraussetzungen eröffnen den Verbundunternehmen zahlreiche Möglichkeiten, den Wettbewerb durch ihr Verhalten weiter zu beschränken. Deshalb geht die Monopolkommission nicht davon aus, dass die Energiepreise Wettbewerbspreisen entsprechen.

16. Die skizzierten Probleme wurden über weite Strecken ebenfalls von der EU-Kommission in ihrer Energiesektoruntersuchung (Sector Inquiry) vom Januar 2007 und in ihrer Folgenabschätzung (Impact Assessment) vom September 2007 identifiziert.[6] Auch wenn die Vorgehensweise bei diesen Untersuchungen aus Sicht der Monopolkommission nicht zu unrecht kritisiert wurde, so verdichtet sich doch insgesamt das Bild, dass signifikante Wettbewerbsdefizite die leitungsgebundene Energiebranche in vielen EU-Ländern kennzeichnen. Die EU-Kommission reagierte auf die vorliegenden strukturellen und

verhaltensbedingten Wettbewerbsbeschränkungen mit der Eröffnung von drei Missbrauchsverfahren gegen vier große europäische Energieversorger, unter ihnen die beiden größten deutschen Verbundunternehmen RWE und E.ON. Gegen RWE wurde ein Verfahren wegen des Verdachts der Marktabschottung mithilfe diverser netzbezogener Geschäftspraktiken eingeleitet, durch die der Markteintritt neuer Anbieter erschwert werde. Gegen E.ON und Gaz de France wurde das eingeleitete Verfahren mit dem Verdacht auf Marktaufteilung begründet. Die beiden Unternehmen sollen eine Abmachung getroffen haben, Gas nicht im Heimatmarkt des jeweils anderen zu verkaufen. Darüber hinaus laufen seitens der EU-Kommission Untersuchungen auf dem Elektrizitätsgroßhandelsmarkt. Die Kommission hegt den Verdacht, dass durch die Zurückhaltung von Kraftwerkskapazitäten das Angebot künstlich verknappt worden sei, um eine deutliche Preissteigerung herbeizuführen. Im Februar 2008 leitete die EU-Kommission zudem eine Untersuchung auf dem deutschen Regelenergiemarkt ein.[7]

17. Am 19. September 2007 wurde von der EU-Kommission das 3. Legislativpaket zur Förderung des europäischen Energiebinnenmarktes verabschiedet. Dieses Paket beinhaltet eine Verordnung zur Gründung einer EU-Agentur für die Zusammenarbeit der einzelstaatlichen Energieregulierungsbehörden, Richtlinien zur Änderung und Ergänzung der bestehenden Richtlinien 2003/54 zum Elektrizitätsbinnenmarkt und 2003/55 zum Erdgasbinnenmarkt, eine Verordnung zur Änderung und Ergänzung der bestehenden Verordnung 1228/2003 zum grenzüberschreitenden Stromhandel und eine Verordnung zur Änderung und Ergänzung der bestehenden Verordnung 1775/2005 über Erdgasfernleitungsnetze. Aus Sicht der Monopolkommission bilden die Vorschläge der EU-Kommission zur Entflechtungsfrage einen zentralen Aspekt des 3. Legislativpakets, weshalb sie nachfolgend einer kritischen Würdigung unterzogen werden.

---

[4] Monopolkommission, Strom und Gas 2007: Wettbewerbsdefizite und zögerliche Regulierung, Sondergutachten 49, Baden-Baden 2008.

[5] Mit dem Begriff Verbundunternehmen bezeichnet die Monopolkommission vertikal intergierte Unternehmen mit Eigentum an Übertragungs- und/oder Fernleitungsnetzen. Insofern sind Unternehmen aus dem Gassektor eingeschlossen.

[6] Vgl. Mitteilung der Kommission an den Europäischen Rat und das Europäische Parlament, Eine Energiepolitik für Europa. KOM(2007) 1 endg. vom 10. Januar 2007 sowie das parallel zum Legislativpaket erschienene Arbeitsdokument der EU-Kommission, Commission Staff Working Document, Accompanying the legislative package on the internal market for electricity and gas, Impact Assessment, SEC(2007) 1179 vom 19. September 2007. Hierin nimmt die EU-Kommission eine Folgenabschätzung vor, um verschiedene Politikoptionen zu bewerten.

[7] Auch die Bundesnetzagentur hat ein Missbrauchsverfahren nach § 31 EnWG auf dem Regelenergiemarkt eröffnet. Dieses Verfahren wurde auf Antrag von Lichtblick und des Bundesverbandes Neuer Energieanbieter eingeleitet. Im Zuge des Verfahrens wird der Vorwurf untersucht, dass E.ON, RWE, Vattenfall und EnBW Möglichkeiten des vorgeschriebenen Austauschs von Regelenergie nicht ausreichend genutzt und somit viel mehr Regelenergie als nötig bezogen hätten. Vgl. Stern – Das Magazin, Missbrauchsverfahren gegen vier Stromriesen vom 6. April 2008, http://www.stern.de/wirtschaft/immobilien/verbraucher/ :Bundesnetzagentur-Missbrauchsverfahren-Stromriesen/616441.html?nv=rss [Stand: 24.04.2008]. Die Monopolkommission hat bereits in ihrem im November 2007 veröffentlichten Sondergutachten zum Energiemarkt hervorgehoben, dass der Regelenergiemarkt besondere strukturelle Probleme aufweist. Vor allem auf den Märkten für Primär- und Sekundärreserve findet aufgrund der sehr hohen Präqualifizierungsanforderungen für die technische Eignung der Anbieter und der hierdurch hervorgerufenen geringen Anbieterzahl faktisch kein Wettbewerb statt. Die wenigen Anbieter für diese Form der Regelenergie sind zumeist Konzernschwestern der jeweiligen Übertragungsnetzbetreiber, so dass letztlich ein und dieselbe Konzern über Angebot und Nachfrage entscheidet. Deshalb sind momentan die strukturellen Voraussetzungen für einen funktionsfähigen Wettbewerb nicht gegeben. Vor diesem Hintergrund hat sich die Monopolkommission für eine temporäre Ex-ante-Regulierung dieser Teilbereiche des Regelenergiemarktes ausgesprochen. Vgl. Monopolkommission, Sondergutachten 49, a. a. O., Tz. 339 ff.

18. Die EU-Kommission sieht bei einem vertikal integrierten Energieversorgungsunternehmen generell einen Interessenkonflikt zwischen Netzbereich einerseits sowie vor- und nachgelagerten Wettbewerbsbereichen andererseits. Die Netzgesellschaften als Konzernschwestern der Vertriebs- bzw. Erzeugungsgesellschaften hätten ein Interesse, die Schwesterunternehmen beim Zugang zu den Netzen zu bevorzugen (inhärenter Anreiz zur Diskriminierung) und unzureichend in den Netzausbau zu investieren. Um den negativen Folgen der vertikalen Integration auf den Wettbewerb ursachenadäquat entgegenzuwirken, schlägt die EU-Kommission in ihrem Legislativpaket eine Konzernentflechtung des Übertragungsnetz- bzw. Fernleitungsnetzbetriebes in Form einer eigentumsrechtlichen Entflechtung (ownership unbundling) oder alternativ das Modell eines unabhängigen Netzbetreibers (Independent System Operator – ISO) vor.[8]

19. Bevor die beiden Alternativen einer kritischen Würdigung unterzogen werden, sei betont, dass die Monopolkommission an der Rechtfertigung des Einsatzes dieser beiden harten strukturpolitischen Instrumente erhebliche Zweifel hat. Die Untersuchungen, auf deren Basis die EU-Kommission ihre Folgenabschätzung abgeleitet hat, erfuhren zum Teil berechtigte Kritik in der ökonomischen Literatur und aus der wettbewerbspolitischen Praxis.[9] So bestehen gerechtfertigte Bedenken hinsichtlich der Datenqualität und der hieraus abgeleiteten Ergebnisse.[10] Ebenso kritisch ist die Folgenabschätzung der EU-Kommission zu sehen. Da die Umsetzung der gemeinschaftsrechtlichen Vorgaben von 2003 – insbesondere zu den bisher gültigen Entflechtungsbestimmungen – in Deutschland erst Mitte des Jahres 2005 erfolgte, lässt sich keine seriöse Aussage darüber treffen, ob eine eigentumsrechtliche Entflechtung oder die ISO-Lösung die einzigen ursachenadäquaten Instrumente zur Belebung des Wettbewerbs auf den Märkten für die leitungsgebundene Energieversorgung darstellen.

2.1 Eigentumsrechtliche Entflechtung

20. Eine eigentumsrechtliche Entflechtung, wie sie von der EU-Kommission präferiert wird,[11] impliziert eine Herauslösung des Netzbereichs aus der Wertschöpfungskette

eines vertikal integrierten Energieversorgungsunternehmens.[12] Im Zuge dieser Aufteilung werden alle dem Netzbereich zuzuordnenden Vermögenswerte, so auch die Netzinfrastruktur, auf einen von dem ursprünglichen Mutterkonzern unabhängigen Dritten übertragen.[13] Als Folge entsteht ein neues, eigenständiges Netzunternehmen, das an keinem Unternehmen der vor- und nachgelagerten Wirtschaftsstufen signifikant beteiligt ist und umgekehrt.[14] Auch Unternehmen aus Drittländern, die größere Anteile oder gar die Kontrolle über ein EU-Netz erwerben wollen, werden nur dann als Übertragungs- bzw. Fernleitungsnetzbetreiber zugelassen, wenn sie nachweisen, dass sie sowohl direkt als auch indirekt unabhängig von Versorgungs- und Erzeugungsaktivitäten agieren.[15]

21. Das neu entstandene Unternehmen ist für die Durchführung des operativen und administrativen Netzgeschäftes, die Wartung und Instandhaltung der Netzleitungen und Anlagen sowie die Vornahme von Investitionen zum Ausbau des Netzbetriebes verantwortlich.[16] Alle anderen Geschäftsfelder, in denen der bisherige Mutterkonzern aktiv ist, können weiterhin im Verbund des Unternehmens verbleiben. Die eigentumsrechtliche Entflechtung soll nach dem Vorschlag der EU-Kommission von den Mitgliedstaaten binnen 30 Monaten nach Inkrafttreten der Elektrizität- und Gas-Richtlinien durchgeführt werden.[17]

2.1.1 Argumente für eine eigentumsrechtliche Entflechtung

22. Die Monopolkommission sieht den besonderen Vorteil einer eigentumsrechtlichen Entflechtung ebenfalls darin, dass die Anreize zur Diskriminierung der Nachfrager von Transportdienstleistungen erheblich gemindert werden.[18] Dies führt zu einer Senkung der Marktzutrittsschranken für potenzielle Anbieter von Energie (z. B.

---

[8] Zusätzlich wird für den Gassektor eine rechtliche und funktionale Entflechtung der zu den Versorgungsunternehmen gehörenden Speicheranlagenbetreiber gefordert. Darin sieht die EU-Kommission einen großen Schritt hin zu einem diskriminierungsfreien Speicheranlagenzugang. Vgl. Artikel 9a Richtlinienvorschlag-Gas sowie Ziffer 5.3 Richtlinienvorschlag-Gas.

[9] So haben sich auch die Präsidenten von Bundeskartellamt und Bundesnetzagentur in einer Anhörung des Ausschusses für Wirtschaft und Technologie am 9. April 2008 kritisch zu den Untersuchungen und den daraus abgeleiteten Vorschlägen der EU-Kommission geäußert. Die Stellungnahmen sind einzusehen unter http://www.bundestag.de/ausschuesse/a09/anhoerungen/13_Anhoerung/Stellungnahmen/index.html [Stand: 16.05.2008].

[10] So kritisierte auch die Monopolkommission an der von der EU-Kommission in Auftrag gegebenen Studie von London Economics die Wahl der kurzfristigen Grenzkosten als Preisschätzer zum Nachweis des fehlenden Wettbewerbs. Vgl. Monopolkommission, Sondergutachten 49, a. a. O., Tz. 207 ff.

[11] Vgl. Vorschlag zur Änderung und Ergänzung der Richtlinie 2003/54/EG über gemeinsame Vorschriften für den Elektrizitätsbinnenmarkt (nachfolgend: „Richtlinienvorschlag-Elektrizität"), Ziffer 1.2 sowie

[12] Vorschlag zur Änderung und Ergänzung der Richtlinie 2003/55/EG über gemeinsame Vorschriften für den Erdgasbinnenmarkt (nachfolgend: „Vorschlag-Gasrichtlinie"), Ziffer 1.2.

[12] Vgl. Artikel 8 Abs. 1 Richtlinienvorschlag-Elektrizität sowie Artikel 7 Abs. 1 Richtlinienvorschlag-Gas.

[13] Artikel 8a Richtlinienvorschlag-Elektrizität und Artikel 7a Richtlinienvorschlag-Gas legen dabei die Kontrolle über Eigentümer und Betreiber von Übertragungsnetzen bzw. Kontrolle über Eigentümer und Betreiber von Fernleitungsnetzen fest.

[14] Eine Minderheitsbeteiligung in beiden Bereichen bleibt möglich, sofern das jeweilige Unternehmen keine Kontrollmöglichkeiten hat. Vgl. Artikel 8 Abs. 1b Richtlinienvorschlag-Elektrizität sowie Artikel 7 Abs. 1b Richtlinienvorschlag-Gas.

[15] Auf diese Weise soll sichergestellt werden, dass sie nachweislich und eindeutig denselben Entflechtungsvorschriften genügen müssen wie in der EU ansässige Unternehmen. Vgl. Artikel 8a, 8b Abs. 2 Richtlinienvorschlag-Elektrizität sowie Artikel 7a, 7b Richtlinienvorschlag-Gas. In einem internationalen Abkommen können weitere Ausnahmeregeln getroffen werden. Vgl. Artikel 8 a Abs. 2 Richtlinienvorschlag-Elektrizität sowie Artikel 7 a Abs. 2 Richtlinienvorschlag-Gas.

[16] Vgl. Artikel 2 Abs. 4 der Richtlinie 2003/54/EG, ABl. EU Nr. L 176 vom 15. Juli 2003, S. 37 und Artikel 2 Abs. 4 der Richtlinie 2003/55/EG, ABl. EU Nr. L 176 vom 15. Juli 2003, S. 57.

[17] Vgl. Artikel 8 Abs. 1, Artikel 2 Richtlinienvorschlag-Elektrizität sowie Artikel 7 Abs. 1, Artikel 2 Richtlinienvorschlag-Gas.

[18] Darüber hinaus wird auch der Gefahr der konzerninternen Quersubventionierung vorgebeugt. Die Monopolkommission hat auf dieses Risiko bereits hingewiesen. Vgl. Monopolkommission, Sondergutachten 49, a. a. O., Tz. 605.

Kraftwerksbetreiber).[19] Die Anreize zur Ausbeutung der Transportkunden bleiben jedoch – durch den Charakter eines natürlichen Monopols – erhalten. Dies macht auch weiterhin eine Regulierung der Netzebene erforderlich.

23. Prinzipiell werden die Möglichkeiten zur Diskriminierung einzelner Transportdienstleistungsnachfrager in der „vertikal integrierten Welt" auch durch die aktuell praktizierte Regulierung verringert. In diesem Zusammenhang kann eine konsequente Umsetzung der im Sommer 2007 in Kraft getretenen Kraftwerks-Netzanschlussverordnung (KraftNAV) einen wertvollen Beitrag auf dem Elektrizitätsmarkt leisten.[20] Der Anreiz zur Diskriminierung von Nichtkonzernschwestern besteht jedoch fort. Zwar lassen sich offensichtliche Diskriminierungspraktiken identifizieren und unterbinden, dennoch wird innerhalb eines Konzerns auch weiterhin die Möglichkeit geben, Konzernschwestern – z. B. durch die Weitergabe geschäftssensibler Informationen – einen Vorteil zu verschaffen. Eine derartige, nicht offensichtliche Bevorzugung bzw. Diskriminierung lässt sich von einer Regulierungsbehörde nur schwer nachweisen.[21] Vor diesem Hintergrund wird die Regulierungsintensität bei einem rechtlich unabhängigen Netzbetreiber weitaus geringer sein als bei einem vertikal integrierten Unternehmen.

24. Die Monopolkommission teilt die Ansicht der EU-Kommission, dass ein rechtlich selbstständiger bzw. unabhängiger Übertragungsnetzbetreiber – bei den gegebenen gesetzlichen Rahmenbedingungen – einen deutlich größeren Anreiz besitzt, den im Rahmen des Engpassmanagements erwirtschafteten Erlös in den Ausbau und Erhalt der Netze zu investieren.[22] Bisher haben die Übertragungsnetztöchter der vier Verbundunternehmen die Erlöse aus dem Engpassmanagement primär zur Senkung der Netzentgelte verwendet.[23] Es wäre nach Artikel 6 Abs. 6 der Verordnung 1228/2003 (Netzzugangsbedingungen für den grenzüberschreitenden Stromhandel)[24] auch möglich gewesen, die Erlöse zur Gewährleistung der tatsächlichen Verfügbarkeit der zugewiesenen Kapazität oder als Netzinvestitionen für den Erhalt und/oder den Ausbau von Verbindungskapazitäten einzusetzen.[25] Ein möglicher Grund für den netzentgeltmindernden Einsatz der Engpassmanagementerlöse könnte die gesamtkonzernorientierte Gewinnmaximierungsstrategie der

Verbundunternehmen sein. Ein ungehinderter Stromaustausch mit Nachbarländern wie Polen, in denen die Großhandelspreise deutlich unter dem deutschen Niveau liegen, gefährdet den Absatz der heimischen Kraftwerkstöchter und schränkt somit ihren Preissetzungsspielraum ein. Deshalb stellt die Marktabschottung über die bestehenden Engpässe an den Grenzen zu Niedrigpreisländern aus Sicht der Verbundunternehmen eine rationale Strategie dar.

25. Bei einem Unternehmen, dessen einziger Geschäftszweck das Angebot von Transportdienstleistungen ist, bestünde demgegenüber ein stärkerer Anreiz, den Erlös aus dem Engpassmanagement in den Ausbau und den Erhalt der Verbindungsleitungen zu investieren.[26] Damit der Anreiz zum Ausbau der Netze – insbesondere an den sog. Grenzkuppelstellen – weiter verstärkt und nicht etwa abgemildert würde, wäre der bestehende Regulierungsrahmen nach Ansicht der Monopolkommission an die neue strukturelle Ausgangssituation (rechtlich unabhängiger Netzbetreiber) anzupassen. In der ab 2009 geltenden Anreizregulierung ist zunächst eine Erlösobergrenzenregulierung (Revenue-Cap-Regulierung) vorgesehen. Ein Netzbetreiber hat bei dieser Regulierungsform keinen Anreiz zur Maximierung der Durchleitungsmenge, falls die Erlösobergrenze bereits vorher erreicht wird. Vor diesem Hintergrund wäre der Übergang zu einer Preisobergrenzenregulierung (Price-Cap-Regulierung) ratsam.[27]

---

[19] Auf dem Elektrizitätsmarkt betrifft dies insbesondere potenzielle Newcomer auf der Erzeugerebene. Im Gasbereich betrifft dies potenzielle Newcomer im Bereich Gewinnung von oder Versorgung mit Erdgas.

[20] Vgl. zur kritischen Würdigung der KraftNAV Monopolkommission, Sondergutachten 49, a. a. O., Tz. 267 ff.

[21] Der Anreiz zur Diskriminierung kann jedoch dadurch gemindert werden, dass einem marktbeherrschenden Unternehmen als Folge dieser missbräuchlichen Handlung ein hohes Bußgeld angedroht wird.

[22] Dies gilt unter der aktuellen Voraussetzung, dass Erlöse alternativ nur zur Senkung der Netznutzungsentgelte verwendet werden dürfen.

[23] Vgl. BNetzA, Erlöse aus grenzüberschreitendem Engpassmanagement, vom 23. August 2007, http://www.bundesnetzagentur.de/enid/940e226cdb2b4b1f520becff617643a9,0/Sonderthemen/Erloese_grenzueberschreitendes_Engpassmanagement_3xj.html [Stand: 09.10.2007].

[24] ABl. EU Nr. L 176 vom 15. Juli 2003, S. 1.

[25] Auch für die Fernleitungsnetzbetreiber im Gassektor stehen gemäß § 10 Abs. 6 Satz 4 der GasNZV die drei genannten Alternativen zur Verfügung.

[26] Dies gilt unter der aktuellen Voraussetzung, dass die Erlöse nicht einbehalten, sondern investiert oder netzentgeltmindernd eingesetzt werden müssen.

[27] Im Falle einer Price-Cap-Regulierung erhält das von der Regulierung betroffene Unternehmen eine Höchstpreisvorgabe für ein bestimmtes Produkt bzw. Produktbündel (z. B. gewichteter Durchschnittspreis). Für die Bestimmung des Höchstpreises sind in der Regel die prognostizierten Stückkosten bzw. die Stückkosten der Vorperiode, die Preissteigerungsrate und branchenspezifische Effizienzvorgaben maßgeblich. Bei der Revenue-Cap-Regulierung, wie sie im Rahmen der 1. Phase der zum 1. Januar 2009 beginnenden Anreizregulierung Anwendung finden soll, wird die individuell zulässige Erlösobergrenze des jeweiligen Netzbetreibers maßgeblich durch das Produkt aus der prognostizierten Menge und dem spezifischen Netzentgelt bestimmt. Das spezifische Netzentgelt wird dabei durch die unternehmensindividuellen Kosten des Basisjahres, die individuelle Effizienzvorgabe, die Inflationsrate abzüglich des Produktivitätsfortschritts der Netzbranche und eines Faktors für Erweiterungsinvestitionen determiniert. Das Ziel dieser beiden Regulierungsalternativen ist es, die Netzentgelte sukzessive von den Kosten abzukoppeln und die Effizienzunterschiede zwischen den Netzbetreibern durch den Einbezug von Effizienzparametern abzubauen. Eine Erlösobergrenzenregulierung hat bei dem Betrieb von Energietransportnetzen den Vorteil, dass der Netzbetreiber von einem Einbruch der Nachfrage nach der Transportdienstleistung nicht so stark betroffen wäre. Die Nachfrage nach Transportdienstleistungen kann der Netzbetreiber nur indirekt – über seinen Anteil am Gesamtpreis – beeinflussen, da er keinen unmittelbaren Endkundenkontakt hat. Bei einer fixkostenlastigen Branche wie dem Energietransport für Netze würden die Gesamtkosten des Unternehmens bei einem Nachfrageeinbruch kurz- bis mittelfristig nicht spürbar abnehmen. Im skizzierten Fall hätte der Netzbetreiber über eine Erhöhung des Preises aber die Möglichkeit, den Anteil der Fixkosten auf die geringere Menge umzuverteilen. Die Monopolkommission hält jedoch das Risiko der skizzierten Preisinflexibilität für begrenzt, da insbesondere die Elektrizitätsnachfrage bereits über einen längeren Zeitraum ein leichtes positives Wachstum aufweist. Dieser Trend wird sich mit hoher Wahrscheinlichkeit auch weiter fortsetzen. Einem Nachfrageeinbruch ließe sich darüber hinaus auch durch eine flexible Anpassung der Price-Cap-Regulierung begegnen.

Werden dem Netzbetreiber im Rahmen einer Price-Cap-Regulierung Preise genehmigt, durch die er seine langfristigen Grenzkosten decken kann, so wird er – bei gegebenen Kosten – sowohl in statischer als auch in dynamischer Hinsicht an einer Maximierung der Durchleitungsmenge interessiert sein. Über die Maximierung der Durchleitungsmenge kann der Netzbetreiber – bei gegebenem Preis – den maximalen Erlös und schließlich den maximalen Gewinn erzielen.

26. Für den Fall eines entsprechend angepassten Regulierungsrahmens würde eine eigentumsrechtliche Entflechtung des Übertragungs- bzw. Fernleitungsnetzbetriebs von den übrigen Geschäftsaktivitäten eines vertikal integrierten Energieversorgers dem Ziel eines europäischen Energiebinnenmarktes Rechnung tragen. Der räumliche Markt für das leitungsbezogene Angebot von Elektrizität und Gas würde erweitert, wodurch die Marktkonzentration im Vergleich zum Status quo abnehmen würde. Mit zunehmender Anzahl an Anbietern sinken die Chancen für die effektive Durchsetzung einer wettbewerbsbeschränkenden Verhaltenskoordination.

2.1.2 Argumente gegen eine eigentumsrechtliche Entflechtung

27. Trotz der zu erwartenden positiven Auswirkungen einer eigentumsrechtlichen Entflechtung der Netze auf den Ausbau der Leitungen an den Grenzkuppelstellen vertritt die Monopolkommission die Ansicht, dass ähnliche Effekte bei einer entsprechenden Ausgestaltung der gesetzlichen Regelungen zum grenzüberschreitenden Energiehandel auch ohne diesen harten Eingriff erzielt werden können. Die EG-Verordnungen Nr. 1228/2003 (Netzzugangsbedingungen für den grenzüberschreitenden Stromhandel) und Nr. 1775/2005 (Bedingungen für den Zugang zu den Erdgasfernleitungsnetzen) beinhalten bisher primär Anforderungen zur effizienten Bewirtschaftung eines bereits vorhandenen Engpasses.[28] Diese statischen Anforderungen stellen zwar eine notwendige, jedoch keine hinreichende Bedingung für ein effizientes Engpassmanagement dar. Ein hinreichend effizientes Engpassmanagement muss nach Auffassung der Monopolkommission auch Anreize zum effizienten Ausbau der Netzkapazitäten (d. h. zur Engpassvermeidung) setzen.

28. Die zusätzliche Anforderung an ein effizientes Engpassmanagement sollte durch eine entsprechende Anpassung der Vorschriften zur Verwendung der Erlöse flankiert werden. Es macht den Anschein, als habe die EU-Kommission die Notwendigkeit dieser Anpassung bereits erkannt, da sie in ihrem 3. Legislativpaket eine Änderung des Artikels 6 Abs. 6 der Verordnung 1228/2003 zum grenzüberschreitenden Stromhandel vorgenommen hat. Gemäß dieser Änderung ist ein Netzbetreiber nicht mehr dazu befugt, die Erlöse aus dem Engpassmanagement zur Senkung der Netzentgelte zu verwenden. Die Erlöse sind vielmehr nach folgender Priorität einzusetzen:

– Gewährleistung der tatsächlichen Verfügbarkeit der vergebenen Kapazität,

– Netzinvestitionen für den Erhalt oder Ausbau von Verbindungskapazitäten.[29]

29. Die Monopolkommission begrüßt, dass die Engpassmanagementerlöse nicht mehr netzentgeltmindernd eingesetzt werden sollen. Dass dies kurzfristig zu höheren Netzentgelten und so zu höheren Energiepreisen führen könnte, ist hinzunehmen und wird durch die längerfristige Aussicht auf mehr Wettbewerb aufgewogen. Die Monopolkommission stimmt jedoch nicht mit der Prioritätenliste der EU-Kommission überein. Die Verwendung der Erlöse zur Beseitigung eines strukturellen Engpasses stellt die eigentliche Lösung des Kapazitätsproblems dar. Daher sollte der Engpassbeseitigung eine größere Priorität eingeräumt werden als der Sicherstellung der tatsächlichen Verfügbarkeit.[30] Darüber hinaus vermisst die Monopolkommission eine entsprechende Vorschrift zur Verwendung der Engpassmanagementerlöse für den Gassektor.[31]

30. Die Monopolkommission gibt hierbei jedoch zu bedenken, dass der mangelhafte Netzausbau an den Grenzkuppelstellen nicht ausschließlich dem fehlenden Anreiz der Übertragungs- bzw. Fernleitungsnetzbetreiber, sondern auch dem politischen und bürokratischen Widerstand geschuldet ist. Vor diesem Hintergrund stellt eine Beschleunigung und Vereinfachung der Genehmigungsprozesse einen weiteren wichtigen Schritt hin zu einem europäischen Energiebinnenmarkt dar. Deshalb sind die Gesetzgeber auf europäischer und nationaler Ebene gefordert, Maßnahmen zur Minderung oder gar Beseitigung dieser Widerstände zu treffen.

31. Neben dem Zweifel, dass die eigentumsrechtliche Entflechtung das einzige ursachenadäquate Mittel zum Ausbau der Netze an den sog. Grenzkuppelstellen darstellt, lassen sich zahlreiche mögliche ökonomische Nachteile und potenzielle Gefahren nennen, die gegen den Einsatz dieses harten strukturpolitischen Instruments sprechen.

In der ökonomischen Literatur wird als eines der Hauptargumente gegen eine eigentumsrechtliche Entflechtung des Netzbetriebes angeführt, dass die Investitionsanreize

---

[28] Diese umfassen unter anderem Diskriminierungsfreiheit, Transparenz und Marktgerechtigkeit.

[29] Vgl. Verordnung zur Änderung und Ergänzung der bestehenden Verordnung 1228/2003 zum grenzüberschreitenden Stromhandel, Artikel 6 Abs. 6: „Können die Erlöse nicht für die Zwecke des Unterabsatzes 1 Buchstabe a oder b verwendet werden, werden sie auf ein gesondertes Konto platziert, bis sie für diese Zwecke ausgegeben werden können. Im Falle eines unabhängigen Netzbetreibers werden etwaige nach Anwendung der Buchstaben a und b verbleibende Erlöse vom unabhängigen Netzbetreiber auf einem getrennten Konto gehalten, bis sie für die in Unterabsatz 1 Buchstaben a und b festgelegten Zwecke ausgegeben werden können."

[30] Die Monopolkommission weist in diesem Zusammenhang darauf hin, dass ein Netzausbau an den Grenzkuppelstellen einen Ausbau der Netze innerhalb Deutschlands erforderlich machen kann, sofern sie durch größere Energieimporte und/oder -exporte stärker belastet werden.

[31] Diese ist in der Verordnung zur Änderung und Ergänzung der bestehenden Verordnung 1775/2005 über Erdgasfernleitungsnetze nicht enthalten.

eines unabhängigen Netzbetreibers geringer seien als die eines vertikal integrierten Unternehmens.[32] Dies lasse sich insbesondere darauf zurückführen, dass der Netzbetreiber nicht mehr integrativer Bestandteil eines Konzerns sei, der auch Gewinne aus der Geschäftstätigkeit generiere, die der Netzebene vor- bzw. nachgelagert sind. Während ein vertikal integriertes Unternehmen bei einem Ausfall der Netze auch die entgangenen Erlöse der Schwesterunternehmen auf den vor- bzw. nachgelagerten Stufen einkalkulieren müsse und vor diesem Hintergrund ein vergleichsweise größeres Interesse an einem reibungslosen Energietransport habe, berücksichtige ein Unternehmen, das ausschließlich im Netzbetrieb tätig sei, diese Ausfälle nicht direkt in seiner Kostenrechnung. Als weiterer Grund für die Minderung der Investitionsanreize wird der besonders hohe Anteil an spezifischen Investitionen gesehen, wie er für Energienetze typisch ist. Erwarte der Netzbetreiber, dass sich seine spezifischen Investitionen nicht hinreichend amortisieren, werde er weniger in den Ausbau und den Erhalt der Netze investieren.

Die Monopolkommission hält es für realistisch, dass einer potenziellen Minderung der Investitionsanreize und der somit induzierten Gefahr von Unterinvestitionen durch eine geeignete Regulierung und eine entsprechende Ausgestaltung der gesetzlichen Rahmenbedingungen begegnet werden kann.[33] So wäre im Rahmen der ab 2009 gültigen Anreizregulierung noch stärker auf Qualitätsaspekte und Investitionsanreize abzustellen. Ferner könnten die Haftungsbestimmungen bei Netzausfällen entsprechend verstärkt werden (Gefährdungshaftung). Zur Absicherung vor dem Risiko eines Investitionsrückgangs nach erfolgter Entflechtung können auch die Vorgaben zur Aufstellung zehnjähriger Netzinvestitionspläne auf europäischer und regionaler Ebene dienen, die sich in dem 3. Legislativpaket zum Elektrizitäts- und Gasbinnenmarkt finden.[34]

32. Weitere ökonomische Ineffizienzen könnten sich aus der veränderten Organisation des Geschäftsbetriebes ergeben. Ferner besteht die Gefahr einer Erhöhung des Geschäftsrisikos, wenn ehmals verbundene Unternehmenseinheiten getrennt werden. So hat die Netzgesellschaft keinen Einfluss auf die strategischen Entscheidun-

gen der Handels- bzw. Erzeugerunternehmen. Sollten die Strategien dieser Unternehmen zu einem deutlichen Nachfrageanstieg nach Transportdienstleistungen führen, könnte zumindest kurzfristig eine Situation entstehen, in welcher der Netzbetreiber dem Nachfrageanstieg nicht gerecht wird. Hinzu kommt ein erhebliches Maß an Rechtsunsicherheit aufseiten der vertikal integrierten Versorger. Die Monopolkommission schätzt hingegen den möglichen Effizienzverlust, der durch eine Nichtrealisierung von Größen- und Verbundvorteilen hervorgerufen werden kann, als nicht besonders gravierend ein. Sie hat schon in ihrem Sondergutachten zum Energiemarkt darauf hingewiesen, dass ein Abbau etwaiger Synergien bereits durch die aktuell praktizierte gesellschaftsrechtliche und operationelle Entflechtung eingetreten sein könnte.[35]

33. Generell kann durch eine vertikale Entflechtung nur die Diskriminierung der Nachfrager von Transportdienstleistungen verhindert werden. Da die Anreize zur Ausbeutung erhalten bleiben, wäre eine Regulierung des Netzbetriebs als natürliches Monopol auch weiterhin notwendig. Die Monopolkommission hat in ihrem Energie-Sondergutachten die hohe Angebotskonzentration auf dem Markt für den erstmaligen Stromabsatz als ein zentrales wettbewerbliches Problem auf dem Elektrizitätsmarkt identifiziert. Die enge oligopolistische Marktstruktur lässt sich durch das von der EU-Kommission geforderte Entflechtungsinstrument nur indirekt und bestenfalls langfristig beheben, da eine vertikale Entflechtung nur zu einer gewissen Senkung der Marktzutrittsschranken für neue Anbieter auf dem Strommarkt führt. Allerdings bleiben andere Markteintrittsbarrieren – insbesondere institutioneller Art – bestehen, da sie durch die Entflechtung nicht tangiert werden.

34. Das Problem der hohen Konzentration auf der Erzeugerstufe ließe sich prinzipiell auf direktem Wege durch das Instrument der horizontalen Entflechtung lösen, welches insbesondere vom hessischen Wirtschaftsminister Rhiel vorgeschlagen wird.[36] Eine horizontale Se-

---

[32] Vgl. hierzu ausführlich Monopolkommission, Preiskontrollen in Energiewirtschaft und Handel? Zur Novellierung des GWB, Sondergutachten 47, Baden-Baden 2007, Tz. 46 ff.

[33] Nach Meinung einiger Experten wird auch bei den aktuellen Rahmenbedingungen zu wenig in die Netze investiert. So forderte der Fachverband Energietechnik einen zügigen Ausbau der Stromnetze, da es sonst zu zahlreichen Stromausfällen kommen würde. Vgl. o. V., Energietechnik fordert Ausbau der Stromnetze, Handelsblatt vom 23. April 2008, S. 21. Die Netzbetreiber rechtfertigen die geringe Investitionsbereitschaft damit, dass insbesondere der zukünftige Regulierungsrahmen eine zu geringe Verzinsung des eingesetzten Kapitals ermögliche. Zudem dürfte die Unsicherheit über das zukünftige Eigentum an den Netzen die Investitionsbereitschaft bremsen.

[34] Vgl. Artikel 2c Abs. 5 und Artikel 2 j des Vorschlags für eine Verordnung zur Änderung und Ergänzung der bestehenden Verordnung 1228/2003 zum grenzüberschreitenden Stromhandel sowie Artikel 2c Abs. 5 und Artikel 2h Abs. 1 des Vorschlags für eine Verordnung zur Änderung und Ergänzung der bestehenden Verordnung 1775/2005 über Erdgasfernleitungsnetze.

[35] Vgl. Monopolkommission, Sondergutachten 49, a. a. O., Tz. 607.

[36] Auch die in Tz. 46 charakterisierten rechtlichen Risiken haben bei der skizzierten horizontalen Entflechtung die gleiche Gültigkeit wie im Fall der vertikalen Separierung. Mittlerweile hat das Land Hessen – inspiriert durch die unbefriedigende marktstrukturelle Ausgangssituation auf dem Elektrizitätsmarkt – einen Entwurf zur Änderung des GWB eingebracht, der die Aufnahme eines allgemeinen Entflechtungsparagrafen (§ 41a GWB-E) vorsieht. Dieser Paragraf ist dabei generell an den Missbrauch einer markbeherrschenden Stellung im Sinne des § 19 Abs. 1 und 4 Nr. 1, 2 oder 3 GWB geknüpft. Zusätzliche Voraussetzung zu dem Missbrauch einer marktbeherrschenden Stellung nach dem Entwurf sein, dass in absehbarer Zeit kein wesentlicher Wettbewerb auf dem betrachteten Markt zu erwarten ist. Das Bundeskartellamt kann hierauf aufbauend anordnen, dass innerhalb angemessener Frist eine Veräußerung bestimmter Teile des Vermögens des betroffenen Unternehmens erfolgen muss oder auf eine andere Weise eine Verselbständigung zu erfolgen hat. Das marktbeherrschende Unternehmen soll dem Bundeskartellamt insoweit konkrete Vorschläge unterbreiten, zu deren wettbewerblichen Auswirkungen eine Stellungnahme der Monopolkommission vorgesehen ist. Der Monopolkommission obliegt es dabei auch, eigene Vorschläge zu unterbreiten. In der Gesetzesbegründung wird hervorgehoben, dass im Vorfeld der Entflechtung in mindestens einem Fall der Missbrauch einer marktbeherrschenden Stellung nach-

parierung beträfe die marktbeherrschenden Unternehmen auf dem Markt für den erstmaligen Stromabsatz. Die Unternehmen würden dazu veranlasst, innerhalb angemessener Frist bestimmte Teile ihres Kraftwerksparks zu veräußern oder auf andere Weise zu verselbständigen. Hierdurch ließe sich prinzipiell eine direkte Wettbewerbsbelebung auf der Erzeugerebene erreichen, sofern geeignete Käufer für die Kraftwerke gefunden werden könnten. Eine horizontale Entflechtung birgt jedoch ebenfalls nicht unerhebliche ökonomische Risiken, auf welche die Monopolkommission bereits mehrfach hingewiesen hat. So besteht unter anderem die Gefahr, dass für die Erzeuger nach der Abgabe von Kraftwerkskapazitäten eine angemessene Risikodiversifikation über verschiedene Kraftwerkstypen (Grundlast-, Mittellast- und Spitzenlastkraftwerke) nicht mehr möglich ist. Darüber hinaus würde eine horizontale Entflechtung – sofern sie nicht von einer vertikalen Separierung des Netzbetriebs begleitet wird – auch weiterhin die bisher praktizierte Regulierung des Netzbetriebs erforderlich machen.[37]

35. Jede Form der eigentumsrechtlichen Entflechtung verursacht einmalige direkte volkswirtschaftliche Kosten von nicht unerheblichem Ausmaß, denen ein – seiner Höhe nach – unsicherer volkswirtschaftlicher Nutzen gegenübersteht. Diese Kosten setzen sich unter anderem aus Anwalts-, Notar-, Unternehmensberatungs- und Wirtschaftsprüfungskosten sowie den Kosten für die rechtliche und organisatorische Umstrukturierung zusammen. Vor diesem Hintergrund sind die Preiseffekte nach einer vorgenommenen eigentumsrechtlichen Entflechtung nicht vorhersehbar. Denkbar wäre auch, dass als Folge die Energiepreise steigen können.

36. Es ist davon auszugehen, dass durch den Entflechtungszwang der erzielbare Verkaufserlös im Vergleich zu einem freiwilligen Verkauf gemindert wird. Die betroffenen Unternehmen können sich, falls sie die Kaufgebote als zu gering erachten, nicht für den Eigenbetrieb der Netze entscheiden. Diese Information werden die Käufer bei ihren Geboten berücksichtigen. Der Verkaufserlös wird in der Regel umso geringer ausfallen, je kleiner der potenzielle Käuferkreis ist. Dies lässt sich zum einen da-

rauf zurückführen, dass sich die potenziellen Käufer strategisch verhalten. Zum anderen ist es möglich, dass durch die spezifischen Anforderungen an einen potenziellen Käufer eines Übertragungs- bzw. Fernleitungsnetzes Interessenten mit einer vergleichsweise höheren Zahlungsbereitschaft ausgeschlossen werden. Beschränkt wird der Käuferkreis zunächst durch die Anforderungen an das notwendige netzspezifische Know-how. Zusätzlich limitieren die Regelungen des EnWG, die Entflechtungsbestimmungen der Richtlinienvorschläge sowie das hierin vorgesehene Zertifizierungsverfahren[38] den Käuferkreis.

37. An der Wirksamkeit des Entflechtungsinstruments für den Gassektor hegt die Monopolkommission grundsätzlich Zweifel. Der Großteil des Gasangebotes erfolgt von Unternehmen, die ihren Hauptsitz außerhalb der EU haben. Sollten Netze, die sich in ihrem Eigentum befinden und innerhalb der Europäischen Gemeinschaft liegen, entflochten werden, können sie problemlos mit einer Erhöhung der Netzentgelte bzw. Gaspreise an den EU-Grenzen reagieren. Darüber hinaus kann eine vertikale Entflechtung im Gasbereich dazu führen, dass die Markteintritte echter Newcomer im Bereich der Stromerzeugung unterbleiben. Befürchtet z. B. das Unternehmen Gazprom, dass es sein geplantes Gaskraftwerk nicht mit Gas über die eigenen Netze beliefern darf, könnte dieser Umstand den Gaskonzern an einem Markteintritt auf den Markt für erstmaligen Stromabsatz hindern.

2.2 Unabhängiger Netzbetreiber (Independent System Operator, ISO)

38. Einen strukturellen Eingriff mit einer vergleichsweise geringeren Eingriffsintensität stellt die Schaffung eines unabhängigen Netzbetreibers dar (Independent System Operator, ISO).[39] Wird das ISO-Modell realisiert, so bleibt das Übertragungs- bzw. Fernleitungsnetz zwar im Eigentum des vertikal integrierten Versorgungsunternehmens, die eigentliche Geschäftstätigkeit wird jedoch von dem unabhängigen Netzbetreiber wahrgenommen. Ein unabhängiger Netzbetreiber stellt ein Unternehmen oder eine Instanz dar, das bzw. die völlig getrennt von dem vertikal integrierten Unternehmen ist.[40] Der ISO wird auf Vorschlag des jeweiligen Eigentümers des Übertragungs- bzw. Fernleitungsnetzes vom Mitgliedstaat benannt, sofern ihm von der nationalen Regulierungsbehörde bescheinigt wurde, dass er den Anforderungen der Elektrizitäts- bzw. Gas-Richtlinie genügt.[41] Die Benennung ist anschließend von der EU-Kommission zu genehmigen.[42]

39. Die nationale Regulierungsbehörde überwacht im Anschluss die Beziehungen und die Kommunikation zwi-

---

gewiesen sein müsse. Ferner müsse es sich um einen Markt für bedeutende oder gar unverzichtbare Güter handeln, an denen ein erhebliches versorgungs- und strukturpolitisches Interesse bestehe. Eine Entflechtung könne nur erfolgen, wenn zuvor eine umfassende Marktanalyse durchgeführt worden sei. Die Entflechtung darf nach dem Gesetzentwurf ausnahmsweise nicht erfolgen, wenn ein Ministerdispens erteilt wird (§ 42a GWB-E). Dieser Dispens setze jedoch voraus, dass die bestehenden Wettbewerbsbedingungen durch gesamtwirtschaftliche Vorteile aufgewogen werden oder die gegebene Struktur der betroffenen Unternehmen durch ein überragendes Interesse der Allgemeinheit gerechtfertigt sind. Ebenso wie bei der Ministererlaubnis in Fusionsfällen soll eine vorherige Stellungnahme der Monopolkommission eingeholt werden. Der Gesetzesentwurf vom 2. November 2007 wurde von Herrn Staatsminister Rhiel in der Sitzung des Bundesrates am 14. März 2008 vorgestellt. In der Sitzung wurde beschlossen, den Entwurf zur weiteren Beratung an den Wirtschaftsausschuss des Bundesrates zu verweisen.

[37] Darüber hinaus bestünde die Gefahr einer Rekonzentration, die sich im Zeitablauf nach einer vorgenommenen Entflechtung insbesondere durch Fusionen ergeben könnte. Dieser Gefahr wäre unbedingt im Rahmen der Fusionskontrolle vorzubeugen.

[38] Vgl. Artikel 8b Richtlinienvorschlag-Elektrizität sowie Artikel 7b Richtlinienvorschlag-Gas.

[39] Vgl. Artikel 10 Richtlinienvorschlag-Elektrizität sowie Artikel 9 Richtlinienvorschlag-Gas.

[40] Vgl. Richtlinienvorschlag-Elektrizität, Ziffer 1.2 sowie Richtlinienvorschlag-Gas, Ziffer 1.2.

[41] Vgl. Art 10 Abs. 2 Richtlinienvorschlag-Elektrizität sowie Artikel 9 Abs. 2 Richtlinienvorschlag-Gas.

[42] Vgl. Art 10 Abs. 1 Satz 1 Richtlinienvorschlag-Elektrizität sowie Artikel 9 Abs. 1 Satz 1 Richtlinienvorschlag-Gas.

schen dem unabhängigen Netzbetreiber und dem Netzeigentümer.[43] Im Rahmen dieser Aufgabe hat sie die zwischen den Parteien getroffenen Verträge zu genehmigen und gegebenenfalls als Streitbeilegungsinstanz zu fungieren. Neben der Regelung und Gewährung des Netzzugangs Dritter ist der unabhängige Übertragungs- bzw. Fernleitungsnetzbetreiber für den Betrieb, die Wartung und den Ausbau des Netzes sowie für eine langfristig angelegte Investitionsplanung verantwortlich.[44] Er hat der nationalen Regulierungsbehörde jährlich eine Investitionsplanung vorzulegen und von dieser genehmigen zu lassen.[45] Die Regulierungsbehörde überprüft, ob die Investitionspläne mit dem europaweit geltenden zehnjährigen Netzentwicklungsplan übereinstimmen.[46] Der Eigentümer des Übertragungsnetzes hat die vom unabhängigen Netzbetreiber beschlossenen und von der Regulierungsbehörde genehmigten Investitionen entweder selbst zu finanzieren oder seine Zustimmung zur Finanzierung durch eine andere Partei, einschließlich des unabhängigen Netzbetreibers, zu erteilen.[47] Entsprechende Finanzierungsvereinbarungen unterliegen der Genehmigung der Regulierungsbehörde, die zuvor den Netzeigentümer sowie sonstige interessierte Parteien konsultieren muss. Die von den unabhängigen Netzbetreibern erhobenen Netzzugangstarife müssen dabei ein Entgelt für den bzw. die Netzeigentümer enthalten, das für die Nutzung der Netzvermögenswerte unter Berücksichtigung etwaiger neuer Investitionen in das Netz angemessen ist.[48] Dies ist durch die nationalen Regulierungsbehörden bei der Genehmigung der Netzentgelte entsprechend zu berücksichtigen.

40. Ein Vorteil des ISO-Modells gegenüber der eigentumsrechtlichen Enflechtung ist, dass das betroffene Verbundunternehmen Eigentümer des Netzes bleibt. Dieses Netz ist prinzipiell auch für andere Zwecke zu nutzen. So kann es bei Bedarf im Rahmen einer Kreditfinanzierung als Anlagevermögen beliehen werden. Ein zwangsweise angeordneter Verkauf könnte hingegen zu einer Minderung des Unternehmenswertes führen, was sich nachteilig auf die Kreditwürdigkeit auswirken kann.

41. Findet das ISO-Modell Anwendung, werden die aktuell gültigen Entflechtungsvorgaben des Energiewirtschaftsgesetzes (§§ 6 bis 10 EnWG) erweitert.[49] Bei einer konsequenten Umsetzung des ISO-Modells kann eine potenzielle Diskriminierung im Idealfall im gleichen Maße wie bei einer eigentumsrechtlichen Entflechtung unterbunden werden. Dies setzt jedoch spezifische zusätzliche Vorschriften, eine detaillierte Regulierung und umfassende Regulierungskontrollmechanismen voraus.[50]

42. Die Monopolkommission hält es trotz einer umfassenden Kontrolle dennoch für realistisch, dass ein Verbundunternehmen als Netzeigentümer auch weiterhin die Möglichkeit hat, den ISO zu seinen Gunsten zu beeinflussen oder zumindest einen Informationsvorsprung gegenüber den Konkurrenten zu erlangen. So unterstützt die in Artikel 10 Abs. 6 Richtlinienvorschlag-Elektrizität sowie Artikel 9 Abs. 6 Richtlinienvorschlag-Gas geforderte Zusammenarbeit zwischen Netzeigentümer und unabhängigem Netzbetreiber die Möglichkeit zur Einflussnahme des Netzeigentümers auf den Netzbetreiber. Durch die Abhängigkeit von den Informationen des Netzeigentümers büßt der Netzbetreiber einen großen Teil der geforderten Unabhängigkeit ein. Ferner besteht auch die Gefahr, dass der ISO geschäftssensible Informationen des Netzeigentümers erhält und zu seinen Gunsten nutzt.

43. Die Verhinderung der Einflussnahme bzw. der Erlangung eines ungerechtfertigten Informationsvorsprungs hat im Vergleich zur eigentumsrechtlichen Entflechtung einen deutlich höheren Regulierungsaufwand und somit entsprechend höhere Kosten zur Folge. Darüber hinaus steigen die Transaktionskosten durch den Informationsaustausch und den erforderlichen Abstimmungsprozess zwischen dem ISO als zusätzlichem Marktteilnehmer auf der einen Seite und der Regulierungsbehörde sowie dem Netzeigentümer auf den jeweils anderen Seiten an. Falls sich sowohl für den Elektrizitäts- als auch im Gassektor durchsetzen ließe, dass alle Übertragungs- bzw. Fernleitungsnetze in Deutschland oder gar in der EU von jeweils einem ISO betrieben werden würden, ließen sich erhebliche Größenvorteile realisieren. Die hierdurch induzierte deutliche Kostensenkung könnte im Ergebnis den skizzierten Transaktionskostenanstieg ausgleichen oder gar überkompensieren.[51]

44. Falls die Zwischenschaltung eines ISO jedoch zu einer Kostenerhöhung führt, diese aber nicht im Rahmen der Anreizregulierung Berücksichtigung findet, wird das Netzeigentum für die Verbundunternehmen nicht mehr reizvoll sein. Sie verlieren die Kontrolle über das Netz und haben die Netzinvestitionen auf Anweisungen Dritter durchzuführen, ohne eine gesicherte Rendite realisieren zu können. Der strategische Vorteil, den sie durch das Netzeigentum als vertikal integriertes Unternehmen erlangen, ist bei einer effektiven Regulierung auch nicht mehr gegeben. Vor diesem Hintergrund steht infrage, ob das ISO-Modell aus Sicht des Netzeigentümers sowie unter Betrachtung der zusätzlichen Transaktionskosten überhaupt eine echte Alternative ist.

---

43 Vgl. Artikel 22c Abs. 2 b) Richtlinienvorschlag-Elektrizität, Artikel 24c Abs. 2 b) Richtlinienvorschlag-Gas.

44 Vgl. Artikel 10 Abs. 5 Richtlinienvorschlag-Elektrizität, Artikel 9 Abs. 5 Richtlinienvorschlag-Gas.

45 Vgl. Artikel 22c Abs. 2 c) Richtlinienvorschlag-Elektrizität, Artikel 24 c Abs. 2 c) Richtlinienvorschlag-Gas.

46 Um als unabhängiger Netzbetreiber zugelassen zu werden, muss sich der jeweilige Bewerber im Vorfeld verpflichten, einen von der nationalen Regulierungsbehörde vorgeschlagenen zehnjährigen Netzentwicklungsplan im Sinne von Artikel 2c VO 1228/2003 umzusetzen (vgl. Artikel 10 Abs. 2c Richtlinienvorschlag-Elektrizität und Artikel 9 Abs. 2c Richtlinienvorschlag-Gas).

47 Vgl. Artikel 10 Abs. 6 b) Richtlinienvorschlag-Elektrizität und Artikel 9 Abs. 6 b) Richtlinienvorschlag-Gas.

48 Vgl. 22c Abs. 2 d) Richtlinienvorschlag-Elektrizität und Artikel 24c Abs. 2 d) Richtlinienvorschlag-Gas.

49 Vgl. zur Würdigung der Entflechtungsvorgaben des EnWG Monopolkommission, Sondergutachten 49, a. a. O., Tz. 230 ff., 466 ff.

50 Vgl. Richtlinienvorschlag-Elektrizität, Ziff. 1.2.

51 Ähnliche Größenvorteile ließen sich unter Umständen auch nach einer vorgenommenen eigentumsrechtlichen Entflechtung der Übertragungs- bzw. Fernleitungsnetze realisieren, sofern alle Netze von einem Netzunternehmen gekauft würden.

2.3 Abschließende Würdigung der Monopolkommission

45. Die Monopolkommission vertritt wie auch die EU-Kommission die Ansicht, dass strukturpolitische Eingriffe ein ursachenadäquates Instrument darstellen, um den Wettbewerb auf dem Energiemarkt langfristig zu forcieren. Dennoch bilden die Untersuchungen der EU-Kommission und die hieraus abgeleiteten Implikationen zum gegenwärtigen Zeitpunkt keine hinreichende Basis, um einen derartig harten strukturpolitischen Eingriff rechtfertigen zu können. Die Untersuchungen der EU-Kommission beziehen sich auf einen Zeitraum, in dem die Regulierung der Netzanschluss- und Netzzugangsmodalitäten auf dem deutschen Markt für leitungsgebundene Energien noch nicht existierte bzw. gerade erst im Aufbau begriffen war.[52] Der deutsche Gesetzgeber hat sich im Einklang mit den europäischen Vorgaben zunächst für eine Regulierung der Netze unter Beibehaltung der bestehenden Konzernstrukturen entschieden. Aus ökonomischer Sicht stellt die Regulierung der Netze eine mögliche Alternative beim Umgang mit monopolistischen Bottlenecks dar, wobei sie bei einem vertikal integrierten Unternehmen entsprechend aufwendiger ausgestaltet sein muss. Dem deutschen Regulierungmodell kann jedoch nur attestiert werden, dass es die gewünschte Wirkung nicht entfaltet hat, sofern ihm ein realistisches Maß an Zeit für eine Entfaltung zugesprochen wurde.

46. Gegen die von der EU-Kommission favorisierte eigentumsrechtliche Entflechtung sprechen darüber hinaus auch rechtliche Erwägungen und Hürden. Ob die Gemeinschaft zu einem solchen Unbundling überhaupt die Gesetzgebungskompetenz hat, ist im Hinblick auf Artikel 295 EGV zweifelhaft; danach berührt der EG-Vertrag nicht die Eigentumsordnung in den Mitgliedstaaten. Eine eigentumsrechtliche Entflechtung stellt ferner einen erheblichen Eingriff in die privaten Eigentumsrechte dar. Es ist anzunehmen, dass die Maßnahme von den Betroffenen gerichtlich angegriffen und in langwierigen Verfahren überprüft würde, so dass in der Zwischenzeit große Rechtsunsicherheit bestünde. Bei der Umsetzung der Richtlinie ist der deutsche Gesetzgeber an die verfassungsrechtliche Eigentumsgarantie nach Artikel 14 Abs. 1 GG gebunden. Darüber hinaus kann eine eigentumsrechtliche Entflechtung mit Artikel 1 des Ersten Zusatzprotokolls zur Konvention zum Schutze der Menschenrechte und Grundfreiheiten kollidieren. Durch die vorgesehene eigentumsrechtliche Trennung von Netzbetrieb und Energieerzeugung bzw. -gewinnung sowie -verteilung wird nicht zuletzt auch der Schutzbereich des gemeinschaftsrechtlichen Eigentumsrechts berührt. Die Grundrechte gehören nach ständiger Rechtsprechung

des EuGH zu den allgemeinen Rechtsgrundsätzen, deren Wahrung der EuGH sichert. Künftig wird die Charta der Grundrechte für alle Gemeinschaftsorgane verbindliche Wirkung haben. Eingriffe in das Gemeinschaftsgrundrecht sind nur dann gerechtfertigt, wenn sie geeignet, erforderlich und zudem angemessen sind.

Die Monopolkommission hegt an der Angemessenheit dieses harten eigentumsrechtlichen Eingriffs zum gegenwärtigen Zeitpunkt erhebliche Zweifel. Dies gilt in besonderem Maße für den Gassektor. Gas kann von einer beträchtlichen Anzahl aktueller bzw. potenzieller Kunden durch andere Produkte wie Öl substituiert werden. Somit sind die Möglichkeiten zur Ausübung von Marktmacht im Vergleich zum Stromsektor deutlich geringer. Darüber hinaus bezweifelt die Monopolkommission – wie bereits erläutert – generell, dass eine eigentumsrechtliche Entflechtung ein ursachenadäquates Instrument zur Lösung der Wettbewerbsprobleme auf dem Gasmarkt darstellt. Falls Unternehmen wie Gazprom zu einer Entflechtung ihrer Netze innerhalb der EU gezwungen werden sollten, können sie hierauf problemlos mit einer Erhöhung der Netzentgelte/Gaspreise an der russischen Grenze reagieren. Bei einer Trennung von Gasproduktion, Transport und Vertrieb wäre die Gefahr einer doppelten Marginalisierung erheblich größer als auf dem Strommarkt, da die Gasimportpreise kaum beeinflusst werden können. Zusätzlich besteht die Gefahr, dass sich keine Unternehmen finden werden, die im Gassektor in Deutschland investieren wollen.[53]

47. Um den starken eigentumsrechtlichen Eingriff etwas abzumildern, sieht die EU-Kommission in ihren Richtlinienvorschlägen auch das Modell eines „Aktiensplit" vor.[54] In diesem Fall soll die Aufspaltung des vertikal integrierten Energieversorgungsunternehmens durch den Tausch der alten Aktie gegen zwei neue Aktien, eine Aktie für Erzeugung bzw. Gasimport und Vertrieb sowie eine Aktie für den Netzbetrieb, erfolgen. Hierdurch wird die Netzgesellschaft rechtlich unabhängig und hat einen vom übrigen Unternehmensverbund personell getrennten Vorstand und Aufsichtsrat. Ein Aktiensplit eignet sich jedoch nur, sofern durch Auflagen sichergestellt werden kann, dass es zu einer dauerhaften Abspaltung des Netzes vom übrigen Unternehmensverbund kommt. Hierbei wird angenommen, dass sich durch den kontinuierlichen Aktienhandel die Eigentümerstruktur eines Unternehmens im Zeitablauf ändert. Dabei ist die breite Streuung der Aktien jedoch eine Voraussetzung. Die Monopolkommission hat bereits in vergangenen Gutachten darauf hingewiesen, dass sich diese Lösung bei der derzeitigen Eigentümerstruktur der deutschen Verbundunternehmen nicht eignet.[55] Bis auf die E.ON AG, die sich zum überwiegenden Teil in Streubesitz befindet, halten staatliche Akteure ei-

[52] Vgl. European Commission, DG Competition Report on Energy Sector Inquiry, SEC(2006) 1724 vom 10. Januar 2007. In dieser Untersuchung werden Daten bis zum Beginn des Jahres 2006 genutzt. Die zugrunde liegenden Daten, die das von der Generaldirektion Wettbewerb beauftragte Beratungsunternehmen London Economics nutzte, beziehen sich auf die Jahre 2003 bis einschließlich 2005. Vgl. London Economics, Structure and Performance of Six European Wholesale Electricity Markets in 2003, 2004 and 2005, February 2007, S. 257.

[53] Vgl. ausführlich zu den Auswirkungen der vorgesehenen Entflechtungsmaßnahmen auf den Gassektor Dorigoni, S., Pontoni, F., Ownership Separation of the Gas Transportation Network: Theory and Practice, Working Paper n. 9, March 2008, http://www.iefe.uni bocconi.it [Stand: 15.05.2008].

[54] Vgl. Richtlinienvorschlag-Elektrizität, Ziffer 1.2 sowie Richtlinienvorschlag-Gas, Ziffer 1.2.

[55] Vgl. Monopolkommission, Sondergutachten 49, a. a. O., Tz. 611.

nen signifikanten Anteil an den verbleibenden drei Verbundunternehmen. Insbesondere im Fall der Vattenfall Europe AG, die eine 100 Prozent-Tochter des schwedischen Staatskonzerns Vattenfall AB ist, wird sich die gewünschte dauerhafte Abspaltung nicht einstellen. Vielmehr werden die Aktionäre beider Gesellschaften auf eine gleichartige Unternehmensstrategie hinwirken, da hierdurch der Gewinn des Gesamtkonzerns maximiert werden kann.

48. Die EU-Kommission betont zwar in ihren Erwägungsgründen, dass dem Grundsatz der Nichtdiskriminierung zwischen öffentlichem und privatem Sektor Rechnung getragen werden soll. Zugleich führt sie jedoch aus, dass es für den öffentlichen Sektor ausreichen kann, wenn zwei voneinander getrennte öffentliche Einrichtungen Kontrolle über die Gasgewinnungsaktivitäten (bzw. die Stromerzeugungs- und Versorgungsaktivitäten) einerseits und die Fernleitungsaktivitäten (bzw. die Übertragungsaktivitäten) andererseits ausüben.[56] Dieser Widerspruch macht die asymmetrische Wirkung des Entflechtungsinstruments in den betroffenen EU-Ländern deutlich. Während z. B. der vertikal integrierte Stromkonzern EdF durch den französischen Staat kontrolliert wird, sind Unternehmen wie E.ON über weite Teile in privatem Streubesitz. Im Falle von E.ON würde eine echte Trennung von Netzbetrieb sowie Erzeugungs- und Versorgungsaktivitäten erreicht. Dagegen wäre bei dem französischen Staatsunternehmen denkbar und nicht unwahrscheinlich, dass diese Aufgaben schlicht von unterschiedlichen Ministerien wahrgenommen werden. Aufgrund dieser ungleich gewichteten Maßnahmen könnte es zu einer mittel- bis langfristigen Wettbewerbsbelebung in Deutschland kommen, während die Maßnahme in Frankreich wirkungslos bliebe.

49. Auch das von der EU-Kommission alternativ vorgeschlagene ISO-Modell ist den oben skizzierten eigentumsrechtlichen Bedenken ausgesetzt. Zwar weist dieses Modell im Vergleich zur eigentumsrechtlichen Entflechtung eine geringere Eingriffstiefe auf. Gleichwohl ist auch die Verhältnismäßigkeit bzw. Angemessenheit dieser Maßnahme sehr zweifelhaft, da die Verfügungsgewalt und Nutzungsmöglichkeiten des Eigentümers beim ISO-Modell ebenfalls in erheblichem Umfang beschnitten werden. Dies gilt insbesondere vor dem Hintergrund, dass der unabhängige Netzbetreiber und nicht der Eigentümer über die zu tätigenden Investitionen entscheidet. Zudem ist die Realisierung des ISO-Modells mit einem erheblich höheren Regulierungsaufwand verbunden.

50. Vor diesem Hintergrund wirkt der Richtlinienentwurf der EU-Kommission voreilig. Aus Sicht der Monopolkommission sollte es in den nächsten zwei bis drei Jahren die oberste Priorität sein, die bestehende Netzregulierung zu festigen. Zusätzlich sollte das von der Monopolkommission im Sondergutachten Energie vorgeschlagene Maßnahmenbündel zur Senkung der struktureln Marktzutrittsschranken zügig umgesetzt werden.[57] Falls sich nach einem Zeitraum von etwa sechs Jahren nach dem Beginn der Regulierung noch immer gravierende strukturelle Defizite auf den Märkten für leitungsgebunden Energien nachweisen lassen, wäre eine eigentumsrechtliche Entflechtung als Ultima Ratio denkbar.

2.4 Aktuelle Entwicklung

51. Die Pläne der EU-Kommission stoßen auf geteiltes Echo in den Mitgliedstaaten. Während vor allem Großbritannien, die Niederlande, Schweden und Dänemark den Vorschlag der EU-Kommission unterstützen, trifft er insbesondere in Frankreich und Deutschland auf erheblichen Widerstand.[58] Diese beiden Länder haben einen Alternativvorschlag erarbeitet, den sog. dritten Weg ("efficient and effective unbundling"), und sechs weitere Mitgliedstaaten[59] zur Unterstützung ihres Vorhabens gewinnen können. Der dritte Weg stellt eine weitere Alternative zur eigentumsrechtlichen Entflechtung und zum ISO-Modell dar, bei der die vertikale Integration der Versorgungsunternehmen auch weiterhin möglich sein soll. Demnach kann der von der EU-Kommission angestrebte Erfolg einer wirksamen Abtrennung des Netzbetriebs bereits durch die Einführung von Kontrollmaßnahmen und Sicherheitsklauseln gewährleistet werden. Diese gehen zum Teil über die bereits bestehenden europäischen und in nationales Recht umgesetzten Vorgaben hinaus (§§ 7 ff. EnWG). So soll ein Compliance-Programm zur Verhinderung einer Diskriminierung beim Netzzugang und Netzanschluss beitragen, dessen Einhaltung in den Unternehmen durch einen Compliance Officer zu überwachen ist. Dabei kann das Netzunternehmen den Compliance Officer selbst bestimmen. Im Gegensatz zum ISO-Modell der EU-Kommission soll der Mutterkonzern auch weiterhin Einfluss auf gewichtige Investitionsentscheidungen des Netzbetreibers ausüben können, indem er den jährlichen Finanzplan des Netzbetreibers genehmigt. Der Mutterkonzern erhält weiterhin die Möglichkeit, die Höhe des Verschuldungsgrades der Netztochter zu bestimmen. Dagegen soll der Netzbetreiber im Rahmen des Tagesgeschäfts unabhängig agieren können und nicht den Weisungen des Mutterkonzerns unterliegen. Auch die operationelle Entflechtungsvorgabe des § 8 EnWG soll

---

[56] Vgl. Erwägungsgrund 12 des Richlinienvorschlags-Elektrizität bzw. des Richtlinienvorschlags-Gas.

[57] Zur Förderung eines strukturell gesicherten Wettbewerbs hat die Monopolkommission in ihrem Sondergutachten vom November 2007 ein detailliertes Maßnahmenbündel für den Elektrizitäts- und Gasmarkt zusammengestellt. Hierbei spricht sie sich insbesondere für die Einführung eines zeitlich befristeten Moratoriums für die Erweiterung von Erzeugungskapazitäten durch die marktbeherrschenden Energieversorgungsunternehmen aus. Hierdurch sollen (potenzielle) Wettbewerber die Gelegenheit erhalten, eigene Kraftwerkskapazitäten zu schaffen. Eine Aufhebung des Moratoriums kann dann erfolgen, wenn die Energieversorgungsunternehmen die grenzüberschreitenden Leitungsengpässe beseitigt haben und/oder der Marktanteil an der Erzeugung erheblich gesunken ist. Vgl. detailliert zu den Vorschlägen der Monopolkommission, Sondergutachten 49, a. a. O., Tz. 613 ff., 466 ff.

[58] Die Länder berufen sich dabei insbesondere auf verfassungsrechtliche Bedenken, die Verletzung der Freiheit des Kapitalverkehrs sowie negative soziale Konsequenzen.

[59] Hierbei handelt es sich um die Länder Österreich, Bulgarien, Griechenland, Luxemburg, Lettland und die Slowakei.

insoweit verschärft werden, als Vorstandsmitglieder der Netzgesellschaft in den vergangenen drei Jahren keine Funktionen in den Bereichen Erzeugung und Vertrieb innerhalb des Konzerns wahrgenommen haben dürfen. Zusätzlich soll das übrige Personal bei der Netzgesellschaft angestellt sein. Eine Entsendung von Personen, die in anderen Geschäftsfeldern des Mutterkonzerns tätig sind, bleibt möglich, sofern hiervon kein diskriminierendes Potenzial ausgeht.

52. Am 29. Januar 2008 haben sich die acht Mitgliedstaaten in einem gemeinsamen Brief an die EU-Kommission und den federführenden Industrieausschuss des EU-Parlaments gewandt, um ihre Bedenken vorzutragen und um für den eigenen Vorschlag zu werben. Der Industrieausschuss hat sich jedoch mit knapper Mehrheit für den Vorschlag der EU-Kommission und gegen den Alternativvorschlag dieser Mitgliedstaaten ausgesprochen.

53. Vor dem Hintergrund, dass die acht Befürworterstaaten des dritten Weges eine Einigung im Ministerrat blockieren können, sucht die EU-Kommission einen Kompromiss mit den Gegnern ihres Vorschlags. Zunächst erhoffte sich die EU-Kommission, diesen Kompromiss auf der Basis einer deutlichen Verschärfung des dritten Weges erreichen zu können. So sollte ein von den Regulierungsbehörden bestimmter, unabhängiger Treuhänder eingesetzt werden. Dieser Treuhänder hätte die Aufgabe erhalten, die Aufsichtsratsmitglieder der Netztochter zu ernennen.[60] Die acht Mitgliedstaaten lehnten den Einsatz eines Treuhänders jedoch strikt ab. Im Mai 2008 hat die EU-Kommission sodann ihre Bereitschaft signalisiert, einen dritten Weg ohne den Einsatz eines unabhängigen Treuhänders einzuführen. Sie hat in diesem Zusammenhang zunächst einen Ergänzungsentwurf für den Richtlinienvorschlag auf dem Gasmarkt erarbeitet.[61] Eine entsprechende Regelung soll auch für den Strommarkt folgen, sofern dieser Arbeitsentwurf der EU-Kommission eine Mehrheit findet. Statt eines unabhängigen Treuhänders sollen nun die Anteilseigner der Netzgesellschaft (in der Regel der Mutterkonzern) die Aufsichtsratsmitglieder bestimmen. Dabei soll der Aufsichtsrat (Supervisory Body) für alle Entscheidungen zuständig sein, die einen beträchtlichen Einfluss auf das Anlagevermögen des vertikal integrierten Unternehmens haben könnten.[62] Zusätzlich soll den Regulierungsbehörden ein Vetorecht eingeräumt werden, dass sich auch auf Personal- und Investionsentscheidungen des Aufsichtsrats erstreckt. Derartige Entscheidungen sind der nationalen Regulierungsbehörde mitzuteilen und werden nur dann verbindlich, wenn die Behörde nicht innerhalb einer Frist von drei Wochen widerspricht. Im Juni 2006 einigte sich der

Ministerrat, den dritten Weg als zusätzliche Option in das Legislativpaket für beide Sektoren – Strom und Gas – aufzunehmen.[63]

54. Die Monopolkommission unterstützt prinzipiell den Weg einer Verschärfung der bestehenden Entflechtungsvorschriften des EnWG. Zweifelhaft ist, ob die von den acht Mitgliedstaaten vorgeschlagenen Maßnahmen bereits ausreichen, um eine Diskriminierung der Transportdienstleistungsnachfrager wirksam zu verhindern. Wie die Monopolkommission bereits in ihrem Sondergutachten zum Energiemarkt dargelegt hat, sollte es sämtlichen Mitarbeitern des Netzbetreibers verboten sein, andere Funktionen innerhalb des Konzerns wahrzunehmen.[64] Dies würde die Weitergabe von Informationen und die Bevorzugung von Konzernschwestern deutlich erschweren. Deshalb begrüßt die Monopolkommission, dass im aktuellen Kompromissvorschlag der EU-Kommission eine Entsendung von Personal aus anderen Geschäftbereichen des Mutterkonzerns in die Netzgesellschaft – anders als beim sog. dritten Weg der acht Mitgliedstaaten – generell ausgeschlossen wird.

55. Abschließend bleibt darauf hinzuweisen, dass die EU-Kommission das Ziel einer Verbesserung der strukturellen Ausgangssituation auf dem Energiemarkt nicht nur im Rahmen der skizzierten Gesetzesinitiative, sondern auch bei der Ausübung ihrer Exekutivfunktion innerhalb von Missbrauchsverfahren verfolgt. Diese wurden, wie bereits erwähnt, gegen vier große europäische Energieversorger eingeleitet. Hierbei kann die EU-Kommission schon erste Erfolge in struktureller Hinsicht verzeichnen. Unter dem Damoklesschwert einer möglichen Bußgeldfestsetzung von bis zu 10 Prozent des weltweiten Konzernumsatzes hat die deutsche E.ON AG angeboten, die eigenen Übertragungsnetze an einen Betreiber zu veräußern, der nicht im Bereich der Stromerzeugung oder Stromversorgung tätig ist. Zudem will E.ON 4 800 MW Kraftwerksleistung an Wettbewerber verkaufen.[65] Die EU-Kommission prüft aktuell diese Verpflichtungszusage von E.ON und unterzieht sie einem Markttest. Im Rahmen dieses Markttests werden verschiedene europäische Marktteilnehmer hinsichtlich der Wettbewerbseffekte der von E.ON gemachten Zusagen befragt. Nach dieser Prü-

---

[60] Vgl. Hauschild, H. Stratmann, K., Brüssel sucht im Netzstreit Kompromiss, Handelsblatt vom 15. Mai 2008, S. 12.

[61] Vgl. EU-Kommission, Draft of 08/05, Proposal for a Directive of the European Parliament and of the Council amending Directive 2003/55/EC concerning common rules for the internal market in natural gas, http://www.euractiv.com/de/energie/energieliberalisierung-kompromiss-sicht/article-172423 [Stand: 16.05. 2008].

[62] Dies betrifft insbesondere die Genehmigung des jährlichen Finanzplans, die Höhe des Verschuldungsgrads des Netzbetreibers und die Höhe der an die Anteilseigner auszuschüttenden Dividenden.

[63] Vgl. Hauschild, H., Energiekonzerne dürfen ihre Netze behalten, Handelsblatt vom 9. Juni 2008, S. 3. Nachdem sich der Ministerrat am 6. Juni 2008 auf eine Verschärfung des dritten Weges als zusätzliche Option geeinigt hat, fand dieser Kompromiss im EU-Parlament bisher keine Mehrheit. Vgl. Hauschild, H., Neue Runde im Streit um Energiekonzerne, EU-Parlament stimmt für Zerschlagung der Versorger, Handelsblatt vom 19. Juni 2008, S. 5.

[64] Vgl. Monopolkommission, Sondergutachten 49, a. a. O., Tz. 243.

[65] Dies entspricht knapp einem Fünftel der Erzeugungskapazität von E.ON in Deutschland. Vgl. E.ON AG (Hrsg.), E.ON schlägt strukturelle Maßnahmen für mehr Wettbewerb im deutschen Strommarkt vor, Pressemitteilung vom 28. Februar 2008, http://www.eon.com/de/presse/news-show.do?id= 8449 [Stand: 15.04.2008]. Im Mai 2008 hat auch die RWE AG angekündigt, dass sie über den Verkauf ihres Gastransportnetzes nachdenke, um ein drohendes Bußgeldverfahren abzuwenden. Die Idee für einen möglichen Netzverkauf kam dabei von der Generaldirektion Wettbewerb, nicht wie im Falle E.ON vom Unternehmen selbst. Vgl. Flauger, J., Hauschild, H., Stratmann, K., RWE brüskiert Merkel, Handelsblatt vom 29. Mai 2008, S. 3.

fung, die sich noch einige Monate hinziehen kann, entscheidet die EU-Kommission über die Einstellung der laufenden Kartellverfahren gegen E.ON. Sollte die EU-Kommission auf diese Verpflichtungszusage von E.ON eingehen, würde sie das Verfahren einstellen und die Zusage für bindend für die Unternehmen im Sinne von Artikel 9 Abs. 1 der Verordnung 1/2003 erklären. Für die Abgabe der Erzeugungskapazitäten wird E.ON ab dem Zeitpunkt der Entscheidung ein Zeitraum von sechs Monaten eingeräumt. Sofern es erforderlich ist, kann dieser Zeitraum um zusätzliche sechs Monate erweitert werden. Für die Veräußerung des Übertragungsnetzes werden dem deutschen Verbundunternehmen zwei Jahre eingeräumt.[66]

56. Typischerweise unterliegen derartige Verpflichtungszusagen, die unter dem Eindruck eines drohenden Bußgeldes und einer langen Verfahrensdauer getätigt werden, keiner regelmäßigen gerichtlichen Überprüfung. Der dargestellte Verfahrensverlauf macht deutlich, dass die EU-Kommission infolge ihres gesetzlichen Initiativmonopols und ihrer zugleich bestehenden weitreichenden Exekutivfunktionen über eine „Doppelmacht" im Wettbewerbsrecht verfügt.[67] Ziele, welche die EU-Kommission im Rahmen des Gesetzgebungsprozesses aufgrund des Widerstands der Mitgliedstaaten nicht zu realisieren vermag, kann sie als ausführendes Organ einfacher durchsetzen, da ihr im Wettbewerbsrecht weitreichende Befugnisse und Sanktionsmöglichkeiten eingeräumt werden.

3 Übergang von der Regulierung zur Wettbewerbsaufsicht bei Telekommunikationsmärkten

57. Die sektorspezifische Regulierung der Telekommunikationsmärkte war von Beginn an auf Zeit angelegt.[68] Ihre Notwendigkeit entfällt, sobald ein Markt nachhaltig wettbewerbsorientiert ist. In ihrem letzten Sondergutachten zur Wettbewerbsentwicklung auf den Telekommunikationsmärkten hat die Monopolkommission festgestellt, dass der Wettbewerb auf den Verbindungsmärkten im Festnetz inzwischen soweit gefestigt ist, dass auch nach einer Rückführung der Regulierung nicht mit einer Remonopolisierung zu rechnen ist.[69] An die Stelle der Regulierung nach dem TKG tritt die Wettbewerbsaufsicht nach dem GWB. Die institutionelle Zuständigkeit wechselt von der Bundesnetzagentur zum Bundeskartellamt. Dabei vollzieht sich der Übergang von Märkten in das allgemeine Wettbewerbsrecht im Wesentlichen auf zwei Wegen. Entweder erfüllt ein Markt die Kriterien des § 10 Abs. 2 TKG für die Regulierungsbedürftigkeit nicht oder

die Marktanalyse gemäß § 11 TKG kommt zu dem Ergebnis, dass auf dem relevanten Markt wirksamer Wettbewerb besteht. In der Diskussion um den Übergang in das allgemeine Wettbewerbsrecht stehen zwei Aspekte im Vordergrund. Erstens wird bemängelt, dass die Prüfung der Regulierungsbedürftigkeit gemäß § 10 Abs. 2 TKG, der so genannte Drei-Kriterien-Test, lediglich kursorisch durchgeführt wird. Unzureichend geprüft werde insbesondere das Kriterium der Insuffizienz des Wettbewerbsrechts. In der Folge komme es zu einer Zementierung der Regulierung. Zweitens wird vorgebracht, dass das Wettbewerbsrecht bei der Verfolgung von missbräuchlichen Verhaltensweisen weniger effizient sei als die Ex-Post-Regulierung nach dem TKG und dass die Regulierungsbehörde für die Missbrauchsaufsicht im Bereich der Telekommunikation die sachnähere Behörde sei. Daher bedürfe es bei der Deregulierung eines Zwischenschritts. Dazu werden verschiedene Vorschläge diskutiert. Statt einen Markt unmittelbar in das allgemeine Wettbewerbsrecht zu entlassen, soll zunächst eine Missbrauchsaufsicht nach den Vorschriften des TKG durchgeführt werden, die auch auf Telekommunikationsmärkten Anwendung findet, für die die Regulierungsbedürftigkeit nicht vorliegt. Vorgeschlagen wird zudem, dass die Missbrauchsaufsicht institutionell bei der Regulierungsbehörde verbleibt, diese aber Wettbewerbsrecht anwendet. Relativ neu in der Diskussion ist der Vorschlag, dass die Anwendung von Telekommunikations- und Wettbewerbsrecht sowie die institutionelle Zuordnung der Aufsicht mithilfe einer sog. „ladder of remedies" vorgenommen wird.

3.1 Prüfung der Regulierungsbedürftigkeit

58. Nach § 10 TKG kommen für eine sektorspezifische Regulierung nur Märkte in Betracht, die (i) durch beträchtliche und anhaltende strukturelle oder rechtlich bedingte Marktzutrittsschranken gekennzeichnet sind, (ii) längerfristig nicht zu wirksamem Wettbewerb tendieren und auf denen (iii) die Anwendung des allgemeinen Wettbewerbsrechts allein nicht ausreicht, dem betreffenden Marktversagen entgegenzuwirken. Dieser sog. Drei-Kriterien-Test hat seine gemeinschaftsrechtliche Grundlage in den Erwägungsgründen der Märkteempfehlungen der Europäischen Kommission aus den Jahren 2003 und 2007 sowie in Erwägungsgrund 27 der Rahmenrichtlinie.[70] Mit

[66] Vgl. E.ON AG (Hrsg.), E.ON nennt Einzelheiten zur Abgabe von Netz- und Kraftwerkskapazitäten, Pressemitteilung vom 14. Mai 2008, http://www.eon.com/de/presse/news-show.do?id=8647&back=%2fde%2f421.jsp [Stand: 15.05.2008].
[67] Vgl. hierzu auch Ehricke, U., Die Doppelmacht der Kommission in Wettbewerbssachen – ein Plädoyer für die Etablierung einer eigenständigen und unabhängigen EG-Wettbewerbsbehörde, Wirtschaft und Wettbewerb 58, 2008, S. 411.
[68] Vgl. Monopolkommission, Wettbewerb auf Telekommunikations- und Postmärkten?, Sondergutachten 29, Baden-Baden 2000, Tz. 1.
[69] Vgl. Monopolkommission, Sondergutachten 50, a. a. O., Tz. 66 f., 243.
[70] Empfehlung der Kommission vom 11. Februar 2003 über relevante Produkt- und Dienstemärkte des elektronischen Kommunikationssektors, die aufgrund der Richtlinie 2002/21/EG des Europäischen Parlaments und des Rates über einen gemeinsamen Rechtsrahmen für elektronische Kommunikationsnetze und -dienste für eine Vorabregulierung in Betracht kommen, ABl. EG Nr. L 114 vom 8. Mai 2003 (Märkteempfehlung), S. 45; Empfehlung der Kommission vom 17. Dezember 2007 über relevante Produkt- und Dienstemärkte des elektronischen Kommunikationssektors, die aufgrund der Richtlinie 2002/21/EG des Europäischen Parlaments und des Rates über einen gemeinsamen Rechtsrahmen für elektronische Kommunikationsnetze und -dienste für eine Vorabregulierung in Betracht kommen, ABl. EG Nr. L 344 vom 28. Dezember 2007 (überarbeitete Märkteempfehlung), S. 45; Richtlinie 2002/21/EG des Europäischen Parlaments und des Rates vom 7. März 2002 über einen gemeinsamen Rechtsrahmen für elektronische Kommunikationsnetze und -dienste (Rahmenrichtlinie), ABl. EG Nr. L 108 vom 24. April 2002, S. 33.

ihm formuliert der europäische Rechtsrahmen zugleich Kriterien für den Abbau sektorspezifischer Regulierung. Ist eines der drei Kriterien nicht erfüllt, fehlen die Voraussetzungen für die sektorspezifische Regulierung. Diese ist zurückzuführen oder erst gar nicht aufzunehmen.

59. Die Kriterien (i) und (ii) – Marktzutrittsschranken und fehlende Tendenz zu wirksamem Wettbewerb – sind struktureller Natur. Sie sind zunächst zu prüfen, wobei es im Grundsatz auf dieselben Kriterien ankommt wie bei der Prüfung der beträchtlichen Marktmacht nach § 11 Abs. 1 TKG sowie § 19 Abs. 2 GWB oder Artikel 82 EGV. Vergleichsweise schwierig zu beantworten ist allerdings die Frage, ob der relevante Markt langfristig zu wirksamem Wettbewerb tendiert. Anders als bei der Prüfung der Existenz von beträchtlicher Marktmacht oder von Marktbeherrschung ist hier eine Prognose über zukünftige Markt- und Wettbewerbsentwicklungen notwendig. Analytisch unklar bleibt, wie sich die Prüfung des zweiten Kriteriums von der Prüfung des Bestehens wirksamen Wettbewerbs gemäß § 11 TKG unterscheidet. Stellt die Bundesnetzagentur bei der Prüfung der Regulierungsbedürftigkeit fest, dass ein Markt langfristig nicht zu wirksamem Wettbewerb tendiert, kann die Prüfung, ob auf diesem Markt gegenwärtig wirksamer Wettbewerb besteht, kaum zu einem positiven Ergebnis führen. Sinn macht die Feststellung beträchtlicher Marktmacht gemäß § 11 TKG damit lediglich zur Identifizierung des oder der Regulierungskandidaten. Vorstellbar ist dagegen, dass ein Markt zwar langfristig zu wirksamem Wettbewerb tendiert, gegenwärtig aber noch durch das Bestehen von beträchtlicher Marktmacht gekennzeichnet ist. Dieser Markt unterliegt aber nicht der sektorspezifischen Regulierung, sondern wäre daraus zu entlassen. Missbräuchliche Verhaltensweisen eines Unternehmens mit beträchtlicher Marktmacht auf diesem Markt wären gegebenenfalls nach den Vorschriften des Wettbewerbsrechts durch die Kartellbehörde zu verfolgen. Die Voraussetzung dafür ist allerdings, dass die Kartellbehörde bei der Marktabgrenzung und der Feststellung von Marktbeherrschung zu demselben Ergebnis kommt wie die Regulierungsbehörde. Zwingend ist das nicht, weil die von der Europäischen Kommission abgegrenzten Telekommunikationsmärkte nicht durchgehend „Märkte" im Sinne des Wettbewerbsrechts sind und der telekommunikationsrechtliche Begriff der „beträchtlichen Marktmacht" und der wettbewerbsrechtliche Begriff der „Marktbeherrschung" zwar angenähert, aber nicht identisch sind.[71]

60. Das dritte Kriterium des § 10 Abs. 2 TKG prüft die Leistungsfähigkeit des allgemeinen Wettbewerbsrechts. Es ist potenziell das wichtigste Kriterium für die Frage der Deregulierung, was aber weder in der Märkteempfehlung der Europäischen Kommission noch in der praktischen Anwendung des Drei-Kriterien-Tests zum Ausdruck kommt. Erwägungsgrund 13 der Märkteempfehlung 2007 führt lediglich aus, dass wettbewerbsrecht-

liche Eingriffe gewöhnlich dann nicht ausreichen, wenn umfassende Durchsetzungsmaßnahmen zur Behebung eines Marktversagens erforderlich sind oder wenn häufig und schnell eingegriffen werden muss.[72] Auch in der Praxis der Regulierung bleibt der Begründungsaufwand bei der Prüfung des dritten Kriteriums regelmäßig gering. Die Prüfung erfolgt, so kritische Stimmen, lediglich kursorisch und formelhaft.[73] Die fehlende Eignung des Wettbewerbsrechts wird regelmäßig damit begründet, dass es lediglich punktuelle Eingriffe erlaube, während für die Behebung des Marktversagens in aller Regel wesentlich detailliertere Befugnisse zur Vornahme positiver Regelungen erforderlich seien. Außerdem ermögliche das TKG ein schnelleres Eingreifen, weil die Verfügungen der Bundesnetzagentur grundsätzlich sofort vollziehbar sind. Beide Begründungen beziehen sich auf strukturelle Unterschiede zwischen Wettbewerbsrecht und Regulierungsrecht, die immer bestehen. Reichen Sie zur Begründung von sektorspezifischer Regulierung bzw. zur Verneinung eines Deregulierungsbedarfs aus, läuft die Begrenzungswirkung des dritten Kriteriums des Drei-Kriterien-Tests ins Leere.[74] Es fehlen empirische Methoden zur Feststellung, unter welchen Bedingungen kartellrechtliche Eingriffe wirken bzw. nicht wirken. Anzumerken ist, dass auch das Bundeskartellamt, mit welchem die Bundesnetzagentur bei der Feststellung der Regulierungsbedürftigkeit Einvernehmen herzustellen hat, bisher wenig dazu beigetragen hat, diese Frage systematischer zu beantworten.

61. Ausgangspunkt einer systematischen Prüfung der Frage, ob das Wettbewerbsrecht nicht geeignet ist, einem bestimmten Marktversagen auf einem Telekommunikationsmarkt entgegenzuwirken, ist eine Analyse der Schwächen des Wettbewerbsrechts im Hinblick auf die typischen Problemlagen auf Telekommunikationsmärkten. Dabei zeigt sich, dass das Wettbewerbsrecht drei grundsätzliche Nachteile hat, die zugleich grundsätzliche Vorteile des Regulierungsrechts sind.

– Erstens greift Wettbewerbsrecht nur im Nachhinein, d. h. wenn es bereits zu einem Missbrauch gekommen ist. Dem steht aufseiten des TKG die Möglichkeit von Ex-ante-Eingriffen gegenüber. Wettbewerbsrecht ist demnach immer dann nicht geeignet, wenn durch einen absehbaren Missbrauch ein großer Schaden entsteht, etwa Unternehmen aus dem Markt gedrängt oder am Markteintritt gehindert werden, oder wenn sich Missbräuche häufen und immer wieder auftreten.

– Zweitens ist es vergleichsweise schwieriger auf der Grundlage des Wettbewerbsrechts missbrauchsfreie Preise festzusetzen. Die kartellrechtliche Missbrauchsaufsicht greift dabei in aller Regel auf tatsächliche oder hypothetische Vergleichsmärkte zurück. Solche

[71] Vgl. Monopolkommission, Wettbewerbsentwicklung bei der Telekommunikation 2005: Dynamik unter neuen Rahmenbedingungen, Baden-Baden 2006, Tz. 170 ff.

[72] Vgl. Empfehlung der Kommission vom 17. Dezember 2007 ..., a. a. O.

[73] Vgl. Möschel, W., Der 3-Kriterien-Test in der Telekommunikation, MultiMedia und Recht 10, 2007, S. 342 ff., hier: S. 345; Korehnke, S., Regulierung als transitorisches Phänomen? – Erfahrungen im Mobilfunk, ifo Schnelldienst 59, 2007, S. 12 ff., hier: S. 13.

[74] Vgl. Möschel, W., a. a. O.

Märkte finden sich im Bereich der Telekommunikation praktisch nie. Hinzu kommt, dass sich bei Netzindustrien wegen der dort anzutreffenden Skalenerträge und Verbundvorteile auch keine wettbewerblich relevanten Kosten als Preismaßstab anbieten. Insofern sind auch die in Ergänzung zum oder anstelle des Vergleichsmarktkonzeptes möglichen Kostenkontrollen für die Festlegung von „korrekten" Preisen nicht geeignet. Das TKG bietet mit dem Maßstab der Kosten der effizienten Leistungsbereitstellung und der Möglichkeit, auf analytische Kostenmodelle zurückzugreifen, deutlich bessere Möglichkeiten.

– Drittens bedarf es zur Durchsetzung bestimmter Verpflichtungen, etwa im Rahmen der Preisregulierung, umfangreicher Informationen und eines administrativen Apparates, mit dem die Umsetzung fortlaufend überprüft werden kann. Wettbewerbsbehörden verfügen im Allgemeinen nicht über die notwendige Ausstattung und Voraussetzungen für laufende Kontrollen.

62. Die Existenz grundsätzlicher Nachteile auf der einen Seite und grundsätzlicher Vorteile auf der anderen Seite bedeutet jedoch nicht, dass das Wettbewerbsrecht stets ungeeignet ist. Zu beachten ist zunächst, dass auch die Regulierung grundlegende Nachteile hat. Erstens ist sie in der Marktwirtschaft ein Fremdkörper, weil sie in einem sehr viel stärkeren Maße in die Verfügungsrechte der Unternehmen eingreift, Freiheitsrechte beschränkt und Effizienzanreize vermindert. Zweitens behebt Regulierung festgestelltes Marktversagen nicht. Sie baut Bottlenecks nicht ab, sondern erleichtert nur den Zugang zu ihnen, was wiederum den Anreiz für Wettbewerber verringert, selbst in die Umgehung oder Duplizierung von Bottlenecks zu investieren. Drittens ist Regulierung nicht fehlerfrei. Sie kann ebenso versagen wie Märkte und ihrerseits Ineffizienzen erzeugen.[75]

63. Hinzu kommt, dass das wettbewerbsrechtliche Instrumentarium in den letzten Jahren nicht unerheblich verschärft bzw. dass die Befugnisse der Kartellbehörden mit der Konsequenz erweitert wurden, dass die Unterschiede zur Regulierung geringer geworden sind. Ins Gewicht fällt die generelle Zulässigkeit positiv gestaltender Maßnahmen, insbesondere bezüglich des Zugangs zu wesentlichen Einrichtungen gemäß § 19 Abs. 4 Nr. 4 GWB, ferner auch die Möglichkeit zum Erlass einstweiliger Maßnahmen. Seit der Siebten GWB-Novelle sind nach deutschem Recht auch Verstöße gegen Artikel 81 und 82 EGV unmittelbar bußgeldbewehrt. Dabei wurde der Bußgeldrahmen erheblich erweitert. Wesentliche Änderungen hat es auch bei der privaten Durchsetzung des Kartellrechts, insbesondere durch die Verstärkung der Schadensersatz- und Unterlassungsansprüche, gegeben. Selbst die sofortige Vollziehung, auf die die Begründung der Regulierungsbedürftigkeit regelmäßig abstellt, ist im GWB vorgesehen. Zwar haben Beschwerden gegen Entscheidungen der Kartellbehörde aufschiebende Wirkung. Die

Behörde kann den sofortigen Vollzug der Verfügung jedoch anordnen.

64. Vor diesem Hintergrund sollte an die Begründung, dass Wettbewerbsrecht allein nicht ausreicht, einem Marktversagen entgegenzuwirken, nach Auffassung der Monopolkommission hohe Anforderungen gestellt werden. Dafür spricht auch, dass es sich hier um keine Abwägungsentscheidung handelt, da weder die Märkteempfehlung der Europäischen Kommission noch § 10 Abs. 2 TKG eine Prüfung der Eignung des Wettbewerbsrechts im Vergleich zu den Möglichkeiten des TKG verlangen, sondern einzig auf die Eignung des Wettbewerbsrechts abstellen. Damit ist es für eine Deregulierung nicht erforderlich, dass das Wettbewerbsrecht dem Regulierungsrecht überlegen ist, auch wenn ein solcher Test ökonomisch wünschenswert wäre. Es reicht, wenn die Mittel des Wettbewerbsrechts ausreichen, dem festgestellten Marktversagen entgegenzuwirken. Hilfreich wäre, wenn die Europäische Kommission eine Art Prüfkatalog für die Durchführung des Drei-Kriterien-Tests vorgeben würde, an dem sich die nationalen Regulierungsbehörden orientieren können, die den Test auf der nationalen Ebene durchführen.[76] Das ist nicht durchgehend der Fall, sollte nach Auffassung der Monopolkommission aber obligatorisch sein. Dafür spricht, dass insbesondere das dritte Kriterium von der Ausgestaltung der nationalen Wettbewerbsgesetze, der Amtspraxis der Kartellbehörden und der Kartellgerichte abhängt. Ein für die Europäische Gemeinschaft insgesamt durchgeführter Drei-Kriterien-Test kann zwar eine Vorauswahl der zu regulierenden Märkte treffen, trägt aber den nationalen Besonderheiten, insbesondere im Hinblick auf die Insuffizienz des Wettbewerbsrecht, zu wenig Rechnung.

3.2 Zwischenschritt beim Übergang in das allgemeine Wettbewerbsrecht?

65. Bei der Diskussion um den Übergang von der sektorspezifischen Regulierung zum allgemeinen Wettbewerbsrecht steht die Frage im Raum, ob es dabei eines Zwischenschritts bedarf. Dazu werden verschiedene Vorschläge diskutiert. Ein Vorschlag lautet, statt einen Markt unmittelbar in das allgemeine Wettbewerbsrecht zu entlassen, zunächst eine Missbrauchsaufsicht nach den Vorschriften des TKG durchzuführen (gegebenenfalls in Verbindung mit einer zeitlichen Befristung), die auch auf Telekommunikationsmärkten Anwendung findet, für die Regulierungsbedürftigkeit nicht vorliegt. Ein zweiter Vorschlag sieht vor, dass die Missbrauchsaufsicht institutionell bei der Regulierungsbehörde verbleibt, diese aber Wettbewerbsrecht anwendet. Relativ neu in der Diskussion ist der Vorschlag, dass die Anwendung von Telekommunikations- und Wettbewerbsrecht sowie die institutionelle Zuordnung der Aufsicht mithilfe einer sog. „ladder of remedies" vorgenommen wird.

66. Die ersten beiden Vorschläge unterstellen, dass die kartellrechtliche Missbrauchsaufsicht weniger gut geeig-

---

[75] Vgl. Böni, F., Die Einbindung sektorspezifischen Wettbewerbsrechts in das allgemeine Kartellrecht, Netzwirtschaften und Recht 5, 2008, Beilage 1/2008, S. 1 ff., hier: S. 4.

[76] Vgl. auch Möschel, W., a. a. O., S. 346.

net ist, Missbräuche auf Telekommunikationsmärkten zu unterbinden, als das TKG bzw. dass die institutionelle Zuordnung der Aufsicht auf die Bundesnetzagentur für eine effizientere Durchsetzung des Rechts sorge. Argumente dabei sind:

– Die Bundesnetzagentur ist die sachnähere Behörde, weil es in vielen Fällen der Missbrauchsaufsicht im Telekommunikationssektor einen engen Zusammenhang mit der Zugangsregulierung gibt. Insbesondere verfügt die Regulierungsbehörde über mehr und bessere Informationen über die Märkte, weil die Marktteilnehmer ihr gegenüber laufende und weitgehende Berichtspflichten haben, während das Bundeskartellamt Informationen zum Nachweis der Missbräuchlichkeit im Einzelfall erst erheben muss.

– Der Nachweis eines Missbrauchs ist bei bestimmten Fallkonstellationen (z. B. Preis-Kosten-Schere) nach dem TKG leichter als nach dem Kartellrecht, weil § 28 TKG Vermutungstatbestände für missbräuchliches Verhalten enthält. Das Kartellamt ist in ähnlichen Fällen mit erheblichen Beweislastproblemen konfrontiert.

– Das TKG bietet schnellere Eingriffsmöglichkeiten, weil regulierungsbehördliche Verfügungen sofort vollziehbar sind, der Informationsstand der Behörde im Ausgangspunkt besser ist und die Beweislastprobleme geringer sind. Hinzu kommt, dass die Missbrauchsaufsicht gemäß § 42 TKG fristgebunden ist, während §§ 19 und 20 GWB sowie Artikel 82 EGV keine Entscheidungsfristen vorgeben.

– Die Instrumente der telekommunikationsrechtlichen Missbrauchsaufsicht sind zum Teil restriktiver als die der wettbewerbsrechtlichen, weil sie Elemente der Ex-ante-Regulierung beinhalten. Gemäß § 38 Abs. 1 TKG sind der Bundesnetzagentur bei der nachträglichen Entgeltregulierung die geplanten Entgelte zwei Monate vor Inkrafttreten vorzulegen. Nach § 42 TKG kann die Regulierungsbehörde nicht lediglich existierenden Missbrauch ahnden, sondern bereits „drohenden Missbrauch" verhindern.

– Schließlich wird als politökonomisches Argument vorgetragen, dass dem Regulierer der Ausstieg aus der Regulierung leichter fällt, wenn er zunächst Kompetenzen der Ex-post-Aufsicht behält. Auch das Vorsichtsprinzip des Regulierers spricht dafür, dass eine Deregulierung eher zögerlich stattfindet.

67. Die Monopolkommission lehnt den Vorschlag ab, im TKG eine von der Feststellung der Regulierungsbedürftigkeit unabhängige Missbrauchsaufsicht zu verankern. Zunächst ist festzuhalten, dass die geltende Rechtslage im Hinblick auf die Voraussetzungen für die Anwendung des TKG eindeutig ist. Gemäß § 9 TKG unterliegen der Marktregulierung nach den Vorschriften des zweiten Teils des Gesetzes, zu dem auch die §§ 38 und 42 TKG gehören, Märkte, auf denen die Voraussetzungen der Regulierungsbedürftigkeit gemäß § 10 TKG vorliegen und für die eine Marktanalyse gemäß § 11 TKG ergeben hat, dass ein oder mehrere Unternehmen auf diesem

Markt über beträchtliche Marktmacht verfügen. Das Verwaltungsgericht Köln und das Bundesverwaltungsgericht haben dies im Fall Telegate bestätigt.[77] Gemäß § 2 Abs. 3 TKG bleibt das GWB in diesen Fällen zusätzlich anwendbar, soweit das TKG für einen Sachverhalt nicht ausdrücklich abschließende Regelungen trifft.[78] Europäisches Wettbewerbsrecht bleibt ohnehin unberührt, da dieses nicht durch nationales Recht verdrängt wird.[79] Auf Märkten, die nicht der Regulierung unterliegen oder die aus der Regulierung entlassen sind, ist allein nationales und europäisches Wettbewerbsrecht anwendbar. Sollen Märkte, für die die Regulierungsbedürftigkeit nicht festgestellt wurde, der Verhaltenskontrolle nach dem TKG unterstellt werden, ist eine Anpassung des TKG notwendig. Zweifelhaft wäre allerdings, ob eine Regelung, die darauf hinausläuft, die Vorschriften des TKG zur Missbrauchsaufsicht von der Feststellung der Regulierungsbedürftigkeit abzukoppeln, mit europäischem Recht vereinbar wäre. Dagegen spricht bereits, dass damit Mitwirkungsrechte der Europäischen Kommission und der anderen nationalen Regulierungsbehörden verletzt würden.[80]

68. Das Argument, die Bundesnetzagentur sei die sachnähere Behörde für die Missbrauchsaufsicht auf Telekommunikationsmärkten, überzeugt nicht. Auch wenn es zutrifft, dass die Bundesnetzagentur über größere spezifische Marktkenntnisse im Bereich der Telekommunikation verfügt, hat das Bundeskartellamt aufgrund der Vielzahl der Fälle eine höhere Sachkunde in ökonomischen Fragen und ist wegen seiner langjährigen Amtspraxis die sachnähere Behörde für die Aufgabe der Missbrauchsaufsicht über marktbeherrschende Unternehmen. Zutreffend ist allerdings, dass mit der Aufnahme von Vermutungstatbeständen in § 28 Abs. 2 TKG die Beweislastprobleme beim Nachweis bestimmter Missbräuche verringert worden sind. Für die Monopolkommission spricht das allein allerdings nicht dafür, zusätzliche Kompetenzen auf die Regulierungsbehörde zu übertragen. Erinnert sei in diesem Zusammenhang daran, dass die Aufnahme der Preis-Kosten-Schere als Vermutungstatbestand in § 28 Abs. 2 TKG auch vor dem Hintergrund der Erfahrung zu sehen ist, dass es nach dem TKG 1996 möglich war, dass die monatliche Miete für den Zugang zur Teilnehmeranschlussleitung höher lag als das Endkundenentgelt der

---

77 VG Köln, Urteil vom 21. Dezember 2005, 21 K 1200/05; BVerwG, Urteil vom 18. April 2007, 6 C 21.06.

78 Da das TKG an keiner Stelle ausdrücklich eine abschließende Regelung trifft, ist davon auszugehen, dass das GWB immer parallel anwendbar ist. Vgl. Topel, J., Das Verhältnis von Regulierungsrecht und allgemeinem Wettbewerbsrecht nach dem europäischen Rechtsrahmen in der Telekommunikation und dem TKG, Zeitschrift für Wettbewerbsrecht 4, 2006, S. 27 ff., hier: S. 46 f.; anders Säcker, der davon ausgeht, dass der Gesetzgeber mit den Regelungen der §§ 28, 30 ff., 38 Abs. 2, 39 Abs. 2 und 42 TKG „beredt" zum Ausdruck bringt, dass diese gegenüber §§ 19, 20 GWB abschließend seien. Vgl. Säcker, F.J. (Hrsg.), Berliner Kommentar zum Telekommunikationsgesetz, Frankfurt a. M. 2006, § 2 Rn. 21.

79 Vgl. Säcker, F. J., a. a. O., § 2 Abs. 3 Rn. 22.

80 Vgl. Monopolkommission, Wettbewerbsentwicklung bei der Telekommunikation 2007: Wendepunkt der Regulierung, Baden-Baden 2008, Tz. 138.

Deutschen Telekom AG für den analogen Teilnehmeranschluss.[81] Dagegen hatte die Europäische Kommission bereits im Mai 2003 darin einen Verstoß gegen Artikel 82 EGV gesehen und eine Geldbuße in Höhe von 12,6 Mio. Euro gegen das Unternehmen verhängt.[82]

69. Wenig schlüssig ist auch die These, das TKG verfüge über restriktivere Ex-post-Instrumente als das Kartellrecht und erlaube schnellere Eingriffe. Wie bereits oben ausgeführt, ist das wettbewerbsrechtliche Instrumentarium in den letzten Jahren verschärft und sind die Befugnisse der Kartellbehörden mit der Konsequenz erweitert worden, dass die Unterschiede zur Regulierung geringer geworden sind.[83] Auch die sofortige Vollziehung von Verfügungen ist im GWB vorgesehen. Zwar haben Beschwerden gegen Entscheidungen der Kartellbehörde aufschiebende Wirkung. Die Behörde kann den sofortigen Vollzug der Verfügung jedoch anordnen.

70. Auch wenn vorstellbar ist, dass der Regulierer eher aus der Ex-ante-Regulierung aussteigt, wenn er die Aufgaben der Ex-post-Regulierung nicht an eine andere Behörde verliert, bleibt das bürokratieökonomische Argument, dass auch die Regulierungsbehörde eine inhärente Neigung zur Aufrechterhaltung und Ausweitung ihrer Aufgaben hat. Hinzu kommt die potenzielle Gefahr des Regulatory Capture, die darin besteht, dass sich eine marktregulierende Behörde über kurz oder lang mit den besonderen Interessen der regulierten Unternehmen identifiziert. Diese Gefahr ist allerdings in einer netzübergreifenden Regulierungsbehörde geringer als in einer Behörde, die lediglich ein Netz reguliert.[84] Nicht zuletzt ist die Regulierungsbehörde tendenziell stärker der Gefahr politischer Einflussnahme ausgesetzt.[85] Dies gilt allein schon deshalb, weil wichtige Behördenentscheidungen in der sog. Präsidentenkammer der Bundesnetzagentur gefällt werden, die aus dem Präsidenten und den beiden Vizepräsidenten besteht. Alle drei werden in einem politischen Verfahren ernannt und können aus „wichtigem Grund" abberufen werden. Das Bundeskartellamt dagegen entscheidet in unabhängigen Beschlusskammern. Die Möglichkeiten des Präsidenten des Bundeskartellamtes, auf Entscheidungen der Beschlussabteilungen Einfluss auszuüben, sind begrenzt. Hinzu kommt, dass die Neigung politischer Instanzen, Einfluss auf die Entscheidungen der Bundesnetzagentur zu nehmen, ungleich größer ist als im Fall des Bundeskartellamtes, weil der Staat weiterhin Eigentümerinteressen bei der Deutschen Telekom AG vertritt.

71. Die Monopolkommission lehnt es ebenfalls ab, dass die Bundesnetzagentur als Wettbewerbsbehörde tätig wird und im Rahmen der Missbrauchsaufsicht auf Telekommunikationsmärkten Kartellrecht anwendet. Möglich wäre dies prinzipiell durch eine Änderung von § 48 Abs. 1 GWB, der festlegt, wer Kartellbehörde ist. Diese Idee begründet sich allein auf der Vorstellung, dass die Bundesnetzagentur als sachnähere Behörde kompetenter ist, die Missbrauchsaufsicht auf Telekommunikationsmärkten auszuüben, als das Bundeskartellamt. Zu begründen wäre dies etwa damit, dass die Regulierungsbehörde aufgrund ihrer regelmäßigen Marktbeobachtung über mehr und bessere Informationen und gegebenenfalls über mehr personelle Ressourcen verfügt. Dagegen spricht allerdings, dass die parallele Anwendung von Wettbewerbsrecht durch verschiedene Behörden Probleme im Hinblick auf die Einheitlichkeit der Rechtsanwendung aufwerfen würde.[86] Im Übrigen würde sich eine sektorspezifische Zuständigkeit der Bundesnetzagentur für die Missbrauchsaufsicht über marktbeherrschende Unternehmen kaum auf den Bereich der Telekommunikation begrenzen lassen. Eine Gleichbehandlung anderer Netzindustrien wie der Energiewirtschaft, der Post und der Bahn läge in der Natur der Sache. Auf diese Weise würde die Bundesnetzagentur zu einem „Nebenkartellamt", was mit einem Bedeutungsverlust des Bundeskartellamtes einhergehen würde. Die Monopolkommission lehrt dies entschieden ab.

72. Der Vorschlag einer „ladder of remedies" entspringt einem stärker ökonomisch fundierten Ansatz der Zuordnung von Regulierungskompetenzen und -instrumenten von Holznagel und Vogelsang.[87] Dabei durchläuft ein Telekommunikationsmarkt bis zur endgültigen Deregulierung eine Stufenentwicklung von der Ex-ante-Regulierung über die Ex-post-Regulierung durch die Bundesnetzagentur bis zur Missbrauchsaufsicht durch die Kartellbehörde. Bei der Zuordnung eines Marktes zu einer Stufe gibt es zwei eindeutige Fälle und eine Grauzone, in der die Zuordnung nicht eindeutig ist. Die beiden eindeutigen Situationen sind erstens der Fall, wenn Marktversagen die Regel ist. Hier zeichnet sich der vorgelagerte Markt durch die Existenz eines monopolistischen Bottlenecks aus, während auf dem nachgelagerten Markt beträchtliche Marktmacht besteht. Ein solcher Markt ist eindeutig regulierungsbedürftig im Sinne des Drei-Kriterien-Tests. Erforderlich ist eine Ex-ante-Regulierung durch die Bundesnetzagentur. Die zweite eindeutige Situation ist, dass eine ungestörte Marktlage die Regel ist und Störungen des Marktes nur ausnahmsweise auftreten. Hier existiert auf dem vorgelagert Markt kein Bottleneck, auf dem nachgelagerten Markt in der Regel

[81] Vgl. Monopolkommission, Wettbewerbsentwicklung bei Telekommunikation und Post 2001: Unsicherheit und Stillstand, Sondergutachten 33, Baden-Baden 2002, Tz. 104 f.

[82] Entscheidung der Kommission vom 21. Mai 2003, Deutsche Telekom AG, ABl. EG Nr. L 263 vom 14. Oktober 2003, S. 9. Das Gericht erster Instanz hat die Entscheidung im April 2008 bestätigt.

[83] Vgl. Tz. 63.

[84] Vgl. Monopolkommission, Netzwettbewerb durch Regulierung, Hauptgutachten 2000/2001, Baden-Baden 2003, Tz. 401 ff.

[85] Vgl. Monopolkommission, Zur Reform des Telekommunikationsgesetzes, Sondergutachten 40, Baden-Baden 2004, Tz. 49 f.

[86] Vgl. Monopolkommission, Wettbewerbsentwicklung bei der Telekommunikation 2007: Wendepunkt der Regulierung, Sondergutachten 50, Baden-Baden 2008, Tz. 149.

[87] Vgl. Holznagel, B., Vogelsang, I., Weiterentwicklung der TK-Regulierung im Lichte neuer Herausforderungen und ökonomischer Erkenntnisse, in: Haucap, J., Kühling, J. (Hrsg.), Effiziente Regeln für Telekommunikationsmärkte in der Zukunft: Kartellrecht, Netzneutralität und Preis-Kosten-Scheren, Baden-Baden, erscheint 2008.

auch keine beträchtliche Marktmacht. Die Regulierungsbedürftigkeit ist eindeutig nicht gegeben. Gegebenenfalls auftretende Wettbewerbsprobleme können mit den Mitteln des Wettbewerbsrechts durch die Kartellbehörde gelöst werden. Zwischen diesen beiden Polen gibt es eine Grauzone von Situationen, in denen die Vorteilhaftigkeit der anzuwenden Rechtsmaterie und die institutionelle Zuordnung stark vom Einzelfall bestimmt wird. Dabei gibt es eine Spanne von Fällen, in denen trotz eindeutiger Regulierungsbedürftigkeit neben der Ex-ante-Regulierung auch eine Ex-post-Regulierung nach dem TKG in Frage kommt, über Fälle, in denen keine Regulierungsbedürftigkeit mehr festzustellen ist, es aber weiterhin Zugangsprobleme mit der Notwendigkeit von Preisfestsetzungen gibt, bis zu Situationen, in denen zwar eine Preismissbrauchsaufsicht in Frage kommt, diese aber mit den kartellrechtlichen Mitteln durchaus zu bewältigen ist, etwa weil für den relevanten Markt Vergleichsmärkte existieren. In den Fällen der Grauzone, in denen die Regulierungsbedürftigkeit im Sinne des TKG zu verneinen ist, sollen die Bundesnetzagentur und das Bundeskartellamt einvernehmlich über die Zuständigkeit entscheiden. Vergleichbar wäre dies etwa der Praxis bei der Fusionskontrolle in den USA, bei der sich die Federal Trade Commission und das Department of Justice die Fälle aufteilen.

73. Nach Auffassung der Monopolkommission kann die vorgeschlagene „ladder of remedies" ein geeigneter Ansatz sein, die Auswahl des Regulierungsinstrumentariums zu verbessern. Insbesondere liefert er Anhaltspunkte dafür, um zu entscheiden, ob auf einem Markt die Ex-ante-Regulierung notwendig ist oder bereits zur Ex-post-Regulierung übergegangen werden kann. Ex-ante-Regulierung ist immer dann unausweichlich, wenn ein langfristiges Wettbewerbsproblem in Form eines stabilen Bottlenecks vorhanden ist und Missbräuche des Bottleneckinhabers mit hoher Wahrscheinlichkeit und wiederholt auftreten und zu irreversiblen Schäden, etwa Marktaustritten oder zur Verhinderung von Marktzutritten, führen. In solchen Fällen muss gegebenenfalls die gesamte Palette an Ex-ante-Instrumenten – Zugangsverpflichtung, kostenorientierte Entgeltregulierung und Gleichbehandlungsverpflichtung – zum Einsatz kommen. Fraglich ist die Notwendigkeit von Ex-ante-Regulierung auf Märkten, auf denen zwar die Regulierungsbedürftigkeit gegeben ist, aber kein Bottleneck besteht. Das ist dann der Fall, wenn entweder auf dem Vorleistungsmarkt alternative Anbieter tätig sind oder auf dem nachgelagerten Markt wirksamer Wettbewerb existiert. Hier gilt es für den Regulierer, zwischen dem langsam voranschreitenden Wettbewerb durch die Umgehung des Bottlenecks und durch Zugangsverpflichtungen abzuwägen. Ex-ante-Instrumente sollten durch den Regulierer auferlegt werden „können". Gegebenenfalls können Ex-ante- und Ex post-Verpflichtungen kombiniert werden, etwa eine Transparenzverpflichtung mit der nachträglichen Entgeltregulierung. Ist die Regulierungsbedürftigkeit nicht gegeben, kann nach dem Konzept der „ladder of remedies" eine Regulierung durch die Regulierungsbehörde mit Ex-post-Instrumenten angebracht sein, wenn weiterhin Zugangsprobleme bestehen

und die Notwendigkeit vorhanden ist, Preise positiv festzusetzen, es aber für eine Preisfeststellung keine geeigneten wettbewerblichen Vergleichsmärkte gibt.

74. Weniger überzeugend ist der Vorschlag, dass sich das Bundeskartellamt und die Bundesnetzagentur einvernehmlich auf eine Zuständigkeit bei Missbrauchsfällen einigen, in denen die Regulierungsbedürftigkeit für einen Markt zwar abgelehnt wird, die Eignung des Kartellrechts zur Problemlösung aber streitig ist. Das ist nach dem Konzept der „ladder of remedies" etwa dann der Fall, wenn die Notwendigkeit von positiven Preissetzungen besteht und keine wettbewerblichen Vergleichsmärkte existieren. Nach Auffassung der Monopolkommission würde dies dazu führen, dass die beiden Behörden bei gleich oder ähnlich gelagerten Fällen zu divergierenden Entscheidungen kommen. Das ist bereits deshalb nicht ausgeschlossen, weil das TKG neben der Sicherstellung eines chancengleichen Wettbewerbs eine Reihe anderer Ziele verfolgt, während das GWB einzig auf den Schutz des Wettbewerbs abzielt. Hinzu kommt, dass die Gefahr divergierender Entscheidungen durch die Spaltung des Rechtsweges zwischen Verwaltungs- und Kartellgerichtsbarkeit noch zusätzlich verschärft wird. Die Monopolkommission plädiert stattdessen dafür, die Zuständigkeit für die Ex-post-Regulierung bei Zweifeln im Hinblick auf die Eignung des Kartellrechts zur Missbrauchsverhinderung bei der Regulierungsbehörde zu belassen. Damit dies nicht dazu führt, dass die Deregulierung in unnötiger Weise hinausgezögert wird, sollte – wie bereits weiter oben ausgeführt – an die Begründung, dass Wettbewerbsrecht allein nicht ausreicht, einem Marktversagen entgegenzuwirken, hohe Anforderungen gestellt werden.

75. Festzuhalten ist, dass die Monopolkommission keine Notwendigkeit sieht, bei dem Übergang von der sektorspezifischen Regulierung der Telekommunikationsmärkte in das allgemeine Wettbewerbsrecht einen Zwischenschritt zu etablieren. Das TKG dahingehend zu ändern, dass eine von der Feststellung der Regulierungsbedürftigkeit unabhängige Missbrauchsaufsicht durch die Bundesnetzagentur möglich wird, ist in der Sache nicht hinreichend begründet und wäre kaum mit europäischem Recht vereinbar. Die Monopolkommission lehnt es ebenfalls ab, dass die Bundesnetzagentur als Wettbewerbsbehörde tätig wird und im Rahmen der Missbrauchsaufsicht auf Telekommunikationsmärkten Kartellrecht anwendet. Dagegen spricht, dass die parallele Anwendung von Wettbewerbsrecht durch verschiedene Behörden Probleme im Hinblick auf die Einheitlichkeit der Rechtsanwendung aufwerfen würde. Ähnliche Probleme treten auf, wenn sich das Bundeskartellamt und die Bundesnetzagentur in Fällen, in den die optimale Zuordnung zu einer Rechtsmaterie und der zugehörigen Behörde nicht eindeutig ist, einvernehmlich auf eine Zuständigkeit einigen sollen. Positiv sieht die Monopolkommission dagegen den Vorschlag, bei der Frage nach dem „Wie" der Regulierung auf das stärker ökonomisch orientierte Konzept der „ladder of remedies" abzustellen.

4 Zusammenarbeit mit dem Statistischen Bundesamt und Gesetzesvorschlag für § 47 GWB

76. Das Statistische Bundesamt liefert der Monopolkommission Daten zur Konzentration von Wirtschaftsbereichen in Deutschland. Die Zusammenarbeit war in den vergangenen zwei Jahren vorwiegend kooperativ. Insbesondere die vorbereitenden Arbeiten zum vorliegenden Hauptgutachten verliefen in produktiver, partnerschaftlicher Atmosphäre. Im November 2007 wurde eine Verwaltungsvereinbarung mit Details zu den zu verwendenden Datenbasen, den Verfahren und Lieferinhalten, dem Arbeits- und Zeitplan sowie einer Kostenkalkulation abgeschlossen. Die darin festgelegten Inhalte und Arbeitsschritte wurden planmäßig eingehalten. Unterschiedliche Standpunkte gibt es zu den von der Monopolkommission vorgeschlagenen Anpassungen an neue Verfahrensmöglichkeiten in der mittel- bis langfristigen Zusammenarbeit.

4.1 Datenlieferung des Statistischen Bundesamtes

77. Erstmals lieferte das Statistische Bundesamt Konzentrationsmaße auf der Basis des amtlichen Unternehmensregisters anstelle der Investitionserhebung. Dadurch wird die Datenbasis für die Berichterstattung der Monopolkommission im Vergleich zu den bisher geführten Statistiken insbesondere quantitativ erheblich verbessert. So konnte der bisherige Berichtskreis von rd. 51 000 Unternehmen für das vorliegende Hauptgutachten auf rd. 3,1 Mio. Unternehmen ausgeweitet werden. Das Statistische Bundesamt pflegt zudem seit dem Berichtsjahr 2005 repräsentative Daten zur Gruppenzugehörigkeit von Unternehmen vollständig in das statistische Unternehmensregister ein. Nachdem die Monopolkommission in ihren Hauptgutachten mehrfach ausgeführt hat, dass die Konzentrationsergebnisse für Unternehmen (ohne Berücksichtigung von Unternehmensgruppen) nicht aussagekräftig sind, ist nun eine Datenbasis geschaffen worden, die erstmals Einblicke in die realen Strukturen eines Großteils der deutschen Branchen zulässt.

78. Ein für die Konzentrationsstatistik gravierendes methodisches Problem im amtlichen Unternehmensregister besteht noch in der Zusammenführung der Unternehmensgruppen. Die Ausweitung der Konzentrationsberechnungen um mehrere Wirtschaftsabschnitte hat gezeigt, dass große Unternehmensgruppen teilweise aufgrund ihrer Organisationsform als mehrere kleine Gruppen mit verschiedenen Gruppenoberhäuptern geführt werden. Besonders betroffen sind die Bereiche Energie, Einzelhandel, Kreditinstitute und Versicherungen, zu denen die Monopolkommission die zu diesem Hauptgutachten gelieferten Konzentrationskennzahlen nicht bzw. nur eingeschränkt interpretieren kann. Diese Qualitätsmängel liegen nicht in der Verantwortung des Statistischen Bundesamtes. Dennoch sollten sie im Zuge der Qualitätsverbesserungen des

Unternehmensregisters möglichst zeitnah behoben werden.

79. Der späte Zeitpunkt der Datenlieferung – zwei Monate vor der Übergabe des Hauptgutachtens – lässt sich bei Verwendung des Unternehmensregisters nicht verbessern. Somit ist eine tiefer gehende Analyse der Daten durch die Monopolkommission weiterhin nur eingeschränkt möglich.

4.2 Datenzugang für die Monopolkommission

80. Ein für die Monopolkommission besonders wichtiger Fortschritt ist die seit dem Sechzehnten Hauptgutachten mögliche Nutzung des Forschungsdatenzentrums des Statistischen Bundesamtes zur eigenständigen Untersuchung von Einzeldaten. Bei dem sog. Fernrechnen werden Auswertungsprogramme der Monopolkommission auf die geheimzuhaltenden Daten im Forschungsdatenzentrum angewendet. Die Ergebnisse werden nach der gesetzlich vorgeschriebenen Geheimhaltungsprüfung an die Monopolkommission übermittelt. So werden auf effiziente Weise sowohl die Methodenautonomie der Monopolkommission als auch die Wahrung der statistischen Geheimhaltung bei amtlichen Einzeldaten gesichert. Aufgrund dieser Vorzüge plant die Monopolkommission eine Ausweitung eigenständiger Analysen, soweit der gesetzliche Rahmen dies zulässt.

4.3 Beteiligung Deutschlands am Aufbau einer europäischen Datenbank zu Unternehmensgruppen

81. Eine sehr zurückhaltende Position vertritt das Statistische Bundesamt noch bei der Implementierung internationaler Unternehmensverbindungen. Die Erfassung grenzübergreifender Kapitalverflechtungen wird mit fortschreitender Globalisierung, der Liberalisierung der Wirtschaft und dem Zusammenwachsen Europas zunehmend wichtiger. Für den größten Teil der Wirtschaftszweige ist der geografisch relevante Markt mittlerweile nicht mehr auf nationaler Ebene abzugrenzen. Nur eine internationale Datenbank zu Unternehmensverflechtungen ermöglicht die realistische Darstellung der Strukturen und der Konzentration der Wirtschaftsbereiche. Deshalb entwickelt das Statistische Amt der Europäischen Gemeinschaft (Eurostat) im Rahmen eines EU-Projektes ein Register multinationaler Unternehmensgruppen (Euro-Groups Register), an dem sich die Monopolkommission und das Statistische Bundesamt in den ersten Phasen beteiligt haben. Dieses Register wird aus Daten von privaten Anbietern, den Mitgliedstaaten, den Bundesbanken und der Europäischen Zentralbank aufgebaut. Die Daten werden von Eurostat zusammengeführt und zentral verwaltet. Das Statistische Bundesamt hat sich mit der Begründung, dass es keine gesetzliche Grundlage für den Austausch von Daten zur Gruppenzugehörigkeit von Unternehmen zwischen den beteiligten Institutionen gibt, aus dem Projekt zurückgezogen. Mittlerweile hat die

Europäische Kommission mit der EG-Verordnung Nr. 177[88] die erste notwendige Rechtsgrundlage geschaffen. An ergänzenden Regulierungen zum Datenaustausch, welche die Inhalte und den Ablauf des Datenaustausches konkretisieren, wird derzeit noch gearbeitet.

82. Die Monopolkommission hält es für unerlässlich, dass Deutschland durch das Statistische Bundesamt aktiv an der Gestaltung des Registers beteiligt ist, um als der größte Mitgliedstaat in der Mitte Europas eine weitgehend repräsentative Datenbank aufbauen und eigene Interessen durchsetzen zu können. Aus Sicht der Monopolkommission ist diese Wirtschaftsdatenbank insbesondere für Deutschland von größtem Interesse. Sie würde erstmals einen Einblick in die Bedeutung deutscher Unternehmen auf europäischer Ebene ermöglichen. Nur mit dieser Kenntnis kann die Wettbewerbsituation international aktiver Unternehmen in Deutschland beurteilt werden.

4.4 Unterschiedliche Auslegung des § 47 GWB

83. Unterschiedliche Auffassungen haben das Statistische Bundesamt und die Monopolkommission bezüglich der Auslegung des § 47 GWB. Die Monopolkommission möchte zukünftig eigene Auswertungen nach § 16 Abs. 6 Bundesstatistikgesetz (BStatG) vornehmen. Diese Vorschrift ermöglicht die Übermittlung von anonymisierten Einzelangaben für die Durchführung wissenschaftlicher Vorhaben und würde die Analysemöglichkeiten der Monopolkommission erheblich verbessern. Darüber hinaus könnte das Verfahren einzelne Arbeitsschritte im Statistischen Bundesamt einsparen und somit die Kosten für die Monopolkommission reduzieren.

84. Die „Unterarbeitsgruppe Recht" der Forschungsdatenzentren der statistischen Ämter schließt eine Anwendung von § 16 Abs. 6 BStatG für die Monopolkommission dagegen aus. Sie vertritt dabei die bereits zum Dreizehnten Hauptgutachten im Jahr 2000 formulierte Auffassung, dass § 47 GWB bei systematischer Betrachtung des Gesetzes als „lex specialis" auszulegen sei. Diese Rechtsauffassung ist jedoch nicht zwingend. Insbesondere die Gesetzesbegründung und die Frage nach dem Sinn und Zweck des § 47 GWB sprechen gegen die Interpretation des Statistischen Bundesamtes.

85. In einem Gespräch am 18. Januar 2008 zwischen Mitarbeitern der Monopolkommission und des Statistischen Bundesamtes einschließlich eines Vertreters der „Unterarbeitsgruppe Recht" der Forschungsdatenzentren wurde festgestellt, dass es auf der Basis der derzeitigen Rechtsgrundlage keine einheitliche Rechtsauffassung bezüglich der Anwendbarkeit von § 16 Abs. 6 BStatG gibt. Im Ergebnis herrscht Einigkeit darüber, dass die bestehenden unterschiedlichen Auslegungen nur durch eine Gesetzesänderung aufgehoben werden können.

86. Darüber hinaus herrscht Einvernehmen, dass die derzeitige Formulierung des § 47 GWB dem aktuellen Verfahren nicht gerecht wird. Durch die unklare Formulierung bezüglich der Lieferinhalte ist für jeden Berichtszyklus die Neuverhandlung und der Abschluss einer umfassenden Verwaltungsvereinbarung unverzichtbar. Diese Verhandlungen erfordern hohe Ressourcen auf beiden Seiten und könnten durch eine Konkretisierung des Gesetzestextes erheblich reduziert werden.

4.5 Abgestimmte Inhalte und Ziele einer Änderung des § 47 GWB

87. Deshalb halten das Statistische Bundesamt und die Monopolkommission eine Änderung des § 47 GWB für notwendig. Über die wichtigsten Inhalte und Ziele der Neufassung konnten sich die Teilnehmer des Gesprächs am 18. Januar 2008 einigen:

- Beschreibung eines klar festgelegten Standardprogramms für konzentrationsstatistische Auswertungen, die in jeder Berichtsperiode geliefert werden (Anpassung der Einheiten, Inhalte und Merkmale),

- Verzicht auf die Zulieferung von Angaben zur Gruppenzugehörigkeit der Unternehmen durch die Monopolkommission an das Statistische Bundesamt, soweit diese Angaben im Statistikregister vorhanden sind,

- Aufnahme der Anwendungsmöglichkeit des § 16 Abs. 6 BStatG für die Monopolkommission.

4.6 Vorschlag der Monopolkommission für eine Neufassung des § 47 GWB

88. Auf der Basis dieser fachlich mit dem Statistischen Bundesamt abgestimmten Inhalte und Ziele formuliert die Monopolkommission einen eigenen Vorschlag für eine modifizierte Fassung des § 47 GWB:[89]

---

[88] Verordnung (EG) Nr. 177 des Europäischen Parlaments und des Rates vom 20. Februar 2008 zur Schaffung eines gemeinsamen Rahmens für Unternehmensregister für statistische Zwecke und zur Aufhebung der Verordnung (EWG) Nr. 2186/93 des Rates, ABl. EU Nr. L 61 vom 5. März 2008, S. 6.

[89] Die Änderungen betreffen die Absätze 1 und 7 und werden im Anschluss begründet und erläutert.

(1) Für die Begutachtung der Entwicklung der wirtschaftlichen Konzentration werden der Monopolkommission vom Statistischen Bundesamt aus Wirtschaftsstatistiken (Statistik im Produzierenden Gewerbe, Handwerkstatistik, Außenhandelsstatistik, Steuerstatistik, Verkehrsstatistik, Statistik im Handel und Gastgewerbe, Dienstleistungsstatistik) und dem Statistikregister, soweit diese vorliegen, zusammengefasste Einzelangaben über die Prozentanteile der größten Wirtschaftlichen Einheiten (nichtgruppenzugehörige Unternehmen und zusammengefasste gruppenzugehörige Unternehmen) oder deren fachlichen Teile des jeweiligen Wirtschaftsbereichs

a) am Wert der zum Absatz bestimmten Güterproduktion,

b) am Umsatz,

c) an der Zahl der tätigen Personen,

d) an den Lohn- und Gehaltssummen,

e) an den Investitionen,

f) am Wert der gemieteten und gepachteten Sachanlagen,

g) an der Wertschöpfung oder dem Rohertrag,

h) an der Zahl der jeweiligen Einheiten,

i) an den Außenhandelsaktivitäten

übermittelt. Satz 1 gilt entsprechend für die Übermittlung von Angaben über die Prozentanteile der fachlichen Teile von Unternehmensgruppen und Wirtschaftlichen Einheiten insgesamt nach jeweiligen Wirtschaftsbereichen. Für die Zuordnung der Angaben der Unternehmensgruppen kann die Monopolkommission dem Statistischen Bundesamt Namen und Anschriften der Unternehmen, deren Zugehörigkeit zu einer Unternehmensgruppe sowie Kennzeichen zur Identifikation übermitteln, soweit das Statistische Bundesamt diese Angaben nicht aufgrund von Rechtsvorschriften im Statistikregister führt.

Die zusammengefassten Einzelangaben dürfen nicht weniger als drei Unternehmensgruppen, Wirtschaftliche Einheiten oder deren fachliche Teile betreffen. Durch Kombination oder zeitliche Nähe mit anderen übermittelten oder allgemein zugänglichen Angaben darf kein Rückschluss auf zusammengefasste Angaben von weniger als drei Unternehmensgruppen, Wirtschaftlichen Einheiten oder deren fachlichen Teilen möglich sein. Für die Berechnung von summarischen Konzentrationsmaßen, insbesondere Herfindahl-Indizes und Gini-Koeffizienten, gilt dies entsprechend. Die statistischen Ämter der Länder stellen die hierfür erforderlichen Einzelangaben dem Statistischen Bundesamt zur Verfügung.

(2) Personen, die zusammengefasste Einzelangaben nach Absatz 1 erhalten sollen, sind vor der Übermittlung zur Geheimhaltung besonders zu verpflichten, soweit sie nicht Amtsträger oder für den öffentlichen Dienst besonders Verpflichtete sind. § 1 Abs. 2, 3 und 4 Nr. 2 des Verpflichtungsgesetzes gilt entsprechend. Personen, die nach Satz 1 besonders verpflichtet worden sind, stehen für die Anwendung der Vorschriften des Strafgesetzbuches über die Verletzung von Privatgeheimnissen (§ 203 Abs. 2, 4, 5; §§ 204, 205) und des Dienstgeheimnisses (§ 353b Abs. 1) den für den öffentlichen Dienst besonders Verpflichteten gleich.

(3) Die zusammengefassten Einzelangaben dürfen nur für die Zwecke verwendet werden, für die sie übermittelt wurden. Sie sind zu löschen, sobald der in Absatz 1 genannte Zweck erfüllt ist.

(4) Bei der Monopolkommission muss durch organisatorische und technische Maßnahmen sichergestellt sein, dass nur Amtsträger, für den öffentlichen Dienst besonders Verpflichtete oder Verpflichtete nach Absatz 2 Satz 1 Empfänger von zusammengefassten Einzelangaben sind.

(5) Die Übermittlungen sind nach Maßgabe des § 16 Abs. 9 des Bundesstatistikgesetzes aufzuzeichnen. Die Aufzeichnungen sind mindestens fünf Jahre aufzubewahren.

(6) Bei der Durchführung der Wirtschaftsstatistiken nach Absatz 1 sind die befragten Unternehmen schriftlich zu unterrichten, dass die zusammengefassten Einzelangaben nach Absatz 1 der Monopolkommission übermittelt werden dürfen.

(7) Übermittlungen nach Absatz 1 schließen nach anderen Vorschriften zulässige Übermittlungen nicht aus. Das Statistische Bundesamt darf der Monopolkommission nach Maßgabe des § 16 Abs. 6 des Bundesstatistikgesetzes Daten übermitteln.

100. Inzwischen hat der Gesetzgeber auf die Empfehlung der Kommission reagiert: Die Würdigung der Anwendung der Vorschriften des TKG über die Regulierung und Wettbewerbsaufsicht durch die Bundesnetzagentur kann nunmehr auf der Grundlage eines gesetzlich verankerten Akteneinsichtsrechts erfolgen. Mit dem Gesetz zur Änderung telekommunikationsrechtlicher Vorschriften vom 18. Februar 2007[98] wurde § 121 Abs. 2 TKG um eine Vorschrift ergänzt, die in ihrem Wortlaut der Formulierung in § 46 Abs. 2a GWB entspricht.

101. Eine Gesetzeslücke besteht diesbezüglich jedoch weiterhin im AEG, im EnWG und im PostG, worauf die Monopolkommission in ihren jüngsten Pflicht-Sondergutachten zu den betreffenden Netzsektoren hingewiesen hat.[99] Ein Akteneinsichtsrecht auch für diese Bereiche würde es der Monopolkommission ermöglichen, die Entscheidungspraxis der Bundesnetzagentur auf der Grundlage aller relevanten Informationen zu beurteilen. Ein hilfsweise anstelle der Akteneinsicht einzurichtender Auskunftsanspruch der Kommission gegenüber der Bundesnetzagentur für einzelne Regulierungsentscheidungen würde die Erkenntnisdefizite nicht beseitigen, da die relevanten (kritischen) Sachverhalte zunächst einmal durch die mit der Akteneinsicht zu gewinnenden Erkenntnisse identifiziert werden müssen. Erst im Anschluss daran kann dann – gegebenenfalls im Dialog mit der Behörde – die besondere Problematik einzelner Fälle und deren Bedeutung für die gesetzlichen Grundlagen der Rechtsanwendung erörtert werden.

102. Ein Akteneinsichtsrecht für die Monopolkommission lässt sich aber nicht nur aus dem Rückschluss von der gesetzlichen Aufgabenstellung ableiten. Eine Abwägung der betroffenen Interessen führt zum gleichen Ergebnis: Das öffentliche Interesse an einer (sachgerechten) Erfüllung des gesetzlichen Auftrags dürfte das schutzwürdige Interesse der betroffenen Unternehmen unstreitig überwiegen, insbesondere im Lichte der Vorschrift des § 46 Abs. 3 GWB, nach welcher die Monopolkommission zur Verschwiegenheit im Hinblick auf Informationen, die ihr gegeben und als vertraulich bezeichnet werden, verpflichtet ist.

103. Die Einrichtung eines in den genannten Gesetzen zu regelnden Akteneinsichtsrechts der Monopolkommission liegt auch im Interesse der Bundesnetzagentur. Eine solche Vorschrift liefert eine klare Ermächtigungsgrundlage für die Befugnisse der Monopolkommission im Zusammenhang mit der Beurteilung der Regulierungspraxis und verschafft der Behörde – anders als im Falle informeller Verfahren – Rechtssicherheit im Hinblick auf die Zulässigkeit einer Informationsweitergabe an die Kommission.

---

[98] BGBl. I S. 106, 114.
[99] Vgl. Monopolkommission, Wettbewerbs- und Regulierungsversuche im Eisenbahnverkehr, Sondergutachten 48, Baden-Baden 2007, Tz. 245; dies., Sondergutachten 49, a. a. O., Tz. 11 sowie dies., Wettbewerbsentwicklung bei der Post 2007: Monopolkampf mit allen Mitteln, Sondergutachten 51, Baden-Baden 2008, Tz. 144.

Kapitel I

Erfassung von wirtschaftlicher Konzentration und Unternehmensgruppen in Deutschland

1. Wettbewerbstheoretische Beurteilung der Konzentrationsstatistik

104. Die im vorliegenden Hauptgutachten veröffentlichte Konzentrationsstatistik unterliegt, wie jede Statistik, interpretatorischen Grenzen. Deshalb wird einleitend eine Beurteilung der konzentrationsstatistischen Auswertungen vor dem Hintergrund wettbewerbstheoretischer Modelle vorgenommen, wobei Interpretationsmöglichkeiten und -grenzen aufgezeigt werden.

105. Nach § 44 des Gesetzes gegen Wettbewerbsbeschränkungen (GWB) erstellt die Monopolkommission alle zwei Jahre ein Gutachten, in dem sie den Stand und die absehbare Entwicklung der Unternehmenskonzentration in der Bundesrepublik Deutschland beurteilt. Somit gibt der gesetzliche Auftrag die kontinuierliche Erfassung von wirtschaftlicher Konzentration auf nationaler Ebene vor. Dieser gesamtwirtschaftliche Ansatz dient der allgemeinen Beobachtung von inländischen Marktstrukturen, welche sowohl der Politik als auch der Wissenschaft wichtige Hinweise auf die Entwicklung von einzelnen Wirtschaftsbereichen geben und Konzentrationstendenzen frühzeitig aufzeigen können. Hierfür greift die Monopolkommission auf die für Deutschland besten verfügbaren Daten zu und beteiligt sich laufend an der Weiterentwicklung der Datenbasen und der zugrunde liegenden Methodiken. So wurde in Zusammenarbeit mit dem Statistischen Bundesamt bereits die Implementierung von Unternehmensgruppen in die Konzentrationsstatistik erreicht.

106. Auf der Basis der Daten des Statistischen Bundesamtes führt die Monopolkommission eine allgemein strukturierte, aber umfassende und kontinuierliche Konzentrationsstatistik, die die Beobachtung allgemeiner Tendenzen der Unternehmenskonzentration in Deutschland nach Wirtschaftszweigen und Güterproduktion ermöglicht. Es soll jedoch darauf hingewiesen werden, dass diese Statistik aus wettbewerbstheoretischer Sicht interpretatorischen Grenzen unterliegt, da sie nicht gleichzeitig die Wettbewerbsverhältnisse auf einzelnen geografisch und sachlich relevanten Märkten darstellen kann. Eine derart spezifische Betrachtung, die einen Rückschluss auf Marktmacht und Wettbewerbsintensität zulassen würde, erfolgt nur bei aktuellem Erfordernis als Einzelfallprüfung durch das Bundeskartellamt und würde allein schon aufgrund sich laufend verändernder relevanter Märkte die Beobachtung von langfristigen Entwicklungen nicht erlauben. Auch der Aufwand solcher Einzelfallprüfungen würde eine branchenübergreifende Betrachtung unmöglich machen.

107. Wettbewerbstheoretisch betrachtet, kann die Konzentration auf einem Markt zudem nur ein Indikator

für Marktmacht unter vielen anderen sein. Problematisch bei der Verwendung von Konzentrationsmaßen zur Beurteilung der Wettbewerbssituation auf einem Markt ist, dass sich zumindest aus theoretischer Sicht nicht zwangsläufig ein Zusammenhang zwischen Marktmacht und Konzentration ergibt. Im Extremfall bestreitbarer Märkte hat selbst ein Monopolist keinerlei Marktmacht, da er schon allein durch die potenzielle Konkurrenz diszipliniert wird.[1] Auch bei Preiskonkurrenz mit homogenen Produkten (sog. Bertrand-Modell) gibt es keinerlei Marktmacht der Unternehmen, sobald wenigstens zwei Anbieter auf dem Markt aktiv sind.[2] Sind die sehr starken und restriktiven Annahmen, welche diesen beiden Modellen zugrunde liegen, jedoch nicht erfüllt – und dies wird in der Realität auf den allermeisten Märkten der Fall sein –, dann sagen viele Oligopolmodelle einen Zusammenhang zwischen Marktkonzentration, Marktmacht und Marktergebnissen vorher. Deshalb hat die Verwendung von Konzentrationsindikatoren wie dem Herfindahl-Hirschman-Index (HHI) und Konzentrationsraten zur Beurteilung von Marktmacht ihre Berechtigung.

108. Verhaltensbasierte Indikatoren wie z. B. der sog. Lerner-Index, welcher einen Zusammenhang zwischen Preisen und Grenzkosten herstellt, sind prinzipiell aussagekräftiger (obwohl auch diese nicht ohne Interpretationsprobleme bleiben, insbesondere in fixkostenintensiven Branchen). Die Ermittlung der verhaltensbasierten Indizes erfordert jedoch Informationen, wie in diesem Fall die unternehmensbasierten Grenzkosten der Produktion, die nicht verfügbar sind. Dagegen ist die Ermittlung von Konzentrationskennzahlen mit vergleichsweise geringen Informationskosten verbunden. Zudem gibt es zumindest im sog. Cournot-Oligopol-Modell unter bestimmten – allerdings auch restriktiven – Annahmen einen theoretischen positiven Zusammenhang zwischen dem Lerner-Index und dem HHI, so dass sich in diesem Fall aus der Beobachtung des HHI klare Rückschlüsse auf das unternehmerische Verhalten ziehen lassen.[3] Aus diesen Gründen greift die Wettbewerbspolitik oft auf Konzentrationsmaße zur Beurteilung von Wettbewerbssituationen auf einem Markt zurück.

109. Werden nun Konzentrationsmaße verwendet, so muss bei ihrer Interpretation bedacht werden, dass die Marktkonzentration im engeren Sinne nicht ursächlich für die Marktmacht ist. Die eigentlichen Ursachen der Markt-

---

[1] Vgl. Baumol, W. J., Panzar, J. C., Willig, R. D., Contestable Markets and the Theory of Industry Structure, rev. ed., San Diego u.a. 1988, S. 191 ff.
[2] Vgl. Bester, H, Theorie der Industrieökonomik, 3. Aufl. Berlin, Heidelberg, New York 2004, S. 95 ff.
[3] Vgl. Martin, S., Advanced Industrial Economics, Oxford 1993, S. 166 f.

macht sind institutionelle, strukturelle und/oder strategische Markteintrittsbarrieren. Diese variieren von Branche zu Branche und von Markt zu Markt erheblich. So ist in einigen Branchen mit relativ wenigen Anbietern, wie z. B. im Mobilfunk, ein recht intensiver Wettbewerb zu beobachten, während in anderen Branchen mit vergleichbaren Anbieterzahlen, wie z. B. in der Energieerzeugung, ein deutlich geringerer Wettbewerb zu beobachten ist. Es ist daher Vorsicht geboten, wenn von einfachen Konzentrationsmaßen auf die Wettbewerbsintensität geschlossen wird. Aus guten Gründen werden daher beispielsweise in § 19 GWB neben Marktanteilen weitere Faktoren, wie z. B. der Zugang zu Beschaffungs- und Absatzmärkten, potenzieller Wettbewerb oder die Ausweichmöglichkeiten der Marktgegenseite, hinzugezogen, um eine marktbeherrschende Stellung eines Unternehmens festzustellen.

110. Auch wenn die Beobachtung eines Konzentrationsmaßes zu einem bestimmten Zeitpunkt nur ein Indikator unter vielen für die Wettbewerbsintensität einer Branche sein kann, so lässt sich doch aus der Entwicklung der Angebotskonzentration über die Zeit gegebenenfalls etwas über die Veränderung der Wettbewerbsverhältnisse ableiten. Eine zunehmende Konzentration kann dann ein Indikator für eine nachlassende Wettbewerbsintensität sein. Allerdings ist auch hier bei der Interpretation Vorsicht geboten. So kann eine zunehmende Konzentration auch auf ein Schrumpfen einer Industrie – aufgrund einer rückläufigen Nachfrage – mit der damit typischerweise einhergehenden Konsolidierung zurückzuführen sein. Eine solche Situation wäre wettbewerbspolitisch anders zu beurteilen als eine zunehmende Konzentration auf einem Wachstumsmarkt.

111. Wie bereits oben erwähnt, muss darauf hingewiesen werden, dass die von der Monopolkommission ermittelten Konzentrationsmaße sich nicht auf die wettbewerbspolitisch relevanten Märkte beziehen. Es werden nur die Konzentrationsmaße für die gesamte Bundesrepublik Deutschland ermittelt. Der geografisch relevante Markt umfasst nach Definition der Europäischen Kommission jedoch „das Gebiet, in dem die beteiligten Unternehmen die relevanten Produkte oder Dienstleistungen anbieten, in dem die Wettbewerbsbedingungen hinreichend homogen sind und das sich von benachbarten Gebieten durch spürbar unterschiedliche Wettbewerbsbedingungen unterscheidet".[4] In einigen Fällen mag dies dem bundesweiten Markt entsprechen, in vielen Fällen wird der Markt jedoch entweder geografisch enger (also lokal oder regional) oder weiter (international oder weltweit) abzugrenzen sein. Eine solche Marktabgrenzung für alle Branchen vorzunehmen, ist jedoch weder mit der Aufgabe der Monopolkommission vereinbar, noch wäre es mit den ihr zu Verfügung stehenden Ressourcen möglich. Bei der Interpretation der ausgewiesenen Konzentrationsmaße ist dies jedoch zu berücksichtigen.

112. Die rein nationale Marktabgrenzung kann auch zu Interpretationsproblemen der Veränderung der Konzentrationsmaße im Zeitablauf führen. Der Abbau von Handelshemmnissen im Zuge der Einrichtung des europäischen Binnenmarktes und der Globalisierung bewirkt ein Zusammenwachsen der Märkte. Wenn nationale Märkte zu einem Binnenmarkt oder globalen Markt zusammenwachsen, gibt die Entwicklung der nationalen Angebotskonzentration ein verzerrtes Bild ab. So ist trotz eines Anstiegs der gemessenen Konzentration in Deutschland denkbar, dass die Konzentration auf dem geografisch relevanten Markt durch ausländische Wettbewerber eigentlich geringer geworden ist. Die Monopolkommission hat versucht, dem Rechnung zu tragen, indem teilweise die vorliegenden Daten aus der Außenhandelsstatistik über Im- und Exporte einbezogen werden, welche zumindest ein Indikator dafür sein können, inwiefern die Konkurrenz durch ausländische Anbieter etwaige Marktmacht beeinflusst.

113. Auch der sachlich relevante Markt kann mit den der Monopolkommission verfügbaren Informationen nicht hinreichend dargestellt werden. Dieser umfasst laut Europäischer Kommission „sämtliche Erzeugnisse und/ oder Dienstleistungen, die von den Verbrauchern hinsichtlich ihrer Eigenschaften, Preise und ihres vorgesehenen Verwendungszwecks als austauschbar oder substituierbar angesehen werden".[5] Wie bereits zu dem geografisch relevanten Markt beschrieben, unterliegt auch der sachlich relevante Markt nach dieser Definitionen laufenden Veränderungen, z. B. durch technischen Fortschritt oder Produktinnovationen. Die Monopolkommission stützt sich deshalb bei der bundesweiten und branchenübergreifenden Erfassung von wirtschaftlicher Konzentration auf die vorhandenen Klassifikationen der Statistik nach Wirtschaftszweigen[6] und das Güterverzeichnis der Produktionsstatistik[7]. Allerdings enthalten auch diese Standards Ungenauigkeiten. Die Wirtschaftszweigklassifikation (WZ 2003) ordnet Unternehmen nach ihrer Haupttätigkeit einem Wirtschaftszweig zu (Schwerpunktprinzip). Nebentätigkeiten von Unternehmen werden somit ebenfalls dem Wirtschaftszweig der Haupttätigkeit zugeordnet. Konzentriert sich die Ausrichtung des Unternehmens zu ungefähr gleichen Teilen auf verschiedene Wirtschaftszweige, so kann die Zuordnung dieser Einheit jährlich variieren.

114. Die Untergliederung der Klassifikation wird in der Konzentrationsstatistik auf Zwei-, Drei- und Viersteller-ebene vorgenommen. Diese relativ grobe Zusammenfassung der Wirtschaftsbereiche führt dazu, dass das Kriterium der Substituierbarkeit kaum erfüllt ist. Eine tiefere Untergliederung würde jedoch viele Werte aus Geheimhaltungsgründen nicht veröffentlichungsfähig machen.

---

4 Vgl. Bekanntmachung der Kommission über die Definition des relevanten Marktes im Sinne des Wettbewerbsrechts der Gemeinschaft, ABl. EG Nr. C 372 vom 9. Dezember 1997, S. 5, hier: S. 6.

5 Ebenda.
6 Statistisches Bundesamt, Klassifikation der Wirtschaftszweige, Ausg. 2003, Stuttgart 2003.
7 Statistisches Bundesamt, Güterverzeichnis für Produktionsstatistiken, Ausg. 2002, Stuttgart 2001.

115. Der sachlich relevante Markt wird in der Konzentrationsstatistik nach Anbietern, welche auf dem Güterverzeichnis der Produktionsstatistik basiert, vergleichsweise besser abgebildet als in der Wirtschaftszweigklassifikation. Im Güterverzeichnis werden nicht die Unternehmen, sondern deren Produkte klassifiziert, so dass ein Unternehmen mehrfach als Anbieter bzw. Produzent verschiedener Waren erfasst werden kann. Die Daten stammen jedoch aus einer Erhebung des Statistischen Bundesamtes (Produktionsstatistik) und sind deshalb nur für die Wirtschaftsabschnitte C und D des Verarbeitenden Gewerbes und nur für Unternehmen ab einer Beschäftigtenzahl von mindestens 20 verfügbar.

116. Vor dem Hintergrund der genannten Interpretationsschwierigkeiten stellt die Monopolkommission Überlegungen an, wie die Konzentrationsberichterstattung verbessert werden kann. Ein Ansatz wäre, anstelle der flächendeckenden Berichterstattung einzelne Branchen vertiefend zu betrachten. Stellungnahmen zu diesem Vorschlag nimmt die Monopolkommission gerne entgegen.

2. Empirische und methodische Grundlagen

117. Die empirische Grundlage für Konzentrationsstatistiken der Monopolkommission ist eine Datenbasis des Statistischen Bundesamtes, die sich aus dem amtlichen Unternehmensregister und kommerziellen Daten zu Unternehmensverflechtungen zusammensetzt. Der erstmalige Einsatz des Unternehmensregisters anstelle der Investitionserhebung bedeutet eine erheblich verbesserte Erfassung der deutschen Wirtschaft durch eine Ausweitung des Berichtskreises. Die aktuell verfügbaren Daten beziehen sich auf das Berichtsjahr 2005.[8] Zusätzlich werden verschiedene Erhebungs- und Fachstatistiken des Statistischen Bundesamtes herangezogen, wie z. B. die Produktionsstatistik, die Außenhandelsstatistik und Auswertungen zu öffentlichen Fonds, Einrichtungen und Unternehmen sowie Daten aus anderen Quellen.

118. Mit der Einführung von Verflechtungsinformationen in die Konzentrationsstatistik im Jahr 2001 hat die Monopolkommission in Zusammenarbeit mit dem Statistischen Bundesamt einen entscheidenden Fortschritt erwirkt. Die Darstellung von Marktstrukturen ist unter Berücksichtigung der Gruppenzugehörigkeit von Unternehmen weitaus aussagekräftiger als die reine Unternehmensbetrachtung. In Abschnitt 2.1 wird zur Einschätzung der Vergleichbarkeit der Konzentrationsergebnisse über die Zeit die Entwicklung der Konzentrationsstatistik unter Berücksichtigung von Unternehmensgruppen in den Hauptgutachten der Monopolkommission beschrieben. Anschließend werden die Datenbasen des vorliegenden Hauptgutachtens in Abschnitt 2.2 erläutert. Der Abschnitt 2.3 untersucht die Bedeutung des Einbezugs klei-

ner Unternehmen in die Konzentrationsstatistik für die Wirtschaftsabschnitte Bergbau und Verarbeitendes Gewerbe, da diese erstmals im Berichtskreis enthalten sind. Vertiefende Informationen zu empirischen und methodischen Details sind der Anlage A zu diesem Hauptgutachten zu entnehmen.

2.1 Historie zur Erfassung von Unternehmensgruppen in der Konzentrationsstatistik der Monopolkommission

119. Die Monopolkommission ist stets bemüht, die wettbewerbspolitische Aussagekraft der Daten für den Bericht über Stand und Entwicklung wirtschaftlicher Konzentration zu verbessern. Deshalb wurden in den letzten Hauptgutachten der Monopolkommission die Möglichkeiten zur Erfassung von Unternehmensgruppen für konzentrationsstatistische Auswertungen untersucht und mit unterschiedlichen Datenbasen und Verfahren weiterentwickelt.

120. Das Dreizehnte Hauptgutachten[9] geht ausführlich auf die wettbewerbspolitische Relevanz der Erfassung von Unternehmensgruppen ein. Hierzu werden die entsprechenden Datenbasen der amtlichen Statistiken von den Niederlanden, Großbritannien und Frankreich erläutert. In der deutschen amtlichen Statistik wurden Unternehmensgruppen zu diesem Zeitpunkt noch nicht erhoben. Mit der MARKUS-Datenbank von Bureau van Dijk Electronic Publishing (BvD) und der Konzernstrukturdatenbank von Hoppenstedt fanden erste Auswertungen zur Struktur von Unternehmensgruppen in Deutschland statt, welche deren Bedeutung in Deutschland stützten.

121. Für das Vierzehnte Hauptgutachten[10] wurden die Beteiligungsdatenbank des Verbandes der Vereine Creditreform e.V. (VVC) und die Konzernstrukturdatenbank von Hoppenstedt miteinander verknüpft. Diese erstmalige Fusion umfangreicher privater Datenbasen ermöglichte eine umfassende Übersicht über die Struktur der Unternehmenslandschaft in Deutschland.

122. Das größte Problem der Verwendung kommerzieller Datenbasen für Konzentrationsstatistiken ist die geringe Verfügbarkeit von quantitativen Variablen wie z. B. Umsatz und Beschäftigten. Deshalb fand für das Fünfzehnte Hauptgutachten[11] erstmals eine Verknüpfung kommerzieller Daten mit denen der amtlichen Statistik statt. Hierzu wurde die Beteiligungsdatenbank von VVC mit der Investitionserhebung und der Produktionsstatistik für das Produzierende Gewerbe in den Wirtschaftsabschnitten Bergbau (C) und Verarbeitendes Gewerbe (D) mit Unternehmen ab 20 Beschäftigten verknüpft. Auf dieser Basis konnten erstmals Konzentra-

---

8 Aufgrund der Verwendung administrativer Datenquellen ist eine Berichterstattung mit aktuelleren Daten in absehbarer Zeit nicht möglich.

9 Monopolkommission, Wettbewerbspolitik in Netzstrukturen, Hauptgutachten 1998/1999, Baden-Baden 2000.

10 Monopolkommission, Netzwettbewerb durch Regulierung, Hauptgutachten 2000/2001, Baden-Baden 2003.

11 Monopolkommission, Wettbewerbspolitik im Schatten „Nationaler Champions", Hauptgutachten 2002/2003, Baden-Baden 2005.

tionsmaße unter Berücksichtigung von Unternehmensgruppen berechnet werden.

123. Für das Sechzehnte Hauptgutachten[12] wurden die Daten von VVC und BvD mit der Investitions- und Produktionsstatistik für das Produzierende Gewerbe in den Bereichen Bergbau (C), Verarbeitendes Gewerbe (D) und Baugewerbe (F) verknüpft.

124. Für das hier vorliegende Siebzehnte Hauptgutachten wurde mittels einer Vergleichsrechnung geprüft, welchen Zusatznutzen das aufwendige Verfahren der Kombination beider privater Datenbasen hat. Das Statistische Bundesamt hat Konzentrationsmaße unter Berücksichtigung von Unternehmensgruppen auf der Basis der Investitionserhebung und der privaten Verflechtungsdaten (jeweils nur VVC, nur BvD und in Kombination VVC und BvD) für den genannten Berichtskreis berechnet. Die Analyse zeigt, dass die Kombination von VVC und BvD nur einen geringfügigen Einfluss auf die Konzentrationswerte gegenüber der Verwendung von nur einer der privaten Datenbasen hat. Aus diesem Grund wird im vorliegenden Hauptgutachten nur noch die Datenbasis von BvD, welche vom Statistischen Bundesamt beschafft wird, verwendet. Diese hat gemessen an der Anzahl der Einheiten einen geringeren Abdeckungsgrad für deutsche Unternehmen. Dafür sind jedoch die internationalen Verflechtungen, welche insbesondere bei großen Unternehmensgruppen wichtige Verbindungen darstellen, sehr gut recherchiert.

2.2 Erläuterung der Datenbasen

125. Die Unternehmenskonzentration nach Wirtschaftszweigen wird in diesem Hauptgutachten erstmals auf der Basis des amtlichen Unternehmensregisters anstelle der Investitionserhebung berechnet. Für den Einbezug der Gruppenzugehörigkeit von Unternehmen werden die privaten Verflechtungsdaten zugespielt. Eine Vergleichsrechnung zur bisher verwendeten Datenbasis und die Methodik zur Erstellung der diesmaligen Datenbasis sind in Abschnitt 1 der Anlage A zu diesem Hauptgutachten beschrieben. Weitere Aspekte zur Bedeutung des Datenbankwechsels werden in den Kapiteln I, Abschnitt 2.3 (Ausweitung des Berichtskreises), und II, Abschnitt 1.2.1 (Auswirkungen auf die Konzentrationsmaße), dargestellt.

Die Konzentrationsstatistik nach Anbietern auf der Basis der Produktionsstatistik wird für die verfügbaren Bereiche des Produzierenden Gewerbes (Bergbau und Gewinnung von Steinen und Erden (C) und Verarbeitendes Gewerbe (D)) weitergeführt.

2.2.1 Das Unternehmensregister des Statistischen Bundesamtes

126. Das Unternehmensregister enthält die aktiven sowie inaktiv gewordenen Unternehmen und Betriebe aus nahezu allen Wirtschaftsbereichen Deutschlands mit ei-

nem steuerbaren Umsatz von mindestens 17 500 Euro und/oder mindestens einem sozialversicherungspflichtig Beschäftigten. Ausgenommen sind die Wirtschaftsabschnitte Land- und Forstwirtschaft, Fischerei und Fischzucht sowie öffentliche Verwaltungen. Die Daten stammen sowohl aus administrativen Dateien von Verwaltungsbereichen (Finanzbehörden, der Bundesagentur für Arbeit, Industrie- und Handelskammern und Handwerkskammern) als auch aus Bereichsstatistiken (Erhebungen des Produzierenden Gewerbes, des Handels und andere) und werden von den statistischen Landesämtern eingepflegt. Das Statistische Bundesamt verfügt über eine Kopie der zusammengespielten Länderregister.

127. Die Repräsentativität der Daten ist aufgrund der Verfügbarkeit administrativer Angaben in den verschiedenen Wirtschaftsabschnitten unterschiedlich hoch. Gut erfasst sind die Wirtschaftsabschnitte C bis I und K, für die die Konzentrationsstatistik auf der Basis des Umsatzes mit dem Begleitmerkmal sozialversicherungspflichtig Beschäftigter erstellt wird. In den Abschnitten J, N und O sind die Angaben nicht vollständig, da teilweise keine Umsatzsteuerpflicht besteht bzw. keine sozialversicherungspflichtig Beschäftigten gemeldet sind. Ersteres gilt insbesondere für das Kredit- und Versicherungsgewerbe (J), für welches aus diesem Grund die Beschäftigtenzahlen in der Konzentrationsstatistik zugrunde gelegt werden. Aus den Abschnitten N und O werden nur spezielle Wirtschaftszweige mit wettbewerbspolitisch interessanten Entwicklungen einbezogen, bei denen mindestens ein Merkmal (Umsatz oder Beschäftigte) zu 80 Prozent und mehr gefüllt ist.[13]

128. Tabelle I.1 gibt einen Überblick über die Unternehmen des Registers nach Wirtschaftsabschnitten für das Berichtsjahr 2005. Die Wirtschaftszweigzuordnung erfolgt nach dem Schwerpunktprinzip, d. h. nach der Haupttätigkeit der Unternehmen.

129. Für das Berichtsjahr 2005 umfasst das Unternehmensregister rd. 3,1 Millionen aktive Unternehmen und 3,05 Millionen Wirtschaftliche Einheiten.[14] Die meisten Einheiten (über 30 Prozent) sind im Wirtschaftsabschnitt K gemeldet, der jedoch nur rd. 12 Prozent des Umsatzes und 15 Prozent der Beschäftigten auf sich vereint. Die größten Umsatz- und Beschäftigtenanteile mit 37,5 bzw. 32,5 Prozent fallen in dem Wirtschaftsabschnitt D auf 9,4 Prozent aller Einheiten. Der Wirtschaftsabschnitt G ist jeweils der zweitgrößte bei Anzahl der Einheiten, Umsatz und Beschäftigten. Die Abnahme der Einheiten durch die Berücksichtigung von Unternehmensgruppen liegt insgesamt bei -1,6 Prozent und ist in den Wirtschaftsabschnitten E (-7,3 Prozent), C (-4,2 Prozent) und D (-3,6 Prozent) besonders hoch. Da für die Wirtschaftsabschnitte J, N und O keine repräsentativen Umsatzwerte verfügbar sind, werden in Tabelle I.1 nur die Beschäftigten für diese Bereiche ausgewiesen. Zudem ist für die

---

[12] Monopolkommission, Mehr Wettbewerb auch im Dienstleistungssektor!, Hauptgutachten 2004/2005, Baden-Baden 2006.
[13] Vgl. Abschnitt 1.2 der Anlage A zu diesem Hauptgutachten.
[14] Wirtschaftliche Einheiten umfassen unabhängige Unternehmen als einzelne Einheiten und gruppenzugehörige Unternehmen zusammengefasst nach Gruppen.

Tabelle I.1

**Aktive Unternehmen, Beschäftigte und Umsatz
im Unternehmensregister 2005**

Wirtschaftsabschnitt		Wirtschaftliche Einheiten		Unternehmen		Umsatz		Beschäftigte	
		Anzahl	%	Anzahl	%	Mio. Euro	%	Anzahl	%
C	Bergbau und Gewinnung von Steinen und Erden	2.768	0,1	2.985	0,1	19.413	0,4	83.982	0,4
D	Verarbeitendes Gewerbe	286.434	9,4	297.058	9,6	1.627.608	37,5	6.788.787	32,5
E	Energie- und Wasserversorgung	13.460	0,4	14.054	0,5	198.498	4,6	285.398	1,4
F	Baugewerbe	358.822	11,8	361.173	11,6	175.195	4,0	1.389.693	6,6
G	Handel; Instandhaltung und Reparatur von Kraftfahrzeugen und Gebrauchsgütern	739.805	24,2	751.677	24,2	1.401.566	32,3	3.896.627	18,6
H	Gastgewerbe	270.033	8,8	270.938	8,7	59.520	1,4	723.644	3,5
I	Verkehr und Nachrichten-übermittlung	140.405	4,6	143.521	4,6	315.989	7,3	1.473.770	7,0
J[1]	Kredit- und Versicherungs-gewerbe	50.557	1,7	51.349	1,7	x	x	1.005.710	4,8
K	Grundstücks- und Wohnungs-wesen, Vermietung beweglicher Sachen, Erbringung von wirt-schaftlichen Dienstleistungen, anderweitig nicht genannt	928.486	30,4	947.040	30,5	517.612	11,9	3.129.151	15,0
N[1,2]	Gesundheits-, Veterinär- und Sozialwesen	146.465	4,8	146.770	4,7	x	x	1.626.968	7,8
O[1,2]	Erbringung von sonstigen öffentlichen und persönlichen Dienstleistungen	115.943	3,8	116.892	3,8	x	x	502.432	2,4
Gesamt		3.053.178	100,0	3.103.457	100,0	4.315.401	99,4	20.906.162	100,0

x: Wert unterliegt der statistischen Geheimhaltung.
[1] Umsätze nicht oder nur teilweise vorhanden.
[2] Nur ausgewählte Wirtschaftszweige.
Quelle: Eigene Darstellung der Monopolkommission auf der Basis von Daten des Statistischen Bundesamtes

Wirtschaftsabschnitte N und O zu beachten, dass diese in der Konzentrationsdatenbank nur teilweise erfasst sind und somit die Anteile an der Gesamtwirtschaft in Tabelle I.1 wahrscheinlich unterschätzt werden.[15]

130. Der größte Vorteil des Umstiegs auf das Unternehmensregister ist die Ausweitung des Berichtskreises. Während bisher nur die Wirtschaftsabschnitte C, D und F des Produzierenden Gewerbes mit Unternehmen ab 20 Beschäftigten und Daten zu Handel- und Gastgewerbe in die Konzentrationsstatistik eingegangen sind, ist nun die Erfassung kleinerer Unternehmen (ab 17 500 Euro Jahresumsatz und mit mindestens einem sozialversicherungspflichtig Beschäftigten) und auch zusätzlicher Wirtschaftsbereiche (Energie- und Wasserversorgung (E),

Verkehr und Nachrichtenübermittlung (I), Kredit- und Versicherungsgewerbe (J), Grundstücks- und Wohnungswesen (K) und Sonderbereiche aus N und O) möglich. Damit erweitert sich der Berichtskreis von rd. 51 000 auf über 3 Millionen Unternehmen.

131. Während die Qualität der Daten in der Investitionserhebung jedoch als gesichert gilt, unterliegt das Unternehmensregister geringeren Qualitätssicherungsverfahren, so dass Inkonsistenzen auftreten können. Für den Bereich Handel und Gastgewerbe ist durch den Umstieg auf das Unternehmensregister jedoch von einer Qualitätssteigerung auszugehen, da die Konzentrationsmaße für diesen Bereich bisher auf der Basis von hochgerechneten Stichprobenerhebungen berechnet worden sind. Im Unternehmensregister werden als quantitative Merkmale nur die Anzahl der sozialversicherungspflichtig Beschäftigten und die versteuerten Umsätze geführt. Angaben über die

---

[15] Vgl. Abschnitt 1.2 der Anlage A zu diesem Hauptgutachten.

Höhe der Investitionen stehen somit nicht mehr für die Konzentrationsstatistik zur Verfügung.

132. Eine Unsicherheit besteht bezüglich der steuerbaren Umsätze im Unternehmensregister. Diese liegen für Unternehmen, die einer Organschaft angehören, nur geschätzt vor, da die Organmitglieder ihre Umsätze gemeinsam über den Organträger versteuern. Für eine erleichterte Einschätzung der Qualität der Daten erfolgt eine Kennzeichnung von Konzentrationsraten, die unter Verwendung geschätzter Werte berechnet worden sind.[16]

133. Durch den Wechsel der amtlichen Datenbasis wird eine langfristige Betrachtung zur Entwicklung der Konzentrationsmaße erschwert. Neben der Änderung des Berichtskreises gibt es auch methodische Unterschiede in der Erhebung des Umsatzes. In dem per Befragung ermittelten Umsatz der Investitionserhebung sind die außerordentlichen Erträge und Aufwendungen nicht enthalten, während für die Umsätze im Unternehmensregister die Steuerrelevanz entscheidend ist. Ein Bruch in der Zeitreihe ist jedoch nicht vermeidbar, da die Abschneidegrenze für die Investitionserhebung von 20 Beschäftigten auf 50 Beschäftigte angehoben wird. Das Unternehmensregister wird derzeit vom Statistischen Bundesamt als zukünftiges Auswertungsinstrument etabliert, so dass von einer langfristigen Verfügbarkeit ausgegangen werden kann.

134. Insgesamt überwiegen die Vorteile der erweiterten Datenbasis des Unternehmensregisters gegenüber der Verwendung der Investitionserhebung. Für den Einbezug der Gruppenzugehörigkeit von Unternehmen in die Konzentrationsstatistik werden dem Unternehmensregister private Verflechtungsdaten vom Statistischen Bundesamt zugespielt.

2.2.2 Private Verflechtungsdaten

135. Das Statistische Bundesamt erwirbt seit dem Jahr 2005 jährlich Informationen über die Kapitalverflechtung von Unternehmen von dem kommerziellen Datenanbieter Bureau van Dijk (BvD). Diese Datenbasis ist weltweit

ausgelegt und resultiert aus der Kooperation mit einer Vielzahl nationaler Datenanbieter, deren Daten durch einen größeren qualifizierten Mitarbeiterstab regelmäßig einer zusätzlichen Prüfung, Ergänzung und Pflege unterzogen werden. Für Deutschland besteht eine strategische Allianz mit dem Verband der Vereine Creditreform e.V. (VVC). Die Datenbank für deutsche Unternehmen („MARKUS") umfasst rd. 900 000 Einheiten mit einem Handelsregistereintrag in Deutschland und ermöglicht eine weitgehende Einordnung der Unternehmen in bestehende nationale Beteiligungsnetze und eingeschränkt auch in internationale Verflechtungen.

136. Für die Konzentrationsstatistik werden alle gruppenzugehörigen deutschen Unternehmen sowie deren Minderheits- und Mehrheitsanteilseigner aus der MARKUS-Datenbank selektiert. Grenzübergreifend werden der erste kontrollierende Eigner im Ausland und das weltweite Gruppenoberhaupt berücksichtigt. Dies ist notwendig, um einzelne nationale Teile von internationalen Unternehmensgruppen zusammenführen zu können. Ausländische Tochterunternehmen werden derzeit jedoch nicht vollständig erfasst. Methodische Details zur Bildung von Unternehmensgruppen können dem Abschnitt 1.3 der Anlage A entnommen werden.

137. Die BvD-Datenlieferung umfasste im Berichtsjahr 2003 rd. 250 000 deutsche gruppenzugehörige Unternehmen nach der Definition des Statistischen Bundesamtes mit ca. 750 000 Mehrheits- und Minderheitsbeteiligungen in rd. 80 000 Gruppen. Für den Berichtsstand 31. Dezember 2005 umfasst die Verflechtungsdatenbank rd. 360 000 deutsche gruppenzugehörige Unternehmen.[17] Die Anzahl der Verflechtungsangaben mit Mehrheits- und Minderheitsbeteiligungen ist auf rd. 1,12 Millionen angestiegen und die Zahl der Gruppen auf rd. 150 000.

138. Insgesamt werden 463 551 gruppenzugehörige Einheiten erfasst, davon sind 314 144 deutsche gruppenabhängige Unternehmen (reine Töchter und Intermediates) und 149 407 Gruppenoberhäupter (Unternehmen und Nichtunternehmen im In- und Ausland, vgl. Tabelle I.2).

---

[16] Vgl. Abschnitt 1.1 der Anlage A zu diesem Hauptgutachten.

[17] Die Zunahme der Einheiten geht unter anderem auf eine aktive Ausweitung der BvD-Datenbank zurück.

Tabelle I.2

Deutsche gruppenzugehörige Unternehmen und Unternehmensgruppen in der privaten Datenbasis von Bureau van Dijk nach dem Sitz des Gruppenoberhauptes

Art der Einheit	Sitz des Gruppenoberhauptes			Gesamt
	Deutschland	Ausland	ohne Angabe	
Deutsche gruppenabhängige Unternehmen	278.728	32.405	3.011	314.144
Gruppen	131.659	16.125	1.623	149.407
Einheiten insgesamt	410.387	48.530	4.634	463.551

Quelle: Eigene Auswertung der Monopolkommission auf der Basis der Daten von Bureau van Dijk

Von den Gruppenoberhäuptern sind rd. 107 000 natürliche Personen (Privatpersonen, Familien, Stiftungen etc.) und rd. 42 000 juristische Personen bzw. Unternehmen. Die Gruppenoberhäupter deutscher Unternehmen haben ihren Hauptsitz zu 88 Prozent (131 659) in Deutschland und zu 11 Prozent (16 125) im Ausland.

Bei über 80 Prozent der Gruppen besteht die Unternehmensgruppe aus maximal drei Einheiten inklusive der Gruppenoberhäupter. Nur 0,4 Prozent der Unternehmensgruppen vereinen mehr als 20 Einheiten auf sich.

2.2.3 Konzentrationsdatenbank

139. Die Konzentrationsdatenbank basiert auf den rechtlichen Einheiten des amtlichen Unternehmensregisters für Deutschland und deren Verflechtungsinformationen aus der BvD-Datenbank.

140. Nach der Definition des Statistischen Amtes der Europäischen Gemeinschaften (Eurostat) werden unter rechtlichen Einheiten juristische und natürliche Personen zusammengefasst. Juristische Personen werden im Folgenden den Unternehmen gleichgesetzt und können sowohl kontrolliert werden als auch selbst Kontrolle ausüben. Natürliche Personen zeichnen sich dadurch aus, dass sie zwar Kontrolle ausüben, nicht jedoch kontrolliert werden können. Dazu gehören z. B. Stiftungen, Vereine, Genossenschaften und Privatpersonen, die somit nur als Gruppenoberhäupter erfasst werden.

141. Grundlage der Erfassung von Unternehmensgruppen in der amtlichen Statistik ist die Kontrollbeziehung zwischen den rechtlichen Einheiten, wobei Kontrolle als bestimmender Einfluss auf die mittel- und langfristigen Strategien eines Unternehmens definiert wird. Die Feststellung von Kontrolle erfolgt für die meisten Verflechtungsbeziehungen über Kapitalanteile (Mehrheitskontrolle mit Kapitalanteilen über 50 Prozent oder indirekte kumulierte Kontrolle über Minderheitsbeteiligungen), aber auch faktische Kontrollarten wie z. B. Beherrschungsverträge werden berücksichtigt.

142. Eine Unternehmensgruppe besteht aus genau einer unabhängigen rechtlichen Einheit (Gruppenoberhaupt)[18], die mindestens eine andere rechtliche Einheit kontrolliert. Dabei muss jede Unternehmensgruppe aus mindestens zwei juristischen Personen bestehen, d. h. eine natürliche Person als Gruppenoberhaupt muss mindestens zwei juristische Einheiten kontrollieren. Sollte es nicht möglich sein, genau ein Gruppenoberhaupt zu bestimmen, z. B. bei gemeinsamer Kapitalbeteiligung zu gleichen Teilen (je 50 Prozent) oder bei zirkulären Kapitalbeziehungen, so wird per Definition keine Kontrolle ausgeübt, da der ausgeübte Einfluss auf die Unternehmensstrategien nicht eindeutig zugeordnet werden kann. Die Konzentrationsmaße werden für Wirtschaftliche Einheiten berechnet, d. h. gruppenzugehörige Unternehmen werden innerhalb ihres Wirtschaftsbereichs als Unternehmensgruppe zu einer Einheit zusammengefasst und nichtgruppenzugehörige Unternehmen gehen einzeln in die Berechnungen ein.

143. Ein bisher noch ungelöstes Problem ist die systematische Zusammenführung von Unternehmensgruppen, welche aufgrund ihrer Organisationsstruktur getrennt als mehrere Gruppen geführt werden. So werden beispielsweise große Handelsgruppen über mehrere Stiftungen kontrolliert oder über verschiedene regionale Gruppenoberhäupter geführt.

Weitere Details zur Erstellung der Konzentrationsdatenbank und der zugrunde liegenden Methodik können in Abschnitt 1.4 der Anlage A zu diesem Hauptgutachten eingesehen werden.

2.2.4 Produktionsstatistik

144. Die Konzentrationsstatistik nach Anbietern basiert auf der Produktionsstatistik des Statistischen Bundesamtes für die Wirtschaftsabschnitte Bergbau (C) und Verarbeitendes Gewerbe (D). Die Anbieter werden nach dem Güterverzeichnis der Produktionsstatistik (GP 2002) klassifiziert. Hierbei wird die Zugehörigkeit zu Unternehmensgruppen berücksichtigt, indem unterschiedliche Anbieter, die derselben Unternehmensgruppe und derselben Warengruppe zugeordnet sind, zu „Anbietereinheiten" aggregiert werden. Die Konzentrationsmaße werden auf der Basis des Wertes der zum Absatz bestimmten Produktion berechnet.

145. Die einzelnen Produktgruppen des Güterverzeichnisses sind denjenigen Wirtschaftszweigen der Wirtschaftszweigklassifikation zugeordnet, die diese Produkte typischerweise erzeugen. Deshalb entsprechen sich die Gliederungsstrukturen beider Klassifikationen. Der größte Vorteil gegenüber der Wirtschaftszweigklassifikation ist eine aufgegliederte Erfassung der einzelnen Produktionsbereiche von Unternehmen nach ihren Warengruppen. Somit werden die Ungenauigkeiten, die bei der Wirtschaftszweigzuordnung nach dem Schwerpunktprinzip auftreten, umgangen. Deshalb weist die Produktionsstatistik eine größere Nähe zu dem in der Klassifikation definierten Markt auf. Allerdings ist diese Statistik nur für Anbieter mit 20 und mehr Beschäftigten für die Wirtschaftsbereiche C und D verfügbar.[19] Die vollständige Konzentrationstabelle ist in der Anlage B zu diesem Hauptgutachten, Tabelle B.2, einzusehen.

2.3 Bedeutung des Einbezugs kleiner Unternehmen im Bergbau und im Verarbeitenden Gewerbe

146. Durch den Wechsel der Datenbasis nach der Wirtschaftszweigklassifikation von der Investitionserhebung zum Unternehmensregister entsteht ein Bruch in der Zeit-

---

[18] Der Begriff „Gruppenoberhaupt" wird in Anlehnung an die Begriffsverwendung des Statistischen Bundesamtes synonym für den Begriff des „ultimativen Eigners" in früheren Hauptgutachten eingeführt.

[19] Für nähere Erläuterungen zur Methodik und zum Verfahren der konzentrationsstatistischen Aufbereitungen der amtlichen Daten nach Anbietern vgl. Monopolkommission, Wettbewerbspolitik in Netzstrukturen, Hauptgutachten 1998/1999, Baden-Baden 2000, Anlagenband, Teil A, Methodischer Teil.

reihe, der erhebliche Auswirkungen auf einzelne Konzentrationsergebnisse haben kann. Erstmals kann jedoch analysiert werden, welche Bedeutung kleine Unternehmen im Bergbau und Verarbeitenden Gewerbe haben. In Tabelle I.3 werden die Anzahl der Unternehmen, der Anteil gruppenzugehöriger Unternehmen und die Anzahl der Unternehmensgruppen in den verschiedenen Datenbasen gegenübergestellt. Diese Eckdaten basieren auf

(1) der Investitionserhebung (IV) 2003 für die Wirtschaftsabschnitte C und D mit Unternehmen ab 20 Beschäftigten,

(2) der Konzentrationsdatenbank 2005 für die Wirtschaftsabschnitte C und D mit Unternehmen ab 20 Beschäftigten (Berichtskreis IV),

(3) der Konzentrationsdatenbank 2005 für die Wirtschaftsabschnitte C und D mit Unternehmen mit mindestens einem sozialversicherungspflichtig Beschäftigten und/oder einem Mindestumsatz von 17 500 Euro (Berichtskreis Unternehmensregister).

147. Der Berichtskreis im Sechzehnten Hauptgutachten der Monopolkommission für das Berichtsjahr 2003 (Datenbasis 1) umfasste 37.714 Unternehmen mit 20 und mehr Beschäftigten in den Wirtschaftsbereichen C und D, von denen rd. 51 Prozent als gruppenzugehörig identifiziert wurden. Diese haben einen Umsatzanteil von rd. 85 Prozent und einen Beschäftigtenanteil von rd. 78 Prozent. Ähnlich sind die Ergebnisse für den Berichtskreis der Investitionserhebung, welche für das Berichtsjahr 2005 aus dem Unternehmensregister selektiert wurden (Datenbasis 2). Hier ist zu beachten, dass die Selektion leicht von den originalen Erhebungsdaten abweicht. Rd. 850 Unternehmen bzw. 2,3 Prozent der Unternehmen aus der Erhebung konnten im Unternehmensregister nicht identifiziert werden. Dennoch entsprechen die Daten tendenziell der Entwicklung der Sektoren mit einer sinkenden Anzahl von Unternehmen, steigendem Umsatz und abnehmender Beschäftigungszahl (vgl. Anmerkung zu Tabelle I.3). Auch die Anteile der gruppenzugehörigen Unternehmen sind mit rd. 52 Prozent an der Anzahl der Unternehmen, rd. 84 Prozent des Umsatzes und rd. 75 Prozent der Beschäftigten vergleichbar.

148. Die hohe Anzahl kleiner Unternehmen in Deutschland mit weniger als 20 Beschäftigten verdeutlicht die Anzahl der Unternehmen aus dem Unternehmensregister 2005 (Datenbasis 3), welche gegenüber der Investitionserhebung um mehr als das Achtfache ansteigt. Die Summe der Umsätze und Beschäftigten erhöht sich durch die zusätzlichen Unternehmen jedoch nur in geringem Maße.

Tabelle I.3

Eckdaten zur Anzahl von Unternehmen und Unternehmensgruppen in den Wirtschaftsabschnitten C und D auf der Basis verschiedener Datenquellen

Datenbasis Einheit	Unternehmen			Gruppen
	gesamt	davon gruppenzugehörig	Anteil gruppenzugehöriger Unternehmen (%)	
(1) Investitionserhebung 2003				
Anzahl	37.714	19.287	*51,1*	14.318
Umsatz (Mio. Euro)	1.378.208	1.170.474	*84,9*	1.170.474
Beschäftigte (1 000)	6.231	4.846	*77,8*	4.846
(2) Berichtskreis der Investitionserhebung 2005 mit Werten aus dem Unternehmensregister 2005*				
Anzahl	36.163	18.823	*52,1*	13.892
Umsatz (Mio. Euro)	1.453.961	1.225.685	*84,3*	1.225.685
Beschäftigte (1 000)	5.690	4.282	*75,3*	4.282
(3) Unternehmensregister 2005				
Anzahl	300.043	39.895	*13,3*	29.051
Umsatz (Mio. Euro)	1.647.021	1.300.427	*79,0*	1.300.427
Beschäftigte (1 000)	6.873	4.618	*67,2*	4.618

* Die Zahlen stimmen nicht vollständig mit denen der Investitionserhebung 2005 überein, welche 37 016 Unternehmen mit einem Umsatz von 1 544 034 Mio. Euro und 6 050 Beschäftigten umfasst.
Quelle: Eigene Darstellung der Monopolkommission auf der Basis von Daten des Statistischen Bundesamtes

149. Bisher konnte nur vermutet werden, dass größere Unternehmen (ab 20 Beschäftigten) mit höherer Wahrscheinlichkeit einer Gruppe angehören als kleine Unternehmen. In der erweiterten Datenbasis des Berichtsjahrs 2005 gehören nur noch 13,3 Prozent der Unternehmen in den Wirtschaftsabschnitten C und D einer Gruppe an (gegenüber mehr als 50 Prozent im beschränkten Berichtskreis), d. h. dass diese These bestätigt werden kann. Bedeutender ist jedoch, dass die Anteile der Unternehmensgruppen am Umsatz und an der Anzahl der Beschäftigten trotz der erweiterten Datenbasis mit rd. 79 Prozent und 67,2 Prozent nur geringfügig niedriger ausfallen (gegenüber 84 und 75 Prozent im beschränkten Berichtskreis). Bisher ist also der Anteil gruppenzugehöriger Unternehmen an der Anzahl aller Unternehmen stark überschätzt worden, während deren wirtschaftliche Bedeutung, insbesondere gemessen am Umsatz, relativ gut erfasst worden ist. Ob eine reale Veränderung der Anteile über die Zeit erfolgt, kann erst mit weiteren Auswertungen des Unternehmensregisters abgeschätzt werden.

150. Insgesamt lässt sich feststellen, dass sich durch den Wechsel der Datenbasis von der Investitionserhebung auf das statistische Unternehmensregister zwar der Umfang der Datenbasis massiv verändert hat, die Anteile der größten Unternehmen am Umsatz und an der Anzahl der Beschäftigten jedoch kaum. In Kapitel II, Abschnitt 1.2.1, werden zur Interpretation der Konzentrationsstatistik nach Wirtschaftszweigen in den Wirtschaftsabschnitten C und D die Konzentrationsmaße aus den Jahren 2003 und 2005 verglichen. Diese Analyse geht vertiefend auf den Einfluss des Einbezugs kleiner Unternehmen auf die Konzentrationsstatistik ein.

3. Wirtschafts- und wettbewerbspolitische Bedeutung von Unternehmensgruppen

151. Die großen Unternehmensgruppen in Deutschland haben teilweise erhebliche Anteile an den Gesamtumsätzen bzw. -beschäftigten in ihrem Sektor. Daraus kann eine Marktmacht resultieren, die den Unternehmensgruppen sowohl wirtschafts- als auch wettbewerbspolitischen Einfluss ermöglicht. Deshalb werden in Kapitel III genau diese Einheiten detailliert untersucht. Im Rahmen der Gesamtbetrachtung der deutschen Wirtschaft wird im Folgenden die Bedeutung der Unternehmensgruppen insgesamt (Abschnitt 3.1) sowie eine Einordnung der Anteile der größten Wirtschaftlichen Einheiten aus Kapitel III in der Konzentrationsdatenbank (Abschnitt 3.2) vorgenommen. Zur Beurteilung der Strukturen einzelner Wirtschaftszweige werden die Anteile der Unternehmensgruppen anschließend auf Zweistellerebene der Wirtschaftszweigklassifikation und des Güterverzeichnisses der Produktionsstatistik dargestellt.

3.1 Gesamtwirtschaftliche Bedeutung von Unternehmensgruppen

152. Tabelle I.4 zeigt die Anzahl der Unternehmen sowie die Anteile der gruppenzugehörigen Unternehmen an der Gesamtzahl der Unternehmen, am Umsatz und an den Beschäftigten nach Wirtschaftsabschnitten. In der Kon-

zentrationsdatenbank sind insgesamt nur 6,3 Prozent der Unternehmen gruppenzugehörig. Diese haben jedoch bezogen auf alle Wirtschaftsabschnitte einen Umsatzanteil von 66,1 Prozent und einen Beschäftigtenanteil von rd. 52,5 Prozent.

153. Die Anteile der Unternehmensgruppen am steuerbaren Umsatz und an den Beschäftigten liegen in den meisten Wirtschaftsabschnitten über 50 Prozent.[20] Der höchste Anteil gruppenzugehöriger Unternehmen ist mit über 30 Prozent im Wirtschaftsabschnitt C, Bergbau und Gewinnung von Steinen und Erden, verzeichnet. Diese haben einen Umsatz- und Beschäftigtenanteil von jeweils rd. 84 Prozent. Ähnlich hoch ist die Bedeutung von Unternehmensgruppen im Wirtschaftsabschnitt E, Energie- und Wasserversorgung. Hier ist der Anteil gruppenzugehöriger Unternehmen mit 13,2 Prozent zwar bedeutend geringer, deren Umsatz- und Beschäftigtenanteile in der Branche liegen jedoch über 81 Prozent. Wie in Tabelle I.1 bereits gezeigt wurde, ist das Verarbeitende Gewerbe (D) der bedeutendste Wirtschaftsabschnitt in Deutschland. Auf diesen entfallen zwar nur 9,4 Prozent der Einheiten, aber 37,5 Prozent der steuerbaren Umsätze im Inland sowie 32,5 Prozent der Beschäftigten. Auch die Unternehmensgruppen nehmen in diesem Bereich mit einem Umsatzanteil von 78,9 Prozent und einem Beschäftigtenanteil von 67 Prozent eine bedeutende Rolle ein.

3.2 Bedeutung der größten Wirtschaftlichen Einheiten

154. In diesem Abschnitt werden die Anteile der größten Wirtschaftlichen Einheiten am Umsatz und an der Beschäftigtenzahl nach Branchen auf der Basis des Unternehmensregisters betrachtet. Ausgangsdaten sind die für das Geschäftsjahr 2004 in Kapitel III des Sechzehnten Hauptgutachtens nach Wirtschaftsbereichen erhobenen

- fünfzig umsatzstärksten Industrieunternehmen (Wirtschaftsabschnitte C, D, E und F),

- zehn umsatzstärksten Handelsunternehmen (Wirtschaftsabschnitt G),

- zehn umsatzstärksten Dienstleistungsunternehmen (Wirtschaftsabschnitte I, K und O),

- zehn größten deutschen Kreditinstitute nach Bilanzsumme (Wirtschaftszweige 65 und 671),

- zehn größten deutschen Versicherungsunternehmen nach Beitragseinnahmen (Wirtschaftszweige 66 und 672) und die

- zehn größten Arbeitgeber (alle Wirtschaftsbereiche).[21]

---

[20] Ausnahme sind die Bereiche F, Baugewerbe, und H, Gastgewerbe. Die Wirtschaftsabschnitte N und O werden in der Datenbank nicht vollständig abgedeckt, deshalb werden diese Werte hier nicht aufgeführt.

[21] Vgl. Monopolkommission, Hauptgutachten 2004/2005, a. a. O., Tz. 302, 312 ff. In Kapitel III wird der Begriff Unternehmen durch den inländischen Konsolidierungskreis im Sinne der Vorschriften des Handelsgesetzbuches über die Rechnungslegung im Konzern verstanden. Dies entspricht im Wesentlichen der Definition der Wirtschaftlichen Einheit. Deshalb werden die Begriffe in der Aufzählung dieser Textziffer synonym verwendet.

Tabelle I.4

**Bedeutung der Unternehmensgruppen im Jahr 2005 in Deutschland
nach Wirtschaftsabschnitten**

Wirtschaftsabschnitt		Anzahl Unternehmen	Anteil gruppenzugehöriger Unternehmen an … (%)		
			Anzahl der Unternehmen	Umsatz	Beschäftigte
C	Bergbau u. Gewinnung von Steinen, Erden	2.985	*30,7*	*83,7*	*84,4*
D	Verarbeitendes Gewerbe	297.058	*13,1*	*78,9*	*67,0*
E	Energie- und Wasserversorgung	14.054	*13,2*	*85,3*	*81,1*
F	Baugewerbe	361.173	*4,2*	*31,6*	*27,8*
G	Handel	751.677	*6,7*	*61,5*	*52,5*
H	Gastgewerbe	270.938	*1,6*	*23,5*	*26,4*
I	Verkehr, Nachrichtenübermittlung	143.521	*7,5*	*75,5*	*64,0*
J	Kredit- und Versicherungsgewerbe	51.349	*7,3*	*x*	*55,1*
K	Grundstücks- und Wohnungswesen	947.040	*6,8*	*51,6*	*46,5*
N	Gesundheits-, Veterinär- und Sozialwesen	146.770	*0,8*	*x*	*25,1*
O	Erbringung von sonstigen öffentlichen und persönlichen Dienstleistungen	116.892	*3,2*	*x*	*26,9*
Gesamt		**3.103.457**	*6,3*	*66,1*	*52,5*

x: Wert unterliegt der statistischen Geheimhaltung.
Quelle: Eigene Berechnungen der Monopolkommission auf der Basis von Daten des Statistischen Bundesamtes

155. Aus diesen Sektoren werden die jeweils größten Einheiten des Unternehmensregisters bestimmt und deren jeweilige Anteile an Umsatz und Beschäftigten berechnet.[22] Tabelle I.5 zeigt die Ergebnisse für das Berichtsjahr 2005. Die 50 umsatzstärksten Wirtschaftlichen Einheiten in der Industrie haben einen Umsatzanteil von 32,9 Prozent und einen Beschäftigtenanteil von 15,6 Prozent in ihrem Sektor. Der Anteil der zehn umsatzstärksten Handelseinheiten am Umsatz des Sektors liegt bei nur 9,3 Prozent bei einem Beschäftigtenanteil von 8,2 Prozent. Die in Kapitel III berechneten Umsatzanteile weisen mit 33,3 Prozent in der Industrie und 10,2 Prozent im Handel ähnliche Werte auf. Bei der Interpretation der Ergebnisse ist zu beachten, dass die Unternehmensgruppen im Unternehmensregister teilweise nicht zusammengefasst vorliegen. Dies betrifft insbesondere die Energiebranche (im Sektor Industrie enthalten) und den Handel. Deshalb unterschätzen die dargestellten Anteile die wahren Konzentrationsraten, insbesondere im Handel. Dennoch liegen die berechneten Umsatzanteile der größten Wirtschaftlichen Einheiten aus dem Unternehmensregister nur knapp unter den in Kapitel III ermittelten Werten. Die zehn größten Dienstleistungseinheiten in Tabelle I.5 haben einen Anteil von rd. 20 Prozent gemessen am Umsatz. Der in Kapitel III erhobene Anteil ist jedoch mit rd. 14 Prozent bedeutend geringer.[23]

156. Der Anteil der zehn größten Arbeitgeber an den Beschäftigten liegt für alle Wirtschaftsbereiche mit 5,8 Prozent knapp unter dem Wert aus Kapitel III, welcher 6,3 Prozent beträgt. Im Banken- und Versicherungsgewerbe ist dieser Anteil mit 22,5 bzw. 37,4 Prozent weitaus höher (vgl. Tabelle I.5), jedoch noch unter den in Kapitel III ermittelten Werten.[24] Auch hier könnten die wahren Werte durch gespalten erfasste Unternehmensgruppen stark unterschätzt sein.

---

[22] Für die Kreditinstitute und Versicherungsunternehmen wird die Anzahl der Beschäftigten verwendet, da in der Konzentrationsdatenbank weder Bilanzsummen noch Beitragseinnahmen verfügbar sind. Die Identität der einzelnen Einheiten ist aufgrund der Geheimhaltungsvorschriften nicht bekannt.

[23] Eine Erklärung wäre die Tatsache, dass die Berechnungen in Kapitel III auf der Grundlage konsolidierter Umsatzerlöse erfolgen und in der Konzentrationsdatenbank summierte Einzelumsätze verwendet werden. Dadurch müssten die Umsatzanteile der Konzerne in der Konzentrationsdatenbank höher liegen.

[24] In Kapitel III wurden die Angaben zu den sozialversicherungspflichtigen Arbeitnehmern um Beschäftigte korrigiert, die z. B. Organisationen ohne Erwerbszweck, privaten Haushalten oder Sozialversicherungen zugerechnet werden. Hinzuaddiert wurden dagegen beamtete Arbeitnehmer.

Tabelle I.5

**Anteile der größten Wirtschaftlichen Einheiten im Unternehmensregister
an Umsatz und Beschäftigten nach Sektoren**

Berichtskreis	Anzahl der Unternehmen	Anteil am Gesamtumsatz des Sektors	Anteil an den Beschäftigten des Sektors
50 umsatzstärkste Industrieeinheiten	615	32,9	15,6
10 umsatzstärkste Handelseinheiten	393	9,3	8,2
10 umsatzstärkste Dienstleistungseinheiten	339	19,8	9,5
10 größte Arbeitgeber im Unternehmensregister	912	8,7	5,8
10 größte Arbeitgeber im Bankengewerbe	111	–	22,5
10 größte Arbeitgeber im Versicherungsgewerbe	95	–	37,4

Quelle: Eigene Berechnungen der Monopolkommission auf der Basis von Daten des Statistischen Bundesamtes

157. Zur Einordnung der in Kapitel III betrachteten größten Einheiten in das Gesamtgeflecht der deutschen Wirtschaft werden in einem weiteren Schritt genau diese Einheiten in der privaten Verflechtungsdatenbank identifiziert und mit dem Unternehmensregister verknüpft. Mit den Informationen über den steuerbaren Umsatz und die Anzahl der sozialversicherungspflichtig Beschäftigten aus dem Unternehmensregister werden die Marktanteile neu berechnet. Dabei sind die im Unternehmensregister selektierten größten Wirtschaftlichen Einheiten nicht vollständig identisch mit den von der Monopolkommission bestimmten Einheiten.[25] Einschränkungen in der Vergleichbarkeit ergeben sich auch aufgrund unterschiedlicher Datenquellen und Selektionskriterien.[26]

158. Tabelle I.6 zeigt die Anteile der größten Wirtschaftlichen Einheiten, die von der Monopolkommission in Kapitel III identifiziert werden, an Umsatz und Beschäftigten im Unternehmensregister, soweit diese Einheiten identifiziert werden konnten. Um das Problem der gespaltenen Unternehmensgruppen im Unternehmensregister zu umgehen, hat die Monopolkommission bei der Identifizierung ihrer Einheiten alle Gruppenoberhäupter berücksichtigt, die den größten Einheiten zuzuordnen sind. Die Anzahl der Einheiten der Monopolkommission in Spalte (b) zeigt, wie gespalten die Unternehmensgruppen zum Teil im Unternehmensregister vorliegen. So hat die Monopolkommission für die zehn größten Handelseinheiten 64 Gruppenoberhäupter selektiert. Dies geht auf Handelsunternehmen zurück, die über verschiedene Stiftungen oder Privatpersonen geführt werden (wie z. B. Aldi oder Lidl) oder eine regionale Aufteilung der Gruppe vornehmen (wie z. B. EDEKA).

159. Spalte (c) der Tabelle I.6 gibt die Anzahl der Einheiten der Monopolkommission an, die mit dem Unternehmensregister verknüpfbar waren. Insbesondere im Bereich Handel ist das Ergebnis des Abgleichs mit 9 identifizierten von insgesamt 64 Einheiten so unbefriedigend, dass kein aussagefähiger Wert veröffentlicht werden kann. Der Grund hierfür ist, dass die meisten Einheiten keine Unternehmen bzw. juristischen Personen sind. Sie werden zum größten Teil aufgrund mangelnder Informationen nicht in das Unternehmensregister aufgenommen. Falls sie neu aufgenommen werden, liegen keine Umsatz- oder Beschäftigtendaten vor. Da die Qualität der Ergebnisse nicht gesichert ist, werden die Werte für den Handel nicht ausgewiesen. Gleiches gilt für das Banken- und Versicherungsgewerbe.

160. Die Anzahl der Unternehmen in Spalte (d) der Tabelle I.6 liegt sowohl unter als auch über den Werten aus dem Unternehmensregister in Tabelle I.5, weil für den Einbezug gespaltener Unternehmensgruppen teilweise mehr Einheiten in die Analyse eingegangen sind. Da die größten Einheiten der Monopolkommission jedoch nicht vollständig mit den größten Einheiten der Konzentrationsdatenbank übereinstimmen, sind die Anteile der Unternehmen an Umsatz und Beschäftigten in der Tabelle I.6 geringer. Die Ergebnisse verdeutlichen, dass eine stär-

---

[25] Die Wirtschaftlichen Einheiten sind in der Industrie zu 64 Prozent identisch, bei den größten Arbeitgebern und im Versicherungsgewerbe zu 60 Prozent und bei den Dienstleistern und im Bankengewerbe zu 50 Prozent. Für den Handel ist die Übereinstimmung vermutlich noch geringer, da der Abgleichwert der statistischen Geheimhaltung unterliegt.

[26] Ursächlich für die Abweichungen sind unter anderem unterschiedliche Konzepte bei der Abgrenzung der Einheiten. Im Rahmen von Kapitel III wird ein Unternehmen durch den inländischen Konsolidierungskreis im Sinne der Vorschriften des Handelsgesetzbuches über die Rechnungslegung im Konzern dargestellt, während im Unternehmensregister die steuerbaren Umsätze der Unternehmen aus den Dateien der Finanzämter summiert werden. Die Untersuchungen in Kapitel III basieren primär auf veröffentlichten Geschäftsberichten und Unternehmensbefragungen. Für den gesamtwirtschaftlichen Vergleich wurde auf Angaben der Umsatzsteuerstatistik sowie Veröffentlichungen der Deutschen Bundesbank und der Bundesanstalt für Finanzdienstleistungsaufsicht zurückgegriffen. Auch die Zeitstände unterscheiden sich. Da in Kapitel III die geraden Berichtsjahre untersucht werden und die Kapitel I und II auf Daten der ungeraden Berichtsjahre basieren, sind die größten Konzerne aus Kapitel III von 2004 in der Konzentrationsdatenbank 2005 selektiert worden. Für Einheiten, die im Jahr 2005 nicht mehr eigenständig aktiv waren, ist die nächstgrößere Einheit aus 2004 nachgerückt.

Tabelle I.6

**Anteile der größten Wirtschaftlichen Einheiten aus Kapitel III an Umsatz
und Beschäftigten in der Konzentrationsdatenbank nach Sektoren**

Berichtskreis	Anzahl der Einheiten der Monopolkommission	Davon identifiziert im Unternehmensregister	Anzahl der Unternehmen	Anteil am Gesamtumsatz der Branche (%)	Anteil an den Beschäftigten der Branche (%)
(a)	(b)	(c)	(d)	(e)	(f)
50 umsatzstärkste Industrieeinheiten	68	52	730	27,8	13,6
10 umsatzstärkste Handelseinheiten	64	9	346	–	–
10 umsatzstärkste Dienstleistungseinheiten	15	10	278	12,9	6,7
10 größte Arbeitgeber	46	36	931	7,1	4,4
10 größte Arbeitgeber im Bankengewerbe	13	8	134	–	–
10 größte Arbeitgeber im Versicherungsgewerbe	16	11	148	–	–

Quelle: Eigene Berechnungen der Monopolkommission auf der Basis von Daten des Statistischen Bundesamtes

ker unternehmensbezogene Konzentrationserfassung auf der Grundlage des Unternehmensregisters mit erheblichen Problemen behaftet und eine lückenlose Darstellung derzeit nicht möglich ist.

3.3 Anteile der Unternehmensgruppen nach der Wirtschaftszweigklassifikation

161. In Abschnitt 3.1 zur gesamtwirtschaftlichen Bedeutung von Unternehmensgruppen wurde bereits eine Übersicht zu den Anteilen gruppenzugehöriger Unternehmen in den einzelnen Wirtschaftsabschnitten gegeben. In diesem Abschnitt werden die Anteile der Unternehmensgruppen vertiefend nach Wirtschaftszweigen auf Zweistellerebene der Wirtschaftszweigklassifikation dargestellt.

162. Tabelle I.7 enthält in der Spalte „Anzahl" die Anzahl der Unternehmen, davon den Anteil gruppenzugehöriger Unternehmen, die Anzahl von Gruppen und von Wirtschaftlichen Einheiten (WE) in den Wirtschaftsabschnitten C bis K und ausgewählten Wirtschaftszweigen aus N und O. In den Spalten „Umsatz" und „Beschäftigte" werden die Gesamtzahlen nach Wirtschaftszweigen und die Anteile, welche die gruppenzugehörigen Unternehmen auf sich vereinen, präsentiert.

163. Wie bereits in Abschnitt 3.1 festgestellt wurde, liegen die Umsatzanteile der gruppenzugehörigen Unternehmen bei 66,1 Prozent und die der Beschäftigten bei 52,5 Prozent, d. h. die Unternehmensgruppen haben höhere Anteile an den Umsätzen der Branchen als an den Beschäftigtenzahlen. Hier gibt es jedoch erhebliche Unterschiede in einzelnen Wirtschaftszweigen: Im WZ 15,

Ernährungsgewerbe, liegt der Umsatzanteil 21,7 Prozentpunkte über dem Beschäftigtenanteil. Auch in den Wirtschaftszweigen 16, Tabakgewerbe, 71, Vermietung beweglicher Sachen (ohne Personal), 73, Forschungs- und Entwicklungsleistungen, und 9002, Abfallbeseitigung, liegt diese Differenz bei über 15 Prozentpunkten. Hier haben die gruppenzugehörigen Unternehmen einen weitaus höheren Umsatz pro Beschäftigten als nichtgruppenzugehörige Unternehmen derselben Wirtschaftszweige.[27] In anderen Wirtschaftszweigen ist das Verhältnis entgegengesetzt. Im WZ 10, Kohle und Torf, und im WZ 9003, Beseitigung von Umweltverschmutzungen und sonstige Entsorgung, liegen die Beschäftigtenanteile rd. 16 bzw. rd. 13 Prozentpunkte über den Umsatzanteilen der Branchen.

164. Besonders hohe Anteile am Umsatz und an den Beschäftigten[28] haben die Unternehmensgruppen in den Wirtschaftszweigen 10, Kohle und Torf, 16, Tabakerzeugnisse, 23, Kokerei- und Mineralölerzeugnisse, Spalt und Brutstoffe, 34, Kraftwagen und Kraftwagenteile, 35, Sonstige Fahrzeuge, 40, Energieversorgung, 62, Luftfahrtleistungen, und 64, Nachrichtenübermittlung.

165. Bei der Summierung der Anzahl der Gruppen in Tabelle I.7 muss berücksichtigt werden, dass durch die Unterteilung in Wirtschaftszweige einzelne Unterneh-

---

[27] Dabei ist jedoch zu beachten, dass keine konsolidierten Umsätze der Gruppen vorliegen, sondern die Einzelumsätze der gruppenzugehörigen Unternehmen addiert werden.

[28] Hohe Anteile werden in diesem Fall definiert mit einem Anteil der Unternehmensgruppen von mindestens 85 Prozent an beiden Merkmalen oder über 90 Prozent an einem Merkmal.

mensgruppen als mehrere Teilgruppen erfasst werden. Aus diesem Grund enthält die Tabelle insgesamt 145 090 Unternehmensgruppen in der Summe. Ohne Berücksichtigung der Wirtschaftszweige gibt es jedoch nur 117 793 Gruppen in Deutschland. Davon sind 77 334 sog. „Einergruppen". Diese bestehen aus nur einem gruppenzugehörigen Unternehmen im Berichtskreis. Da per Definition mindesten zwei Unternehmen einer Gruppe angehören, müssten diese Einergruppen Mitglieder im Ausland oder in nicht erfassten Wirtschaftsbereichen haben. Ob dies jedoch immer der Fall ist, kann von der Monopolkommission ohne Einsicht in die Einzeldaten nicht geprüft werden. Die Anteile dieser Einergruppen am Umsatz und an den Beschäftigten sind mit 8,9 bzw. 8,4 Prozent relativ gering. Das bedeutet, dass die übrigen 40 459 Unternehmensgruppen mit mindestens zwei Unternehmen im Berichtskreis einen Umsatzanteil von 57,2 Prozent und einen Beschäftigtenanteil von 44,1 Prozent haben.

Tabelle I.7

Anzahl, Umsatz und Beschäftigte von Unternehmen und Unternehmensgruppen in der Konzentrationsdatenbank 2005

	Wirtschaftszweig	Anzahl				Umsatz		Beschäftigte	
		Unternehmen[1]	davon in Gruppen[2] (%)	Anzahl Gruppen[2]	Anzahl WE	Umsatz (Mio. Euro)	davon in Gruppen[2,3] (%)	Beschäftigte	davon in Gruppen[2,3] (%)
C	**Bergbau und Gewinnung von Steinen, Erden**	**2.985**	**30,7**	**700**	**2.768**	**19.413**	**83,7**	**83.982**	**84,4**
10	Kohle und Torf	174	30,5	41	162	4.141	79,7	48.953	96,0
11	Erdöl, Erdgas, DL für Erdöl-, Erdgasgewinnung	103	31,1	25	96	x	x	x	x
13	Erzbergbau	8	x	x	8	6	28,2	31	32,3
14	Steine und Erden, sonstige Bergbauerzeugnisse	2.698	30,8	636	2.503	6.196	67,6	29.199	66,6
D	**Verarbeitendes Gewerbe**	**297.058**	**13,1**	**28.351**	**286.431**	**1.627.608**	**78,9**	**6.788.787**	**67,0**
15	Ernährungsgewerbe	44.974	6,1	2.156	44.376	149.488	67,3	703.295	45,6
16	Tabakerzeugnisse	62	30,6	16	59	20.190	98,8	11.669	82,9
17	Textilien	6.656	13,4	717	6.483	15.036	62,8	94.999	57,1
18	Bekleidung	4.419	10,0	367	4.345	10.352	73,8	47.801	63,0
19	Leder und Lederwaren	1.727	9,6	146	1.708	4.472	63,8	21.376	55,9
20	Holzgewerbe (ohne Herstellung von Möbeln)	20.437	6,0	1.104	20.309	22.551	56,2	125.578	45,5
21	Papiergewerbe	2.549	30,8	586	2.350	34.464	81,4	142.113	79,4
22	Verlagsgewerbe, Druckgewerbe, Vervielfältigung	28.503	15,5	3.031	27.109	53.371	69,6	293.071	65,0
23	Kokerei-, Mineralölerzeugnisse, Spalt- und Brutstoffe	168	42,3	61	158	105.477	95,9	17.194	89,4
24	Chemische Erzeugnisse	5.562	32,1	1.417	5.193	156.232	86,7	453.405	84,8
25	Gummi- und Kunststoffwaren	10.134	24,4	2.072	9.734	62.973	72,7	363.990	67,1
26	Glasgewerbe, Keramik, Verarbeitung von Steinen, Erden	13.579	16,1	1.546	12.943	38.752	75,3	217.150	71,0
27	Metallerzeugung und -bearbeitung	3.568	24,6	703	3.395	81.730	89,9	255.467	82,4
28	Metallerzeugnisse	56.042	10,8	5.050	55.044	104.362	60,4	719.770	53,3

	Wirtschaftszweig	Anzahl				Umsatz		Beschäftigte	
		Unternehmen[1]	davon in Gruppen[2] (%)	Anzahl Gruppen[2]	Anzahl WE	Umsatz (Mio. Euro)	davon in Gruppen[2,3] (%)	Beschäftigte	davon in Gruppen[2,3] (%)
29	Maschinenbau	29.886	20,0	4.777	28.692	189.838	76,3	1.095.353	67,8
30	Büromaschinen, Datenverarbeitungsgeräte und -einrichtungen	2.902	10,1	286	2.894	17.896	58,7	42.399	68,1
31	Geräte der Elektrizitätserzeugung, -verteilung	8.728	21,4	1.546	8.407	94.007	52,2	497.258	51,7
32	Nachrichtentechnik, Rundfunk- und Fernsehgeräte	4.637	16,5	674	4.545	45.918	84,2	146.425	70,5
33	Medizin-, Mess-, Regelungstechnik, Optik, Uhren	21.529	11,4	2.040	21.115	41.751	69,1	291.712	57,4
34	Kraftwagen und Kraftwagenteile	3.740	24,7	729	3.546	313.380	94,8	872.363	92,4
35	Sonstige Fahrzeuge (Wasser-, Schienen-, Luftfahrzeuge)	2.290	17,4	336	2.228	25.705	86,6	141.930	89,0
36	Möbel, Schmuck, Musikinstrumente, Sportgeräte, Spielwaren	22.214	7,1	1.409	22.047	32.926	67,5	210.328	58,8
37	Sekundärrohstoffe	2.752	21,2	510	2.679	6.737	62,2	24.141	53,4
E	**Energie- und Wasserversorgung**	**14.054**	*13,2*	**1.260**	**13.460**	**198.498**	*85,3*	**285.398**	*81,1*
40	Energieversorgung	11.656	14,0	1.106	11.132	189.956	86,5	237.176	87,9
41	Wasserversorgung	2.398	9,3	211	2.385	8.542	60,6	48.222	47,4
F	**Baugewerbe**	**361.173**	*4,2*	**12.865**	**358.822**	**175.195**	*31,6*	**1.389.693**	*27,8*
G	**Handel**	**751.677**	*6,7*	**38.843**	**739.803**	**1.401.566**	*61,5*	**3.896.627**	*52,5*
50	Handelsleistungen mit Kfz; Reparatur an Kfz; Tankleistungen	120.530	6,4	5.792	118.595	190.596	48,8	624.622	38,0
51	Handelsvermittlungs- und Großhandelsleistungen	199.491	13,4	21.801	194.467	796.622	69,1	1.336.779	60,7
52	Einzelhandelsleistungen; Reparatur an Gebrauchsgütern	431.656	3,7	13.243	428.735	414.347	52,7	1.935.226	51,6

noch Tabelle I.7

	Wirtschaftszweig	Anzahl				Umsatz		Beschäftigte	
		Unternehmen[1]	davon in Gruppen[2] (%)	Anzahl Gruppen[2]	Anzahl WE	Umsatz (Mio. Euro)	davon in Gruppen[2,3] (%)	Beschäftigte	davon in Gruppen[2,3] (%)
H	**Gastgewerbe**	**270.938**	*1,6*	**3.531**	**270.033**	**59.520**	*23,5*	**723.644**	*26,4*
I	**Verkehr, Nachrichtenübermittlung**	**143.521**	*7,5*	**7.633**	**140.405**	**315.989**	*75,5*	**1.473.770**	*64,0*
60	Landverkehr; Transport in Rohrfernleitungen	82.690	*4,2*	2.872	82.109	66.286	*61,0*	497.276	*50,6*
61	Schifffahrtsleistungen	3.870	*16,9*	373	3.589	20.677	*52,5*	25.414	*57,1*
62	Luftfahrtleistungen	691	*19,2*	120	678	14.117	*88,8*	55.966	*89,2*
63	Dienstleistungen bezüglich Hilfs- und Nebentätigkeiten für den Verkehr	41.668	*13,9*	4.441	40.335	99.854	*67,8*	538.292	*62,3*
64	Nachrichtenübermittlung	14.602	*5,0*	525	14.392	115.055	*92,9*	356.822	*81,8*
J	**Kredit- und Versicherungsgewerbe**	**51.349**	*7,3*	**2.933**	**50.556**			**1.005.710**	*55,1*
65	Kreditgewerbe	5.296	*22,4*	895	5.003	x	*x*	692.547	*51,9*
66	Versicherungsgewerbe	1.895	*20,6*	232	1.736	x	*x*	225.870	*73,8*
67	Mit dem Kredit- und Versicherungsgewerbe verbundene Tätigkeiten	44.158	*4,9*	1.806	43.817	x	*x*	87.293	*32,8*
K	**Grundstücks- und Wohnungswesen**	**947.040**	*6,8*	**45.539**	**928.482**	**517.612**	*51,6*	**3.129.151**	*46,5*
70	Dienstleistungen des Grundstücks- und Wohnungswesens	297.400	*7,1*	16.661	292.983	118.235	*46,0*	260.012	*48,5*
71	Dienstleistungen der Vermietung beweglicher Sachen (ohne Personal)	24.990	*9,0*	2.006	24.743	33.507	*70,6*	61.143	*53,5*
72	Dienstleistungen der Datenverarbeitung und von Datenbanken	69.345	*8,0*	4.620	68.393	65.833	*57,5*	367.897	*55,2*
73	Forschungs- und Entwicklungsleistungen	8.303	*9,4*	713	8.236	6.042	*54,0*	109.393	*35,0*
74	Unternehmensbezogene Dienstleistungen	547.002	*6,3*	26.040	538.628	293.995	*50,3*	2.330.706	*45,2*
	Sonstige[4]								
8511	Krankenhäuser	4.117	*25,4*	741	3.814	x	*x*	1.068.463	*38,2*
8512	Arztpraxen	95.443	*0,1*	45	95.441	x	*x*	358.069	*0,2*

	Wirtschaftszweig	Anzahl				Umsatz		Beschäftigte	
		Unternehmen[1]	davon in Gruppen[2] (%)	Anzahl Gruppen[2]	Anzahl WE	Umsatz (Mio. Euro)	davon in Gruppen[2,3] (%)	Beschäftigte	davon in Gruppen[2,3] (%)
8513	Zahnarztpraxen	47.210	0,1	15	47.209	x	x	200.436	0,0
9001	Abwasserbeseitigung	1.835	11,3	192	1.819	x	x	26.446	19,1
9002	Abfallbeseitigung	5.773	23,0	951	5.395	17.297	72,3	134.810	56,0
9003	Beseitigung von Umweltverschmutzungen und sonstige Entsorgung	453	18,8	77	445	496	36,5	3.232	49,7
9111	Wirtschafts- und Arbeitgeberverbände	2.964	2,7	78	2.963	x	x	48.452	4,5
9120	Arbeitnehmerverbände	467	1,1	5	467	x	x	11.920	5,6
9271	Spiel-, Wett- und Lotteriewesen	10.130	7,8	559	9.897	11.919	36,4	33.045	35,8
9301	Wäscherei und chemische Reinigung	7.936	3,0	196	7.896	2.720	34,6	43.135	32,1
9302	Frisör- und Kosmetiksalons	73.345	0,3	195	73.291	6.423	7,4	171.465	10,0
9303	Bestattungswesen	4.930	7,4	219	4.782	1.296	17,0	12.082	18,3
9304	Saunas, Solarien, Fitnesszentren	9.059	3,9	320	9.024	1.826	25,7	17.845	29,
	Gesamt	**3.103.457**	**6,3**	**145.090**	**3.053.045**	**4.425.545**	**66,1**	**20.906.162**	**52,5**

x: Angabe unterliegt der statistischen Geheimhaltung.
[1] Nur Unternehmen mit mindestens einem sozialversicherungspflichtig Beschäftigten bzw. einem Mindestumsatz von 17 500 Euro.
[2] Die Zugehörigkeit eines Unternehmens zu einer Unternehmensgruppe bezieht sich nur auf den jeweiligen Wirtschaftsbereich.
[3] Die Umsätze der Unternehmensgruppen wurden durch Addition der Umsätze der gruppenzugehörigen Unternehmen berechnet.
[4] Nur ausgewählte Wirtschaftszweige.
Quelle: Eigene Berechnungen der Monopolkommission auf der Basis von Daten des Statistischen Bundesamtes

3.4 Anteile der Unternehmensgruppen nach Anbietern

166. Die Konzentrationsstatistik nach Anbietern basiert auf der Produktionsstatistik des Statistischen Bundesamtes[29] und ist für die Wirtschaftsabschnitte Bergbau (C) und Verarbeitendes Gewerbe (D) verfügbar. Die Produktionsstatistik enthält, wie die Investitionserhebung, nur Unternehmen mit 20 und mehr Beschäftigten. Die Klassifizierung erfolgt nach dem Güterverzeichnis der Produktionsstatistik (GP). Diese hat gegenüber der Wirtschaftszweigklassifikation den Vorteil, dass Unternehmen nicht nur nach dem Produktionsschwerpunkt einem Wirtschaftsbereich zugeordnet werden. Sie können in der Produktionsstatistik als Anbieter mehrerer Waren in verschiedenen Bereichen mit den entsprechenden Produktionswerten aufgelistet werden. Somit werden die Merkmale in den einzelnen Wirtschaftsbereichen exakter erfasst. Dadurch kommt es jedoch zu Mehrfachzählungen in der Anzahl der Anbieter, was bei den Summen zu beachten ist.

167. In Tabelle I.8 wird die Bedeutung von Unternehmensgruppen nach Güterklassen dargestellt.[30] Die Datenbank umfasst inklusive der Mehrfachzählungen 41 988 Anbietereinheiten mit 46 405 Anbietern. Von diesen gehören 19 012 Anbieter bzw. 41 Prozent inklusive der Mehrfachzählung einer Gruppe an. Ohne Mehrfachzählungen reduziert sich die Anzahl der gruppenzugehörigen Anbieter um rd. ein Viertel auf 14 234.

168. In den meisten Güterklassen der Tabelle I.8 sind die Anteile gruppenzugehöriger Anbieter am Wert der zum Absatz bestimmten Produktion (im Folgenden als Produktionswert bezeichnet) erheblich höher als deren Anteile an der Anzahl der Einheiten. In GP 11, Erdöl, Erdgas und Dienstleitungen für die Erdöl- und Ergasgewinnung, ist das Verhältnis jedoch entgegengesetzt. Deren Anteile am Produktionswert sind mit nur 15 Prozent verhältnismäßig gering, obwohl rd. zwei Drittel der Einheiten einer Gruppe angehören. In GP 10, Kohle und Torf, und 23, Kokereierzeugnisse, Mineralölerzeugnisse, Spalt- und Brutstoffe, ist der Anteil gruppenzugehöriger Anbieter an der Gesamtzahl der Anbieter mit über 60 Prozent ebenfalls überdurchschnittlich hoch. Für diese Bereiche unterliegen die Anteile am Produktionswert jedoch der statistischen Geheimhaltung.

169. Gemessen am Produktionswert sind die größten Wirtschaftsbereiche die GP 34, Kraftwagen und Kraftwagenteile, mit über 20 Prozent des Wertes aller produzierten Güter, die GP 29, Maschinen (13,7 Prozent), die GP 24, Chemische Erzeugnisse (10,2 Prozent), und die GP 15, Nahrungs- und Futtermittel sowie Getränke (10,1 Prozent).[31] Die gruppenzugehörigen Anbieter der GP 24 und 34 haben mit rd. 87 und 93 Prozent auch besonders hohe Anteile am Produktionswert. Ebenfalls hoch sind diese mit jeweils über 83 Prozent in GP 16, Tabakerzeugnisse, 21, Papier, Pappe und Waren daraus, 27, Metalle und Halbzeug daraus, und 35, Sonstige Fahrzeuge (ausser Kraftwagen). Der Gesamtanteil gruppenzugehöriger Anbieter am Produktionswert beträgt rd. 81 Prozent.

4. Struktur und Verteilung deutscher Unternehmensgruppen

170. In der wettbewerbstheoretischen Beurteilung der Konzentrationsstatistik in Abschnitt 1 wurde bereits diskutiert, dass die Konzentration eines Marktes nur ein Indikator für Marktmacht sein kann. Über Konzentrationsmaße kann die Struktur der Unternehmenslandschaft anhand der Anzahl der Unternehmen und deren Umsatz- bzw. Beschäftigtenverteilung dargestellt werden. Diese Methodik vernachlässigt jedoch eine Vielzahl anderer Faktoren, die den Wettbewerb beeinflussen, wie z. B. die Verflechtungsart der Unternehmen oder den Verflechtungsgrad der Wirtschaftszweige über Unternehmensgruppen. In Abschnitt 4.1 wird deshalb über die Wirtschaftszweige untersucht, in welcher Beziehung die gruppenzugehörigen Unternehmen zu ihrem Gruppenoberhaupt stehen (Diversifizierung von Unternehmensgruppen). Ergänzend dazu wird in Abschnitt 4.2 die Bedeutung ausländischer Kontrolle sowohl nach dem Sitz der Gruppenoberhäupter als auch nach Wirtschaftszweigen analysiert. Auch der Anteil staatlich kontrollierter Unternehmen in einer Branche kann den Wettbewerb, z. B. durch Subventionsleistungen oder Regulierungen in Teilbereichen, beeinflussen. Abschnitt 4.3 betrachtet die Rolle der öffentlichen Fonds, Einrichtungen und Unternehmen in ausgewählten Wirtschaftsbereichen.

4.1 Diversifizierung von Unternehmensgruppen nach Wirtschaftszweigen

171. Die Verflechtung von Unternehmensgruppen über die Wirtschaftszweige ist von besonderem wettbewerbspolitischem Interesse, da die Unternehmen je nach Art ihrer Verbindungen unterschiedliche Möglichkeiten zur Ausübung von Marktmacht haben. Unterschieden werden horizontale (Unternehmen einer Produktions- und Handelsstufe), vertikale (Unternehmen aus vor- oder nachgelagerten Bereichen) und konglomerate (branchenfremde) Verbindungen. Horizontale Verbindungen werden von der Wettbewerbsaufsicht besonders aufmerksam geprüft, da diese zu einem direkten Anstieg der Konzentration führen und Absprachen unter den Unternehmen erleichtern können. Besteht eine intensive vertikale Verflechtung von Wirtschaftszweigen, so kann der Wettbewerb ebenfalls beeinträchtigt sein. Über exklusive Lieferverträge mit Unternehmen auf vor- oder nachgelagerter Ebene reduziert sich die Anzahl der verfügbaren Lieferanten bzw. Abnehmer für unabhängige Unternehmen. In diesem Fall würden die Konzentrationsmaße, die alle Unternehmen eines Wirtschaftszweiges berücksichtigen, ein falsches Bild über die Wettbewerbsstruktur liefern. Konglomerate Verbindungen können die Kapitalverfügbarkeit von Unternehmen soweit steigern, dass diese auch ohne hohe Marktanteile den Wettbewerb beeinflussen können.

---

[29] Vgl. Abschnitt 2.2.4.

[30] Konzentrationsmaße für spezielle Güterklassen werden in Kapitel II, Abschnitt 1.3, ausgewertet, wo auch eine Gegenüberstellung der Ergebnisse 2005 zu den Werten des Berichtsjahres 2003 erfolgt. Die vollständige Konzentrationstabelle ist in den Anlagen, Tabelle B.2, einzusehen.

[31] Eigene Berechnung der Monopolkommission auf der Basis der Tabelle I.8.

Tabelle I.8

Anzahl und Anteile gruppenzugehöriger Anbieter im Bergbau und Verarbeitenden Gewerbe 2005

Güterverzeichnis der Produktionsstatistik (GP)	Anzahl Anbieter-einheiten[1]	Anzahl Anbieter	Anzahl gruppen-zugehöriger An-bieter	Anteil grup-penzugehö-riger Anbie-ter (%)	Wert der zum Absatz bestimmten Produktion (Tsd. Euro)	Anteil gruppen-zugehöriger Anbieter am Produk-tionswert (%)
10 Kohle und Torf	27	30	19	63,3	x	x
11 Erdöl und Erdgas; Dienstleistungen für die Erdöl- und Erdgas-gewinnung	16	17	11	64,7	1.747.933	15,0
14 Steine und Erden, sonstige Bergbau-erzeugnisse	728	822	401	48,8	3.522.018	76,0
15 Nahrungs- und Futtermittel sowie Getränke	5.051	5.394	1.349	25,0	111.857.342	70,0
16 Tabakerzeugnisse	21	24	14	58,3	4.166.432	96,6
17 Textilien	939	1.033	420	40,7	10.906.783	66,1
18 Bekleidung	322	340	137	40,3	2.053.163	60,1
19 Leder und Lederwaren	206	210	91	43,3	1.495.638	51,8
20 Holz sowie Holz-, Kork- und Flecht-waren (ohne Möbel)	1.504	1.559	554	35,5	14.396.601	65,8
21 Papier, Pappe und Waren daraus	813	959	450	46,9	29.129.877	83,6
22 Verlags und Druckerzeugnisse, bespielte Ton-, Bild- und Daten-träger	2.257	2.684	1.090	40,6	39.989.722	77,0
23 Kokereierzeugnisse, Mineralöl-erzeugnisse, Spalt- und Brutstoffe	75	89	57	64,0	x	x
24 Chemische Erzeugnisse	1.454	1.682	930	55,3	112.986.627	86,5
25 Gummi- und Kunststoffwaren	3.131	3.397	1.502	44,2	51.178.075	73,5
26 Glas, Keramik, bearbeitete Steine und Erden	1.721	2.053	902	43,9	26.236.864	79,0
27 Metalle und Halbzeug daraus	1.034	1.188	574	48,3	69.627.811	84,8
28 Metallerzeugnisse	6.970	7.534	2.897	38,5	74.362.445	67,6
29 Maschinen	6.579	7.345	3.104	42,3	151.271.714	76,7
30 Büromaschinen, Datenverarbei-tungsgeräte und -einrichtungen	241	245	142	58,0	10.640.479	52,2
31 Geräte der Elektrizitätserzeugung und -verteilung u. ä.	2.213	2.475	1.112	44,9	58.911.395	70,7
32 Nachrichtentechnik, Rundfunk- und Fernsehgeräte sowie elektronische Bauelemente	649	709	332	46,8	27.640.380	66,0
33 Medizin-, mess-, steuerungs-, regelungstechnische und optische Erzeugnisse; Uhren	2.433	2.654	1.074	40,5	32.998.832	74,1
34 Kraftwagen und Kraftwagenteile	1.149	1.336	651	48,7	224.291.653	93,2
35 Sonstige Fahrzeuge	406	455	220	48,4	21.673.645	89,9

noch Tabelle I.8

Güterverzeichnis der Produktionsstatistik (GP)	Anzahl Anbietereinheiten[1]	Anzahl Anbieter	Anzahl gruppenzugehöriger Anbieter	Anteil gruppenzugehöriger Anbieter (%)	Wert der zum Absatz bestimmten Produktion (Tsd. Euro)	Anteil gruppenzugehöriger Anbieter am Produktionswert (%)
36 Möbel, Schmuck, Musikinstrumente, Sportgeräte, Spielwaren und sonstige Erzeugnisse	1.855	1.956	863	*44,1*	24.362.840	*77,2*
37 Sekundärrohstoffe	194	215	116	*54,0*	2.465.616	*73,4*
Gesamt	**41.988**	**46.405**	**19.012**	***41,0***	**1.107.913.885**	***81,1***
Gesamt ohne Doppelnennungen[2]			**14.234**			

x: Werte unterliegen der statistischen Geheimhaltung.
[1] Die Anbietereinheiten umfassen in Anlehnung an die Wirtschaftlichen Einheiten der Wirtschaftszweigklassifikation unabhängige Anbieter einzeln und gruppenzugehörige Anbieter zusammengefasst zu Unternehmensgruppen im jeweiligen Wirtschaftsbereich.
[2] Die Gesamtzahlen stimmen nicht mit der Summe der Tabelle überein, da Anbieter von Waren aus mehr als einem Güterverzeichnis mehrfach enthalten sind. Summen für die Anzahl der Einheiten und der Anbieter sind nicht ohne Mehrfachzählungen verfügbar.
Quelle: Eigene Berechnungen der Monopolkommission auf der Basis von Daten des Statistischen Bundesamtes

172. Tabelle I.9 zeigt die Umsatzanteile gruppenzugehöriger Unternehmen am Gesamtumsatz nach dem Sitz des Gruppenoberhauptes auf Zweistellerebene der Wirtschaftszweigklassifikation. Ausgangspunkt sind dabei die Wirtschaftszweige der gruppenzugehörigen Unternehmen in Deutschland (Spalte (a)). Für diese werden in den Spalten (b) bis (e) die jeweiligen Umsatzanteile nach dem Wirtschaftszweig des Gruppenoberhauptes berechnet. Dabei wird für deutsche Gruppenoberhäupter unterschieden, ob das Gruppenoberhaupt demselben Wirtschaftszweig zugeordnet wird wie dessen gruppenzugehörige Unternehmen (homogene Unternehmensgruppe, Spalte (b)), ob das Gruppenoberhaupt hauptsächlich in einem anderen Wirtschaftszweig tätig ist (heterogene Unternehmensgruppe, Spalte (c)) oder ob keine Wirtschaftszweigangabe für das Gruppenoberhaupt vorliegt (Spalte (d)). Im letzten Fall handelt es sich hauptsächlich um natürliche Personen oder staatliche Kontrolleinheiten (Bund, Länder, Gemeinden oder Zweckverbände), denen kein Wirtschaftszweig zugewiesen werden kann. Gleiches gilt für ausländische Gruppenoberhäupter (Spalte (e)), zu denen das Statistische Bundesamt keine gesicherten Informationen über wirtschaftliche Aktivitäten hat. Die Spalte (f) enthält die Umsatzanteile der gruppenzugehörigen Unternehmen insgesamt.

Tabelle I.9

Umsatzanteile gruppenzugehöriger Unternehmen
nach dem Sitz des Gruppenoberhauptes

Wirtschaftszweig (WZ) der gruppenzugehörigen Unternehmen	Umsatzanteile der Unternehmensgruppen am Gesamtumsatz nach WZ des Gruppenoberhauptes (%)				
	Deutschland			Ausland	Gesamt
	WZ homogen	WZ heterogen	ohne WZ-Angabe		
(a)	(b)	(c)	(d)	(e)	(f)
10 Kohle und Torf	*4,7*	*46,0*	*3,2*	*25,8*	*79,7*
14 Steine und Erden, sonstige Bergbauerzeugnisse	*17,5*	*20,6*	*24,3*	*5,2*	*67,6*
15 Ernährungsgewerbe	*12,5*	*8,7*	*26,1*	*20,0*	*67,3*
17 Textilien	*11,6*	*6,0*	*31,5*	*13,7*	*62,8*
18 Bekleidung	*15,6*	*15,7*	*29,5*	*13,1*	*73,8*
19 Leder und Lederwaren	*26,7*	*6,4*	*20,1*	*10,6*	*63,8*
20 Holzgewerbe (ohne Herstellung von Möbeln)	*5,3*	*8,7*	*30,2*	*12,0*	*56,2*
21 Papiergewerbe	*9,5*	*4,7*	*26,7*	*40,6*	*81,4*
22 Verlagsgewerbe, Druckgewerbe, Vervielfältigung	*20,5*	*13,7*	*26,5*	*8,9*	*69,6*

Wirtschaftszweig (WZ) der gruppenzugehörigen Unternehmen	Umsatzanteile der Unternehmensgruppen am Gesamtumsatz nach WZ des Gruppenoberhauptes (%)				
	Deutschland			Ausland	Gesamt
	WZ homogen	WZ heterogen	ohne WZ-Angabe		
(a)	(b)	(c)	(d)	(e)	(f)
23 Kokerei-, Mineralölerzeugnisse, Spalt- und Brutstoffe	7,3	0,9	0,5	87,3	95,9
24 Chemische Erzeugnisse	22,1	19,3	11,4	33,8	86,7
25 Gummi- und Kunststoffwaren	11,2	8,2	26,8	26,6	72,7
26 Glasgewerbe, Keramik, Verarbeitung von Steinen, Erden	14,8	12,7	22,8	25,1	75,3
27 Metallerzeugung und -bearbeitung	13,2	27,6	17,8	31,2	89,9
28 Metallerzeugnisse	7,9	9,5	31,3	11,7	60,4
29 Maschinenbau	17,4	16,6	22,1	20,2	76,3
30 Büromaschinen, Datenverarbeitungsgeräte und -einrichtungen	2,0	11,3	7,5	38,0	58,7
31 Geräte der Elektrizitätserzeugung, -verteilung	9,1	8,3	16,5	18,3	52,2
32 Nachrichtentechnik, Rundfunk- und Fernsehgeräte	23,4	8,5	12,7	39,6	84,2
33 Medizin-, Mess-, Regelungstechnik, Optik, Uhren	8,3	10,2	26,9	23,8	69,1
34 Kraftwagen und Kraftwagenteile	62,0	9,3	5,9	17,6	94,8
35 Sonstige Fahrzeuge (Wasser-, Schienen-, Luftfahrzeuge)	0,8	28,6	19,6	37,7	86,6
36 Möbel, Schmuck, Musikinstrumente, Sportgeräte, Spielwaren	7,0	11,2	29,8	19,4	67,5
37 Sekundärrohstoffe/Recycling	2,4	16,8	36,7	6,3	62,2
40 Energieversorgung	6,8	60,7	10,3	8,8	86,5
41 Wasserversorgung	7,1	23,7	29,0	0,8	60,6
45 Baugewerbe	3,8	5,3	18,7	3,7	31,6
50 Handelsleistungen mit Kfz; Reparatur an Kfz; Tankleistungen	4,5	6,8	23,7	13,7	48,8
51 Handelsvermittlungs- und Großhandelsleistungen	14,0	9,0	20,4	25,8	69,1
52 Einzelhandelsleistungen; Reparatur an Gebrauchsgütern	4,5	6,3	35,2	6,7	52,7
55 Gastgewerbe	1,7	3,8	11,4	6,6	23,5
60 Landverkehr; Transport in Rohrfernleitungen	4,5	9,1	44,9	2,6	61,0
61 Schifffahrtsleistungen	3,3	35,7	9,2	4,3	52,5
62 Luftfahrtleistungen	52,8	24,1	11,7	0,3	88,8
63 Hilfs- und Nebentätigkeiten für den Verkehr	11,1	16,2	29,0	11,6	67,8
64 Nachrichtenübermittlung	66,5	1,6	5,9	19,0	92,9
70 Grundstücks- und Wohnungswesen	4,2	16,0	22,4	3,4	46,0
71 Vermietung beweglicher Sachen (ohne Personal)	3,5	25,6	25,8	15,7	70,6
72 Datenverarbeitung und von Datenbanken	15,9	13,0	15,3	13,4	57,5
73 Forschungs- und Entwicklungsleistungen	5,1	8,8	16,2	23,8	54,0
74 Unternehmensbezogene Dienstleistungen	10,4	5,3	17,9	16,7	50,3
Mittelwert	**13,5**	**14,6**	**20,8**	**18,6**	**67,5**

Quelle: Eigene Berechnungen der Monopolkommission auf der Basis von Daten des Statistischen Bundesamtes

173. Beispielsweise werden im WZ 10 insgesamt 79,7 Prozent der Umsätze der Branche von Unternehmensgruppen realisiert. 53,9 Prozent der Umsätze gehen auf gruppenzugehörige Unternehmen zurück, die ein deutsches Gruppenoberhaupt haben. Von diesen fallen 4,7 Prozent auf Unternehmen, deren Gruppenoberhaupt im selben Wirtschaftszweig sitzt (horizontale Verbindungen), 46 Prozent auf Unternehmen, deren Gruppenoberhaupt einem anderen Wirtschaftszweig zugeordnet ist, und 3,2 Prozent auf Unternehmen, deren Gruppenoberhaupt keinem Wirtschaftszweig zugeordnet werden kann. 25,8 Prozent der Umsätze werden von gruppenabhängigen Unternehmen mit einem ausländischen Gruppenoberhaupt getätigt.

174. Die letzte Zeile enthält die Mittelwerte der Umsatzanteile nach WZ bzw. Sitz des Gruppenoberhauptes über alle Wirtschaftszweige. Im Durchschnitt entfallen 67,5 Prozent der Umsätze auf Unternehmensgruppen. Davon werden im Mittel 46,7 Prozentpunkte von Unternehmen mit deutschen Gruppenoberhäuptern und 18,6 Prozentpunkte von multinationalen Unternehmensgruppen getätigt.

175. Im Folgenden werden die Ergebnisse aus Tabelle I.9 unter verschiedenen Aspekten betrachtet. Abschnitt 4.1.1 beschäftigt sich mit der Diversifizierung von Unternehmensgruppen nach Wirtschaftszweigen. Dabei wird neben der Homogenität bzw. Heterogenität der Wirtschaftszweige auch untersucht, welche Wirtschaftszweige miteinander verflochten sind. In Abschnitt 4.1.2 wird die Bedeutung von Unternehmensteilgruppen, welche über eine erhöhte Kapitalverfügbarkeit den Wettbewerb ihrer Branche beeinflussen könnten, nach Wirtschaftszweigen untersucht. Die Summierung der Spalten (c) und (e) aus Tabelle I.9 ergibt den Umsatzanteil, der auf Unternehmensteilgruppen entfällt.

4.1.1 Verflechtung nach Wirtschaftszweigen

176. Besonders homogen mit jeweils über 60 Prozent Umsatzanteil in Spalte (b) der Tabelle I.9 sind die Wirtschaftszweige 34, Kraftwagen und Kraftwagenteile, und 64, Nachrichtenübermittlung. Hier wird der größte Teil des Umsatzes von gruppenzugehörigen Unternehmen mit einem Gruppenoberhaupt innerhalb der Branche realisiert. In diesen Wirtschaftszweigen ist auch der Anteil der Unternehmensgruppen mit über 90 Prozent besonders hoch.

177. Die Umsatzanteile ohne Angabe des Wirtschaftszweigs des Gruppenoberhauptes in Spalte (d) sind in den Bereichen 37, Recycling, 52, Einzelhandel, und 60, Landverkehr und Transport in Rohrfernleitungen, besonders hoch. Der Grund hierfür ist die überwiegende Kontrolle durch natürliche Personen oder den Staat. Im Einzelhandel werden als Gruppenoberhäupter besonders häufig natürliche Personen (Privatpersonen, Stiftungen oder Genossenschaften) angegeben, welche keinem Wirtschaftszweig zugeordnet werden können. Die Unternehmen der Wirtschaftszweige 37 und 60 sind überwiegend staatlich kontrolliert.

178. Einen sehr hohen Umsatzanteil von vertikal bzw. konglomerat verbundenen gruppenzugehörigen Unternehmen haben nach Tabelle I.9, Spalte (c), die Wirtschaftszweige 10, Kohle und Torf (46 Prozent), 27, Metallerzeugung und -bearbeitung (27,6 Prozent), 35, Sonstige Fahrzeuge (Wasser-, Schienen-, Luftfahrzeuge) (28,6 Prozent), 40, Energie (60,7 Prozent), 61, Schifffahrtsleistungen (35,7 Prozent), und 71, Vermietung beweglicher Sachen (25,6 Prozent). Für diese Bereiche wird untersucht, welchen Wirtschaftszweigen die Gruppenoberhäupter überwiegend zugeordnet sind.

179. Besonders hohe Umsatzanteile in fremden Branchen haben die Gruppenoberhäupter aus den Wirtschaftszweigen 74, Erbringung von Dienstleistungen überwiegend für Unternehmen, und 9002, Abfallbeseitigung. Tabelle I.10 zeigt die Verteilung ausgewählter Umsatzanteile nach Wirtschaftszweigen von Gruppenoberhäuptern und deren Tochterunternehmen. Auf Gruppenoberhäupter aus dem WZ 74 fallen 26 Prozent der Umsätze aus dem WZ 61, Schifffahrt, 23 Prozent der Umsätze aus dem WZ 62, Luftfahrt, und jeweils rd. 10 Prozent der Umsätze und mehr aus den Wirtschaftszweigen 18, 22, 24, 27 und 30. Bei diesen Verbindungen kann aufgrund des Dienstleistungscharakters des WZ 74 eine vertikale Beziehung zu den Branchen des Verarbeitenden Gewerbes und des Verkehrs unterstellt werden. Die Gruppenoberhäupter der WZ 9002 vereinen 43 Prozent der Umsätze aus dem WZ 10, Kohle und Torf, 34 Prozent der Umsätze aus dem WZ 40, Energieversorgung, und 16 Prozent der Umsätze aus dem WZ 27, Metallbe- und -verarbeitung, auf sich. In den Wirtschaftszweigen 35, Sonstige Fahrzeuge (Wasser-, Schienen-, Luftfahrzeuge), und 37, Recycling, liegen die Anteile über 10 Prozent. Bei dieser Aufzählung wird deutlich, dass die mit der Abfallwirtschaft verbundenen Branchen entweder aus der Energieerzeugung stammen oder als Großabnehmer für Energie eingestuft werden können. Die Abfallbeseitigung liegt laut Abfallverordnung im Zuständigkeitsbereich der Gemeinden, welche über die Stadtwerke auch hohe Umsatzanteile in der Energieversorgung haben. Gleiches gilt für den WZ 9003, Beseitigung von Umweltverschmutzungen und sonstige Entsorgung. Die Unternehmen der Energieversorgung sind wiederum an den Unternehmen des Kohlenbergbaus beteiligt. Der WZ 27, Metallbe- und -verarbeitung, ist aufgrund der vertikalen Beziehung der Branchen wiederum sehr eng mit dem Kohlenbergbau verknüpft. Da die Zuordnung der gruppenzugehörigen Unternehmen jedoch ausschließlich nach dem Gruppenoberhaupt erfolgt, werden die Umsatzanteile überwiegend den Wirtschaftszweigen der Abfallbeseitigung und sonstigen Entsorgung zugeordnet.

180. Aus Tabelle I.10 lassen sich noch weitere vertikale Beziehungen ablesen. Beispielsweise besitzen Unternehmen des WZ 62, Luftfahrtleistungen, Tochterunternehmen in der WZ 35, Sonstige Fahrzeuge, welche einen Umsatzanteil von 11,4 Prozent in ihrer Branche haben.

181. Nicht in Tabelle I.10 enthalten sind die Verflechtungen gruppenabhängiger Unternehmen des Wirtschaftszweigs 71, Vermietung beweglicher Sachen (ohne Perso-

Tabelle I.10

Ausgewählte Umsatzanteile nach Wirtschaftszweigen von Gruppenoberhäuptern und deren Tochterunternehmen

Wirtschaftszweig des Gruppenoberhauptes		Umsatzanteile nach dem Wirtschaftszweig der gruppenzugehörigen Unternehmen (%)											
		10	18	22	24	27	30	35	37	40	61	62	74
10	Kohle und Torf	4,7	.	.	.	.	.	.	.	.	.	.	.
18	Bekleidung	.	15,6	.	.	.	.	.	.	.	.	.	.
22	Verlags- und Druckgewerbe, Vervielfältigung	.	.	20,5	x	.	.	.	.	.	.	x	0,3
24	Chemische Erzeugnisse	.	.	.	22,1	x	.	.	.	x	.	.	.
27	Metallerzeugung und -bearbeitung	.	.	x	x	13,2	.	.	x	.	.	.	.
30	Büromaschinen, Datenverarbeitungsgeräte und -einrichtungen	.	.	.	.	.	2,0	.	.	.	.	.	.
35	Sonstige Fahrzeuge	.	.	.	.	.	.	0,8	.	.	.	.	.
37	Sekundärrohstoffe/Recycling	.	.	.	.	.	.	.	2,4	.	.	.	.
40	Energieversorgung	.	.	.	x	.	.	.	.	6,8	.	.	.
61	Schifffahrtsleistungen	.	.	.	.	.	.	.	x	.	3,3	0,3	.
62	Luftfahrtleistungen	.	.	.	.	.	.	11,4	.	.	.	52,8	0,1
74	Unternehmensbezogene Dienstleistungen	2,2	13,4	11,7	12,1	9,7	10,1	5,7	1,5	1,1	26,2	23,1	10,4
9002	Abfallbeseitigung	43,0	.	x	1,1	16,0	x	10,4	12,3	33,9	0,8	x	1,3
9003	Beseitigung von Umweltverschmutzungen und sonstige Entsorgung	.	.	.	x	.	.	x	0,2	13,4	x	.	0,5
Sonstige*		29,9	44,9	37,5	51,4	50,9	46,6	58,4	45,9	31,3	22,2	12,7	37,7
Alle gruppenzugehörigen Unternehmen		79,7	73,8	69,6	86,7	89,9	58,7	86,6	62,2	86,5	52,5	88,8	50,3

x: Wert unterliegt der statistischen Geheimhaltung.
* Gruppenoberhäupter aus nicht aufgeführten Wirtschaftszweigen, aus dem Ausland, ohne Angabe eines Wirtschaftszweiges oder mit Branchenumsätzen, die der statistischen Geheimhaltung unterliegen.
Quelle: Eigene Berechnungen der Monopolkommission auf der Basis von Daten des Statistischen Bundesamtes

nal). In diesem Wirtschaftszweig fallen jeweils über 6 Prozent der Umsätze auf Unternehmen mit Gruppenoberhäuptern in den Wirtschaftszweigen 34, Kraftwagen und Kraftwagenteile, und 70, Grundstücks- und Wohnungswesen. Besonders viele Verflechtungen mit anderen Branchen zeigen auch die Unternehmen aus dem Handel, wobei die Prozentanteile relativ gering sind.

182. Da nicht für alle Wirtschaftszweige die Umsätze vorliegen, werden die Verflechtungen der Wirtschaftszweige über Unternehmensgruppen ergänzend auf der Basis von Beschäftigten betrachtet (vgl. Tabelle I.11). Auch hier zeigen sich die vielfältigen Beteiligungen von Gruppenoberhäuptern der Wirtschaftszweige 71 und 74 aus dem Wirtschaftsabschnitt K sowie der Entsorgungswirtschaft. Für die Energie- und Wasserwirtschaft ist in Tabelle I.11 in der Spalte E zu erkennen, dass diese Unternehmen von Gruppenoberhäuptern aus verschiedenen Industrien beherrscht werden. Zum Beispiel kontrollieren Krankenhäuser (WZ 8511) Unternehmen des Wirtschaftsabschnitts E mit 7,7 Prozent Beschäftigtenanteil. Diese Verflechtung ist, wie die Verflechtungen der Abfallwirtschaft mit dem Bereich Energie- und Wasserversorgung, auf die weitgehende Kontrolle beider Bereiche durch die öffentliche Hand zurückzuführen.

183. Der Wirtschaftsabschnitt J, Kredit- und Versicherungsgewerbe, wird in die Bereiche Kreditgewerbe und mit dem Kreditgewerbe verbundene Tätigkeiten (J_a) und Versicherungsgewerbe und mit dem Versicherungsgewerbe verbundene Tätigkeiten (J_b) unterteilt. Diese sind mit rd. 33 Prozent (J_a) bzw. rd. 26 Prozent (J_b) Be-

Tabelle I.11

Ausgewählte Beschäftigtenanteile der Gruppenoberhäupter aus den Wirtschaftsabschnitten J, K, N und O nach Wirtschaftszweigen der Tochterunternehmen

Wirtschaftszweig des Gruppenoberhauptes		Beschäftigtenanteile nach dem Wirtschaftszweig der gruppenzugehörigen Unternehmen (%)									
		C	D	E	F	G	H	I	J_a	J_b	K
J_a[1]	Kreditgewerbe	.	0,1	.	x	x	x	x	32,5	3,6	0,6
J_b[2]	Versicherungsgewerbe	.	.	x	x	x	x	x	4,2	26,3	0,2
K	Grundstücks- und Wohnungswesen	2,8	6,7	3,4	1,6	5,0	x	3,0	1,1	2,0	9,3
8511	Krankenhäuser	x	1,5	7,7	x	.	0,8	0,7	1,2	.	0,8
8512	Arztpraxen	.	.	0,1	x	.	.	x	.	.	.
8513	Zahnarztpraxen	.	x	.	.	.	x	.	.	5,5	0,1
9001	Abwasserbeseitigung	x	0,1	2,1	0,1	.	x	0,2	x	.	x
9002	Abfallbeseitigung	51,4	1,3	23,8	x	0,4	0,1	2,7	.	0,1	1,3
9003	Beseitigung von Umweltverschmutzungen und sonstige Entsorgung	0,6	0,1	10,3	x	.	x	0,1	.	1,1	0,4
9301	Wäscherei und chemische Reinigung	x	0,4	1,8	0,0	.	x	0,1	.	.	0,4
9302	Frisör- und Kosmetiksalons	.	0,1	.	x	.	x	.	.	x	.
9303	Bestattungswesen	.	.	1,3	x	.	x	0,2	.	x	.
9304	Saunas, Solarien, Fitnesszentren	0,1	.	1,4	x	.	x	1,0	0,1	.	0,4
Sonstige*		29,6	56,7	29,3	26,1	47,2	25,5	56,1	12,8	24,3	33,1
Alle gruppenzugehörigen Unternehmen		84,4	67,0	81,1	27,8	52,5	26,4	64,0	51,9	62,9	46,5

x: Wert unterliegt der statistischen Geheimhaltung
* Gruppenoberhäupter aus nicht aufgeführten Wirtschaftszweigen, aus dem Ausland, ohne Angabe eines Wirtschaftszweiges oder mit Branchenumsätzen, die der statistischen Geheimhaltung unterliegen
[1] J_a umfasst die Wirtschaftszweige 65: Kreditgewerbe, und 671: Mit dem Kreditgewerbe verbundenen Tätigkeiten.
[2] J_b umfasst die Wirtschaftszweige 66: Versicherungsgewerbe, und 672: Mit dem Versicherungsgewerbe verbundenen Tätigkeiten.
Quelle: Eigene Berechnungen der Monopolkommission auf der Basis von Daten des Statistischen Bundesamtes

schäftigtenanteil hauptsächlich horizontal mit ihrem Gruppenoberhaupt verbunden und mit jeweils rd. 4 Prozent untereinander. In der Versicherungsbranche ist der von ausländischen Unternehmen geführte Beschäftigtenanteil mit rd. 12 Prozent vergleichsweise hoch. Dieser ist nur im Verarbeitenden Gewerbe (Wirtschaftsabschnitt D) mit rd. 17 Prozent noch höher.[32]

4.1.2 Bedeutung von Unternehmensteilgruppen

184. Mit dem Begriff Unternehmensteilgruppe werden Unternehmensgruppen bezeichnet, die in der vorgenommenen Klassifikation nach Wirtschaftszweigen nicht vollständig abgebildet werden, d. h. die Unternehmens-

gruppe besteht aus mehr Unternehmen, als in der Statistik nach Wirtschaftszweigen aufgeführt sind.[33] Die nicht dargestellten Gruppenmitglieder sind entweder einem anderen Wirtschaftszweig zugeordnet (vertikale oder konglomerate Verbindungen) oder sitzen als kontrollierende Einheiten im Ausland (multinationale Unternehmen). Diese Information wird der Tabelle I.9, Spalten (c) und (e), entnommen.[34] Entscheidend ist, dass durch zusätzliche Gruppenmitglieder die Kapitalverfügbarkeit der Unternehmen erhöht sein kann. Somit besteht die Möglichkeit, dass diese Unternehmen auch ohne dominierende Marktanteile einen entscheidenden Einfluss auf den Wettbewerb ausüben können, beispielsweise über Verkäufe un-

---

[32] Diese Werte sind nicht in Tabelle I.11 enthalten.

[33] Natürliche Personen werden hierbei nicht berücksichtigt.
[34] Hierbei kann jedoch nicht einbezogen werden, ob horizontale Gruppenoberhäupter Töchter in anderen Wirtschaftszweigen haben.

ter dem Einstandspreis. Über die verfügbaren Daten kann lediglich eine Wahrscheinlichkeit für unterschätzte Marktmacht aufgezeigt werden. Ob diese wirklich in angegebenem Maße vorhanden ist und – was viel entscheidender ist – ob sie ausgeübt wird, ist aus den Daten nicht ablesbar. Abbildung I.1 zeigt die Verteilung der Umsätze nach dem Wirtschaftszweig des Gruppenoberhauptes für Branchen, in denen Teilgruppen mindestens 45 Prozent der Umsätze auf sich vereinen.

185. Besonders hoch sind die Umsatzanteile der Unternehmensteilgruppen in den Branchen 10, Kohle und Torf (71,8 Prozent), 23, Kokerei-, Mineralölerzeugnisse, Spalt- und Brutstoffe (88,2 Prozent), 24, Chemische Erzeugnisse (53,2 Prozent), 27, Metallerzeugung und -bearbeitung (58,8 Prozent), 35, Sonstige Fahrzeuge (Wasser-, Schienen-, Luftfahrzeuge) (66,3 Prozent), und 40, Energieversorgung (69,4 Prozent). Im WZ 21, Papiergewerbe, beträgt der Umsatzanteil der Unternehmensteilgruppen rd. 45 Prozent, der Anteil von Gruppen ohne Angabe des Wirtschaftszweigs des Gruppenoberhauptes ist mit rd. 27 Prozent ebenfalls hoch. In den Wirtschaftszweigen 24 und 32 sind neben den Teilgruppen auch die homogenen Unternehmensgruppen maßgeblich am Umsatz beteiligt.

4.2 Ausländisch kontrollierte Unternehmen

186. Wie bereits in Abschnitt 2.2.2 zu den privaten Verflechtungsdaten von Bureau van Dijk berichtet wurde, haben 88 Prozent der Gruppenoberhäupter deutscher Unternehmen ihren Sitz im Inland. In der Konzentrationsdatenbank des Statistischen Bundesamtes haben

89,3 Prozent (rd. 105 000) der Gruppenoberhäupter ihren Sitz in Deutschland.[35] Diese vereinen 89,6 Prozent der gruppenzugehörigen Unternehmen, 71,5 Prozent von deren Umsatz und 80,9 Prozent von deren Beschäftigten auf sich. Demnach haben Gruppen mit ausländischen Gruppenoberhäuptern gemessen an der Anzahl der Unternehmen mit 10,4 Prozent der gruppenzugehörigen bzw. 0,7 Prozent aller Unternehmen eine relativ geringe Bedeutung. Gemessen am Umsatz ist ihr Anteil mit 28,5 Prozent im Kreis der gruppenzugehörigen Unternehmen bzw. 19,1 Prozent aller Unternehmen des Berichtskreises wesentlich höher, d. h. dass die deutschen Töchter multinationaler Unternehmensgruppen im Durchschnitt größer sind als andere Unternehmen. Der Beschäftigtenanteil beträgt rd. 19 Prozent bezogen auf die gruppenzugehörigen Unternehmen bzw. 10 Prozent von allen Unternehmen. Abbildung I.2 zeigt die Verteilung der Umsätze von gruppenzugehörigen Unternehmen in Deutschland mit ausländischen Gruppenoberhäuptern nach deren Sitz.

187. Den höchsten Anteil haben mit 24 Prozent die Töchter von US-Firmen. An zweiter Stelle stehen mit 19 Prozent Umsatzanteil Gruppenoberhäupter aus Großbritannien (GB), gefolgt von den Niederlanden (NL) mit 11 Prozent, Frankreich (FR) mit 10 Prozent, der Schweiz (CH) mit 8 Prozent, Japan (JP) mit 4 Prozent und Schweden (SE) mit 3 Prozent. Alle weiteren Länder sind als „Sonstige" zusammengefasst.

---

[35] Der Grund für diese Abweichung liegt in der Nichtberücksichtigung von Einheiten, zu denen nicht ausreichend Informationen vorliegen bzw. die während der Verknüpfung nicht eindeutig zuzuordnen sind.

Abbildung I.1

Wirtschaftszweige (WZ)* mit hohen Umsatzanteilen der Unternehmensteilgruppen

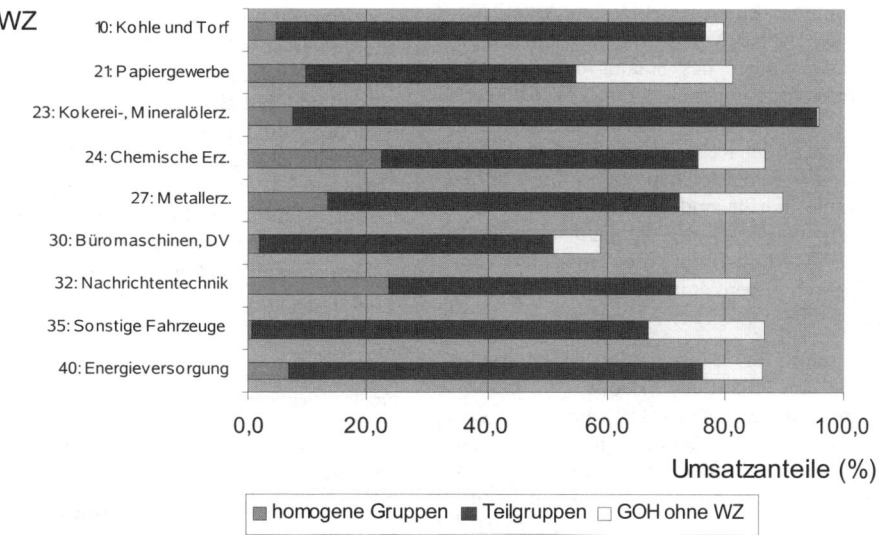

* Die Bezeichnung der Wirtschaftszweige ist in der Abbildung verkürzt dargestellt
Quelle: Eigene Berechnungen der Monopolkommission auf der Basis von Daten des Statistischen Bundesamtes

Abbildung I.2

Umsatzanteile von deutschen gruppenzugehörigen Unternehmen mit ausländischen Gruppenoberhäuptern nach dem Sitz der Gruppenoberhäupter

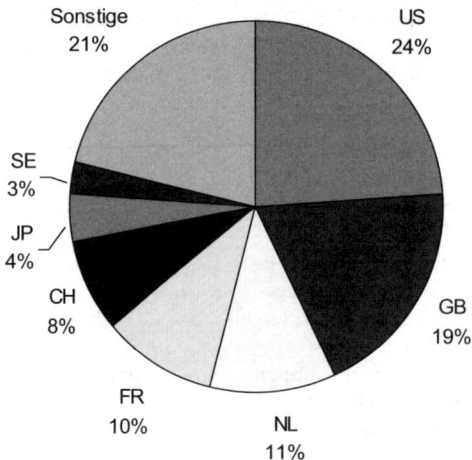

Quelle: Eigene Berechnungen der Monopolkommission auf der Basis von Daten des Statistischen Bundesamtes

188. Die Umsatzanteile ausländisch kontrollierter Unternehmen nach Wirtschaftszweigen sind der Tabelle I.9, Spalte (e), zu entnehmen. Einen besonders hohen Anteil haben die multinationalen Unternehmen in den Wirtschaftszweigen 23, Kokerei-, Mineralölerzeugnisse, Spalt- und Brutstoffe (87,3 Prozent), 21, Papiergewerbe (40,6 Prozent), 32, Nachrichtentechnik, Rundfunk- und Fernsehgeräte (39,6 Prozent), 30, Büromaschinen, Datenverarbeitungsgeräte und -einrichtungen (38 Prozent), und 35, Sonstige Fahrzeuge (Wasser-, Schienen-, Luftfahrzeuge) (37,7 Prozent).

4.3 Staatlich kontrollierte Unternehmen

189. Der Wettbewerb in Märkten, in denen staatlich kontrollierte Unternehmen einen bedeutenden Anteil haben, unterliegt in der Regel Verzerrungen. Zum einen können Subventionsleistungen des Staates den öffentlichen Unternehmen Vorteile gegenüber ihren Wettbewerbern verschaffen. Zum anderen sind die staatlich dominierten Branchen in der Regel ehemalige Staatsmonopole, die zumindest in Teilbereichen noch immer reguliert werden. Beispiele hierfür sind die Entsorgungswirtschaft, die Mehrwertsteuerbefreiung der Deutschen Post AG oder staatliche Kreditinstitute, die mit einer vergleichsweise geringeren Eigenkapitalausstattung agieren können als die privatwirtschaftlichen Mitbewerber.

190. Deshalb werden für ausgewählte Wirtschaftszweige Marktanteile von öffentlichen Fonds, Einrichtungen und Unternehmen betrachtet. Diese Daten umfassen Einheiten, deren Träger bzw. Eigner die öffentliche Hand ist oder an denen die öffentliche Hand mit mehr als 50 Prozent des Nennkapitals oder des Stimmrechts – unmittelbar oder mittelbar – beteiligt ist. Beispiele hierfür sind kommunale Eigenbetriebe, Landes- und Bundesbetriebe, Anstalten und Körperschaften des öffentlichen

Rechts, GmbHs und Aktiengesellschaften sowie kaufmännisch buchende Zweckverbände. Hierzu liefert das Statistische Bundesamt der Monopolkommission die Anzahlen von Einheiten und Beschäftigten, Umsätze sowie Zuweisungen oder Zuschüsse aus öffentlicher Hand für das Berichtsjahr 2005.[36] Die Zuweisungen und Zuschüsse – im Folgenden als Subventionen bezeichnet – umfassen nur direkte Transferzahlungen an die Unternehmen. Andere Arten der Unterstützung, wie beispielsweise Steuervergünstigungen, sind nicht enthalten. Die Daten werden aufgeschlüsselt nach Bund, Ländern, Gemeinden und Zweckverbänden geliefert.

191. Die Anteile der Subventionsleistungen am Umsatz der Branchen sind relativ gering, so dass eine wettbewerbsverzerrende Wirkung je nach Verteilung der Direktzahlungen zwar möglich ist, jedoch über die vorliegenden Daten nicht festgestellt werden kann. Sie liegen in nahezu allen betrachteten Bereichen unter 1 Prozent. Die einzige Ausnahme bildet der Wirtschaftszweig 74, Erbringung von Dienstleistungen überwiegend für Unternehmen, mit 2,2 Prozent.[37] Deshalb werden im Folgenden nur die Anteile der öffentlichen Fonds, Einrichtungen und Unternehmen an der Anzahl der Unternehmen, den Umsätzen und den Beschäftigten für ausgewählte Wirtschaftszweige dargestellt (vgl. Tabelle I.12).

---

[36] Zum Erstellungstermin der Tabellen lagen die Angaben von Bremen für 2005 nicht vor, so dass hier die Daten aus 2004 verwendet wurden.

[37] Bei isolierter Betrachtung der Verteilung von Subventionen nach Wirtschaftszweigen fließen in den WZ 74 auch rd. 42 Prozent aller gezahlten Subventionen. Rd. 18 Prozent der Subventionen fließen an Krankenhäuser, 11 Prozent an Hochschulen und 9 Prozent in den Bereich Kultur, Sport und Unterhaltung. Die übrigen Wirtschaftszweige erhalten jeweils weniger als 5 Prozent der Gesamtsubventionssumme.

Tabelle I.12

**Anteile öffentlicher Fonds, Einrichtungen und Unternehmen an der Anzahl der Unternehmen,
am Umsatz und an den Beschäftigten in ausgewählten Wirtschaftszweigen**

Wirtschaftszweig		Anteile öffentlicher Fonds, Einrichtungen und Unternehmen an … (%)		
		Unternehmen	Umsatz	Beschäftigten
E	Energie- und Wasserversorgung	21,2	41,3	52,3
401	Elektrizitätsversorgung	6,7	36,9	43,7
402	Gasversorgung	37,9	45,2	80,7
403	Wärmeversorgung	38,7	82,0	83,3
41	Wasserversorgung	75,8	88,8	71,8
I	Verkehr und Nachrichtenübermittlung	0,7	12,5	20,3
60	Landverkehr; Transport in Rohrfernleitungen	0,6	25,9	30,5
601	Eisenbahnverkehr	9,9	45,0	68,2
602	Sonstiger Landverkehr	0,6	18,2	24,1
603	Transport in Rohrfernleitungen	1,9	3,2	32,4
61	Schifffahrt	0,8	0,6	4,4
62	Luftfahrt	3,3	0,3	0,8
63	Hilfs- und Nebentätigkeiten für den Verkehr; Verkehrsvermittlung	1,0	21,1	25,9
64	Nachrichtenübermittlung	0,5	1,0	1,7
70	Grundstücks- und Wohnungswesen	0,7	16,1	21,2
74	Erbringung von Dienstleistungen überwiegend für Unternehmen	0,3	4,4	6,4
8511	Krankenhäuser	15,7	.	55,8
90	Abwasser- und Abfallbeseitigung und sonstige Entsorgung	24,0	.	57,3

Quelle: Eigene Berechnungen der Monopolkommission auf Basis von Daten des Statistischen Bundesamtes

192. Der Anteil öffentlicher Fonds, Einrichtungen und Unternehmen ist gemessen an der Anzahl der Unternehmen mit über 75 Prozent in der Wasserversorgung (WZ 41) besonders hoch. Dieser Bereich unterliegt noch immer der staatlichen Regulierung. Gemessen am Umsatz sind die Anteile neben der Wasserversorgung in der Wärmeversorgung mit jeweils über 80 Prozent dominierend. In den Wirtschaftszweigen 8511, Krankenhäuser, und 90, Abwasser- und Abfallbeseitigung und sonstige Entsorgung, ist ebenfalls von einem hohen Anteil der öffentlichen Hand auszugehen. Mit je 45 Prozent Umsatzanteil öffentlicher Unternehmen stehen auch die Wirtschaftszweige Gasversorgung und Eisenbahnverkehr unter einem erheblichen staatlichen Einfluss.

193. Bei einem Vergleich der Umsatz- und Beschäftigtenanteile in Tabelle I.12 fällt auf, dass die Anteile öffent-

licher Unternehmen am Umsatz jeweils geringer sind als deren Anteile an Beschäftigten, d. h. dass der Umsatz je Beschäftigten im öffentlichen Sektor geringer ist als bei privatwirtschaftlich geführten Konkurrenzunternehmen. Besonders ausgeprägt ist dies im WZ 603, Transport in Rohrfernleitungen, in dem bei einem Umsatzanteil von 3,2 Prozent knapp ein Drittel der Beschäftigten den Unternehmen der öffentlichen Hand zuzuordnen ist. Die einzige Ausnahme bildet hier der WZ 41, Wasserversorgung, in dem der Umsatzanteil öffentlicher Fonds, Einrichtungen und Unternehmen deren Beschäftigtenanteil übersteigt.

5.   Zusammenfassung

194. Auf der Grundlage des § 44 GWB beurteilt die Monopolkommission in den Kapiteln I und II ihres zweijährlich erscheinenden Hauptgutachtens regelmäßig den Stand und die absehbare Entwicklung der Unternehmenskonzentration in der Bundesrepublik Deutschland. Hierfür wird eine umfassende und kontinuierliche Konzentrationsstatistik geführt, die die Beobachtung allgemeiner Tendenzen der Unternehmenskonzentration in Deutschland ermöglicht. In Kapitel I werden die Datenbasen erläutert und Analysen zur Bedeutung, Struktur und Verteilung von Unternehmensgruppen in Deutschland durchgeführt.

195. Der Anspruch an eine umfassende und kontinuierliche Konzentrationsstatistik ist nur über eine Festsetzung von allgemeinen Strukturen zu erfüllen. Dadurch ergeben sich jedoch interpretatorische Grenzen. Die Konzentrationsmaße werden ausschließlich für den nationalen Markt nach der Wirtschaftszweigklassifikation bzw. dem Güterverzeichnis für Produktionsstatistiken erhoben. Dadurch können die geografisch und sachlich relevanten Märkte nicht adäquat abgebildet werden. Diese Problematik verschärft sich im Zuge der Globalisierung zunehmend. Darüber hinaus können Konzentrationsmaße nur ein Indikator neben anderen zur Feststellung der Wettbewerbsintensität in einem Markt sein. Weitere Indikatoren, wie beispielsweise potenzielle Wettbewerber oder Markteintrittsbarrieren, werden durch die Statistik nicht erfasst. Die Monopolkommission versucht, dem Rechnung zu tragen, indem sie zusätzliche Informationen zu einzelnen Branchen auswertet, z. B. erstmalig die Außenhandelsverflechtungen. Vor diesem Hintergrund überlegt die Monopolkommission jedoch auch, ob sie die flächendeckende Konzentrationsberichterstattung für alle Branchen zugunsten einer tiefer gehenden empirischen Analyse für einzelne Branchen aufgibt. Sie gibt allen Nutzern hiermit die Gelegenheit, sich dazu zu äußern.

196. Mit der Einführung von Verflechtungsinformationen in die Konzentrationsstatistik im Jahr 2001 hat die Monopolkommission in Zusammenarbeit mit dem Statistischen Bundesamt einen entscheidenden Fortschritt erwirkt. Die Darstellung von Marktstrukturen ist unter Berücksichtigung der Gruppenzugehörigkeit von Unternehmen weitaus aussagekräftiger als die reine Unternehmensbetrachtung. Damit haben sich jedoch auch die zugrunde liegenden Datenbasen verändert, was bei der Interpretation der Entwicklung von Konzentrationsmaßen zu beachten ist.

197. Die empirische Grundlage für die Konzentrationsstatistiken der Monopolkommission im vorliegenden Hauptgutachten ist eine Datenbasis des Statistischen Bundesamtes, die sich erstmals aus dem amtlichen Unternehmensregister und kommerziellen Daten zu Unternehmensverflechtungen zusammensetzt. Der Einsatz des Unternehmensregisters anstelle der bisher verwendeten Investitionserhebung ermöglicht eine erheblich verbesserte Darstellung der deutschen Unternehmenslandschaft. Statt der bisher betrachteten Unternehmen ab 20 Beschäftigten im Bergbau (C), Verarbeitenden Gewerbe (D) und Baugewerbe (F) mit insgesamt rd. 51 000 Einheiten werden nun Unternehmen ab 17 500 Euro Jahresumsatz und/oder mit mindestens ei-

nem sozialversicherungspflichtig Beschäftigten für nahezu alle Wirtschaftsbereiche[38] (rd. 3 Millionen Unternehmen) erfasst. Zusätzlich werden verschiedene Erhebungs- und Fachstatistiken des Statistischen Bundesamtes herangezogen, wie z. B. die Produktionsstatistik, die Außenhandelsstatistik und Auswertungen zu öffentlichen Fonds, Einrichtungen und Unternehmen, sowie Daten aus anderen Quellen. Die aktuell verfügbaren Daten beziehen sich auf das Berichtsjahr 2005.[39]

198. Anhand eines Vergleichs des früheren und des neuen Berichtskreises in den Wirtschaftsabschnitten Bergbau (C) und Verarbeitendes Gewerbe (D) wird die Bedeutung des Einbezugs kleiner Unternehmen untersucht. Während sich die Anzahl der Unternehmen um das Achtfache erhöht, steigen Umsatz und Beschäftigte nur in geringem Maße. Die Anzahl der Unternehmensgruppen steigt ebenfalls nur geringfügig, da von den hinzugekommenen kleinen Unternehmen nur wenige einer Gruppe angehören.

199. Die Anteile gruppenzugehöriger Unternehmen am Umsatz und an den Beschäftigten sind jedoch auch in der erweiterten Datenbank teilweise erheblich. Die Untersuchung zur gesamtwirtschaftlichen Bedeutung von Unternehmensgruppen zeigt, dass 6,3 Prozent der Unternehmen in Deutschland einer Gruppe angehören. Diese vereinen rd. 66 Prozent der Umsätze und 53 Prozent der Beschäftigten auf sich. Besonders hoch sind die Anteile der Unternehmensgruppen in den Bereichen Bergbau, Verarbeitendes Gewerbe, Energie- und Wasserversorgung sowie Verkehr und Nachrichtenübermittlung.

200. Die Monopolkommission untersucht die Bedeutung der größten Unternehmen bzw. Unternehmensgruppen nach Wirtschaftsbereichen in Anlehnung an die in Kapitel III folgende Analyse. Die Anteile der größten Einheiten aus dem Unternehmensregister sind in den Wirtschaftsbereichen Industrie und Handel ähnlich hoch wie die von der Kommission berechneten Anteile. Durch unterschiedliche Datenbasen und Erfassungsmerkmale unterscheiden sich jedoch die als „größte" identifizierten Einheiten.

201. Die Bedeutung von Unternehmensgruppen wird auf Zweistellerebene der Wirtschaftszweigklassifikation und des Güterverzeichnisses der Produktionsstatistik analysiert. Mit über 90 Prozent Umsatzanteil dominieren die Unternehmensgruppen insbesondere in den Bereichen 10, Kohle und Torf, 23, Kokerei, Mineralölerzeugnisse, Spalt- und Brutstoffe, und 34, Kraftfahrzeuge und Kraftfahrzeugteile. In den meisten Wirtschaftszweigen ist der Anteil der gruppenzugehörigen Unternehmen am Umsatz

---

[38] Es erfolgt eine Ausweitung der Wirtschaftsabschnitte um die Bereiche Energie- und Wasserversorgung (E), Handelsgewerbe (G), Gastgewerbe (H), Verkehr und Nachrichtenübermittlung (I), Kredit- und Versicherungsgewerbe (J), Grundstücks- und Wohnungswesen (K) und weitere ausgewählte Bereiche.

[39] Aufgrund der Verwendung administrativer Datenquellen ist eine Berichterstattung mit aktuelleren Daten in absehbarer Zeit leider nicht möglich.

höher als deren Anteile an der Gesamtzahl der Unternehmen und an den Beschäftigten.

202. Struktur und Verteilung der deutschen Unternehmensgruppen werden unter verschiedenen Aspekten untersucht. Im ersten Teil wird deren Diversifizierung nach Wirtschaftszweigen betrachtet. Gruppenzugehörige Unternehmen mit Gruppenmitgliedern außerhalb der Erfassungsgrenzen (z. B. aus einem anderen Wirtschaftsbereich) können trotz geringer Marktanteile den Wettbewerb beeinflussen. Über vertikale Verflechtungen mit exklusiven Lieferverträgen zwischen Unternehmen auf vor- oder nachgelagerter Ebene reduziert sich beispielsweise die Anzahl der verfügbaren Lieferanten bzw. Abnehmer für die unabhängigen Unternehmen. In diesem Fall würden die Konzentrationsmaße, die alle Unternehmen eines Wirtschaftszweiges berücksichtigen, ein falsches Bild über die Wettbewerbsstruktur liefern. Diese Art der Verflechtung konnte insbesondere zwischen der Entsorgungswirtschaft, die den Gemeinden obliegt, der Energiegewinnung und Großabnehmern von Energie festgestellt werden. Auch Verflechtungen des Dienstleistungssektors mit Schifffahrts- und Luftfahrtleistungen sowie weiteren Industrien sind deutlich zu erkennen. Neben den vertikalen Verflechtungen können konglomerate (branchenfremde) oder multinationale Verbindungen die Kapitalverfügbarkeit von Unternehmen steigern, so dass diese die Konkurrenz mittel- bis langfristig verdrängen können. Auf diese Art verbundene Unternehmensgruppen haben besonders hohe Umsatzanteile in den Wirtschaftszweigen 10, Kohle und Torf (71,8 Prozent), 23, Kokerei-, Mineralölerzeugnisse, Spalt- und Brutstoffe (88,2 Prozent), 24, Chemische Erzeugnisse (53,2 Prozent), 27, Metallerzeugung und -bearbeitung (58,8 Prozent), 35, Sonstige Fahrzeuge (Wasser-, Schienen-, Luftfahrzeuge) (66,3 Prozent), und 40, Energieversorgung (69,4 Prozent).

203. Die Bedeutung ausländischer Kontrolle wird sowohl nach dem Sitz der Gruppenoberhäupter als auch nach Wirtschaftszweigen analysiert. Die deutschen gruppenzugehörigen Unternehmen mit einem ausländischen Gruppenoberhaupt vereinen zwar nur 0,7 Prozent aller Unternehmen des Berichtskreises auf sich, haben jedoch einen Umsatzanteil von rd. 19 Prozent und einen Beschäftigtenanteil von 10 Prozent. Unternehmen mit Gruppenoberhäuptern aus den USA haben die höchsten Umsatzanteile, gefolgt von Großbritannien, den Niederlanden, Frankreich und der Schweiz. Bei der Betrachtung nach Wirtschaftszweigen haben die Unternehmen multinationaler Gruppen die höchsten Umsatzanteile in dem WZ 23, Kokerei-, Mineralölerzeugnisse, Spalt- und Brutstoffe (87,3 Prozent), gefolgt von WZ 21, Papiergewerbe (40,6 Prozent), WZ 32, Nachrichtentechnik, Rundfunk- und Fernsehgeräte (39,6 Prozent), WZ 30, Büromaschinen, Datenverarbeitungsgeräte und -einrichtungen (38 Prozent), und WZ 35, Sonstige Fahrzeuge (Wasser-, Schienen-, Luftfahrzeuge) (37,7 Prozent).

204. Der Anteil staatlich kontrollierter Unternehmen in einer Branche kann den Wettbewerb, z. B. durch direkte Subventionsleistungen, Finanzierungsvorteile (durch weiche Budgetbeschränkungen), Steuervergünstigungen oder Regulierungen in Teilbereichen, erheblich beeinflussen. In Branchen, die noch ganz oder teilweise reguliert werden (Energie- und Wasserversorgung, Eisenbahn und Entsorgung), sind die Umsatzanteile staatlicher Unternehmen besonders hoch. In diesen Bereichen wird die Entwicklung der Konzentration mit zunehmender Privatisierung besonders interessant sein.

Kapitel II

Stand und Entwicklung der wirtschaftlichen Konzentration in Deutschland

205. In diesem Kapitel wird zunächst in Abschnitt 1 der Stand der wirtschaftlichen Konzentration in Deutschland im Berichtsjahr 2005 untersucht. Als Datengrundlage dienen die Konzentrationstabellen nach der Wirtschaftszweig- und der Güterproduktionsklassifikation, B.1 und B.2, in den Anlagen zu diesem Hauptgutachten, die auf der Basis des amtlichen Unternehmensregisters, privater Daten zur Verflechtung von Unternehmen und der Produktionsstatistik vom Statistischen Bundesamt erstellt worden sind.

206. Der zweite Abschnitt stellt eine abschließende Zeitreihenuntersuchung zu der Entwicklung der Konzentration im Bergbau und Verarbeitenden Gewerbe Deutschlands zwischen 1995 und 2004 dar, da die Datenbasis für die Konzentrationsstatistik der Monopolkommission sich im Jahr 2005 geändert hat.

1. Stand der wirtschaftlichen Konzentration in Deutschland (Berichtsjahr 2005)

1.1 Empirische und methodische Grundlagen

207. Zur Beurteilung des Standes der wirtschaftlichen Konzentration in Deutschland werden ausgewählte Konzentrationskennzahlen aus den Konzentrationstabellen B 1 und B.2 der Anlagen zu diesem Hauptgutachten nach Wirtschaftsabschnitten erläutert. Für die Wirtschaftsabschnitte Bergbau (C) und Verarbeitendes Gewerbe (D) werden die neuen Konzentrationsergebnisse auf der Basis des Unternehmensregisters für das Jahr 2005 in das Verhältnis zu den letztmalig erhobenen Zahlen auf der Basis der Investitionserhebung im Jahr 2003 gesetzt. Da für die meisten anderen Wirtschaftsabschnitte der Wirtschaftszweigklassifikation erstmals Konzentrationskennzahlen veröffentlicht werden, werden diese Zahlen im Folgenden zunächst auf ihre Aussagekraft geprüft und deren Interpretationsmöglichkeiten erläutert. Die Konzentrationskennzahlen für Anbieter nach der Güterproduktionsklassifikation basieren wie in den Vorjahren auf der Produktionsstatistik. Deshalb wird in diesem Bereich die Entwicklung der Konzentration zwischen 2003 und 2005 betrachtet.

208. Für die Begutachtung der wirtschaftlichen Konzentration werden die Konzentrationsmaße Anzahl von Einheiten, Herfindahl-Hirschman-Index (HHI), Variationskoeffizient und Konzentrationsraten CR3, CR6, CR10, CR25, CR50 und CR100 auf der Basis des steuerbaren Umsatzes herangezogen.[1] Als Begleitmerkmal dient die Anzahl sozialversicherungspflichtig Beschäftig-

ter. In Ausnahmebereichen, für die keine Umsätze vorliegen, werden die Konzentrationsmaße auf der Basis der Anzahl der sozialversicherungspflichtig Beschäftigten berechnet.

209. Der HHI wird in diesem Hauptgutachten erstmals nicht mehr in 1 000, sondern in Anlehnung an die internationale Darstellungsweise in 10 000 Punkten angegeben. Als ein hoher HHI werden im Folgenden Werte über 2 000 Punkte definiert. Diese Grenze stützt sich auf die Horizontal-Leitlinien der Europäischen Union[2], nach denen Zusammenschlüsse, die HHI-Werte ab 1 000 Punkte begründen, unter bestimmten Bedingungen untersucht werden. Diese Bedingungen werden ab 2 000 Punkten weniger restriktiv, d. h. ab diesem Wert liegt ein verstärkter Verdacht auf wettbewerbsbeschränkende Wirkungen von Fusionen vor.

210. Die Anzahl der Einheiten bezieht sich jeweils auf die Wirtschaftlichen Einheiten (WE), d. h. nichtgruppenzugehörige Unternehmen gehen einzeln in die Statistik ein und gruppenzugehörige Unternehmen werden zu Unternehmensgruppen zusammengefasst. Deshalb wird teilweise die Anzahl der Unternehmen, die in die Berechnung der Konzentrationsraten einfließen, mit angegeben. Beispielsweise setzen sich in Tabelle II.6 im Wirtschaftszweig 5233, Einzelhandel mit Parfümeriewaren und Körperpflegemitteln, die drei größten Wirtschaftlichen Einheiten aus acht Unternehmen zusammen.

211. Für Unternehmen, die Mitglied einer Organschaft sind, sind keine Umsätze verfügbar, da diese ihre Umsätze gemeinsam über den Organträger versteuern. Soweit diese Unternehmen in Erhebungen erfasst werden, wird der Erhebungsumsatz ergänzt.[3] Für die in Erhebungen nicht befragten Organschaftsunternehmen wurde ein komplexes Schätzverfahren vom Statistischen Bundesamt entwickelt. Die Umsatzschätzungen können zu einer Verzerrung der Konzentrationsmaße führen (insbesondere die Konzentrationsraten der drei, sechs und zehn größten Wirtschaftlichen Einheiten). Deshalb erfolgt eine Markierung der Konzentrationsraten mit dem Zeichen „*", wenn für 30 Prozent und mehr der Unternehmen nur Umsatzschätzungen vorliegen.

---

[1] Der Herfindahl-Hirschman-Index (HHI) wird definiert als die Summe der quadrierten Marktanteile. Der Variationskoeffizient wird über das Verhältnis der Standardabweichung der Merkmalswerte zu ihrem

arithmetischen Mittelwert berechnet und ist das relative Konzentrationsmaß des HHI. Er zeigt die (Un-)Gleichverteilung der Merkmalswerte an. Die Konzentrationsraten CRx sind die summierten Anteile der jeweils x größten Unternehmen. Die genannten Konzentrationsmaße werden in Abschnitt 1.5 der Anlage A zu diesem Hauptgutachten ausführlich erläutert.

[2] Leitlinien zur Bewertung horizontaler Zusammenschlüsse gemäß der Ratsverordnung über die Kontrolle von Unternehmenszusammenschlüssen, ABl. EU Nr. C 31 vom 5. Februar 2004, S. 5.

[3] Der Erhebungsumsatz kann von dem steuerbaren Umsatz abweichen, da z. B. nur Erträge aus gewöhnlicher Geschäftstätigkeit erfasst werden und beim steuerbaren Umsatz nur die Steuerrelevanz gilt.

212. Zur wettbewerbspolitischen Interpretation der Konzentrationskennzahlen nach Wirtschaftsbereichen werden weitere Informationen herangezogen, wie Außenhandelsdaten, Subventionen und staatlich kontrollierte Einheiten aus Fachstatistiken des Statistischen Bundesamtes und Kennzahlen aus anderen Datenquellen.

213. Die Kennzahlen aus anderen Datenquellen, wie z. B. Branchenberichte oder Veröffentlichungen von Verbänden und Forschungsinstituten, dienen als Vergleichskennzahlen der Einschätzung der Qualität der vorliegenden Konzentrationsergebnisse und als Zusatzinformationen für die Interpretation einzelner Ergebnisse. Über die Außenhandelsdaten wird für einen Teil der Branchen geprüft, wie der geografisch relevante Markt eingegrenzt werden kann. Bei sehr hohen Außenhandelsaktivitäten wird unterstellt, dass die Unternehmen in einem internationalen Wettbewerb stehen und somit nationale Kennzahlen vorsichtig interpretiert werden müssen.

214. Zur Beurteilung des Wettbewerbs werden für ausgewählte Wirtschaftszweige Informationen über öffentliche Fonds, Einrichtungen und Unternehmen hinzugezogen.[4] Da Subventionsleistungen einzelne Unternehmen gegenüber ihren Konkurrenten bevorteilen, haben sie eine wettbewerbsverzerrende Wirkung. Viel bedeutender sind jedoch Regelungen, die den staatlichen Unternehmen Vorteile einräumen, wie z. B. die Mehrwertsteuerbefreiung der Deutschen Post AG.

215. Details zu den empirischen und methodischen Grundlagen, wie der Aufbau der Datenbanken, Ausnahmebereiche und die Berechnung der Konzentrationsmaße, können in der Anlage A zu diesem Hauptgutachten nachgelesen werden.

1.2 Konzentrationsstatistik nach der Wirtschaftszweigklassifikation

1.2.1 Wirtschaftsabschnitte C und D, Bergbau und Verarbeitendes Gewerbe

216. Die Bereiche Bergbau und Verarbeitendes Gewerbe sind neben dem Baugewerbe die einzigen, für welche Konzentrationsmaße in einer längeren Zeitreihe vorliegen. Für diese Wirtschaftsabschnitte haben das Statistische Bundesamt und die Monopolkommission seit 1970 Konzentrationsmaße auf der Basis der Investitionserhebung für Unternehmen mit 20 und mehr Beschäftigten erfasst. Wie in Abschnitt 2.3 des Kapitels I bereits festgestellt wurde, entsteht durch die Vernachlässigung kleinerer Unternehmen eine teilweise erhebliche Veränderung der Berichtskreise, die durch den Umstieg auf das Unternehmensregister erstmals deutlich wird. Die bisher kontinuierliche Überschätzung der Konzentration durch den eingeschränkten Berichtskreis zeigt eine Vergleichsrechnung des Statistischen Bundesamtes für das Berichtsjahr 2003.[5] Diese Untersuchung zeigt auch, dass das Ausmaß der Überschätzung je nach Wirtschaftszweig variiert.

Je mehr kleine Unternehmen in einem Wirtschaftszweig tätig sind, um so stärker sind die Konzentrationswerte verzerrt. Zur Einschätzung der Konzentrationswerte im Berichtsjahr 2005 werden diese den vorangegangenen Werten auf der Basis der Investitionserhebung gegenübergestellt, womit unter anderem der durch den Wechsel der Datenbasis teilweise entstehende Bruch in der Zeitreihe verdeutlicht wird. Als Vergleichsjahr wird das Berichtsjahr 2003 angesetzt, da keine aktuelleren Werte vorhanden sind.[6]

217. Obwohl die Investitionserhebung nur einen geringen Teil der Einheiten (rd. 13 Prozent der Unternehmen und rd. 12 Prozent der Wirtschaftlichen Einheiten) aus dem Unternehmensregister enthält, deckt sie mit den größten Unternehmen rd. 84 Prozent der Umsätze und rd. 91 Prozent der Beschäftigten in den Wirtschaftsabschnitten C und D ab. Tabelle II.1 stellt die jeweiligen Ergebnisse der Jahre 2003 und 2005 für die Anzahl der Wirtschaftlichen Einheiten, die Konzentrationsrate der zehn größten Wirtschaftlichen Einheiten (CR10) und den HHI nach Wirtschaftszweigen auf Zweistellerebene gegenüber. Die Spalten (b) bis (d) enthalten die Werte der Investitionserhebung im Berichtsjahr 2003 und die Spalten (e) bis (g) die Werte des Unternehmensregisters im Berichtsjahr 2005. Spalte (h) zeigt den Anteil der Wirtschaftlichen Einheiten, die in der Investitionserhebung erfasst sind, gemessen an allen Einheiten des Unternehmensregisters. Unter der Annahme, dass das Unternehmensregister die Einheiten vollständig abbildet, enthält beispielsweise die Investitionserhebung im Wirtschaftszweig 10 rd. 20 Prozent der Einheiten. In der Spalte (i) wird der Quotient zwischen der CR10 in der Investitionserhebung und der CR10 im Unternehmensregister dargestellt. Ist diese Rate größer als eins, so wäre unter Ausschaltung des zeitlichen Effektes von einer Überschätzung der Konzentration auf der Basis der Investitionserhebung auszugehen. Bei einem Quotienten kleiner eins ist die Konzentrationsrate CR10 im Jahr 2005 trotz erweiterter Datenbasis höher als im Jahr 2003. Die Konzentrationsraten sollten nur in begrenztem Maße durch den Wechsel der Datenbank beeinflusst werden, da der Kreis der größten Unternehmen weitgehend identisch sein müsste. Abweichungen sind aufgrund der unterschiedlichen Erhebungsart der Umsätze und der Ergänzung kleiner Unternehmen, welche den zugrunde liegenden Gesamtumsatz der Branchen mit ihrem Marktanteil erhöhen, zu erwarten.

218. Der HHI kann durch die Ausweitung der Datenbank in höherem Maße beeinflusst werden. Entsprechend sind die Abweichungen der Werte von 2003 zu 2005 teilweise erheblich, jedoch ohne eine eindeutige Richtung einer bisherigen Unter- oder Überschätzung. Durch die Art der Berechnung des HHI treten zwei gegenläufige Effekte mit der Aufnahme kleiner Unternehmen auf: Aufgrund der zunehmenden Anzahl der Einheiten sinkt der HHI, gleichzeitig bewirkt die steigende Ungleichverteilung der

---

4 Vgl. Kapitel I, Abschnitt 4.3.
5 Vgl. Abschnitt 1.1 der Anlage A zu diesem Hauptgutachten.

6 Die Auswertungen der Investitionserhebung für das Jahr 2005 werden vom Statistischen Bundesamt nur ohne Berücksichtigung von Unternehmensgruppen veröffentlicht.

Marktanteile eine Erhöhung der Werte. Auch die unterschiedliche Berechnung der Umsätze in beiden Datenquellen beeinflusst den HHI durch die Quadrierung der Marktanteile stärker als die Konzentrationsraten. Er wird im Folgenden mit aufgeführt, jedoch nicht für Vergleiche mit dem Jahr 2003 herangezogen.

219. Die letzte Zeile in Tabelle II.1 enthält die Summen für die Anzahl der Wirtschaftlichen Einheiten und die Mittelwerte über alle Wirtschaftszweige für die Konzentrationsmaße und Differenzwerte. Insgesamt enthält der Berichtskreis der Investitionserhebung für 2003 mit rd. 34 000 Einheiten nur 11,6 Prozent der Wirtschaftlichen Einheiten aus dem Unternehmensregister 2005. Die Anzahl der Unternehmen in der Investitionserhebung ist zwischen 2003 und 2005 um rd. 700 Unternehmen gesunken[7], d. h. der Abdeckungsgrad wäre bei einem Vergleich ohne zeitlichen Unterschied noch geringer. Die berechneten Differenzen der Einheitenzahlen zwischen der Investitionserhebung 2003 und dem Unternehmensregister 2005 werden also durch die unterschiedlichen Berichtskreise verursacht. Über die Entwicklung der Anzahl der Wirtschaftlichen Einheiten nach Wirtschaftszweigen in der Investitionserhebung nach 2003 sind jedoch keine Informationen vorhanden. Die Mittelwerte der Konzen-

trationsmaße weichen im Vergleich der beiden Datenbasen nur geringfügig voneinander ab.

220. Der Abdeckungsgrad der Wirtschaftlichen Einheiten aus der Investitionserhebung 2003 im Unternehmensregister (vgl. Spalte (h) der Tabelle II.1) liegt in einzelnen Branchen unter 10 Prozent (Wirtschaftszweige 18, 20, 22, 30, 33, 36 und 37). Durch den Wechsel der Datenbasen fallen in diesen Bereichen die Konzentrationsmaße für das Jahr 2005 erheblich geringer aus als bisher. Dies ist insbesondere im Wirtschaftszweig 37 ersichtlich, in dem sich die CR10 fast halbiert. Ebenso gibt es Wirtschaftszweige, wie z. B. die Herstellung von Tabakerzeugnissen (WZ 16) und die Gewinnung von Erdöl und Ergas (WZ 11), bei denen der Wechsel der Datenbasis nur einen geringen Einfluss auf die Konzentrationsmaße hat.

221. In den Wirtschaftszweigen 19, Ledergewerbe, und 27, Metallerzeugung und -bearbeitung, liegen die Konzentrationsraten der zehn größten Unternehmen und der HHI trotz der erweiterten Datenbasis im Jahr 2005 höher als im Jahr 2003 (vgl. Spalte (i) in Tabelle II.1). Hier ist von einer realen Erhöhung der Konzentration auszugehen. Werden die Wirtschaftszweige auf Viersteller ebene der Wirtschaftszweigklassifikation betrachtet, so gilt dies für insgesamt 27 Wirtschaftszweige. Dazu gehören beispielsweise der WZ 1512, Schlachten von Geflügel, der WZ 2651, Herstellung von Zement, und der WZ 3001, Herstellung von Büromaschinen.

---

[7] Dies ergibt sich aus der Investitionserhebung des Statistischen Bundesamtes für das Jahr 2005 und ist aus der Tabelle II.1 nicht ersichtlich.

Tabelle II.1

Gegenüberstellung der Konzentrationsmaße aus der Investitionserhebung 2003 und dem Unternehmensregisters 2005 im Bergbau und Verarbeitenden Gewerbe

Wirtschaftszweig		Investitionserhebung 2003			Unternehmensregister 2005			Differenz (%)	
		Anzahl WE	CR10 (%)	HHI	Anzahl WE	CR10 (%)	HHI	Anteil b an e	Rate c zu f
(a)		(b)	(c)	(d)	(e)	(f)	(g)	(h)	(i)
10	Kohlenbergbau, Torfgewinnung	33	96,7	4.095	162	95,2	2.941	20,4	1,0
11	Gewinnung von Erdöl und Erdgas, Erbringung damit verbundener Dienstleistungen	17	98,8	2146	96	98,4	4.395	17,7	1,0
14	Gewinnung von Steinen und Erden, sonstiger Bergbau	339	30,8	170	2.503	22,8	94	13,5	1,4
15	Ernährungsgewerbe	4.490	15,5	46	44.377	13,5	36	10,1	1,1
16	Tabakverarbeitung	21	99,1	2.743	59	98,7	2.695	35,6	1,0
17	Textilgewerbe	832	18,8	64	6.483	19,2	61	12,8	1,0
18	Bekleidungsgewerbe	397	28,4	149	4.345	27,8	138	9,1	1,0
19	Ledergewerbe	185	45,5	300	1.708	51,7	436	10,8	0,9
20	Holzgewerbe (ohne Herstellung von Möbeln)	1.020	22,3	83	20.309	17,6	53	5,0	1,3

noch Tabelle II.1

Wirtschaftszweig	Investitionserhebung 2003			Unternehmensregister 2005			Differenz (%)	
	Anzahl WE	CR10 (%)	HHI	Anzahl WE	CR10 (%)	HHI	Anteil b an e	Rate c zu f
(a)	(b)	(c)	(d)	(e)	(f)	(g)	(h)	(i)
21 Papiergewerbe	704	29,4	132	2.350	25,2	112	30,0	1,2
22 Verlagsgewerbe, Druckgewerbe, Vervielfältigung von bespielten Ton-, Bild- und Datenträgern	2.177	22,5	96	27.109	18,4	59	8,0	1,2
23 Kokerei, Mineralölverarbeitung, Herstellung und Verarbeitung von Spalt- und Brutstoffen	41	96,7	1.722	158	96,6	2.657	25,9	1,0
24 Herstellung von chemischen Erzeugnissen	1.173	41,1	328	5.194	37,3	275	22,6	1,1
25 Herstellung von Gummi- und Kunststoffwaren	2.475	20,4	71	9.734	20,5	74	25,4	1,0
26 Glasgewerbe, Herstellung von Keramik, Verarbeitung von Steinen und Erden	1.422	18,5	74	12.943	19,3	67	11,0	1,0
27 Metallerzeugung und -bearbeitung	783	44,7	272	3.395	47,9	397	23,1	0,9
28 Herstellung von Metallerzeugnissen	5.682	8,9	19	55.044	6,5	11	10,3	1,4
29 Maschinenbau	5.277	14,6	43	28.693	13,2	34	18,4	1,1
30 Herstellung von Büromaschinen, Datenverarbeitungsgeräten und -einrichtungen	168	82,6	2.243	2.894	79,0	2.053	5,8	1,0
31 Herstellung von Geräten der Elektrizitätserzeugung, -verteilung	1.699	52,4	1.197	8.407	47,1	1.055	20,2	1,1
32 Rundfunk- und Nachrichtentechnik	495	59,5	773	4.545	58,9	708	10,9	1,0
33 Medizin-, Mess-, Steuer- und Regelungstechnik, Optik, Herstellung von Uhren	1.798	25,2	96	21.115	21,2	73	8,5	1,2
34 Herstellung von Kraftwagen und Kraftwagenteilen	830	81,3	1.403	3.546	78,1	1.048	23,4	1,0
35 Sonstiger Fahrzeugbau	280	67,1	1.261	2.228	61,0	608	12,6	1,1
36 Herstellung von Möbeln, Schmuck, Musikinstrumenten, Sportgeräten, Spielwaren und sonstigen Erzeugnissen	1.517	21,3	89	22.047	20,8	73	6,9	1,0
37 Recycling	134	62,5	884	2.679	35,3	322	5,0	1,8
Gesamt	33.989	46,3	788	292.123	43,5	788	11,6	1,1

Quelle: Eigene Berechnungen der Monopolkommission auf der Basis von Daten des Statistischen Bundesamtes

222. Im Jahr 2005 sind die umsatzstärksten Branchen der Wirtschaftsabschnitte C und D auf Zweistellerebene die Wirtschaftszweige 34, Kraftwagen und Kraftwagenteile, mit rd. 19 Prozent Umsatzanteil an dem Gesamtumsatz in C und D, 29, Maschinenbau (rd. 12 Prozent), 24, Herstellung von chemischen Erzeugnissen (rd. 10 Prozent), und 15, Ernährungsgewerbe (rd. 9 Prozent). Diese Wirtschaftsbereiche vereinen somit zusammen knapp 50 Prozent aller Umsätze auf sich und zählen zusätzlich zu den wichtigsten Importeuren bzw. Exporteuren. Tabelle II.2 zeigt die Wirtschaftszweige mit den größten Umsatzanteilen auf Vierstellerebene. Diese sind mit Ausnahme des WZ 3430, Herstellung von Teilen und Zubehör für Kraftwagen und Kraftwagenmotoren, und des WZ 2442, Herstellung von pharmazeutischen Spezialitäten und sonstigen pharmazeutischen Erzeugnissen, sehr hoch konzentriert.

223. Der Wirtschaftszweig 3410, Herstellung von Kraftwagen und Kraftwagenmotoren, hat mit über 14 Prozent des Umsatzes und 7,8 Prozent der Beschäftigten die größten Anteile an beiden Merkmalen in den Bereichen C und D. Von 429 Wirtschaftlichen Einheiten haben die drei bzw. zehn größten einen Umsatzanteil von rd. 68 bzw. 97 Prozent. Damit liegt die Konzentration 2005 höher als im Berichtsjahr 2003, in dem von 55 Wirtschaftlichen Einheiten die drei bzw. zehn größten einen Umsatzanteil von rd. 67 bzw. 94 Prozent realisiert haben. Ähnliches gilt für den Wirtschaftszweig 3430, Herstel-

lung von Teilen und Zubehör für Kraftwagen und Kraftwagenmotoren, welcher im Jahr 2003 mit 500 Wirtschaftlichen Einheiten in die Statistik eingegangen ist. Von diesen hatten die drei größten Einheiten rd. 28 Prozent Umsatzanteil und die zehn größten Einheiten 40 Prozent, d. h. die Konzentrationsraten liegen im Jahr 2005 mit 31 bzw. 45 Prozent um einige Prozentpunkte höher. Auch im Wirtschaftszweig 2416, Herstellung von Kunststoffen in Primärformen, ist die Konzentration im Jahr 2005 höher. Mit 112 Wirtschaftlichen Einheiten im Jahr 2003 betrugen die Konzentrationsraten der drei bzw. zehn größten Einheiten rd. 60 bzw. 80 Prozent. Im Jahr 2005 liegen die Werte mit 407 Einheiten bei rd. 69 bzw. 85 Prozent. In diesen Wirtschaftszweigen kann von einer realen Erhöhung der Konzentration ausgegangen werden.

224. Auf der Basis der 2005er Daten werden im Folgenden zur Identifizierung hochkonzentrierter Wirtschaftszweige in den Abschnitten C und D diejenigen mit einer CR3 von mindestens 80 Prozent, einem HHI von mindestens 2.000 Punkten und maximal 100 Wirtschaftlichen Einheiten selektiert. Dies trifft auf 21 Wirtschaftszweige zu, welche in Tabelle II.3 aufgeführt sind. Da für die Wirtschaftszweige im Bergbau und Verarbeitenden Gewerbe bereits in früheren Hauptgutachten Konzentrationsergebnisse veröffentlicht worden sind, waren für einen Großteil der Wirtschaftszweige die hohen Konzentrationswerte bereits bekannt.

Tabelle II.2

Umsatzstärkste Wirtschaftszweige im Bergbau und Verarbeitenden Gewerbe auf Vierstellerebene der Wirtschaftszweigklassifikation

Wirtschaftszweig		Anzahl WE	Anteile in C und D an... (%)		HHI	CR3 (%)	CR10 (%)
			Umsatz	Beschäftigten			
2320	Mineralölverarbeitung	134	6,4	0,2	2.716	75,1*	97,6
2416	Herstellung von Kunststoffen in Primärformen	407	2,4	1,2	2.606	68,5	85,0
2442	Herstellung von pharmazeutischen Spezialitäten und sonstigen pharmazeutischen Erzeugnissen	874	2,3	1,8	501	29,2	62,8
3120	Herstellung von Elektrizitätsverteilungs- und -schalteinrichtungen	2.692	3,1	4,3	3.392	x	68,2
3410	Herstellung von Kraftwagen und Kraftwagenmotoren	429	14,6	7,8	1.765	68,1	97,1
3430	Herstellung von Teilen und Zubehör für Kraftwagen und Kraftwagenmotoren	1.372	4,1	4,7	619	31,0	44,5

x: Werte unterliegen der statistischen Geheimhaltung.
* Umsätze von mindestens 30 Prozent der Unternehmen geschätzt.
Quelle: Eigene Berechnungen der Monopolkommission auf der Basis von Daten des Statistischen Bundesamtes

Tabelle II.3

Hochkonzentrierte Wirtschaftszweige im Bergbau und Verarbeitenden Gewerbe
(Berichtsjahr 2005)

	Wirtschaftszweig	Anzahl WE	HHI	CR3 (%)	CR10 (%)
1010	Steinkohlenbergbau und -brikettherstellung	15	5.679	x	x
1020	Braunkohlenbergbau und -veredlung	6	x	x	.
1110	Gewinnung von Erdöl und Erdgas	18	6.814	99,7	100,0
1120	Erbringung von Dienstleistungen bei der Gewinnung von Erdöl und Erdgas	79	3.989	80,3	96,4
1320	NE-Metallerzbergbau (ohne Bergbau auf Uran- und Thoriumerze)	6	x	94,4	.
1440	Gewinnung von Salz	8	x	99,3	.
1543	Herstellung von Margarine u. ä. Nahrungsfetten	13	6.245	x	100,0
1583	Herstellung von Zucker	19	4.158	93,6	100,0
1595	Herstellung von Wermutwein und sonstigen aromatisierten Weinen	21	8.602	x	x
1600	Tabakverarbeitung	59	2.695	86,9	98,7
1714	Flachsaufbereitung und -spinnerei	9	x	x	.
1715	Zwirnen und Texturieren von Filamentgarnen, Seiden-aufbereitung und -spinnerei	34	5.830	90,4	98,5
1716	Herstellung von Nähgarn	19	2.840	88,8	99,8
2310	Kokerei	8	x	99,6	.
2330	Herstellung und Verarbeitung von Spalt- und Brutstoffen	16	3.607	90,6	99,9
2415	Herstellung von Düngemitteln und Stickstoff-verbindungen	89	4.014	91,7	97,6
2417	Herstellung von synthetischem Kautschuk in Primärformen	19	2.584	82,9	100,0
2420	Herstellung von Schädlingsbekämpfungs-, Pflanzen-schutz- und Desinfektionsmitteln	72	7.472	x	97,3
2611	Herstellung von Flachglas	77	2.817	85,0	98,2
2652	Herstellung von Kalk	21	3.139	89,3	99,7
2721	Herstellung von Rohren, Rohrform-, Rohrverschluss- und Rohrverbindungsstücken aus Gusseisen	79	3.320	80,3	95,0
6030	Transport in Rohrfernleitungen	52	5.041	82,4	98,9
6230	Raumtransport	11	3.127	88,8	x

x: Werte unterliegen der statistischen Geheimhaltung
Quelle: Eigene Darstellung der Monopolkommission auf der Basis von Daten des Statistischen Bundesamtes

225. Im Wirtschaftszweig 2415, Herstellung von Düngemitteln und Stickstoffverbindungen, ist die Konzentration im Jahr 2003 jedoch trotz eingeschränkten Berichtskreises geringer ausgewiesen worden. Die Anzahl der Wirtschaftlichen Einheiten ist durch den Einbezug kleiner Unternehmen zwischen 2003 und 2005 von 17 auf 89 gestiegen. Der HHI ist von rd. 3 750 auf 4 014 gestiegen und die Konzentrationsrate der drei größten Unternehmen von rd. 84 auf 92 Prozent. In diesem Bereich ist ebenfalls von einer realen Erhöhung der Konzentration auszugehen.

226. Diese reale Erhöhung der Konzentration kann in insgesamt 58 Wirtschaftszweigen unterstellt werden. Davon hatten 41 bereits im Jahr 2003 eine Konzentrationsrate der zehn größten Einheiten von über 50 Prozent. Den größten Anstieg der CR10 von rd. 59 auf 71 Prozent zeigt der Wirtschaftszweig 1772, Herstellung von Pullovern, Strickjacken u. ä. Waren, welcher jedoch nicht auf den nationalen Markt beschränkt werden kann.

1.2.2 Wirtschaftsabschnitt E, Energie- und Wasserversorgung

227. Der Wirtschaftsabschnitt E, Energie- und Wasserversorgung, gliedert sich auf in die Bereiche Elektrizitäts-, Gas- und Wärmeversorgung (WZ 40) sowie Wasserversorgung (WZ 41). Die Unternehmen der Energiebranche haben einen Umsatzanteil von über 4 Prozent an den Umsätzen aller Unternehmen des Unternehmensregisters und

stellen damit den fünftgrößten Wirtschaftsabschnitt in Deutschland gemessen am Umsatz dar. Innerhalb der Energieversorgung (WZ 40) werden 84 Prozent der Umsätze im Bereich Elektrizität, 14 Prozent im Bereich Gas und 3 Prozent im Bereich Wärmeversorgung erwirtschaftet.

228. Für die Energiebranche werden im vorliegenden Hauptgutachten erstmals Konzentrationswerte durch die Monopolkommission veröffentlicht (vgl. Tabelle II.4). Aus diesem Grund wird im Folgenden zunächst die Aussagekraft der Konzentrationsergebnisse geprüft.

229. Für den Bereich der Elektrizitätsversorgung liegen der Monopolkommission Vergleichszahlen des Bundeskartellamtes vor. Jedoch weicht die vorliegende Marktabgrenzung mit der Wirtschaftszweigklassifikation und dem nationalen Ansatz von der des Amtes ab. Das Bundeskartellamt grenzt den Elektrizitätssektor sachlich in Anlehnung an das Bedarfsmarktkonzept ab[8]: (a) den Markt für den erstmaligen Absatz von Elektrizität, (b) Strom-Großkundenmarkt und (c) Strom-Kleinkundenmarkt. Die Wirtschaftszweigklassifikation unterscheidet zwischen der Erzeugung, Übertragung und Verteilung bzw. dem Handel von Elektrizität (vgl. Tabelle II.4). Auf der Basis dieser beiden Ansätze ist nur (a) der Markt für den erstmaligen Absatz in der Abgrenzung des

---

[8] Vgl. hierzu ausführlich Monopolkommission, Strom und Gas 2007: Wettbewerbsdefizite und zögerliche Regulierung, Sondergutachten 49, Baden-Baden 2008, Tz. 128 ff.

Tabelle II.4

Konzentrationsmaße im Wirtschaftsabschnitt E, Energie- und Wasserversorgung

	Wirtschaftszweig	Anzahl WE	HHI	Variationskoeffizient	CR3 (%)	CR6 (%)	CR10 (%)
E	Energie- und Wasserversorgung	13.460	677	3.018	39,2	48,9	54,8
40	Energieversorgung	11.132	736	2.860	40,8	51,0	57,2
401	Elektrizitätsversorgung	10.050	951	3.090	47,2	57,3	62,4
4011	Elektrizitätserzeugung	9.278	813	2.745	44,9	57,0	63,9
4012	Elektrizitätsübertragung	69	1.541	310	59,9*	77,1	88,9
4013	Elektrizitätsverteilung und -handel	748	1.232	955	53,0	64,1	71,2
402	Gasversorgung	614	678	637	37,8	54,6	68,5
4021	Gaserzeugung	311	4.753	1.212	81,7	88,1	91,1
4022	Gasverteilung und -handel durch Rohrleitungen	307	728	462	39,5	56,9	71,0
403	Wärmeversorgung	542	757	633	41,0	53,1	62,5
41	Wasserversorgung	2.385	140	569	15,8*	23,0*	30,3*

* Umsätze von mindestens 30 Prozent der Unternehmen geschätzt.
Quelle: Eigene Darstellung der Monopolkommission auf der Basis von Daten des Statistischen Bundesamtes

Bundeskartellamtes mit dem Wirtschaftszweig 4011, Elektrizitätserzeugung, vergleichbar. Auch in räumlicher Hinsicht grenzt das Bundeskartellamt den Markt für den erstmaligen Stromabsatz sowie zusätzlich den Strom-Großkundenmarkt deutschlandweit ab. Der Markt für Strom-Kleinkunden wird hingegen lokal auf das Netzgebiet, „also das zur Versorgung eines Gewerbebetriebes und Haushalts benötigte Niederspannungsnetz"[9] eingeteilt.

Elektrizitätserzeugung (WZ 4011)

230. Da die vorliegenden Konzentrationsstatistiken weder die Abgrenzung von Strom-Großkunden und Strom-Kleinkunden noch den lokalen Ansatz erlauben, kann nur die Kennzahl für den Wirtschaftszweig 4011 interpretiert werden. Zur Beurteilung der Wettbewerbssituation reicht nach Auffassung des Bundeskartellamtes ein Blick auf die Marktanteile der Erzeuger aus. Die in Tabelle II.4 angegebenen Marktanteile der drei größten Unternehmen (CR3) für das Berichtsjahr 2005 erscheinen jedoch mit rd. 45 Prozent im Vergleich zu den Marktanteilen, die das Bundeskartellamt in seiner sehr detaillierten Marktdatenerhebung von 2003 und 2004 ermittelt hat, nicht aussagekräftig. Demnach lag der Marktanteil der beiden größten Elektrizitätserzeuger E.ON und RWE in den Jahren 2003 und 2004 schon bei 57 Prozent und 59 Prozent.[10] Das Bundeskartellamt geht davon aus, dass dieser sich bis zum heutigen Zeitpunkt nicht spürbar verändert hat. Auch eine neuere Studie von Zimmer, Lang und Schwarz aus dem Jahr 2006 kommt zu ähnlichen Ergebnissen wie das Bundeskartellamt.[11] Auf der Basis einer eigenen Datenerhebung für die Nettostromerzeugung werden für E.ON und RWE jeweils 26,5 Prozent Marktanteil an der inländischen Nettostromproduktion berechnet. Die Werte liegen zwar geringfügig unter den Marktanteilswerten des Bundeskartellamtes für die Jahre 2003 und 2004, die gemeinsamen Marktanteile von E.ON und RWE überschreiten jedoch auch hier die konzentrationsstatistischen Ergebnisse aus dem Unternehmensregister deutlich. Der Anteil des drittgrößten Energieunternehmens Vattenfall wird zudem mit 16,9 Prozent berechnet, was zu einer CR3 von rd. 70 Prozent führen würde.

231. Eine Erklärung für die Abweichungen wäre, dass die Ausgangsbasis beim Statistischen Bundesamt die Umsätze der betrachteten Wirtschaftseinheiten zugrunde

legt, während das Bundeskartellamt die Marktanteile auf der Basis der erzeugten Mengen berechnet. Sofern die Verbundunternehmen ihre Strommengen zu einem niedrigeren durchschnittlichen Preis/kWh verkaufen als kleinere Konkurrenten, ergäbe sich hierdurch ein vergleichsweise geringerer Umsatz. Darüber hinaus ist nicht nachprüfbar, ob die Zuordnung von Unternehmen zu Unternehmensgruppen einheitlich vorgenommen wurde. Hier tritt erneut das Problem der zersplitteten Unternehmensgruppen auf. Es ist z. B. bekannt, dass E.ON und RWE indirekt – über ihre Anteile an der RAG AG – das fünftgrößte Stromerzeugungsunternehmen Evonik Industries AG kontrollieren. Die RAG AG ist 100-prozentiger Anteilseigner der Evonik Industries AG. Die RAG AG selbst wird zu 39,2 Prozent von E.ON und zu 30,2 Prozent von RWE gehalten.[12] Somit müssten die Marktanteile dieses Energieversorgers im Rahmen einer Wettbewerbsanalyse prinzipiell den beiden großen Verbundunternehmen zugerechnet werden und es wäre von einer deutlich höheren Konzentration auf der Erzeugerstufe auszugehen.

Elektrizitätsübertragung (WZ 4012)

232. Die Konzentrationsergebnisse des Wirtschaftszweigs 4012, Elektrizitätsübertragung, lassen hingegen keine Aussage über die Wettbewerbssituation auf dem Markt für Übertragungstransportdienstleistungen zu. Dieser Markt ist aufgrund der Subadditivität der Kosten beim Verlegen und Bewirtschaften der Netze durch eine inhärente Tendenz zum natürlichen Monopol gekennzeichnet. Aktuell existieren keine bzw. kaum Parallelleitungen zu den Elektrizitätsverteil- und -transportnetzen, so dass die Märkte für Transportdienstleistungen gebietsmonopolistische Strukturen aufweisen. Daher entschied sich der Gesetzgeber, diesen Bereich aus dem freien Wettbewerbsgeschehen herauszunehmen und seit Juli 2005 einer gesonderten Regulierung zu unterziehen. Darüber hinaus sind die Zahlen der Wirtschaftszweigzuordnung 4012 nicht interpretierbar, da Umspannwerke in den Bereich der Elektrizitätsübertragung auf der Höchstspannungsebene gezählt worden sind. So werden in der Statistik trotz der geringen Anzahl der vier bekannten Übertragungsnetzbetreiber 69 Wirtschaftliche Einheiten ausgegeben.

Elektrizitätsverteilung (WZ 4013)

233. Auch die Kennzahl 4013, Elektrizitätsverteilung und -handel, erscheint nicht aussagekräftig. Sofern sie die Stromverteilung (Verteilnetzebene), den Handel und den Endkundenvertrieb umfasst, lassen sich auf dieser aggregierten Ebene keine Aussagen für die wettbewerbliche Ausgangssituation auf den einzelnen Teilmärkten machen. Der Markt für Verteilnetztransportdienstleistungen

9 BKartA, Beschluss vom 12. März 2007, B8-62/06 „Saar/Ferngas", S. 12.

10 Das Bundeskartellamt hat im Rahmen seiner Marktdatenerhebung die Erzeugerstufe detailliert untersucht. Dabei wurden die vier deutschen Verbundunternehmen nach eigenen Kraftwerken, Anteilen an Gemeinschaftskraftwerken sowie langfristig durch Verträge gesicherten und zurechenbaren Kraftwerksleistungen befragt. Die Marktanteile wurden auf der Basis a) der installierten Kapazität und b) der tatsächlich erzeugten Mengen berechnet. Die nachfolgenden Angaben beziehen sich dabei auf die tatsächlich erzeugten Mengen. Vgl. hierzu ausführlich Monopolkommission, Sondergutachten 49, a. a. O., Tz. 160 ff.

11 Vgl. Zimmer, M., Lang, C., Schwarz, H.-G., Marktstruktur und Konzentration in der deutschen Stromerzeugung 2006, Zeitschrift für Energie, Markt und Wettbewerb 5, 2007, S. 64–69.

12 Vgl. Hoppenstedt Firmeninformationen GmbH, Darmstadt, Konzernstrukturdatenbank, Stand: 6. September 2007. Die Angaben beziehen sich auf die Konzernstruktur zum Bilanzstichtag des Geschäftsjahres 2006. Zum 30. November 2007 veräußerten die bisherigen Anteilseigner ihre Beteiligungen an der RAG AG an die RAG Stiftung.

wird einer spezifischen Regulierung durch die Bundesnetzagentur unterzogen und weist eine gebietsmonopolistische Struktur auf. Für die verschiedenen Stromhandelsmärkte ist hingegen eine wettbewerbliche Struktur anzunehmen. Der Markt für den letztmaligen Stromabsatz an Verbraucher wird – wie oben erörtert – in die Teilmärkte Strom-Großkunden und -Kleinkunden untergliedert. Dabei wird nur der Markt für Strom-Großkunden deutschlandweit abgegrenzt, der Markt für Strom-Kleinkunden jedoch regional. Auch im Hinblick auf diese beiden Märkte lassen sich die Zahlen nicht interpretieren, da die Märkte nicht gesondert ausgewiesen werden.

Gasversorgung (WZ 402)

234. Ebenso problematisch ist die Interpretation der Konzentrationskennzahlen für den WZ 402, Gasversorgung, welcher sich in die Bereiche Gaserzeugung sowie Gasverteilung und -handel untergliedert. Die sachliche Marktabgrenzung unterscheidet zwischen (a) Erdgasfördergesellschaften und Ferngasunternehmen mit Importbezug, (b) Ferngasunternehmen ohne Importbezug und (c) Regional- und Ortsgasunternehmen (vornehmlich Stadtwerke).[13] Da weniger als 20 Prozent des Gasbedarfs im Inland produziert wird, werden sich die Zahlen im WZ 4021, Gaserzeugung, vor allem auf Ferngasunternehmen mit Importbezug beziehen. Im Gegensatz dazu sind Gasverteilung bzw. -handel (WZ 4022) geografisch regional zu definieren. Das bedeutet, dass in beiden Bereichen kein nationaler Markt unterstellt werden kann.

235. Die Anzahl der Wirtschaftlichen Einheiten im WZ 402 erscheint mit 615 leicht unterschätzt. Laut der Gasstatistik der Bundesrepublik Deutschland waren im Jahr 2006 über 700 Gasversorgungsunternehmen tätig. Davon sind 690 Regionalgesellschaften oder örtliche Gasversorgungsunternehmen.[14] Da diese in der Regel sowohl als Importeure als auch als Verteiler tätig sind, jedoch nach dem Schwerpunktprinzip nur einem Wirtschaftszweig zugeordnet werden, ist die Untergliederung auf Vierstellerebene der Wirtschaftszweigklassifikation in Erzeugung und Verteilung von Gas nur eingeschränkt aussagekräftig.

236. Laut der Statistik für öffentliche Fonds, Einrichtungen und Unternehmen realisieren diese in der Elektrizitätsversorgung (WZ 401) rd. 39 Prozent der Umsätze und im Gasbereich (WZ 402) rd. 47 Prozent.[15] Die hohen Anteile von Umsätzen öffentlicher Einheiten gehen auf den Strukturcharakter des natürlichen Monopols in der Energieversorgung zurück.[16]

Wasserversorgung (WZ 41)

237. Der Wirtschaftszweig 41, Wasserversorgung, ist einer der letzten Infrastrukturbereiche, welcher noch nicht für den Wettbewerb geöffnet worden ist. Die leitungsgebundene Trinkwasserversorgung liegt im Zuständigkeitsbereich der Städte und Gemeinden. Diese können aufgrund eines kartellrechtlichen Ausnahmebereichs über die Abgrenzung von Versorgungsgebieten und ausschließliche Wegnutzungsrechte Gebietsmonopole bilden. Ebenso gibt es die Möglichkeit zur Bildung von Zweckverbänden, Auftragsvergabe oder materiellen Privatisierung, so dass ein Teil der Wasserversorgung durch private Unternehmen betrieben wird. Mit rd. 76 Prozent der Unternehmen und einem Umsatzanteil von rd. 98 Prozent überwiegt jedoch der Anteil in öffentlicher Hand.[17] Vor diesem Hintergrund haben die Konzentrationskennzahlen in diesem Bereich keine Aussagekraft.

1.2.3 Wirtschaftsabschnitt F, Baugewerbe

238. Für das Baugewerbe wurden im Sechzehnten Hauptgutachten der Monopolkommission[18], wie für die Wirtschaftsabschnitte C und D, Konzentrationsmaße für Wirtschaftliche Einheiten auf der Basis von Unternehmen mit 20 und mehr Beschäftigten berechnet. Der Umstieg auf das Unternehmensregister spiegelt sich jedoch für diesen Bereich noch deutlicher in den Daten wider, da besonders viele kleine Unternehmen mit weniger als 20 Beschäftigten in der Baubranche tätig sind. So deckt der bisherige Berichtskreis aus der Erhebung nur 3,8 Prozent der Einheiten ab, die im Unternehmensregister für den Abschnitt F erfasst sind. Tabelle II.5 zeigt in einer Gegenüberstellung der Konzentrationswerte aus der Investitionserhebung 2003 und aus dem Unternehmensregister 2005, wie hoch der Einfluss des eingeschränkten Berichtkreises war.

239. Im Wirtschaftszweig 455, Vermietung von Baumaschinen und -geräten mit Bedienungspersonal, wurden in der Statistik für das Berichtsjahr 2003 nur 1,4 Prozent der Einheiten aus dem Unternehmensregister 2005 erfasst. Entsprechend wurde auch die Konzentration mit einer annähernd vierfach höheren CR10 und einem zehnfach höheren HHI überschätzt. Nach den Daten für das Jahr 2005 ist die Konzentration im Baugewerbe auf allen Gliederungsebenen der Wirtschaftszweigklassifikation gering. Die höchsten Werte auf Vierstellerebene werden für die Bereiche 4512, Test- und Suchbohrung, und 4524, Wasserbau, mit Konzentrationsraten der zehn größten Wirtschaftlichen Einheiten um 55 Prozent und HHI-Werten um 500 Punkte ausgegeben. Es ist jedoch zu beachten, dass auch auf Vierstellerebene der Wirtschaftszweigklassifikation die Eingrenzung eines sachlich relevanten Marktes teilweise nicht möglich ist.

240. Unternehmen in öffentlicher Hand haben im Baugewerbe insgesamt mit 1,4 Prozent des Umsatzes und 1,6 Prozent der Beschäftigten eine geringe Bedeutung.

---

[13] Vgl. hierzu ausführlich Monopolkommission, Sondergutachten 49, a. a. O., Tz. 449 ff.

[14] Vgl. BGW, 126. Gasstatistik Bundesrepublik Deutschland, Bonn 2007.

[15] Eigene Berechnungen auf der Basis von Daten des Statistischen Bundesamtes.

[16] Details zum Wettbewerb in den Märkten für Strom und Gas sind nachzulesen in: Monopolkommission, Sondergutachten 49, a. a. O.

---

[17] Eigene Berechnungen auf der Basis von Daten des Statistischen Bundesamtes.

[18] Monopolkommission, Mehr Wettbewerb auch im Dienstleistungssektor!, Hauptgutachten 2004/2005, Baden-Baden 2006.

Tabelle II.5

Gegenüberstellung der Konzentrationsmaße aus der Investitionserhebung 2003 und dem Unternehmensregister 2005 im Wirtschaftsabschnitt F, Baugewerbe

Wirtschaftszweig		Investitionserhebung 2003			Unternehmensregister 2005			Differenz (%)	
		Anzahl WE	CR 10 (%)	HHI	Anzahl WE	CR 10 (%)	HHI	Anteil b an e	Rate c zu f
(a)		(b)	(c)	(d)	(e)	(f)	(g)	(h)	(i)
45	Baugewerbe	13.583	13,3	28	358.822	5,0	4	3,8	3,0
451	Vorbereitende Baustellenarbeiten	216	46,3	371	8.103	14,1	50	2,7	0,9
452	Hoch- und Tiefbau	6.918	18,3	51	96.775	9,3	15	7,1	1,2
453	Bauinstallation	4.241	14,9	36	124.960	4,4	3	3,4	4,3
454	Sonstiges Ausbau-gewerbe	2.264	10,3	25	128.321	2,5	2	1,8	6,4
455	Vermietung von Bau-maschinen und -geräten mit Bedienungs-personal	15	85	1.046	1.051	23,2	96	1,4	0,9

Quelle: Eigene Berechnungen der Monopolkommission auf der Basis von Daten des Statistischen Bundesamtes

Nach Angaben des Statistischen Bundesamtes werden die Unternehmen des Bundes (9 Unternehmen) mit 36 Prozent der Erträge subventioniert und die der Länder (5 Unternehmen) mit 7 Prozent der Erträge. Die Kommunen halten 78 Unternehmen, die jedoch kaum Zuschüsse erhalten. Zu Wettbewerbsverzerrungen durch Zuschüsse der öffentlichen Hand könnte es bei diesen Anteilen höchstens in einzelnen tiefer untergliederten Bereichen kommen, die aus den vorliegenden Daten nicht ableitbar sind. Es kann vermutet werden, dass die öffentlichen Unternehmen vor allem im Bereich Hoch- und Tiefbau (WZ 452), hier insbesondere Bau von Brücken und Tunneln (WZ 4521) sowie Bau von Straßen und Bahnverkehrsstrecken (WZ 4523) und Wasserbau (WZ 4524), anzusiedeln sind. Unter der Annahme, dass alle öffentlichen Bauunternehmen dem WZ 452 zuzuordnen sind, würden auf sie 2,9 Prozent der Umsätze und 3,7 Prozent der Beschäftigten entfallen. Nur 0,4 Prozent der Umsätze wären Subventionen.[19]

1.2.4 Wirtschaftsabschnitte G und H, Handel und Gastgewerbe

241. Für die Bereiche Handel und Gastgewerbe ist der Umstieg auf das Unternehmensregister von besonderer Bedeutung. Sie wurden bereits in früheren Hauptgutachten statistisch erfasst. Die Qualität der Daten war jedoch aus verschiedenen Gründen sehr eingeschränkt.[200]

Deshalb wird von einem Vergleich mit den zuletzt veröffentlichten Daten an dieser Stelle abgesehen.

242. Der Wirtschaftsabschnitt G, Handel, ist untergliedert in die Bereiche Handelsvermittlung und Großhandel (WZ 51) sowie Einzelhandel inklusive der Reparatur von Gebrauchsgütern (WZ 52). Die wirtschaftliche Konzentration ist überwiegend gering. Tabelle II.6 zeigt die Wirtschaftszweige, welche eine Konzentrationsrate der drei größten Unternehmen von mindestens 45 Prozent haben.

Handelsvermittlung und Großhandel (WZ 51)

243. Im Großhandelsbereich ist die Konzentration in den Wirtschaftszweigen 5125 und 5135, Handel mit Rohtabak und Tabakwaren, relativ hoch, wobei die Umsätze für den Handel mit Rohtabak teilweise geschätzt sind und somit Ungenauigkeiten enthalten können. Gleiches gilt für den Großhandel mit sonstigen Nahrungsmitteln (WZ 5138), welche Fisch und Fischerzeugnisse, Mehl- und Getreideprodukte und andere Nahrungsmittel, die anderweitig nicht genannt werden, umfasst. Eine präzisere Zuordnung ist aufgrund der Klassifikation der Daten nicht möglich. Der WZ 5186, Großhandel mit elektronischen Bauelementen, ist mit einer CR3 von rd. 45 Prozent und einer CR10 von rd. 66 Prozent ungefähr so hoch konzentriert wie dessen Zulieferindustrie WZ 3210, Her-

---

[19] Eigene Berechnungen der Monopolkommission auf der Basis von Daten des Statistischen Bundesamtes.

[20] Vgl. hierzu die Erläuterungen im Anlagenband zum Dreizehnten Hauptgutachten der Monopolkommission, Wettbewerb in Netzstrukturen, Hauptgutachten 1998/1999, Baden-Baden 2000, S. 21 ff. sowie Statistische Jahrbücher des Statistischen Bundesamtes, jeweils Kapitel 15.

Tabelle II.6

Hochkonzentrierte Wirtschaftszweige der Wirtschaftsabschnitte G und H,
Handel und Gastgewerbe

	Wirtschaftszweig	Anzahl WE	HHI	CR3 (%)	Anzahl CR3	CR10 (%)	Anzahl CR10	CR100 (%)
5125	Großhandel mit Rohtabak	20	1.768	*61,3*	3	*94,4**	10	.
5135	Großhandel mit Tabakwaren	510	1.764	*58,4*	4	*74,4*	17	*95,7*
5138	Großhandel mit sonstigen Nahrungsmitteln	2.303	1.128	*50,1*	5	*62,3**	13	*82,3**
5154	Großhandel mit Metall- und Kunststoffwaren für Bauzwecke sowie Installationsbedarf für Gas, Wasser und Heizung	5.589	139	*16,7*	59	*29,6*	68	*79,4*
5186	Großhandel mit elektronischen Bauelementen	371	1.031	*45,4*	3	*65,5*	10	*96,0*
5233	Einzelhandel mit Parfümeriewaren und Körperpflegemitteln	5.906	1.688	*62,0*	8	*86,8**	17	*92,2*

* Umsätze von mindestens 30 Prozent der Unternehmen geschätzt.
Quelle: Eigene Darstellung der Monopolkommission auf der Basis von Daten des Statistischen Bundesamtes.

stellung von elektronischen Bauelementen. Diese hat eine CR3 von rd. 50 Prozent und eine CR10 von rd. 60 Prozent.[21]

Einzelhandel inklusive der Reparatur von Gebrauchsgütern (WZ 52)

244. Im Einzelhandel hat nur der WZ 5233, Einzelhandel mit Parfümeriewaren und Körperpflegemitteln, eine relativ hohe CR3, die über 45 Prozent liegt. Es kann vermutet werden, dass die Kettenbildung von Drogeriemärkten und Parfümerien zu dieser relativ hohen Konzentration beiträgt.

245. Bemerkenswert ist, dass der Lebensmitteleinzelhandel (WZ 5211, Einzelhandel mit Waren verschiedener Art, Hauptrichtung Nahrungsmittel, Getränke und Tabakwaren) nicht in der Tabelle II.6 aufgeführt ist. Das vorliegende Datenmaterial weist eine Konzentrationsrate der drei größten Wirtschaftlichen Einheiten von 26 Prozent aus, die CR6 liegt bei rd. 44 Prozent und die CR10 bei rd. 58 Prozent. Auch der HHI von rd. 418 Punkten weist auf eine geringe Konzentration hin. Nach Angaben verschiedener Verbände und Forschungsinstitute liegen die Konzentrationsraten jedoch mit einer CR10 von über 80 Prozent weit höher. Laut dem Branchenbericht des Bundesverbandes des deutschen Lebensmittelhandels e.V. für die Jahre 2005 und 2006 hatten die TOP 5 des Lebensmittelhandels (EDEKA, Metro, REWE, Schwarz und Aldi) einen gemeinsamen Marktanteil von 68,7 Prozent und die Top 10 einen Anteil von

85,6 Prozent.[22] Der Grund für die Unterschätzung der Konzentration ist das bereits in Abschnitt 2.2.3 des Kapitels I beschriebene Problem, dass sich die Unternehmensgruppen aufgrund ihrer Organisationsform nicht systematisch zusammenführen lassen. Insbesondere große Handelsketten wie EDEKA, Aldi und Lidl werden über mehrere Stiftungen bzw. Genossenschaften an der Gruppenspitze oder durch geografische Unterteilung als mehrere kleine Unternehmensgruppen geführt.

Gastgewerbe (WZ 55)

246. Das Gastgewerbe (Wirtschaftsabschnitt H, WZ 55) enthält die Hotellerie und sonstige Beherbergungen, die Gastronomie sowie Kantinen und Caterer. Im Gastgewerbe sind die Konzentrationen auf nationaler Ebene relativ gering. Diese deutschlandweite Betrachtung ist jedoch von geringer Aussagekraft für den Wettbewerb, da die geografisch relevanten Märkte regional abzugrenzen wären.

1.2.5 Wirtschaftsabschnitt I, Verkehr und Nachrichtenübermittlung

247. Der Wirtschaftsabschnitt I, Verkehr und Nachrichtenübermittlung, enthält mehrere Wirtschaftszweige, die aufgrund ihres Netzcharakters ehemalige Staatsmonopole sind. Dazu gehören WZ 601, Eisenbahnverkehr, WZ 62, Flugverkehr, WZ 641, Post, und WZ 643, Fernmeldedienste (Telekommunikation). Diese hatten im Jahr 2005 bzw. haben noch immer Monopolstellungen durch staatliche Regulierung in Teilbereichen (z. B. das Briefmonopol

---

[21] Vgl. Anlagen zu diesem Hauptgutachten, Tabelle B.1.

[22] Bundesverbandes des deutschen Lebensmittelhandels e.V., Lebensmittel-Einzelhandel 2005/2006, Berlin 2006, S. 22.

der Deutschen Post AG). Entsprechend hoch sind die Konzentrationen in diesen Bereichen (vgl. Tabelle II.7). Die Monopolkommission veröffentlicht regelmäßig ausführliche Sondergutachten zu den einzelnen Netzindustrien, in denen die Wettbewerbsverhältnisse sehr viel eingehender und aktueller behandelt werden. Deshalb werden die Konzentrationsstatistiken an dieser Stelle nur grob erläutert.

Eisenbahnverkehr (WZ 601)

248. Im Wirtschaftszweig 60 wird für den Bereich Eisenbahnverkehr (WZ 601) die starke Marktstellung der Deutschen Bahn AG deutlich. Die Konzentrationsraten der drei, sechs und zehn größten Unternehmen werden geheimgehalten. Hier greift höchstwahrscheinlich die Dominanzregel in der Geheimhaltung des Statistischen

Tabelle II.7

Konzentrationsmaße in ausgewählten Wirtschaftszweigen des Wirtschaftsabschnitts I, Verkehr und Nachrichtenwesen

	Wirtschaftszweig	Anzahl WE	HHI	CR3 (%)	Anzahl CR3	CR10 (%)	CR25 (%)
I	Verkehr und Nachrichtenübermittlung	140.405	445	33,8	127	45,6	52,8
60	Landverkehr; Transport in Rohrfernleitungen	82.109	883	x	x	36,2	40,2
601	Eisenbahnverkehr	504	8.274	x	x	x	98,2
602	Sonstiger Landverkehr	81.576	23	6,2	42	11,2	15,9
603	Transport in Rohrfernleitungen	52	5.041	82,4	4	98,9	99,9
61	Schifffahrt	3.589	567	36,8	3	53,3	61,7
611	See- und Küstenschifffahrt	1.943	670	40,0	3	58,0	67,0
612	Binnenschifffahrt	1.655	143	13,7	10	32,1	47,3
62	Luftfahrt	678	2.292	66,2	9	91,9	97,3
621	Linienflugverkehr	218	2.818	74,3	9	95,8	99,7
622	Gelegenheitsflugverkehr	451	4.467	75,6	3	83,1	89,7
623	Raumtransport	11	3.127	88,8	3	x	.
63	Hilfs- und Nebentätigkeiten für den Verkehr; Verkehrsvermittlung	40.335	137	16,5	78	28,1	36,1
631	Frachtumschlag und Lagerei	1.476	829	47,9	3	65,1	74,3
6311	Frachtumschlag	330	495	32,9	3	47,9	63,6
6312	Lagerei	1.153	1.048	54,1	3	72,4	80,5
632	Sonstige Hilfs- und Nebentätigkeiten für den Verkehr	1.567	1.603	55,1	9	74,5	85,9
6321	Sonstige Hilfs- und Nebentätigkeiten für den Landverkehr	855	5.793	x	x	91,0	94,0
6322	Sonstige Hilfs- und Nebentätigkeiten für die Schifffahrt	276	442	27,9	8	54,9	79,5
6323	Sonstige Hilfs- und Nebentätigkeiten für die Luftfahrt	446	1.129	51,2	7	80,2	94,1
633	Reisebüros und Reiseveranstalter	14.294	1.507	45,3	25	58,5	67,9
634	Spedition, sonstige Verkehrsvermittlung	23.162	86	14,2	55	21,8	29,5
64	Nachrichtenübermittlung	14.392	2.465	74,0	23	85,3	91,6
641	Postverwaltung und private Post- und Kurierdienste	12.329	5.495	81,6	10	88,1	90,7
6411	Postverwaltung	624	9.762	x	x	x	x
6412	Private Post- und Kurierdienste	11.707	4.910	78,7	9	86,3	89,4
643	Fernmeldedienste	2.067	3.980	77,8	16	89,5	95,0

Quelle: Eigene Darstellung der Monopolkommission auf der Basis von Daten des Statistischen Bundesamtes

Bundesamtes, welche eine Veröffentlichung von Werten verbietet, die durch die Marktanteile von nur einem der enthaltenen Unternehmen erheblich dominiert werden. Der erste zur Veröffentlichung frei gegebene Wert ist die CR25 mit über 98 Prozent Umsatzanteil. Der HHI von über 8 000 Punkten und ein Variationskoeffizienten von über 2 000 Punkten zeigen ebenfalls die Ungleichverteilung der Marktanteile an.[23]

Transport in Rohrfernleitungen (WZ 603)

249. Eine sehr hohe Konzentration zeigt sich auch für den WZ 603, Transport in Rohrfernleitungen, mit nur 52 Wirtschaftlichen Einheiten, einem HHI von über 5 000 und einer Konzentrationsrate der zehn größten Unternehmen von rd. 99 Prozent. Die Rohrfernleitungssysteme transportieren Gase, Flüssigkeiten, Schlämme und andere Güter. Nicht enthalten ist die Verteilung von Erd- und Stadtgas, Fernwärme sowie Wasser, welche ausschließlich dem Wirtschaftsabschnitt E zugerechnet wird.

Schifffahrt (WZ 61)

250. Der Wirtschaftszweig Schifffahrt (WZ 61) wird in See- und Küstenschifffahrt sowie Binnenschifffahrt untergliedert. Während Letztere gering konzentriert ist, zeigt die See- und Küstenschifffahrt mit Konzentrationsraten von rd. 40 Prozent der drei größten und rd. 58 Prozent der zehn größten Einheiten eine höhere Konzentration. In beiden Bereichen ist der Markt jedoch international einzustufen, so dass die Zahlen wegen ihrer Beschränkung auf den nationalen Markt nicht aussagekräftig sind.

Luftfahrt (WZ 62)

251. Die einzelnen Bereiche des Wirtschaftszweigs 62, Luftfahrt, sind aufgrund ihres Netzcharakters bzw. ihrer Kostenintensität durchgehend hoch konzentriert und geografisch als internationale Märkte zu betrachten. Insbesondere der Raumtransport, welcher das Starten von Satelliten und Raumfahrzeugen sowie Personen- und Güterbeförderung in der Raumfahrt umfasst, hat als natürliches Monopol mit nur elf Wirtschaftlichen Einheiten und einer CR3 von rd. 89 Prozent eine hohe Konzentrationsrate. Gleiches gilt für den Linienflugverkehr mit einer Konzentrationsrate der zehn größten Wirtschaftlichen Einheiten von 95 Prozent. In diesem Wirtschaftszweig endete der Liberalisierungsprozess auf europäischer Ebene im Jahr 1993. Seitdem hat sich der Wettbewerb in den letzten Jahren insbesondere durch einen steigenden Marktanteil der Billigfluggesellschaften, welche Flüge zu niedrigen Preisen mit reduziertem Service anbieten, intensiviert.

Hilfs- und Nebentätigkeiten für den Verkehr (WZ 63)

252. Der Wirtschaftszweig 63, Hilfs- und Nebentätigkeiten für den Verkehr, umfasst die Bereiche Frachtumschlag und Lagerei, sonstige Hilfs- und Nebentätigkeiten für den Verkehr, Reisebüros und -veranstalter und Speditionen. Die in Tabelle II.7 aufgeführten Daten zeigen, dass in diesem Bereich Unternehmensgruppen bzw. -ketten eine große Rolle spielen. So vereinen die drei größten Wirtschaftlichen Einheiten des WZ 63 insgesamt 78 Unternehmen auf sich, wobei dies besonders auf die Wirtschaftszweige 633, Reisebüros und -veranstalter, und 634, Speditionen, zurückzuführen ist.

Die vorliegende Anzahl der Wirtschaftlichen Einheiten von Reisebüros und Reiseveranstaltern von rd. 14 300 liegt im Vergleich zu Angaben anderer Quellen etwas zu niedrig. Der Deutsche ReiseVerband (DRV) gibt für das Jahr 2005 eine Anzahl von rd. 12 600 Reisebüros an. Hinzu kommen die Reisveranstalter, deren Anzahl auf etwa 2 400 Einheiten geschätzt wird.[24] Die Reisebranche zeigt durch große nationale Unternehmensketten eine relativ hohe Konzentration. Das zeigen auch die Konzentrationsraten der drei und der zehn größten Wirtschaftlichen Einheiten von über 45 Prozent und über 58 Prozent, wobei hier Reisebüros und Reiseveranstalter gemeinsam ausgewertet wurden. Nach Angaben des DRV sind die größten Reiseveranstalter TUI Deutschland mit einem Marktanteil von 28,1 Prozent, Thomas Cook mit 19,6 Prozent und REWE Touristik mit 18,7 Prozent, d. h. die CR3 für Reiseveranstalter läge bei rd. 66 Prozent. Wichtige Entwicklungen in diesem Markt, die den Wettbewerb beeinflussen, sind die Zunahme von Online-Reiseanbietern und der zunehmende Absatz über Vertriebspartner aus anderen Branchen, wie z. B. der Absatz von Bahntickets über Discounter.

Nachrichtenübermittlung (WZ 64)

253. Der Wirtschaftszweig 64, Nachrichtenübermittlung, ist untergliedert in die Bereiche Postverwaltung und private Post- und Kurierdienste sowie Fernmeldedienste. Auch hier sind die Konzentrationswerte strukturbedingt hoch. Nähere Angaben zur Entwicklung des Wettbewerbs in diesen Märkten sind auf der aggregierten Ebene, auf der die vorliegenden Konzentrationsmaße geliefert werden, jedoch nicht zu treffen. Beispielsweise ist der Wettbewerb in der Telekommunikationsbranche im Bereich der Festnetzgespräche mittlerweile so gefestigt, dass die Regulierung von staatlicher Seite zurückgefahren wird. In anderen Unterbereichen, wie z. B. auf Vorleistungsebene und bei der Bereitstellung von Teilnehmeranschlüssen im Festnetz sind die Monopolstrukturen hingegen noch erkennbar.[25]

---

[23] Nähere Angaben zum Wettbewerb in verschiedenen Bereichen des Eisenbahnverkehrs sind in Monopolkommission, Wettbewerbs- und Regulierungsversuche im Eisenbahnverkehr, Sondergutachten 48, Baden-Baden 2007 nachzulesen.

---

[24] Deutscher ReiseVerband e. V., Fakten und Zahlen zum deutschen Reisemarkt 2005, Berlin 2005.

[25] Zu den Wettbewerbsstrukturen und -entwicklungen für die Bereiche Post und Telekommunikation vgl. Monopolkommission, Wettbewerbsentwicklung bei der Telekommunikation 2007: Wendepunkt der Regulierung, Sondergutachten 50, Baden-Baden 2008 sowie dies., Wettbewerbsentwicklung bei der Post 2007: Monopolkampf mit allen Mitteln, Sondergutachten 51, Baden-Baden 2008.

1.2.6 Wirtschaftsabschnitt J, Kredit- und Versicherungsgewerbe

254. Für den Wirtschaftsabschnitt J, Kredit- und Versicherungsgewerbe, werden die Konzentrationsmaße auf der Basis der sozialversicherungspflichtig Beschäftigten berechnet, da in diesem Bereich keine steuerbaren Umsätze gemeldet werden. Das verwendete Merkmal ist in allen Wirtschaftszweigen zu über 80 Prozent gefüllt. Tabelle II.8 weist die Ergebnisse der Auswertung des Unternehmensregisters für das Kredit- und Versicherungsgewerbe aus.[26]

Kreditinstitute (WZ 6512)

255. Etwa zwei Drittel der Beschäftigten aus dem Wirtschaftsabschnitt J sind dem WZ 6512, Kreditinstitute, zugeordnet. Deshalb wird im Folgenden nur dieser Bereich näher betrachtet. Der deutsche Bankenverband gibt an, dass im Jahr 2006 insgesamt 2 300 Kreditinstitute mit 681 300 Beschäftigten in Deutschland aktiv waren.[27] Die Werte aus dem Unternehmensregister von 2005 liegen bei 3 300 Einheiten mit rd. 661 100 Beschäftigten. Obwohl die Anzahl der Kreditinstitute seit vielen Jahren rückläufig ist, liegt eine Überschätzung der Anzahl der Einheiten nahe. Der Grund für diese Überschätzung ist das Problem der Aggregation von Unternehmensgruppen bei bestimmten Organisationsformen. Die vom Bankenverband veröffentlichte Anzahl der Beschäftigten wird mit 97 Prozent beinahe vollständig abgedeckt.

256. Für die Konzentrationsmaße im Bankengewerbe auf der Basis der Beschäftigten liegen der Monopolkommission keine Vergleichszahlen vor. Es ist jedoch davon auszugehen, dass die Konzentrationsmaße tendenziell unterschätzt werden. Dies zeigen branchenspezifische Erhebungen der Monopolkommission im Rahmen ihrer Untersuchungen zur aggregierten Konzentration von Großunternehmen in Kapitel III des Hauptgutachtens. Die Erhebungen liefern Hinweise auf die tendenzielle Unterschätzung der Konzentration durch die Verwendung der Beschäftigungsdaten sowie infolge der eingeschränkten Aggregation von Unternehmensgruppen. Gemessen an dem Geschäftsvolumenmerkmal Bilanzsumme hatten die zehn größten Kreditinstitute danach im Jahr 2006 einen Anteil an der Bilanzsumme aller Kreditinstitute von 51,3 Prozent.[28] Darüber hinaus ist im Bankengewerbe der geografisch relevante Markt für einen großen Teil der Kreditinstitute regional anzusetzen. Insbesondere Einrichtungen der öffentlichen Hand konkurrieren durch das Regionalprinzip nicht untereinander. Dies führt ebenfalls zu einer Unterschätzung der Konzentration in den relevanten Märkten. Der hohe Staatsanteil im Kreditgewerbe mit 45 Prozent stellt eine besondere Wettbewerbsbeschränkung dar. Staatliche Kreditinstitute können nicht nur unter dem Schutz des Regionalprinzips, sondern zusätzlich auch mit einer vergleichsweise geringeren Eigenkapitalausstattung agieren. Laut dem Bankenverband ist eine Konsolidierung des deutschen Bankenmarktes zur Sicherung der Erträge überfällig, nachdem die Strukturanpassungen in vielen Nachbarländern schon stattgefunden haben.[29]

---

[26] Eine ausführlichere Darstellung über den Wettbewerb im Kredit- und Versicherungsgewerbe erfolgt in Kapitel III des vorliegenden Hauptgutachtens.
[27] Vgl. Bundesverband deutscher Banken e. V., Statistik-Service, http://www.bankenverband.de/statistik/channel/16821010/index.html.
[28] Vgl. Kapitel III, Tz. 384.
[29] Bundesverband deutscher Banken e. V., Lage und Perspektiven der Kreditwirtschaft: Den notwendigen Strukturwandel vorantreiben; http://www.bankenverband.de/print.asp?artid=1205&channel=133810.

Tabelle II.8

Konzentrationsmaße in ausgewählten Wirtschaftszweigen des Wirtschaftsabschnitts J, Kredit- und Versicherungsgewerbe

	Wirtschaftszweig	Anzahl WE	Anteil WE (%)	Beschäftigte	Anteil Beschäftigte (%)	HHI	CR3 (%)	Anzahl CR3	CR10 (%)
J	Kredit- und Versicherungsgewerbe	50.353	100,0	1.005.710	100,0	79	11,4	56	22,2
65	Kreditgewerbe	5.003	9,9	692.547	68,9	87	12,6	36	22,9
6512	Kreditinstitute (ohne Spezialkreditinstitute)	3.318	6,6	661.081	65,7	87	12,8	24	22,8
66	Versicherungsgewerbe	1.737	3,4	225.870	22,5	357	26,0	x	48,2
67	Mit dem Kredit- und Versicherungsgewerbe verbundene Tätigkeiten	43.817	87,0	87.293	8,7	15	4,5	10	9,7

Quelle: Eigene Darstellung der Monopolkommission auf der Basis von Daten des Statistischen Bundesamtes

Versicherungsgewerbe (WZ 66)

257. Dem Versicherungsgewerbe werden im Unternehmensregister für das Jahr 2005 rd. 1 700 Wirtschaftliche Einheiten zugeordnet. Nach Angaben der Bundesanstalt für Finanzdienstleistungsaufsicht (BaFin) waren es im Jahr 2004 insgesamt nur 1 400 Unternehmen mit sinkender Tendenz. Der Wirtschaftszweig 66 unterteilt sich in Lebensversicherungen, Pensions- und Sterbekassen sowie sonstiges Versicherungsgewerbe. Eine darüber hinausgehende sachliche Abgrenzung ist auf der Basis dieser Daten nicht möglich. So können beispielsweise keine Märkte für Versicherungsunternehmen, die sich auf bestimmte Kunden wie die Industrie oder private Verbraucher spezialisiert haben, unterschieden werden. Zusätzlich sind auch die großen Versicherungen teilweise regional oder organisatorisch über mehrere Gruppenoberhäupter erfasst, so dass die Unternehmensgruppen nicht systematisch aggregiert werden können. Vor diesem Hintergrund ist die vermutlich noch unterschätzte Konzentration im Versicherungsgewerbe mit einer derzeitigen CR10 von über 48 Prozent relativ hoch. So zeigen die Konzentrationsuntersuchungen auf der Basis der Beitragseinnahmen sowie unter Berücksichtigung von Gleichordnungskonzernen bzw. Versicherungsvereinen mit einer CR10 von über 61 Prozent für das Jahr 2006 eine höhere Konzentration im Versicherungsgewerbe an.[30]

Mit dem Kredit- und Versicherungsgewerbe verbundene Tätigkeiten (WZ 67)

258. Der Wirtschaftszweig 67, Mit dem Kredit- und Versicherungsgewerbe verbundene Tätigkeiten, vereint 87 Prozent der Wirtschaftlichen Einheiten des Bereichs J auf sich, aber nur 8,7 Prozent der sozialversicherungspflichtig Beschäftigten. Einbezogen sind hier die selbstständigen Versicherungsmakler, welche einen Großteil der Einheiten ausmachen dürften. Die Konzentration ist entsprechend niedrig mit rd. 10 Prozent Marktanteil der zehn größten Unternehmen (vgl. Tabelle II.8).

1.2.7 Wirtschaftsabschnitt K, Grundstücks- und Wohnungswesen, Vermietung beweglicher Sachen, Erbringung von wirtschaftlichen Dienstleistungen

259. Der Wirtschaftsabschnitt K enthält die Wirtschaftszweige Grundstücks- und Wohnungswesen (WZ 70), Vermietung beweglicher Sachen ohne Bedienungspersonal (WZ 71), Datenverarbeitung und Datenbanken (WZ 72), Forschung und Entwicklung (WZ 73) und Erbringung von wirtschaftlichen Dienstleistungen, anderweitig nicht genannt (WZ 74). Tabelle II.9 zeigt ausgewählte Wirtschaftszweige aus diesem Abschnitt.

Grundstücks- und Wohnungswesen (WZ 70)

260. Die Wirtschaftszweige des Grundstücks- und Wohnungswesens (WZ 70) vereinen rd. 32 Prozent der Wirtschaftlichen Einheiten, 23 Prozent des Umsatzes und 8 Prozent der Beschäftigten aus dem Wirtschaftsabschnitt K auf sich (vgl. Tabelle II.9). Sie enthalten im Detail die Erschließung, den Kauf und Verkauf sowie die Vermietung, Verpachtung, Vermittlung und Verwaltung von Grundstücken, Gebäuden und Wohnungen. Die Konzentrationen sind mit HHI-Werten von maximal 154 Punkten und einer CR10 von maximal 26 Prozent (beide im Bereich der Vermittlung von Grundstücken, Gebäuden und Wohnungen) relativ gering.

Vermietung beweglicher Sachen ohne Bedienungspersonal (WZ 71)

261. Der Wirtschaftszweig 71, Vermietung beweglicher Sachen ohne Bedienungspersonal, enthält die Vermietung unterschiedlicher Fahrzeuge, Maschinen und Geräte. Die Bedeutung innerhalb des Wirtschaftsabschnitts K ist mit 2,7 Prozent der Einheiten, 2,5 Prozent des Umsatzes und 2 Prozent der Beschäftigten relativ gering. Hohe Konzentrationen gibt es insbesondere in den Wirtschaftszweigen 711, Vermietung von Kraftwagen bis 3,5 t Gesamtgewicht, mit einer CR10 von über 70 Prozent und 7133, Vermietung von Büromaschinen, Datenverarbeitungsgeräten und -einrichtungen, mit einem HHI von über 1 300 und einer Konzentrationsrate der zehn größten Unternehmen von über 82 Prozent. Im WZ 711, Vermietung von Kraftwagen bis 3,5 t Gesamtgewicht, spielen die Unternehmensgruppen eine bedeutende Rolle.

Datenverarbeitung und Datenbanken (WZ 72)

262. Im Wirtschaftszweig 72, Datenverarbeitung und Datenbanken, der über 12 Prozent des Umsatzes aus dem Wirtschaftsabschnitt K auf sich vereint, ist die Konzentration mit einem HHI von 3 700 besonders hoch im WZ 7221, Verlegen von Software. Die Konzentrationsrate der zehn größten Unternehmen liegt bei rd. 83 Prozent. Die Unternehmen übernehmen die weltweite Vermarktung spezieller Software sowie vielfach auch die Entwicklung und Beratung, welche dem WZ 7222 zugeordnet ist. Der geografisch und sachlich relevant Markt kann deshalb mit den vorliegenden Zahlen nicht dargestellt werden.

Erbringung von wirtschaftlichen Dienstleistungen, anderweitig nicht genannt (WZ 74)

263. Der größte Wirtschaftszweig im Abschnitt K ist der WZ 74, Erbringung von wirtschaftlichen Dienstleistungen, anderweitig nicht genannt, mit rd. 58 Prozent der Einheiten, 57 Prozent des Umsatz und 74 Prozent der Beschäftigten. Darunter ist der bedeutendste der WZ 741, Rechts-, Steuer- und Unternehmensberatung, Wirtschaftsprüfung, Buchführung, Markt- und Meinungsforschung, Managementtätigkeiten von Holdinggesellschaften, welcher allein rd. 27 Prozent der Umsätze und über 22 Prozent der Beschäftigten aus dem gesamten Wirtschaftsabschnitt K auf sich vereint. Davon fallen rd. 15

---

[30] Vgl. Kapitel III, Tz. 386 sowie Statistik der Bundesanstalt für Finanzdienstleistungsaufsicht – Erstversicherungsunternehmen 2006, S. 10 ff.

Prozentpunkte allein auf den WZ 7415, Managementtätigkeiten von Holdinggesellschaften. Die Konzentration in diesem Wirtschaftszweig ist gemessen an der Anzahl der Wirtschaftlichen Einheiten (rd. 21.000) mit einer Konzentrationsrate der zehn größten Einheiten von rd. 43 Prozent relativ hoch. Eine hohe Konzentration weist auch der WZ 7486, Call Centers, mit einer CR10 von über 55 Prozent auf.

In den gesamten Wirtschaftszweig 74 flossen über 6 Mrd. Euro an Zuweisungen und Zuschüssen aus öffentlicher Hand bzw. 40 Prozent aller Subventionen, die im Jahr 2005 von Bund, Ländern und Gemeinden geleistet worden sind. Der größte Teil dieser Zuwendungen wurde vom Bund übertragen. Aus den Daten ist jedoch nicht ersichtlich, welche Branchen der WZ 74 die Unterstützungen erhalten haben.

Tabelle II.9

Konzentrationsmaße in ausgewählten Wirtschaftszweigen des Wirtschaftsabschnitts K, Grundstücks- und Wohnungswesen, Vermietung beweglicher Sachen, Erbringung von wirtschaftlichen Dienstleistungen

	Wirtschaftszweig	Anzahl WE (%)	Umsatz (%)	Beschäftigte (%)	HHI	CR3 (%)	CR10 (%)
70	**Grundstücks- und Wohnungswesen**	*31,6*	*22,8*	*8,3*	10	*3,3*	*7,1*
71	**Vermietung beweglicher Sachen ohne Bedienungspersonal**	*2,7*	*6,5*	*2,0*	207	*20,8*	*36,9*
711	Vermietung von Kraftwagen bis 3,5 t Gesamtgewicht	*0,5*	*2,8*	*0,5*	895	*48,4*	*70,3*
7133	Vermietung von Büromaschinen, Datenverarbeitungsgeräten und -einrichtungen	*0,1*	*0,6*	*0,1*	1.321	*59,4*	*82,3*
72	**Datenverarbeitung und Datenbanken**	*7,4*	*12,7*	*11,8*	139	*17,6*	*25,7*
721	Hardwareberatung	*0,6*	*0,4*	*0,4*	157	*18,8*	*31,1*
722	Softwarehäuser	*4,5*	*8,4*	*7,7*	291	*26,6*	*36,4*
7221	Verlegen von Software	*0,1*	*0,6*	*0,3*	3.704	*76,3*	*82,8*
7222	Softwareberatung und -entwicklung	*4,5*	*7,8*	*7,4*	316	*26,6*	*35,2*
7230	Datenverarbeitungsdienste	*1,3*	*2,3*	*2,1*	230	*18,3**	*42,7*
7240	Datenbanken	*0,1*	*0,2*	*0,2*	1.410	*53,6*	*75,9*
73	**Forschung und Entwicklung**	*0,9*	*1,2*	*3,5*	133	*15,2*	*28,5*
74	**Erbringung von wirtschaftlichen Dienstleistungen, anderweitig nicht genannt**	*58,0*	*56,8*	*74,5*	37	*8,4**	*12,0**
741	Rechts-, Steuer- und Unternehmensberatung, Wirtschaftsprüfung, Buchführung, Markt- und Meinungsforschung, Managementtätigkeiten von Holdinggesellschaften	*21,7*	*26,6*	*22,1*	151	*17,5**	*23,8**
7415	Managementtätigkeiten von Holdinggesellschaften	*2,3*	*14,6*	*5,2*	485	*31,7**	*42,9*
748	Erbringung von sonstigen wirtschaftlichen Dienstleistungen, anderweitig nicht genannt	*12,3*	*10,4*	*10,8*	39	*7,0*	*15,5*
7486	Call Centers	*0,2*	*0,6*	*1,6*	938	*41,6*	*55,4*

* Umsätze von mindestens 30 Prozent der Unternehmen geschätzt.
Quelle: Eigene Berechnungen der Monopolkommission auf der Basis von Daten des Statistischen Bundesamtes

1.2.8 Sonderbereiche aus den Wirtschaftsabschnitten N und O

264. In den Wirtschaftsabschnitten N und O ist die Abdeckung der Unternehmen im Register des Statistischen Bundesamtes unterschiedlich hoch. Deshalb werden nur spezielle Bereiche ausgewiesen.[31] In einigen dieser Branchen rechnet die Monopolkommission mit einer starken Konsolidierungsentwicklung durch Fusionen und die Bildung von Franchise- und Unternehmensketten. Dazu gehören insbesondere die Wirtschaftszweige 8511, Krankenhäuser, und Unterabschnitte des WZ 90, Entsorgungswirtschaft, sowie des WZ 93, Erbringung von sonstigen Dienstleistungen. Die Monopolkommission hat diese Bereiche neu in die Konzentrationsstatistik aufgenommen, um deren Entwicklung in der Zukunft beobachten zu können. Deshalb werden diese im vorliegenden Hauptgutachten nur teilweise kommentiert. In Tabelle II.10 werden

die Konzentrationskennzahlen für diese Bereiche dargestellt.

Krankenhäuser (WZ 8511)

265. Im Bereich der Krankenhäuser werden medizinische Einrichtungen erfasst, die unter ständiger ärztlicher Leitung stehen und in denen Patienten untergebracht und verpflegt werden können. Hierzu zählen neben den allgemeinen Krankenhäusern auch Fachkliniken, psychiatrische Kliniken, Zahnkliniken etc. sowie Militär- und Gefängniskrankenhäuser. Nicht enthalten sind Hochschulkliniken und Vorsorge- und Rehabilitationsklinken. Das Statistische Bundesamt weist jedoch in seiner Fachstatistik[32] für das Jahr 2005 insgesamt 2 139 Krankenhäuser aus. Wie die Differenz zu den in Tabelle II.10 auf-

[31] Vgl. Abschnitt 1.2 der Anlage A zu diesem Hauptgutachten.

[32] Statistisches Bundesamt, Fachserie 12: Gesundheitswesen, Reihe 6.1.1: Grunddaten der Krankenhäuser 2006, Wiesbaden 2007, Tabelle 1.1.

Tabelle II.10

Konzentrationsmaße in ausgewählten Wirtschaftszweigen der Wirtschaftsabschnitte N und O, Gesundheits-, Veterinär- und Sozialwesen und Erbringung von sonstigen öffentlichen und persönlichen Dienstleistungen

Wirtschaftszweig		Anzahl WE	Anzahl Unternehmen	Beschäftigte	HHI	CR3 (%)	Anzahl CR3	CR10 (%)
N	**Gesundheits-, Veterinär- und Sozialwesen**							
8511[1]	Krankenhäuser	3.815	4.117	1.068.463	23	*3,8*	27	*9,3*
8512[1]	Arztpraxen (ohne Zahnarztpraxen)	95.441	95.443	358.069	1	*1,0*	x	*1,6*
8513[1]	Zahnarztpraxen	47.209	47.210	200.436	0	*0,2*	x	*0,4*
O	**Erbringung von sonstigen öffentlichen und persönlichen Dienstleistungen**							
9001[1]	Abwasserbeseitigung	1.819	1.835	26.446	120	*12,6*	3	*27,5*
9002	Abfallbeseitigung	5.395	5.773	134.810	124	*14,2**	27	*23,8**
9003	Beseitigung von Umweltverschmutzungen und sonstige Entsorgung	445	453	3.232	692	*34,6*	4	*52,3**
9271	Spiel-, Wett- und Lotteriewesen	9.897	10.130	33.045	589	*34,0*	3	*65,2**
9301	Wäscherei und chemische Reinigung	7.896	7.936	43.135	58	*8,3*	3	*19,8*
9302	Frisör- und Kosmetiksalons	73.291	73.345	171.465	9	*4,5*	6	*5,9*
9303	Bestattungswesen	4.782	4.930	12.082	24	*5,6**	60	*8,0**
9304	Saunas, Solarien, Fitnesszentren u. Ä.	9.024	9.059	17.845	22	*5,6*	5	*11,1*

[1] Werte berechnet auf der Basis der Anzahl der sozialversicherungspflichtig Beschäftigten.
x: Werte unterliegen der statistischen Geheimhaltung.
* Umsätze von mindestens 30 Prozent der Unternehmen geschätzt.
Quelle: Eigene Darstellung der Monopolkommission auf der Basis von Daten des Statistischen Bundesamtes

geführten Daten zustande kommt, ist ohne Einsicht in die Einzeldaten nicht nachvollziehbar. Mit nationalen Daten ist eine Einschätzung der Wettbewerbsintensität aufgrund des Dienstleistungscharakters von Krankenhausleistungen und der hiermit verbundenen überwiegend regionalen Nachfrage nicht möglich. Jedoch könnten in langfristiger Betrachtung die Auswirkungen der wachsenden Zahl von Krankenhausfusionen und der Bildung von Krankenhausketten sichtbar werden. Ob sich hierdurch allerdings bereits Rückschlüsse auf eine problematische Veränderung der Wettbewerbsbedingungen ziehen lassen, ist zweifelhaft. Hierbei würde auch zu beachten sein, dass die Struktur des Krankenhausmarktes derzeit noch von seinen regulativen Rahmenbedingungen und dem Einfluss der Krankenhausplanung der Bundesländer geprägt ist.[33]

Abwasser-, Abfallbeseitigung und sonstige Entsorgung (WZ 90)

266. Im Wirtschaftsabschnitt O, Erbringung von sonstigen öffentlichen und privaten Dienstleistungen, wird zunächst die Entsorgungswirtschaft betrachtet. Im WZ 90, Abwasser-, Abfallbeseitigung und sonstige Entsorgung, hat der Bereich Abfallentsorgung (WZ 9002) mit über 90 Prozent im Jahr 2006 den größten Umsatzanteil, während die Abwasserbeseitigung nur rd. 6 Prozent und die Beseitigung von Umweltverschmutzungen nur rd. 4 Prozent ausmachen.[34]

267. Die Abwasserbeseitigung (WZ 9001) wird in Deutschland über das Wasserhaushaltsgesetz und die Landeswassergesetze geregelt. Die Abwasserbeseitigungspflicht wird nach dem Wasserhaushaltsgesetz auf Körperschaften des öffentlichen Rechts übertragen oder unter bestimmten Vorraussetzungen auf andere (z. B. einen Grundstückseigentümer). Die Erfüllung dieser Verpflichtung ist auf Dritte übertragbar. Den Daten des Statistischen Bundesamtes zufolge sind rd. 74 Prozent der Unternehmen in der Abwasserbeseitigung in öffentlicher Hand.[35]

268. Ähnlich wie in der Abwasserentsorgung fällt die Abfallbeseitigung nach gesetzlicher Regelung (Abfallverordnung) unter die Zuständigkeit der Landkreise und kreisfreien Städte und kann ebenso durch beauftragte Dritte ausgeführt werden. Nach Angaben des Bundesverbandes der Deutschen Entsorgungswirtschaft (BDE) liegt der Anteil der Privatwirtschaft nach Bundesländern zwischen 0 Prozent (Hamburg, Berlin) und 90 Prozent (Mecklenburg-Vorpommern).[36] Bundesweit sind in diesem Bereich rd. 10 Prozent der Einheiten mit einem Beschäftigtenanteil von rd. 41 Prozent in öffentlicher Hand.[37] Aufgrund der gesetzlich vorgegebenen geografischen Aufteilung der Märkte ist eine Interpretation der nationalen Kennzahlen nicht sinnvoll. Die Anfrage von geografisch unterteilten Daten beim Statistischen Bundesamt ist zwar möglich, würde jedoch keine veröffentlichungsfähigen Daten liefern, da die einzelnen Werte im Fall von Gebietsmonopolen der statistischen Geheimhaltung unterliegen würden.

1.3 Konzentrationsstatistik nach Anbietern für ausgewählte Güterarten

269. Die Konzentrationsstatistik nach Anbietern basiert auf der Produktionsstatistik des Statistischen Bundesamtes und ist für die Wirtschaftsabschnitte Bergbau (C) und Verarbeitendes Gewerbe (D) verfügbar. Sie wird seit dem Berichtsjahr 2003 unter Verwendung der privaten Verflechtungsdaten von Bureau van Dijk (BvD) erstellt, so dass eine Gegenüberstellung mit den Werten von 2005 möglich ist.[38] Die Konzentrationsmaße werden auf der Basis des Wertes der zum Absatz bestimmten Produktion berechnet.[39]

270. Tabelle II.11 zeigt die Güterverzeichnisklassen, in denen der Wert der zum Absatz bestimmten Produktion zwischen 2003 und 2005 gestiegen, die Anzahl der Anbieter um mindestens 10 Prozent gesunken und die Konzentrationsrate der zehn größten Unternehmen um mindestens 8 Prozent gestiegen ist. Dies trifft auf sieben Bereiche zu. Die Güterverzeichnisklassen mit dem höchsten Konzentrationsanstieg zwischen den Jahren 2003 und 2005 in Tabelle II.11 sind insbesondere die GP 22, Verlags- und Druckerzeugnisse, bespielte Ton-, Bild- und Datenträger, und die GP 36, Möbel, Schmuck, Musikinstrumente, Sportgeräte, Spielwaren und sonstige Erzeugnisse.

271. In den meisten der in Tabelle II.11 aufgeführten GP-Klassen (z. B. GP 2213, 2651 und 3613) spielen Importe eine untergeordnete Rolle, d. h. der Wettbewerb im Inland wird nur in geringem Maße durch das Angebot von Importwaren beeinflusst. Soweit keine engen Substitutionsgüter bestehen, spiegeln die vorliegenden Konzentrationsraten die Wettbewerbsbedingungen deshalb gut wider.

Buch- und Musikverlagserzeugnisse (GP 2211) und Zeitungen u. a. periodische Druckschriften, weniger als viermal wöchentlich erscheinend (GP 2213)

272. Die Branche 2213, Zeitungen u. a. periodische Druckschriften, weniger als viermal wöchentlich erscheinend, bedient – im Gegensatz zu den täglich erscheinenden Druckerzeugnissen mit gebietsmonopolistischer Struktur – hauptsächlich den nationalen Markt. Im Bereich 2211, Buch- und Musikverlagserzeugnisse, liegt der

[33] Vgl. hierzu und zu möglichen Reformen der Rahmenbedingungen des Wettbewerbs zwischen Krankenhäusern die Erörterungen in Kapitel V dieses Gutachtens.
[34] Eigene Berechnung der Monopolkommission auf Basis der Umsatzsteuerstatistik 2006 des Statistischen Bundesamtes, Wiesbaden.
[35] Eigene Berechnungen der Monopolkommission auf der Basis von Daten des Statistischen Bundesamtes.
[36] Bundesverband der Deutschen Entsorgungswirtschaft e. V. (BDE): Zahlen und Daten der Entsorgungswirtschaft; http://www.bde-berlin.org/?p=109.
[37] Eigene Berechnungen der Monopolkommission auf der Basis von Daten des Statistischen Bundesamtes.
[38] Eine Übersicht über die Anteile von Unternehmensgruppen in den Güterklassen ist in Kapitel I, Abschnitt 3.4, aufgeführt.
[39] Die vollständige Konzentrationstabelle ist in Abschnitt B der Anlagen zu diesem Hauptgutachten, Tabelle B.2, einzusehen.

Tabelle II.11

Gegenüberstellung der Konzentrationsergebnisse für Anbieter in den Berichtsjahren 2003 und 2005 in ausgewählten Güterarten

Güterproduktionsklasse		2003		2005		Änderung	
		n	CR10 (%)	n	CR10 (%)	n (%)	CR10 (%)
2010	Holz, gesägt, auch gehobelt oder imprägniert	676	29,7	594	35,0	-12,1	17,8
2211	Buch- und Musikverlagserzeugnisse	361	25,4	320	34,1	-11,4	34,3
2213	Zeitungen u. a. periodische Druckschriften, weniger als viermal wöchentlich erscheinend	524	39,8	468	43,1	-10,7	8,3
2651	Zement	34	72,7	27	81,1	-20,6	11,6
2899	Veredlung von Erzeugnissen dieser Güterabteilung (ohne Schmiede-, Preß-, Zieh- und Stanzteile, Oberflächenveredlung, Wärmebehandlung und Mechanik, anderweitig nicht genannt)	220	43,7	181	53,0	-17,7	21,3
3611	Sitzmöbel	392	54,7	346	60,0	-11,7	9,7
3613	Küchenmöbel aus Holz	172	66,1	144	71,7	-16,3	8,5

n = Anzahl der Anbieter unter Berücksichtigung von Unternehmensgruppen
Quelle: Eigene Berechnungen der Monopolkommission auf der Basis von Daten des Statistischen Bundesamtes

Anteil importierter Ware am Wert der inländischen Produktion ebenfalls relativ gering. Mit den vorliegenden Daten ist jedoch keine getrennte Darstellung der Buch- und Musikverlage möglich. Es kann unterstellt werden, dass deutsche Musikverlage verstärkt mit internationalen Unternehmen konkurrieren. Der Deutsche Musikverleger-Verband e. V. (DMV) berichtet, dass sich der Musikmarkt im Jahr 2004 bei steigender Konsolidierung im Internet etabliert hat.[40]

273. In beiden Bereichen hat sich die Anzahl der Anbieter zwischen 2003 und 2005 um mehr als 10 Prozent reduziert. Der Marktanteil der zehn größten Anbieter stieg in der GP 2211 um mehr als 34 Prozent und in der GP 2213 um über 8 Prozent an. Branchenberichten zufolge leidet nahezu der gesamte Güterbereich 22 unter der steigenden Internetnutzung, wodurch sich z. B. die wichtigste Einnahmequelle des Anzeigengeschäftes auf Online-Plattformen verlagert. Der Absatz von gedruckten Zeitungen ist in jüngeren Zielgruppen, welche verstärkt den Online-Auftritt der Verlage nutzen, rückläufig. Die dadurch bedingten Rückgänge der Gewinnmargen führen zu einer Konsolidierung der Branche über Kooperationen und Fusionen.

Zement (GP 2651)

274. In der GP 2651, Zement, liegt der Anteil des Wertes importierter Ware im Verhältnis zum Gesamtwert des im Inland abgesetzten Zements bei nur 8,8 Prozent. Rd. 23 Prozent der im Inland produzierten Ware wird exportiert.[41] Somit konkurrieren die inländischen Anbieter beim Absatz auf dem deutschen Markt hauptsächlich untereinander. Da auch nicht von adäquaten Substitutionsprodukten auszugehen ist, kann von einer guten Erfassung der realen Konzentration in dieser Branche ausgegangen werden.

275. Im Jahr 2003 verhängte das Bundeskartellamt Bußgelder wegen Kartellabsprachen in der Zementindustrie. Die sechs größten Unternehmen der Zementindustrie wurden beschuldigt, seit den 1970er Jahren wettbewerbswidrige Gebiets- und Quotenabsprachen praktiziert zu haben. In dieser Industrie hat sich die Anzahl der Einheiten zwischen den Jahren 2003 und 2005 um über 20 Prozent verringert. Die Konzentrationsrate der zehn größten Einheiten stieg im selben Zeitraum um 11,6 Prozent auf 81,1 Prozent an. In der Zementindustrie ist auch die Konzentration nach Wirtschaftszweigen, gemessen an der Konzentrationsrate CR10 und dem HHI, trotz der erweiterten Datenbasis im Jahr 2005 höher als im Jahr 2003.

---

[40] Deutscher Musikverleger-Verband e.V. (DMV): Der Deutsche Tonträger-Markt konsolidiert sich, 14. März 2005; http://www.dmv-online.com/index.php?id=17&no_cache=1&sword_list[]=Der&sword_list[]=Deutsche&sword_list[]=Tontr%E4ger-Markt&sword_list[]=konsolidiert&sword_list[]=sich&tt_news=952.

[41] Eigene Berechnung der Monopolkommission auf der Basis von Daten des Statistischen Bundesamtes.

2. Entwicklung der wirtschaftlichen Konzentration 1995 bis 2004 im Bergbau und Verarbeitenden Gewerbe Deutschlands

276. Wie bereits in Abschnitt 1 des Kapitels I ausgeführt wurde, kann die Beobachtung eines Konzentrationsmaßes zu einem bestimmten Zeitpunkt nur ein Indikator unter vielen für die Wettbewerbsintensität einer Branche sein. Aus der Entwicklung der Konzentration über die Zeit lassen sich jedoch gegebenenfalls Aussagen über die Veränderung der Wettbewerbsverhältnisse ableiten, wenn (a) gleichzeitig das Wachstum eines Marktes berücksichtigt wird[42] und (b) es zu keinen Veränderungen des sachlich und räumlich relevanten Marktes (z. B. durch Globalisierung) kommt. Darüber hinaus werden verschiedene systematische Einschränkungen bei der Aufbereitung und Auswertung der amtlichen Daten zum Stand der wirtschaftlichen Konzentration, wie z. B. das Fehlen kleiner Unternehmen im Berichtskreis oder die wettbewerblich inadäquate Abgrenzung der wirtschaftssystematischen Positionen, deren langfristigen Trend weniger beeinflussen.

277. Die Monopolkommission hat zuletzt in ihrem Neunten Hauptgutachten[43] eine branchenspezifische Betrachtung der Entwicklung der Unternehmenskonzentration auf Zweistellerebene der Wirtschaftszweigklassifikation für den Zeitraum 1977 bis 1989 durchgeführt. Im Elften Hauptgutachten[44] wurde die Entwicklung der Unternehmenskonzentration (Konzentrationsraten CR 3, 6, 10, 25, 100) im Bergbau und Verarbeitenden Gewerbe insgesamt für die Periode 1978 bis 1992 ausgewiesen. Im vorliegenden Hauptgutachten wird nun die Entwicklung der Konzentrationsmaße in der Periode 1995 bis 2004 für diesen Berichtskreis insgesamt und für spezifische Wirtschaftszweige erläutert.

278. Im Folgenden wird die Konzentrationsentwicklung von Bergbau und Verarbeitendem Gewerbe insgesamt kurz dargestellt. Anschließend erfolgt eine branchenspezifische Analyse zu einzelnen, wettbewerbspolitisch interessanten Wirtschaftszweigen. Betrachtet werden die Entwicklungen der Konzentrationsraten der zehn größten Unternehmen (CR10), der Anzahl von Unternehmen, des Umsatzes, der Beschäftigten, der Investitionen und des HHI.[45]

279. Die zugrunde liegenden Daten stammen jeweils aus der Investitionserhebung des Statistischen Bundesamtes für Unternehmen des Bergbaus und des Verarbeiten-

den Gewerbes mit 20 und mehr Beschäftigten. Die Wirtschaftsabschnitte Bergbau und Verarbeitendes Gewerbe gehören im Unternehmensregister 2004 mit einem Umsatzanteil von rd. 37 Prozent und einem Beschäftigtenanteil von rd. 29 Prozent im Jahr 2004 zu den bedeutendsten Deutschlands, obwohl sie nur rd. 9 Prozent der Unternehmen auf sich vereinen.

280. Der gewählte Zeitraum begründet sich durch die Einführung einer neuen Wirtschaftszweigklassifikation „WZ 93" im Berichtsjahr 1995, welche die bis dahin gültige „WZ 79" ablöste. Die neu definierten Klassen der Wirtschaftszweige weichen zu stark von den vorherigen ab, um eine eindeutige Umschlüsselung der wirtschaftssystematischen Positionen zu erlauben. Die Datenreihe endet mit dem Berichtsjahr 2004, da für das Jahr 2005 erstmals nicht mehr die Konzentration für Unternehmen (ohne Berücksichtigung von Unternehmensgruppen) durch die Monopolkommission veröffentlicht wird und als neue Datenbasis das Unternehmensregister dient. Werte für das Berichtsjahr 2005 auf der Basis von Unternehmen werden nur einbezogen, soweit sie vom Statistischen Bundesamt für die Unternehmen der Investitionserhebung bereitgestellt werden.

281. Eine Analyse zur Entwicklung der Konzentration auf der Basis von Wirtschaftlichen Einheiten wäre wünschenswert, da die Marktstrukturen realitätsnäher erfasst werden würden. Dies ist jedoch wegen der geringen Datenverfügbarkeit mit zwei Beobachtungspunkten (Berichtsjahre 2001 und 2003) nicht sinnvoll. Auch der Einbezug der Daten des aktuellen Berichtsjahres 2005 würde aufgrund der neu eingeführten Datenbasis und des veränderten Berichtskreises zu einer verzerrten Darstellung führen.

282. Da nur die Unternehmenskonzentration für diese Zeitreihenbetrachtung zur Verfügung steht, werden insbesondere Wirtschaftszweige mit einem hohen Konzentrationsniveau bzw. mit einem starken Anstieg der Konzentration im Beobachtungszeitraum betrachtet. Für die Selektion von Wirtschaftszweigen mit hoher Konzentration ist die Unternehmenseinheit insofern repräsentativ, als die Implementierung der Gruppenzugehörigkeit nur zu einem gleich hohen oder höheren Konzentrationsmaß führen kann. Bei der Betrachtung der Konzentrationsentwicklung ist jedoch zu beachten, dass sich die Konzentrationen für Unternehmen und Wirtschaftliche Einheiten (unter Berücksichtigung der Unternehmensgruppen) theoretisch gegenläufig entwickeln können, soweit das Konzentrationsmaß für Wirtschaftliche Einheiten mindestens einen Wert annimmt, der so hoch ist wie der der Unternehmenskonzentration.[46]

283. Über eine Korrelationsanalyse zu den Konzentrationsmaßen auf der Basis von Unternehmen und Wirtschaftlichen Einheiten wird deshalb untersucht, inwieweit sich die unterschiedlichen Effekte auf die Konzentrationsmaße aufheben. Die Ergebnisse für die Berichtsjahre

---

[42] Während in Märkten mit sinkender Nachfrage das Ausscheiden von Marktteilnehmern den Wettbewerb nicht gezwungenermaßen beeinflussen muss, führt eine Konsolidierung in Wachstumsmärkten mit hoher Wahrscheinlichkeit zu Veränderungen der Wettbewerbsintensität.

[43] Monopolkommission, Wettbewerbspolitik oder Industriepolitik, Hauptgutachten 1990/1991, Baden-Baden 1992.

[44] Monopolkommission, Wettbewerbspolitik in Zeiten des Umbruchs, Hauptgutachten 1994/1995, Baden-Baden 1996.

[45] Bei der Interpretation der Daten ist zu beachten, dass nicht alle wettbewerbsbeeinflussenden Aspekte (wie z. B. der geografisch relevante Markt oder Marktzutrittsschranken) berücksichtigt werden können.

[46] Dieser Effekt wird in Abschnitt 2.1 der Anlage A zu diesem Hauptgutachten diskutiert.

2001 und 2003 zeigen für alle Beobachtungszeitpunkte einen hochsignifikanten Zusammenhang der Konzentrationen mit einem Korrelationskoeffizienten von R = 0,99. Somit kann unterstellt werden, dass die verschiedenen Effekte sich nahezu vollständig aufheben.

284. Mit der Kenntnis, dass die Konzentrationsmaße nach Unternehmen und nach Wirtschaftlichen Einheiten hochsignifikant korrelieren, kann nicht nur das Niveau der Konzentrationsmaße, sondern auch die Wachstumsrate der Konzentration für die folgende Zeitreihenuntersuchung verwendet werden.

285. Da aus der Entwicklung der Unternehmenskonzentration zwar ein Rückschluss auf die Entwicklung der Konzentration nach Wirtschaftlichen Einheiten möglich ist, nicht jedoch auf die absolute Höhe wirtschaftlicher Konzentration geschlossen werden kann, wird die Konzentration für Wirtschaftliche Einheiten in die wirtschaftszweigspezifische Untersuchung einbezogen. Weil als Konzentrationsmaße für Wirtschaftliche Einheiten nur Daten für die Berichtsjahre 2001 und 2003 verfügbar sind, erfolgt für die grafische Darstellung eine Ergänzung der fehlenden Werte für das dazwischenliegende Jahr 2002.[47]

---

[47] Die Methodik der Imputation ist in Abschnitt 2.3 der Anlage A zu diesem Hauptgutachten beschrieben.

2.1 Entwicklung der Unternehmenskonzentration im Bergbau und Verarbeitenden Gewerbe insgesamt

286. Die Gesamtentwicklung in den Wirtschaftsabschnitten Bergbau (C) und Verarbeitendes Gewerbe (D) wird mit den Merkmalen Umsatz, Beschäftigte, Unternehmensanzahl und Konzentrationsrate der zehn größten Unternehmen (CR10) dargestellt. Alle Merkmale werden auf der Basis der Werte im Jahr 1999 indiziert.

Abbildung II.1 zeigt, dass bei relativ konstanter Anzahl von Unternehmen im Beobachtungszeitraum 1995 bis 2005 die Umsätze und die Konzentrationsrate CR10 stark gestiegen sind, während die Anzahl der Beschäftigten eher rückläufig war.

287. Der Anstieg der Konzentrationsrate der zehn größten Unternehmen bei relativ konstanter Anzahl von Unternehmen insgesamt zeigt, dass diese im Betrachtungszeitraum stärker gewachsen sind als die kleineren Unternehmen. Insgesamt lässt sich eine Erhöhung des Umsatzes pro Beschäftigtem feststellen, die z. B. durch technischen Fortschritt begründet sein könnte, aber auch durch Preissteigerungen. Gezieltere Aussagen lassen sich aus diesen hoch aggregierten Werten jedoch nicht ableiten, deshalb wird im Folgenden eine Analyse auf Branchenebene durchgeführt.

Abbildung II.1

Entwicklung von Beschäftigten, Umsatz, Anzahl der Unternehmen und Konzentrationsrate der zehn größten Unternehmen (CR10) im Bergbau und Verarbeitenden Gewerbe Deutschlands (Wirtschaftsabschnitte C und D) zwischen 1995 und 2005, Basisjahr 1999[1]

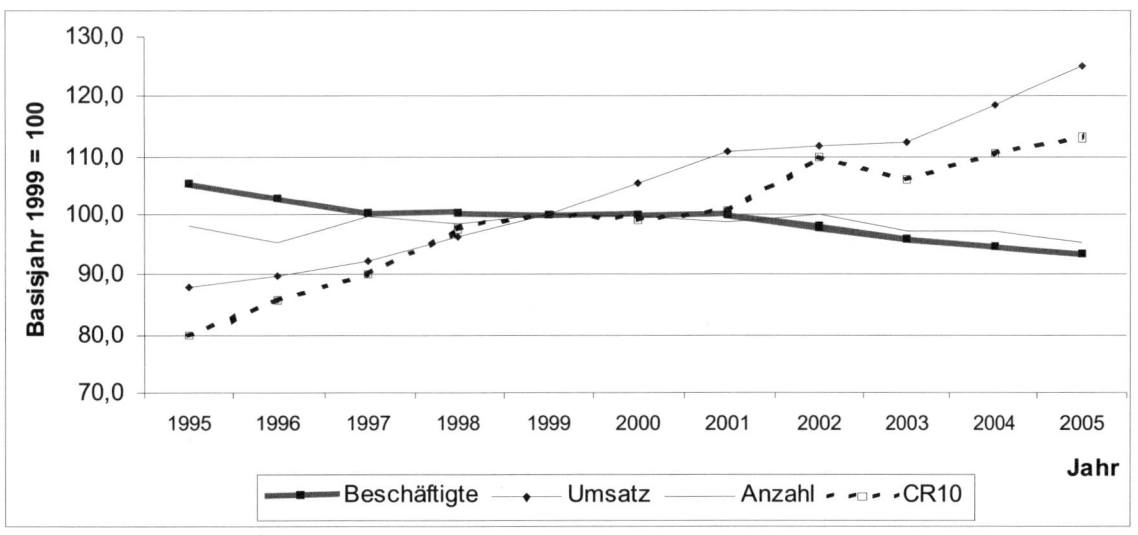

1 Die Daten für Umsatz und Beschäftigte liegen der Monopolkommission nur für ungerade Jahre vor, deshalb wurden für gerade Jahre Mittelwerte berechnet. Der Umsatz in ist inflationsbereinigt.
Quellen: Hauptgutachten der Monopolkommission und Statistisches Bundesamt, Wiesbaden 2008 (Werte 2005 für Umsatz, Beschäftigte und Anzahl der Unternehmen)

2.2 Entwicklung der Unternehmenskonzentration nach Wirtschaftszweigen in den Jahren 1995 bis 2004

288. Zur Betrachtung einzelner Industrien werden nur Wirtschaftszweige einbezogen, die zwischen 1995 und 2004 einen Umsatzzuwachs verzeichnet haben.[48] Um doppelte Erfassungen zu vermeiden, wird der Berichtskreis auf Wirtschaftszweige der Vierstellerebene der Wirtschaftszweigklassifikation beschränkt. Aufgrund dieser Restriktionen fließen 148 Wirtschaftszweige in die Analyse ein.

Um die Entwicklung der Konzentration in den verschiedenen Branchen charakterisieren zu können, werden das Niveau der Umsatzanteile der zehn größten Unternehmen (CR10) im Ausgangsjahr 1995 und die durchschnittliche jährliche Wachstumsrate der CR10 von 1995 bis 2004 betrachtet.[49]

289. Der Zusammenhang zwischen dem Niveau der Umsatzanteile der CR10 im Ausgangsjahr und der durchschnittlichen jährlichen Wachstumsrate der CR10 ist hochsignifikant negativ korreliert ($p<0,0001$) mit einem Korrelationskoeffizienten von $R = -0,36$. Während also in hoch konzentrierten Branchen der Konzentrationsgrad tendenziell eher sinkt, werden in gering konzentrierten Branchen die Konzentrationsmaße eher steigen.

---

[48] In diese Analyse geht der Umsatz ohne Inflationsbereinigung ein.
[49] Die Berechnung der durchschnittlichen jährlichen Wachstumsrate wird in Abschnitt A.2.2 der Anlagen zu diesem Hauptgutachten beschrieben.

290. Die Einteilung der Branchen erfolgt nach der Höhe des Ausgangsniveaus und der Entwicklung der Unternehmenskonzentration in vier Kategorien:

– Branchen, die im Basisjahr gering konzentriert sind (CR10 ≤ 50 Prozent) und im Beobachtungszeitraum keinen Anstieg der Konzentration ($dW_t \leq 0$) verzeichnen,

– Branchen mit geringer Konzentration im Basisjahr (CR10 ≤ 50 Prozent), deren Konzentration im Beobachtungszeitraum ansteigt ($dW_t > 0$),

– Branchen mit relativ hohem Ausgangsniveau der Konzentration im Basisjahr (CR10 > 50 Prozent) und einem Anstieg der Konzentration im Beobachtungszeitraum ($dW_t > 0$),

– Branchen, die im gesamten Beobachtungszeitraum hoch konzentriert sind (CR10 > 50 Prozent) ohne einen Anstieg der Konzentration ($dW_t \leq 0$).

Abbildung II.2 zeigt die Verteilung der 148 Wirtschaftszweige nach Ausgangsniveau und Entwicklung der Konzentrationsrate CR10.

291. Während die Wirtschaftszweige des ersten Quadranten von geringem wettbewerbspolitischem Interesse sind, können die des zweiten und dritten Quadranten mit einem starken durchschnittlichen Anstieg der Konzentration wettbewerbsbeeinflussende Entwicklungen aufweisen. Dabei kann sich eine Erhöhung der Konzentration je nach vorhergehender Verteilung der Marktanteile sowohl positiv als auch negativ auf den Wettbewerb auswirken.

Abbildung II.2

Zusammenhang zwischen dem Ausgangsniveau der CR10 im Jahr 1995 und der durchschnittlichen jährlichen Wachstumsrate der CR10 (dW_t) nach Wirtschaftszweigen zwischen 1995 und 2004

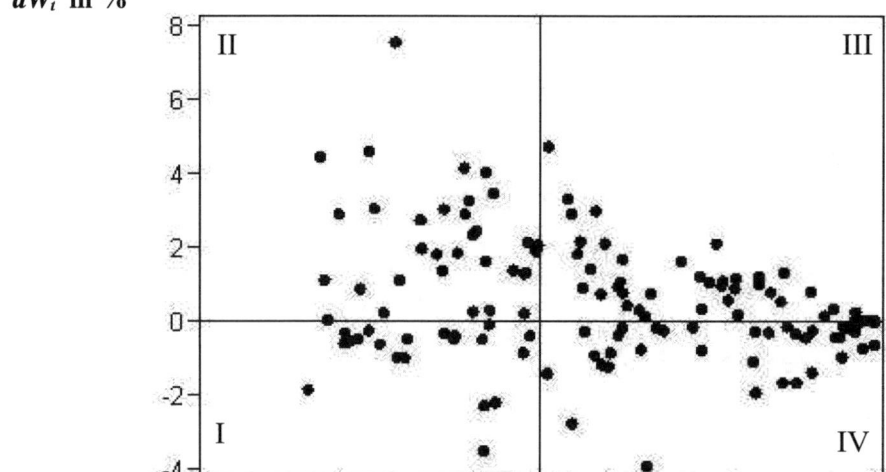

Quelle: Eigene Darstellung der Monopolkommission auf der Basis von Daten des Statistischen Bundesamtes

Gemäß der hochsignifikant positiven Korrelation zwischen Ausgangsniveau und durchschnittlicher Wachstumsrate der Konzentration zeigen die Wirtschaftszweige des zweiten Quadranten mit einem geringeren Ausgangsniveau im Jahr 1995 stärkere Konzentrationserhöhungen als die des dritten Quadranten.

292. Tabelle II.12 enthält Wirtschaftszweige des zweiten und dritten Quadranten (Q). Von den Wirtschaftszweigen des zweiten Quadranten mit einer Ausgangskonzen-

tration der CR10 unter 50 Prozent im Jahr 1995 werden von insgesamt 33 nur diejenigen dargestellt, die eine durchschnittliche jährliche Wachstumsrate der Konzentration von mindestens 4 Prozent haben. Für Wirtschaftszweige des dritten Quadranten mit einer Ausgangskonzentration der CR10 von 50 Prozent und mehr im Jahr 1995 (insgesamt 40) gilt für die Aufnahme in Tabelle II.12 eine Mindestgrenze von 2 Prozent durchschnittlichen jährlichen Wachstums.

Tabelle II.12

Wirtschaftszweige des zweiten und dritten Quadranten (Q) mit einer durchschnittlichen jährlichen Wachstumsrate der Konzentrationsrate CR10 (dW_t) von mindestens 4 Prozent (Q II) bzw. 2 Prozent (Q III)

Q		Wirtschaftszweig	CR10 (%)				Anzahl Unternehmen		ΔUmsatz (%)	ΔBesch (%)	ΔInv (%)
			1995	2004	ΔCR	dW_t	1995	Δn (%)			
II	1513	Fleischverarbeitung	17,1	24,4	42,7	4,4	846	6,0	37,5	3,4	-36,2
II	2212	Verlegen von Zeitungen	24,6	33,6	36,6	4,6	247	50,6	68,4	48,4	-42,5
II	2442	Herstellung von pharmazeutischen Spezialitäten und sonstigen pharmazeutischen Erzeugnissen	41,8	59,1	41,4	4,0	252	-7,9	64,6	9,6	47,8
II	2913	Herstellung von Armaturen	38,6	55,5	43,8	4,1	306	-11,1	47,8	-4,7	-14,2
II	3611	Herstellung von Sitzmöbeln	28,4	53,0	86,6	7,5	361	-34,9	39,7	-15,1	-12,7
III	1512	Schlachten von Geflügel	58,3	74,7	28,1	3,0	46	-4,3	96,0	38,7	36,7
III	1724	Seiden- und Filamentgarnweberei	59,7	69,5	16,4	2,1	41	-26,8	14,6	1,3	5,9
III	2664	Herstellung von Mörtel und anderem Beton (Trockenbeton)	54,6	69,6	27,5	2,9	53	-11,3	5,8	-1,3	-69,2
III	2734	Herstellung von gezogenem Draht	54,1	71,4	32,0	3,3	57	-26,3	17,0	-27,8	-35,3
III	2911	Herstellung von Verbrennungs-motoren und Turbinen	76,5	91,6	19,7	2,1	45	-8,9	36,8	-17,8	-29,6
III	3210	Herstellung von elektronischen Bauelementen	51,2	73,0	42,6	4,7	200	34,5	306,5	66,0	146,1
III	3650	Herstellung von Spielwaren	56,0	67,3	20,2	2,1	133	-30,1	2,8	-20,6	47,0

Erläuterungen:
CR10 1995 = CR10 im Jahr 1995
CR10 2004 = CR10 im Jahr 2004
ΔCR = Veränderung der CR10 2004 gegenüber 1995
dW_t = durchschnittliche jährliche Wachstumsrate der CR10
Δn = Veränderung der Anzahl der Unternehmen 2004 gegenüber 1995
ΔUmsatz = Veränderung des Umsatzes 2004 gegenüber 1995
ΔBesch = Veränderung der Anzahl der Beschäftigten 2003 gegenüber 1995
ΔInv = Veränderung der Investitionen 2003 gegenüber 1995

Quelle: Eigene Berechnungen der Monopolkommission auf der Basis von Daten des Statistischen Bundesamtes

Schlachten und Fleischverarbeitung (WZ 151)

293. Aus dem Bereich Schlachten und Fleischverarbeitung (WZ 151) haben zwei von drei Wirtschaftszweigen auf Vierstellerebene eine so hohe durchschnittliche Wachstumsrate der Konzentration, dass sie in die Tabelle II.12 aufgenommen wurden. Dazu gehören der WZ 1512, Schlachten von Geflügel, und der WZ 1513, Fleischverarbeitung.[50]

294. Die deutsche Fleischwirtschaft ist traditionell kleinständisch strukturiert. Politische, wirtschaftliche und branchenspezifische Rahmenbedingungen führen jedoch zu der aus Abbildung II.3 ablesbaren Konsolidierung des Marktes. Politische Entwicklungen erzeugten nach Angaben von Forschungsinstituten und Verbänden seit Ende der 1990er Jahre insbesondere im Agrarsektor Unsicherheiten unter den Produzenten. Im Zuge der 2003 beschlossenen Agrarreform wurde die Entkopplung von Direktzahlungen von der Produktion ab 2005 beschlossen, welche zu sinkenden Deckungsbeiträgen in der Tierproduktion führt. Im Jahr 2004 erhöhte die Vergrößerung der Europäischen Union im Rahmen der Osterweiterung von zehn auf 25 Mitglieder die Unsicherheit der Produzenten. Mit dieser Ausweitung erhöhte sich der frei zugängliche Absatzmarkt für inländische Erzeuger erheblich, gleichzeitig war mit der Konkurrenz von preisgünstiger produzierenden Wettbewerbern zu rechnen.

295. Die Preise für Fleischprodukte sind durch die hohe Nachfragemacht des Lebensmitteleinzelhandels und besonders mit steigenden Absatzanteilen über Discounter gesunken. Der Preiswettbewerb wird durch erhebliche Überkapazitäten in der Produktion noch intensiviert.

Schocks wie die BSE-Krise im Jahr 2001 oder die Geflügelpest im Jahr 2004 führten neben einem Nachfragerückgang immer wieder zu neuen Forderungen nach erhöhten Qualitätsauflagen in der Erzeugung, wodurch die Kosten der Produktion stiegen. Aufgrund der schlechten Kostenstruktur und des zunehmenden Preisdrucks wurden viele Unternehmen an ausländische Konzerne veräußert. Insbesondere die niederländische Bestmeat-Gruppe und der dänische Fleischkonzern Danish Crown haben in Deutschland Unternehmen aufgekauft. Dies verdeutlicht auch die hohe Differenz zwischen der Konzentrationsrate für Unternehmen und für Wirtschaftliche Einheiten in Abbildung II.3 für den Wirtschaftszweig 1512, Schlachten von Geflügel. Die Konzentrationsrate für Wirtschaftliche Einheiten liegt in diesem Wirtschaftszweig in den Jahren 2001 und 2003 im Mittel rd. zehn Prozentpunkte höher als die für Unternehmen, d. h. Unternehmensgruppen sind von großer Bedeutung. Die größte Übernahme in der Fleischbranche erfolgte zu Beginn des Jahres 2004 von der Nordfleischzentrale durch die Bestmeat-Gruppe. Dies könnte den Sprung der Konzentrationsrate zwischen 2003 und 2004 in Abbildung II.3 erklären, der im WZ 1513, Fleischverarbeitung. besonders deutlich sichtbar wird.

296. Die Konzentrationsrate CR10 ist im WZ 1512 um durchschnittlich rd. 3 Prozent gestiegen. Nach einem Rückgang im Jahr 1996 von 58 auf 52 Prozent erfolgte ein stetiger Anstieg bis knapp 75 Prozent. Im selben Zeitraum hat sich die Anzahl der Unternehmen mit 4,3 Prozent nur geringfügig reduziert. Die Umsätze haben sich trotz des hohen Preisdrucks fast verdoppelt und die Zahl der Beschäftigten ist um 39 Prozent gestiegen, d. h. der nationale Markt für Geflügel ist bis 2004 stark gewachsen. Auch die Investitionen im Bereich Geflügel haben sich um rd. 38 Prozent erhöht. Letzteres könnte sowohl mit der Umsetzung neuer Qualitätsrichtlinien als

---

[50] Im dritten Wirtschaftszweig 1511, Schlachten (ohne Schlachten von Geflügel), schwankt die CR10 im Beobachtungszeitraum ohne signifikante Veränderungen um 55 Prozent.

Abbildung II.3

Entwicklung der Konzentrationsrate CR10 in den Wirtschaftszweigen 1512, Schlachten von Geflügel, und 1513, Fleischverarbeitung, nach Unternehmen und Wirtschaftlichen Einheiten (WE)

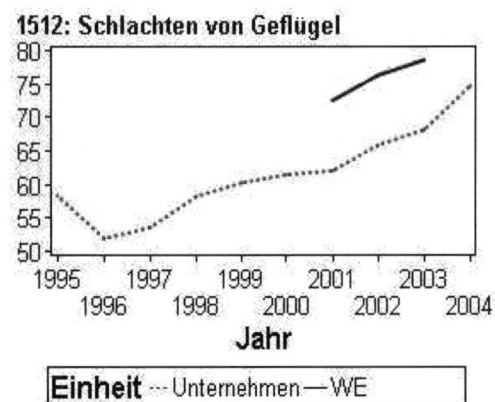

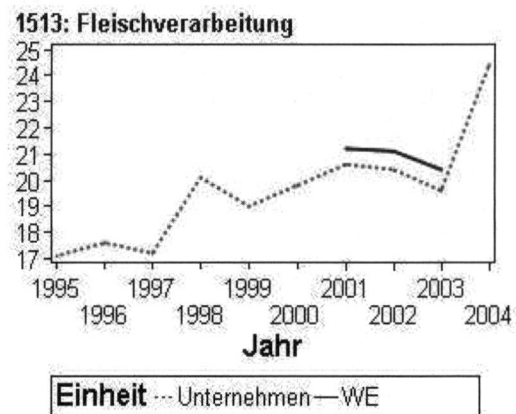

Quelle: Eigene Darstellung der Monopolkommission auf der Basis von Daten des Statistischen Bundesamtes

auch mit der Installation effizienterer Produktionsanlagen als Antwort auf den zunehmenden Kostendruck zusammenhängen. Bei Betrachtung der Konzentrationswerte von 2005 auf der Basis des Unternehmensregisters fällt auf, dass diese trotz der erweiterten Datenbasis höher sind als im Jahr 2003. Durch die Ausweitung des Berichtskreises verdreifacht sich die Zahl der Wirtschaftlichen Einheiten (von 40 im Jahr 2003 auf 122 im Jahr 2005), dennoch steigt die Konzentrationsrate der zehn größten Unternehmen um 4,5 Prozentpunkte von 76,2 auf 80,7 Prozent. Aus diesem Grund ist auch von einer realen Erhöhung der Konzentration im WZ 1512 auszugehen.

297. Experten erwarten eine weitere Konsolidierung der Fleischbranche auf europäischer Ebene. Damit wird eine steigende Konzentration auf nationaler Ebene nicht ausbleiben, wenn die deutschen Unternehmen sich im internationalen Wettbewerb etablieren möchten.

Verlegen von Zeitungen (WZ 2212)

298. Im Wirtschaftszweig 2212, Verlegen von Zeitungen, gab es zwischen 1995 und 1996 einen sehr starken Anstieg der Konzentration, welcher die Aufnahme dieses Wirtschaftszweigs in die Tabelle II.12 begründet. In den Folgejahren ist die Konzentration leicht gesunken. Abbildung II.4 zeigt die Entwicklung der Konzentrationsrate CR10 für Unternehmen und Wirtschaftliche Einheiten im Zeitablauf auf der Basis der Investitionserhebung.

Abbildung II.4

Entwicklung der Konzentrationsrate CR10 im Wirtschaftszweig 2212, Verlegen von Zeitungen, nach Unternehmen und Wirtschaftlichen Einheiten (WE)

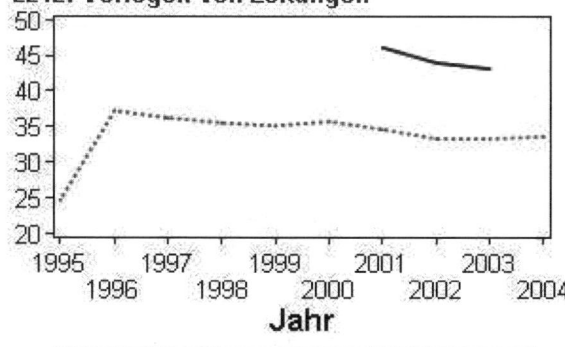

Quelle: Eigene Darstellung der Monopolkommission auf der Basis von Daten des Statistischen Bundesamtes

299. Branchenberichten ist zu entnehmen, dass der Wirtschaftsbereich unter der steigenden Internetnutzung leidet, da das Anzeigengeschäft, welches eine wichtige Einnahmequelle darstellt, sich zunehmend auf Online-Plattformen verlagert. Auch der Absatz gedruckter Zeitungen sei insbesondere in jüngeren Zielgruppen, welche den Online-Auftritt der Verlage nutzen, rückläufig. Dies

führe zu sinkenden Gewinnmargen und zu einer Zunahme der Konzentration über Kooperationen und Fusionen.

300. Die vorliegende Datenbasis kann diese Entwicklungen nicht bestätigen: In der Periode 1995 bis 2004 ist die Anzahl der Unternehmen um rd. 50 Prozent gestiegen. Der Umsatz ist um 68 Prozent und die Anzahl der Beschäftigten um 48 Prozent gestiegen, während die Investitionen um 42 Prozent gesunken sind (vgl. Tabelle II.12). Laut Bundeskartellamt gab es zwischen 1995 und 2002 insgesamt auch 90 Fusionen von Tageszeitungen.[51] Dennoch kann eine steigende Konsolidierung der Branche seit dem Jahr 1996 aus den vorliegenden Daten nicht abgelesen werden. Bei der Interpretation dieser Zahlen ist jedoch zu beachten, dass nur Unternehmen mit 20 und mehr Beschäftigten in den Berichtskreis eingehen und die Wirtschaftszweigklassifikation keine Unterscheidung zwischen Tages- und Wochenzeitungen zulässt. Darüber hinaus beziehen sich die Zahlen nur auf den nationalen Markt, obwohl viele Tageszeitungen einen regional begrenzten Markt bedienen. Eine geografische Ausweitung wäre für lokal spezialisierte Anbieter mit erheblichem Aufwand verbunden, da sie zur Erschließung neuer Leserschichten auch neue Lokalredaktionen aufbauen müssten. Deshalb bestehen in Deutschland viele lokale Monopole und Duopole unabhängig voneinander.[52]

301. Die Konzentrationsrate der zehn größten Wirtschaftlichen Einheiten liegt in den Jahren 2001 und 2003 rd. zehn Prozentpunkte über der Unternehmenskonzentration, d. h. Unternehmensgruppen spielen innerhalb des Wirtschaftszweiges eine wichtige Rolle. Dies zeigen auch die registerbasierten Werte im Jahr 2005. Die drei größten Wirtschaftlichen Einheiten umfassen 25 Unternehmen und haben einen Marktanteil von 22,6 Prozent und die zehn größten Wirtschaftlichen Einheiten haben mit ihren insgesamt 53 Unternehmen einen Marktanteil von 39,2 Prozent.[53] Andere Quellen geben CR10-Werte von über 55 Prozent für das Jahr 2002 mit leicht steigender Tendenz an. Es ist möglich, dass die geringeren Werte auf die gesplittete Erfassung von Unternehmensgruppen in der Datenbasis zurückzuführen sind.

Herstellung von Büromöbeln (WZ 3611)

302. Nach Tabelle II.12 ist die Konzentration im Wirtschaftszweig 3611, Herstellung von Büromöbeln, mit einer durchschnittlichen jährlichen Wachstumsrate der CR 10 von 7,5 Prozent am stärksten gestiegen. Sie hat sich mit einer CR10 von 28 Prozent im Jahr 1995 auf 53 Prozent im Jahr 2004 fast verdoppelt bei einem gleichzeitig relativ starken Rückgang der Anzahl der Unternehmen um rd. 35 Prozent und einem Anstieg des

---

[51] Pressefusionen werden von den Wettbewerbsbehörden mit einer niedrigeren Aufgreifschwelle gesondert behandelt, um wirtschaftliche Macht von selbstständigen Verlagen vorzubeugen und die Pressevielfalt zu erhalten.

[52] Vgl. Monopolkommission, Die Pressefusionskontrolle in der Siebten GWB-Novelle, Sondergutachten 42, Baden-Baden 2004, Tz. 32.

[53] Vgl. Tabelle B.1 in den Anlagen zu diesem Gutachten.

HHI[54] auf das Sechsfache des Ausgangswertes. Die Anzahl der Beschäftigten ist um 15 Prozent gesunken, während der Umsatz um rd. 40 Prozent gestiegen ist.

303. Abbildung II.5 zeigt die Entwicklung der Konzentrationsrate CR10 für Unternehmen und Wirtschaftliche Einheiten in diesem Wirtschaftszweig. Bis auf einen leichten Rückgang der Konzentrationsrate im Jahr 2000 ist ein stetiger Anstieg zu erkennen. Die CR10 für Wirtschaftliche Einheiten ist nur geringfügig höher als die für Unternehmen.

Abbildung II.5

Entwicklung der Konzentrationsrate CR10 im Wirtschaftszweig 3611, Herstellung von Büromöbeln, nach Unternehmen und Wirtschaftlichen Einheiten (WE)

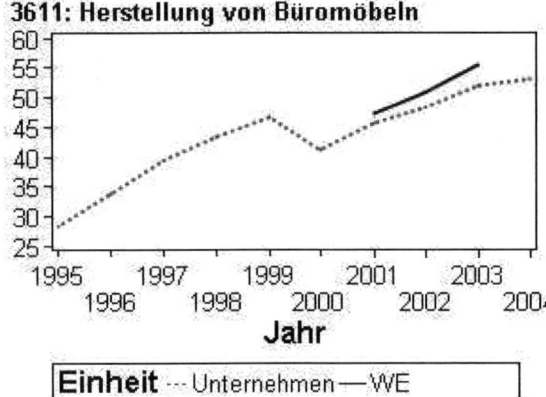

Quelle: Eigene Darstellung der Monopolkommission auf der Basis von Daten des Statistischen Bundesamtes

304. Wie bei dem Markt für Geflügel ist im WZ 3611 die Konzentrationsrate der zehn größten Unternehmen im Jahr 2005 gegenüber 2003 trotz Ausweitung der Datenbasis um rd. zwei Prozentpunkte (von 57 auf 59 Prozent) gestiegen, obwohl die Anzahl der Wirtschaftlichen Einheiten sich durch den Wechsel der Datenbank um mehr als das Siebenfache erhöht hat. Dies weist darauf hin, dass die hinzugekommenen kleinen Unternehmen einen sehr geringen Marktanteil haben und es eine reale Erhöhung der Konzentration gegeben hat.

Herstellung von pharmazeutischen Spezialitäten und sonstigen pharmazeutischen Erzeugnissen (WZ 2442)

305. Der Wirtschaftszweig 2442, Herstellung von pharmazeutischen Spezialitäten und sonstigen pharmazeutischen Erzeugnissen, hat von den selektierten Branchen des zweiten Quadranten den höchsten Ausgangswert der CR10 im Jahr 1995 und die geringste Anzahl von Unternehmen (vgl. Tabelle II.12). Diese Anzahl ist im Beobachtungszeitraum nur geringfügig gesunken. Die CR10 ist jedoch von rd. 41,8 Prozent im Jahr 1995 auf 59 Prozent im Jahr 2004 gestiegen. Abbildung II.6 zeigt

die Entwicklung der Konzentrationsrate CR10 im Zeitablauf.

306. Bei der Herstellung von pharmazeutischen Erzeugnissen ist von hohen Aufwendungen in der Forschung und Entwicklung auszugehen, für deren Erreichung eine kritische Unternehmensgröße unerlässlich ist. Deshalb kann sich eine steigende Konzentration positiv auf die Effizienz und das Wachstum der Branche auswirken. So sind mit steigenden Umsätzen um rd. 65 Prozent und steigender Anzahl der Beschäftigten um rd. 10 Prozent auch die Investitionen um rd. 48 Prozent gestiegen. Die Konzentrationsrate für die zehn größten Unternehmen hat sich insbesondere zwischen 1999 und 2001 erhöht. Im Jahr 1999 entstand durch die Fusion der Höchst AG mit der Rhone-Poulenc S.A. der Aventis-Konzern als eines der weltweit größten Pharmaunternehmen. Bis 2004 gab es weitere Großfusionen in der pharmazeutischen Industrie. Die Zahlen für den nationalen Markt sind jedoch nur eingeschränkt interpretationsfähig, da der relevante Markt weltweit einzustufen wäre.

Abbildung II.6

Entwicklung der Konzentrationsrate CR10 im Wirtschaftszweig 2442, Herstellung von pharmazeutischen Spezialitäten und sonstigen pharmazeutischen Erzeugnissen, nach Unternehmen und Wirtschaftlichen Einheiten (WE)

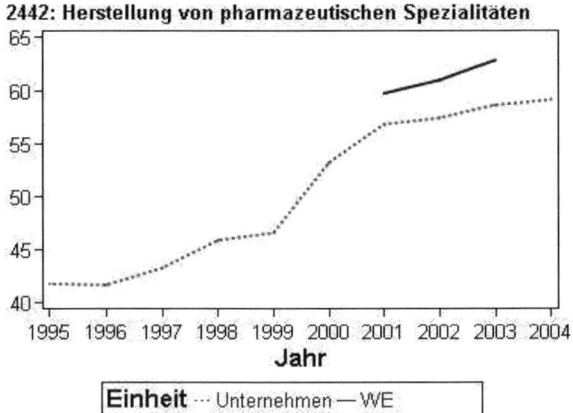

Quelle: Eigene Darstellung der Monopolkommission auf der Basis von Daten des Statistischen Bundesamtes

Herstellung von elektronischen Bauelementen aus dem Bereich der Rundfunk- und Nachrichtentechnik (WZ 3210)

307. Der Wirtschaftszweig 3210, Herstellung von elektronischen Bauelementen, ist dem Bereich der Rundfunk- und Nachrichtentechnik zugeordnet. Er umfasst z. B. die Herstellung von Kathoden, Halbleitern und elektronischen Schaltungen und stellt damit eine bedeutende Zulieferindustrie für die Hersteller der Informations- und Telekommunikationsindustrie, Unterhaltungs-, Kfz-, Freizeit- und Industrieelektronik (Energietechnik, Mess-, Steuer- und Regeltechnik) sowie der Haushaltsgeräte dar.

---

[54] Dieser Wert ist nicht in Tabelle II.1 ausgewiesen.

Die Eingrenzung des sachlich relevanten Marktes kann aufgrund der Vielfalt der elektronischen Bauelemente mit unterschiedlichen Funktionen und Einsatzgebieten nicht über die Wirtschaftszweigabgrenzung erfolgen. Darüber hinaus ist der geografisch relevante Markt weltweit einzustufen.

308. Zu bedeutenden Herstellern in Deutschland gehören z. B. Infineon, AMD, Siemens und Philips. In den Jahren 1998 und 1999 wurden 23 Fusionen der Branche beim Bundeskartellamt angemeldet, wobei die genannten Unternehmen zum Teil mehrfach beteiligt waren. In diesem Zeitraum stieg die Konzentrationsrate CR10 besonders stark an (vgl. Abbildung II.7). Insgesamt zeigt der Wirtschaftszweig eine hohe Fusionsaktivität zwischen 1995 und 2005 mit über 140 angemeldeten Fusionen. Auch der HHI hat sich vervierfacht und ist mit einem Mittelwert von über 1 300 und einem Endwert von über 2 000 im Jahr 2004 besonders hoch.[55] Im genannten Zeitraum hat sich der Umsatz vervierfacht, die Anzahl der Beschäftigten ist um 66 Prozent gestiegen und die der Unternehmen um 35 Prozent. Die Investitionen haben sich mit einem Anstieg um 146 Prozent mehr als verdoppelt.

Abbildung II.7

**Entwicklung der Konzentrationsrate CR10
im Wirtschaftszweig 3210, Herstellung von
elektronischen Bauelementen, nach
Unternehmen und Wirtschaftlichen Einheiten (WE)**

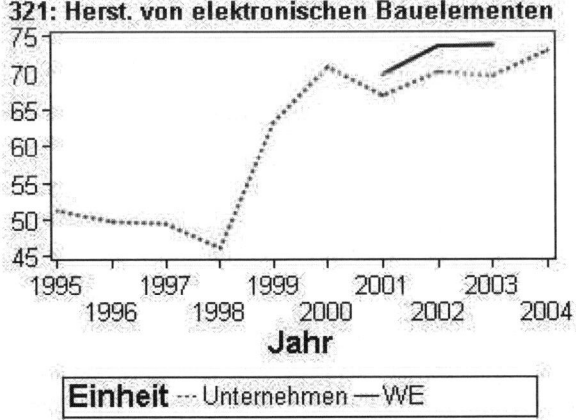

Quelle: Eigene Darstellung der Monopolkommission auf der Basis von Daten des Statistischen Bundesamtes

309. Werden für diesen Wirtschaftszweig die Werte für das Jahr 2005 auf der Basis des Unternehmensregisters hinzugezogen, so erhöht sich die Anzahl der Wirtschaftlichen Einheiten gegenüber 2003 um mehr als das Achtfache (von 252 auf 2 052 Einheiten). Die Konzentrationsrate der zehn größten Unternehmen liegt in den 2005er Daten mit rd. 69 Prozent unterhalb des Konzentrationswertes für Unternehmen im Jahr 2004. Es ist davon auszugehen, dass die wirtschaftliche Konzentration in diesem Bereich durch die Erfassungsgrenze von 20 und mehr Beschäftigten in der Investitionserhebung überschätzt wurde.

310. Die Branchen des vierten Quadranten zeichnen sich durch eine hohe Ausgangskonzentration der zehn größten Unternehmen im Jahr 1995 und eine negative durchschnittliche jährliche Wachstumsrate der Konzentration aus. Dies trifft auf insgesamt 48 der 148 Wirtschaftszweige zu. Dazu gehören besonders einzelne Industrien aus dem WZ 15, Ernährungsgewerbe, dem WZ 24, Herstellung von chemischen Erzeugnissen, dem WZ 26, Glasgewerbe, Herstellung von Keramik, Verarbeitung von Steinen und Erden, dem WZ 27, Metallerzeugung und -bearbeitung und dem WZ 35, Sonstiger Fahrzeugbau, der spezielle Fahrzeuge für Luft- und Raumfahrt, Krafträder, Boots- und Yachtbau oder Behindertenfahrzeuge enthält.

311. Insgesamt 19 Wirtschaftszweige haben eine durchschnittliche Konzentrationsrate der zehn größten Wirtschaftlichen Einheiten von mindestens 80 Prozent, einen durchschnittlichen HHI von über 2 000 und eine durchschnittliche Wachstumsrate der CR10 (dWt) < 1 Prozent. Im Mittel umfassen diese maximal 20 Unternehmen. Dabei handelt es sich teilweise um Wachstumsbranchen, in denen im Beobachtungszeitraum die Anzahl der Unternehmen, der Umsatz und teilweise auch Beschäftigte und Investitionen stark gestiegen sind. Hierzu gehören insbesondere die Wirtschaftszweige WZ 1572, Herstellung von Futtermitteln für sonstige Tiere (ohne Nutztiere), WZ 2214, Verlegen von bespielten Tonträgern und Musikalien, WZ 2231, Vervielfältigung von bespielten Tonträgern und Musikalien, WZ 2741, Erzeugung und erste Bearbeitung von Edelmetallen, und WZ 3512, Boots- und Yachtbau.

312. In anderen Bereichen hat es trotz hoher Ausgangskonzentration eine Konsolidierung gegeben, bei der die Anzahl der Unternehmen teilweise stark gesunken ist. Im WZ 2652, Herstellung von Kalk, hat sich die Anzahl der Unternehmen um 59 Prozent (von 17 auf 7) reduziert und die Anzahl der Beschäftigten um knapp 50 Prozent. Der Umsatz dieser Industrie ist im Beobachtungszeitraum um rd. 6 Prozent gestiegen, die Investitionen wurden mit der steigenden Konzentration jedoch um rd. 64 Prozent gekürzt. Ähnlich ist die Entwicklung bei der Herstellung von Nähgarn (WZ 1716). In dieser Branche sank die Anzahl der Unternehmen um rd. 31 Prozent, die der Beschäftigten um rd. 10 Prozent und die Investitionen um 34 Prozent bei einer Umsatzsteigerung von rd. 25 Prozent. Im WZ 2931, Herstellung von land- und forstwirtschaftlichen Zugmaschinen, ist die Anzahl der Unternehmen um 48 Prozent (von 31 auf 16) zurückgegangen und die Beschäftigtenzahl um 26 Prozent, während der Umsatz um über 30 Prozent gestiegen ist. Allerdings sind im gleichen Zeitraum die Investitionen um über 100 Prozent gestiegen.

313. Elf Wirtschaftszweige haben als Minimum der Umsatzanteile der zehn größten Unternehmen 100 Prozent oder keine veröffentlichten Werte über den gesamten Beobachtungszeitraum. Letzteres weist auf eine durchge-

---

[55] Diese Werte sind nicht in der Tabelle II.12 aufgeführt.

hend hohe Konzentration hin. Zu den Wirtschaftszweigen gehören die WZ 111, Gewinnung von Erdöl und Erdgas, WZ 144, Gewinnung von Salz, WZ 1541, Herstellung von rohen Ölen und Fetten, WZ 1542, Herstellung von raffinierten Ölen und Fetten, WZ 1543, Herstellung von Margarine und Nahrungsfetten, WZ 1594, Herstellung von Apfelwein und sonstigen Fruchtweinen, WZ 2214, Verlegen von bespielten Tonträgern und Musikalien, WZ 2411, Herstellung von Industriegasen, und WZ 3621, Herstellung von Münzen.

314. Wird statt der Konzentration für Unternehmen diejenige für Wirtschaftliche Einheiten nach denselben Aspekten gefiltert, so erfüllen zusätzlich acht Branchen die Kriterien eines CR10 von durchschnittlich mindestens 80 Prozent und eines durchschnittlichen HHI von über 2 000. Dazu gehören unter anderem die WZ 1586, Verarbeitung von Kaffee und Tee, Herstellung von Kaffee-Ersatz, WZ 2416, Herstellung von Kunststoffen in Primärformen, WZ 2822, Herstellung von Heizkörpern und -kesseln für Zentralheizungen, WZ 3002, Herstellung von Datenverarbeitungsgeräten und -einrichtungen, WZ 341, Herstellung von Kraftwagen und Kraftwagenmotoren, und WZ 353, Luft- und Raumfahrzeugbau.

315. Über die Differenz der Konzentrationsmaße für Unternehmen und für Wirtschaftliche Einheiten lässt sich ableiten, welche Bedeutung Unternehmensgruppen für den Wettbewerb in einzelnen Wirtschaftszweigen haben. Die höchste Differenz zwischen der Konzentrationsrate CR10 von Unternehmen und Wirtschaftlichen Einheiten in den Jahren 2001 und 2003 mit durchschnittlich über zehn Prozentpunkten zeigt der WZ 2513, Herstellung von sonstigen Gummiwaren, mit knapp 20 Prozentpunkten Unterschied. Bei der Erzeugung von Roheisen, Stahl und Ferrolegierungen, WZ 271, sind es noch rd. 16 Prozentpunkte und bei der Veredlung und Bearbeitung von Flachglas, WZ 2612, rd. 15 Prozentpunkte. Die Branche WZ 151, Schlachten und Fleischverarbeitung, findet sich in dieser Selektion mit WZ 1511, Schlachten (ohne Schlachten von Geflügel), und WZ 1512, Schlachten von Geflügel, wieder. Auch in den WZ 202, Herstellung von Furnier-, Sperrholz-, Holzfaser- und Holzspanplatten, WZ 3161, Herstellung von elektrischen Ausrüstungen für Motoren und Fahrzeuge, WZ 2212, Verlegen von Zeitungen, und WZ 2664, Herstellung von Mörtel und anderem Beton (Trockenbeton), hat die Berücksichtigung der Gruppenzugehörigkeit von Unternehmen eine Steigerung der CR10 von über zehn Prozentpunkten zur Folge.

3. Zusammenfassung

316. Zur Beurteilung des Standes und der Entwicklung der wirtschaftlichen Konzentration in Deutschland erhält die Monopolkommission alle zwei Jahre Konzentrationskennzahlen vom Statistischen Bundesamt. Diese beziehen sich für das vorliegende Hauptgutachten auf das Berichtsjahr 2005 und basieren auf dem amtlichen Unternehmensregister, privaten Verflechtungsdaten sowie der Produktionsstatistik des Statistischen Bundesamtes. Die vollständigen Konzentrationstabellen werden als Anlagen zum Hauptgutachten in Form einer beigefügten CD-ROM veröffentlicht.

317. Im ersten Teil des Kapitels wird der Stand der Konzentration in Deutschland im Jahr 2005 untersucht. Die Daten enthalten neben den bisher betrachteten Wirtschaftsabschnitten Bergbau (C), Verarbeitendes Gewerbe (D) und Baugewerbe (F) erstmals auch weitere Bereiche. Für die Wirtschaftsabschnitte C, D und F haben sich die Berichtskreise im Vergleich zu vorherigen Veröffentlichungen durch den Einbezug kleiner Unternehmen so stark verändert, dass zunächst eine Vergleichsanalyse zu den Konzentrationsmaßen durchgeführt wird. Diese zeigt, dass die Konzentration bis zum Berichtsjahr 2003 in vielen Wirtschaftszweigen durch die Abschneidegrenze von Unternehmen mit 20 und mehr Beschäftigten überschätzt worden ist. In einigen Branchen ist sie im Jahr 2005 jedoch trotz erweiterter Datenbasis höher als im Jahr 2003. Hierzu gehören unter anderem die Wirtschaftszweige 3410, Herstellung von Kraftwagen und Kraftwagenmotoren, 3430, Herstellung von Teilen und Zubehör für Kraftwagen und Kraftwagenmotoren, und 2416, Herstellung von Kunststoffen in Primärformen, welche gleichzeitig zu den größten Wirtschaftszweigen Deutschlands gemessen am Umsatz gehören. In diesen Bereichen kann eine reale Erhöhung der Konzentration unterstellt werden.

318. Die Verwendung des Unternehmensregisters unter Berücksichtigung von Unternehmensgruppen stellt einen wesentlichen Fortschritt in der Konzentrationsberichterstattung der Monopolkommission dar. Die Analysen der Monopolkommission haben jedoch gezeigt, dass in Zeiten der zunehmenden Integration von Märkten durch die Globalisierung eine auf Deutschland beschränkte Berichterstattung schwer interpretierbar wird. Systematische Interpretationsschwierigkeiten ergeben sich auch, wenn ein großer Teil der erfassten Unternehmen auf regional begrenzten Märkten aktiv ist, wie z. B. bei Krankenhäusern, Ver- und Entsorgungsunternehmen, täglich erscheinenden Presseerzeugnissen oder Kreditinstituten. Hier unterschätzen die ausgewiesenen Konzentrationsmaße die auf den relevanten regionalen Märkten tatsächlich vorherrschenden Konzentrationen. Gleiches gilt für Märkte, in denen Unternehmensgruppen aufgrund ihrer organisatorischen Form nicht aggregiert werden können.

319. Trotz der Problematik, die relevanten Märkte in der Konzentrationsstatistik adäquat abzubilden, können die Marktstrukturen einzelner Wirtschaftszweige sehr gut durch die vorliegenden Daten dargestellt werden. Hierzu gehören aus dem Verarbeitenden Gewerbe die Wirtschaftszweige der Ernährungsindustrie, Verlags- und Druckerzeugnisse, soweit sie höchstens viermal wöchentlich erscheinen, die Herstellung von Beton, Zement und Gips sowie Erzeugnisse aus diesen Baustoffen, welche jeweils auch hoch konzentriert sind.

320. Für alle erstmals in der Konzentrationsstatistik erfassten Wirtschaftsabschnitte werden zur Beurteilung der Daten zunächst Vergleichszahlen aus Branchenberichten und von Verbänden und Forschungsinstituten herangezogen. Diese zeigen, dass die Qualität der Datenbasis in vielen Bereichen noch keine Interpretation der Daten zulässt.

In einigen Wirtschaftsabschnitten werden die Anzahlen der Einheiten viel zu hoch angegeben. Gründe hierfür sind zum einen fehlerhafte Wirtschaftszweigzuordnungen, zum anderen können Unternehmensgruppen aufgrund ihrer Organisationsformen nicht systematisch zusammengefasst werden. Dies trifft insbesondere auf die Branchen Energie, Einzelhandel, Kreditinstitute und Versicherungen zu.

321. Im Wirtschaftsabschnitt I, Verkehr und Nachrichtenübermittlung, zeigen die Konzentrationsergebnisse insbesondere in einigen ehemals staatlich kontrollierten Bereichen bzw. strukturbedingten Monopolen die noch vorhandene Konzentration gut an. Besonders interessant wird in diesen Bereichen die langfristige Entwicklung der Konzentrationskennzahlen sein. Gleiches gilt für andere Bereiche, in denen erstmals Konzentrationsmaße erfasst worden sind, wie z. B. die Erbringung von Dienstleistungen. Hier erwartet die Monopolkommission eine steigende Konsolidierung über die Etablierung von Unternehmensketten.

322. Der zweite Teil des Kapitels betrachtet die Entwicklung der Konzentrationsmaße in den Wirtschaftsabschnitten Bergbau und Verarbeitendes Gewerbe zwischen 1995 und 2004 auf der Basis der Investitionserhebung. Die Wirtschaftszweige, welche im Beobachtungszeitraum eine Umsatzsteigerung realisiert haben, werden nach ihrem Konzentrationsniveau im Ausgangsjahr 1995 und ihrer Konzentrationsentwicklung bis zum Jahr 2004 in vier Quadranten eingeteilt (vgl. Abbildung II.2).

323. Insgesamt gab es in 148 Wirtschaftszweigen des Bergbaus und des Verarbeitenden Gewerbes eine Umsatzsteigerung im Betrachtungszeitraum. Von diesen liegen etwa 40 Prozent unter einer Konzentrationsrate der zehn größten Unternehmen von 50 Prozent im Basisjahr 1995 (Quadranten I und II) und 60 Prozent darüber (Quadranten III und IV). Die durchschnittliche jährliche Wachstumsrate der Konzentrationsrate der zehn größten Unternehmen (CR10) ist bis 2004 in rd. 50 Prozent der Wirtschaftszweige positiv.

324. Von besonderem wettbewerbspolitischem Interesse sind die Wirtschaftszweige, in denen die Konzentration über die Zeit zugenommen hat (Quadranten II und III). Dabei ist die Zunahme umso bedeutender, je höher die Ausgangskonzentration lag. Eine Zeitreihenanalyse identifiziert die Wirtschaftszweige, in denen die Unternehmenskonzentration erheblich gestiegen ist. Hierzu zählen die Wirtschaftszweige 1512, Schlachten von Geflügel, 1513, Fleischverarbeitung, 2212, Verlegen von Zeitungen, 3611, Herstellung von Büromöbeln, 2442, Herstellung von pharmazeutischen Spezialitäten und sonstigen pharmazeutischen Erzeugnissen, und 3210, Herstellung von elektronischen Bauelementen. In 26 Wirtschaftszweigen ist die Konzentration über den gesamten Beobachtungszeitraum sehr hoch. Zur Interpretation der Konzentrationsmaße werden branchenspezifische Zusatzinformationen, wie z. B. der sachlich und geografisch relevante Markt, das Wettbewerbsumfeld und die Bedeutung von Unternehmensgruppen, hinzugezogen. Eine ergänzende Betrachtung unter Berücksichtigung der Gruppenzugehörigkeit von Unternehmen zeigt für den WZ 2513, Herstellung von sonstigen Gummiwaren (ohne Bereifung), einen besonders hohen Einfluss der Zusammenfassung der Unternehmensgruppen auf die Konzentration.

325. In einigen Wirtschaftszweigen hat es trotz hoher Ausgangskonzentration eine Konsolidierung gegeben, bei der die Anzahl der Unternehmen teilweise stark gesunken ist. Dazu gehören z. B. WZ 2652, Herstellung von Kalk, WZ 1716, Herstellung von Nähgarn, und WZ 2931, Herstellung von land- und forstwirtschaftlichen Zugmaschinen.

Kapitel III

Stand und Entwicklung der Konzentration von Großunternehmen (aggregierte Konzentration)

1. Gegenstand und Ziel der Untersuchung

326. Die nachfolgende Untersuchung beleuchtet den Stand und die Entwicklung der gesamtwirtschaftlichen Bedeutung und des Verflechtungsgrades der hundert größten Unternehmen der Bundesrepublik Deutschland.

Anhand der Höhe ihrer inländischen Wertschöpfung werden die hundert größten Unternehmen Deutschlands ermittelt. Die Unternehmen werden im Hinblick auf die Merkmale Umsatz, Beschäftigte, Rechtsform, Sachanlagevermögen und Cashflow untersucht. Zur Beurteilung der Konzentrationsentwicklung wird die Veränderung des Anteils der Großunternehmen an den jeweiligen gesamtwirtschaftlichen Größen ermittelt. Außerdem legt die Monopolkommission einen Schwerpunkt auf die Verflechtungen zwischen den Unternehmen. Neben Kapitalbeteiligungen werden personelle Verflechtungen und Kooperationen über Gemeinschaftsunternehmen berücksichtigt. Die Berichterstattung endet mit der Ermittlung der Beteiligung der „100 Größten" an den dem Bundeskartellamt 2006/2007 nach § 39 Abs. 6 GWB angezeigten Unternehmenszusammenschlüssen.

Der Beurteilung der Bedeutung von Großunternehmen in einzelnen Branchen dient die Untersuchung der nach den Geschäftsvolumenmerkmalen Umsatz, Bilanzsumme und Beitragseinnahmen größten Industrie-[1], Handels- und Dienstleistungsunternehmen, Kreditinstitute[2] und Versicherungen[3] sowie die Ermittlung ihres Anteils am gesamten Geschäftsvolumen des jeweiligen Wirtschaftszweigs.

327. Als Unternehmen werden hier alle inländischen Konzerne verstanden. Diese Konzerne können gegebenenfalls eine Vielzahl rechtlich selbständiger Einheiten umfassen. Praktisch wird das Unternehmen durch den Konsolidierungskreis im Sinne der Vorschriften des Handelsgesetzbuchs (HGB) über die Rechnungslegung im Konzern dargestellt, mit dem Unterschied, dass der hier betrachtete Konsolidierungskreis auf die inländischen Konzerngesellschaften beschränkt ist. Zu dem untersuchungsrelevanten Konsolidierungskreis zählen somit zum einen die unter einheitlicher Leitung stehenden inländischen Unternehmen, zum anderen werden gemäß § 290 Abs. 2 HGB auch die Unternehmen einbezogen, bei denen die Muttergesellschaft über die Mehrheit der Stimm-

rechte verfügt, die Mehrheit der Mitglieder des Verwaltungs-, Leitungs- oder Aufsichtsorgans bestellen bzw. abberufen oder aufgrund der Satzung bzw. eines Beherrschungsvertrags einen beherrschenden Einfluss ausüben kann (Control-Konzept). Gemeinschaftsunternehmen, die nicht zu 100 Prozent bei den übergeordneten Unternehmen konsolidiert werden, jedoch die jeweiligen Größenkriterien erfüllen, werden in den Ranglisten gesondert erfasst.[4]

Ergänzend zum handelsrechtlichen Konzernbegriff strebt die Monopolkommission auch die Erfassung von Gleichordnungskonzernen an. Hierbei handelt es sich um Unternehmensgruppen, deren Leitungsfunktionen nicht durch eine, sondern durch mehrere Konzernobergesellschaften ausgeübt werden.[5]

328. Aufgrund seiner branchenübergreifenden Perspektive, der Betrachtung von Konzernen als Untersuchungseinheiten und der Berücksichtigung von Unternehmensverflechtungen ergänzt der Berichtsteil über die aggregierte Unternehmenskonzentration die in Kapitel II dieses Gutachtens erfolgende Analyse der Konzentration in den Wirtschaftsbereichen und in der Güterproduktion unter Berücksichtigung von Unternehmens- und Anbietergruppen.

Die Analyse der hundert größten Unternehmen bezieht sich dabei nicht auf wettbewerblich relevante Märkte. Grundsätzlich ist die Größe eines Unternehmens aus einer rein wettbewerbspolitischen Sicht nicht von Bedeutung, sofern sie nicht in Bezug zum relevanten Markt gesetzt wird. So sind einige, hinsichtlich ihres Geschäftsvolumens relativ kleine Unternehmen auf einem regionalen Markt tätig und verfügen auf diesem über eine marktbeherrschende Stellung, andere sind vor allem auf nationalen Märkten aktiv und wieder andere auf europäischen oder globalen Märkten, auf denen sie trotz ihrer Größe über keine marktmächtige Stellung verfügen.

Doch ist auch die Darstellung und Analyse der horizontalen Konzentration auf wettbewerblich relevanten Märkten nur begrenzt aussagekräftig. Sofern Unternehmensmacht auf marktübergreifenden Tatbeständen beruht, kann diese anhand von Marktanteilsanalysen nicht erfasst werden. Um die Marktstellung von Unternehmen mit konglomerater Struktur zuverlässig beurteilen zu können, muss die Erhebungs- und Darstellungseinheit im Rahmen der Untersuchung daher weiter abgegrenzt werden als bei der

---

[1] Im Folgenden bezeichnet der Begriff „Industrie" das Produzierende Gewerbe. Nach der Einteilung des Statistischen Bundesamtes (Klassifikation der Wirtschaftszweige, Ausgabe 2003) sind diesem die Wirtschaftsabschnitte C Bergbau, D Verarbeitendes Gewerbe, E Energie- und Wasserversorgung sowie F Baugewerbe zugeordnet.

[2] Im Folgenden bezeichnet der Begriff „Kreditinstitute" das Kreditgewerbe (WZ 2003: Abteilung JA 65, Gruppe JA 67.1).

[3] Im Folgenden bezeichnet der Begriff „Versicherungen" das Versicherungsgewerbe (WZ 2003: Abteilung JA 66, Gruppe JA 67.2).

[4] Ein im Rahmen der vorliegenden Untersuchung gesondert erfasstes Gemeinschaftsunternehmen ist zum Beispiel die Bosch-Siemens Hausgeräte GmbH.

[5] Ein Konzern mit Gleichordnungsstruktur im aktuellen Untersuchungskreis ist die Debeka-Versicherungsgruppe.

horizontalen Konzentrationserfassung, die sich auf die Bestimmung der Marktanteile in einzelnen Wirtschaftszweigen beschränkt. Als Merkmale marktübergreifender Unternehmensmacht sind gemäß § 19 Abs. 2 Nr. 1 GWB neben dem Marktanteil insbesondere die Finanzkraft, der Zugang zu den Beschaffungs- und Absatzmärkten und die Verflechtungen mit anderen Unternehmen zu berücksichtigen. Die Wirkungen, die von den aufgeführten Merkmalen ausgehen, lassen sich nur durch eine stärker unternehmensbezogene Betrachtungsweise darstellen.[6]

329. Die Beurteilung der Unternehmensgröße und damit die Abgrenzung des Untersuchungskreises erfolgt anhand der Wertschöpfung der Unternehmen. Die Wertschöpfung einer Unternehmung lässt sich auf zweierlei Weise sinnvoll interpretieren. Einerseits stellt sie bei einer realgüterwirtschaftlichen Betrachtung den Wert dar, der den von anderen Unternehmen bezogenen Realgütern (einschließlich Dienstleistungen) durch den in der Unternehmung abgelaufenen Leistungserstellungsprozess insgesamt hinzugefügt wurde. Andererseits entspricht die Wertschöpfung aus nominalgüterwirtschaftlicher Perspektive der Summe der (Eigen- und Fremd-)Kapital- und Arbeitseinkommen vor Steuern.

Anders als die in der Wirtschaftspresse häufig als Größenkriterien herangezogenen Jahresabschlussgrößen Umsatzerlöse, Bilanzsumme und Beitragseinnahmen erlaubt die Wertschöpfung den Vergleich des wirtschaftlichen Gewichts von Unternehmen mit unterschiedlicher Branchenzugehörigkeit (Produzierendes Gewerbe, Handel, Dienstleistungen, Verkehr, Kreditwirtschaft, Versicherungsgewerbe). Das Konzept der betrieblichen Wertschöpfung ermöglicht entsprechend die Herstellung einer Beziehung zwischen Unternehmung und gesamtwirtschaftlicher Bezugsgröße. Die Wertschöpfung ist außerdem unabhängig von der Rechtsform der betrachteten Unternehmen ermittelbar. Handelt es sich bei dem betrachteten Unternehmen weder um ein Versicherungsunternehmen noch um ein Kreditinstitut, so hat die Finanzstruktur ebenfalls keinen Einfluss auf die Wertschöpfung. Auch ist die Wertschöpfung besser geeignet als der Umsatz, die Leistung der einzelnen Unternehmen zu erfassen. Je nach Grad der vertikalen Integration kann das Verhältnis von Wertschöpfung zu Umsatz und damit der Anteil des Unternehmens an der Gesamtleistung unterschiedlich ausfallen. So ist z. B. bei Handelsunternehmen, die nicht oder nur in unbedeutendem Umfang vertikal integriert sind, das Verhältnis von Wertschöpfung zu Umsatz regelmäßig geringer als bei Unternehmen anderer Branchen.[7]

Die aggregierte Konzentration auf der Grundlage des Merkmals Wertschöpfung ist ferner geeignet, Anhaltspunkte über die wirtschafts- und gesellschaftspolitische Dimension der Unternehmenskonzentration zu liefern. Die Wertschöpfung setzt sich neben dem handelsrechtli-

chen Jahresergebnis der Unternehmen zu einem Großteil aus den Personalaufwendungen und in Abhängigkeit der erzielten Umsatzerlöse aus den Steuern vom Einkommen und vom Ertrag zusammen. Die erfassten „100 Größten" repräsentieren somit gleichsam, gemessen an den gezahlten Löhnen und Gehältern, bedeutende Arbeitgeber und Steuersubjekte in der Bundesrepublik Deutschland. Die Höhe des auf die „100 Größten" entfallenden Anlagevermögens verdeutlicht zudem die Bedeutung, die von diesen Unternehmen auf das volkswirtschaftliche Investitionsvolumen ausgeht.

Aus dieser wirtschaftspolitischen Betrachtungsweise lässt sich die Vermutung ableiten, dass Unternehmen, selbst wenn sie keine Marktmacht ausüben, dennoch über politische Einflussmöglichkeiten verfügen und somit die Rahmenbedingungen wirtschaftlichen Handelns beeinflussen können. Gemäß der politökonomischen Theorie spielen insbesondere die Indikatoren Arbeitsplätze und Steuereinnahmen eine entscheidende Rolle dafür, in welchem Maße auf die politischen Entscheidungsträger Einfluss ausgeübt werden kann. Erfahrungen aus der Vergangenheit zeigen, dass Unternehmen bestimmter Branchen, die auf globalen Märkten keine marktmächtige Stellung einnehmen, aufgrund ihrer Größe das nationale politische Geschehen mit beeinflussen können. In einigen Fällen können Marktmacht und politische Macht auch zusammenfallen. Personelle und finanzielle Verflechtungen können den beschriebenen Effekt bei gleichgerichteten Interessen der betreffenden Unternehmen weiter verstärken.

In diesem Zusammenhang könnte auch auf die Höhe der empfangenen Subventionen abgestellt werden. Anhand dieses Merkmals ließe sich die Vermutung überprüfen, inwieweit Unternehmen mit bedeutendem wirtschaftlichem Gewicht überproportional hohe staatliche Förderungen erhalten. Eine Quantifizierung lässt sich aufgrund bestehender Rechnungslegungsvorschriften, der Vielschichtigkeit von Subventionen sowie unterschiedlicher Begriffsdefinitionen nicht umsetzen.

330. Mit der Berichterstattung über die aggregierte Konzentration folgt die Monopolkommission ihrem gesetzlichen Auftrag, die Entwicklung der Unternehmenskonzentration in der Bundesrepublik Deutschland regelmäßig zu begutachten (§ 44 Abs. 1 Satz 1 GWB). In der Vergangenheit hat sie diesen Auftrag auf die nach der inländischen Wertschöpfung hundert größten Unternehmen in Deutschland bezogen. Aus diesem Grund hat die Monopolkommission das Inlandskonzept ihrer Berichterstattung zugrunde gelegt. Die infolge der Globalisierung zunehmende internationale Ausrichtung der Produktions- und Beschaffungsprozesse und die damit verbundene Ausgliederung von Geschäftsbereichen ins Ausland führt zu der Frage, inwieweit ein Inlandskonzept noch ausreicht, das wirtschaftliche Gewicht der für diese Unternehmen zuständigen Entscheidungszentralen angemessen zu erfassen. Deswegen analysiert die Monopolkommission seit dem Sechzehnten Hauptgutachten ergänzend die weltweite Wertschöpfung der zehn größten Unternehmen.[8] Zusätzlich wurden im Siebzehnten Hauptgutachten

---

6 Vgl. hierzu Monopolkommission, Mehr Wettbewerb ist möglich, Hauptgutachten 1973/1975, Baden-Baden 1976, Tz. 4 ff., 207 f.
7 Vgl. Monopolkommission, Fortschritte bei der Konzentrationserfassung, Hauptgutachten 1980/1981, Baden-Baden 1982, Tz. 345 ff.
8 Vgl. Tz. 352 f.

die nach dem Merkmal Beschäftigte hundert größten Unternehmen in der Bundesrepublik Deutschland ermittelt und in Relation zu den Beschäftigtenzahlen der Gesamtkonzerne gesetzt.[9]

331. Für die Untersuchung wurden vorrangig die Geschäftsberichte, die Ergebnisse der Unternehmensbefragungen sowie die beim elektronischen Bundesanzeiger eingereichten und im elektronischen Unternehmensregister veröffentlichten Jahresabschlüsse der infrage kommenden Unternehmen als Datenquellen verwendet. Darüber hinaus wurden überwiegend die folgenden öffentlich zugänglichen Quellen herangezogen:

- Hoppenstedt Verlag

  - „Companies and Sectors", verschiedene Jahrgänge,

  - „Handbuch der Großunternehmen", verschiedene Jahrgänge,

  - „Konzernstrukturdatenbank" (CD-Rom), Ausgabe 1/2007,

  - „Leitende Männer und Frauen der Wirtschaft", Ausgabe 2007,

- Müssig Verlag, „Die großen 500" (CD-Rom), verschiedene Ausgaben,

- TradeDimensions, „Top-Firmen – Der Lebensmittelhandel in Deutschland – Food/Nonfood", verschiedene Jahrgänge.

- Planet Retail, „Company Profiles", Ausgabe 2007.

Ergänzend griff die Kommission auf Presseverlautbarungen zurück. Soweit die Geschäftsberichte der Unternehmen und die anderen zur Verfügung stehenden Quellen nicht ausreichten, um die für die Untersuchungen benötigten Daten zu ermitteln, wurden die Unternehmen direkt befragt.

Für die Untersuchung der Kapitalbeteiligungen und der personellen Verflechtungen der „100 Größten" wird zusätzlich eine Netzwerkanalyse durchgeführt. Die Grafiken, die das Netzwerk aus den gegenseitigen Beteiligungen der „100 Größten" darstellen, sind in Kooperation mit dem Max-Planck-Institut für Gesellschaftsforschung, Köln, erstellt worden. Das Max-Planck-Institut für Gesellschaftsforschung nutzt die Daten der Monopolkommission zur inländischen Wertschöpfung sowie zu den Kapitalverflechtungen der „100 Größten", um die Tendenz zur Kapitalentflechtung zu veranschaulichen.

Die Untersuchung über die Beteiligung der „100 Größten" an den dem Bundeskartellamt nach § 39 Abs. 6 GWB in 2006 und 2007 angezeigten Unternehmenszusammenschlüssen basiert auf den der Monopolkommission von der Wettbewerbsbehörde mitgeteilten Angaben.

In einzelnen Fällen wurden Angaben für die vergangenen Jahre in den offiziellen Statistiken aktualisiert. Die gesamtwirtschaftlichen Bezugsgrößen in dieser Untersuchung wurden entsprechend angepasst. Da es sich durchweg um geringfügige Änderungen handelt, gelten die Aussagen über die aggregierte Unternehmenskonzentration im Sechzehnten Hauptgutachten unverändert.

2. Die hundert größten Unternehmen 2004 und 2006

2.1 Methodische Vorbemerkungen

332. Die Monopolkommission verwendet als Merkmal zur Untersuchung der Unternehmenskonzentration die Nettowertschöpfung zu Faktorkosten. Die Berechnung der Wertschöpfung erfolgt anhand der „direkten Wertschöpfungsstaffel". Hierbei wird ausgehend von dem handelsrechtlichen Jahresergebnis um nicht mit einer Wertschöpfung verbundene Erträge korrigiert. Umgekehrt werden Aufwendungen, die Bestandteil der Wertschöpfung sind, z. B. der Personalaufwand, hinzuaddiert. Die Abgrenzung der Unternehmen, die dem Kredit- oder Versicherungsgewerbe angehören, basiert auf der unterschiedlichen Zusammensetzung ihrer Wertschöpfung. Die branchenspezifischen Schemata zur Berechnung der Wertschöpfung werden in Teil C, Abschnitt 1.1 der Anlagen zu diesem Gutachten ausführlich dargestellt.

333. Der Kreis der „100 Größten" wird in mehreren Schritten abgegrenzt. Da als Größenkriterium die inländische Wertschöpfung verwandt wird, diese aber in der Regel nicht anhand veröffentlichter Unternehmensdaten zu bestimmen ist, wird zunächst anhand veröffentlicher Jahresabschlüsse die Gruppe von Unternehmen bestimmt, deren inländische Wertschöpfung zu erheben ist. Diese Abgrenzung des Untersuchungskreises erfolgt durch eine systematische Auswertung der beim elektronischen Bundesanzeiger eingereichten und im elektronischen Unternehmensregister veröffentlichten Jahresabschlüsse sowie von in der Wirtschaftspresse veröffentlichten Unternehmens-Ranglisten.

334. Erschwerend für die Arbeit der Monopolkommission wirkt sich hierbei die großzügige Bemessung der Veröffentlichungsfrist für die publizitätspflichtigen Unternehmen aus. § 325 Abs. 1 HGB bestimmt, dass die Jahresabschlussunterlagen spätestens nach Ablauf von zwölf Monaten beim Betreiber des elektronischen Bundesanzeigers einzureichen sind.[10] Da im Rahmen der hier vorgenommenen Untersuchung solche Jahresabschlüsse zu berücksichtigen sind, welche den 30. Juni 2006 einschließen, besteht die Möglichkeit, dass Unternehmen trotz pflichtgemäßer Veröffentlichung nicht anhand ihrer Jahresabschlussdaten erfasst werden können, da sie z. B. zum Stichtag 31. Mai 2007 bilanzieren und erst im Mai 2008 ihren Jahresabschluss veröffentlichen.

335. Regelmäßig ist festzustellen, dass zahlreiche Unternehmen durch die rechtliche Ausgestaltung ihrer Konzernstruktur der Verpflichtung zur Veröffentlichung ihres Jahresabschlusses ausweichen. Anhand von in der Presse und in Unternehmenspublikationen veröffentlichten Ein-

---

[9] Vgl. Tz. 358.

[10] Für börsennotierte Gesellschaften gilt eine verkürzte Frist von vier Monaten (§ 325 Abs. 4 HGB).

zelangaben ist zu vermuten, dass bezogen auf das Geschäftsjahr 2006 unter anderem die INA-Holding Schaeffler KG sowie die Unternehmen der Aldi- und Schwarz-Gruppe dem Kreis der „100 Größten" angehören würden. Soweit anhand des verfügbaren Datenmaterials möglich, wird die inländische Wertschöpfung dieser Unternehmen durch Schätzverfahren ermittelt.

336. Eine wesentliche Verbesserung der Durchsetzung von Publizitätsverpflichtungen konnte mit dem am 1. Januar 2007 in Kraft getretenen Gesetz über elektronische Handelsregister und Genossenschaftsregister sowie das Unternehmensregister (EHUG)[11] erreicht werden, das zwei EU-Richtlinien[12] in das deutsche Recht umsetzt.

Die Bundesregierung überlässt hierin dem Betreiber des elektronischen Bundesanzeigers die Führung eines zentralen Unternehmensregisters sowie gemäß § 329 HGB die Überprüfung der Einhaltung der Fristen und der Vollzähligkeit der zur Veröffentlichung bestimmten Unterlagen. Bei Nichtveröffentlichung der Unterlagen wird durch das Bundesamt für Justiz ein Ordnungsgeldverfahren wegen Verletzung der Pflicht zur Offenlegung von Amts wegen betrieben. § 335 HGB sieht bei Verstößen einen Ordnungsgeldrahmen in Höhe von 2 500 Euro bis 25 000 Euro vor.

Ein erheblicher Transparenzgewinn und eine effiziente Konzentrationserfassung hinsichtlich der Auswertung untersuchungsrelevanter Unternehmenskennzahlen durch die Monopolkommission konnte durch den elektronischen Zugriff auf sämtliche im elektronischen Unternehmensregister bekannt gemachten Jahresabschlüsse und Registereintragungen erreicht werden. Zu begrüßen sind außerdem seitens des Betreibers des elektronischen Bundesanzeigers unternommene Anstrengungen zur Formatierung aller digitalisierten Jahresabschlussdaten nach einem einheitlichen Standard, wodurch eine Extraktion und Auswertung einzelner Positionen der Bilanz und Erfolgsrechnung ermöglicht werden soll.

337. Handelt es sich bei der Konzernobergesellschaft um ein Großunternehmen in den Rechtsformen Personenhandelsgesellschaft mit vollhaftendem Gesellschafter oder Einzelkaufmann, so muss die Gewinn- und Verlustrechnung nicht offen gelegt werden (§ 9 Abs. 2 PublG), wenn in einer Anlage zur Bilanz bestimmte Erfolgspositionen – unter anderem die Umsatzerlöse, der Personalaufwand sowie die Zahl der Beschäftigten – genannt werden (§ 5 Abs. 5 PublG).

338. Sofern die auszuwertenden Konzernabschlüsse auf der Basis internationaler Rechnungslegungsnormen erstellt wurden, wird in einigen Fällen nicht der zur Ermittlung der Wertschöpfung erforderliche getrennte Ausweis von Personal- und Materialaufwand vorgenommen.[13] In diesen Fällen wird auf die verfügbaren Jahresabschlüsse der inländischen Tochterunternehmen mit wertschöpfungsorientierter Gliederung der Erfolgsrechnung zurückgegriffen.

Eine Vereinheitlichung der Rechnungslegung ist durch die Aufhebung des § 292a HGB zu erwarten, der den Unternehmen eine Wahlfreiheit einräumte, ihren Konzernabschluss nach HGB, IFRS oder US-GAAP aufzustellen. Abgelöst wurden die Regelungen des § 292a HGB durch die EU-Verordnung Nr. 1606/2002 betreffend die Anwendung internationaler Rechnungslegungsstandards.[14] Danach sind alle Unternehmen, die dem Recht eines EU-Mitgliedstaates unterliegen und deren Wertpapiere zum Handel in einem geregelten Markt in der EU zugelassen sind, verpflichtet, ihre konsolidierten Abschlüsse für ab dem 1. Januar 2005 beginnende Geschäftsjahre nach IFRS aufzustellen. Eine Fristverlängerung bis zum 1. Januar 2007 wurde insbesondere Unternehmen gewährt, die aufgrund einer Börsennotierung in einem Nichtmitgliedstaat zugelassen sind und die zu diesem Zweck seit einem Geschäftsjahr, das vor der Veröffentlichung dieser Verordnung im Amtsblatt der Europäischen Gemeinschaften begann, international anerkannte Standards anwenden. Die den Mitgliedstaaten überlassenen Wahlrechte wurden in Deutschland durch das Bilanzrechtsreformgesetz (BilReG) vom 4. Dezember 2004 in nationales Recht umgesetzt.[15] Gemäß § 315a Abs. 3 HGB erhalten nicht kapitalmarktorientierte Mutterunternehmen ein Wahlrecht zur Erstellung eines befreienden Konzernabschlusses nach IFRS. Für Einzelabschlüsse kapitalmarktorientierter Unternehmen entfaltet das Wahlrecht nur für Offenlegungszwecke befreiende Wirkung (§ 325 Abs. 2a HGB).

339. Sofern keine Pflicht zur Aufstellung eines Konzernabschlusses besteht und die Wertschöpfung des inländischen Konzerns zum weit überwiegenden Teil durch eine einzige Gesellschaft erzielt wird, wird die Wertschöpfung anhand der Daten des Einzelabschlusses ermittelt. Derartige Fälle sind in Tabelle III.1 mit der Erläuterung „E" gekennzeichnet.[16]

---

[11] Vgl. BGBl. I 2006 S. 2553 sowie Monopolkommission, Mehr Wettbewerb auch im Dienstleistungssektor!, Hauptgutachten 2004/2005, Baden-Baden 2006, Tz. 272 f.

[12] Richtlinie 2003/58/EG des Europäischen Parlaments und des Rates vom 15. Juli 2003 zur Änderung der Richtlinie 68/151/EWG des Rates in Bezug auf die Offenlegungspflichten von Gesellschaften bestimmter Rechtsformen, ABl. EU Nr. L 221 vom 4. September 2003, S. 13 sowie Richtlinie 2004/109/EG des Europäischen Parlaments und des Rates vom 15. Dezember 2004 zur Harmonisierung der Transparenzanforderungen in Bezug auf Informationen über Emittenten, deren Wertpapiere zum Handel auf dem geregelten Markt zugelassen sind, und zur Änderung der Richtlinie 2001/34/EG, ABl. EU Nr. L 390 vom 31. Dezember 2004, S. 38.

[13] Eine Pflicht zum gesonderten Ausweis des Personalaufwands besteht gemäß § 275 Abs. 2 Nr. 6, § 285 Nr. 8b, § 314 Abs. 1 Nr. 4 HGB sowie gemäß IAS 1.91 und 1.93, nicht jedoch gemäß US-GAAP.

[14] Vgl. Verordnung (EG) Nr. 1606/2002 des Europäischen Parlaments und des Rates vom 19. Juli 2002 betreffend die Anwendung internationaler Rechnungslegungsstandards,, ABl. EG Nr. L 243 vom 11. September 2002, S. 1.

[15] Vgl. Bundesratsdrucksache 852/04 vom 5. November 2004.

[16] Hierzu gehören Unternehmen, die aufgrund der befreienden Wirkung ausländischer Konzernabschlüsse keine eigenen Konzerndaten veröffentlichen, sowie gemäß den Vorschriften des § 296 HGB von der Pflicht zur Einbeziehung von Tochterunternehmen in den Konzernabschluss befreite Unternehmen. Sind die in den Konsolidierungskreis einbezogenen ausländischen Tochterunternehmen von insgesamt untergeordneter Bedeutung, wird die Wertschöpfung durch die Auswertung veröffentlichter Konzernabschlüsse bestimmt.

340. Sowohl die nationalen als auch internationale Rechnungslegungsnormen verpflichten zu einer Einbeziehung von Tochterunternehmen in den Konzernabschluss unabhängig von geografischen Gesichtspunkten.[17] Auch können inländische Tochterunternehmen ausländischer Konzernobergesellschaften auf die Aufstellung eines Teilkonzernabschlusses verzichten, sofern auf einer höheren Stufe des Konzerns ein Konzernabschluss aufgestellt wird, der den Vorschriften der Siebten EG-Richtlinie entspricht und von einem Abschlussprüfer geprüft wird, der den Erfordernissen der Achten EG-Richtlinie genügt (§§ 291, 292 HGB). Daher ist die inländische Wertschöpfung anhand der Mehrzahl der veröffentlichten Konzernabschlüsse nicht unmittelbar zu erheben.

Falls dies aufgrund eines ausländische Konzerngesellschaften einschließenden Konsolidierungskreises der untersuchten Unternehmen erforderlich ist, führt die Monopolkommission Unternehmensbefragungen durch[18], um Angaben über das Geschäftsvolumen und die für die Berechnung der inländischen Wertschöpfung notwendigen Jahresabschlussdaten zu erhalten. Für die Erhebung der nach Wertschöpfung „100 Größten" im Siebzehnten Hauptgutachten wurden insgesamt 129 Unternehmen befragt, von denen 88 (68 Prozent) die benötigten Zahlen vollständig zur Verfügung gestellt haben.

341. In den Fällen, in denen die Unternehmen der Monopolkommission die für die Berechnung der Wertschöpfung erforderlichen Daten für den Inlandskonzern nicht oder nur teilweise zur Verfügung stellen können, die Wertschöpfung des Weltkonzerns anhand des veröffentlichten Konzernabschlusses jedoch ermittelt werden kann, wird die Wertschöpfung des inländischen Konzernbereichs geschätzt. Alternativ zu einer Schätzung ermittelt die Monopolkommission die Wertschöpfung inländischer Teilkonzerne in einzelnen Fällen eine Summierung der Wertschöpfung der größten inländischen Konzerngesellschaften. Teilkonzerne, deren Wertschöpfung durch diese Additionsmethode ermittelt wurden, sind in Tabelle III.1 mit der Erläuterung „S" gekennzeichnet. Die Diskussion der im Einzelnen angewandten Schätzverfahren erfolgt in Teil C, Abschnitt 1.2 der Anlagen zu diesem Gutachten.

2.2 Seit dem Berichtsjahr 2004 eingetretene Veränderungen

342. Der zuvor dargestellten Vorgehensweise folgend, sind in Tabelle III.1 die „100 Größten" 2004 und 2006 aufgeführt, geordnet nach der Höhe ihrer inländischen Wertschöpfung im Berichtsjahr 2006. Darüber hinaus werden, soweit die Angaben verfügbar waren, für jedes Unternehmen das Geschäftsvolumen (Umsatzerlöse der Nichtfinanzinstitute, Bilanzsumme der Kreditinstitute,

Brutto-Beitragseinnahmen der Versicherungsunternehmen), die Anzahl der Beschäftigten, die Höhe der Sachanlagen und der Cashflow jeweils bezogen auf die inländischen Konzernbereiche angegeben. In den Fällen, in denen die erforderlichen Daten für die Berechnung des inländischen Cashflows nicht zur Verfügung stehen, wird der Cashflow des Inlandskonzerns anhand der Relation der Referenzgrößen geschätzt, die für die Abgrenzung der Wertschöpfung auf den inländischen Konsolidierungskreis herangezogen wurden.

343. Hinsichtlich der Ursachen der Veränderungen innerhalb des Kreises der „100 Größten" sind die folgenden Fallgruppen unterscheidbar. Bezogen auf die Wirkung auf die Gesamtwertschöpfung der Großunternehmen lassen sich Konzentrations- bzw. Wachstumsvorgänge, welche zu einer Steigerung der Gesamtwertschöpfung der „100 Größten" führen, von Entflechtungs- bzw. Schrumpfungsvorgängen unterscheiden, welche zu einer verminderten Wertschöpfung des jeweiligen Unternehmens führen, gegebenenfalls einhergehend mit einem Austritt aus dem Kreis der Großunternehmen. Im Hinblick auf die zugrunde liegenden Ursachen der Wertschöpfungsveränderung kommen sowohl externes Wachstum bzw. Entflechtung als auch internes Wachstum bzw. interne Schrumpfung infrage. Externes Wachstum geht mit einer die Wertschöpfung des betrachteten Konzerns steigernden Veränderung des Kreises der Konzerngesellschaften einher, welche durch den Erwerb von Tochtergesellschaften oder die Fusion mit einem anderen Unternehmen vollzogen wird. Entflechtung lässt sich auf den Verkauf von Tochtergesellschaften oder die Abspaltung von einem anderen Unternehmen zurückführen und resultiert in einer die Wertschöpfung des betrachteten Konzerns mindernden Veränderung des Konsolidierungskreises. Internes Wachstum bzw. interne Schrumpfung liegt dagegen in einer Steigerung bzw. Minderung des Geschäftsvolumens, des Personalbestands etc. begründet, welche innerhalb eines gleich bleibenden Konsolidierungskreises erfolgt.

Aus realgüterwirtschaftlicher Perspektive kann die Gesamtwertschöpfung von Großunternehmen bei einem unveränderten Konsolidierungskreis auch durch Änderungen der Fertigungstiefe als dem Anteil der Wertschöpfung an der Gesamtleistung beeinflusst werden. Bei einer Vernachlässigung von Bestandsveränderungen und selbst erstellten Anlagevermögensgegenständen entspricht der Umsatz einer Periode dem Produktionswert. Eine Abnahme der Fertigungstiefe ergibt sich bei sinkenden Umsätzen durch einen relativ schwächeren Rückgang der Vorleistungen, bei steigenden Umsätzen durch einen relativ stärkeren Anstieg der Vorleistungen. Die relative oder absolute Zunahme der Vorleistungen kann unter anderem auf die Verlagerung vor allem arbeitsintensiver Teile der Wertschöpfungskette in ausländische Niederlassungen oder die Zunahme von Vorleistungen, die Unternehmen von in- oder ausländischen Lieferanten beziehen, zurückgeführt werden (Offshoring- und Outsourcingstrategien).

344. Die Zusammensetzung des Kreises der „100 Größten" hat sich seit 2004 geändert. Durch einen Zusammenschluss innerhalb des Kreises der „100 Größten" sind die

---

[17] Vgl. § 290 HGB, Standard 27.12 des International Accounting Standards Committee sowie Standard 94.2 des US-amerikanischen Financial Accounting Standards Board.

[18] Vgl. z. B. auch Monopolkommission, Wettbewerbspolitik oder Industriepolitik, Hauptgutachten 1990/1991, Baden-Baden 1992, Tz. 360.

folgenden Unternehmen ausgeschieden (Rang 2004 in Klammern):

(57) Schering AG,

(69) EUROHYPO AG,

(94) Gerling-Konzern Versicherungs-Beteiligungs-AG.

Im Juni 2006 übernahm die zum Bayer-Konzern gehörende Bayer Schering GmbH (vormals Dritte BV GmbH) 87,99 Prozent des stimmberechtigten Kapitals der Schering AG. Die Schering AG wird im Bayer-Konzern ab dem 23. Juni 2006 voll konsolidiert. Mit Eintragung in das Handelsregister am 27. Oktober 2006 wurde ein zwischen der Bayer Schering GmbH und der Schering AG am 31. Juli 2006 geschlossener Beherrschungs- und Gewinnabführungsvertrag wirksam. Die Umfirmierung der Schering AG in die Bayer Schering Pharma AG erfolgte mit Wirkung zum 29. Dezember 2006. Bis zum 31. Dezember 2006 erhöhte die Bayer AG ihren Anteil am stimmberechtigten Kapital der Bayer Schering Pharma AG sukzessive auf 96,24 Prozent. Die geringe Erhöhung der Wertschöpfung der Bayer AG im Geschäftsjahr 2006 gegenüber 2004 ist auf die Abspaltung des Teilkonzerns LANXESS, in welchem wesentliche Teile der Chemie- und Polymeraktivitäten zusammengefasst wurden, zurückzuführen. Die rechtlich wirksame Abspaltung erfolgte mit der Eintragung in das Handelsregister zum 28. Januar 2005. Am 31. Januar 2005 erfolgte die Börsennotierung der LANXESS AG am amtlichen Markt der Frankfurter Wertpapierbörse. Die LANXESS AG gehört im Geschäftsjahr 2006 erstmals zum Kreis der 100 größten Unternehmen.

Die EUROHYPO AG entstand 2002 aus der Verschmelzung der drei Hypothekenbankentöchter der Geschäftsbanken Deutsche Bank AG, Dresdner Bank AG und Commerzbank AG und wurde im Berichtsjahr 2004 erstmalig als Gemeinschaftsunternehmen im Kreis der „100 Größten" aufgeführt. Durch die Übernahme der Anteile der Deutschen Bank AG und der Dresdner Bank AG von insgesamt 66,2 Prozent in zwei Schritten zum 15. Dezember 2005 sowie zum 31. März 2006 hält die Commerzbank AG unter Berücksichtigung des bisherigen Kapitalanteils in Höhe von 31,8 Prozent seit dem 31. März 2006 98,04 Prozent der Anteile. Somit wurde die EUROHYPO AG zum 31. Dezember 2006 gemäß § 271 Abs. 2 HGB als verbundenes Unternehmen in den Konzernabschluss der Commerzbank AG einbezogen.

Am 23. November 2005 unterzeichneten die Eigentümer der Gerling-Konzern Versicherungs-Beteiligungs-AG, Köln, einen Vertrag zum Verkauf der Konzernholding Gerling Beteiligungs-GmbH, Köln, sowie der operativen Tochtergesellschaften an die Talanx AG, Hannover. Mit dem Vollzug des Erwerbs sämtlicher Anteile am Stammkapital erfolgte die Erstkonsolidierung durch die Talanx AG zum 1. Mai 2006. Die Talanx AG wird als 100-prozentige Tochtergesellschaft in den Konzernabschluss des HDI Haftpflichtverband der Deutschen Industrie V. a. G. einbezogen. Infolge der Erweiterung des Konsolidierungskreises um die Gesellschaften des vormaligen Gerling-Konzerns trat der HDI Haftpflichtverband der Deutschen Industrie V. a. G. im Geschäftsjahr 2006 in den Kreis der „100 Größten" ein.

Tabelle III.1

Die nach Wertschöpfung hundert größten Unternehmen 2004 und 2006

Rang	Jahr	Unternehmen	Wirtschafts-zweig[1]	Wert-schöpfung[2]	Geschäfts-volumen[3]	Beschäf-tigte	Sach-anlagen[4]	Cash-flow	Erläute-rungen[5]
				(Mio. €)			(Mio. €)		
1	2006	Deutsche Telekom AG	64.3,	17.214	32.460	159.992	48.884	8.937	IFRS
1	2004		72.2	17.429	35.147	170.837	45.402	13.165	
2	2006	Siemens AG	29, 30,	16.064*	40.913	161.100	8.755	2.703*	US-GAAP,
2	2004		31, 32, 33, 34.3, 35	15.340*	41.000	164.000	19.673ʷ	2.889*	30.09.2006
3	2006	DaimlerChrysler AG	29, 34,	14.713	66.972	166.617	13.225	6.141	IFRS
3	2004		35.3, 93	12.674	61.548	185.154	10.042	4.411	
4	2006	Volkswagen AG	34, 65.2	12.710	78.344	168.940	16.630	7.817	IFRS
4	2004			10.157	67.220	177.350	19.533	4.969	

Rang	Jahr	Unternehmen	Wirtschafts-zweig[1]	Wertschöp-fung[2]	Geschäfts-volumen[3]	Beschäf-tigte	Sach-anlagen[4]	Cash-flow	Erläute-rungen[5]
				(Mio. €)			(Mio. €)		
5 6	2006 2004	Deutsche Bahn AG	45.23, 55, 60.1, 63.3	10.601 9.204	19.857 18.520	202.787 205.771	39.093 37.296	4.529 2.808	IFRS
6 5	2006 2004	Deutsche Post AG	64.11, 65.12	10.114* 9.568*	24.829 22.583	240.000 163.621	24.040w 15.285w	1.817* 1.610*	IFRS
7 13	2006 2004	Deutsche Bank AG	65.12.1	9.982 5.474	1.038.573 783.137	46.146 45.398	3.277 4.880		US-GAAP
8 7	2006 2004	Robert Bosch GmbH	29, 31, 32, 33.2, 34.3	8.347 8.529	28.100 27.622	103.367 110.569	8.226 4.338	2.828 2.323	
9 8	2006 2004	Bayerische Motoren Werke AG	34, 35.41, 65.2	7.705 8.466	42.554 41.508	79.931 78.478	12.936 11.519	3.445 4.011	IFRS
10 12	2006 2004	BASF AG	11, 23.2, 24, 40.2	7.658 5.510	22.963 15.216	47.296 46.666	7.463 15.782w	2.576 1.599	IFRS
11 11	2006 2004	ThyssenKrupp AG	27, 28, 29, 34.3, 35, 51	6.607* 5.958*	25.386 22.081	84.414 92.179	7.088 8.418	1.801* 1.179*	IFRS, 30.09.2006
12 9	2006 2004	RWE AG	10.2, 11, 23.2, 40, 45, 90	6.145 7.787	32.213 28.174	37.782 55.407	17.133 16.905	4.923 4.495	IFRS
13 14	2006 2004	Deutsche Lufthansa AG	35.3, 55, 62, 72, 63.3	5.381 4.927	17.999 15.057	62.581 65.262	7.473 8.237	1.739 1.821	IFRS
14 16	2006 2004	E.ON AG	11, 23.2, 24, 40, 70	5.285 6.331[6]	42.129 31.388	36.720 39.524	26.161 30.943	5.985 4.102	US-GAAP
15 17	2006 2004	RAG AG	10, 23.1, 24, 27, 40, 51, 70	4.817 4.566	13.212 14.285	66.271 81.290	7.620 8.031	981 3.692	IFRS
16 10	2006 2004	Allianz SE[7]	65.12.1, 66, 67.12	4.794 4.499[6]	26.278 25.234	76.154 75.667	203.479 179.198		IFRS
17 15	2006 2004	Metro AG	51, 52	4.630 4.908	26.440 28.803	109.987 112.194	7.893 8.239	1.734 1.657	IFRS

noch Tabelle III.1

Rang	Jahr	Unternehmen	Wirt-schafts-zweig[1]	Wert-schöp-fung[2]	Geschäfts-volumen[3]	Beschäf-tigte	Sach-anlagen[4]	Cash-flow	Erläute-rungen[5]
				(Mio. €)			(Mio. €)		
18	2006	Münchener Rück-	66, 67.12	4.462	30.174	25.524	169.432		IFRS
20	2004	versicherungs-Gesellschaft AG		3.612	32.114	29.851	169.829		
19	2006	Vodafone-Gruppe	64.3	4.371	10.609	15.288	9.320	2.722	S,
18	2004	Deutschland		4.492	10.104	15.029	10.979	2.775	31.03.2007
20	2006	Bayer AG	24	3.789	15.225	40.900	15.487	6.314	IFRS
19	2004			3.737	13.670	47.900	6.779	2.059	
21	2006	ZF Friedrichshafen	29, 34,	2.937	8.275	31.232	2.273	859	
25	2004	AG	35	2.448	7.359	34.294	1.925	667	
22	2006	Continental AG	25.1,	2.899	7.659	28.187	1.114	1.344	IFRS
27	2004		34.3	2.273	6.734	31.808	1.202	780	
23	2006	SAP AG	72.2,	2.876	5.209	14.799	1.342	1.262	US-GAAP
23	2004		72.60.2	2.536	4.341	14.023	1.201	1.005	
24	2006	REWE-Gruppe	52	2.859*	31.216	126.061			
32	2004			1.977*	28.169	120.000			
25	2006	EADS-Gruppe	35.3	2.854*	10.553	42.920	25.033w	778	IFRS
24	2004	Deutschland		2.523*	4.322	40.325	22.913w	758	
26	2006	KarstadtQuelle AG	52, 52.61	2.822	10.330	44.854	2.008	603	IFRS
70	2004			869*	11.823	66.393	2.641w	-963*	
27	2006	MAN AG	29, 34,	2.626	6.786	29.399	1.295	876	IFRS
21	2004		74	2.676	8.060	39.506	2.032	613	
28	2006	Vattenfall-Gruppe	10, 13,	2.619	11.124	20.049	12.524	2.233	IFRS
36	2004	Deutschland	40	1.674	10.706	21.027	10.818	1.413	
29	2006	General Motors-	34, 65.21	2.470*	14.641	21.680	1.132	-105*	US-GAAP
22	2004	Gruppe Deutschland		2.543*	14.341	30.952	33.398w	154*	
30	2006	Energie Baden-	40, 41,	2.462	12.336	19.572	12.649	1.751	IFRS
26	2004	Württemberg AG	90	2.305	8.720	17.305	12.011	1.314	
31	2006	DZ Bank AG	65.12.4,	2.438	411.822	23.425	5.481		
30	2004		65.12.9	2.035	332.785	22.996	5.181		
32	2006	Landesbank Baden-	65.1	2.345	424.749	11.587	5.482		
29	2004	Württemberg		2.036	339.845	9.710	5.829		
33	2006	UniCredit-Gruppe	65.12.1	2.282	253.437	24.256	1.967		IFRS
38	2004	Deutschland[8]		1.624	277.969	26.259	2.348		

Rang	Jahr	Unternehmen	Wirt-schafts-zweig[1]	Wert-schöp-fung[2]	Geschäfts-volumen[3]	Beschäf-tigte	Sach-anlagen[4]	Cash-flow	Erläute-rungen[5]
				(Mio. €)			(Mio. €)		
34	2006	Bertelsmann AG	22, 92	2.247*	6.711	34.336	1.451	1.027*	IFRS
33	2004			1.878*	5.059	27.350	10.085w	676*	
35	2006	Dr. Ing. h. c.	34	2.244	6.262	9.793	1.321	1.885	IFRS,
35	2004	F. Porsche AG		1.740	5.774	10.156	1.436	932	31.07.2006
36	2006	Aldi-Gruppe	52	2.231*	20.900	42.000[9]			
31	2004			2.008*	19.820	36.000			
37	2006	Sanofi-Aventis-	24	2.205	4.127	8.753	718	220	E
44	2004	Gruppe Deutschland		1.280	3.100	7.732	734	177	
38	2006	Commerzbank AG	65.12.1	2.174	484.209	27.250	2.234		IFRS
45	2004			1.275	366.858	25.417	1.552		
39	2006	Schwarz-Gruppe	52	2.117*	21.525	55.000[9]			
34	2004			1.818*	19.502	120.000			
40	2006	IBM-Gruppe	30, 72	1.972	5.692	19.353	1.040	480	
28	2004	Deutschland		2.110	6.541	22.125	1.267	737	
41	2006	Shell-Gruppe	11, 23.2,	1.898	34.509	5.267	706	858	S
39	2004	Deutschland	24.66,	1.477	26.093	5.570	763	200	
			40, 51.5						
42	2006	Ford-Gruppe	34, 65.21	1.834	15.298	30.127	1.450	27	E
56	2004	Deutschland		1.327[6]	13.800	26.000	39.385w		
43	2006	Total-Gruppe	11, 23.2,	1.832*	10.329	4.193	45.281w	1.009*	IFRS
40	2004	Deutschland	51.51	1.391*	8.500	5.182	38.330w	895*	
44	2006	ExxonMobil-Gruppe	11, 23.2,	1.820	11.977	2.892	1.197	1.176	
49	2004	Deutschland	40.22,	1.122	9.142	3.094	1.143	1.326	
			50.5						
45	2006	Fresenius AG	24, 33.1,	1.799	3.459	31.955	2.603	225	US-GAAP
–	2004		51.46,	505*	1.009	12.349	5.081w	113*	
			85.11						
46	2006	Salzgitter AG	27,	1.760	7.334	15.760	1.395	650	IFRS
51	2004		28.12,	1.105	5.008	16.482	1.194	389	
			51.5						
47	2006	BP-Gruppe	11, 23.2,	1.730	41.569	6.244	2.383	1.173	S
50	2004	Deutschland	24, 50.5,	1.119	29.276	4.851	3.554	1.147	
			40.1						

noch Tabelle III.1

Rang	Jahr	Unternehmen	Wirt-schafts-zweig[1]	Wert-schöp-fung[2]	Geschäfts-volumen[3]	Beschäf-tigte	Sach-anlagen[4]	Cash-flow	Erläute-rungen[5]
				(Mio. €)			(Mio. €)		
48	2006	C. H. Boehringer Sohn	24	1.617*	5.620	10.638	1.337	743*	
41	2004	KG		1.370*	4.314	10.276	2.979w	511*	
49	2006	Bayerische	65.12.2	1.549	337.673	7.968	2.659		
37	2004	Landesbank		1.666	319.776	7.064	184		
50	2006	Bilfinger Berger AG	45	1.483	4.243	17.459	1.061	138	IFRS
53	2004			1.082	2.864	12.877	579	113	
51	2006	Roche-Gruppe	24	1.447	3.715	9.958	1.661	646	
43	2004	Deutschland		1.344	3.005	9.888	1.489	469	
52	2006	E. Merck oHG	24, 33.40.2	1.420	2.174	9.874	1.263	928	IFRS
–	2004								
53	2006	Tengelmann Waren-	52	1.396*	14.200	87.123	1.924w		30.04.2007
46	2004	handelsgesellschaft		1.250*	13.410	81.620	2.152w		
54	2006	Stadtwerke München	40, 41, 60.21	1.353	4.202	6.960	2.197	190	
75	2004	GmbH		800	2.949	7.725	2.236	359	
55	2006	Rhön-Klinikum AG	85.11	1.275	1.933	30.409	1.379	178	
91	2004			671	1.045	14.977	844	139	
56	2006	EDEKA Zentrale	51, 52	1.221	16.525	33.148	1.145	233	
77	2004	AG & Co. KG		792	11.593	27.415	474	162	
57	2006	Fraport AG Frankfurt	63.23, 70.20	1.197	1.836	20.287	2.815	475	IFRS
55	2004	Airport Services Worldwide		1.062	1.710	17.005	2.371	355	
58	2006	Tchibo Holding AG	15.86.0, 16, 24.5, 24.62	1.190*	4.458	14.741	6.623w	721*	IFRS
59	2004			1.022*	4.235	14.549	7.248w	693*	
59	2006	Landesbank Berlin	65	1.186	141.619	7.976	1.263		IFRS
82	2004	Holding AG[10]		746	132.572	9.868	455		
60	2006	KfW Bankengruppe[11]	65.12.7	1.166	359.606	3.585	778		
–	2004			582	328.596	3.370	644		
61	2006	Heidelberger Druck-	29.56.1	1.136	2.423	13.916	592	344	IFRS,
–	2004	maschinen AG							31.03.2007
62	2006	Otto Group	51, 52	1.130	7.525	22.187	911	311	IFRS,
48	2004			1.147	7.503	24.266	928	222	28.02.2007
63	2006	Altria-Gruppe	16, 15.8	1.125	8.931	5.822	469	552	S
60	2004	Deutschland		1.018	8.434	6.235	446	443	

noch Tabelle III.1

Rang	Jahr	Unternehmen	Wirt-schafts-zweig[1]	Wert-schöp-fung[2]	Geschäfts-volumen[3]	Beschäf-tigte	Sach-anlagen[4]	Cash-flow	Erläute-rungen[5]
				(Mio. €)			(Mio. €)		
64	2006	Wacker Chemie AG[12]	24	1.088	2.887	11.340	1.562	495	IFRS
74	2004			805	2.163	11.384	1.460	266	
65	2006	Liebherr-International-Gruppe Deutschland	29.22, 29.52, 29.71, 35.3	1.043	3.744	12.013	432	225	S
–	2004								
66	2006	BSH Bosch und Siemens Hausgeräte GmbH	29.71	1.041	4.286	14.223	462	323	IFRS
58	2004			1.051	3.629	14.455	378	249	
67	2006	Saint-Gobain-Gruppe Deutschland	26, 27.2, 45.3, 25	1.022*	4.392	17.701	1.293	90*	IFRS
61	2004			1.007*	4.093	18.257	15.992w	291*	
68	2006	Hamburger Gesell-schaft für Vermögens- und Beteiligungs-verwaltung mbH	41, 60, 63, 70	1.002	2.099	15.298	4.325	383	
72	2004			813	1.666	14.115	3.969	304	
69	2006	Henkel KGaA	24	998	3.259	10.454	971	719	IFRS
54	2004			1.070	3.097	10.488	952	166	
70	2006	Debeka-Gruppe	65.12.9, 66	965	7.306	14.249	54.858		
52	2004			1.092	6.274	13.799	36.086		
71	2006	Axel Springer AG	22	943	2.062	7.253	948	385	IFRS
67	2004			914	2.134	8.485	1.131	270	
72	2006	ArcelorMittal-Gruppe Deutschland[13]	27.1, 28.1, 28.4	928	3.725	7.430	885	505	S
90	2004			672	2.842	7.431	1.073	382	
73	2006	Adolf Würth GmbH & Co. KG	51	928	3.450	15.298	764	162	IFRS
76	2004			794	2.524	13.941	622	157	
74	2006	Nestlé-Gruppe Deutschland	15	923*	3.421	13.218	2.395	417*	IFRS
63	2004			955*	3.555	16.800	27.808w	415*	
75	2006	Linde AG	24.1	923	4.368	7.247	1.173	363	IFRS
47	2004			1.198	4.074	14.667	1.229		
76	2006	Philips-Gruppe Deutschland	29.7, 30, 31, 32, 33	921	3.631	7.195	350	342	IFRS
66	2004			934	4.268	10.780	593	303	
77	2006	TUI AG	55.1, 61, 62.1, 62.2, 63	911	9.783	11.112	3.339	227	IFRS
42	2004			1.366	8.260	15.744	3.222	455	

noch Tabelle III.1

Rang	Jahr	Unternehmen	Wirt-schafts-zweig[1]	Wert-schöp-fung[2]	Geschäfts-volumen[3]	Beschäf-tigte	Sach-anlagen[4]	Cash-flow	Erläute-rungen[5]
				(Mio. €)			(Mio. €)		
78 –	2006 2004	WestLB AG	65.12.2	895*	190.798 103.605	3.909 4.315	607w		IFRS
79 68	2006 2004	ABB-Gruppe Deutschland	29, 31, 33	893 907	2.811 2.687	11.918 13.337	482 569	54 163	
80 88	2006 2004	K+S AG	14, 24	865 701	2.509 2.220	9.894 10.069	761 621	273 286	
81 87	2006 2004	KPMG Deutsche Treuhand-Gesell-schaft AG Wirtschafts-prüfungsgesellschaft	74.1, 74.12	858 725	1.118 950	6.303 5.804	135 123	73 66	
82 –	2006 2004	AXA-Gruppe Deutschland	65.12.9, 66, 65.12.1	848 356	6.232 6.019	11.192 8.114	39.822 34.067		IFRS
83 81	2006 2004	Pricewaterhouse-Coopers Aktien-gesellschaft Wirtschaftsprüfungs-gesellschaft[14]	74.1, 74.12	847 749	1.231 1.071	8.185 8.439	50 70	165 -125	30.06.2006
84 98	2006 2004	HUK-COBURG	65.12.9, 66	841 628	4.734 4.133	8.676 7.860	20.312 17.613		IFRS
85 –	2006 2004	EWE AG[15]	40, 41, 64.3, 90.02	836	8.791 2.876	5.836	4.430	611	
86 62	2006 2004	Hewlett-Packard-Gruppe Deutschland	30, 32, 33	828 1.002	6.090 5.905	9.288 9.491	781 472	579	31.10.2006
87 71	2006 2004	Generali-Gruppe Deutschland	66	827 857	11.743 10.937	17.606 18.272	75.609 68.293		IFRS
88 73	2006 2004	Voith AG	29	821* 807	900 1.994	15.489 13.305	1.195w 428	168*	IFRS, 30.09.2006
89 86	2006 2004	Freudenberg & Co.	17.5, 25, 29	818 731	2.147 1.854	11.764 11.835	922 873	134 84	IFRS
90 80	2006 2004	Carl Zeiss AG	26.1, 33	817* 753*	1.794 1.626	7.843 9.683	626 341	46 154	IFRS, 30.09.2006
91 –	2006 2004	HDI Haftpflichtver-band der Deutschen Industrie V. a. G.	66	800* 369*	7.706 4.600	10.913 5.189	68.577w 39.574w		IFRS

Rang	Jahr	Unternehmen	Wirt-schafts-zweig[1]	Wert-schöp-fung[2]	Geschäfts-volumen[3]	Beschäf-tigte	Sach-anlagen[4]	Cash-flow	Erläute-rungen[5]
				(Mio. €)			(Mio. €)		
92	2006	Stadtwerke Köln	40, 41,	795	4.243	10.154	2.328	418	
84	2004	GmbH	60, 90.02	739	3.026	9.948	2.187	343	
93	2006	Novartis-Gruppe	24, 74	793	2.915	8.162	1.495	253	IFRS
–	2004	Deutschland		246	1.535	4.342	549	53	
94	2006	STRABAG-Gruppe	45	772	2.739	14.919	365	125	S, IFRS
–	2004	Deutschland[16]		390	1.537	9.738	180	50	
95	2006	LANXESS AG	24.13,	766	4.111	8.263	1.079	296	IFRS
–	2004		24.14						
96	2006	H & M Hennes &	52.42	758	2.329	9.302	59	312	30.11.2006
96	2004	Mauritz Gruppe Deutschland		634	2.086	7.936	61	265	
97	2006	Miele & Cie. KG	29.56,	752	1.879	10.487	396		30.06.2006
97	2004		29.7, 36.13	633	1.532	11.124	385		
98	2006	GEA Group AG[17]	29	737	2.875	6.451	1.049	-216	IFRS
65	2004			940	2.154	7.464	878	397	
99	2006	Procter & Gamble-	15, 21,	728	1.097	15.927	85.850w	779	S,
89	2004	Gruppe Deutschland	24, 51	693	1.550	11.816	28.886w	95	30.06.2006
100	2006	Unilever-Gruppe	15, 24.5	713	2.997	5.978	757	606	
64	2004	Deutschland		945	3.199	8.419	968	591	
–	2006	Schering AG	24, 33.1	–	–	–	–	–	
57	2004			1.061	2.657	9.492	1.114	457	
–	2006	EUROHYPO AG	65.12.6	–	–	–	–		
69	2004			900	226.928	2.430	323		
–	2006	Zurich Financial	66	481	6.067	5.689	32.435		
78	2004	Services-Gruppe Deutschland		775*	6.109	6.100	31.897		
–	2006	ALTANA AG	24	218	746	2.594	589	79	IFRS
79	2004			763	1.326	4.958	606	409	
–	2006	Alcatel-Lucent-	32	543	1.590	5.374	135	932	
83	2004	Gruppe Deutschland[18]		744	1.661	6.369	149	204	
–	2006	Infineon Technologies	33.20	571*	1.327	15.736	3.994w	309*	US-GAAP,
85	2004	AG		734*	1.675	16.387	3.985w	489*	30.09.2006

noch Tabelle III.1

Rang	Jahr	Unternehmen	Wirt-schafts-zweig[1]	Wert-schöp-fung[2]	Geschäfts-volumen[3]	Beschäf-tigte	Sach-anlagen[4]	Cash-flow	Erläute-rungen[5]
				(Mio. €)			(Mio. €)		
–
92	2006
2004	Berliner Verkehrs-betriebe (BVG) Anstalt des öffentlichen Rechts	60.21	560
668	636
638	12.561
13.647	4.337
4.513	233
117	
–
93	2006
2004	EDEKA Minden eG[19]	52	603
658	4.980
4.731	24.294
26.344	636
505	127
124	
–
94	2006
2004	Gerling-Konzern Versicherungs-Beteiligungs-AG	66	–
648	–
4.069	–
7.418	–
21.737		
–
95	2006
2004	DFS Deutsche Flugsicherung GmbH	63.23.3	657
639	875
923	5.175
5.393	678
744	149
170	
–
99	2006
2004	Norddeutsche Landes-bank Girozentrale	65.12.9, 65.12.1	604
628	203.093
184.207	5.258
7.495	302
1.266		
–
100	2006
2004	Signal-Iduna Gruppe	66	549
618	4.509
4.460	10.537
12.205	30.855
28.633		

[1] Statistisches Bundesamt, Klassifikation der Wirtschaftszweige, Ausgabe 2003 (WZ 2003). Es werden jeweils nur die Wirtschaftszweige ange-führt, die einen erheblichen Anteil an den Unternehmensumsätzen haben. Vgl. Übersicht C.1 in den Anlagen zu diesem Gutachten.

[2] Wenn nicht anders vermerkt, Wertschöpfung der konsolidierten Konzerngesellschaften. Sofern eine Zahlenangabe mit einem * versehen ist, be-deutet dies, dass die Wertschöpfung des Unternehmens in dem betreffenden Jahr geschätzt werden musste. Die für die entsprechenden Fälle he-rangezogenen Schätzmethoden werden detailliert in den Anlagen zu diesem Gutachten dargestellt. Bei Redaktionsschluss lagen der Monopol-kommission die Geschäftsberichte der Asklepios Kliniken GmbH, Hamburg, sowie der Rethmann AG & Co. KG, Selm, nicht vor. Die genannten Unternehmen blieben daher bei der Wertschöpfungsermittlung unberücksichtigt.

[3] Bei Kreditinstituten wird die Bilanzsumme, bei Versicherungsunternehmen werden die Beitragseinnahmen und bei Nichtfinanzinstituten die Um-satzerlöse angegeben. Ist eine Angabe mit einem * versehen, so handelt es sich um einen Schätzwert.

[4] Einschließlich immaterieller Vermögensgegenstände. Bei Versicherungsunternehmen werden anstelle der Sachanlagen Kapitalanlagen ausgewie-sen. Mit [w] gekennzeichnete Angaben beziehen sich auf den Weltabschluss.

[5] Falls das Geschäftsjahr nicht mit dem Kalenderjahr übereinstimmt, wird der Bilanzierungsmonat durch eine entsprechende Zahl angezeigt. Es werden die Daten des den 30. Juni 2006 einschließenden Geschäftsjahres zugrunde gelegt.
E = Einzelabschluss,
S = Summenabschluss.

[6] Aktualisierte Werte. Da sich die Anpassungen nur geringfügig auf die aggregierte Unternehmenskonzentration auswirken, wurden keine weitere Korrekturen vorgenommen.

[7] 2004: Allianz AG.

[8] 2004: Bayerische Hypo- und Vereinsbank AG.

[9] Die Zahl der Vollzeitbeschäftigten der Aldi- und Schwarz-Gruppe wurden auf der Grundlage des Umsatzes und der Personalkostenquoten ge-schätzt. Quelle: Lademann & Associates GmbH, Hamburg.

[10] 2004: Bankgesellschaft Berlin AG.

[11] 2004: Kreditanstalt für Wiederaufbau.

[12] 2004: Wacker-Chemie GmbH.

[13] 2004: Arcelor-Gruppe Deutschland.

[14] 2004: PWC Deutsche Revision AG Wirtschaftsprüfungsgesellschaft.

[15] 2004: Die Unternehmensdaten beinhalten Angaben von acht ausländischen Tochtergesellschaften von untergeordneter Bedeutung.

[16] 2004: STRABAG AG.

[17] 2004: MG Technologies AG.

[18] 2004: Alcatel-Gruppe Deutschland.

[19] 2004: EDEKA Minden-Hannover eG.

Quelle: Eigene Erhebungen

345. In den Kreis der „100 Größten" sind folgende Unternehmen neu eingetreten (Rang in Klammern):

(45) Fresenius AG,

(52) E. Merck oHG,

(60) KfW Bankengruppe (2004: Kreditanstalt für Wiederaufbau),

(61) Heidelberger Druckmaschinen AG,

(65) Liebherr-International-Gruppe Deutschland,

(78) WestLB AG,

(82) AXA-Gruppe Deutschland,

(85) EWE AG,

(91) HDI Haftpflichtverband der Deutschen Industrie V. a. G.,

(93) Novartis-Gruppe Deutschland,

(94) STRABAG-Gruppe Deutschland,

(95) LANXESS AG.

Der Wiedereintritt der Fresenius AG in den Kreis der „100 Größten" ist auf externes Wachstum vorwiegend im Bereich des Krankenhausbetreibergeschäftes zurückzuführen. Im Dezember 2005 erwarb die Fresenius AG 94 Prozent der Anteile an der HELIOS Kliniken GmbH, Fulda, sowie im Juli 2006 eine Beteiligung von 60 Prozent an der HUMAINE Kliniken GmbH, Aschheim/Dornach. Der inländische Konsoldierungskreis vergrößerte sich gegenüber 2004 um 46 auf 123 Unternehmen, die Zahl der im Inland beschäftigten Mitarbeiter stieg zum Bilanzstichtag von 12 349 auf 31 955.

Der Eintritt der E. Merck oHG ist allein erhebungstechnisch bedingt. Für das Geschäftsjahr 2006 wurden der Monopolkommission alle benötigten Informationen für den inländischen Konsolidierungskreis zur Verfügung gestellt. Aus dem gleichen Grund zählt auch die Heidelberger Druckmaschinen AG zum Kreis der „100 Größten", nachdem der langjährige Mehrheitseigner RWE AG im Mai 2004 seine Beteiligung an der Heidelberger Druckmaschinen AG von 50,02 Prozent auf 15,1 Prozent reduziert hat.

Die erhebliche Wertschöpfungssteigerung der KfW Bankengruppe ist durch einen Anstieg des Jahresüberschusses auf 974 Mio. Euro gegenüber 368 Mio. Euro im Geschäftsjahr 2004 als Folge der nach Unternehmensangaben entspannten Risikolage im Kreditgeschäft sowie einer Verbesserung der operativen Ergebnisbestandteile bedingt. Es ist darauf hinzuweisen, dass die für das Geschäftsjahr 2006 ausgewiesenen Zahlen zur KfW Bankengruppe ex post nur unter Vorbehalt zu interpretieren sind. Da sich die Erhebungen der Monopolkommission aufgrund der nach § 44 Abs. 1 GWB festgeschriebenen Veröffentlichungsfristen für ihre Hauptgutachten auf Geschäftsjahre beziehen, die den 30. Juni des Jahres 2006 einschließen, konnten aktuelle Entwicklungen auf den internationalen Finanzmärkten keine Berücksichtigung finden.

Ebenfalls erhebungstechnisch bedingt ist der Eintritt der Liebherr-International-Gruppe Deutschland in den Kreis der hundert größten Unternehmen. Die Wertschöpfung der Liebherr-International-Gruppe Deutschland konnte für das Geschäftsjahr 2006 auf der Grundlage der acht größten im elektronischen Bundesanzeiger veröffentlichten Einzelabschlüsse berechnet werden.

Die WestLB AG konnte infolge der 2004 eingeleiteten Konsolidierungsstrategie das um außerordentliche Einflüsse bereinigte Ergebnis vor Steuern des gesamten Konzerns von 521 Mio. Euro im Jahr 2004 auf 1 006 Mio. Euro im Jahr 2006 steigern. Die inländische Bilanzsumme erhöhte sich von 104 Mrd. Euro im Jahr 2004 auf 191 Mrd. Euro in 2006. Der Personalbestand in Deutschland sank auf 3 909 im Jahr 2006 gegenüber 4 315 in 2004. Wie im Falle der KfW Bankengruppe sind auch die Angaben zur WestLB AG infolge der Krise auf den internationalen Finanzmärkten nur begrenzt aussagekräftig.

Der Anstieg der Wertschöpfung der AXA-Gruppe Deutschland beruht auf einer Steigerung des operativen Ergebnisses aus dem Versicherungsgeschäft sowie einem gestiegenen Kapitalanlageergebnis in den Jahren 2005 und 2006.

Das anhaltend hohe Niveau der Primärenergiepreise sowie die erstmalige Einbeziehung der VNG-Verbundnetz Gas AG, Leipzig, über zwölf Monate im Geschäftsjahr 2005 haben zu einem Eintritt der EWE AG in den Kreis der „100 Größten" geführt.

Der Eintritt der Novartis-Gruppe Deutschland resultiert aus dem Erwerb sämtlicher Anteile an der Hexal AG, Holzkirchen, am 6. Juni 2005 durch den deutschen Teilkonzern Novartis Deutschland GmbH, Wehr. Die in Deutschland erzielten Umsätze im Geschäftsjahr 2006 konnten um annähernd 90 Prozent auf 2 915 Mio. Euro gegenüber 2004 gesteigert werden.

Die STRABAG-Gruppe Deutschland gehört nach ihrem Austritt im Jahr 2004 wieder dem Kreis der „100 Größten" an. Die STRABAG SE, Villach, als Konzernobergesellschaft erhöhte im Jahr 2005 ihren inländischen Konsolidierungskreis durch den Erwerb wesentlicher Teile aus der Insolvenzmasse der ehemaligen Walter Bau AG durch die deutsche Konzerngesellschaft STRABAG AG. Zudem hält die STRABAG SE seit dem 23. November 2005 57,26 Prozent der Stimmrechtsanteile an der Ed. Züblin AG, Stuttgart.

346. Aufgrund einer Verringerung der Wertschöpfung sind folgende Unternehmen aus dem Kreis der „100 Größten" ausgeschieden (Rang 2004 in Klammern):

(78) Zurich Financial Services-Gruppe Deutschland,

(79) ALTANA AG,

(83) Alcatel-Lucent-Gruppe Deutschland (2004: Alcatel-Gruppe Deutschland),

(85) Infineon Technologies AG,

(92) Berliner Verkehrsbetriebe (BVG) Anstalt des öffentlichen Rechts,

(93) EDEKA Minden eG (2004: EDEKA Minden-Hannover eG),

(95)   DFS Deutsche Flugsicherung GmbH,

(99)   Norddeutsche Landesbank Girozentrale,

(100) Signal-Iduna Gruppe.

Zum 31. Dezember 2006 gab die ALTANA AG ihr Pharmageschäft vollständig an die Nycomed Germany Holding GmbH, Frankfurt am Main, ab. Die ALTANA Pharma AG, Konstanz, wird zum Bilanzstichtag in den Konzernabschluss der Nycomed SCA, Luxemburg, einbezogen. Im Jahr 2006 zählten weder die ALTANA AG noch die Nycomed-Gruppe Deutschland nach ihrer inländischen Wertschöpfung zum Kreis der „100 Größten".

Die Alcatel-Lucent-Gruppe Deutschland schrumpfte durch den Verkauf des Unternehmensbereichs Transportssysteme an die Thales S. A., Paris. In Deutschland wurde Ende des Jahres 2006 unter anderem die Gesellschaft Alcatel Transport Solutions Deutschland GmbH, Stuttgart, an den Thales-Konzern übertragen.

Eine Zunahme des Preisdrucks sowie eine geringere Nachfrage nach Halbleiterprodukten haben zu einem Umsatzrückgang der Infineon Technologies AG auf dem deutschen Markt geführt. Das Ergebnis vor Zinsen und Steuern des gesamten Konzerns sank von 256 Mio. Euro im Jahr 2004 auf -15 Mio. Euro im Jahr 2006. Dem Rückgang der Mitarbeiterzahl in Deutschland von 16 387 im Jahr 2004 auf 15 736 im Jahr 2006 steht ein Anstieg der konzernweit beschäftigten Mitarbeiter von 35 570 auf 41 651 im gleichen Zeitraum gegenüber.

Die Wertschöpfungsminderung der Berliner Verkehrsbetriebe (BVG) Anstalt des öffentlichen Rechts geht im Wesentlichen mit einem Stellenabbau um mehr als 1 000 Beschäftigte gegenüber 2004 und damit verbunden einem Rückgang des Personalaufwands um knapp 16 Prozent im Zuge von Umstrukturierungsmaßnahmen einher.

Ohne eine erhebliche Veränderung der Wertschöpfung gegenüber 2004 auszuweisen, ist die EDEKA Minden eG aufgrund des allgemein gestiegenen Wertschöpfungsniveaus nicht mehr unter den kleineren Unternehmen der „100 Größten" vertreten. Aus demselben Grund nicht im Untersuchungskreis enthalten sind die DFS Deutsche Flugsicherung GmbH, die Norddeutsche Landesbank Girozentrale sowie die Signal-Iduna Gruppe.

347. Wesentliche Wertschöpfungsminderungen, die nicht zu einem Austritt des betroffenen Unternehmens aus dem Untersuchungskreis führten, hatten die folgenden Unternehmen zu verzeichnen (Rang 2006 in Klammern, Veränderung der Wertschöpfung in Prozent):

(12)   RWE AG   -21 Prozent,

(75)   Linde AG   -23 Prozent,

(77)   TUI AG   -33 Prozent,

(98)   GEA Group AG (2004:
       MG Technologies AG)   -22 Prozent,

(100) Unilever-Gruppe Deutschland   -25 Prozent,

Die Wertschöpfungsreduktion der RWE AG ergibt sich im Wesentlichen aus der Entkonsolidierung inländischer Konzerngesellschaften. Wesentliche Verkäufe von Antei-

len im Jahr 2005 betrafen Tochterunternehmen des Geschäftsbereichs RWE Umwelt, Mitte des Jahres 2006 wurde ferner das Segment RWE Solutions abgestoßen. Die Zahl der inländischen Gesellschaften sank von 231 auf 141 im Jahr 2006. Die inländische Belegschaft schrumpfte in der Folge um 32 Prozent auf 37 782 Mitarbeiter.

Die Linde AG veräußerte nach der Erteilung der Genehmigung durch die zuständigen Kartellbehörden zum 28. Dezember 2006 ihren Geschäftsbereich Material Handling, der die Produktion von Hebezeugen und Fördermitteln umfasst, für rund 4 Mrd. Euro an ein Konsortium der Finanzinvestoren Kohlberg Kravis Roberts & Co. und Goldman Sachs Capital Partners, New York. Der Veräußerung vorausgegangen war die rechtliche Verselbständigung des Unternehmensbereichs unter der Dachgesellschaft Kion Group GmbH, Wiesbaden. Die Kion Group GmbH zählte im Jahr 2006 nicht zum Kreis der „100 Größten".

Die gegenüber 2004 verminderte Wertschöpfung der TUI AG geht mit einer Verschlechterung der Ertragslage im Jahr 2006 einher. Das Konzernergebnis wurde durch hohe Energiekosten, insbesondere im Geschäftsbereich Schifffahrt, sowie von Sondereinflüssen aus laufenden Umstrukturierungen belastet. Ein negativer Einfluss auf die inländische Wertschöpfung ging auch von der Abnahme der inländischen Konzernbelegschaft um knapp 30 Prozent als Folge der Abspaltung inländischer Konzerngesellschaften aus.

Ebenfalls auf eine Reduzierung des inländischen Konsolidierungskreises zurückzuführen ist die Verringerung der Wertschöpfung der GEA Group AG sowie der Unilever-Gruppe Deutschland.

Die folgenden, bereits 2004 zu den „100 Größten" zählenden Unternehmen erzielten eine erhebliche Steigerung ihrer Wertschöpfung:

(7)   Deutsche Bank AG   82 Prozent,

(26)   KarstadtQuelle AG   225 Prozent,

(37)   Sanofi-Aventis-Gruppe
       Deutschland   72 Prozent,

(38)   Commerzbank AG   71 Prozent,

(55)   Rhön-Klinikum AG   90 Prozent.

Aufgrund eines erfolgreichen Geschäftsverlaufs erzielte die Deutsche Bank AG eine deutliche Steigerung ihrer inländischen Wertschöpfung und zählt im Jahr 2006 erstmals seit 2000 wieder zu den zehn größten Unternehmen in Deutschland. Getragen von günstigen wirtschaftlichen Rahmenbedingungen wie der Belebung der Investitionen im europäischen Unternehmenssektor, der hohen Intensität von Fusionen und Übernahmen sowie einem positiven Umfeld auf den Kapital- und Finanzmärkten konnte die Deutsche Bank AG das Ergebnis vor Steuern des gesamten Konzerns von rund 4 Mrd. Euro im Jahr 2004 auf 8,1 Mrd. Euro im Jahr 2006 steigern.

Die gegenüber 2004 erheblich gesteigerte Wertschöpfung der KarstadtQuelle AG findet seine Entsprechung in den umgesetzten Kostensenkungs- und Restrukturierungs-maßnahmen. Im Geschäftsjahr 2004 wurde das Ergebnis durch Sondereffekte stark belastet. Nach dem zwischenzeitlichen Abrutschen von Rang 20 in 2002 auf Rang 70 in 2004, belegte die KarstadtQuelle AG im Jahr 2006 Rang 26 im Kreis der „100 Größten". Wertschöpfungsmindernd wirkte sich der fortgeführte Personalabbau in Deutschland aus.

Die Zunahme der Wertschöpfung der Rhön-Klinikum AG ist durch das fortgesetzte externe Wachstum infolge von Übernahmen bedingt. Die Anzahl der konsolidierten Kliniken erhöhte sich von 30 im Jahr 2004 auf 45 zum Jahresende 2006. Der Umsatz und die Zahl der Beschäftigten wuchsen seit dem Jahr 2004 mit einer durchschnittlichen jährlichen Wachstumsrate von 36,0 bzw. 42,5 Prozent.

348. In 20 Fällen ging die Verringerung der Wertschöpfung eines der hundert größten Unternehmen mit einem Beschäftigungsabbau einher. 42 der Unternehmen unter den „100 Größten" erhöhten die Anzahl der Beschäftigten.

2.3 Die gesamtwirtschaftliche Bedeutung der „100 Größten"

2.3.1 Wertschöpfung

349. In Abbildung III.1 sind die absolute Höhe und die Wachstumsraten der Wertschöpfungssumme der hundert größten Unternehmen bzw. aller Unternehmen in der Bundesrepublik Deutschland im Zeitraum 1978 bis 2006 dargestellt. Das Wachstum der Wertschöpfung der „100 Größten" betrug im Berichtszeitraum 13,2 Prozent und lag damit um 8,3 Prozent über der gesamtwirtschaftlichen Vergleichsgröße.[19] Der Beitrag der Großunternehmen zu der Gesamtwertschöpfung aller Unternehmen erhöhte sich in der Folge auf 18,0 Prozent, den höchsten Wert seit dem Jahr 2000. Durchschnittlich erwirtschafteten die „100 Größten" seit dem Jahr 1978 einen Anteil an der Wertschöpfung aller Unternehmen von 18,6 Prozent.

350. Unterstellt man, dass der sehr hohe Wert im Jahr 2000 mit der Fusionswelle an der Spitze des Börsenbooms zu tun hatte, so stellt sich die Frage, ob das anschließende Absinken auf die Umsetzung von Konsolidierungsstrategien der Unternehmen wie die Konzentration auf das Kerngeschäft, interne Restrukturierungen oder die Ausgliederung bestimmter Teile des Geschäftes in ausländische Betriebsstätten zurückzuführen ist. Der überproportionale Anstieg der inländischen Wertschöpfung seit dem Jahr 2004 deutet dagegen darauf hin, dass sich der angeführte Konsolidierungsprozess zumindest abgeschwächt hat. Einen positiven Beitrag auf die Erhöhung des Anteils der „100 Größten" übten auch die Zusammenschlussaktivitäten im Berichtszeitraum aus.[20] Eine mögliche Erklärung für die Erhöhung des Beitrags

der Großunternehmen an der Gesamtwertschöpfung kann auch darin gesehen werden, dass insbesondere Großunternehmen von den positiven konjunkturellen Rahmenbedingungen profitiert haben, wodurch die Persistenz des Anstiegs infrage gestellt werden muss.

351. Die These, dass zunehmend Teile der Wertschöpfungskette ins Ausland verlagert werden, lässt sich anhand der Gegenüberstellung der inländischen und der weltweiten Wertschöpfung in den Jahren 2004 und 2006 überprüfen. Eine derartige Analyse ermöglicht auch einen Einblick in die „wahre" Größe der untersuchten Unternehmen.

352. In Tabelle III.2 sind die nach inländischer Wertschöpfung zehn größten deutschen Unternehmen des Jahres 2006 dargestellt, die mit Ausnahme der Deutschen Bank AG und der BASF AG auch unter den zehn Größten im Jahr 2004 vertreten sind. Die inländische Wertschöpfung der zehn Größten stieg um 12,5 Prozent, die weltweite Wertschöpfung erhöhte sich um 13,3 Prozent. Bei der Entwicklung der Wertschöpfung der einzelnen Unternehmen ergibt sich ein gemischtes Bild. In sechs von zehn Fällen sank der Anteil der inländischen Wertschöpfung an der Gesamtwertschöpfung. Die inländische Wertschöpfung der zehn Größten insgesamt beträgt im Jahr 2006 57,3 Prozent (2004: 57,7 Prozent) der weltweiten Wertschöpfung. Die im Sechzehnten Hauptgutachten formulierte These, dass die Unternehmen einen immer geringeren Teil ihrer Wertschöpfung im Inland erwirtschaften, kann anhand der vorliegenden Ergebnisse nur bedingt gestützt werden.[21]

353. Teilt man die Wertschöpfungsgrößten in Zehner-Ranggruppen (Unternehmen auf den Rängen 1 bis 10, 11 bis 20, 21 bis 30 usw.) ein, so lässt sich eine weiterführende, auf die Unternehmensgröße bezogene Untersuchung durchführen. Für alle Berichtsjahre seit 1978 sind die Anteile aller Zehner-Ranggruppen an der Wertschöpfung aller Unternehmen in Tabelle III.3 dargestellt.

Tabelle III.3 ist zu entnehmen, dass sich die Erhöhung des Anteils an der Nettowertschöpfung aller Unternehmen in sämtlichen Ranggruppen vollzog. Die höchste absolute Zunahme des Anteils entfiel mit 0,29 Prozent auf die zehn größten Unternehmen, relativ zu den in 2004 ermittelten Anteilswerten haben sich jedoch die Quoten der an der 31. bis 60. Stelle stehenden Unternehmen am stärksten erhöht. Über 10 Prozent der Gesamtwertschöpfung aller Unternehmen entfällt auf die Unternehmen auf den ersten 20 Rängen. Bezogen ausschließlich auf den Kreis der „100 Größten" erreichten die zehn größten Unternehmen einen Anteil von 40,98 Prozent (2004: 42,45 Prozent). Der Anteil der zwanzig größten Unternehmen an der Wertschöpfung der „100 Größten" verminderte sich von 61,78 Prozent im Jahr 2004 auf 58,88 Prozent in 2006.

---

[19] Nettowertschöpfung zu Faktorkosten und zu aktuellen Marktpreisen. Quelle: Statistisches Bundesamt, Wiesbaden.
[20] Vgl. Tz. 344.
[21] Vgl. Monopolkommission, Hauptgutachten 2004/2005, a. a. O., Tz. 299 f.

Abbildung III.1

Entwicklung der Nettowertschöpfung im Zeitraum 1978 bis 2006

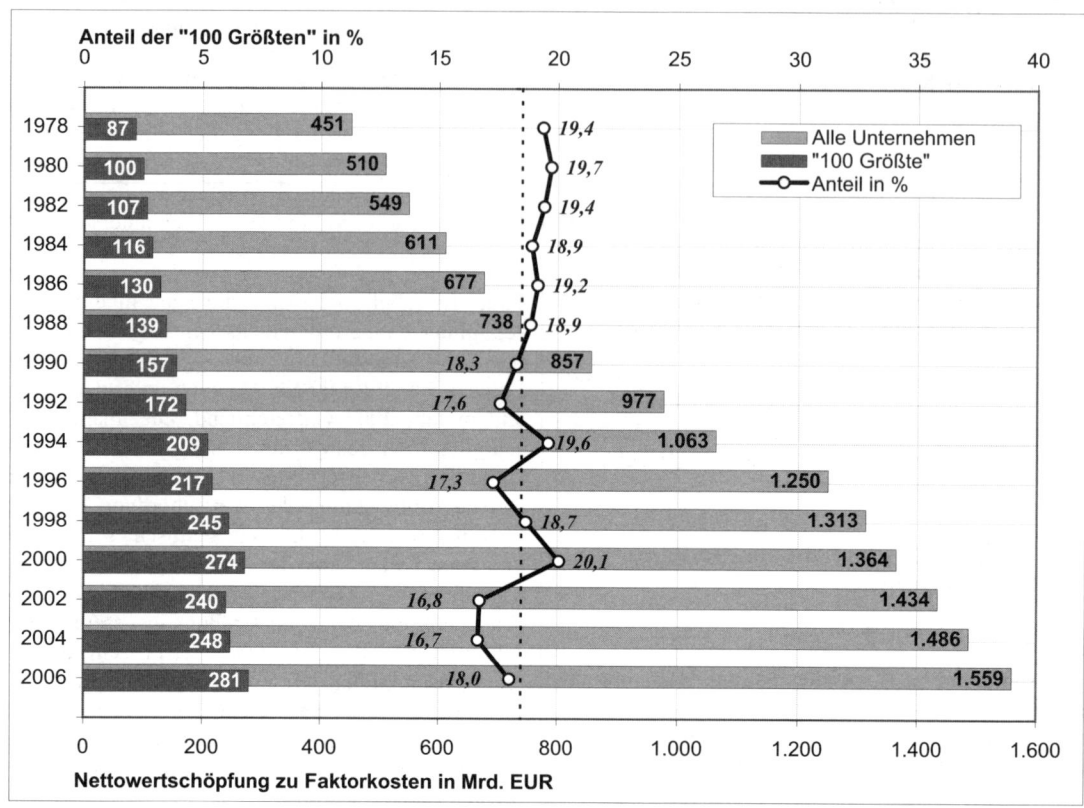

	Wertschöpfung „100 Größte"		Wertschöpfung Gesamtwirtschaft		Anteil (%)
Jahr	(Mio. €)	Veränderung zur Vorperiode (%)	(Mio. €)	Veränderung zur Vorperiode (%)	
1978	87.387		451.103		19,4
1980	100.493	15,0	509.753	13,0	19,7
1982	106.659	6,1	549.480	7,8	19,4
1984	115.572	8,4	611.060	11,2	18,9
1986	129.682	12,2	677.083	10,8	19,2
1988	139.330	7,4	738.259	9,0	18,9
1990	156.693	12,5	856.813	16,1	18,3
1992	171.929	9,7	976.619	14,0	17,6
1994	208.512	21,3	1.063.017	8,8	19,6
1996	216.551	3,9	1.249.838	17,6	17,8
1998	245.392	13,4	1.313.220	5,1	18,6
2000	273.817	11,6	1.364.440	3,9	20,1
2002	240.390	-12,2	1.433.700	5,1	16,8
2004	248.100	3,2	1.485.890[1]	3,6	16,7
2006	280.872	13,2	1.558.980	4,9	18,0

[1] Aktualisierter Wert
Quelle: Eigene Erhebungen

Tabelle III.2

**Die inländische und die weltweite Wertschöpfung der zehn größten Unternehmen
2004 und 2006[1]**

Rang nach Wert-schöp-fung	Jahr	Unternehmen	Inländische Wer-tschöpfung		Weltweite Wertschöpfung		Inlands-anteil (%)
			(Mio. €)	Verände-rung 2004/2006 (%)	(Mio. €)	Verände-rung 2004/2006 (%)	
1	2006	Deutsche Telekom AG	17.214	-1,2	23.770	1,6	72,4
1	2004		17.429		23.404		74,5
2	2006	Siemens AG	16.064*	4,7	32.622	15,3	49,2
2	2004		15.340*		28.301		54,2
3	2006	DaimlerChrysler AG	14.713	16,1	28.119	-10,9	52,3
3	2004		12.674		31.565		40,2
4	2006	Volkswagen AG	12.710	25,1	19.736	25,8	64,4
4	2004		10.157		15.682		64,8
5	2006	Deutsche Bahn AG	10.601	15,2	12.260	14,0	86,5
6	2004		9.204		10.752		85,6
6	2006	Deutsche Post AG	10.114*	5,7	24.662	34,8	41,0
5	2004		9.568*		18.289		52,3
7	2006	Deutsche Bank AG	9.982	82,3	20.312	47,8	49,1
13	2004		5.474		13.745		39,8
8	2006	Robert Bosch GmbH	8.347	-2,1	14.951	7,2	55,8
7	2004		8.529		13.952		61,1
9	2006	Bayerische Motoren Werke AG	7.705	-9,0	11.501	5,5	67,0
8	2004		8.466		10.901		77,7
10	2006	BASF AG	7.658	39,0	12.964	21,4	59,1
12	2004		5.510		10.677		51,6
Insge-samt	**2006**		**115.107**	12,5	**200.897**	13,3	57,3
	2004		**102.351**		**177.269**		57,7

[1] Bei der Gegenüberstellung ist die begrenzte Vergleichbarkeit von inländischer und weltweiter Wertschöpfung zu berücksichtigen. Dies lässt sich auf die Möglichkeit der Konsolidierung von Verlusten ausländischer Tochterunternehmen sowie auf die Anwendung unterschiedlicher Rechnungslegungsstandards zurückführen. Sofern eine Zahlenangabe mit einem * versehen ist, bedeutet dies, dass die Wertschöpfung des Unternehmens in dem betreffenden Jahr geschätzt werden musste. (Zu den Schätzmethoden vgl. Teil C, Abschnitt 1.2 in den Anlagen zu diesem Gutachten.)

Quelle: Eigene Erhebungen

Tabelle III.3

Zehner-Ranggruppen der jeweils „100 Größten" nach ihrem Anteil an der Wertschöpfung aller Unternehmen (bis 1992: alte Bundesländer) und nach Jahren

Jahr	Anteil Ranggruppe (%)										
	1–10	11–20	21–30	31–40	41–50	51–60	61–70	71–80	81–90	91–100	1–100[1]
1978	7,07	3,84	2,07	1,48	1,13	0,96	0,89	0,76	0,65	0,53	19,4
1980	7,54	3,50	2,03	1,58	1,12	1,07	0,85	0,75	0,67	0,59	19,7
1982	7,41	3,61	2,13	1,53	1,11	0,97	0,79	0,69	0,62	0,55	19,4
1984	7,36	3,31	2,03	1,41	1,12	1,00	0,85	0,72	0,58	0,53	18,9
1986	7,85	3,54	1,95	1,32	1,09	0,97	0,78	0,64	0,54	0,49	19,2
1988	7,83	3,42	1,90	1,30	1,08	0,91	0,78	0,65	0,53	0,48	18,9
1990	7,49	3,37	1,91	1,26	1,07	0,94	0,74	0,57	0,50	0,45	18,3
1992	7,07	3,20	1,88	1,29	1,00	0,82	0,72	0,60	0,53	0,48	17,6
1994	8,51	3,43	2,09	1,42	1,04	0,86	0,72	0,57	0,51	0,46	19,6
1996	7,55	3,35	2,02	1,20	0,89	0,73	0,64	0,53	0,47	0,42	17,8
1998	7,77	3,46	2,10	1,30	0,94	0,81	0,71	0,57	0,50	0,43	18,6
2000	8,99	3,75	2,03	1,35	0,94	0,80	0,71	0,58	0,49	0,44	20,1
2002	7,32	3,06	1,65	1,22	0,88	0,76	0,60	0,48	0,41	0,38	16,8
2004	7,09	3,23	1,58	1,16	0,84	0,71	0,63	0,54	0,49	0,43	16,7
2006	7,38	3,23	1,76	1,43	1,11	0,82	0,68	0,59	0,53	0,49	18,0

[1] Rundungsfehler sind möglich.
Quelle: Eigene Erhebungen

354. Tabelle III.4 fasst die hundert größten Unternehmen nach ihrer Branchenzugehörigkeit zusammen. Die Zahl der Unternehmen, die schwerpunktmäßig dem Produzierenden Gewerbe zugerechnet werden, erhöhte sich um drei auf 61 Unternehmen. Ihr Anteil an der Wertschöpfung der „100 Größten" stieg geringfügig auf 58,5 Prozent. Den höchsten Anstieg des Anteils an der Wertschöpfung erzielten die neun zum Kreis der „100 Größten" zählenden Kreditinstitute. Die durchschnittliche Wertschöpfung der Kreditinstitute nahm um 46,6 Prozent auf 2 668 Mio. Euro zu. Einen Rückgang ihres Beitrags an der Wertschöpfung verzeichneten die Unternehmen des Verkehrs- und Dienstleistungs- sowie des Versicherungsgewerbes.

355. In Abbildung III.2 sind die hundert größten Unternehmen nach dem Sitz der den Konzernabschluss aufstellenden Obergesellschaften im Jahr 2006 dargestellt. In der Abbildung sind den einzelnen Bundesländern bzw. den betreffenden ausländischen Regionen die Zahl der in den jeweiligen Regionen ansässigen Entscheidungszentralen der „100 Größten" zugeordnet. Die Abbildung erlaubt keine Rückschlüsse auf die regionale Verteilung der

inländischen Wertschöpfung, da der Konsolidierungskreis der betrachteten Konzerne in der Regel eine Vielzahl rechtlich selbständiger Unternehmen umfasst, die sich über mehrere Bundesländer erstrecken können. Von den betrachteten hundert Unternehmen liegt die Konzernobergesellschaft in 72 Fällen im Inland.

Der Sitz der Konzernobergesellschaften konzentriert sich in 55 Prozent aller Fälle auf eines der Bundesländer Nordrhein-Westfalen (19), Baden-Württemberg (15), Bayern (11) oder Hessen (10). Für vier weitere Bundesländer konnten insgesamt 17 Konzernzentralen festgestellt werden. 28 Unternehmen aus dem Kreis der „100 Größten" werden durch eine ausländische Gesellschaft gesteuert. In sieben Fällen liegt der Sitz in den Vereinigten Staaten und in fünf Fällen in der Schweiz. In jeweils vier Fällen entfällt der Sitz der Zentrale auf Frankreich und die Niederlande. In der Abbildung sind die „100 Größten" zusätzlich nach Wirtschaftsbereichen aufgeschlüsselt. Es zeigt sich, dass 23 aller 28 Unternehmen, die durch eine ausländische Obergesellschaft kontrolliert werden, schwerpunktmäßig dem Produzierenden Gewerbe zuzuordnen sind.

Tabelle III.4

**Aufschlüsselung der hundert größten Unternehmen 2004 und 2006
nach Wirtschaftsbereichen[1]**

Wirtschaftsbereich	Anzahl der Unternehmen		Anteil an der Wert-schöpfung der „100 Größten" (%)		Durchschnittliche Wertschöpfung (Mio. €)	
	2004	2006	2004	2006	2004	2006
Produzierendes Gewerbe	58	61	*58,4*	*58,5*	2.498	2.695
Handel	10	10	*6,3*	*7,2*	1.560	2.009
Verkehr und Dienstleistungen	15	13	*22,9*	*20,9*	3.789	4.526
Kreditgewerbe	9	9	*6,6*	*8,6*	1.820	2.668
Versicherungsgewerbe	8	7	*5,8*	*4,8*	1.800	1.934
Alle Unternehmen	**100**	**100**	*100*	*100*	**2.481**	**2.809**

[1] Vgl. Tz. 326.
Quelle: Eigene Erhebungen

Abbildung III.2

**Regionale Verteilung der „100 Größten" nach dem Sitz der Konzernobergesellschaften und
nach Wirtschaftsbereichen**

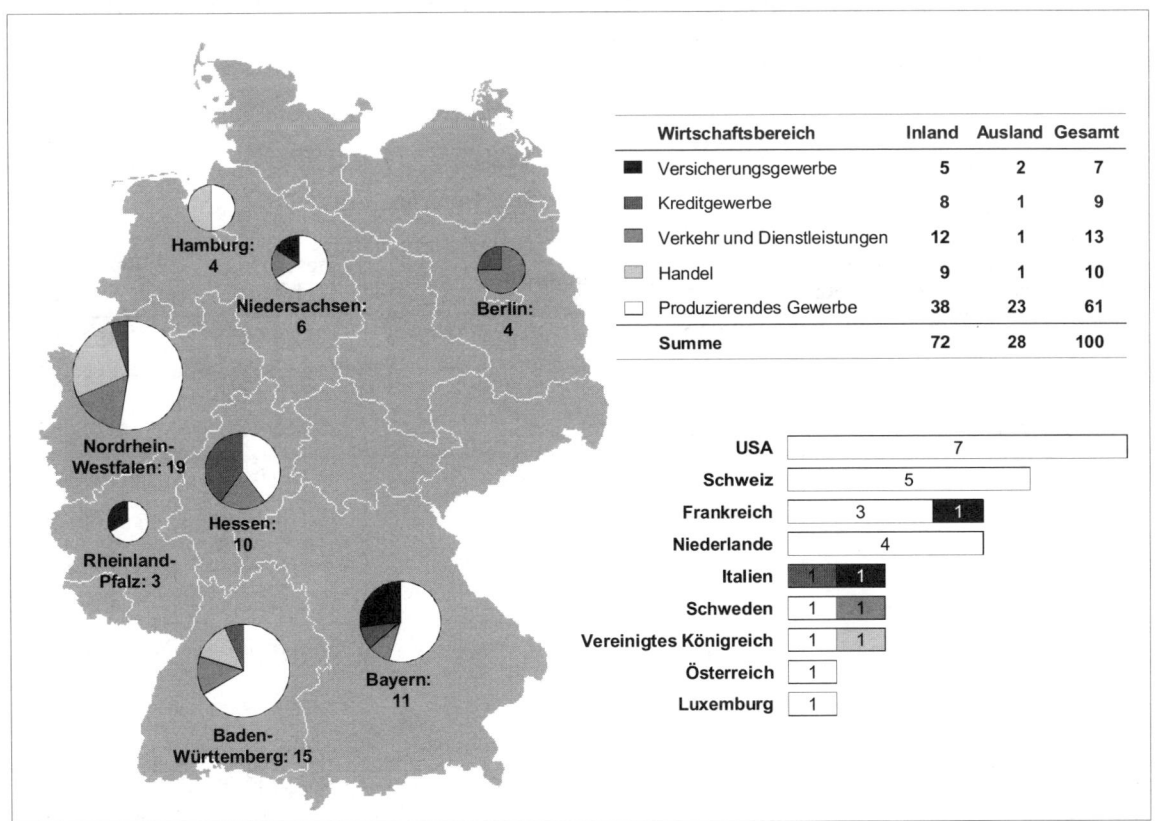

Quelle: Eigene Erhebungen

2.3.2 Beschäftigte

356. Von allen der hundert größten Unternehmen war 2006 die Anzahl der Beschäftigten der inländischen Konzernbereiche (2004: 100) bekannt. Insgesamt beschäftigten die „100 Größten" im Jahr 2006 3 357 282 Mitarbeiter (2004: 3 476 305). Die Zahl der Beschäftigten der Großunternehmen sank somit erneut.

357. Würde man die hundert größten Unternehmen statt nach der Wertschöpfung nach der Anzahl der Beschäftigten ordnen, so ergäbe sich eine relativ hohe Übereinstimmung. Im Jahr 2006 betrug der Korrelationskoeffizient zwischen der Wertschöpfung und der Anzahl der Beschäftigten 0,85. Dies ist darauf zurückzuführen, dass bei nominalgüterwirtschaftlicher Betrachtung ein wesentlicher Teil der Wertschöpfung auf den Personalaufwand entfällt, welcher wiederum in hohem Maße von der Zahl der Beschäftigten abhängt.

358. Um den Zusammenhang zwischen Nettowertschöpfung und Beschäftigtenzahlen näher zu beleuchten, hat die Monopolkommission für das Jahr 2006 ergänzend die größten Unternehmen nach der Zahl der im Inland Beschäftigten erhoben. Zu diesem Zweck wurden neben den im Rahmen der Erhebung der nach Wertschöpfung „100 Größten" 129 befragten Unternehmen 41 weitere Fragebögen versandt. Insgesamt haben 142 Unternehmen (84 Prozent) der Monopolkommission verwertbare Beschäftigtenangaben zur Verfügung gestellt. Ergänzend griff die Monopolkommission auf die in Tz. 331 angegebenen Quellen zurück. Die identifizierten hundert größten Unternehmen, gemessen an der Zahl der Mitarbeiter, beschäftigten im Berichtsjahr insgesamt 3 522 470 Perso-

nen, 4,7 Prozent mehr als die „100 Größten" nach Wertschöpfung. Die gemeinsame Schnittmenge der jeweils hundert größten Unternehmen nach Wertschöpfung und Beschäftigten beträgt dagegen 76. Die größten Abweichungen innerhalb der Beschäftigtenrangliste ergeben sich erwartungsgemäß aus einer größeren Zahl und höheren Rangpositionen von Unternehmen aus Branchen, die eine geringere Fertigungstiefe aufweisen. Die Ergebnisse der Untersuchung sind in Tabelle C.1 in den Anlagen zu diesem Gutachten dargestellt. Zusätzlich zu der inländischen Kennzahl werden die Beschäftigtenzahlen der Gesamtkonzerne aufgeführt.

359. In Tabelle III.5 sind die nach der Anzahl der Beschäftigten zehn größten Unternehmen des Jahres 2006 dargestellt. 2006 betrug ihr Anteil an der Gesamtzahl der Beschäftigten der „100 Größten" 45,5 Prozent (2004: 44 Prozent). Der Kreis der zehn Unternehmen mit den meisten Beschäftigten blieb gegenüber 2004 mit Ausnahme der Schwarz-Gruppe unverändert. An ihre Stelle trat die Tengelmann Warenhandelsgesellschaft. Der Anteil der im Inland Beschäftigten an der Gesamtzahl aller Beschäftigten der zehn größten Konzerne lag durchschnittlich bei 51,5 Prozent.

360. Für einen Vergleich mit den Beschäftigtenzahlen 2004 werden nur diejenigen Unternehmen in die Betrachtung einbezogen, die in beiden Jahren zu den „100 Größten" zählten und von denen für 2004 und 2006 die Zahl der Beschäftigten inländischer Konzerngesellschaften ermittelbar war. Dieser Kreis umfasste für die Periode 2004/2006 88 Unternehmen.

Tabelle III.5

Die nach Beschäftigten zehn größten Unternehmen 2006

Rang nach Beschäftigten	Rang nach Wertschöpfung	Unternehmen	Beschäftigte Inland	Beschäftigte Welt
1	6	Deutsche Post AG	240.000*	463.350
2	5	Deutsche Bahn AG	202.787	237.299
3	4	Volkswagen AG	168.940	324.875
4	3	DaimlerChrysler AG	166.617	360.385
5	2	Siemens AG	161.100	474.900
6	1	Deutsche Telekom AG	159.992	248.800
7	24	REWE-Gruppe	126.061	200.139
8	17	Metro AG	109.987	243.139
9	8	Robert Bosch GmbH	103.367	261.291
10	53	Tengelmann Warenhandelsgesellschaft	87.123	151.753

* Näherungswert. Die Angabe zu den im Inland Beschäftigten der Deutschen Post AG bezieht sich auf die Zahl der Voll- und Teilzeitbeschäftigten. Die Deutsche Post AG hat davon abgesehen, der Monopolkommission den entsprechenden Wert auf der Basis von Vollzeitäquivalenten zur Verfügung zu stellen.
Quelle: Eigene Erhebungen

Die in den gesamtwirtschaftlichen Vergleich einbezogenen Unternehmen wiesen folgende Beschäftigtenzahlen[22] auf:

2004   3 325 617,[23]

2006   3 222 745.

Das entspricht einem Anteil an den „100 Größten" von 95,99 Prozent 2006 bzw. 95,67 Prozent 2004.

361. Die Anzahl der Beschäftigten aller Unternehmen betrug (Anteil der 88 Unternehmen aus dem Kreis der „100 Größten" in Klammern):[24]

2004   23 785 788[25]   (13,98 Prozent),

2006   24 053 838   (13,40 Prozent).

Anders als in den Vorperioden erhöhte sich die Anzahl der Beschäftigten aller Unternehmen, wohingegen wie bereits in den Vorjahren die Zahl der Mitarbeiter der Großunternehmen zurückging. Die Gesamtanzahl der sozialversicherungspflichtig Beschäftigten erhöhte sich um 1,1 Prozent (2002/2004: -4,7 Prozent), während die Großunternehmen 3,09 Prozent (2002/2004: -8,28 Prozent) ihres Personalbestandes abbauten. Die drastische Absenkung der Beschäftigtenzahl der Großunternehmen in den Vorperioden als Folge unternehmerischer Konsolidierungsmaßnahmen schwächte sich damit im Jahr 2006 deutlich ab. Es kann hierbei nicht abschließend festgestellt werden, inwieweit strukturelle Effekte durch konjunkturelle Einflüsse überlagert wurden.[26]

Aufgrund des moderaten Rückgangs der Beschäftigtenzahl in Verbindung mit dem starken Anstieg der inländischen Wertschöpfung erhöhte sich die Wertschöpfung pro Arbeitnehmer in den 88 untersuchten Unternehmen 2006 auf durchschnittlich 116,71 Tsd. Euro (2004: 96 Tsd. Euro). Die Nettowertschöpfung pro Arbeitnehmer aller Unternehmen in der Bundesrepublik betrug 64,81 Tsd. Euro (2004: 62,47 Tsd. Euro).

2.3.3 Sachanlagen

362. Tabelle III.6 umfasst für das Jahr 2006 die nach Sachanlagevermögen einschließlich immaterieller Vermögensgegenstände zehn größten Unternehmen aus dem Kreis der „100 Größten", welche nicht dem Kredit- oder Versicherungsgewerbe angehören.

---

[22] Grundsätzlich werden die Beschäftigten, umgerechnet in Vollzeitäquivalente, am Bilanzstichtag erfasst, wobei die Bilanzstichtage der einzelnen Unternehmen in einigen Fällen voneinander abweichen können. Bei einigen Unternehmen wurde auf die Jahresdurchschnitte sowie die Kopfzahl zurückgegriffen.

[23] Aktualisierter Wert.

[24] Sozialversicherungspflichtig beschäftigte Arbeitnehmer aller Wirtschaftszweige, außer Organisationen ohne Erwerbszweck, private Haushalte und Gebietskörperschaften sowie Sozialversicherungen. Hinzuaddiert wurden die beamteten Arbeitnehmer der Deutschen Bahn AG, der Deutschen Telekom AG sowie der Deutschen Post AG und ihrer Konzerngesellschaften.

[25] Aktualisierter Wert.

[26] Vgl. Tz. 350 ff.

Tabelle III.6

Die nach Sachanlagen zehn größten Unternehmen 2006
(ohne Kreditinstitute und Versicherungen)

Rang nach Sachanlagen	Rang nach Wertschöpfung	Unternehmen	Sachanlagen[1] (Mio. Euro)
1	1	Deutsche Telekom AG	48.884
2	5	Deutsche Bahn AG	39.093
3	14	E.ON AG	26.161
4	12	RWE AG	17.133
5	4	Volkswagen AG	16.630
6	20	Bayer AG	15.487
7	3	DaimlerChrysler AG	13.225
8	9	Bayerische Motoren Werke AG	12.936
9	30	Energie Baden-Württemberg AG	12.649
10	28	Vattenfall-Gruppe Deutschland	12.524

[1] Die Angaben beziehen sich auf die inländischen Konzernbereiche.
Quelle: Eigene Erhebungen

– 156 –

Maßgeblich für die Höhe der Sachanlagen ist der Wirtschaftszweig, in dem ein Unternehmen tätig ist. Grundsätzlich gilt, dass die Branchen, die für die Produktion oder Verteilung ihrer Leistungen eine eigene Infrastruktur benötigen, außergewöhnlich hohe Sachanlagevermögen aufweisen. Unter den „100 Größten" betrifft dies vor allem die Energieversorgungsunternehmen sowie die Deutsche Telekom AG und die Deutsche Bahn AG. Sachanlagenintensive Branchen sind außerdem der Kraftfahrzeugbau, die Elektrotechnik, der Maschinenbau und die Chemische Industrie. Darüber hinaus existiert ein Zusammenhang zwischen der Unternehmensgröße – gemessen anhand der Wertschöpfung – und der Höhe der Sachanlagen. Im Jahr 2006 betrug der Korrelationskoeffizient zwischen der Wertschöpfung und der Höhe des Sachanlagevermögens 0,82.

In die Untersuchung der Entwicklung des Sachanlagevermögens wurden die Unternehmen aus dem Kreis der „100 Größten" einbezogen, die dem Produzierenden Gewerbe, dem Handel oder dem Dienstleistungs- und Verkehrsgewerbe zuzurechnen sind. Unberücksichtigt blieben die Großunternehmen, die in einem der Jahre 2004 und 2006 nicht unter den „100 Größten" waren. Einbezogen wurden damit 57 (2000/2002: 59) Unternehmen, die an den Bilanzstichtagen jeweils über folgende Sachanlagevermögen verfügten:

2004   297 483 Mio. Euro,

2006   311 890 Mio. Euro.

Der Bestand des Sachanlagevermögens der betrachteten Großunternehmen erhöhte sich um 4,84 Prozent im Zeitraum 2004/2006 (2002/2004: 2,07 Prozent).

2.3.4 Cashflow

363. Der Cashflow eines Unternehmens gilt als Indikator für seine Finanzkraft. Zu seiner Bestimmung werden Angaben aus der Gewinn- und Verlustrechnung eines einzelnen Jahresabschlusses verwendet, zur Darstellung langfristiger Innenfinanzierungsmöglichkeiten eines Unternehmens stellt er also kein geeignetes Maß dar. Ausgehend vom Jahresüberschuss oder -fehlbetrag werden in der Regel alle Aufwendungen und Erträge, die in der betrachteten Periode nicht zahlungswirksam geworden sind, wieder hinzugerechnet bzw. abgezogen. Die Ermittlung des Cashflow anhand der Angaben der Gewinn- und Verlustrechnung lässt somit zahlungswirksame Vorgänge, welche nicht erfolgswirksam sind, z. B. die Aufnahme von Kapital oder den Erwerb von Vermögensgegenständen, welche nicht sofort abgeschrieben werden, unberücksichtigt.

Als Vorteil der Kennzahl Cashflow wird angeführt, dass sie Änderungen der wirtschaftlichen Lage eines Unternehmens deutlicher ausdrückt als die Wertschöpfung, die aufgrund des hohen Anteils an Personalkosten, die in der Regel kurzfristig wenig variabel sind, eine langsamere Reaktion auf – vor allem negative – Ertragsänderungen zeigt.

364. Die Monopolkommission verwendet für die Cashflow-Berechnung das folgende stark vereinfachte Schema:

Jahresüberschuss/Jahresfehlbetrag

+ Abschreibungen

+ Veränderung der Sonderposten mit Rücklageanteil gegenüber dem Vorjahr

+ Veränderung der Pensionsrückstellungen gegenüber dem Vorjahr.

Aufgrund der Positionen, die für die Berechnung des Cashflow herangezogen werden, unterliegt dieser im Zeitablauf erheblichen Schwankungen. Sinnvolle Erkenntnisse vermittelt diese Größe nur bei Industrie-, Handels-, Verkehrs- und Dienstleistungsunternehmen. Für die Finanzkraft eines Kreditinstituts oder einer Versicherung ist der Cashflow kein geeignetes Maß. In beiden Jahren lagen für einige Unternehmen nicht alle zur Berechnung des Cashflow benötigten Angaben vor,[27] wodurch die Repräsentanz der Ergebnisse für die Entwicklung der „100 Größten" reduziert wird.

365. Tabelle III.7 enthält die zehn Unternehmen mit dem höchsten Cashflow 2006.

366. Für die gesamtwirtschaftliche Betrachtung werden wie bei den Untersuchungen zu den Kriterien Umsatz, Beschäftigte und Sachanlagen nur diejenigen Unternehmen herangezogen, die 2004 und 2006 zu den „100 Größten" zählten und für die der Cashflow in beiden Jahren berechnet werden konnte. Unter Berücksichtigung dieser Einschränkung wurden 67 (2002/ 2004: 54) Unternehmen in den Vergleich einbezogen. Sie hatten einen Cashflow von

2004   80 828 Mio. Euro,

2006   95 948 Mio. Euro.

Das Wachstum des Cashflow der Großunternehmen betrug 18,71 Prozent, nachdem es im Zeitraum 2002/2004 bei 4,83 Prozent gelegen hatte.

---

[27] Vgl. Tabelle III.1.

Tabelle III.7

Die nach Cashflow zehn größten Unternehmen 2006
(ohne Kreditinstitute und Versicherungen)[1]

Rang nach Cashflow	Rang nach Wertschöpfung	Unternehmen	Cashflow (Mio. Euro)
1	1	Deutsche Telekom AG	8.937
2	4	Volkswagen AG	7.817
3	20	Bayer AG	6.314
4	3	DaimlerChrysler AG	6.141
5	14	E.ON AG	5.985
6	12	RWE AG	4.923
7	5	Deutsche Bahn AG	4.529
8	9	Bayerische Motoren Werke AG	3.445
9	8	Robert Bosch GmbH	2.828
10	19	Vodafone-Gruppe Deutschland	2.722

[1] Die Liste der nach Cashflow zehn größten Unternehmen des Jahres 2006 ist nur bedingt aussagekräftig, da infolge der Datenermittlungsprobleme wichtige Großunternehmen fehlen.
Quelle: Eigene Erhebungen

2.4 Rechtsformen der „100 Größten"

367. Tabelle III.8 gibt einen Überblick über die Rechtsformen der „100 Größten". Bei Konzernen wurde die Rechtsform der den Konzernabschluss aufstellenden Obergesellschaft angegeben. Die Rechtsformen Naamloze Vennootschap (Niederlande), Corporation (USA), Societá per Azioni (Italien), Société Anonyme (Frankreich, Luxemburg), Aktiebolag (Schweden), Osakeyhtiö (Finnland) sowie Public Company Limited by Shares (Großbritannien) wurden der Kategorie Aktiengesellschaft zugerechnet. Im Falle der betrachteten Gleichordnungskonzerne weisen die Konzernobergesellschaften übereinstimmende Rechtsformen auf.

Die Mehrzahl der Unternehmen im Kreis der „100 Größten" weist die Rechtsform der Aktiengesellschaft auf. Ihre Anzahl lag unverändert bei 75 Unternehmen. Die Zahl der Gesellschaften mit beschränkter Haftung verrin-

gerte sich ebenso wie die Zahl der Anstalten/Körperschaften öffentlichen Rechts und die Zahl der eingetragenen Genossenschaften um jeweils eins. Die Kategorie „Offene Handelsgesellschaft" ist durch den Eintritt der E.Merck oHG wieder besetzt. Eine bisher nicht im Untersuchungskreis vertretene Rechtsform ist die Europäische Gesellschaft.[28] Dieser Rechtsform wurden im Jahr 2006 die Konzernobergesellschaften von zwei der hundert wertschöpfungsstärksten Unternehmen zugeordnet. Für das Geschäftsjahr 2007 bereiten weitere Unternehmen, unter anderem die Dr. Ing. h. c. F. Porsche AG und die Fresenius AG, die Umfirmierung in eine Europäische Gesellschaft vor.

---

[28] Grundlage der Rechtsform Europäische Gesellschaft ist die Verordnung (EG) Nr. 2157/2001 des Rates vom 8. Oktober 2001 über das Statut der Europäischen Gesellschaft (SE), ABl. EG Nr. L 294 vom 10. November 2001, S. 1.

Tabelle III.8

Rechtsformen der „100 Größten" 2004 und 2006

Rechtsform	Zahl der Unternehmen	
	2004	2006
Aktiengesellschaft	75	75
Gesellschaft mit beschränkter Haftung	6	5
Anstalt/Körperschaft öffentlichen Rechts	4	3
Eingetragene Genossenschaft	2	1
KG i. S. d. 264a HGB[1]	3	3
Kommanditgesellschaft	5	5
Kommanditgesellschaft auf Aktien	2	2
Versicherungsverein auf Gegenseitigkeit	3	3
Offene Handelsgesellschaft	0	1
Europäische Gesellschaft	0	2
Insgesamt	**100**	**100**

[1] Unter Kommanditgesellschaften im Sinne des § 264a HGB werden solche Gesellschaften verstanden, bei denen nicht wenigstens ein persönlich haftender Gesellschafter eine natürliche Person oder eine offene Handelsgesellschaft, Kommanditgesellschaft oder andere Personengesellschaft mit einer natürlichen Person als persönlich haftendem Gesellschafter ist oder sich die Verbindung von Gesellschaften in dieser Art fortsetzt.

Quelle: Eigene Erhebungen

3. Branchenspezifische Betrachtung

3.1 Aussagegehalt der branchenspezifischen Geschäftsvolumina

368. Die Monopolkommission untersucht zusätzlich zu den Erhebungen der nach Wertschöpfung hundert größten Unternehmen regelmäßig die Rangfolge der nach den Geschäftsvolumenmerkmalen Umsatz, Bilanzsumme und Beitragseinnahmen größten Industrie-, Handels- und Dienstleistungsunternehmen, Kreditinstitute und Versicherungen. In Übereinstimmung mit dem Vorgehen der wertschöpfungsorientierten Untersuchung werden die Rangfolgen anhand der auf die inländischen Konzerngesellschaften entfallenden Geschäftsvolumina aufgestellt. Weiterhin erfolgt eine Gegenüberstellung der Summe der Umsatzerlöse, Beitragseinnahmen bzw. Bilanzsummen mit entsprechenden, auf alle Unternehmen der Bundesrepublik Deutschland bezogenen Größen.

369. Anders als die Wertschöpfung sind die genannten Geschäftsvolumenmerkmale unmittelbar dem handelsrechtlichen Jahresabschluss zu entnehmen. Umsatzerlöse und Beitragseinnahmen bilden die Bedeutung der Unternehmung als Anbieter von Waren und Dienstleistungen ab. Auch die Bilanzsumme der Kreditinstitute erlaubt Rückschlüsse auf ihre Relevanz als Anbieter. So bilden Forderungen an Kunden[29] in der Regel den überwiegen-

den Anteil der Summe der Aktiva großer deutscher Bankkonzerne, umgekehrt machen die Verbindlichkeiten gegenüber Kunden in der Mehrzahl der Fälle mehr als die Hälfte der Summe der Passiva aus.

Im Gegensatz zur Wertschöpfung stehen die hier betrachteten Größen in keinem unmittelbaren Zusammenhang zu dem Personalaufwand und Einkommen- bzw. Ertragsteueraufwand der Unternehmung sowie zum Unternehmenserfolg. Sie lassen daher isoliert betrachtet keine Rückschlüsse auf die Bedeutung der betrachteten Unternehmen als Arbeitgeber, Steuersubjekte und Kapitalanlageobjekte zu. Auch spiegeln sich die Unterschiede im Grad der vertikalen Integration der Unternehmen nicht in ihren Umsatzerlösen bzw. Beitragseinnahmen wider.

370. Die Erhebung der nach den Geschäftsvolumina größten Unternehmen der Wirtschaftsbereiche Produzierendes Gewerbe, Handel, Verkehr und Dienstleistungen, Kreditwirtschaft und Versicherungsgewerbe beinhaltet die Ermittlung der nach Umsatz fünfzig größten Industrieunternehmen sowie der jeweils zehn größten Handelsunternehmen, Verkehrs- und Dienstleistungsunternehmen, Kreditinstitute und Versicherungsunternehmen. Hierdurch wird der Vergleich der Kriterien Wertschöpfung und Geschäftsvolumen in ihren Entwicklungen bei nahezu allen Unternehmen unter den nach Wertschöpfung „100 Größten" ermöglicht.

371. Die Zuordnung der betrachteten Konzerne zu den genannten Branchen erfolgt anhand der Angaben in ihrer

---

[29] Konzernfremde Kreditinstitute werden hier ebenfalls als Kunden betrachtet.

Segmentberichterstattung sowie der im Rahmen der Unternehmensbefragung ermittelten Angaben zu branchenfremden Geschäftsvolumina. Wie angesichts der Größe der betrachteten Unternehmensgruppen zu erwarten ist, werden in zahlreichen Fällen branchenfremde Unternehmen in den Konsolidierungskreis einbezogen. Einige im Kreise der Nichtfinanzinstitute untersuchten Konzerne zählen Kreditinstitute und Versicherungen zu ihrem Konsolidierungskreis. Umgekehrt werden von einigen Kreditinstituten und Versicherungen Dienstleistungsunternehmen konsolidiert. In der Regel sind die Anteile branchenfremder Konzerngesellschaften am gesamten Geschäftsvolumen jedoch gering. Ausnahmen hiervon bilden die Allianz SE sowie die DZ Bank AG, die wesentliche Geschäftsvolumina außerhalb ihres Hauptgeschäftsbereichs aufweisen.

3.2 Industrie

372. Tabelle III.9 gibt einen Überblick über die nach Umsatz fünfzig größten Industrieunternehmen. Neben dem konsolidierten Umsatz der inländischen Konzerngesellschaften, der als Ordnungskriterium dient, wird der konsolidierte Umsatz des Gesamtkonzerns ausgewiesen. Zusätzlich wird auch der Rang nach Wertschöpfung angegeben.

373. Abbildung III.3 fasst die Summe der Umsatzerlöse der fünfzig größten Industrieunternehmen zusammen.[30] Als gesamtwirtschaftliche Vergleichsgröße wird der Gesamtumsatz aller Unternehmen des Produzierenden Gewerbes, wie er aus der Umsatzsteuerstatistik des Statistischen Bundesamtes hervorgeht, herangezogen.[31]

Die Umsatzerlöse der fünfzig größten Industrieunternehmen stiegen demnach gegenüber den Ergebnissen des Jahres 2004 mit 18,8 Prozent deutlich stärker als die allgemeine Branchenentwicklung (14,4 Prozent). Ihr Anteil an dem Geschäftsvolumen aller Unternehmen des Produzierenden Gewerbes erhöhte sich um 1,21 Prozentpunkte auf 33,3 Prozent. Bezieht man in den Vergleich nur diejenigen Unternehmen ein, die in beiden Jahren zu den fünfzig umsatzstärksten Unternehmen zählten, so übertrifft ihr Umsatzwachstum weiterhin die Entwicklung des Gesamtmarktes um 2,04 Prozent. Hier besteht eine gewisse Parallelität der Entwicklung zu der Diskussion in Tz. 352 ff., da das im Vergleich zur inländischen Wertschöpfung stärkere Umsatzwachstum im Inland auf eine Ausgliederung von Teilen des Geschäftes ins Ausland hindeuten kann.

374. Im Berichtszeitraum hat sich die Zusammensetzung des Kreises der fünfzig größten Industrieunternehmen ge-

ändert. Aus dem Berichtskreis ausgeschieden sind (Rang 2004 in Klammern) die Nestlé-Gruppe Deutschland (37), die Unilever-Gruppe Deutschland (38), die Dow-Gruppe Deutschland (39), die Henkel KGaA (41), die Benteler AG (48) sowie die ABB-Gruppe Deutschland (50).

375. Weiterhin sind folgende Unternehmen in den Untersuchungskreis eingetreten (Rang nach Umsatzerlösen in Klammern):

(25) Salzgitter AG,

(32) Norddeutsche Affinerie AG,

(35) Umicore-Gruppe Deutschland,

(45) LANXESS AG,

(46) Liebherr-International-Gruppe Deutschland,

(50) Fresenius AG.

Die als Folge des weltweiten wirtschaftlichen Aufschwungs anhaltend hohe Nachfrage nach Stahlprodukten führte zu einer Steigerung der Umsatzerlöse der Salzgitter AG. Preissteigerungen der Rohstoff- und Energiebeschaffungskosten konnten aufgrund der hohen Nachfrage mittels Preissteigerungen überkompensiert werden. Bedingt durch den hohen Anteil der Handelsumsätze an den Außenumsätzen zählte die Salzgitter AG im Jahr 2004 nicht zu den fünfzig umsatzstärksten Industrieunternehmen.

Das Umsatzwachstum der Nordeutschen Affinerie AG und der Umicore-Gruppe Deutschland ist ebenfalls im Wesentlichen auf die Zunahme der Energie- und Metallpreise sowie erhöhte Absatzmengen zurückzuführen.

Im Januar 2005 wurde die LANXESS AG aus dem Bayer-Konzern entkonsolidiert.[32] Mit einem inländischen Umsatzvolumen von 4.111 Mio. Euro belegt die LANXESS AG Rang 45 der umsatzstärksten Industrieunternehmen.

Der Eintritt der Liebherr-International-Gruppe Deutschland ist rein erhebungstechnisch bedingt. Die acht wesentlichen deutschen operativen Gesellschaften Liebherr-Aerospace Lindenberg GmbH, Liebherr-Hausgeräte Ochsenhausen GmbH, Liebherr-Mietpartner GmbH, Ludwigshafen, Liebherr-Mischtechnik GmbH, Bad Schussenried, Liebherr-Verzahntechnik GmbH, Kempten, Liebherr-Werk Biberach GmbH, Liebherr-Werk Ehingen GmbH, sowie Liebherr-Hydraulikbagger GmbH, Kirchdorf, die gemeinsam die Liebherr-International-Gruppe Deutschland repräsentieren, erzielten 2006 unkonsolidierte Umsatzerlöse in Höhe von 3 744 Mio. Euro.

Der Eintritt der Fresenius AG in den Kreis der fünfzig umsatzstärksten Unternehmen ist maßgeblich auf Akquisitionen zurückzuführen. Der inländische Konsolidierungskreis vergrößerte sich insbesondere durch die Übernahme der HELIOS Kliniken Gruppe im Geschäftsjahr 2005.[33]

---

[30] Die Angaben beziehen sich auf die inländischen Konzernbereiche. Eine detaillierte Übersicht zu den einzelnen Umsatzangaben, den jeweiligen Anteilswerten sowie den Veränderungsraten ist in den Anlagen zu diesem Gutachten veröffentlicht.

[31] Die angegebenen Werte entsprechen der Summe der Umsatzerlöse der Wirtschaftsabschnitte „C Bergbau und Gewinnung von Steinen und Erden", „D Verarbeitendes Gewerbe", „E Energie- und Wasserversorgung" sowie „F Baugewerbe".

[32] Vgl. Tz. 344.

[33] Vgl. Tz. 345.

Tabelle III.9

Die nach Umsatz fünfzig größten deutschen Industrieunternehmen
2004 und 2006

Jahr	Rang nach dem Umsatz der inländischen Konzerngesellschaften	Rang nach der Wertschöpfung	Unternehmen	Konsolidierter Umsatz der inländischen Konzerngesellschaften[1]	Konsolidierter Umsatz der Gesamtkonzerne
				(Mio. €)	
2006	1	4	Volkswagen AG	78.344	104.875
2004	1	4		67.220	88.963
2006	2	3	DaimlerChrysler AG	66.972	151.589
2004	2	3		61.548	142.059
2006	3	9	Bayerische Motoren Werke AG	42.554	48.999
2004	3	8		41.508	44.335
2006	4	14	E.ON AG	42.129	64.197
2004	5	16		31.388	44.745
2006	5	47	BP-Gruppe Deutschland	41.569	218.465
2004	6	50		29.276[S]	216.645
2006	6	2	Siemens AG	40.913	87.325
2004	4	2		41.000	75.167
2006	7	41	Shell-Gruppe Deutschland	34.509	253.928
2004	9	39		26.093[S]	201.544
2006	8	12	RWE AG	32.213	42.871
2004	7	9		28.174	40.996
2006	9	8	Robert Bosch GmbH	28.100	43.684
2004	8	7		27.622	40.007
2006	10	11	ThyssenKrupp AG	25.386	47.125
2004	10	11		22.081	39.342
2006	11	10	BASF AG	22.963	52.610
2004	11	12		15.216	37.537
2006	12	42	Ford-Gruppe Deutschland	15.298[E]	127.522
2004	14	56		13.800[E]	111.822
2006	13	20	Bayer AG	15.225	28.956
2004	15	19		13.670	29.758
2006	14	29	General Motors-Gruppe Deutschland	14.641	165.133
2004	12	22		14.341	147.073
2006	15	15	RAG AG	13.212	18.177
2004	13	17		14.285	18.697
2006	16	30	Energie Baden-Württemberg AG	12.336	13.219
2004	18	26		8.720	9.844
2006	17	44	ExxonMobil-Gruppe Deutschland	11.977	266.862
2004	17	49		9.142	221.352
2006	18	28	Vattenfall-Gruppe Deutschland	11.124	15.763
2004	16	36		10.706	12.425

Jahr	Rang nach dem Umsatz der inländischen Konzern-gesellschaften	Rang nach der Wert-schöpfung	Unternehmen	Konsolidierter Umsatz der inländischen Konzern-gesellschaften[1]	Konsolidierter Umsatz der Gesamt-konzerne
				(Mio. €)	
2006	19	25	EADS-Gruppe Deutschland	10.553	39.434
2004	28	24		4.322	31.761
2006	20	43	Total-Gruppe Deutschland	10.329	132.689
2004	19	40		8.500	122.700
2006	21	63	Altria-Gruppe Deutschland	8.931S	80.761
2004	20	60		8.434S	68.104
2006	22	85	EWE AG	8.791	8.791
2004	45	–		2.876E	5.955
2006	23	21	ZF Friedrichshafen AG	8.275	11.659
2004	22	25		7.359	9.899
2006	24	22	Continental AG	7.659	14.887
2004	23	27		6.734	12.597
2006	25	46	Salzgitter AG	7.334	8.447
2004	–	51		5.008	5.942
2006	26	–	Heraeus Holding GmbH	7.159	12.080
2004	27	–		5.623	8.338
2006	27	27	MAN AG	6.786	13.049
2004	21	21		8.060	14.947
2006	28	35	Dr. Ing. h. c. F. Porsche AG	6.262	7.123
2004	26	35		5.774	6.359
2006	29	86	Hewlett-Packard-Gruppe Deutschland	6.090	72.996
2004	25	62		5.905	60.728
2006	30	–	Motorola-Gruppe Deutschland	5.924	34.149
2004	31	–		4.235	23.805
2006	31	–	Dr. August Oetker KG	5.769	7.149
2004	49	–		2.729	6.434
2006	32	–	Norddeutsche Affinerie AG	5.725	5.753
2004	–	–			
2006	33	40	IBM-Gruppe Deutschland	5.692	72.810
2004	24	28		6.541	73.183
2006	34	48	C. H. Boehringer Sohn KG	5.620	10.574
2004	29	41		4.314	8.157
2006	35	–	Umicore-Gruppe Deutschland	5.400S	8.815
2004	–	–			
2006	36	–	Nokia-Gruppe Deutschland	4.646	41.121
2004	36	–		3.581	29.267
2006	37	58	Tchibo Holding AG	4.458	9.038
2004	32	59		4.235	8.330

noch Tabelle III.9

Jahr	Rang nach dem Umsatz der inländischen Konzern-gesellschaften	Rang nach der Wert-schöpfung	Unternehmen	Konsolidierter Umsatz der inländischen Konzern-gesellschaften[1]	Konsolidierter Umsatz der Gesamt-konzerne
				(Mio. €)	
2006	38	67	Saint-Gobain-Gruppe	4.392	41.596
2004	33	61	Deutschland	4.093	32.025
2006	39	75	Linde AG	4.368	12.439
2004	34	47		4.074	9.421
2006	40	66	BSH Bosch und Siemens	4.286	8.308
2004	35	58	Hausgeräte GmbH	3.629	6.844
2006	41	92	Stadtwerke Köln GmbH	4.243	4.243
2004	42	84		3.026	3.026
2006	42	50	Bilfinger Berger AG	4.243	7.509
2004	46	53		2.864	5.438
2006	43	54	Stadtwerke München GmbH	4.202	4.202
2004	44	75		2.949	2.949
2006	44	37	Sanofi-Aventis-Gruppe	4.127E	28.373
2004	40	44	Deutschland	3.100E	15.043
2006	45	95	LANXESS AG	4.111	6.944
2004	–	–			
2006	46	65	Liebherr-International-Gruppe	3.744S	6.473
2004	–	–	Deutschland		
2006	47	72	ArcelorMittal-Gruppe	3.725S	70.542
2004	47	90	Deutschland	2.842S	30.176
2006	48	51	Roche-Gruppe Deutschland	3.715	26.730
2004	43	43		3.005	20.256
2006	49	76	Philips-Gruppe Deutschland	3.631	26.976
2004	30	66		4.268	30.319
2006	50	45	Fresenius AG	3.459	10.777
2004	–	–		1.009	7.271
2006	–	74	Nestlé-Gruppe Deutschland	3.421	62.600
2004	37	63		3.555	56.200
2006	–	100	Unilever-Gruppe Deutschland	2.997	39.642
2004	38	64		3.199	40.169
2006	–	–	Dow-Gruppe Deutschland	3.446	39.122
2004	39	–		3.137	30.522
2006	–	69	Henkel KGaA	3.259	12.740
2004	41	54		3.097	10.592
2006	–	–	Benteler AG	1.950	5.598
2004	48	–		2.785	4.450
2006	–	79	ABB-Gruppe Deutschland	2.811	19.442
2004	50	68		2.687	15.748

[1] Mit W gekennzeichnete Angaben beziehen sich auf den Weltabschluss, S steht für Summenabschluss und E für Einzelabschluss.
Quelle: Eigene Erhebungen

Abbildung III.3

Entwicklung des Geschäftsvolumens der fünfzig größten sowie aller Industrieunternehmen im Zeitraum 1978 bis 2006

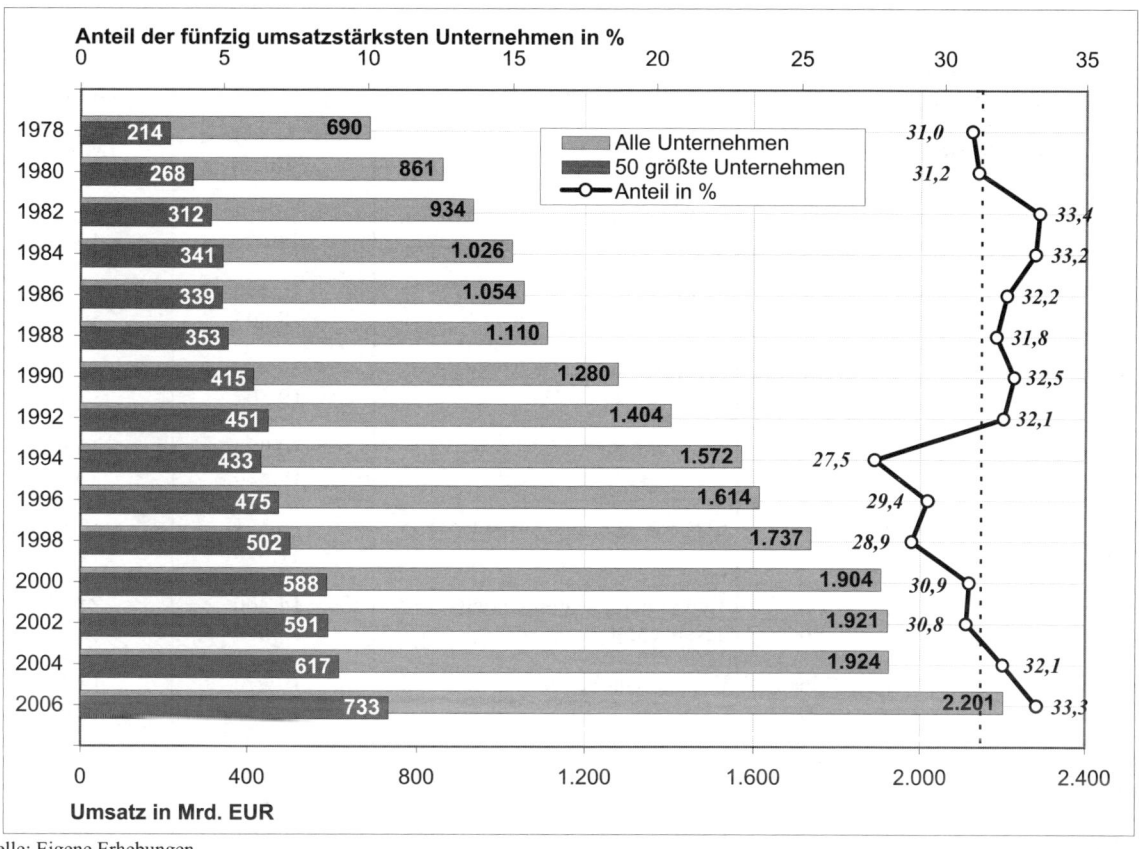

Quelle: Eigene Erhebungen

3.3 Handel

376. Tabelle III.10 vermittelt einen Überblick über die zehn größten deutschen Handelsunternehmen. Entsprechend dem Vorgehen in Tabelle III.9 sind neben den Umsätzen der inländischen Konzerne die Gesamtkonzern- oder Gruppenumsätze ausgewiesen.

377. In Abbildung III.4 sind die Summe der Umsätze der zehn größten Handelsunternehmen sowie gemäß der Umsatzsteuerstatistik die Summe der Umsatzerlöse aller Handelsunternehmen in der Bundesrepublik Deutschland dargestellt.[34]

Das Umsatzwachstum der größten Handelsunternehmen blieb mit einer Wachstumsrate von 5,6 Prozent im Unterschied zu den vorherigen Berichtszeiträumen hinter der Entwicklung des Gesamtmarktes (12,1 Prozent) zurück. Hierdurch reduzierte sich ihr Anteil am gesamten Markt-

volumen auf 10,2 Prozent, nachdem der Anteil in der Vorperiode als Folge der erstmaligen Berücksichtigung der Aldi-Gruppe den höchsten Stand seit der erstmaligen Erstellung dieser Statistik aufgewiesen hatte.

378. Die ausgewiesenen Umsätze der Aldi-Gruppe sowie der Schwarz-Gruppe beruhen auf Schätzungen. Die Umsätzerlöse wurden den Veröffentlichungen der Datenanbieter TradeDimensions und Planet Retail entnommen und um die Umsatzsteuer korrigiert. Die EDEKA Zentrale AG & Co. KG expandierte im Geschäftsjahr 2005 durch den Erwerb der Spar Handels AG sowie der Netto Marken-Discount GmbH & Co. OHG, Maxhütte-Haidhof. Das Geschäftsvolumen erhöhte sich gegenüber 2004 um 43 Prozent. Die Spar Handels AG ist infolge der Übernahme durch die EDEKA Zentrale AG & Co. KG von der ITM Enterprises S.A., Paris, im September 2005 nicht mehr im Kreis der zehn größten Handelsunternehmen vertreten.

Auf Rang neun und zehn der umsatzstärksten Handelsunternehmen in Deutschland rückten die Lekkerland GmbH & Co. KG sowie die Phoenix Pharmahandel AG & Co. KG auf.

---

[34] Die angegebenen Werte entsprechen der Summe der Umsatzerlöse des Wirtschaftsabschnittes „G Handel; Instandhaltung und Reparatur von Kraftfahrzeugen und Gebrauchsgütern". Detaillierte Umsatzangaben, die jeweiligen Anteilswerte sowie die Veränderungsraten sind in den Anlagen zu diesem Gutachten dargestellt.

Tabelle III.10

**Die nach Umsatz zehn größten deutschen Handelsunternehmen
2004 und 2006**

Jahr	Rang nach dem Umsatz der inländischen Konzern-gesellschaften	Rang nach der Wert-schöpfung	Unternehmen[1]	Konsolidierter Umsatz der inländischen Konzern-gesellschaften (Mio. €)	Konsolidierter Umsatz der Gesamt-konzerne (Mio. €)
2006	1	24	REWE-Gruppe	31.216	43.450
2004	2	32		28.169	43.371
2006	2	17	Metro AG	26.440	59.882
2004	1	15		28.803	56.409
2006	3	39	Schwarz-Gruppe*	21.525	41.730
2004	4	34		19.502	37.347
2006	4	36	Aldi-Gruppe*	20.900	39.810
2004	3	31		19.820	32.385
2006	5	56	EDEKA Zentrale AG & Co. KG	16.525	16.525
2004	7	77		11.593	11.593
2006	6	53	Tengelmann Warenhandels-gesellschaft	14.200	24.520
2004	5	46		13.410	26.340
2006	7	26	KarstadtQuelle AG	10.330	13.150
2004	6	70		11.823	13.447
2006	8	62	Otto Group	7.525	15.251
2004	8	48		7.503	14.424
2006	9	–	Lekkerland GmbH & Co. KG[2]	6.331	10.554
2004	–	–		5.242	8.351
2006	10	–	Phoenix Pharmahandel AG & Co. KG	5.988	20.732
2004	–	–		5.490	17.862
2006	–	–	BayWa AG	4.766	7.300
2004	9	–		6.109	6.109
2006	–	–	Spar Handels-AG	–	–
2004	10	–		5.716	5716

[1] Bei mit * gekennzeichneten Unternehmen handelt es sich um Schätzwerte.
[2] 2004: LEKKERLAND-TOBACCOLAND GmbH & Co. KG.
Quelle: Eigene Erhebungen

Abbildung III.4

Entwicklung des Geschäftsvolumens der zehn größten sowie aller Handelsunternehmen im Zeitraum 1978 bis 2006

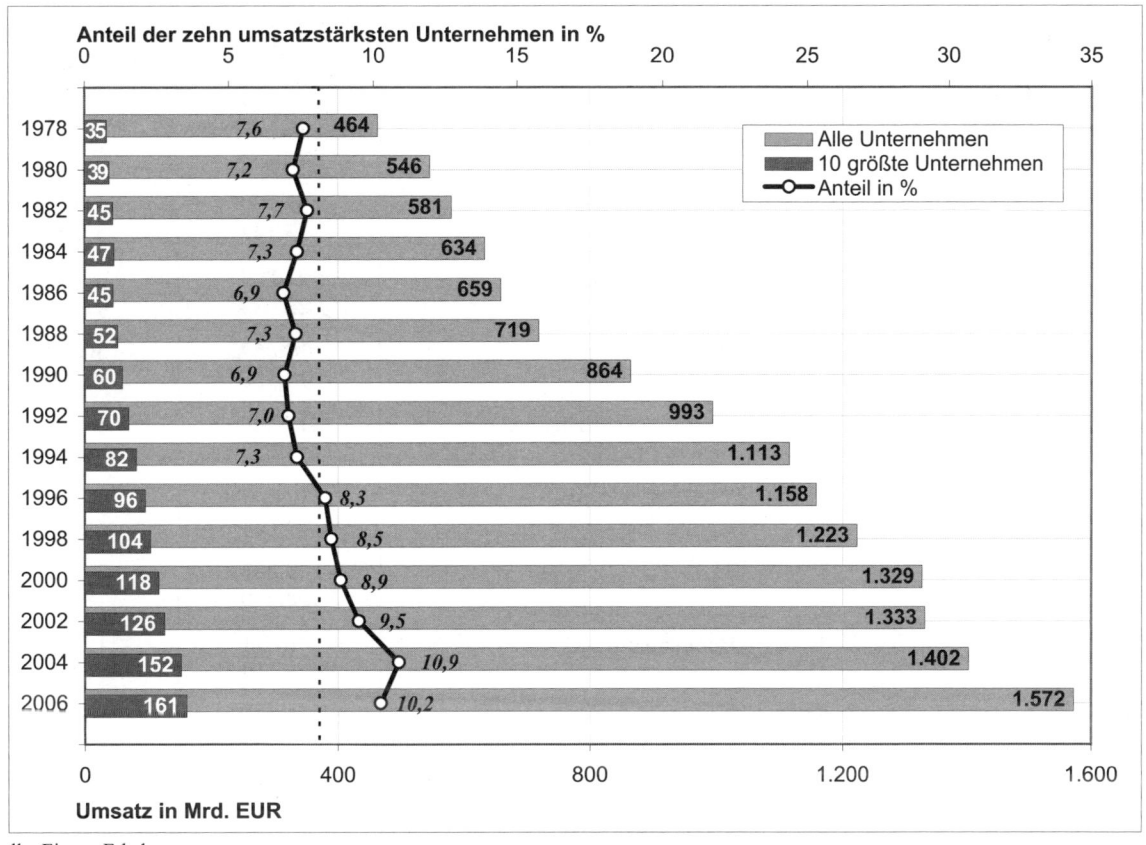

Quelle: Eigene Erhebungen

3.4 Verkehr und Dienstleistungen

379. Tabelle III.11 vermittelt einen Überblick über die größten deutschen Verkehrs- und Dienstleistungsunternehmen. Wie in den Tabellen III.9 und III.10 sind die Unternehmen nach den Umsätzen der inländischen Konzernteile sortiert. Daneben sind die Gesamtumsätze angegeben.

380. Der Kreis der zehn größten deutschen Dienstleistungs- und Verkehrsunternehmen blieb gegenüber 2004 nahezu unverändert. Der Eintritt der Telefónica-Gruppe Deutschland resultiert aus dem Umsatzwachstum der größten deutschen Gesellschaft, der O$_2$ (Germany) GmbH & Co. oHG, München. Die Axel Springer AG reduzierte ihren inländischen Umsatz nur geringfügig, zählt aber aufgrund des allgemein gestiegenen Umsatzniveaus nicht mehr zu den zehn größten Unternehmen. Das stärkste Wachstum der inländischen Umsatzerlöse verzeichnete die Bertelsmann AG, den stärksten Rückgang die Deutsche Telekom AG.

381. Die jeweils zehn größten Unternehmen des Verkehrs- und Dienstleistungsgewerbes erzielten zusammen die in Abbildung III.5 ausgewiesenen Umsätze. Ergänzend ist in der Abbildung der in der Umsatzsteuerstatistik ausgewiesene Umsatz aller Verkehrs- und Dienstleistungsunternehmen[35] dargestellt.

Die Umsatzerlöse der größten Dienstleistungs- und Verkehrsunternehmen stiegen mit 7,94 Prozent langsamer als die gesamtwirtschaftliche Vergleichsgröße (12,75 Prozent). Der Anteil der Großunternehmen an den Umsatzerlösen aller Verkehrs- und Dienstleistungsunternehmen sank somit auf 13,96 Prozent.

---

[35] Der angegebene Wert entspricht der Summe der Umsatzerlöse der Wirtschaftsabschnitte „I Verkehr und Nachrichtenübermittlung", „K Grund- und Wohnwirtschaft, Vermietung beweglicher Sachen, Dienstleistungen für Unternehmen" sowie „O Erbringung von sonstigen öffentlichen und persönlichen Dienstleistungen". Eine detaillierte Übersicht zu den einzelnen Umsatzangaben, den jeweiligen Anteilswerten sowie den Veränderungsraten ist in den Anlagen zu diesem Gutachten veröffentlicht.

Tabelle III.11

Die nach Umsatz zehn größten deutschen Verkehrs- und Dienstleistungsunternehmen 2004 und 2006

Jahr	Rang nach dem Umsatz der inländischen Konzern-gesellschaften	Rang nach der Wert-schöpfung	Unternehmen	Konsolidierter Umsatz der inländischen Konzern-gesellschaften[1] (Mio. €)	Konsolidierter Umsatz der Gesamt-konzerne (Mio. €)
2006	1	1	Deutsche Telekom AG	32.460	61.347
2004	1	1		35.147	57.880
2006	2	6	Deutsche Post AG	24.829	60.545
2004	2	5		22.583	43.168
2006	3	5	Deutsche Bahn AG	19.857	30.053
2004	3	6		18.520	23.962
2006	4	13	Deutsche Lufthansa AG	17.999	19.849
2004	4	14		15.057	16.965
2006	5	19	Vodafone-Gruppe Deutschland	10.609S	48.762
2004	5	18		10.104S	48.997
2006	6	77	TUI AG	9.783	20.515
2004	6	42		8.260	18.046
2006	7	34	Bertelsmann AG	6.711	19.297
2004	7	33		5.059	17.016
2006	8	23	SAP AG	5.209	9.402
2004	8	23		4.341	7.514
2006	9	–	Telefónica-Gruppe Deutschland	3.622	52.901
2004	–	–		–	–
2006	10	–	Thomas Cook AG	3.484	7.780
2004	9	–		3.458	7.479
2006	–	71	Axel Springer AG	2.062	2.376
2004	10	67		2.134	2.402

[1] Mit S gekennzeichnete Angaben beziehen sich auf den Summenabschluss.
Quelle: Eigene Erhebungen

Abbildung III.5

Entwicklung des Geschäftsvolumens der zehn größten sowie aller Verkehrs- und Dienstleistungsunternehmen im Zeitraum 1978 bis 2006[1]

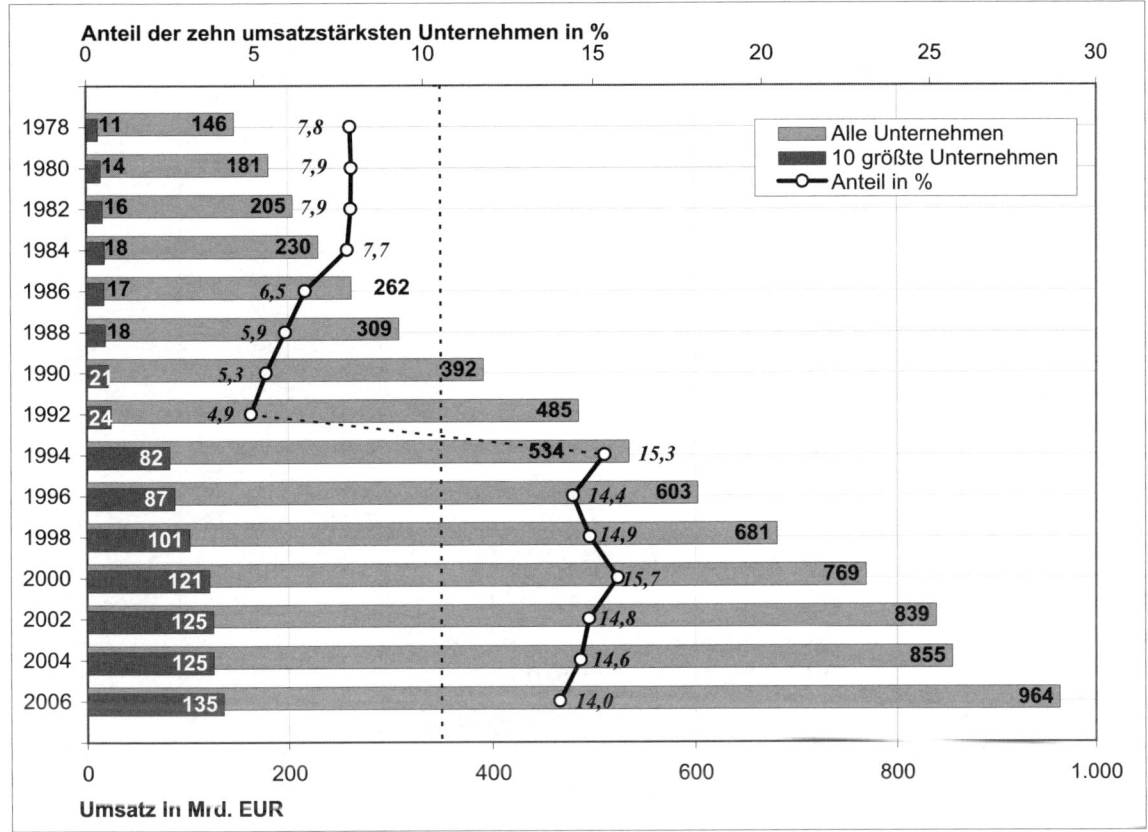

[1] Die außergewöhnliche Umsatzsteigerung der zehn größten Verkehrs- und Dienstleistungsunternehmen zwischen 1992 und 1994 ist auf die erstmalige Einbeziehung der Unternehmen der ehemaligen Deutschen Bundespost sowie der Deutschen Bahn AG in die Untersuchung zurückzuführen.
Quelle: Eigene Erhebungen

3.5 Kreditgewerbe

382. Tabelle III.12 gibt einen Überblick über die nach der Bilanzsumme der inländischen Konzernbereiche zehn größten Kreditinstitute 2004 und 2006. Zusätzlich zu den Angaben für die inländischen Konzerne werden die Bilanzsummen der Gesamtkonzerne ausgewiesen.

383. Das Herausfallen der EUROHYPO AG ist auf die sukzessive Übernahme der Anteile der Deutschen Bank AG und der Dresdner Bank AG durch die Commerzbank AG in den Jahren 2005 und 2006 bedingt.[36]

Die inländische Bilanzsumme der Allianz SE (Dresdner Bank AG) verminderte sich im Berichtszeitraum um 19 Prozent und zog eine Verschiebung der Rangposition von Platz zwei auf Platz sieben nach sich. Im Wesentlichen ist neben einer geschäftspolitisch induzierten

Bilanzsummenminderung die Berücksichtigung des aufsichtsrechtlichen Nettingverfahrens im Jahr 2006 und dessen Absetzung bei den inländischen Kreditinstituten für den Rückgang verantwortlich.

Die WestLB AG gehört mit einer inländischen Bilanzsumme von rund 191 Mrd. Euro im Jahr 2006 erstmalig zu den nach der Bilanzsumme zehn größten deutschen Kreditinstituten.[37]

384. Die jeweils zehn größten Kreditinstitute wiesen am Bilanzstichtag des Berichtsjahres in der Summe eine konsolidierte Bilanzsumme von 4 030,4 Mrd. Euro (2004: 3 564,2 Mrd. Euro) auf. Die Bilanzsumme aller Kreditinstitute einschließlich ausländischer Filialen, die von der Deutschen Bundesbank ermittelt werden, betrug im

---

[36] Vgl. Tz. 344.

[37] Vgl. Tz. 345. Die jüngsten Entwicklungen auf den internationalen Finanzmärkten finden aufgrund des Zeitstandes der Erhebung keine Berücksichtigung.

Tabelle III.12

**Die nach Bilanzsumme zehn größten deutschen Kreditinstitute
2004 und 2006**

Jahr	Rang nach der Bilanzsumme der inländischen Konzerngesellschaften	Rang nach der Wertschöpfung	Unternehmen	Konsolidierte Bilanzsumme der inländischen Konzerngesellschaften (Mrd. €)	Konsolidierte Bilanzsumme der Gesamtkonzerne (Mrd. €)
2006	1	7	Deutsche Bank AG	1.039	1.126
2004	1	13		783	840
2006	2	38	Commerzbank AG	484	608
2004	3	45		367	425
2006	3	32	Landesbank Baden-Württemberg	425	428
2004	4	29		340	340
2006	4	31	DZ Bank AG	412	439
2004	5	30		333	356
2006	5	60	KfW Bankengruppe	360	360
2004	6	–		329	329
2006	6	49	Bayerische Landesbank	338	353
2004	7	37		320	333
2006	7	16	Allianz SE	326	506
2004	2	10	(Dresdner Bank AG)	404	536
2006	8	33	UniCredit-Gruppe Deutschland	253	823
2004	8	38		278	467
2006	9	–	Norddeutsche Landesbank Girozentrale	203	203
2004	10	99		184	202
2006	10	78	WestLB AG	191	285
2004	–	–		104	254
2006	–	–	EUROHYPO AG	–	–
2004	9	69		227	227

Quelle: Eigene Erhebungen

Dezember des Jahres 2006 8 099,9 Mrd. Euro (2004: 7 527,7 Mrd. Euro).[38]

Das Wachstum der zehn größten Kreditinstitute betrug 13,1 Prozent und übertraf somit das Wachstum der gesamten Branche (7,6 Prozent) bei weitem. Mit Ausnahme der Norddeutschen Landesbank Girozentrale sind die größten inländischen Kreditinstitute auch im Kreis der „100 Größten" nach Wertschöpfung vertreten.

Die Deutsche Bundesbank ermittelt die Bilanzsummen anhand der Einzelabschlüsse der Kreditinstitute. Um einen unmittelbar vergleichbaren Referenzwert der zehn größten Kreditinstitute zu erhalten, sind daher ebenfalls die addierten Bilanzsummen der konsolidierten Kreditinstitute heranzuziehen.[39] Die unkonsolidierte Bilanzsumme der den zehn größten Bankkonzernen angehörenden Kreditinstitute betrug 2004 insgesamt 3 593,7 Mrd. Euro. Wie in Abbildung III.6 dargestellt, hatten die zehn größten Kreditinstitute somit einen Anteil an der Bilanzsumme aller Kreditinstitute von 47,74 Prozent. Im Jahr 2006 ist dieser Anteil mit einer unkonsolidierten Bilanzsumme von 4 151,9 Mrd. Euro deutlich auf 51,26 Prozent gestiegen.[40]

---

[38] Vgl. Deutsche Bundesbank, Bankenstatistik, Statistisches Beiheft zum Monatsbericht 1, Februar 2008, S. 106.

[39] Ab 1998 wird der Anteil anhand der unkonsolidierten Bilanzsumme der zehn größten Kreditinstitute ermittelt.

[40] Eine detaillierte Übersicht zu den einzelnen Angaben zur Bilanzsumme, den jeweiligen Anteilswerten sowie den Veränderungsraten ist in den Anlagen zu diesem Gutachten veröffentlicht.

Abbildung III.6

**Entwicklung des Geschäftsvolumens der zehn größten sowie aller Kreditinstitute
im Zeitraum 1978 bis 2006[1]**

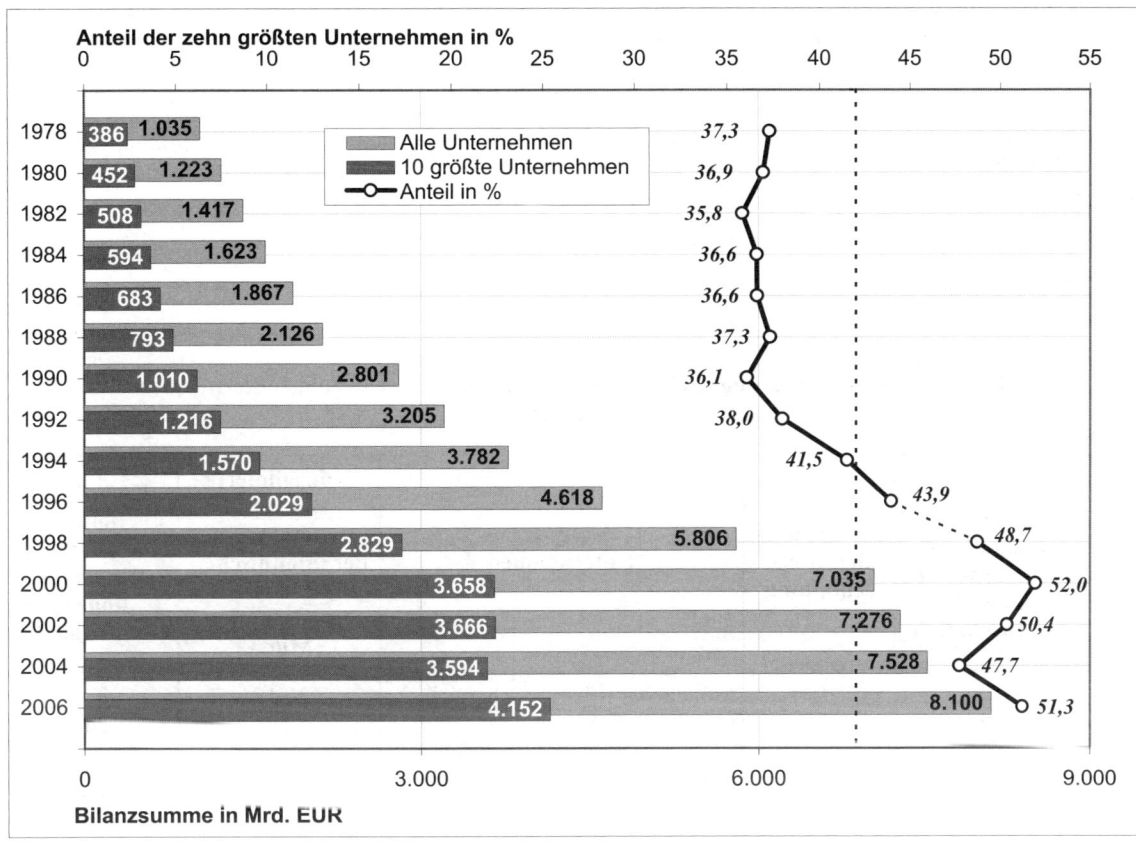

[1] Ab 1998 ist in der Abbildung die unkonsolidierte Bilanzsumme der zehn größten Kreditinstitute dargestellt.
Quelle: Eigene Erhebungen

3.6 Versicherungsgewerbe

385. Die jeweils zehn größten deutschen Versicherungen erreichten Im Jahr 2006 über ihre inländischen Konzerngesellschaften zusammen Beitragseinnahmen in Höhe von 114 792 Mio. Euro (2004: 109 067 Mio. Euro). Im Jahr 2006 betrugen die gebuchten Bruttobeiträge aller Erst- und Rückversicherungsunternehmen in Deutschland 217 018 Mio. Euro (2004: 213 599 Mio. Euro).[41] Dies entspricht einem Wachstum der zehn größten Versicherungskonzerne von 5,3 Prozent, bzw. aller Erst- und Rückversicherungsunternehmen von 1,6 Prozent.

386. Die Bundesanstalt für Finanzdienstleistungsaufsicht ermittelt das Beitragsvolumen aller Versicherungsunternehmen anhand von Einzelabschlussdaten. Um einen unmittelbar vergleichbaren Referenzwert der zehn größten Versicherungskonzerne zu erhalten, sind daher ebenfalls die unkonsolidierten Beitragseinnahmen der dem jeweiligen Konsolidierungskreis angehörenden Versicherungsunternehmen heranzuziehen. Die unkonsolidierten Beitragseinnahmen der zehn größten Versicherungskonzerne betrugen 2004 insgesamt 126 727 Mio. Euro. Die zehn größten Versicherungen hatten somit einen Anteil an den Beitragseinnahmen aller Versicherungsunternehmen von 59,33 Prozent. Dieser Anteil erhöhte sich im Jahr 2006 auf 61,42 Prozent, dies entspricht den unkonsolidierten Beitragseinnahmen der Großunternehmen von 133 293 Mio. Euro (vgl. Abbildung III.7).[42] Unverändert stellt die Versicherungsbranche somit von den hier untersuchten Wirtschaftszweigen denjenigen dar,

[41] Vgl. Bundesanstalt für Finanzdienstleistungsaufsicht, Statistik der Bundesanstalt für Finanzdienstleistungsaufsicht – Erstversicherungsunternehmen 2006, S. 10.

[42] Die ausführlichen Angaben zu den Beitragseinnahmen, den jeweiligen Anteilswerten sowie den Veränderungsraten sind in den Anlagen zu diesem Gutachten dargestellt.

dessen Geschäftsvolumen in höchstem Umfang auf Groß-unternehmen entfällt.

387. In Tabelle III.13 sind die nach Beitragseinnahmen zehn größten deutschen Versicherungsunternehmen im Einzelnen aufgeführt. Wie bei den Unternehmen der anderen Bereiche sind neben den Beiträgen der inländischen Gesellschaften die Weltkonzernbeiträge angegeben.

388. Mit einer Steigerung des Beitragsvolumens der inländischen Konzerngesellschaften um 68 Prozent gegenüber dem Jahr 2004 erhöhte sich die Position des HDI Haftpflichtverbands der Deutschen Industrie V. a. G. auf den fünften Rang. Der Großteil des Wachstums resultiert aus der im Mai 2006 erfolgten Konsolidierung der

Gerling-Konzern Versicherungs-Beteiligungs-AG.[43] Das konsolidierte Beitragsvolumen des ehemaligen Gerling-Konzerns hatte im Jahr 2004 4 069 Mio. Euro betragen.

Aufgrund des insgesamt gestiegenen Niveaus der Beitragseinnahmen zählt die Signal-Iduna Gruppe nicht mehr zu den zehn größten Versicherungsunternehmen. An ihre Stelle trat die HUK-Coburg, die letztmalig im Jahr 1998 Rang zehn belegt hatte. Ihr Anstieg ist insbesondere durch die im Rahmen einer Kapitalerhöhung erfolgte Mehrheitsbeteiligung an der VRK Holding GmbH, Kassel, im Dezember 2004 bedingt.

---

[43] Vgl. Tz. 344.

Tabelle III.13

Die nach Beitragseinnahmen zehn größten deutschen Versicherungsunternehmen 2004 und 2006

Jahr	Rang nach den Beitrags-einnahmen der inländischen Konzern-gesellschaften	Rang nach der Wert-schöpfung	Unternehmen	Konsolidierte Beitrags-einnahmen der inländischen Konzern-gesellschaften (Mio. €)	Konsolidierte Beitrags-einnahmen der Gesamt-konzerne (Mio. €)
2006	1	18	Münchener Rückversicherungs-Gesellschaft AG	30.174	37.436
2004	1	20		32.114	38.071
2006	2	16	Allianz SE	26.278	58.524
2004	2	10		25.234	56.789
2006	3	87	Generali-Gruppe Deutschland	11.743	64.526
2004	3	71		10.937	56.339
2006	4	31	DZ Bank AG (R+V Versicherung AG)	8.945	8.945
2004	4	30		8.057	8.057
2006	5	91	HDI Haftpflichtverband der Deutschen Industrie V. a. G.	7.706	19.368
2004	9	–		4.600	14.161
2006	6	70	Debeka-Gruppe	7.306	7.306
2004	5	52		6.274	6.239
2006	7	82	AXA-Gruppe Deutschland	6.232	72.099
2004	7	–		6.019	67.407
2006	8	–	Zurich Financial Services-Gruppe Deutschland	6.067	37.005
2004	6	78		6.109	37.471
2006	9	–	Versicherungskammer Bayern	5.608	5.608
2004	8	–		5.263	5.263
2006	10	84	HUK-COBURG	4.734	4.734
2004	–	98		4.133	4.133
2006	–	–	Signal-Iduna Gruppe	4.509	4.631
2004	10	100		4.460	4.559

Quelle: Eigene Erhebungen

Abbildung III.7

Entwicklung des Geschäftsvolumens der zehn größten sowie aller Versicherungskonzerne im Zeitraum 1978 bis 2006[1]

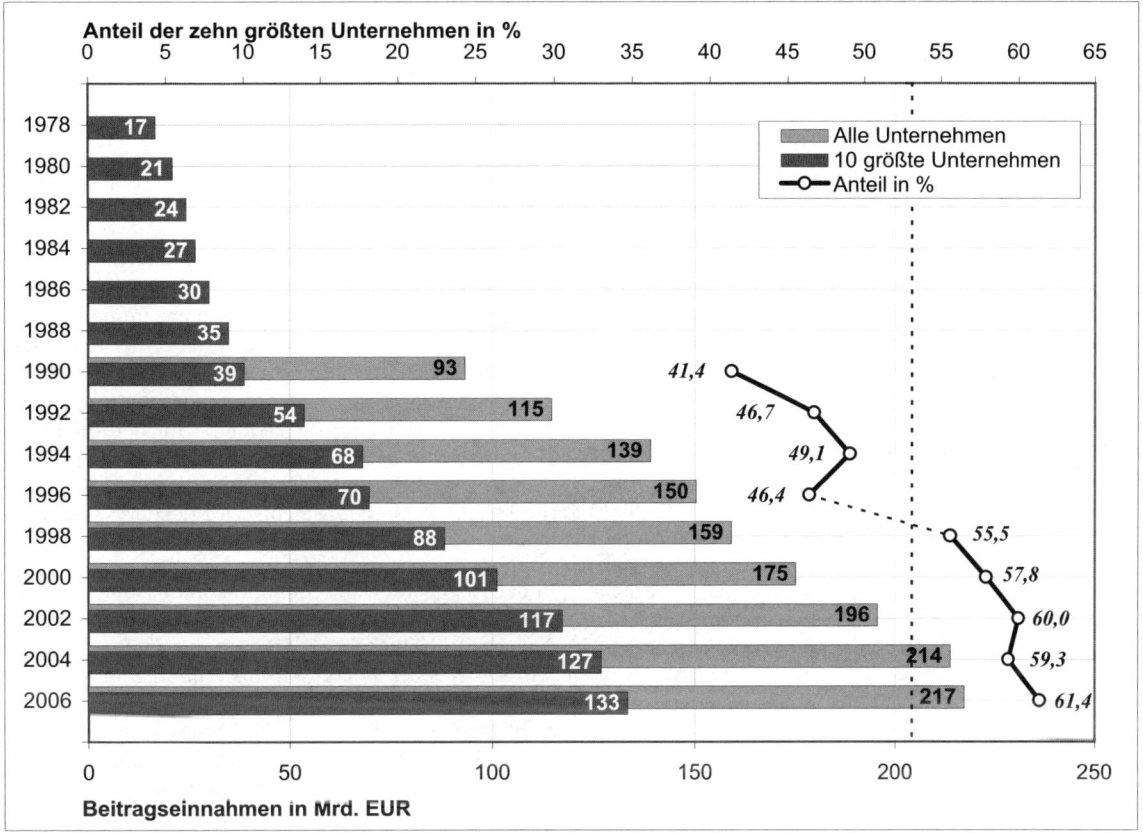

[1] Ab 1998 sind in der Abbildung die unkonsolidierten Beitragseinnahmen der zehn größten Versicherungskonzerne dargestellt. Bis einschließlich 1996 wurde der Anteil anhand der konsolidierten Beitragseinnahmen der zehn größten Versicherungskonzerne ermittelt.

Quelle: Eigene Erhebungen

4. Verflechtungen der „100 Größten"

4.1 Problemstellung

389. Finanziell und personell verflochtene Unternehmen sind von wettbewerbspolitischer Relevanz, sofern die beteiligten Unternehmen eine marktmächtige Stellung einnehmen und aufgrund gleichgerichteter Interessen nicht wettbewerblich agieren. Die Monopolkommission ist sich jedoch bewusst, dass personelle oder kapitalmäßige Verflechtungen nicht per se wettbewerbsbeschränkende Wirkungen entfalten. So können personelle und finanzielle Verflechtungen aus einer institutionenökonomischen Perspektive aufgrund bestehender Steuerungs- und Kontrollbefugnisse eine effizienzsteigernde Koordination ökonomischer Aktivitäten bewirken.

Der Bewertung personeller Verflechtungen als Konzentrationstatbestand liegt dagegen die Annahme zugrunde, dass derart verbundenen Unternehmen prinzipiell interne Unternehmensinformationen und deren Beurteilung durch unterschiedliche Entscheidungsgremien zur Verfügung stehen, wodurch ein koordiniertes Marktverhalten und informelle Verhaltensabstimmungen erleichtert werden können. Gemeinsame Interessen aufgrund von Beteiligungsbeziehungen bestehen, da der Unternehmenserfolg des Anteilseigners auch von dem Erfolg des Beteiligungsunternehmens abhängt. Die Erfolge von wirtschaftlich und rechtlich selbständigen Beteiligungsunternehmen, die wie in den hier betrachteten Fällen nicht in den Konsolidierungskreis einbezogen werden, beeinflussen in Form der Erträge und Aufwendungen aus Beteiligungen den Jahresüberschuss des Anteilseigners. Im Sinne einer Maximierung des Unternehmenserfolgs wird die Unternehmenspolitik nicht nur auf das eigene operative Ergebnis des Anteilseigners hin ausgerichtet, sondern auch auf den Erfolg des Beteiligungsunternehmens.

In einem Beteiligungsnetzwerk, in dem als Hauptaktionäre und Vertreter in den Aufsichtsgremien Kunden, Lieferanten oder Wettbewerber eines Unternehmens vertreten sind, können ferner Interessenkonflikte in der Form auftreten, dass das vorhandene Einflusspotenzial auf die Unternehmensverwaltung nicht immer im Sinne des kontrollierten Unternehmens ausgeübt werden muss.

Eine wichtige Rolle spielten in diesem Zusammenhang auch die Kreditinstitute und Versicherungskonzerne im deutschen Corporate-Governance-System, die in der Vergangenheit als eine wichtige Aktionärsgruppe deutscher Industrieunternehmen traditionell über unternehmensinterne Informationen verfügten und Kontrollfunktionen zur Steuerung ihrer Kredit- bzw. Versicherungsrisiken ausübten. Interessenkonflikte bestanden in der Weise, dass Kreditinstitute gleichzeitig die Rolle der Kontrolleure in den Aufsichtsgremien einnahmen und darüber hinaus als Anbieter von Finanzdienstleistungen und unabhängige Berater auftraten. Die Untersuchungen der Monopolkommission zeigen jedoch, dass diese Möglichkeit der direkten Kontrolle in den vergangenen Jahren zunehmend an Bedeutung verloren hat.[44]

Personelle Verflechtungen zwischen Großunternehmen haben zudem eine gesellschaftspolitische Dimension, die über wettbewerbspolitische Problemstellungen im engeren Sinne hinausgehen kann. So ist unabhängig davon, ob die personellen Verflechtungen zwischen Wettbewerbern bestehen oder nicht, die Frage nach den Einflussmöglichkeiten einer relativ kleinen Gruppe sehr großer Unternehmen im Sinne einer Konzentration ökonomischer und politischer Macht auf die nationale Volkswirtschaft zu stellen, die ihren Ausdruck auch in personellen Verflechtungen finden kann.

390. Die isolierte Betrachtung der gemäß den Vorschriften des Handelsgesetzbuches bzw. Aktiengesetzes abgegrenzten Konzerne, welche in den vorhergehenden Abschnitten erfolgte, ergibt aufgrund der personellen und finanziellen Beziehungen zwischen den derart abgegrenzten Betrachtungseinheiten keine vollständige Darstellung der Konzentration von Großunternehmen. Im Sinne der handels- und aktienrechtlichen Begriffsfassung werden solche Gruppen von Einzelunternehmen (rechtlichen Einheiten) als Konzerne betrachtet, welche unter der einheitlichen Leitung einer Konzernobergesellschaft stehen oder an denen die Konzernobergesellschaft den Mehrheitsbesitz der Eigenkapitalanteile hält.[45] Fasst man den Begriff der Unternehmung als wirtschaftlicher Einheit weiter, so ist auch eine Betrachtung von Gruppen von Unternehmen im Sinne rechtlicher Einheiten, zwischen denen lediglich Minderheitsbeteiligungen bestehen und welche Überschneidungen der Leitungs- und Kontrollgremien in Form personeller Verflechtungen aufweisen, als ein Unternehmen denkbar.

391. Mit der Frage der Unternehmensabgrenzung verknüpft ist der nicht unmittelbar einleuchtende Zusammenhang, dass der an der Anzahl und der Höhe der zwischen den „100 Größten" bestehenden Beteiligungen und

der an der Anzahl der personellen Beziehungen gemessene Verflechtungsgrad sinkt, sofern zwei Unternehmen aus dem Untersuchungskreis fusionieren und das in den Untersuchungskreis nachrückende Unternehmen eine geringere personelle und finanzielle Einbindung aufweist als das durch die Fusion untergegangene Unternehmen. Letzteres ist insoweit wahrscheinlich, als der Übernahme eines Unternehmens häufig der Erwerb von Anteilen vorausgeht. Somit besteht das Paradoxon, dass ein konzentrationserhöhender Vorgang zu einer Verminderung der gemessenen personellen und finanziellen Verflechtung führt, was bei der Interpretation der nachfolgenden Ergebnisse zu berücksichtigen ist.

392. Inländische Teilkonzerne werden von den ausländischen Muttergesellschaften mehr oder weniger weit reichend gesteuert und haben daher nicht immer eine Konzernobergesellschaft im Inland, von der der Anteilsbesitz oder die Geschäftsführungs- und Aufsichtsorgane ermittelt werden können. Sofern die in den vorhergehenden Abschnitten gewählte Bezeichnung für den inländischen Teilkonzern von dem Namen des im Rahmen der Verflechtungsuntersuchungen betrachteten Unternehmens (juristische Person) abweicht, wird Letzterer zusätzlich in Klammern angegeben.

In der Regel wählt die Monopolkommission als Untersuchungsobjekte zur Bestimmung der Verflechtungen unter den „100 Größten" die Konzernobergesellschaften. Sofern die Konzernobergesellschaft ihren Sitz im Ausland hat, bestehen Verflechtungen in der Mehrzahl der Fälle nicht zwischen der Konzernobergesellschaft und deutschen Großunternehmen, sondern die deutschen Tochterunternehmen sind personell und finanziell mit Unternehmen aus dem Kreis der „100 Größten" verbunden. Die Monopolkommission untersucht daher die personelle und finanzielle Einbindung sowohl der größten deutschen Tochter ausländischer Konzernobergesellschaften als auch der Mutterunternehmen selbst.

Da Gleichordnungskonzerne keine einzelne Konzernobergesellschaft besitzen, untersucht die Monopolkommission den Verflechtungsgrad sämtlicher Gesellschaften bzw. Versicherungsvereine, welche an der Konzernspitze der im Kreis der „100 Größten" vertretenen Gleichordnungskonzerne stehen.

4.2 Anteilsbesitz an den „100 Größten"

4.2.1 Gegenstand und Datenquellen

393. Gegenstand der folgenden Abschnitte ist eine Analyse der Eigenkapitalgeber der „100 Größten". Zum einen erfolgt eine Betrachtung der gesamten Anteilseignerstruktur der „100 Größten" hinsichtlich der Anteilseignergruppen Großunternehmen, ausländische Anteilseigner, Einzelpersonen, Familien und Familienstiftungen, öffentliche Hand, Streubesitz sowie sonstige Anteilseigner. Weiterhin wird die Verflechtung über Kapitalbeteiligungen innerhalb der Gruppe der Großunternehmen untersucht.

---

[44] Vgl. hierzu Tz. 403 ff. sowie Monopolkommission, Hauptgutachten 2004/2005, a. a. O., Tz. 354 ff.

[45] Vgl. Tz. 327.

Im vorliegenden Hauptgutachten wird nur der Anteilsbesitz von Stammaktien berücksichtigt. Die Vorzugsaktien, die bis zum Fünfzehnten Hauptgutachten mit einbezogen waren, verlieren zum einen ihre Popularität in Deutschland. Zum anderen kann eine Vermischung der Beteiligungen an Stamm- und Vorzugsaktien die tatsächlichen Kontrollverhältnisse bei einem Unternehmen verzerren, da die Vorzugsaktien in der Regel stimmrechtslos sind und einen geringeren Einfluss auf die Unternehmenspolitik erlauben. Die Fälle, bei denen die Nichtberücksichtigung von Vorzugsaktien starke Änderungen des Anteilsbesitzes verursachte, werden im nächsten Abschnitt diskutiert.[46]

Berücksichtigt werden sowohl direkte als auch indirekte Beteiligungen. Die indirekten Beteiligungen werden dem Unternehmen am obersten Ende der Beteiligungskette in voller Höhe zugerechnet, wenn dieses Unternehmen die zwischengeschalteten Beteiligungsgesellschaften kontrolliert.

Zur Vermeidung von Doppelzählungen werden Anteile der öffentlichen Hand nur insoweit ausgewiesen, als es sich nicht um Anteile öffentlicher Unternehmen handelt, die gleichzeitig zum Kreis der „100 Größten" gehören. Um die Bedeutung der öffentlichen Hand als Anteilseigner an den „100 Größten" darstellen zu können, wird ergänzend in Tabelle III.14 der Anteil des Staates an den entsprechenden Unternehmen insgesamt in Klammern angegeben. Diese Zugehörigkeit zu den beiden Anteilseignergruppen öffentliche Hand und Großunternehmen aus dem Kreis der „100 Größten" weisen z. B. die KfW Bankengruppe sowie vereinzelt die Landesbanken auf.

394. Bei der Zusammenstellung der Anteilseigner und der Ermittlung der Verflechtungen wurden die in Tz. 331 genannten Quellen herangezogen. Die Analyse wird erschwert durch Lücken und Ungenauigkeiten in den verfügbaren Datenquellen. So wird der Umfang von Anteilen im Besitz von Kapitalgesellschaften regelmäßig unterschätzt. Gemäß § 285 Nr. 11 HGB müssen Kapitalgesellschaften Anteile an anderen Unternehmen im Anhang zum Jahresabschluss oder gemäß § 287 HGB in einer gesonderten Aufstellung nur angeben, sofern diese mindestens 20 Prozent betragen. Börsennotierte Kapitalgesellschaften müssen zusätzlich Beteiligungen an großen Kapitalgesellschaften offen legen, wenn diese 5 Prozent der Stimmrechte überschreiten.

Falls die Aktien des Emittenten zum Handel an einem organisierten Markt in einem Mitgliedstaat der Europäischen Union oder in einem anderen Vertragsstaat des Abkommens über den Europäischen Wirtschaftsraum zugelassen sind, hat der Erwerber einer Beteiligung, die bestimmte Stimmrechtsanteile erreicht bzw. über- oder unterschreitet, dies dem Emittenten und der Bundesanstalt für Finanzdienstleistungsaufsicht mitzuteilen. Die unterste Schwelle beträgt 3 Prozent der Stimmrechte (§ 21 Abs. 1 WpHG). Da Inlandsemittenten gemäß

§ 26 Abs. 1 WpHG ihrerseits verpflichtet sind, innerhalb von drei Handelstagen nach Zugang der Mitteilung diese zu veröffentlichen und dem Unternehmensregister zu übermitteln, können vorhandene Lücken zumindest teilweise geschlossen werden. Verbleibende Lücken wirken sich hauptsächlich auf den Ausweis der Beteiligungen der Gruppen „Unternehmen aus dem Kreis der ‚100 Größten'" und „Sonstige" aus.

Eine Zuordnung zu der Kategorie ausländischer Einzelbesitz erfolgt nur insoweit, als Beteiligungen ausländischer Investoren in den vorliegenden Quellen ausgewiesen werden. Im Rahmen der Untersuchung wird keine regionale Zuordnung des Streubesitzes vorgenommen. Die zum Teil in Unternehmenspublikationen dargestellte Aktionärsstruktur nach geografischer Verteilung spiegelt sich daher in den zugrunde liegenden Anteilseignergruppen nur bedingt wider.

In einigen Fällen weicht die Kapitalverteilung von der Stimmrechtsverteilung ab. Da die Kapitalverflechtung nur einen Teil der gesellschaftsrechtlichen Einflussmöglichkeiten repräsentiert, stellt die Analyse der Stimmrechte eine sinnvolle Ergänzung dar. Auf eine Untersuchung der Stimmenverteilung in Hauptversammlungen, die insbesondere im Hinblick auf das Einflusspotenzial der Banken von Interesse wäre, musste aufgrund der unzureichenden Datenbasis verzichtet werden. Durch die Übertragung von Stimmrechten auf Kreditinstitute in Form von Depotstimmrechten sowie durch die mögliche Nichtausübung von Stimmrechten besteht eine zum Teil erhebliche Abweichung zwischen der formalen Stimmrechtsverteilung und der faktischen Stimmrechtsausübung durch die verschiedenen Anlegergruppen. Die tatsächliche Stimmrechtsausübung kann daher nur durch Untersuchung des Abstimmungsverhaltens der einzelnen Aktionäre bzw. Aktionärsgruppen ermittelt werden.[47]

4.2.2 Zusammenfassende Betrachtung aller Anteilseigner der „100 Größten"

395. Tabelle III.14 vermittelt einen Überblick über die Anteilseignerstruktur der „100 Größten". In der Spalte „Sonstige" werden die Eigenkapitalanteile von Genossenschaften, Gewerkschaften und Unternehmen außerhalb des Kreises der „100 Größten" ebenso wie nicht zu identifizierende Beteiligungen aufgeführt. Sofern dies erforderlich ist, werden die in dieser Spalte ausgewiesenen Beteiligungen in den Anmerkungen zu der Tabelle spezifiziert.

Die Veränderungen im Zeitraum 2004 bis 2006 betreffen zum einen die Beteiligungen von Unternehmen aus dem Kreis der „100 Größten", über die im nächsten Abschnitt ausführlich berichtet wird. Zum anderen änderte sich aber auch der Anteilsbesitz aller anderen aufgeführten Gruppen. Die Fälle, in denen sich die Beteiligungsverhältnisse im Berichtszeitraum wahrscheinlich nicht verändert ha-

---

[46] Vgl. Tz. 397.

[47] Vgl. Baums, T., Fraune, C., Institutionelle Anleger und Publikumsgesellschaft, Aktiengesellschaft 40, 1995, S. 97-112.

ben, die aber in der Tabelle unterschiedlich ausgewiesen werden, bleiben im Folgenden unberücksichtigt.

396. Die in der Debeka-Gruppe organisierten Versicherungsunternehmen sowie die HUK-COBURG und der HDI Haftpflichtverband der Deutschen Industrie V. a. G. sind im Gegensatz zu den restlichen betrachteten Unternehmen durch die Besonderheit gekennzeichnet, dass sie als Versicherungsvereine auf Gegenseitigkeit keine mit Mitgliedschaftsrechten verbundenen, der Aktie vergleichbaren Kapitalanteile aufweisen. Das Eigenkapital eines Versicherungsvereins ist allein aus den versteuerten Unternehmensgewinnen und Beiträgen der Mitglieder zu bilden. Eine den Unternehmen anderer Rechtsformen entsprechende Struktur der Anteilseigner ist für die genannten Versicherungsvereine auf Gegenseitigkeit daher nicht darstellbar.

397. In den meisten Fällen wirkte sich die Nichtberücksichtigung von Vorzugsaktien nur geringfügig auf die Anteilseignerstruktur aus, da in der Regel ein erheblich größerer Anteil am Grundkapital auf Stammaktien entfällt. Im Falle der Dr. Ing. h. c. F. Porsche AG allerdings sind die Anteile am auf Stamm- und Vorzugsaktien entfallenden Grundkapital gleich. Die Nichtberücksichtigung von Vorzugsaktien führt entsprechend zu einem Anstieg der in Familienbesitz befindlichen Anteile auf 100 Prozent (Streubesitz der Vorzugsaktien 88 Prozent).

398. Ein- und Austritte aus dem Kreis der „100 Größten" wirkten sich insofern auf die Anteilseignerstrukturen aus, als sich – bei unveränderten Besitzverhältnissen – in einigen Fällen eine andere Aufteilung der Anteile auf die einzelnen Gruppen ergab.

So ist die ausgewiesene Verminderung des Anteils der öffentlichen Hand an dem Kapital der Deutschen Telekom AG sowie der Deutschen Post AG durch den Wiedereintritt der KfW Bankengruppe in den Kreis der „100 Größten" bedingt. Sie hielt zum Bilanzstichtag 16,9 Prozent der Aktien der Deutschen Telekom AG sowie 30,6 Prozent des Grundkapitals der Deutschen Post AG.[48] Rechnet man jedoch die Anteile der KfW Bankengruppe der öffentlichen Hand zu, ergibt sich eine erneute Reduzierung des Anteilsbesitzes des Staates an diesen zwei Unternehmen. Im Falle der Deutschen Telekom AG verringerte sich der Anteil um 6,3 Prozent (2004: 5,04 Prozent), im Falle der Deutschen Post AG um 14,1 Prozent (2004: 24,1 Prozent). Im Oktober 2005 trennte sich die Bundesrepublik Deutschland zudem von ihrem Anteil an der Fraport AG Frankfurt Airport Services Worldwide in Höhe von 18,16 Prozent.

Die Norddeutsche Landesbank Girozentrale, die im Berichtsjahr nicht mehr unter den hundert größten Unternehmen vertreten war, veräußerte 2006 ihren Anteilsbesitz von 10 Prozent an der Landesbank Berlin Holding AG an die DekaBank Deutsche Girozentrale, Frankfurt. Der Verkauf führte zu einer Umgruppierung der Beteiligung an der Landesbank Berlin Holding AG aus dem Anteilsbesitz der Großunternehmen in die Rubrik „öffentliche Hand". Weitere wesentliche Erhöhungen des Anteilsbesitzes der öffentlichen Hand an einem Unternehmen aus dem Kreis der „100 Größten" waren im Untersuchungszeitraum nicht zu verzeichnen.

Eine spürbare Erhöhung wiesen die in ausländischem Einzelbesitz befindlichen Beteiligungen an Großunternehmen im Berichtszeitraum auf. Einerseits ist die Erhöhung wie im Falle der Deutschen Lufthansa AG und der Bilfinger Berger AG auf eine exaktere Darstellung der Anteile ausländischer institutioneller Investoren in den herangezogenen Quellen zurückzuführen und somit erhebungstechnisch bedingt. Zum anderen traten vier mehrheitlich in ausländischem Einzelbesitz befindliche Unternehmen in den Untersuchungskreis ein, während zwei Unternehmen dieser Kategorie ausschieden. Seit dem 17. November 2005 hält zudem die UniCredito Italiano S. p. A., Mailand, nach Abschluss eines Umtauschangebots 93,9 Prozent des Grundkapitals und der Stimmrechte der Bayerischen Hypo- und Vereinsbank AG. Die Bayerische Hypo- und Vereinsbank AG bildet somit den deutschen Teilkonzern der UniCredit-Gruppe.

2006 erhöhte sich der in Familienbesitz befindliche Anteil an den Stimmrechten der Bertelsmann AG auf 100 Prozent. Diese Erhöhung ist durch den Rückkauf einer von der Groupe Bruxelles Lambert S. A., Brüssel, bis zum 1. Juli 2006 gehaltenen Beteiligung von 25,1 Prozent bedingt.

Neben den im Einzelnen aufgeführten Unternehmen waren auch andere von Veränderungen ihrer Anteilseignerstrukturen betroffen. Verschiebungen mit Auswirkungen auf die Mehrheitsverhältnisse ergaben sich vereinzelt zwischen den Kategorien „Streubesitz" und „Sonstige". Es ist davon auszugehen, dass diese Unterschiede in den Jahren 2004 und 2006 nicht tatsächlich in dem ausgewiesenen Umfang vorlagen, sondern auf unterschiedlichen Angaben in den herangezogenen Quellen beruhen.

Die Entwicklung der bei den Unternehmen aus dem Kreis der „100 Größten" befindlichen Anteile verlief uneinheitlich. Während einige Großunternehmen ihre Beteiligungen an den anderen Unternehmen aus dem Kreis der „100 Größten" weiter abbauten, konnten auch neue Kapitalbeteiligungen festgestellt werden. Diese Entwicklungen werden ausführlich im nächsten Abschnitt diskutiert. Tabelle III.14 kann jedoch an dieser Stelle Aufschluss darüber geben, an wen die Kapitalanteile verkauft wurden. So kann anhand der Ergebnisse festgestellt werden, dass ein Rückgang der Kapitalanteile in der Regel mit einer Erhöhung der im Streubesitz bzw. der im Besitz von in- oder ausländischen institutionellen Investoren befindlichen Anteile einherging.

399. Tabelle III.15 fasst die Ergebnisse der Tabelle III.14 zusammen. Die Unternehmen aus dem Kreis der „100 Größten" wurden derjenigen Gruppe zugewiesen,

---

[48] Der angegebene Anteil an der Deutschen Post AG berücksichtigt eine im Dezember 2003 begebene und im Januar 2007 fällig gewordene Umtauschanleihe auf Aktien der Deutschen Post AG.

Tabelle III.14

Die Anteilseigner der hundert größten Unternehmen 2004 und 2006 nach Gruppen[1]

Rang	Jahr	Unternehmen (betrachtete rechtliche Einheit)	Kapitalanteil (%)					
			Unternehmen aus dem Kreis der „100 Größten"	Ausländischer Einzelbesitz	Öffentliche Hand (insgesamt)[2]	Einzelpersonen, Familien und Familienstiftungen	Streubesitz	Sonstige
1	2006	Deutsche Telekom AG	16,87	4,5	14,83 (31,7)[a]		63,8	
1	2004				38		62	
2	2006	Siemens AG	1,2			6,2	92,6	
2	2004		3,9	10,33		6,2	79,57	
3	2006	DaimlerChrysler AG	4,35	9,46[3]			27,74	58,45[4]
3	2004		2,95	9,2			34,85	53
4	2006	Volkswagen AG	31	5,61	20,75		42,64	
4	2004		10,26	15,77	18,06		42,89	13,02
5	2006	Deutsche Bahn AG			100			
6	2004				100			
6	2006	Deutsche Post AG	32,4		(30,6)[a]		58,6	9
5	2004				44,7		55,3	
7	2006	Deutsche Bank AG		8,11			86,88	5,01[5]
13	2004						91,7	8,3
8	2006	Robert Bosch GmbH				100		
7	2004					100		
9	2006	Bayerische Motoren Werke AG	1			46,6	52,4	
8	2004		2,23			46,6	51,17	
10	2006	BASF AG	7,67	1,97			90,36	
12	2004		2,7				11,9	85,4
11	2006	ThyssenKrupp AG				27,9	67,1	5[6]
11	2004					24,96	71,9	3,14
12	2006	RWE AG	7,57	6,55	29,1		0,6	56,18[7]
9	2004		11,13				77,54	11,33
13	2006	Deutsche Lufthansa AG	19,16	45,75	(4,3)[b]		35,09	
14	2004		8,6				91,4	
14	2006	E.ON AG	2,5	3,48	2		87,34	4,68[8]
16	2004		3,6		4,96		86,69	4,75
15	2006	RAG AG	100					
17	2004		100					
16	2006	Allianz SE	5,95	7,32			86,73	
10	2004		4,90				89,33	5,77

noch Tabelle III.14

Rang	Jahr	Unternehmen (betrachtete rechtliche Einheit)	Kapitalanteil (%)					
			Unternehmen aus dem Kreis der „100 Größten"	Ausländischer Einzelbesitz	Öffentliche Hand (insgesamt)[2]	Einzelpersonen, Familien und Familienstiftungen	Streubesitz	Sonstige
17	2006	Metro AG		5,39		31,63	44,42	18,56[9]
15	2004					37,05	44,44	18,53
18	2006	Münchener Rück-versicherungs-Gesellschaft AG	16,75				4,81	78,44[10]
20	2004		19,37				10,73	69,9
19	2006	Vodafone-Gruppe Deutschland (Vodafone D2 GmbH)		100				
18	2004			100				
20	2006	Bayer AG	3,8	10,02			86,18	
19	2004		7,66				10,16	82,18
21	2006	ZF Friedrichshafen AG			100			
25	2004				100			
22	2006	Continental AG	2,52	11,94			85,54	
27	2004			20,66			77,66	1,68
23	2006	SAP AG				31,39	66,51	2,1[11]
23	2004					32,5	66	1,5
24	2006	REWE-Gruppe (REWE Deutscher Supermarkt KGaA)						100[12]
32	2004							100
25	2006	EADS-Gruppe Deutschland (EADS Deutschland GmbH)	22,71	35,87[13]				41,42
24	2004		30,2	35,7				34,1
26	2006	KarstadtQuelle AG	7,4			58,23	28,95	5,42[14]
70	2004		7,56			56,26	30,76	5,42
27	2006	MAN AG	38,95				61,05	
21	2004		5,81	10,09			84,1	
28	2006	Vattenfall-Gruppe Deutschland (Vattenfall Europe AG)		95[15]			5	
36	2004			94,01			5,99	
29	2006	General Motors-Gruppe Deutschland (Adam Opel GmbH)		100				
22	2004			100				
30	2006	Energie Baden-Württemberg AG		45,01[16]	47,3		2,8	4,89[17]
26	2004			44,94	42,84		2,58	9,64
31	2006	DZ Bank AG						100[18]
30	2004							

| Rang | Jahr | Unternehmen (betrachtete rechtliche Einheit) | Kapitalanteil (%) | | | | | |
			Unternehmen aus dem Kreis der „100 Größten"	Ausländischer Einzelbesitz	Öffentliche Hand (insgesamt)[2]	Einzelpersonen, Familien und Familienstiftungen	Streubesitz	Sonstige
32	2006	Landesbank Baden-Württemberg			*100*			
29	2004				*100*			
33	2006	UniCredit-Gruppe Deutschland (Bayerische Hypo- und Vereinsbank AG)		*93,9*			*6,1*	
38	2004		*22,3*	*7,91*	*1,78*		*68,01*	
34	2006	Bertelsmann AG				*100*		
33	2004			*25,1*		*74,9*		
35	2006	Dr. Ing. h. c. F. Porsche AG				*100*		
35	2004					*100*		
36	2006	Aldi-Gruppe (Aldi Einkauf GmbH & Co. OHG (Nord) und (Süd))				*100*		
31	2004					*100*		
37	2006	Sanofi-Aventis-Gruppe Deutschland (Sanofi-Aventis Deutschland GmbH)		*100*				
44	2004			*100*				
38	2006	Commerzbank AG	*8,6*	*13,9*			*22,5*	*55*
45	2004		*14,1*				*23,1*	*62,8*
39	2006	Schwarz-Gruppe (Kaufland Stiftung & Co. KG, Lidl Stiftung & Co. KG)				*100*		
34	2004					*100*		
40	2006	IBM-Gruppe Deutschland (IBM Deutschland GmbH)		*100*				
28	2004			*100*				
41	2006	Shell-Gruppe Deutschland (Deutsche Shell Holding GmbH)		*100*				
39	2004			*100*				
42	2006	Ford-Gruppe Deutschland (Ford-Werke GmbH)		*100*				
56	2004			*100*				
43	2006	Total-Gruppe Deutschland (TOTAL Deutschland GmbH)		*100*				
40	2004			*100*				

noch Tabelle III.14

Rang	Jahr	Unternehmen (betrachtete rechtliche Einheit)	Kapitalanteil (%)					
			Unternehmen aus dem Kreis der „100 Größten"	Ausländischer Einzelbesitz	Öffentliche Hand (insgesamt)[2]	Einzelpersonen, Familien und Familienstiftungen	Streubesitz	Sonstige
44 49	2006 2004	ExxonMobil-Gruppe Deutschland (ExxonMobil Central Europe Holding GmbH)		100 100				
45 –	2006 2004	Fresenius AG	9,74	6,47		69,51	9,55	4,73[19]
46 51	2006 2004	Salzgitter AG	4,96	4,91	25,2 25,5 (30,46)[c]		65,1 62,83	9,7[20] 1,8
47 50	2006 2004	BP-Gruppe Deutschland (Deutsche BP AG)		100 100				
48 41	2006 2004	C. H. Boehringer Sohn KG				100 100		
49 37	2006 2004	Bayerische Landesbank			100 100			
50 53	2006 2004	Bilfinger Berger AG	0,88	65,17 30,18			8,87 25	25,08 44,82
51 43	2006 2004	Roche-Gruppe Deutschland (Roche Deutschland Holding GmbH)		100 100				
52 –	2006 2004	E. Merck oHG (Merck KGaA)				70[21]	30	
53 46	2006 2004	Tengelmann Warenhandelsgesellschaft				100 100		
54 75	2006 2004	Stadtwerke München GmbH			100 100			
55 91	2006 2004	Rhön-Klinikum AG	12,55	28,44 15,26		16,2 24	33,03 44,74	9,78 16
56 77	2006 2004	EDEKA Zentrale AG & Co. KG						100[22] 100
57 55	2006 2004	Fraport AG Frankfurt Airport Services Worldwide	9,98	14,05	51,86 70,82		24,11 29,18	

Rang	Jahr	Unternehmen (betrachtete rechtliche Einheit)	Kapitalanteil (%)					
			Unternehmen aus dem Kreis der „100 Größten"	Ausländischer Einzelbesitz	Öffentliche Hand (insgesamt)[2]	Einzelpersonen, Familien und Familienstiftungen	Streubesitz	Sonstige
58	2006	Tchibo Holding AG				100		
59	2004					100		
59	2006	Landesbank Berlin			91		9	
82	2004	Holding AG	10		81 (91)[c)]		7	2
60	2006	KfW Bankengruppe			100			
–	2004							
61	2006	Heidelberger	22,3	12,61			64,59	0,5[23]
–	2004	Druckmaschinen AG						
62	2006	Otto Group (Otto				50		50
48	2004	GmbH & Co. KG)				50		50
63	2006	Altria-Gruppe Deutsch-		100				
60	2004	land (Philip Morris GmbH und Kraft Foods Deutschland Holding GmbH)		100				
64	2006	Wacker Chemie AG				66,5	28,76	4,74[24]
74	2004		49			51		
65	2006	Liebherr-International-		100				
–	2004	Gruppe Deutschland[25]						
66	2006	BSH Bosch und	100					
58	2004	Siemens Hausgeräte GmbH	100					
67	2006	Saint-Gobain-Gruppe		100				
61	2004	Deutschland		96,7			3,3	
68	2006	Hamburger			100			
72	2004	Gesellschaft für Vermögens- und Beteiligungs- verwaltung mbH			100			
69	2006	Henkel KGaA				61,48	38,52	
54	2004					61,48	38,52	
70	2006	Debeka-Gruppe						
52	2004	(Debeka Lebens- versicherungs- verein a. G.)						

noch Tabelle III.14

| Rang | Jahr | Unternehmen (betrachtete rechtliche Einheit) | Kapitalanteil (%) | | | | | |
			Unternehmen aus dem Kreis der „100 Größten"	Ausländischer Einzelbesitz	Öffentliche Hand (insgesamt)[2]	Einzelpersonen, Familien und Familienstiftungen	Streubesitz	Sonstige
71	2006	Axel Springer AG		12,40		57,00	20,80	9,8[26]
67	2004			19,4		60	10,6	10,00
72	2006	ArcelorMittal-Gruppe		100				
90	2004	Deutschland[27]		100				
73	2006	Adolf Würth GmbH &				100		
76	2004	Co. KG				100		
74	2006	Nestlé-Gruppe		100				
63	2004	Deutschland (Nestlé Deutschland AG)		100				
75	2006	Linde AG	26,57	10,04			63,39	
47	2004		32,07				67,66	
76	2006	Philips-Gruppe		100				
66	2004	Deutschland (Philips GmbH)		100				
77	2006	TUI AG	4,02	21,38			74,6	
42	2004		4,82	27,68			53,43	14,07
78	2006	WestLB AG			100			
–	2004							
79	2006	ABB-Gruppe		100				
68	2004	Deutschland (ABB AG)		100				
80	2006	K+S AG	15,07	21,35			63,58	
88	2004		10	10,47			79,53	
81	2006	KPMG Deutsche Treuhand-Gesellschaft AG Wirtschaftsprüfungsgesellschaft				100		
87	2004					100		
82	2006	AXA-Gruppe		96,84			3,16	
–	2004	Deutschland (AXA Konzern AG)						
83	2006	Pricewaterhouse-Coopers Aktiengesellschaft Wirtschaftsprüfungsgesellschaft				100		
81	2004					100		

| Rang | Jahr | Unternehmen (betrachtete rechtliche Einheit) | Kapitalanteil (%) | | | | | |
			Unternehmen aus dem Kreis der „100 Größten"	Ausländischer Einzelbesitz	Öffentliche Hand (insgesamt)[2]	Einzelpersonen, Familien und Familienstiftungen	Streubesitz	Sonstige
84 98	2006 2004	HUK-COBURG (Haftpflicht-Unterstützungs-Kasse kraftfahrender Beamter Deutschlands a. G. in Coburg)						
85 –	2006 2004	EWE AG			100			
86 62	2006 2004	Hewlett-Packard-Gruppe Deutschland (Hewlett-Packard Holding GmbH)		100 100				
87 71	2006 2004	Generali-Gruppe Deutschland (AMB Generali Holding AG)	5	85,05 70,88			14,95 24,12	
88 73	2006 2004	Voith AG				100 92,5		7,5
89 86	2006 2004	Freudenberg & Co.				100 100		
90 80	2006 2004	Carl Zeiss AG				100 100		
91 –	2006 2004	HDI Haftpflichtverband der Deutschen Industrie V. a. G.						
92 84	2006 2004	Stadtwerke Köln GmbH			100 100			
93 –	2006 2004	Novartis-Gruppe Deutschland (Novartis Deutschland GmbH)		100				
94 –	2006 2004	STRABAG-Gruppe Deutschland (STRABAG AG)		65,85			34,15	
95 –	2006 2004	LANXESS AG		30,14			68,18	1,68[28]

noch Tabelle III.14

Rang	Jahr	Unternehmen (betrachtete rechtliche Einheit)	Kapitalanteil (%)					
			Unternehmen aus dem Kreis der „100 Größten"	Ausländischer Einzelbesitz	Öffentliche Hand (insgesamt)[2]	Einzelpersonen, Familien und Familienstiftungen	Streubesitz	Sonstige
96	2006	H & M Hennes & Mauritz Gruppe Deutschland (H & M Hennes und Mauritz GmbH)		*100*				
96	2004			*100*				
97	2006	Miele & Cie. KG				*100*		
97	2004					*100*		
98	2006	GEA Group AG	*10,1*	*24,73[29]*			*65,18*	
65	2004		*10,1*	*13*		*20,7*	*56,2*	
99	2006	Procter & Gamble-Gruppe Deutschland (Deutsche P&G Unternehmensbeteiligungs GmbH)		*100*				
89	2004			*100*				
100	2006	Unilever-Gruppe Deutschland (Unilever Deutschland Holding GmbH)		*100*				
64	2004			*100*				
–	2006	Schering AG						
57	2004		*14,5*	*5,19*			*24,8*	*55,51*
–	2006	EUROHYPO AG						
69	2004		*98,04*				*1,96*	
–	2006	Zurich Financial Services-Gruppe Deutschland (Zürich Versicherung AG)						
78	2004			*100*				
–	2006	ALTANA AG						
79	2004					*50,1*	*47*	*2,9*
–	2006	Alcatel-Lucent-Gruppe Deutschland (Alcatel Deutschland GmbH)						
83	2004			*100*				
–	2006	Infineon Technologies AG						
85	2004			*25,22*			*74,78*	
–	2006	Berliner Verkehrsbetriebe (BVG) Anstalt des öffentlichen Rechts						
92	2004				*100*			
–	2006	EDEKA Minden eG						
93	2004							*100*

Rang	Jahr	Unternehmen (betrachtete rechtliche Einheit)	Kapitalanteil (%)					
			Unternehmen aus dem Kreis der „100 Größten"	Ausländischer Einzelbesitz	Öffentliche Hand (insgesamt)[2]	Einzelpersonen, Familien und Familienstiftungen	Streubesitz	Sonstige
– 94	2006 2004	Gerling-Konzern Versicherungs-Beteiligungs-AG				*100*		
– 95	2006 2004	DFS Deutsche Flugsicherung GmbH			*100*			
– 99	2006 2004	Norddeutsche Landesbank Girozentrale			*100*			
– 100	2006 2004	Signal-Iduna Gruppe (Iduna Vereinigte Lebensversicherung a. G.)						

[1] In den Fällen, in denen anstelle einer Rangangabe ein Strich erscheint, befand sich das betreffende Unternehmen in dem Jahr nicht unter den „100 Größten". Zu Anmerkungen, die Umfirmierungen und Umstrukturierungen von Unternehmen und Konzernen betreffen, vgl. die Fußnoten zu Tabelle III.1.

[2] Der Wert in Klammern entspricht dem Anteil der öffentlichen Hand insgesamt, einschließlich der Anteile, die über die
  a) KfW Bankengruppe,
  b) Bayerische Landesbank oder
  c) Norddeutsche Landesbank Girozentrale (2004)
gehalten werden.

[3] Emirat Kuwait 7,1.

[4] Eigene Anteile: 2,99.

[5] Eigene Anteile.

[6] Eigene Anteile.

[7] Eigene Anteile: 2.

[8] Eigene Anteile.

[9] Franz Haniel & Cie. GmbH.

[10] Eigene Anteile: 3,09.

[11] Eigene Anteile.

[12] Anteile am Kommanditkapital mittelbar gehalten durch die REWE-Zentralfinanz e. G. Persönlich haftender Gesellschafter ist Alain Caparros.

[13] Republik Frankreich 30,33 und Königreich Spanien 5,54.

[14] Eigene Anteile.

[15] Staat Schweden über Vattenfall AB.

[16] Republik Frankreich über Electricité de France S. A.

[17] Eigene Anteile: 2,3.

[18] Genossenschaftliche Unternehmen: 95,4.

[19] Südzucker AG.

[20] Eigene Anteile.

[21] Die Angabe bezieht sich auf das Komplementärkapital. Das Kommanditaktienkapital befindet sich mit Ausnahme einer vinkulierten Namens-Stammaktie in Streubesitz. Die vinkulierte Namens-Stammaktie wird von der Familie Merck gehalten und berechtigt den Inhaber, ein Drittel der Aufsichtsratsmitglieder der Kommanditaktionäre in den Aufsichtsrat der KGaA zu entsenden.

[22] Genossenschaften. Komplementär ist die EDEKA Aktiengesellschaft, Hamburg.

[23] Eigene Anteile.

[24] Eigene Anteile.

[25] Liebherr-Aerospace Lindenberg GmbH, Liebherr-CMtec GmbH, Liebherr-EMtec GmbH, Liebherr-Hausgeräte GmbH, Liebherr-Verzahntechnik GmbH, Liebherr-Werk Ehingen GmbH.

[26] Eigene Anteile.

[27] Arcelor Bremen GmbH, Arcelor Eisenhüttenstadt GmbH, Mittal Steel Germany Holding GmbH.

[28] Eigene Anteile.

[29] Emirat Kuwait: 7,9.

Quelle: Eigene Erhebungen

die zum Berichtszeitpunkt die Mehrheit der Anteile, also über 50 Prozent, hielt. Zu der Gruppe „Mehrheit im Besitz der ‚100 Größten'" erfolgte eine Zuordnung nur dann, wenn ein einzelnes Unternehmen die Mehrheit besaß. In den Fällen, in denen sich die Anteile mehrerer Unternehmen aus dem Kreis der „100 Größten" auf über 50 Prozent addierten, wurde das Beteiligungsunternehmen in die Kategorie „Keine Mehrheit" eingeordnet.

400. Wie bereits in den vorherigen Hauptgutachten war die Kategorie „Mehrheit in ausländischem Einzelbesitz" mit 28 (2004: 24) Unternehmen am häufigsten besetzt. An zweiter Stelle lag mit einem Wert von 21 (2004: 21) die Anzahl der Unternehmen, die sich überwiegend in der Hand von Einzelpersonen, Familien oder Familienstiftungen befanden. Dem Austritt der ALTANA AG und dem fusionsbedingten Ausscheiden der Gerling-Konzern Versicherungs-Beteiligungs-AG stand der Eintritt der Fresenius AG sowie der E.Merck oHG in den Kreis der „100 Größten" gegenüber.[49] Nur wenig geringer (20 Fälle, 2004: 20) war die Anzahl der Unternehmen, deren Anteilsmehrheit in Streubesitz lag. Die gemessen an der Anzahl der ihr angehörenden Unternehmen viertstärkste Gruppe waren 2006 die zwölf (2004: zwölf)

---

[49] Vgl. Tz. 344 f.

Großunternehmen, die sich mehrheitlich im Besitz der öffentlichen Hand befanden. In ebenfalls zwölf Fällen (2004: 14) konnte das Eigenkapital nicht mehrheitlich einem anderen Großunternehmen, ausländischem Einzelbesitz, der öffentlichen Hand, Einzelpersonen, Familien und Familienstiftungen, Streubesitz sowie sonstigen Anteilseignern zugeordnet werden.

Im Jahr 2006 summierten sich die Anteile der „100 Größten" in zwei Fällen (2004 in drei Fällen) auf über 50 Prozent:

– RAG AG (100 Prozent),

– BSH Bosch und Siemens Hausgeräte GmbH (100 Prozent).

Jedoch befindet sich wie bereits 2002 und 2004 kein Unternehmen aus dem Kreis der „100 Größten" mehrheitlich im Besitz eines anderen Unternehmens dieser Gruppe.

401. Die höchste durchschnittliche Wertschöpfung wiesen im Jahr 2006 wiederum die Unternehmen in mehrheitlichem Streubesitz auf. Mit Ausnahme der Jahre 1994 und 1998 hatten die Unternehmen dieser Kategorie auch in den Vorjahren jeweils die besten Ergebnisse erreicht. Aufgrund der in den anderen Anteilseignergruppen stärker gestiegenen durchschnittlichen Wertschöpfung fiel ihr Anteil an der Gesamtwertschöpfung der „100 Größten"

Tabelle III.15

Aufschlüsselung der hundert größten Unternehmen 2004 und 2006 nach Arten der Beteiligungsverhältnisse[1]

Beteiligungsverhältnis	Anzahl der Unternehmen		Anteil an der Wertschöpfung der „100 Größten" (%)		Durchschnittliche Wertschöpfung (Mio. €)	
	2004	2006	2004	2006	2004	2006
Mehrheit im Besitz eines Unternehmens aus dem Kreis der „100 Größten"	0	0	*0,0*	*0,0*	0	0
Mehrheit in ausländischem Einzelbesitz	24	28	*12,4*	*14,6*	1.282	1.467
Mehrheit im Besitz der öffentlichen Hand	12	12	*8,6*	*9,2*	1.787	2.155
Mehrheit im Besitz von Einzelpersonen, Familien und Familienstiftungen	21	21	*12,0*	*12,9*	1.423	1.728
Über 50 % Streubesitz	20	20	*40,7*	*37,3*	5.052	5.236
Sonstiger Mehrheitsbesitz	9	7	*12,6*	*12,1*	3.478	4.859
Ohne Mehrheitsbesitz	14	12	*13,6*	*13,9*	2.406	3.242
Alle Unternehmen	**100**	**100**	*100,0*	*100,0*	**2.481**	**2.809**

[1] 2004: aktualisierte Werte.
Quelle: Eigene Erhebungen

von 40,7 Prozent auf 37,3 Prozent. Das höchste Wachstum ihrer Durchschnittswertschöpfung verzeichneten die Unternehmen in sonstigem Mehrheitsbesitz. Der Wert stieg gegenüber 2004 um 39,2 Prozent auf 4 859 Mio. Euro. Infolge des Rückgangs der Anzahl der zu dieser Kategorie gehörigen Unternehmen verringerte sich jedoch ihr Anteil an der Gesamtwertschöpfung auf 12,1 Prozent. Neben den Unternehmen in mehrheitlichem Streubesitz und in sonstigem Mehrheitsbesitz wiesen noch die Unternehmen ohne Mehrheitsbesitz im Jahr 2006 eine überdurchschnittliche Größe auf. Ihr Anteil an der Gesamtwertschöpfung erhöhte sich leicht auf 13,9 Prozent. 17 der zwanzig größten Unternehmen sind einer der drei zuvor genannten Kategorien zuzuordnen. Über die Hälfte der gesamten Wertschöpfung der „100 Größten" entfällt auf diese 17 Unternehmen.

Ebenfalls eine Steigerung ihres Anteils an der Wertschöpfung der „100 Größten" erzielten die mehrheitlich in Familienbesitz stehenden Unternehmen. Allerdings bleibt ihre durchschnittliche Wertschöpfung mit 1 728 Mio. Euro vergleichsweise niedrig. Die mehrheitlich in ausländischem Einzelbesitz befindlichen Unternehmen liegen mit einer durchschnittlichen Wertschöpfung von 1 467 Mio. Euro deutlich unter dem Referenzwert aller Großunternehmen. Durch die Zunahme der zu dieser Kategorie zählenden Unternehmen erzielte diese Gruppe jedoch das stärkste Wachstum ihres Anteils an der Gesamtwertschöpfung. Mit einem Anteil von 14,6 Prozent entfällt nach den Unternehmen in mehrheitlichem Streubesitz der größte Anteil der Wertschöpfung auf diese Gruppe.

Die in öffentlicher Hand befindlichen Unternehmen wiesen gegenüber 2004 einen moderat gestiegenen Anteil auf. Ihre durchschnittliche Wertschöpfung erhöhte sich um 21 Prozent auf 2 155 Mio. Euro. Vier der zwölf im Kreis vertretenen Unternehmen dieser Kategorie sind unter den fünfzig größten Unternehmen vertreten. Unter den zwanzig größten Unternehmen befand sich nur die Deutsche Bahn AG auf Rang fünf im Mehrheitsbesitz der öffentlichen Hand.

4.2.3 Beteiligungen aus dem Kreis der „100 Größten"

402. Tabelle III.16 gibt einen Überblick über die Veränderung der Beteiligungsverhältnisse zwischen den Unternehmen aus dem Kreis der „100 Größten" in der Berichtsperiode. Gegenüber 2004 sind die folgenden wesentlichen Änderungen der Beteiligungsbeziehungen zu verzeichnen:

Im Betrachtungszeitraum veräußerte die Allianz SE ihre Beteiligungen an der Schering AG (12,2 Prozent) und verkaufte ihren Anteilsbesitz an der EUROHYPO AG (28,48 Prozent) an die Commerzbank AG.[50] Weiterhin reduzierte sie die Beteiligungen an der Deutschen Lufthansa AG, die von 8,6 Prozent auf 4,3 Prozent sank. Ferner verringerte die Allianz SE ihre Anteile unter anderem an der Bayerischen Motoren Werke AG, der RWE AG,

der E.ON AG, der Bayer AG sowie an der Linde AG. Erworben wurde eine Beteiligung in Höhe von 0,88 Prozent an der Bilfinger Berger AG sowie eine 9,52-prozentige Beteiligung an der Rhön-Klinikum AG. An der neu in den Kreis der „100 Größten" eingetretenen Fresenius AG und der Heidelberger Druckmaschinen AG hält die Allianz SE zudem 9,74 Prozent bzw. 12,7 Prozent der Kapitalanteile.

Die Deutsche Bank trennte sich im Untersuchungszeitraum von ihren Anteilen an der TUI AG (4,82 Prozent) und der EUROHYPO AG (37,72 Prozent). Darüber hinaus verringerte sie ihren Anteil an der Linde AG von 10 Prozent auf 7,79 Prozent. Erworben wurden Anteile an der Deutschen Post AG (1,8 Prozent), der Rhön-Klinikum AG (3,03 Prozent) und der K+S AG (5,07 Prozent). Zudem erhöhte die Deutsche Bank AG ihre bereits 2004 bestehende Beteiligung an der DaimlerChrysler AG auf 4,35 Prozent.

Die Münchener Rückversicherungs-Gesellschaft AG vollzog in der betrachteten Periode eine Reduzierung ihres Anteilsbesitzes an der Allianz SE auf 2,67 Prozent und verringerte ihren Anteil an der RWE AG geringfügig auf 4,6 Prozent. Die im Jahr 2004 publizierten Anteile an der Siemens AG, der Bayer AG, der Commerzbank AG und der Generali-Gruppe Deutschland unterschritten die Schwellenwerte des § 21 Abs. 1 WpHG bzw. § 26 Abs. 1 WpHG und konnten für den Untersuchungszeitraum nicht mehr festgestellt werden. Im Rahmen der Übernahme der Bayerischen Hypo- und Vereinsbank AG durch die UniCredit-Gruppe im Jahr 2005 trennte sich die Münchener Rückversicherungs-Gesellschaft AG von ihrer Beteiligung an der Bayerischen Hypo- und Vereinsbank AG.[51] Die Gesamtzahl der Beteiligungsfälle der Münchener Rückversicherungs-Gesellschaft AG sank in der Folge von acht in 2004 auf zwei in 2006.

Die DaimlerChrysler AG reduzierte ihre Beteiligung an der EADS-Gruppe Deutschland um 7,49 Prozentpunkte auf nunmehr 22,71 Prozent. Die Dr. Ing. h. c. F. Porsche AG baute ihren Stimmrechtsanteil an der Volkswagen AG um 20,75 Prozentpunkte auf 31 Prozent aus. Die Volkswagen AG stieg ihrerseits mit einer Beteiligung in Höhe von 29,9 Prozent bei der MAN AG ein.[52]

Die Deutsche Lufthansa AG hält seit dem Jahr 2006 einen Anteil in Höhe von 9,98 Prozent an der Fraport AG Frankfurt Airport Services Worldwide. 2005 verkaufte die Sanofi-Aventis-Gruppe Deutschland ihre bisher über den deutschen Teilkonzern Hoechst AG gehaltene 49-prozentige Beteiligung an der Wacker AG an eine von der Familie Wacker kontrollierte Beteiligungsgesellschaft. Die im Jahr 2006 in den Kreis der „100 Größten" eingetretene AXA-Gruppe Deutschland war an insgesamt sieben Unternehmen aus dem Untersuchungskreis, unter anderem der BASF AG (5,17 Prozent), der Deutschen Lufthansa AG (10,56 Prozent) und der Münchener Rückversicherungs-Gesellschaft AG (5,15 Prozent) beteiligt.

---

50 Vgl. Tz. 344.

51 Unberücksichtigt blieb ein 4,8-prozentiger Anteil an der UniCredito Italiano S.p.A., der 2005 aus dem Umtausch der Anteile an der Bayerischen Hypo- und Vereinsbank AG hervorging. Vgl. Tz. 398.
52 Mitteilung vom 26. Februar 2007 gemäß § 21 Abs. 1 WpHG.

Tabelle III.16

Kapitalverflechtungen aus dem Kreis der „100 Größten"
2004 und 2006[1]

Beteiligungsunternehmen			Anteilseigner				
Rang		Unternehmen	Rang		Unternehmen	Kapitalanteil (%)	
2006	2004		2006	2004		2006	2004
1	1	Deutsche Telekom AG	60	–	KfW Bankengruppe	16,87	
						16,87	0
2	2	Siemens AG	16	10	Allianz SE	1,2	1,4
			18	20	Münchener Rück-versicherungs-Gesellschaft AG		2,5
						1,2	3,9
3	3	DaimlerChrysler AG	7	13	Deutsche Bank AG	4,35	2,95
						4,35	2,95
4	4	Volkswagen AG	35	35	Dr. Ing. h. c. F. Porsche AG	31	10,26
						31	10,26
6	5	Deutsche Post AG	7	13	Deutsche Bank AG	1,8	
			60	–	KfW Bankengruppe	30,6	
						32,4	0
9	8	Bayerische Motoren Werke AG	16	10	Allianz SE	1	2,23
						1	2,23
10	12	BASF AG	16	10	Allianz SE	2,5	2,7
			82	–	AXA-Gruppe Deutschland	5,17	
						7,67	2,7
12	9	RWE AG	14	16	E.ON AG		1,9
			15	17	RAG AG	0,6	
			16	10	Allianz SE	2,37	4,33
			18	20	Münchener Rück-versicherungs-Gesellschaft AG	4,6	4,9
						7,57	11,13
13	14	Deutsche Lufthansa AG	16	10	Allianz SE	4,3	8,6
			49	37	Bayerische Landesbank	4,3	
			82	–	AXA-Gruppe Deutschland	10,56	
						19,16	8,6
14	16	E.ON AG	16	10	Allianz SE	2,5	3,6
						2,5	3,6

Beteiligungsunternehmen			Anteilseigner				
Rang		Unternehmen	Rang		Unternehmen	Kapitalanteil (%)	
2006	2004		2006	2004		2006	2004
15	17	RAG AG	11	11	ThyssenKrupp AG	*20,6*	*20,6*
			12	9	RWE AG	*30,2*	*30,2*
			14	16	E.ON AG	*39,2*	*39,2*
			72	90	ArcelorMittal-Gruppe Deutschland	*10*	*10*
						100	*100*
16	10	Allianz SE	18	20	Münchener Rück-versicherungs-Gesellschaft AG	*2,67*	*4,9*
			82	–	AXA-Gruppe Deutschland	*3,28*	
						5,95	*4,9*
18	20	Münchener Rück-versicherungs-Gesellschaft AG	16	10	Allianz SE	*9,4*	*9,4*
			33	38	UniCredit-Gruppe Deutschland	*2,2*	*9,97*
			82	–	AXA-Gruppe Deutschland	*5,15*	
						16,75	*19,37*
20	19	Bayer AG	16	10	Allianz SE	*3,8*	*4,76*
			18	20	Münchener Rück-versicherungs-Gesellschaft AG		*2,9*
						3,8	*7,66*
22	27	Continental AG	82	–	AXA-Gruppe Deutschland	*2,52*	
						2,52	*0*
25	24	EADS-Gruppe Deutschland (EADS Deutschland GmbH)	3	3	DaimlerChrysler AG	*22,71*	*30,2*
						22,71	*30,2*
26	70	KarstadtQuelle AG	16	10	Allianz SE	*7,4*	*7,56*
						7,4	*7,56*
27	21	MAN AG	4	4	Volkswagen AG	*29,90*	
			7	13	Deutsche Bank AG	*4,99*	*4,99*
			16	10	Allianz SE	*0,82*	*0,82*
			82	–	AXA-Gruppe Deutschland	*3,24*	
						38,95	*5,81*
33	38	UniCredit-Gruppe Deutschland (Bayerische Hypo- und Vereinsbank AG)	14	16	E.ON AG		*3,5*
			18	20	Münchener Rück-versicherungs-Gesellschaft AG		*18,8*
						0	*22,30*

noch Tabelle III.16

Beteiligungsunternehmen			Anteilseigner				
Rang		Unternehmen	Rang		Unternehmen	Kapitalanteil (%)	
2006	2004		2006	2004		2006	2004
38	45	Commerzbank AG	18	20	Münchener Rück-versicherungs-Gesellschaft AG		5
			87	71	Generali-Gruppe Deutschland	8,6	9,1
						8,6	14,1
45	–	Fresenius AG	16	10	Allianz SE	9,74	
						9,74	0
46	51	Salzgitter AG	–	99	Norddeutsche Landesbank Girozentrale		4,96
						0	4,96
50	53	Bilfinger Berger AG	16	10	Allianz SE	0,88	
						0,88	0
55	91	Rhön-Klinikum AG	7	13	Deutsche Bank AG	3,03	
			16	10	Allianz SE	9,52	
						12,55	0
57	55	Fraport AG Frankfurt Airport Services Worldwide	13	14	Deutsche Lufthansa AG	9,98	
						9,98	0
59	82	Landesbank Berlin Holding AG	–	99	Norddeutsche Landesbank Girozentrale		10
						0	10
61	–	Heidelberger Druck-maschinen AG	12	9	RWE AG	9,6	
			16	10	Allianz SE	12,7	
						22,3	0
64	74	Wacker Chemie AG	37	44	Sanofi Aventis-Gruppe Deutschland (über Hoechst AG)		49
							49
66	58	BSH Bosch und Siemens Hausgeräte GmbH	2	2	Siemens AG	50	50
			8	7	Robert Bosch GmbH	50	50
						100	100
75	47	Linde AG	7	13	Deutsche Bank AG	7,79	10
			16	10	Allianz SE	9,1	12,3
			38	45	Commerzbank AG	9,68	10,04
						26,57	32,34

Beteiligungsunternehmen			Anteilseigner				
Rang		Unternehmen	Rang		Unternehmen	Kapitalanteil (%)	
2006	2004		2006	2004		2006	2004
77	42	TUI AG	7	13	Deutsche Bank AG		4,82
			82	–	AXA-Gruppe Deutschland	4,02	
						4,02	4,82
80	88	K+S AG	7	13	Deutsche Bank AG	5,07	10
			10	12	BASF AG	10	
						15,07	10
87	71	Generali-Gruppe Deutschland (AMB Generali Holding AG)	18	20	Münchener Rück-versicherungs-Gesellschaft AG		5
						0	5
98	65	GEA Group AG	16	10	Allianz SE	10,1	10,1
						10,1	10,1
–	57	Schering AG	16	10	Allianz SE		12,20
			18	20	Münchener Rück-versicherungs-Gesellschaft AG		2,30
						0	14,5
–	69	EUROHYPO AG	7	13	Deutsche Bank AG		37,72
			16	10	Allianz SE		28,48
			38	45	Commerzbank AG		31,84
							98,04

1 In den Fällen, in denen anstelle einer Rangangabe ein Strich erscheint, befand sich das betreffende Unternehmen in dem Jahr nicht unter den „100 Größten".

Quelle: Eigene Erhebungen

403. Deutsche Unternehmen waren in der Vergangenheit stark untereinander verflochten. Dieses Netzwerk aus Beteiligungen wurde auch als „Deutschland AG" bezeichnet. Im Kern des Netzwerks befanden sich die Finanzdienstleister[53] – Unternehmen wie die Allianz SE, die Münchener Rückversicherungs-Gesellschaft AG, die Deutsche Bank AG oder die Commerzbank AG. Diese Finanzdienstleister besaßen in ihren Portfolios mehrprozentige Beteiligungen (Blockbeteiligungen) an den größten deutschen Industrieunternehmen. Außerdem waren die Finanzdienstleister selbst stark untereinander verflochten und hielten gegenseitige Anteile am Grundkapital. Auch die Industrieunternehmen kontrollierten sich gegenseitig.

404. Seit dem Jahr 1996 wird eine Tendenz zur Entflechtung beobachtet.[54] Tabelle III.17 gibt einen Überblick über die Entwicklung der Beteiligungsverhältnisse zwischen den Unternehmen aus dem Kreis der „100 Größten" in den Jahren 1996 bis 2006. Unter den Anteilseignern mit den meisten Beteiligungen aus dem Kreis der „100 Größten" befanden sich stetig die Finanzdienstleis-

---

53 Unternehmen des Kredit- und Versicherungsgewerbes.

54 Vgl. Monopolkommission, Wettbewerbspolitik in Netzstrukturen, Hauptgutachten 1998/1999, Baden-Baden 2000, Tz. 384; dies., Hauptgutachten 2000/2001, a. a. O., Tz. 327; dies., Wettbewerbspolitik im Schatten „Nationaler Champions", Hauptgutachten 2002/2003, Baden-Baden 2005, Tz. 487; sowie dies., Hauptgutachten 2004/2005, a. a. O., Tz. 349. Bis zum Jahr 1996 nahmen die Kapitalverflechtungen zu; vgl. Monopolkommission, Marktöffnung umfassend verwirklichen, Hauptgutachten 1996/1997, Baden-Baden 1998, Tz. 254.

ter Allianz SE, Deutsche Bank AG, Münchener Rückver-sicherungs-Gesellschaft AG und bis 2000 die Dresdner Bank AG. Die Allianz SE stand in allen Jahren mit 14 bis 28 Beteiligungen an der Spitze. Tabelle III.17 listet zu-sätzlich zwei weitere Großbanken auf – die UniCredit-Gruppe Deutschland (2004: Bayerische Hypo- und Ver-einsbank AG) und die Commerzbank AG, die stetig dem Kreis der „100 Größten" angehörten und an den Unter-nehmen aus dem Kreis der „100 Größten" Beteiligungen hielten. Seit den vergangenen zehn Jahren besitzen die sechs in der Tabelle aufgelisteten Finanzdienstleister von Jahr zu Jahr Anteile an einer immer geringeren Anzahl der größten deutschen Unternehmen. So waren zum Bei-spiel im Jahr 1996 diese sechs Finanzdienstleister in 75 Fällen an den Unternehmen aus dem Kreis der „100 Größten" beteiligt. In 2006 traf dies nur noch in 26 Fällen zu. Betrachtet man die vier Gutachten in den dazwischen liegenden Jahren (1998: 64 Fälle; 2000: 50 Fälle; 2002: 45 Fälle; 2004: 30 Fälle), zeigt sich ein klarer Trend zur Kapitalentflechtung.

Zudem lässt die Gesamtzahl der Beteiligungsfälle sowie die Gesamtzahl der Beteiligungsunternehmen und Anteils-eigner nach. Zwischen den Jahren 1996 und 2006 redu-zierte sich die Anzahl aller Anteilseigner bzw. Beteili-gungsfälle um 46,2 Prozent bzw. 65 Prozent. Da die Reduzierung der Zahl der Anteilseigner und der Beteili-gungsfälle parallel verlief, betraf die Kapitalentflechtung nicht nur einzelne Großunternehmen, sondern den gesam-ten Kreis der „100 Größten". Die Anzahl der Beteili-gungsunternehmen ist zwischen den Jahren 1996 und

2006 um 43,1 Prozent gesunken. Die Gesamtzahl aller verflochtenen Unternehmen sank im gleichen Zeitraum um 37,1 Prozent von 62 auf 39. Diese Entwicklung lässt sich auf die fortschreitende Globalisierung und die zuneh-mende Bedeutung internationaler Konzerne, aber auch auf institutionelle Veränderungen im Inland wie die Re-form des Steuerrechts und das im Jahr 2002 in Kraft ge-tretene Wertpapiererwerbs- und Übernahmegesetz (WpÜG) zurückführen.[55]

Der leichte Anstieg der Beteiligungsfälle und der Ge-samtzahl der Unternehmen im Beteiligungsnetzwerk im Zeitraum 2004 bis 2006 ist im Wesentlichen durch den Wiedereintritt der AXA-Gruppe Deutschland sowie der KfW Bankengruppe in den Kreis der „100 Größten" be-dingt. Die AXA-Gruppe Deutschland hielt im Jahr 2006 mit sieben Beteiligungsfällen nach der Allianz SE die höchste Zahl an Kapitalbeteiligungen. Die Deutsche Bank AG hielt 2006 Anteile an sechs Unternehmen aus dem Untersuchungskreis. Neben der Münchener Rück-versicherungs-Gesellschaft AG waren zum Ende des Ge-schäftsjahres die RWE AG und die KfW Bankengruppe an jeweils zwei Unternehmen beteiligt.

405. Die Daten aus der Tabelle III.16 in diesem Haupt-gutachten sowie aus der Tabelle III.12 im Zwölften Hauptgutachten der Monopolkommission[56] können mit

---

[55] Vgl. Monopolkommission, Hauptgutachten 2004/2005, a. a. O., Tz. 354 ff.

[56] Vgl. Monopolkommission, Hauptgutachten 1996/1997, a. a. O., Tz. 253.

Tabelle III.17

**Gesamtübersicht der Beteiligungen aus dem Kreis der „100 Größten"
in den Jahren 1996 bis 2006**

Unternehmen	Anzahl der Fälle					
	1996	1998	2000	2002	2004	2006
Allianz SE	28	23	22	22	14	16
Deutsche Bank AG	15	10	8	9	5	6
Dresdner Bank AG	13	10	8	–	–	–
Münchener Rückversicherungs-Gesellschaft AG	13	13	6	9	8	2
UniCredit-Gruppe Deutschland (Bayerische Hypo- und Vereinsbank AG)	–	4	4	2	1	1
Commerzbank AG	6	4	2	3	2	1
Gesamtzahl der Beteiligungen der sechs Finanzdienstleister	75	64	50	45	30	26
Gesamtzahl der Beteiligungsfälle	143	109	81	67	45	50
Gesamtzahl der Beteiligungsunternehmen	51	50	42	39	28	29
Gesamtzahl der Anteilseigner	39	34	27	22	17	21
Gesamtzahl der verflochtenen Unternehmen	62	60	52	45	35	39

Quelle: Eigene Erhebungen

Hilfe einer Netzwerkanalyse die Tendenz zu einer Auflö-sung des Netzwerkes aus gegenseitigen Beteiligungen verdeutlichen. Die Abbildungen III.8 und III.9 stellen die Kapitalverflechtungen deutscher Unternehmen aus dem Kreis der „100 Größten" in den Jahren 1996 und 2006 dar. Die Pfeile zeigen das Beteiligungsverhältnis zwischen zwei Unternehmen. Drei unterschiedliche Typen von Beteiligungen werden dargestellt: Finanz-Finanz-Beteiligungen (weiße Pfeile), Industrie-Industrie-Beteiligungen (schwarze Pfeile) und Finanz-Industrie Beteiligungen (graue Pfeile). Finanzdienstleister werden als helle Kreise und Industrie-, Verkehrs- und Dienstleistungs- sowie Handelsunternehmen als dunkle Kreise dargestellt. Die Linienstärke der Pfeile ist eine Funktion der Wertschöpfung des beteiligten Unternehmens und der Höhe der Beteiligung. Die Größe eines Kreises ist abhängig von der Wichtigkeit (gemessen an der Höhe der Wertschöpfung und der Anzahl der Beteiligungen) eines Unternehmens im Netzwerk.

406. Bis 2006 nahm der Verflechtungsgrad im Netzwerk verglichen mit dem Jahr 1996 deutlich ab. Den 62 verflochtenen Unternehmen im Jahr 1996 stehen im Jahr 2006 lediglich 39 gegenüber. Auch die abnehmende Stärke der Pfeile zeigt deutlich die Tendenz zur Entflechtung. Der zu beobachtende Trend hat dennoch nicht alle Arten von Beteiligungen gleichermaßen beeinflusst. Wie aus den Abbildungen III.8 und III.9 ersichtlich ist, wurden in besonderem Maße Beteiligungen von Finanzdienstleistern an anderen Finanzdienstleistern sowie auch an Industrieunternehmen verkauft. Im Berichtszeitraum lösten sich die Deutsche Bank AG und die Commerzbank AG nahezu vollständig aus dem Beteiligungsnetzwerk mit anderen Finanzdienstleistern. Trotz des klaren Trends einer stetigen Auflösung des Netzwerkes darf nicht übersehen werden, dass die Reduzierung des Verflechtungsgrades nicht zwangsläufig mit einer Entflechtung einherging, sondern wie im Falle der EUROHYPO AG im Jahr 2006 bzw. der Dresdner Bank AG im Jahr 2001 auch durch Übernahmen innerhalb des Untersuchungskreises begründet sein kann.

407. Der Rückgang der Industrie-Industrie-Verflechtungen der „100 Größten" wurde zu einem großen Teil durch Fusionen zwischen den Industrieunternehmen aus dem Kreis der „100 Größten" hervorgerufen. Das Netzwerk um die RAG AG scheint sich z. B. in 2006 im Vergleich

Abbildung III.8

Kapitalverflechtungen in Deutschland im Jahr 1996

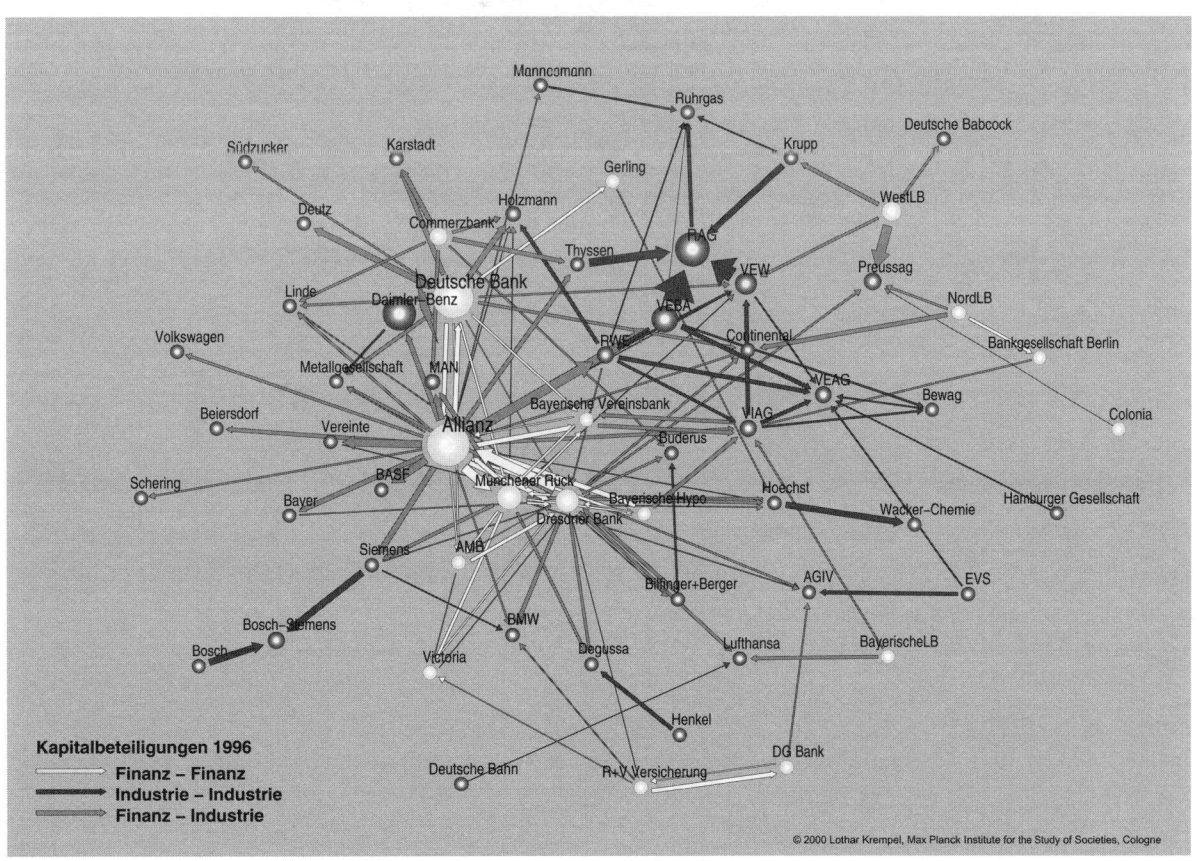

Quelle: Krempel, L., Max-Planck-Institut für Gesellschaftsforschung, Köln; eigene Erhebungen

zu 1996 verkleinert zu haben, doch geschah dies durch Fusionen von Unternehmen innerhalb des Netzwerks (z. B. die VEBA AG und die VIAG AG; die Bewag AG und die VEAG AG). Im Jahr 2004 beeinflusste zusätzlich die Übernahme der Ruhrgas AG durch die E.ON AG das Bild. Eine Zunahme sowohl der Intensität als auch der Anzahl der Kapitalbeteiligungen gegenüber der Vorperiode ist in der Automobilbranche zu beobachten.[57]

---

[57] Vgl. Tz. 402.

408. Überkreuzbeteiligungen zwischen den hundert größten Unternehmen bestanden im Jahr 2006 nur in zwei Fällen:

– Allianz SE und Münchener Rückversicherungs-Gesellschaft AG (9,4 Prozent/2,67 Prozent),

– RWE AG und RAG AG (30,2 Prozent/0,6 Prozent).

Wechselseitige Beteiligungen im Sinne des § 19 AktG lagen im Berichtszeitraum nicht vor.

Abbildung III.9

Kapitalverflechtungen in Deutschland im Jahr 2006

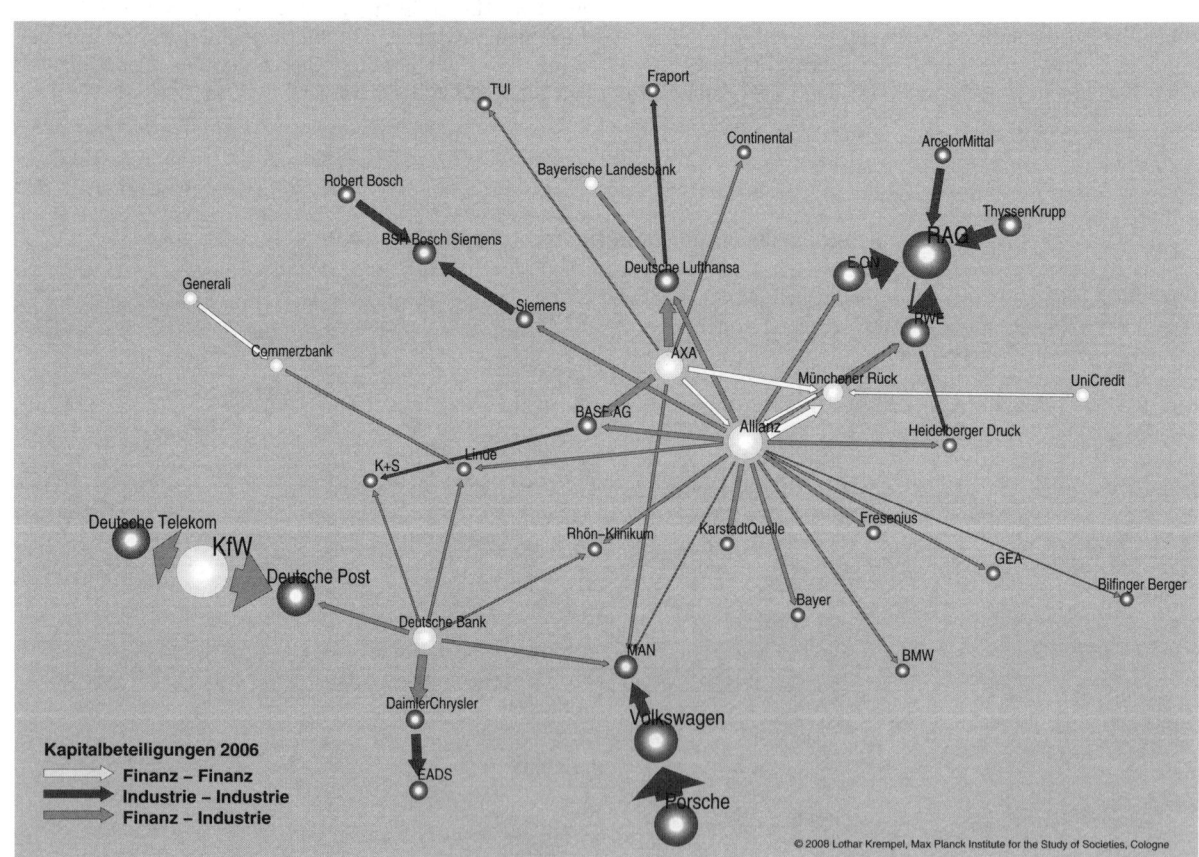

Quelle: Krempel, L., Max-Planck-Institut für Gesellschaftsforschung, Köln; eigene Erhebungen

4.3 Personelle Verflechtungen

4.3.1 Methodische Vorbemerkungen

409. Die Untersuchung der personellen Verflechtungen erfolgte wie in den Vorperioden in erster Linie auf der Basis der Geschäftsberichte der „100 Größten". Diejenigen Unternehmen, die keine Geschäftsberichte herausgeben und bei denen die Besetzung der Geschäftsführungen und Kontrollorgane nicht aus anderen Quellen zu entnehmen war, wurden aus der Analyse der personellen Verflechtungen ausgeschlossen. 2006 unterschieden 96 Unternehmen aus dem Kreis der „100 Größten" zwischen Geschäftsführung (bzw. Vorstand) und einem Kontrollorgan (Aufsichtsrat, Verwaltungsrat, Gesellschafterausschuss, Vermittlungsausschuss, Unternehmensrat, etc.). Diese Unternehmen wurden 2006 ausnahmslos in die Untersuchung der personellen Verflechtungen einbezogen. 2004 konnte für ebenfalls 96 Unternehmen die Besetzung der Kontrollgremien festgestellt werden.

Die Befugnisse der Kontrollorgane unterscheiden sich in Abhängigkeit von der Rechtsform des Unternehmens und den Gesellschaftsverträgen. Dies macht nach Auffassung der Monopolkommission aber eine Betrachtung der personellen Verflechtungen nicht obsolet, weil es nicht in erster Linie auf die Befugnisse der Kontrollorgane ankommt, sondern auf ihre Eignung, auf hoher hierarchischer Ebene Kontakte zwischen Unternehmen herzustellen.

410. In diesem Abschnitt werden ausschließlich direkte personelle Verflechtungen berücksichtigt, bei denen eine oder mehrere Personen gleichzeitig den Geschäftsführungs- und Kontrollorganen von mindestens zwei Unternehmen aus dem Kreis der „100 Größten" angehören. Indirekte personelle Verflechtungen über Mandatsträger aus dritten Gesellschaften oder Tochterunternehmen werden wegen der damit verbundenen umfangreichen Erhebungs- und Auswertungsarbeiten nicht einbezogen.

411. Für eine Aufschlüsselung der Kontrollorgane nach Gruppen von Mandatsträgern wurden die Kategorien

– Geschäftsführungsmitglied eines anderen Unternehmens aus dem Kreis der „100 Größten",

– Repräsentant einer Bank bzw. einer Versicherung,

– Gewerkschaftsvertreter und

– Angestellter des Unternehmens

gebildet. Zu den Repräsentanten von Banken und Versicherungen gehören Vertreter von Instituten, die nicht zu den „100 Größten" zählen, ehemalige Mitglieder der Geschäftsleitung von Unternehmen aus dem Berichtskreis, sofern sie noch dem Aufsichtsrat angehören, sowie Mitarbeiter der Banken bzw. Versicherungen aus dem Kreis der „100 Größten". Bei den Gewerkschaftsvertretern handelt es sich um hauptamtliche Organisationsvertreter, die aufgrund der Mitbestimmungsgesetzgebung neben Arbeitnehmern aus dem Unternehmen in den Kontrollorganen die Arbeitnehmerseite vertreten.

412. Die Zuordnung der Mandatsträger zu den oben aufgeführten Kategorien und mithin die Ermittlung der personellen Verflechtungen war auf der Grundlage der den Geschäftsberichten zu entnehmenden Angaben nicht lückenlos möglich. In einigen Fällen fehlten Angaben über die Herkunft der Mitglieder eines Kontrollorgans, wobei Kapitalgesellschaften gemäß § 285 Nr. 10 HGB die Mitglieder der Geschäftsführung und des Kontrollorgans mit Angabe des ausgeübten Berufs und bei börsennotierten Unternehmen zusätzlich die Mitgliedschaft in anderen Aufsichtsräten und Kontrollgremien im Anhang angeben müssen. Für 2006 ließen die Daten wie in den Vorjahren daher auch keine weitergehende gruppenspezifische Aufschlüsselung – etwa nach Vertretern staatlicher Institutionen – zu. Die Gewerkschaftsvertreter wurden mit Unterstützung des Deutschen Gewerkschaftsbundes und einzelner Gewerkschaften ermittelt. Für einige Unternehmen konnten die Repräsentanten der Gewerkschaften nicht festgestellt werden.

4.3.2 Darstellung der personellen Verflechtungen zwischen den „100 Größten"

413. Die personellen Verflechtungen zwischen Unternehmen aus dem Kreis der „100 Größten" sind in Tabelle III.18 dargestellt. Hierbei wurde danach unterschieden, ob personelle Verbindungen bestanden

– durch Mitglieder der Geschäftsführung eines Unternehmens, die Kontrollmandate in anderen Unternehmen aus dem Kreis der „100 Größten" wahrnehmen, oder

– durch Mandatsträger, die gleichzeitig in mehreren Kontrollorganen tätig sind.

414. 2006 entsandten 34 Unternehmen (2004: 34 Unternehmen) aus dem Kreis der „100 Größten" Mitglieder ihrer Geschäftsführung in die Kontrollorgane anderer Unternehmen aus diesem Kreis. Sie waren damit in den Kontrollorganen von 44 Unternehmen (2004: 46) aus dem Untersuchungskreis vertreten. Die Diskrepanz ist darauf zurückzuführen, dass die Geschäftsführungsmitglieder einiger Unternehmen, hier vor allem von Unternehmen aus dem oberen Bereich der Rangfolge sowie fünf Banken und zwei Versicherungen, häufig mehrere Mandate gleichzeitig innehatten. Beispiele hierfür sind die Allianz SE mit neun, die ThyssenKrupp AG mit sieben, die E.ON AG mit sechs und die Commerzbank AG und die TUI AG mit je fünf Mandaten. Die Volkswagen AG, die Deutsche Bank AG und die RWE AG waren 2006 durch Mitglieder ihrer Geschäftsleitung in jeweils vier Kontrollorganen repräsentiert. Im Aufsichtsrat der Unternehmen ThyssenKrupp AG und TUI AG war kein Geschäftsführungsmitglied aus dem Kreis der „100 Größten" vertreten. Im Aufsichtsrat der Allianz SE, der E.ON AG, der RWE AG und der Siemens AG war 2006 jeweils ein Geschäftsführungsmitglied aus dem Kreis der „100 Größten" vertreten. Bei der Deutschen Bank AG waren zwei, bei der Commerzbank AG drei und bei der Volkswagen AG vier Geschäftsführungsmitglieder aus dem Kreis der „100 Größten" vertreten.

415. Die zehn größten Unternehmen hatten 2006 über Geschäftsführungsmitglieder durchschnittlich zwei bis drei Mandate (2004: drei bis vier) in den Kontrollorganen anderer Unternehmen inne. Bereinigt um diejenigen Mandate, die zur mehrfachen Vertretung eines Unternehmens im Aufsichtsrat eines anderen führten, ergab sich für 2006 als durchschnittliche Anzahl der Unternehmen, in deren Kontrollorganen die zehn Größten vertreten waren, ein Wert von 2,0.[58] 2004 hatte der Durchschnitt bei 3,0 gelegen. Ein Rückgang der Mandate der Vorstandsmitglieder ist bei der Deutschen Bank AG (-4), der DaimlerChrysler AG, der Volkswagen AG und der Deutschen Bahn AG (je -1) festzustellen. Eine zunehmende Aktivität in Kontrollorganen anderer Großunternehmen ist für den Vorstand der BASF AG (+ 2) und der Robert Bosch GmbH (+1) zu verzeichnen.

In den Aufsichtsräten der zehn Wertschöpfungsgrößten saßen 2006 im Durchschnitt nur Vertreter von ein bis zwei Unternehmen aus dem Kreis der „100 Größten",

[58] Vgl. Tabelle III.18, Spalte 4.

2004 waren es gleichfalls durchschnittlich ein bis zwei Geschäftsführungsmitglieder.

416. Von den Unternehmen auf den Rängen 91 bis 100 war 2006 kein Geschäftsführungsmitglied in den Kontrollorganen anderer Unternehmen vertreten. Dagegen wurden von sechs Unternehmen aus dem Kreis der „100 Größten" sechs Mandate in den Kontrollorganen dieser Unternehmen ausgeübt; 2004 hatten drei Unternehmen vier Mandate inne. Der gegenüber 2004 eingetretene Anstieg der Anzahl der Aufsichtsräte, die von Unternehmen aus dem Kreis der „100 Größten" entsandt wurden, ist auf die Veränderung des Kreises der Unternehmen auf den letzten zehn Rängen zurückzuführen. Einzig die Unternehmen H & M Hennes & Mauritz-Gruppe Deutschland und Miele & Cie. KG sind im Jahr 2006 in dieser Ranggruppe verblieben. Die neu auf den Rängen 91 bis 100 vertretene Novartis-Gruppe Deutschland und GEA Group AG (je zwei Verbindungen) sowie der HDI Haftpflichtverband der Deutschen Industrie V.a.G. und die LANXESS AG (je eine Verbindung) führten zu einer Erhöhung der Verbindungen in dieser Ranggruppe.

Tabelle III.18

Die personellen Verflechtungen zwischen den hundert größten Unternehmen 2004 und 2006[1]

Rang		Unternehmen (betrachtete rechtliche Einheit)	Anzahl der Unternehmen …					
			… in deren Kontrollorgane das genannte Unternehmen Mitglieder der Geschäftsführung entsandt hat		… die Mitglieder ihrer Geschäftsführung in das Kontrollorgan des genannten Unternehmens entsandt haben[2]		… mit denen das genannte Unternehmen über sonstige Mandatsträger in den Kontrollorganen personell verflochten ist	
2006	2004		2006	2004	2006	2004	2006	2004
1	1	Deutsche Telekom AG	1	1	3 (1)	2	13	16
2	2	Siemens AG	3	5	1 (1)	1 (1)	10	12
3	3	DaimlerChrysler AG	1	2			13	12
4	4	Volkswagen AG	4	5	3	3	12	9
5	6	Deutsche Bahn AG	1	2	2	3	6	4
6	5	Deutsche Post AG	3	3	2 (1)		10	8
7	13	Deutsche Bank AG	4	8	2	2	15	16
8	7	Robert Bosch GmbH	1	1			5	5
9	8	Bayerische Motoren Werke AG			1	1	9	10
10	12	BASF AG	3	1	3 (2)	3 (2)	10	11
11	11	ThyssenKrupp AG	7	5			14	20
12	9	RWE AG	4	2	2 (1)	1 (1)	13	11

Rang		Unternehmen (betrachtete rechtliche Einheit)	Anzahl der Unternehmen ...					
			... in deren Kontrollorgane das genannte Unternehmen Mitglieder der Geschäftsführung entsandt hat		... die Mitglieder ihrer Geschäftsführung in das Kontrollorgan des genannten Unternehmens entsandt haben[2]		... mit denen das genannte Unternehmen über sonstige Mandatsträger in den Kontrollorganen personell verflochten ist	
2006	2004		2006	2004	2006	2004	2006	2004
13	14	Deutsche Lufthansa AG	3	3	3 (2)	4 (3)	19	16
14	16	E.ON AG	6	5	1	1	18	21
15	17	RAG AG	1	1	5 (1)	3	16	8
16	10	Allianz SE	9	9	1	1	12	18
17	15	Metro AG	1	1	2	2	9	9
18	20	Münchener Rückversicherungs-Gesellschaft AG	1	2	3	4	10	10
20	19	Bayer AG	1	2	4 (2)	3 (2)	19	17
21	25	ZF Friedrichshafen AG					2	2
22	27	Continental AG			1	1	11	8
23	23	SAP AG	2	2	1	1	2	
25	24	EADS-Gruppe Deutschland (EADS N. V.)			1	1	7	8
26	70	KarstadtQuelle AG			1	1	6	4
27	21	MAN AG		1	2	4 (3)	14	7
28	36	Vattenfall-Gruppe Deutschland (Vattenfall Europe AG)				1	4	5
29	22	General Motors-Gruppe Deutschland (Adam Opel GmbH)			1	1	1	1
30	26	Energie Baden-Württemberg AG					1	
31	30	DZ Bank AG	1				1	1
32	29	Landesbank Baden-Württemberg		1			1	1
33	38	UniCredit-Gruppe Deutschland (Bayerische Hypo- und Vereinsbank AG)		2		1		13
34	33	Bertelsmann AG			2	1	8	7
35	35	Dr. Ing. h.c. F. Porsche AG	2	1			2	1
37	44	Sanofi Aventis-Gruppe Deutschland (Sanofi-Aventis Deutschland GmbH)					2	1
38	45	Commerzbank AG	5	5	3 (1)	4 (1)	14	13
41	39	Shell-Gruppe Deutschland (Deutsche Shell Holding GmbH)	1					1

noch Tabelle III.18

Rang		Unternehmen (betrachtete rechtliche Einheit)	Anzahl der Unternehmen ...					
			... in deren Kontrollorgane das genannte Unternehmen Mitglieder der Geschäftsführung entsandt hat		... die Mitglieder ihrer Geschäftsführung in das Kontrollorgan des genannten Unternehmens entsandt haben[2]		... mit denen das genannte Unternehmen über sonstige Mandatsträger in den Kontrollorganen personell verflochten ist	
2006	2004		2006	2004	2006	2004	2006	2004
42	56	Ford-Gruppe Deutschland (Ford Werke GmbH)					1	2
44	49	ExxonMobil-Gruppe Deutschland (ExxonMobil Central Europe Holding GmbH)			2	1	1	1
45	–	Fresenius AG		–	1 (1)	–	1	–
46	51	Salzgitter AG			2	3 (1)	6	2
47	50	BP-Gruppe Deutschland (Deutsche BP AG)				1	6	3
49	37	Bayerische Landesbank	1	1			1	
50	53	Bilfinger Berger AG			3 (1)	2	4	6
51	43	Roche-Gruppe Deutschland (Roche Deutschland Holding GmbH)					1	1
52	–	E. Merck oHG			–	–	3	
55	91	Rhön-Klinikum AG				1 (1)		
57	55	Fraport AG Frankfurt Airport Services Worldwide			1		7	7
58	59	Tchibo Holding AG	1	1			1	
59	82	Landesbank Berlin Holding AG				1 (1)	1	1
60	–	KfW Bankengruppe	3	–	2 (2)	–	9	–
61	–	Heidelberger Druckmaschinen AG	1	–	3 (2)	–	12	–
62	48	Otto Group (Otto GmbH & Co. KG)	1	2				
64	74	Wacker Chemie AG	1	1			3	2
66	58	BSH Bosch und Siemens Hausgeräte GmbH			2	2		
67	61	Saint-Gobain-Gruppe Deutschland					6	3
68	72	Hamburger Gesellschaft für Vermögens- und Beteiligungsverwaltung mbH					1	
69	54	Henkel KGaA	2	1	1	1	5	9
71	67	Axel Springer AG		2	1	1	7	8

Rang		Unternehmen (betrachtete rechtliche Einheit)	Anzahl der Unternehmen ...					
			... in deren Kontrollorgane das genannte Unternehmen Mitglieder der Geschäftsführung entsandt hat		... die Mitglieder ihrer Geschäftsführung in das Kontrollorgan des genannten Unternehmens entsandt haben[2]		... mit denen das genannte Unternehmen über sonstige Mandatsträger in den Kontrollorganen personell verflochten ist	
2006	2004		2006	2004	2006	2004	2006	2004
72	90	ArcelorMittal-Gruppe Deutschland (Arcelor S.A.)	1					5
73	76	Adolf Würth GmbH & Co. KG			1		2	5
74	63	Nestlé-Gruppe Deutschland (Nestlé Deutschland AG)					1	2
75	47	Linde AG	1		2 (2)	3 (3)	14	15
77	42	TUI AG	5	4		1	8	14
79	68	ABB-Gruppe Deutschland (ABB AG)			2 (1)	2 (2)	1	2
80	88	K+S AG				2 (1)	3	4
82	–	AXA-Gruppe Deutschland (AXA Konzern AG)		–	3	–	9	–
84	98	HUK COBURG (Haftpflicht-Unterstützungs-Kasse kraftfahrender Beamter Deutschlands a. G. in Coburg)						3
85	–	EWE AG		–		–	1	–
87	71	Generali-Gruppe Deutschland (AMB Generali Holding AG)			1 (1)	1 (1)	2	1
88	73	Voith AG	2	1			12	14
89	86	Freudenberg & Co.					6	6
90	80	Carl-Zeiss AG			1 (1)	1 (1)	6	5
91	–	HDI Haftplichtverband der Deutschen Industrie V. a. G.		–	1	–	7	–
93	–	Novartis-Gruppe Deutschland (Novartis Deutschland GmbH)		–	2	–	3	–
95	–	LANXESS AG		–	1	–	5	–
98	65	GEA Group AG			2 (1)	1	2	10
100	64	Unilever-Gruppe Deutschland (Unilever Deutschland Holding GmbH)	1				1	
–	57	Schering AG	–		–	3 (2)	–	10
–	69	EUROHYPO AG	–		–	2 (2)	–	4

noch Tabelle III.18

Rang		Unternehmen (betrachtete rechtliche Einheit)	Anzahl der Unternehmen ...					
			... in deren Kontrollorgane das genannte Unternehmen Mitglieder der Geschäftsführung entsandt hat		... die Mitglieder ihrer Geschäftsführung in das Kontrollorgan des genannten Unternehmens entsandt haben[2]		... mit denen das genannte Unternehmen über sonstige Mandatsträger in den Kontrollorganen personell verflochten ist	
2006	2004		2006	2004	2006	2004	2006	2004
–	78	Zurich Financial Services-Gruppe Deutschland (Zürich Versicherung AG)	–		–		–	1
–	79	ALTANA AG	–		–		–	2
–	83	Alcatel-Lucent-Gruppe Deutschland (Alcatel Deutschland GmbH)	–		–		–	1
–	85	Infineon Technologies AG	–		–	4 (2)	–	6
–	92	Berliner Verkehrsbetriebe (BVG) Anstalt des öffentlichen Rechts	–		–		–	1
–	94	Gerling-Konzern Versicherungs-Beteiligungs-AG	–		–	2	–	4
–	99	Norddeutsche Landesbank Girozentrale	–	2	–	1	–	
		Alle Unternehmen	**84**	**86**	**84 (24)**	**86 (30)**	**234**	**233**

[1] In den Fällen, in denen anstelle einer Rang- bzw. Zahlenangabe ein Strich erscheint, befand sich das betreffende Unternehmen in dem Jahr nicht unter den „100 Größten". Unternehmen, für die in keinem der Jahre 2004 und 2006 zumindest eine Verbindung festgestellt werden konnte, werden in der Tabelle nicht aufgelistet. Die Aufsichtsgremien von Gruppen wurden aus den in Klammern aufgeführten Unternehmen erfasst. Zu Anmerkungen, die Umfirmierungen und Umstrukturierungen von Unternehmen oder Konzernen betreffen, vgl. die Fußnoten zu Tabelle III.1.

[2] Die Zahl in Klammern gibt die Anzahl von Banken und Versicherungen an, die in der erstgenannten Zahl enthalten sind.

Quelle: Eigene Erhebungen

417. Die Gesamtzahl der Verflechtungen über Geschäftsführungsmitglieder in den Kontrollorganen der „100 Größten" betrug 84 im Jahr 2006 gegenüber 86 in 2004.[59] Davon wiesen im Jahr 2006 sieben Banken und Versicherungen unter den „100 Größten" 24 Verflechtungen (28,57 Prozent) auf. 2004 konnten für acht Banken und Versicherungen insgesamt 30 Verflechtungen (34,88 Prozent) festgestellt werden.

418. Somit nahm der Grad der Verflechtung über Geschäftsführungsmitglieder geringfügig ab. Bezogen auf diejenigen der Banken und Versicherungen zwischen 2004 und 2006 ist dagegen ein Rückgang um 20 Prozent festzustellen. Diese Abnahme ist im Wesentlichen auf die Deutsche Bank AG zurückzuführen, die 2004 mit acht Unternehmen personelle Verflechtungen aufwies, im Jahr

2006 dagegen nur noch mit vier. Die relativ stärkere Abnahme der Banken und Versicherungen bewirkte, dass der Anteil der Verflechtungen über Vertreter der einbezogenen Finanzinstitute an der Gesamtzahl der personellen Verbindungen sank. Betrachtet man die letzten fünf Hauptgutachten (1996: 101, 1998: 76, 2000: 64, 2002: 30, 2004: 30 Verflechtungen der Finanzdienstleister über Geschäftsführungsmitglieder in den Kontrollorganen der „100 Größten"), zeigt sich wie bei den Kapitalverflechtungen eine stetig abnehmende Rolle der Finanzdienstleister im Netzwerk der personellen Verflechtungen.[60] Die Ergebnisse deuten darauf hin, dass der in den Berichtsjahren 2002 und 2004 unverändert Grad der Verflechtung zwischen den Finanzdienstleistern durch eine zeitverzö-

---

[59] Vgl. Tabelle III.18, Spalten 4 und 5. Hierbei zählt jede Verbindung zwischen zwei Unternehmen zweifach.

[60] Vgl. Monopolkommission, Hauptgutachten 1996/1997, a. a. O., Tz. 290; dies., Hauptgutachten 1998/1999, a. a. O., Tz. 418; dies., Hauptgutachten 2000/2001, a. a. O., Tz. 361; dies., Hauptgutachten 2002/2003, a. a. O., Tz. 521 sowie dies., Hauptgutachten 2004/2005, a. a. O., Tz. 378.

gerte Berichterstattung der personellen Verflechtungen bedingt wurde.[61]

419. Die Ergebnisse der Untersuchung lassen sich mit Hilfe einer Netzwerkanalyse veranschaulichen. In Abbildung III.10 sind die Verflechtungen über Geschäftsführungsmitglieder in den Kontrollorganen der hundert wertschöpfungsstärksten Unternehmen im Jahr 2006 grafisch dargestellt. Die Pfeile zeigen Verflechtungsbeziehungen zwischen zwei Unternehmen an, wobei die Richtung eines Pfeiles das Unternehmen bestimmt, in dessen Kontrollorgan mindestens ein Geschäftsführer entsandt wurde. Geschäftsführer, die von einem Kredit- oder Ver-

---

[61] Da sich Änderungen in der Zusammensetzung eines Kontrollgremiums in der Regel als Folge der Wahl durch die Hauptversammlung ergeben, kann eine personelle Entflechtung nur zeitverzögert eintreten.

sicherungsinstitut entsandt wurden, sind durch weiße Pfeile gekennzeichnet, schwarze Pfeile symbolisieren Geschäftsführer von Unternehmen anderer Wirtschaftsbereiche. Finanzdienstleister werden als helle Kreise und sonstige Unternehmen als dunkle Kreise dargestellt. Der Flächeninhalt eines Kreises berechnet sich aus der Anzahl der Kontakte im Netzwerk.

420. Wettbewerbspolitisch ist insbesondere relevant, ob Unternehmen durch personelle Verflechtungen zwischen Geschäftsführungen und Kontrollorganen miteinander verbunden sind, die wirtschaftliche Aktivitäten in denselben Wirtschaftszweigen aufweisen. Die Zuordnung zu einem Wirtschaftsbereich erfolgte entsprechend den Angaben in Tabelle III.1. Dabei ist zu beachten, dass die Aufzählung nicht in jedem Fall vollständig ist. Einige Unternehmen sind in zahlreichen Branchen vertreten, erwirtschaften in einigen aber nur geringe Umsätze. Für

Abbildung III.10

Personelle Verflechtungen über Geschäftsführungsmitglieder in den Kontrollorganen der „100 Größten" im Jahr 2006

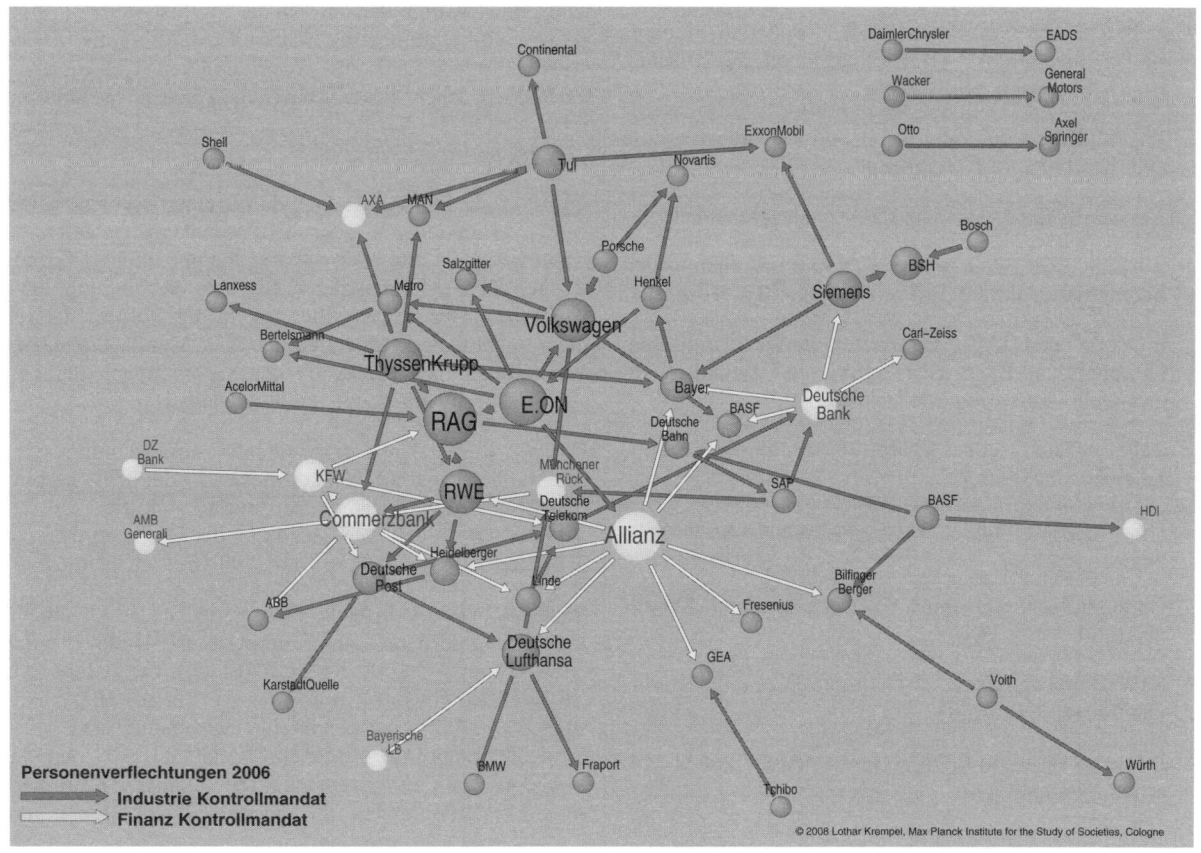

Quelle: Krempel, L., Max-Planck-Institut für Gesellschaftsforschung, Köln; eigene Erhebungen

diese Unternehmen sind nur die Tätigkeitsschwerpunkte angegeben. Dadurch können einige Fälle, in denen Unternehmen personell verflochten waren und deren Geschäftsbereiche sich überschnitten, unberücksichtigt geblieben sein. Grundsätzlich wurden bei den Industrieunternehmen die Großhandelsaktivitäten als gemeinsamer Wirtschaftszweig aus der Betrachtung herausgenommen, da diese Aktivitäten überwiegend dem Vertrieb selbst hergestellter Produkte dienen und die Unternehmen somit als Großhändler nicht miteinander in Konkurrenz stehen.

Im Berichtsjahr 2006 lagen 14 Verflechtungen (2004: zwölf) dieser Art vor. In acht (2004: neun) Fällen war das den Geschäftsführer entsendende Unternehmen an der anderen Gesellschaft beteiligt. Sieben (2004: acht) dieser Engagements überstiegen 10 Prozent. Im Folgenden sind alle personellen Verbindungen, sortiert nach dem Rang des entsendenden Unternehmens, aufgeführt. Der gemeinsame Wirtschaftszweig und gegebenenfalls die Höhe des Kapitalanteils sind in Klammern angegeben.[62]

– Siemens AG und BSH Bosch und Siemens Hausgeräte GmbH (Herstellung von elektrischen Haushaltsgeräten, 50 Prozent),

– DaimlerChrysler AG und EADS-Gruppe Deutschland (Luft- und Raumfahrzeugbau, 22,71 Prozent),

– Robert Bosch GmbH und BSH Bosch und Siemens Hausgeräte GmbH (Herstellung von elektrischen Haushaltsgeräten, 50 Prozent),

– ThyssenKrupp AG und RAG AG (Metallerzeugung und -bearbeitung, 20,6 Prozent),

– ThyssenKrupp AG und MAN AG (Maschinenbau),

– RWE AG und RAG AG (Herstellung von chemischen Erzeugnissen und Energieversorgung, 30,2 Prozent),

– E.ON AG und RAG AG (Herstellung von chemischen Erzeugnissen, Energieversorgung und Grundstücks- und Wohnungswesen, 39,2 Prozent),

– Bayer AG und Henkel KGaA (Herstellung von chemischen Erzeugnissen),

– DZ Bank AG und KfW Bankengruppe (Kreditinstitute),

– Commerzbank AG und KfW Bankengruppe (Kreditinstitute),

– KfW Bankengruppe und Deutsche Post AG (Kreditinstitute, 30,6 Prozent),

– Henkel KGaA und E.ON AG (Herstellung von chemischen Erzeugnissen),

– Henkel KGaA und Novartis-Gruppe Deutschland (Herstellung von chemischen Erzeugnissen),

– ArcelorMittal-Gruppe Deutschland und RAG AG (Metallerzeugung und -bearbeitung, 10 Prozent).

Gegenüber 2004 nahm die Zahl der personellen Verflechtungen zwischen Unternehmen desselben Wirtschaftszweiges unwesentlich zu. Der Anstieg personeller Verflechtungen zwischen Unternehmen in übereinstimmenden Wirtschaftszweigen resultiert sowohl aus der Veränderung des Kreises der „100 Größten" als auch aus Umstrukturierungen in den Geschäftsführungsorganen der Großunternehmen. Unter den sechs neuen Verflechtungen sind vier Verbindungen den 2006 in den Berichtskreis eingetretenen Gesellschaften zuzurechnen. Von den vier weggefallenen Unternehmensverbindungen entfielen drei auf die ausgeschiedenen Unternehmen EUROHYPO AG und Norddeutsche Landesbank Girozentrale.

421. Die letzten beiden Spalten der Tabelle III.18 geben einen Überblick über die Zahl der indirekten Verflechtungen über sonstige gemeinsame Träger von Kontrollmandaten. Zwei Unternehmen gelten in diesem Sinne als personell verflochten, wenn eine Person, welche nicht bereits der Zählung in der vorletzten Spalte unterliegt, in den Kontrollorganen beider Unternehmen vertreten war. Im Jahr 2006 waren danach 70 der insgesamt 96 (2004: 68 von 96) Unternehmen, deren Kontrollorgane erfasst wurden, mit mindestens einem anderen Unternehmen verbunden. Nach dieser Abgrenzung betrug in 2006 die Gesamtzahl der Verflechtungen zwischen Unternehmen 234 gegenüber 233 in 2004.[63]

Die Periode 2002/2004 war durch einen Rückgang um zehn Verflechtungen oder 4,1 Prozent gekennzeichnet. Zwischen 2004 und 2006 nahmen die personellen Verbindungen über Mandatsträger um eine Verbindung bzw. 0,4 Prozent nur unwesentlich zu. In der Vorperiode war die Abnahme der Verflechtungen über Mandatsträger mit einem deutlichen Rückgang der Verbindungen der Geschäftsführungsmitglieder einhergegangen.

Die neu in den Kreis eingetretenen Gesellschaften wiesen 50, die ausgeschiedenen dagegen 29 derartige Verbindungen auf. Entsprechend verringerte sich die Zahl der Verflechtungen über Mandatsträger der Unternehmen, die in beiden Jahren zum Kreis der „100 Größten" zählten.

In besonders starkem Maße verringerte sich die personelle Einbindung der UniCredit-Gruppe Deutschland (-13), der GEA Group AG (-8), der TUI AG (-6), der Allianz SE (-6) und der ThyssenKrupp AG (-6). Ein auffälliger Anstieg dieser Form der personellen Verbindung ist für die Deutsche Bank AG (+12), die RAG AG (+8) und die MAN AG (+7) zu verzeichnen. Die höchste Anzahl personeller Verbindungen mit anderen Unternehmen aus

---

[62] Falls keine weiteren Erläuterungen gegeben werden, bezieht sich der Kapitalanteil auf die Beteiligung des erstgenannten am zweitgenannten Unternehmen.

[63] Hierbei zählte jede Verbindung, an der jeweils zwei Unternehmen aus dem Kreis der „100 Größten" beteiligt sind, einfach.

dem Kreis der „100 Größten" weisen die Bayer AG (19 Mandate) und die Deutsche Lufthansa AG (19 Mandate) gefolgt von der E.ON AG (18 Mandate), der RAG AG (16 Mandate) und der Deutschen Bank AG (15 Mandate) auf.

422. Die höchstmögliche Anzahl an Verflechtungen zwischen den „100 Größten" beträgt 4 950 (jedes Unternehmen wäre dann mit jedem der anderen 99 Unternehmen verflochten). Der Anteil der bestehenden Kontakte über gemeinsame Mitglieder der Kontrollorgane an dieser Maximalzahl stellt ein Maß für den Grad der Verflechtungen dar und betrug 4,7 Prozent.

Der Verflechtungsgrad blieb zwischen 2004 und 2006 konstant. Dem ging zwischen 2002 und 2004 ein Rückgang von 0,2 Prozentpunkten voraus. Zwischen 2000 und 2002 hatte es gleichfalls einen Rückgang von 0,5 Prozentpunkten gegeben.

423. Tabelle III.19 gibt die Anzahl der Unternehmen, gruppiert nach der Anzahl ihrer indirekten personellen Verflechtungen, wieder. Auffällig ist bei einem Vergleich der Jahre 2004 und 2006 vor allem die Abnahme der Fälle, die in die Kategorie 16 bis 20 Verflechtungen fielen. Die Abnahme in dieser Kategorie ist vollständig auf den Wechsel von Unternehmen in geringere Klassifizierungsgruppen zurückzuführen.

424. In Tabelle III.20 werden die personellen Verbindungen über gemeinsame Mitglieder in Kontrollgremien zwischen den – gemessen an ihrer Wertschöpfung – zehn größten Unternehmen dargestellt. Zusätzlich zu den Werten der Jahre 2004 und 2006 werden die entsprechenden Daten für 1970 ausgewiesen. Berücksichtigt wurden nur die Verflechtungen, die die zehn Unternehmen untereinander hatten. Bei maximal 45 Kontakten betrug der Verflechtungsgrad:[64]

1970	40,0 Prozent,
2004	28,9 Prozent,
2006	26,7 Prozent.

Nachdem das Ausmaß der Unternehmenskontakte über Mitglieder in Kontrollorganen zwischen 2002 und 2004 leicht gestiegen war, sank es im Zeitraum zwischen 2004 und 2006 wieder auf das Niveau von 2002 und lag deutlich unter der Grenze von 1970. Der leichte Rückgang begründet sich durch das Ausscheiden der RWE AG und der Allianz SE aus dem Kreis der zehn größten Unternehmen, die gemeinsam acht Verbindungen aufwiesen. Dieser Rückgang wird durch die neu eingetretenen Unternehmen BASF AG (zwei Verbindungen) und die Deutsche Bank AG (vier Verbindungen) nicht vollständig kompensiert. Abgesehen von den skizzierten Verschiebungen blieb der Unternehmenskreis unverändert.

---

[64] In Tabelle III.20 wird aufgrund der unternehmensweisen Darstellung jede Verbindung zweimal ausgewiesen.

Tabelle III.19

Häufigkeit der personellen Verflechtungen zwischen den hundert größten Unternehmen über Mandatsträger in den Kontrollorganen 2002, 2004 und 2006[1]

Anzahl der Verflechtungen	Anzahl der Unternehmen		
	2006	2004	2002
1 bis 5	32	34	41
6 bis 10	22	17	15
11 bis 15	12	9	9
16 bis 20	4	7	6
21 bis 25	0	0	2
Über 25	0	0	0
Insgesamt	**70**	**67**	**73**

[1] Aktualisierte Werte.
Quelle: Eigene Erhebungen

Tabelle III.20

Die personellen Verflechtungen zwischen den zehn größten Unternehmen 1970, 2004 und 2006 über Kontrollorgane[1]

Rang			Unternehmen	Anzahl der Unternehmen, mit denen das genannte Unternehmen über Mandatsträger in den Kontrollorganen personell verflochten ist		
1970	2004	2006		1970	2004	2006
1	–	–	RAG AG	6	–	–
2	2	2	Siemens AG	6	3	2
3	4	4	Volkswagen AG	3	3	4
4	3	3	DaimlerChrysler AG	5	4	2
5	–	–	AEG AG	1	–	–
6	–	–	Hoechst AG	4	–	–
7	–	–	Thyssen AG	3	–	–
8	–	10	BASF AG	1	–	2
9	–	–	Bayer AG	3	–	–
10	9	–	RWE AG	4	3	–
–	1	1	Deutsche Telekom AG	–	3	2
–	5	6	Deutsche Post AG	–	2	3
–	6	5	Deutsche Bahn AG	–	1	1
–	10	–	Allianz SE	–	5	–
–	–	–	E.ON AG	–	–	–
–	7	8	Robert Bosch GmbH	–	2	3
–	8	9	Bayerische Motoren Werke AG	–	0	1
–	–	7	Deutsche Bank AG	–	–	4
Insgesamt				**36**	**26**	**24**

[1] In den Fällen, in denen anstelle einer Rang- bzw. Zahlenangabe ein Strich erscheint, befand sich das betreffende Unternehmen in dem Jahr nicht unter den zehn größten Unternehmen.
Quelle: Eigene Erhebungen

425. Eine Analyse der Zusammensetzung der Kontrollorgane der hundert größten Unternehmen erfolgt in Tabelle III.21. Soweit dies möglich war, wurden die Kontrollmandate den verschiedenen Gruppen von Mandatsträgern[65] zugeordnet. Die Anteile der Geschäftsführungsmitglieder von Unternehmen aus dem Kreis der „100 Größten" blieben unverändert. Hinsichtlich der Mandate der Bankenvorstände aus diesem Personenkreis sowie bei den Vertretern von Banken und Versicherungen, die nicht dem Kreis der „100 Größten" angehören, ist eine leichte Abnahme zu verzeichnen. Ein leichter Anstieg erfolgte lediglich bei den Gewerkschaftsvertretern und den nicht zuzuordnenden Personen.

[65] Vgl. Tz. 411.

Das anteilsmäßige Gewicht der einzelnen Gruppen hängt erheblich von dem Kreis der hundert größten Unternehmen ab, teilweise aber auch von den Veränderungen innerhalb der Unternehmensvorstände. Wechselt beispielsweise ein Vorstand in den Aufsichtsrat seines Unternehmens, so erfolgt die Zuordnung bei Banken und Versicherungen aus dem Kreis der „100 Größten" zu den sonstigen Banken- und Versicherungsvertretern, bei allen anderen Unternehmen zu den nicht zuzuordnenden Mandatsträgern.

426. Die Vertreter der in Tabelle III.21 aufgeführten Gruppen hatten vielfach Mandate in den Kontrollorganen mehrerer Unternehmen aus dem Kreis der „100 Größten" inne. So betrug für Geschäftsführungsmitglieder insgesamt die durchschnittliche Anzahl der wahrgenommenen Mandate 1,5 (2004: 1,6), die dazu gehörenden Geschäftsführungsmitglieder von Banken und Versicherungen nahmen im Durchschnitt 1,6 (2004: 1,7) Mandate wahr. Sonstige Vertreter von Banken und Versicherungen waren in durchschnittlich 1,7 (2004: 2,4), Gewerkschaftsvertreter in 1,1 (2004: 1,1) Kontrollorganen vertreten.

Die höchste Zahl an Mandaten, die bei Vertretern der jeweiligen Gruppen gezählt wurde, betrug 2006 bei den Geschäftsführungsmitgliedern fünf (2004: fünf), bei den sonstigen Vertretern von Banken und Versicherungen vier (2004: fünf) sowie bei den Gewerkschaftsvertretern vier (2004: vier) Mandate. Dabei verfügte 2006 ein (2004: ein) Geschäftsführungsmitglied über fünf oder mehr Sitze in Kontrollorganen, bei den sonstigen Banken- bzw. Versicherungsvertretern verfügte 2006 keiner (2004: einer) über fünf oder mehr Sitze. Bei den nicht zuzuordnenden Mandatsträgern ist die Wahrnehmung mehrerer Mandate ebenfalls üblich. In diese Kategorie fallen unter anderem die ehemaligen Vorstands- oder Aufsichtsratsmitglieder der „100 Größten" oder Geschäftsführungsmitglieder von Unternehmen, die aus dem Berichtskreis ausgeschieden sind. Die maximale Anzahl ausgeübter Mandate betrug in dieser Kategorie im Berichtsjahr sieben (2004: sieben).

Tabelle III.21

Aufschlüsselung der Mandatsträger in den Kontrollorganen der hundert größten Unternehmen 2004 und 2006 nach Gruppen

Gruppenzugehörigkeit	Anteil an der Gesamtzahl der Mandate (%)	
	2006	2004
Mitglieder der Geschäftsführung von Unternehmen aus dem Kreis der „100 Größten",	5,9	5,9
davon:		
Vertreter von Banken	0,9	1,2
Vertreter von Versicherungen	0,6	0,7
Vertreter		
von Banken	1,5	1,6
von Versicherungen,	0,6	0,9
die nicht gleichzeitig in der Geschäftsführung eines Unternehmens der „100 Größten" sind[1]		
Gewerkschaftsvertreter	11,6	11,0
Angestellte des Unternehmens (Betriebsrat, leitende Angestellte)	32,2	33,4
Nicht zuzuordnen	48,2	47,2
Insgesamt	**100,0**	**100,0**
Gesamtzahl der Mandate	**1.580**	**1.600**

[1] Hierzu zählen
 – Vertreter von Banken oder Versicherungen, die nicht zu den „100 Größten" gehören,
 – ehemalige Geschäftsführungsmitglieder von Banken oder Versicherungen aus dem Kreis der „100 Größten", sofern sie noch Mitglied des Aufsichtsrates sind, sowie
 – nicht zur Geschäftsführung gehörende Mitarbeiter von Banken und Versicherungen aus dem Kreis der „100 Größten".
Quelle: Eigene Erhebungen

4.4 Kooperationen im Rahmen von Gemeinschaftsunternehmen

4.4.1 Methodische Vorbemerkungen

427. Die Monopolkommission untersucht traditionell die Beteiligung der Großunternehmen an Gemeinschaftsunternehmen als wesentliche Form der Verflechtung. Im Rahmen der folgenden Untersuchung wird ein Gemeinschaftsunternehmen durch die direkte oder indirekte Kapitalbeteiligung von zwei oder mehr Unternehmen aus dem Kreis der jeweils in die Untersuchung einbezogenen Unternehmen mit je mindestens 25 Prozent gekennzeichnet. Die Bildung von Gemeinschaftsunternehmen unterliegt gemäß § 37 Abs. 1 Ziffer 3 Satz 3 GWB der Zusammenschlusskontrolle. Bei Vorliegen einer indirekten Beteiligung müssen die zwischengeschalteten Beteiligungsgesellschaften von den betreffenden in- oder ausländischen Konzernobergesellschaften aus dem Betrachtungskreis beherrscht sein. In den Fällen, in denen eines der zwanzig größten Unternehmen Gemeinschaftsunternehmen eines anderen Unternehmens aus diesem Kreis war, blieben gemeinsame Tochtergesellschaften unberücksichtigt. Eine methodische Begrenzung besteht darüber hinaus dahingehend, dass nur Gemeinschaftsunternehmen mit Sitz im Inland berücksichtigt wurden.

428. Gegenstand der Betrachtung sind die gemessen an ihrer inländischen Wertschöpfung zwanzig größten Gesellschaften. Dieser Unternehmenskreis ermöglicht eine ausführliche Analyse der Unternehmensverbindungen über Gemeinschaftsunternehmen bei den Gesellschaften, die von dieser Kooperationsform ohnehin am häufigsten Gebrauch machen. Beispielsweise kann im Einzelnen aufgeschlüsselt werden, welche Unternehmen über Gemeinschaftsunternehmen zusammenarbeiten. Die Erhebungen zu den Gemeinschaftsunternehmen der „20 Größten" werden durch eine Branchenanalyse ergänzt. In diesem Gutachten fiel die Wahl auf die Unternehmen der Energieversorgung, die seit jeher durch eine relativ hohe Anzahl an Gemeinschaftsunternehmen gekennzeichnet waren. In den letzten beiden Hauptgutachten der Monopolkommission war die gesamte Finanzdienstleistungswirtschaft (Kredit- und Versicherungsgewerbe) Gegenstand der Untersuchung.

429. Grundlage für die Ermittlung der Gemeinschaftsunternehmen sind im Allgemeinen die in Tz. 331 aufgeführten Datenquellen sowie die Meldungen des Bundeskartellamtes über angezeigte Unternehmenszusammenschlüsse. Außerdem wurde auf die Konzernstrukturdatenbank des Hoppenstedt-Verlages zurückgegriffen. Bei voneinander abweichenden Angaben, die sich in Einzelfällen durch einen unterschiedlichen Stichtag der Berichterstattung ergaben, wurden stets die Angaben der Geschäftsberichte zugrunde gelegt.

430. Das verwendete Datenmaterial ließ keine lückenlose Erfassung aller Beteiligungen zu. In den Fällen, in denen keine vollständige, von den Unternehmen veröffentlichte bzw. hinterlegte Beteiligungsübersicht zur Verfügung stand, musste auf die oben genannten Quellen zurückgegriffen werden, deren Vollständigkeit im Einzelnen nicht überprüft werden konnte.

4.4.2 Verflechtungen der zwanzig größten Unternehmen über Gemeinschaftsunternehmen

431. Die Analyse der Beteiligungen an den „100 Größten" in Abschnitt 4.2 hat gezeigt, dass zahlreiche Kapitalverflechtungen zwischen den betrachteten Großunternehmen bestehen. Von den zwanzig größten Unternehmen 2004 und 2006 war jedoch nur die RAG AG ein Gemeinschaftsunternehmen. Die E.ON AG verfügte zum Bilanzstichtag über 39,2 Prozent und die RWE AG über 30,2 Prozent der Anteile.[66] Unternehmen, an denen die RAG AG als Gemeinschaftsunternehmen aus dem Kreis der „20 Größten" zusammen mit ihren Anteilseignern aus demselben Unternehmenskreis mit mehr als 25 Prozent beteiligt war, wurden ihrerseits nicht als Gemeinschaftsunternehmen gewertet. Anders verhält es sich bei denjenigen Unternehmen, die gemeinsam von Unternehmen aus dem Kreis der „20 Größten" beherrscht wurden, allerdings selbst hintere Ränge belegten. Von den „100 Größten" betraf dies nur die Bosch-Siemens Hausgeräte GmbH und 2004 außerdem die EUROHYPO AG.[67]

432. Tabelle III.22 vermittelt einen Überblick über die Verflechtungen der zwanzig größten Gesellschaften über Gemeinschaftsunternehmen. 2006 bestanden bei 18 (2004: 19) Unternehmen Beteiligungen an Gemeinschaftsunternehmen mit anderen Unternehmen aus diesem Kreis. Dabei zeigen sich bezüglich der Anzahl derartiger Beteiligungen erhebliche Unterschiede. Die meisten Gemeinschaftsunternehmen wies mit 25 die E.ON AG auf, gefolgt von der RWE AG mit 23 Beteiligungen an gemeinsamen Tochtergesellschaften. In vielen Fällen erstreckte sich die Zusammenarbeit mit anderen Großunternehmen auf mehrere gemeinsame Unternehmen. Beispielsweise war die E.ON AG mit vier Unternehmen verflochten, wobei sie mit der RWE AG 22 Gemeinschaftsunternehmen hatte, je eins mit der Deutschen Bahn AG, der ThyssenKrupp AG sowie der Allianz SE. Die höchste Anzahl an Verflechtungen mit anderen Unternehmen wurde bei der Siemens AG ermittelt, die über insgesamt zehn Gemeinschaftsunternehmen mit acht Gesellschaften unter den „20 Größten" verbunden war. 2004 hatten bei diesem Unternehmen ebenfalls acht Verflechtungen bestanden. An einem Gemeinschaftsunternehmen besaßen mehr als zwei Unternehmen aus dem Berichtskreis eine Beteiligung. Abbildung III.11 fasst die Ergebnisse der Tabelle III.22 zusammen.

433. Insgesamt wurden 2006 58 (2004: 75) Gemeinschaftsunternehmen gezählt, an denen mindestens zwei Unternehmen aus dem Kreis der „20 Größten" beteiligt waren. Die Anzahl gemeinsamer Tochterunternehmen nahm damit im Berichtszeitraum stark ab. Wechsel in der Zusammensetzung des Berichtskreises fanden gegenüber 2004 nicht statt. Veränderungen ergaben sich aus Auflösungen von Gemeinschaftsunternehmen während des Berichtszeitraums. In der Summe kamen lediglich fünf (2004: 28) Gemeinschaftsunternehmen hinzu, 22 (2004: 29) entfielen. Keines der im Untersuchungskreis vertrete-

66 Vgl. Fn. 72.
67 Vgl. Tabelle III.16.

nen Unternehmen erhöhte die Anzahl von Beteiligungen an Gemeinschaftsunternehmen. Besonders auffällig ist der Rückgang der Beteiligungen an Gemeinschaftsunternehmen der E.ON AG. Sie wies im Jahr 2004 noch 35 Beteiligungen auf, 2006 waren es nur noch 25.

434. Die Gesamtzahl der Verflechtungen[68] der „20 Größten" über Gemeinschaftsunternehmen betrug

2004   35,

2006   30.

Berücksichtigt man, dass die theoretisch höchstmögliche Zahl der Verflechtungen zwischen den „20 Größten" 190 beträgt (jedes der zwanzig Unternehmen wäre dann mit jedem der anderen 19 Unternehmen verflochten), dann stellt der Anteil der wahrgenommenen Möglichkeiten an dieser Maximalzahl ein Maß für den Grad der Verflechtung dar. Dieser Anteil betrug

2004   18,4 Prozent,

2006   15,8 Prozent.

---

[68] Hierbei zählt jede Verbindung zwischen zwei Unternehmen einfach. Die höchstmögliche Zahl der Verflechtungen entspricht $n(n-1)/2$ mit n = Zahl der betrachteten Unternehmen.

Der Grad der Verflechtung über Gemeinschaftsunternehmen hat sich somit im Berichtszeitraum verringert.

Erstmals berücksichtigt wurden bei den Unternehmen, die in beiden Jahren zu den „20 Größten" zählten, Gemeinschaftsunternehmen

– der Siemens AG und der Deutschen Bank AG,

– der RWE AG und der Allianz SE.

Dagegen wurden die Verbindungen zwischen folgenden Unternehmen, die in beiden Jahren zu den „20 Größten" zählten, aufgelöst:

– der Siemens AG und der Münchener Rückversicherungs-Gesellschaft AG,

– der DaimlerChrysler AG und der ThyssenKrupp AG,

– der Deutschen Bahn AG und der RWE AG,

– der Deutschne Bank AG und der E.ON AG,

– der BASF AG und der E.ON AG,

– der Deutschen Lufthansa AG und der Allianz SE,

– der Deutschen Lufthansa AG und der Metro AG.

Tabelle III.22

Die Verflechtungen zwischen den zwanzig größten Unternehmen 2004 und 2006 über Gemeinschaftsunternehmen[1]

Rang	Jahr	Unternehmen	Anzahl der Beteiligungen an Gemeinschafts-unternehmen	Unternehmen, mit denen über Gemeinschaftsunternehmen zusammengearbeitet wird[2]
1	2006	Deutsche Telekom AG	2	Siemens AG
1	2004		2	DaimlerChrysler AG
2	2006	Siemens AG	10	Deutsche Telekom AG
2	2004		11	DaimlerChrysler AG
				Volkswagen AG (2)
				Deutsche Bahn AG
				Deutsche Bank AG
				Robert Bosch GmbH
				ThyssenKrupp AG (2)
				Deutsche Lufthansa AG
				(Münchener Rückversicherungs-Gesellschaft AG)
3	2006	DaimlerChrysler AG	5	Deutsche Telekom AG
3	2004		6	Siemens AG
				Volkswagen AG (2)
				Bayerische Motoren Werke AG
				Deutsche Bank AG
				(ThyssenKrupp AG)
4	2006	Volkswagen AG	5	Siemens AG (2)
4	2004		6	DaimlerChrysler AG (2)
				Deutsche Bahn AG
				Bayerische Motoren Werke AG

noch Tabelle III.22

Rang	Jahr	Unternehmen	Anzahl der Beteiligungen an Gemeinschafts-unternehmen	Unternehmen, mit denen über Gemeinschaftsunternehmen zusammengearbeitet wird[2]
5 6	2006 2004	Deutsche Bahn AG	7 9	Siemens AG Volkswagen AG Deutsche Lufthansa AG E.ON AG RAG AG (3) (RWE AG)
6 5	2006 2004	Deutsche Post AG	2 2	Deutsche Lufthansa AG (2)
7 13	2006 2004	Deutsche Bank AG	7 9	*Siemens AG* DaimlerChrysler AG Allianz SE (3) Metro AG Münchener Rückversicherungs-Gesellschaft AG (E.ON AG)
8 7	2006 2004	Robert Bosch GmbH	1 1	Siemens AG
9 8	2006 2004	Bayerische Motoren Werke AG	1 1	DaimlerChrysler AG Volkswagen AG
10 12	2006 2004	BASF AG	0 1	(E.ON AG)
11 11	2006 2004	ThyssenKrupp AG	5 7	Siemens AG (2) E.ON AG RAG AG Allianz SE (DaimlerChrysler AG)
12 9	2006 2004	RWE AG	23 27	E.ON AG (22) *Allianz SE* (Deutsche Bahn AG)
13 14	2006 2004	Deutsche Lufthansa AG	5 7	Siemens AG Deutsche Bahn AG Deutsche Post AG (2) Münchener Rückversicherungs-Gesellschaft (Allianz SE) (Metro AG)
14 16	2006 2004	E.ON AG	25 34	Deutsche Bahn AG ThyssenKrupp AG RWE AG (22) Allianz SE (Deutsche Bank AG) (BASF AG)
15 17	2006 2004	RAG AG[3]	5 6	Deutsche Bahn AG (3) ThyssenKrupp AG Bayer AG
16 10	2006 2004	Allianz SE	8 11	Deutsche Bank AG (3) ThyssenKrupp AG *RWE AG* E.ON AG Münchener Rückversicherungs-Gesellschaft AG (2) (Deutsche Lufthansa AG)

Rang	Jahr	Unternehmen	Anzahl der Beteiligungen an Gemeinschafts-unternehmen	Unternehmen, mit denen über Gemeinschaftsunternehmen zusammengearbeitet wird[2]
17	2006	Metro AG	1	Deutsche Bank AG
15	2004		2	(Deutsche Lufthansa AG)
18	2006	Münchener Rückversicherungs-	4	Deutsche Bank AG
20	2004	Gesellschaft AG	7	Deutsche Lufthansa AG
				Allianz SE (2)
				(Siemens AG)
19	2006	Vodafone-Gruppe Deutschland	0	
18	2004		0	
20	2006	Bayer AG	1	RAG AG
19	2004		2	

[1]   Angaben zu den Unternehmen, die Umfirmierungen oder Umstrukturierungen betreffen, können den Anmerkungen zu Tabelle III.1 entnommen werden.

[2]   Unternehmen, mit denen nur 2004 eine Verbindung über Gemeinschaftsunternehmen bestand, sind in Klammern gesetzt, diejenigen, die 2006 als Kooperationspartner neu hinzugekommen sind, wurden kursiv gedruckt. Die Zahlenangaben in Klammern beziehen sich auf die Anzahl der Gemeinschaftsunternehmen mit dem jeweiligen Unternehmen 2006. Die Angaben in Spalte 4 lassen sich nicht aus der letzten Spalte ableiten, wenn an Gemeinschaftsunternehmen mehr als zwei Anteilseigner aus dem Kreis der „20 Größten" beteiligt sind.

[3]   Die RAG AG ist ein Gemeinschaftsunternehmen der E.ON AG und der RWE AG. Gemeinsame Tochterunternehmen blieben daher unberücksichtigt.
Quelle: Eigene Erhebungen

Abbildung III.11

Verflechtungen zwischen den zwanzig größten Unternehmen über Gemeinschaftsunternehmen im Jahr 2006

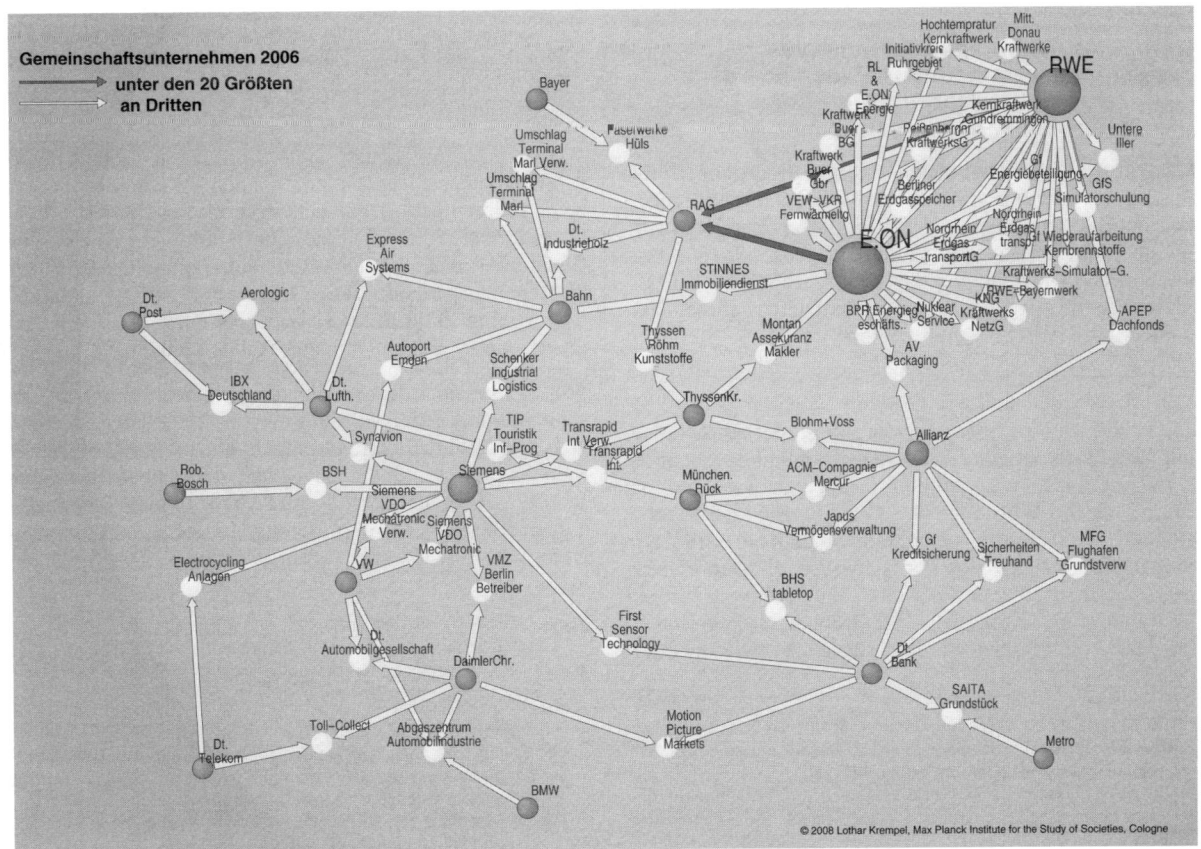

Quelle: Krempel, L., Max-Planck-Institut für Gesellschaftsforschung, Köln; eigene Erhebungen

435. Hinsichtlich der Wirtschaftsbereiche, denen die Gemeinschaftsunternehmen angehören, erweist sich der sonstige Dienstleistungsbereich als die häufigste Kategorie: 14 (2004: 16) Unternehmen waren in diesem Bereich tätig. Die Anzahl der Gemeinschaftsunternehmen, die dem Wirtschaftsbereich Anlagen- und Verwaltungsgesellschaften zuzurechnen sind, sank von 22 Unternehmen in 2004 auf elf in 2006. 13 Unternehmen (2004: zwölf) zählten zum Energiesektor und sechs (2004: sechs) zum Verkehrswesen. Jeweils zwei Gemeinschaftsunternehmen sind der Chemischen Industrie (ohne Pharma, 2004: vier), dem Bereich Kraftfahrzeuge und -teile (2004: drei) und der Umwelt- und Entsorgungssparte (2004: drei) zuzuordnen.

436. Die Gemeinschaftsunternehmen der Wirtschaftsbereiche Anlageverwaltung und sonstige Dienstleistungen haben größtenteils Obergesellschaften, welche in anderen Branchen tätig sind. Dagegen handelt es sich bei den Muttergesellschaften der Gemeinschaftsunternehmen im Energiesektor ausschließlich um Energieversorgungsunternehmen.

437. Die vorherrschende Rechtsform bei den Gemeinschaftsunternehmen ist die Gesellschaft mit beschränkter Haftung. 2006 waren 40 (69 Prozent) der erfassten Gemeinschaftsunternehmen in dieser Form organisiert, sechs waren GmbH & Co. KG und je fünf Aktiengesellschaften und Gesellschaften bürgerlichen Rechts. Bei den verbleibenden Gemeinschaftsunternehmen handelte es sich in zwei Fällen um offene Handelsgesellschaften.

4.4.3 Verflechtungen der Energieversorgungsunternehmen aus dem Kreis der „100 Größten" über Gemeinschaftsunternehmen

438. Der Wirtschaftsbereich Energieversorgung gilt in Deutschland als eng verflochten.[69] Die Monopolkommission hat diesem Umstand zuletzt in ihrem Sondergutachten zur Energiewirtschaft gemäß § 62 Abs. 1 EnWG eine ausführliche Untersuchung gewidmet, wobei auf eine explizite Auswertung der Gemeinschaftsunternehmen verzichtet wurde.[70] Die Analyse wird an dieser Stelle ergänzt.

439. Unter den hundert Größten befanden sich 2006 acht (2004: sieben) Energieversorgungsunternehmen. Neben den vier großen deutschen Verbundunternehmen RWE AG, E.ON AG, Vattenfall-Gruppe Deutschland und Energie Baden-Württemberg AG zählten die Stadtwerke München GmbH sowie die Stadtwerke Köln GmbH in beiden Jahren zum Kreis der nach Wertschöpfung abgegrenzten 100 größten inländischen Unternehmen. Im Jahr 2006 neu in den Kreis der „100 Größten" eingetreten ist die EWE AG.[71] Ferner wurde die RAG AG in die Untersuchung einbezogen, welche über ihre 100-prozentige Tochtergesellschaft STEAG GmbH erhebliche Umsätze im Bereich der Energieversorgung erzielt. Die RAG AG ist selbst ein Gemeinschaftsunternehmen der RWE AG und der E.ON AG.[72] Da die RAG AG als zwischengeschaltete Gesellschaft von keinem der Anteilseigner beherrscht wurde, konnten Unternehmen, an denen die RAG AG zusammen mit ihren Anteilseignern jeweils mehr als 25 Prozent der Kapitalanteile hielt, ihrerseits nicht als Gemeinschaftsunternehmen gewertet werden.[73]

440. Die Energieversorgungsunternehmen aus dem Kreis der „100 Größten" verfügten 2006 über 47 Beteiligungen an 45 Gemeinschaftsunternehmen (2004: 50 an 48). Die Ergebnisse verdeutlichen die – verglichen mit den Erhebungen zu den zwanzig größten Unternehmen – weiterhin hohe Nutzungsintensität der Kooperationsform Gemeinschaftsunternehmen im Bereich der Energieversorgung. Tabelle III.23 weist die Energieversorger, die Anzahl der Beteiligungen an Gemeinschaftsunternehmen und die Kooperationspartner aus. Alle acht in die Untersuchung einbezogenen Unternehmen waren an mindestens einem Gemeinschaftsunternehmen beteiligt, wobei die E.ON AG mit 35, die RWE AG mit 29 und die Energie Baden-Württemberg AG mit elf sowie die Vattenfall-Gruppe Deutschland mit neun die meisten Beteiligungen hielten. In einem Fall waren mehr als zwei Unternehmen aus dem Berichtskreis an einem Gemeinschaftsunternehmen beteiligt. Die Zusammenarbeit über Gemeinschaftsunternehmen erfolgte in den meisten Fällen mit verschiedenen Kooperationspartnern. So betrug die Anzahl der Verflechtungen mit anderen Unternehmen bei der E.ON AG fünf, der RWE AG, der Vattenfall-Gruppe Deutschland sowie der Energie Baden-Württemberg AG jeweils vier.

441. Insgesamt kamen 2006 fünf Gemeinschaftsunternehmen hinzu, acht entfielen. Von den Unternehmen, die in beiden Jahren dem Untersuchungskreis angehörten, erhöhten lediglich die Stadtwerke Köln GmbH die Anzahl von Beteiligungen an Gemeinschaftsunternehmen. Alle in die Untersuchung einbezogenen Energieversorgungsunternehmen wiesen 2006 unter Berücksichtigung der EWE AG untereinander elf (2004: neun) Verflechtungen auf.

442. Setzt man die Anzahl der Verflechtungen zur Gesamtzahl möglicher Verbindungen in Beziehung, so erhält man den Grad der Verflechtungen. Die maximal mögliche Zahl an Verflechtungen zwischen den sieben in beiden Jahren – 2004 und 2006 – zum Untersuchungskreis zählenden Energieversorgern beträgt 21. Jedes Unternehmen wäre dann mit jedem anderen verbunden. Der Verflechtungsgrad lag bei:

2004	42,9 Prozent,
2006	47,6 Prozent.

---

[69] Der Begriff „Energieversorgungsunternehmen" umfasst im Folgenden die Wirtschaftsbereiche Elektrizitätsversorgung (WZ 2003: Gruppe EA 40.1) und Gasversorgung (WZ 2003: Gruppe EA 40.2).

[70] Vgl. Monopolkommission, Strom und Gas 2007: Wettbewerbsdefizite und zögerliche Regulierung, Sondergutachten 49, Baden-Baden, 2007.

[71] Vgl. Tz. 345.

[72] Die Angaben beziehen sich auf die Konzernstruktur zum Bilanzstichtag des Geschäftsjahres 2006. Zum 30. November 2007 veräußerten die bisherigen Anteilseigner ihre Beteiligungen an der RAG AG an die RAG Stiftung. Die Nichtkohleaktivitäten wurden unter dem Dach der Evonik Industries AG gebündelt.

[73] Vgl. Tz. 431.

Tabelle III.23

**Die Verflechtungen zwischen den Energieversorgungsunternehmen aus dem Kreis der „100 Größten"
2004 und 2006 über Gemeinschaftsunternehmen (GU)[1]**

Rang	Jahr	Unternehmen	Anzahl der Beteiligungen an Gemeinschaftsunternehmen	Unternehmen, mit denen über Gemeinschaftsunternehmen zusammengearbeitet wird[2]
12 9	2006 2004	RWE AG	29 32	E.ON AG (22) Vattenfall-Gruppe Deutschland (2) Energie Baden-Württemberg AG (5) *Stadtwerke Köln*
14 16	2006 2004	E.ON AG	35 39	RWE AG (22) Vattenfall-Gruppe Deutschland (6) Energie Baden-Württemberg AG (4) Stadtwerke München (2) *EWE AG (2)*
15 17	2006 2004	RAG AG[3]	2 2	Vattenfall-Gruppe Deutschland Energie Baden-Württemberg AG
28 36	2006 2004	Vattenfall-Gruppe Deutschland	9 10	RWE AG (2) E.ON AG (6) RAG AG Energie Baden-Württemberg AG
30 26	2006 2004	Energie Baden-Württemberg AG	11 12	RWE AG (5) E.ON AG (4) RAG AG Vattenfall-Gruppe Deutschland
54 75	2006 2004	Stadtwerke München GmbH	2 2	E.ON AG (2)
85 –	2006 2004	EWE AG	2 –	*E.ON AG (2)*
92 84	2006 2004	Stadtwerke Köln GmbH	1 0	*RWE AG*

[1] In den Fällen, in denen anstelle einer Rang- bzw. Zahlenangabe ein Strich erscheint, befand sich das betreffende Unternehmen in dem Jahr nicht unter den „100 Größten" bzw. im Betrachtungskreis.
[2] Unternehmen, mit denen nur 2004 eine Verbindung über Gemeinschaftsunternehmen bestand, sind in Klammern gesetzt, diejenigen, die 2006 als Kooperationspartner neu hinzugekommen sind, wurden kursiv gedruckt. Die Zahlenangaben in Klammern beziehen sich auf die Anzahl der Gemeinschaftsunternehmen mit dem jeweiligen Unternehmen 2006. Die Angaben in Spalte 4 lassen sich nicht aus der letzten Spalte ableiten, wenn an Gemeinschaftsunternehmen mehr als zwei Anteilseigner aus dem Kreis der Energieversorgungsunternehmen beteiligt sind.
[3] Die RAG AG ist ein Gemeinschaftsunternehmen der E.ON AG und der RWE AG. Gemeinsame Tochterunternehmen blieben daher unberücksichtigt.
Quelle: Eigene Erhebungen

Verglichen mit den entsprechenden Werten der zwanzig größten Unternehmen ergibt sich ein deutlich höherer Verflechtungsgrad in der Energiewirtschaft.[74] Der Grad der Verflechtung zwischen den vier großen Energieversorgern RWE AG, E.ON AG, Vattenfall AG und Energie Baden-Württemberg AG lag unverändert bei 100 Prozent.

443. Eine tendenziell rückläufige, jedoch weiterhin intensive Zusammenarbeit ist zwischen der RWE AG und der E.ON AG festzustellen. Im Jahr 2006 besaß die RWE AG 22 (2004: 26) Gemeinschaftsunternehmen mit der E.ON AG. Letztere hatte zudem sechs (2004: sieben) Gemeinschaftsunternehmen mit der Vattenfall-Gruppe Deutschland und arbeitete mit der Energie Baden-Württemberg AG über vier (2004: fünf) Gemeinschaftsunternehmen zusammen. Die RWE AG war mit der Vat-

[74] Vgl. Tz. 434.

tenfall-Gruppe Deutschland über zwei (2004: zwei) sowie mit der Energie Baden-Württemberg AG über fünf (2004: fünf) Gemeinschaftsunternehmen verbunden. Die Vattenfall-Gruppe Deutschland und die Energie Baden-Württemberg AG kooperierten ihrerseits 2004 und 2006 über ein Gemeinschaftsunternehmen. Durch eine vergleichsweise geringe Kooperationsintensität sind die im Untersuchungskreis enthaltenen beiden Stadtwerke sowie die EWE AG gekennzeichnet. Die RAG AG wies wie in der Vorperiode je eine Verbindung mit der Vattenfall-Gruppe Deutschland und der Energie Baden-Württemberg AG auf.

444. 28 Gemeinschaftsunternehmen (2004: 28) waren dem Wirtschaftsbereich Energieversorgung zuzurechnen, neun weitere (2004: sieben) den sonstigen Dienstleistungsunternehmen. Drei Unternehmen (2004: sechs) waren schwerpunktmäßig im Wirtschaftsbereich Anlage- und Verwaltungsgesellschaften tätig.

Von den Gemeinschaftsunternehmen hatten 24 oder 53,3 Prozent die Rechtsform der Gesellschaft mit beschränkter Haftung, zehn oder 22,2 Prozent waren als Aktiengesellschaften organisiert.

445. Die Ergebnisse bestätigen die bereits im Rahmen der Analyse der zwanzig größten Unternehmen festgestellte relativ intensive Zusammenarbeit der Energieversorger über Gemeinschaftsunternehmen. In der weit überwiegenden Zahl der Fälle waren die identifizierten Gemeinschaftsunternehmen wie ihre Obergesellschaften schwerpunktmäßig dem Wirtschaftsbereich Energieversorgung zuzuordnen.[75]

5. Die Beteiligung der „100 Größten" an den dem Bundeskartellamt angezeigten Unternehmenszusammenschlüssen

446. Externes Wachstum stellt eine der wesentlichen Ursachen für Unternehmenskonzentration dar. Die Berichterstattung über die hundert größten Unternehmen wird daher mit einer Zusammenstellung der unmittelbaren und mittelbaren Beteiligung der jeweils „100 Größten" an den vollzogenen Unternehmenszusammenschlüssen, die dem Bundeskartellamt nach § 39 Abs. 6 GWB anzuzeigen sind, abgeschlossen.[76] Während die vorhergehenden Abschnitte die Verflechtungen der größten Unternehmen untereinander behandeln, wird hier die Zusammenschlusstätigkeit dieser Gruppe insgesamt betrachtet und der Gesamtzahl der Fusionen in Deutschland gegenübergestellt.

447. Anders als in früheren Tätigkeitsberichten wird seit Inkrafttreten der Siebten GWB-Novelle seitens des Bundeskartellamtes ab dem Berichtszeitraum 2005/06 nicht mehr die Zahl der angezeigten vollzogenen Zusam-

menschlüsse, sondern die Zahl der Anmeldungen statistisch erfasst.[77] Aus diesem Grund basieren die Untersuchungen der Monopolkommission ab dem Siebzehnten Hauptgutachten auf der Zahl der Freigabeentscheidungen.[78] Um einen Bruch in der Berichterstattung zu vermeiden und eine Vergleichbarkeit zur Vorperiode gewährleisten zu können, wurden durch das Bundeskartellamt letztmalig die entsprechenden Vollzugsanzeigen in einer Sonderauswertung für den aktuellen Berichtszeitraum erhoben und den Daten der Vorperiode gegenübergestellt.[79]

448. In der Berichtsperiode 2006/07 waren die Unternehmen aus dem Kreis der „100 Größten" an insgesamt 582 (2004/05: 661) vollzogenen Zusammenschlüssen beteiligt. In den Fällen, in denen mehr als ein Unternehmen aus dem Berichtskreis an einer Fusion teilnahm, wurde diese jedem der Unternehmen zugerechnet. Gegenüber der vorhergehenden Berichtsperiode verminderte sich die Zahl der Fusionen unter Beteiligung der „100 Größten" um 12 Prozent.

449. Die Gesamtzahl der dem Bundeskartellamt 2006/07 angezeigten Zusammenschlüsse betrug 3 303 und lag damit deutlich über der entsprechenden Zahl für den Zeitraum 2004/05, in dem 2 541 Fusionen gemeldet worden waren. Die hundert größten Unternehmen waren an 17,6 Prozent aller Zusammenschlüsse beteiligt. Verglichen mit dem Anteilswert der Vorperiode von 26,0 Prozent ergibt sich eine im Vergleich zur Gesamtheit aller Unternehmen verringerte Zusammenschlussaktivität der betrachteten Großunternehmen.

450. Im Zeitraum 2006/07 hat das Bundeskartellamt insgesamt 3 779 Fälle mit einer Freigabe abgeschlossen, von denen 529 (14,0 Prozent) auf die hundert größten Unternehmen entfielen.

451. In Tabelle III.24 sind für jedes Unternehmen aus dem Berichtskreis die Zahl der angezeigten Zusammenschlüsse, an denen es beteiligt war, sowie für den Zeitraum 2006/07 die Zahl der Freigaben aufgeführt.

2006/07 wuchsen 76 (2004/05: 78) der hundert größten Unternehmen extern. Durch besonders viele Engagements zeichneten sich wie in den Vorjahren die Unternehmen in der oberen Hälfte der Rangfolge aus. Ihre Zusammenschlussbeteiligungen summierten sich auf 390 oder 67 Prozent (2004/05: 399 oder 60,4 Prozent) aller Fusionen, die den „100 Größten" zuzurechnen waren.

Unter den 25 größten Unternehmen befand sich mit der Bayer AG nur ein Unternehmen, das keinen Zusammenschluss verzeichnete. Mit je zwei vollzogenen Zusam-

---

[75] Vgl. Tz. 435 f.

[76] Die Vorschriften über die Zusammenschlusskontrolle finden Anwendung, sofern die Umsatzerlöse der an einem Zusammenschluss beteiligten Unternehmen weltweit insgesamt 500 Mio. Euro überschreiten und mindestens ein beteiligtes Unternehmen im Inland Umsatzerlöse von mehr als 25 Mio. Euro erzielt hat (§ 35 Abs. 1 GWB).

[77] Vgl. Bundeskartellamt, Bericht des Bundeskartellamtes über seine Tätigkeit in den Jahren 2005/2006 sowie die Lage und Entwicklung auf seinem Aufgabengebiet und Stellungnahme der Bundesregierung, Bundestagsdrucksache 16/5710 vom 15. Juni 2007, S. 223.

[78] Das Abstellen auf das Kriterium Freigaben zur Beurteilung des tatsächlichen externen Wachstums beruht auf der Annahme, dass angemeldete Zusammenschlüsse, die durch das Bundeskartellamt freigegeben wurden, in der Regel auch von den Beteiligten vollzogen werden.

[79] Aufgrund der Einstellung der Statistik sind die ausgewiesenen angezeigten Zusammenschlüsse nur bedingt aussagekräftig.

menschlüssen hatten die Münchener Rückversicherungs-Gesellschaft AG, die Vodafone-Gruppe Deutschland und die ZF Friedrichshafen AG ebenfalls nur eine geringe Beteiligung an der in den Zuständigkeitsbereich des Bundeskartellamtes fallenden Fusionsaktivität.

An zehn und mehr Zusammenschlüssen waren insgesamt lediglich 15 (2004/05: 19) Unternehmen beteiligt. Die höchste Fusionsaktivität unter den Großunternehmen wiesen die Siemens AG mit einer Beteiligung an 31 Zusammenschlussfällen und die E.ON AG mit einer Beteiligung an 39 Zusammenschlussfällen auf. Eine erhebliche Steigerung der Beteiligung an Zusammenschlüssen verzeichneten mit jeweils 32 Fällen die Landesbank Baden-Württemberg (2004/05: 14) und die Axel Springer AG (2004/05: ein Fall). Dagegen reduzierte sich die Zahl der auf die RWE AG entfallenden Zusammenschlüsse auf elf Fälle (2004/05: 30) und die der Bertelsmann AG auf 23 Fälle (2004/05: 37) erheblich.

Die insgesamt deutlich verringerte Zusammenschlussaktivität der betrachteten Großunternehmen gegenüber der Periode 2004/05 lässt sich insbesondere auf die 2004/05 weit überdurchschnittliche Fusionsaktivität zweier Banken – der Landesbank Berlin Holding AG (77 Zusammenschlussfälle) und der Norddeutschen Landesbank Girozentrale (67 Zusammenschlussfälle) zurückführen.

Tabelle III.24

Beteiligung der „100 Größten" an den dem Bundeskartellamt angezeigten Zusammenschlüssen und der Zahl der Freigabeentscheidungen[1,2]

Rang		Unternehmen (betrachtete rechtliche Einheit)	Freigaben	Angezeigte Zusammenschlüsse	
2006	2004		2006/07	2006/07	2004/05
1	1	Deutsche Telekom AG	7	7	6
2	2	Siemens AG	32	31	36
3	3	DaimlerChrysler AG	8	8	18
4	4	Volkswagen AG	9	9	5
5	6	Deutsche Bahn AG	10	12	5
6	5	Deutsche Post AG	5	5	15
7	13	Deutsche Bank AG	6	6	10
8	7	Robert Bosch GmbH	7	7	4
9	8	Bayerische Motoren Werke AG	4	4	12
10	12	BASF AG	8	13	10
11	11	ThyssenKrupp AG	6	6	9
12	9	RWE AG	10	11	30
13	14	Deutsche Lufthansa AG	3	4	7
14	16	E.ON AG	32	39	27
15	17	RAG AG	6	7	12
16	10	Allianz SE	8	9	9
17	15	Metro AG	2	3	9
18	20	Münchener Rückversicherungs-Gesellschaft AG	2	2	4
19	18	Vodafone-Gruppe Deutschland (Vodafone Group plc)	2	2	0
20	19	Bayer AG	0	0	1

noch Tabelle III.24

Rang		Unternehmen (betrachtete rechtliche Einheit)	Freigaben	Angezeigte Zusammenschlüsse	
2006	2004			2006/07	2004/05
21	25	ZF Friedrichshafen AG	2	2	0
22	27	Continental AG	6	6	0
23	23	SAP AG	3	3	1
24	32	REWE-Gruppe (REWE-Zentral AG)	6	6	11
25	24	EADS-Gruppe Deutschland (EADS Deutschland GmbH)	6	6	4
26	70	KarstadtQuelle AG	9	9	7
27	21	MAN AG	6	9	3
28	36	Vattenfall-Gruppe Deutschland (Vattenfall AB)	3	4	8
29	22	General Motors-Gruppe Deutschland (General Motors Corporation)	0	0	6
30	26	Energie Baden-Württemberg AG	8	13	8
31	30	DZ Bank AG	24	26	17
32	29	Landesbank Baden-Württemberg	29	32	14
33	38	UniCredit-Gruppe Deutschland (Bayerische Hypo- und Vereinsbank AG)	4	4	13
34	33	Bertelsmann AG	20	23	37
35	35	Dr. Ing. h. c. F. Porsche AG	2	2	1
36	31	Aldi-Gruppe	0	0	0
37	44	Sanofi Aventis-Gruppe Deutschland (Sanofi-Aventis S. A.)	0	0	1
38	45	Commerzbank AG	12	13	3
39	34	Schwarz-Gruppe (Schwarz GmbH & Co. KG)	0	0	0
40	28	IBM-Gruppe Deutschland (International Business Machines Corporation (IBM))	12	12	6
41	39	Shell-Gruppe Deutschland (Royal Dutch/Shell-Gruppe)	0	0	0
42	56	Ford-Gruppe Deutschland (Ford Motor Company Inc.)	0	0	3
43	40	Total-Gruppe Deutschland (Total S.A.)	7	8	5
44	49	ExxonMobil-Gruppe Deutschland (Exxon Mobil Corporation)	0	0	2
45	–	Fresenius AG	5	5	–
46	51	Salzgitter AG	2	2	1
47	50	BP-Gruppe Deutschland (BP plc)	4	4	1
48	41	C. H. Boehringer Sohn KG	0	0	1
49	37	Bayerische Landesbank	7	7	11
50	53	Bilfinger Berger AG	8	9	9

Rang		Unternehmen (betrachtete rechtliche Einheit)	Freigaben	Angezeigte Zusammenschlüsse	
2006	2004		2006/07	2006/07	2004/05
51	43	Roche-Gruppe Deutschland (Roche Holding AG)	3	3	0
52	–	E. Merck oHG	0	0	–
53	46	Tengelmann Warenhandelsgesellschaft	1	1	3
54	75	Stadtwerke München GmbH	6	6	4
55	91	Rhön-Klinikum AG	5	6	7
56	77	EDEKA Zentrale AG & Co. KG	9	9	7
57	55	Fraport AG Frankfurt Airport Services Worldwide	0	0	2
58	59	Tchibo Holding AG	0	0	2
59	82	Landesbank Berlin Holding AG	1	2	77
60	-	KfW Bankengruppe	1	1	–
61	-	Heidelberger Druckmaschinen AG	2	2	–
62	48	Otto Group (Otto GmbH & Co. KG)	1	1	0
63	60	Altria-Gruppe Deutschland (Altria Group Inc.)	1	2	0
64	74	Wacker Chemie AG	1	1	0
65	–	Liebherr-International-Gruppe Deutschland (Liebherr-International AG)	1	1	–
66	58	BSH Bosch und Siemens Hausgeräte GmbH	0	0	0
67	61	Saint-Gobain-Gruppe Deutschland (Compagnie de Saint-Gobain S. A.)	7	7	3
68	72	Hamburger Gesellschaft für Vermögens- und Beteiligungs-verwaltung mbH	3	3	4
69	54	Henkel KGaA	0	0	4
70	52	Debeka-Gruppe (Debeka Lebensversicherungsverein a. G.)	0	0	0
71	67	Axel Springer AG	27	32	1
72	90	ArcelorMittal-Gruppe Deutschland (Arcelor S. A.)	8	9	7
73	76	Adolf Würth GmbH & Co. KG	2	2	2
74	63	Nestlé-Gruppe Deutschland (Nestlé S. A.)	2	3	1
75	47	Linde AG	2	3	4
76	66	Philips-Gruppe Deutschland (Koninklijke Philips Electronics N.V.)	2	2	1
77	42	TUI AG	0	0	10
78	–	WestLB AG	4	5	–
79	68	ABB-Gruppe Deutschland (ABB Asea Brown Boveri Ltd.)	0	0	0
80	88	K+S AG	2	2	2

noch Tabelle III.24

Rang		Unternehmen (betrachtete rechtliche Einheit)	Freigaben	Angezeigte Zusammenschlüsse	
2006	2004		2006/07	2006/07	2004/05
81	87	KPMG Deutsche Treuhand-Gesellschaft AG Wirtschafts-prüfungsgesellschaft	0	0	0
82	–	AXA-Gruppe Deutschland (AXA S.A.)	22	23	–
83	81	PricewaterhouseCoopers Aktiengesellschaft Wirtschafts-prüfungsgesellschaft	0	0	0
84	98	HUK-COBURG (Haftpflicht-Unterstützungs-Kasse kraftfahrender Beamter Deutschlands a. G. in Coburg)	0	0	1
85	–	EWE AG	9	12	–
86	62	Hewlett-Packard-Gruppe Deutschland (Hewlett-Packard-Company)	8	8	8
87	71	Generali-Gruppe Deutschland (Assicurazioni Generali S. p. A.)	4	4	0
88	73	Voith AG	6	6	6
89	86	Freudenberg & Co.	2	2	5
90	80	Carl Zeiss AG	2	2	3
91	–	HDI Haftpflichtverband der Deutschen Industrie V. a. G. (Talanx AG)	1	1	–
92	84	Stadtwerke Köln GmbH	3	3	4
93	–	Novartis-Gruppe Deutschland (Novartis AG)	0	0	–
94	–	STRABAG-Gruppe Deutschland (STRABAG SE)	19	18	–
95	–	LANXESS AG	2	2	–
96	96	H & M Hennes & Mauritz Gruppe Deutschland (H & M Hennes & Mauritz AB)	0	0	1
97	97	Miele & Cie. KG	0	0	0
98	65	GEA Group AG	7	7	11
99	89	Procter & Gamble-Gruppe Deutschland (The Procter & Gamble Company)	0	0	0
100	64	Unilever-Gruppe Deutschland (Unilever N. V.)	1	1	0
–	57	Schering AG	–	–	1
–	69	EUROHYPO AG	–	–	2
–	78	Zurich Financial Services-Gruppe Deutschland (Zurich Financial Services AG)	–	–	1
–	79	ALTANA AG	–	–	2
–	83	Alcatel-Lucent-Gruppe Deutschland (Alcatel S. A.)	–	–	2
–	85	Infineon Technologies AG	–	–	2

Rang		Unternehmen (betrachtete rechtliche Einheit)	Freigaben	Angezeigte Zusammenschlüsse	
2006	2004		2006/07		2004/05
–	92	Berliner Verkehrsbetriebe (BVG) Anstalt des öffentlichen Rechts	–	–	1
–	93	EDEKA Minden eG (EDEKA Minden-Hannover Holding GmbH)	–	–	0
–	94	Gerling-Konzern Versicherungs-Beteiligungs-AG	–	–	1
–	95	DFS Deutsche Flugsicherung GmbH	–	–	0
–	99	Norddeutsche Landesbank Girozentrale	–	–	67
–	100	Signal-Iduna Gruppe (Iduna Vereinigte Lebens-versicherung a. G.)	–	–	0
„100 Größte" insgesamt			529	582	661
Gesamtzahl aller angezeigten Zusammenschlüsse/Freigaben			3.779	3.303	2.541[3]
Anteil der „100 Größten" an der Gesamtzahl aller Fälle (%)			14,0	17,6	26,0

[1] Bei den übermittelten Daten für das Jahr 2007 handelt es sich jeweils um vorläufige Werte.
[2] Die Zahl der angezeigten vollzogenen Zusammenschlüsse kann oberhalb der Zahl der Freigaben im Berichtszeitraum 2006/2007 liegen, sofern bereits im Jahr 2005 freigegebene Zusammenschlüsse erst im Berichtszeitraum vollzogen oder angezeigt wurden.
[3] Aktualisierter Wert.
Quelle: Eigene Berechnungen nach Angaben des Bundeskartellamtes

452. Bei einer Aufteilung des Untersuchungskreises durch Quartile ergibt sich, dass die 25 größten Unternehmen mit einem Anteil von 35,7 Prozent (2004/2005: 36,8 Prozent) unverändert an mehr als einem Drittel der Zusammenschlüsse beteiligt waren (vgl. Tabelle III.25). Im unteren Viertel liegt der Anteil an der Gesamtzahl der Zusammenschlüsse der Großunternehmen bei 16,8 Prozent. Gegenüber dem Zeitraum 2004/05 (29,0 Prozent) ist ihr Anteil allerdings erheblich gesunken. Eine mit der Verteilung der angezeigten Zusammenschlüsse weitestgehende Übereinstimmung besteht für den Zeitraum 2006/07 mit der Zahl der Freigabeentscheidungen.

Tabelle III.25

Häufigkeit der Beteiligungen der Unternehmen aus dem Kreis der „100 Größten" 2006 an Unternehmenszusammenschlüssen 2006/2007 nach Ranggruppen

Ranggruppe	Freigaben		Angezeigte Zusammenschlüsse			
	2006/07				2004/05	
	Anzahl	Anteil (%)	Anzahl	Anteil (%)	Anzahl	Anteil (%)
1 bis 25	190	35,9	208	35,7	243	36,8
26 bis 50	162	30,6	182	31,3	156	23,6
51 bis 75	83	15,7	94	16,2	70	10,6
76 bis 100	94	17,8	98	16,8	192	29,0
Insgesamt	**529**	**100,0**	**582**	**100,0**	**661**	**100,0**

Quelle: Eigene Berechnungen nach Angaben des Bundeskartellamtes

Kapitel IV

Missbrauchsaufsicht über marktbeherrschende Unternehmen und Fusionskontrolle

1. Missbrauchsaufsicht

1.1 Überblick über die Amtspraxis

453. Die Missbrauchsaufsicht stellt anders als die Fusionskontrolle ein rechtliches Instrumentarium für eine Verhaltenskontrolle von Unternehmen dar, die bereits eine marktbeherrschende bzw. marktmächtige Stellung innehaben. Da angenommen wird, dass der Verhaltensspielraum marktmächtiger Unternehmen nicht mehr ausreichend durch den Wettbewerb kontrolliert wird, ist das Bundeskartellamt damit beauftragt, missbräuchliches Verhalten der als marktbeherrschend erkannten Unternehmen zu unterbinden. Anders als im Fusionskontrollverfahren, bei dem Zusammenschlüsse im Vorhinein einer Ex-ante-Meldepflicht unterliegen, muss das Kartellamt auf einen Missbrauch zunächst aufmerksam werden, um wettbewerbsbeschränkendes Verhalten ex post unterbinden zu können. Die unterschiedlichen Missbrauchstatbestände und die oftmals schwierige Abgrenzung zu gewöhnlichen Wettbewerbsparametern erschweren den Nachweis des Missbrauchs einer marktbeherrschenden Stellung und erklären die im Vergleich zur Fusionskontrolle geringere Anzahl durchgeführter Verfahren durch das Bundeskartellamt. Der Schwerpunkt der im Berichtszeitraum durchgeführten Verfahren lag dabei weiterhin auf Behinderungstatbeständen.

454. Traditionell stellt der Energiesektor einen Schwerpunkt der Arbeiten des Bundeskartellamtes in der Missbrauchsaufsicht dar. Im Berichtszeitraum hat dabei die Novellierung des Energiewirtschaftsgesetzes (EnWG) auf die Amtspraxis Einfluss genommen. Mitte 2005 begann die Bundesnetzagentur mit der Regulierung der Gas- und Elektrizitätsnetze nach den Vorschriften des novellierten EnWG. Damit entfällt die Zuständigkeit des Bundeskartellamtes, Missbrauchsfälle beim Netzzugang und Netzanschluss nach nationalem Recht gemäß § 111 EnWG zu ahnden. Der Schwerpunkt der Kartellamtstätigkeit liegt nunmehr in den nicht regulierten Beschaffungs-, Erzeugungs- und Absatzmärkten. Das Bundeskartellamt hat wegen des Verdachts des Missbrauchs einer marktbeherrschenden Stellung unter anderem Verfahren gegen langfristige Gaslieferverträge mit Weiterverteilern und gegen die Berücksichtigung bestimmter Kostenelemente auf der Grundlage des CO$_2$-Emmissionshandels bei der Strompreisbildung geführt.

455. In der Berichtsperiode ist es auch über den Energiesektor hinaus zu einer Reihe erwähnenswerter Verfahren gekommen. Eine wesentliche Aufgabe des Bundeskartellamtes lag dabei in der Durchsetzung des Untereinstandspreisverbotes gemäß § 20 Abs. 4 des Gesetzes gegen Wettbewerbsbeschränkungen (GWB). Der Preismissbrauch im Einzelhandel findet besondere Aufmerksam-keit, da die gesetzlichen Grundlagen mit Wirkung vom 22. Dezember 2007 für den Verkauf von Lebensmitteln nochmals deutlich verschärft wurden. Bereits unter der alten Norm ist es nur vereinzelt zu einer Anwendung des Untereinstandspreisverbotes gekommen, da sich in der Verfahrenspraxis bei der Ermittlung der Einstandspreise deutliche Schwierigkeiten ergaben, die sich in der abgelaufenen Berichtsperiode insbesondere im Verfahren gegen den Drogerieartikelhändler Rossmann gezeigt haben. Der Fall befindet sich zur Zeit im Beschwerdeverfahren beim Oberlandesgericht (OLG) Düsseldorf. Von ihm wird eine Signalwirkung für die Einzelhandelsbranche erwartet.

456. In einem weiteren Verfahren rügte das Bundeskartellamt die unbillige Behinderung abhängiger Unternehmen, welche erstmals im Rahmen eines Franchisesystems festgestellt wurde. Der hier festgestellte Preis-Kosten-Scheren-Effekt war zudem ebenfalls Gegenstand einer Änderung des Gesetzes gegen Wettbewerbsbeschränkungen, was die Beweisführung des Bundeskartellamtes in ähnlich gelagerten Missbrauchsfällen zukünftig deutlich vereinfachen soll. Ebenfalls zum ersten Mal wurde ein Mietsystem zur Abschottung eines Sekundärmarktes als Missbrauch geahndet. Die Einschränkung von Wettbewerb auf Märkten für Verbrauchs- oder Ersatzgüter zu einem Sekundärprodukt stellt eine in zahlreichen Wirtschaftsbranchen verbreitete Preissetzungsstrategie dar.

1.2 Missbräuchliche Abschottung eines Sekundärmarktes

457. Im Februar 2006 schloss das Bundeskartellamt ein Missbrauchsverfahren gemäß § 19 GWB und Artikel 82 EGV gegen die Soda-Club GmbH ab.[1] Das Verfahren ist vor allem deshalb von Bedeutung, da das Bundeskartellamt erstmals ein Mietsystem als Behinderungsmissbrauch auf einem Sekundärmarkt ahndete. Der Missbrauch betraf den Markt für Besprudelungsgeräte mit CO$_2$-Zylindern. Die Geräte dienen Endverbrauchern dazu, Leitungswasser mit Kohlensäure zu versetzen, um auf diese Weise Sprudelwasser herzustellen. Während die Besprudelungsmaschinen eine langfristige Haltbarkeit aufweisen, wird das notwendige Kohlenstoffdioxid in austauschbaren Zylindern verschiedener Größen aus Aluminium oder Stahl gelagert, die nach dem Verbrauch wiederbefüllt werden können. Zur Befüllung bringt der Kunde den leeren Zylinder zu einem Händler, der diesen gegen einen gefüllten Zylinder austauscht. Dabei sind Zylinder von Soda-Club mit denen der Wettbewerber grundsätzlich austauschbar, sofern sie die gleiche Kapazität besitzen.

---

[1] BKartA, Beschluss vom 9. Februar 2006, B3 – 39/03, WuW/E DE-V 1177.

458. Der Austausch der Leerzylinder geschieht entweder bei Soda-Club-Vertragshändlern oder bei freien Händlern. Dabei verwendet Soda-Club ein anderes Vertriebssystem für seine Zylinder als seine Wettbewerber. Während Soda-Club seine Zylinder an den Kunden vermietet und dafür einen im Voraus zu entrichtenden einmaligen Mietbetrag verlangt, vertreiben die Wettbewerber Kaufzylinder innerhalb eines Tauschpools. Das Mietsystem macht es möglich, dass die Zylinder von Soda-Club rechtlich im Eigentum des Herstellers verbleiben. Deshalb war es diesem möglich, die Befüllung eigener Zylinder durch Fremdunternehmen zu untersagen. In der Praxis führte das dazu, dass Soda-Club-Vertragshändler sowohl Mietzylinder als auch Kaufzylinder gegen Soda-Club-Mietzylinder tauschten.

Freie Händler hingegen waren nicht berechtigt, Soda-Club-Mietzylinder anzunehmen bzw. diese befüllen zu lassen. Da sich jedoch überproportional viele Soda-Club-Zylinder im Umlauf befinden, sahen sich viele freie Händler gezwungen, auch Soda-Club-Zylinder zurückzunehmen. Diese Soda-Club-Zylinder wurden in der Regel von Händlern oder Abfüllunternehmen gelagert. Soda-Club verweigerte anschließend die Rücknahme dieser Zylinder. Die Mietzylinder wurden gegen Kaufzylinder ausgetauscht, wodurch sich die freien Händler zu Ersatzinvestitionen – ohne Entschädigung – gezwungen sahen.

Das Bundeskartellamt weist in seinem Beschluss auf die marktbeherrschende Stellung von Soda-Club auf dem Abfüllmarkt hin, die sich insbesondere in einem Marktanteil von 70 Prozent niederschlägt. Aus diesem Grund laufen bei Soda-Club weniger Kaufzylinder an als Mietzylinder von Soda-Club bei den Wettbewerbern. Das Bundeskartellamt schließt daraus, dass der Bestand an Zylindern, die angeblich im Eigentum von Soda-Club stehen, in marktverstopfender Weise wächst. Gleichzeitig entstehen den Wettbewerbern zusätzliche Lagerungs- und Stilllegungskosten.

459. Das Bundeskartellamt sieht in der Ausgestaltung des Mietsystems eine wettbewerbsbeschränkende Wirkung, die sich unter Berufung auf das Eigentumsrecht auch nicht sachlich rechtfertigen lässt. Das Mietsystem sei in diesem Falle keine Vertriebsform, die zum Vorteil der Verbraucher geschaffen wurde. Es diene nach Auffassung des Amtes offensichtlich allein dazu, Wettbewerber von Soda-Club aus dem Markt zu verdrängen bzw. Marktzutrittsbarrieren für neue Wettbewerber zu errichten. Dies zeige sich insbesondere daran, dass sich der Unterschied des Mietsystems der Soda-Club-Zylinder im Vergleich zum System der Kaufzylinder lediglich darin äußere, dass Soda-Club den Verbrauchern die theoretische Möglichkeit einräumt, die Mietzylinder zu einem späteren Zeitpunkt zurückzugeben. Diese Möglichkeit spiele aber im realen Marktprozess eine unbedeutende Rolle, da die Rückgabeoption an die Bedingung gekoppelt ist, dass der Kunde sowohl Kaufbeleg als auch das dem Zylinder beiliegende Zertifikat über die Nutzungsdauer aufbewahrt und den Zylinder darüber hinaus bei demjenigen Händler zurückgibt, der ihm den Zylinder verkauft hat. Auf den Mietpreis wurde zudem die Nutzungszeit angerechnet, weshalb davon auszugehen sei, dass die Transaktionskosten der Rückgabe für den Endverbraucher den geringen Restwert in der Praxis fast immer übersteigen. De facto entspreche der Mietpreis eines Soda-Club-Zylinders daher dem Kaufpreis eines Zylinders der Wettbewerber. Ein regelmäßiger Mietzins, wie bei regulären Mietverhältnissen üblich, wurde nicht erhoben.

460. Das Bundeskartellamt hat Soda-Club untersagt, Wettbewerber daran zu hindern, Soda-Club-Mietzylinder entgegenzunehmen oder sie unter Beachtung der gesetzlichen Vorschriften zu befüllen bzw. befüllen zu lassen. Zudem muss Soda-Club auf seinen Mietzylindern darauf hinweisen, dass diese unter Beachtung der gesetzlichen Vorschriften nicht allein von Soda-Club befüllt werden dürfen. Gegen diesen Beschluss hat Soda-Club Beschwerde vor dem Oberlandesgericht Düsseldorf eingereicht. Das Gericht bestätigte im März 2007 im Wesentlichen den Beschluss des Bundeskartellamtes.[2] Im März 2008 bestätigte auch der Bundesgerichtshof den Beschluss.[3] Im Beschwerdeverfahren erhob Soda-Club unter anderem Einwände gegen die sachliche Marktabgrenzung. Der Befüllmarkt sei um den Produktmarkt für gebrauchsfertiges Sprudelwasser zu erweitern, da sowohl die Befüllung eines Kohlensäurezylinders als auch fertiges Sprudelwasser dazu dienten, den Bedarf an Trinkwasser zu decken. Das Oberlandesgericht hob hervor, dass es sich beim Bedarfsmarktkonzept um ein Hilfskriterium zur sachlichen Marktabgrenzung handele. Ziel der Marktabgrenzung sei aber die Ermittlung der Wettbewerbskräfte, denen sich die beteiligten Unternehmen zu stellen hätten. Demnach sei das Bedarfmarktkonzept nicht mechanisch, sondern zweckbezogen angewendet worden, um im konkreten Fall die Wettbewerbskräfte zu ermitteln. Unter Anwendung dieser Rechtsgrundsätze stelle der Angebotsmarkt für die Befüllung von Kohlensäurezylindern einen eigenen Teilmarkt dar. Der Bundesgerichtshof (BGH) stellte in seiner Entscheidung vor allem den Lock-in-Effekt bei der Entscheidung für ein Befüllsystem und den damit verbundenen Erwerb von Betriebsmitteln heraus. Ein anderes System, hier in Form des gebrauchsfertigen Sprudelwassers, stelle in der Regel keine Bezugsalternative für das Betriebsmittel dar.

461. Die Monopolkommission schließt sich dem Urteil der Gerichte an. Der Gesamtmarkt ist nach ihrer Auffassung in drei Ebenen zu unterteilen: den Markt für das Grundsystem, den Markt für die CO_2-Zylinder und den Markt für die Befüllung dieser Zylinder. Der Missbrauch ist darin zu sehen, dass Soda-Club versucht, durch das Vertriebssystem seiner Zylinder seine marktbeherrschende Stellung auf den Befüllmarkt zu übertragen. Die wettbewerbsbeschränkende Wirkung geht daher von der Voraussetzung aus, dass sich durch das Mietsystem die marktbeherrschende Stellung von Soda-Club auf dem Zylindermarkt festigt. Auf diese Weise befinden sich in grö-

---

2 OLG Düsseldorf, Beschluss vom 14. März 2007, VI-Kart 5/06 (V), WuW/E DE-R 1935.
3 BGH, Beschluss vom 4. März 2008, KVR 21/07.

ßerem Maße Soda-Club-Zylinder im Umlauf als solche der Wettbewerber. Sowohl Soda-Club als auch die Wettbewerber müssen für rücklaufende Zylinder des jeweils anderen Vertriebssystems kontinuierlich Ersatzinvestitionen leisten. Aufgrund des hohen Marktanteils der Mietzylinder sind die daraus entstehenden Kosten pro Austauschzylinder für die Wettbewerber höher. Entziehen sich die freien Händler diesen Kosten dadurch, dass sie Soda-Club-Zylinder nicht mehr annehmen, dann verlieren sie zunehmend Kunden und es kommt sukzessive zu der marktverstopfenden Wirkung mit Soda-Club-Zylindern, die das Kartellamt festgestellt hat. Das von Soda-Club angewandte Mietsystem führt somit zu einer marktbeherrschenden Stellung auf dem Abfüllmarkt für CO_2-Zylinder. Die marktbeherrschende Stellung auf beiden Märkten wird daher künstlich durch die Ausgestaltung des Mietsystems erzeugt. Allein durch die Abkehr von dem durch das Mietsystem erzeugten Befüllverbot kann die wettbewerbsbeschränkende Wirkung aufgehoben werden.

462. Der Missbrauch kann auch unter dem Aspekt gesehen werden, dass es sich um einen Fall der Kontrolle von Sekundärmärkten handelt. Die Verknüpfung der Märkte wird durch eine Kopplung des Sekundärproduktes an das Primärprodukt erreicht. Bei dem Markt für Zylinder handelt es sich um einen Sekundärmarkt zum Markt für Besprudelungsgeräte, während der Markt für die Abfüllung dieser Zylinder ein Sekundärmarkt zum Zylindermarkt selbst ist. Die Soda-Club-Besprudelungsgeräte spielen für den Missbrauchstatbestand jedoch nur eine vernachlässigbare Rolle, weshalb in diesem Fall die letzteren Märkte für Zylinder und deren Abfüllung mit CO_2 relevant sind. An dieser Stelle liegt ein Vergleich dieses Falles mit anderen Fällen der Kontrolle von Sekundärmärkten nahe, um die Frage zu beantworten, ob durch das vorliegende Missbrauchsverfahren Auswirkungen auf andere Märkte zu erwarten sind, beispielsweise auf den Sekundärmärkten für Rasierklingen oder Druckerpatronen. In der Diskussion um die ökonomischen Wirkungen der Kontrolle von Sekundärmärkten steht dabei die Frage im Mittelpunkt, ob aus der Marktbeherrschung in bestimmten Situationen tatsächlich negative Wohlfahrtseffekte resultieren.[4] Dazu wird vorausgesetzt, dass mehrere Anbieter auf dem Primärmarkt im Wettbewerb stehen, jedoch eine Monopolstellung für das eigene System auf den Sekundärmärkten besitzen. Unter der Annahme, dass es unterschiedliche Nutzergruppen gibt, die das Sekundärgut in unterschiedlicher Menge konsumieren, bestünde dann die Möglichkeit, eine wohlfahrtsverbessernde Situation zu erreichen, wenn sich der Gesamtpreis von Primär- und Sekundärprodukt nach konsumierter Menge und damit nach der vorhandenen Nachfrageelastizität differenzieren ließe. Das Sekundärprodukt als Verbrauchsgut dient dabei als Zähler für die Nutzungsmenge und damit der Selbstselektion der Kunden in Gruppen zwischen Viel- und Wenignutzern. Durch die Monopolstellung auf den Sekundärmärkten ist es den Anbietern nun möglich, die De-

ckungsbeiträge anstelle über das Primärprodukt nun über das Sekundärprodukt zu erwirtschaften. Vielnutzer zahlen damit entsprechend ihrer Nachfrageelastizität einen höheren, Wenignutzer einen geringeren Gesamtpreis. Die Prämisse führt im Modell dazu, dass Kunden mit geringer Nutzungshäufigkeit verstärkt in die Lage versetzt werden das Gut zu nutzen, während die Nachfrage beim Kundensegment hoher Nutzungsintensität durch den höheren Preis nicht oder nur gering zurückgeht. Ein mögliches Beispiel wären die Segmente der Privat- und Geschäftskunden.

Die vorausgegangene Betrachtung impliziert jedoch, dass der Wettbewerb auf dem Primärmarkt Einschränkungen durch eine nicht vollständig homogene Güterstruktur unterliegen muss oder Besonderheiten bei Marktstruktur und Produktionsfunktion vorliegen.

Die Monopolkommission hält es im Grundsatz für sinnvoll, in Missbrauchsfällen, welche die Kontrolle von Sekundärmärkten betreffen, zukünftig auch solche ökonomischen Überlegungen stärker einzubeziehen. Hier sind jedoch die Voraussetzungen im Einzelfall zu beachten. Zur Erzielung einer wohlfahrtsverbessernden Situation ist in einem ersten Schritt zu prüfen, ob auf dem Primärmarkt ein Wettbewerb preisdifferenzierender Systemanbieter stattfindet, die jeweils eine marktbeherrschende Stellung auf dem Sekundärmarkt besitzen. In einem zweiten Schritt ist abzuwägen, ob Plausibilitätsüberlegungen dafür sprechen, dass sich die Nachfrage nach der Nutzungsintensität segmentieren lässt und das Wenignutzersegment im Besonderen preiselastisch reagiert.

463. Im vorliegenden Fall des Missbrauches bei Besprudelungsgeräten liegen diese Voraussetzungen nach Ansicht der Monopolkommission jedoch nicht vor. Ein Wettbewerb preisdifferenzierender Systemanbieter von Zylindern und CO_2-Abfüllern existiert nicht. Demgegenüber hat Soda-Club eine marktbeherrschende Stellung auf dem Zylindermarkt. Da zwischen Primär- und Sekundärmarkt, anders als in anderen Fällen, keine technische Verbindung besteht, nutzt Soda-Club das Mietsystem, um eine eigentumsrechtliche Kopplung herzustellen, die allerdings nur für Soda-Club selbst gilt. Dieses Verhalten führt somit allein zu dem beschriebenen Effekt, dass Soda-Club in die Lage versetzt wird, eine marktherrschende Stellung auf dem Primärmarkt zu erlangen und diese auf den Sekundärmarkt zu übertragen, indem es den Wettbewerbern höhere Kosten in Form von höheren Ersatzinvestitionen aufbürdet.

464. Im Beschwerdeverfahren war zunächst strittig, ob die Rechtsbeschwerde der Beteiligten eine aufschiebende Wirkung für die Entscheidung des Bundeskartellamtes entfaltet. § 64 Abs. 1 GWB regelt, in welchen Fällen von Beschwerden eine aufschiebende Wirkung ausgeht. Eindeutig war nach der alten Fassung der Vorschrift, dass die Beschwerde gegen Verfügungen gemäß § 32 in Verbindung mit §§ 19 bis 21 GWB aufschiebende Wirkung hat, während Artikel 82 EGV nicht erwähnt ist. Angesichts des eindeutigen Wortlauts des § 64 GWB sah sich der Kartellsenat des Oberlandesgerichts Düsseldorf nicht imstande, den Geltungsbereich der Norm im Wege einer

4 Vgl. Bechtold, S., Die Kontrolle von Sekundärmärkten, Baden Baden 2007, S. 28 ff.

Analogie zu erweitern. Die Rechtsbeschwerde von Soda-Club bezüglich der aufschiebenden Wirkung hatte Erfolg. Der Bundesgerichtshof hält die analoge Heranziehung des § 64 Abs. 1 Nr. 1 GWB für geboten, da vielfach schwierige Rechts- und Tatfragen und teilweise weitreichende Wirkungen bei Missbrauchsverfahren nach Artikel 82 EGV ebenso wie bei Verfahren nach § 19 GWB vorliegen. Zudem würde die Vorschrift, Verfahren nach den §§ 19 bis 21 GWB hätten aufschiebende Wirkung, zumindest immer dann ins Leere laufen, wenn wegen einer Beeinträchtigung zwischenstaatlichen Handels eine Abstellungsverfügung des Kartellamtes auch auf Grundlage des Artikel 82 EGV ergehen muss. Eine unterschiedliche Regelung des Suspensiveffekts von Beschwerden je nachdem, ob sich die angefochtene Verfügung auf das autonome deutsche Recht oder auf das europäische Recht stütze, sei jedoch auch gemeinschaftsrechtlich nicht angezeigt. Die Anwendung von Artikel 81 und Artikel 82 EGV sei auch dann gewährleistet, wenn die Bestimmungen über das Kartellverwaltungs- und über das gerichtliche Verfahren den Bestimmungen des europäischen Rechts nicht vollständig nachgebildet seien. Eine Klage gegen eine Verfügung der Europäischen Kommission nach Artikel 82 EGV hat keine aufschiebende Wirkung. Der wirksamen Durchsetzung der Wettbewerbsregeln des Vertrags könne jedoch auch dadurch genügt werden, dass die Kartellbehörde nach § 65 Abs. 1 GWB die sofortige Vollziehung anordnet. Hier ist fraglich, ob der Bundesgerichtshof dem Europäischen Gerichtshof (EuGH) nicht nach Artikel 234 EGV die Frage hätte vorlegen müssen, ob die Verordnung 1/2003 an dieser Stelle nicht nach Sinn und Zweck eine Gleichbehandlung durch nationale Gesetze gebietet. Mit der letzten Änderung des Gesetzes gegen Wettbewerbsbeschränkungen zum 22. Dezember 2007 wurde die Rechtslage vereinfacht, da nun zukünftig die aufschiebende Wirkung gegen Verfügungen, die sich gegen einen Missbrauch nach §§ 19 bis 21 und § 29 GWB richten, vollständig entfällt. Solche Verfügungen sind künftig von Gesetzes wegen sofort vollziehbar.

1.3 Unbillige Behinderung abhängiger Unternehmen im Vertikalverhältnis

465. Im Mai 2006 hat das Bundeskartellamt eine Missbrauchsverfügung gegen die Praktiker Baumärkte GmbH erlassen.[5] Das Verfahren betrifft das Verhalten von Praktiker gegenüber seinen Franchisenehmern. Es handelt sich dabei um das erste behördliche Missbrauchsverfahren, in dem das Vertikalverhältnis von Franchisegeber und -nehmer kartellrechtlich untersucht wird. Bisherige Urteile zu diesem Verhältnis gehen immer auf zivilrechtliche Prozesse zurück.

466. Die Praktiker AG ist in Deutschland mit ihren Baumärkten nach Verkaufsfläche der zweitgrößte Anbieter in der Baumarktbranche. Der Vertrieb von Baumarktsortimenten erfolgt über zwei Schienen (duales Vertriebssystem). Zum einen betreibt die Praktiker AG in

Deutschland rd. 290 eigene Filialen als Regiebetriebe, die überwiegend unter dem Namen „Praktiker", teilweise auch von einer Tochtergesellschaft und unter dem Namen „TopBau-Center" geführt werden. Zum anderen fungiert die Praktiker Baumärkte GmbH, eine weitere Tochtergesellschaft der Praktiker AG, als Franchisegeberin gegenüber rd. 20 unabhängigen Franchiseunternehmen, die die Bezeichnung „extra Bau & Hobby-Markt" führen. Das beanstandete Verhalten betrifft die Praxis der Praktiker Baumärkte GmbH in ihrer Funktion als Franchisegeberin. Praktiker ist Normadressat der in § 20 Abs. 1 GWB geregelten Verbote. Zwar ist das Unternehmen auf dem relevanten Großhandelsmarkt für Bau- und Heimwerkerbedarf nicht marktbeherrschend, es ist aber ein marktstarkes Unternehmen im Sinne des § 20 Abs. 2 Satz 1 GWB gegenüber seinen Franchisenehmern. Dies ergibt sich bereits aus der bestehenden Bezugspflicht der Franchisenehmer.

467. Einige Franchisenehmer von Praktiker hatten die Verpflichtung, 100 Prozent ihrer Waren vom Franchisegeber zu beziehen. Gleichzeitig weigerte sich Praktiker, die von ihm erzielten Einkaufsvorteile an seine Franchisenehmer weiterzugeben. Vielmehr forderte Praktiker Bezugspreise für die gelieferten Waren, die nicht nur gelegentlich über den Preisen liegen, zu denen Praktiker-Regiebaumärkte diese Waren an Endkunden abgeben. Das Bundeskartellamt erläutert dies am Beispiel dreier Produkte – Mauer- und Putzmörtel, Zementmörtel und Betonestrich –,deren Endverkaufspreis in Praktiker-Baumärkten unter dem Einkaufspreis der Franchisenehmer lag. Das Bundeskartellamt stellt daher fest, dass dieses Vorgehen als erhebliche Behinderung zu werten ist, da die Betätigungsmöglichkeiten der Franchisenehmer auf diese Weise erheblich eingeschränkt würden.

468. An dieser Stelle unterscheidet das Bundeskartellamt zwischen zwei wettbewerbsbeschränkenden Verhaltensweisen. An erster Stelle stellt die Nichtweitergabe erzielter Einkaufsvorteile nach Ansicht des Amtes eine unbillige Behinderung dar, wenn die Franchisenehmer gleichzeitig aufgrund einer 100-prozentigen Bezugspflicht an den Franchisegeber gebunden sind. Die Nichtweitergabe von Einkaufsvorteilen ist isoliert von der Alleinbezugsvereinbarung noch nicht als unbillige Behinderung zu werten.[6] Für missbräuchlich erachtet das Bundeskar-

---

5 BKartA, Beschluss vom 8. Mai 2006, B9 – 149/04, WuW/E DE-V 1235.

6 Die Bezugspflicht fällt nach der Gruppenfreistellungsverordnung für vertikale Vereinbarungen (Vertikal-GVO) unter die Freistellung nach Artikel 81 Abs. 3 EGV. Demnach sind die in vertikalen Vereinbarungen enthaltenen Verpflichtungen nur dann nicht freigestellt, wenn sie sowohl über 80 Prozent der Einkäufe des Abnehmers betreffen als auch für eine Dauer von mehr als fünf Jahren vereinbart werden. Vgl. § 2 Abs. 2 GWB und Artikel 1 lit. b, Artikel 5 lit. a der Verordnung (EG) Nr. 2790/1999 der Kommission vom 22. Dezember 1999 über die Anwendung von Artikel 81 Abs. 3 des Vertrags auf Gruppen von vertikalen Vereinbarungen und aufeinander abgestimmten Verhaltensweisen, ABl. EG Nr. L 336 vom 29. Dezember 1999, S. 21. Die Nichtweitergabe von Einkaufsvorteilen stellt isoliert ebenfalls keine unbillige Behinderung dar. Eine Weiterleitung dieser Rabatte ist nach der Rechtsprechung des Bundesgerichtshofs im Fall Sixt nicht verpflichtend. Vgl. BGH, Urteil vom 2. Februar 1999, WuW/E BGH 264 = NJW 1999, 2671, 2675, „Preisbindung durch Franchisegeber (Sixt)".

tellamt allerdings die Koppelung einer 100-prozentigen Bezugspflicht mit einer Nichtweitergabe von Einkaufsvorteilen. Durch die 100-prozentige Bezugsbindung ist es dem Franchisenehmer nicht möglich, selbst mit Lieferanten möglicherweise günstigere Kondition auszuhandeln. Er profitiert jedoch auch nicht mittelbar von den Verhandlungen des Franchisegebers, weil dieser die von ihm erzielten Einkaufsvorteile eben nicht weiterleitet. Im Resultat wird der Franchisenehmer dadurch im Horizontalverhältnis behindert. Zum einen gegenüber den Praktiker-Regiebetrieben, zum anderen gegenüber anderen Franchisenehmern von Praktiker, die eine 80-prozentige Bezugspflicht haben, und gegenüber dritten Anbietern.

469. An zweiter Stelle führt das Amt die sog. Preis-Kosten-Schere zwischen Franchise- und Regiebetrieben als wettbewerbsbeschränkendes Verhalten an. Die Praxis von Praktiker, gegenüber seinen Franchisenehmern deutlich höhere Preise zu fordern, als es bei Berücksichtigung der nachträglich erzielten Konditionen der Fall wäre, führe dazu, dass Praktiker in der Lage sei, in seinen Regiebetrieben mit geringeren Kosten zu kalkulieren. Denn konzernintern könnten bei der Ermittlung der Einkaufspreise für die entsprechenden Produkte die dafür gewährten Rabatte in den Regiebetrieben berücksichtigt werden. Der Wettbewerb zwischen Franchise- und Regiebetrieben werde auf diese Weise verzerrt. Ob diese Preis-Kosten-Schere auch dann eine unbillige Behinderung darstellen würde, wenn die Praktiker-Regiebaumärkte und die Franchisenehmer auf unterschiedlichen räumlichen Märkten tätig wären, lässt das Bundeskartellamt offen. Es weist jedoch darauf hin, dass zumindest in zwei Fällen ein Franchisebetrieb auf dem gleichen regionalen Absatzmarkt als Anbieter tätig ist wie ein Praktiker-Regiebetrieb; in fünf weiteren Fällen kann nach Ansicht des Amtes ebenfalls davon ausgegangen werden, dass die betroffenen Franchisebetriebe in aktuellem Wettbewerb mit zumindest einem Praktiker-Regiebaumarkt stehen. Unbillig behindert nach § 20 Abs. 1 GWB werden damit zumindest diese Franchisebetriebe. Praktiker bestritt, dass sich in den vom Bundeskartellamt aufgeführten Fällen die Absatzgebiete ihrer Franchise- und Regiebetriebe überschneiden. Das Unternehmen verweist dabei auf Angaben über die Postleitzahl des Wohnortes von Kunden, die sie durch Befragungen an der Kasse zum Zwecke eines gezielteren Marketings erhoben hat. Diese Angaben deuten auf ein relativ kleines Einzugsgebiet der jeweiligen Baumärkte hin. Das Bundeskartellamt geht dagegen von räumlichen Märkten mit einem Radius von 30 km bzw. 30 Autominuten um den Verkaufsstandort aus. Im Lebensmitteleinzelhandel grenzt es Märkte in ständiger Praxis als Kreise mit einem Radius von 20 km bzw. 20 Autominuten um ein jeweiliges Oberzentrum einer Region ab. Da es sich bei Baumarktartikeln um höherwertige Gebrauchsgüter handle, sei die Bereitschaft, größere Entfernungen in Kauf zu nehmen, entsprechend größer als im Lebensmitteleinzelhandel, daher die Annahme eines etwas größeren räumlichen Marktes.

470. Gegen den Vorwurf der unbilligen Behinderung wendet Praktiker ferner ein, es biete seinen Franchisenehmern an, sich einem Dauerniedrigpreisprogramm

anzuschließen. In diesem Fall verpflichten sich die Franchisenehmer dazu, den von Praktiker empfohlenen Endkundenpreis zu übernehmen. Im Gegenzug gewährt Praktiker nachträglich Zuschüsse zum Verkaufspreis. Praktiker hält die durch die negative Preisspanne von Nettoeinkaufs- und verkaufspreis bedingte Behinderung für sachlich gerechtfertigt. Durch die Zuschussregelung verbleibe für Franchisenehmer, die sich dem Dauerniedrigpreisprogramm anschließen, eine positive Marge. Das Dauerniedrigpreisprogramm stelle sicher, dass die betreffenden Artikel zu marktgerechten Preisen im Wettbewerb angeboten werden können. Das Bundeskartellamt hält dies nicht für eine sachliche Rechtfertigung einer Behinderung, da Praktiker dieses Ziel auch ohne eine Behinderung der Franchisenehmer erreichen könnte. Insbesondere sei dies durch die Gewähr niedrigerer Bezugspreise möglich. Zudem weist das Amt darauf hin, dass die Erstattungsregelung in dem Interessenkonflikt zwischen Franchisegeber und -nehmer nicht als berücksichtigungsfähiges Interesse geltend gemacht werden kann, da es sich um eine Regelung handelt, die gegen § 1 GWB verstößt. Das Kartellverbot des § 1 GWB umfasst Beschränkungen der Preisbildungsfreiheit des Franchisenehmers[7] und damit auch die faktische Verpflichtung, an einem Dauerniedrigpreisprogramm mit vom Franchisegeber vorgegebenen Preisen teilzunehmen. Auf der Grundlage von § 20 Abs. 1 GWB können jedoch Interessen, deren Durchsetzung von der Rechtsordnung missbilligt wird, keine Berücksichtigung finden.[8] Im Übrigen liegt die Behinderung nach Ansicht des Kartellamtes im Kern in der Preis-Kosten-Schere zwischen dem Verkaufspreis bestimmter Produkte in den Praktiker-Regiebaumärkten und dem Einkaufspreis der Franchisenehmer von Praktiker. Wegen der Praxis, Franchisenehmer im Prinzip dazu zu verpflichten, sich ihrem Dauerniedrigpreisprogramm anzuschließen, behält sich das Bundeskartellamt vor, ein Verfahren nach § 1 GWB einzuleiten.

471. Im Januar 2008 hat das Oberlandesgericht Düsseldorf den Beschluss des Bundeskartellamtes aufgehoben.[9] Gegen den Beschluss wurde Rechtsbeschwerde beim Bundesgerichtshof eingereicht. Das Urteil steht noch aus. Das Oberlandesgericht sieht das Verhalten von Praktiker als rechtens an. In einem Franchisesystem sei auch eine 100-prozentige Bezugsbindung bei einer Vertragslaufzeit von bis zu fünf Jahren nicht unverhältnismäßig, da der Franchisegeber auf diese Weise Identität und Vertriebsorganisation schütze. Es verweist hierzu auf die Regelungen der Vertikal-GVO. Zudem hätte Praktiker ein berechtigtes Interesse daran, die sich bei Lieferanten ergebenen Einkaufsvorteile nicht vollständig weiterzugeben. Vielmehr könnte die Spanne zwischen dem tatsächlichen Einkaufspreis von Praktiker und dem Weiterverkaufspreis auch geeignet sein, die Leistung als Großhändler bzw. Weiter-

---

7   Bahr, in: Langen/Bunte, Kommentar zum deutschen und europäischen Kartellrecht, Bd. 1, 10. Aufl., München 2006, Anhang zu §§ 1 und 2 GWB, Rn. 218.
8   Schultz, in: Langen/Bunte, a. a. O., § 20, Rn. 127.
9   OLG Düsseldorf, Beschluss vom 16. Januar 2008, VI-Kart 11/06 (V).

verkäufer abzugelten, die der Franchisegeber zusätzlich erbracht hat. Dem Verhalten von Praktiker stellt das Gericht die sich daraus ergebende Wettbewerbsbeschränkung gegenüber. Im Horizontalverhältnis sieht das Oberlandesgericht insbesondere die Behinderung gegenüber dritten Baumärkten als nicht belegt an. Es sei nicht möglich, allein aus dem Erfahrungsschatz des Bundeskartellamtes abzuleiten, dass andere bundesweit tätige Baumarktunternehmen mit ähnlichen Einkaufspreisen kalkulieren wie Praktiker und damit die höheren Einkaufspreise der Franchisenehmer gegenüber Dritten zu einem Wettbewerbsnachteil führen. Eine Behinderung sieht das Gericht eher hinsichtlich des Wettbewerbsverhältnisses zwischen Praktiker-Regiebetrieben und den Franchisenehmern, wenn diese im gleichen räumlich relevanten Markt aktiv sind. Es lässt in seinem Beschluss letztendlich offen, in welchem Umfang durch das Bundeskartellamt vergleichsweise Netto-Einkaufspreise ermittelt werden müssten, um den Nachweis eines möglichen Wettbewerbsnachteils zu erbringen. Das Oberlandesgericht stellt jedoch fest, dass allgemeine Plausibilitätserwägungen als Nachweis nicht ausreichen. Es sieht das Verhalten von Praktiker im Rahmen der wettbewerblich bestimmten Interessenabwägung daher insgesamt nicht als unbillig im Sinne von § 20 GWB an.

472. Die Monopolkommission hält es für sachgerecht, die Auswirkungen des Verhaltens eines Franchisegebers im Vertikalverhältnis auf den Wettbewerb sowohl in Bezug auf das Verhältnis Franchisenehmer zu Regiebetrieben als auch auf das Verhältnis Franchisenehmer zu Dritten zu untersuchen. Zunächst ist dabei der Aspekt der Nichtweitergabe von Einkaufsvorteilen bei gleichzeitiger Bezugsbindung durch den Franchisegeber zu beachten. Es erscheint aus ökonomischer Sicht leistungsgerecht, dass der Franchisegeber in seiner Funktion als Großhändler für seine Leistung eine Vergütung verlangt. Die nicht vollständige Weitergabe der Einkaufsvorteile führt unter dieser Prämisse erst zu direkten Anreizen für den Großhändler, Einkaufsvorteile überhaupt auszuhandeln. Die Monopolkommission schließt sich daher dem Oberlandesgericht in der Sache an, dass eine nicht vollständige Weitergabe der Einkaufsvorteile gerechtfertigt sein kann. Problematisch ist jedoch, dass die Vergütung der Großhändlerleistung selbst nicht am Markt gehandelt wird, sondern durch die Alleinbezugsvereinbarung im Wesentlichen durch den Franchisegeber selbst vorgegeben wird. Der Franchisegeber entscheidet daher alleine über den Preis seiner Leistung und muss sich dabei im Innenverhältnis zu seinem Franchisenehmer nur dann einer Disziplinierung durch Markt und Wettbewerb aussetzen, wenn dritte Baumärkte im räumlich relevanten Markt aktiv sind. Besteht Preiswettbewerb durch Dritte, so kann der Franchisegeber allerdings kein Interesse daran haben, den Franchisenehmer im Wettbewerb deutlich zu behindern. Er kann daher auf die Weitergabe von Einkaufsvorteilen nur insoweit verzichten, als er damit verbleibende Renten auf der Einzelhandelsebene abschöpfen kann. Die möglichen Nachteile auf das Wettbewerbsgeschehen zwischen Franchisenehmer und Dritten bei Nichtweitergabe der Einkaufsvorteile schätzt die Monopolkommission daher

als gering ein, auch da gerade unter Baumärkten intensiver Wettbewerb wahrzunehmen ist.

Problematischer stellt sich die Situation in Bezug auf das Wettbewerbsverhältnis Franchisenehmer und Regiebetriebe dar. Hier hat der Franchisegeber die Möglichkeit, die Wettbewerbssituation durch die nicht vollständige Weitergabe von Konditionen an die Franchisenehmer zugunsten seiner Regiebetriebe zu beeinflussen. Stehen in einem räumlich relevanten Markt alleine Franchisenehmer und Regiebetriebe im Wettbewerb, kann es zu einer monopolgleichen Anhebung der Endverkaufspreise kommen. Anders als im Fall einer Essential Facility ist die Handelsebene allerdings nicht vor der Konkurrenz Dritter geschützt. Selbst wenn keine dritten Anbieter im gleichen räumlich relevanten Markt aktiv sind, ist damit zu rechnen, dass eine durch den Franchisegeber ausgelöste Preissetzung Newcomer in den Markt lockt. In begrenztem Maße ist daher auch der potenzielle Wettbewerb geeignet, in einem solchen Falle die Nutzung einer Preis-Kosten-Schere zu verhindern.

473. Der Aspekt einer möglichen Preis-Kosten-Schere ist im Rahmen der letzten Änderung des GWB als Regelbeispiel einer unbilligen Behinderung aufgenommen worden. Gemäß dem geänderten § 20 Abs. 4 Satz 2 Nr. 3 GWB[10] liegt eine unbillige Behinderung nun insbesondere dann vor, wenn ein Unternehmen von kleinen oder mittleren Unternehmen, mit denen es auf dem nachgelagerten Markt beim Vertrieb von Waren oder gewerblichen Leistungen im Wettbewerb steht, für deren Lieferung einen höheren Preis fordert, als es selbst auf diesem Markt anbietet. Die Monopolkommission erachtet die Änderung nur begrenzt für sinnvoll, da zwar der Franchisenehmer gegenüber den Regiebetrieben des Franchisegebers nunmehr besser gestellt wird, der Franchisegeber aber auch bei paritätischer Preissetzung die im Markt verbleibenden Renten auf der Großhandelsebene abschöpfen kann. Preiswettbewerb zwischen Franchisenehmern und Regiebetrieben ist daher nur eingeschränkt zu erwarten. Der Missbrauchsnachweis durch das Bundeskartellamt wird auf diese Weise zwar deutlich vereinfacht, da dieser nunmehr bereits an einzelnen Produktbeispielen festgestellt werden kann. Es ist jedoch zu befürchten, dass auch effizienzsteigernde Praktiken nunmehr untersagt werden.

1.4 Angebote unter Einstandspreis

474. Im Berichtszeitraum ist es erneut zu einem Einschreiten der Kartellbehörde wegen eines Verstoßes gegen das Untereinstandspreisverbot des § 20 Abs. 4 GWB gekommen. Das Untereinstandspreisverbot war mit der sechsten Novelle in das Gesetz gegen Wettbewerbsbeschränkungen aufgenommen worden. Bereits in ihrem letzten Hauptgutachten hat sich die Monopolkommission kritisch mit dem Untereinstandspreisverbot auseinander-

---

[10] Die Änderung von § 20 Abs. 3 und 4 GWB durch das Gesetz zur Bekämpfung von Preismissbrauch im Bereich der Energieversorgung und des Lebensmittelhandels vom 18. Dezember 2007 wird gemäß Artikel 1a, Artikel 3 Satz 2 des Gesetzes zum 1. Januar 2013 wieder zurückgenommen und ist damit zunächst auf fünf Jahre befristet.

gesetzt. Am 22. Dezember 2007 ist zudem das „Gesetz zur Bekämpfung von Preismissbrauch im Bereich der Energieversorgung und des Lebensmittelhandels" in Kraft getreten, durch dass sich das Verbot des Angebotes unter Einstandspreis bei Lebensmitteln weiter verschärft.[11] Der geänderte § 20 Abs. 4 GWB enthält nun ein Regelbeispiel, in welchem für Lebensmittel im Sinne des § 2 Abs. 2 des Lebensmittel- und Futtermittelgesetzbuches nun auch das gelegentliche Angebot unter Einstandspreis als unbillige Behinderung definiert wird. Ein Regelbeispiel für das Untereinstandspreisverbot bei Lebensmitteln wurde auch für die sachliche Rechtfertigung aufgenommen. Nur bei drohendem Verderb, drohender Unverkäuflichkeit oder ähnlich schweren Fällen sei ein solches Angebot im Lebensmitteleinzelhandel gerechtfertigt. Im Folgenden soll auf zwei Fälle des Berichtszeitraumes eingegangen werden, welche das Bundeskartellamt noch unter der alten Rechtslage geprüft hat.

475. Das erste hier betrachtete Verfahren betraf Dirk Roßmann als vertretungsberechtigtes Organ der nebenbetroffenen Dirk Rossmann GmbH, die unter dem Markennamen „Rossmann" eine Kette von Drogeriemärkten betreibt. Gegen das Unternehmen wurde bereits im Jahre 2002 ein Bußgeldverfahren wegen Verstoßes gegen § 20 Abs. 4 GWB abgeschlossen. Damals stellte das Kartellamt fest, dass ein Kombinationsangebot für Fotoarbeiten in einem Zeitraum von drei Monaten unter dem Einstandspreis gelegen hatte.[12] Im aktuellen Verfahren handelt es sich um die Abgabe von 55 typischen Drogerieartikeln unter Einstandspreis im Jahre 2005.[13] Das beanstandete Verhalten betrifft Cremes, Shampoos, Spülmittel und weitere Produkte der Hersteller Beiersdorf, Garnier, L'Oréal, Schwarzkopf & Henkel, Henkel, Unilever und Galaxo Smith Kline. Das Bundeskartellamt stellt dazu zunächst fest, dass Rossmann Normadressat gemäß § 20 Abs. 4 GWB ist, da es gegenüber kleinen und mittleren Wettbewerbern über eine überlegene Marktmacht auf dem sachlich relevanten Absatzmarkt für Drogeriewaren verfügt. Die überlegene Marktmacht drücke sich vor allem dadurch aus, dass 1 125 Rossmann-Filialen etwa 4 150 inhabergeführte Drogerien gegenüberstehen, die durchschnittlich einen um ein Vielfaches geringeren Jahresumsatz erzielen. Zur Feststellung, ob gegen das Untereinstandspreisverbot verstoßen wurde, wertete das Bundeskartellamt die in der Regel zweiwöchentlich erscheinende bundesweit einheitliche Prospektwerbung von Rossmann aus. Das Amt stellte fest, dass 55 beworbene Produkte in insgesamt 267 Fällen unter dem Einstandspreis angeboten wurden. In 85 prozent der Fälle, in denen die Produkte beworben wurden, lagen die Angebote unter Einstandspreis, der dabei zu maximal 33,23 Prozent unterschritten wurde.

476. Die Ermittlungen des Bundeskartellamts zeigen, dass der Einstandspreis des Artikelsortimentes systema-

tisch unterschritten wurde. Das Amt sieht somit den Missbrauchstatbestand des „nicht nur gelegentlichen" Angebotes unter Einstandspreis als erfüllt an, da in diesem Fall auf das Sortiment an Drogerieartikeln insgesamt abzustellen sei. Auch wenn man auf einzelne Produktgruppen oder Produkte abstellen wolle, zeigen die Ermittlungen, dass die Artikel einzelner Serien immer wieder zu Untereinstandspreisen angeboten wurden. In seiner Bekanntmachung Nr. 124/2003 erläutert das Amt, dass es Angebote, die mindestens drei Wochen andauern, nicht mehr als nur gelegentliche Werbeaktion einstuft.[14] Auch eine sachliche Rechtfertigung dafür, dass Rossmann nicht zuzumuten sei, sich in der beschriebenen Situation an das Untereinstandspreisverbot zu halten, existiert nach Ansicht des Bundeskartellamtes nicht. Als solche lässt das Bundeskartellamt nicht gelten, dass Rossmann sich mit seinem Verhalten nur gegen die Niedrigpreisstrategien der engsten Wettbewerber, Schlecker und dm-Drogeriemarkt, gewehrt habe.

477. Rossmann hat Beschwerde gegen die Kartellamtsentscheidung eingelegt. Eine Entscheidung des Oberlandesgerichts Düsseldorf steht noch aus. Ein wesentlicher Streitgegenstand sowohl im Missbrauchs- als auch im Beschwerdeverfahren war die umfangreiche Berechnung des Nettoeinstandspreises der einzelnen Waren durch das Bundeskartellamt. Gemäß seiner Bekanntmachung Nr. 124/2003 zieht das Amt zur Kalkulation zunächst den Listeneinkaufspreis heran und subtrahiert von diesem alle preiswerten Konditionen, die ihren rechtlichen Grund in den zwischen den Lieferanten und dem Abnehmer geschlossenen Beschaffungsverträgen haben. Das Bundeskartellamt geht grundsätzlich davon aus, dass alle vereinbarten Konditionen dem Absatz der Waren des Herstellers bzw. Lieferanten dienen, und rechnet diese anteilig auf den Abnahmepreis der einzelnen Produkte an. Auch wenn bestimmte Konditionen nur für die Förderung eines einzelnen Produktes für befristete Verkaufsaktionen oder einzelne Vertriebsschienen vereinbart wurden, werden diese prozentual nach ihrem Umsatzwert auf alle Produkte umgelegt, um Manipulationsmöglichkeiten vorzubeugen. Eindeutige Zuordnungen von Fördermaßnahmen zu bestimmten Artikeln können allerdings im Rahmen der sachlichen Rechtfertigung Berücksichtigung finden.

478. Wesentliches Objekt der Auseinandersetzung mit Rossmann war die Anrechnung der Werbekostenzuschüsse. Diese wurden gemäß der zuvor genannten Vorgehensweise durch das Bundeskartellamt anteilig auf den Umsatz der Produktgruppen eines Zulieferers angerechnet. Rossmann hingegen argumentierte, dass der Werbekostenzuschuss nur zur Verkaufsförderung der tatsächlich beworbenen Produkte gezahlt worden sei und daher auch nur für diese Produkte berücksichtigt werden müsse. Dies senke die Einstandspreise genau bei den in Rede stehenden Artikeln, die in Verkaufsprospekten beworben wurden. Das Bundeskartellamt hingegen verschloss sich einer spezifischen Zurechnung der Werbekostenzuschüsse

---

[11] Dito.

[12] Vgl. Monopolkommission, Wettbewerb im Schatten „Nationaler Champions", Hauptgutachten 2002/2003, Baden-Baden, 2005, Tz. 550 ff.

[13] BKartA, Beschluss vom 6. Februar 2007, B9 – 167/05.

[14] Vgl. BKartA, Bekanntmachung Nr. 124/2003 zur Anwendung des § 20 Abs. 4 Satz 2 GWB vom 4. August 2003.

sowohl bei der Berechnung der Nettoeinstandspreise als auch bei der Abwägung einer sachlichen Rechtfertigung. Die Berücksichtigung der Interessen von Handelsunternehmen an einer Verkaufsförderung bestimmter Produkte durch produktbezogene Boni und Ähnliches könne zwar im Rahmen einer Interessenabwägung berücksichtigt werden; in diesem Falle aber bedürfe es einer Vorgabe der Hersteller, dass die Werbekostenzuschüsse auch tatsächlich für die Bewerbung konkreter Produkte einzusetzen seien. Da eine solche Vorgabe in den Jahresvereinbarungen nicht enthalten sei, akzeptierte das Bundeskartellamt die Zurechnung der Werbekostenzuschüsse zu einzelnen Produkten nicht.

479. Die Monopolkommission ist der Ansicht, dass die Berechnung des Nettoeinstandspreises in diesem Fall beispielhaft für die generellen Probleme bei der Operationalisierung des Untereinstandspreisverbotes steht. Die Berechnung des Nettoeinstandspreises anhand von Rechnungspreisen ist nicht ohne weiteres möglich, da gewährte Rabatte ein ähnliches Zuordnungsproblem aufweisen, wie die Zurechnung von Gemeinkosten zu verschiedenen Kostenträgern in der betriebswirtschaftlichen Kostenrechnung. Dementsprechend muss hier zwischen einer Auslegung der Vorschrift abgewogen werden, welche deren Durchsetzbarkeit überhaupt gestattet, und einer Anwendung, welche dem konkreten Einzelfall gerecht wird.

480. Nach Meinung der Monopolkommission ist nicht von der Hand zu weisen, dass auch solche Werbekostenzuschüsse, die auf den Umsatz berechnet werden, den Nutzenanteil der Hersteller an der Verkaufsförderung bestimmter Produkte widerspiegeln. Der Werbekostenzuschuss bzw. dessen Höhe setzt sich von Herstellerseite aus zwei Bestandteilen zusammen, wozu erstens der erwartete erhöhte Absatz für die beworbenen Produkte und zweitens der erwartete dadurch ebenfalls gesteigerte Absatz der Marke oder Produktserie zu zählen sind. Aufseiten des Händlers dient der Werbekostenzuschuss der Refinanzierung sowohl der Werbemaßnahme als auch des günstigeren Angebotspreises für die beworbenen Produkte. Eine exakte Zurechnung der wertmäßigen Anteile des Werbekostenzuschusses zu beworbenen und nicht beworbenen Produkten ist jedoch mangels exakter Quantifizierbarkeit unmöglich. Dies führt zu einer Situation, in der zwischen grundsätzlich suboptimalen Möglichkeiten der generellen Zurechnung und Nichtzurechnung zu einzelnen Produkten zu entscheiden ist. Auf der einen Seite schränkt die sachliche Zurechnung der Werbekostenzuschüsse zu einzelnen Produkten die Durchsetzbarkeit des § 20 Abs. 4 GWB erheblich ein, da auf diese Weise Gestaltungsspielräume für die Berechnung der Einstandspreise geschaffen werden. Die Nichtzurechnung schafft hingegen die Problematik einer den Zweck der Norm eventuell überschreitenden Eingriffsintensität. Die Frage, welcher Verfahrensweise hier sachlich gefolgt werden sollte, ist daher nicht eindeutig zu beantworten. In Anbetracht diesen Abwägungserfordernisses hält es die Monopolkommission für geboten, in einer freien Gesellschaft dem Betroffenen die Entscheidung zuzubilligen, wie ein

solcher, ihm gewährter Rabatt sachlich zugerechnet werden muss.

Vor dem Hintergrund dieser Problematik ist die Anwendungspraxis des Bundeskartellamtes zu beurteilen. Das Amt unterscheidet zwischen der Berechnung der Nettoeinstandspreise, bei der alle Konditionen ungeachtet jeglicher Zweckbindungen nach ihrem prozentualen Umsatzanteil auf die bezogenen Produkte aufgeteilt werden, und der anschließenden sachlichen Rechtfertigung, welche fakultativ auch die Zuordnung der Rabatte zu einzelnen Produkten berücksichtigt. Ermöglicht die Kartellbehörde allerdings die grundsätzliche Anrechnung des Werbekostenzuschusses auf bestimmte Produkte im Rahmen der sachlichen Rechtfertigung, so sollte diese auch dann erfolgen, wenn die zu bewerbenden Produkte nicht konkret in den Jahresvereinbarungen mit den Lieferanten festgelegt sind. Zwar wird der Rabatt auf alle Produkte eines Lieferanten umgelegt und nicht ausschließlich auf die beworbenen Artikel. Darüber hinaus werden auch die zu bewerbenden Produkte nicht im Detail in der Jahresvereinbarung aufgeführt, sondern es werden lediglich im groben Umfang Niveau und Rahmen etwaiger Werbemaßnahmen abgesteckt und damit dem Händler Freiräume für die Umsetzung der Werbemaßnahmen für bestimmte Artikel gelassen. Dennoch ist davon auszugehen, dass die Auswahl der beworbenen Produkte durch den Händler den gleichen Zweck erfüllt wie die Festlegung bestimmter zu bewerbender Artikel in den Jahresvereinbarungen. Im Verständnis eines selbstdurchsetzenden Vertrages kann der Hersteller davon ausgehen, dass der Händler auch solche Produkte bewirbt, an denen auch der Hersteller ein Interesse hat, da andernfalls die Vereinbarung in Zukunft gekündigt würde. Insofern wäre es unter dieser Voraussetzung sachlich gerechtfertigt, den Werbekostenzuschuss auf die beworbenen Produkte umzulegen.

481. Ein weiteres Verfahren in Bezug auf das Untereinstandspreisverbot wurde im Oktober 2007 gegen die Netto Marken-Discount GmbH & Co oHG abgeschlossen.[15] Das Tochterunternehmen der EDEKA-Gruppe ist überwiegend im Süden und Osten Deutschlands im Lebensmitteleinzelhandel tätig und betreibt dort etwa 1 200 Filialen. Das beanstandete Verhalten betraf das Angebot von weniger als 20 Milchprodukten, die in bestimmten Zeiträumen des Jahres 2006 und 2007 unter Einstandspreis angeboten wurden. Die Netto Marken-Discount ist Normadressat des § 20 Abs. 4 GWB, da sie gemeinsam mit der Konzernmutter EDEKA über mehrere Tausend Filialen im ganzen Bundesgebiet verfügt. Das Bundeskartellamt weist darauf hin, dass der Tatbestand „kleine und mittlere Unternehmen" relativ zu sehen ist. Im Gegensatz zum Gesamtumsatz der EDEKA-Gruppe sieht das Amt daher Unternehmen mit einem Jahresumsatz unter 100 Mio. Euro bereits als „kleine und mittlere Unternehmen" an, denen EDEKA auch aufgrund der Finanzkraft und Sortimentsbreite überlegen ist.

---

[15] BKartA, Beschluss vom 25. Oktober 2007, B9 – 77/07, WuW/E DE-V 1481.

482. Die Unterschreitung der Einstandspreise lag bei einem Produkt bei knapp 40 Prozent, bei weiteren Produkten zwischen 3 und 17 Prozent. Das Bundeskartellamt stellt fest, dass auch bei geringen Unterschreitungen der Einstandspreise von 1 ct ein Verstoß gegen das Untereinstandspreisverbot vorliegt. Der verfahrensbevollmächtigte EDEKA-Verband bestreitet nicht, Untereinstandspreise genommen zu haben. Strittig war allerdings, ob das Vorgehen zu ahnden ist, da es sich um wechselnde Produkte handelte, die innerhalb von zehn Wochen in fünf Wochen unter dem Einstandspreis verkauft wurden. Das Bundeskartellamt stellt klar, dass es sich damit nicht um ein nur gelegentliches Angebot handelt. Nach Auffassung des Amtes und entsprechend seiner Bekanntmachung Nr. 124/2003 komme es bei der Auslegung der Tatbestandsmerkmale nicht darauf an, dass stets dasselbe Produkt nicht nur gelegentlich angeboten würde. Vielmehr sei das gesamte Sortiment gemeint, da die Regelung darauf abziele, eine bestimmte Unternehmensstrategie zu verhindern. Aus diesem Grunde sei relevant, dass Angebote im gleichen räumlich relevanten Markt für drei oder mehr Wochen innerhalb eines halben Jahres nicht auf oder über dem Einstandspreis liegen, da das Angebot der Marke sonst als besonders günstig wahrgenommen würde und Wettbewerber verdrängt würden.

483. Durch die Änderung des § 20 Abs. 4 GWB im Zuge des „Gesetzes zur Bekämpfung von Preismissbrauch im Bereich der Energieversorgung und des Lebensmittelhandels" ist die Beschränkung auf gelegentliche Angebote unter dem Einstandspreis im Lebensmittelhandel weggefallen. Damit wurde das Untereinstandspreisverbot weiter verschärft. Die Monopolkommission hat sich in einem Sondergutachten bereits kritisch mit der Gesetzesänderung auseinandergesetzt.[16] Marktmächtige Einzelhandelsketten im Sinne der Norm sind gerade im Lebensmittelsektor einem starken Preiswettbewerb ausgesetzt. Untereinstandspreise stellen daher kein Mittel gegen kleinere und mittlere Wettbewerber dar, sondern zeigen sich lediglich als ein Marketinginstrument gegenüber direkten, ähnlich großen Wettbewerbern. Eine solche Eckpreisstrategie ist daher – generell wie auch am Beispiel des Lebensmitteleinzelhandels – als ein Wettbewerbsparameter zu sehen, der Nutzen stiftet, indem er die Wettbewerbsintensität erhöht und auf diese Weise Freiheitsgrade für den Kunden schafft und Monopolrenten reduziert. Im Sinne eines Behinderungsmissbrauchs können Untereinstandspreise aber auch geeignet sein, Wettbewerber aus dem Markt zu drängen, um im Anschluss Preissetzungsspielräume zu erzeugen. Im Einzelhandel sind Untereinstandspreise als gezielte Verdrängungsstrategie jedoch nur begrenzt wirksam, da in den meisten Fällen aufgrund geringer Marktzutrittsbarrieren der Eintritt neuer Wettbewerber erfolgen wird. Im Verhältnis zu kleineren Wettbewerbern ist daher nicht allein auf den Preiswettbewerb abzustellen. Große Marktakteure sind auch ohne das Untereinstandspreisverbot, insbesondere auf-

grund ihrer überlegenen Einkaufsmacht, häufig in der Lage, deutlich günstigere Preise zu setzen als kleine und mittlere Wettbewerber. Letztere scheiden somit vor allem dann aus dem Markt aus, wenn sie es nicht schaffen, durch andere Wettbewerbsparameter wie Nähe, Service und Beratung den Preisfaktor zu kompensieren. Eine Auslegung von Angeboten unter Einstandspreis als missbräuchlich ist daher aus ordnungspolitischer Sicht nicht generalisierend möglich. Demzufolge lehnt die Monopolkommission das Per-se-Verbot, Untereinstandspreise zu setzen, ab.

484. Die durch den Gesetzgeber intendierte Zielsetzung, vor allem kleinere und mittlere Wettbewerber zu schützen, ist auch im Hinblick auf die bestehende Fallpraxis des Bundeskartellamtes zweifelhaft. Im den Fall Rossmann betreffenden Drogerieartikelmarkt existieren mehrere große Wettbewerbsketten, denen inhabergeführte Drogerien gegenüberstehen. Angesichts niedriger Preise der Drogeriemarktketten hat sich ein Teil dieser Drogerien bereits auf Parfümerieartikel oder Reformhausartikel spezialisiert. Schätzungsweise 400 bis 500 Drogerien bieten ein breites Sortiment an, welches die typischerweise in einem Drogeriemarkt angebotenen Waren abdeckt.[17] Diesen Händlern stehen mehr als 11 000 Schlecker-Märkte, etwa 1 100 Rossmann-Filialen, mehr als 900 dm-Drogeriemärkte und über 400 Filialen der Drogeriemarktkette Müller gegenüber. Der Wettbewerb zwischen einer Drogerie und ihrem nächstliegenden Wettbewerber ist daher vielmals durch die Konkurrenz zweier Drogeriemarktketten gekennzeichnet. Deren Filialen sind von der Schutzwirkung des Untereinstandspreisverbotes somit deutlich stärker begünstigt als die eigentlich intendierten kleineren Wettbewerber.

1.5 Verstoß gegen das Boykottverbot auf dem regulierten Glücksspielmarkt

485. Gegenstand eines Missbrauchs- und Kartellverfahrens waren die Lotteriegesellschaften der deutschen Bundesländer, die im Deutschen Lotto- und Totoblock gemeinsam organisiert sind.[18] Neben einem Verstoß gegen das Kartellverbot wurde den Beteiligten auch der Missbrauch von Marktmacht durch Verstoß gegen das Boykottverbot des § 21 GWB und gegen das Missbrauchsverbot des Artikel 82 EGV vorgeworfen. Das Verfahren wurde im August 2006 mit einer Untersagungsverfügung abgeschlossen.

486. In Deutschland ist die Veranstaltung von Lotterien und Wettbetrieben durch private Anbieter nur stark eingeschränkt möglich. Die Aufgabe, ein ausreichendes Glücksspielangebot sicherzustellen, wird daher durch die Bundesländer wahrgenommen. Der am 1. Juli 2004 in Kraft getretene Lotteriestaatsvertrag regelte bis Ende 2007 zu diesem Zweck die ordnungspolitischen Rahmenbedingungen des Glücksspielwesens. Der Vertrag schrieb ein striktes Regionalitätsprinzip in § 5 Abs. 3 Lotterie-

---

16 Vgl. Monopolkommission, Preiskontrollen in Energiewirtschaft und Handel? Zur Novellierung des GWB, Sondergutachten 47, Baden-Baden 2007.

17 BKartA, Beschluss vom 6. Februar 2007, B9 – 167/05, S. 12.

18 BKartA, Beschluss vom 23. August 2006, B10 – 148/05, WuW/E DE-V 1251.

staatsvertrag vor, wonach es den Bundesländern ohne weitere Zustimmung allein im eigenen Land gestattet war, Glücksspiele zu vertreiben oder vertreiben zu lassen. Mit der Durchführung der Glücksspiele ist in jedem Bundesland eine Lottogesellschaft beauftragt. Die Landeslottogesellschaften sind aus Gründen der Gewinnpoolung und zur Vereinheitlichung des Spielangebotes im Deutschen Lotto- und Totoblock zusammengeschlossen. In § 2 des Blockvertrages der deutschen Lotto- und Totounternehmen vereinbaren die Gesellschafter, Lotterien und Sportwetten jeweils nur in dem Bundesland zu vertreiben, in dem sie eine Genehmigung haben. Durch die aufgeführten Regelungen in Lotteriestaatsvertrag und Blockvertrag wurde erreicht, dass die Bundesländer auch ihr Gebietsmonopol zur Veranstaltung von Glücksspielen wahren konnten. Das staatliche Monopol auf Glücksspiele und Sportwetten war im März 2006 auch Gegenstand eines Verfahrens vor dem Bundesverfassungsgericht. Die Richter urteilten, dass ein staatliches Monopol für Sportwetten mit dem Grundrecht der Berufsfreiheit des Artikel 12 Abs. 1 GG nur dann vereinbar ist, wenn es konsequent am Ziel der Bekämpfung von Suchtgefahren ausgerichtet ist.[19] Durch das Urteil des Bundesverfassungsgerichtes zur Verfassungskonformität des Wettmonopols waren die Länder aufgefordert, die bestehenden Regelungen zu überarbeiten. Zum 1. Januar 2008 ist nunmehr der Staatsvertrag zum Glücksspielwesen in Kraft getreten, der den zuvor gültigen Lotteriestaatsvertrag ersetzte.

487. Anlass des 2006 abgeschlossenen Verfahrens beim Bundeskartellamt waren die Pläne des gewerblichen Spielevermittlers Jaxx, ein Netz terrestrischer Annahmestellen in Supermärkten und Tankstellen aufzubauen. Bisher wurden die verschiedenen von den Lottogesellschaften angebotenen Spiele terrestrisch nur über Lotto-Annahmestellen, meist Kioske, vertrieben, die eine spezielle Lizenz der in ihrem Land zuständigen Lottogesellschaft besaßen. Bereits seit Anfang der 1980er Jahre sind in Deutschland zudem gewerbliche Organisatoren von Spielgemeinschaften tätig, die Spielaufträge im Postversand und durch Call-Center akquirieren und an die Lottogesellschaften vermitteln. Ende der 1990er Jahre wurden gewerbliche Spielevermittler auch verstärkt im Internet aktiv. Da allerdings nur ca. 5 Prozent der Umsätze im Lotto durch gewerbliche Vermittler generiert werden, ist deren Marktanteil bisher noch gering geblieben.[20] Die lizenzierten Lotto-Annahmestellen, die bisher ausschließlich den terrestrischen Vertrieb von Lotterien übernommen haben, vermitteln die von ihnen angenommenen Spielscheine ausschließlich an die jeweilige Landeslottogesellschaft weiter. Die gewerblichen Vermittler versuchen dagegen, die bei ihnen eingehenden Spielscheine an diejenige Lottogesellschaft weiterzuvermitteln, die die höchste Vermittlungsgebühr zahlt. Durch die von gewerblichen Spielevermittlern im gesamten Bundesgebiet akquirierten Spielscheine wird daher faktisch das bestehende Gebietskartell überwunden. Demzufolge existieren nun zwei Kontrahierungswege (vgl. Abbildung IV.1). Gegenüber dem klassischen Transaktionsstrom A agieren im Transaktionsstrom B die gewerblichen Spielevermittler als Intermediäre, über die Spielverträge zwischen Spielern und Lottogesellschaften aus verschiedenen Bundesländern vermittelt werden. Aus diesem Grunde haben die Länder zur Aufteilung der Einnahmen den am 1. Juli 2004 in Kraft getretenen „Staatsvertrag über die Regionalisierung von Teilen der von den Unternehmen des Deutschen Lotto- und Totoblocks erzielten Einnahmen" (Regionalisierungsstaatsvertrag) geschlossen. Die Einnahmen aus gewerblicher Vermittlung werden danach abzüglich der auf sie entfallenden Gewinnausschüttung weitgehend regionalisiert, indem sie in Relation zu den von den Lotteriegesellschaften abseits der gewerblichen Spielevermittlung erzielten Umsätzen aufgeteilt werden.

488. Die Landeslottogesellschaften waren in der Vergangenheit bereits mehrfach bemüht, den zwischen ihnen durch bundesweit agierende gewerbliche Spielevermittler entstehenden Wettbewerb einzuschränken. In einem Kartellverfahren aus dem Jahre 1995 hatte das Bundeskartellamt den Lottogesellschaften bereits untersagt, gewerbliche Spielevermittler von der Spielteilnahme auszuschließen.[21] Mit der geplanten Ausweitung der Vermittlungsaktivitäten gewerblicher Spielevermittler auf den terrestrischen Bereich beschloss der Rechtsausschuss des Deutschen Lotto- und Totoblocks am 25./26. April 2005, seine Gesellschafter aufzufordern, durch terrestrische Spielevermittlung erzielte Umsätze gewerblicher Spielevermittler nicht mehr anzunehmen. Am 23. August 2006 schloss das Bundeskartellamt ein Verfahren gegen dieses Vorgehen mit einer Unterlassungsverfügung ab. Das Amt wertete dieses Vorgehen zum einen als Kartell und ahndete somit einen Verstoß gegen § 1 GWB und Artikel 81 EG, zum anderen auch als eine missbräuchliche Ausnutzung einer marktbeherrschenden Stellung durch die Aufforderung zum Boykott und damit um einen Verstoß gegen § 21 Abs. 1 GWB und Artikel 82 EGV. Mit der Untersagungsverfügung wendet sich das Bundeskartellamt auch gegen § 2 des Blockvertrages der deutschen Lotto- und Totounternehmen, die von Landeslottogesellschaften veranstalteten Lotterien und Sportwetten nur in ihrem jeweiligen Bundesland zu vertreiben, und die damit verbundene Aufteilung des räumlich relevanten Marktes. Des Weiteren verstoße auch der Regionalisierungsstaatsvertrag gegen das Kartellrecht, da dieser den Wettbewerb um die Leistungen gewerblicher Spielevermittler beschränkt. Eine Beschwerde der Betroffenen gegen den Beschluss blieb vor dem Oberlandesgericht Düsseldorf in den wesentlichen Teilen erfolglos. Am 8. Juni 2007 bestätigte das Oberlandesgericht sowohl die Verstöße gegen § 1 GWB und Artikel 81 EGV als auch den Vorwurf des Boykotts.[22] Den Lottogesellschaften ständen keine billigenswerten Gründe zur Seite, die terrestrisch erzielten Spielumsätze der gewerblichen Spielevermittler zurück-

---

[19] BVerfG, Urteil vom 28. März 2006, 1 BvR 1054/01, BVerfGE 115, 276.

[20] Stand 2004, Quelle: Bundeskartellamt.

[21] Vgl. BKartA, Beschluss vom 22. November 1995, B8 – 127/95, WuW/E BKartA 2849 „Gewerbliche Spielgemeinschaften".

[22] OLG Düsseldorf, Beschluss vom 16. Juni 2007, VI-Kart 15/06 (V).

Abbildung IV.1

Dualismus der Kontrahierungswege auf dem Glücksspielmarkt

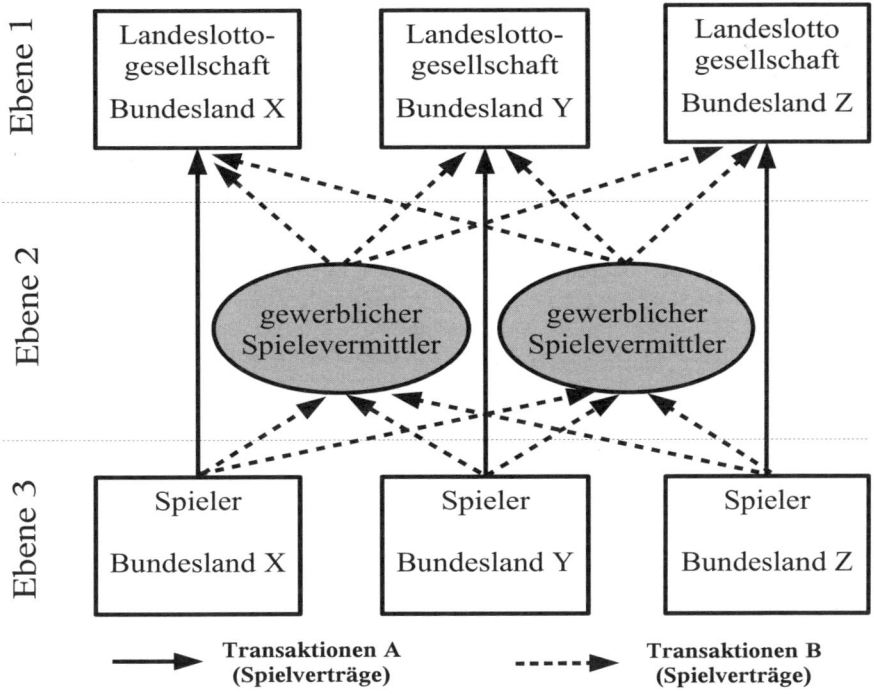

Quelle: Eigene Darstellung

zuweisen. Allerdings beschränkte das Oberlandesgericht den Untersagungsausspruch auf den Fortbestand des bis dato geltenden Lotterierechts. Nach der Rechtsprechung des Bundesverfassungsgerichtes und des Europäischen Gerichtshofes seien Beschränkungen der gewerblichen Spielevermittlung nicht grundsätzlich verboten, wenn diese der Bekämpfung der Spiel- und Wettsucht, dem Schutz der Spieler vor betrügerischen Machenschaften, irreführender Werbung oder der Abwehr von Gefahren aus mit dem Glücksspiel verbundener Folgekriminalität dienten. Ab dem Zeitpunkt eines neuen Glücksspielrechts bedürfe es daher auch einer neuen kartellrechtlichen Prüfung. Durch das Inkrafttreten des neuen Glücksspielstaatsvertrages zum 1. Januar 2008 hat sich die rechtliche Situation damit auch hinsichtlich der Kartell- und Missbrauchstatbestände erneut geändert. Gleichzeitig befindet sich das Verfahren in der Rechtsbeschwerde vor dem Bundesgerichtshof.

489. Die Monopolkommission hält die Anwendung der Vorschriften des GWB durch das Bundeskartellamt im vorliegenden Fall nach geltendem Kartellrecht für korrekt, weist jedoch auf bestehende Zielkonflikte hin. Sowohl im Falle der Missbrauchsentscheidung als auch hinsichtlich des kartellrechtlichen Vorgehens gegen die getroffenen Verträge zielt das Handeln des Bundeskartell-amtes darauf ab, die Wettbewerbsbeschränkungen im Glücksspielwesen abzubauen. Vor dem Hintergrund der besonderen ordnungsrechtlichen Situation im Glücksspielsektor ist der Nutzen einer Anwendung des Wettbewerbsrechts jedoch zu hinterfragen. Indem das Bundeskartellamt auf einem sehr wettbewerbsarmen Markt den Restwettbewerb schützt, der durch gewerbliche Spielevermittler entfacht wird, begünstigt es wettbewerbliches Handeln wie Erhöhungen der Ausschüttungsquote oder Vervielfältigung der Glücksspielformen. Solche wettbewerblichen Initiativen führen tendenziell zu einer Vermehrung des Glücksspiels, die durch die staatlich gewollte und rechtlich verankerte Monopolisierung des Glücksspiels aber gerade vermieden werden soll, wie dies auch vom Bundesverfassungsgericht festgestellt wurde. Zudem besteht die Gefahr, dass durch den Eingriff des Bundeskartellamtes nicht der Verbraucher profitiert, sondern lediglich Monopolrenten von öffentlichen zu privaten Anbietern verschoben werden.

1.6 Missbrauchsaufsicht im Energiesektor

1.6.1 Langfristige Gaslieferverträge

490. Wie bereits im Sechzehnten Hauptgutachten und im aktuellen Sondergutachten zum Energiemarkt der Monopolkommission ausgeführt, hat das Bundeskartellamt gegen 15 Unternehmen der Ferngasebene Verfahren wegen des Verdachts des Missbrauchs einer marktbeherrschenden Stellung eingeleitet.[23] Die Verfahren richten sich gegen die Praxis langfristiger Gaslieferverträge, die die Ferngasunternehmen mit den Weiterverteilunternehmen abgeschlossen haben. Aufgrund ihrer Kombination von langfristiger Lieferbindung und hoher Vertriebsbedarfsdeckung verschließen sie auf Dauer die Märkte für neue Marktteilnehmer. Eine einvernehmliche Lösung zwischen dem Kartellamt und den Ferngasunternehmen scheiterte im Herbst 2005 am Widerstand von E.ON Ruhrgas. Daraufhin erließ das Kartellamt im Januar 2006 eine Untersagungsverfügung mit der Begründung, dass die fraglichen Verträge gegen § 1 GWB sowie Artikel 81 und Artikel 82 EGV verstoßen würden. E.ON Ruhrgas wurde aufgefordert, diesen Verstoß spätestens mit Ablauf des Gaswirtschaftsjahres 2005/2006 abzustellen. Die Verfügung sah zudem unter anderem für einen Zeitraum von vier Jahren vor, dass Verträge eine Laufzeit von vier Jahren nicht überschreiten dürfen, wenn sie über 50 bis 80 Prozent des gesamten Bedarfs decken. Bei einer Bedarfsdeckung über 80 Prozent (Quasigesamtbedarfsdeckung) ist eine maximale Laufzeit von bis zu zwei Jahren vorgesehen.

491. Das Oberlandesgericht Düsseldorf hat die Position des Bundeskartellamtes bestätigt.[24] Die Verfahren gegen weitere Ferngasunternehmen konnten abgeschlossen werden, nachdem diese im Rahmen von Verpflichtungszusagen gemäß § 32b GWB ihren Vertragsbestand kartellrechtskonform angepasst und sich verpflichtet hatten, auch bei der künftigen Vertragsgestaltung nur kartellrechtskonforme Verträge abzuschließen.

492. Die Monopolkommission begrüßt die Entscheidung des Bundeskartellamtes und den Beschluss des Oberlandesgerichtes. Langfristige Gaslieferverträge mit Quasigesamtbedarfsdeckung stellen ein erhebliches Wettbewerbshindernis auf dem Gasmarkt dar und unterbinden den Zutritt neuer Wettbewerber. Sie haben damit das Potenzial, die mit der Liberalisierung des Gassektors einhergehende Wettbewerbszielsetzung zu unterlaufen. Ihre Untersagung stellt daher ein wirksames Instrument der Wettbewerbsförderung dar.

493. Es stellt sich allerdings die Frage, ob die Wettbewerbsförderung durch ein Entgegenwirken gegen die Marktverschlusswirkung hier in einem Zielkonflikt zu den Wirkungen auf die Anreizstruktur der Ferngasunternehmen steht. Der Abschluss von langfristigen Gaslieferverträgen ermöglicht es den Unternehmen, ihre spezifischen und kapitalintensiven Investitionen abzusichern. Sie neutralisieren ihr eigenes Risiko, welches aus dem

Abschluss von langfristigen, auf der Basis von take-or-pay geschlossenen Verträgen mit den Gasfördergesellschaften resultiert, durch den spiegelbildlichen Abschluss von langfristigen Verträgen mit den Weiterverteilern. Doch auch weiterhin besteht die Möglichkeit, dass langfristige Verträge abgeschlossen werden, wenn die gehandelten Mengen kumulativ unter 50 bis 80 Prozent der Gesamtbedarfsmenge bleiben. Es wird folglich ein Anreiz gesetzt, mehr langfristige Verträge mit geringeren Volumina abzuschließen. Im Rahmen der Vertragsverhandlungen kommen mehr potenzielle Vertragspartner zusammen, als dieses zuvor der Fall war. Die Unternehmen können damit ihre Investitionen weiterhin absichern. Die Verträge entfalten zwar ebenso eine marktverschließende Wirkung, dennoch gehen von ihnen auch positive Effekte aus, die zu begrüßen sind. Ein weiteres Absenken der Schwelle würde diesen Effekt sicherlich noch verstärken.

494. Das Bundeskartellamt befristet seine Untersagung bis zum 30. September 2010. Dadurch entstehen bis zu zwei mögliche Termine, an denen Gasliefermengen im Wettbewerb neu vergeben werden können.[25] Die Unternehmen sind gezwungen, neue Verträge zum 30. September 2006 abzuschließen, um der Verpflichtung durch das Bundeskartellamt nachzukommen. Im Falle der höchstzulässigen prozentualen Bedarfsdeckung ist ein Vertragszeitraum von zwei Jahren vorgesehen. Dies würde bedeuten, dass zum 30. September 2008 die zunächst geschlossenen Verträge auslaufen und die Unternehmen neue Verträge aushandeln müssten. Würde es sich wiederum um Zweijahresverträge handeln, fällt der Ablauf des Vertrages mit der Befristung der Untersagung durch das Kartellamt zusammen. Das Vorgehen des Bundeskartellamtes entspricht dem § 32 Abs. 2 GWB, der eine Verhältnismäßigkeit zwischen Verstoß gegen Wettbewerbsrecht und wirksamer Abstellung der Zuwiderhandlung festschreibt. Die Monopolkommission rät, dass das Bundeskartellamt nach Ablauf der Frist sehr sorgfältig prüft, ob der Abschluss langfristiger Gaslieferverträge vor dem Hintergrund der dann gültigen Marktsituation als wettbewerbswidrig einzustufen ist.

1.6.2 Einpreisung von CO_2-Zertifikaten

495. Nach ersten Untersuchungen hatte das Bundeskartellamt bereits im Herbst 2005 ein Missbrauchsverfahren gegen die beiden Unternehmen E.ON und RWE eingeleitet. Den Unternehmen wurde vorgeworfen, die Einführung des CO_2-Zertifikatehandels dazu zu nutzen, ihre Industriestrompreise anzuheben. Nach Anhörungen und weiteren Ermittlungen hat die Wettbewerbsbehörde das Verbundunternehmen RWE im Dezember 2006 abgemahnt. Das Bundeskartellamt sieht in der Einpreisung der unentgeltlich ausgegebenen CO_2-Zertifikate einen Missbrauch im Sinne von § 19 Abs. 1 in Verbindung mit

[23] Vgl. Monopolkommission, Mehr Wettbewerb auch im Dienstleistungssektor!, Hauptgutachten 2004/2005, Baden-Baden 2006, Tz. 413 ff.; dies., Strom und Gas 2007: Wettbewerbsdefizite und zögerliche Regulierung, Sondergutachten 49, Baden-Baden 2008, Tz. 555 ff.

[24] OLG Düsseldorf, Beschluss vom 4. Oktober 2007, VI-2 Kart 1/06 (V).

[25] BKartA, Beschluss vom 13. Januar 2006, B8 – 113/03, WuW/E DE-V 1147, 1162 „E.ON/Ruhrgas".

§ 19 Abs. 4 Nr. 2 GWB und einen Verstoß gegen Artikel 82 EGV. Das Unternehmen RWE ist Normadressat des Missbrauchsverbots, weil es gemeinsam mit E.ON eine marktbeherrschende Stellung im Sinne von § 19 Abs. 2 GWB besitzt.[26] RWE ist dabei der größte CO_2-Emittent auf dem deutschen Strommarkt und versorgt einen deutlich höheren Anteil an Industriekunden als E.ON.

496. Das Amt geht davon aus, dass die von RWE geforderten Industriepreise in 2005 missbräuchlich waren, weil in den Preisen die Opportunitätskosten aus den unentgeltlich zugeteilten CO_2-Zertifikaten einkalkuliert wurden. Beanstandet wird dabei die Überwälzung von mehr als 25 Prozent der Opportunitätskosten. Das Bundeskartellamt stützt seine Argumentation auf die Erkenntnis, dass Opportunitätskosten im Prinzip in die betriebsinterne Kalkulation einfließen. Gleichwohl habe die kartellrechtliche Prüfung ergeben, dass die durchgesetzten Strompreise, bezogen auf den CO_2-Zertifikatehandel, in erheblichem Maß als missbräuchlich zu bezeichnen seien. Nach Auffassung des Kartellamtes weichen die von RWE geforderten Preise von solchen ab, die sich bei wirksamem Wettbewerb gebildet hätten. Zudem handele es sich bei den unentgeltlich zugeteilten CO_2-Zertifikaten nur in geringem Umfang tatsächlich um echte Opportunitätskosten, da selbst für die zum Einsatz kommenden Grenzkraftwerke kaum alternative Verwendungsmöglichkeiten für die CO_2-Zertifikate vorgelegen hätten.

497. Das Verfahren wurde eingestellt, weil RWE Zusagen machte, die das Bundeskartellamt als geeignet ansah, um die in der Abmahnung geäußerten Bedenken des Amtes auszuräumen. Mit der Einstellung des Verfahrens verzichtet das Bundeskartellamt darauf, die Preisgestaltung von RWE hinsichtlich des Gesichtspunktes der Überwälzung von Opportunitätskosten, die unter Berufung auf unentgeltliche CO_2-Zertifikatszuteilung geltend gemacht werden, bis Ende 2012 kartellrechtlich zu verfolgen. Bisher hat sich das Bundeskartellamt mit der Preisgestaltung von RWE befasst. Im laufenden Verfahren gegen E.ON werden noch Gespräche geführt.

498. Die Monopolkommission begrüßt prinzipiell die Anstrengungen des Bundeskartellamtes, einem möglichen missbräuchlichen Verhalten des marktmächtigen Duopols aus E.ON und RWE nachzugehen. Auch sie ist – wie im aktuellen Sondergutachten zur Energiewirtschaft erörtert – der Auffassung, dass der Stromgroßhandelsmarkt nicht durch wirksamen Wettbewerb gekennzeichnet ist.[27] Ein überhöhtes Preisniveau lässt sich jedoch nicht anhand der Einpreisung der CO_2-Zertifikate nachweisen. Die Einpreisung der Zertifikate ist aus ökonomischer Sicht nicht nur möglich, sondern für die Funktionsfähigkeit des CO_2-Zertifikatehandels auch zwingend notwendig. Die Strompreisbildung folgt den ökonomischen Grundregeln des Grenzkostenprinzips und der Op-

portunitätskosten. Die Grenzkosten sind die Kosten, die bei der Erzeugung einer zusätzlichen Einheit Strom entstehen. Da Mengenschwankungen im Stromverbrauch in der Regel über eine schwankende Auslastung bzw. das Zu- und Abschalten von Kraftwerken ausgeglichen werden, wird die letzte Einheit Strom fast ausschließlich in Gas- oder Kohlekraftwerken, die einen hohen CO_2-Ausstoß haben, produziert (Merit Order). Die für die Produktion von Strom benötigte Menge an Zertifikaten kauft ein stromerzeugendes Unternehmen entweder am Markt für CO_2-Zertifikate oder es verwendet die ihm kostenlos zugeteilten Zertifikate. Im ersten Fall steigen die Grenzkosten der Produktion einer Einheit Strom um den Kaufpreis der Zertifikate. Im zweiten Fall entstehen dem Unternehmen Opportunitätskosten in Höhe der entgangenen Einnahmen für den Verkauf der Zertifikate. Da der für die Höhe der Kosten relevante Preis für die Zertifikate in beiden Fällen identisch ist, entsprechen die im zweiten Fall entstehenden Opportunitätskosten in ihrer Höhe genau den ansonsten tatsächlich entstandenen Kosten. Die Kosten der zusätzlichen Produktion steigen entsprechend ebenfalls um den Kaufpreis für die benötigten Zertifikate. Dieses gilt unabhängig davon, ob der Anbieter die Zertifikate im Emissionshandel erworben oder kostenlos zugeteilt bekommen hat. Der Anstieg der Grenzkosten schlägt sich bei gleichbleibender Nachfrage wiederum in einer entsprechenden Erhöhung des Strompreises nieder. Diese Preiserhöhung ist nicht missbräuchlich. Vielmehr ist sie auf eine Erhöhung der Grenzkosten im Rahmen der Merit Order zurückzuführen. Daher ist nicht einsichtig, warum lediglich 25 Prozent der Opportunitätskosten eingepreist werden sollten.

499. Missbräuchlich sind Preise nach § 19 Abs. 4 Nr. 2 GWB dann, wenn sie von denjenigen abweichen, die sich in einem wirksamen Wettbewerb eingestellt hätten. Die Monopolkommission geht davon aus, dass sich gerade bei einem wirksamem Wettbewerb die Erhöhung der Grenzkosten im Strompreis niederschlägt. Würde ein Unternehmen auf die Einpreisung der kostenlos zugeteilten Zertifikate verzichten, würde es beim Verkauf einer identischen Menge Strom weniger verdienen als seine Wettbewerber. Die Nachfrage nach dem Strom dieses einen Unternehmens würde ansteigen. Befriedigen könnte es die Nachfrage aber nur, wenn es mehr produziert, wozu wiederum der Erwerb zusätzlicher Zertifikate, die über die Menge der kostenlos zugeteilten hinaus geht, erforderlich wird. Um diese Zertifikate dann wiederum bezahlen zu können, steigt der Strompreis. Als Reaktion darauf würde die Nachfrage sinken und die zusätzliche Produktion obsolet. Der Verzicht auf eine Einpreisung kostenlos zugeteilter Zertifikate ist demnach betriebswirtschaftlich nicht sinnvoll. Der Auffassung des Bundeskartellamtes, dass die Einpreisung ein Indikator für Marktmacht ist, kann nicht zugestimmt werden. Die klassische Oligopoltheorie zeigt vielmehr, dass Marktmacht typischerweise zu weniger Einpreisung führt als vollkommener Wettbewerb. Diese Aussage gilt unabhängig davon, dass das Preisniveau im Oligopol in aller Regel höher ist als bei funktionsfähigem Wettbewerb. Der Vergleich mit wirksamem Wettbewerb zeigt, dass unter den gegebe-

[26] Vgl. dazu auch OLG Düsseldorf, Beschluss vom 6. Juni 2007, VI-2 Kart 7/04 (V), WuW/E DE-R 2093, 2095 „E.ON/Eschwege".

[27] Vgl. Monopolkommission, Sondergutachten 49, a. a. O., Tz. 224.

Umständen eine Einpreisung des Zertifikatswertes nicht missbräuchlich ist. Fraglich ist auch, wie eine Durchsetzung der Nichteinpreisung erzielt werden sollte. Faktisch fände eine Preisregulierung statt, die einer Forderung nach mehr Wettbewerb zuwiderläuft. Darüber hinaus gibt die Monopolkommission zu bedenken, dass bei einer Nichteinpreisung die umweltpolitisch gewünschte Lenkungswirkung ausbleiben würde.

500. Ein Argument des Bundeskartellamtes ist, dass die Einführung des CO_2-Zertifikatehandels in anderen Industrien nicht zu einer derartigen Erhöhung der Preise geführt hat und die Divergenzen nicht mit Unterschieden in der Elastizität der Nachfrage erklärt werden können. Die Monopolkommission ist der Meinung, dass sich die vom Kartellamt herangezogenen Märkte Zucker, Kalk, Zement und Mineralöl nur bedingt mit dem Strommarkt vergleichen lassen. Zunächst ist festzuhalten, dass nicht auf all diesen Märkten intensiver Wettbewerb herrscht und auch schon wiederholt Zweifel an der Intensität des Wettbewerbs aufgekommen sind, so dass fraglich ist, inwieweit sie als Referenzmaßstab dienen können oder sollen. Ein Teil der Produkte wird weltweit gehandelt und produziert. Steigt der Preis für eines der Produkte in Ländern, in denen für die Emission von CO_2 mit der Abgabe von Zertifikaten bezahlt werden muss, haben die Nachfrager die Möglichkeit, die Produkte aus anderen Ländern zu beziehen. Auch die Produzenten können ihre Produkte in Ländern herstellen, in denen die Produktion nicht mit Kosten für CO_2-Zertifikate belastet wird. Dieses ist im Strommarkt nicht der Fall. Die Möglichkeit abzuwandern besteht nicht. Darüber hinaus ist zumindest bei Zucker, Kalk und Zement die Nachfrageelastizität kurzfristig[28] sehr viel höher als bei Strom. Eine höhere Elastizität steht dafür, dass Preiseffekte durch Mengenreduktionen beschränkt werden. Auch können die Nachfrager durch Lagerbestände ihren Handlungsspielraum erweitern, was wiederum bei dem Gut Strom nicht der Fall ist. Daher hätte sich nach Ansicht der Monopolkommission angeboten, statt eines sachlichen einen räumlichen Vergleichsmarkt, wie den vergleichsweise wettbewerblich organisierten britischen Strommarkt,[29] heranzuziehen. Hierbei hätte sich gezeigt, dass eine Einpreisung aus Unternehmenssicht eine durchaus rationale Strategie darstellt, die sich im Wettbewerb ergibt. Darüber hinaus bleibt unbestritten, dass eine Änderung der Opportunitätskosten nicht auf jedem Markt die Preise in gleichem Umfang verändert. Im Übrigen ist auch unstrittig, dass eine Einpreisung ausscheidet, wenn CO_2-Zertifikate nicht veräu-

berlich sind, z. B. weil der Inhaber sie zur Bedienung bestehender gesetzlicher oder vertraglicher Lieferpflichtungen benötigt und der Inhaber zugleich auch keine zusätzlichen CO_2-Zertifikate zur Erfüllung der Verpflichtungen zukaufen muss. Ist jedoch in Lieferverträgen eine Orientierung an Börsenpreisen fixiert, so ist eine Einpreisung der CO_2-Zertifikate unstrittig, sofern diese Kosten auch in den Börsenpreisen enthalten sind.

501. Die Tatsache, dass im Jahr 2005 in den am Emissionshandel teilnehmenden Ländern deutlich weniger Zertifikate gebraucht als ausgegeben wurden, hat zwischenzeitlich zu starken Einbrüchen der Preise für CO_2-Zertifikate geführt. Bei funktionsfähigem Wettbewerb sollte sich der Preisabfall auch auf die Strompreise auswirken. Die Erhöhung der Strompreise im Jahr 2005 ist auf steigende Grenzkosten der Produktion von Strom durch die Einführung des Emissionshandelssystems zurückzuführen und daher nicht missbräuchlich. Erst dann, wenn das Absinken der Preise für CO_2-Zertifikate nicht zu einer entsprechenden Senkung der Strompreise führt, kann ein Missbrauch vermutet werden. Durch die kostenlose Ausgabe der Zertifikate und die parallele Einführung des Handels mit Zertifikaten steigen zwangsläufig die Gewinne der Produzenten, was zwar verteilungspolitisch nicht begrüßt werden mag, allerdings keinen Missbrauch im Sinne des Kartellrechts darstellt. Sind diese nicht erwünscht, so bietet sich eine Versteigerung der Zertifikate an. Die Monopolkommission sieht einen Handlungsbedarf hinsichtlich der weiteren Ausgestaltung des Emissionshandelssystems. Tatsächlich ist auch vorgesehen, dass im zweiten nationalen Allokationsplan die Energieerzeuger deutlicher belastet werden, als es im ersten nationalen Allokationsplan der Fall war.

2. Zusammenschlusskontrolle

2.1 Statistischer Überblick

502. Die Fusionskontrollstatistik des Bundeskartellamtes weist für den Berichtszeitraum 2006/2007 der Monopolkommission einen deutlichen Anstieg der Fallzahlen gegenüber den Vorjahren auf (vgl. Tabelle IV.1). Die Zahl der vollzogenen Zusammenschlüsse stieg von 2 541 im letzten auf 3 303 in diesem Berichtszeitraum. Hierbei ist zu beachten, dass das Bundeskartellamt Vollzugsanzeigen seit Inkrafttreten der siebten GWB-Novelle am 1. Juli 2005 nicht mehr im Bundesanzeiger bekannt macht. Der Vollzug von Zusammenschlüssen wird dem Bundeskartellamt weiterhin angezeigt, aber nicht mehr statistisch aufbereitet. Daher wurde die Statistik der angezeigten vollzogenen Zusammenschlüsse nicht mehr fortgeführt und seit dem Berichtszeitraum 2005/2006 des Bundeskartellamtes auf die Zahl der Anmeldungen abgestellt. Um einen Bruch in der Berichterstattung zu vermeiden und die Vergleichbarkeit zur Vorperiode zu gewährleisten, wurden die entsprechenden Vollzugsanzeigen letztmalig für den aktuellen Berichtszeitraum 2006/2007 der Monopolkommission durch das Bundeskartellamt im Rahmen einer Sonderauswertung erhoben. Aufgrund der Einstellung der Statistik ist die Zahl der ausgewiesenen angezeigten Zusammenschlüsse jedoch nur bedingt aussagekräftig.

---

[28] Hier wird das erste Jahr nach Einführung der CO_2-Zertifikate betrachtet. Daher werden die längerfristig wahrscheinlichen Reaktionen wie die Verringerung der Nachfrage durch Anbieterwechsel oder Reduktion von verbrauchsintensiven Haushaltsgeräten und Produktionsanlagen keinen Einfluss haben.

[29] So liegt der HHI in Großbritannien als einzigem Land in Europa nicht im bedenklichen Bereich. Vgl. dazu European Commission, DG Competition Report on Energy Sector Inquiry, SEC(2006) 1724, 10 January 2007, Tz. 1007 sowie London Economics, Structure and Performance of Six European Wholesale Electricity Markets in 2003, 2004, 2005, February 2007, S. 15. Zu weiteren Konzentrationsmaßen und Vergleichen auch Monopolkommission, Sondergutachten 49, a. a. O., Tz. 174 ff.

Tabelle IV.1

Übersicht über die Anzahl der angezeigten und vollzogenen Zusammenschlüsse und der vom Bundeskartellamt ausgesprochenen Untersagungen, gegliedert nach Berichtszeiträumen der Monopolkommission

Jahr		Anzeigen vollzogener Zusammenschlüsse[1]	Angemeldete Zusammenschlüsse[1]	Zahl der Untersagungen
1973/1975		773		4
1976/1977		1.007		7
1978/1979		1.160		14
1980/1981		1.253		21
1982/1983		1.109		10
1984/1985		1.284		13
1986/1987		1.689		5
1988/1989		2.573		16
1990/1991		3.555	2.986	8
1992/1993		3.257	2.467	6
1994/1995		3.094	2.408	8
1996/1997		3.185	2.644	9
1998/1999		3.070	3.354	8
2000/2001		2.567	3.303	4
2002/2003		2.452	2.950	8
2004/2005		2.541	3.099	18
2006/2007		3.303	4.069	12
davon:	2006	1.514[2]	1.829	5
	2007	1.789[2]	2.240[3]	7
Insgesamt		**37.872**	**27.280**	**171**

[1] Angaben in früheren Hauptgutachten basierten teilweise auf vorläufigen Erhebungen des Bundeskartellamtes. Diese wurden nunmehr durch offizielle Angaben des Bundeskartellamtes ersetzt.
[2] Sonderauswertung mit eingeschränkter Aussagekraft.
[3] Vorläufiger Wert.
Quelle: Bundeskartellamt

Für die Interpretation der Zahlen und der Abweichungen der angemeldeten Zusammenschlüsse von den angezeigten vollzogenen Zusammenschlüssen sind die zeitlichen Abstände zu beachten, die zwischen dem Zeitpunkt, zu dem die Unternehmen einen Zusammenschluss beschließen, dem Zeitpunkt der Anmeldung des Vorhabens beim Bundeskartellamt, dem Zeitpunkt des tatsächlichen Vollzuges, dem Zeitpunkt der Anzeige des Vollzuges und – bei Fällen vor dem 1. Juli 2005 – der Bekanntmachung im Bundesanzeiger liegen können. Die Zeit zwischen tatsächlichem Vollzug und Bekanntmachung und damit der statistischen Erfassung eines Falles betrug laut Bundeskartellamt durchschnittlich drei bis sechs Monate.[30]

503. Die Zahl der registrierten Neuanmeldungen ist im Vergleich zum letzten Berichtszeitraum gestiegen. Insgesamt wurden in den Jahren 2006 und 2007 4 069 Neuanmeldungen registriert, davon 1 829 im Jahre 2006 und 2 240 im Jahre 2007 (vgl. Tabelle IV.2). Im letzten Berichtszeitraum der Monopolkommission waren es nur 3 099 Neuanmeldungen gewesen. Die deutliche Steigerung bei der Zahl der Neuanmeldungen im aktuellen Berichtszeitraum könnte – wie auch im letzten Hauptgutachten festgestellt[31] – auf die vermehrte Aktivität an den Börsen zurückzuführen sein.

504. Im vergangenen Berichtszeitraum hat das Bundeskartellamt 65 sog. Zweite-Phase-Fälle abgeschlossen, in mehr als der Hälfte der Fälle mit einer Freigabe ohne Auflagen und Bedingungen. Die Zahl der Freigaben mit

[30] Vgl. Bericht des Bundeskartellamtes über seine Tätigkeit in den Jahren 2003/2004 sowie über die Lage und Entwicklung auf seinem Aufgabengebiet, Bundestagsdrucksache 15/5790 vom 22. Juni 2005, S. 213.

[31] Vgl. Monopolkommission, Hauptgutachten 2004/2005, a. a. O., Tz. 431.

Auflagen und Bedingungen ist im Vergleich zum vorherigen Berichtszeitraum deutlich gestiegen, die Zahl der Untersagungen gesunken. In 15 Fällen wurde eine Freigabe unter Bedingungen und Auflagen erteilt, dafür gab es nur zwölf Untersagungen. Im letzten Berichtszeitraum hatte es nur sechs Freigaben unter Auflagen und Bedingungen, jedoch 18 Untersagungen gegeben.

505. Die Auswertung der beim Bundeskartellamt angemeldeten Unternehmenszusammenschlüsse nach Art des Zusammenschlusstatbestandes zeigt, dass die Hälfte aller Zusammenschlüsse sowohl den Tatbestand des Kontroll- (§ 39 Abs. 2 GWB) als auch des Anteilserwerbs (§ 39 Abs. 3 GWB) erfüllen (vgl. Tabelle IV.3). Der reine Anteils- und der reine Kontrollerwerb spielen demgegenüber nur eine untergeordnete Rolle. Auch der Auffangtatbestand des wettbewerblich erheblichen Einflusses (§ 39 Abs. 2 GWB) wurde nur in sehr wenigen Fällen angewendet. Dabei handelte es sich jedoch überdurchschnittlich oft um wettbewerblich problematische Fälle, bei denen ein Hauptprüfverfahren eingeleitet und in einigen Fällen auch eine Untersagung ausgesprochen wurde.

Tabelle IV.2

Übersicht über den Stand der Zusammenschlusskontrolle 2006 und 2007

		2006	2007
I.	**Fusionskontrolle (national)**		
	Eingegangene Anmeldungen nach § 39 GWB	1.829	2.240
II.	**Zweite-Phase-Fälle**		
	Entscheidungen	35	30
	davon: Freigabe	24	14
	Freigabe mit Auflagen und Bedingungen	6	9
	Untersagung	5	7
	Rücknahme/Einstellung	4	12

Quelle: Bundeskartellamt

Tabelle IV.3

Art des Zusammenschlusstatbestandes der beim Bundeskartellamt zwischen 2005 und 2007 angemeldeten Unternehmenszusammenschlüsse

		2005	2006	2007[1]
I.	Vermögenserwerb	435	422	
II.	Kontrollerwerb	1.029	1.253	
	davon: Anteilserwerb	737	928	
	durch Vertrag	110	121	
	Gemeinschaftsunternehmen	118	144	
	Veränderung der Kontrolle	64	60	
III.	Anteilserwerb	207	145	
	davon: Mehrheitserwerb	26	24	
	Minderheitserwerb	45	37	
	Gemeinschaftsunternehmen	136	84	
IV.	Wettbewerblich erheblicher Einfluss	16	9	
Insgesamt		**1.687**	**1.829**	

[1] Erhebung noch nicht vollständig abgeschlossen.
Quelle: Bundeskartellamt

2.2 Formellrechtliche Verfahrens-tatbestände

2.2.1 Allgemeine Umsatzschwelle und Verbundklausel

506. § 35 GWB normiert im deutschen Fusionskontrollrecht, wann eine Transaktion anzumelden ist. Wichtigste Einflussgröße für den Umstand, ob das Bundeskartellamt die wettbewerblichen Wirkungen eines Falles zu prüfen hat, ist die Schwelle des gemeinsamen Umsatzes der beteiligten Unternehmen, der gemäß § 35 Abs. 1 Ziff. 1 GWB den Betrag von 500 Mio. Euro überschreiten muss. Der ökonomisch-institutionelle Zweck der Festsetzung von Umsatzschwellen, die notwendige Bedingung der Kontrollpflicht von Fusionsvorhaben sind, bedarf einer näheren Bestimmung, da nicht unmittelbar einsichtig ist, dass Wettbewerbsbeschränkungen von Unternehmen mit einem Umsatz unterhalb der Schwellenwerte einen geringeren oder weniger schädlichen Einfluss auf Wettbewerbsprozesse haben. Die letzte Erhöhung der Aufgreifschwellen in der sechsten GWB Novelle wurde durch den Gesetzgeber unter anderem damit begründet, dass Kartellamt und Unternehmen auf diese Weise eine Entlastung erfahren.[32] Da den von der Allgemeinheit zu tragenden Kosten der Kartellbehörde sowohl eine Gebühr als auch eine gesamtwirtschaftliche Verbesserung im Hinblick auf die Verhinderung von wettbewerbsschädlicher Konzentration gegenübersteht, darf die gegenwärtige Personalstärke der Kartellbehörde nach Ansicht der Monopolkommission jedoch kein ökonomisches Argument für die Schwellenwerte darstellen. Vielmehr ist die Belastung von Staat und betroffenen Unternehmen durch die Transaktionskosten einer fusionskontrollrechtlichen Untersuchung mit den Kosten zu vergleichen, die der Volkswirtschaft bei einer schädlichen Beeinflussung der Wettbewerbsbedingungen entstehen. Das mögliche Schadensausmaß ergibt sich auch aus der Würdigung der Finanzkraft der beteiligten Unternehmen, die ein größerer Konzern als Akteur auf einem Markt aufbringen kann, um eine Verdrängungsstrategie gegen aktive wie potenzielle Konkurrenz umzusetzen. Gleichzeitig stellen die weitgehend fixen Transaktionskosten der Fusionskontrolle eine mit steigender Unternehmensgröße relativ sinkende Belastung dar. Vor diesem Hintergrund sind die angesetzten Umsatzschwellen ein Indikator für Unternehmensgröße. Sie sollen einen möglichst effizienten Punkt zum Ausgleich von Kosten und Nutzen einer fusionskontrollrechtlichen Untersuchung abbilden. Schwellenwerte sind daher als eine Heuristik zu verstehen. Sie sollen die Anwendung der Fusionskontrolle auf kritische Fälle begrenzen und gleichzeitig für die beteiligten Unternehmen im Voraus leicht zu ermitteln sein. Während sich der Ermittlungsaufwand dadurch reduzieren lässt, dass Umsatzschwellen ohne materiellrechtliche Marktdefinition und Marktanalyse auskommen, stellen einfach zu ermittelnde Schwellenwerte ein ökonomisch unscharfes Kriterium für das tatsächliche

wettbewerbsökonomische Gewicht einer Fusion dar. Natürlich kann daher bei der Verwendung einer Heuristik, wie die Aufgreifschwellen sie darstellen, im Einzelfall auch eine Fusion nicht erfasst werden, die trotz Nichterfüllung des Aufgreifkriteriums sehr wohl wettbewerbsschädlich ist. Dieser Fehler („underenforcement") wäre durch den Verzicht auf Aufgreifschwellen zu vermeiden. Aus Sicht der Monopolkommission stünden jedoch die dadurch zusätzlich verursachten Kosten der erhöhten Rechtsunsicherheit und die administrativen Kosten nicht im angemessenen Verhältnis zu dem dadurch induzierten Nutzenzuwachs. Alternativ könnte dem Bundeskartellamt bei Fusionen unterhalb der Aufgreifschwellen ein Aufgreifermessen eingeräumt werden. Auch dies hält die Monopolkommission jedoch nicht für zweckmäßig, da die Nachteile (administrative Kosten und zusätzliche Rechtsunsicherheit) die Vorteile überwiegen würden.

507. Die Verbundklausel des § 36 Abs. 2 Satz 1 GWB stellt eine wesentliche Prämisse der Aufgreifschwellen der Zusammenschlusskontrolle dar, da sie eine Addition aller Umsätze aus Konzernbeziehungen bewirkt. Sie unterscheidet bei der Zurechnung von Umsätzen verschiedener Tochtergesellschaften eines Konzerns nicht zwischen branchenfremden und brancheneigenen Umsätzen. Eine solche Unterscheidung ist auch deshalb nicht zweckmäßig, da sie das größere Finanzpotenzial ignorieren würde, welches ein Mischkonzern durch branchenfremde Beteiligungen aufweist. Auch würde ein in mehreren Branchen tätiges Mehrproduktunternehmen benachteiligt, wenn es in Vergleich zu einem Unternehmen gestellt wird, das Teil einer diversifizierten Holding ist. Nicht zuletzt würde eine Unterscheidung schwerwiegende praktische Probleme bei der Operationalisierung einer getrennten Zurechnung hervorrufen. Bei der Prüfung der formellen Untersagungsvoraussetzungen besteht die praktische Relevanz der Verbundklausel zum einen darin, dass ein Zusammenschluss verbundener Unternehmen nicht kontrollpflichtig wird, da er dem Gesetz folgend nur eine Verschiebung von Unternehmensteilen innerhalb eines Konzernverbundes darstellt. Zum anderen haben verbundene Unternehmen einen verstärkenden Einfluss auf das Erreichen der Aufgreifschwellen des § 36 Abs. 1 Ziff. 1 GWB und die davon zentral abhängige Kontrollpflicht, da die zurechenbaren Umsätze der beteiligten Konzernunternehmen größer ausfallen. Um das Gewicht der Wettbewerbsbeschränkung heuristisch zu ermitteln, könnte auch gleich nur auf die Umsätze aus den relevanten Märkten abgestellt werden. Dies jedoch widerspricht dem Sinn einer einfachen Regel, da das Bundeskartellamt dann schon vor dem Aufgreifen eines Fusionsvorhabens eine Marktdefinition vornehmen müsste. Der ökonomische Sinn der Aufgreifschwellen liegt gerade auch darin, dass diese eine einfache Regel darstellen, die ein hohes Maß an Rechtssicherheit beinhaltet.

2.2.1.1 Keine Sonderrolle bei Beteiligung von Unternehmen der öffentlichen Hand

508. Zusammenschlüsse unter Beteiligung von Unternehmen, die ganz oder teilweise im Eigentum der öffentlichen Hand stehen oder die von ihr verwaltet oder betrie-

---

[32] Vgl. Bundesregierung, Entwurf eines Sechsten Gesetzes zur Änderung des Gesetzes gegen Wettbewerbsbeschränkungen, Bundestagsdrucksache 13/9720 vom 29. Januar 1998, S. 42.

ben werden, sind gemäß § 130 Abs. 1 GWB ebenfalls von der Notifizierungspflicht der Zusammenschlusskontrolle erfasst. Die Beteiligung von Unternehmen der öffentlichen Hand im Falle kontrollpflichtiger Zusammenschlüsse findet sich häufig im Energiesektor, beispielsweise beim Anteilserwerb privater Unternehmen an Stadtwerken oder im Bereich der öffentlichen Krankenhäuser. Auch im Berichtszeitraum hat das Bundeskartellamt mehrere Fälle mit Beteiligung von Unternehmen der öffentlichen Hand geprüft. Dabei ist auch für diese Zusammenschlüsse der Anwendungsbereich der Fusionskontrolle auf große Unternehmen begrenzt.

509. Insbesondere bei Zusammenschlüssen öffentlicher Krankenhäuser, die sich in Trägerschaft von Gebietskörperschaften befanden, wurden im Berichtszeitraum die Aufgreifschwellen erst durch die Annahme von Konzernbeziehungen erreicht, bei der die Gebietskörperschaft die Rolle der Konzernmutter einnimmt. Gemäß § 36 Abs. 2 Satz 1 GWB in Verbindung mit § 17 Abs. 1 AktG werden abhängige oder beherrschte Unternehmen, also solche, auf die unmittelbar oder mittelbar ein beherrschender Einfluss ausgeübt wird, GWB-rechtlich als eine Einheit angesehen. Von Unternehmen im Mehrheitsbesitz wird gemäß § 17 Abs. 2 AktG vermutet, dass dieses vom Mehrheitseigner abhängig ist. Kommt es zu Fusionen, bei denen mindestens ein Unternehmen einer Gebietskörperschaft zuzuordnen ist, werden – analog zu Konzernen des Privatrechts – regelmäßig auch etwaige andere Umsätze dieser Gebietskörperschaft mitberücksichtigt.

510. In ihrem Sondergutachten zum Antrag auf Ministererlaubnis im Zusammenschlussvorhaben Universitätsklinikum Greifswald/Kreiskrankenhaus Wolgast ist die Monopolkommission auf die praktischen Probleme eingegangen, die im Zuge der derzeitig geltenden Regelung der Aufgreifkriterien im Vergleich zu der durch sie intendierten Zielsetzung entstehen können.[33]

Die Monopolkommission hat darauf hingewiesen, dass die konzernmäßige Konsolidierung der Umsätze im Falle von Gebietskörperschaften qualitativ gegenüber privaten Unternehmen abzugrenzen ist. Sowohl die festgelegte Zielsetzung einer öffentlichen Gebietskörperschaft als auch die der mit ihr verbundenen Unternehmen und Anstalten des öffentlichen Rechts liegt in der Sicherstellung eines öffentlich-rechtlichen Auftrags. Auch wenn die entscheidenden Akteure hier möglicherweise auch andere Ziele verfolgen, sind öffentliche Unternehmen in Möglichkeiten und Handlungsstrategien nur bedingt mit den Gewinnmaximierungszielen eines privatrechtlichen Konzernes vergleichbar. Der Einfluss öffentlich-rechtlicher Beteiligungen auf die Wettbewerbsbeschränkung stellt sich daher tendenziell als schwächer dar als im Falle der Privatwirtschaft. Vice versa muss jedoch ebenfalls festgestellt werden, dass ein solcher Einfluss auch nicht grundsätzlich ausgeschlossen werden kann. Die Monopolkommission hält es daher nicht für sinnvoll, zukünftig

prinzipiell von einer konzernmäßigen Konsolidierung der Umsätze der öffentlichen Hand abzusehen. Der materiell anzustrebende Status einer Abschwächung des Gewichtes der Konzernbeziehungen bei Unternehmen der öffentlichen Hand ist jedoch ebenfalls nicht systematisch möglich. Würde man de lege ferenda annehmen, dass die Umsätze von über eine Gebietskörperschaft verbundenen Unternehmen in geringerem Maße berücksichtigt werden, so öffnete diese Maßnahme Gestaltungsspielräume zur Beeinflussung der kartellrechtlich relevanten Umsätze.

Eine Möglichkeit zur Differenzierung läge darin, § 36 Abs. 2 GWB dahingehend anzupassen, dass bei Unternehmen der öffentlichen Hand, die über eine öffentlich-rechtliche Gebietskörperschaft verbunden sind, nur dann von einem Konzern auszugehen ist, wenn die Merkmale eines Konzerns gemäß § 18 Abs. 1 AktG erfüllt werden. Danach bilden ein herrschendes und ein oder mehrere abhängige Unternehmen einen Konzern, wenn diese unter einheitlicher Leitung des herrschenden Unternehmens zusammengefasst werden.[34] Die Prüfung einer solchen Vorschrift durch das Bundeskartellamt setzt daher im Ergebnis eine einheitliche Leitung und damit eine zumindest formlose Koordination der Geschäftspolitik voraus. Die Monopolkommission kann eine entsprechende Gesetzesanpassung dennoch nicht empfehlen, da die rechtlichen Voraussetzungen der Aufgreifkriterien durch die Zusammenschlussbeteiligten ohne große Schwierigkeiten zu ermitteln sein sollen. Die Einführung eines materiellen Prüfkriteriums auf Tatbestandsebene würde hingegen zusätzliche Rechtsunsicherheit erzeugen.

2.2.1.2 Fallpraxis des Bundeskartellamtes für den Krankenhaussektor

511. Im Zusammenschlussverfahren Universitätsklinikum Greifswald/Kreiskrankenhaus Wolgast[35] betrachtete das Bundeskartellamt das Uniklinikum, entgegen seiner eigenen Darstellung, als ein durch seinen Inhaber, das Land Mecklenburg-Vorpommern, alleine beherrschtes Unternehmen, dessen Umsätze somit aus allen sachlichen und räumlichen Tätigkeitsgebieten gemäß § 36 Abs. 2 GWB zu berücksichtigen seien. Der Argumentation der Anmelderin, das Uniklinikum Greifswald sei eine sachlich und wirtschaftlich selbständige Anstalt des öffentlichen Rechts, folgte das Bundeskartellamt nicht. Das Land übe aufgrund seiner Trägerschaft gemäß § 17 AktG als Alleineigentümer in jedem Falle einen beherrschenden Einfluss aus. Eine wirtschaftliche Eigenständigkeit konnte das Klinikum nach Auffassung des Kartellamtes nicht nachweisen; vielmehr habe das Land weiterhin das Letztentscheidungsrecht über den Wirtschafts- und Stellenplan und könne durch seine Rechtssetzungs- und Satzungskompetenz die übertragenen Entscheidungskompetenzen jederzeit variieren. Demzufolge waren nach Ansicht des Bundeskartellamtes dem Erwerber alle Um-

[33] Vgl. Monopolkommission, Zusammenschlussvorhaben des Universitätsklinikums Greifswald mit der Kreiskrankenhaus Wolgast gGmbH, Sondergutachten 52, Baden-Baden 2008, Tz. 92.

[34] Zu einer solchen Auslegung der bestehenden Regelung vgl. KG Berlin, Beschluss vom 11. Januar 1993, Kart 26/92, WuW/E OLG 5151, 5163.

[35] BKartA, Beschluss vom 11. Dezember 2006, B3 – 1002/06, WuW/E DE-V 1407.

sätze von verbundenen Landesbetriebseinheiten zuzuordnen. Dazu zählte beispielsweise auch die landeseigene Staatslotterie, die mit einem Umsatz von deutlich über 100 Mio. Euro maßgeblich dazu beitrug, dass der Umsatz der Zusammenschlussbeteiligten oberhalb der Aufgreifschwellen des § 35 Abs. 1 GWB lag.

512. Am 7. Mai 2008 gab das Oberlandesgericht Düsseldorf einer Beschwerde der Betroffenen statt.[36] Der Zusammenschluss sei nicht von der Fusionskontrolle zu erfassen, weil er die allgemeine Aufgreifschwelle des § 35 Abs. 1 Nr. 1 GWB nicht erreiche. Das Gericht stimmte zwar der Auffassung des Bundeskartellamtes zu, dass das Uniklinikum ein vom Land Mecklenburg Vorpommern beherrschtes Unternehmen sei und daher von Konzernbeziehungen auszugehen ist. In Abgrenzung zur Auffassung des Bundeskartellamtes nahm das Oberlandesgericht jedoch an, dass die Umsätze der Landeslottogesellschaft nur abzüglich der Gewinnausschüttungen anzusetzen seien, da es sich bei diesen um eine Erlösschmälerung gemäß § 277 Abs. 1 HGB handele.

513. Der Annahme des Oberlandesgerichtes, bei der Umsatzermittlung des Landeslotteriebetriebes seien besondere Maßstäbe anzusetzen, kann die Monopolkommission sich nicht anschließen. Unter Beachtung der gegebenen Rechtslage ist für die Berechnung der Umsatzerlöse die Vorschrift des § 38 Abs. 1 GWB in Verbindung mit § 277 Abs. 1 HGB allein maßgeblich. Den Umsätzen sind daher alle Einnahmen zuzurechnen, die das Unternehmen aus dem Absatz von Lotterie- und Sportwettverträgen abzüglich der darauf zu entrichtenden Lotteriesteuern erzielt. Der im Handelsrecht gebräuchliche Tatbestand der Erlösschmälerung bezeichnet auf den Preis gewährte Rabatte wie Skonti oder Warenrücksendungen, die außerhalb des Einflusses des Handelstreibenden stehen, der diese Umsätze erzielt, und daher keine beeinflussbare Kostenposition darstellen. Die Gewinnausschüttungen im Lotteriespiel sind hierunter nicht zu subsumieren, denn sie sind ein direkter Angebotsparameter bei der Veranstaltung von Glücksspielen. Die Gewinnausschüttungsquote muss vom Veranstalter nicht als ein nicht beeinflussbarer Posten hingenommen werden, vielmehr ist sie ein bedeutsamer Wettbewerbsparameter zur Abgrenzung des eigenen Gewinnspiels gegenüber anderen Gewinnspielen. Sie unterliegt landesrechtlichen Regelungen und wird nur aufgrund des Zusammenschlusses der Landeslottogesellschaften im Deutschen Lotto- und Toto-Block bei gemeinsam ausgespielten Lotterien gemeinschaftlich bestimmt. Dies entzieht die Gewinnausschüttungsquote jedoch nicht dem Einfluss der Landesregierung bzw. der ihr gemäß § 38 Abs. 2 GWB zuzurechnenden Lottogesellschaft. Daher sind Gewinnausschüttungen als gewöhnliche Kostenpositionen bei der Veranstaltung von Glücksspielen zu behandeln und nicht als Erlösschmälerungen. Hilfsweise kann auch ein Vergleich zur Versicherungsbranche gezogen werden, für die gemäß § 38 Abs. 4 Satz 2 GWB die Prämieneinnahmen des abgeschlossenen Geschäftsjahres maßgeblich sind.

Auch hier sieht das GWB explizit keine Erlösminderung hinsichtlich der Ausschüttungen aufgrund von Schadensfällen vor.

514. Auch im Zusammenschlussverfahren Kliniken Ludwigsburg-Bietigheim/Enzkreis-Kliniken[37] war die Zurechnung von Umsätzen verbundener Unternehmen der Gebietskörperschaften ausschlaggebend für das Erreichen der fusionskontrollrechtlichen Umsatzschwellen. Mehr als die Hälfte der den Zusammenschlussbeteiligten zuzurechnenden Umsätze entfiel etwa auf die Kreissparkasse Ludwigsburg. Darüber hinaus wurden bei den Beteiligten Umsätze beispielsweise im Bereich der Volkshochschule GmbH oder der Abfallwirtschaftsgesellschaft erzielt, die das Bundeskartellamt auch hier entgegen dem Vortrag der Anmelderin vollständig in die Umsatzberechnung der Zusammenschlussbeteiligten hat einfließen lassen. So bezieht das Bundeskartellamt alle Umsätze von durch die Gebietskörperschaften beherrschten Unternehmen in seine Berechnungen ein, die zum Zwecke des marktwirtschaftlichen Leistungsaustausches als Anbieter von Leistungen auf dem Markt auftreten. Es stellt damit klar, dass die bloße Rechtsform einer Anstalt des öffentlichen Rechts nicht im Widerspruch zur Unternehmenseigenschaft steht. Im Falle der Sparkasse sei der beherrschende Einfluss des Landkreises gemäß § 17 Abs. 1 AktG auch dadurch gegeben, dass infolge von § 15 des baden-württembergischen Sparkassengesetzes sowohl der Vorsitzende als auch weitere zwei Drittel der Mitglieder des Verwaltungsrates durch den Träger gestellt werden. Auf die tatsächliche Nutzung des Besetzungsrechts oder die Ausübung der Einflussmöglichkeit komme es indes nicht an.

515. Die Monopolkommission hält es für notwendig, eine Anpassung der Aufgreifkriterien davon abhängig zu machen, ob im allgemeinen Anwendungsfall genauere und ebenso einfach zu bestimmende Heuristiken denkbar sind. Entsprechend einer stärker ökonomischen Ausrichtung der Fusionskontrolle ist hier auch den besonderen wettbewerbspolitischen Anforderungen einzelner Branchen Rechnung zu tragen, wenn diese einer genaueren Erfassung möglicher Wettbewerbsbeschränkungen dienen kann.

Die Monopolkommission hat sich auch vor dem Hintergrund einer wettbewerbspolitischen Evaluation des Krankenhaussektors mit den Aufgreifkriterien für den Krankenhaussektor auseinander gesetzt. Wie in Kapitel V, Abschnitt 2, ausführlich dargestellt, handelt es sich beim Krankenhausmarkt um einen wettbewerbspolitisch sensiblen Regionalmarkt, der gegenüber anderen Märkten zudem durch hohe administrative Markteintrittsbarrieren gekennzeichnet ist. Derzeit hängt die fusionskontrollrechtliche Notifizierungspflicht von Krankenhausfusionen davon ab, ob diese entweder Teil eines sehr großen Konzerns sind, oder bei der Fusion mit Beteiligung öffentlich-rechtlicher Häuser, welche Unternehmensbeteiligungen die tragenden Gebietskörperschaften eingegangen

---

[36] OLG Düsseldorf, Beschluss vom 7. Mai 2008, VI-Kart 1/07 (V).

[37] BKartA, Beschluss vom 13. Dezember 2006, B3 –1003/06, WuW/E DE-V 1335.

sind. Demzufolge unterliegen viele Fälle genau dann einer Anmeldepflicht beim Bundeskartellamt, wenn die tragende Gebietskörperschaft gleichzeitig Träger einer Sparkasse, Lotto- oder Abfallentsorgungsgesellschaft ist, da andernfalls die Aufgreifschwellen des GWB nicht erreicht werden.[38] Es ist daher zu befürchten, dass bei einem Schwellenwert von 500 Mio. Euro systematisch auch Fusionen nicht aufgegriffen werden, die sehr wohl gravierende Wettbewerbsbeschränkungen bewirken. Daher ist für den Krankenhaussektor ein Absenken der Umsatzschwellen angemessen, um einen stärkeren Schutz vor nachhaltigen marktbeherrschenden Stellungen zu erreichen. Die Monopolkommission schlägt daher vor, die Berechnung der Umsatzerlöse auf diesem Markt anzupassen, indem § 38 GWB durch folgenden Absatz ergänzt wird:[39]

„Für den Umsatz von Krankenhausunternehmen ist das Dreifache der Umsatzerlöse in Ansatz zu bringen."

2.2.2 Inlandsbegrenzung der Bagatellmarktklausel

516. Im Berichtszeitraum hat die Anwendung der Bagatellmarktklausel des § 35 Abs. 2 Satz 2 GWB eine Konkretisierung erfahren. Mit dem sog. „Staubsaugerbeutel-Urteil" hatte der Bundesgerichtshof im Jahr 2004 den Gegebenheiten zunehmender internationaler Wirtschaftsverflechtungen dadurch Rechnung getragen, dass er die Begrenzung des räumlich relevanten Marktes über den Geltungsbereich des GWB hinaus ausgeweitet hat.[40] In der siebten GWB-Novelle folgte der Gesetzgeber dieser Auffassung, indem er das GWB in § 19 Abs. 2 Satz 3 durch eine entsprechende Norm ergänzte. Unklar blieb jedoch, ob sich die Neuregelung allein auf die Anwendung materiellen Kartellrechts beschränkte oder ob auch formelle, den Anwendungsbereich der Fusionskontrolle regelnde Vorschriften von der Klausel betroffen waren. Die Unklarheit betraf somit die Bagatellmarktklausel, die die Anwendung der Fusionskontrolle ausschließt, wenn ein Markt betroffen ist, der eine gesamtwirtschaftlich geringe Bedeutung aufweist. Fraglich blieb auch, ob bei den zum Tragen kommenden Umsatzschwellen auf das Volumen des grenzüberschreitend abzugrenzenden Marktes abzustellen ist.[41] Mit seiner Entscheidung im Zusammenschlussfall Sulzer/Kelmix/Werfo[42] hat der Bundesgerichtshof nun auch in diesem Problembereich für eine Klärung gesorgt. Abweichend ist hier im Sinne dieser Kleinmärktegrenze nur auf die Umsätze auf dem Inlandsmarkt abzustellen.

517. Die offene Frage um die Bagatellmarktklausel hat das Bundeskartellamt in mehreren Verfahren innerhalb des Berichtszeitraums beschäftigt. Im März 2006 untersagte es die Übernahme des deutschen Unternehmens Pedex durch das amerikanische Chemieunternehmen DuPont.[43] Pedex war Teil der Coronet-Gruppe. Sowohl Pedex als auch Coronet hatten im Juli 2005 Insolvenzantrag gestellt. Das Zusammenschlussverfahren betraf den Markt für Monofilamente im Oral-Care-Bereich. Dabei handelt es sich um eine bestimmte Art von Kunststoffstäben, die zur Produktion von Zahnbürsten eingesetzt werden. Das Bundeskartellamt untersagte den Zusammenschluss aufgrund der sehr hohen Marktanteile der Beteiligten im sachlich relevanten Markt und der Erfordernis speziellen Know-hows beim Markteintritt potenzieller Wettbewerber. Streitpunkt war allerdings, ob der Zusammenschluss überhaupt gemäß § 39 Abs. 1 GWB anmeldepflichtig war, da der für das Vorhaben vom Bundeskartellamt abgegrenzte sachlich relevante Markt die Bagatellmarktgrenze des § 35 Abs. 2 Satz 2 GWB nur unter Berücksichtigung der europaweiten Umsätze überschritten hatte. Im Beschwerdeverfahren hat das Oberlandesgericht Düsseldorf im Dezember 2006 die Entscheidung des Bundeskartellamtes unter Bezugnahme auf die Inlandsbeschränkung der Bagatellmarktklausel aufgehoben.[44] Nach der Ankündigung des Bundeskartellamtes, gegen den Beschluss des Oberlandesgerichts in die Rechtsbeschwerde zu gehen, wurde das Unternehmen Pedex anderweitig verkauft.

Unmittelbar nach der Entscheidung des Oberlandesgerichts zogen die Beteiligten im Zusammenschlussverfahren Sulzer/Kelmix/Werfo die Anmeldung des Zusammenschlusses zurück und zeigten gleichzeitig dessen Vollzug an. Sulzer, Tochterunternehmen der Schweizer Sulzer AG, hatte zuvor im August 2006 den geplanten mehrheitlichen Erwerb von Anteilen der Kelmix Holding AG, der Werfo AG und der Mold AG angemeldet. Die Kelmix Holding ist ihrerseits ein Unternehmen der Mixpac-Gruppe. Das Volumen des sachlich betroffenen Marktes überschritt nur unter Berücksichtigung der Auslandsumsätze die Bagatellmarktschwelle. Da das Bundeskartellamt an seiner Rechtsauffassung hinsichtlich der Bagatellmarktfeststellung bis zur Klärung durch den Bundesgerichtshof festhielt, hatte es ein Entflechtungsverfahren gegen die Unternehmen eingeleitet. Im Februar 2007 untersagte das Bundeskartellamt den Zusammenschluss, da der Anteilserwerb an Mixpac durch Sulzer zu einer Verstärkung der marktbeherrschenden Stellung von Mixpac auf dem Markt für die Herstellung von Kartuschen, Mischern und Austraggeräten für Zweikomponenten-Material für die medizinische Anwendung führe.[45] Gleichzeitig begründe der Zusammenschluss auch eine marktbeherrschende Stellung auf dem Markt für die genannten Komponenten

---

[38] Ein durchschnittliches Krankenhaus hatte im Jahre 2005 einen Umsatz von etwa 29 Mio. Euro. Vgl. Statistisches Bundesamt; eigene Berechnung. Ohne die Annahme von Konzernbeziehungen verbleibt daher auch die Fusion mehrerer Krankenhäuser deutlich unterhalb der gemeinsamen Umsatzschwelle von 500 Mio. Euro.
[39] Vgl. Kapitel V, Tz. 810 ff.
[40] Vgl. BGH, Beschluss vom 5. Oktober 2004, KVR 14/03, WuW/E DE-R 1355.
[41] Vgl. ausführlich Monopolkommission, Hauptgutachten 2004/2005, a. a. O.,Tz. 456 ff.
[42] BGH, Beschluss vom 25. September 2007, KVR 19/ 07, WuW/E DE-R 2133.

[43] BKartA, Beschluss vom 15. März 2006, B3 – 136/05, WuW/E DE-V 1247.
[44] OLG Düsseldorf, Beschluss vom 22. Dezember 2006, VI-Kart 10/06 (V), WuW/E DE-R 1881.
[45] BKartA, Beschluss vom 14. Februar 2007, B5 – 10/07, WuW DE-V 1340.

für Industrieanwendungen. Das Bundeskartellamt stellte fest, dass die Bagatellmarktgrenze zwar für die Inlandsumsätze auf beiden relevanten Einzelmärkten nicht überschritten sei. Es sei jedoch auf die unter einer ökonomischen Betrachtungsweise räumlich relevanten Märkte abzustellen, die hier mindestens europaweit abzugrenzen seien. Zumindest aber seien die Umsätze auf beiden relevanten Märkten zu addieren, da es sich um benachbarte Märkte handele. Die Verfahrensbeteiligten haben gegen den Beschluss des Bundeskartellamtes Beschwerde eingereicht. Das Oberlandesgericht Düsseldorf entschied daraufhin, anlehnend an seinen Beschluss im Verfahren DuPont/Pedex, dass die Bagatellmarktklausel nur auf die Inlandsumsätze Anwendung finden soll und hob die Entscheidung des Bundeskartellamtes damit auf.[46] Auch sei das Marktvolumen der beiden sachlich relevanten Märkte für die Anwendung der Klausel in diesem Fall nicht zu addieren, da diese sowohl in sachlicher Hinsicht als auch unter Berücksichtigung ihrer Marktstruktur nicht genügend Übereinstimmungen aufweisen. Mit Beschluss vom 25. September 2007 hat der Bundesgerichtshof die Beschränkung der Bagatellmarktklausel auf Inlandsumsätze nun erstmals höchstrichterlich bestätigt.

518. Der Bundesgerichtshof begründete die festgelegten Schwellenwerte explizit mit dem Sinn und Zweck der Bagatellmarktregelung. Dieser sei darin zu sehen, Vorhaben, die einen gesamtwirtschaftlich unbedeutenden Markt betreffen, von der Fusionskontrolle auszunehmen. Bei der Festsetzung der für tolerabel erachteten Maximalgröße von Bagatellmärkten habe sich der Gesetzgeber an der relativen Bedeutung solcher Märkte im Verhältnis zur inländischen Gesamtwirtschaft orientiert. Eine Einbeziehung europäischer oder gar weltweiter Märkte würde dazu führen, dass Zusammenschlüsse auf Märkten geprüft und untersagt werden, die einen im Inland unbedeutenden Markt betreffen. Auch die Entscheidung des Beschwerdegerichts, die Märkte seien für die Anwendung der Bagatellmarktklausel nicht zusammenzufassen, sei rechtlich plausibel und lasse keinen erheblichen Rechtsfehler erkennen. Sowohl die Anbieter- als auch die Nachfragerstruktur seien auf beiden Märkten völlig unterschiedlich. Zudem gebiete die Zusammenfassung der Umsätze für die Anwendung der Bagatellmarktklausel das Vorliegen einer möglichen Produktumstellungsflexibilität auf beiden relevanten Märkten. Diese sei aber nur begrenzt gegeben.

519. Die Monopolkommission begrüßt die Entscheidung des Bundesgerichtshofs zur Begrenzung der Bagatellmarktschwelle auf die Inlandsumsätze. Eine faktische Herabsetzung der Schwelle durch die Berücksichtigung von Auslandsumsätzen im Zuge der Neuregelung in § 19 Abs. 2 Satz 3 GWB war nach Ansicht der Monopolkommission nicht geboten.[47] Die Bagatellmarktschwelle stellt einen Indikator für das Gewicht der Wettbewerbsbeschränkung dar, der die Funktion der übrigen Umsatz-

schwellen, nur Zusammenschlüsse von gesamtwirtschaftlicher Bedeutung der Fusionskontrolle zu unterwerfen, deutlich präzisiert. Die Situation, in der die an einem Zusammenschluss beteiligten Unternehmen zwar erhebliche Umsätze erzielen, die Wettbewerbsbeschränkung aber nur in einem vergleichsweise kleinen und gesamtwirtschaftlich weniger bedeutenden inländischen Markt stattfindet, kann somit durch diese Ausnahmeregelung zusätzlich erfasst werden. Anders als in der materiellen Frage der ökonomisch richtigen Abgrenzung des räumlich relevanten Marktes ist bei Bagatellmärkten daher auf die gesamtwirtschaftliche Bedeutung in der Bundesrepublik Deutschland abzustellen. Demzufolge dient die Auslegung des Bundesgerichtshofs dazu, den Status, den der Gesetzgeber bei der Festlegung der Bagatellmarktschwelle intendiert hat, weiterhin beizubehalten.

520. Zu einer anderen Bewertung kommt die Monopolkommission hinsichtlich der eingeschränkten Zusammenfassung von Umsätzen aus mehreren sachlich relevanten Märkten. Es erscheint folgerichtig, auch in dieser Frage eine zweckbezogene Anwendung des § 35 Abs. 2 Satz 2 GWB vorzunehmen. Eine geringe gesamtwirtschaftliche Bedeutung kann sich nach Ansicht der Monopolkommission nur auf die Relation der möglichen schädlichen gesamtwirtschaftlichen Auswirkungen eines Zusammenschlusses zu den Transaktionskosten des Kontrollverfahrens beziehen. Die Auswirkungen eines Zusammenschlusses addieren sich jedoch, wenn mehrere sachlich relevante Märkte betroffen sind. Selbst wenn man bei der Frage nach der wirtschaftlichen Bedeutung darauf abstellen wollte, welche Auswirkungen ein Zusammenschluss auf mehreren Märkten bei einzelnen Nachfragergruppen hat, so ist für die Zusammenfassung mehrerer sachlich relevanter Märkte allein ausschlaggebend, ob diese die gleichen Nachfragergruppen bedienen. Die übereinstimmenden Entscheidungen von Oberlandesgericht und Bundesgerichtshof werfen auch insoweit Fragen auf, als eine anbieterseitige Produktumstellungsflexibilität als Bedingung für die Zusammenfassung der Märkte im Rahmen der Bagatellmarktklausel genannt wird. Die Produktumstellungsflexibilität wird seit der Entscheidung des Bundesgerichtshofs im Falle National Geographics II allerdings auch als zusätzliches Kriterium für die Abgrenzung des sachlich relevanten Marktes herangezogen.[48] In den meisten Fällen schließt eine Abgrenzung verschiedener sachlich relevanter Märkte das Vorhandensein einer erheblichen Produktumstellungsflexibilität daher aus. Setzt man diese für die Addition der Umsätze bei der Prüfung der Bagatellmarktklausel voraus, dann scheidet die Additionsregel schon aus logischen Gründen aus, so dass die Bagatellschwelle durch Addition nicht erreicht werden kann. Damit werden die wettbewerbsbeschränkenden Wirkungen, die sich aus einem Zusammenschluss auf verschiedenen Märkten ergeben, aber tendenziell unterbewertet. Die Monopolkommission empfiehlt dem Gesetzgeber daher, die Bagatellmarktklausel dahingehend zu konkretisieren, dass die Zusammenfassung mehrerer Inlandsmärkte explizit in die Norm aufgenommen wird.

46 OLG Düsseldorf, Beschluss vom 5. März 2007, VI-Kart 3/07 (V), WuW/E DE-R 1931.
47 Vgl. Monopolkommission, Hauptgutachten 2004/2005, a. a. O., Tz. 457.
48 BGH, Beschluss vom 16. Januar 2007, WuW/E DE-R 1925, 1928.

2.2.3 Aufgreifkriterien bei Auslands- zusammenschlüssen

521. Gemäß § 130 Abs. 2 findet das GWB Anwendung auf alle Wettbewerbsbeschränkungen, die sich im Geltungsbereich des Gesetzes auswirken, auch wenn sie außerhalb des Geltungsbereichs des Gesetzes veranlasst werden. Aus diesem Grund unterliegen auch Zusammenschlüsse von Unternehmen der deutschen Fusionskontrolle, deren Sitz oder Geschäftsleitung sich im Ausland befindet, deren Geschäftstätigkeit jedoch Auswirkungen in der Bundesrepublik Deutschland hat. Hintergrund dieser Vorschrift ist das Problem, dass die inländische Wettbewerbsordnung durch eine Wettbewerbsbeschränkung im Ausland im gleichen Maße gefährdet sein kann wie durch eine solche, die im Inland veranlasst wurde. Aus diesem Grund normieren die Aufgreifkriterien des GWB auch für ausländische Unternehmen, wann ein Zusammenschluss der Notifizierungspflicht bei der deutschen Kartellbehörde unterliegt.

522. Im Berichtszeitraum hat das Bundeskartellamt über mehrere Zusammenschlussvorhaben entschieden, deren beteiligte Unternehmen ihren Sitz im Ausland hatten. Dazu zählten auch die Fälle Du Pont/Pedex und Sulzer/Kelmix/Werfo, bei denen das Bundeskartellamt die Zusammenschlüsse im März 2007 bzw. Februar 2007 zunächst untersagte, die Auslegung der Bagatellmarktklausel durch Oberlandesgericht und Bundesgerichtshof aber dazu führte, dass die Beschlüsse nachträglich aufgehoben wurden.[49] Die beiden relevanten Betriebsstätten der im Verfahren Sulzer/Kelmix/Werfo betroffenen Unternehmen befanden sich in der Schweiz und es war keine Niederlassung oder Produktionsstätte in Deutschland vorhanden. Die Zusammenschlussbeteiligten in diesem Verfahren erzielten auf den sachlich relevanten Märkten in Deutschland aber Umsätze von 10 bis 20 Mio. Euro, bei einem europaweiten Gesamtumsatz von 30 bis 40 Mio. Euro. Im Verfahren beim Bundeskartellamt vertraten die Zusammenschlussbeteiligten die Auffassung, die Gefahr einer Wettbewerbsbeschränkung sei „nur als abstrakt einzustufen". Ferner reiche das Erfüllen der Tatbestandsvoraussetzungen des § 36 Abs. 1 GWB nicht aus, um eine konkrete Inlandswirkung hervorzurufen, wie sie § 130 Abs. 2 GWB fordert. Nach Ansicht des Bundeskartellamtes genügt hingegen allein die Eignung der Wettbewerbsbeschränkung, den inländischen freien Wettbewerb zu beeinträchtigen. Die Umsatzzahlen zeigten zudem, dass der Schwerpunkt des Zusammenschlusses in Europa ganz eindeutig in Deutschland liege.

523. Im Oktober 2006 untersagte das Bundeskartellamt das Zusammenschlussverfahren der amerikanischen Unternehmen Coherent und Excel.[50] Das Verfahren betraf die Entwicklung, Herstellung und den Vertrieb von Lasern. Beide Unternehmen erzielten gemeinsame Umsätze von weltweit 527,2 Mio. Euro und somit etwas oberhalb der Aufgreifschwelle von 500 Mio. Euro gemäß § 35

Abs. 1 Ziff. 1 GWB. Auf dem europäischen Markt wurde ein relevanter Anteil der Umsätze in Deutschland erzielt. Während das amerikanische Department of Justice die Fusion freigab, untersagte das Bundeskartellamt den Zusammenschluss, da dieser auf dem sachlich relevanten Teilmarkt für sog. RF sealed-off CO_2 Laser zur Entstehung einer marktbeherrschenden Stellung der Beteiligten führe. Das Bundeskartellamt hatte in diesem Fall für seine materielle Beurteilung der Wettbewerbsverhältnisse auf die Auswirkung auf weltweiten Märkten abgestellt.

524. Im August 2007 untersagte das Bundeskartellamt den Erwerb der italienischen CVS Ferrari durch die finnische Cargotec Corporation.[51] Beide Unternehmen produzieren und vertreiben Fahrzeuge für den Containertransport. Die Cargotec-Gruppe erzielte weltweit Umsatzerlöse von mehr als 2 Mrd. Euro. Auf die EU entfallen davon 1 Mrd. Euro, auf Deutschland 150 Mio. Euro. CVS Ferrari erzielte weltweite Umsätze zwischen 50 und 100 Mio. Euro, davon mehr als 30 Mio. Euro in der EU und weniger als 10 Mio. Euro in Deutschland. Damit erfüllt der Zusammenschluss die Aufgreifkriterien des GWB. In der materiellen Prüfung grenzte das Bundeskartellamt sieben sachlich relevante Teilmärkte ab, von denen nach Ansicht des Amtes in zweien eine marktbeherrschende Stellung entsteht oder verstärkt wird. Der räumlich relevante Markt wurde europaweit abgegrenzt. Zum Zeitpunkt des Untersagungsbeschlusses des Bundeskartellamtes hatten bereits die Wettbewerbsbehörden in Spanien und Österreich über das Verfahren entschieden. In beiden Ländern haben die Behörden den Zusammenschluss freigegeben. Während der Beschluss der österreichischen Wettbewerbsbehörde nicht zugänglich war, hat die spanische Behörde offensichtlich stärker auf die Auswirkungen des Zusammenschlusses auf dem spanischen Markt abgestellt. Dort wurden auf den vom Bundeskartellamt sachlich abgegrenzten Märkten keinerlei Umsätze erzielt.

525. Ebenfalls untersagt hat das Bundeskartellamt den Zusammenschluss zweier Hörgerätehersteller, des schweizerischen Unternehmens Phonak mit dem dänischen Unternehmen GN ReSound.[52] Die Umsätze der Beteiligten lagen deutlich oberhalb der Aufgreifschwellen. Die Zusammenschlussbeteiligten haben im Laufe des Verfahrens jedoch vorgetragen, dass das Zielunternehmen nur einen geringen Teil seiner Umsätze in Deutschland erwirtschaftete. Ergänzend führten die Beteiligten an, dass die Fusion in anderen Jurisdiktionen nicht anmeldepflichtig sei oder aber dort bereits freigegeben wurde. Auch sei in Deutschland der Vorrang allgemeiner Regeln des Völkerrechts auch bei der Anwendung des Auswirkungsprinzipes gemäß § 130 Abs. 2 GWB zu beachten. Entsprechend sei die Anwendung des innerstaatlichen Rechts auf die Auswirkungen im Inland zu begrenzen. Bei nicht teilbaren Zusammenschlüssen in einen inländischen und einen ausländischen Teil entfalle in Konsequenz aber die Untersagungsbefugnis für den gesamten Fall. Das Bun-

---

[49] Vgl. auch Tz. 517.
[50] BKartA, Beschluss vom 26. Oktober 2006, B7 – 97/06, WuW/E DE-V 1325.
[51] BKartA, Beschluss vom 24. August 2007, B5 – 51/07, WuW/E DE-V 1442.
[52] BKartA, Beschluss vom 13. Dezember 2006, B3 – 578/06. WuW/E DE-V 1365.

239 - 239 -

deskartellamt verweist im Gegenzug auf die hohe Inlandswirkung des Zusammenschlussvorhabens. Etwa 20 Prozent ihrer Umsatzerlöse in der EU erzielen die Unternehmen in Deutschland. Insgesamt stelle Deutschland den zweitgrößten Hörgerätemarkt weltweit dar. Scheitere die Anwendung des GWB daran, dass die betroffenen Unternehmen ihren Sitz im Ausland haben oder auf einem weltweiten Markt agieren, sei den Unternehmen die Instrumentalisierung des Völkerrechts gegen die Anwendung nationaler Wettbewerbsvorschriften jederzeit möglich.

526. Die Monopolkommission beurteilt die Anwendung des Auswirkungsprinzips durch das Bundeskartellamt positiv. Wettbewerbsbeschränkungen, die durch den Zusammenschluss international tätiger Unternehmen entstehen können, betreffen einen räumlich relevanten Markt, der das Territorium einer einzelnen Jurisdiktion deutlich überschreiten kann. Einzelne Jurisdiktionen haben nur bedingt Anreize, Wettbewerbsbeschränkungen zu bekämpfen, die sich alleine im Ausland auswirken. Würde die Zuständigkeit allein auf das Gebiet beschränkt, in welchem die betroffenen Unternehmen ihren Sitz haben, so bestünde kein ausreichender Schutz für den Wettbewerb auf anderen Märkten. Vielmehr können strategisch intendierte Wettbewerbspolitiken negative Externalitäten verursachen. Diesem Problem wirkt das Auswirkungsprinzip entgegen, indem ein Zusammenschluss dort anmeldepflichtig ist, wo er entsprechende Auswirkungen hervorruft. Aus diesem Grunde wurde der Grundsatz der extraterritorialen Anwendung des Kartellrechts auch in das deutsche GWB aufgenommen. Die Kollisionsnorm des § 130 Abs. 2 GWB ist völkerrechtlich auch – im Gegensatz zu früher – nicht mehr ernstlich umstritten. Das Auswirkungsprinzip ist als legitimes Anliegen des Auswirkungsstaates zwischenzeitlich anerkannt, gleichfalls wird jedoch ein qualifizierter Inlandsbezug gefordert, um dem völkerrechtlichen Nichteinmischungsverbot Rechnung zu tragen. Im deutschen Kartellrecht ist der Inlandsbezug insbesondere hinsichtlich der Aufgreifkriterien eines Zusammenschlusses gegeben. Zum einen legt § 35 Abs. 1 Nr. 2 GWB fest, dass mindestens ein beteiligtes Unternehmen mehr als 25 Mio. Euro Umsatzerlöse im Inland erzielt haben muss. Zum anderen setzt die Bagatellmarktklausel ein Mindestniveau für die Umsätze, die auf dem für den Zusammenschluss sachlich relevanten Markt im Inland erzielt werden müssen. Erfüllt ein Zusammenschluss die Aufgreifkriterien, so ist nach Meinung der Monopolkommission von einem ausreichenden Inlandsbezug auszugehen.

527. Das Auswirkungsprinzip wird des Öfteren dennoch kritisch beurteilt, da es auf globalisierten Märkten zu einer zunehmend restriktiven Hürde für internationale Zusammenschlüsse wird. Gemäß dem Auswirkungsprinzip muss ein Zusammenschluss in allen Jurisdiktionen zur Prüfung angemeldet werden, deren Märkte betroffen sind.[53] Die parallele Zuständigkeit für ein und denselben Fall führt zu einem multiplen Verfahrensaufwand für Be-

hörden und Beteiligte. Hinzu kommt, dass Ziele und Methoden unterschiedlicher Wettbewerbsbehörden sich nicht selten unterscheiden. Im Falle Coherent/Excel zeigte sich beispielsweise ein divergierendes Ermittlungsergebnis, obwohl das Bundeskartellamt den Markt weltweit abgegrenzt und dementsprechend nicht allein die Wettbewerbsbeschränkung auf dem deutschen, sondern auf dem weltweiten Markt geprüft hat. Dementsprechend ist es für die beteiligten Unternehmen ex ante schwieriger abschätzbar, ob ein Zusammenschluss genehmigt wird. Die Unternehmen treffen somit eine Entscheidung unter Unsicherheit. Dem Erwartungsnutzen einer Fusion stehen die eingesparten erwarteten Transaktionskosten als Kostenäquivalent gegenüber, was bei den betroffenen Unternehmen zu einer restriktiveren Durchführung auch von wettbewerblich unbedenklichen Fusionsvorhaben führt.

528. Die Monopolkommission weist demgegenüber darauf hin, dass die Tätigkeit von Unternehmen auf verschiedenen nationalen Märkten diese Unternehmen naturgemäß auch verschiedenen Rechtsordnungen aussetzt. Gleich ob es sich um Bilanzierungsvorschriften, geistiges Eigentum, Produkthaftung oder Steuerrecht handelt, den lokalen Regelungen ist Rechnung zu tragen, auch wenn dies zu Komplikationen aufgrund der Anwendung multipler Rechtsregeln führt. Die Lösung kann nicht darin bestehen, dass einzelne Jurisdiktionen generell auf die Anwendung und Durchsetzung ihres Rechts in grenzüberschreitenden Fällen verzichten. Die Monopolkommission sieht eine Lösung eher in einer stärkeren Koordination.

529. Was die Fusionskontrolle betrifft, so zielen einzelne Lösungsvorschläge darauf, die Aufgreifkriterien des deutschen Rechts anzupassen. Bereits die Beschränkung der Bagatellmarktklausel auf Inlandsumsätze diente nach Auffassung des Bundesgerichtshofs gerade dazu, eine vom Gesetz nicht gewollte uferlose Ausdehnung des internationalen Anwendungsbereichs der Sachnormen des GWB zu verhindern. Gerade ausländische Unternehmen dürften daher von der Anwendung der Bagatellmarktklausel profitieren, da durch die Beschränkung auf die Inlandsumsätze voraussichtlich eine geringere Zahl an Auslandsfusionen in Deutschland anmeldepflichtig werden. Problematisch an der Bagatellmarktklausel bleibt jedoch, dass diese nicht ohne eine Abgrenzung des sachlich relevanten Marktes auskommt. Dieses Problem des materiellrechtlichen Prüfverfahrens wird damit in das eigentlich formellrechtliche Verfahren der Anmeldevoraussetzungen verlagert. Von den zwei oben genannten Aufgreifkriterien, welche den qualifizierten Inlandsbezug eines Auslandszusammenschlusses in Deutschland indizieren, ist eines daher an ex ante nur unscharf zu ermittelnde Voraussetzungen geknüpft, welche die Unsicherheit bzw. das Abstimmungserfordernis mit der Kartellbehörde bei den betroffenen Unternehmen erhöhen.

Es bleibt daher diskutabel, ob die aufgezeichnete Funktion der Bagatellmarktschwelle beispielsweise durch eine zweite Inlandsumsatzschwelle ersetzt oder ergänzt werden könnte, da rein quantitative Aufgreifkriterien von den Zusammenschlussbeteiligten im Voraus leicht zu ermit-

---

[53] Dies gilt analog für Kooperationen.

teln sind. Eine solche Schwelle, bei der mindestens zwei Unternehmen jeweils entsprechende Umsätze im Inland erzielt haben müssen, sieht beispielsweise auch das EU-Recht in Artikel 1 Abs. 2 lit. b FKVO vor. Der Einführung einer solchen Schwelle ins deutsche Kartellrecht stehen aus Sicht der Monopolkommission jedoch qualifizierte Bedenken gegenüber. So hat die Monopolkommission in ihrem Elften Hauptgutachten bereits darauf hingewiesen, dass die Einführung einer solchen Schwelle dazu führen kann, dass der Zusammenschluss zwischen einem bedeutenden ausländischen Unternehmen, welches im Inland noch nicht tätig ist, und dem Marktführer in Deutschland nicht der Kontrollpflicht unterliegen.[54] Auch wenn dieser Fall vergleichsweise selten vorliegen mag, muss doch darauf hingewiesen werden, welche Wirkung die Ausweitung der bisherigen Inlandsumsatzschwelle von 25 Mio. Euro gemäß § 35 Abs. 1 Ziff. 2 GWB hätte, wenn die Grenze von mindestens zwei Unternehmen überschritten sein müsste. In diesem Fall wäre beispielsweise nur einer der untersagten Auslandszusammenschlüsse Coherent/Excel, Cargotec/CVS Ferrari und Phonak/GN ReSound in Deutschland kontrollpflichtig gewesen, obwohl in allen Fällen das Bundeskartellamt eine Entstehung oder Verstärkung einer marktbeherrschenden Stellung erkannt hat, die im Inland zudem keinen Bagatellmarkt betrifft. Auch bei Festsetzung eines geringeren Schwellenwertes von 15 Mio. Euro, hätte einer der untersagten Zusammenschlüsse nicht der Anmeldepflicht unterlegen. Die Monopolkommission geht daher davon aus, dass die Einführung einer zweiten Inlandsumsatzschwelle Zusammenschlüsse aus der Kontrollpflicht entlassen würde, die zu einer erheblichen Wettbewerbsbeschränkung im Inland beitragen könnten. Dass dieser Nachteil durch den Vorteil geringerer Transaktionskosten und, bei gleichzeitigem Verzicht auf die Bagatellmarktgrenze, höherer Rechtssicherheit aufgewogen werden kann, ist nach Ansicht der Monopolkommission nach derzeitigem Stand nicht ohne weiteres plausibel. Die Monopolkommission hält es daher für den günstigeren Weg, eine Lösung der skizzierten Probleme auf multilateraler Ebene anzustreben. Denkbar wären beispielsweise eine stärkere Zusammenarbeit internationaler Kartellbehörden bei grenzüberschreitenden Fusionen oder die Einrichtung einer internationalen Stelle, welche die Zuständigkeiten nationaler Kartellbehörden koordiniert.

2.2.4 Überlagerung des Wettbewerbsrechts durch konkurrierende Normen

530. Im Berichtszeitraum wurde von den Beteiligten verschiedener Zusammenschlüsse vorgebracht, dass das GWB aus bestimmten Gründen des Gemeinwohls bzw. der Überlagerung durch andere, höherrangige Rechtsnormen nicht zur Anwendung kommen dürfe. So war im Verwaltungsverfahren des Bundeskartellamtes im Fall Rhön-Klinikum AG/Kreiskrankenhäuser Bad Neustadt,

Mellrichstadt, das am 10. März 2005 zu einer Untersagung führte, strittig, ob die Vorschriften des § 69 SGB V das materielle deutsche Kartellrecht vollständig verdrängen. Nachdem das Bundeskartellamt eine Untersagung ausgesprochen hatte, stellten die Zusammenschlussbeteiligten parallel zum Beschwerdeverfahren auch einen Antrag auf Ministererlaubnis gemäß § 42 GWB. Die Monopolkommission stellte in ihrem Sondergutachten hierzu fest, dass der § 69 SGB V den wettbewerblichen Ausnahmebereich auf die Rechtsbeziehungen der Krankenkassen zu den Krankenhäusern beschränkt und Fusionen mehrerer Leistungserbringer entsprechend den Aufgreifkriterien des GWB der Kontrollpflicht unterliegen.[55] Durch Rechtsprechung wurde dieses Ansicht zwischenzeitlich gefestigt. So wies das Oberlandesgericht Düsseldorf am 11. April 2007 eine Beschwerde gegen den Beschluss des Bundeskartellamtes zurück.[56] Mit Entscheidung vom 16. Januar 2008 bestätigte auch der Bundesgerichtshof höchstrichterlich die Anwendung des Wettbewerbsrechts bei Zusammenschlüssen öffentlicher Krankenhäuser.[57]

531. Die genannten Entscheidungen stellen klar, dass weder die Regelungen des Sozialrechts über die gesetzliche Krankenversicherung noch die Bestimmungen zur Krankenhausfinanzierung die Fusionskontrolle ausschließen. Damit war auch eine Streitfrage aus dem Zusammenschlussverfahren LBK Hamburg/Krankenhaus Mariahilf geklärt.[58] Dort ging einer durch das Bundeskartellamt untersagten Übernahme ein Planungsprozess zur Zusammenlegung der beteiligten Krankenhäuser durch die hamburgische Krankenhausplanung voraus. Die Anmelderin sah das Betreiben der Planungsbehörde rechtlich durch das Krankenhausfinanzierungsgesetz (KHG) untermauert, wonach es Aufgabe der Behörde sei, eine wirtschaftliche Versorgung der Bevölkerung sicherzustellen. Zu diesem Zweck könne es erforderlich sein, die Aufnahme bestimmter Leistungen in den Krankenhausplan auf einen oder zwei mögliche Anbieter zu beschränken bzw. das Angebot zu spezialisieren. Das Nebeneinander zweier Rechtsmaterien führe dazu, dass auf planungsrechtliche Regelungen zurückzuführende Entscheidungen nicht Gegenstand einer fusionskontrollrechtlichen Prüfung sein könnten. Das Kartellamt hatte hingegen die Meinung vertreten, dass es sich bei den rechtlichen Grundlagen der Krankenhausplanung und -finanzierung nicht um eine Lex specialis zum GWB handele. Im Anschluss an die

---

54 Vgl. Monopolkommission, Wettbewerbspolitik in Zeiten des Umbruchs, Hauptgutachten 1994/1995, Baden-Baden 1996, Tz. 990.

55 Vgl. Monopolkommission, Zusammenschlussvorhaben der Rhön-Klinikum AG mit den Kreiskrankenhäusern des Landkreises Rhön-Grabfeld (Kreiskrankenhaus Bad Neustadt/Saale sowie Kreiskrankenhaus Mellrichstadt), Sondergutachten 45, Baden-Baden 2006, Tz. 88 ff.

56 OLG Düsseldorf, Beschluss vom 11. April 2007, VI-Kart 6/05 (V), WuW/E DE-R1958.

57 BGH, Beschluss vom 16. Januar 2008, KVR 26/07.

58 BKartA, Beschluss von 6. Juni 2007, B3 – 6/07, WuW/E DE-V 1407. Seit April 2007 führt das Unternehmen „LBK Hamburg GmbH" den Namen „Asklepios Kliniken Hamburg GmbH". Da diese Namensänderung nach Eröffnung des Fusionskontrollverfahrens vollzogen wurde, lautet die Untersagungsverfügung des Bundeskartellamtes noch auf den ursprünglichen Unternehmensnamen. Nachfolgend wird an dieser Stelle für den Antragsteller der neue Name „Asklepios" verwendet.

Untersagungsentscheidung hat Asklepios mehrere Verfahren angestrengt. Neben dem Beschwerdeverfahren vor dem Oberlandesgericht Düsseldorf, dessen Entscheidung derzeit noch aussteht, hat der Konzern ein zivilrechtliches Verfahren angestrengt und einen Antrag auf Ministererlaubnis gestellt, der allerdings zwischenzeitlich zurückgezogen wurde.

532. Im Sondergutachten zum Ministererlaubnisverfahren hat sich die Monopolkommission zu einer Verdrängung des Wettbewerbsrechts durch das Krankenhausplanungsrecht geäußert.[59] Mit Blick auf die gegenwärtige rechtliche Situation ist festzuhalten, dass die Bundesländer nach § 6 KHG Krankenhauspläne und Investitionsprogramme aufstellen, um eine bedarfsgerechte Versorgung der Bevölkerung mit leistungsfähigen, eigenverantwortlich wirtschaftenden Krankenhäusern zu gewährleisten und zu sozial tragbaren Pflegesätzen beizutragen. Hierbei muss gemäß § 1 Abs. 2 KHG die Vielfalt der Krankenhausträger beachtet werden. Nähere Bestimmungen treffen nach § 6 Abs. 4 KHG die Bundesländer. Von einer Einschränkung wettbewerbsrechtlicher Grundsätze ist im Krankenhausfinanzierungsgesetz des Bundes nicht die Rede, im Gegenteil: § 1 Abs. 2 KHG bringt den Wettbewerbsgedanken auch hier zum Tragen. Die Krankenhausgesetze der Länder und die darauf beruhenden Krankenhauspläne sind Landesrecht und können ein Bundesgesetz nicht verdrängen.[60] Folglich setzt das Wettbewerbsrecht als vorrangiges Bundesrecht dem Krankenhausplanungsrecht als nachrangigem Landesrecht Grenzen, innerhalb derer die Krankenhausplanung gestaltend tätig werden kann. Es gibt keinen Vorrang des Krankenhausplanungsrechts vor dem Wettbewerbsrecht, vielmehr verhält es sich umgekehrt. Ein am Krankenhausfinanzierungsgesetz ausgerichteter Krankenhausplanungsprozess wäre durch die wettbewerbsrechtliche Untersagung eines Fusionsvorhabens auch nicht gefährdet, da er Fusionsvorhaben – in Erfüllung der Ziele des Krankenhausfinanzierungsgesetzes – nur vorbehaltlich einer wettbewerbsrechtlichen Prüfung unterstützen kann.

533. Eine Überlagerung des Wettbewerbsrechts wurde auch im Zusammenschlussverfahren Region Hannover/ Klinikum Region Hannover vorgebracht, das am 13. Dezember 2006 durch das Bundeskartellamt freigegeben wurde.[61] Der Zusammenschluss betraf die Krankenhäuser des ehemaligen Landkreises Hannover und der Stadt Hannover, welche durch die kommunale Neuordnung mit der Region Hannover einem neuen gemeinsamen Träger unterstellt wurden. Grundlage ist das Gesetz über die Region Hannover vom 5. Juni 2001, was gemäß § 8 Abs. 4 vorsieht, dass die Region Hannover die Trägerschaft über die kommunalen Krankenhäuser in ihrem Gebiet übernimmt. Mit Wirkung vom 1. Januar 2005 wurden die gemeinsamen Regionskrankenhäuser zudem in die Klini-

kum Region Hannover GmbH eingebracht, die nunmehr die Geschäfte sämtlicher Häuser führt. Sowohl die Beteiligten als auch das niedersächsische Ministerium für Inneres und Sport hatten den Zusammenschluss erst nachträglich angemeldet, da sie aufgrund der Umstände des Zusammenschlusses davon ausgingen, dass eine Anmeldepflicht nicht bestehe. Das Bundeskartellamt stellte hingegen fest, dass auch ein gesetzlich angeordneter Zusammenschluss § 37 GWB unterliegt. Zudem bestehe kein Vorrang öffentlichen Organisationsrechts, da hier nicht die kommunalrechtliche Neuordnung, sondern lediglich der bei den Krankenhäusern eingetretene Trägerwechsel für die Zusammenschlusskontrolle von Bedeutung sei. Hier handele es sich um eine unternehmerische Strukturmaßnahme, die gemäß § 130 Abs. 1 GWB der Fusionskontrolle unterliege. Auch die kommunale Selbstverwaltungsgarantie gemäß Artikel 28 Abs. 2 Satz 2 GG schränke den Anwendungsbereich des GWB nicht ein, da die Vorschriften zur Fusionskontrolle wie bei allen allgemeinen Gesetzen allein den Rahmen vorgeben, in dem das Recht der Selbstverwaltung ausgeübt werden kann. Die Monopolkommission stimmt dieser Rechtsauffassung zu und macht sie sich zu eigen.

2.3 Marktabgrenzung

2.3.1 Die Marktabgrenzung bei Krankenhausfusionen

534. Auf den Berichtszeitraum entfallen mehrere Zusammenschlüsse von Krankenhäusern, die beim Bundeskartellamt in die zweiten Prüfphase gegangen sind.[62] In zwei Fällen sprach das Amt Untersagungen aus. Das Bundeskartellamt befasst sich erst etwa seit dem Jahre 2003 mit Krankenhausfusionen und war seither aufgefordert, für die Charakteristika des Marktes adäquate Prüfungsstandards zu entwickeln. Eine besondere Aufmerksamkeit fällt dem vom Bundeskartellamt angewendeten System der Marktabgrenzung zu. Seitdem das Amt Krankenhausfusionen prüft, hat es ein eigenes System für eine adäquate Abgrenzung des sachlich und räumlich relevanten Marktes entwickelt und kontinuierlich erweitert. Da die Marktabgrenzung als ein erster Schritt zur Erfassung der Marktmacht in der Lage ist, das Ergebnis des Marktbeherrschungstests entscheidend zu beeinflussen, stellt sie eines der Kernprobleme bei der Prüfung von Krankenhauszusammenschlüssen dar. Sowohl in sachlicher als auch in räumlicher Hinsicht ergeben sich bei der Abgren-

[59] Vgl. Monopolkommission, Zusammenschlussvorhaben der Asklepios Kliniken Hamburg GmbH mit der Krankenhaus Mariahilf gGmbH, Sondergutachten 52, Baden-Baden 2008, Tz. 62 ff.

[60] Vgl. Artikel 31 GG: „Bundesrecht bricht Landesrecht".

[61] BKartA, Beschluss von 13. Dezember 2006, B3 – 1001/06.

[62] BKartA, Beschluss vom 6. Juni 2006, B10 – 24/06 „Marienhaus GmbH/Krankenhaus Ottweiler, Kinderklinik Kohlhof"; dass., Beschluss vom 7. September 2006, B3 – 1000/06 „Helios/Humaine"; dass., Beschluss vom 11. Dezember 2006, B3 – 1002/06 „Universitätsklinikum Greifswald/Kreiskrankenhaus Wolgast"; dass., Beschluss vom 13. Dezember 2006, B3 – 1003/06, WuW/E DE-V 1335 „Kliniken Ludwigsburg-Bietigheim/Enzkreis-Kliniken"; dass., Beschluss vom 13. Dezember 2006, B3 – 1001/06 „Klinikum Region Hannover"; dass., Beschluss vom 10. Mai 2007, B3 – 587/06 „Klinikum Region Hannover/Landeskrankenhaus Wunstorf"; dass., Beschluss vom 6. Juni 2007, B3 – 587/06, WuW/E DE-V 1407 „LBK/ Mariahilf".

zung von Krankenhausmärkten besondere Schwierigkeiten, auf die im Folgenden eingegangen werden soll.

2.3.1.1 Sachliche Marktabgrenzung auf Krankenhausmärkten

535. In seiner bisherigen Entscheidungspraxis nimmt das Bundeskartellamt ausschließlich den Gesamtmarkt für Krankenhausdienstleistungen, im Weiteren auch Krankenhausmarkt genannt, als sachlich relevanten Markt an. Dabei handele es sich um den Markt für stationäre Krankenhausdienstleistungen, die von den Krankenhäusern gegenüber ihren Patienten erbracht werden. Das Bundeskartellamt bezieht sich dabei ausdrücklich allein auf akutstationäre Leistungen, die von Plankrankenhäusern erbracht werden. Dabei schließt das Amt ambulante ärztliche Dienstleistungen ebenso wenig in den sachlich relevanten Markt mit ein wie Leistungen von Rehabilitationseinrichtungen oder Kliniken, die ihre Leistungen ausschließlich privat abrechnen. Es erfolgt auch keine zusätzliche Differenzierung des Krankenhausmarktes hinsichtlich der Breite oder Tiefe des Angebots. Eine Abweichung von diesem Vorgehen hat das Bundeskartellamt im Berichtszeitraum erstmals im Zusammenschlussverfahren Klinikum Region Hannover/Landeskrankenhaus Wunstorf in Bezug auf Klinikzusammenschlüsse mit psychiatrischem Schwerpunkt gezeigt. Bisher wurden psychiatrische Abteilungen von Allgemeinkrankenhäusern, trotz diverser regulativer Unterschiede zu somatischen Fachbereichen, in den Krankenhausmarkt mit einbezogen. In diesem Fall betraf die Übernahme jedoch mit dem Landeskrankenhaus Wunstorf eine rein psychiatrische Landesklinik. Das Bundeskartellamt änderte damit erstmals seine Praxis der sachlichen Marktabgrenzung bei Klinikzusammenschlüssen und grenzte den Markt für stationäre psychiatrische Krankenhausdienstleistungen ab.

536. Hintergrund des Zusammenschlusses war die Entscheidung des Landes Niedersachsen aus dem Mai 2006, acht seiner psychiatrischen Fachkrankenhäuser zu veräußern. Im Januar 2007 gab das Land Niedersachsen bekannt, dass die Region Hannover[63] den Zuschlag für die Niedersächsische Landesklinik Wunstorf erhält. Die Region Hannover verfügt lediglich über ein Krankenhaus, welches in der psychiatrischen Behandlung tätig ist, die Fachklinik für Psychiatrie und Psychotherapie Langenhagen (KfPP). Eine Marktabgrenzung, die dem bisherigen Verfahren bei Krankenhauszusammenschlüssen entsprochen hätte und allgemein den Markt für stationäre Krankenhausdienstleistungen beträfe, wäre dem Erwerber insofern entgegengekommen, als dem geringen Marktanteil einer psychiatrischen Fachklinik auf dem großen Markt für vollstationäre Krankenhausleistungen vermutlich eine deutlich geringere Bedeutung zugekommen wäre. Dazu hat die Anmelderin vorgetragen, dass in den somatischen

Krankenhäusern der Region Hannover jährlich 1 700 somatische Fälle abgerechnet werden, deren Einordnung in das Abrechnungssystem aber vom Grundsatz einen psychiatrischen Hintergrund vermuten ließen. Demgegenüber stehen 2 500 Fälle in der psychiatrischen Spezialklinik der Anmelderin. Somit seien die Märkte nicht voneinander zu trennen. Dem hält das Bundeskartellamt jedoch entgegen, dass es sich bei solchen Fällen meist um Suchtmittelentgiftungen und vergleichbare Fälle handele, in denen eine somatische Behandlung neben der psychiatrischen erforderlich ist. Diese Behandlungen ersetzen aber keine nachfolgenden psychiatrischen Behandlungen des Patienten. Grundsätzlich seien die Leistungen somatischer Krankenhäuser überwiegend nicht mit denen psychiatrischer Krankenhäuser austauschbar, weshalb beide Märkte getrennt zu sehen seien. Darüber hinaus weisen auch die Aufnahme zur stationären Behandlung (Einweisung), der Krankheitsverlauf, die Behandlungsweise und die offenbar daraus folgenden sehr unterschiedlichen Abrechnungsmodalitäten (keine Fallpauschalen) gegenüber dem stationären Bereich auf einen sachlich getrennten Markt für psychiatrische und psychotherapeutische Leistungen hin. Am 10. Mai 2007 erteilte das Bundeskartellamt dem Zusammenschluss die Freigabe unter der Nebenbestimmung, dass mindestens 36 vollstationäre Planbetten und 14 teilstationäre Behandlungsplätze der KfPP reduziert und an einen Erwerber in der Region Hannover übergeben werden. Zwischenzeitlich wurden die Betten an die Burghof-Klinik Rinteln verkauft. Das Bundeskartellamt gab daraufhin am 21. August 2007 grünes Licht für den Zusammenschluss.

537. Die Praxis der bisherigen Marktabgrenzung des Bundeskartellamtes zeigt damit auch innerhalb des Krankenhausmarktes eine situationsbezogene Auslegung. Das Bundeskartellamt nimmt die Besonderheiten der psychiatrischen Versorgung zum Anlass, bei der Übernahme einer psychiatrischen Fachklinik den sachlich relevanten Markt einzuschränken. Eine Untergliederung des sachlich relevanten Marktes im Falle des Zusammenschlusses von Allgemeinkrankenhäusern hat das Amt allerdings bisher stets abgelehnt. Hier führen die Charakteristika der Krankenhausversorgung insbesondere unter der Nutzung bekannter Marktabgrenzungskonzepte zu umstrittenen Ergebnissen. So stellen Krankenhäuser ein heterogenes Angebot an Gesundheitsdienstleistungen zur Verfügung. Das Angebot dient der Diagnostik, Behandlung und Pflege einer Vielzahl unterschiedlicher Krankheiten und Unfallfolgen. Die qualitative Spreizung des Behandlungsbedarfs auf der Nachfrageseite und die Vielzahl der möglichen Behandlungsmethoden auf der Angebotsseite erschwert die Abgrenzung des sachlich relevanten Marktes nach dem Bedarfsmarktkonzept. Aus diesem Grund sind diverse Alternativen für die sachliche Marktabgrenzung denkbar. Darunter fiele sowohl ein sehr weitgehender Untersuchungsbereich, bei dem alle von Ärzten angebotenen medizinischen Leistungen erfasst werden, als auch eine Aufteilung in verschiedene sachlich relevante Teilmärkte zur Behandlung einzeln bestimmter gesundheitlicher Einschränkungen. Diese Frage wird insbesondere seit der Entscheidung des Oberlandesgerichts Düs-

---

[63] Unternehmensrechtlich handelte es sich um die eigens zum Zwecke des Zusammenschluss gegründete „Kliniken Region Hannover Wunstorf GmbH", die 100-prozentige Tochter der „Kliniken Region Hannover GmbH" ist. Deren alleiniger Träger ist die Region Hannover.

seldorf im Fall Rhön Klinikum AG intensiv diskutiert.[64] Fraglich ist, ob bei Zusammenschlüssen von Krankenhäusern die jeweiligen Fachbereiche als einzelne Märkte abgegrenzt werden müssen, wie das Gericht in seiner Entscheidung nahe legt, oder ob man von einem Gesamtmarkt ausgehen kann.

538. Im Falle des angemeldeten Zusammenschlussvorhabens des Universitätsklinikums Greifswald mit dem Kreiskrankenhaus Wolgast grenzte das Bundeskartellamt erneut einen einheitlichen Markt für stationäre Krankenhausdienstleistungen ab.[65] Die Anmelderin aus Greifswald war hingegen der Auffassung, dass das Krankenhaus auf dem speziellen Markt für Universitätskliniken agiere, der bundesweit abzugrenzen sei. Aufgrund des besonderen Schwerpunktes universitärer Forschung und Lehre und der Vorhaltung modernster Behandlungstechnik seien Universitätskliniken nicht mit Allgemeinkrankenhäusern austauschbar. Das Bundeskartellamt hebt demgegenüber hervor, dass die Patientenversorgung zwar nur einen Teilbereich der Aufgaben eines Universitätsklinikums darstelle, dieser Bereich aber eben der wettbewerbsrechtlich relevante sei. Auf der Ebene der Patientenversorgung stehe aber auch ein Universitätsklinikum im Wettbewerb zu anderen Allgemeinkrankenhäusern.

539. Das Bundeskartellamt stützt seine Entscheidung, einen einheitlichen Markt für stationäre Krankenhausdienstleistungen abzugrenzen, im Wesentlichen auf eine empirische Studie, die es in Bayern durchgeführt hat. Hierbei wird anhand von nach dem DRG-System abgerechneten Fallpauschalen gezeigt, dass sowohl hinsichtlich der Tiefe des Angebots als auch der Versorgungspraxis einzelner Fachbereiche erhebliche Verflechtungen bestehen. Die Untersuchung zeigt, dass 82,7 Prozent aller in der Stichprobe erfassten Versorgungsfälle in Krankenhäusern Leistungen darstellen, welche bereits in Krankenhäusern der Regelversorgung behandelt werden können. Auch Maximalversorger behandeln zu 68,5 Prozent Fälle der Regelversorgung und stehen mit diesem Angebot in direkter Konkurrenz zu Häusern der Regelversorgung. Reziprok werden solche Fälle, welche das Kartellamt in erster Linie Maximalversorgern zurechnet, zu 46,8 Prozent von Krankenhäusern anderer Versorgungsstufen erbracht; allerdings darunter nur zu 11,6 Prozent in Häusern der Regelversorgung. Hinsichtlich der Behandlung einzelner Fallgruppen (DRG) in Fachabteilungen hat das Bundeskartellamt ermittelt, ob ein bestimmter Fall überwiegend in einer bestimmten Fachabteilung behandelt wird. Ergebnis der Untersuchung ist, dass allein in den Abteilungen Augenheilkunde sowie Gynäkologie und Geburtshilfe über 90 Prozent der behandelten Fälle auch tatsächlich überwiegend in dieser Fachabteilung behandelt werden, während bei acht weiteren Fachabteilungen unter 10 Prozent der dort behandelten Fälle tatsächlich allein dieser Fachabteilung zuzuordnen sind, sondern

zu einem signifikanten Anteil auch in anderen Abteilungen versorgt wurden.

540. Die Ergebnisse der Untersuchungen des Bundeskartellamtes belegen, dass die meisten Angebote von Krankenhäusern nicht trennscharf in Versorgungsstufen oder Fachbereiche untergliedert werden können. So berücksichtigt die Aufteilung nach Fachbereichen nicht, dass größere Krankenhäuser ihre Fälle spezialisierten Abteilungen zuordnen können, während kleinere Häuser diese in einer allgemeineren Abteilung, zum Beispiel Inneres oder Chirurgie, behandeln. Diese Annahme wird durch die Untersuchung des Bundeskartellamtes nun bestätigt. In ihrem Sechzehnten Hauptgutachten hat die Monopolkommission den Verzicht auf eine Aufteilung nach Fachbereichen tendenziell für zu ungenau erachtet.[66] Einer fachabteilungsspezifischen Marktabgrenzung sind jedoch, wie die Untersuchung des Bundeskartellamtes zeigt, enge Grenzen gezogen. Nach dem gegenwärtigen Erkenntnisstand kommt sie bislang nur für Abteilungen wie Gynäkologie und Geburtshilfe, Augenheilkunde und Psychiatrie in Betracht. Bei anderen Abteilungen sprechen die in Bayern gewonnenen Daten gegen eine fachabteilungsspezifische Marktabgrenzung. Ob sich diese Ergebnisse auf andere Regionen übertragen lassen, muss sich erweisen; Unterschiede zwischen Stadt und Land sind hier durchaus denkbar. Möglich ist auch die Abgrenzung von Spezialmärkten für einzelne Behandlungsarten oder beispielsweise bestimmten Behandlungsclustern innerhalb des Spektrums der DRG-Fallpauschalen, die eine genauere Abgrenzung der Teilmärkte des Krankenhausmarktes zulassen. Auf diese Weise könnten Unterschiede erfasst werden, wie beispielsweise bei Gelenktransplantationen, die auch in größeren Krankenhäusern ausgeführt werden, aber praktisch doch die Domäne von Spezialkliniken sind.

541. Zu einer anderen Einschätzung kommt die Monopolkommission bei der Abgrenzung des Marktes nach der Versorgungstiefe. Insbesondere in solchen Fällen, in denen ein Maximalversorger plant, ein kleines Haus der Regelversorgung zu übernehmen, oder auch beim Zusammenschluss zweier Fachkliniken erscheint es der Monopolkommission zu ungenau, sämtliche akutstationären Leistungen des DRG-Spektrums in die sachliche Marktabgrenzung mit einzubeziehen. Dementsprechend zeigt auch die Untersuchung des Bundeskartellamtes in Bayern, unter der Prämisse der dortigen Einstufung der Versorgungsstufen, dass bei einem Maximalversorger in einem Drittel der Versorgungsfälle explizit Leistungen erbracht werden, die über die Regelversorgung hinausgehen. Dementgegen ist nur in Einzelfällen davon auszugehen, dass ein Regelversorger Fälle höherer Versorgungsstufen behandelt. Eine Abgrenzung nach Versorgungsstufen bietet sich jedoch aufgrund deren ungenauer und nicht bundeseinheitlicher Abgrenzung und den deutlichen Überschneidungen nicht an. Demgegenüber schlägt die Monopolkommission vor, den Markt auf diejenigen

64 OLG Düsseldorf vom 11. April 2007, VI Kart 6/05 (V), WuW/E DE-R 1958.
65 BKartA, Beschluss vom 11. Dezember 2006, B3 – 1002/06.
66 Vgl. Monopolkommission, Hauptgutachten 2004/2005, a. a. O., Tz. 482 ff.

DRG-Fallgruppen abzugrenzen, in denen mindestens zwei der beteiligten Unternehmen im zuletzt erfassten Abrechnungsjahr eine gewisse Mindestzahl an Fällen abgerechnet haben. Da Krankenhäuser gemäß § 21 KHEntgG die DRG-Einzelfalldaten vorhalten müssen, um diese den Krankenkassen zur Verfügung zu stellen, dürfte die Ermittlung des notwendigen Datenmaterials, einer ersten Einschätzung zufolge, die praktische Umsetzung dieser Methode nicht deutlich erschweren. Eine solche Abgrenzung nach Fallgruppen, die sowohl Diagnose als auch Behandlungsform klassifizieren, birgt zwar weiterhin Potenzial für einzelne Ungenauigkeiten, erscheint aber nach Meinung der Monopolkommission auch hinsichtlich einer Abgrenzung nach dem Bedarfsmarktkonzept ein geeignetes Verfahren darzustellen.

2.3.1.2 Räumliche Marktabgrenzung auf Krankenhausmärkten

542. In Einklang mit der Abgrenzung des sachlich relevanten Marktes wird auch die räumliche Marktabgrenzung nach Maßgabe der gegebenen Austauschbeziehungen aus Sicht der Abnehmer vorgenommen. Um zu testen, ob die Austauschmöglichkeiten der Nachfrager aus objektiven Gründen regional begrenzt sind, nimmt das Bundeskartellamt daher für den Krankenhausmarkt eine individuelle Betrachtung der tatsächlichen Patientenströme vor. Dazu fragt das Amt in allen potenziellen Wettbewerbskrankenhäusern die Anzahl und Herkunft der Patienten ab. Aus den ermittelten Patientendaten erstellt es eine angebots- und eine nachfrageorientierte Statistik der Patientenströme nach Postleitzahlengebieten und verwendet die Werte dieser Analyse als Teil einer mehrdimensionalen Abgrenzung des wettbewerblich relevanten Raumes.

543. Um die gesammelten Daten statistisch aufzuarbeiten, so dass die Werte Rückschlüsse auf den räumlich relevanten Markt zulassen, fasst das Bundeskartellamt zunächst mehrere Postleitzahlengebiete um die an einem Fusionsvorhaben beteiligten Krankenhäuser zu regionalen Einheiten zusammen. Anschließend zeigt es in einer angebotsbezogenen Aufbereitung der erhobenen Daten, welcher Anteil der Patienten der befragten Krankenhäuser aus welchen der abgegrenzten Postleitzahlengebiete kommt. Eine Übereinstimmung bei den Einzugsgebieten der betroffenen Krankenhäuser und möglicher Wettbewerbskrankenhäuser gibt dem Amt einen Hinweis darauf, aus welchen Gebieten die Kliniken gemeinsam ihre Patienten akquirieren. Einen noch gewichtigeren Einfluss auf die räumliche Marktabgrenzung durch das Bundeskartellamt hat allerdings die nachfrageorientierte Marktanteilsbetrachtung der erhobenen Daten. Dabei erstellt das Kartellamt für jede der untersuchten Regionen eine Übersicht über die Marktanteile, welche die untersuchten Krankenhäuser in der jeweiligen Region erzielt haben. Das Bundeskartellamt ermittelt in diesem Zusammenhang auch die Eigenversorgungsquote eines Gebietes, die einen gewichtigen Hinweis für die Abgrenzung des räumlich relevanten Marktes darstellt. Dabei handelt es sich um den Marktanteil, den alle Krankenhäuser einer Region bei den Patienten in der gleichen Region erzielen. Eine hohe Ei-

genversorgungsquote deutet auf eine in sich geschlossene Versorgungsregion und damit auf einen eigenen räumlich relevanten Markt hin. Zur Ermittlung der Quote wird zunächst vom kleinsten abgegrenzten Gebiet um die betroffenen Krankenhäuser ausgegangen. Ist die Versorgungsquote anschließend nur gering, so muss das Gebiet hinsichtlich benachbarter Regionen ausgedehnt werden. Mit zunehmender Größe des Gebietes umfasst selbiges auch eine größere Zahl an Wettbewerbskrankenhäusern, weshalb eine geringe Selbstversorgungsquote durch die Gebietsausdehnung tendenziell ansteigt.[67]

544. Die Berechnung der Selbstversorgungsquote hat bei den im Berichtszeitraum geprüften Zusammenschlüssen im räumlich relevanten Markt zu den in Tabelle IV.4 dargestellten Ergebnissen geführt. Das Bundeskartellamt nennt keinen fixen Wert für die Selbstversorgungsquote, bei der es einen räumlich relevanten Markt abgrenzt. Im Fall Klinikum Region Hannover hat das Bundekartellamt eine Selbstversorgungsquote von 55 Prozent des Postleitzahlengebietes Nienburg als hoch, aber „nicht dominierend" eingestuft. Somit reiche diese Quote nicht aus, um sich vom benachbarten Markt abzugrenzen. Im Zusammenschlussfall Universitätsklinikum Greifswald/Kreiskrankenhaus Wolgast zeigte sich, dass die Abgrenzung allein anhand der Eigenversorgungsquote nicht eindeutig sein kann. So grenzte das Bundeskartellamt zwar das Gebiet Greifswald und Umland als räumlich relevanten Markt ab; die Selbstversorgungsquote im Kerngebiet war dabei noch höher. Im Kerngebiet seinerseits betrug die Selbstversorgungsquote der Krankenhäuser im Gebiet Greifswald 88,9 Prozent während der Marktanteil des Kreiskrankenhauses Wolgast als einziges Krankenhaus in Wolgast selbst nur 58,1 Prozent betrug. Aus räumlicher Sicht hätte die zwischen Greifswald und Wolgast gelegene Fachklinik Karlsburg auch dem Wolgaster Gebiet zugeschlagen werden können. In diesem Fall hätten die Selbstversorgungsquoten der Gebiete Greifswald und Wolgast bei 84,4 und 66,1 Prozent gelegen, was eine Abgrenzung zweier regionaler Märkte allein hinsichtlich der Eigenversorgungsquote nicht mehr ausgeschlossen hätte.

545. Auf Krankenhausmärkten agieren sachlich und räumlich sehr heterogene Anbieter- und Nachfragergruppen, für die keine gleichermaßen adäquate Marktabgrenzung gewählt werden kann. Da die Leistung am Ort des Angebotes erbracht wird, spielen Wegüberwindungskosten, deren Gewicht je nach Behandlungsbedarf unterschiedlich ausfallen kann, für die Entscheidung der Nachfrager für ein Krankenhaus eine Rolle. Insofern stellt die Marktabgrenzung lediglich eine Heuristik dar, um die Ausweichmöglichkeiten von Nachfragergruppen auf räumlich relevanten Märkten abzubilden. Die zu diesem Zweck vom Bundeskartellamt auf dem Krankenhausmarkt angewendete Methode, zur Marktabgrenzung die Patientenbewegungen heranzuziehen, stellt eine Anlehnung an das ökonomische Konzept des Tests der Handels-

---

[67] Im Falle einer hohen Selbstversorgungsquote kann der Effekt auch gegenläufig sein, da durch die Gebietsausweitung auch zusätzliche Personen einbezogen werden, deren Präferenzen auch neue Wettbewerber außerhalb des vergrößerten Gebietes betreffen können.

ströme dar. Die Festlegung der kritischen Quoten ist jedoch sehr an die individuellen Gegebenheiten geknüpft und sollte im Krankenhaussektor daher in dieser Heuristik nicht durch feste Schwellenwerte erfasst werden. Die Monopolkommission begrüßt daher das Vorgehen des Bundeskartellamtes, nicht alleine auf allgemeingültige Grenzwerte für die Eigenversorgungsquote abzustellen, sondern die besonderen Gegebenheiten auf den Märkten und die Analyse einzelner Wanderungsbewegungen von Patienten in die Abgrenzung einfließen zu lassen. Erfahrungen aus den Vereinigten Staaten legen nahe, dass es bei einer mechanistischen Vorgehensweise leicht zu einer wenig adäquaten Abgrenzung von Krankenhausmärkten kommen kann.

546. Eine alternative Methodik, sich dem diffizilen Problem der Marktabgrenzung zu nähern, hat die Monopolkommission bereits in ihrem Sechzehnten Hauptgutachten vorgeschlagen.[68] Auf die hier beschriebene Weise ließe sich die Marktabgrenzung dadurch ermitteln, dass eine repräsentative Auswahl der Patienten der am Zusammenschluss beteiligten Kliniken befragt wird, in welcher Klinik sie sich hätten behandeln lassen, wenn es die Klinik, die sie besucht haben, nicht gegeben hätte. So erhält man die Alternative zu der gewählten Klinik. Je größer der Anteil der Patienten ist, der stattdessen in die Klinik

des anderen Zusammenschlussbeteiligten gegangen wäre, desto problematischer ist aus wettbewerblicher Sicht der Zusammenschluss. Mit dieser Vorgehensweise ließe sich auch die Abgrenzung unterschiedlicher sachlich relevanter Märkte in Form von verschiedenen Behandlungsformen verwirklichen, für die die Befragung durchgeführt wird.

547. Die räumliche Marktabgrenzung soll den Bereich des wettbewerbsrelevanten Wirkens der Zusammenschlussbeteiligten möglichst genau erfassen. Die Methodik des Bundeskartellamtes führt dabei im Falle von Krankenhausfusionen in der Regel zur Abgrenzung relativ kleiner Regionalmärkte. Eng abgegrenzte Märkte haben zur Folge, dass sich Zusammenschlüsse von Krankenhäusern aus fusionskontrollrechtlicher Sicht problematischer darstellen als beispielsweise bei einer bundesweiten Marktabgrenzung. Je enger der relevante Markt abgegrenzt wird, desto weniger Wettbewerbshäuser können dort aktiv sein und desto wahrscheinlicher wird es, dass der Zusammenschluss wettbewerbsbeschränkende Wirkungen mit sich bringt.[69] Aus diesem Grunde liegt es in der Regel im Interesse der Zusammenschlussbeteiligten, dass möglichst weite Märkte abgegrenzt werden. Vor dem Hintergrund der bisherigen Untersuchungen des

---

[68] Vgl. Monopolkommission, Hauptgutachten 2004/2005, a. a. O., Tz. 483.

[69] Eine Ausnahme stellt der Fall dar, bei dem der Markt so eng abgegrenzt wird, dass letztlich zwei Monopolmärkte um jedes Krankenhaus herum entstehen.

Tabelle IV.4

Übersicht der Selbstversorgungsquoten bei Krankenhausfusionen

	Zusammenschluss[1]	Selbstversorgungsquoten in den räumlich abgegrenzten Märkten
1.	Universitätsklinikum Greifswald/Kreiskrankenhaus Wolgast	Gebiet Greifswald und Umland: 89 % (Kerngebiet Greifswald: 92 %)[2]
2.	Kliniken Ludwigsburg-Bietigheim/Enzkreis-Kliniken	Gebiet Suttgart: 85,7 % Gebiet Pforzheim: 79,4 % Gebiet Löschgau, Stuttgart, Heilbronn: 94 %
3.	Klinikum Region Hannover	Gebiet Hannover und Umland: 93 %
4.	LBK Hamburg/Krankenhaus Mariahilf	Gebiet Hamburg Harburg: ca. 70 % (Hamburg und südliches Umland: ca. 90 %)[3]

[1] Das Zusammenschlussverfahren Klinikum Region Hannover/Landeskrankenhaus Wunstorf ist nicht aufgeführt, da die räumliche Marktabgrenzung in diesem Fall hinsichtlich der regionalen Pflichtversorgungsgebiete für einzuweisende Patienten vorgenommen wurde. Für die Sektoren hat das Bundeskartellamt die Eigenversorgungsquoten nicht angegeben. Jedoch haben die Pflichtversorger der Zusammenschlussbeteiligten in den abgegrenzten Sektoren allein Marktanteile von jeweils ca. 72,5 Prozent und 77,5 Prozent erzielt. Im Zusammenschlussverfahren Marienhaus GmbH/Krankenhaus Ottweiler, Kinderklinik Kohlhof wurde die definitive räumliche Marktabgrenzung offen gelassen, da eine Marktbeherrschung auch ohne definitive Abgrenzung ausgeschlossen werden konnte. Im Verfahren Helios/Humaine konnte die detaillierte Aufschlüsselung des räumlich relevanten Marktes deshalb entfallen, da die Beteiligten eine Überschneidung durch strukturelle Änderungen noch im Laufe des Verfahrens ausschließen konnten.

[2] Das Bundeskartellamt hielt aufgrund der hohen Eigenversorgungsquote bereits den Kernmarkt Greifswald für den räumlich relevanten Markt. Um Auseinandersetzungen mit der Anmelderin zu vermeiden und da eine weitere Marktabgrenzung materiell zu dem gleichen Ergebnis führt, hat das Kartellamt jedoch die weitere Marktabgrenzung gewählt.

[3] Obwohl das Bundeskartellamt den räumlich relevanten Markt „Hamburg Harburg 1" abgegrenzt hat, hat es auch die Marktanteile in größeren Märkten bis einschließlich Hamburg und südliches Umland zu Grunde gelegt um zu zeigen, dass auch die Annahme eines größeren räumlich relevanten Marktes zum selben Ergebnis führt.

Quelle: Bundeskartellamt

Bundeskartellamtes wird jedoch deutlich, dass Patienten in den meisten Fällen eine wohnortnahe Versorgung vorziehen. Insofern ist die Vorgehensweise des Bundeskartellamtes, oft kleine Regionalmärkte abzugrenzen, der gegenwärtigen Situation auf dem Krankenhausmarkt angemessen.

548. Eine Betrachtung der Wahlmotive der Patienten lässt es dabei vor allem als plausibel erscheinen, dass die Kosten der Wegüberwindung vom Wohnort zum Krankenhaus bei der Entscheidung für eine Klinik eine wesentliche Rolle spielen. Patienten werden nur dann ein weiter entferntes Krankenhaus aufsuchen, wenn der Nutzenmehrwert dieses Wettbewerbers diese Kosten übersteigt. Der Nutzenmehrwert von weiter entfernten Krankenhäusern muss aber für den Patienten hinreichend transparent sein, um von ihm bei seiner Entscheidung berücksichtigt zu werden. Dabei ist eine Entwicklung zu zunehmender Qualitätstransparenz auf dem Krankenhausmarkt zu beobachten, die sich nach Meinung der Monopolkommission weiter fortsetzen sollte.[70] In diesem Fall ist gleichfalls davon auszugehen, dass mit einem zunehmenden Qualitätswettbewerb zwischen Krankenhäusern auch ein größerer räumlich relevanter Markt für den Patienten erschlossen wird. Die Monopolkommission hält es daher für angebracht, bei der Abgrenzung von Regionalmärkten diese Entwicklung bereits dadurch vorwegzunehmen, dass in Grenzfällen der größere räumlich relevante Markt abgegrenzt wird.

2.3.2 Marktabgrenzung im Energiesektor

549. Bereits im letzten Hauptgutachten hat die Monopolkommission das Revisionsverfahren zum Fall E.ON/Eschwege erneut angesprochen.[71] Im Berichtszeitraum führte das Bundeskartellamt nun eine umfangreiche Datenerhebung zu den Strommärkten in Deutschland durch, um darauf basierend seine bisherige Marktabgrenzung zu modifizieren und in das Verfahren einzubringen. Die Notwendigkeit dazu sah das Bundeskartellamt insbesondere in der zunehmenden Bedeutung des Stromhandels. Am 6. Juni 2007 wurde die Beschwerde der Beteiligten gegen die Verfügung des Bundeskartellamtes vom Oberlandesgericht Düsseldorf zurückgewiesen und die neue Marktabgrenzung des Bundeskartellamts in vollem Umfang bestätigt.[72]

550. Bis dato unterschied das Kartellamt im Stromsektor die bundesweiten Märkte für Stromweiterverteiler und für Stromgroßkunden sowie den regional abgegrenzten Endkundenmarkt. Der Stromhandel wurde durch diese Marktabgrenzung nicht explizit erfasst. Aufbauend auf der Marktanalyse geht das Bundeskartellamt von den spezifischen Eigenschaften des Produktes Strom aus, die ursächlich dafür sind, dass die Struktur des Stromsektors

von der anderer Märkte divergiert. Nunmehr unterscheidet das Amt die drei grundsätzlichen Marktstufen Erzeugung, Distribution und Endkunden. Darauf aufbauend hat das Kartellamt entsprechend dem Bedarfsmarktkonzept zwei Endkundenmärkte und diverse Zwischenmärkte, auf denen die Nachfrager nicht zum eigenen Verbrauch nachfragen, definiert.[73]

551. Die Monopolkommission sprach sich in ihrem letzten Hauptgutachten für eine Modifizierung der früheren Marktabgrenzung im Stromsektor aus, weil sie diese für nicht mehr zeitgemäß hielt, und verwies diesbezüglich auf den Ansatz der Europäischen Kommission.[74] Die Monopolkommission begrüßt grundsätzlich das neue Vorgehen des Bundeskartellamtes, stimmt allerdings nicht der Auffassung des Amtes zu, dass die in der modifizierten Marktabgrenzung skizzierten Stufen und die daraus abgeleiteten Märkte das gesamte „freie, nicht präventiv regulierte" Marktgeschehen abbilden. So bleibt beispielsweise der Regelenergiemarkt völlig unbeachtet. Die Monopolkommission ist der Meinung, dass der Regelenergiemarkt in die Marktabgrenzung einbezogen werden sollte, da auch dieser sich grundsätzlich wettbewerblich gestalten lässt.[75] Darüber hinaus hätte das Bundeskartellamt nach Ansicht der Monopolkommission die Wettbewerbswirkungen auf der Distributionsstufe differenzierter betrachten sollen. Im Gegensatz zum Bundeskartellamt misst die Monopolkommission der wettbewerblich organisierten Distributionsstufe zumindest eine eingeschränkte positive Wettbewerbswirkung auf den Endkundenmarkt zu. Durch die am Markt vorhandenen zahlreichen Strombezugsalternativen erhalten auch kleinere Handelsunternehmen die Möglichkeit, sich mit günstigen Endprodukten am Markt zu positionieren. Würde der Wettbewerb auf dieser Stufe hingegen ausbleiben, bestünde die Möglichkeit, dass die Endkundenpreise durch zusätzliche Preisaufschläge (double mark-up) auf der Distributionsstufe erhöht würden.

552. Darüber hinaus ist aus Sicht der Monopolkommission kritisch zu sehen, dass das Bundeskartellamt seine Analysen nicht durch die Anwendung quantitativer ökonomischer Verfahren gestützt hat. Die Monopolkommission hätte ein solches Vorgehen sehr begrüßt, weil die ökonomische Fundierung der Modifizierung einer zuvor etablierten Marktabgrenzung, insbesondere in einem wichtigen Markt der Grundversorgung, zu einer hohen Akzeptanz führen und die Glaubwürdigkeit der Ergebnisse stützen kann. Auch geht sie davon aus, dass eine solche Untersuchung bei der Abgrenzung der sachlich und räumlich relevanten Märkte zu neuen Erkenntnissen geführt hätte und die wirkenden Wettbewerbskräfte in ihrer Komplexität hätten abgebildet werden können. Die Abgrenzung von Märkten bedarf der Analyse sämtlicher wirkender Wettbewerbskräfte, daher ist eine Untersuchung sowohl der Nachfragesubstituierbarkeit als auch der Angebotssubstituierbarkeit und des potenziellen

[70] Vgl. Kapitel V, Tz. 819 ff.
[71] Vgl. Monopolkommission, Hauptgutachten 2004/2005, a. a. O., Tz. 519 ff.; BKartA, Beschluss vom 12. September 2003, B 8 –21/03, WuW/E DE-V 823.
[72] OLG Düsseldorf, Beschluss vom 6. Juni 2007, VI-2 Kart 7/04 (V), WuW/E DE-R 2094.
[73] Vgl. dazu im Detail Monopolkommission, Sondergutachten 49, a. a. O., Tz. 131 ff.
[74] Vgl. Monopolkommission, Hauptgutachten 2004/2005, a. a. O., Tz. 520.
[75] Vgl. Monopolkommission, Sondergutachten 49, a. a. O., Tz. 145 f.

Wettbewerbs erforderlich. Der hypothetische Monopolistentest[76] vermag die Aussagen zur Nachfrage- und zur Angebotssubstituierbarkeit zu beleuchten, wohingegen das Bundeskartellamt in seinen Untersuchungen durch die Anwendung des Bedarfsmarktkonzepts lediglich auf die Nachfragesubstituierbarkeit abgestellt hat.

553. Im Rahmen des hypothetischen Monopolistentests wäre zum Beispiel die Frage zu erörtern, ob ein hypothetischer Monopolist auf dem Markt für den erstmaligen Absatz von Strom auch über eine Monopolstellung auf allen oder einigen weiteren Märkten der Distributionsstufe verfügen muss, um eine 5 bis 10-prozentige Preiserhöhung profitabel zu machen. Auch wenn hier Bedarfsmarktkonzept und hypothetischer Monopolistentest nach Ansicht der Monopolkommission vermutlich zu einem identischen Ergebnis kommen würden und der Markt für den erstmaligen Absatz von Strom als maßgeblicher Markt der Distributionsstufe anzusehen wäre, muss dennoch betrachtet werden, dass das Bedarfsmarktkonzept nicht einbezieht, welche Wettbewerbswirkungen von den Händlern ausgehen, und nicht relevant ist, ob Strom vom Stromerzeuger oder einem Händler auf einer nachgelagerten Stufe bezogen wird, so dass Händler und Stromerzeuger einen gemeinsamen relevanten Markt bilden würden.

554. Weiterhin könnte geprüft werden, ob und inwiefern unabhängige Weiterverteiler als Nachfrager auf dem Markt für den erstmaligen Stromabsatz auf eine Preiserhöhung des hypothetischen Monopolisten reagieren würden. Denkbar wäre, dass sie auf eine Preiserhöhung mit dem Bau eigener Stromerzeugungskapazitäten und damit dem Verzicht des Bezugs von Strom reagieren würden. In diesem Fall würde sich eine Preiserhöhung langfristig nicht auszahlen und ein potenzieller Wettbewerb durch Eigenerzeugung würde disziplinierend wirken. Die unabhängigen Weiterverteiler müssten demselben Markt zugerechnet werden wie die aktuellen Erzeuger. Der sachlich relevante Markt wäre damit weiter abzugrenzen.

555. Weiterer Untersuchungspunkt wäre die räumliche Abgrenzung des Strom-Großkundenmarktes und die Überprüfung, ob es sich tatsächlich um einen nationalen Markt handelt und nicht nur um einen Markt, der nach Regelzonen abzugrenzen ist. Darüber hinaus ließe sich überprüfen, ob die Märkte für Kleinkunden und Großkunden tatsächlich getrennte Märkte sind. Die Monopolkommission hat bereits dargelegt, dass zwischen den beiden Märkten asymmetrische Substitutionsbeziehungen bestehen, die dazu führen, dass, je nachdem ob der Wettbewerb um Kleinkunden oder um Großkunden analysiert werden soll, divergierende Marktdefinitionen gelten würden.[77]

556. Erschwert werden die Analysen im Rahmen des hypothetischen Monopolistentests dann, wenn der originäre Wettbewerbspreis nicht bekannt ist und die Preise bereits in der Ausgangssituation des Gedankenexperiments erhöht sind. Die Monopolkommission weist darüber hinaus darauf hin, dass die Operationalisierung des hypothetischen Monopolistentests einen deutlichen zusätzlichen Aufwand verlangt, insbesondere dann, wenn ergänzende Marktdatenerhebungen erforderlich werden. Die Monopolkommission regt daher an, dass die Kapazitäten des Bundeskartellamts diesbezüglich ausgerichtet werden.

557. Zu den Fusionskontrollfällen, in denen das Bundeskartellamt die vom Oberlandesgericht Düsseldorf bestätigte Marktabgrenzung angewandt hat, zählen das ebenfalls langwierige Revisionsverfahren RWE/Saar Ferngas sowie das Verfahren RWE/Stadtwerke Krefeld Neuss.[78] In beiden Fällen waren sowohl der Strom- als auch der Gasmarkt betroffen. Bei der Marktabgrenzung im Gassektor folgte das Bundeskartellamt seiner bisherigen Praxis. Die Monopolkommission vertritt die Meinung, und stimmt hierbei mit dem Bundeskartellamt überein, dass es zwar Anzeichen[79] für einen Änderungsbedarf dieser Marktabgrenzung gibt, aber dennoch die Entwicklung der tatsächlichen Marktverhältnisse abgewartet werden sollte. Allerdings sieht die Monopolkommission auch hier die Option, die aktuelle Marktabgrenzung mithilfe quantitativer Verfahren zu überprüfen. So wäre zum Beispiel für die aktuell kontrovers diskutierte Abgrenzung eines einheitlichen Wärmemarktes ein zusätzlicher Erkenntnisgewinn zu erwarten.[80]

---

[76] Der hypothetische Monopolistentest, der identisch ist mit dem aus den USA stammenden SSNIP-Test, ist ein gedankliches Experiment, welches die Auswirkungen einer hypothetischen Preiserhöhung auf die Gewinnsituation des Anbieters betrachtet. Es wird die Frage gestellt, ob die Nachfrager als Reaktion auf eine angenommen Erhöhung der Preise im Bereich von 5 bis 10 Prozent auf verfügbare Substitute ausweichen würden. Dabei wird auch berücksichtigt, ob potenzielle Konkurrenten aufgrund der hypothetischen Preiserhöhung ihr Angebot umstellen würden (Angebotssubstituierbarkeit). Ist die Substitution so groß, dass durch den damit einhergehenden Absatzrückgang eine Preiserhöhung nicht mehr einträglich wäre, so werden in den relevanten Markt so viele weitere Gebiete einbezogen, bis kleine Erhöhungen der relativen Preise einen dauerhaften Gewinn einbringen würden.

[77] Vgl. Monopolkommission, Sondergutachten 49, a. a. O., Tz. 153 ff.
[78] BKartA, Beschluss vom 12. März 2007, B8 – 62/06; dass., Beschluss vom 23. Oktober 2007, B8 – 93/07.
[79] Dazu zählen zum Beispiel die Reduktion der Marktgebiete, die Einführung des Zweivertragsmodells als neues Netzzugangsmodell sowie die Erwartungen an die Entwicklung eines funktionsfähigen Großhandels. Vgl. BKartA, Beschluss vom 23. Oktober 2007, B8 – 93/07 „RWE/Stadtwerke Krefeld Neuss".
[80] Das Bundeskartellamt hat sich bis dato gegen einen einheitlichen Wärmemarkt auf der Endkundenstufe ausgesprochen und sich diesbezüglich auf höchstrichterliche Rechtsprechung bezogen. Vgl. dazu BGH, Urteil vom 9. Juli 2002, KZR 30/00, WuW/E DE-R 1006 „Fernwärme für Börsen". Jüngst hat der VIII. Zivilsenat des Bundesgerichtshofs zur Monopolstellung als Voraussetzung für die analoge Anwendbarkeit des § 315 BGB die Ansicht vertreten, dass es dabei auf den sog. Wärmemarkt unter Einschluss aller übrigen für die Wärmeerzeugung geeigneten Energieträger wie Öl, Strom, Kohle, Fernwärme etc. ankomme. Vgl. BGH, Urteil vom 13. Juni 2007, VIII ZR 36/06, WuW/E DE-R 2243 „Gaspreis". Die Literatur steht der Übertragung dieser Auffassung auf das Kartellrecht kritisch gegenüber und auch die Monopolkommission äußerte sich bis dato eher abwartend; vgl. dazu Monopolkommission, Sondergutachten 49, a. a. O., Tz. 416. Das Oberlandesgericht Celle hat im Januar 2008 als erstes Kartellgericht entschieden, dass für die Endkundenversorgung nicht auf den Gasmarkt, sondern auf den Wärmemarkt abzustellen sei; vgl. dazu OLG Celle, Beschluss vom 10. Januar 2008, 13 VA1/07 (Kart), WuW/E DE-R 2249 „Stadtwerke Uelzen". Im Februar folgte ein Urteil des Oberlandesgerichts Frankfurt am Main mit der gleichen Aussage; vgl. dazu OLG Frankfurt am Main, Urteil vom 19. Februar 2008, 11 U 12/07 (Kart).

558. Das Bundeskartellamt argumentiert, dass durch den Kauf einer Gastherme oder einer Ölheizung eine starke Bindung an ein Heizsystem hervorgerufen wird. Nachfrager, die sich einmal für ein Heizsystem entschieden haben, können dieses zumindest nicht kurzfristig wechseln, weil bei einem Wechsel des Heizenergieträgers die Anschaffungskosten zu versunkenen Kosten würden. Nach Meinung des Amtes gehören die substitutiven Energieträger aufgrund der hohen Wechselkosten daher nicht dem relevanten Markt an. Die Monopolkommission sieht diese Lock-in-Effekte bzw. die Systemgebundenheit an den Energieträger, ist aber der Meinung, dass durchaus Substitutionseffekte entstehen können und nicht zwangsläufig davon ausgegangen werden muss, dass kein einheitlicher Wärmemarkt existiert. Entscheidend ist darüber hinaus nicht nur, dass es überhaupt Kunden gibt, die nicht wechseln wollen, sondern vielmehr, wie groß dieser Teil des Marktes ist. Auch wenn nur ein Teil der Kunden noch nicht „gefangen" ist, kann dieser Bereich disziplinierend wirken.[81] Solange ein Unternehmen nämlich auf die Erweiterung seines Kundenstamms angewiesen ist, muss es sich im Wettbewerb Unternehmen stellen, die andere Energieträger anbieten. Das Verhalten des Unternehmens gegenüber Kunden, die den Energieträger nur unter Inkaufnahme versunkener Kosten wechseln könnten, wird dadurch kontrolliert. Darüber hinaus gibt die Monopolkommission zu bedenken, dass die Verwendung der Marktabgrenzung auch abhängig davon sein sollte, welcher wettbewerbspolitischen Maßnahme sie als Grundlage dient.

559. Falls man sich für dafür entscheidet, harte Elemente der Strukturpolitik, wie z. B. eine eigentumsrechtlich Entflechtung, ins Kartellrecht aufzunehmen, empfiehlt die Monopolkommission ein sehr sensibles Vorgehen bei der Abgrenzung des relevanten Marktes. Ein strukturpolitisches Element, welches einen erheblichen Eingriff in die privaten Eigentumsrechte der Unternehmen darstellen kann, bedarf nach Ansicht der Monopolkommission einer umfassenden Analyse sämtlicher Wettbewerbskräfte und daher einer Erweiterung über die sehr enge Marktabgrenzung hinaus. Es lassen sich Anzeichen dafür finden, dass der Gasmarkt ein wachsender Markt ist und die beteiligten Unternehmen die Gewinnung von Neukunden anstreben. Die Gewinnung von Neukunden kann nur dadurch erfolgen, dass Kunden von anderen Heizenergieträgern hin zum Gas wechseln. Folglich lässt sich ein Wettbewerbsdruck zwischen den Energieträgern unterstellen und eine disziplinierende Wirkung auf den Preis kann erwartet werden. Um den Wechsel hin zum Heizenergieträger Gas attraktiv zu machen, müssen die Gasversorgungsunternehmen zu einem Preis anbieten, der wettbewerbsfähig ist. Sie sind demnach in ihrem Preissetzungsspielraum beschränkt. Hier muss allerdings bedacht werden, dass der Gaspreis nur zu einem geringen Prozentsatz von den Unternehmen selbst beeinflusst werden kann und damit nie ein absoluter Wettbewerbspreis

sein kann, was zum einen auf die spezielle Struktur des Gasmarktes zurückzuführen ist und zum anderen auf die Kopplung des Gaspreises an den Ölpreis. Hier könnten auch die Gründe vermutet werden, warum die Europäische Kommission, wie bereits ausführlich im Einleitungskapitel erörtert,[82] beabsichtigt, für den Gasmarkt keine Entflechtungsvorschriften vorzusehen. Für die Marktabgrenzung im Rahmen der Fusionskontrolle und der Missbrauchsaufsicht sieht die Monopolkommission nach bisherigem Erkenntnisstand eine tendenziell enge Marktabgrenzung als hinreichend und den aktuellen Marktgegebenheiten entsprechend an. Auch sähe sie andernfalls die Anwendung der §§ 19 und 29 GWB und die Erreichung der Voraussetzungen ihrer Anwendbarkeit als problematisch an.

2.3.3 Marktabgrenzung im Lebensmitteleinzelhandel

560. Ende Dezember 2007 hatten EDEKA und Tengelmann die Absicht angemeldet, ihre deutschen Lebensmittel-Discountketten, „Netto" bzw. „Plus", in einem Gemeinschaftsunternehmen zusammenzuführen. Die Unternehmen haben darüber hinaus eine Kooperation beim Einkauf für ihr Supermarktgeschäft vereinbart. Das Bundeskartellamt mahnte das Zusammenschlussvorhaben Anfang April 2008 ab. Dabei zeichnete sich bereits ab, dass das Amt hinsichtlich der sachlichen Marktabgrenzung bei diesem Zusammenschluss eine neue Segmentierung des Lebensmittelmarktes zugrunde legen könnte. Zum Abschluss dieses Gutachtens war der Ausgang des Verfahrens allerdings noch offen.

561. Nach derzeitigem Stand der Ermittlungen des Bundeskartellamtes würde EDEKA mit der Tengelmann-Tochter Plus einen nach dem eigenen Vertriebskonzept engen Wettbewerber übernehmen und die regionale und bundesweite Marktabdeckung erheblich erweitern. Der Zusammenschluss führt auf den meisten der 100 untersuchten regionalen Teilmärkte zu einer marktbeherrschenden Stellung mit erheblichen Abständen zu den nachfolgenden Wettbewerbern. Bereits vor dem Zusammenschluss ist EDEKA mit einem Marktanteil von 25 Prozent Marktführer im gesamten deutschen Lebensmitteleinzelhandel. Dieser Markt hat sich in den letzten Jahren erheblich konzentriert. Die sechs größten Anbieter, nämlich EDEKA, die Schwarz-Gruppe, Aldi, REWE, Metro und Tengelmann, haben einen Marktanteil von ca. 90 Prozent. Die verbleibenden 10 Prozent des Marktvolumens teilen sich etwa 100 weitere Anbieter.[83] Die Übernahme würde die hohe Konzentration weiter fördern. Die hohe Konzentration führt nach Meinung des Bundeskartellamtes zu einer zunehmenden Abhängigkeit der Nachfrager von immer weniger Anbietern.

562. Das Zusammenschlussvorhaben sieht die Gründung eines Gemeinschaftsunternehmens vor, an dem EDEKA zu 70 Prozent und Tengelmann zu 30 Prozent

[81] Vgl. Monopolkommission, Die Missbrauchsaufsicht über Gas- und Fernwärmeunternehmen: Wettbewerb zwischen Systemen im Wärmemarkt, Sondergutachten 21, Baden-Baden 1991, Tz. 11 ff.

[82] Vgl. Tz. 53 im Einleitungskapitel dieses Gutachtens.
[83] Diese und die folgenden Marktdaten und Geschäftszahlen sind aktuellen Presseberichten entnommen.

beteiligt sind. Das Unternehmen würde einen Umsatz von über 11 Mrd. Euro erwirtschaften, davon stammen ca. 7 Mrd. Euro von den 2 900 Filialen von Plus und ca. 4,1 Mrd. Euro von den 1 300 Netto-Märkten. Damit wäre EDEKA der drittgrößte Anbieter im deutschen Lebensmitteldiscount. Führend sind Aldi mit 24,3 Mrd. Euro Umsatz und Lidl mit 14,3 Mrd. Euro Umsatz. Der REWE-Discounter Penny wäre nach dem Zusammenschluss viertgrößter Anbieter. Dass das Bundeskartellamt in dem Zusammenschluss eine erhebliche Verbesserung der Wettbewerbsposition der EDEKA-Gruppe sehen könnte, ist darin begründet, dass es den Zusammenschluss von Netto und Plus überwiegend als einen Zusammenschluss von Markenanbietern wertet und das entstehende Gemeinschaftsunternehmen deutlich stärker in Konkurrenz zu herstellermarken-orientierten Anbietern, sog. Soft-Discountern wie Penny oder Vollsortimentern wie REWE oder Kaufland, sieht als in Konkurrenz zu handelsmarken-orientierten Anbietern, sog. Hard-Discountern wie Aldi, Norma oder – mit Einschränkungen – Lidl. Das Amt differenziert die verschiedenen Vertriebsschienen im Lebensmitteleinzelhandel nach den Kriterien Sortimentsbreite (Anzahl der Produkte), Sortimentstiefe (Anzahl der Marken pro Produkt und Anteil der Hersteller- bzw. Handelsmarken), Warenpräsentation sowie Verkaufsfläche in folgende Segmente:

- SB-Warenhäuser bieten ein warenhausähnliches Sortiment und eine Vielzahl von Lebensmitteln verschiedener Marken an, wobei der Anteil der Herstellermarken sehr hoch und der Anteil der Handelsmarken sehr viel geringer ist. Die Verkaufsflächen liegen in der Regel über 5 000 m².

- Vollsortimenter bieten eine Vielzahl von Lebensmitteln verschiedener Marken an. Der Anteil der Herstellermarken ist sehr hoch, Handelsmarken machen nur einen kleinen Anteil aus. Das Bundeskartellamt unterscheidet nach der Größe der Geschäfte sog. Verbrauchermärkte mit Verkaufsflächen zwischen 1 500 und 5 000 m², große Supermärkte mit 800 bis 1 500 m², Supermärkte mit 400 bis 800 m² und SB-Geschäfte mit weniger als 400 m² Verkaufsfläche.

- Discounter bieten eine begrenzte Auswahl an Produkten zu niedrigen Preisen an. Das Bundeskartellamt differenziert ferner zwischen Hard-Discountern und Soft-Discountern. Hard-Discounter haben eine sehr einfache Ladenausstattung, dauerhafte Tiefstpreise, eine geringe Sortimentsbreite und -tiefe und führen fast ausschließlich Handelsmarken, d. h. nur wenige Herstellermarken. Soft-Discounter haben ebenfalls eine einfache Ladenausstattung, führen aber ein etwas breiteres Sortiment und mehr Marken, insbesondere mehr Herstellermarken als Hard-Discounter.

563. Dem Bundeskartellamt zufolge besteht Wettbewerbsdruck vonseiten der Hard-Discounter im Wesentlichen über die Preissetzung im Bereich der Handelsmarken. Davon seien die Soft-Discounter und insbesondere die Vollsortimenter mit einem großen Anteil an Herstellermarken und anderen Konzepten hinsichtlich Qualität, Service, Verkaufsflächen und Werbung weitgehend unabhängig. Ein engeres Wettbewerbsverhältnis hat das Amt dagegen zwischen den Vertriebsschienen Soft-Discount und Vollsortiment festgestellt. Die Feststellung, dass zwischen den Vertriebsschienen im deutschen Lebensmitteleinzelhandel ein stark abgestuftes Wettbewerbsverhältnis besteht, hat das Bundeskartellamt bisher jedoch noch nicht dazu bewogen, jeweils getrennte sachlich relevante Märkte abzugrenzen. In diesem Zusammenhang wurde darauf hingewiesen, dass die Endverbraucher ihre Einkäufe in der Regel in Geschäften mehrerer Vertriebsschienen tätigen und dass die Anbieter EDEKA, REWE und Tengelmann ein zweigleisiges Vertriebskonzept verfolgen und sowohl im Vollsortiment als auch im Soft-Discountbereich vertreten sind. Auch die Schwarz-Gruppe verfolgt ein zweigleisiges – wenn auch gebrochenes – Vertriebskonzept mit dem Vollsortimenter Kaufland und der Unternehmenstochter Lidl, die nach Definition des Bundeskartellamtes eher zwischen den Bereichen Soft- und Hard-Discount einzuordnen ist. Die Feststellung des stark abgestuften Wettbewerbsverhältnisses hat das Amt dazu veranlasst, die Marktmachtzuwächse der EDEKA-Gruppe infolge des Zusammenschlusses im Soft-Discount-Bereich wesentlich schwerwiegender zu bewerten, als dies bei einer globalen Betrachtung des Wettbewerbs unter den Lebensmittel-Discountern und den Anbietern anderer Vertriebsschienen erfolgt wäre, und hierauf aufbauend eine Abmahnung auszusprechen.

564. Die Monopolkommission weist darauf hin, dass bisher keine hinreichend fundierten unabhängigen Studien vorliegen, welche die These des Bundeskartellamtes von einem stark abgestuften Wettbewerbsverhältnis der Vertriebsschienen im deutschen Lebensmitteleinzelhandel stützen. Eine kritische Würdigung der Vorgehensweise des Bundeskartellamtes kann erst im Anschluss an den endgültigen Beschluss erfolgen. Insbesondere die Bewertung des Wettbewerbspotenzials verbleibender und zukünftiger Wettbewerber in den Segmenten Soft-Discount und Vollsortiment erfordert dazu aus Sicht der Monopolkommission eine genaue Betrachtung.

2.4 Entstehung oder Verstärkung einer marktbeherrschenden Stellung

2.4.1 Prüfung der Wettbewerbsbedingungen

565. Bei der Prüfung der Wettbewerbsbedingungen stellt das Bundeskartellamt traditionell auf verschiedene strukturelle Kriterien ab, die dazu beitragen sollen, mögliche Auswirkungen des Zusammenschlusses innerhalb einer Gesamtwürdigung einzuschätzen. Ein wichtiges Kriterium für die Beurteilung der Marktstellung der an einem Zusammenschluss beteiligten Unternehmen ist nach wie vor der addierte Marktanteil der beteiligten Unternehmen. Im deutschen Kartellrecht ist dieser die Grundlage für die Vermutungstatbestände des § 19 Abs. 3 GWB, bei denen eine marktbeherrschende Stellung der beteiligten Unternehmen angenommen wird. Aufgrund des Marktanteils alleine kann jedoch die Entstehung oder Verstärkung einer marktbeherrschenden Stellung nicht festgestellt werden, weshalb andere Kriterien ebenfalls für die Gesamtwürdigung relevant sind. Hier sind gemäß § 19 Abs. 2 Nr. 2

GWB neben strukturellen Kriterien auch wettbewerbsrelevante Verhaltensweisen zu berücksichtigen. Das Bundeskartellamt ist in seinen Entscheidungen um eine umfassende Würdigung aller Wettbewerbswirkungen eines Zusammenschlusses bemüht. Es stellt sich allerdings die Frage, ob ein stärkeres Gewicht auf den Einsatz ökonomischer Modelle gelegt werden sollte, um die Beschlüsse des Bundeskartellamtes weiter zu fundieren. Einige der Beschlüsse im Berichtszeitraum sollen nachfolgend näher betrachtet werden.

2.4.1.1 Wettbewerb durch Randanbieter bei Laserquellen im Verfahren Coherent/Excel

566. Am 25. Oktober 2006 untersagte das Bundeskartellamt den Zusammenschluss der beiden amerikanischen Unternehmen Coherent und Excel, die beide in der Entwicklung von Laser- bzw. Präzisionsoptikprodukten tätig sind.[84] Das Zusammenschlussverfahren war neben Deutschland nur in den Vereinigten Staaten anmeldepflichtig und wurde von der dortigen Wettbewerbsbehörde freigegeben. In der Prüfung durch das Bundeskartellamt war vor allem die Abgrenzung des sachlich relevanten Marktes sehr aufwendig, da sich die Lasertechnologien hinsichtlich Nachfragergruppen und verschiedenen Leistungsstufen nicht trennscharf unterscheiden ließen. Das Bundeskartellamt grenzte den sachlich relevanten Markt für sealed-off RF CO_2 Laser[85] bis 600 W und den Markt für Ultrafast-Laser ab. Während die Beteiligten insbesondere für den ersteren Markt mehrfach andere Varianten zur Abgrenzung vorschlugen, die zuletzt die Märkte für sealed-off RF CO_2 Laser unter und über 100 W betrafen, entschied sich das Bundeskartellamt vor allem aufgrund der nicht mehr eindeutig abgrenzbaren Nachfragergruppen für die genannte Marktabgrenzung. So werden die sealed-off RF CO_2 Laser vornehmlich zur Bearbeitung von Nichtmetallen eingesetzt, wobei eine exakte Trennung einzelner Bereiche nicht möglich ist. Bei den Beteiligten handelt es sich um die wichtigsten Hersteller auf dem sachlich abgegrenzten Markt, deren Marktanteile bereits die Vermutungsschwelle für oligopolistisches Parallelverhalten überschritten haben. Das Bundeskartellamt stellte jedoch fest, dass der Markt durch starken Preiswettbewerb gekennzeichnet ist. Mit einem Zusammenschluss hätten die Beteiligten nach Ansicht des Bundeskartellamtes jedoch eine überragende Marktstellung mit großem Marktteilsabstand zum nächsten Verfolger erlangt. Daher hat das Bundeskartellamt den Zusammenschluss aufgrund der Entstehung einer marktbeherrschenden Stellung auf dem Markt für sealed-off RF CO_2 Laser bis 600 W untersagt. Der zweite abgegrenzte Markt für Ultrafast-Laser hat hingegen keine wettbewerbsrechtlichen Bedenken verursacht.

567. Die unterschiedliche Beurteilung des Zusammenschlusses zwischen Bundeskartellamt und Department of Justice erscheint auch deshalb auffällig, da sich das Bundeskartellamt bei der Marktabgrenzung auf einen weltweiten Markt bezogen hat und somit nicht allein von den eventuell divergierenden Wettbewerbswirkungen in Deutschland ausgeht. Die Monopolkommission erkennt vor allem in der technologischen Abgrenzung der Lasertypen und in der Einschätzung des Wettbewerbs durch Randanbieter die möglichen Gründe für die unterschiedliche Bewertung. Zu diesem Zweck können sealed-off RF CO_2 Laser in die Segmente für Laser unter und über 100 W differenziert werden.

568. Für die obere Leistungsklasse für Laser zwischen 100 und 600 W steht dabei vor allem die Frage im Raum, ob die Unterschiede der Produkte der Zusammenschlussbeteiligten beide zu nächsten Wettbewerbern machen. Laut dem Vortrag der Beteiligten muss hier vielmehr zwischen Lasern unterschieden werden, die mit einem gepulsten, und solchen, die mit einem konstanten Strahl arbeiten. In dem genannten Leistungsbereich produziert nur Coherent gepulste Laser, während die Excel Tochter Synrad Laser mit einem konstanten Strahl herstellt.[86] Beide Laserarten seien nicht austauschbar. Daher seien beide Unternehmen hier nicht nächste Wettbewerber und die Addition der Marktanteile infolgedessen wenig aussagekräftig. Das Bundeskartellamt wertet jedoch die von den Beteiligten vorgelegten Unterlagen völlig anders. So ist nach Meinung des Amtes eine weitgehende Austauschbarkeit der Laser beider Beteiligten für die Nachfrager gegeben. Die Preise beider Laserarten unterschieden sich nicht und bis zu einem bestimmten Grade seien auch die Laser beider Beteiligten pulsbar. Allenfalls ein kleiner Bereich der Modellpalette von Coherent sei in der Lage, eine extrem hohe Pulsleistung zu generieren, so dass nur in einem sehr engen Feld signifikante Unterschiede im Anwendungsbereich zu Lasern von Synrad bestehen.

569. Für die Beurteilung des Wettbewerbs bei Lasern der unteren Leistungsklasse ist die Bewertung der addierten Marktanteile bei der Gesamtwürdigung der Wettbewerbsbedingungen als ein wesentlicher Punkt zu sehen. Daraus allein lässt sich aber noch keine Aussage über den Verhaltensspielraum eines Unternehmens ableiten. So können Randanbieter dafür sorgen, dass auch ein dominantes Unternehmen seine Marktmacht nicht vollständig nutzen kann und bei zunehmenden Marktzutritten sogar in seinem Bestand als solches gefährdet ist. Können kleine Wettbewerber im Markt auch nur geringe Mengen zu Preisen anbieten, die unterhalb des Preises des dominanten Unternehmens liegen, dann ziehen diese Unternehmen einen Teil der Nachfrage weg. Dem dominanten Unternehmen bleibt die sog. (Residual-)Nachfrage, um seine Preissetzung zu optimieren. Dies führt zu einem Preis, der unterhalb des Monopolpreises liegt. Zusätzliche Markteintritte weiterer Randanbieter nehmen dem domi-

---

[84] BKartA, Beschluss vom 24. August 2008, B5 – 51/07.

[85] Bei sealed-off RF CO_2 Lasern handelt es sich um vergleichsweise kleinere Laserquellen, bei denen sich das Gasmedium in einer geschlossenen Röhre befindet (sealed-off) und indirekt mit Hochfrequenzenergie (radio frequency = RF) angetrieben wird.

[86] Die Pulsbarkeit von Lasern betrifft die Möglichkeit, für kurze Momente deutlich höhere Spitzenleistungen zu erreichen.

nanten Unternehmen anhaltend Nachfrage ab. Der Marktanteil des großen Unternehmens sinkt in diesem Fall stetig. Entscheidend für die Zahl der Marktzutritte sind die Durchschnittskosten der kleinen Hersteller im Vergleich zu denen des dominierenden Unternehmens. Liegen die Durchschnittskosten des dominierenden Unternehmens deutlich unter denen von kleinen Herstellern, dann finden die Marktzutritte schnell ein Ende. Damit Marktzutritte generell möglich sind, ist darüber hinaus notwendig, dass keine wesentlichen Markteintrittsbarrieren den Markteintritt für Randanbieter erschweren.

570. Im Zusammenschlussverfahren Coherent/Excel sind verschiedene Auffälligkeiten zu erkennen, die dafür sprechen, dass die ökonomische Theorie des Randwettbewerbs zur Analyse der Marktprozesse für den Markt der Leistungsklasse unter 100 W geeignet sein könnte. So ist der Markt neben den beiden großen Anbietern, den Zusammenschlussbeteiligten, auch durch eine größere Zahl kleinerer Randanbieter gekennzeichnet, die größtenteils erst in den vergangenen Jahren in den Lasermarkt der Leitungsklasse unter 100 W eingetreten sind. Jeder dieser kleineren Wettbewerber weist dabei für sich allein nur geringe Marktanteile auf. Eine genauere Analyse der Marktanteilsentwicklung im Zeitablauf konnte das Bundeskartellamt aufgrund der eingeschränkten Datenbasis nicht vornehmen; in einer Fußnote wird jedoch darauf hingewiesen, dass die Umsätze der Beteiligten nur moderat gestiegen seien, das Marktvolumen allerdings ebenso. Dabei geht das Amt allerdings von dem abgegrenzten Gesamtmarkt für sealed-off RF CO_2 Laser bis 600 W aus, in dem der durch Randanbieter gekennzeichnete Bereich nur einen Teilmarkt bildet. Außerdem schätzt das Bundeskartellamt die Wettbewerbssituation auf dem Markt so ein, dass dieser, trotz der gewichtigen Position der Zusammenschlussbeteiligten, von starkem Preiswettbewerb gekennzeichnet ist.

Während die zunehmenden Marktzutritte im unteren Leistungssegment relativ geringe Marktzutrittsschranken erwarten lassen, geht das Bundeskartellamt von relativ hohen Barrieren für Newcomer aus. Dazu zieht das Amt vor allem die traditionellen Kriterien zur Bewertung von Markteintrittsbarrieren heran. Vor allem Reputation und Finanzkraft der Beteiligten werden so hoch eingeschätzt, dass Marktzutritte von neuen Anbietern erschwert werden. Hohe Hürden seien zudem die Entwicklungszeit von 18 bis 24 Monaten und die Kosten für die Entwicklung sowie die notwendigen Produkttests, die mit Kosten von 2 bis 3 Mio. Euro verbunden seien. Dass die Marktzutritte der Vergangenheit zu belegen scheinen, dass die aufgeführten Markteintrittsschranken offenbar keine wesentliche Barriere für Newcomer darstellen, erkennt das Bundeskartellamt nicht als Nachweis für wesentlichen potenziellen Wettbewerb an, da es sich ausschließlich um kleinere Unternehmen handele, die bisher nur zu geringen Stückzahlen fertigen und nicht ohne weiteres auf Massenproduktion umstellen könnten. Mit Marktzutritten, die die Marktposition der Beteiligten wesentlich relativieren könnten, sei daher nicht zu rechnen.

571. Die Monopolkommission hält die Auswirkungen des Randwettbewerbs im Beschluss des Bundeskartellamtes, entgegen den normativen Vorgaben des § 19 Abs. 2 Nr. 2 GWB, für unzureichend berücksichtigt. Anders als es das Bundeskartellamt in seinem Beschluss darstellt, zeigt die ökonomische Theorie, dass auch der Marktzutritt vieler kleinerer Wettbewerber dazu geeignet sein kann, den Verhaltensspielraum eines dominanten Unternehmens deutlich einzuschränken. Das Bundeskartellamt orientiert sich in seinem Beschluss sehr an der traditionellen Vorgehensweise, verschiedene Kriterien des Marktbeherrschungstests sukzessive abzuprüfen. Die Monopolkommission ist jedoch der Meinung, dass hier vor allem den Faktoren, welche die Kraft des Randwettbewerbs bestimmen, besondere Beachtung zufallen sollte. Die losgelöste Analyse verschiedener Kriterien für den Markteintritt ist nach Ansicht der Monopolkommission nur bedingt dazu geeignet, die tatsächliche Entscheidungssituation eines potenziellen Wettbewerbers abzubilden, die von der Relation der Kosten zum erwarteten Erfolg des Markteintritts abhängt. Liegen empirische Erkenntnisse darüber vor, dass Marktzutritte durch kleinere Wettbewerber in zurückliegenden Zeiträumen erfolgt sind, so ist in der Analyse vor allem darauf abzustellen, ob es Hinweise darauf gibt, dass den Marktzutritten der Vergangenheit weitere kleinere Anbieter folgen können und diese in ihrer Angebotsweite auch nicht auf bestimmte Kundensegmente oder Absatzräume beschränkt bleiben. Diese können entscheidenden Einfluss auf den Preiswettbewerb in diesem Segment haben. Neben einer auf den Randwettbewerb gerichteten Analyse der Marktzutrittsbarrieren ist daher für die Kraft des Randwettbewerbs vor allem zu prüfen, ob das dominante Unternehmen aufgrund deutlich geringerer Durchschnittskosten den Zustrom zusätzlicher Randanbieter mittelfristig begrenzen kann. In diesem Zusammenhang sind vor allem mögliche Größenvorteile der Beteiligten zu untersuchen.

572. Im vorliegenden Fall bleibt jedoch zu berücksichtigen, dass es sich bei dem Aspekt des Randwettbewerbs vor allem um sealed-off RF CO_2 Laser niedriger Leistungsstärken bis 100 W handelt. Bei Lasern über 100 W spielt hingegen der Randwettbewerb bisher keine Rolle und kann somit die Entstehung einer marktbeherrschenden Stellung auch nicht potenziell entkräften. Die hier nach Meinung der Beteiligten angebrachte sachliche Trennung der Produkte von Coherent und Synrad konnte das Bundeskartellamt mit einer fundierten Analyse von Nachfragergruppen und Produkttechnologien überzeugend widerlegen. Da das Kartellamt den sachlich relevanten Markt jedoch aufgrund der nicht identifizierbaren Trennung der Nachfragergruppen einheitlich für sealed-off RF CO_2 Laser bis 600 W abgegrenzt hat, sind die Auswirkungen der beschriebenen Vorgehensweise in der Gesamtwürdigung abzuwägen. Bei den sealed-off RF CO_2 Lasergruppen unterschiedlicher Leistungsstufen handelt es sich um Substitutionsketten, bei denen eine grundsätzliche Nichtabgrenzbarkeit der Nachfragergruppen am unteren und oberen Ende nicht ausgeschlossen ist. Im vorliegenden Fall geht die Monopolkommission daher davon aus, dass im Rahmen einer Gesamtbetrachtung auch die Annahme laufender Marktzutritte von Randanbietern im unteren Leistungssegment nicht dazu geführt hätte, die Marktmacht der Zusammenschlussbeteiligten auf der gesamten Angebotsbreite wirksam zu disziplinieren.

2.4.1.2 Oligopolistische Marktbeherrschung im Fall Phonak/GN ReSound

573. Die Monopolkommission hat in ihrem letzten Hauptgutachten darauf hingewiesen, dass bei der Prüfung monopolistischer Marktbeherrschung stärker die strategischen Möglichkeiten zu beachten sind, die eine Veränderung der Oligopolstruktur nach sich ziehen könnte.[87] Dafür ist es insbesondere erforderlich, nicht alleine Marktstrukturkriterien zur Analyse heranzuziehen, sondern auch Verhaltensspielräume zu betrachten, die sich den Unternehmen mit dem Zusammenschluss eröffnen. Ein Zustand kollektiver Marktbeherrschung wird um so wahrscheinlicher, je höher die Markttransparenz und je ähnlicher die Strukturen der im Markt verbliebenen Unternehmen sind, da eine implizite Abstimmung auf diese Weise begünstigt wird. Als wesentliche Merkmale eines marktbeherrschenden Oligopols gelten zudem, seit der durch den Europäischen Gerichtshof geprägten Rechtsprechung, neben einer hohen Markttransparenz auch wirksame Sanktionsmechanismen und das Fehlen eines gegengewichtigen Außenwettbewerbs.

574. Das Bundeskartellamt hat im Berichtszeitraum den Zusammenschluss des schweizerischen Hörgeräteherstellers Phonak mit dem dänischen Unternehmen GN ReSound untersagt, der nach Meinung des Amtes zu einer Entstehung eines marktbeherrschenden Oligopols geführt hätte.[88] Phonak gehört zusammen mit SAT (Siemens Audiologische Technik) und Oticon zu den drei gewichtigen Anbietern von Hörgeräten, die in Deutschland zusammen einen Marktanteil von über 80 Prozent halten. Der Marktanteil von SAT bewegt sich dabei etwa 10 bis 15 Prozent über den beiden ähnlich positionierten Konkurrenten. Dahinter existieren mehrere Verfolger, wobei substanziell nur die Unternehmen GN ReSound und Widex (Marktanteil je 5 bis 10 Prozent) in einem überschaubaren Zeitraum relevantes Wettbewerbspotenzial besitzen.

575. Das Bundeskartellamt untersucht in seinem Beschluss die gegenwärtige Situation auf dem abgegrenzten sachlich und räumlich relevanten deutschen Markt für die Herstellung und den Vertrieb von Hörgeräten an den Hörgeräteakustikhandel. Den Untersuchungen des Bundeskartellamtes zufolge liegt ein wesentliches Charakteristikum des Marktes in der Verflechtung der Anbieter über verschiedene Verbände, Gemeinschaftsunternehmen und durch Patenttausch. Alle Hersteller, die den Absatzkanal über den Hörgeräteakkustiker nutzen, sind auch Mitglieder des Zentralverbandes Elektrotechnik und Elektronikindustrie e.V. (ZVEI), dem zweimonatlich Angaben über

Absatzzahlen und Umsätze der Hersteller gemeldet werden. Die Zuordnung dieser Angaben zu sechs Preissegmenten ist Grundlage der Produktklassen für Hörgeräte in Deutschland. Durch die Daten aus diesem Meldesystem verfügen die Hersteller über eine einheitlich hohe Markt- bzw. Preistransparenz. Die Hersteller haben auch ein Gemeinschaftsunternehmen (HIMPP) gegründet, welches alle wesentlichen Grundlagenpatente hält, ohne die eine Herstellung von Hörgeräten faktisch nicht möglich ist. Es existieren weitere Gemeinschaftsunternehmen, welche die Schnittstellensoftware zur Anpassung der Hörgeräte von Mitgliedsunternehmen an die Messungen des Hörgeräteakustikers ermöglichen, und diverse Lizenz- und Crosslizenzabkommen, welche zu einer starken Verflechtung der Hersteller beitragen. Parallelentwicklungen können zudem über eine Patentdatenbank, die bei HIMPP hinterlegt ist, frühzeitig erkannt werden und werden für gewöhnlich schon bald gegenseitig lizenziert.

576. Bei der Prüfung von Struktur und Verhaltensaspekten stellt das Bundeskartellamt die bestehende Verflechtung der Marktteilnehmer durch gemeinsame Patentpools und Lizenzierungen als einen wesentlichen Anhaltspunkt für gleichgerichtetes Verhalten heraus. Als Folge der institutionellen Zusammenarbeit in den genannten Gemeinschaftsunternehmen und im Rahmen des ZVEI-Meldesystems verfügt die Anbieterseite über eine hohe Markttransparenz im Bezug auf Preis- und Produktentwicklungen. Gleichzeitig wird die enge Zusammenarbeit zwischen den Unternehmen auch als eine wesentliche Markteintrittsschranke hervorgehoben. Die am Markt etablierten Unternehmen können einem potenziellen Newcomer glaubhaft ernstzunehmende Wettbewerbsnachteile androhen. Das Kartellamt sieht somit die Tendenz zu einer strategischen Marktabschottung und verweist zudem auf den empirischen Umstand, dass es im untersuchten Marktsegment in den vergangenen zehn Jahren keinerlei Marktzutritte gegeben habe.

Das Bundeskartellamt untersucht auch den Innovationswettbewerb. Aus Sicht des Amtes verlaufen die Phasen von geringen Vorstößen und deren Verfolgung jedoch möglichst gleichgerichtet und ohne die Absicht, größere und dauerhafte Wettbewerbsvorsprünge zu erzielen. Dafür spricht die gemeinsame Nutzung der Grundlagenpatente über HIMPP, die hohe Innovationstransparenz durch die HIMPP-Patentdatenbank und die kurzfristige Lizenzierung neuer Patente für die Wettbewerber. Die Wettbewerbsvorstöße haben nach Auffassung des Amtes einen kalkulierbar zyklischen Charakter und werden durch die zeitversetzte Einführung neuer Produkte regelmäßig neutralisiert.

Kritisch betrachtet das Bundeskartellamt auch die einheitliche Auffassung der Hersteller, dass der Preis auf dem Markt nur einen untergeordneten Wettbewerbsparameter darstellt. Nach Auffassung des Kartellamtes führt die durch das ZVEI-Meldesystem gegebene hohe Preistransparenz auf der Anbieterseite offensichtlich zu einer wirksamen Disziplinierung des Preiswettbewerbs. Das Kartellamt verdeutlicht in der Entscheidung, dass insbesondere die drei marktmächtigen Unternehmen genau die

[87] Vgl. Monopolkommission, Hauptgutachten 2004/2005, a. a. O., Tz. 645 ff.
[88] BKartA, Beschluss vom 13. Dezember 2006, B3 – 578/06, WuW/E DE-V 1365.

sechs Preissegmente des Meldesystems bedienen und in den vergangenen Jahren keine signifikanten Preisvorstöße gewagt haben. Das Preissetzungsverhalten weist eine eher gleichgerichtete Tendenz auf, die allein von GN ReSound als einzigem preisaktivem Verfolger gelegentlich durchbrochen wird.

Aufgrund der asymmetrischen Informationsverteilung auf dem Endkundenmarkt, orientieren sich Verbraucher im Wesentlichen an den Empfehlungen der Hörgeräteakustiker. Die Preissetzung ist zudem aufgrund der späten Endpreisfeststellung nach der endgültigen Einmessung des Hörgerätes für den Kunden völlig intransparent. Die Händler können somit sehr hohe Margen kalkulieren. Wesentlicher Preiswettbewerb, der sich auf den Herstellermarkt übertragen könnte, besteht daher nicht. Die Händlerseite selbst ist weitgehend polypolistisch strukturiert. Von einer gegengewichtigen Nachfragemacht kann somit nach Auffassung des Kartellamtes nicht ausgegangen werden.

577. Die geplante Akquisition des Verfolgers GN ReSound durch den Oligopolisten Phonak hätte die Wirkung eines zusätzlich erhöhten Konzentrationsgrades des Oligopolverbundes. Darüber hinaus sprechen mehrere weitere Merkmale für eine Ausweitung der Marktmacht des Oligopols nach einer Übernahme. So würde mit GN ReSound der einzige preisaktive Wettbewerber vom Markt verschwinden, der darüber hinaus noch über ein eigenständiges Patentportfolio verfügt. Das Bundeskartellamt hebt hervor, dass sich die Bedingungen für ein gleichgerichtetes Verhalten durch die Reduzierung der Wettbewerber weiter verbessern und sich vice versa die Gefahr eines konsequenten wettbewerblichen Vorstoßes verringert. Im Ergebnis hat das Amt den Zusammenschluss untersagt, da dieser zu einer Entstehung eines marktbeherrschenden Oligopols führe.

578. Die Monopolkommission begrüßt die ausführliche Analyse der Wettbewerbsbedingungen im Oligopolverbund im vorliegenden Fall. Zur Prüfung der marktbeherrschenden Stellung hat das Bundeskartellamt neben den Marktanteilen auch wesentliche Struktur- und Verhaltensaspekte untersucht und Rückkopplungen zwischen den Parametern von Marktstruktur, Marktverhalten und Marktergebnis ausführlich gewürdigt. Die Entscheidung stützt sich auch nicht alleine auf die strukturellen Marktanteilsvermutungen. Es konnte somit überzeugend dargelegt werden, dass der bestehende Oligopolverbund über eine hohe Markttransparenz verfügt, wirksame Sanktionsmechanismen besitzt und eine disziplinierende Nachfragemacht als Gegengewicht hier nicht existiert.

579. Aus dem Beschluss wird allerdings nicht klar, wieso erst die Integration von GN ReSound in das bestehende Oligopol die marktbeherrschende Stellung begründen soll. Vielmehr stellt das Bundeskartellamt in seiner detaillierten Analyse ausführlich dar, dass bereits vor dem Zusammenschluss deutliche Anzeichen für eine Marktabschottung und nachhaltiges Parallelverhalten gegeben sind. Daher erscheint es der Monopolkommission hier widersprüchlich, die Entstehung einer marktbeherrschenden Stellung erst dann anzunehmen, wenn auch der letzte

kleinere preisaktive Wettbewerber in das Oligopol integriert wurde. Ohne dass dies die Entscheidung im Ergebnis verändern würde, liegt in Konsequenz der Analyse des Bundeskartellamtes vielmehr eine Verstärkung der gemeinsamen marktbeherrschenden Stellung des Oligopols vor.

2.4.1.3 Potenzieller Wettbewerb im Luftverkehr

580. Unter den deutschen Luftfahrtgesellschaften ist es in der Berichtsperiode zu einer Konsolidierung gekommen. So hat die deutsche Fluggesellschaft Air Berlin in den Jahren 2006 und 2007 mehrere Zusammenschlüsse angemeldet. Eine Freigabe ohne Auflagen erteilte das Bundeskartellamt am 7. August 2007 der Übernahme der LTU.[89] Am 6. September 2006 hatte das Amt bereits der Übernahme aller Anteile der dba Luftfahrtgesellschaft durch Air Berlin zugestimmt.[90] Kurz nach der LTU-Akquisition hat Air Berlin zudem angekündigt, mit Condor einen weiteren deutschen Flugdienstleister übernehmen zu wollen, an dem zur Zeit noch mehrheitlich das Touristik-Unternehmen Thomas Cook AG beteiligt ist. Seit Ende 2007 prüft das Bundeskartellamt dieses Fusionsvorhaben. Bis zur Fertigstellung dieses Gutachtens stand eine Entscheidung der Kartellbehörde noch aus.

581. Im Übernahmeverfahren Air Berlin/LTU grenzte das Bundeskartellamt den Markt für das Angebot von Ferienflügen in Urlaubsregionen ab, da die beteiligten Unternehmen hier überschneidende Fluglinien besitzen. Im Inland bestünden hingegen lediglich marginale Überschneidungen, die keine wettbewerblichen Bedenken hervorrufen. Ferner stellt das Amt heraus, dass es, analog zu der Übernahme der dba, der stärkeren Position auf dem Inlandsmarkt im Hinblick auf ein Gegengewicht zum Marktführer Lufthansa sogar positiv gegenübersteht. Bei der sachlichen Marktabgrenzung unterscheidet das Bundeskartellamt nicht mehr zwischen einem Markt für Linienflüge und einem Markt für Charterflüge, da Chartergesellschaften dazu übergegangen sind, einen relevanten Anteil ihrer Sitzplatzkapazitäten am Markt für Linienflüge anzubieten. Die Auswirkungen des Zusammenschlusses auf das Teilsegment der Charterflüge wird jedoch in der Prüfung der Wettbewerbsbedingungen weiterhin gewürdigt. Bei der Abgrenzung des räumlich relevanten Marktes stellte das Bundeskartellamt, in Einklang mit der Praxis der Europäischen Kommission beim Zusammenschluss von Fluggesellschaften, auf die sich überschneidenden Flugstrecken ab. Ein wesentlicher Teil dieser Verbindungen betraf in diesem Fall Flüge des Mittelstreckenbereiches, vornehmlich in den Mittelmeerraum.

582. Bei der Würdigung der Wettbewerbsverhältnisse konnte das Bundeskartellamt mehrere Strecken als unbedenklich einstufen und unterzog anschließend drei Zielregionen einer genaueren Prüfung. Dabei handelte es sich um Verbindungen zu den Balearen, zu den Kanaren und

---

89 BKartA, Beschluss vom 7. August 2007, B9 – 67/07.
90 BKartA, Beschluss vom 6. September 2006, B9 – 96/06.

zum spanischen Festland. Auf diesen Routen erreichen die Beteiligten hohe Marktanteile, die auf den einzelnen Relationen zwischen 40 und 90 Prozent liegen. Die Freigabeentscheidung begründet das Bundeskartellamt damit, dass trotz des hohen Marktanteils teilweise Wettbewerb auf Parallelstrecken möglich sei und zudem die sehr niedrigen Marktzutrittsschranken dafür Sorge tragen würden, dass ständiger Wettbewerbsdruck durch konkurrierende Fluggesellschaften bestehe. Das Bundeskartellamt sieht einen wichtigen Hinweis niedriger Barrieren für den Markteintritt in den auf den meisten betroffenen Zielflughäfen nach wie vor vorhandenen freien Slots. Der Markt zeige eine hohe Flexibilität der aktiven Anbieter, die jederzeit in der Lage sind, auf einzelnen Strecken mit ihren Wettbewerbern in Konkurrenz zu treten. Es sei zudem zu berücksichtigen, dass Einzelstrecken eine sehr enge Marktabgrenzung darstellen und Ausweichmöglichkeiten zu berücksichtigen sind, die hier teilweise vorliegen. Im Charterflugverkehr schätzt das Bundeskartellamt die Nachfragemacht der Reiseveranstalter zudem als hoch ein, da nach Ansicht des Amtes genügend Ausweichmöglichkeiten bestehen.

583. Die Monopolkommission stellt fest, dass das Bundeskartellamt seine Freigabe in diesem Fall in hohem Maße auf den potenziellen Wettbewerb gestützt hat. Hintergrund ist, dass Marktzutrittsschranken für bestehende Fluggesellschaften relativ gering sind, da sie relativ kurzfristig Kapazitäten umlenken können, sofern auf den Flughäfen freie Slots zur Verfügung stehen. Vor allem aus diesem Grund sieht das Kartellamt vergleichsweise geringe wettbewerbspolitische Probleme auch auf solchen Strecken, die nach dem Zusammenschluss vermutlich zunächst eine hohe Konzentration aufweisen. Hier ist jedoch zu monieren, dass das Bundeskartellamt mit dem Argument des potenziellen Wettbewerbs im Flugverkehr sehr generalisierend vorgeht, ohne eine detailliertere Prüfung der Wettbewerbssituation der Zusammenschlussbeteiligten, beispielsweise über einen Vergleich von Preisanalysen anhand von Zeitreihen, anzustellen. Nach Meinung der Monopolkommission sind auch die Eintrittswahrscheinlichkeiten potenzieller Wettbewerber infolge der zunehmend engeren Marktstruktur genauer zu beachten und lassen sich nicht alleine darauf reduzieren, dass freie Slots zur Verfügung stehen. So hat die Europäische Kommission in ihrer Untersagung des Zusammenschlusses Ryan Air/Aer Lingus den potenziellen Wettbewerb unter anderem danach differenziert, ob mögliche Konkurrenten auf den Abflug- oder Zielflughäfen der betroffenen Strecken bereits eine Basis unterhalten. Gerade im Linienverkehr schätzt die Kommission die Markteintrittsbarrieren deutlich höher ein, wenn neue Wettbewerber erst eine neue Flugbasis errichten müssen oder nur Punkt-zu-Punkt-Verkehre anbieten können. Schränkt man die Möglichkeiten im Endkundengeschäft auf die bestehenden Anbieter mit größeren Kapazitäten ein, so werden die kritischen Strecken neben den Beteiligten nur durch Condor und TUIfly bzw. auf einzelnen Relationen auch durch Germanwings und Easyjet bedient, die im Hinblick auf die Möglichkeiten potenziellen Wettbewerbs hier kurzfristig Kapazitäten umlenken könnten. Hier ist nach

Ansicht der Monopolkommission erforderlich, in stärkerem Maße mögliche versunkene Kosten zu prüfen, die neuen Wettbewerbern beim Aufbau einer Verbindung und deren Etablierung auf den nachgelagerten Märkten entstehen, freie Flugzeugkapazitäten der verbliebenen Wettbewerber abzubilden und einen Vergleich zu mittelfristig erzielbaren Anteilen am Marktvolumen anzustellen.

Die angekündigte Übernahme von Condor durch Air Berlin stellt das Bundeskartellamt nun vor das Problem, dass auf einzelnen Relationen voraussichtlich hohe Marktanteile von den Zusammenschlussbeteiligten erreicht werden, die einerseits wettbewerbsrechtlich bedenklich sind, denen aber andererseits erneut die für den Flugverkehr üblichen und nach Ansicht des Bundeskartellamtes vermutlich geringen Markteintrittsbarrieren gegenüberstehen. Gleichzeitig führt eine Akquisition zu einer weiteren Verengung der Marktstruktur. Die Monopolkommission empfiehlt daher grundsätzlich eine tiefer gehende Analyse der Kosten und Möglichkeiten des Markteintritts potenzieller Wettbewerber vorzunehmen, wenn ein hoher Konzentrationsgrad auf Verbindungen zwischen einzelnen Gebieten vorliegt. Auf diese Weise können feinere Kriterien zur Abgrenzung vorgenommen werden, die auch eine Einstufung in zukünftigen Kontrollverfahren erleichtern. Können die wettbewerbspolitischen Bedenken nicht vollständig ausgeräumt werden, so sind die Besonderheiten bei Bedingungen und Auflagen im Luftverkehr zu beachten.[91]

2.4.1.4 Untersagung des Erwerbs eines nachgelagerten Unternehmens durch ein Mitglied eines Duopols

584. Im Rahmen der Untersagung des Beteiligungserwerbs der zum E.ON-Konzern gehörigen EAM Energie AG an den Stadtwerken Eschwege GmbH hat das Bundeskartellamt die Einschätzung abgegeben, dass es sich bei E.ON und RWE um ein marktmächtiges Duopol handelt und die vier Verbundunternehmen E.ON, RWE, EnBW und Vattenfall über eine marktbeherrschende Stellung beim Angebot von Strom verfügen.[92] Diese Einschätzung wurde vom Oberlandesgericht Düsseldorf bestätigt und damit eine Grundsatzentscheidung getroffen.[93] E.ON und RWE sind auf den abgegrenzten bundesweiten Strommärkten nach Auffassung des Bundeskartellamtes und des Oberlandesgerichtes Düsseldorf gemeinsam marktbeherrschend im Sinne von § 19 Abs. 2 GWB, weil dort zwischen diesen beiden Unternehmen gemäß § 19 Abs. 2 Satz 2 GWB ein wesentlicher Wettbewerb nicht besteht und weil sie insofern in ihrer Gesamtheit die Voraussetzungen der überragenden Marktstellung nach § 19 Abs. 2 GWB erfüllen. Aufgrund der relevanten Marktstrukturfaktoren und des tatsächlichen Wettbewerbsge-

---

91 Mögliche Probleme mit Abhilfemaßnahmen im Luftverkehr, die sich aus der Abgabe von freien Slots ergeben, werden in Abschnitt 3.6.3 diskutiert.

92 BKartA, Beschluss vom 12. September 2003, B 8 – 21/03, WuW/E DE-V 823.

93 OLG Düsseldorf, Beschluss vom 6. Juni 2007, VI-2 Kart 7/04 (V), WuW/E DE-R 2094.

schehens besteht zwischen E.ON und RWE kein Binnenwettbewerb. In Anbetracht der Marktverhältnisse, der weitgehend übereinstimmenden unternehmensbezogenen Strukturmerkmale der Duopolmitglieder, der Produkthomogenität, der Markttransparenz und der geringen Preiselastizität der Stromnachfrage sind preisliche Vorstöße eines Duopolmitglieds nicht zu erwarten. Es wurde deutlich, dass es für die Betrachtung einer Verstärkungswirkung dieser Stellung nicht ausreicht, allein die Wettbewerbswirkungen einer einzelnen Minderheitsbeteiligung zu untersuchen, sondern die Wirkung sämtlicher Minderheitsbeteiligungen in ihrer Gesamtheit von Bedeutung ist.

585. Die Monopolkommission begrüßt diese Entscheidung, weil sie einer weiter fortschreitenden vertikalen Konzentration im Stromsektor entgegenwirkt. Die Strategie der beiden großen Verbundunternehmen E.ON und RWE, sukzessive Stadtwerksbeteiligungen hinzuzukaufen, schottet die Märkte ab und baut die Marktmacht der Konzerne aus. Darüber hinaus sieht die Monopolkommission in Gemeinschaftsbeteiligungen der beiden Konzerne eine erhöhte Gefahr für ein gleichgerichtetes nichtwettbewerbliches Verhalten. Darüber hinaus resultieren aus der vertikalen Integration der vier Verbundunternehmen erhebliche Marktzutrittsschranken, die verhindern, dass sich ein potenzieller Wettbewerber auf dem Strommarkt etablieren kann, der nicht alle relevanten Marktstufen abdeckt. Die Monopolkommission hat in ihrem Sondergutachten zur Energiewirtschaft herausgestellt, dass eine der Hauptursachen für die erheblichen Wettbewerbsdefizite auf dem Strommarkt auf der Erzeugerebene zu finden ist.[94] Auf der Erzeugerebene sind neben den vier Verbundunternehmen, die die Stufe dominieren, alle Versorgungsunternehmen, die über eigene Energieversorgungskapazitäten verfügen, vertreten. Dies sind insbesondere die Stadtwerke. Darüber hinaus werden die Stromimporte dieser Stufe zugerechnet, sind aber aufgrund eines Nettoexports aktuell von geringer Bedeutung. Gerade die Stadtwerke verfügen folglich über Erzeugungskapazitäten, die grundsätzlich nicht den Verbundunternehmen zuzurechnen sind. Eine Beteiligung würde den Verbundunternehmen ermöglichen, ihren Einfluss auch auf diese Kapazitäten geltend zu machen, und wird daher von der Monopolkommission insbesondere für diese Stufe als sehr kritisch gesehen.

586. Diese Erkenntnisse hat das Bundeskartellamt auch im Fall RWE/Saar Ferngas angewandt und wiederholt, dass durch eine Beteiligung an Weiterverteilern das im Sinne von § 36 GWB marktbeherrschende Duopol verstärkt würde.[95] Das Bestreben der RWE Energy AG, Anteile in Höhe von 76,88 Prozent an der Saar Ferngas AG zu erwerben, wurde, entsprechend dem begründeten Antrag von RWE, zur Prüfung an das Bundeskartellamt verwiesen. Die Wettbewerbsbehörde hat dieses Vorhaben abgemahnt und mit Beschluss vom 12. März 2007 untersagt, nachdem die von RWE angebotenen Zusagen

als nicht ausreichend bewertet worden waren. Saar Ferngas ist ein regionales Ferngasunternehmen, das Stadtwerke und Regionalversorger im Saarland und in Rheinland-Pfalz mit Erdgas beliefert. Sowohl RWE als auch Saar Ferngas verfügen über Beteiligungen an Stadtwerken und Regionalversorgern in diesen Gebieten sowie an anderen Ferngasunternehmen.

587. Das Bundeskartellamt gelangte zu dem Prüfungsergebnis, dass die relevanten Gasmärkte auch weiterhin deutlich gegen Wettbewerb von außen abgeschottet sind. Das Zusammenschlussvorhaben hätte nach Auffassung des Amtes zunächst zu einer Verstärkung der marktbeherrschenden Stellung von Saar Ferngas auf dem Markt für die Belieferung von Weiterverteilern mit Gas geführt. Saar Ferngas hätte darüber hinaus erstmals über RWE Einfluss auf das Abnahmeverhalten von RWE-Konzernbetrieben sowie von RWE-Stadtwerksbeteiligungen erhalten. Außerdem hätte sie den Einfluss bei denjenigen Stadtwerken maßgeblich ausweiten können, an denen sowohl Saar Ferngas als auch RWE Anteile halten. Auf den jeweils lokalen Märkten für die Belieferung von Gasgroßkunden der RWE-Konzernunternehmen und den Stadtwerken mit RWE-Beteiligung wäre die marktbeherrschende Stellung dadurch verstärkt worden, dass hier der potenzielle Wettbewerb durch Saar Ferngas als vorgelagertem Versorger zumindest abgeschwächt worden wäre. Auch im Strombereich hätte das Vorhaben zur Verstärkung der marktbeherrschenden Stellung, die RWE hier gemeinsam mit E.ON zukommt, geführt, da RWE hier den bereits bestehenden Stromabsatz gegenüber einer Reihe von Stadtwerken hätte absichern können. RWE hatte mehrere Veräußerungsangebote gemacht, mit denen eine Reihe der festgestellten Verschlechterungswirkungen neutralisiert worden wären. Allerdings reichten die Zusagen aus Sicht des Bundeskartellamtes nicht aus, um die verbleibenden zusammenschlussbedingten Wettbewerbsbeeinträchtigungen an anderer Stelle im Wege der Abwägungsklausel des § 36 Abs. 1 2. Halbsatz GWB zu überwiegen. Gegen den Beschluss wurde Beschwerde eingereicht.

588. Darüber hinaus sind nach Auskunft des Bundeskartellamtes vertrauliche Gespräche zu geplanten Zusammenschlussprojekten im Gassektor zwischen den Unternehmen und dem Bundeskartellamt geführt worden. Diese Projekte hätte zu einer Verschlechterung der Marktverhältnisse im Gassektor und einer Verstärkungswirkung geführt und wurden im Anschluss an die geführten Gespräche aufgegeben.

2.4.2 Kausalität für die Veränderung der Wettbewerbsbedingungen

589. Bei seiner materiellen Prüfung eines Zusammenschlusses muss das Bundeskartellamt feststellen, ob durch den Zusammenschluss die Begründung oder Verstärkung einer marktbeherrschenden Stellung herbeigeführt wird, also ob der Zusammenschluss ursächlich für die Veränderung der Wettbewerbsbedingungen ist. Ob die Kausalität im Einzelfall vorliegt, ist dabei vom Bundeskartellamt durch den Vergleich hypothetischer Situatio-

94 Vgl. Monopolkommission, Sondergutachten 49, a. a. O., Tz. 224.
95 BKartA, Beschluss vom 12. März 2007, B8 – 62/06, WuW/E DE-V 1357.

nen mit und ohne Zusammenschluss festzustellen. Bei der Kausalität handelt es sich um ein grundsätzliches Prinzip der Rechtsordnung. Ob die Begründung oder Verstärkung einer marktbeherrschenden Stellung durch einen Zusammenschluss herbeigeführt wird, ist vor allem zweifelhaft bei der Sanierungsfusion.[96] Ein Zusammenschluss zur Sanierung eines oder mehrerer Unternehmen ist im GWB nicht explizit geregelt, sondern wird nach aktueller Verwaltungspraxis des Bundeskartellamtes im Schwerpunkt unter der Kausalität eines Zusammenschlusses geprüft. Eine Sanierungsfusion erfüllt somit nicht den Tatbestand des § 36 Abs. 1 GWB und ist demzufolge freizugeben, wenn die Merkmale fehlender Ursächlichkeit im Einzelfall vorliegen. Im Falle der Sanierungsfusion lassen sich drei Merkmale typisieren, mittels derer sich die fehlende Kausalität bestimmen lässt. Das sanierungsbedürftige Unternehmen darf ohne den Zusammenschluss nicht überlebensfähig sein, es darf kein anderer Erwerber infrage kommen und bei einem Ausscheiden des betroffenen Unternehmens aus dem Markt müssen dessen Marktanteile unmittelbar auf den Erwerber übergehen. Einem Zusammenschluss zur Sanierung eines Unternehmens, welcher zur Entstehung oder Verstärkung einer marktbeherrschenden Stellung beiträgt, sind somit enge Grenzen gesetzt.

2.4.2.1 Sanierungsfusion im Krankenhaussektor

590. Das Bundeskartellamt hat im Fall LBK Hamburg/Krankenhaus Mariahilf geprüft, ob der Tatbestand einer Sanierungsfusion erfüllt ist. Nach Auffassung der Anmelderin handele es sich bei der Übernahme des Hauses um die Übernahme eines vor der Insolvenz stehenden Unternehmens, da das Haus Mariahilf bereits seit Jahren defizitär arbeite. Im Jahr 2005 sei das Bilanzergebnis trotz Notlagentarifvertrag weiterhin schlecht gewesen. Auch habe Mariahilf einen erheblichen Patientenschwund zu verzeichnen. Die Trägerin von Mariahilf habe sich daher entschlossen, das Krankenhaus entweder an einen Dritten zu veräußern, der das Haus in ihrem Sinne weiterführe, oder in letzter Konsequenz den Versorgungsauftrag nicht mehr wahrzunehmen.

591. Die Voraussetzungen einer Sanierungsfusion lägen vor, wenn das Krankenhaus Mariahilf voraussichtlich in Kürze aus dem Markt ausscheiden würde, gegenüber der Anmelderin kein alternativer und weniger wettbewerbsschädlicher Erwerber in Betracht käme und die Marktanteile von Mariahilf nach einem Ausscheiden aus dem Markt unmittelbar auf den LBK Hamburg übergingen. In diesem Fall wäre der Zusammenschluss nicht kausal für die Verstärkung der marktbeherrschenden Stellung gemäß § 36 Abs. 1 GWB. Das Bundeskartellamt verwies jedoch darauf, dass das Krankenhaus Mariahilf in den Jahren 2004 und 2005 ein gering positives Betriebsergebnis bei einer hohen Eigenkapitalquote erzielte. Dabei sei auch auf eigenkapitalähnliche Positionen, wie etwa ein „Gesellschafterdarlehen", zurückzugreifen. Dieses Ergebnis

sei zwar auch auf den Notlagentarifvertrag zurückzuführen, der die Personalkosten für einen beschränkten Zeitraum limitiert; gleichwohl seien auch Umstrukturierungen erforderlich, die möglicherweise ein nachhaltig besseres Ergebnis nach sich ziehen könnten. Die Anmelderin hätte zudem nicht den Nachweis erbracht, dass es keine alternativen Erwerber gebe, sondern sich darauf gestützt, dass dieser Nachweis in der besonderen Situation ausnahmsweise entbehrlich sei. Das Kartellamt hatte gleichzeitig aber Ermittlungen darüber angestellt, ob ein alternativer Erwerber in Betracht käme, und ist dabei auf ein erstes Interesse eines Konkurrenten gestoßen. Aufgrund der Situation, dass sich ein weiterer Konkurrent der Anmelderin im räumlich relevanten Regionalmarkt befindet, geht das Bundeskartellamt zudem davon aus, dass die Marktanteile nicht vollkommen auf den Konkurrenten übergingen.

592. Die Monopolkommission begrüßt die strenge Auslegung der Kausalitätsprüfung durch das Bundeskartellamt im Rahmen einer Sanierungsfusion. Der bloße Verdacht eines Sanierungsfalles beim betreffenden Unternehmen reicht nicht aus, um eine fehlende Kausalität zu begründen. Der Nachweis, dass eine Übernahme des sanierungsbedürftigen Unternehmens durch einen weniger wettbewerbsschädlichen Erwerber nicht möglich ist, kann nur in Form einer Ausschreibung nachgewiesen und nicht durch allgemeine Überlegungen auf Vermutungsbasis ersetzt werden.

2.4.2.2 Kausalität bei der Untersagung eines Zusammenschlusses im Lotteriewesen

593. Die Prüfung der Kausalität spielte zudem im Zusammenschlussverfahren Land Rheinland-Pfalz/Lotto Rheinland-Pfalz[97] eine wesentliche Rolle. Am 29. November 2007 hat das Bundeskartellamt dem Land Rheinland-Pfalz untersagt, 51 Prozent der Anteile an der Lotto Rheinland-Pfalz GmbH zu übernehmen. Hintergrund des versuchten Anteils- und Kontrollerwerbs waren die Rahmenbedingungen im deutschen Glücksspielrecht. Bisher stellt jedes Bundesland innerhalb seiner Landesgrenzen ein eigenes Lotterie- und Wettangebot bereit.[98] Zur Erfüllung dieser Aufgabe existiert in jedem Bundesland eine mit der Durchführung von Lotterien betraute Lottogesellschaft, die zum überwiegenden Teil die Rechtsform einer juristischen Person des Privatrechts hat. Zudem sind die Bundesländer an einer länderübergreifenden Staatslotterie beteiligt, der Süd- bzw. Nordwestdeutschen Klassenlotterie. Das Land Rheinland-Pfalz hält einen Anteil von 6 Prozent an der Süddeutschen Klassenlotterie (SKL). Andere Veranstalter von Lotterien und Sportwetten bedurften gemäß § 6 des maßgebenden Lotteriestaatsvertrages (LStV) der Erlaubnis, die gemäß § 7 LStV nur unter engen Voraussetzungen erteilt werden darf. Die Einnahmen aus den vom Staat durchgeführten Lotterien und

96 Vgl. Bunte, H.-J., Kartellrecht, München 2003, S. 268.

97 BKartA, Beschluss vom 29. November 2007, B6 – 158/07, WuW/E DE-V 1517.

98 Vgl. hierzu auch die Missbrauchsverfügung des Bundeskartellamtes im Falle Deutscher Lotto- und Totoblock; Tz. 485 ff.

Sportwetten werden in vielen Landeshaushalten, teilweise zweckgebunden, der Sportförderung und ähnlichen gesellschaftlichen Zwecken zugeleitet.

594. Das Land Rheinland-Pfalz hat als einziges Bundesland seine Aufgabe an ein privatrechtliches Unternehmen übertragen, an welchem es selbst nicht beteiligt ist. § 2 Ziff. 1 des rheinland-pfälzischen Landesgesetzes über das öffentliche Glücksspiel (a.F.) gibt dem Land die Möglichkeit, die Sicherstellung eines ausreichenden Glücksspielangebots durch ein betrautes Unternehmen durchführen zu lassen. Zu diesem Zweck hat das Land Rheinland-Pfalz eine Konzession an die Lotto Rheinland-Pfalz vergeben, die im Gegenzug eine Konzessionsabgabe zwischen 17,33 und 25 Prozent des Spieleinsatzes zahlen muss. Die zuständige Behörde kann während der Laufzeit der Konzession sowohl höhere Konzessionsabgaben als auch Abgaben auf den Überschuss festsetzen. Die Anteile der Lotto Rheinland-Pfalz GmbH liegen zu je 40 Prozent beim Sportbund Rheinland e.V. und beim Sportbund Pfalz e.V. und zu 20 Prozent beim Sportbund Rheinhessen e.V. Mit dem Urteil des Bundesverfassungsgerichts zum Glücksspielmonopol haben die Bundesländer das betreffende Recht neu gefasst. Zum 1. Januar 2008 ist der Staatsvertrag zum Glücksspielwesen (Glücksspielstaatsvertrag, GlStV) in Kraft getreten. § 10 GlStV normiert die Aufgabe der Länder, ein ausreichendes Glücksspielangebot sicherzustellen. Greifen sie dafür auf privatrechtliche Gesellschaften zurück, so muss eine mittelbare oder unmittelbare maßgebliche Beteiligung juristischer Personen des öffentlichen Rechts vorliegen. Eine Ausnahme besteht auch hier gemäß § 25 Abs. 3 GlStV für das Land Rheinland-Pfalz, das weiterhin die Möglichkeit behält, seine Aufgabe durch ein betrautes Unternehmen wahrnehmen zu lassen.

Im März 2007 wies die EU-Kommission das Land Rheinland-Pfalz darauf hin, dass die Erlaubnis für einen privaten Lotterie- und Sportwettenbetreiber de facto diskriminierend sei, wenn diese ohne eine öffentliche Ausschreibung erteilt würde. Nach Auffassung des rheinland-pfälzischen Ministeriums der Finanzen müsste der Lotto Rheinland-Pfalz daher die Konzession entzogen werden, um diese anschließend auszuschreiben. Eine mögliche Übernahme der Konzession durch eine andere privatrechtliche Gesellschaft infolge des Ausschreibungsverfahrens schloss das Land-Rheinland-Pfalz jedoch aus. In der Neufassung des Landesglücksspielgesetzes, welche der rheinland-pfälzische Landtag am 14. November 2007 beschlossen hat, ist die Übernahme der Veranstaltung von Lotterien durch das Land Rheinland-Pfalz zum 1. Januar 2009 vorgesehen. Der Lotto Rheinland-Pfalz möge man sich nur dann bedienen, wenn das Land daran eine Mehrheit besitzt. Eine solche Mehrheitsbeteiligung wurde demzufolge als zu bevorzugende Möglichkeit gesehen, den rechtlichen Anforderungen Genüge zu tun.

595. Das Bundeskartellamt hat das Zusammenschlussvorhaben des Landes Rheinland-Pfalz mit der Lotto Rheinland-Pfalz im November 2007 untersagt, da es zu einer Verstärkung der marktbeherrschenden Stellung der Lotto Rheinland-Pfalz in Rheinland-Pfalz und zu einer Verstärkung marktbeherrschenden Stellungen der Lottogesellschaften in Baden-Württemberg, Bayern, Hessen, Sachsen und Thüringen auf den Lottomärkten in den jeweiligen Ländern führen würde. Dabei wird ein Szenario, das von einem Inkrafttreten des Glücksspielstaatsvertrages ausgeht, von einem Szenario unterschieden, in welchem der Lotteriestaatsvertrag seine Gültigkeit beibehält.[99] In beiden Fällen hebt das Bundeskartellamt die strukturelle Verbindung des Landes Rheinland-Pfalz zur SKL hervor. Die Verbindung begründe die Verstärkung einer marktbeherrschenden Stellung der Lotto Rheinland-Pfalz. Nach einem Zusammenschluss würden mögliche Interessengegensätze zwischen den Trägerländern der SKL mit der jeweiligen Landeslottogesellschaft wegfallen. Es liege nahe, dass die Trägerländer der SKL das Verhältnis von Klassenlotterie und Landeslottogesellschaften auf den jeweiligen Landeslotteriemärkten im Hinblick auf Lotterieprodukte, Vertrieb, Werbung etc. so austarieren werden, dass ein weitgehend wettbewerbsloser Zustand bestände. Erst der unmittelbare Einfluss des Landes Rheinland-Pfalz auf die Geschäftspolitik der Lotto Rheinland-Pfalz wäre ursächlich für diese strukturelle Verbindung, da Rheinland-Pfalz bisher das einzige Land sei, das aufgrund des Konzessionsmodells nicht in das bestehende Interessengeflecht der Lottogesellschaften einbezogen sei. Es ergäbe sich somit in Rheinland-Pfalz ein Marktanteilszuwachs der marktbeherrschenden Lotto Rheinland-Pfalz durch den Verbund mit der SKL von zusätzlichen 5 bis 10 Prozent. Zudem sei zu erwarten, dass die Trägerländer der SKL auch ihre Interessen bei den Landeslottogesellschaften koordinieren. Potenzieller und tatsächlicher Wettbewerb der Landeslottogesellschaften untereinander würde somit geschwächt. Der Zusammenschluss führe demnach ebenfalls zu einer Verstärkung der marktbeherrschenden Stellung bei den anderen Landeslottogesellschaften, zu denen eine Verbindung über die SKL besteht.

596. Eine besondere Relevanz kommt in diesem Fall der Kausalitätsprüfung zu. Eine Prognose der zukünftigen Situation ohne den Zusammenschluss müsste den Fall berücksichtigen, dass das Land Rheinland-Pfalz ohne die Fusion die Veranstaltung von Lotteriespielen zum 1. Januar 2009 auf eine Eigengesellschaft überträgt, um seinem Auftrag laut Landesglücksspielgesetz (n. F.) gerecht zu werden. Eine aus diesem Zusammenhang möglicherweise nicht vorhandene Kausalität des Zusammenschlussvorhabens für die Verstärkung der marktbeherrschenden Stellung schließt das Bundeskartellamt jedoch aus. Zum einen weist es darauf hin, dass die bisherige Situation noch bis zum 1. Januar 2009 weiterbestehen könne. Zum anderen sei auch danach keine fehlende Kausalität gegeben. Das Bundeskartellamt zog dabei zur Prüfung der Kausalität die Grundsätze einer Sanierungsfu-

---

[99] Der Glücksspielstaatsvertrag ist auch Gegenstand eines laufenden Vertragsverletzungsverfahrens der Europäischen Kommission. Die Europäische Kommission sieht in den Regelungen des Staatsvertrages mehrere mögliche Verstöße gegen das europäische Gemeinschaftsrecht. Insbesondere die erheblichen Einschränkungen privater Vermittlung verstößt nach Ansicht der Kommission gegen die Freiheit des Dienstleistungsverkehrs.

sion heran. Danach sei die Lotto Rheinland-Pfalz bei diesem Szenario auch ohne den Zusammenschluss weiterhin lebensfähig, da sie beispielsweise als gewerblicher Spielevermittler für Lotterien- und Sportwetten der anderen Landeslottogesellschaften auftreten könne. Unter der Annahme, dass die Lotto Rheinland-Pfalz jedoch nicht überlebensfähig wäre, sei zudem nicht nachgewiesen, dass es keine anderen Erwerber als Alternative zum Land Rheinland-Pfalz gäbe. Schließlich sei auch nicht mit hinreichender Sicherheit festgestellt worden, dass das Marktpotenzial der Lotto Rheinland-Pfalz bei deren Ausscheiden aus dem rheinland-pfälzischen Lotteriemarkt auf den neu zu gründenden Eigenbetrieb des Landes Rheinland-Pfalz überginge, da diesem Know-how und Infrastruktur der Lotto Rheinland-Pfalz fehlten. Im Ergebnis wäre von einer Kausalität des Zusammenschlusses auszugehen.

597. Die Monopolkommission räumt der Prüfung der Kausalität in diesem Fall einen hohen Stellenwert ein, da der Erwerber hier sowohl mit als auch ohne den Zusammenschluss in die Lage versetzt wird, zukünftig als einziger Veranstalter von Lotterien und Sportwetten aus Rheinland-Pfalz aufzutreten. Dementsprechend erscheint es notwendig, der Frage besondere Aufmerksamkeit zu schenken, welche Veränderungen der Wettbewerbsbedingungen in einem kausalen Zusammenhang zu dem Zusammenschlussvorhaben stehen. Abweichend zur Prüfung des Bundeskartellamtes hält es die Monopolkommission nicht für adäquat, in diesem Fall allein auf die typisierten Merkmale einer Sanierungsfusion zur Bestimmung der Kausalität abzustellen. Die Sanierungsfusion stellt einen häufigen, aber nicht den einzig möglichen Fall der Prüfung der Kausalität dar. Ein Zusammenschluss zum Zwecke der Sanierung nimmt eine Entwicklung der Wettbewerbsbedingungen vorweg, die auch ohne die Fusion aufgrund des betriebswirtschaftlichen Zustandes des sanierungsbedürftigen Unternehmens eingetreten wäre. Demzufolge liegt ein wesentlicher Teil der Prüfung in der Aufgabe festzustellen, ob das betroffene Unternehmen tatsächlich Sanierungsbedüftigkeit aufweist bzw. ob allein der Zusammenschlussbeteiligte für eine Übernahme in Frage käme. Im Falle der Lotto Rheinland-Pfalz erscheint es jedoch allein aufgrund der gegebenen gesetzlichen Umstände als zwingend, dass die Gesellschaft bei einer Untersagung der Übernahme aus dem sachlich relevanten Markt für die Veranstaltung von Lotterien vollständig ausscheidet. Sowohl der Fortbestand des Unternehmens in Funktion eines gewerblichen Spielevermittlers als auch die Wirkung des Ausscheidens aus dem sachlich relevanten Markt der Spieleveranstalter auf die Wettbewerbsbedingungen sind jedoch ungewiss und könnten somit zu einem Ergebnis führen, dass die Kausalität begründet. Dies ist für den Einzelfall zu prüfen und stellt einen sachlichen Unterschied zu einer Sanierungsfusion dar.

598. Nach Ansicht der Monopolkommission ist die Kausalität hier durch eine begründete Prognose darüber zu prüfen, ob die vom Bundeskartellamt festgestellten Verstärkungswirkungen einer marktbeherrschenden Stellung auch im Falle einer Ausrichtung der Lotterien durch das Land Rheinland-Pfalz einträten. Das vom Bundeskar-

tellamt vorgetragene Hauptargument für die Verstärkung der marktbeherrschenden Stellung wird durch die strukturelle Verbindung zur SKL bedingt und dementsprechend auch durch die Verbindung zu den anderen Landeslottogesellschaften. Aus diesem Zusammenhang ergibt sich jedoch noch keine Kausalität des Fusionsvorhabens für die Veränderung dieser Wettbewerbsbedingungen, da auch ohne die Fusion eine strukturelle Verbindung zwischen den Landeslottogesellschaften hergestellt würde. Verstärkungswirkungen, die sich allein aus dieser strukturellen Verbindung zwischen Bundesland und Landeslottogesellschaft ergeben, sind daher nicht kausal für die Veränderung der Wettbewerbsbedingungen. Allerdings stellt das Bundeskartellamt heraus, dass die neu zu gründende Lottogesellschaft als Veranstalter auf dem Lotteriemarkt ein Newcomer sei, der nicht in gleichem Maße über Infrastruktur, Know-how und personelle wie sachliche Ressourcen verfüge, als dass man davon ausgehen könne, dass die Marktanteile der Lotto Rheinland-Pfalz ihr direkt zufließen würden. Andere Landeslottogesellschaften könnten selbst oder aber über gewerbliche Spielevermittler ihre Lotterieprodukte auf dem rheinland-pfälzischen Markt vertreiben. Der mögliche Fortbestand der Lotto Rheinland-Pfalz als gewerblichem Spielevermittler könnte nach Ansicht des Bundeskartellamtes ebenfalls Verstärkungswirkungen auf den Wettbewerb mehrerer Landeslottogesellschaften in Rheinland-Pfalz haben. Da gewerbliche Spielevermittler ihre Spielscheine nicht alleine an die landeseigene Lottogesellschaft abgeben, sondern an jene, die ihnen die höchste Provisionszahlung für die Vermittlung der Spielscheine verspricht, setzten sie die Landeslottogesellschaften indirekt in Wettbewerb um Kunden in anderen Bundesländern. Allerdings belegt das Bundeskartellamt seine Auffassung nicht durch weitere Untersuchungen.

599. Die Monopolkommission ist hingegen der Auffassung, dass der Eintritt dieses Szenarios eher unwahrscheinlich erscheint. Das Bundeskartellamt beschreibt, dass es sich bei den Landeslottogesellschaften um ein Unternehmens- und Interessengeflecht handelt, zwischen dem ein weitgehend wettbewerbsloser Zustand besteht. Es erscheint daher ohne weitere Untersuchungen nicht als wahrscheinlich, dass dieser Zustand allein durch den Neuaufbau einer Landeslottogesellschaft durchbrochen werde. Bei der Berücksichtigung der Rolle der Lotto Rheinland-Pfalz als möglichem Spielevermittler bleibt zudem zu beachten, dass der zum 1. Januar 2008 in Kraft getretene Glücksspielstaatsvertrag und die im Anschluss erlassenen Ausführungsgesetze der Bundesländer die Möglichkeit des terrestrischen Vertriebes von Lotterieverträgen durch Spielevermittler bisher de facto nicht zulässt. Die gegenwärtigen Kernkompetenzen der Lotto Rheinland-Pfalz liegen jedoch gerade im terrestrischen Vertrieb seiner Lotterieprodukte. Die Frage, ob Kausalität im vorliegenden Fall vorliegt, erscheint daher, anknüpfend an die Untersuchungen des Bundeskartellamtes, nicht eindeutig beantwortet. Die Monopolkommission regt daher an, in einem solchen Fall eine ausführlichere Prüfung durchzuführen.

2.4.3 Freigabe von Zusammenschlüssen unter Anwendung der Abwägungsklausel

600. Aufgrund der Abwägungsklausel kann das Bundeskartellamt einen Zusammenschluss erlauben, wenn auf einem der untersuchten Märkte zwar eine marktbeherrschende Position entsteht oder verstärkt wird, auf einem anderen Markt aber Verbesserungen der Wettbewerbsbedingungen eintreten und diese die Nachteile der Marktbeherrschung überwiegen. Die Abwägungsklausel findet sich im zweiten Teil des § 36 Abs. 1 GWB. Nur Verbesserungen, die auf die Marktstruktur abzielen, können berücksichtigt werden, andere positive Auswirkungen bleiben unbeachtet. Ebenfalls unbedeutend sind die in Aussicht gestellten Verhaltensänderungen der Unternehmen. Die Unternehmen tragen für das Vorliegen der Voraussetzungen die Beweislast.

601. In seinem Beschluss vom 12. Oktober 2007 ist das Bundeskartellamt im Rahmen der Anwendung der Abwägungsklausel nach § 36 Abs. 1 Halbs. 2 GWB zu dem Ergebnis gekommen, dass die Verstärkung einer marktbeherrschenden Stellung auf dem Markt für Handelsplattformen zu einer Verbesserung der Wettbewerbsbedingungen auf den nachgelagerten Märkten führen kann.[100] Der entsprechende Zusammenschluss wurde damit freigegeben. Thyssengas GmbH, E.ON Gastransport AG & Co. KG und die EWE Aktiengesellschaft beabsichtigten, Anteile des Stammkapitals an der trac-x Transport Capacity Exchange GmbH zu erwerben. Veräußerer dieser Anteile war die VNG-Verbundnetz Gas Aktiengesellschaft, die über ihre Tochtergesellschaft 100 Prozent der Anteile an der trac-x hielt. Laut § 14 der Gasnetzzugangsverordnung (GasNZV) waren die Netzbetreiber verpflichtet, bis zum 1. August 2006 eine gemeinsame elektronische Plattform für den Handel mit Sekundärkapazitätsrechten einzurichten, die alle Angebote gleichartiger Transportkapazität und Nachfragen nach Kapazität für dieselben Netze oder Teilnetze für die Nutzer der Plattform transparent machen muss. Die trac-x sollte der Umsetzung des § 14 GasNZV dienen. Der Verstärkung einer marktbeherrschenden Stellung durch die Erhöhung von Marktzutrittsbarrieren hat das Kartellamt eine Verbesserung der Wettbewerbsbedingungen durch die Vereinfachung der Kapazitätsbuchungen und eine Erhöhung der Bedeutung der trac-x entgegengestellt. Das Bundeskartellamt vertrat die Ansicht, dass Handelsplattformen sehr starke Netzwerkeffekte aufweisen, d. h. dass der Nutzen der Plattform sich für einen Konsumenten um so mehr erhöht, je mehr andere Konsumenten das gleiche oder ein kompatibles Gut nutzen.

602. Die Monopolkommission schließt sich der Argumentation an, dass sich der Zusammenschluss positiv auf die Anzahl der teilnehmenden Unternehmen auswirken wird und Transaktionsvolumen und Liquidität der trac-x erhöht werden können. Es ist zu begrüßen, dass das Bundeskartellamt die ökonomische Betrachtung der Netzwerk-

effekte vorgenommen hat. Handelsplattformen, auf denen spezifische Produkte, die nur für einen kleinen Anbieter- oder Nachfragerkreis interessant sind, sind durch starke Netzwerkeffekte geprägt. Märkte, die diesen starken Netzwerkeffekten unterliegen, haben eine ausgeprägte Tendenz zur Monopolisierung, da bei derartigen Märkten der Stellenwert der Liquidität hoch ist und Konzentrationstendenzen dementsprechend die Liquidität auf der Handelsplattform vergrößern. Das Ziel des § 14 GasNZV wird durch den Zusammenschluss erreicht und der Wettbewerb auf dem Markt der Sekundärtransportkapazität, der bis dato nur einen geringen Stellenwert einnimmt, stimuliert. Aktuell prüft das Bundeskartellamt in einem separaten Verfahren, ob das Zusammenschlussvorhaben gegen § 1 GWB bzw. Artikel 81 EGV verstößt. Das Kartellamt betont in diesem Zusammenhang, dass kartellrechtliche Prüfung und Zusammenschlusskontrolle nicht deckungsgleich sind und die Inaussichtnahme einer Prüfung nach § 1 GWB bzw. Artikel 81 EGV nicht ausschließt, dass das Zusammenschlussvorhaben im Rahmen der Zusammenschlusskontrolle freigegeben wird.

603. Die RWE Rhein-Ruhr AG hat dem Bundeskartellamt zwei Zusammenschlussvorhaben vorgetragen, die in einem Verfahren zusammengefasst wurden.[101] Zum einen strebte RWE eine Beteiligung an der in Gründung befindlichen Stadtwerke Krefeld Neuss GmbH & Co KG[102] und zum anderen eine Erhöhung des Anteils an den Stadtwerken Velbert GmbH an. Das Bundeskartellamt kommt in seiner wettbewerblichen Würdigung zu dem Ergebnis, dass die beiden Zusammenschlussvorhaben die Verstärkung bereits bestehender marktbeherrschender Stellungen sowohl im Strom- als auch im Gasbereich erwarten lassen. Es sind jedoch Verbesserungen der Wettbewerbsbedingungen festzustellen, die mit der von RWE zugesagten Veräußerung der Beteiligung an der Wuppertaler Stadtwerke AG einhergehen. Diese sind in der Lage, die wettbewerblichen Nachteile der Marktbeherrschung, entsprechend der Abwägungsklausel nach § 36 Abs. 1 Halbs. 2 GWB, zu überwiegen. Im Rahmen der Abwägung bewertet das Bundeskartellamt das Einbringen der RWE-Kunden in die Stadtwerke Krefeld Neuss insofern als sehr positiv, als es sich um einen dekonzentrativen Vorgang handelt, der zu einer graduellen Verbesserung führt. Im Gasbereich wiegt der komplette Rückzug von RWE aus den Wuppertaler Stadtwerken höher als die graduelle Verstärkung des Einflusses auf die Stadtwerke Velbert. Auch quantitativ geht der Gasbezug der Wuppertaler Stadtwerke weit über den Gasbezug der Stadtwerke Velbert hinaus. Darüber hinaus wertet das Amt die Aufgabe einer Beteiligung eines Mitglieds des Oligopols auf dem Strommarkt an einem Stadtwerk, das über eigene Stromerzeugungskapazitäten verfügt, als ausgesprochen positiv.

---

[100] BKartA, Beschluss vom 12. Oktober 2007, B 8 – 59/07, WuW/E DE-V 1500 „trac-x".

[101] BKartA, Beschluss vom 23. Oktober 2007, B 8 – 93/07 „RWE/Stadtwerke Krefeld Neuss".

[102] Die Gründung der Stadtwerke Krefeld Neuss als Gemeinschaftsunternehmen der Stadtwerke Krefeld und der Stadtwerke Neuss ist vom Bundeskartellamt freigegeben worden; vgl. BKartA, Schreiben vom 27. Juli 2007, B 8 – 82/07.

604. Das Bundeskartellamt hat Vorhaben der E.ON Avacon, ihre Beteiligung an der WEVG Wasser- und Energieversorgungsgesellschaft GmbH Salzgitter aufzustocken, unter aufschiebender Bedingung freigegeben.[103] E.ON Avacon hat zugesagt, seine Minderheitsbeteiligungen an zwei Stadtwerken (Stadtwerke Stendal und Stadtwerke Nienburg/Weser) zu verkaufen. Auch hier sieht das Bundeskartellamt im Rahmen seiner Abwägung den vollständigen Rückzug in Form der Veräußerung der Anteile an den Stadtwerken Stendal und den Stadtwerken Nienburg/Weser als qualitativ und quantitativ geeignet an, die wettbewerblich negativen Wirkungen mindestens zu kompensieren.

605. Mitte Dezember 2007 hat das Bundeskartellamt ein Fusionskontrollverfahren zu einem geplanten Zusammenschluss im Bereich der Breitbandkabelnetze eröffnet. Die Kabel Deutschland GmbH (KDG) hatte die Absicht angemeldet, sieben Tochtergesellschaften der Orion Cable zu übernehmen. Das Amt ist zu dem Ergebnis gekommen, dass der Zusammenschluss zu einer Verstärkung der marktbeherrschenden Stellung der KDG auf dem Einspeisemarkt, dem Signallieferungsmarkt und dem Endkundenmarkt führt. Die Unternehmen konnten jedoch nachweisen, dass der Zusammenschluss Verbesserungen der Wettbewerbsbedingungen auf den Märkten für Internet- und Telefoniedienste bewirkt, welche die wettbewerblichen Nachteile infolge des Zusammenschlusses auf den Kabelmärkten überwiegen. Das Bundeskartellamt gab den Erwerb daraufhin Anfang April 2008 unter Anwendung der Abwägungsklausel nach § 36 Abs. 1 Halbsatz 2 GWB frei. Interessant ist dieser Beschluss insofern, als die KDG bereits im Jahr 2004 bei Anmeldung von drei Zusammenschlussvorhaben mit den damaligen regionalen Kabelnetzgesellschaften ish, iesy und Kabel Baden-Württemberg (KBW) gegenüber dem Bundeskartellamt die Zusage gemacht hatte, die technischen Voraussetzungen für das Angebot von Internet- und Telefoniediensten über das Kabelnetz zu schaffen, und auf die Anwendung der Abwägungsklausel verwiesen hatte. Das Amt hielt diese Ankündigungen angesichts des damaligen Status quo des Netzausbaus durch KDG noch für zu unsicher, war dem Antrag deshalb nicht gefolgt und hatte das Vorhaben abgemahnt. Daraufhin zog KDG die Zusammenschlussvorhaben zurück.[104]

606. KDG ist einer von drei regionalen Kabelnetzbetreibern in Deutschland. KDG betreibt Kabelnetze der Netzebene (NE) 3 in allen Regionen Deutschlands, außer in Hessen, Nordrhein-Westfalen und Baden-Württemberg, und versorgt rund 9 Millionen Haushalte.[105] Die erworbenen Unternehmen betreiben Kabelnetze überwiegend der NE 4 in Hamburg, Schleswig-Holstein, Mecklenburg-

Vorpommern, Niedersachsen, Bremen, Rheinland-Pfalz, Saarland und Bayern. Der Zusammenschluss betrifft insgesamt rund 1,2 Millionen Haushalte. Die Beziehungen der Marktteilnehmer über die verschiedenen von dem Zusammenschluss betroffenen Netzebenen und Märkte ist in Abbildung IV.2 dargestellt. Die Programmanbieter fragen bei den Kabelnetzbetreibern der NE 3 die Leistung der Einspeisung der Rundfunksignale ins Breitbandkabel nach. Räumlich werden die Einspeisemärkte durch die Netze der drei Regionalgesellschaften abgegrenzt. Die Kabelnetzbetreiber leiten die Signale zu den Übergabepunkten an den privaten Grundstücksgrenzen weiter. Bei dieser sog. Signallieferung werden sachlich zwei separate Märkte unterschieden, abhängig davon, ob zwischen dem NE 3-Betreiber und dem Endkunden noch ein Betreiber der NE 4 zwischengeschaltet ist oder nicht. Die NE 4 beinhaltet den Betrieb des Kabelnetzes im Gebäude des Empfängers. Unternehmen der NE 4 beziehen ihr Signal überwiegend von Anbietern der NE 3. Es gibt auch NE 4-Betreiber, die nach dem Aufbau einer Kabelkopfstation oder Satelliten-Gemeinschaftsanlage von der NE 3 unabhängig sind. In anderen Fällen existieren keine NE 4-Betreiber, dann bezieht der Endkunde das Signal direkt vom Betreiber der NE 3. Marktgegenseite auf den Endkundenmärkten sind Eigentümer, private Vermieter und Wohnungsbaugesellschaften. Eigentümer und private Vermieter holen in der Regel nur das Angebot des nächstliegenden NE 3-Betreibers ein, während Wohnungsbaugesellschaften die Versorgungsaufträge in Form sog. Gestattungsverträge bundesweit ausschreiben.

607. Das Bundeskartellamt stellte fest, dass der Zusammenschluss zu einer Verstärkung der marktbeherrschenden Stellung der KDG auf dem Einspeisemarkt, dem Signallieferungsmarkt und dem Endkundenmarkt führe. Das Amt argumentiert im Folgenden, dass die KDG auf dem Markt für die analoge und digitale Einspeisung von Rundfunksignalen in das Breitbandkabelnetz über eine marktbeherrschende Stellung verfügt, weil Endkunden, die über das Netz der KDG versorgt werden, nur über dieses Netz erreicht werden können. Nach dem Zusammenschluss wird KDG die Netzabschnitte der Orion-Gesellschaften, die ihr Signal bisher von konkurrierenden Anbietern oder über Kabelkopfstationen oder Satelliten-Gemeinschaftsanlagen bezogen, an das Kabelnetz der NE 3 ankoppeln. Durch die Reichweitenausdehnung und die Sicherung der bestehenden Reichweite führt der Zusammenschluss zu einer Verbesserung der Wettbewerbsposition und damit zur Verstärkung der marktbeherrschenden Stellung von KDG auf diesem Markt. Auf den Signallieferungsmärkten verfügt KDG mit einem Marktanteil von rund 90 Prozent in ihrem Netzgebiet über eine marktbeherrschende Stellung. Die vertikale Integration der sieben Orion-Gesellschaften mit KDG bedeutet eine weitere Verschlechterung der Wettbewerbsstrukturen, weil die Orion-Töchter als NE 4-Betreiber nach erfolgter Übernahme über ihren Vorlieferanten auf NE 3 nicht mehr entscheiden können. Ebenso ist die Stellung der KDG auf dem Endkundenmarkt marktbeherrschend. Im Wettbewerb um die Gestattungsverträge für die Versorgung von Mietwohnungen beschränken sich die drei Regionalgesellschaften typischerweise auf Angebote in ihrem eige-

---

[103] BKartA, Beschluss vom 19. Dezember 2007, B8 – 123/07.

[104] Vgl. Monopolkommission, Hauptgutachten 2004/2005, a. a. O., Tz. 553 ff.

[105] Die beiden anderen regionalen Kabelnetzbetreiber sind Unitymedia mit 4,8 Millionen angeschlossenen Haushalten in Hessen und Nordrhein-Westfalen, im Juni 2005 hervorgegangen aus den Unternehmen ish und iesy, sowie KBW mit 2,3 Millionen angeschlossenen Haushalten in Baden-Württemberg.

nen Netzgebiet. Wettbewerb entsteht nur dort, wo sich größere NE 4- oder integrierte NE 3/4-Betreiber um diese Verträge bewerben und Stichleitungen von ihrem Netz zum neu zu versorgenden Areal legen. In den Fällen, in denen KDG um die Gestattungsverträge konkurrierende NE 4-Betreiber mit Rundfunksignalen beliefert, bestimmt KDG deren Leistungsangebot mit. Der Zusammenschluss bedeutet das Ausscheiden eines weiteren Wettbewerbers und damit eine weitere marktstrukturelle Verschlechterung zugunsten der Stellung der KDG.

608. Das Bundeskartellamt gab das Zusammenschlussvorhaben unter Anwendung der Abwägungsklausel nach § 36 Abs. 1 Halbs. 2 GWB dennoch frei, weil die beteiligten Unternehmen nachweisen konnten, dass der Zusammenschluss Verbesserungen der Wettbewerbsbedingungen auf den Märkten für Internet- und Telefoniedienste zur Folge haben wird, welche die wettbewerblichen Nachteile infolge des Zusammenschlusses für den Wettbewerb auf den Kabelmärkten überwiegen. Infolge des Zusammenschlusses wird die KDG in der Lage sein, über 800 000 Haushalten in ihrem Netzgebiet sog. breit- und schmalbandige Anschlüsse, d. h. Internet und Telefonie zusätzlich zum Rundfunksignal über das Breitbandkabel anzubieten („Triple Play"). Die Netze auf der vorgelagerten Stufe der NE 3 wurden durch die KDG größtenteils bereits ausgebaut. Durch den Zusammenschluss kann die KDG vorhandene Teilnetze zusammenführen und – ausgestattet mit der rechtlichen und technischen Verfügungsmacht über die NE 3 und 4 – alle weiteren erforderlichen Investitionen für das Angebot von Internet- und Telefoniediensten besser koordinieren. Die Verhältnisse auf dem Markt für Breitbandanschlussprodukte legen eine zeitnahe Fertigstellung des Netzbaus nahe, weil der Vorsprung der DSL-Technologie nur noch in der Expansionsphase des Marktes aufgeholt werden kann. Diese hält nach Ansicht des Bundeskartellamtes nur noch zwei bis drei Jahre an. Anschließend werde der Markt gesättigt sein. Das Amt hält die zeitnahe Vermarktung entsprechender Angebote durch KDG für möglich und vor dem Hintergrund der gegenwärtigen Wettbewerbsbedingungen auch für hinreichend wahrscheinlich. Ohne die Freigabe des Zusammenschlussvorhabens erwartet die Wettbewerbsbehörde vergleichbare Angebote überhaupt nicht oder erst zu einem späteren Zeitpunkt.

609. Bei den Verbesserungswirkungen infolge des Zusammenschlusses handelt es sich durch das Angebot von Internet- und Telefoniediensten über das Breitbandkabel um die Intensivierung von Infrastrukturwettbewerb, der von den Vorleistungen der auf den Telekommunikationsmärkten weiterhin marktbeherrschenden Deutschen Telekom AG (DTAG) nahezu unabhängig sein wird. Bis dato sind die meisten aktuellen Wettbewerber, speziell die sog. Reseller, die keine eigene Infrastruktur besitzen und die Anschlussprodukte der DTAG weitervermarkten, in erheblichem Umfang von den regulierten Vorleistungen der DTAG abhängig. Etwa 70 bis 80 Prozent der Wertschöpfung im Resale-Bereich verbleiben beim Betreiber der Infrastruktur, so dass die DTAG in jedem Fall an der Wertschöpfung ihrer Wettbewerber in großem Umfang teilhat.[106] Entscheidend für die Abwägung, ob und inwie-

weit der Zusammenschluss Verbesserungen der Wettbewerbsbedingungen auf den Märkten für Internet- und Telefoniedienste bewirkt, welche die wettbewerblichen Nachteile für den Wettbewerb auf den Kabelmärkten überwiegen, ist der Vergleich der gesamtwirtschaftlichen Bedeutung der betroffenen Märkte anhand ihrer Marktvolumina. Das Bundeskartellamt hat festgestellt, dass die Märkte für Internet- und Telefoniedienste mit einem Marktvolumen von mindestens 10 Mrd. Euro wesentlich größer als die Kabelmärkte sind, die lediglich 1 bis 2 Mrd. Euro Marktvolumen aufweisen.

610. Von Bedeutung ist der Beschluss im Zusammenhang mit der Anwendung der Abwägungsklausel insofern, als die KDG bereits im Jahr 2004 bei Anmeldung des Vorhabens, die damals drei anderen regionalen Kabelnetzbetreiber ish, iesy und KBW zu übernehmen, gegenüber dem Bundeskartellamt die Zusage gemacht hatte, die technischen Voraussetzungen für das Angebot von Internet- und Telefoniediensten über das Kabelnetz zu schaffen, und auf die zu erwartenden Verbesserungswirkungen auf den betreffenden Märkten im Zusammenhang mit der Abwägungsklausel verwiesen hatte. Die Zusagen berücksichtigte das Bundeskartellamt unter anderem deshalb nicht, weil es sich nach Ansicht des Amtes um Investitions- und Verhaltenszusagen handelte, die einer laufenden Kontrolle bedurft hätten. Derartige Zusagen waren nach Ansicht der Wettbewerbsbehörde nicht mit dem Ziel zu vereinbaren gewesen, Wettbewerbsstrukturen auf anderen Märkten zu verbessern, ohne dass weitere über die Missbrauchsaufsicht hinausgehende Eingriffe erforderlich gewesen wären. Diese waren nach Ansicht des Bundeskartellamtes daher auch rechtlich nicht zulässig.[107] Sie folgte dem Antrag der KDG nicht und mahnte die drei Zusammenschlussvorhaben mit ish, iesy und KBW ab. KDG zog daraufhin die Anmeldungen zurück. Im aktuellen Verfahren vertrat das Bundeskartellamt die Ansicht, dass die Notwendigkeit für weitere Investitionen in die Netzinfrastruktur die Anwendung der Abwägungsklausel nicht prinzipiell ausschließe. Auch nach Rechtsprechung des Bundesgerichtshofs sei in diesem Zusammenhang nur maßgeblich, ob die Marktverhältnisse den Anbietern nahe legen, ihre Ressourcen so einzusetzen, dass das zugesagte Investitionsverhalten mit hinreichender Wahrscheinlichkeit erwartet werden kann.[108]

---

[106] Ein höherer Wertschöpfungsanteil verbleibt den Resellern erst mit dem Bitstromzugang, ein reguliertes Vorleistungsprodukt, das den alternativen Anbietern ermöglicht, auf die letzte Meile des marktbeherrschenden Anbieters und weitere Netzkomponenten (DSLAM und Konzentratornetz) mit individuellen Leistungsparametern zuzugreifen.

[107] Vgl. BKartA, Pressemeldung vom 22. September 2004, „Antrag bei Bundeskartellamt zur Übernahme von ish, KBW und iesy durch KDG zurückgenommen"; dass., Abmahnung im Verfahren KDG/KBW, B7 – 70/04, S. 64 f.; dass., Abmahnung im Verfahren KDG/ish, B7 – 80/04, S. 64 f.; dass., Abmahnung im Verfahren KDG/iesy, B7 – 90/04, S. 64 f.

[108] Vgl. z. B. BGH, Beschluss vom 8. Februar 1994, KVR 8/93, WuW/E BGH 2899, 2903 „Anzeigenblätter II" zur Frage der Berücksichtigung eines Finanzkraftzuwachses bei einem Unternehmen, das diesen dann möglicherweise für Wettbewerbsimpulse auf einem Verbesserungsmarkt hätte verwenden können.

Abbildung IV.2

Märkte für Signaltransport im Kabelfernsehen

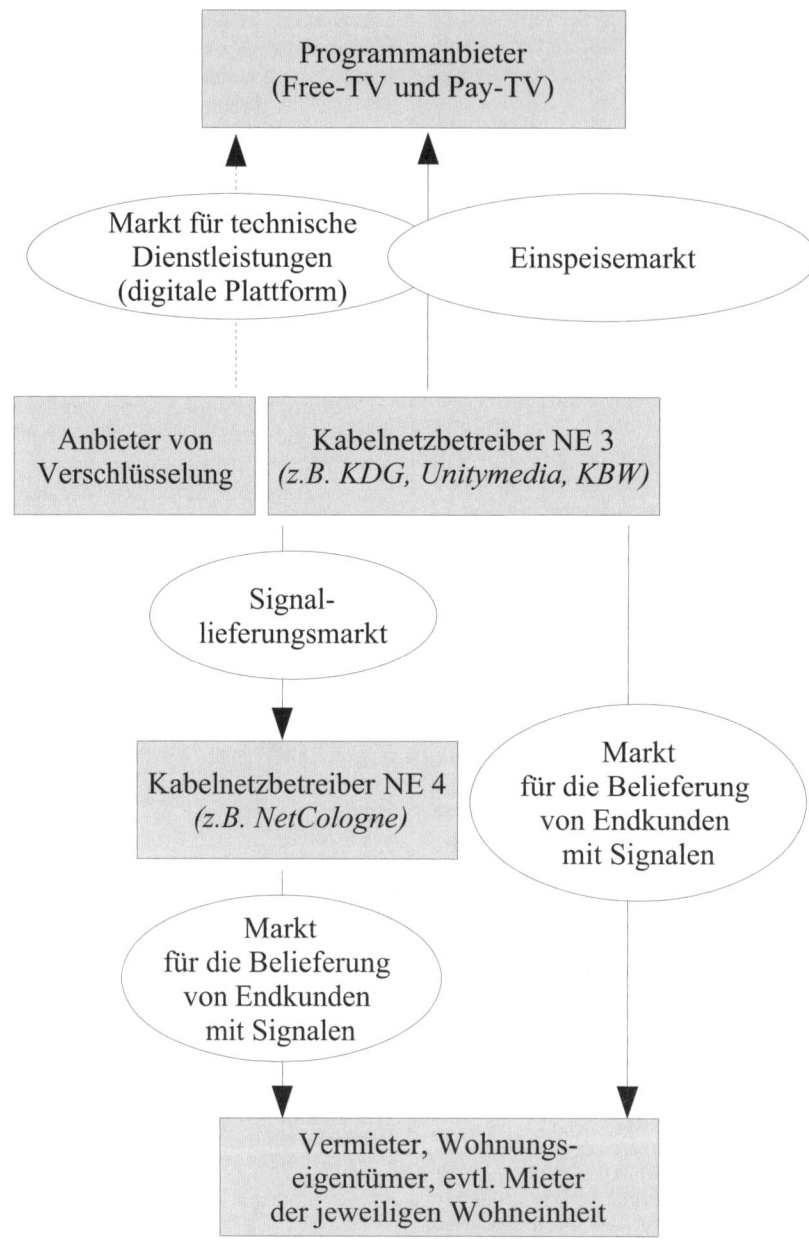

Quelle: Eigene Darstellung

611. Die Monopolkommission teilt die Prognose des Bundeskartellamtes, dass KDG den Ausbau ihrer Netze für das Angebot von Telekommunikationsdiensten rasch vorantreiben wird. Davon gehen positive Wettbewerbswirkungen auf den Märkten für Schmal- und Breitbandanschlüsse aus. Die Breitbandkabelnetze stellen eine wichtige alternative Infrastruktur für das Angebot von Telekommunikationsdiensten in Deutschland dar. Bisher ist der Wettbewerb auf den Telekommunikationsmärkten ein überwiegend regulierungsbedingter Wettbewerb, abhängig von der Gewährleistung des diskriminierungsfreien Zugangs zu Vorleistungsprodukten der Deutsche Telekom AG. Die mit dem Zusammenschluss einhergehende vertikale Integration der Unternehmen überwindet die historisch bedingte, politisch gewollte Trennung der NE 3 und 4, die sich als großes Hindernis bei der Aufrüstung des Kabelnetzes für das Angebot von Breitbanddiensten erwiesen hat. Die zu erwartenden Verschlechterungen der Marktstrukturen auf den Kabelmärkten bleiben nach Grad und Bedeutung hinter den zu erwartenden Verbesserungswirkungen infolge des Zusammenschlusses auf den Märkten für Internet- und Telefoniedienste deutlich zurück.

Im Gegensatz zum Bundeskartellamt spricht sich die Monopolkommission dafür aus, den sachlich relevanten Markt für die Belieferung der Endkunden mit Rundfunksignalen weit abzugrenzen und auch alternative Übertragungswege wie Satellit, Terrestrik und IPTV über DSL-Verbindungen in den gemeinsamen Markt einzubeziehen.[109] Zwar können nicht alle Endkunden auf Satelliten-TV wechseln, wenn z. B. der Mietvertrag die Installation von Satellitenantennen verbietet oder bauliche Gegebenheiten die korrekte Ausrichtung der Antenne verhindern. Ebenso ist ein Wechsel zu DVB-T und IPTV über DSL mangels flächendeckender Verfügbarkeit nicht in allen Regionen Deutschlands möglich. Dass nicht alle Endkunden einen alternativen Bezugsweg für Rundfunksignale haben, bedeutet gleichwohl nicht, dass kein intermodaler Wettbewerb der Übertragungswege besteht, der die Möglichkeit missbräuchlicher Marktmachtausübung durch KDG beschränkt. Entscheidend ist, wie viele Endkunden die Möglichkeit eines Wechsels haben und alternative Übertragungswege nutzen können. Hiervon hängt ab, ob alternative Technologien eine disziplinierende Wirkung auf den Markt für die Belieferung von Endkunden mit Rundfunksignalen haben.

612. Die Monopolkommission sieht in der Abwägungsklausel ein sinnvolles Instrument bei der Beurteilung von Zusammenschlüssen.[110] Die Klausel ermöglicht es dem Bundeskartellamt, neben den negativen Auswirkungen eines Zusammenschlusses auf einem Markt auch seine positiven wettbewerblichen Effekte auf anderen Märkten zu berücksichtigen. Auf diese Weise können sämtliche für die Gesamtwürdigung des Zusammenschlusses erforderlichen Wettbewerbsbedingungen in die Beurteilung einbezogen werden. Von der Abwägungsklausel profitieren auch Transparenz und Nachvollziehbarkeit von fusionskontrollrechtlichen Entscheidungen. Dadurch, dass eine Beschränkung der positiven Aspekte auf die Marktstruktur und damit den wettbewerblichen Bereich vorliegt, wird den Wettbewerbsbehörden und Kartellgerichten mit der Abwägungsklausel kein unangemessen weiter Beurteilungsspielraum zugestanden.

3. Europäische Fusionskontrolle

3.1 Einführung

613. Der Berichtszeitraum 2006/2007 ist von einer besonders großen Zahl von Anmeldungen geprägt. Es wurden mit 758 Zusammenschlüssen mehr Fälle in Brüssel notifiziert als während der „Fusionswelle" in den Jahren 2000/2001. Während des gegenwärtigen Berichtszeitraums hat sich die Anwendung des SIEC-Tests (significant impediment of effective competition, erhebliche Behinderung wirksamen Wettbewerbs) nachhaltig durchgesetzt. Das SIEC-Kriterium wurde in die Fusionskontroll-

verordnung (FKVO) aufgenommen, nachdem Zweifel aufgetreten waren, ob mit dem Marktbeherrschungstest tatsächlich sämtliche problematischen Fälle erfasst werden können. Zum Teil ging man von einer gewissen „Lücke" bei der Behandlung nicht koordinierter Effekte im Oligopol aus. Mit dem Zusammenschluss T-Mobile Austria/Tele.ring wurde erstmals ein derartiger „Lücken"-Fall untersucht und nur unter Bedingungen und Auflagen erlaubt. Der Marktbeherrschungstest hat – im Rahmen des neuen Untersagungskriteriums – allerdings weiterhin eine wesentliche Rolle gespielt. In einer ganzen Reihe von Zweite-Phase-Fällen prüfte die Europäische Kommission die Entstehung oder Verstärkung von Marktbeherrschung.

Grundsätzlich wurde während des Berichtszeitraums die zweistufige Prüfung – Marktabgrenzung auf der ersten Stufe, weitere wettbewerbliche Würdigung auf der folgenden Stufe – beibehalten. Im Rahmen der Marktabgrenzung hat die Europäische Kommission allerdings mehrmals neben der eigentlichen Marktdefinition den Wettbewerbsdruck, der von anderen, nicht in den Markt einbezogenen Produkten ausging, festgestellt und im weiteren Verlauf ihrer Bewertung berücksichtigt. In mehreren Verfahren wurden ökonomische Gutachten vonseiten der Parteien oder der Europäischen Kommission vorgelegt. Sie betrafen sowohl die Marktabgrenzung als auch Aspekte der weiteren wettbewerblichen Würdigung. Den verstärkten ökonomischen Ansatz hat die Kommission ferner weiterentwickelt, indem sie z. B. in der Entscheidung Travelport/Worldspan verschiedenen, möglicherweise wettbewerbsschädlichen Szenarien nachging. In einigen Fällen hat sich die Europäische Kommission darüber hinaus mit dem Effizienzeinwand auseinandergesetzt, der mit der letzten FKVO-Reform in Erwägungsgrund 29 aufgenommen sowie in den Horizontal-Leitlinien[111] erläutert worden ist. Das Ergebnis der wettbewerblichen Analyse wurde dadurch allerdings in keinem Fall geändert.

614. In den Berichtszeitraum fiel darüber hinaus die Entscheidung des Gerichts erster Instanz (EuG) in dem Schadensersatzprozess Schneider Electric/Kommission.[112] Daneben hat das Gericht unter anderem seine Rechtsprechung zum Beweismaßstab bei gemeinsamer Marktbeherrschung weiterentwickelt.[113] In legislativer Hinsicht sind die neuen Leitlinien zur Zuständigkeit sowie die Bekanntmachung über nichthorizontale Zusammenschlüsse zu nennen.[114] Des Weiteren liegt der Ent-

---

[109] Vgl. Monopolkommission, Wettbewerbspolitik in Netzstrukturen, Hauptgutachten 1998/1999, Baden-Baden 2000, Tz. 649; dies., Hauptgutachten 2004/2005, a. a. O., Tz. 860 ff.

[110] Vgl. Monopolkommission, Hauptgutachten 2004/2005, a. a. O., Tz. 737.

[111] Leitlinien zur Bewertung horizontaler Zusammenschlüsse gemäß der Ratsverordnung über die Kontrolle von Unternehmenszusammenschlüssen, ABl. EG Nr. C 31 vom 5. Februar 2004, S. 5.

[112] EuG, Urteil vom 11. Juli 2007, Rs. T-351/03, Schneider Electric/Kommission.

[113] EuG, Urteil vom 13. Juli 2006, Rs. T-464/04, Impala/Kommission, Slg. 2006, II-2289.

[114] Konsolidierte Mitteilung der Kommission zu Zuständigkeitsfragen gemäß der Verordnung (EG) Nr. 139/2004 des Rates über die Kontrolle von Zusammenschlüssen, 10. Juli 2007, http://ec.europa.eu/comm/competition/mergers/legislation/draft_jn.html; Mitteilung der Kommission, Leitlinien zur Bewertung nichthorizontaler Zusammenschlüsse gemäß der Ratsverordnung über die Kontrolle von Unternehmenszusammenschlüssen, 28. November 2007, http://ec.europa.eu/comm/competition/mergers/legislation/nonhorizontalguidelines.pdf.

wurf einer Bekanntmachung zu Abhilfemaßnahmen vor.[115]

615. Während des Berichtszeitraums wurden laut Statistik der Europäischen Kommission insgesamt 758 Zusammenschlussvorhaben in Brüssel angemeldet. Auf das Jahr 2006 entfielen 356 Notifizierungen, die restlichen 402 Anmeldungen erfolgten 2007. Im Vergleich zu dem vorangegangenen Berichtszeitraum mit 562 Fällen stieg die Zahl der Anmeldungen um fast 200, d. h. um circa 35 Prozent. Die Fallzahlen übertreffen selbst die „Fusionswelle" in den Jahren 2000 und 2001, in denen immerhin schon 665 Vorhaben notifiziert worden waren.

616. Im Berichtszeitraum erfolgten neun Anträge der Mitgliedstaaten gemäß Artikel 9 FKVO auf Verweisung an die nationalen Wettbewerbsbehörden. Die Europäische Kommission gab den Anträgen jeweils zweimal teilweise und vollständig statt. In einem Fall verweigerte die Kommission die Verweisung.[116] Die Mitgliedstaaten haben sieben Mal von der Möglichkeit des Artikel 22 FKVO Gebrauch gemacht und eine Verweisung an die Brüsseler Wettbewerbsbehörde beantragt. Davon waren fünf Anträge erfolgreich, einen Antrag lehnte die Europäische Kommission ab.

Mit der letzten Reform der Fusionskontrollverordnung erlangten die zusammenschlussbeteiligten Unternehmen die Befugnis, selbst die Verweisung ihres Vorhabens zu beantragen. Nach Artikel 4 Abs. 4 FKVO können sie um die Abgabe eines Falles, der ursprünglich in die Zuständigkeit der Europäischen Kommission fallen würde, an einen Mitgliedstaat bitten. Artikel 4 Abs. 5 FKVO eröffnet hingegen die Möglichkeit, einen ursprünglich nationalen Fall in die Zuständigkeit der Europäischen Kommission zu verlagern. Den betroffenen Mitgliedstaaten steht jeweils ein Vetorecht zu, mit dem der Wechsel der Zuständigkeit verhindert werden kann. Während des Berichtszeitraums haben die Parteien 18 Anträge auf Verweisung an eine nationale Wettbewerbsbehörde gestellt. Die Mitgliedstaaten und die Europäische Kommission kamen derartigen Ersuchen 18 Mal vollständig und einmal teilweise nach. Die Übertragung der Zuständigkeit wurde in keinem Fall verweigert. Fast verdoppelt hat sich die Zahl der Anträge nach Artikel 4 Abs. 5 FKVO. Während die Zusammenschlussparteien im letzten Berichtszeitraum 48 Anträge auf Verweisung an die Europäische Kommission gestellt haben, stieg die Zahl in den Jahren 2006/2007 auf 89 an. In ebenfalls 89 Fällen wurde die Übertragung der Zuständigkeit akzeptiert, nur in zwei Fällen wurde sie abgelehnt.

617. Aus den genannten Zahlen ergibt sich, dass die von den Mitgliedstaaten ausgehenden Artikel 9-Anträge nochmals an Bedeutung verloren haben. Im Vergleich zum vorigen Berichtszeitraum mit elf Verweisungsersuchen ging die Zahl weiter zurück. Die Zahl der Ersuchen der Mitgliedstaaten nach Artikel 22 FKVO ist mit sieben hingegen leicht gestiegen (2004/2005: 5 Anträge). Dies gilt auch für die Fälle, in denen die Parteien um Verfahrensabgabe an die Mitgliedstaaten gebeten haben (2004/2005: 16 Anträge, 2006/2007: 18 Anträge). Stark gestiegen ist hingegen die Zahl der Anträge nach Artikel 4 Abs. 5 FKVO, nämlich von 48 auf 89. Offenbar nehmen immer mehr Unternehmen die Möglichkeit wahr, die Prüfung ihrer Vorhaben von Brüssel vornehmen zu lassen, obwohl sie die Umsatzschwellen des Artikel 1 FKVO nicht erreichen. Auffällig ist in diesem Zusammenhang zudem, dass die Mitgliedstaaten trotz der Häufigkeit dieser Verweisungsanträge kaum von ihrem Vetorecht Gebrauch machen: Nur in zwei Fällen wurde eine Verweisung abgelehnt. Dies ist um so erstaunlicher vor dem Hintergrund, dass der Verweisungstatbestand des Artikel 4 Abs. 5 FKVO noch im Gesetzgebungsverfahren auf teilweise erheblichen Widerstand der nationalen Wettbewerbsbehörden gestoßen war.

618. In der ersten Verfahrensphase traf die Europäische Kommission 722 Entscheidungen. In keinem Fall kam es zu einer Ablehnung der Brüsseler Zuständigkeit nach Artikel 6 Abs. 1 lit. a FKVO. In 691 Fällen verneinte die Europäische Kommission ernsthafte wettbewerbliche Bedenken und schloss das Verfahren mit einer Entscheidung nach Artikel 6 Abs. 1 lit. b FKVO ohne Bedingungen und Auflagen ab. 31 Zusammenschlussvorhaben führten zu erheblichen Wettbewerbsproblemen und wurden nur unter Zusagen erlaubt. Im Verhältnis zum vorigen Berichtszeitraum ist die Zahl der bedingungslosen Freigaben leicht gestiegen, die Zahl der Genehmigungen unter Bedingungen und Auflagen leicht gefallen.

619. Vermehrt hat die Europäische Kommission das vereinfachte Verfahren genutzt. Während diese Verfahrensart im letzten Berichtszeitraum 214 Mal zur Anwendung kam, waren in den Jahren 2006/2007 schon 445, also mehr als doppelt so viele Fälle betroffen. Selbst unter Berücksichtigung der stark gestiegenen Gesamtzahl von Anmeldungen lässt sich noch eine beträchtliche Ausbreitung des vereinfachten Verfahrens feststellen. In der vermehrten Anwendung des vereinfachten Verfahrens dürfte das Bestreben der Europäischen Kommission zum Ausdruck kommen, ihre Ressourcen vorrangig auf die schwierigeren Fälle zu konzentrieren und im Gegenzug unproblematische Vorhaben schnell zu beenden. Angesichts der gestiegenen Fallzahlen ist diese Tendenz zwar durchaus nachvollziehbar, allerdings bleibt zu bedenken, dass die Zunahme der Fälle auch auf die von der Europäischen Kommission initiierten Zuständigkeitsregeln des Artikel 1 Abs. 3 und Artikel 4 Abs. 5 FKVO zurückgehen. Hier tritt ein gewisses Spannungsverhältnis zwischen dem Bestreben nach erweiterten Zuständigkeiten einerseits und den begrenzten personellen Ressourcen andererseits zutage, die einen zügigen Verfahrensabschluss in einer Vielzahl der Fälle erfordern. Angesichts dieses

---

[115] Draft revised Commission Notice on remedies acceptable under the Merger Regulation, 24. April 2007, http://ec.europa.eu/comm/competition/mergers/legislation/merger_remedies.html.

[116] Die Zahl der während des Berichtszeitraums eingegangenen Anträge nach Artikel 9 FKVO muss nicht mit der Zahl der im Berichtszeitraum getroffenen Entscheidungen nach Artikel 9 FKVO übereinstimmen. Zum Teil beziehen sich Entscheidungen auf Anträge aus dem vorigen Berichtszeitraum, zum Teil werden die in 2007 gestellten Anträge erst in 2008 entschieden. Dasselbe gilt auch für Anträge nach Artikel 22 sowie 4 Abs. 4 und 5 FKVO.

Spannungsverhältnisses ist darauf zu achten, dass problematische Fälle auch künftig nicht allein aus Personal- oder Zeitmangel als unbedenklich eingestuft und im vereinfachten Verfahren abgehandelt werden.

620. In 28 Fällen hat die Europäische Kommission die zweite Verfahrensphase gemäß Artikel 6 Abs. 1 lit. c FKVO eröffnet. Im Vergleich zum vorigen Berichtszeitraum mit 18 derartigen Entscheidungen ist die Zahl deutlich angestiegen. Erhöht hat sich auch die Zahl der Freigaben ohne Bedingungen und Auflagen, nämlich von vier in den Jahren 2004/2005 auf neun in 2006/2007. In den Fällen Sea-Invest/EMO-EKOM, Cargill/Degussa Food Ingredients, Ineos/BP Dormagen, Glatfelder/Crompton, Thales/Finmeccanica/AAS/Telespazio, Travelport/Worldspan, AAE/Lentjes und Syniverse/BSG ergingen die Verfügungen nach Artikel 8 Abs. 1 der Verordnung 139/2004.[117] Die Entscheidung Sony/BMG wurde noch auf der Grundlage von Artikel 8 Abs. 2 der Verordnung 4064/89 erlassen. Erstmals hatte die Europäische Kommission das Vorhaben im Jahr 2004 untersucht und eine Freigabe ohne Bedingungen und Auflagen erlassen. Nachdem das Gericht erster Instanz diese Entscheidung aufgehoben hatte, musste die Kommission das Verfahren erneut durchführen. Da es für die Anwendung der Wettbewerbsregeln auf den Tag des Vertragsabschlusses zwischen den Parteien ankommt, blieb die Verordnung 4064/89 maßgebend. Die neue Prüfung führte ebenfalls zu einer bedingungslosen Freigabe nach Durchführung der zweiten Verfahrensphase.

Die Europäische Kommission erließ im gegenwärtigen Berichtszeitraum zehn Entscheidungen gemäß Artikel 8 Abs. 2 der Verordnung 139/2004. Sie genehmigte die Fälle Omya/Huber, Dong/Elsam/Energi E2, T-Mobile Austria/Tele.ring, Inco/Falconbridge sowie Gaz de France/Suez, Metso/Aker Kvaerner, JCI/Fiamm, Universal Music Group/BMG Music Publishing, SFR/Télé2 und Kronospan/Constantia nur unter Bedingungen und Auflagen.[118] Im Verhältnis zum vorigen Berichtszeitraum mit sieben bedingten Entscheidungen blieb die Zahl in etwa gleich.

621. Lediglich in einem Verfahren – Ryanair/Aer Lingus – sprach die Europäische Kommission eine Untersagung aus. Im Vergleich zum letzten Berichtszeitraum ist damit die Zahl der Untersagungen zwar gleich geblieben – mit ENI/EDP/GDP wurde damals ebenfalls nur eine Verbotsverfügung ausgesprochen. Im Verhältnis zu den Jahren 2004/2005 liegen in den Jahren 2006/2007 allerdings ca. 200 zusätzliche Notifizierungen vor. Die Gesamtzahl der Untersagungen seit Beginn der europäischen Fusionskontrolle stieg damit von 19 auf 20. Daneben wurden im vorliegenden Berichtszeitraum insgesamt 16 Anmeldungen zurückgenommen. Eine solche Rücknahme erfolgte zwölf Mal in der ersten und vier Mal in der zweiten Verfahrensphase. In den Jahren 2004/2005 waren es annähernd genauso viele, nämlich 14 Rücknahmen.

622. Die Tatsache, dass immerhin 16 Anmeldungen zurückgenommen worden sind, lässt auf eine gewisse Vorfeldwirkung der europäischen Fusionskontrolle schließen. Diese wird wahrscheinlich auch dafür sorgen, dass bestimmte offensichtlich wettbewerblich problematische Zusammenschlussvorhaben gar nicht erst angemeldet werden. Dennoch bleibt festzustellen, dass die Zahl der Untersagungen auf anhaltend niedrigem Niveau verharrt. Dies dürfte auch auf eine Tendenz der Europäischen Kommission zurückzuführen sein, bei festgestellten Wettbewerbsbeeinträchtigungen eher auf Freigabeentscheidungen unter Bedingungen und Auflagen zu setzen als Verbote auszusprechen. Die Verhängung strenger Abhilfemaßnahmen wird möglicherweise als gleichwertig zum Erlass von Untersagungsentscheidungen angesehen. Gerade vor dem Hintergrund der Erfahrungen mit der begrenzten Wirksamkeit von Bedingungen und Auflagen in der Fusionskontrollpraxis muss diese Annahme jedoch stark bezweifelt werden. Eine Studie der Europäischen Kommission aus dem Jahr 2005 kam zu dem Ergebnis, dass nur knapp über die Hälfte der untersuchten Abhilfemaßnahmen wirksam waren.[119] Positiv kann in diesem Zusammenhang lediglich stimmen, dass die Europäische Kommission in dem im April 2007 veröffentlichten Entwurf einer überarbeiteten Mitteilung zu Abhilfemaßnahmen eine Reihe von Vorkehrungen getroffen hat, um die Effektivität von Zusagen zu erhöhen. Dazu gehören umfangreiche Informationspflichten seitens der Parteien sowie die vermehrte Anwendung von sog. Upfront-Buyer- und Fix-it-first-Lösungen.[120]

3.2 Zuständigkeit

623. Die Zuständigkeitsverteilung zwischen der Europäischen Kommission einerseits und den nationalen Wettbewerbsbehörden andererseits ergibt sich in erster Linie aus Artikel 1 Abs. 2 und Abs. 3 FKVO. Nach Artikel 1 Abs. 2 FKVO ist die Zuständigkeit der Europäischen Kommission eröffnet, wenn ein weltweiter Gesamtumsatz aller beteiligten Unternehmen zusammen von mehr als 5 Mrd. Euro und ein gemeinschaftsweiter Gesamtumsatz von mindestens zwei beteiligten Unternehmen von jeweils mehr als 250 Mio. Euro erzielt werden. Außerdem dürfen die beteiligten Unternehmen nicht jeweils mehr als zwei Drittel ihres gemeinschaftsweiten Gesamtumsatzes in ein und demselben Mitgliedstaat erzielen. Artikel 1 Abs. 3 FKVO sieht als subsidiäre Zuständigkeitsregelung folgende Voraussetzungen vor: Der weltweite Gesamtumsatz aller beteiligten Unternehmen muss zusammen mehr als 2,5 Mrd. Euro betragen, der Gesamtumsatz aller beteiligten Unternehmen in mindestens drei Mitgliedstaaten jeweils 100 Mio. Euro übersteigen, in jedem von mindestens drei dieser Mitgliedstaaten muss der Gesamtumsatz

---

[117] Die Entscheidungen AAE/Lentjes und Syniverse/BSG waren zum Zeitpunkt des Redaktionsschlusses noch nicht veröffentlicht.

[118] Die Entscheidung JCI/Fiamm war zum Zeitpunkt des Redaktionsschlusses noch nicht veröffentlicht.

[119] Merger Remedies Study, DG Competition, European Commission, October 2005, http://ec.europa.eu/comm/competition/mergers/studies_reports/study_reports.html. Vgl. hierzu Monopolkommission, Hauptgutachten 2004/2005, a. a. O., Tz. 701 ff.

[120] Vgl. Tz. 765 ff.

von mindestens zwei beteiligten Unternehmen jeweils mehr als 25 Mio. Euro betragen und der gemeinschaftsweite Gesamtumsatz von mindestens zwei beteiligten Unternehmen jeweils 100 Mio. Euro übersteigen. Außerdem gilt auch insoweit die Zwei-Drittel-Regelung. Die Zuständigkeit der Europäischen Kommission kann sich daneben aus einer Verweisung nach Artikel 4 Abs. 5 oder nach Artikel 22 FKVO ergeben. Eine Verweisung nach Artikel 4 Abs. 5 FKVO resultiert aus einem Antrag der Zusammenschlussparteien, während eine Verweisung nach Artikel 22 FKVO auf Initiative eines oder mehrerer Mitgliedstaaten erfolgt.

624. Betrachtet man die Zweite-Phase-Verfahren im gegenwärtigen Berichtszeitraum, ergibt sich für die Begründung der Zuständigkeit Brüssels folgendes Bild:[121] Aufgrund des Artikel 1 Abs. 2 FKVO fallen die sieben Zusammenschlussvorhaben Sea-Invest/EMO-EKOM, Thales/ Finmeccanica/AAS/Telespazio, Sony/BMG sowie T-Mobile Austria/Tele.ring, Inco/Falconbridge, Gaz de France/Suez und SFR/Télé2 in den Zuständigkeitsbereich der Europäischen Kommission. Für vier Fälle ist die Europäische Kommission gemäß Artikel 1 Abs. 3 FKVO zuständig, nämlich Cargill/Degussa Food Ingredients sowie Dong/Elsam/Energie E2, Universal/ BMG Music Publishing und Ryanair/Aer Lingus. Nach Artikel 22 FKVO gelangten die zwei Verfahren Glatfelder/Crompton und Omya/Huber auf Antrag der Mitgliedstaaten in die Jurisdiktion der Europäischen Kommission. In den drei Fällen Travelport/Worldspan, Metso/Aker Kvaerner und Kronospan/Constantia wurde die Zuständigkeit Brüssels durch einen Antrag der Parteien gemäß Artikel 4 Abs. 5 FKVO eröffnet.

625. Die Zuständigkeit der nationalen Wettbewerbsbehörden folgt in erster Linie aus den mitgliedstaatlichen Regelungen und wird durch die Artikel 1 Abs. 2 und 3 FKVO begrenzt. Die nationalen Wettbewerbsbehörden sind auch dann zuständig, wenn ein Zusammenschlussvorhaben zwar ursprünglich gemeinschaftsweite Bedeutung hatte, aber auf Betreiben der Parteien (Artikel 4 Abs. 4 FKVO) oder eines Mitgliedstaates (Artikel 9 FKVO) verwiesen wird. Im gegenwärtigen Berichtszeitraum hat die Europäische Kommission 18 Verfahren gemäß Artikel 4 Abs. 4 FKVO vollständig, einen weiteren Fall nur teilweise an die nationalen Wettbewerbsbehörden abgegeben. Auf der Grundlage von Artikel 9 FKVO wurden zwei Verfahren – TCCC/CCHBC/Traficante und Carrefour/Ahold Polska – vollständig an die italienische und die polnische Wettbewerbsbehörde verwiesen. In den Fällen Aggregate Industries/Foster Yeoman und Alfa Acciai/Cronimet/Remondis/TSR Group kam es zur teilweisen Verfahrensabgabe an das Vereinigte Königreich und Deutschland. Soweit die Zuständigkeit für diese Vorhaben bei der Europäischen Kommission verblieb, erließ sie Entscheidungen nach Artikel 6 Abs. 1 lit. b FKVO. Den Verweisungsantrag Bulgariens in dem Fall AIG Ca-

pital Partners/Bulgarian Telecommunications Company beschied die Europäische Kommission abschlägig und führte die Prüfung selbst durch. Sie beendete das Verfahren ebenfalls mit einer Entscheidung nach Artikel 6 Abs. 1 lit. b FKVO.

3.2.1 Ausschließliche Zuständigkeit der Europäischen Kommission

626. Nach Artikel 21 Abs. 2 FKVO ist die Europäische Kommission ausschließlich dafür zuständig, die wettbewerbsrechtlichen Auswirkungen von Zusammenschlüssen mit gemeinschaftsweiter Bedeutung zu beurteilen. Gemäß Artikel 21 Abs. 3 FKVO wenden die Mitgliedstaaten ihr nationales Wettbewerbsrecht nicht auf derartige Zusammenschlüsse an. Nach Abs. 4 der Vorschrift sind die Mitgliedstaaten jedoch befugt, geeignete Maßnahmen zum Schutz anderer berechtigter Interessen zu treffen, sofern die Interessen mit den allgemeinen Grundsätzen und den übrigen Bestimmungen des Gemeinschaftsrechts vereinbar sind. Als berechtigte Interessen in diesem Sinn gelten gemäß Artikel 21 Abs. 4 FKVO die öffentliche Sicherheit, die Medienvielfalt und die Aufsichtsregeln. Alle Maßnahmen zum Schutz anderer Interessen sind der Europäischen Kommission mitzuteilen, die innerhalb von 25 Arbeitstagen entscheiden muss, ob das geltend gemachte Interesse mit den allgemeinen Grundsätzen und den sonstigen Bestimmungen des Gemeinschaftsrechts vereinbar ist. In den Verfahren E.ON/Endesa und Enel/Acciona/Endesa hat die Europäische Kommission insgesamt drei Entscheidungen wegen Verstoßes gegen Artikel 21 FKVO erlassen.

627. Am 16. März 2006 hat E.ON sein Vorhaben, Endesa im Wege eines öffentlichen Übernahmeangebots zu erwerben, in Brüssel angemeldet. Am 25. April 2006 genehmigte die Europäische Kommission den Zusammenschluss in der ersten Verfahrensphase ohne Bedingungen und Auflagen. Einige Tage, nachdem E.ON sein Angebot für Endesa bekannt gegeben hatte, erließ die spanische Regierung ein Gesetz, mit dem die Aufsichtsbefugnisse der Energieregulierungsbehörde CNE ausgeweitet wurden. In Anwendung dieses Gesetzes machte die CNE den Zusammenschluss E.ON/Endesa von einer Reihe von Auflagen abhängig und verpflichtete E.ON unter anderem zur Veräußerung bestimmter Vermögenswerte. Daraufhin erließ die Europäische Kommission im September 2006 eine Verfügung nach Artikel 21 FKVO gegen Spanien. Die spanische Regierung habe gegen Artikel 21 FKVO verstoßen, weil die Entscheidung der CNE ohne vorherige Unterrichtung und ohne Billigung der Europäischen Kommission erlassen worden sei. Außerdem werde der Zusammenschluss von einer Reihe von Auflagen abhängig gemacht, die den Bestimmungen des EG-Vertrags über den freien Kapitalverkehr und die Niederlassungsfreiheit zuwiderliefen. Aufgrund dieser Entscheidung war Spanien verpflichtet, die Auflagen unverzüglich aufzuheben.

Im November 2006 legte das spanische Ministerium für Industrie, Tourismus und Handel im Rahmen des verwaltungsrechtlichen Rechtsbehelfsverfahrens gegen die Ent-

---

[121] Bei Redaktionsschluss waren 17 Zweite-Phase-Verfahren veröffentlicht. In der Entscheidung Ineos/BP Dormagen macht die Europäische Kommission keine Angaben zur Zuständigkeit.

scheidung der CNE neue Auflagen fest. Nach Auffassung der Europäischen Kommission waren auch diese geänderten Auflagen unvereinbar mit den Bestimmungen des EG-Vertrags über den freien Kapitalverkehr und die Niederlassungsfreiheit. Daneben wurde ein Verstoß gegen die Regel des freien Warenverkehrs konstatiert. Die Europäische Kommission erließ daraufhin im Dezember 2006 eine zweite Verfügung nach Artikel 21 FKVO. Spanien wurde eine Frist bis zum 19. Januar 2007 eingeräumt, um die geänderten Auflagen aufzuheben.

Im März 2007 vereinbarten die italienische Enel und die spanische Acciona, die gemeinsame Kontrolle über Endesa zu übernehmen und ein gemeinsames Angebot für die Endesa-Aktien abzugeben, die sich noch nicht in ihrer Kontrolle befanden. Anfang April einigten sich Enel, Acciona und E.ON darauf, dass Enel und Endesa bestimmte Rechte und Vermögenswerte auf E.ON übertragen. Im Juli 2007 genehmigte die Europäische Kommission das Vorhaben Enel/Acciona/Endesa in der ersten Verfahrensphase ohne Bedingungen und Auflagen. Ebenfalls im Juli 2007 knüpfte die CNE den Zusammenschluss an bestimmte Bedingungen, die im Oktober zum Teil geändert wurden. Die geänderten Bedingungen unterschieden sich nicht wesentlich von denen, die an den Zusammenschluss E.ON/Endesa geknüpft waren. Die Europäische Kommission erließ daraufhin im Dezember 2007 eine weitere Verfügung nach Artikel 21 FKVO, die wiederum auf der fehlenden Unterrichtung und Zustimmung der Europäischen Kommission sowie den Verstößen gegen die Grundsätze des freien Kapital- und Warenverkehrs und der Niederlassungsfreiheit beruhte.

628. Der geschilderte Fall macht die Gefahr industriepolitischer Einflussnahme seitens der Mitgliedstaaten in besonders gravierender Weise deutlich. Spanien hatte vor dem Angebot durch E.ON bereits die Übernahme Endesas durch das ebenfalls spanische, in Katalonien ansässige Unternehmen Gas Natural genehmigt. Diese Genehmigung war erfolgt, obwohl die spanische Wettbewerbsbehörde sich gegen den Zusammenschluss ausgesprochen hatte. Die spanische Regierung hatte das Vorhaben dennoch offen unterstützt und die Schaffung eines nationalen Energiechampions favorisiert. Zur Begründung führte die spanische Regierung Gemeinwohlgründe sowie den Schutz eines strategischen Wirtschaftszweigs an. Insbesondere hätte das zusammengefasste Unternehmen nach Ansicht der Regierung als erstes integriertes Gas- und Stromunternehmen Spaniens über eine größere Verhandlungsmacht verfügt.

Selbst mehrere Entscheidungen der Europäischen Kommission nach Artikel 21 FKVO sowie die Einleitung von zwei Vertragsverletzungsverfahren konnten die spanische Regierung nur wenig beeindrucken. Um so bedauerlicher ist es nach Auffassung der Monopolkommission, dass die spanische Regierung sich mit ihrem Plan, einen aus ihrer Sicht unliebsamen Zusammenschluss zu verhindern, durchsetzen konnte. Schon allein die durch staatliche Maßnahmen hervorgerufene Verzögerung erschwerte E.ON den Erwerb von Endesa. Die Verzögerung verschaffte außerdem Acciona und Enel die Möglichkeit des Aktienkaufs, der in einem gemeinsamen Angebot zum Erwerb von Endesa mündete. Dabei ist der vorliegende Fall bei weitem nicht das einzige Beispiel für Versuche politischer Einflussnahme seitens nationaler Regierungen. Hier sei nur daran erinnert, dass in Frankreich die Versorger GdF und Suez fusionierten, um den Erwerb von Suez durch die italienische Enel zu verhindern. Über politische Einflussnahme wurde während des Berichtszeitraums ferner in den Zusammenschlüssen Mittal/Arcelor sowie Abertis/Autostrade berichtet.

629. Die Monopolkommission lehnt mitgliedstaatliche Eingriffe in die ausschließliche Zuständigkeit der Europäischen Kommission bei Zusammenschlussfällen strikt ab. Sie wendet sich nachdrücklich gegen eine nationale Politik, die die Bildung von inländischen Champions fördert und die Belange der Wettbewerbspolitik gegenüber industriepolitischen Interessen zurückstellt.[122] Sie erinnert in diesem Zusammenhang daran, dass derartige Eingriffe letztlich zulasten der Verbraucher, im vorliegenden Fall insbesondere der spanischen Energiekunden, gehen. Nach Auffassung der Monopolkommission ist es von essenzieller Bedeutung zu gewährleisten, dass für alle Unternehmen, deren Zusammenschlussvorhaben in die Zuständigkeit der Europäischen Kommission fallen, dieselben Regeln gelten. Die Monopolkommission unterstützt deshalb ausdrücklich die Maßnahmen, welche die Europäische Kommission im vorliegenden Fall getroffen hat. Nach Auffassung der Monopolkommission sollte die Europäische Kommission alle ihr zu Gebote stehenden Mittel und Sanktionen ausschöpfen, um Spanien zur Rücknahme der ausgesprochenen Auflagen zu bewegen und damit auch ein Zeichen im Hinblick auf andere Mitgliedstaaten zu setzen.[123]

3.2.2 Umsatzzurechnung im Luftverkehr

630. Ryanair meldete am 30. Oktober 2006 sein Vorhaben in Brüssel an, die alleinige Kontrolle über Aer Lingus zu übernehmen.[124] Die beteiligten Unternehmen sind Fluggesellschaften, die Kurzstrecken-Linienflüge anbieten und jeweils über eine große, wichtige Basis am Dubliner Flughafen verfügen. Die Zuständigkeit der Europäischen Kommission nach Artikel 1 Abs. 2 FKVO war ausgeschlossen, weil die Parteien die erforderliche 5 Mrd. Euro-Umsatzgrenze nicht erreichten. Für die Anwendung des Artikel 1 Abs. 3 FKVO war entscheidend, ob die Umsätze der Zusammenschlussbeteiligten zusammen in mindestens drei Mitgliedstaaten mehr als 100 Mio. Euro und einzeln in mindestens drei dieser Mitgliedstaaten mehr als 25 Mio. Euro betrugen. Ob diese Voraussetzungen erfüllt waren, hing von der örtlichen Zuordnung der auf Hin- und Rückflügen erzielten Umsätze ab. Laut Artikel 5 Abs. 1 FKVO umfasst der in der Gemeinschaft oder einem Mitgliedstaat erzielte Umsatz den Umsatz, der mit

---

[122] Vgl. Monopolkommission, Hauptgutachten 2002/2003, a. a. O., Tz. 1 ff.
[123] Der EuGH hat im März 2008 entschieden, dass Spanien mit den gegen E.ON verhängten Auflagen gegen Artikel 21 FKVO verstoßen hat; Urteil vom 6. März 2008, Rs. C-196/07.
[124] Vgl. Tz. 692 ff., 757 ff.

Waren und Dienstleistungen in der Gemeinschaft oder diesem Mitgliedstaat erzielt wurde. Nach der Mitteilung der Kommission über die Berechnung des Umsatzes richtet sich der Ort des Umsatzes danach, wo sich der Kunde zur Zeit der Transaktion befindet.[125] Der Umsatz ist dem Standort des Kunden zuzuordnen, da in den allermeisten Fällen dort der Vertrag zustande kommt, der entsprechende Umsatz erzielt wird und Wettbewerb mit anderen Anbietern stattfindet.

631. In früheren Entscheidungen zum Luftverkehr hatte die Europäische Kommission verschiedene Alternativen der Umsatzzurechnung erwogen. So war eine 50/50-Aufteilung der Umsätze auf den Abflug- und Ankunftsort ebenso in Betracht gezogen worden wie eine vollständige Zurechnung zu dem Ort des Ticketverkaufs. Die anfängliche Überlegung, Umsätze ausschließlich dem Ankunftsland zuzurechnen, hat die Europäische Kommission zwischenzeitlich wieder verworfen. Da die vorgeschlagenen Alternativen in früheren Fällen nicht zu unterschiedlichen Ergebnissen geführt hätten, konnte die Wettbewerbsbehörde die genaue Zurechnung bislang offen lassen. In der jetzt vorliegenden Verfügung lehnt die Europäische Kommission eine Zurechnung der auf dem Hin- und Rückflug erzielten Umsätze ausschließlich zum Ankunftsland ab. Sie verwirft außerdem die von Aer Lingus vorgeschlagene Zuordnung ausschließlich zum Abflugland. Nach beiden Ansätzen wäre die Kommission für die fusionskontrollrechtliche Prüfung nicht zuständig gewesen. Die Wettbewerbsbehörde verneint daneben eine Zurechnung zum Verkaufsort, wie sie noch in der Mitteilung zur Umsatzberechnung vorgeschlagen wird. Zur Begründung führt die Europäische Kommission an, dass ein erheblicher Teil der Tickets beider Fluggesellschaften über das Internet erworben werde und der jeweilige Verkaufsort deshalb nicht feststellbar sei. Außerdem gelte beim Internetvertrieb in der Regel die Vermutung nicht, wonach der Verkaufsort und der Ort der Dienstleistungserbringung übereinstimmten. Die Europäische Kommission spricht sich schließlich dafür aus, entweder die Umsätze hälftig auf das Abflug- und das Ankunftsland aufzuteilen oder sie zwar dem Abflugland zuzuordnen, Hin- und Rückflug aber als zwei Flüge zu behandeln. Nach Auffassung der Europäischen Kommission spiegelt die hälftige Aufteilung den transnationalen Charakter der Dienstleistung wider und erlaubt eine einfache und rechtssichere Anwendung. Für die Zuordnung zum jeweiligen Abflugland bei Hin- und Rückflug spreche, dass die Kunden auch beide Flüge bei verschiedenen Anbietern buchen könnten. Nach beiden Alternativen ist die Europäische Kommission im vorliegenden Fall zuständig.

632. Die Monopolkommission lehnt beim Internetvertrieb – ebenso wie die Europäische Kommission – eine Zuordnung zum Ort des Vertragsschlusses als unpraktikabel und wenig sachgerecht ab. Oftmals werden den betroffenen Unternehmen die entsprechenden Daten nicht

oder nicht ohne weiteres zur Verfügung stehen. Zudem dürfte der Ort des Vertragsschlusses häufig nicht identisch mit dem Ort sein, an dem die erworbene Dienstleistung zu erbringen ist. Diese Auffassung kommt auch in der konsolidierten Mitteilung der Kommission zu Zuständigkeitsfragen zum Ausdruck, mit der die Mitteilung über die Umsatzberechnung im Juli 2007 abgelöst wurde.[126] Hiernach ist, sofern die fragliche Dienstleistung nicht über das Internet geliefert wird, der Ort für die Zurechnung zugrunde zu legen, an dem die charakteristische Handlung im Rahmen des Vertrags durchgeführt wird. Geht man vom Ort der Erbringung der Dienstleistung aus, erscheint eine ausschließliche Zuordnung zum Abflug- oder Ankunftsort nicht sinnvoll, denn bei einem Hin- und Rückflug wird die Dienstleistung an beiden Orten erbracht. Dieser Auffassung entsprechen beide von der Europäischen Kommission vertretenen Alternativen. Eine Entscheidung musste sie nicht treffen, weil im vorliegenden Fall beide Methoden zu demselben Ergebnis führten.

3.2.3 Zuständigkeit und Abhilfemaßnahmen

633. Der Europäische Gerichtshof (EuGH) hat in seinem Urteil Cementbouw/Kommission wichtige Feststellungen zur Zuständigkeit der Europäischen Kommission getroffen.[127] Dem Urteil lag eine Entscheidung der Europäischen Kommission vom Juni 2002 zugrunde, mit der das Zusammenschlussvorhaben Haniel/Cementbouw/JV (CVK) nach Durchführung der zweiten Verfahrensphase nur unter Bedingungen und Auflagen genehmigt worden war. Cementbouw legte gegen die Entscheidung am 11. September 2002 Klage beim Gericht erster Instanz ein. Das Gericht folgte jedoch keinem der vorgebrachten Argumente und wies die Klage ab.[128] Am 3. Mai 2006 legte Cementbouw Rechtsmittel beim EuGH gegen das erstinstanzliche Urteil ein. Die Klägerin macht unter anderem geltend, die Zuständigkeit der Europäischen Kommission nach der Fusionskontrollverordnung werde nicht ausschließlich durch den Zusammenschluss in der Form, wie er angemeldet worden sei, sondern durch den tatsächlich vollzogenen Zusammenschluss begründet. Dies gelte für den Fall, dass die Parteien das Zusammenschlussvorhaben nach dessen Anmeldung geändert hätten, wobei solche Änderungen auch aus einem Zusagenvorschlag resultieren könnten.

634. Der Europäische Gerichtshof hat diese Argumentation – nach Auffassung der Monopolkommission zu Recht – verworfen. Zur Begründung führt der EuGH aus, dass die Fusionskontrollverordnung gemäß Artikel 21 FKVO auf einer exakten Verteilung der Zuständigkeiten zwischen den nationalen und den gemeinschaftlichen Behörden beruhe. Die Fusionskontrollverordnung enthalte darüber hinaus Bestimmungen wie Artikel 10 Abs. 1 und 2

---

[125] Mitteilung der Kommission über die Berechnung des Umsatzes im Sinne der Verordnung (EWG) Nr. 4064/89 des Rates über die Kontrolle von Zusammenschlüssen, ABl. EG Nr. C 66 vom 2. März 1998, S. 25, hier: S. 32, Rn. 45.

[126] Konsolidierte Mitteilung der Kommission zu Zuständigkeitsfragen gemäß der Verordnung (EG) Nr. 139/2004 des Rates über die Kontrolle von Unternehmenszusammenschlüssen, 10. Juli 2007, Rn. 196.
[127] EuGH, Urteil vom 18. Dezember 2007, Rs. C-202/06 P, Cementbouw/Kommission, Rn. 39.
[128] EuG, Urteil vom 23. Februar 2006, Rs. T-282/02, Cementbouw/Kommission, Slg. 2006, II-319.

FKVO, die darauf abzielten, die Dauer der fusionskon-trollrechtlichen Verfahren aus Gründen der Rechtssicher-heit und im Interesse der betroffenen Unternehmen zu be-grenzen. Dieses Bemühen um Rechtssicherheit erfordere, dass sich die für die Prüfung eines konkreten Zusammen-schlussvorhabens zuständige Behörde auf vorhersehbare Weise bestimmen lasse. Das Gebot der Zügigkeit, das die allgemeine Systematik der Fusionskontrollverordnung charakterisiere, erfordere zudem, dass nach Artikel 1 Abs. 2 und 3 sowie Artikel 5 FKVO einmal begründete Zuständigkeit der Europäischen Kommission für einen bestimmten Vorgang nicht jederzeit wieder infrage ge-stellt oder ständig Änderungen unterworfen werden könne. Die Europäische Kommission verliere zwar ihre Zuständigkeit für die Prüfung eines Zusammenschlusses, wenn die beteiligten Unternehmen ihr Vorhaben vollstän-dig aufgeben. Anders verhalte es sich jedoch, wenn die Beteiligten nur für einen Teil ihres Vorhabens Änderun-gen vorschlagen. Solche Vorschläge könnten nicht dazu führen, dass die Europäische Kommission zur Überprü-fung ihrer Zuständigkeit gezwungen werde, da andern-falls die betreffenden Unternehmen den Ablauf des Ver-fahrens und die Wirksamkeit der vom Gesetzgeber gewollten Kontrolle erheblich stören könnten, indem sie die Kommission zwingen, ständig ihre Zuständigkeit statt die Sache materiell-rechtlich zu prüfen. Demgemäß müsse die Zuständigkeit der Wettbewerbsbehörde für die Prüfung eines Zusammenschlusses zu einem bestimmten Zeitpunkt für die gesamte Dauer des Verfahrens festste-hen. Dieser Zeitpunkt hat nach Auffassung des EuGH in engem Zusammenhang mit der Anmeldung zu stehen.

3.3 Marktabgrenzung

635. Es fällt auf, dass die Europäische Kommission während des Berichtszeitraums in einer Reihe von Ent-scheidungen die Marktabgrenzung ausführlich behandelt und dabei detaillierter als früher auf die Nachfrage- und die Angebotssubstituierbarkeit eingeht. Bei der Marktde-finition wendet die Europäische Kommission verschie-dene Analysemethoden an. Einerseits nimmt sie – wie etwa in den Fällen Cargill/Degussa Food Ingredients und Ineos/BP Dormagen – traditionelle Marktuntersuchungen vor, die im Wesentlichen in der Befragung von Wettbe-werbern, Lieferanten und Nachfragern anhand von Frage-bögen bestehen. Andererseits nutzt sie ökonometrische Instrumente, z. B. in den Fällen Omya/Huber, Inco/ Falconbridge und Sea-Invest/ EMO-EKOM, und zwar so-wohl im Rahmen der sachlichen als auch der räumlichen Marktabgrenzung. Soweit ersichtlich, überwiegen selbst in den Zweite-Phase-Verfahren die Fälle, in denen die Marktabgrenzung auf der Grundlage einer traditionellen Marktuntersuchung vorgenommen wird. Es gibt aber auch Entscheidungen wie Omya/Huber, bei denen die Europäische Kommission die durchgeführte Anbieter- und Kundenbefragung um eine ökonometrische Untersu-chung ergänzt, oder Sea-Invest/EMO-EKOM, bei denen die quantitative Analyse im Vordergrund steht.

636. Bemerkenswert ist die Entwicklung hin zu einer weniger starren Marktabgrenzung, die im Berichtszeit-raum zu erkennen ist. In mehreren Fällen – unter anderem

in den Entscheidungen Omya/Huber, Glatfelder/ Crompton und Travelport/Worldspan – wird eine gewisse Aufweichung von Marktgrenzen sichtbar. In der Praxis definiert die Europäische Kommission zwar einen rele-vanten sachlichen Markt – oft unter explizitem Aus-schluss bestimmter benachbarter Produkte. Gleichzeitig erklärt sie aber, dass von diesen benachbarten Produkten ein gewisser Wettbewerbsdruck auf die Zusammen-schlussparteien ausgehe bzw. nicht ausgeschlossen wer-den könne und deshalb bei der weiteren wettbewerblichen Würdigung zu berücksichtigen sei.

3.3.1 Traditionelle Marktuntersuchung und ökonometrische Verfahren

637. In dem Verfahren Glatfelder/Crompton, das die Europäische Kommission am 20. Dezember 2006 mit ei-ner Freigabe ohne Auflagen gemäß Artikel 8 Abs. 1 FKVO abgeschlossen hat, wird die Marktdefinition nach der traditionellen Methode vorgenommen.[129] Auffällig ist, dass die Europäische Kommission gleich zu Beginn ihrer Entscheidung darlegt, welche Unternehmen und In-stitutionen befragt worden sind und Informationen gelie-fert haben. Im Mittelpunkt der Untersuchung steht die Herstellung von Vliesen, die für verschiedene Zwecke (z. B. Tee- und Kaffeefiltration, Batterieanwendungen) eingesetzt werden. Laut Angaben der Europäischen Kom-mission wurden Fragebögen an alle Lieferanten und Ab-nehmer von nassgelegten Vliesen, an Kunden, die solche Vliese zur Getränkefiltration verwenden, und an Kunden, die diese Vliese für Batterieanwendungen einsetzen, ge-schickt. Bei der Wettbewerbsbehörde seien Antworten von vier Lieferanten, von 16 Abnehmern aus dem Be-reich der Getränkefiltration und von vier Batterieherstel-lern eingegangen. Außerdem wird angeführt, dass die Antworten sowohl von Klein- als auch von Großabneh-mern stammen, wobei eine große Mehrheit der Großab-nehmer geantwortet habe. Aus der Darstellung geht wei-ter hervor, dass die Europäische Kommission andere beteiligte Unternehmen, Lieferanten der Ausgangsstoffe, einen Hersteller von Ausrüstungen für die Vliesproduk-tion sowie eine unabhängige Zertifizierungsstelle befragt hat. Zudem wird berichtet, dass Glatfelter mehrfach An-gaben – teilweise nach Aufforderung – nachgereicht hat.

638. Die Monopolkommission begrüßt die Bemühun-gen der Europäischen Kommission, ihre Informations-quellen transparenter zu gestalten. In den meisten Ent-scheidungen wird nur allgemein auf die Antworten der befragten Unternehmen und Institutionen verwiesen, ohne dass erkennbar wird, wer im Einzelnen befragt wurde und wer bzw. wie viele der Befragten geantwortet haben. Einige solcher Unklarheiten beseitigt die Europäi-sche Kommission in der vorliegenden Entscheidung. Of-fen bleibt allerdings auch hier die genaue Zahl der befrag-ten Lieferanten und Abnehmer und daraus folgend das Gewicht, das den konkret bezifferten, abgegebenen Ant-worten beizumessen ist. Künftige Entscheidungen sollten deshalb entsprechende Angaben enthalten. Ferner ist

---

[129] Vgl. Tz. 647 ff., 706 ff.

positiv zu bewerten, dass die Europäische Kommission im Rahmen der Marktabgrenzung genauer als in früheren Entscheidungen wiedergibt, dass zu bestimmten Fragen auch unterschiedliche Meinungen seitens der Wettbewerber oder Abnehmer vertreten wurden. Ein solches Vorgehen trägt in der Regel zu einem differenzierteren Bild und einer korrekteren Erfassung der Verhältnisse auf dem betroffenen Markt bei. So verneinten laut Entscheidungsbegründung beispielsweise neun der Befragten die Frage, ob Alternativmaterialien zur Herstellung nassgelegter Vliese in Betracht gezogen werden. Vier Befragte gingen jedoch von einem allgemeinen Trend zu Alternativmaterialien aus. Vor diesem Hintergrund stellt die Europäische Kommission fest, dass nassgelegte Vliese aus Alternativmaterialien zwar nicht zum relevanten sachlichen Markt gehören, aber einen gewissen Wettbewerbsdruck auf die Zusammenschlussparteien ausüben.

639. In der Entscheidung Inco/Falconbridge untersucht die Europäische Kommission den Markt für Nickelprodukte und grenzt diesen nach verschiedenen Endanwendungen – unter anderem für die Galvanisierungs- und Galvanoformungsindustrie, für die Edelstahlherstellung sowie für Superlegierungen – ab.[130] Zur Begründung führt sie im Wesentlichen die fehlende Nachfrage- und Angebotssubstituierbarkeit sowie unterschiedliche Preise an. Nach Erkenntnissen der Wettbewerbsbehörde werden die Preise für die meisten Nickelprodukte nach den Vorgaben der Londoner Metallbörse festgesetzt, wobei abhängig von den technischen Merkmalen und der vorgesehenen Endverwendung der Nickelprodukte eine gewisse Marge hinzugerechnet oder abgezogen wird. Die Europäische Kommission untersucht daneben die Korrelation zwischen den Preisaufschlägen für Nickel für die Galvanisierungs- und die Galvanoformungsindustrie einerseits und für Nickelprodukte zur Edelstahlherstellung andererseits. Sie nutzt dazu von den Parteien übermittelte Daten für den Zeitraum von Januar 2001 bis Dezember 2005 und kommt zu dem Ergebnis, dass der Koeffizient der Korrelation im Bereich -0,020 liegt. Dieser Bereich sei hinreichend nahe Null für die Annahme, dass zwischen den Preisauf- bzw. -abschlägen kein statistisch signifikanter Zusammenhang bestehe und somit kein gemeinsamer sachlicher Markt existiere. Die Einwände der Zusammenschlussparteien überzeugen die Europäische Kommission zu Recht nicht. Insbesondere haben die Parteien keine Argumente dafür geliefert, dass trotz signifikanter Differenzen bei den Preisaufschlägen ein gemeinsamer Markt vorliegt. Soweit aus der öffentlichen Fassung der Entscheidung ersichtlich, hat die Europäische Kommission ferner ihre Analyse auf umfassenderes Datenmaterial gestützt als die Parteien. Schließlich hat Inco laut Entscheidung keine substantiierten Belege für die Darstellung vorgelegt, dass leistungsfähigere statistische Instrumente zu einem gegenteiligen Ergebnis führen würden.

640. In dem Verfahren Omya/Huber wird die herkömmliche sachliche Marktabgrenzung durch eine ausführliche

ökonometrische Analyse ergänzt.[131] Die Europäische Kommission hat mit Entscheidung vom 19. Juli 2006 den Erwerb des amerikanischen Unternehmens Huber durch die Schweizer Firma Omya in der zweiten Verfahrensphase unter Auflagen freigegeben. Der geplante Zusammenschluss wirkt sich auf die Herstellung und Lieferung von Industriemineralen für Füll- und Streichanwendungen in der Papierindustrie aus. Zu den hier betroffenen Industriemineralen für die Papierindustrie gehören insbesondere gemahlenes Calciumcarbonat (GCC) und gefälltes Calciumcarbonat (PCC) sowie Gemische dieser beiden Produkte. Omya produziert eine breite Palette von Industriemineralen für verschiedene Wirtschaftszweige, wohingegen Huber lediglich PCC für Füllanwendungen anbietet. Weitere große Wettbewerber sind SMI und Imerys, kleiner sind Schaefer Kalk sowie Solvay.

641. Im Rahmen der sachlichen Marktabgrenzung geht die Europäische Kommission zunächst der Frage nach, ob Calciumcarbonate für Füll- und für Streichanwendungen demselben Markt angehören und verneint dies nach einer Überprüfung von Nachfrage- und Angebotssubstituierbarkeit. In einem weiteren Schritt untersucht sie, ob einerseits alle Calciumcarbonate für Füllstoffe und andererseits alle Calciumcarbonate für Streichpigmente jeweils einem Markt zuzurechnen sind. Um herauszufinden, ob GCC und PCC aus Nachfragesicht austauschbar sind, nimmt die Europäische Kommission bei Füllstoffen sowohl eine herkömmliche Marktuntersuchung als auch eine ökonometrische Analyse vor. Die traditionelle Marktuntersuchung kommt laut Europäischer Kommission zu widersprüchlichen Belegen für die Austauschbarkeit von PCC und GCC. Für diese spreche, dass zahlreiche Kunden die ähnliche Qualität und die gegenseitige Substituierbarkeit der Produkte bestätigten. Mehrere Papierhersteller erklärten, dass sie im Falle eines signifikanten und dauerhaften Preisanstiegs für eines der Calciumcarbonate auf die jeweils andere Sorte umstellen würden. Die Europäische Kommission legt darüber hinaus Belege dafür vor, dass in der Vergangenheit einige Papierfabriken von der Verwendung von GCC zu PCC übergegangen sind. Sie folgert daraus, dass das Angebot von PCC für Füllstoffe einen gewissen Wettbewerbsdruck auf die Lieferanten von GCC ausübt. Andererseits stellt die Europäische Kommission fest, dass die tatsächlich wahrgenommene Substituierbarkeit in starkem Maß von der Erfahrung des Papierfabrikanten, den hergestellten Papiersorten und der eingesetzten technischen Ausrüstung abhänge. Ferner habe die Marktuntersuchung ergeben, dass eine Umstellung bei bestimmten Papiermaschinen nicht möglich sei. Eine Umstellung sei außerdem mit einigen Kosten verbunden und erfordere gegebenenfalls, eine Papiermaschine für eine bis mehrere Wochen anzuhalten. Die Kosten seien in der Praxis schwer abzuschätzen und fielen bei verschiedenen Maschinen unterschiedlich aus.

642. Um ihre Thesen bezüglich des Substitutionsverhaltens der Papierhersteller zu überprüfen, führt die Europäische Kommission eine ökonometrische Studie durch. Sie

---

[130] Vgl. Tz. 675 ff., 693 ff., 737 ff.

[131] Vgl. Tz. 664 ff.

greift dazu auf eine von ihr im Laufe des Verfahrens aufgebaute Datenbank zu. Diese enthält unter anderem Informationen darüber, welche Hersteller an welche Anbieter welche Mengen zu welchen Preisen geliefert haben bzw. nicht geliefert haben. Konkret nutzt die Europäische Kommission ein genestetes Logit-Modell, um die durchschnittliche Wahrscheinlichkeit zu ermitteln, mit der ein bestimmter Papierhersteller Calciumcarbonat bei einem bestimmten Lieferanten bezieht.[132] Sie geht dabei von einem zweistufigen Entscheidungsprozess aus: Bei einer Preiserhöhung des bisherigen Lieferanten von PCC (GCC) betrachtet der Papierhersteller zunächst alternative Anbieter von PCC (GCC) und zieht erst danach auch Anbieter von GCC (PCC) in Betracht. Die dargestellten Semielastizitäten geben an, wie sich bei einer 1-prozentigen (gemeint ist wohl marginalen) Preiserhöhung die Wahrscheinlichkeit, bei einem bestimmten Lieferanten Calciumcarbonat zu beziehen, verändert. Die Europäische Kommission kommt z. B. zu dem Ergebnis, dass die Wahrscheinlichkeit, dass bei Omya GCC gekauft wird, um 19,48 Prozent sinkt, wenn Omya den Preis für GCC um 1 Prozent erhöht.[133] Die Wahrscheinlichkeit, dass stattdessen GCC vom Wettbewerber Imerys bezogen wird, steigt gleichzeitig um 6,3 Prozent. Die Wahrscheinlichkeit, dass Kunden auf PCC von Huber, SMI und Omya umsteigen, erhöht sich in den beiden ersten Fällen jeweils um 2,96 Prozent, im dritten Fall um 2,25 Prozent.

643. Laut Europäischer Kommission ergibt sich aus der Analyse, dass Füllstoff-PCC-Anlagen für derzeitige Käufer von GCC nicht so attraktiv sind wie Füllstoff-GCC-Anlagen. Werden die Preise für GCC angehoben, ist ein Wechsel zu einem der anderen GCC-Hersteller wesentlich wahrscheinlicher als der Wechsel zu PCC. Andererseits stellt sie fest, dass anhand der Ergebnisse der ökonometrischen Betrachtung nicht ausgeschlossen werden kann, dass einige PCC-Anlagen durchaus eine realistische Alternative für derzeitige Abnehmer von Füllstoff-GCC darstellen und daher einen gewissen Wettbewerbsdruck auf Lieferanten von GCC für Füllstoffe ausüben. Bei einer Erhöhung der Preise für PCC ergibt sich hingegen, dass für die Kunden von Omya und SMI die bevorzugte Alternative die GCC-Anlagen von Omya sind. Die Kunden können aber als zweitbeste Wahl auf eine andere PCC liefernde Fabrik zurückgreifen. Für die PCC-Kunden von Huber hingegen ist die PCC-Anlage von Omya die bevorzugte Alternative. Zusammenfassend stellt die Europäische Kommission fest, dass zahlreiche Kunden PCC und GCC für Füllstoffe wegen sehr ähnlicher Merkmale prinzipiell als substituierbar ansehen, wenngleich die Fähigkeit und die Anreize der Kunden, Calciumcarbonate auszutauschen, wegen bestehender technischer

und wirtschaftlicher Hindernisse eingeschränkt sein könne. Sowohl die Marktuntersuchung als auch die ökonometrische Analyse hätten ergeben, dass das Angebot von PCC einen gewissen Wettbewerbsdruck auf das Angebot von GCC ausübe und umgekehrt. Die Europäische Kommission hält es im Ergebnis für wahrscheinlicher, dass alle Calciumcarbonate für Füllstoffe demselben sachlich relevanten Markt angehören als dass GCC, PCC und Gemische separate Märkte darstellen.

644. Die Monopolkommission bewertet es prinzipiell positiv, wenn traditionelle Untersuchungsmethoden durch ökonometrische Analysen ergänzt werden, weil dadurch Fehlerquellen aufgedeckt und die wettbewerbliche Einschätzung verbessert werden kann. Der vorliegende Fall gibt allerdings zu folgenden Anmerkungen Anlass. Zum einen weicht das Ergebnis der traditionellen Marktuntersuchung in gewisser Hinsicht von der ökonometrischen Analyse ab, ohne dass die Europäische Kommission dies kommentiert. Aufgrund der traditionellen Marktuntersuchung entsteht der Eindruck, dass von PCC ein stärkerer Wettbewerbsdruck auf GCC ausgeht als von GCC auf PCC. Aus der ökonometrischen Studie ergibt sich hingegen, dass GCC schwerer durch PCC zu ersetzen ist als umgekehrt, der Wettbewerbsdruck also eher von GCC auf PCC wirkt. Zum anderen vermisst der Leser die Angabe von Standardfehlern oder Signifikanzniveaus, um einschätzen zu können, mit welcher Wahrscheinlichkeit die Schätzung die wahren Werte ermitteln konnte. Darüber hinaus bleibt fraglich, ob an dieser Stelle der Entscheidung überhaupt eine ökonometrische Analyse erforderlich war, denn die traditionelle Marktuntersuchung hatte bereits relativ eindeutige Ergebnisse zugunsten der Substituierbarkeit von GCC und PCC erbracht. Die von der Europäischen Kommission hierzu angeführten Gegenargumente erscheinen schwach. So sind mit einem Austausch der benutzten Rohstoffe regelmäßig gewisse Kosten verbunden, die Höhe dieser Kosten wird jedoch von der Europäischen Kommission nicht beziffert und bleibt daher vage. Der Leser kann nicht nachvollziehen, ob die erwähnten Kosten eine Substitution tatsächlich verhindern. Die Europäische Kommission macht ferner keinerlei nähere Angaben über Zahl und Bedeutung der Papiermaschinen, die ihrer Ansicht nach ungeeignet für eine Umstellung sind.

645. Die Frage, ob die Erstellung einer ökonometrischen Studie unter den genannten Umständen sinnvoll ist, drängt sich vor allem vor dem Hintergrund der langen Verfahrensdauer im vorliegenden Fall auf. Nach Übermittlung der Verweisungsanträge durch die nationalen Wettbewerbsbehörden im April 2005 folgte die Anmeldung durch Omya im August 2005. Die abschließende Entscheidung erging erst ein knappes Jahr später im Juli 2006. Ursächlich dafür waren mehrere Auskunftsverlangen der Europäischen Kommission gemäß Artikel 11 Abs. 3 FKVO mit der Folge der Fristhemmung. Die Vermutung liegt nahe, dass die außergewöhnlich lange Verfahrensdauer mit der durch die Europäische Kommission vorgenommenen ökonometrischen Analyse sowie dem dadurch verursachten Datenbedarf zusammenhängt. Gerade im vorliegenden Fall erscheint es indes zweifelhaft,

---

[132] Das Logit-Modell schätzt die Beziehung zwischen einer diskreten abhängigen Variablen Y und einer oder mehreren unabhängigen Variablen X. Unterstellt wird eine kumulativ logistische Verteilungsfunktion. Die Regressionskoeffizienten geben Auskunft darüber, welchen Einfluss die unabhängigen Variablen auf den Eintritt des Ereignisses Y haben. Das „nested" (geschachtelte) Logit-Modell ist eine Erweiterung, mit der Korrelationen zwischen alternativen Ereignissen abgebildet werden können.

[133] Kommissionsentscheidung, Rn. 174.

ob der Erkenntnisgewinn durch die vorgenommene Untersuchung und die mit ihr einhergehenden Nachteile für die betroffenen Unternehmen noch in einem ausgewogenen Verhältnis stehen.

3.3.2 „Wettbewerbsdruck"

646. Das Ergebnis der Marktabgrenzung in dem Fall Omya/Huber ist symptomatisch für eine Entwicklung der Entscheidungspraxis, die auch in anderen Zusammenschlussfällen erkennbar wird. In früheren Verfahren versuchte die Europäische Kommission regelmäßig, eine möglichst klare und trennscharfe Marktdefinition vorzunehmen. Diese war – insbesondere bei differenzierten Produkten – häufig angreifbar. Nunmehr scheint mehr das Bewusstsein in den Mittelpunkt gerückt zu sein, dass die Übergänge zwischen verschiedenen Produkten oft fließend sind, was eine strikte Abgrenzung erschwert. In diese Richtung weist die Schlussfolgerung der Europäischen Kommission im Verfahren Omya/Huber, wonach es „wahrscheinlicher" sei, dass alle Füllstoff-Calciumcarbonate einen gemeinsamen Markt bilden, als dass es sich um verschiedene Teilmärkte handele. In anderen Entscheidungen grenzt die Europäische Kommission zwar nach vertiefter Prüfung bestimmte Produkte aus dem sachlich relevanten Markt aus. Sie bejaht im Anschluss daran aber einen „gewissen Wettbewerbsdruck" oder eine „Wettbewerbsbeschränkung", die von diesen Produkten auf die Zusammenschlussparteien ausgehen und bei der weiteren wettbewerblichen Würdigung zu berücksichtigen seien.

647. Am 20. Dezember 2006 gab die Europäische Kommission den Zusammenschluss Glatfelder/Crompton in der zweiten Verfahrensphase ohne Bedingungen und Auflagen frei.[134] Entgegen der Auffassung der Zusammenschlussparteien geht die Europäische Kommission von einem separaten Markt für nassgelegte Vliese für die Kaffee- und Teefiltration aus. Im Rahmen der Marktabgrenzung setzt sich die Europäische Kommission ausführlich mit den Aspekten der Nachfragesubstituierbarkeit und der Angebotssubstituierbarkeit auseinander. Nach Auffassung der Europäischen Kommission sind nassgelegte Vliese für die Tee- und Kaffeefiltration aus Nachfragesicht nicht durch andere Arten von nassgelegtem Vlies zu ersetzen. Die verschiedenen Endanwendungen erforderten vielmehr unterschiedliche Materialeigenschaften wie Durchlässigkeit, Dicke und Biegsamkeit. Nassgelegte Vliese für einzelne Anwendungen durchliefen ferner bei bestimmten Abnehmern ein Qualifizierungsverfahren, damit die Einhaltung von Qualitätsnormen für das Endprodukt sowie die Kompatibilität mit den Verarbeitungsmaschinen des Abnehmers sichergestellt seien. Nach den Ermittlungen der Europäischen Kommission unterscheiden sich nassgelegte Vliese für die Tee- und Kaffeefiltration von anderen Vliesen ferner dadurch, dass Erstere geschmacksneutral sein und die einschlägigen lebensmittelrechtlichen Anforderungen erfüllen müssen. Die Wettbewerbsbehörde verneint außerdem die

Nachfragesubstituierbarkeit zwischen verschiedenen Filtermaterialien. In der Befragung hatten lediglich vier Unternehmen einen allgemeinen Trend hin zu Alternativmaterialien wie Spinnvlies oder Nylongewebe bejaht, während neun Unternehmen einen solchen Trend negierten. Die Europäische Kommission ermittelt darüber hinaus technische und wirtschaftliche Schwierigkeiten bei dem Wechsel zu den genannten Alternativmaterialien.

648. Darüber hinaus lehnt die Europäische Kommission das Vorliegen von angebotsseitiger Substituierbarkeit ab. Ihren Ermittlungen zufolge sind einige der eingesetzten Papiermaschinen flexibel einsetzbar, die meisten dieser Maschinen sind jedoch für einen bestimmten Verwendungszweck ausgelegt und daher für die Produktion einer bestimmten Sorte nassgelegten Vlieses optimiert. Einige dieser Maschinen könnten nicht oder nur mit sehr hohen Investitionen umgerüstet werden. Selbst bei solchen Maschinen, die in der Lage sind, nassgelegtes Vlies für die Tee- und Kaffeefiltration herzustellen, aber gegenwärtig nicht dazu verwendet werden, seien beträchtliche Investitionen erforderlich. Außerdem dauere die Umrüstung etwa sechs Monate. Eine Umstellung sei daher nur für jene Hersteller einfach zu bewältigen und mit geringen Kosten verbunden, die über das notwendige Know-how und über geeignete Maschinen für die Herstellung dieser Vliesarten sowie über entsprechende Zertifizierungen und Qualifizierungen bei den einzelnen Abnehmern verfügten. Damit dürften die Hersteller gemeint sein, die bereits jetzt in der Produktion von Vliesen für die Tee- und Kaffeefiltration tätig sind und darüber hinaus andere Arten von Vliesen produzieren. Als Fazit stellt die Europäische Kommission fest, dass der Markt für nassgelegtes Vlies für die Tee- und Kaffeefiltration sachlich relevant ist. Daneben werde sie das Bestehen eines (wenn auch sehr niedrigen) Wettbewerbsdrucks durch Alternativmaterialien auf der Nachfrageseite sowie durch andere nassgelegte Vliese auf der Angebotsseite bei der wettbewerbsrechtlichen Würdigung berücksichtigen.

649. Nach Auffassung der Monopolkommission trägt die Europäische Kommission mit ihrem Vorgehen einerseits dem Umstand Rechnung, dass die Grenzen zwischen verschiedenen Produkten in aller Regel nicht starr, sondern fließend verlaufen. Auf der anderen Seite bleibt sie mit einem Kriterium wie „gewisser Wettbewerbsdruck" oder „gewisse Wettbewerbsbeziehungen" relativ vage und behält sich damit einen großen Spielraum bei der weiteren Bewertung des Zusammenschlusses vor. Abzuwarten bleibt, ob diese Vorgehensweise vor dem EuGH Bestand haben wird. Zweifelhaft ist das in Fällen, in denen die Europäische Kommission bei ihrer wettbewerblichen Würdigung auf das Kriterium der Marktbeherrschung abstellt. Die Frage nach der Entstehung oder Verstärkung einer marktbeherrschenden Stellung setzt die Definition eines sachlich und räumlich relevanten Marktes als klaren Bezugsrahmen voraus. Führt man an den Rändern dieses Marktes Toleranzmargen ein, muss man zumindest angeben, wie groß diese Margen sind. Auch die Feststellung einer erheblichen Behinderung wirksamen Wettbewerbs setzt Nachvollziehbarkeit der Entscheidung voraus. Wegen der unscharfen Konturen des SIEC-

---

[134] Vgl. Tz. 637 ff., 706 ff.

Tests sind die Stimmigkeit der Begründung und die Konsistenz des Verfahrens dort besonders wichtig. Sie liegen nur dann vor, wenn die Europäische Kommission innerhalb der jeweiligen Entscheidung konsistent argumentiert. Jedenfalls in den Fällen Glatfelder/Crompton und Travelport/Worldspan bestehen daran Zweifel.

650. In dem Fall Glatfelder/Crompton führt die Europäische Kommission im Rahmen der Marktabgrenzung aus, dass nur Hersteller, die bereits nassgelegte Vliese produzieren, ihre sonstigen Maschinen zur Vliesherstellung mit geringen Kosten umstellen können. In der wettbewerblichen Würdigung argumentiert die Europäische Kommission hingegen, dass kleinere bzw. potenzielle Hersteller von nassgelegten Vliesen für die Tee- und Kaffeefiltration über eine beträchtliche Kapazität für die Produktion von nassgelegten Vliesen verfügen, die ohne erhebliche Investitionen auf Anwendungen für Tee und Kaffee umgestellt werden könnte. Zumindest in Bezug auf die erwähnten potenziellen Hersteller von Tee- und Kaffeevliesen widerspricht diese Aussage der im Rahmen der Marktabgrenzung vorgenommenen Feststellung, wonach eine Umstellung nur für solche Produzenten einfach ist, die bereits Vliese für die Tee- und Kaffeefiltration herstellen.

651. Ein weiterer Widerspruch ergibt sich hinsichtlich der Feststellungen der Europäischen Kommission zu den Möglichkeiten des Wettbewerbers Ahlstrom, seine Kapazitäten zu erweitern. Im Rahmen der Marktabgrenzung stellt die Europäische Kommission fest, dass eine Umrüstung gerade für Wettbewerber wie Ahlstrom, die bereits in der Produktion von Vliesen für die Tee- und Kaffeefiltration aktiv sind, einfach zu bewerkstelligen sei. Legt man die Bekanntmachung über die Definition des relevanten Marktes zugrunde, geht die Europäische Kommission bei der Beurteilung der Angebotssubstituierbarkeit von kleinen, dauerhaften Preissteigerungen nach dem Zusammenschluss aus.[135] Im Rahmen der wettbewerblichen Würdigung kommt die Europäische Kommission zwar ebenfalls zu dem Ergebnis, dass Ahlstrom in der Lage ist, neue Maschinen zu kaufen oder vorhandene Maschinen umzurüsten. Auf diese Weise könnten die vorhandenen Kapazitäten ausgedehnt und der Verhaltensspielraum von Glatfelder/Crompton eingeschränkt werden. Diese Feststellung wird allerdings mit der Aussage Ahlstroms belegt, eine Umrüstung sei wahrscheinlich, wenn die Zusammenschlussparteien den Preis um 10 bis 30 Prozent erhöhen. Eine Preissteigerung von 10 bis 30 Prozent kann aber nicht mehr als kleine Preiserhöhung, wie sie bei der Einschätzung im Rahmen der Marktabgrenzung zugrunde gelegt wurde, angesehen werden. Es ist daher unklar, wie die Europäische Kommission unter Berücksichtigung der Aussage Ahlstroms die Angebotsumstellungsflexibilität des Unternehmens bejahen konnte.

652. Zweifel an der Konsistenz der Argumentation bestehen auch in dem Verfahren Travelword/Worldspan, das

die Europäische Kommission am 21. August 2007 mit einer Entscheidung gemäß Artikel 8 Abs. 1 FKVO abgeschlossen hat.[136] Die Parteien betreiben elektronische Distributionssysteme für Reiseleistungen, sog. global distribution systems (GDS). Nach Auffassung der Europäischen Kommission agieren die GDS-Betreiber als Intermediäre bzw. Plattformbetreiber auf einem sog. zweiseitigen Markt. Auf der einen Marktseite beliefern Reiseanbieter wie Fluggesellschaften, Autovermieter und Hotels die GDS-Betreiber mit Informationen über die von ihnen angebotenen Produkte. Auf der anderen Marktseite fragen Reisebüros die genannten Informationen nach und haben so die Möglichkeit zu umfassenden Preis- und Konditionenvergleichen sowie Reservierungen und Buchungen. Bei der Prüfung der sachlichen Marktabgrenzung nennt die Europäische Kommission vier Alternativen zu etablierten GDS, die möglicherweise in den Markt einzubeziehen seien – sog. „GDS Entrants", Metasuchmaschinen, „direct links" sowie „supplier.com". Die Einbeziehung der beiden erstgenannten Alternativen lehnt die Europäische Kommission zügig ab. Auch von den „direct links" gehe derzeit kein Wettbewerbsdruck auf die GDS-Betreiber aus, sie gehörten demnach ebenfalls nicht zum relevanten sachlichen Markt.[137] Ausführlicher setzt sich die Europäische Kommission mit der Substituierbarkeit von GDS durch „supplier.com" auseinander.

653. Als „supplier.com" bezeichnet die Europäische Kommission die Internet-Webseiten der Reiseleistungsanbieter, mittels derer direkte Buchungen seitens der Endverbraucher vorgenommen werden können. Diese Webseiten hätten sich in den letzten Jahren deutlich vermehrt, gegenwärtig betreiben alle Anbieter ihre eigene Webseite. Im Jahr 2005 wurden im Durchschnitt 20 bis 30 Prozent der Flugbuchungen direkt verkauft, 2004 waren es noch 10 bis 20 Prozent. Nach Auffassung der Europäischen Kommission haben die Reiseanbieter starke Anreize, die Nutzung von eigenen Webseiten voranzutreiben. Durch den direkten Zugang zum Endverbraucher ergäben sich beispielsweise erhebliche Kostenvorteile für die Anbieter. Außerdem könnten konventionelle Fluggesellschaften auf diesem Weg mit Billigfluglinien konkurrieren, deren Hauptvertriebskanal das Internet sei. Allerdings stellt die Europäische Kommission auch fest, dass sämtliche Fluggesellschaften – mit Ausnahme der Billigflieger – einen erheblichen Teil ihres Angebots ausschließlich über GDS vertreiben können. Der Internetvertrieb dürfte bei fast jeder Fluggesellschaft „gedeckelt" sein, die Grenze liege bei rund 20 Prozent der Gesamtbuchungen. Daraus schließt die Europäische Kommission, dass der Internetvertrieb für die überwiegende Mehrheit der Fluggesellschaften als partielles Substitut für GDS fungiere, ein weitaus größerer Teil der Leistungen aber ausschließlich

---

[135] Bekanntmachung der Kommission über die Definition des relevanten Marktes im Sinne des Wettbewerbsrechts der Gemeinschaft, ABl. EG Nr. C 372 vom 9. Dezember 1997, S. 5.

[136] Vgl. Tz. 698 ff.

[137] Ein „direct link" beruht auf einer Vereinbarung zwischen einem Anbieter von Reisedienstleistungen und einem Reisebüro. Er ermöglicht dem Reisebüro den direkten Zugang zu dem Buchungsbestand des Reiseanbieters sowie die direkte Buchung ohne Einschaltung des GDS.

unter Einschaltung von GDS-Betreibern verkauft werden könne.

654. Für die Reisebüros existieren hingegen keine Anreize, den Internetvertrieb zu fördern. Bei Direktbuchungen verlören die Reisebüros nicht nur die Anreizzahlung seitens des GDS-Betreibers, sondern eventuell auch eine Buchungsprovision seitens der Fluggesellschaft. Um diesen Verlust auszugleichen, müssten die Reisebüros von den Endkunden eine Gebühr erheben, was diese wiederum vermehrt dazu veranlasse, ihre Buchung selbst vorzunehmen. In der Befragung habe sich ergeben, dass die „supplier.com" aus Sicht der Reisebüros nicht als Substitute für ein GDS angesehen werden. Es fehle an der Möglichkeit des Preis- und Leistungsvergleichs und somit an Vielseitigkeit und Komfort. Reisebüros buchten nur dann über ein „supplier.com", wenn es keine Alternative gebe.

655. Dementsprechend lautet das Fazit der Europäischen Kommission im Rahmen der Marktabgrenzung: Da auf der einen Marktseite ein erheblicher Teil der Buchungen nur über ein GDS vertrieben werden könne und auf der anderen Marktseite die Substituierbarkeit zumindest sehr begrenzt sei, stellten auch die „supplier.com" keinen Teil des betroffenen Marktes dar. Hinzu komme, dass „supplier.com" Endverbraucher statt Reisebüros als Vertragspartner hätten. Der sachliche Markt im vorliegenden Fall wird daher als „Nur-GDS-Markt" definiert. Nichtsdestoweniger betont die Europäische Kommission, dass insbesondere der schnelle Anstieg von „supplier.com" gewisse Auswirkungen auf die Wettbewerbsbedingungen auf dem Markt für „Nur-GDS" haben werde. Diese Auswirkungen würden im Anschluss analysiert.

656. Im Rahmen der folgenden Analyse untersucht die Europäische Kommission drei mögliche „theories of harm". Besonders ausführlich setzt sich die Kommission mit der Theorie auseinander, wonach die Parteien durch den Zusammenschluss derart an Verhandlungsmacht gegenüber den Reisebüros gewinnen würden, dass sie diese starke Position auf ihr Verhältnis zu den Reiseanbietern übertragen und höhere Zahlungen von diesen verlangen könnten. Im Rahmen ihrer Beurteilung prüft die Europäische Kommission ausführlich die Verhandlungsposition der Reiseanbieter gegenüber den GDS-Betreibern, wobei der Entwicklung der „supplier.com" eine ganz entscheidende Rolle beigemessen wird. Die Europäische Kommission setzt sich auf mehreren Seiten der Entscheidung mit der Frage auseinander, inwieweit gerade durch den Internetvertrieb Wettbewerbsdruck auf die Zusammenschlussparteien ausgeübt wird. Im Ergebnis stellt die Europäische Kommission fest, dass die Entwicklung und die Zunahme von „supplier.com" die Bedingungen auf dem Markt für „Nur-GDS" fundamental geändert haben. Sie verneint auf dieser Grundlage eine Gefahr von Preiserhöhungen seitens der Parteien nach dem Zusammenschluss.

657. Obwohl der Entscheidung im Ergebnis gefolgt werden kann, wirft die geschilderte Vorgehensweise der Europäischen Kommission Fragen auf. Insbesondere ist schwer nachzuvollziehen, dass die Europäische Kommission das Produkt „supplier.com" nach ausführlicher Prüfung aus dem relevanten Markt ausnimmt, dasselbe Produkt im Rahmen der weiteren wettbewerblichen Würdigung aber als entscheidendes Argument für ausreichenden Wettbewerbsdruck auf die Zusammenschlussparteien anführt. Dieses Vorgehen ist vor allem deshalb schwer verständlich, weil gerade die Definition des relevanten Marktes Hinweise dafür erbringen soll, von welchen Produkten maßgeblicher Wettbewerbsdruck ausgeht. Vor diesem Hintergrund wäre eine Einbeziehung der „supplier.com" in den relevanten sachlichen Markt möglicherweise vorzugswürdig gewesen. An dem vorliegenden Fall werden die Schwierigkeiten sichtbar, die mit einer zweistufigen Wettbewerbsanalyse – Marktabgrenzung einerseits und wettbewerbliche Beurteilung andererseits – im Einzelfall verbunden sein können.

3.3.3 Angebotssubstituierbarkeit

658. Aus der Bekanntmachung der Kommission über die Definition des relevanten Marktes geht hervor, dass die angebotsseitige Substituierbarkeit bei der Marktabgrenzung dann berücksichtigt werden kann, wenn sie sich genauso wirksam und unmittelbar auswirkt wie die Nachfragesubstituierbarkeit. Dies setze jedoch voraus, dass die Anbieter in Reaktion auf kleine, dauerhafte Änderungen bei den relativen Preisen in der Lage seien, ihre Produktion auf die relevanten Erzeugnisse umzustellen und sie kurzfristig auf den Markt zu bringen, ohne spürbare Zusatzkosten oder Risiken zu verursachen. Seien diese Voraussetzungen erfüllt, so übten die zusätzlich auf den Markt gelangenden Produkte auf das Wettbewerbsgebaren der beteiligten Unternehmen eine disziplinierende Wirkung aus. Eine angebotsseitige Substituierbarkeit werde hingegen bei der Marktdefinition nicht berücksichtigt, wenn sie erhebliche Anpassungen bei den vorhandenen Sachanlagen und immateriellen Aktiva, zusätzliche Investitionen, strategische Entscheidungen oder zeitliche Verzögerungen mit sich bringe. In derartigen Fällen seien die Auswirkungen der Angebotssubstituierbarkeit, wie in anderen Fällen des potenziellen Wettbewerbs auch, in einem späteren Stadium zu prüfen. Während des Berichtszeitraums hat sich die Europäische Kommission im Rahmen der Marktabgrenzung vermehrt mit Fragen der angebotsseitigen Substitution auseinandergesetzt. In mehreren Verfahren ist sie detailliert auf die Angebotsumstellungsflexibilität aktueller Wettbewerber eingegangen. Dies gibt Anlass zu einer Reihe von Bemerkungen.

659. Die Bekanntmachung der Europäischen Kommission bleibt relativ vage in Bezug auf die Kriterien, die vorliegen müssen, damit die angebotsseitige Substituierbarkeit im Rahmen der Marktabgrenzung berücksichtigt werden kann. Im Wesentlichen kommt es darauf an, dass die betroffenen Produkte ohne spürbare Zusatzkosten kurzfristig auf den Markt gebracht werden können. Im Umkehrschluss erfolgt keine Berücksichtigung der Angebotssubstituierbarkeit im Rahmen der Marktdefinition, wenn diese mit erheblichen Anpassungen oder zeitlichen Verzögerungen verbunden ist. Konkretere Angaben finden sich in der Bekanntmachung nicht. Entsprechend ungenau bleiben auch die Ausführungen der Europäischen

Kommission in ihren Entscheidungen. In dem Verfahren Omya/Huber macht die Europäische Kommission keinerlei nähere Angaben über Zahl und Bedeutung der Papiermaschinen, die ihrer Ansicht nach ungeeignet für eine Umstellung sind. Ferner wird die Höhe der Kosten, die bei einer Umstellung anfallen würden, nicht näher beziffert. In dem Verfahren Glatfelder/Crompton spricht die Wettbewerbsbehörde ohne weitere Details von „beträchtlichen Investitionen", in der Entscheidung Inco/Falconbridge würde eine Umrüstung laut Kommission erhebliche Investitionen erfordern. In dem Verfahren Cargill/Degussa Food Ingredients geht die Europäische Kommission im Rahmen der wettbewerblichen Würdigung auf die Angebotsumstellungsflexibilität ein und kommt ohne nähere Erläuterung zu dem Ergebnis, dass diese ohne unerschwinglich hohe Kosten zu vollziehen sei. Mangels genauerer Angaben kann der Leser nicht nachvollziehen, ob der erforderliche Investitionsaufwand tatsächlich so hoch oder niedrig ist, dass bestimmte Produkte von dem sachlich relevanten Markt ausgenommen bzw. in ihn einbezogen werden sollten.

660. Selbst dort, wo die Europäische Kommission konkretere Ausführungen macht und die notwendigen Investitionen genau beziffert, sind ihre Schlussfolgerungen nicht ohne weiteres nachvollziehbar. Ohne zusätzliche Informationen wird nicht deutlich, ob die Anbieter bei einer nach dem Zusammenschluss erfolgenden Preiserhöhung bereit wären, eine Umrüstung ihrer Maschinen vorzunehmen. Insbesondere dürfte der Investitionsaufwand je nach Branche unterschiedlich sein, so dass die Angabe der absoluten Investitionshöhe keinen Schluss darauf zulässt, ob im Einzelfall eine angebotsseitige Substitution wahrscheinlich ist. Das Erkenntnisinteresse der Europäischen Kommission im Rahmen der Marktuntersuchung sollte deshalb nicht darauf gerichtet sein, welche absoluten Kosten bei einer Umrüstung anfallen würden. Zielführender wäre es, die Kosten der Umrüstung in Relation zu den sonstigen Kosten oder zu den auf dem betroffenen Markt erzielten Umsätzen bzw. Gewinnen zu setzen. Ferner könnte überprüft werden, ob es in der Vergangenheit zu Angebotsumstellungen gekommen ist. Hierbei sollten auch die Erfahrungen auf anderen räumlichen Märkten einbezogen werden.

661. In dem Verfahren Glatfelder/Crompton geht die Europäische Kommission im Rahmen der nachfrageseitigen Substitution nicht nur auf die Umstellungsflexibilität aktueller Wettbewerber ein, sondern prüft auch die Wahrscheinlichkeit von Markteintritten. Sie stellt fest, dass ein solcher Marktzutritt umfangreiche Investitionen – etwa 38 Mio. Euro – und relativ lange Vorlaufzeiten erfordere. Notwendig seien darüber hinaus ein Zertifizierungsverfahren, das etwa vier Wochen in Anspruch nehme, sowie gewisse Qualitätsprüfungen seitens der Abnehmer, die zwischen zwei und zwölf Monaten dauerten. Neben der Errichtung eines Werkes setze ein erfolgreicher Markteintritt zusätzlich den Aufbau eines Verkaufs- und Vertriebsnetzes sowie das Angebot technischer Dienstleistungen voraus. Aus diesen Gründen lehnt die Europäische Kommission das Vorliegen der Kriterien für die Wirksamkeit und die Unmittelbarkeit der angebotsseitigen Substituier-

barkeit, wie sie in ihrer Bekanntmachung über die Definition des relevanten Marktes dargelegt werden, ab.

662. Nach Auffassung der Monopolkommission sollte die Frage des Marktzutritts nicht im Rahmen der Marktdefinition untersucht werden, sondern im Rahmen der weiteren wettbewerblichen Würdigung berücksichtigt werden. Prinzipiell vertritt die Europäische Kommission dieselbe Ansicht, wie aus Randziffer 24 der erwähnten Bekanntmachung hervorgeht. Hiernach wird der potenzielle Wettbewerb nicht bei der Marktdefinition herangezogen, da die Voraussetzungen, unter denen potenzieller Wettbewerb eine wirksame Wettbewerbskraft darstellt, von den Markteintrittsbedingungen abhänge. Soweit erforderlich, solle diese Untersuchung in einer späteren Stufe vorgenommen werden, falls die Stellung der neuen Unternehmenseinheit Anlass zu Wettbewerbsbedenken gibt.

3.3.4 Räumliche Marktabgrenzung

663. Auch bei der räumlichen Marktabgrenzung hat die Europäische Kommission verschiedentlich auf quantitative Analysen zurückgegriffen. Das Verfahren Sea-Invest/EMO-EKOM betrifft den sachlichen Markt für Hafenumschlagsleistungen für Kohle und Eisenerz. Die Europäische Kommission nimmt anhand der im Rahmen der Marktuntersuchung übermittelten Angaben für den Antwerpener und Rotterdamer Hafen eine quantitative Analyse der Seefrachtkosten für Kohle verschiedener Herkunft vor. Sie ermittelt aufgrund der durchschnittlichen Seefrachtkosten eine nicht unerhebliche Kostendifferenz zwischen den beiden Häfen. Die quantitative Analyse bestätigt nach Ansicht der Europäischen Kommission die Bedeutung des Tiefgangs eines Frachtschiffs und der sich daraus ergebenden Kostennachteile des Hafens in Antwerpen gegenüber dem Rotterdamer Hafen. Unter anderem auf der Grundlage der Seefrachtkosten und der Kosten für den Inlandstransport grenzt die Europäische Kommission das Gebiet Rotterdam/Amsterdam/Zeeland von dem Gebiet Antwerpen/Gent/Dünkirchen als separaten räumlichen Markt ab.

664. In dem Verfahren Omya/Huber sind nach Auffassung der Europäischen Kommission die Transportkosten der entscheidende Faktor für die räumliche Marktabgrenzung.[138] Laut ihren Ermittlungen erhöht sich der Preis durch die Transportkosten z. B. bei Füllstoffen durchschnittlich um bis zu 30 bis 45 Prozent gegenüber dem Preis ab Werk. Durch die Höhe der Transportkosten sei die Entfernung, über die Calciumcarbonate zu einem akzeptablen Preis befördert werden könnten, begrenzt. Die Untersuchung habe außerdem gezeigt, dass die Preispolitik auf nationaler und regionaler Ebene uneinheitlich ist. Die Preise hingen insofern entscheidend davon ab, ob dem Kunden eine realistische alternative Bezugsquelle zur Deckung seines Bedarfs zur Verfügung steht. Daraus folgt nach Ansicht der Europäischen Kommission, dass nicht das gesamte Gebiet innerhalb von Landesgrenzen als räumlich relevanter Markt zu betrachten sei. Könnten

---

[138] Vgl. Tz. 640 ff.

z. B. zwei Papierfabriken von denselben zwei PCC-Anlagen und denselben zwei GCC-Anlagen beliefert werden, nehme die Europäische Kommission einen gemeinsamen Markt an. Falls jedoch eine dieser Papierfabriken nur von einer der beiden PCC-Anlagen beliefert werden könne, gehörten die Papierfabriken nach Ansicht der Europäischen Kommission zwei unterschiedlichen räumlich relevanten Märkten an, da die Auswahl der für sie infrage kommenden Lieferanten verschieden sei.

Um die räumlichen Märkte im Einzelnen abzugrenzen, führt die Europäische Kommission für etwa 30 PCC- und GCC-Anlagen eine Analyse durch. Sie stützt sich dabei auf die von ihr errichtete Lieferdatenbank und untersucht die maximalen Entfernungen für Lieferungen getrennt nach Art der Anlage (on-site oder off-site), nach dem jeweiligen Transportmittel (LKW, Schiff, Bahn oder kombinierter Verkehr) und nach Art des Produktes (Füll-/Streichanwendung). Die Analyse umfasst zwei Teile: Zunächst wird von der Europäischen Kommission die „realistische maximale Entfernung" ermittelt, über die bestimmte Lieferungen nicht hinausgehen. Als realistische maximale Entfernung gilt dabei eine Distanz, die von 80 Prozent aller erfassten gleichartigen Lieferungen nicht überschritten wird.[139] In einem zweiten Schritt untersucht die Europäische Kommission getrennt für jede Anlage, über welche maximale Entfernung regelmäßig Lieferungen getätigt wurden. Auch hier unterscheidet sie zwischen PCC und GCC sowie nach dem Transportmittel.[140]

665. Die Europäische Kommission hat bei der räumlichen Marktabgrenzung einen erkennbar großen Ermittlungs- und Untersuchungsaufwand betrieben. Es erscheint auch prinzipiell sinnvoll, die räumliche Marktabgrenzung bei hohen Transportkosten nach Lieferentfernungen vorzunehmen. Die Monopolkommission hat sich im letzten Hauptgutachten grundsätzlich mit der räumlichen Marktdefinition bei hohen Transportkosten auseinandergesetzt.[141] Anlass waren mehrere Verfahren des Bundeskartellamtes, in denen das Bundesgebiet in Regionalmärkte aufgeteilt wurde. Das Amt hatte in je einem Fall die Betriebsstätten des Erwerbers (Sanacorp/Anzag) und des erworbenen Unternehmens (Schneider/Classen) als Mittelpunkt für die Marktabgrenzung gewählt. Im Fall Sanacorp/Anzag hatte das Oberlandesgericht Düsseldorf kritisiert, dass die Abgrenzung der Märkte auf der Grundlage der tatsächlichen Absatzgebiete vorgenommen worden war. In demselben Fall erhob der Bundesgerichtshof Einwände dagegen, weil das Amt die Größe der regionalen Teilmärkte nach bundesweit einheitlichen Radien vorgenommen hatte. Das Gericht verlangte, dass Faktoren wie die geografischen Gegebenheiten und die jeweilige Verkehrsinfrastruktur in den betreffenden Teilmärkten berücksichtigt werden sollten. Die Monopolkommission hat darüber hinaus aufgezeigt, dass die Wahl des erwerbenden bzw. des erworbenen Unternehmens als Zentrum für den Lieferradius unterschiedli-

che Marktanteilsberechnungen zur Folge haben kann. Außerdem wies sie darauf hin, dass bei räumlicher Produktdifferenzierung wettbewerbliche Bedenken in erster Linie an dem räumlichen Näheverhältnis der Fusionsparteien sowie sonstiger Marktteilnehmer, nicht jedoch an den addierten Marktanteilen festgemacht werden sollten.

666. Die Europäische Kommission vermeidet im vorliegenden Fall die oben aufgezeigten Fehler. So ermittelt sie zwar, dass einige der untersuchten Mineralanlagen geringere Lieferentfernungen bedienten als die im ersten Untersuchungsschritt errechnete „realistische maximale Entfernung". Sie stellt aber ausdrücklich fest, dass der Grund hierfür nicht in der mangelnden Fähigkeit zu einer weiter entfernten Belieferung liege, sondern in den besonderen Marktgegebenheiten. Daher legt die Europäische Kommission ihrer weiteren wettbewerblichen Würdigung die „realistische maximale Entfernung" zugrunde und vermeidet so den Zirkelschluss, dass der aktuelle Lieferradius mit dem potenziellen Absatzgebiet übereinstimmt. Außerdem errechnet die Europäische Kommission zwar in einem ersten Schritt nur die durchschnittlichen Lieferentfernungen und kommt so zu gleich großen Lieferradien für sämtliche betroffenen Mineralanlagen. Sie ergänzt diese Berechnungen aber mit einer Analyse der Lieferradien von ca. 30 konkreten Betriebsstätten und geht dabei wiederum auf die verschiedenen Transportmittel ein. Es ist daher davon auszugehen, dass es der Europäischen Kommission auf diese Weise gelungen ist, die geografischen Gegebenheiten sowie Besonderheiten der Verkehrsinfrastruktur in jedem Teilmarkt zu erfassen. Zutreffenderweise stellt die Europäische Kommission schließlich auch nicht die Berechnung von Marktanteilen sowie deren Addition in den Vordergrund ihrer wettbewerblichen Einschätzung. Vielmehr konzentriert sie ihre Untersuchung auf das räumliche Näheverhältnis der einzelnen Mineralanlagen und prüft aus Sicht der Abnehmer, welche Betriebsstätten jeweils die nächstbeste Bezugsalternative darstellen.

667. Die Monopolkommission hat sich im letzten Hauptgutachten darüber hinaus dafür ausgesprochen, anstelle der Betriebsstätten des erwerbenden oder erworbenen Unternehmens die Betriebe der Nachfrager als Ansatzpunkt für die räumliche Marktabgrenzung zu wählen. In dieser Weise hatte das Bundeskartellamt in dem Fall H&R WASAG/Sprengstoffwerke Gnaschwitz die räumliche Marktdefinition vorgenommen. Die Abgrenzung der räumlichen Märkte aus Nachfragesicht ist jedenfalls im B2B-Bereich sinnvoll, weil hierdurch die Bereiche, in denen wettbewerbliche Bedenken bestehen, leicht identifiziert werden können. Zieht man Kreise um die einzelnen Abnehmer, wird sofort ersichtlich, welche Mineralanlagen in geringster Entfernung von dem Nachfrager liegen und welche Anbieter eine größere Distanz zurücklegen müssen. Ob die Fusionsparteien die besten Bezugsalternativen darstellen, lässt sich dann unmittelbar ablesen. Im B2B-Bereich existiert auch – anders als z. B. auf Endkundenmärkten – typischerweise eine überschaubare Anzahl von Abnehmern. Die Analyse dürfte also verfahrensökonomisch keinen größeren Aufwand bereiten, als wenn man von den Betriebsstätten der Anbieter ausgeht. Aus

---

[139] Kommissionsentscheidung, Rn. 251.
[140] Kommissionsentscheidung, Rn. 257.
[141] Vgl. Monopolkommission, Hauptgutachten 2004/2005, a. a. O., Tz. 462 ff.

der vorliegenden Entscheidung geht hervor, dass es lediglich acht größere Papierhersteller gibt. Allerdings existiert nach den Ausführungen der Europäischen Kommission daneben eine nicht näher bezeichnete große Zahl von kleineren Abnehmern. Möglicherweise war dies der Grund, warum die Europäische Kommission die Betriebsstätten der Anbieter zur Grundlage der räumlichen Marktdefinition gemacht hat.

3.4 Wettbewerbliche Würdigung

668. Mit der Reform der Fusionskontrollverordnung, die seit dem 1. Mai 2004 gilt, stellt die erhebliche Behinderung wesentlichen Wettbewerbs (significant impediment of effective competition, SIEC) den Maßstab dar, an dem Zusammenschlüsse auf europäischer Ebene gemessen werden. War der letzte Berichtszeitraum noch durch den Übergang vom Marktbeherrschungs- zum SIEC-Test geprägt, hat sich Letzterer in den vergangenen zwei Jahren endgültig etabliert. Die Europäische Kommission stützt sich bei der Beurteilung von Fusionen nunmehr regelmäßig auf den SIEC-Test. Das Marktbeherrschungskriterium hat dennoch keineswegs völlig an Bedeutung verloren. Immerhin in fünf von zehn bedingten Freigabeentscheidungen der zweiten Phase – nämlich in den Fällen Omya/Huber, Inco/Falconbridge, Universal/BMG Music Publishing, Gaz de France/Suez sowie Dong/Elsam/EnergiE2 – stellte die Europäische Kommission auf die Entstehung oder Verstärkung einer marktbeherrschenden Stellung ab.[142] Das Marktbeherrschungskriterium wurde ferner in dem Verfahren Sea-Invest/EMO-EKOM, das die Europäische Kommission in der zweiten Phase ohne Bedingungen und Auflagen abschloss, geprüft.[143] Vereinzelt kam der Marktbeherrschungstest in der ersten Verfahrensphase zum Zuge, beispielsweise in dem Zusammenschluss Orica/Dyno. Schließlich stützte sich die Wettbewerbsbehörde auch bei der einzigen Verbotsverfügung in den Jahren 2006/2007 – Ryanair/Aer Lingus – auf den Aspekt der Marktbeherrschung. Dies geschieht gewöhnlich dann, wenn sehr hohe gemeinsame Marktanteile bzw. monopolistische Strukturen erreicht werden. So ging die Europäische Kommission in dem Fall Sea-Invest/EMO-EKOM, in dem die Parteien gemeinsame Marktanteile in Höhe von 100 Prozent hielten, der Frage nach, ob durch den Zusammenschluss die Verstärkung einer marktbeherrschenden Stellung zu befürchten sei. In dem Zusammenschluss Inco/Falconbridge, wo mit 90 bzw. 95 Prozent fast monopolistische Stellungen auf zwei Märkten entstanden, nahm die Europäische Kommission die Entstehung von Marktbeherrschung an. Zu demselben Ergebnis kam die Wettbewerbsbehörde in der Verbotsentscheidung Ryanair/Aer Lingus, weil die

Parteien nach dem Zusammenschluss auf verschiedenen Flugstrecken jeweils 100 Prozent der Marktanteile gehalten hätten.

669. Im Berichtszeitraum liegt der Schwerpunkt der behördlichen Untersuchungen auf den nicht koordinierten Effekten von Zusammenschlüssen.[144] Zum Teil werden daneben mögliche koordinierte Auswirkungen geprüft, und zwar sowohl auf denselben als auch auf weiteren von dem Zusammenschluss betroffenen Märkten, etwa in den Fällen Korsnäs/Cartonboard und Linde/BOC. In der Regel sind diese Ausführungen kurz gehalten. Nur vereinzelt spricht die Europäische Kommission wettbewerbliche Bedenken aufgrund von koordinierten Effekten aus oder hält derartige wettbewerbsbeeinträchtigende Effekte jedenfalls für möglich, so z. B. in den Fällen Linde/BOC, T-Mobile Austria/Tele.ring und Kronospan/Constantia.

670. Die Europäische Kommission befasst sich überwiegend mit den Folgen horizontaler Überschneidungen in den Tätigkeitsgebieten der Fusionsparteien. In einer Reihe von Fällen geht sie zusätzlich auf die vertikalen Beziehungen der beteiligten Unternehmen ein, beispielsweise in den Verfahren Cargill/Degussa Food Ingredients, Ineos/BP Dormagen, Linde/BOC, Telefónica/O$_2$ und Nestlé/Novartis. Nur selten stehen die Vertikalbeziehungen im Vordergrund, wie in den Verfahren SFR/Télé2France und Thales/Finmeccanica/AAS/Telespazio. Allenfalls vereinzelt berücksichtigt die Europäische Kommission konglomerate Aspekte von Zusammenschlüssen. Dies geschieht etwa in den Fällen Danone/Numico, Metso/Aker Kvaerner sowie Korsnäs/Cartonboard.

671. Marktanteile spielen weiterhin eine wichtige Rolle in der Entscheidungspraxis und bilden regelmäßig den Ausgangspunkt für die weitere wettbewerbliche Würdigung. Die Europäische Kommission betont in mehreren Entscheidungen, dass sehr hohe Marktanteile ein Indiz für die beherrschende Stellung der Zusammenschlussbeteiligten bilden. Bei hohen Marktanteilen geht sie in Einzelfällen – wie Linde/BOC und Orica/Dyno – nur noch kurz auf andere Prüfkriterien ein. Verschiedentlich, z. B. in Nestlé/Novartis und Orica/Dyno verfolgt die Europäische Kommission die Frage, ob die ermittelten Marktanteile aufgrund besonderer Umstände zu relativieren sind. Daneben berücksichtigt sie – wie in den Verfahren Apollo/Akzo Nobel, Nestlé/Novartis und Danone/Numico – das Ausmaß des Marktanteilszuwachses. Wei-

---

[142] Zur Zeit des Redaktionsschlusses war eine Entscheidung nach Artikel 8 Abs. 2 FKVO noch unveröffentlicht. Ein weiterer Zweite-Phase-Fall – Sony/BMG – wurde ebenfalls auf Grundlage des Marktbeherrschungstests geprüft. Die Prüfung erfolgte allerdings – nach Aufhebung einer ersten Freigabeentscheidung durch das EuG – auf der Basis der Verordnung 4064/89, die das SIEC-Kriterium noch nicht beinhaltete. Vgl. Tz. 620.

[143] Zur Zeit des Redaktionsschlusses waren zwei Entscheidungen nach Artikel 8 Abs. 1 FKVO noch unveröffentlicht.

[144] Laut Randziffer 22 der Horizontal-Leitlinien können Zusammenschlüsse in zweifacher Weise zu einer erheblichen Wettbewerbsbehinderung führen: erstens „durch die Beseitigung wichtigen Wettbewerbsdrucks für ein oder mehrere Unternehmen, die dadurch ihre Marktmacht erhöhen, ohne auf ein koordiniertes Verhalten zurückgreifen zu müssen (nicht koordinierte Wirkungen)" und zweitens „durch die Änderung der Wettbewerbsfaktoren in einer Weise, dass Unternehmen, die zuvor ihr Verhalten nicht koordiniert hatten, nunmehr eher geneigt sind, ihr Verhalten zu koordinieren und ihre Preise zu erhöhen oder auf andere Weise einen wirksamen Wettbewerb zu schädigen. Ein Zusammenschluss kann auch für Unternehmen, die bereits vor der Fusion ihr Verhalten koordiniert haben, die Koordinierung erleichtern, stabilisieren oder sie erfolgreicher machen (koordinierte Wirkungen)".

tere Kriterien, welche die Europäische Kommission zur Beurteilung heranzieht, sind unter anderem die HHI-Werte, das Näheverhältnis der Wettbewerber sowie die (freien) Kapazitäten der Marktteilnehmer und ihre Möglichkeit zum Kapazitätsausbau. Ebenfalls berücksichtigt werden die Rolle einer Zusammenschlusspartei als besondere Wettbewerbskraft, ihr Image oder der Besitz von bekannten Marken, die Existenz von Marktzutrittsbarrieren sowie das Vorliegen von Nachfragemacht.

672. In einer Reihe von Fällen, in der Regel Zweite-Phase-Verfahren, setzt sich die Europäische Kommission mit ökonomischen Analysen und Studien auseinander. Derartige Untersuchungen werden häufig von den Zusammenschlussparteien in das Verfahren eingeführt und dann von der Europäischen Kommission geprüft. Zum Teil erstellt auch die Europäische Kommission Analysen und Studien – entweder auf eigene Initiative oder als Reaktion auf die von den Parteien vorgelegten Dokumente. Über die bloße Einbeziehung ökonomischer Studien zu Einzelaspekten geht die Europäische Kommission in dem Fall Travelport/Worldspan weit hinaus. Sie richtet hier ihre gesamte Argumentation ökonomischer aus, indem sie im Rahmen der wettbewerblichen Würdigung drei mögliche wettbewerbsbeeinträchtigende Szenarien ausführlich erläutert.

673. Die Europäische Kommission prüft nicht in jedem horizontalen Zusammenschlussverfahren sämtliche in den Horizontal-Leitlinien genannten Kriterien, sondern konzentriert sich jeweils auf die ihrer Ansicht nach wichtigsten Aspekte. Diese Vorgehensweise hat das Gericht erster Instanz in dem Verfahren Sun Chemical/Kommission ausdrücklich gebilligt.[145] Nach Auffassung des Gerichts stellen die Leitlinien keine „Kontrollliste" dar, vielmehr verfüge die Kommission über ein Ermessen, das es ihr erlaube, bestimmte Faktoren in Betracht zu ziehen oder unberücksichtigt zu lassen. Im Einzelnen stellt das EuG fest, dass die Europäische Kommission nicht in jedem Verfahren verpflichtet ist, die HHI-Werte zu ermitteln. Zugleich erklärt das EuG, dass sich die Europäische Kommission nicht zu allen Rechts- und Tatfragen äußern muss, die möglicherweise eine Verbindung mit dem angemeldeten Zusammenschluss aufweisen können und/oder die während des Verwaltungsverfahrens angesprochen worden sind. Insbesondere dürfe die Europäische Kommission auf die Erörterung von Aspekten verzichten, die offenkundig neben der Sache liegen oder keine bzw. nur eine eindeutig untergeordnete Bedeutung für die Einschätzung eines Zusammenschlusses haben.

3.4.1 Marktanteile und Marktführerschaft

674. Die Schätzung der Marktanteile stellt auch im Berichtszeitraum 2006/2007 regelmäßig den Ausgangspunkt der wettbewerblichen Würdigung durch die Europäische Kommission dar. In mehreren Verfahren, z. B. Metso/Aker Kvaerner, Orica/Dyno und Renolit/Solvay, führte

die Europäische Kommission aus, dass sehr hohe Marktanteile von 50 Prozent und mehr schon für sich allein einen Nachweis für eine beherrschende Stellung sein können. Die Kommission bezieht sich insoweit auf ihre Horizontal-Leitlinien und die Rechtsprechung.[146] Während des Berichtszeitraums bestätigte das Gericht erster Instanz diese Auffassung in seinem Urteil Cementbouw Handel & Industrie BV/Kommission.[147] In mehreren Zusammenschlussverfahren, etwa Glatfelder/Crompton, Inco/Falconbridge und Sea-Invest/EMO-EKOM, ermittelte die Europäische Kommission sehr hohe oder (fast-)monopolistische Marktanteile der Parteien. Diese führten allerdings nur in dem Verfahren Ryanair/Aer Lingus zu einer Untersagung.[148] In allen übrigen Fällen sah die Europäische Kommission ihre Bedenken aufgrund der angebotenen Zusagen als ausgeräumt an.

3.4.1.1 Marktanteilsermittlung

675. Wie schwierig die Marktanteilsberechnung im Einzelfall sein kann, zeigt der Fall Inco/Falconbridge, der verschiedene Märkte für Nickel- und Kobaltprodukte betraf.[149] Voraussetzung für eine solche Berechnung ist unter anderem die möglichst genaue Feststellung des Marktvolumens, das im vorliegenden Fall laut Europäischer Kommission schwer abzuschätzen war. Die Wettbewerbsbehörde nimmt den Zusammenschluss zum Anlass, im Zusammenhang mit dem Markt für hochreines Nickel für Superlegierungen grundsätzliche Ausführungen zu der Berechnung von Marktanteilen zu machen. Die Berechnung sei ihr nur möglich, weil sie sich auf vertrauliche Informationen der Parteien sowie auf Umsätze, die die Wettbewerber mit hochreinem Nickel zur Herstellung von Superlegierungen erzielten, stützen könne. Die Europäische Kommission führt weiter aus, dass die Marktanteile mit drei alternativen Ansätzen berechnet werden können. Erstens ließen sich die Marktanteile ausgehend von den Anteilen der Parteien an der insgesamt von den Abnehmern abgenommenen Mengen (d. h. ausgehend von der Nachfrageseite) schätzen. Zweitens könnten auch die Volumina an hochreinem Nickel addiert werden, die alle Hersteller an Kunden geliefert hätten, die Endanwendungen mit Superlegierungen herstellten (d. h. ausgehend von der Angebotsseite). Und drittens könne ein Vergleich der Kapazitäten zur Produktion von hochreinem Nickel zur Herstellung von Superlegierungen vorgenommen werden. Im Anschluss an diese Erläuterungen führt die Europäische Kommission eine Schätzung der Marktanteile ausgehend von der Angebotsseite sowie anhand der Produktionskapazitäten durch. Im Ergebnis kommt sie zu einem gemeinsamen Marktanteil der Parteien in Höhe von ca. 90 Prozent. Die Genehmigung des Zusammenschlusses erfolgte nur aufgrund der Verpflichtung zur

---

[145] EuG, Urteil vom 9. Juli 2007, Rs. T-282/06, Sun Chemical/Kommission, Rn. 54 ff.

[146] Horizontal-Leitlinien, Rn. 17; EuG, Urteil vom 15. März 1999, Rs. T-102/96, Gencor/Kommission, Slg. 1999 II-753, Rn. 205.

[147] EuG, Urteil vom 23. Februar 2006, Rs. T-282/02, Cementbouw/Kommission, Slg. 2006, II-319, Rn. 201.

[148] Vgl. Tz. 630 ff., 692 ff., 737 ff., 757 ff.

[149] Vgl. Tz. 639 ff., 693 ff., 734 ff.

Veräußerung eines Werks von Falconbridge in Norwegen, wodurch sämtliche Überschneidungen entfielen.

676. Verzichtet die Europäische Kommission auf eine abschließende sachliche oder räumliche Marktdefinition und lässt die genauen Marktgrenzen offen, können nach Auffassung der Monopolkommission im Anschluss ermittelte Marktanteile nur beschränkte Aussagekraft erlangen. Dies gilt mit Ausnahme der Fälle, in denen die Wettbewerbsbehörde alternative Marktdefinitionen vorschlägt und für jede Alternative gesondert die Marktanteile ausweist. In dem Verfahren Kronospan/Constantia, das sich auf verschiedene Märkte für Holzwerkstoffe für die Möbelindustrie auswirkte, hielt die Wettbewerbsbehörde eine generelle Definition der räumlichen Märkte für entbehrlich. Sie konzentrierte sich vielmehr auf die Transportkosten und stellte auf die Lieferradien um die einzelnen Produzenten ab. Im Rahmen der weiteren wettbewerblichen Prüfung ermittelte sie die Marktanteile der Parteien und Wettbewerber auf der Grundlage nationaler Märkte, die sich – wie sie selbst einräumte – nur grob mit den betroffenen Liefergebieten deckten. Vor diesem Hintergrund ist es positiv zu werten, dass die Wettbewerbsbehörde nur sehr kurz auf die Marktanteilsverteilung eingeht. Wesentlich ausführlicher beschäftigt sie sich mit den verbleibenden Lieferalternativen der Kunden in den jeweiligen Liefergebieten. Auf diese Weise bleibt die Europäische Kommission konsequent auf ihrer Argumentationslinie und misst den ermittelten Marktanteilen nur geringe Bedeutung zu.

3.4.1.2 Aussagekraft von Marktanteilen

677. In einigen Fällen geht die Europäische Kommission der Frage nach, ob die Marktanteile der Parteien die Position der Unternehmen am Markt korrekt widerspiegeln. Die ermittelten Marktanteile sind zwar in der Regel ein erster Anhaltspunkt für den Wettbewerbsdruck, der von einer Partei ausgeübt wird. Nicht in jedem Fall geben sie jedoch die Position der Zusammenschlussparteien zutreffend wieder. Die Europäische Kommission prüft daher, ob eine der Parteien vor dem Zusammenschluss besonderen Wettbewerbsdruck, z. B. durch niedrige Preise, hohe Rabatte oder Innovationen, ausgeübt hat.

678. Der Zusammenschluss Nestlé/Novartis wirkte sich auf dem Markt für Gesundheitsnahrungsmittel, insbesondere dem Markt für enterale Ernährung, aus.[150] In Spanien hielt Novartis als Marktführer bereits vor dem Zusammenschluss 35 bis 45 Prozent der Marktanteile, während die zwei nächsten Wettbewerber mit weitem Abstand folgten. Nestlé war der viertgrößte Anbieter mit einem Marktanteil von 5 bis 10 Prozent. Nach dem Zusammenschluss war ein gemeinsamer Marktanteil in Höhe von 45 bis 55 Prozent zu erwarten. Den Marktanteilszuwachs sah die Europäische Kommission zwar als relativ gering an, der von Nestlé ausgehende Wettbewerbsdruck wurde aber höher eingeschätzt. Zur Begründung erläutert

die Europäische Kommission, dass Nestlé im Jahr 2001 in den Markt eingetreten sei und seitdem eine besondere Produktstrategie verfolgt habe. Außerdem habe Nestlé einen aggressiven Preiswettbewerb mit niedrigen Preisen und hohen Rabatten geführt. Daneben verfügt das Unternehmen nach den Ermittlungen der Kommission über eine der fünf wichtigsten Marken auf dem betroffenen Markt. Mit dem Wegfall von Nestlé als Marktteilnehmer werde daher ein ganz erheblicher Wettbewerbsdruck auf Novartis eliminiert. Um die massiven Bedenken der Europäischen Kommission zu überwinden, erklärten sich die Parteien bereit, die Gesundheitsnahrungsmittelsparte von Novartis in Frankreich und von Nestlé in Spanien abzustoßen. Dadurch entfielen die festgestellten Überschneidungen.

Umgekehrt kann es auch Umstände geben, bei deren Vorliegen hohen Marktanteilen weniger Bedeutung beizumessen ist. In dem Verfahren Orica/Dyno erreichten die Parteien auf dem Großhandelsmarkt für Zündsysteme einen gemeinsamen Marktanteil von 35 bis 55 Prozent. Die Europäische Kommission erhob dennoch keine Wettbewerbsbedenken, weil sie dem Vortrag der Beteiligten folgte, wonach die Marktanteile aufgrund von niedrigen Marktzutrittsbarrieren, fallenden Marktanteilen der Parteien und Überkapazitäten auf dem betroffenen Markt neu zu bewerten seien.

679. Die Monopolkommission stimmt der Vorgehensweise der Europäischen Kommission zu. Marktanteile, die auf der Grundlage einer klaren Marktabgrenzung zu ermitteln sind, decken sich nicht immer mit der Stellung eines beteiligten Unternehmens am Markt. Deshalb sind Marktanteile zu relativieren, wenn ein Marktteilnehmer als besonders aggressiver Wettbewerber agiert. In diesem Sinne erläutert Randziffer 37 der Horizontal-Leitlinien, dass einige Unternehmen auf den Wettbewerbsprozess größeren Einfluss haben, als anhand ihrer Marktanteile oder ähnlicher Messgrößen zu vermuten wäre. Nach Ansicht der Monopolkommission kann es allerdings auch umgekehrt notwendig werden, hohe Marktanteile der Zusammenschlussparteien neu zu betrachten, etwa wenn die von ihnen eingesetzte Technologie veraltet ist oder die Produktion zu vergleichsweise hohen Kosten erfolgt. In einem solchen Fall üben gegebenenfalls die Konkurrenten der Zusammenschlussbeteiligten erheblichen Wettbewerbsdruck aus, ohne dass sich das bislang in hohen Marktanteilen niedergeschlagen hätte.

680. Der Zusammenschluss Universal/BMG Music Publishing betrifft den Markt für Musikverlagsdienstleistungen für Urheber sowie mehrere Märkte für die Verwertung von Musikverlagsrechten.[151] Wettbewerbliche Bedenken sah die Europäische Kommission insbesondere auf dem Markt für die Verwertung von Online-Rechten und ging deshalb der Frage nach, ob Universals Position gegenüber den Online-Musikanbietern durch den Zusammenschluss erheblich verbessert werden würde. Ausgangspunkt der Marktanteilsanalyse bilden die Einnah-

---

[150] Enterale Nahrungsmittel sind Nahrungsmittel für Patienten, die im Gegensatz zu parenteraler Nahrung über den Magen-Darm-Trakt zugeführt werden.

[151] Vgl. Tz. 748 ff.

men, welche die Musikverlage mit ihren jeweiligen Chart-Hits machen. Auf dieser Grundlage halten die Zusammenschlussbeteiligten auf den untersuchten nationalen Märkten 20 bis 40 Prozent der Anteile. Nach Auffassung der Europäischen Kommission bilden die so ermittelten Marktanteile die Stärke der verschiedenen Verlage jedoch nicht genau ab, weil vernachlässigt werde, dass für die Verwertung eines Musiktitels sämtliche Inhaber von (Co-)Verlagsrechten und Tonträgerrechten zustimmen müssen. Co-Verlagsrechte entstehen, wenn ein Lied gemeinsam von mehreren Autoren geschrieben wird, die bei verschiedenen Verlagen unter Vertrag stehen. Die Europäische Kommission folgt deshalb dem Konzept der „Kontrollbeteiligungen" und prüft, an wie vielen Chart-Hits die Parteien solche Co-Verlagsrechte und/oder Tonträgerrechte halten. Sie kommt zu dem Ergebnis, dass Universal vor dem Zusammenschluss den Zugang zu durchschnittlich 40 bis 41 Prozent der Chart-Hits kontrollierte. Dieser Anteil erhöhe sich aufgrund des Zusammenschlusses auf 49 bis 50 Prozent.[152] Daraus folgert die Europäische Kommission, dass auf bestimmten nationalen Märkten nach der Fusion deutlich weniger Möglichkeiten für Online-Musikanbieter bestehen, das Repertoire von Universal durch ein oder mehrere andere Repertoires zu substituieren. Die Europäische Kommission räumt ein, dass schon vor dem Zusammenschluss die Möglichkeit von Online-Musikveranstaltern, eine wirtschaftliche Online-Plattform für Musik ohne das Repertoire von Universal anzubieten, in gewissen Ländern eingeschränkt sei. Nach der Fusion werde diese Einschränkung jedoch noch stärker ausfallen. Das Vorhaben wurde daher nur unter Bedingungen und Auflagen freigegeben. Unter anderem mussten die Parteien mehrere ausgewählte Musikkataloge, die eine Reihe von Chart-Hits enthielten, veräußern.

681. Im vorliegenden Fall hat die Europäische Kommission zu Recht festgestellt, dass die Marktposition der Parteien stärker ist, als es die Marktanteile erwarten lassen. Aufgrund des besonderen Umstandes, dass eine Verwertung von Musiktiteln nur auf der Basis von allen Co-Verlagsrechten sowie Tonträgerrechten möglich ist, stellt die Wettbewerbsbehörde zutreffenderweise auf andere Kriterien, insbesondere die „Kontrollanteile" der Parteien und ihrer Wettbewerber, ab. Zu begrüßen ist in diesem Zusammenhang ferner, dass die Europäische Kommission selbst einräumt, dass die ermittelten Anteile lediglich Näherungswerte für die Stärke der Parteien darstellen, die nur einen Ausgangspunkt für die weitere Analyse bilden.

3.4.1.3 Keine Marktführerschaft

682. Mit Entscheidung vom 26. April 2006 hat die Europäische Kommission das Zusammenschlussvorhaben der T-Mobile Austria GmbH und der Tele.ring Unternehmensgruppe gemäß Artikel 8 Abs. 2 FKVO unter Zusagen freigegeben. Die Entscheidung ist von besonderer

Bedeutung, weil die neue Unternehmenseinheit trotz erheblicher Marktanteilsadditionen nicht Marktführer wird, sondern auf dem zweiten Platz hinter dem größten Anbieter Mobilkom verbleibt. Fallkonstellationen wie diese gaben vor einigen Jahren Anlass für eine Diskussion über mögliche Lücken der Fusionskontrollverordnung und führten zu einer Änderung des Untersagungskriteriums durch die Verordnung 139/2004. Der Zusammenschluss gilt als erster Anwendungsfall des SIEC-Tests in Bezug auf eine solche „Lücke". Die Europäische Kommission konzentriert sich bei ihrer wettbewerblichen Beurteilung auf die nicht koordinierten Effekte des Zusammenschlusses; auf mögliche koordinierte Effekte geht sie nur ganz kurz ein. Darüber hinaus ist der Fall von besonderem Interesse, weil die Parteien Effizienzgesichtspunkte geltend gemacht haben. Diese werden von der Europäischen Kommission – mit sehr knapper Begründung – zurückgewiesen.[153]

683. Im Mittelpunkt der Untersuchung steht der österreichische Markt für die Erbringung von mobilen Telekommunikationsdienstleistungen für Endkunden. Die Europäische Kommission vertritt die Auffassung, dass der geplante Zusammenschluss aufgrund nicht koordinierter Effekte zu einer erheblichen Behinderung des wirksamen Wettbewerbs auf dem betroffenen Markt führen würde. Die Wettbewerbsbehörde berücksichtigt bei ihrer Einschätzung die Marktanteilsverteilung und die Rolle von Tele.ring als „maverick". Außerdem geht sie ausführlich auf die Anreize zu aggressiven Preisangeboten sowie auf die zu erwartenden Kapazitätsrückgänge ein. Die Europäische Kommission hält einen spürbaren Einfluss des Zusammenschlusses auf die Preise für wahrscheinlich, wenn auch nicht in Form erhöhter Preise, so doch dadurch, dass die Preise nicht mehr wie in der Vergangenheit spürbar zurückgehen würden.

Nach den Ermittlungen der Europäischen Kommission betreiben auf dem österreichischen Markt vier Unternehmen Mobiltelefonienetze sowohl auf der Basis der GSM- als auch der UMTS-Technologie, nämlich Mobilkom, T-Mobile, ONE und Tele.ring. Daneben bietet H3G, eine Tochter von Hutchison, Dienstleistungen ausschließlich im UMTS-Netz an. Dieses Netz deckt derzeit allerdings nur 50 Prozent der Bevölkerung und einen noch wesentlich kleineren Teil Österreichs in geografischer Hinsicht ab; eine Vollabdeckung erreicht H3G durch Inlandsroaming-Abkommen mit Mobilkom. Alle fünf Unternehmen stellen ihren Kunden eine umfassende Dienstleistungspalette zur Verfügung. Zusätzlich zu den Netzbetreibern sind reine Diensteanbieter auf dem Markt tätig, die allerdings nach Ansicht der Kommission nur eine sehr begrenzte Rolle spielen. Die Europäische Kommission ermittelt für das Jahr 2005 folgende Marktanteile: Mobilkom hält 35 bis 45 Prozent, T-Mobile 20 bis 30 Prozent, Tele.ring 10 bis 20 Prozent (gemeinsam 30 bis 40 Prozent), ONE 15 bis 25 Prozent und H3G weniger als 5 Prozent.

---

[152] Die Kontrollbeteiligungen ergeben in der Summe mehr als 100 Prozent, weil sowohl Co-Verlagsrechte als auch Tonträgerrechte in die Berechnung eingehen.

[153] Vgl. Tz. 732 ff.

Bei der Analyse der Marktanteile und der Preisentwicklung zeigt sich nach Ansicht der Europäischen Kommission, dass Tele.ring in der Vergangenheit besonders aktiv auf dem betroffenen Markt gewesen ist. Das Unternehmen habe erheblichen Wettbewerbsdruck insbesondere auf T-Mobile und Mobilkom ausgeübt und die Rolle eines „maverick", d. h. eines besonders aggressiven Wettbewerbers oder Preisbrechers, gespielt. In den letzten drei Jahren konnte das Unternehmen seinen Marktanteil auf der Grundlage des erzielten Umsatzes mehr als verdoppeln, auf der Grundlage der Kundenzahl sogar fast verdreifachen. Aus Sicht der Europäischen Kommission sind keine weiteren Unternehmen erkennbar, die in der Vergangenheit eine ähnlich aktive Rolle wie Tele.ring gespielt haben. Zwar habe auch H3G seinen Marktanteil in den letzten 18 Monaten steigern können, es fehlten dem Unternehmen jedoch die notwendige vollständige Netzinfrastruktur und die Frequenzen, um ähnlichen Wettbewerbsdruck auf die großen Netzbetreiber auszuüben.

In ihren Bedenken gegen den Zusammenschluss sieht sich die Europäische Kommission bei der Ermittlung des HHI bestätigt, der vor dem Zusammenschluss 2 500 bis 3 000 und danach 3 000 bis 3 500, somit eine Veränderung von 500 bis 600 ergab. Die Parteien argumentierten zwar, dass der HHI in Österreich deutlich geringer als in vielen anderen europäischen Staaten liege, und forderten, dass in Netzindustrien andere Maßstäbe anzulegen seien. Die Europäische Kommission folgt dieser Überlegung jedoch nicht. Es handele sich im vorliegenden Fall nicht um die regulatorische Entscheidung, wie viele Netze in Österreich sinnvollerweise einzurichten seien, sondern um die fusionskontrollrechtliche Entscheidung über die geplante Konsolidierung zweier existierender Netze.

684. Nach Ansicht der Europäischen Kommission waren Tele.ring und H3G bislang die Anbieter mit den stärksten Anreizen, aggressive Preisangebote auf den Markt zu bringen. Zur Erklärung führt sie an, dass die Anreize eines Betreibers, neue Kunden durch preisaggressive Angebote zu gewinnen, auf der Basis eines bestehenden Netzes durch die Größe des Kundenstamms bestimmt werde. Da die Mobiltelefonieindustrie durch hohe Investitionen für den Aufbau eines Netzes, durch die Kosten des Netzbetriebs und durch relativ geringe variable Kosten bestimmt werde, hätten Netzbetreiber zunächst den Anreiz, ihre Kapazitäten durch einen möglichst großen Kundenstamm auszulasten. Für Netzbetreiber, die einen Kundenstamm erst aufbauen müssten, sei es primär notwendig, durch preisaggressive Angebote neue Kunden zu gewinnen. Die Anreize änderten sich mit der Größe des Kundenstamms. Die Werbung neuer Kunden durch neue Angebote und preisaggressive Tarife führe zu einer geringeren Profitabilität des existierenden Kundenstammes, da die Konditionen solcher Tarife jedenfalls mittelfristig auch an die Bestandskunden weitergegeben werden müssten. Deshalb sei ein Niedrigpreisangebot zur Gewinnung von Neukunden um so unwahrscheinlicher, je größer der bestehende Kundenstamm sei. Aus diesen Überlegungen folgert die Europäische Kommission erhebliche wettbewerbliche Bedenken gegen den geplanten Zusammenschluss, weil dadurch nicht nur Tele.ring als unabhängiger Anbieter entfallen, sondern auch der Kundenstamm von T-Mobile wesentlich erweitert würde. Auf diese Weise spiele der Effekt, dass mit einer Preisreduzierung die Profitabilität des bestehenden Kundenstammes gemindert werde, während gleichzeitig die Neukunden diese Einnahmeverluste angesichts der bedeutenden Anzahl von Bestandskunden nicht ausgleichen könnten, für T-Mobile noch eine weitaus größere Rolle als bereits in der Vergangenheit. In Hinsicht auf H3G stellt die Kommission abweichende Anreizstrukturen fest, da das Unternehmen nicht über ein eigenes landesweites Netz verfüge. Der Zukauf von Mobiltelefonkapazität werde im Rahmen eines Vertrags über nationales Roaming auf der Großhandelsebene im Wesentlichen nach den in Anspruch genommenen Minuten berechnet. Es handele sich dabei um (variable) Grenzkosten, von denen anzunehmen sei, dass der Mobilfunkanbieter diese Kosten zusätzlich zu seinen anderen variablen Kosten als Preisuntergrenze für die seinen Kunden berechneten Minutenpreise ansehe. Der Mobilfunkanbieter könne bei Inanspruchnahme des Inlandsroaming insoweit keine Skalenvorteile erzielen, habe daher also weniger Anreize, neue Kunden zu gewinnen.

685. Ebenfalls ausführlich befasst sich die Europäische Kommission mit den Netzkapazitäten vor und nach dem geplanten Zusammenschluss. Diese stellten eine wesentliche Voraussetzung für die Versorgung der existierenden Kunden und grundsätzlich auch einen Anreiz für die Gewinnung neuer Kunden dar. Im vorliegenden Fall beurteilt die Wettbewerbsbehörde die bestehenden Netzkapazitäten durch Vergleich aller Netze am Maßstab des Netzes von Mobilkom als dem am besten ausgebauten Netz mit den meisten abgeführten Verkehrsminuten. Bei diesem Vorgehen ergab sich, dass das Netz von Tele.ring im Vergleich zu dem Netz von Mobilkom nur noch in begrenztem Maß zusätzlichen Verkehr aufnehmen könne, während T-Mobile aufgrund einer wesentlich geringeren Auslastung noch erheblich mehr freie Kapazität besitze. ONE liege mit seinen Netzreserven zwischen Tele.ring und T-Mobile und könne daher – im Vergleich zum Referenznetz – eine größere Anzahl neuer Teilnehmer aufnehmen. Ernsthafte Bedenken resultieren nach Auffassung der Europäischen Kommission dadurch, dass mit dem Zusammenschluss nicht nur das Tele.ring-Netz eliminiert, sondern zusätzlich das T-Mobile-Netz sehr viel weitgehender ausgelastet werde als heute. Es verbleibe lediglich ONE als Anbieter mit freien Kapazitäten, was die Anreize der Netzbetreiber insgesamt senke, weitere Kunden mit niedrigen Preisen zu gewinnen.

686. Aufgrund der dargestellten Wettbewerbsbedenken hat die Europäische Kommission den Zusammenschluss nur unter der Bedingung freigegeben, dass T-Mobile die zwei UMTS-Frequenzblöcke von Tele.ring veräußert. Mindestens ein Frequenzblock sowie die nicht für die Netzintegration von T-Mobile und Tele.ring erforderlichen Mobilfunkstandorte von Tele.ring sind an H3G zu übertragen. Die beiden Zusagenelemente zielen darauf ab, insbesondere die Netzressourcen von H3G strukturell zu verbessern. Mit einem landesweiten Mobilfunknetz kann das Unternehmen nach Auffassung der Europäischen Kommission einen vergleichbaren Wettbewerbsdruck wie zuvor Tele.ring ausüben. Da H3G nach der Übernahme der Infrastruktur von Tele.ring über ein vollständiges Mobilfunknetz in Österreich verfüge, werde das Unternehmen unabhängig vom Inlandsroaming-Abkommen mit Mobilkom und könne seine variablen Kosten erheblich senken. Die Europäische Kommission sieht es als wahrscheinlich an, dass H3G die auf diese Weise reduzierten Kosten in Form von günstigeren Tarifen an die Kunden weitergeben und dadurch für erheblichen Preisdruck auf dem österreichischen Markt sorgen wird.

687. Im Mittelpunkt der vorliegenden Entscheidung stehen die nicht koordinierten Effekte im Oligopol. Das geschärfte Problembewusstsein für derartige Effekte führte auf europäischer Ebene in letzter Konsequenz zur Ablösung des Marktbeherrschungs- durch den SIEC-Test. In der der Reform vorangehenden Diskussion war umstritten, ob nicht koordinierte Auswirkungen im Oligopol auch im Rahmen des Marktbeherrschungstests erfasst werden können. Zum Teil wurde dies abgelehnt, weil der Marktbeherrschungstest nur solche Fälle abdecke, in denen die Zusammenschlussparteien die höchsten Marktanteile und einen deutlichen Abstand zum nachfolgenden Wettbewerber erreichten. Nach dieser Auffassung stellt der SIEC-Test für Fälle von nicht koordinierten Effekten im Oligopol einen strengeren Maßstab dar als das Marktbeherrschungskriterium. Die Gegenmeinung hält eine Subsumtion derartiger Fälle unter den Begriff der Marktbeherrschung für möglich, sofern der Begriff nicht streng marktanteilsbezogen verstanden, sondern im Sinn einer umfassenden Ermittlung von Marktmacht interpretiert wird. Für die Praxis der Europäischen Kommission muss diese Frage aufgrund der Einführung des SIEC-Tests letztlich offen bleiben. Ungeklärt bleibt auch, wie die europäische Gerichtsbarkeit in einer solchen Konstellation entschieden hätte. Im Hinblick auf die deutsche Rechtslage hat die Monopolkommission die Auffassung vertreten, dass eine Erfassung nicht koordinierter Effekte im Oligopol durch den – gegebenenfalls fortentwickelten – Begriff der Marktbeherrschung durchaus vorstellbar ist.[154]

688. Soweit die Europäische Kommission im vorliegenden Fall die Position von Tele.ring als besonders aktivem Wettbewerber berücksichtigt, folgt sie den in den Horizontal-Leitlinien niedergelegten Überlegungen.[155] Insbesondere Randziffer 37 setzt sich mit der Beseitigung einer besonders wichtigen Wettbewerbskraft auseinander. Hiernach haben einige Unternehmen auf den Wettbewerbsprozess einen größeren Einfluss, als anhand ihrer Marktanteile oder ähnlicher Messgrößen zu vermuten wäre. Ein Zusammenschluss unter Beteiligung eines solchen Unternehmens könne die Wettbewerbsdynamik in einer spürbar wettbewerbswidrigen Weise verändern, insbesondere wenn es sich – wie im vorliegenden Fall – um einen konzentrierten Markt handele. Nachvollziehbar sind auch die Ausführungen der Europäischen Kommission zu den unterschiedlichen Anreizen für preisaggressives Verhalten je nach dem bereits vorhandenem Kundenstamm und der vorhandenen Auslastung des Netzes.

689. Ebenfalls plausibel sind die Überlegungen der Europäischen Kommission zu den von ihr errechneten HHI-Werten. Die ermittelten Zahlen gehen weit über die Werte hinaus, die nach den Horizontal-Leitlinien als unbedenklich eingestuft werden.[156] Es trifft zwar zu, dass Netzindustrien durch hohe Skalenerträge charakterisiert und daher in der Regel hoch konzentriert sind. Ein – weiterer – Zusammenschluss kann aber nach Ansicht der Monopolkommission auch auf diesen Märkten zu fusionskontrollrechtlichen Bedenken führen. Gegen eine Sonderbehandlung von Netzindustrien spricht ferner, dass auch in anderen Branchen hohe Anfangsinvestitionen getätigt werden müssen und Skalenerträge existieren. Eine Unterscheidung der maßgeblichen HHI-Höhen je nach betroffener Branche ist nach Auffassung der Monopolkommission unpraktikabel, eine damit einhergehende Sektoralisierung der Fusionskontrollvorschriften nicht wünschenswert. Besonderheiten des Einzelfalls sollte eher dadurch Rechnung getragen werden, dass den HHI-Werten im Rahmen der Gesamtbeurteilung geringere Bedeutung beigemessen und verstärktes Gewicht auf andere Faktoren gelegt wird. Weiteren Aufschluss kann ferner eine Betrachtung der Konzentrationsentwicklung in der Vergangenheit oder im internationalen Vergleich geben. Zu bedenken ist in diesem Zusammenhang, dass der HHI nur einen von vielen Aspekten bei der fusionskontrollrechtlichen Prüfung darstellt. Wie in Randziffer 21 der Horizontal-Leitlinien ausgeführt wird, ist der ermittelte HHI lediglich ein erster Hinweis für Wettbewerbsbedenken. Er begründet jedoch für sich allein keinen hinreichenden Beleg für das Vorhandensein oder die Abwesenheit von solchen Bedenken. Diese Auffassung wird vom Gericht erster Instanz in dem Verfahren Sun Chemical/Kommission bestätigt.[157]

690. Die Europäische Kommission hat sich während des Berichtszeitraums mit einem weiteren Zusammenschluss auseinandergesetzt, in dem die Zusammenschlussparteien nicht Marktführer werden. In dem Fall Korsnäs/Cartonboard hat die Europäische Kommission allerdings keine Bedenken geäußert und eine bedingungslose Freigabe in der ersten Verfahrensphase erteilt.[158] Auf dem EWR-weiten Markt für Karton zur Verpackung von Flüssigkeiten ist StoraEnso mit 55 bis 70 Prozent Marktführer, während die Parteien als zweiter und dritter Wettbewerber folgen und nach dem Zusammenschluss gemeinsame Anteile in Höhe von 30 bis 40 Prozent erreichen. Obwohl der Zusammenschluss zu einer Reduzierung der großen Anbieter von drei auf zwei führt, hält die Europäische Kommission es aus verschiedenen Gründen für unwahrscheinlich, dass das Vorhaben zu negativen

[154] Vgl. Monopolkommission, Hauptgutachten 2002/2003, a. a. O., Tz. 229.
[155] Horizontal-Leitlinien, Rn. 37 f.
[156] Horizontal-Leitlinien, Rn. 19 ff.
[157] EuG, Urteil vom 9. Juli 2007, Rs. T-282/06, Sun Chemical/Kommission, Rn. 138.
[158] Vgl. Tz. 730 ff.

nicht koordinierten oder koordinierten Wettbewerbseffekten führt.

Nicht koordinierte Effekte hält sie für ausgeschlossen, weil die Parteien kein besonders enges Näheverhältnis aufwiesen, sondern jeweils eher in Konkurrenz zu Stora-Enso stünden. Außerdem sprächen ein hohes Maß an Angebotsumstellungsflexibilität sowie der potenzielle Wettbewerb von außerhalb des EWR gegen die Möglichkeit der Zusammenschlussbeteiligten, die Preise zu erhöhen. Einen weiteren wichtigen Gesichtspunkt stelle der Umstand dar, dass die Nachfrageseite ebenso wie die Herstellerseite hoch konzentriert sei. So nehme der größte Kunde Tetra Pak mindestens 40 bis 60 Prozent der gesamten EWR-Produktion ab. Auch die beiden folgenden Nachfrager erwerben immerhin noch jeweils 10 bis 30 Prozent der Produktion, so dass auch sie angesichts der hohen fixen Kosten in der Kartonproduktion starke Nachfragemacht ausübten. Die Europäische Kommission schließt ferner aus, dass die Parteien kleinere Abnehmer diskriminieren werden, denn ein dadurch beschleunigter Marktaustritt dieser Kunden sei nicht im Sinne der Parteien. Weiterhin sei auch der wachsende Wettbewerb außerhalb des EWR von Bedeutung. Schließlich habe die Marktuntersuchung ergeben, dass die Abnehmer in der Regel Rahmenverträge auf der Basis einheitlicher Preislisten für weltweite Lieferungen abschließen. Koordinierte Effekte schließt die Europäische Kommission ebenfalls aus.

3.4.2 Ökonomische Analysen und „theories of harm"

691. Die von der Europäischen Kommission verfolgte Politik eines *more economic approach* weist in der fusionskontrollrechtlichen Entscheidungspraxis verschiedene Facetten auf. Ein Aspekt des *more economic approach* besteht – wie in den Verfahren T-Mobile Austria/ Tele.ring und Korsnäs/Cartonboard gesehen – in dem verschärften Problembewusstsein der Wettbewerbsbehörde für nicht koordinierte Effekte im Oligopol. Seinen Ausdruck findet der verstärkte ökonomische Ansatz ferner in einem häufigeren Einsatz von ökonomischen Studien und Analysen, in der Regel in Zweite-Phase-Verfahren. Während sich diese Entwicklung bereits während des Berichtszeitraums 2004/2005 abzeichnete, hat die Europäische Kommission im gegenwärtigen Berichtszeitraum einen weiteren Schritt in Richtung *more economic approach* gemacht. In der Entscheidung Travelport/Worldspan bleibt es zwar bei der traditionellen zweigliedrigen Prüfung von Marktabgrenzung einerseits und weiterer wettbewerblicher Würdigung andererseits. Die Europäische Kommission erläutert aber im Rahmen der wettbewerblichen Würdigung die Funktionsweise des Marktes sehr genau und geht auf dieser Grundlage drei möglichen wettbewerbsbeeinträchtigenden Szenarien – sog. „theories auf harm" – nach.

3.4.2.1 Ökonomische Analysen

692. Die Europäische Kommission hat beispielsweise in den Verfahren Ryanair/Aer Lingus, Inco/Falconbridge, Evraz/Highveld und Ineos/BP Dormagen ökonomische Analysen in ihre wettbewerbliche Würdigung einbezogen. Die beabsichtigte Übernahme von Aer Lingus durch Ryanair wurde mit Entscheidung vom 27. Juni 2007 von der Europäischen Kommission verboten.[159] In das Verfahren ist an mehreren Stellen ökonomische Expertise eingeflossen, insbesondere im Rahmen der räumlichen Marktabgrenzung und der Frage, ob die Parteien in aktuellem Wettbewerb stehen. Nach den Ermittlungen der Wettbewerbsbehörde überschneidet sich die Tätigkeit der Beteiligten auf 35 Flugstrecken von und nach Irland. Auf 22 dieser Strecken wäre mit dem Zusammenschluss ein Monopol der neuen Unternehmenseinheit entstanden, auf den verbleibenden 13 Strecken wären Marktanteile von über 60 Prozent erreicht worden. Die Europäische Kommission stellt außerdem fest, dass die Zusammenschlussparteien aufgrund ähnlicher Geschäftsmodelle und ihrer jeweiligen Basis auf dem Dubliner Flughafen engste Wettbewerber seien. Das Vorhaben würde sowohl den aktuellen Wettbewerb auf den Strecken, die beide Parteien bedienen, als auch den potenziellen Wettbewerb auf den Strecken, die nur von einer Partei bedient werden, beeinträchtigen. Darüber hinaus haben sowohl Marktermittlungen als auch ökonomische Analysen ergeben, dass die Parteien erheblichen Wettbewerbsdruck aufeinander ausüben. Von Dritten gehe weder Nachfragemacht noch ausreichender Wettbewerbsdruck aus. Marktzutritte seien wegen der hohen Kosten und Risiken unwahrscheinlich. Wie die Vergangenheit gezeigt habe, müssten Wettbewerber unter anderem mit aggressiven Reaktionen von Ryanair rechnen. Diese Einschätzung werde durch Aussagen der Wettbewerber bestätigt, die einen Markteintritt weder planten noch – mehrheitlich – überhaupt in Erwägung zögen.

693. In dem Verfahren Inco/Falconbridge, der verschiedene Märkte für Nickel- und Kobaltprodukte betrifft, verbindet die Europäische Kommission ebenfalls eine Untersuchung auf der Grundlage traditioneller Prüfkriterien mit der Analyse des Wettbewerbsdrucks zwischen den Zusammenschlussparteien.[160] Da Inco und Falconbridge die wichtigsten Produzenten sind, der Zusammenschluss die Zahl der Anbieter von drei auf zwei verringert und der einzige verbleibende Wettbewerber Eramet schon bislang höhere Preise verlangte als die Parteien, bejaht die Europäische Kommission die Wahrscheinlichkeit von Preisaufschlägen nach dem Zusammenschluss. Zusätzlich untersucht sie die Auswirkungen eines dreimonatigen Streiks in der Inco-Mine Sudbury in der zweiten Jahreshälfte 2003, bei der die gesamte Produktion zum Erliegen kam. Die Europäische Kommission stellt für die Zeiträume vor dem Streik, während des Streiks und im Anschluss an den Streik die Gesamtumsätze mit Nickel-Pellets bei Abnehmern von Nickelprodukten zur Herstellung von Superlegierungen zusammen. Angesichts des bestehenden Produktionsengpasses hätten die Kunden von Inco entweder ihre Bestellungen bis zum Ende des Streiks aufgeschoben oder den unmittelbaren Bedarf bei anderen

---

[159] Vgl. Tz. 630 ff., 737 ff., 757 ff.
[160] Vgl. Tz. 639 ff., 675 ff., 734 ff.

Lieferanten gedeckt. Die Umsätze, die Falconbridge mit Nickel bei diesen Abnehmern erzielte, seien während des Streiks erheblich gestiegen. Einer groben Berechnung zufolge entspreche der Umsatzzuwachs von Falconbridge 25 bis 35 Prozent des Umsatzverlustes, der Inco während der Dauer des Streiks insgesamt entstanden sei. Dies könne als Anzeichen dafür betrachtet werden, dass Falconbridge vor dem Zusammenschluss erheblichen Wettbewerbsdruck auf Inco ausgeübt habe. Die Europäische Kommission stellt zusätzlich die gewichteten durchschnittlichen Preisaufschläge zusammen, die Inco und Falconbridge vor dem Streik sowie während des Streiks bei ihren Kunden ansetzten. Als Ergebnis stellt die Wettbewerbsbehörde fest, dass beide Unternehmen während des Streiks den Preisaufschlag für Produkte zur Herstellung von Superlegierungen drastisch anhoben. Daraus folgert die Wettbewerbsbehörde, dass die neue Unternehmenseinheit in der Lage wäre, die Preise zu erhöhen.

694. Die beiden Fälle geben Anlass zu der Frage, ob die angesprochenen Analysen tatsächlich einen zusätzlichen Erkenntnisgewinn für die Beurteilung der Zusammenschlüsse erbracht haben. In dem Verfahren Ryanair/Aer Lingus führt die Europäische Kommission zu der Frage, ob die Parteien in aktuellem Wettbewerb stehen, zunächst aus, dass die Preise der Parteien von denen der jeweils anderen Partei beeinflusst werden. Dazu trage zum einen die Preistransparenz im Flugsektor bei, zum anderen lasse sich nachweisen, dass Aer Lingus und Ryanair bei ihrer Preissetzung die Preise des jeweiligen Wettbewerbers berücksichtigten. Zudem ermittelte die Europäische Kommission, dass die Zusammenschlussbeteiligten jeweils auf die Werbekampagnen des anderen Unternehmens reagierten. In einem weiteren Schritt führte sie eine Preisregressionsanalyse durch, die ihre Erkenntnisse bestätigte. In diesem Zusammenhang räumte die Europäische Kommission selbst ein, dass ihrer Ansicht nach die oben beschriebenen Faktoren das Konkurrenzverhältnis zwischen Ryanair und Aer Lingus bereits ausreichend belegten. Allerdings hätten beide Parteien zusätzliches ökonometrisches Beweismaterial vorgelegt, das auf den Datensätzen des jeweiligen Unternehmens beruhte. Dies habe die Europäische Kommission zur Erstellung einer eigenen Studie veranlasst.

695. In dem Verfahren Inco/Falconbridge hatte die Europäische Kommission bereits festgestellt, dass die neue Unternehmenseinheit 90 Prozent der Marktanteile halten wird und kein Wettbewerber hinsichtlich Qualität, Produktionskapazität und Reputation eine realistische Alternative darstellt. Außerdem hatte die Wettbewerbsbehörde hohe Marktzutrittsschranken nachgewiesen, so dass die wettbewerblichen Bedenken schon auf dieser Basis klar zutage lagen. Dennoch erfolgte zusätzlich eine umfangreiche Untersuchung der Streikauswirkungen. Erschwerend kommt hinzu, dass die Europäische Kommission selbst mehrmals betont, dass die Situation während des Streiks allenfalls eine vorsichtige Schätzung der Umlenkung der Umsätze von Inco auf Falconbridge zulasse. Insbesondere sei der untersuchte Streik nur von befristeter Dauer gewesen, so dass viele Abnehmer ihre Bestellungen lediglich aufgeschoben, nicht aber umgeleitet hätten.

696. Nach Auffassung der Monopolkommission sollte die Europäische Kommission angesichts des hohen personellen und zeitlichen Aufwands, der mit der Erstellung ökonomischer Analysen sowohl aufseiten der Parteien und sonstiger Marktteilnehmer als auch aufseiten der Wettbewerbsbehörde verbunden ist, bestrebt sein, ihre knappen Ressourcen auf wirkliche Zweifelsfälle zu konzentrieren. Ökonomische Analysen sind bevorzugt dort einzusetzen, wo begründete Zweifel bestehen, die nicht auf weniger aufwendige Weise ausgeräumt werden können. Die Monopolkommission verkennt allerdings nicht, dass die Europäische Kommission häufig nicht die treibende Kraft ist, sondern lediglich auf ökonomische Studien vonseiten der Parteien oder Dritter reagiert. In derartigen Fällen, wie z. B. Evraz/Highveld, ist die Europäische Kommission verpflichtet, sich mit den vorgelegten Dokumenten auseinanderzusetzen, und wird im Zuge dessen häufig eigene Analysen vornehmen müssen. Dies dürfte nur dann anders sein, wenn sich die von dritter Seite erstellten Studien als offenkundig fehlerhaft erweisen und ohne weiteres zurückgewiesen werden können.

697. Schwer nachvollziehbar ist die Position der Europäischen Kommission zu den in dem Verfahren Ineos/BP Dormagen von den Parteien vorgelegten Studien. Der Zusammenschluss betrifft verschiedene Märkte für Ethylenoxide, -derivate und -glykole. Bei Ethylenoxiden halten die Parteien beim Handel mit Dritten EWR-weite gemeinsame Marktanteile in Höhe von 50 bis 60 Prozent. Mit dem Vorhaben würden zwei der drei größten Produzenten zusammengeführt. Vor diesem Hintergrund hält die Europäische Kommission es für ausschlaggebend, ob die Wettbewerber über ausreichend freie Kapazitäten verfügen. Sie stellt hierzu eingehende Untersuchungen unter anderem bezüglich der gegenwärtigen Kapazitätslage und der Angebotsumstellungsflexibilität an. Ausführungen zur Umstellungsflexibilität schließen die Bewertung zweier von Ineos vorgelegter Studien ein, in der die Reaktion der Branche auf ungeplante Anlagenausfälle betrachtet wird. Die Wettbewerbsbehörde bemängelt zwar, dass die erste Studie eine aggregierte Analyse enthält, deren Ergebnisse nur die branchenweite Reaktion auf Produktionsausfälle erfasst. Solche Ergebnisse könnten nicht als Beleg dafür verwendet werden, dass die Wettbewerber in der Lage seien, ihre Produktion als Reaktion auf eine Verringerung der Produktion durch die Parteien zu erhöhen. Die zweite vorgelegte Studie habe zwar die Auswirkung von Kapazitätsausfällen in den Anlagen der Zusammenschlussbeteiligten zum Inhalt. Die Europäische Kommission erläutert jedoch ausdrücklich, dass die Daten, auf denen die Studien basieren, vergleichsweise beschränkt und möglicherweise nicht alle Ergebnisse statistisch signifikant seien. Auch in der Studie selbst werde bestätigt, dass einige der Schätzungen mit Vorsicht zu betrachten seien. Dennoch folgert die Europäische Kommission, dass die beiden Studien gemeinsam aufzeigen, dass die Wettbewerber bislang in der Lage waren, auf Kapazitätsrückgänge seitens der Parteien mit einer Steigerung der eigenen Produktion zu reagieren. Nach Auffassung der Monopolkommission ist es vorzuziehen, von den Parteien vorgelegte Studien bei massiven Zweifeln an deren Methodik und Datenbasis zurückzuweisen und bei der Entscheidungsfindung unberücksichtigt zu lassen.

3.4.2.2 „Theories of harm"

698. In dem Verfahren Travelport/Worldspan beschränkt sich die Europäische Kommission nicht darauf, einzelne Aspekte des Zusammenschlusses mit Hilfe ökonomischer Analysen zu untersuchen.[161] Vielmehr wird die wettbewerbliche Beurteilung insgesamt stärker ökonomisch ausgerichtet. Zwar bleibt es bei einer getrennten Würdigung der Marktabgrenzung einerseits und der weiteren wettbewerblichen Würdigung andererseits. Die Europäische Kommission berücksichtigt auch weiterhin die Marktanteile der Parteien und ihrer Wettbewerber. Neu ist aber, dass die Wettbewerbsbehörde die nicht koordinierten Effekte des Zusammenschlusses anhand von drei möglicherweise wettbewerbsschädlichen Szenarien, sog. „theories of harm", untersucht.

699. Die Parteien betreiben elektronische Distributionssysteme für Reiseleistungen (GDS), indem sie den Reisebüros die Angebote von Reiseanbietern wie Fluggesellschaften, Hotels und Autovermietern gebündelt zur Verfügung stellen. Die Reisebüros haben so die Möglichkeit zu umfassenden Preis- und Konditionenvergleichen sowie Reservierungen und Buchungen. Nach Auffassung der Europäischen Kommission kann es durch den Zusammenschluss zu drei verschiedenen wettbewerbsschädlichen Auswirkungen kommen: Erstens könne der Zusammenschluss dazu führen, dass die Parteien ihre starke Position gegenüber den Reisebüros dazu nutzen, um ihre Preise gegenüber den Reiseanbietern zu erhöhen. Zweitens bestehe die Gefahr, dass Worldspan als „maverick" ausgeschaltet werde. Drittens könnte es der mit dem Zusammenschluss verbundene Marktanteilszuwachs den Parteien erlauben, ihre starke Position gegenüber den Reisebüros auszunutzen. Bei der Auseinandersetzung mit diesen drei Szenarien erläutert die Europäische Kommission ausführlich die Funktionsweise der betroffenen Märkte als two-sided markets. Sie greift zur Erklärung auf wettbewerbstheoretische Argumente und die zugrunde liegenden Annahmen zurück und bezieht auch vergangene Entwicklungen auf den Märkten ein. Im Ergebnis begründet die Europäische Kommission auf diese Weise plausibel, warum der geplante Zusammenschluss keine Wettbewerbsbedenken auslöst. Gegen das erste Szenario spreche eine ausreichende Gegenmacht der Reiseanbieter. In Bezug auf die zweite Alternative lasse sich nicht feststellen, dass Worldspan in der Vergangenheit besonderen Wettbewerbsdruck ausgeübt habe. Die dritte „theory of harm" bestätigte sich ebenfalls nicht, da die Europäische Kommission eine starke Position der Reisebüros gegenüber den GDS-Anbietern ermitteln konnte.

3.4.3 Dynamische Betrachtung

700. In mehreren Fällen hat die Europäische Kommission ausdrücklich eine dynamische Betrachtung der untersuchten Märkte vorgenommen. In dem Verfahren

Universal/BMG Music Publishing ist das Musikverlagsgeschäft, insbesondere der Markt für Online-Rechte, betroffen. Die Europäische Kommission geht ausführlich darauf ein, dass sich derzeit die Bedingungen für die Lizenzvergabe und hierbei vor allem die Rolle der nationalen Verwertungsgesellschaften ändern. Es zeichne sich ab, dass künftig nicht mehr die Verwertungsgesellschaften, sondern die Musikverlage selbst hauptverantwortlich für die Lizenzvergabe und damit auch für die Preissetzung sein werden. Vor diesem Hintergrund erhob die Europäische Kommission Wettbewerbsbedenken gegen den Zusammenschluss zweier großer Musikverlage.

701. Die Unternehmen Cargill und Degussa Food Ingredients sind beide unter anderem auf dem Markt für nicht genverändertes Flüssiglecithin aktiv. Die Europäische Kommission untersucht die nicht koordinierten Auswirkungen des Zusammenschlusses und betont dabei die sich abzeichnende Veränderung der Angebotssituation. Mit Cargill und Degussa Food Ingredients fusionieren zwei der drei führenden Marktteilnehmer und erreichen gemeinsame Marktanteile in Höhe von 35 bis 45 Prozent. Die Europäische Kommission stellt zunächst fest, dass den Nachfragern Qualität und Lieferzuverlässigkeit besonders wichtig sind. Ein Lieferantenwechsel sei für die meisten Lebensmittelhersteller mit signifikanten Kosten und organisatorischen Hindernissen verbunden, da er die Anpassung von Rezepturen und eine aufwändige Testphase erforderlich mache. Im Rahmen der detaillierten Marktuntersuchung berücksichtigt die Wettbewerbsbehörde allerdings auch die dynamischen Elemente des Wettbewerbsumfeldes: Sie erläutert, dass nicht genverändertes Flüssiglecithin von den Parteien größtenteils nicht selbst hergestellt, sondern in Brasilien eingekauft und zu einem bedeutenden Anteil ohne weitere Verarbeitung weiterverkauft werde. Gegenwärtig sei die Entwicklung zu beobachten, dass einzelne Abnehmer ihren Bedarf direkt in Brasilien deckten. Bislang handele es sich zwar um Ausnahmen, aber schon jetzt hätten die führenden brasilianischen Hersteller gezeigt, dass sie in der Lage seien, eigene Vertriebs- und Logistik-Netzwerke in Europa aufzubauen und in direkten Wettbewerb mit etablierten Akteuren zu treten. Für einen Ausbau der Direktlieferungen spreche, dass sich die Qualität und der Ruf der brasilianischen Produzenten in letzter Zeit deutlich verbessert habe. Außerdem unterstützen laut Ermittlungen der Europäischen Kommission große Lebensmittelhersteller den Marktzugang neuer Akteure. Aus diesem Grund gab die Wettbewerbsbehörde den Zusammenschluss ohne Bedingungen und Auflagen frei.

702. Auch in dem Verfahren Ineos/BP Dormagen, der sich auf verschiedenen Märkten für Ethylenoxide, -derivate und -glykole auswirkte, nimmt die Europäische Kommission eine prospektive Bewertung des Zusammenschlusses vor, indem sie die erwartete Nachfrage mit den absehbaren Produktionskapazitäten vergleicht. In diesem Zusammenhang berücksichtigt sie insbesondere die Auswirkungen geplanter Kapazitätserweiterungen in Asien und im Nahen Osten. Zwar sei damit zu rechnen, dass ein großer Teil des im Nahen Osten produzierten Ethylenglykols nach Asien exportiert werde, Westeuropa sei jedoch

---

[161] Vgl. Tz. 652 ff.

ebenfalls ein besonders attraktiver Markt für Exporte aus dem Nahen Osten. Die Marktuntersuchung habe bestätigt, dass die zu erwartenden Ausfuhren von Ethylenglykol in den EWR aufgrund der neuen Produktionskapazitäten im Nahen Osten zunehmen werden. Dies werde wahrscheinlich zu einer Verringerung der Glykol-Produktion im EWR führen, so dass hier voraussichtlich mehr freie Kapazitäten für die Ethylenoxid-Produktion zur Verfügung stehen würden. Die Europäische Kommission vertritt die Auffassung, dass diese Auswirkungen auf dem europäischen Ethylenoxid-Markt tatsächlich und zeitnah spürbar werden.

703. Nach Auffassung der Monopolkommission ist es sinnvoll, bei der wettbewerblichen Beurteilung von Zusammenschlüssen auch künftige Entwicklungen einzubeziehen. Allerdings sollte dies vorsichtig und unter Beachtung bestimmter Kriterien geschehen. Zum einen sollte eine Berücksichtigung künftiger oder noch nicht abgeschlossener Entwicklungen nicht über den in der Fusionskontrolle üblichen Prognosezeitraum hinausgehen. Dieser beträgt in der Regel zwei bis drei Jahre. Dabei spielt eine wichtige Rolle, dass sich Entwicklungen umso schwieriger abschätzen lassen, je weiter sie in der Zukunft liegen. Zum anderen muss die Erwartung bestimmter Entwicklungen jedenfalls bis zu einem gewissen Grad abschätzbar und begründbar sein. Verlässliche Hinweise können z. B. – wie im Zusammenschluss Universal/ BMG Music Publishing – Änderungen des rechtlichen Rahmens geben, sofern entsprechende Reformen bereits in Gang gesetzt oder gerade in Kraft getreten sind. Als Anhaltspunkt eignet es sich auch, wenn bereits einige Marktteilnehmer ihr Verhalten geändert haben und weitere Unternehmen die Absicht bekunden, ebenfalls Änderungen vornehmen zu wollen. Dies ist in dem Verfahren Cargill/Degussa Food Ingredients der Fall. Im Kontrast dazu erscheint die prospektive Betrachtung in dem Verfahren Ineos/BP Dormagen eher vage und spekulativ, da sie nicht durch Fakten untermauert wird. Nach Auffassung der Monopolkommission ist verfahrensmäßig eine Substantiierung der Prognose zu verlangen. Mangelt es an einer solchen Substantiierung, ist die Entscheidung fehlerhaft.

Die Gefahren, die mit der Berücksichtigung künftiger Entwicklungen einhergehen, belegen die Entscheidungen Air Liquide/BOC aus dem Jahr 2000 und Linde/BOC von 2006.[162] In beiden Fällen war unter anderem der Großhandelsmarkt für Helium betroffen. In der erstgenannten Entscheidung sprachen die Umstände nach Auffassung der Europäischen Kommission für einen EWR-weiten räumlichen Markt, obwohl die Importe aus den USA ungefähr 25 Prozent betragen hatten. Die Begrenzung auf den EWR-Markt erfolgte unter anderem deshalb, weil eine Abnahme der US-Importe erwartet worden war. In der Entscheidung Linde/BOC aus dem gegenwärtigen Berichtszeitraum definiert die Europäische Kommission den räumlichen Markt hingegen weltweit. Dies geschieht

vor dem Hintergrund, dass die Helium-Importe aus den USA zwischen 2000 und 2005 – entgegen der ursprünglichen Annahme – erheblich gestiegen sind.

3.4.4 Kapazitäten und Anbieterwechsel

704. In einer Reihe von Fällen betont die Europäische Kommission im Rahmen ihrer wettbewerblichen Würdigung den Aspekt von freien Kapazitäten und von Möglichkeiten zur Kapazitätserweiterung aufseiten der Konkurrenten. Die Wettbewerbsbehörde folgt damit den Feststellungen in den Horizontal-Leitlinien, wonach wettbewerbsbeeinträchtigende Auswirkungen eines Zusammenschlusses dann nahe liegen, wenn die Kunden der Parteien nur begrenzte Möglichkeiten für einen Anbieterwechsel haben.[163] Ein Anbieterwechsel sei insbesondere dann schwierig, wenn nur wenige alternative Anbieter vorhanden seien oder erhebliche Umstellungskosten entstehen würden. Nicht koordinierte Wirkungen sind laut Leitlinien auch dann zu erwarten, wenn die Erhöhung des Angebots durch die Wettbewerber bei Preiserhöhungen unwahrscheinlich ist.[164] Herrschen umgekehrt Marktbedingungen vor, bei denen Wettbewerber über ausreichende Kapazitäten verfügen und eine entsprechende Absatzsteigerung für sie gewinnbringend ist, spreche dies eher gegen eine erhebliche Behinderung wirksamen Wettbewerbs.

705. In dem Verfahren Ineos/BP Dormagen hat die Europäische Kommission den Kapazitätsaspekt für die Frage, ob nach dem Zusammenschluss auf dem Markt für Ethylenoxid noch ausreichender Wettbewerbsdruck auf die Parteien ausgeübt wird, als maßgeblich erachtet. Sie prüfte deshalb sowohl die gegenwärtige Kapazitätsverteilung und -auslastung als auch die Fähigkeit der Wettbewerber, ihre Produktion als Reaktion auf Produktionssenkungen durch die Zusammenschlussbeteiligten zu steigern. Daneben legte die Wettbewerbsbehörde besonderes Gewicht auf die Auswirkungen von Kapazitätserweiterungen im Nahen Osten und in Asien. Diese Erweiterungen betrafen zwar ausschließlich die Produktion von Ethylenglykol, wirkten sich aber nach Ansicht der Europäischen Kommission auf den EWR-weiten Markt für Ethylenoxid aus. Durch die erhöhte Einfuhr von billigerem Ethylenglykol würden entsprechende Kapazitäten im EWR frei, die anschließend für die Produktion von Ethylenoxid genutzt werden könnten. Der Fall macht deutlich, dass selbst Kapazitätssteigerungen auf anderen Märkten die Wettbewerbslage auf dem von der Untersuchung betroffenen Markt positiv beeinflussen können.

706. In dem Fall Glatfelder/Crompton führte der Zusammenschluss auf dem Markt für nassgelegte Vliese zur Tee- und Kaffeefiltration zu sehr hohen Marktanteilen in Höhe von 60 bis 70 Prozent.[165] Die neue Unternehmenseinheit würde ferner 60 bis 70 Prozent der Kapazitäten auf sich vereinigen. Die Wettbewerber Ahlstrom und Purico verfügen über 20 bis 30 Prozent bzw. 10 bis

---

[162] Europäische Kommission, Entscheidung vom 18. Januar 2000, M.1630, Air Liquide/BOC, Rn. 40; dies., Entscheidung vom 6. Juni 2006, M. 4141, Linde/BOC, Rn. 60 ff.

[163] Horizontal-Leitlinien, Rn. 31.
[164] Horizontal-Leitlinien, Rn. 32 ff.
[165] Vgl. Tz. 637 ff., 647 ff.

20 Prozent der Marktanteile. Nach Ansicht der Europäischen Kommission deuten der hohe Marktanteil und der beträchtliche Kapazitätszuwachs auf die Marktmacht des neuen Unternehmens hin. Es müsse aber untersucht werden, welcher Wettbewerbsdruck sich aus der verfügbaren Kapazität für nassgelegte Vliese für die Tee- und Kaffeefiltration ergebe. Dabei stellte sich heraus, dass der Konkurrent Purico erst kürzlich eine Anlage in Shanghai eingerichtet hatte, in der Vliesstoffe für die Tee- und Kaffeefiltration hergestellt werden können. Die verfügbare Kapazität dieser Anlage beläuft sich nach den Ermittlungen auf rund 15 bis 20 Prozent der weltweiten Nachfrage nach nassgelegten Vliesen für die Tee- und Kaffeefiltration. Die Kapazität der Anlage werde zwar erst allmählich mit der Produktion von nassgelegten Vliesen für die Tee- und Kaffeefiltration ausgelastet werden. Das Unternehmen verfüge aber schon jetzt über die erforderlichen Patente und das nötige Know-how und sei dabei, ein weltweites Vertriebsnetz aufzubauen. Nach Auffassung der Monopolkommission ist die Argumentation der Europäischen Kommission, dass von dieser Anlage erheblicher Wettbewerbsdruck ausgehen wird, insofern nachvollziehbar, als Purico durch die kürzlich erfolgte Übernahme zweier Werke im EWR bereits über ein bestehendes Marken- und Vertriebsnetz verfügt und in die Position eines etablierten Anbieters aufgerückt ist. Außerdem greifen die meisten Abnehmer nach den Ermittlungen der Europäischen Kommission auf mehrere Bezugsquellen zurück. Gewisse Zweifel resultieren allerdings aus dem Umstand, dass die Abnehmer in der Regel durch langfristige Verträge gebunden sind. Wünschenswert wären ferner nähere Angaben zu dem Aufbau des weltweiten Vertriebsnetzes, insbesondere zu dem diesbezüglichen Zeithorizont, gewesen.

Auch hinsichtlich des zweiten großen Wettbewerbers Ahlstrom geht die Europäische Kommission von starkem Wettbewerbsdruck auf die Parteien aus, weil das Unternehmen im Fall von Preiserhöhungen oder Produktionseinschränkungen seitens der Zusammenschlussparteien die Produktion erhöhen könnte. Für den Fall, das die neue Unternehmenseinheit den Preis beträchtlich erhöhen sollte, verfüge Ahlstrom über das erforderliche Knowhow und die Technologie, um vorhandene Maschinen umzurüsten oder gebrauchte Maschinen zu kaufen und gegebenenfalls umzurüsten. Als Beleg führt die Wettbewerbsbehörde Informationen von Ahlstrom an, wonach das Unternehmen wahrscheinlich das Produktionsvolumen und/oder die Kapazität erhöhen würde, wenn der Preis für nassgelegte Vliese für die Tee- und Kaffeefiltration um 10 bis 30 Prozent steige. Die entsprechenden Ausführungen der Europäischen Kommission bleiben in diesem Teil der Entscheidung allerdings relativ vage. So fehlen jegliche Angaben darüber, in welchem Umfang Ahlstrom neue Kapazitäten schaffen würde. Es findet ferner keine Unterscheidung zwischen vorhandenen freien Kapazitäten einerseits und erst zu schaffenden Kapazitäten andererseits statt. Die Nutzung bereits vorhandener freier Kapazitäten dürfte jedoch in der Regel einfacher und billiger sein als die Umrüstung oder der Erwerb von neuen Produktionsanlagen. Eine unterschiedliche Bewer-

tung der beiden Sachverhalte könnte daher im Einzelfall angebracht sein. Problematisch ist nach Auffassung der Monopolkommission außerdem, dass die Europäische Kommission offenbar eine Preissteigerung von 10 bis 30 Prozent nach der Fusion in Kauf nimmt.

707. Im Anschluss prüft die Europäische Kommission den Wettbewerbsdruck, der von alternativen Materialien ausgeht. Bei der Marktabgrenzung hat die Wettbewerbsbehörde diese Produkte aus dem relevanten Markt ausgeschlossen, jedoch festgestellt, dass von ihnen ein gewisser Wettbewerbsdruck ausgehe. Die Befragung der Abnehmer ergab, dass die Mehrheit der Kunden einen Wechsel zu alternativen Materialien derzeit für wirtschaftlich nicht ratsam hält. Dessen ungeachtet zögen manche größeren Kunden inzwischen auch den Gebrauch alternativer Materialien in Erwägung. Nach Einschätzung der Europäischen Kommission sei zwar nicht davon auszugehen, dass alternative Materialien derzeit nassgelegte Vliese in erheblichem Maße ersetzen würden. Wahrscheinlich werde sich aber künftig ein Teil der Abnehmer dazu veranlasst sehen, auf alternative Materialien umzusteigen. Dadurch würden zusätzliche Kapazitäten frei, was wiederum die Möglichkeiten der neuen Unternehmenseinheit zur Preiserhöhung einschränken werde. Diese Argumentation der Europäischen Kommission vermag nicht zu überzeugen. Weder werden die größeren Kunden benannt, die sich einen Materialwechsel vorstellen können, noch nähere Angaben darüber gemacht, welchen Anteil diese Kunden an der Nachfrageseite ausmachen. Ebenfalls unklar bleibt, welchen Prognosezeitraum die Europäische Kommission für einen Übergang zu Alternativmaterialien zugrunde legt. Die Entscheidung hat insofern stark spekulative Züge und ist wegen unzureichender Begründung fehlerhaft.

708. Auch im Verfahren T-Mobile Austria/Tele.ring spielen Kapazitätsüberlegungen eine wichtige Rolle. Das Argument der Parteien, wonach es ausreiche, wenn die verbleibenden Wettbewerber eine Absorptionskapazität in ihrem Netz von insgesamt 10 Prozent der Kunden von T-Mobile und Tele.ring hätten, um jede Preiserhöhung für T-Mobile nach dem Zusammenschluss unprofitabel zu machen, weist die Europäische Kommission zurück. Ihrer Auffassung nach könne aus freien Kapazitäten der Wettbewerber nicht ohne weiteres geschlossen werden, dass diese Wettbewerber neue Kunden zulasten der Profitabilität ihres bestehenden Kundenstamms gewinnen wollten. Im Übrigen führe die geplante Transaktion auf jeden Fall zu einer Reduzierung der Kapazitäten. Auch der Umstand, dass die UMTS-Netze weitere Kapazitätserweiterungen schaffen könnten, überzeugt die Europäische Kommission nicht. Ihrer Ansicht nach sind die UMTS-Netze aller Betreiber noch weit davon entfernt, den gesamten österreichischen Markt abzudecken.

709. Die Monopolkommission befürwortet grundsätzlich das Vorgehen der Europäischen Kommission, bei der Bewertung von Zusammenschlüssen auch der Frage nach einem möglichen Anbieterwechsel nachzugehen. In diesem Zusammenhang spielen die gegenwärtige Kapazitätsauslastung und die absehbaren Kapazitätserweiterungen eine wichtige Rolle. Positiv zu beurteilen ist hierbei, dass die Europäische Kommission bei der Untersuchung des Kapazitätsaspekts weitere Kriterien berücksichtigt. Hiernach reichen freie Kapazitäten alleine nicht aus, um Wettbewerbsdruck auf die Zusammenschlussparteien auszuüben. Sie können beispielsweise nicht nutzbar gemacht werden, wenn Wettbewerbern das notwendige Know-how oder die erforderlichen Rohstoffe fehlen. Als problematisch kann es sich daneben erweisen, wenn langfristige Kundenbeziehungen existieren, Zweifel an Qualität und Zuverlässigkeit der Wettbewerber bestehen oder langwierige und teure Zertifizierungsverfahren durchzuführen sind. Zu berücksichtigen ist darüber hinaus, dass Produktionsmöglichkeiten gegebenenfalls, z. B. wegen Notfällen, Wartungsmaßnahmen etc., nicht vollständig ausgelastet werden können.

Neben die Existenz freier oder erweiterungsfähiger Kapazitäten muss als weitere Voraussetzung die Profitabilität einer Absatzsteigerung durch die Wettbewerber treten. Diesem Aspekt ist die Europäische Kommission in den Fällen Glatfelder/Crompton und T-Mobile Austria/Tele.ring nachgegangen. Im erstgenannten Verfahren untersucht die Wettbewerbsbehörde ausführlich die Kostensituation in dem asiatischen Werk des Wettbewerbers Purico. Sie kommt zu dem Schluss, dass die dort anfallenden Arbeits- und Energiekosten wesentlich geringer sind als in anderen Werken und dieser Kostenvorteil auch durch Transportkosten und Zölle nicht aufgehoben wird. In dem Verfahren T-Mobile Austria/Tele.ring setzt sich die Europäische Kommission intensiv mit den Anreizen der Wettbewerber auseinander, neue Kunden zu gewinnen, und sieht derartige Anreize als gering an.

710. Nach Auffassung der Monopolkommission bleiben die Horizontal-Leitlinien allerdings relativ allgemein und können nur erste Anhaltspunkte für die Beurteilung von Kapazitätsaspekten geben. Unklar ist insbesondere, unter welchen Voraussetzungen von „erheblichen Umstellungskosten" und „ausreichenden" Kapazitäten ausgegangen werden kann. Wie die oben skizzierten Entscheidungen zeigen, ist insoweit eine Gesamtbetrachtung des jeweiligen Einzelfalls maßgeblich. Bei Glatfelder/Crompton wird eine Kapazitätssteigerung von 15 bis 20 Prozent als ausreichend angesehen. In T-Mobile Austria/Tele.ring hält die Wettbewerbsbehörde – unter den besonderen Umständen des Einzelfalls – freie Kapazitäten in Höhe von 10 Prozent nicht für ausreichend.

Einen gewissen Aufschluss zu dieser Frage gibt das Urteil des EuG in dem Verfahren Sun Chemical/Kommission.[166] Dem Verfahren liegt eine Drittklage von Abnehmern gegen die bedingungslose Freigabeentscheidung der Europäischen Kommission in dem Zusammenschlussfall Apollo/Akzo Nobel IAR zugrunde. Von dem Zusammenschluss waren verschiedene Märkte für Harze für die Druckfarbenherstellung betroffen. Neben der Ermittlung der Marktanteilsverteilung war die Europäische Kommission insbesondere der Frage nachgegangen, ob Wettbe-

werber über ausreichende Produktionskapazitäten verfügten, um wechselwillige Kunden im Falle eines nicht koordinierten Preisanstiegs beliefern zu können. Die Wettbewerbsbehörde hatte ermittelt, dass ein Teil der Wettbewerber freie Kapazitäten in einer Größenordnung von mindestens 19,5 Prozent der gesamten Marktproduktion vorhielt. Unter Einbeziehung weiterer Konkurrenten könnten – nach Schätzungen der Europäischen Kommission – sogar überschüssige Kapazitäten bis zu 41 Prozent der Marktproduktion bestehen. Daraus und aus dem Umstand, dass die Wettbewerber über das nötige Know-how verfügten, hatte die Europäische Kommission gefolgert, dass eine einseitige Preiserhöhung seitens der Zusammenschlussparteien unwahrscheinlich sei.

Das Gericht verneint einen offensichtlichen Beurteilungsfehler der Europäischen Kommission in Bezug auf die Feststellung überschüssiger Kapazitäten. Das EuG hält es insbesondere nicht für nötig, dass sämtliche Kunden der Zusammenschlussparteien ihre Bestellungen auf andere Lieferanten übertragen können, damit das fusionierte Unternehmen von einem eventuellen wettbewerbswidrigen Verhalten abgehalten wird. Vielmehr könne schon die Möglichkeit, dass die Klägerinnen einen erheblichen Teil ihrer Nachfrage bei anderen Lieferanten decken, als Bedrohung des fusionierten Unternehmens mit hinreichend bedeutenden Verlusten angesehen werden. Diese sei geeignet, die neue Unternehmenseinheit von einer Preiserhöhungsstrategie abzuhalten. Außerdem erinnert das Gericht daran, dass ein bestimmter Teil der Lieferanten insgesamt einen Marktanteil von ungefähr 21 Prozent und überschüssige Kapazitäten in bedeutendem Umfang hält. Daher ist die Europäische Kommission nach Auffassung des Gerichts zu Recht davon ausgegangen, dass die Wettbewerber auf dem Markt in der Lage seien, einem wettbewerbswidrigen Verhalten der Parteien entgegenzutreten und deren Großkunden zu beliefern.

711. Aus diesen Ausführungen ergeben sich zwei Feststellungen von genereller Bedeutung. Zum einen fordert das Gericht überschüssige Kapazitäten in bedeutendem Umfang, damit von ausreichendem Wettbewerbsdruck auf die Zusammenschlussparteien ausgegangen werden kann. Zum zweiten ist es nach Ansicht des Gerichts nicht erforderlich, dass freie Kapazitäten in einem Umfang existieren, der jedem Kunden einen Anbieterwechsel für seine gesamte Einkaufsmenge ermöglicht. Unter den besonderen Umständen des vorliegenden Falls hielt das Gericht freie Kapazitäten von knapp 20 Prozent der Gesamtproduktion für ausreichend. In anderen Fällen kann allerdings eine höhere oder niedrigere Quote erforderlich sein bzw. ausreichen.

Das Gericht äußert sich ferner zu den von der Klägerin vorgebrachten Argumenten, einem Lieferantenwechsel stünden lange Vertragslaufzeiten und komplexe Qualifizierungsverfahren entgegen. Nach den Erkenntnissen des Gerichts werden die Lieferverträge im vorliegenden Fall im Allgemeinen für einen Zeitraum zwischen drei Monaten und drei Jahren abgeschlossen, wobei die mehrjährigen Verträge jährlich neu verhandelt werden. Angesichts solch unterschiedlicher Vertragslaufzeiten könnten even-

---

[166] EuG, Urteil vom 9. Juli 2007, Rs. T-282/06, Sun Chemical/Kommission, Rn. 163 ff.

tuelle Schwierigkeiten bei der Verlagerung der Bestellungen auf andere Lieferanten lediglich einen Teil des Marktes betreffen. Ebenfalls differenziert beurteilt das Gericht die erforderliche Qualifizierung neuer Lieferanten. Die Klägerin habe selbst erklärt, dass sie versuche, für ihre wichtigsten Produkte zwei oder drei Lieferanten vorab anzuerkennen. Eine vorab durchgeführte Eignungsprüfung erlaubt es nach Auffassung des Gerichts jedoch, bei aktuellem Bedarf den Lieferanten schneller zu wechseln. Außerdem habe die Vergangenheit gezeigt, dass die Eignungsprüfung unter Umständen auch kurzfristig durchgeführt werden könne.

3.4.5 Koordinierte Effekte

712. Die Europäische Kommission konzentriert sich während des Berichtszeitraums ganz überwiegend auf die nicht koordinierten Auswirkungen der untersuchten Zusammenschlüsse. In einigen Entscheidungen spricht sie zwar auch mögliche koordinierte Effekte an, dies geschieht allerdings in aller Regel kurz und mit dem Ergebnis, dass keine Wettbewerbsbedenken resultieren. Ein Beispiel hierfür bildet etwa die Entscheidung Gargill/Degussa Food Ingredients, in der die Europäische Kommission die Gefahr koordinierter Effekte mit Hinweis auf die Bedeutung von Qualität und zeitgerechter Lieferung sowie die unterschiedliche Kostenstruktur ablehnt. In dem Verfahren Travelport/Worldspan verneint die Europäische Kommission ebenfalls die Gefahr einer Koordinierung. Gegen eine solche Gefahr sprechen ihrer Ansicht nach die erhebliche Änderung des Marktumfeldes und der Marktanteile in den letzten Jahren, die mangelnde Transparenz aufgrund der komplexen Preisstruktur und Produktpalette sowie die fehlenden Abschreckungsmechanismen.

713. Das Verfahren Korsnäs/Cartonboard zeigt auf, dass die Europäische Kommission koordinierte Effekte selbst in Fällen ausschließt, in denen nur noch zwei Anbieter mit gemeinsamen Marktanteilen von 90 bis 100 Prozent verbleiben. Die Wettbewerbsbehörde räumt zwar ein, dass der geplante Zusammenschluss die Transparenz auf dem Markt für Flüssigkeitskarton erhöhen werde. Gegen koordiniertes Verhalten spreche aber die fehlende Symmetrie bei der Produktpalette, bei den Produktionskapazitäten und den Kostenstrukturen. Außerdem handele es sich bei Flüssigkeitskarton nicht um ein homogenes Produkt. Daneben wird die erhebliche Nachfragemacht der Kunden angeführt. Es bestünden ferner starke Anreize für eine Abweichung, da mit Flüssigkeitskarton höhere Gewinne als mit sonstigen Kartonarten gemacht werden und Produktionsanlagen leicht auf dieses Produkt umgestellt werden könnten. Außerdem könnten die Abnehmer ihre Nachfrage auf Anbieter außerhalb des EWR umleiten. Abschreckungsmaßnahmen seien ebenfalls nicht wahrscheinlich, da Lieferverträge üblicherweise für eine Dauer von drei Jahren abgeschlossen werden, so dass eine Vergeltungsmaßnahme erst mit großer zeitlicher Verzögerung durchgeführt werden könnte.

714. Letzteres Argument ist zwar im vorliegenden Fall nachvollziehbar, da drei große Kunden 50 bis 80 Prozent der EWR-Produktion abnehmen und daher wahrscheinlich relativ wenige Vertragsschlüsse pro Jahr stattfinden. Im Allgemeinen muss nach Ansicht der Monopolkommission jedoch berücksichtigt werden, dass auch langfristige Vereinbarungen zu unterschiedlichen Zeitpunkten auslaufen und daher sukzessive erneuert werden. Hat ein Unternehmen das zuvor koordinierte Verhalten aufgegeben und neue Kunden – beispielsweise aufgrund niedrigerer Preise – hinzugewonnen, müssen sich Abschreckungsmaßnahmen seiner Wettbewerber nicht unbedingt auf diese – nun wieder langfristig gebundenen – Kunden konzentrieren. Abschreckungsmaßnahmen können vielmehr auch dann Wirkung entfalten, wenn sie auf andere Kunden des ersten Unternehmens zielen, deren Verträge gerade auslaufen.

715. In dem Fall T-Mobile Austria/Tele.ring erörtert die Europäische Kommission die Möglichkeit von koordinierten Effekten auf einer halben Seite. Sie kommt nach oberflächlicher Prüfung zu dem Ergebnis, dass die Transaktion zusätzlich zu den festgestellten nicht koordinierten auch zu koordinierten Effekten führen könnte. Für möglich hält die Wettbewerbsbehörde eine solche Koordinierung ferner in der Entscheidung Kronospan/Constantia. Ihrer Ansicht nach erleichtern mehrere Marktcharakteristika ein solches Verhalten: die Standardisierung der Produkte, geringes Qualitätsbewusstsein und fehlende Markentreue sowie Preistransparenz. Eine nähere Auseinandersetzung mit diesen Aspekten erübrigt sich allerdings nach Auffassung der Europäischen Kommission, weil die Parteien bereits im Hinblick auf die möglichen nicht koordinierten Effekte Zusagen übermittelt hätten, die sämtliche Bedenken ausräumten.

716. In dem Verfahren Linde/BOC, das sich auf mehreren polnischen und britischen Märkten für Spezialgase auswirkte, stehen zwar auch die nicht koordinierten Auswirkungen im Mittelpunkt der Prüfung. Aufgrund hoher gemeinsamer Marktanteile sowie erheblicher Produktions- und Abfüllkapazitäten erhebt die Europäische Kommission hinsichtlich verschiedener nationaler Gasmärkte Wettbewerbsbedenken. Auch auf dem Groß- und Einzelhandelsmarkt für Helium hält die Wettbewerbsbehörde nicht koordinierte Effekte für wahrscheinlich. Die Europäische Kommission geht aber zusätzlich ausführlich der Frage nach einer möglichen Koordinierung nach. Sie bejaht die Gefahr koordinierter Effekte zum einen auf dem Gesamtmarkt für Industriegase im EWR, zum anderen auf dem weltweiten Großhandelsmarkt für Helium. Auf dem Gesamtmarkt für Industriegase hält sie eine Koordinierung von Linde/BOC einerseits und Air Liquide andererseits durch die räumliche Aufteilung des EWR für wahrscheinlich. Durch den Zusammenschluss werde die Aufteilung mit dem Ergebnis vervollständigt, dass Linde unangefochtener Marktführer auf dem gesamten Gebiet Osteuropas und Air Liquide auf dem gesamten Gebiet Nordwesteuropas werde. Darüber hinaus würden beide Unternehmen in dem Gebiet des jeweiligen Konkurrenten kleine Marktanteile halten, was Abschreckungsmaßnahmen glaubhafter mache. Beide Unternehmen hätten daher einen Anreiz, sich keinen wirksamen Wettbewerb zu liefern. Der Nachweis von kollusivem Verhalten in der Vergangenheit spreche ebenfalls für ein solches Risiko. Was die weiteren Voraussetzungen angeht, bestätigt die Europäische Kommission ein hohes Maß an Transparenz. Diese werde noch durch die mit dem Zusammenschluss entstehenden strukturellen Verbindungen zwischen Linde und Air Liquide erhöht. Auch nach Auffassung der Monopolkommission sprechen im vorliegenden Fall die hohe Transparenz, die strukturelle Verbindung sowie das vergangene kollusive Verhalten der Parteien für die Annahme einer räumlichen Marktaufteilung.

Impala/Kommission

717. Von besonderem Interesse ist das am 13. Juli 2006 ergangene Urteil des Gerichts erster Instanz, mit dem die Freigabeentscheidung der Europäischen Kommission in der Sache Sony/Bertelsmann (BMG) für nichtig erklärt wurde.[167] Das Gericht macht einerseits grundsätzliche Ausführungen zu den Voraussetzungen gemeinsamer Marktbeherrschung, andererseits entwickelt es seine Rechtsprechung zu den Beweisanforderungen im Falle gemeinsamer Marktbeherrschung weiter.

Im Januar 2004 hatten Sony und BMG das Vorhaben in Brüssel angemeldet, ihre weltweiten Aktivitäten im Tonträgerbereich zusammenzulegen. Besonders intensiv prüfte die Europäische Kommission den Markt für bespielte Tonträger, wo neben fünf großen, vertikal integrierten und global agierenden Unternehmen eine Vielzahl von kleinen unabhängigen Musikanbietern tätig war. Die Wettbewerbsbehörde hatte noch in ihren Beschwerdepunkten erhebliche Bedenken gegen den Zusammenschluss geäußert, der ihrer Ansicht nach die Entstehung oder Verstärkung einer kollektiven Marktbeherrschung förderte. Mit ihrer abschließenden Entscheidung gemäß Artikel 8 Abs. 2 FKVO gab die Europäische Kommission den Zusammenschluss allerdings ohne Bedingungen und Auflagen frei. Mangels Beweisen verneinte sie sowohl die Entstehung als auch die Verstärkung einer gemeinsamen marktbeherrschenden Stellung. Bedenken, bereits vor dem Zusammenschluss habe eine kollektive Marktbeherrschung vorgelegen, verwarf die Kommission insbesondere mit dem Hinweis auf fehlende Markttransparenz infolge von sog. „campaign discounts" (Werbekostenzuschüssen). Außerdem hatten die behördlichen Ermittlungen ergeben, dass in der Vergangenheit keine Abschreckungsmaßnahmen zwischen den fünf großen Unternehmen durchgeführt worden waren. Die Entstehung von kollektiver Marktbeherrschung durch den Zusammenschluss hielt die Europäische Kommission ebenfalls nicht für bewiesen.

718. Im Dezember 2004 erhob Impala, eine internationale Vereinigung von 2 500 unabhängigen Musikproduktionsgesellschaften, Drittklage beim Gericht erster Instanz. Das EuG macht in dem vorliegenden Urteil zunächst allgemeine Ausführungen zu dem Konzept der oligopolistischen Marktbeherrschung. Es bestätigt die drei Kriterien, die es bereits im Urteil Airtours/Kommission für die Prüfung einer gemeinsamen Marktbeherrschung aufgestellt hat. Diese Kriterien sind:

– Der Markt muss ausreichend transparent sein, damit die Oligopolisten ihr Verhalten gegenseitig beobachten können.

– Es muss Anreize für jedes Oligopolmitglied geben, um nicht dauerhaft von einem gemeinsamen Vorgehen auf dem Markt abzuweichen; dies schließt die Existenz wirksamer Abschreckungsmechanismen ein.

– Wettbewerber und Nachfrager dürfen nicht in der Lage sein, den Verhaltensspielraum der führenden Unternehmensgruppe zu beschränken.

719. Anschließend führt das Gericht in einem obiter dictum[168] aus, dass diese drei Kriterien in Fällen aufgestellt und bestätigt worden seien, in denen es um die Entstehung einer gemeinsamen Marktbeherrschung und somit um eine in erster Linie prognostische Analyse durch die Europäische Kommission ging.[169] Bei Zusammenschlüssen, bei denen die Verstärkung gemeinsamer Marktbeherrschung im Fokus stehe, sei das Vorliegen der oben genannten Kriterien zwar ebenfalls notwendig. Ihre Existenz könne jedoch auch indirekt auf der Basis von Indizien nachgewiesen werden, die sich auf bestimmte Erscheinungen in der Vergangenheit bezögen und einer kollektiven Marktbeherrschung inhärent seien. In diesem Sinne könne eine enge Preisparallelität über einen längeren Zeitraum hinweg genügen, um die Existenz einer gemeinsamen marktbeherrschenden Stellung zu belegen. Dies gelte vor allem dann, wenn das Preislevel über dem Wettbewerbsniveau liege, bei sinkender Nachfrage stabil bleibe und keine anderen vernünftigen Erklärungen für die Preisparallelität vorlägen. Solche Umstände legten die Vermutung für eine hohe Markttransparenz nahe, auch wenn die Europäische Kommission keinen sicheren direkten Beweis für sie liefern könne. Für den vorliegenden Fall schließt das Gericht, dass die von der Wettbewerbsbehörde ermittelte Stabilität des Preisniveaus sowie die Parallelität der Brutto- und Nettopreise über die letzten sechs Jahre hinweg – trotz einer gewissen Produktheterogenität – Indizien dafür sein könnten, dass die Preisparallelität nicht das Ergebnis wettbewerblicher Prozesse, sondern einer Preiskoordination war. Allerdings zieht das Gericht diese Überlegungen nicht als Entscheidungsgrundlage heran, weil Impala ihre Klagebegründung nicht auf entsprechende Argumente gestützt hatte.

720. Im Anschluss überprüft das Gericht die von Impala vorgebrachten Vorwürfe bezüglich der Verstärkung und der Begründung einer gemeinsamen beherrschenden Stellung. Es geht hierbei insbesondere auf die von der Europäischen Kommission ausführlich behandelten Aspekte der Markttransparenz und der Vergeltungsmechanismen

[167] EuG, Urteil vom 13. Juli 2006, Rs. T-464/04, Impala/Kommission, Slg. 2006, II-2289. Vgl. zur Entscheidung der Europäischen Kommission Monopolkommission, Hauptgutachten 2004/2005, a. a. O., Tz. 688 ff.

[168] Ausführungen des Gerichts im Urteil, die von allgemeinem Interesse, aber nicht entscheidungserheblich im engeren Sinn sind.

[169] Vgl. Urteil, Rn. 251 ff.

ein. Das Gericht konstatiert, dass die Wettbewerbsbehörde ihre Feststellungen hierzu nicht ausreichend begründet und bei der Beurteilung offensichtliche Fehler begangen hat. Nach Ansicht des Gerichts hat die Europäische Kommission beispielsweise nicht in rechtlich hinreichender Weise begründet, dass die Markttransparenz vor dem Zusammenschluss zu gering war, um eine gemeinsame beherrschende Position der fünf führenden Unternehmen zu ermöglichen. Das Gericht stellt weiter fest, dass die Schlussfolgerungen der Kommission zur fehlenden Markttransparenz zum Teil nicht nachvollziehbar oder sogar widersprüchlich seien. Die behördliche Einschätzung sei um so weniger überzeugend, als alle weiteren genannten Faktoren auf das Vorliegen ausreichender Transparenz hindeuteten.

Darüber hinaus durfte die Europäische Kommission nach Überzeugung des Gerichts nicht auf das Fehlen von Vergeltungsmaßnahmen in der Vergangenheit abstellen, um daraus den Schluss zu ziehen, es habe vor dem Zusammenschluss keine gemeinsame Marktbeherrschung vorgelegen. Nach der Rechtsprechung genüge nämlich bereits die bloße Existenz wirksamer Abschreckungsmechanismen, die tatsächliche Durchführung von Vergeltungsmaßnahmen sei keine Voraussetzung für die Feststellung einer kollektiven Marktbeherrschung. Der Ansicht der Europäischen Kommission sei auch deshalb nicht zu folgen, weil sowohl aus der Kommissionsentscheidung selbst als auch aus den Akten offensichtlich werde, dass glaubwürdige und wirksame Abschreckungsmittel existiert hätten. Die Monopolkommission begrüßt die vom Gericht vertretene Auffassung, wonach die Möglichkeit zu Vergeltungsmaßnahmen ausreicht. Die Möglichkeit darf allerdings nicht nur theoretisch existieren, sondern muss eine realistische Option für die Marktteilnehmer darstellen. Dieses Erfordernis findet sich in dem vom Gericht verwendeten Begriff der „wirksamen" Abschreckungsmechanismen wieder.

721. In Bezug auf die Begründung einer kollektiven Marktbeherrschung durch die Fusion kritisiert das Gericht die äußerst knappe und oberflächliche Prüfung durch die Wettbewerbsbehörde. Als wesentlichen Fehler sieht es das Gericht an, dass die Europäische Kommission bei dem Kriterium der Vergeltungsmaßnahmen auf die Vergangenheit abgestellt hat. Anders als bei der Frage der Verstärkung bestehender Marktbeherrschung, wo ein vergangenes Verhalten der Marktteilnehmer gewisse Rückschlüsse auf das Vorliegen dominierender Positionen zulasse, sei dies bei der Frage der Entstehung von Marktbeherrschung nicht möglich. Hier sei gar nicht davon auszugehen, dass bereits in der Vergangenheit eine Koordinierung und in der Folge davon Vergeltungsmaßnahmen durchgeführt worden seien. Eine entsprechende Prüfung seitens der Wettbewerbsbehörde gehe daher völlig an der Sache vorbei.

722. Hinsichtlich der Beweisanforderungen ergibt sich aus dem dargestellten Urteil, dass das Gericht für den Nachweis der Verstärkung einer gemeinsamen Marktbeherrschung auf einen direkten Beweis für Markttransparenz verzichtet. Vielmehr lässt es gewisse Indizien genü-gen, die aus in der Vergangenheit liegenden Umständen abgeleitet werden können. Im vorliegenden Fall reicht nach Ansicht des Gerichts die von der Europäischen Kommission festgestellte Preisparallelität in der Vergangenheit aus, jedenfalls vor dem Hintergrund stabiler Preise trotz rückläufiger Nachfrage. Möglicherweise reagiert das EuG mit dieser Einschätzung auf die Kritik an seiner bisherigen Rechtsprechung zu den Beweisanforderungen bei kollektiver Marktbeherrschung. Für diese Interpretation spricht, dass das Gericht seine Überlegungen zum Beweismaßstab im Rahmen eines obiter dictum erläutert, also Ausführungen allgemeiner Natur macht, die für das vorliegende Urteil nicht entscheidungserheblich sind. Nach den Gerichtsentscheidungen im Jahr 2002 war von verschiedenen Seiten die Auffassung vertreten worden, die von der Rechtsprechung aufgestellten Beweisanforderungen seien in der Praxis kaum noch zu erfüllen und Untersagungen aufgrund oligopolistischer Marktbeherrschung daher nicht mehr möglich. Mit der jetzigen Klarstellung erleichtert das Gericht jedenfalls theoretisch die Nachweispflicht seitens der Wettbewerbsbehörde für den Fall der Verstärkung einer gemeinsamen beherrschenden Position. Ob das Urteil allerdings auch in der Praxis zu einer wesentlichen Erleichterung führen wird, bleibt abzuwarten. Bei näherer Betrachtung dürften nämlich auch die Voraussetzungen für eine Beweisführung auf der Basis der genannten Indizien nicht einfach zu erfüllen sein. Dies gilt vor allem für die vom Gericht erwähnten „Preise oberhalb des Wettbewerbsniveaus" und für das „Fehlen sonstiger vernünftiger Erklärungen für eine festgestellte Preisparallelität". Insbesondere die Frage, ob Preise oberhalb des Wettbewerbsniveaus liegen, ist nur äußerst schwierig zu beantworten und könnte die Wettbewerbsbehörde zu Zirkelschlüssen verleiten. Allerdings ist dem Gericht darin zuzustimmen, dass das Vorliegen von Preisparallelität alleine keinen ausreichenden Beleg für eine gemeinsame Marktbeherrschung darstellt. Die Europäische Kommission muss daher in den kommenden Verfahren herausfinden, welchen Raum das Gericht ihr bei der Bewertung von gemeinsamer Marktbeherrschung konkret zubilligt.

723. Obwohl das Urteil ausschließlich von kollektiver Marktbeherrschung spricht, dürfte es auch für Zusammenschlussfälle mit koordinierten Effekten, die zu einer erheblichen Beeinträchtigung wirksamen Wettbewerbs führen, relevant werden. Die gegenständliche Beschränkung des Urteils auf den Begriff der kollektiven Marktbeherrschung resultiert wahrscheinlich daraus, dass die zugrunde liegende Kommissionsentscheidung ebenfalls auf dem Kriterium der kollektiven Marktbeherrschung basiert. Der SIEC-Test war zum Zeitpunkt des behördlichen Verfahrens noch nicht anwendbar. Für die künftige Relevanz des Urteils spricht zum einen, dass nach den Horizontal-Leitlinien dieselben Kriterien für die Prüfung von koordinierten Wirkungen gelten, wie sie für die gemeinsame Marktbeherrschung von der Rechtsprechung aufgestellt worden sind. Diese Kriterien sind ein hohes Maß an Transparenz, die Existenz von Abschreckungsmechanismen und ein Mangel an Reaktionsmöglichkeiten von Außenseitern. Zum anderen unterscheiden die Leitlinien –

entsprechend der Differenzierung zwischen Entstehung und Verstärkung von Marktbeherrschung – bei den koordinierten Effekten ebenfalls zwischen dem Ermöglichen und dem Verstärken einer Koordinierung. Laut Randziffer 39 der Leitlinien kann ein Zusammenschluss in einem konzentrierten Markt wirksamen Wettbewerb erheblich behindern, weil er die Wahrscheinlichkeit erhöht, dass die Unternehmen in der Lage sind, ihr Verhalten zu koordinieren und die Preise zu erhöhen. Ein Zusammenschluss kann auch die Abstimmung zwischen Unternehmen erleichtern, stabilisieren oder erfolgreicher machen, die ihr Verhalten bereits zuvor koordinierten, entweder indem sie ihre Abstimmung weiter verstärken oder ihre Preise abgestimmt noch weiter erhöhen.

3.4.6 Konglomerate Aspekte/Portfolio-Effekte

724. In der weit überwiegenden Zahl der Fälle bilden die horizontalen Auswirkungen von Zusammenschlüssen den Mittelpunkt der Untersuchung. Zum Teil spricht die Wettbewerbsbehörde daneben vertikale Effekte an. In einigen Verfahren, wie SFR/Télé2France und Thales/Finmeccanica/AAS/Telespazio, stehen vertikale Aspekte im Vordergrund der wettbewerblichen Prüfung. Nur in wenigen Entscheidungen – etwa Metso/Aker Kvaerner, Mittal/Arcelor und Danone/Numico – hat sich die Europäische Kommission auch mit möglichen konglomeraten Auswirkungen von Zusammenschlüssen auseinandergesetzt. In dem Verfahren Metso/ Aker Kvaerner stellen die Parteien Maschinen und Ausrüstungen für Zellstoffanlagen her. Die Europäische Kommission grenzt verschiedene Märkte für „Prozessinseln" wie Kocher, Braunwaschausrüstung und Bleichungsausrüstung – jeweils für neue Fabriken und für die Ersatzbeschaffung – ab. Im Rahmen der Marktdefinition geht die Europäische Kommission ferner der Frage nach, ob der Erwerb von kompletten Fabriken einen separaten Markt darstellt. Sie verneint dies am Ende, obwohl nicht geleugnet werden könne, dass die Kunden auf dem Markt für neue Fabriken zwei unterschiedliche Einkaufsstrategien verfolgten. Sie würden entweder eine oder mehrere Prozessinseln von verschiedenen Anbietern oder eine gesamte Fabrik von nur einem Anbieter erwerben.

Die Zusammenschlussbeteiligten sind zum Teil auf denselben Märkten tätig, teilweise ergänzen sich ihre Produktpalette. Die Europäische Kommission konzentriert ihre Prüfung auf die horizontalen Auswirkungen des Zusammenschlusses und stellt erhebliche Wettbewerbsbehinderungen auf mehreren Märkten fest. Dazu tragen in erster Linie die hohen gemeinsamen Marktanteile von bis zu 70 bzw. 90 Prozent sowie erhebliche Marktzutrittsschranken und fehlende Nachfragemacht bei. Unter dem Titel „Wettbewerbsfördernde Effekte des angemeldeten Vorhabens" geht die Europäische Kommission außerdem auf die Portfolio-Effekte des Zusammenschlusses ein und prüft mögliche Wettbewerbsvorteile für die Abnehmer von Zellstoffanlagen und -ausrüstung. Einige Abnehmer hätten darauf hingewiesen, dass vor dem Zusammenschluss lediglich ein Produzent, Andritz, in der Lage sei, Zellstoffanlagen aus einer Hand anzubieten. Dieses Monopol werde durch die Zusammenführung der Produkte

von Metso und Akver Kvaerner durchbrochen. Mit der Fusion entstehe ein zweiter Anbieter von Gesamtanlagen, der wirksamer mit Andritz konkurrieren könne, was wiederum den Kunden zugute komme. Daneben hätten die Parteien vorgetragen, dass ihr erweitertes Produktportfolio es den Kunden künftig erleichtere, größere Pakete an Prozessinseln von einem Anbieter zu kaufen, was zu einer Ersparnis bei Schnittstellenkosten führe und Konflikte in Haftungsfällen vermeiden helfe.

Nach Auffassung der Europäischen Kommission kann die Existenz eines zweiten Vollanbieters im vorliegenden Fall tatsächlich positive Wirkungen entfalten. Dies gelte jedenfalls im Hinblick auf die Kunden, die am Erwerb einer Komplettanlage interessiert seien. Solche Kunden hätten nach dem Zusammenschluss der Parteien neben dem Anbieter Andritz, der derzeit eine monopolistische Stellung bei Komplettanlagen einnehme, einen weiteren Lieferanten. Allerdings habe die Marktuntersuchung gezeigt, dass lediglich eine Minderheit der Kunden überhaupt an Gesamtlösungen interessiert sei. Darüber hinaus habe die Marktbefragung ergeben, dass die Mehrheit der Abnehmer Schnittstellenkosten nicht als gravierend ansehen und dem Zusammenschluss skeptisch gegenüberstehen. Die Europäische Kommission folgert daraus, dass die möglichen wettbewerbsfördernden Effekte des Vorhabens dessen negative Auswirkungen nicht aufwiegen und gibt den Zusammenschluss nur unter Veräußerungszusagen frei, welche die festgestellten Überschneidungen aufheben.

725. Von dem Zusammenschluss Danone/Numico sind die Bereiche Babynahrung und Babymilch betroffen. Die Europäische Kommission konzentriert ihre Untersuchung insbesondere auf den französischen, belgischen, niederländischen und portugiesischen Markt. Auf den drei erstgenannten Märkten befürchtet die Europäische Kommission erhebliche Wettbewerbsbeeinträchtigungen. Darauf weisen in erster Linie die gemeinsamen Marktanteile der Parteien in Höhe von 45 Prozent bis zu 100 Prozent hin. Außerdem stellen die Zusammenschlussbeteiligten jeweils engste Wettbewerber dar und verfügen – bei ausgeprägtem Markenbewusstsein der Kunden – über eine Reihe von wichtigen Marken. Daneben stellt die Europäische Kommission erhebliche Marktzutrittshindernisse aufgrund der begrenzten Regalfläche im Handel fest. Die Parteien haben sich daraufhin unter anderem verpflichtet, Numicos Babymilch- und Getränkesparte in Frankreich zu verkaufen, so dass keine Überschneidungen verbleiben.

Auf dem portugiesischen Markt für Baby-Mahlzeiten erreichen die Parteien einen gemeinsamen Marktanteil von 45 bis 55 Prozent. Stärkster Wettbewerber ist das Unternehmen Nestlé, das ebenfalls 45 bis 55 Prozent der Anteile hält. Ein weiterer Konkurrent verfügt über nicht mehr als 5 Prozent der Marktanteile. Nach den Ermittlungen der Europäischen Kommission waren die Parteien vor dem Zusammenschluss nicht engste Wettbewerber, sondern wurden jeweils eher als Alternative zu Nestlé als zueinander angesehen. Die Europäische Kommission weist außerdem darauf hin, dass die Marktteilnehmer im Rahmen der Marktuntersuchung keine Bedenken gegen den geplanten Zusammenschluss geäußert haben. Einige Handelsunternehmen hätten den Zusammenschluss sogar begrüßt, weil die Kombination der Produkte von Danone und Numico eine gute Alternative zu Nestlé als Vollsortimenter schaffen würde. Die Europäische Kommission schließt sich dieser Ansicht mit äußerst knapper Begründung an.

726. In beiden dargestellten Fällen hat die Europäische Kommission den konglomeraten Effekten des Zusammenschlusses lediglich untergeordnete Bedeutung beigemessen. Im Mittelpunkt der Untersuchung stehen vielmehr die horizontalen Wirkungen der geplanten Fusionen. Entsprechend knapp sind die Ausführungen der Europäischen Kommission zu den konglomeraten Effekten gehalten. Diese Vorgehensweise ist symptomatisch für die Behandlung von konglomeraten Aspekten während des Berichtszeitraums. In den letzten zwei Jahren ist kein Zweite-Phase-Fall zu verzeichnen, in dem Wettbewerbsbedenken ausschließlich oder überwiegend auf konglomeraten Auswirkungen beruhen.

727. Festzuhalten ist ferner, dass die Europäische Kommission die Ausweitung des Produktportfolios in beiden Fällen prinzipiell positiv bewertet. Aus Sicht der Nachfrager wird es als vorteilhaft angesehen, wenn diese das ganze „Sortiment" bei einem einzigen Anbieter beziehen können. Dies gilt jedenfalls dann, wenn – wie in den dargestellten Fällen – bereits ein Konkurrent über eine vergleichbar breite Produktpalette verfügt. Die Europäische Kommission folgt damit ihren Leitlinien zu nichthorizontalen Zusammenschlüssen, in denen sie die möglichen positiven Effekte von konglomeraten Fusionen betont.[170] Diese bieten laut Leitlinien erhebliche Spielräume für Effizienzen, z. B. aufgrund der Möglichkeit von Kunden, one-stop-shopping zu betreiben. Im Fall Danone/Numico erscheint es allerdings fraglich, ob dieser Vorteil tatsächlich auf dem Zusammenschluss beruht. Nach Angaben der Europäischen Kommission stellte zwar Numico vor der Fusion lediglich eine bestimmte Sorte von Baby-Mahlzeiten her. Danone aber produzierte – ebenso wie der Wettbewerber Nestlé – bereits zu diesem Zeitpunkt die ganze Palette von Baby-Mahlzeiten. Eine Sortimentsausweitung war demnach mit dem angemeldeten Vorhaben jedenfalls aufseiten von Danone nicht verbunden.

Es fällt außerdem auf, dass die Europäische Kommission möglichen Wettbewerbsbeeinträchtigungen, die mit der Erweiterung der Produktportfolios einhergehen können, nicht nachgeht. Sie prüft weder die Möglichkeit zur Marktverschließung seitens der neuen Unternehmenseinheiten noch die Fähigkeit und Anreize zu wettbewerbsbeeinträchtigenden Bündelungsstrategien. Ihre positive Einschätzung der Portfolio-Effekte gründet die Kommission dabei lediglich auf die Antworten einiger Marktteilnehmer im Rahmen der Marktuntersuchung, die ein Angebot aus einer Hand präferieren. In dem Verfahren Metso/Aker Kvaerner wird ferner die Frage von möglichen koordi-

nierten Effekten nicht angesprochen, obwohl die neue Unternehmenseinheit und der Wettbewerber Andritz bei kompletten Zellstoffanlagen gemeinsam über 100 Prozent des Marktanteils verfügen. In der Entscheidung Danone/Numico geht die Europäische Kommission zumindest kurz auf die Möglichkeit koordinierter Effekte ein, verneint deren Vorliegen aber mit dem Hinweis, dass Innovation und Produkteinführungen ein Schlüsselfaktor auf dem betroffenen Markt darstellten. Außerdem müssten die Hersteller von Baby-Mahlzeiten eine breite Produktpalette anbieten, was die Koordination erheblich erschweren würde.

728. Die Entscheidung Metso/Aker Kvaerner zeigt daneben auf, wie die Europäische Kommission mit Zusammenschlüssen umgeht, die sowohl negative horizontale als auch positive konglomerate Wirkungen haben. Wie die Überschrift „Wettbewerbsfördernde Aspekte des Zusammenschlusses" im Rahmen der Ausführungen zur wettbewerblichen Würdigung schließen lässt, nimmt die Europäische Kommission eine Saldierung zwischen diesen Effekten vor. Dies ergibt sich auch aus dem von ihr gezogenen Fazit, wonach die positiven (konglomeraten) Effekte des Zusammenschlusses dessen negative (horizontale) Wirkungen nicht aufwiegen. Zu beachten ist insbesondere, dass es bei der vorgenommenen Abwägung um die Wettbewerbsanalyse selbst und nicht um eine Korrektur der Analyse durch zusätzliche Effizienzerwägungen geht. Die Europäische Kommission berücksichtigt vielmehr im Rahmen der Wettbewerbsanalyse, dass auf dem betroffenen Markt heterogene Verbraucher mit gegenläufigen Interessen existieren. Im vorliegenden Fall bevorzugt ein Teil der Verbraucher den Erwerb von einzelnen Prozessinseln, ein anderer – kleinerer – Teil den Kauf von Komplettlösungen.

Als problematisch erweist sich im vorliegenden Fall allerdings die Art und Weise, in der die Europäische Kommission die Abwägung vornimmt. Sie stützt ihre Entscheidung im Wesentlichen auf den Umstand, dass sich nur wenige Kunden für Gesamtlösungen interessieren und sich entsprechende Vorteile von dem Zusammenschluss versprechen. Dem stellt sie die Auffassung der Mehrheit der Kunden gegenüber, die keine Komplettangebote wünscht und den Zusammenschluss daher ablehnt, weil er für sie zu Nachteilen führt. Diese rein quantitative Gegenüberstellung, die allein auf die Größe des jeweiligen Kundenkreises abstellt, ist zu kritisieren. Sie verkennt, dass die Vor- bzw. Nachteile, die sich für den einzelnen Kundenkreis ergeben mögen, unterschiedliches Gewicht haben können. So wäre auch eine Situation vorstellbar, in der sich bei wenigen Kunden ganz erhebliche Vorteile durch die Portfolio-Effekte einstellen, denen nur geringfügige Nachteile bei der Mehrzahl der Kunden gegenüberstehen. Eine Abwägung allein nach der jeweiligen Anzahl der Kunden, die Vorteile bzw. Nachteile erleiden, greift daher zu kurz.

3.5 Effizienzen

729. Nach Erwägungsgrund 29 der Verordnung 139/2004 soll die Europäische Kommission begründeten und

[170] Leitlinien zur Bewertung nichthorizontaler Zusammenschlüsse gemäß der Ratsverordnung über die Kontrolle von Unternehmenszusammenschlüssen, Rn. 13 ff.

wahrscheinlichen Effizienzvorteilen Rechnung tragen. Nähere Ausführungen zur Behandlung von Effizienzvorteilen finden sich in den Horizontal-Leitlinien der Europäischen Kommission.[171] Hiernach müssen Effizienzvorteile den Verbrauchern zugute kommen, fusionsspezifisch und überprüfbar sein, damit die Europäische Kommission sie bei der Beurteilung eines Zusammenschlusses berücksichtigen kann. Bereits im letzten Berichtszeitraum hat sich die Europäische Kommission in dem Zusammenschluss Areva/Urenco/ETC JV mit den möglichen Effizienzvorteilen von Zusammenschlüssen befasst.[172] Dies geschah allerdings in aller Kürze. Weder wurde detailliert über das Vorbringen der Zusammenschlussparteien berichtet noch fand eine fundierte Prüfung der geltend gemachten Effizienzen seitens der Europäischen Kommission statt. Vor diesem Hintergrund war die von der Wettbewerbsbehörde ausgesprochene Ablehnung von Effizienzvorteilen für Außenstehende kaum nachvollziehbar. Während des Berichtszeitraums hat sich die Europäische Kommission gleich in mehreren Fällen – Korsnäs/Cartonboard, T-Mobile Austria/Tele.ring sowie Inco/Falconbridge und Ryanair/Aer Lingus – mit möglichen Effizienzvorteilen auseinandergesetzt. In den beiden erstgenannten Entscheidungen erfolgt dies ebenfalls noch relativ knapp. Dagegen geht die Europäische Kommission in dem Zweite-Phase-Verfahren Inco/Falconbridge, das sie am 4. Juli 2006 abgeschlossen hat, zum ersten Mal ausführlich auf den Aspekt von Effizienzvorteilen ein. Eine eingehendere Prüfung findet auch in dem Verfahren Ryanair/Aer Lingus statt, das am 27. Juni 2007 mit einer Untersagung endete. Erfolg hatte der Effizienzeinwand der Parteien lediglich in dem Fall Korsnäs/Cartonboard. In den drei anderen genannten Fällen wurde die entsprechende Argumentation der Zusammenschlussbeteiligten von der Europäischen Kommission verworfen.

730. Der Zusammenschluss Korsnäs/Cartonboard, der in der ersten Verfahrensphase ohne Bedingungen und Auflagen freigegeben wurde, betrifft den EWR-weiten Markt für Karton zur Verpackung von Flüssigkeiten.[173] Die Europäische Kommission schloss nach ihrer Prüfung sowohl nicht koordinierte als auch koordinierte Effekte des Vorhabens aus. Sie setzte sich daneben kurz mit den geltend gemachten Effizienzvorteilen auseinander. Die Parteien hatten vorgetragen, dass der Zusammenschluss Synergien bei den Input-Kosten, bei der Produktionseffizienz sowie bei den Personalkosten freisetzen würde. Außerdem könnten im Rahmen von Forschung und Entwicklung sowie durch die unternehmensübergreifende Einführung von best practices Effizienzen realisiert werden. Die Europäische Kommission räumt zwar ein, dass sie die Voraussetzungen einer Effizienzverteidigung in der ersten Verfahrensphase nicht vollständig beurteilen könne. Dies gelte insbesondere bezüglich der vorgetragenen Einsparungen bei Input-Kosten und Personalabbau. Dennoch stellt die Kommission fest, dass jedenfalls eine

Steigerung der Produktionseffizienz wahrscheinlich sei. Sie stützt sich dabei auf die Ergebnisse einer Marktbefragung, in der ein gewisser Spielraum für die Verwirklichung von Effizienzen bejaht wurde. Eine große Mehrheit der Befragten erwartete demnach, dass die neue Unternehmenseinheit besser mit StoraEnso konkurrieren könne als die beiden Parteien vor dem Zusammenschluss. Teilweise war allerdings bezweifelt worden, dass die realisierten Effizienzen erheblich seien und an die Verbraucher weitergegeben würden. Die Europäische Kommission weist zudem auf einen Liefervertrag zwischen Korsnäs und Tetra Pak hin, der besondere Vereinbarungen für den Fall des Zusammenschlusses beinhalte. Daraus schließt die Wettbewerbsbehörde, dass die Parteien die Wahrscheinlichkeit von Effizienzvorteilen und die Weitergabe an die Verbraucher ausreichend belegt hätten. Diese Effizienzvorteile vergrößerten die Fähigkeit und Anreize der neuen Unternehmenseinheit, zugunsten der Verbraucher prowettbewerblich zu handeln.

731. Nach Auffassung der Monopolkommission wird aus dem vorliegenden Entscheidungstext nicht ersichtlich, wie die Europäische Kommission zu diesem Ergebnis gelangen kann. Zum einen geht die Europäische Kommission nicht im Einzelnen auf die Voraussetzungen des Effizienzeinwandes ein. Es wird weder detailliert geprüft, ob die geltend gemachten Effizienzen ausreichend belegt und fusionsspezifisch sind noch ob sie mit einiger Wahrscheinlichkeit an die Konsumenten weitergegeben werden. Zum anderen räumt die Europäische Kommission selbst ein, dass die zur Verfügung stehende Zeit innerhalb eines Erste-Phase-Verfahrens zu kurz bemessen ist, um eine fundierte Beurteilung dieser Fragen vorzunehmen. Um so erstaunlicher ist es dann, dass sie ohne nähere Prüfung das Vorliegen von fusionsspezifischen Effizienzen und deren Weitergabe an die Konsumenten bejaht. Die Beurteilung des Effizienzeinwandes seitens der Europäischen Kommission ist in sich widersprüchlich und im besten Falle überflüssig. Sie birgt darüber hinaus die Gefahr, dass die Europäische Kommission sich in künftigen Zusammenschlussfällen in Widerspruch zu diesen Ausführungen setzt. Zumindest wird sie in Fällen mit wettbewerblichen Bedenken einen erhöhten Argumentationsaufwand leisten müssen, um ungerechtfertigten Effizienzeinwänden zu begegnen. Die Monopolkommission spricht sich nachdrücklich für eine Trennung zwischen der vorrangigen Untersuchung wettbewerbsbeschränkender Wirkungen und der nachfolgenden Effizienzprüfung aus.[174] Hierbei hat eine Effizienzprüfung nur dann zu erfolgen, wenn die Wettbewerbsanalyse ernsthafte Bedenken gegen den Zusammenschluss ergeben hat. Diesem Ansatz ist auch die Europäische Kommission in den unten dargestellten Fällen Inco/Falconbridge und Ryanair/Aer Lingus gefolgt.

732. In der Entscheidung T-Mobile Austria/Tele.ring setzt sich die Europäische Kommission lediglich in einem Abschnitt mit den von den Parteien geltend gemachten

[171] Horizontal-Leitlinien, Rn. 76 ff.
[172] Vgl. Monopolkommission, Hauptgutachten 2004/2005, a. a. O., Tz. 690 ff.
[173] Vgl. Tz. 690 ff.
[174] Vgl. Monopolkommission, Hauptgutachten 2002/2003, a. a. O., Tz. 227.

Effizienzgewinnen auseinander. Nach Auffassung der Parteien kommt es durch die Netzintegration zu einer besseren Auslastung der Kapazitäten, was bei der neuen Unternehmenseinheit zu einer höheren Fixkostendegression führen werde. Im Einzelnen führt T-Mobile aus: Durch die bessere Ausstattung mit Frequenzspektrum infolge des Zusammenschlusses verursache der Ausbau des eigenen Netzes bei T-Mobile geringere Kosten als bei einer geringeren Frequenzausstattung. Ferner reduziere sich durch den Zusammenschluss der Kostenaufwand für die notwendige Erneuerung und Verbesserung der Infrastruktur. Die Zahl der Funkzellen könne reduziert und die Dienstleistungsqualität verbessert werden. Schließlich führe der Zusammenschluss zu einer Verringerung der Kosten pro Kunde für die Kundenbetreuung und Verwaltung. Die Europäische Kommission hält dem entgegen, dass es sich bei den von T-Mobile angesprochenen Effizienzvorteilen um die Reduktion von Fixkosten, insbesondere für den Aufbau und die Unterhaltung des Netzes, handele. Die Wahrscheinlichkeit, dass derartige Kosteneinsparungen an die Verbraucher weitergegeben würden, sei geringer als bei der Einsparung von variablen und Grenzkosten. Darüber hinaus gehe die Erhöhung der Kundenzahl, mit der T-Mobile die Verringerung von fixen Kosten je Kunde begründe, gerade mit einer Verminderung der Anreize für T-Mobile einher, neue Kunden durch preisaggressive Angebote anzulocken.

733. Wie in früheren Entscheidungen hat die Europäische Kommission den Einwand von Effizienzgewinnen auch hier kurz abgehandelt. Aus der vorliegenden Entscheidung geht nur holzschnittartig hervor, was die Parteien im Einzelnen vorgetragen haben. Die Begründung, die die Europäische Kommission liefert, steht allerdings im Einklang mit den Ausführungen in den Horizontal-Leitlinien. In Randziffer 80 heißt es zutreffenderweise, dass bei der Ermittlung der Frage, ob Effizienzvorteile zu Nettovorteilen für die Verbraucher führen, Rückgänge bei den variablen und den Grenzkosten stärker ins Gewicht fallen als eine Senkung der Fixkosten, da erstere grundsätzlich eher zu niedrigeren Preisen zugunsten der Verbraucher führen. Nach Ansicht der Monopolkommission ist jedoch in diesem Zusammenhang zu beachten, dass die Leitlinien eine Weitergabe von Effizienzen, die auf Fixkosten beruhen, nicht prinzipiell ausschließen. Fraglich ist daher, ob eine derart kurze Begründung wie im vorliegenden Fall den von den Parteien vorgebrachten Argumenten gerecht wird.

734. In dem Verfahren Inco/Falconbridge, in dem es um verschiedene Märkte für Nickel- und Kobaltprodukte ging, hat sich die Europäische Kommission erstmals in einem Zweite-Phase-Verfahren ausführlich mit den möglichen Effizienzen eines Zusammenschlusses auseinandergesetzt.[175] Die Parteien hatten vorgetragen, dass der Zusammenschluss Effizienzgewinne mit sich bringen würde, die insbesondere aus der räumlichen Nähe ihrer jeweiligen Minen und Verarbeitungsbetriebe im kanadischen Sudbury-Becken resultierten. Nach Auffassung der

Parteien würde der Zusammenschluss zu einer Optimierung der Bereiche Abbau und Verarbeitung führen. Dadurch ließe sich die Produktion zu geringeren Kosten nachhaltig und langfristig steigern, wovon auch die Nickelkunden profitieren würden. Insgesamt veranschlagten die Parteien die Effizienzgewinne nach der Kapitalwertmethode auf 2,3 Mrd. US-Dollar.

735. Die Europäische Kommission stellt in ihrer Entscheidung zunächst fest, dass nach der Fusionskontrollverordnung und den Horizontal-Leitlinien die Möglichkeit besteht, dass die durch eine Fusion bewirkten Effizienzgewinne den Auswirkungen auf die Wettbewerbssituation und insbesondere einem möglichen Schaden für die Verbraucher entgegenwirken, der ansonsten eintreten könnte. Typische Effizienzvorteile eines Zusammenschlusses könnten Kosteneinsparungen, die Einführung neuer Produkte oder die Verbesserung von Produkten und Dienstleistungen darstellen. Die Europäische Kommission macht darüber hinaus deutlich, dass den Zusammenschlussparteien die Darlegungs- und Beweislast für die Existenz derartiger Effizienzen obliegt. Die Parteien müssten die möglichen Effizienzen detailliert darlegen und sie begründen, quantifizieren sowie möglichst durch interne Studien stützen. Die Parteien treffe außerdem die Verpflichtung nachzuweisen, dass die Effizienzen direkt den Kunden zugute kommen, und zwar auf den Märkten, die von dem Zusammenschluss in negativer Weise betroffen sind. Schließlich müssten die Parteien belegen, dass die Effizienzgewinne nicht auf andere – weniger wettbewerbsschädliche – Weise erreicht werden können.

Die Europäische Kommission sieht es im vorliegenden Fall als wahrscheinlich an, dass die von den Parteien vorgebrachten Effizienzgewinne eintreten werden. Wegen der zu erwartenden Synergieeffekte würde die neue Unternehmenseinheit wahrscheinlich in der Lage sein, die Kosten in gewissem Maße zu senken. Die Parteien hätten die Effizienzvorteile außerdem quantifiziert und durch mehrere Studien nachvollziehbar begründet. Allerdings hält es die Europäische Kommission weder für hinreichend erwiesen, dass sich diese Vorteile nur im Wege der geplanten Fusion erreichen lassen noch dass sie an die Verbraucher auf den betroffenen Märkten weitergegeben werden. Zum einen könnten die dargelegten Synergieeffekte auch auf weniger wettbewerbsbeeinträchtigende Weise, etwa mittels eines Joint Venture bei Abbau und Verarbeitung, herbeigeführt werden. Eine solche Konstellation hätte den Vorteil gegenüber dem geplanten Zusammenschluss, dass die Parteien in den Bereichen Raffination und Marketing weiter im Wettbewerb miteinander stünden. Zum anderen geht die Europäische Kommission davon aus, dass die zu erwartenden Effizienzgewinne nicht hauptsächlich den Abnehmern auf den Märkten zugute kommen werden, auf denen wettbewerbsrechtliche Bedenken bestehen. Die Effizienzgewinne würden voraussichtlich nur in den vorgelagerten Bereichen des Abbaus und der Verarbeitung von Nickelprodukten erzielt, nicht aber im letzten Glied der Nickelproduktionskette. Ein erheblicher Anteil der Endprodukte werde indes nicht auf den drei relevanten Märkten verkauft, auf die sich die

---

[175] Vgl. Tz. 639 ff., 675 ff., 693 ff.

wettbewerbsrechtlichen Bedenken beziehen. Mögliche Vorteile würden somit auf sämtliche Nickel- und Kobaltprodukte verteilt und sich zu einem großen Teil auf Märkten auswirken, hinsichtlich derer keine Wettbewerbsbedenken bestehen.

Darüber hinaus hält es die Europäische Kommission angesichts der Beinahe-Monopolstellung der Parteien und des geringen verbleibenden Wettbewerbsdrucks – wenige Wettbewerber, schwieriger Marktzutritt, hohe Inelastizität der Nachfrage – nicht für wahrscheinlich, dass die Vorteile überhaupt an die Verbraucher weitergegeben werden. Sie verweist insofern auf die Horizontal-Leitlinien, wo festgehalten ist: „Das Interesse für das fusionierte Unternehmen, Effizienzvorteile an die Verbraucher weiterzugeben, hängt häufig davon ab, ob seitens der im Markt verbleibenden Unternehmen oder von einem potenziellen Markteintritt Wettbewerbsdruck ausgeht. Es ist höchst unwahrscheinlich, dass eine Fusion, die zu einer Marktstellung führt, die einem Monopol nahe kommt oder ein ähnliches Maß an Marktmacht erbringt, mit der Begründung für mit dem Gemeinsam Markt vereinbar erklärt werden könnte, dass Effizienzvorteile ausreichen würden, den möglichen wettbewerbswidrigen Wirkungen entgegenzuwirken."[176]

736. Die Entscheidung ist von besonderem Interesse, weil sie wichtige Hinweise gibt, wie die Europäische Kommission in künftigen Fällen mit dem Effizienzeinwand verfahren wird. Die Verfügung verdeutlicht einerseits, dass die Europäische Kommission prinzipiell bereit ist, Effizienzvorteile anzuerkennen, wenn die Zusammenschlussbeteiligten die erwarteten Effekte detailliert schildern, quantifizieren und mit Studien belegen. Andererseits zeigt sie, dass die betroffenen Unternehmen hohe Hürden überwinden müssen, damit Effizienzvorteile bei der Entscheidung über die Erlaubnis eines Zusammenschlusses tatsächlich berücksichtigt werden. Zum einen resultieren diese Hürden daraus, dass die geltend gemachten Effizienzvorteile zusammenschlussspezifisch sein müssen. Nicht zu berücksichtigen sind Effizienzen hingegen, wenn sie auch im Wege weniger wettbewerbsbeschränkender Maßnahmen zu erreichen sind. Insbesondere das Argument, die Effizienzvorteile könnten auch im Rahmen eines auf bestimmte Bereiche beschränkten Gemeinschaftsunternehmens erzielt werden, dürfte die Berücksichtigung solcher Vorteile im Rahmen eines Fusionskontrollverfahrens häufig ausschließen.

Zum anderen schränkt die Voraussetzung, wonach erzielte Vorteile nachweislich an die Verbraucher weitergegeben werden müssen, die erfolgreiche Geltendmachung eines Effizienzeinwands ein. Zwei Teilfragen dieses Aspekts werden in der vorliegenden Entscheidung aufgegriffen. Erstens geht die Europäische Kommission davon aus, dass die erwarteten Effizienzen genau auf den Märkten eintreten müssen, auf denen vorher die Wettbewerbsprobleme festgestellt worden sind. Die Europäische Kommission berücksichtigt Effizienzvorteile also nur in-

soweit, als gerade die Kunden davon profitieren, die auch von der Wettbewerbsbeschränkung betroffen sind. Sie sieht es hingegen nicht als ausreichend an, wenn die Verbraucherseite insgesamt an den Effizienzvorteilen partizipiert. Zweitens hält es die Europäische Kommission wegen der (quasi-)monopolistischen Struktur der drei betroffenen Märkte für unwahrscheinlich, dass die neue Unternehmenseinheit hinreichende Anreize zur Weitergabe ihrer Effizienzgewinne an die Kunden hätte. An dieser Stelle der Entscheidung wird allerdings nicht ganz deutlich, ob die Europäische Kommission die Weitergabe von Effizienzvorteilen seitens eines (Fast-)Monopolisten grundsätzlich oder nur unter den besonderen Umständen des vorliegenden Falles bezweifelt. Für Letzteres spricht die Position der Europäischen Kommission, wonach sich zwar Produktionssteigerungen seitens der neuen Unternehmenseinheit für gewisse Endkunden als vorteilhaft erweisen könnten. Ein solches Szenario scheitere im vorliegenden Fall jedoch an den begrenzten Möglichkeiten der neuen Unternehmenseinheit, ihre Produktion auszuweiten. Auf eine nähere Auseinandersetzung mit der Frage, unter welchen Umständen und in welchem Umfang auch (Fast-)Monopolisten Effizienzgewinne weitergeben, konnte die Europäische Kommission im vorliegenden Fall verzichten, weil die beweispflichtigen Zusammenschlussparteien insofern offenbar keine Berechnungen oder sonstigen Belege übermittelt hatten.

737. In dem Verfahren Ryanair/Aer Lingus erwartete Ryanair Kostenvorteile insbesondere von der Übertragung seines Geschäftsmodells auf Aer Lingus, der Einsetzung eines besseren Managements sowie von Größenvorteilen.[177] Die geltend gemachten Effizienzen beziehen sich unter anderem auf Personaleinsparungen, geringere Wartungs- und Unterhaltskosten sowie Flughafengebühren und höhere Rabatte beim Neuerwerb von Flugzeugen. Laut Europäischer Kommission lieferte Ryanair neben sonstigen Informationen einige detaillierte Berechnungen, aus denen sich Effizienzvorteile in Höhe von 200 bis 250 Mio. Euro pro Jahr ergaben. Aer Lingus widersprach dem Vorbringen von Ryanair mit dem Hinweis, dass die dargelegten Ersparnisse teilweise auf falschen Fakten beruhten, nicht fusionsspezifisch seien und zu Qualitätseinbußen für die Verbraucher führen würden. Außerdem wurde vorgetragen, dass die meisten der vorgetragenen Kostenvorteile lediglich auf einer erhöhten Nachfragemacht von Ryanair beruhten. Aus dieser resultiere allenfalls eine Verschiebung der Gewinne, z. B. zwischen Flugzeughersteller auf der einen Seite und Ryanair andererseits, aber keine Steigerung der Gesamtwohlfahrt.

738. Nach Ansicht der Europäischen Kommission erfüllt keiner der vorgetragenen Effizienzvorteile sämtliche erforderlichen Voraussetzungen. Laut Europäischer Kommission beruhen einige der Kostenvorteile auf Annahmen, die nicht belegt seien. So erscheine es z. B. sehr optimistisch, dass die Übertragung von Ryanairs Geschäftsmodell nicht zu Qualitätseinbußen bei Aer Lingus führen werde. Für besonders bedeutsam hält es die Wett-

[176] Horizontal-Leitlinien, Rn. 84.

[177] Vgl. Tz. 630 ff., 692 ff., 757 ff.

bewerbsbehörde in diesem Zusammenhang, dass Ryanair keine Geschäftsunterlagen aus der Zeit vor dem Zusammenschluss vorlegen konnte, in denen die beim Erwerb von Aer Lingus möglichen Effizienzvorteile beurteilt werden. Weiterhin seien einige der geltend gemachten Effizienzen nicht fusionsspezifisch. So könne etwa die Reduzierung von Personalkosten auch von Aer Lingus alleine realisiert werden. Bezüglich der angenommenen Rabatte beim Erwerb von Flugzeugen und bei den Wartungskosten steht nach Auffassung der Europäischen Kommission eher eine Umverteilung der Gewinne im Vordergrund als ein wirklicher Effizienzvorteil. Eine solche Umverteilung – etwa zwischen Flugzeughersteller auf der einen und Fluggesellschaft auf der anderen Seite – würde nicht zu einer Veränderung der Wohlfahrt führen. Selbst wenn derartige Gewinnverschiebungen als fusionsspezifische Effizienzen anerkannt würden, handele es sich im vorliegenden Fall hauptsächlich um Fixkostenvorteile, deren zeitnahe und unmittelbare Weitergabe an die Verbraucher zweifelhaft sei. Schließlich hält die Europäische Kommission mögliche Effizienzen angesichts der extrem hohen Marktanteile der neuen Unternehmenseinheit nicht für groß genug, um die wettbewerbsbeschränkenden Wirkungen des Zusammenschlusses auszugleichen.

739. Die Verfügung macht deutlich, dass die reine Behauptung oder Annahme der Parteien, es werde durch den Zusammenschluss zu Effizienzvorteilen kommen, nicht für einen positiven Bescheid der Wettbewerbsbehörde ausreicht. Ein wichtiges Indiz für die Seriosität der dargelegten Vorteile stellen Dokumente dar, die vor dem konkreten Zusammenschluss erstellt worden sind und die vorgebrachte Argumentation stützen. Die Entscheidung bestätigt ferner, dass nur solche Effizienzvorteile berücksichtigt werden, die aus dem Zusammenschluss hervorgehen. Keine Berücksichtigung finden hingegen Kosteneinsparungen, die auch ein Unternehmen alleine erzielen könnte. Zu begrüßen ist die Haltung der Europäischen Kommission, wonach die Weitergabe von Effizienzen unmittelbar und zeitnah zu geschehen hat, denn andernfalls wird eine zuverlässige Einschätzung des Effizienzeinwands erheblich erschwert.

740. Bemerkenswert sind darüber hinaus die Ausführungen der Europäischen Kommission zu den dargelegten Rabatten bei Wartung/Flugzeugerwerb, insbesondere ihre Einschätzung, dass eine reine Gewinnumschichtung keinen berücksichtigungsfähigen Effizienzvorteil darstellt. In diesem Zusammenhang ist an die Entscheidung Inco/Falconbridge zu erinnern, in der die Europäische Kommission forderte, dass sich Effizienzvorteile gerade auf den von den Wettbewerbsbeschränkungen betroffenen Märkten auswirken müssen. Effizienzgewinne auf anderen Märkten hat sie hingegen als nicht berücksichtigungsfähig angesehen. Im Fall Ryanair/Aer Lingus geht die Europäische Kommission nun über diese marktspezifische Betrachtung hinaus. Würde man diese zugrunde legen, wäre es nämlich grundsätzlich durchaus denkbar, dass die erhöhte Nachfragemacht von Ryanair/Aer Lingus zu Einsparungen führte, die genau an die Flugpassagiere auf den betroffenen Märkten weitergegeben wür-

den. Dieses Ergebnis würde sich auch von der Situation unterscheiden, in der die Gewinne bei einem Flugzeughersteller oder Wartungsdienst verblieben wären. Denn von solchen Gewinnen würden – wenn überhaupt – Verbraucher auf sachlich und räumlich anderen Märkten profitieren. Besondere Vorteile für die Kunden von Ryanair und Aer Lingus genügen der Europäischen Kommission jedoch nicht. Sie fordert als weitere, quasi vorgeschaltete Voraussetzung die Schaffung zusätzlicher Effizienzen und beschränkt ihre Betrachtung dabei nicht auf die von den Wettbewerbsbeeinträchtigungen erfassten Märkte. Vielmehr nimmt sie an dieser Stelle eine Gesamtbetrachtung vor: Erst wenn sich der Zusammenschluss als Quelle von insgesamt zusätzlichen Effizienzgewinnen herausstellt, können diese berücksichtigt werden. Für die betroffenen Unternehmen bedeutet dies, dass sie aus erhöhter Nachfragemacht resultierende Kosteneinsparungen nicht als effizienzfördernd im Fusionskontrollverfahren geltend machen können.

741. Nach Auffassung der Monopolkommission kann zwar dem Ergebnis der Europäischen Kommission im vorliegenden Fall gefolgt werden, soweit die einzelnen Voraussetzungen für die Berücksichtigung von Effizienzvorteilen betroffen sind. Die am Ende der Ausführungen angestellte „Abwägung" zwischen Effizienzvorteilen und wettbewerbsbeschränkenden Auswirkungen ist hingegen bestenfalls als oberflächlich zu bezeichnen. Jedenfalls in Fällen, in denen eine Effizienzberücksichtigung nicht schon am Vorliegen der einzelnen Voraussetzungen scheitert, dürfte sich eine derart knappe und vage Beurteilung als nicht gerichtsfest erweisen.

742. Zusammenfassend lässt sich feststellen, dass der Effizienzeinwand in der fusionskontrollrechtlichen Entscheidungspraxis aufgrund der hohen Anforderungen bisher keine nennenswerte Bedeutung erlangt hat. In keinem Fall wurde das Ergebnis der Wettbewerbsanalyse aufgrund der geltend gemachten Effizienzen revidiert. Das Zusammenschlussvorhaben Korsnäs/Cartonboard löste bei der Europäischen Kommission bereits keine Wettbewerbsbedenken aus, so dass die vorgetragenen Effizienzvorteile nicht mehr relevant waren. In Fällen, in denen die Europäische Kommission erhebliche Wettbewerbsbeeinträchtigungen befürchtete, wurde der Effizienzeinwand hingegen abgelehnt. Entweder waren die vorgebrachten Effizienzgewinne nicht hinreichend belegt, nicht fusionsspezifisch oder eine Weitergabe der Gewinne an die Verbraucher wurde als unwahrscheinlich angesehen. Eine echte Abwägung zwischen Wettbewerbsbeschränkung auf der einen Seite und Effizienzgewinnen auf der anderen Seite musste die Europäische Kommission daher noch nicht vornehmen. Es bleibt abzuwarten, ob in künftigen Fällen eine solche Abwägung erforderlich werden und wie die Europäische Kommission dann im Einzelnen vorgehen wird.

3.6 Abhilfemaßnahmen

743. Während des Berichtszeitraums sind 31 Erste-Phase- und zehn Zweite-Phase-Entscheidungen unter Bedingungen und Auflagen ergangen. In fast allen Zweite-

Phase-Verfahren hat die Europäische Kommission strukturelle Zusagen entgegengenommen. Veräußerungverpflichtungen sehen die Entscheidungen Metso/Aker Kvaerner, Inco/Falconbridge, Omya/Huber, T-Mobile Austria/Tele.ring sowie Universal/BMG, Gaz de France/ Suez und Dong/Elsam/ Energi E2 vor. Beispielsweise in den Fällen Metso/Aker Kvaerner und Inco/Falconbridge entfallen die von der Wettbewerbsbehörde festgestellten Überschneidungen der Aktivitäten vollständig. Die Freigabe des Vorhabens Kronospan/Constantia erfolgte unter der Bedingung, dass lediglich zwei der drei ursprünglichen Zielunternehmen erworben wurden. Eine solche Modifizierung des Zusammenschlussvorhabens ist nach Auffassung der Monopolkommission in seiner Wirkung mit einer Veräußerungszusage vergleichbar. Auch Erste-Phase-Entscheidungen wurden häufig, z. B. in den Fällen Nestlé/Novartis, Danone/Numico und Veolia/Cleanaway, auf der Grundlage von Veräußerungszusagen freigegeben. In dem Verfahren Linde/BOC tritt neben die Veräußerung von zwei Anlagen die Abgabe von Lieferverträgen sowie die Aufgabe der Beteiligung an einem Gemeinschaftsunternehmen. Die Parteien der Zusammenschlüsse Renolit/Solvay und Omya/Huber müssen zusätzlich eine Reihe von Marken bzw. Technologien abgeben.

744. Zum Teil werden Veräußerungszusagen auch durch verhaltensorientierte Maßnahmen ergänzt. In den Fällen Schneider Electric/APC und Evraz/Highveld wurden neben der Veräußerung von Geschäftsbereichen Belieferungsverpflichtungen verankert. In dem Verfahren Danone/Numico erhält der künftige Erwerber einer Reihe von Marken und von Know-how die Möglichkeit, zwischen der Übernahme einer Produktionsanlage und der Belieferung at cost zu wählen. Darüber hinaus bilden in einigen Fällen verhaltensorientierte Verpflichtungen den Schwerpunkt der den Parteien auferlegten Maßnahmen. So hat die Europäische Kommission in dem Verfahren SFR/Télé2France im Wesentlichen Zugangsverpflichtungen festgelegt, in dem Fall Axalto/Gemplus stellt die Sicherstellung der Interoperabilität eine wichtige Voraussetzung für die Freigabeverfügung der Kommission dar.

745. Die Europäische Kommission hat nur in einem Verfahren – Ryanair/Aer Lingus – die angebotenen Zusagen für ungenügend erachtet und das Zusammenschlussvorhaben untersagt. Während des Verfahrens hatten die Parteien die übermittelten Verpflichtungen mehrfach geändert. Die letzte Modifizierung erreichte die Europäische Kommission 17 Tage nach dem in der Mitteilung zu Abhilfemaßnahmen festgelegten Fristende.[178] Ein solches Angebot kann laut Mitteilung zwar ausnahmsweise noch berücksichtigt werden, wenn außergewöhnliche Umstände vorliegen. Eine Berücksichtigung kam jedoch im vorliegenden Fall nach zutreffender Ansicht der Europäischen Kommission schon deshalb nicht in Betracht, weil die zuletzt geänderten Zusagen nur in Form eines Ent-

wurfs in Brüssel eingegangen waren. Ein solcher Entwurf kommt nach Auffassung der Europäischen Kommission einem echten Verpflichtungsangebot nicht gleich und könne daher keinen Einfluss auf ihre Entscheidung haben. Die Monopolkommission teilt diesen Standpunkt. Zwar mag es üblich sein, in einem frühen Verfahrensstadium lediglich den Entwurf von Zusagen vorzulegen, um diese nach Erörterung mit der Europäischen Kommission und eventuellen Änderungen in ein bindendes Zusagenangebot umzuwandeln. Werden Vorschläge jedoch nach mehrfacher Änderung in einem so späten Verfahrensstadium wie im vorliegenden Fall vorgelegt, müssen diese Vorschläge von bindender Natur sein. Die Parteien sind sich in einem solchen Fall bewusst, dass eine weitere Erörterung und Modifizierung der Zusagen nicht mehr in Betracht kommt und die Europäische Kommission nur über ein verbindliches Angebot entscheiden kann.

746. Während des Berichtszeitraums hat der Europäische Gerichtshof in dem Rechtsmittelverfahren Cementbouw/Kommission im Zusammenhang mit Abhilfemaßnahmen zur Zuständigkeit der Kommission Stellung genommen.[179] Nach Auffassung des Gerichtshofs führt der Umstand, dass die Zusammenschlussparteien für einen Teil ihres Vorhabens Änderungen vorschlagen, nicht zu einer Verpflichtung der Europäischen Kommission, ihre einmal festgestellte Zuständigkeit erneut zu prüfen. Darüber hinaus hat sich das Gericht erster Instanz in seinem Urteil easyJet/Kommission zu dem Aspekt der Abhilfemaßnahmen geäußert. Das Urteil bestätigt die behördliche Entscheidung in dem Zusammenschlussverfahren Air France/KLM und geht insbesondere auf die den Parteien auferlegte Verpflichtung zur Slot-Abgabe ein.

747. Im Oktober 2005 hat die Europäische Kommission eine Studie über die Konzipierung, Implementierung und Effizienz von Abhilfemaßnahmen veröffentlicht.[180] Die Untersuchung von 40 Entscheidungen aus den Jahren 1996 bis 2002, in denen 96 Abhilfemaßnahmen auferlegt worden waren, hat erhebliche Defizite der Zusagenpraxis aufgezeigt. Die 84 überprüften Veräußerungsverpflichtungen warfen insgesamt 194 Probleme bei ihrer Konzipierung und Implementierung auf. Vor allem die Feststellung des Umfangs des zu veräußernden Geschäftsbereichs sowie dessen Getrennthaltung bis zum Abschluss der Veräußerung verursachte erhebliche Schwierigkeiten. Daneben ermittelte die Europäische Kommission eine Anzahl weiterer Probleme, z. B. hinsichtlich der Eignung von Erwerbern und Treuhändern, dem Veräußerungsprozess und Transfer des betroffenen Unternehmensteils sowie dem Monitoring von auferlegten Verpflichtungen. Nach den Ergebnissen der Studie waren lediglich 57 Prozent der Abhilfemaßnahmen effektiv, 24 Prozent der Verpflichtungen stellten sich als nur teilweise und 7 Prozent als völlig unwirksam heraus. Die verbleibenden 12 Prozent der

[178] Mitteilung der Kommission über im Rahmen der Verordnung (EWG) Nr. 4064/89 des Rates und der Verordnung (EG) Nr. 447/98 der Kommission zulässige Abhilfemaßnahmen, ABl. EG Nr. C 68 vom 2. März 2001, S. 3 ff., Rn. 39 ff.

[179] EuGH, Urteil vom 18. Dezember 2007, Rs. C-202/06 P, Cementbouw/Kommission; vgl. Tz. 633 ff.

[180] Merger Remedies Study, DG Competition, European Commission, October 2005, http://ec.europa.eu/comm/competition/mergers/studies_reports/study_reports.html. Vgl. hierzu Monopolkommission, Hauptgutachten 2004/2005, a. a. O., Tz. 701 ff.

Fälle entzogen sich laut Europäischer Kommission einer näheren Beurteilung. Während sich der Erwerb von Anteilen an Gemeinschaftsunternehmen durch die jeweiligen Partner als besonders wirkungsvoll herausstellte, kam Verpflichtungen zur Gewährung des Zugangs zu Infrastruktur oder Technologie die geringste Wirksamkeit zu. Im April 2007 hat die Europäische Kommission den Entwurf von überarbeiteten Leitlinien zu Abhilfemaßnahmen vorgelegt, mit dem sie vornehmlich auf die festgestellten Defizite, aber auch auf die neuere Rechtsprechung reagiert. Die Bemühungen der Europäischen Kommission, gewisse Mängel bei der Entgegennahme von Zusagen abzustellen, spiegeln sich ebenfalls in der jüngeren Entscheidungspraxis wider.

3.6.1 Veräußerungszusagen

748. Während des Berichtszeitraums hat die Europäische Kommission eine ganze Reihe von bedingten Freigaben mit Veräußerungszusagen verbunden. Deren strukturelle Natur macht sie grundsätzlich besonders geeignet, um Wettbewerbsbedenken im Rahmen von Zusammenschlüssen zu beseitigen. Dieses Ziel kann allerdings nur dann erreicht werden, wenn das Veräußerungsobjekt hinsichtlich Inhalt, Umfang, Lebensfähigkeit etc. zutreffend ausgewählt worden ist. In dem Verfahren Universal/BMG Music Publishing bestehen Zweifel, ob die auferlegte Veräußerungsverpflichtung ausreicht, um die von der Europäischen Kommission festgestellten Wettbewerbsprobleme zu beseitigen.[181] Die Europäische Kommission befürchtete insbesondere, dass durch den Zusammenschluss die Marktmacht von Universal auf dem Markt für Online-Rechte erheblich wachsen würde und einseitige Preiserhöhungen gegenüber den Online-Musikanbietern möglich würden. Zuvor hatte die Wettbewerbsbehörde unter anderem geprüft, an wie vielen Chart-Hits die Parteien (Co-)Verlagsrechte und/oder Tonträgerrechte hielten. Sie war zu dem Ergebnis gekommen, dass Universal vor dem Zusammenschluss den Zugang zu durchschnittlich 40 bis 41 Prozent der Chart-Hits kontrollierte. Dieser Anteil würde sich aufgrund des Zusammenschlusses auf 49 bis 50 Prozent erhöhen. Die Europäische Kommission gab den Parteien daher auf, mehrere ihrer Musikkataloge zu veräußern, was dazu führen sollte, dass Universal in allen betroffenen Ländern nicht mehr als 50 Prozent der Kontrollbeteiligungen hielt. Die Europäische Kommission führte in diesem Zusammenhang aus, dass die auf der Grundlage von Chart-Hits vorgenommene Schätzung lediglich eine Annäherung der Marktposition der neuen Unternehmenseinheit darstelle. Es sei daher nicht erforderlich, dass durch das Verpflichtungspaket ein wesentlicher Teil der Zunahme rückgängig gemacht werde oder alle von BMG veröffentlichten Chart-Hits kompensiert würden. Wichtig sei allerdings, dass das Verpflichtungspaket eine bestimmte Anzahl von Chart-Hits enthalte, die in allen betreffenden Mitgliedstaaten erfolgreich gewesen seien.

749. Nach Auffassung der Monopolkommission sind die Auswirkungen der dargestellten Abhilfemaßnahme nur schwer zu prognostizieren. Zwar kann der Europäischen Kommission beigepflichtet werden, soweit diese auf die Bedeutung der Chart-Hits in dem Verpflichtungspaket hinweist. Ob die entgegengenommenen Zusagen allerdings tatsächlich verhindern können, dass Online-Musikanbieter künftig höhere Preise zahlen müssen, erscheint fraglich. Dagegen spricht, dass in Österreich, der Tschechischen Republik und Deutschland die Kontrollanteile Universals selbst nach durchgeführter Veräußerung von 50 auf 54 Prozent bzw. von 43 auf 48,5 und von 47 auf 50 Prozent steigen werden. Hinzu kommt die schon bislang starke Abhängigkeit der Online-Musikanbieter vom Zugang zu den Musikverlagsrechten von Universal und BMG sowie den Tonträgerrechten von Universal. Nach den Feststellungen der Europäischen Kommission ist für die Online-Anbieter der Zugang zu den Katalogen der großen Musikverlage besonders wichtig und höchstens ein großer Verlag verzichtbar. Vor diesem Hintergrund dürfte die Identität des Erwerbers maßgebend für die Wirksamkeit der Abhilfemaßnahme sein. Es wäre darauf zu achten, dass die kleineren Verlage zum Zuge kommen, denn der Erwerb seitens eines der großen Verlage würde möglicherweise erneute Wettbewerbsbedenken auslösen.

3.6.2 Abbau von Marktzutrittsschranken im Energiebereich

750. Während des Berichtszeitraums hat die Europäische Kommission nach Einleitung der Hauptprüfphase zwei bedingte Freigabeentscheidungen im Energiebereich – in den Fällen Dong/Elsam/Energi E2 sowie Gaz de France (GdF)/Suez – erlassen. In dem Verfahren Dong/Elsam/Energi E2 erwirbt der etablierte staatliche Gasversorger in Dänemark unter anderem die beiden traditionellen regionalen dänischen Stromerzeuger Elsam und Energi E2. Während auf den untersuchten Strommärkten keine wettbewerblichen Bedenken auftraten, stellte die Europäische Kommission auf mehreren dänischen Märkten der Gasversorgungskette eine Verstärkung der beherrschenden Stellung von Dong fest. Die Europäische Kommission befürchtete zum einen, dass die neue Unternehmenseinheit imstande wäre, nach dem Zusammenschluss die Speicher- und Flexibilitätskosten ihrer Wettbewerber in die Höhe zu treiben. Außerdem wäre durch das Vorhaben aktueller und potenzieller Wettbewerb auf verschiedenen Gasmärkten der Einzelhandels- und Großhandelsebene eliminiert worden. Um die Wettbewerbsbedenken auszuräumen, verpflichtete sich Dong zum Verkauf der größeren seiner beiden dänischen Gasspeicheranlagen. Darüber hinaus sagte Dong zu, über einen Zeitraum von sieben Jahren Gasmengen in Höhe von 10 Prozent der jährlichen Gasnachfrage in Dänemark an die Wettbewerber zu versteigern.

751. Ebenfalls unter Bedingungen und Auflagen genehmigte die Europäische Kommission den Erwerb von Suez durch GdF. Der Zusammenschluss wirkte sich auf verschiedenen Gas- und Strommärkten in Belgien und Frankreich sowie auf dem französischen Fernwärmemarkt aus. Für problematisch hielt die Wettbewerbsbe-

---

[181] Vgl. Tz. 680 ff.

hörde insbesondere den Wegfall des jeweils stärksten Wettbewerbers der Parteien durch den Zusammenschluss. So würde das Vorhaben in Belgien zu sehr hohen gemeinsamen Marktanteilen führen und GdF als wichtigsten Konkurrenten von Distrigaz (Gas) und Electrabel (hauptsächlich Strom) eliminieren. Kein anderer Wettbewerber könnte den Druck, der bislang von GdF ausgehe, aufrecht erhalten. In Bezug auf Frankreich würde mit dem Zusammenschluss der von Distrigaz ausgehende Wettbewerb entfallen. Die jeweiligen marktbeherrschenden Stellungen der Parteien würden unter anderem wegen der hohen Marktzutrittsschranken erheblich verstärkt. Um diese Bedenken zu beseitigen, hat Suez angeboten, ihre Tochtergesellschaft Distrigaz zu veräußern. GdF wird seine Beteiligung an SPE, dem zweitgrößten belgischen Stromproduzenten, abgeben. Hinzu tritt die Verpflichtung, den belgischen Netzbetreiber Fluxys umzustrukturieren und jede Kontrolle an ihm aufzugeben. Die Parteien sagen unter anderem zu, nicht mehr als 60 Prozent der Geschäftsanteile an Fluxys International und nicht mehr als 45 Prozent der Anteile an Fluxys s. a. zu halten.

752. Es ist nach Auffassung der Monopolkommission zu begrüßen, dass die Europäische Kommission im Rahmen der Fusionskontrolle überwiegend strukturelle Zusagen entgegengenommen hat. In dem Verfahren Dong/Elsam/Energi E2 ermöglicht die eigentumsrechtliche Trennung der Gasspeicheranlage einen Zutritt auf dem Markt für Speicher- und Flexibilitätsleistungen. Die zusätzliche Freigabe von Gasmengen wird die Liquidität auf dem dänischen Gasmarkt verbessern. Positiv ist zu werten, dass das Gasfreigabeprogramm immerhin 10 Prozent der jährlichen dänischen Gesamtnachfrage umfasst. Vielversprechend erscheinen die Abhilfemaßnahmen vor allem deshalb, weil in Dänemark die Übertragungsleitungen von Dong bereits entbündelt sind. Mit den Veräußerungszusagen in dem Verfahren GdF/Suez entfallen die horizontalen Überschneidungen auf dem belgischen Gas- und Strommarkt weitgehend. Zweifelhaft ist jedoch, ob die Abhilfemaßnahme bezüglich der Kontrollausübung bei Fluxys trotz fortbestehender Beteiligung geeignet ist, die Wettbewerbsbedenken auszuräumen. Eine solche Verpflichtung der Parteien dürfte von der Europäische Kommission kaum zu überwachen sein. Damit besteht nach wie vor die Gefahr der Behinderung von Wettbewerbern beim Zugang zur Infrastruktur. Hinzuweisen ist ferner darauf, dass mit dem Zusammenschluss das Privatunternehmen Suez jedenfalls zum Teil in den staatlichen Einflussbereich fällt. Vor dem Zusammenschluss wurde das Erwerberunternehmen GdF vom französischen Staat kontrolliert. Im Zuge des Vorhabens verringerte sich zwar der Anteil Frankreichs an GdF, nichtsdestoweniger verfügt der französische Staat weiterhin über erhebliche Anteile und Vetorechte an der neuen Unternehmenseinheit. Problematisch erscheint der verbleibende Einfluss des Staates unter dem Gesichtspunkt, dass Eigentümer- und Regulierungsinteressen in einer Person zusammenfallen.

3.6.3 Abbau von Marktzutrittsschranken durch Slot-Abgabe

753. In dem Urteil easyJet/Kommission vom 4. Juli 2006 setzt sich das Gericht erster Instanz mit der Bewer-

tung von Abhilfemaßnahmen, die die Abgabe von Slots fordern, auseinander.[182] Die Europäische Kommission hatte am 11. Februar 2004 das Zusammenschlussvorhaben von Air France und KLM mit einer Zusagenentscheidung unter Bedingungen und Auflagen in der ersten Verfahrensphase genehmigt. Die Zusammenschlussparteien hatten sich unter anderem zeitlich unbefristet verpflichtet, eine bestimmte Anzahl von Zeitnischen, sog. Slots, auf mehreren Flugstrecken zur Verfügung zu stellen. Für die neun betroffenen innereuropäischen Strecken sollten 26 Slot-Paare abgegeben werden, davon alleine sechs Paare für die Strecke Paris-Amsterdam.[183] Die Abgabe hatte auf Antrag neuer oder aktueller Wettbewerber kostenlos zu erfolgen. Wettbewerber mussten ihre Anträge zwar für jede Flugplanperiode erneuern, Air France/KLM hatte den neuen Anträgen aber nachzukommen, wenn die entsprechenden Slots mit in früheren Flugplanperioden abgegebenen Slots übereinstimmten. Es wurde ein Treuhänder eingesetzt, der überwachen sollte, ob die abgegebenen Slot-Paare tatsächlich auf den Strecken genutzt wurden, die in der fusionskontrollrechtlichen Entscheidung vorgegeben waren. Wurden abgegebene Slots nicht oder anders als vorgesehen genutzt, mussten sie unverzüglich an die Parteien zurückgegeben werden. Diese hatten sie auf Antrag erneut an Wettbewerber abzugeben. Diese Maßnahme wurde durch eine Reihe weiterer Zusagen ergänzt, die unter anderem Vereinbarungen zum Interlining, zum Vielfliegerprogramm sowie zur Freihaltung von Sitzplatzkontingenten beinhalteten. Am 14. Mai 2004 hatte easyJet Drittklage gegen die Freigabeentscheidung eingelegt. EasyJet wendete sich mit ihrer Klage unter anderem gegen die von der Europäischen Kommission getroffenen Abhilfemaßnahmen. Die Klägerin hielt die Zusagen insbesondere im Hinblick auf die Anzahl der abzugebenden Slots für unzureichend. Die zur Slot-Abgabe hinzutretenden Zusagen stufte sie als verhaltensorientiert und damit als von vornherein unzulässig ein. Daneben bemängelte sie, dass die Europäische Kommission keine Veräußerungsverpflichtung ausgesprochen und den neuen Marktteilnehmer nicht konkret benannt hatte; zudem fehle eine Fristbestimmung für dessen Markteintritt. Das EuG wies die Klage ab.

754. Das Gericht erklärte zunächst, dass die Nichtberücksichtigung der von der Klägerin vorgeschlagenen Zusagen seitens der Europäischen Kommission für sich allein keinen offensichtlichen Beurteilungsfehler darstelle. Des Weiteren führe der Umstand, dass auch andere Zusagen hätten akzeptiert werden können, nicht zur Nichtigkeit der Entscheidung. Dies gelte selbst für den Fall, dass diese Zusagen für den Wettbewerb günstiger gewesen wären, sofern die Wettbewerbsbehörde vernünftigerweise annehmen durfte, dass die in der Entscheidung vorgese-

---

[182] EuG, Urteil vom 4. Juli 2006, Rs. T-177/04, easyJet/Kommission, Slg. 2006, II-1931.

[183] Außer den Slots für die Strecke Paris-Amsterdam, waren folgende Slot-Paare vorgesehen: vier auf der Strecke Mailand-Amsterdam, je drei auf den Strecken Lyon-Amsterdam und Rom-Amsterdam, je zwei auf den Strecken Marseille-Amsterdam, Toulouse-Amsterdam, Bordeaux-Amsterdam sowie Venedig-Amsterdam und Bologna-Amsterdam.

henen Zusagen ihre Bedenken gegen den Zusammenschluss zerstreuen konnten. Das EuG bestätigt daneben die bisherige Rechtsprechung zur Zulässigkeit und Prüfung von Verhaltenszusagen. Hiernach sind verhaltensbezogene Verpflichtungszusagen nicht schon ihrem Wesen nach unzulänglich, um die Begründung oder Verstärkung einer beherrschenden Stellung zu verhindern. Vielmehr seien sie ebenso wie strukturelle Verpflichtungszusagen von Fall zu Fall zu prüfen. Veräußerungsverpflichtungen seien zwar entsprechend der Mitteilung über die Abhilfemaßnahmen vorzugswürdig, sie stellten jedoch nicht die einzige mögliche Maßnahme dar. Insbesondere wenn sich eine Veräußerung als unmöglich erweise, müsse die Europäische Kommission entscheiden, ob auch andere Arten von Abhilfemaßnahmen ausreichten, um wirksamen Wettbewerb wiederherzustellen. Im vorliegenden Fall habe die Kommission hinreichend dargelegt, dass weder ein lebensfähiger Geschäftsteil zur Veräußerung zur Verfügung stand noch dass die Veräußerung von Flugzeugen die aufgeworfenen Wettbewerbsprobleme wirksam beheben konnte. Die Wettbewerbsbehörde habe in nachvollziehbarer Weise begründet, dass die Hauptschranke für den Marktzutritt die begrenzte Anzahl von Slots auf den großen Flughäfen darstelle. Die Europäische Kommission habe daher keinen offensichtlichen Beurteilungsfehler begangen, als sie Zusagen entgegennahm, die sich auf die Begrenzung von Marktzutrittsschranken und nicht auf die Veräußerung von Vermögensgegenständen bezogen. Insgesamt stuft das Gericht die dauerhafte Abgabe von Slots unter den Bedingungen des vorliegenden Falles als strukturelle Abhilfemaßnahme ein.

Zuletzt führt das Gericht erster Instanz aus, dass die Europäische Kommission nicht verpflichtet war, einen neuen Marktteilnehmer konkret zu benennen, da sich im Verwaltungsverfahren verschiedene Wettbewerber interessiert gezeigt hatten, die angebotenen Slots zu übernehmen. Das Gericht hält es außerdem für unerheblich, dass bislang kein neuer Teilnehmer in die betroffenen Märkte eingetreten ist. Die angefochtene Entscheidung sei nämlich anhand der tatsächlichen Umstände zu prüfen, die zum Zeitpunkt ihres Erlasses vorlagen und nicht unter Berücksichtigung späterer Umstände. Das EuG geht weiter davon aus, dass die Durchdringung eines neuen Marktes gewisse Zeit in Anspruch nehmen könne. Neue Marktteilnehmer müssten in der Lage sein zu prüfen, ob der Eintritt in diesen Markt für sie rentabel sei. Nach der Mitteilung über Abhilfemaßnahmen dürften zwar nur solche Zusagen in der ersten Verfahrensphase entgegengenommen werden, die innerhalb kurzer Zeit durchführbar sind. Diese Vorgabe hält das Gericht aber für erfüllt, da die Slots einen Monat nach Durchführung des Zusammenschlusses angeboten werden mussten.

755. Bemerkenswert ist vor allem, dass das Gericht die im vorliegenden Fall getroffene Abhilfemaßnahme durchaus für wirksam hält. Seiner Auffassung nach resultiert aus der Verpflichtung zur Slot-Abgabe ein gewisser Wettbewerbsdruck für die Zusammenschlussparteien, selbst wenn kein neuer Teilnehmer in die betroffenen Märkte eintreten sollte. Jedenfalls bei einer von den Parteien durchgeführten Preissteigerung würde sich laut EuG

die Attraktivität eines Markteintritts für Dritte erhöhen. Maßgeblich für die Wirksamkeit der Abhilfemaßnahme ist nach Ansicht des Gerichts somit schon die Bereitstellung der Slots zur Abgabe, nicht erst die Übertragung auf einen Wettbewerber. Nach Auffassung der Monopolkommission kann dem Gericht zwar insoweit gefolgt werden, als mit der Verpflichtung zur Slot-Abgabe eine Senkung der Marktzutrittsbarrieren und somit – jedenfalls prinzipiell – eine Stärkung des Wettbewerbsdrucks einhergeht. Denn ohne verfügbare Zeitnischen ist ein Markteintritt von vornherein ausgeschlossen. Ferner trifft es zu, dass potenziellen Wettbewerbern ein gewisser Zeitraum für eine Rentabilitätsprüfung zugebilligt werden muss. Nichtsdestoweniger verbleibt es bei dem Umstand, dass zwischen der Kommissionsentscheidung und dem Erlass des vorliegenden Urteils über zwei Jahre vergangen sind, ohne dass tatsächlich ein Wettbewerber die angebotenen Slots oder einen Teil derselben übernommen hätte. Das Gericht hat sich nicht mit der Frage auseinandergesetzt, ob dies auch als Indiz dafür gewertet werden könnte, dass die auferlegten Abhilfemaßnahmen unzureichend waren und z. B. eine zu geringe Anzahl von Slots umfassten, unattraktive Strecken einbezogen oder in sonstiger Weise ungeeignet waren, potenzielle Wettbewerber anzulocken. Nach Ansicht der Monopolkommission bedeutet die Abgabe von Slots zunächst nur eine rechtliche Chance von Konkurrenten, einen Flughafen zu bedienen. Es ist jedoch nicht gesagt, dass die geringe Verfügbarkeit von Slots die einzige Marktzutrittsschranke bildet und keine weiteren Hindernisse bestehen. Problematisch erscheint des Weiteren die Dauer der Abhilfemaßnahme im geschilderten Fall. Sie ist auf unbefristete Zeit angelegt, was eine dauerhafte Überwachung durch den bestellten Treuhänder impliziert. Diese Überwachung endet laut Zusagenvereinbarung erst dann, wenn sich die gegenwärtigen Verhältnisse so grundlegend ändern, dass die Abhilfemaßnahme im Rahmen der vorgesehenen Überprüfungsklausel aufgehoben werden kann.

756. Zu bedenken ist darüber hinaus, dass den Parteien im Rahmen von Abhilfemaßnahmen, mit deren Hilfe Marktzutrittsschranken abgebaut werden sollen, im Allgemeinen maßgebliche Gestaltungsspielräume sowie erhebliches Diskriminierungspotenzial im Hinblick auf die konkreten Zugangsmodalitäten verbleiben. Daraus resultieren häufig beträchtliche Schwierigkeiten beim praktischen Vollzug des Zugangs, die die Wirksamkeit der Abhilfemaßnahme insgesamt infrage stellen können. Bei der Abgabe von Slots sind die Wettbewerber zwar zunächst auf die Infrastruktur des neutralen Flughafenbetreibers angewiesen, Vollzugsprobleme können in der Praxis aber dennoch eine Rolle spielen. So sind die Parteien etwa bei den Umsteigemöglichkeiten an den Hubs oder bei der Aufnahme in Frequent-Flyer-Programme zur Einflussnahme imstande.

757. Einige der genannten Bedenken greift die Europäische Kommission selbst in ihrer Untersagungsentscheidung Ryanair/Aer Lingus auf.[184] Die Tätigkeit der Betei-

---

[184] Vgl. Tz. 630 ff., 692 ff., 737 ff.

ligten überschnitt sich auf 35 Flugstrecken von und nach Irland. Auf 22 dieser Strecken wäre mit dem Zusammenschluss ein Monopol der neuen Unternehmenseinheit entstanden, auf den verbleibenden 13 Strecken wären Marktanteile von über 60 Prozent erreicht worden. Die Europäische Kommission stellte außerdem fest, dass die Zusammenschlussparteien aufgrund ähnlicher Geschäftsmodelle und ihrer jeweiligen Basis auf dem Dubliner Flughafen engste Wettbewerber darstellten. Sie folgerte, dass der Zusammenschluss sowohl den aktuellen Wettbewerb auf den Strecken, die beide Parteien bedienen, als auch den potenziellen Wettbewerb auf den Strecken, die nur von einer Partei bedient werden, beseitigen würde. Vor diesem Hintergrund boten die Parteien mehrere Zusagen, darunter auch die Abgabe von Slots, an. Diese bezog sich zum einen auf die Strecke Dublin-London/Heathrow und war auf British Airways und Air France als mögliche Erwerber beschränkt. Weitere Slots betrafen Strecken von und nach Dublin, Cork und Shannon, die auf sonstige Fluggesellschaften übertragen werden sollten. Zu dieser Zusage traten – verhaltensorientierte – Verpflichtungen hinzu, wie beispielsweise das Versprechen, künftig die Preise von Aer Lingus um mindestens 10 Prozent zu senken und auf den Kerosin-Aufschlag zu verzichten. Ryanair bot außerdem an, den Erwerb von Aer Lingus nicht durchzuführen, bevor ein Käufer für die Slots am Dubliner Flughafen gefunden worden war.

758. Nach Auffassung der Europäischen Kommission können die angebotenen Abhilfemaßnahmen die wettbewerblichen Bedenken nicht ausräumen. Die Kommission kritisiert zum einen die unklaren und widersprüchlichen Formulierungen in den Unterlagen. Ryanair hatte die Vorschläge in Form verschiedener Briefe und Anhänge übermittelt und nicht den von der Europäischen Kommission bereitgestellten Mustertext genutzt. Die Wettbewerbsbehörde hielt insbesondere die Ausführungen zur Abgabe von Slots auf der Strecke Dublin-London/Heathrow und zum upfront-buyer für wenig detailliert, unklar oder sogar widersprüchlich.

Zum anderen erklärt die Europäische Kommission die Zusagen inhaltlich für unzureichend. Sie führt hierzu näher aus, dass die Verpflichtung der Slot-Abgabe wie in anderen Zusammenschlussfällen von Fluggesellschaften dazu dienen soll, den Markteintritt zu erleichtern. Vor diesem Hintergrund ermögliche das Angebot von Slots zwar Wettbewerb, könne aber – anders als die Veräußerung von Unternehmen oder Unternehmensteilen – nicht absichern, dass Wettbewerb auch tatsächlich eintrete. Im Einzelnen kritisierte die Europäische Kommission, dass auf vielen der betroffenen Strecken kein Mangel an Slots bestehe. Zudem beziehe sich eine Reihe der angebotenen Slots nicht auf Strecken, die als wettbewerbsbedenklich aufgefallen seien und beträfen nur zweitrangige Flughäfen, an denen potenzielle Erwerber kein Interesse hätten. Außerdem reiche die Anzahl der zur Verfügung gestellten Slots nicht aus. Daneben habe eine klare Mehrheit der Befragten die Slot-Abgabe nicht als geeignet angesehen, um einen Markteintritt auszulösen. Vielmehr seien fast alle Wettbewerber nach wie vor zurückhaltend bezüglich eines Marktzutritts. Dies sei nur bezüglich der Strecke Du-

blin-London/Heathrow anders, wo sowohl British Airways als auch Air France Interesse an einem Erwerb geäußert hätten. Mit einem solchen Erwerb wäre zwar eine Ausdehnung des bestehenden Angebots verbunden, die Europäische Kommission zweifelte aber auch insofern an der Wirksamkeit der Zusage. Es handele sich nämlich bei keinem der beiden Wettbewerber um eine Billiglinie, von der künftig besonders niedrige Preise zu erwarten seien. Ferner stellten weder British Airways noch Air France besonders enge Wettbewerber der Parteien dar. Nicht auszuschließen sei zudem, dass die insofern angebotene Slot-Anzahl zu gering ausfalle.

759. Die Europäische Kommission entwickelt mit dieser Entscheidung ihre Praxis zum Abbau von Marktzugangshindernissen im Wege der Slot-Abgabe fort. Die Entscheidung ist in mehrerer Hinsicht zu begrüßen. Zum einen erkennt die Europäische Kommission ausdrücklich die Notwendigkeit an, dass Slots auf den wettbewerblich relevanten Strecken und in ausreichender Menge angeboten werden müssen. Zutreffend ist zum anderen ihre Feststellung, wonach sich Abhilfemaßnahmen in Form der Slot-Vergabe dort nicht eignen, wo solche Rechte bereits in ausreichendem Umfang zur Verfügung stehen. Eine weitere Voraussetzung für die Wirksamkeit einer entsprechenden Abhilfemaßnahme stellt das Interesse von Wettbewerbern an einer Übernahme der Slots dar. Der Fall Air France/KLM, in dem es trotz derartiger Interessenbekundungen über einen längeren Zeitraum hinweg nicht zu einer Übertragung gekommen ist, zeigt zwar, dass selbst solche Bekundungen keine Gewähr für einen Marktzutritt darstellen. Fehlt es jedoch von vornherein an einem Erwerbsinteresse, kann eine entsprechende Zusage auf keinen Fall als geeignet angesehen werden. Daneben ist in jedem Fall zu prüfen, ob sonstige Marktzutrittsschranken existieren. Von solchen Zutrittsschranken geht die Europäische Kommission im vorliegenden Fall aus: Zunächst handele es sich bei beiden Parteien um Billigflieger, die jeweils Punkt-zu-Punkt-Geschäftsmodelle verfolgten. Daneben verfügten die Parteien jeweils über eine starke Basis an demselben Flughafen, die keiner der Wettbewerber aufweisen könne. Da diese Hindernisse durch die angebotenen Zusagen nicht aufgehoben würden, schließt die Europäische Kommission, dass eine Absenkung der Marktzutrittsbarrieren durch die Abgabe von Slots nicht mit ausreichender Sicherheit zu einem Marktzutritt führen werde.

3.6.4 Verhaltensorientierte Abhilfemaßnahmen

760. Vorwiegend verhaltensorientierte Abhilfemaßnahmen hat die Europäische Kommission während des Berichtszeitraums nur in relativ wenigen Fällen auferlegt. In dem Verfahren Axalto/Gemplus produzieren beide Parteien Chip-Karten für Mobiltelefone, Zahlungskarten und Ausweise und bieten darüber hinaus die entsprechende Software und Dienstleistungen an. Die SIM-Kartenverwaltung erfolgt über sog. Over-the-Air(OTA)-Plattformen. Die Europäische Kommission äußerte Wettbewerbsbedenken, weil durch den Zusammenschluss zwei umfangreiche Bestände an Patenten zusammengeführt würden. Außerdem befürchtete die Wettbewerbsbehörde, dass die Parteien andere Chip-Kartenhersteller behindern würden, indem sie ihre OTA-Plattformen so ausgestalten, dass sie nicht kompatibel mit den Karten der Wettbewerber seien. Axalto verpflichtete sich daraufhin nicht nur zur Erteilung einer zehnjährigen Lizenz für die gemeinsamen Patente, sondern sagte auch die Bereitstellung von Informationen zur Interoperabilität seiner Plattformen für eine Dauer von acht Jahren zu.

761. Der Zusammenschluss SFR/Télé2France wirkt sich auf den Pay-TV-Sektor in Frankreich aus. Télé2France ist in Frankreich unter anderem in den Bereichen Internetzugang und Vertrieb von Pay-TV via DSL tätig. Vivendi als Mutterkonzern von SFR ist vor allem im Medien- und Telekommunikationssektor aktiv. Das Unternehmen verfügt über eine sehr starke Stellung im gesamten Pay-TV-Sektor in Frankreich, ist bisher jedoch noch nicht selbst im Vertrieb von Pay-TV via DSL tätig. Nach den Erkenntnissen der Europäischen Kommission sind die DSL-Anbieter insgesamt die wichtigsten Akteure, die auf den betroffenen Märkten Wettbewerbsdruck auf Vivendi ausüben können. Allerdings ist dieser Wettbewerbsdruck noch relativ gering, weil die audiovisuellen Inhalte weitgehend von Vivendi kontrolliert werden, was den Zugang für die DSL-Anbieter erheblich erschwert. Die Europäische Kommission befürchtet, dass Vivendi nach dem Zusammenschluss Anreize haben würde, seine Tochtergesellschaft SFR/Télé2France beim Zugang zu Inhalten zu privilegieren. Dadurch würde sich die Marktposition von SFR/Télé2France gegenüber den anderen DSL-Anbietern sowohl auf dem nachgelagerten Markt für den Vertrieb von Rechten an audiovisuellen Inhalten als auch auf den vorgelagerten Märkten für den Erwerb solcher Rechte wesentlich verbessern.

Um die Bedenken der Europäischen Kommission auszuräumen, haben die Parteien Verpflichtungen angeboten, die sicherstellen sollen, dass Vivendi die anderen DSL-Anbieter im Vergleich zu SFR/Télé2France nicht benachteiligt. Vivendi sagt unter anderem zu, von ihm selbst und von Dritten veranstaltete Programme, die von SFR/Télé2France vertrieben werden, auch allen anderen DSL-Anbietern zu normalen Marktbedingungen zur Verfügung zu stellen. Diese Bedingungen dürfen nicht ungünstiger sein als die SFR/Télé2France eingeräumten Bedingungen. Laut ausdrücklicher Erklärung der Europäischen Kommission bedeutet diese Verpflichtung nicht, dass Vivendi allen DSL-Anbietern dieselben Bedingungen einräumen müsse. Ein solches Vorgehen könnte nämlich diese Anbieter zur Abstimmung ihres Marktverhaltens und/oder Vivendi zu einer allgemeinen Preiserhöhung gegenüber allen Anbietern veranlassen und sich damit nachteilig auf den Wettbewerb auswirken. Im Rahmen der Verpflichtung sei lediglich vorgesehen, dass Vivendi den anderen DSL-Anbietern keine ungünstigeren Bedingungen einräumen dürfe als SFR/Télé2France, was auch künftig eine differenzierte Behandlung der anderen DSL-Anbieter ermögliche. Außerdem schließe die Zusage, die Programme zu normalen Marktbedingungen bereitzustellen, den Anreiz Vivendis aus, ein besonders hohes Entgelt

von SFR/Télé2France zu verlangen, wodurch dieses Unternehmen faktisch ein Exklusivrecht erhielte.

762. Insbesondere vor dem Hintergrund der oben erwähnten Studie der Europäischen Kommission zur Umsetzung von Abhilfemaßnahmen sind erhebliche Zweifel gegenüber der Wirksamkeit von Zugangsverpflichtungen angebracht. Laut den Ergebnissen der Studie hatten sich gerade solche Abhilfemaßnahmen als besonders ineffizient erwiesen. Problematisch sind hierbei vor allem die vielfachen Diskriminierungs- und Preiserhöhungspotenziale, die den Zusammenschlussparteien bei der Gewährung des Zugangs offen stehen. Wie schwierig sich die Durchführung solcher Abhilfemaßnahmen gestaltet, belegt das Verfahren Axalto/Gemplus. Hier erwies es sich bereits als problematisch, die Erkennbarkeit der den Parteien auferlegten Informationspflichten für die begünstigten Wettbewerber zu gewährleisten. Um das Problem zu lösen, verpflichtete die Europäische Kommission die Parteien daher zur Veröffentlichung von Kontaktdetails auf ihrer Website. Während des Markttests war darüber hinaus die vorgesehene Frist zur Informationsübermittlung kritisiert worden. Die Europäische Kommission verkürzte diese Frist schließlich auf zehn Werktage.

In dem Verfahren SFR/Télé2France erkannte die Europäische Kommission ausdrücklich die mit der Zusage verbundene Gefahr einer Preiserhöhung und verpflichtete Vivendi deshalb, ein Angebot zu „normalen Marktbedingungen" bereitzustellen. Zur Erläuterung führt die Europäische Kommission aus, dass sich die normalen Marktbedingungen an den allgemeinen Marktpraktiken orientieren sollen. Es erscheint allerdings zweifelhaft, ob diese Vorkehrung die drohende Preiserhöhungsgefahr beseitigen kann. Wie die Wettbewerbsbehörde selbst festgestellt hat, kontrolliert Vivendi die audiovisuellen Inhalte weitestgehend selbst. Vivendi ist somit in der Lage, die allgemeinen Marktpraktiken bzw. die „normalen Marktbedingungen" ganz wesentlich mit zu prägen. Unter dieser Voraussetzung dürften vielfältige Möglichkeiten für das Unternehmen bestehen, Preiserhöhungen zu begründen. Daneben bleiben die grundsätzlichen Bedenken gegen Zugangsverpflichtungen bestehen, die sich aus dem sonstigen Diskriminierungspotenzial wie Qualitätsverschlechterungen, zeitlichen Verzögerungen oder reduziertem Service ergeben.

763. Beizupflichten ist den Feststellungen der Europäischen Kommission zur mangelnden Geeignetheit von sog. „firewalls" in dem Verfahren Telefónica/O$_2$. Hier bestanden Wettbewerbsbedenken insbesondere auf dem Markt für internationale Roaming-Dienste im Vereinigten Königreich. Auf der Großkundenebene erwerben die Telekommunikationsunternehmen internationale Roaming-Dienste voneinander, um ihren Mobilfunkkunden zu ermöglichen, Anrufe im Ausland zu tätigen und zu empfangen. Die wettbewerblichen Bedenken standen in engem Zusammenhang mit der Existenz von zwei Allianzen, die von den Netzbetreibern gebildet wurden, um die internationalen Roaming-Dienste zu verbessern. Telefónica ist Mitglied der Allianz FreeMove, O$_2$ gehört der etwas loseren Allianz Starmap an. Die Europäische Kommission erwartete, dass O_2 nach der Fusion die Allianz Starmap zugunsten von FreeMove verlassen oder jedenfalls weniger bereit wäre, internationalen Roaming-Verkehr mit Nichtmitgliedern von FreeMove auszutauschen. Dies würde erhebliche Kostensteigerungen für Unternehmen vor allem im Vereinigten Königreich bewirken, wo nach der Übernahme mit Ausnahme von Vodafone kein von FreeMove unabhängiger internationaler Roaming-Anbieter verbleiben würde.

Um die Befürchtungen der Europäischen Kommission auszuräumen, sagte Telefónica zu, aus der Allianz FreeMove auszutreten und bis 2011 nicht mehr einzutreten. Zuvor hatte die Europäische Kommission einen Zusagenvorschlag abgelehnt, wonach O_2 für zwei Jahre aus der Starmap-Allianz austreten und für diese Zeit auch nicht Mitglied bei FreeMove werden sollte. Diesen Vorschlag hielt die Wettbewerbsbehörde für unzureichend, obwohl Tefefónica die Errichtung einer „firewall" im Hinblick auf Informationen zu den Roaming-Aktivitäten von O_2 zugesagt hatte. Die Europäische Kommission sah es nicht als gewährleistet an, dass keine sensiblen Geschäftsdaten von O_2 an Telefónica gelangen könnten. Vielmehr ließe die konkrete Ausgestaltung der Geschäftsbeziehungen zwischen den beiden Unternehmen genügend Raum für die Übermittlung von sensiblen Daten.

764. Die Monopolkommission teilt die restriktive Haltung der Europäischen Kommission zu Vorkehrungen, die auf die Unterbindung von Informationstransfers innerhalb eines Unternehmens gerichtet sind. Ihrer Ansicht nach ist die Einhaltung derartiger Verpflichtungen nicht wirksam zu beobachten. Ein effektives Monitoring muss schon an der Fülle von – auch informellen – Zusammentreffen und Kontakten zwischen den Mitarbeitern der verschiedenen Unternehmensteile scheitern. Bedenklich stimmt in diesem Zusammenhang darüber hinaus die lange Frist von acht Jahren, in denen die Informationsübermittlung verhindert werden soll.

3.6.5 Leitlinien zu Abhilfemaßnahmen

765. Im April 2007 hat die Europäische Kommission den Entwurf einer Mitteilung zu Abhilfemaßnahmen vorgelegt, mit dem die seit 2001 geltenden Leitlinien überarbeitet werden. Anlass zu dieser Überarbeitung gab im Wesentlichen die Studie der Europäischen Kommission über Abhilfemaßnahmen aus dem Jahr 2005, die bedeutende Mängel der bisherigen Zusagenpraxis aufgedeckt hat. Bei dieser Gelegenheit soll ferner die neuere Rechtsprechung und Behördenpraxis in den Leitlinien Berücksichtigung finden. Das vorgelegte Dokument ist sowohl umfassender als auch detaillierter als die geltenden Leitlinien. Die darin zum Ausdruck kommende Grundhaltung der Europäischen Kommission gegenüber Verpflichtungszusagen erscheint restriktiver. Insbesondere wird den Zusammenschlussparteien eine größere Verantwortung für die Geeignetheit und Umsetzbarkeit der angebotenen Zusagen auferlegt. Diese spiegelt sich in einer weitgehenden Informationspflicht wider, die mit der Einführung eines neuen Formulars, der Form RM, einhergeht. Daneben betont die Europäische Kommission die

Risiken und Probleme bei der Umsetzung von Zusagen und legt der Möglichkeit zur Kontrolle auferlegter Abhilfemaßnahmen besonderes Gewicht bei.

Außerdem bekräftigt die Europäische Kommission die Vorteile von Veräußerungszusagen. Verhaltensorientierte Abhilfemaßnahmen sieht sie nur als ausnahmsweise geeignet an, um festgestellte Wettbewerbsbedenken auszuräumen. Die Europäische Kommission unterstreicht daneben die Bedeutung des ausgewählten Erwerbers sowie der Lebensfähigkeit des zu veräußernden Objekts. Besonderes Gewicht legt die Europäische Kommission auf sog. Upfront-Buyer- und Fix-it-first-Lösungen. Bei Upfront-Buyer-Lösungen verpflichten sich die Parteien, den Vollzug des genehmigten Zusammenschlusses so lange auszusetzen, bis eine bindende Vereinbarung mit einem geeigneten Erwerber abgeschlossen wurde. Die Fix-it-first-Lösung setzt noch früher an, indem die Beteiligten eine bindende Vereinbarung mit dem Erwerber noch während des laufenden Fusionskontrollverfahrens treffen.

766. Die Monopolkommission begrüßt die Initiative der Europäischen Kommission insbesondere vor dem Hintergrund der Defizite, die die erwähnte Studie hervorgebracht hat. Ein strengerer Ansatz bei der Entgegennahme von Zusagen erscheint notwendig, da sich in der Vergangenheit nur etwa die Hälfte der Abhilfemaßnahmen als wirkungsvoll erwiesen hat. Positiv wertet die Monopolkommission die Einstellung der Europäischen Kommission zu Veräußerungszusagen. Sie sind struktureller Natur und daher in der Regel am ehesten in der Lage, Wettbewerbsbedenken infolge eines Zusammenschlusses zu beseitigen. Die Monopolkommission teilt ferner die Bedenken der Europäischen Kommission gegenüber verhaltensorientierten Abhilfemaßnahmen. Für zu wenig kritisch hält sie dagegen die Ausführungen zu Zugangsverpflichtungen. Die Europäische Kommission räumt zwar ein, dass eine einzelne derartige Maßnahme häufig nicht genügen dürfte, um die Befürchtungen der Wettbewerbsbehörde auszuräumen. Sie regt daher umfassendere Verpflichtungen in Form von Maßnahmepaketen an. Nach Auffassung der Monopolkommission werden indes die mit Zugangsverpflichtungen verbundenen Nachteile, vor allem das Diskriminierungspotenzial der Parteien, kaum angesprochen. Damit wird der vorgelegte Entwurf den Ergebnissen der Studie aus dem Jahr 2005 nicht gerecht, wonach Zugangsmaßnahmen die am wenigsten erfolgreiche Art der Abhilfemaßnahme sind.

Zuzustimmen ist der Europäischen Kommission, wenn sie die Bedeutung des richtigen Erwerbers für den Erfolg der Abhilfemaßnahme unterstreicht. Außerdem unterstützt die Monopolkommission die Initiative der Europäischen Kommission, verstärkt auf Upfront-Buyer- und Fix-it-first-Lösungen zurückzugreifen. Die Monopolkommission hat bereits in der Vergangenheit mehrfach den stärkeren Einsatz von Upfront-Buyer-Lösungen gefordert. Unter anderem wird auf diese Weise sichergestellt, dass die Fusion nur vollzogen wird, wenn sich überhaupt ein fähiger Erwerber für das Veräußerungspaket findet. Des Weiteren gewährleistet eine Upfront-Buyer-Zusage, dass die Zusammenschlussparteien alles tun werden, um den Übertragungsvorgang so unkompliziert und zügig wie möglich zu gestalten. Diese Erwägungen gelten ebenso für die vorgeschlagene Fix-it-first-Lösung.

767. Die Europäische Kommission hat einen Teil ihrer Positionen bereits während des Berichtszeitraums in ihre Entscheidungen einfließen lassen. In dem Verfahren Omya/Huber haben die Parteien unter anderem die Veräußerung einer Produktionsanlage angeboten. Nach Durchführung des Markttests hielt die Europäische Kommission diese Verpflichtung grundsätzlich für ausreichend, stellte jedoch auch fest, dass die Lebensfähigkeit des zu veräußernden Geschäftsbereichs weitgehend von der Identität des Erwerbers abhänge. Außerdem kam es in einer Reihe von Entscheidungen, T-Mobile Austria/ Tele.ring, Metso/Aker Kvaerner sowie Inco/Falconbridge, zu verbindlichen Rahmenvereinbarungen noch im Verlauf des fusionskontrollrechtlichen Verfahrens. In dem Fall Ryanair/Aer Lingus hatte Ryanair allerdings keinen Erfolg mit den von ihm übermittelten Zusagen, obwohl das Unternehmen zusätzlich eine Upfront-Buyer-Zusage angeboten hatte.

768. Es bleibt zu fordern, dass die Europäische Kommission in Zukunft regelmäßig über die Wirksamkeit von Abhilfemaßnahmen berichtet. Die Studie von 2005 belegt die Bedeutung solcher Kontrollen. Nur auf der Grundlage regelmäßiger Beobachtung lässt sich zuverlässig ermitteln, ob die nun vorgeschlagenen Änderungen wesentlich zur Verbesserung der Implementierung von Abhilfemaßnahmen beitragen oder ob weiterer Reformbedarf besteht.

3.7 Rechtsprechung

769. Das Gericht erster Instanz und der Europäische Gerichtshof haben im Berichtszeitraum mehrere wichtige Entscheidungen getroffen. Mit großer Spannung wurde das Urteil über die Schadensersatzklage von Schneider Electric gegen die Europäische Kommission erwartet. In dem Urteil vom 11. Juli 2007 setzt sich das Gericht erster Instanz zum ersten Mal grundlegend mit der Haftung der Europäischen Gemeinschaft für Fehler im Fusionskontrollverfahren auseinander.[185] Weitere Urteile sind unter anderem in den Gerichtsverfahren easyJet/Kommission, Impala/Kommission, Cementbouw/Kommission und Sun Chemical/Kommission ergangen. Diese Urteile wurden teilweise bereits oben erläutert.[186] Einige der genannten Entscheidungen enthalten daneben interessante verfahrensrechtliche Überlegungen, die im Anschluss dargelegt werden. Während des Berichtszeitraums ist eine Reihe weiterer Klagen erhoben worden. So gehen z. B. Ryanair gegen die Untersagungsentscheidung Ryanair/Aer Lingus und Omya gegen die von der Europäischen Kommission auferlegten Abhilfemaßnahmen im Verfahren Omya/ Huber vor. Gegen zwei Urteile des EuG wurden Rechtsmittel beim EuGH eingelegt: Die Europäische Kommission hat die Entscheidung in dem Schadensersatzprozess Schneider Electric/ Kommission angefochten, Bertelsmann und Sony griffen das Urteil Impala/Kommission an.

3.7.1 Schneider Electric/Kommission

770. Im Oktober 2001 hatte die Europäische Kommission das Zusammenschlussvorhaben von Schneider Electric und Legrand untersagt. Da Schneider zu dem Zeitpunkt der Untersagungsentscheidung bereits einen Großteil der Legrand-Aktien erworben hatte, erließ die Europäische Kommission im Januar 2002 außerdem eine Entflechtungsanordnung. Gegen beide Entscheidungen erhob Schneider Nichtigkeitsklage vor dem EuG. Für den Fall einer Abweisung der Klagen bereitete Schneider die Veräußerung von Legrand vor und schloss im Juli 2002 mit dem Konsortium Wendel/KKR einen Veräußerungsvertrag, der spätestens im Dezember 2002 durchzuführen war. Am 22. Oktober 2002 erklärte das EuG sowohl die Untersagungs- als auch die Entflechtungsentscheidung für nichtig. Nach Ansicht des Gerichts waren der Europäischen Kommission bei der Beurteilung des Zusammenschlusses mehrere gravierende Fehler unterlaufen. Neben einer Reihe von sachlichen Beurteilungsfehlern habe die Europäische Kommission die Verteidigungsrechte von Schneider aus Artikel 18 FKVO missachtet, indem sie den Einwand, die beherrschende Stellung von Schneider würde in bestimmten Sektoren durch den Erwerb von Legrand verstärkt werden, erstmals in ihrer Untersagungsentscheidung vorgebracht habe. Dadurch sei dem Unternehmen eine Stellungnahme zu der vorgebrachten Argumentation unmöglich gewesen. Außerdem habe es keine Gelegenheit gehabt, geeignete Abhilfemaßnahmen vorzuschlagen, um die Bedenken der Wettbewerbsbehörde gegen den Zusammenschluss auszuräumen. Einen Tag nach der Nichtigerklärung durch das Gericht nahm die Europäische Kommission das Fusionskontrollverfahren wieder auf und leitete am 4. Dezember 2002 erneut das Hauptprüfverfahren ein. Daraufhin vollzog Schneider am 10. Dezember 2002 den Veräußerungsvertrag mit Wendel/KKR und teilte dies der Europäischen Kommission mit. In der Folge stellte die Europäische Kommission das wieder aufgenommene Fusionskontrollverfahren am 13. Dezember 2002 wegen Gegenstandslosigkeit ein. Am 10. Oktober 2003 erhob Schneider beim Gericht erster Instanz Klage auf der Grundlage von Artikel 288 Abs. 2 EGV und forderte 1,66 Mrd. Euro Schadensersatz. Am 11. Juli 2007 erging das Urteil, mit dem das Gericht der Klage teilweise stattgab.

771. In dem vorliegenden Urteil erinnert das EuG vorab an die Voraussetzungen für eine außervertragliche Haftung der Europäischen Gemeinschaft gemäß Artikel 288 Abs. 2 EGV. Eine Haftung setze erstens eine hinreichend qualifizierte Verletzung einer dem Schutz der Einzelnen dienenden Rechtsnorm, zweitens das Vorliegen eines Schadens sowie drittens einen hinreichend unmittelbaren Kausalzusammenhang zwischen Verstoß und Schaden voraus. Stehe dem Gemeinschaftsorgan beim Erlass der betreffenden Maßnahme ein Ermessensspielraum zu, so führe nur eine offenkundige und erhebliche Überschrei-

---

[185] EuG, Urteil vom 11. Juli 2007, Rs. T-351/03, Schneider Electric/ Kommission.

[186] Vgl. zu easyJet/Kommission Tz. 753 ff., zu Impala/Kommission Tz. 717 ff., zu Cementbouw/Kommission Tz. 633 ff.

tung der Ermessensgrenzen zu einer Schadensersatzpflicht. Dem Einwand der Europäischen Kommission, sie könne ihre Aufgabe als Wettbewerbshüterin nicht mehr erfüllen, wenn sie Schadensersatzansprüche der betroffenen Unternehmen befürchten müsse, begegnet das Gericht mit der Feststellung, dass der Begriff des qualifizierten Verstoßes nicht sämtliche Fehler erfasse. Eine außervertragliche Haftung entstehe dann nicht, wenn der Rechtsverstoß mit den objektiven Zwängen der fusionskontrollrechtlichen Vorschriften erklärt werden könne. Eine solche Definition der Schwelle für die außervertragliche Haftung der Gemeinschaft schütze den Handlungsspielraum und die Beurteilungsfreiheit, über die die Europäische Kommission im allgemeinen Interesse bei Ermessensentscheidungen sowie bei ihrer Würdigung und Anwendung der einschlägigen Bestimmungen des Gemeinschaftsrechts verfügen müsse, ohne deswegen Dritten die Folgen klarer und unentschuldbarer Verstöße aufzubürden.

Das EuG bejaht einen hinreichend qualifizierten Rechtsverstoß lediglich mit Hinblick auf die Verletzung der Verteidigungsrechte nach Artikel 18 FKVO. Diese Verletzung könne durch die „besonderen objektiven Zwänge", denen die Europäische Kommission unterliege, weder gerechtfertigt noch erklärt werden. Zum Umfang des zu ersetzenden Schadens erklärt das Gericht, dass Schneider Ersatz für zwei Schäden erhalten müsse. Der erste Schaden bestehe in den Kosten, die Schneider aufwenden musste, um sich an der Wiederaufnahme des Fusionskontrollverfahrens nach dem Nichtigkeitsurteil des EuG zu beteiligen. Der zweite Schaden resultiere aus der Reduzierung des Veräußerungspreises, die Schneider dem Käufer-Konsortium einräumen musste, um die Wirkungen der Veräußerung zu verschieben. Dieser Schaden sei allerdings nur zu zwei Drittel zu ersetzen, da nach Auffassung des Gerichts Schneider selbst zur Schädigung beigetragen habe. Das Unternehmen sei das Risiko eingegangen, dass der Zusammenschluss im Nachhinein für unvereinbar erklärt werde und die erworbenen Anteile an Legrand möglicherweise wieder verkauft werden müssten, obwohl es ihm nicht verborgen geblieben sein könne, dass die durchgeführte Fusion zumindest in einem wesentlichen Teil des Gemeinsamen Marktes eine beherrschende Stellung zu begründen oder zu verstärken drohte. Die Parteien haben dem Gericht die Höhe des ersten Schadens in einer Frist von drei Monaten mitzuteilen. Die Höhe des zweiten Schadens ist durch ein Gutachten zu ermitteln.

Den Ersatz weiterer Schäden verweigert das Gericht mit dem Hinweis darauf, dass auch ohne den festgestellten Fehler kein Anspruch auf eine Freigabe des Zusammenschlusses bestanden habe. Denn die wirtschaftliche Analyse der betroffenen Märkte seitens der Europäischen Kommission sei durch das Urteil vom 22. Oktober 2002 nicht für ungültig erklärt worden. Da es daher an einem hinreichend engen Kausalzusammenhang zwischen Verletzungshandlung und Schaden fehle, könne der Gemeinschaft nicht der gesamte erlittene Wertverlust zugerechnet werden.

772. Das vorliegende Urteil entfaltet grundlegende Bedeutung, weil sich das Gericht zum ersten Mal zu Schadensersatzansprüchen in Fusionskontrollverfahren äußert. Das EuG bemüht sich offensichtlich, zwischen dem Beurteilungs- und Ermessensspielraum der Europäischen Kommission auf der einen Seite und den Rechten der betroffenen Unternehmen auf der anderen Seite zu vermitteln. Dies wird unter anderem daran deutlich, dass an mehreren Stellen der Entscheidung der weite Beurteilungsspielraum der Europäischen Kommission und der Prognosecharakter der Entscheidungen bestätigt werden. Schadensersatz wird daher nur bei offenkundigen und schweren Rechtsverletzungen zugebilligt. Allerdings macht das Gericht auch deutlich, dass schwerwiegende Fehler bei Fusionskontrollentscheidungen Konsequenzen nach sich ziehen können. Das EuG führt damit die Linie weiter, die bereits in seinen Urteilen zu Untersagungsentscheidungen aus dem Jahr 2002 sichtbar wurde.

Daneben konkretisiert das Gericht die Voraussetzungen für eine Amtshaftung der Europäischen Gemeinschaft bei rechtswidriger Untersagung eines Zusammenschlusses. Dies betrifft insbesondere die Frage, unter welchen Voraussetzungen eine hinreichend qualifizierte Rechtsverletzung und ein hinreichend enger Kausalzusammenhang gegeben sind. Bei der Feststellung eines hinreichend qualifizierten Verstoßes betont das Gericht formale Aspekte. Auf diese Weise stärkt es die Verteidigungsrechte der betroffenen Unternehmen und sichert ein faires Verfahren. Die Betonung formaler Aspekte dürfte auch damit zusammenhängen, dass entsprechende Fehler leichter nachzuweisen sind und Beurteilungsspielräume insoweit keine Rolle spielen. Es ist davon auszugehen, dass die Europäische Kommission künftig besonders genau und sorgfältig darauf achten wird, dass sämtliche Verfahrensrechte eingehalten worden sind.

Soweit Fehler bei der ökonomischen Analyse betroffen sind, schließt das EuG eine Schadensersatzpflicht zwar nicht prinzipiell aus. Es unterstreicht jedoch mehrmals die Komplexität und den Prognosecharakter der Beurteilung, die einen weiten Spielraum der Europäischen Kommission erfordern. Außerdem erklärt das Gericht, dass ein hinreichend enger Kausalzusammenhang stets dann fehle, wenn auch bei korrektem Vorgehen nicht nur eine Freigabeentscheidung denkbar gewesen wäre. Vor diesem Hintergrund dürfte eine Schadensersatzpflicht aufgrund materieller Beurteilungsfehler auf wenige Ausnahmefälle beschränkt bleiben.

773. Weiteren Aufschluss, unter welchen Voraussetzungen auch materielle Beurteilungsfehler zu Schadensersatzforderungen berechtigen, wird möglicherweise das noch ausstehende Urteil im Schadensersatzprozess My Travel/Kommission geben. Darüber hinaus hat die Europäische Kommission am 24. September 2007 Rechtsmittel gegen das Urteil Schneider Electric/Kommission eingelegt. Die Europäische Kommission bestreitet darin unter anderem das Vorliegen eines hinreichend qualifizierten Verstoßes sowie die Kausalität zwischen dem Rechtsverstoß und dem eingetretenen Schaden. Es bleibt abzuwarten, ob der EuGH diese Einwände als stichhaltig ansieht.

3.7.2 Impala/Kommission

774. Große Aufmerksamkeit erregte auch das Urteil Impala/Kommission, mit dem das Gericht erster Instanz die Entscheidung der Europäischen Kommission in dem Zusammenschlussverfahren Sony/BMG für nichtig erklärt hat.[187] Damit steht das Urteil in einer Reihe mit drei Entscheidungen des EuG – Airtours/Kommission, Schneider Electric/Kommission sowie Tetra Laval/Kommission – aus dem Jahr 2002, mit denen ebenfalls Kommissionsverfügungen aufgehoben worden sind. Im Unterschied zu diesen Gerichtsentscheidungen, die sich jeweils mit behördlichen Verboten befassten, betrifft das jetzige Urteil allerdings eine Freigabeverfügung der Europäischen Kommission. Es handelt sich jedoch nicht, wie verschiedentlich in der Presse zu lesen war, um die erste Aufhebung einer Freigabeentscheidung durch die europäischen Gerichte. Schon in dem Zusammenschluss RAG/Saarbergwerke/Preussag Anthrazit hat das Gericht eine Genehmigung für nichtig erklärt.[188] In den Fällen Kali & Salz/ Treuhandgesellschaft sowie SEB/Moulinex geschah dies zumindest teilweise.[189] Das nun vorliegende Urteil ist vor allem wegen der Ausführungen des Gerichts zum Beweismaßstab in Freigabeentscheidungen sowie zu den Begründungs- und Beweispflichten der Europäischen Kommission bemerkenswert.

775. Hervorzuheben ist, dass das EuG bei Freigabeentscheidungen dieselben Begründungs- und Beweisanforderungen stellt wie bei Untersagungsverfügungen. Es fordert auch im Rahmen von Genehmigungen, dass die Europäische Kommission sämtliche relevanten Fakten berücksichtigt, widerspruchsfrei bleibt und ihre Entscheidung in nachvollziehbarer Weise begründet. Außerdem hat die Europäische Kommission bei der Prüfung einer kollektiven Marktbeherrschung dieselben Kriterien – Markttransparenz, Vergeltungsmechanismen sowie wettbewerbliche Stärke von Konkurrenten und Nachfragern – heranzuziehen, egal ob das Verfahren mit einer Freigabe oder einem Verbot endet. Somit steht der Europäischen Kommission im Rahmen von Fusionsgenehmigungen kein größerer Entscheidungsspielraum zu als bei einem Verbot.

776. Die Monopolkommission befürwortet diese Position des Gerichts, denn aus wettbewerbspolitischer Sicht ist kein Grund ersichtlich, warum behördliche Fehler, die zu einer unrichtigen Genehmigung führen, großzügiger behandelt werden sollten als solche im Rahmen von Verbotsentscheidungen. Welche Art von Fehler gravierendere negative Folgen für den Wettbewerb auslöst, lässt

sich nicht verallgemeinern, sondern nur im Einzelfall beurteilen. Gegen die Ansicht des Gerichts lässt sich auch nicht anführen, dass die Fusionsbeteiligten im Falle einer Freigabe größeren Vertrauensschutz genießen als bei einer Untersagung. Das folgt schon aus der im Gesetz verankerten Möglichkeit zur Drittklage, aus der sich für die Fusionsparteien ergibt, dass auch eine vorbehaltlose Genehmigung möglicherweise gerichtlich angegriffen wird.

777. Das Gericht befasst sich daneben mit der fundamentalen Kehrtwendung der Europäischen Kommission zwischen der Mitteilung der Beschwerdepunkte gemäß Artikel 18 FKVO, der mündlichen Anhörung der Zusammenschlussbeteiligten und der abschließenden Entscheidung nach Artikel 8 Abs. 2 FKVO.[190] Zwar bestätigt das Gericht ausdrücklich, dass es sich bei den Beschwerdepunkten lediglich um eine vorläufige Beurteilung im laufenden Verfahren handelt. Eine Abweichung von den darin getroffenen Feststellungen und Einschätzungen habe die Europäische Kommission deshalb nicht im Einzelnen zu begründen. Die Begründungspflicht beziehe sich lediglich auf die in der abschließenden Entscheidung getroffenen Aussagen, die in rechtlich hinreichender Weise erläutert werden müssten. Nichtsdestoweniger kritisiert das Gericht im weiteren Verlauf der Urteilsbegründung, dass sich die im Anschluss an die Anhörung erfolgte Bewertungsänderung durch die Wettbewerbsbehörde nicht in ausreichendem Maß in den Gründen der Freigabeentscheidung wiederfindet und überzeugende Argumente plötzlich fallen gelassen worden sind. Insbesondere bemängelt das Gericht, dass die Europäische Kommission ihre Bedenken auf der Basis der Parteianhörung aufgab, ohne die dort gemachten Aussagen durch eine neue Marktuntersuchung zu verifizieren.

778. Auch nach Einschätzung der Monopolkommission war es überraschend und kaum nachvollziehbar, wie deutlich und zu welch spätem Zeitpunkt die Europäische Kommission in dem Verfahren Sony/BMG ihren Standpunkt wechselte. Die Entscheidung vermittelt den Eindruck, die Wettbewerbsbehörde habe plötzlich ihre Vorstellung darüber geändert, welchen Beweismaßstab sie zu erfüllen habe und sei davon überzeugt gewesen, diesem strengeren Beweismaßstab nicht gerecht werden zu können. Festzustellen ist allerdings auch, dass es sich bei dem dargestellten Vorgang – soweit ersichtlich – eher um einen Einzelfall in der Entscheidungspraxis der Europäischen Kommission handelt. Darüber hinaus erscheint auch die vom EuG geäußerte Kritik in sich unstimmig. Das Gericht stellt zwar einerseits klar, dass die Beschwerdepunkte nur eine vorläufige Beurteilung liefern und Abweichungen in der abschließenden Entscheidung nicht im Einzelnen zu begründen seien. In der Sache verlangt das Gericht aber doch Erklärungen für die Meinungsänderung der Europäischen Kommission von den Beschwerdepunkten bis hin zur abschließenden Entscheidung.

Nach Auffassung der Monopolkommission muss sich die Europäische Kommission aufgrund der Ausführungen

---

[187] EuG, Urteil vom 13. Juli 2006, Rs. T-464/04, Impala/Kommission., Slg. 2006, II-2289.

[188] EuG, Urteil vom 31. Januar 2001, Rs. T-156/98, RJB Mining/Kommission, Slg. 2001, II-337.

[189] EuGH, Urteil vom 31. März 1998, Verb. Rs. C-68/94 und C-30/95, Frankreich u. a./Kommission, Slg. 1998, I-1375; EuG, Urteil vom 3. April 2003, Rs. T-114/02, Babyliss/Kommission, Slg. 2003, II-1279.

[190] Urteil, Rn. 282 ff.

des Gerichts zu den Beschwerdepunkten in Zukunft verstärkt bemühen, Meinungsänderungen im Verlauf eines Fusionskontrollverfahrens plausibel zu begründen. Es ist jedenfalls zu gewährleisten, dass die Parteien zu allen entscheidungserheblichen Punkten Stellung nehmen können. Hingegen dürfte es schwierig sein, die Forderung des Gerichts nach Durchführung einer Marktuntersuchung im Anschluss an die Parteienanhörung zu erfüllen. Wie die Erfahrung zeigt, lassen die engen Fristen im Fusionskontrollverfahren, insbesondere zwischen Versendung der Beschwerdepunkte, Anhörung der Zusammenschlussbeteiligten und abschließender Entscheidung, eine umfassende Marktuntersuchung zu diesem Zeitpunkt kaum zu. Eine zeitliche Vorverlagerung der Beschwerdepunkte erscheint ebenfalls unwahrscheinlich, da die den Beschwerdepunkten vorausgehenden Ermittlungen schon jetzt unter großem Zeitdruck erfolgen. Gegebenenfalls muss die Europäische Kommission auf die Anforderungen des Gerichts damit reagieren, die Verfahrensfristen zu verlängern. Dies ist allerdings gemäß Artikel 10 Abs. 3 UnterAbs. 2 FKVO nur mit Zustimmung der Anmelder möglich. Denkbar sind daher auch erneute Vorstöße legislativer Art hin zu einer weiteren Verlängerung der Fusionskontrollfristen. Abzulehnen wäre jedenfalls eine Reaktion, bei der die Europäische Kommission selbst fundierte Gegenargumente, die erst zu einem relativ späten Zeitpunkt in das Verfahren eingebracht werden, nicht mehr berücksichtigen und eine einmal eingenommene Einschätzung beibehalten würde. Ebenso negativ wäre es zu beurteilen, wenn die Europäische Kommission auf die Versendung von Beschwerdepunkten verzichten würde, obwohl in einer früheren Verfahrensphase ernsthafte Bedenken gegen einen Zusammenschluss bestehen.

779. Im Anschluss an das Urteil wurden auch Forderungen laut, die Möglichkeit von Drittklagen einzudämmen. Dies könne im Wege von Artikel 10 Abs. 6 FKVO erreicht werden, wonach ein Zusammenschluss als genehmigt gilt, wenn die Europäische Kommission nicht innerhalb der vorgesehenen Fristen zu einer Entscheidung gelangt. Eine solche Freigabefiktion sei mangels behördlicher Verfügung nicht gerichtlich angreifbar und biete den Zusammenschlussparteien somit ohne Verzögerung ein hohes Maß an Rechtssicherheit. Außerdem versetze dieses Vorgehen die Europäische Kommission in die Lage, sich auf die schwerwiegenden, bedenklichen Fälle zu konzentrieren. Die nötige Transparenz des Verfahrens sei mittels Veröffentlichung von Presseerklärungen erreichbar.

780. Die Monopolkommission verkennt nicht die grundsätzlich bestehende Gefahr missbräuchlich erhobener Drittklagen im Rahmen der Fusionskontrolle. Sie ist sich auch des Zielkonflikts zwischen zügiger Rechtssicherheit einerseits und Drittrechtsschutz andererseits bewusst. Die Monopolkommission wendet sich jedoch ausdrücklich gegen die regelmäßige Verwendung des Artikel 10 Abs. 6 FKVO zur Genehmigung von Zusammenschlüssen. Die Regelung ist Ausfluss des Beschleunigungsgrundsatzes in der europäischen Fusionskontrolle und sanktioniert Verzögerungen aufseiten der Europäischen Kommission. Schließt die Wettbewerbsbehörde ein

Verfahren in der ersten oder zweiten Phase nicht rechtzeitig ab, wird eine Entscheidung fingiert. Es handelt sich somit um ein Instrument, mit dem die Parteien vor Verzögerungen seitens der Wettbewerbsbehörde geschützt werden sollen, nicht um ein Instrument zur Vermeidung von Klagen. Deshalb ist jedenfalls bislang gegen – fingierte – Entscheidungen nach Artikel 10 Abs. 6 FKVO die Nichtigkeitsklage statthaft. Dies sollte nach Auffassung der Monopolkommission auch nicht geändert werden. Gegen den vorgeschlagenen Weg sprechen die damit einhergehende Intransparenz – eine notwendigerweise relativ oberflächliche Presseerklärung kann detaillierte Behördenentscheidungen nicht ersetzen – sowie die erhöhte Gefahr politischer Einflussnahme. Außerdem bezieht sich Artikel 10 Abs. 6 FKVO erkennbar nur auf Ausnahmefälle und kann eine behördliche Entscheidung nach Artikel 2 FKVO nicht generell ersetzen. Dies belegt auch Erwägungsgrund 35 der Fusionskontrollverordnung, wonach im Gesetz Fristen vorzusehen sind, innerhalb derer die Europäische Kommission abschließend zu entscheiden hat.

Die Fusionskontrollverordnung schützt zudem nicht nur die Institution des Wettbewerbs als solche, sondern auch das Vertrauen Dritter auf den Erhalt des Wettbewerbs. Daher müssen Dritte in gleicher Weise wie die Zusammenschlussbeteiligten auf die Richtigkeit der Ergebnisse bauen und sie gegebenenfalls auch angreifen können. Darüber hinaus würde ein wichtiges Instrument zur Gewährleistung korrekter Entscheidungen entfallen, wenn die Möglichkeit von Drittklagen beseitigt würde. Gäbe es keine Möglichkeit zur Drittklage, würde schließlich auch die Wachsamkeit von Wettbewerbern und sonstigen Marktteilnehmern in Bezug auf die Richtigkeit von Entscheidungen nachlassen. Bislang ist nicht erkennbar, dass der Dritten zustehende Rechtsschutz in der europäischen Fusionskontrolle missbräuchlich genutzt wurde. Dies belegt gerade der vorliegende Fall, in dem das Gericht den Argumenten der Klägerin weitgehend folgt. Berücksichtigt werden sollte in diesem Zusammenhang auch, dass die Drittklage keine aufschiebende Wirkung entfaltet, die Parteien also durch die Klage nicht am Vollzug des Zusammenschlusses gehindert sind. Eine systematische Verzögerung der Fusionskontrollverfahren zum Zweck der Genehmigungsfiktion gemäß Artikel 10 Abs. 6 FKVO wäre nach Auffassung der Monopolkommission grob verfahrensfehlerhaft und würde einen qualifizierten Rechtsverstoß darstellen, der nach Artikel 288 Abs. 2 EGV die Amtshaftung der Gemeinschaft auslösen würde.[191]

781. Schließlich ist anzumerken, dass der Prozess auf Antrag der Klägerin im beschleunigten Verfahren durchgeführt wurde. Das Gericht hatte sich allerdings vorbehalten, jederzeit in das normale Verfahren zurückkehren zu können. Aus dem Urteil geht hervor, dass Impala das Verfahren in mehrfacher Hinsicht verzögert und aufgehalten hat. Dennoch hat das Gericht keinen Gebrauch von seiner Möglichkeit zur Rückkehr in das normale Verfahren gemacht. Das Verhalten Impalas hatte allerdings zur

---

[191] Vgl. Tz. 771 ff.

Konsequenz, dass ihr trotz des Erfolges in der Sache ein Viertel ihrer Kosten auferlegt wurde. Möglicherweise hat das Gericht im vorliegenden Fall auf eine Rückkehr in das normale Verfahren nur deshalb verzichtet, weil es sich um eine Drittklage handelte und die Verzögerung von dem Drittkläger ausging. Die Fusionsbeteiligten hingegen, die an einer zügigen Entscheidung besonders interessiert sind, trugen für die Verzögerung keine Verantwortung. Zweifelhaft ist jedoch, ob sich das Gericht künftig genauso großzügig verhalten wird, wenn die Fusionsparteien selbst gegen eine Untersagung vorgehen und das beschleunigte Verfahren in ungebührlicher Weise aufhalten.

782. Gegen das vorliegende Urteil haben Bertelsmann und Sony am 10. Oktober 2006 Rechtsmittel beim EuGH eingelegt. Unter anderem führen die Kläger an, das Gericht habe falsche und übertrieben hohe Anforderungen an die Nachweispflicht und die Entscheidungsbegründung gestellt und rechtsfehlerhaft die Mitteilung der Beschwerdepunkte als Bezugspunkt für die materielle Beurteilung der Entscheidung verwendet. Parallel zu dem Verfahren vor dem EuGH hat die erneute Prüfung des Zusammenschlussfalls Sony/BMG durch die Europäische Kommission stattgefunden. Dieser Prüfung waren zwar die aktuellen Marktbedingungen zugrunde zu legen, sie erfolgte aber wiederum auf der Basis der Verordnung 4064/89, weil es insoweit auf den Zeitpunkt des Vertragsschlusses zwischen den Parteien ankommt. Die Europäische Kommission hat inzwischen ihre erste Freigabeentscheidung bestätigt und den Zusammenschluss nach Durchführung der zweiten Verfahrensphase ohne Bedingungen und Auflagen genehmigt.

3.7.3 easyJet/Kommission

783. Weniger Aufsehen erlangte das Urteil easyJet/Kommission, mit dem die behördliche Entscheidung in dem Zusammenschlussvorhaben Air France/KLM bestätigt worden ist.[192] Die Europäische Kommission hatte am 11. Februar 2004 das Zusammenschlussvorhaben von Air France und KLM mit einer Zusagenentscheidung in der ersten Verfahrensphase genehmigt. Am 14. Mai 2004 legte easyJet Drittklage gegen die Freigabeentscheidung ein. Das Urteil vom 4. Juli 2006 ist verfahrensrechtlich von besonderem Interesse, weil es die Darlegungspflichten des Klägers in Verfahren, die sich gegen eine Entscheidung der Europäischen Kommission richten, verdeutlicht.

Nach Auffassung von easyJet hat die Europäische Kommission unter anderem deshalb einen offensichtlichen Beurteilungsfehler begangen, weil sie ihre Untersuchung nicht auf Märkte/Flugverbindungen erstreckt hatte, auf denen keine Überschneidungen zwischen den Tätigkeiten der Fusionsbeteiligten existierten. Ebenso habe die Europäische Kommission es versäumt, die Auswirkungen des Zusammenschlusses auf den Markt für Freizeitflugreisen

zu untersuchen. Das Gericht folgt diesem Vorbringen nicht, weil die Klägerin die Märkte, deren Existenz sie geltend mache, nicht näher definiert habe. Ohne eine solche Definition könne das Gericht nicht beurteilen, ob die Wettbewerbsbehörde die genannten Märkte hätte untersuchen müssen. Soweit der Europäischen Kommission vorgeworfen werde, sie habe ein etwaiges Wettbewerbsproblem auf Märkten, auf denen keine Überschneidungen zwischen den Tätigkeiten der Parteien bestehen, nicht berücksichtigt, habe ein Kläger zudem zuverlässige Indizien vorzutragen, mit denen auf konkrete Weise die Existenz eines Wettbewerbsproblems bewiesen würden. Um diesem Erfordernis zu genügen, müsse ein Kläger die betreffenden Märkte bezeichnen, die Wettbewerbslage ohne Zusammenschluss beschreiben und angeben, welche Auswirkungen ein Zusammenschluss vermutlich im Hinblick auf die Wettbewerbslage auf diesen Märkten hätte. Dies sei im vorliegenden Fall unterblieben. Auch die weiteren Klagegründe wies das Gericht zurück, da die Klägerin ihr Vorbringen nicht hinreichend belegt habe. Bloße Behauptungen, zu deren Stützung nichts vorgetragen werde, genügten keinesfalls als Basis für die Nichtigerklärung einer Kommissionsentscheidung. An verschiedenen Stellen des Urteils weist das Gericht außerdem ausdrücklich darauf hin, dass die Vorwürfe der Klägerin gegenüber der Kommission unberechtigt sind, weil diese bei ihrer Entscheidung alle wesentlichen Aspekte berücksichtigt habe.

Das EuG stützt sich bei seiner Argumentation auf Artikel 44 § 1 lit. c der Verfahrensverordnung des Gerichts, demzufolge die Klageschrift den Streitgegenstand und eine kurze Darstellung der Klagegründe enthalten muss. Nach Auffassung des Gerichts muss diese Darstellung hinreichend klar und deutlich sein, um dem Beklagten die Vorbereitung seiner Verteidigung und dem Gericht gegebenenfalls ohne weitere Informationen die Entscheidung über die Klage zu ermöglichen. Für die Zulässigkeit einer Klage sei es erforderlich, dass sich die wesentlichen tatsächlichen und rechtlichen Umstände, auf die sich die Klage stützt, zumindest in gedrängter Form, aber zusammenhängend und verständlich unmittelbar aus der Klageschrift ergeben. Das Gericht stellt somit klar, dass eine Klage keinen Erfolg haben kann, wenn sie auf bloßen Behauptungen basiert, die nicht durch entsprechende Fakten und Informationen untermauert werden. Vielmehr trifft den Kläger eine weitgehende Substantiierungspflicht. Das vorliegende Urteil kann auch als Warnung des Gerichts vor der Erhebung offensichtlich unbegründeter Klagen verstanden werden. Das Gericht dürfte diese Gelegenheit vor dem Hintergrund der stark steigenden Zahl von Klagen in Wettbewerbsfällen wahrnehmen. Allein im Jahr 2006 hatte das Gericht über 400 neu anhängige Rechtssachen zu verzeichnen und liegt damit zwar in etwa gleichauf mit dem Jahr 2005. Im Vergleich von 2005 und 2006 hat sich jedoch die Zahl der neu anhängigen Fälle im Bereich Wettbewerb von 40 auf 81 verdoppelt. Wettbewerbsrechtliche Fragestellungen machen somit ca. 20 Prozent aller neu anhängigen Rechtssachen aus. Die damit verbundene Arbeitsbelastung des Gerichts schätzt der ehemalige Präsident des EuG aufgrund der Komplexi-

---

[192] EuG, Urteil vom 4. Juli 2006, Rs. T-177/04, easyJet/Kommission., Slg. 2006, II-1931.

tät der Wettbewerbsfälle noch weit höher, nämlich mit 40 bis 50 Prozent, ein.[193]

3.8 Reformen

784. Während des Berichtszeitraums hat die Europäische Kommission verschiedene Mitteilungen zur Fusionskontrolle überarbeitet und zusammengefasst. Im April 2007 hat sie den Entwurf einer Mitteilung zu Abhilfemaßnahmen vorgelegt, mit dem die seit 2001 geltenden Leitlinien überarbeitet werden.[194] Die Konsolidierte Mitteilung der Kommission zu Zuständigkeitsfragen vom Juli 2007 löst vier ältere Mitteilungen über Begriff des Vollfunktionsunternehmens, über den Begriff des Zusammenschlusses und der beteiligten Unternehmen sowie über die Berechnung des Umsatzes ab.[195] Zuletzt, im November 2007, hat die Europäische Kommission ihre Mitteilung zu nichthorizontalen Zusammenschlüssen veröffentlicht.[196]

785. Die Mitteilung zu nichthorizontalen Zusammenschlüssen erfasst sowohl vertikale als auch konglomerate Zusammenschlüsse und soll die für diese Vorhaben spezifischen Wettbewerbsaspekte aufzeigen. Die Europäische Kommission vertritt die Ansicht, dass nichthorizontale Fusionen in der Regel weniger Anlass zu Wettbewerbsbedenken als horizontale Zusammenschlüsse geben. Zum einen resultiere aus nichthorizontalen Fusionen kein Verlust an direktem Wettbewerb. Zum anderen könnten vertikale und konglomerate Fusionen mit erheblichen Effizienzgewinnen einhergehen. So könne eine vertikale Integration z. B. zur Internalisierung doppelter Margen und zur Senkung von Transaktionskosten führen sowie eine bessere Koordinierung hinsichtlich Produktgestaltung oder Organisation des Herstellungsprozesses bewirken. Daneben stellt die Europäische Kommission fest, dass ein erweitertes Produktportfolio wegen der einheitlichen Beschaffungsquelle für die Kunden von Vorteil sein könne. Die Europäische Kommission legt als Prüfungsmaßstab

ausdrücklich den Konsumentenwohlfahrtsstandard an. Deshalb sieht sie es auch nicht als per se problematisch an, wenn eine nichthorizontale Fusion die Wettbewerber der Zusammenschlussbeteiligten beeinträchtigt.

786. Die Europäische Kommission legt ferner dar, wie sie die Marktanteile und Konzentrationshöhen im Zusammenhang mit nichthorizontalen Fusionen einschätzt. Diese bedrohten wirksamen Wettbewerb nur, wenn das fusionierte Unternehmen über ein deutliches Maß an Marktmacht in wenigstens einem der betroffenen Märkte verfüge. Erste nützliche Bezugsgrößen für eine solche Marktposition stellten die Marktanteile und Konzentrationshöhen dar. Nach Auffassung der Europäischen Kommission wird es kaum zu Wettbewerbsbedenken kommen, wenn der Marktanteil der neuen Unternehmenseinheit in jedem der betroffenen Märkte unterhalb von 30 Prozent und der HHI unterhalb von 2.000 liege. Die Europäische Kommission kündigt allerdings an, dass derartige Fusionen unter besonderen Umständen dennoch eingehend untersucht werden. Davon sei beispielsweise auszugehen, wenn eine Zusammenschlusspartei wahrscheinlich in naher Zukunft erheblich wachsen werde oder zwischen den Marktteilnehmern beträchtliche Überkreuzbeteiligungen bestünden.

787. Nach den Leitlinien können nichthorizontale Fusionen wirksamen Wettbewerb unter Umständen auch erheblich behindern. Die Europäische Kommission unterscheidet in diesem Zusammenhang – wie bei horizontalen Fusionen – zwischen nicht koordinierten und koordinierten Auswirkungen. Bei ersteren stellt die Kommission im Wesentlichen auf mögliche Abschottungseffekte ab, wobei zwischen zwei Arten des Marktverschlusses – der Abschottung von Einsatzmitteln und der Abschottung von den Kunden – unterschieden wird. Die Europäische Kommission will in derartigen Fällen in drei Schritten prüfen, ob das fusionierte Unternehmen die Möglichkeit sowie den Anreiz zur Abschottung hätte und eine Abschottungsstrategie spürbare nachteilige Auswirkungen auf den Wettbewerb hätte. Von koordinierten Effekten sei dann auszugehen, wenn das Wesen des Wettbewerbs auf dem betroffenen Markt sich insoweit ändere, als eine Koordinierung zwischen Unternehmen, die vorher keinen entsprechenden Anreiz hatten, wahrscheinlicher werde, oder wenn eine vorhandene Koordinierung für die Unternehmen einfacher, stabiler oder effektiver werde.

Für die Frage, ob Anreize für ein bestimmtes Verhalten existieren, stellt die Europäische Kommission auf dessen Profitabilität ab. Sie will hierbei sowohl die positiven Anreize als auch die Faktoren, die zu einer Schwächung oder sogar Beseitigung derartiger Anreize führen können, berücksichtigen. Zu den letztgenannten Faktoren gehört die Möglichkeit, dass das prognostizierte Verhalten nach europäischen oder nationalen Maßstäben unrechtmäßig ist. Bei dieser Bewertung sei jedoch keine erschöpfende und eingehende Prüfung der Vorschriften der verschiedenen anwendbaren Rechtsordnungen und der darin vorherrschenden Durchsetzungssysteme erforderlich. Die Europäische Kommission habe lediglich zu ermitteln, ob die Rechtswidrigkeit des Verhaltens anhand einer ersten Ana-

[193] Äußerung des ehemaligen EuG-Präsidenten Bo Vesterdorf im Rahmen der Diskussion zu seinem Vortrag bei der Studienvereinigung Kartellrecht, Internationales Forum EG-Kartellrecht, Brüssel, 24. Mai 2007.

[194] Vgl. Tz. 765 ff.

[195] Konsolidierte Mitteilung der Kommission zu Zuständigkeitsfragen gemäß der Verordnung (EG) Nr. 139/2004 des Rates über die Kontrolle von Unternehmenszusammenschlüssen, 10. Juli 2007; Mitteilung der Kommission über den Begriff des Vollfunktionsgemeinschaftsunternehmens nach der Verordnung (EWG) Nr. 4064/98 des Rates über die Kontrolle von Unternehmenszusammenschlüssen, ABl. EG Nr. C 66 vom 2. März 1998, S. 1; Mitteilung der Kommission über den Begriff des Zusammenschlusses der Verordnung (EWG) Nr. 4064/98 des Rates über die Kontrolle von Unternehmenszusammenschlüssen, ABl. EG Nr. C 66 vom 2. März 1998, S. 5; Mitteilung der Kommission über den Begriff der beteiligten Unternehmen in der Verordnung (EWG) Nr. 4064/98 des Rates über die Kontrolle von Unternehmenszusammenschlüssen, ABl. EG Nr. C 66 vom 2. März 1998, S. 14; Mitteilung der Kommission über die Berechnung des Umsatzes im Sinne der Verordnung (EWG) Nr. 4064/98 des Rates über die Kontrolle von Unternehmenszusammenschlüssen, ABl. EG Nr. C 66 vom 2. März 1998, S. 25.

[196] Mitteilung der Kommission, Leitlinien zur Bewertung nichthorizontaler Zusammenschlüsse gemäß der Ratsverordnung über die Kontrolle von Unternehmenszusammenschlüssen, 28. November 2007.

lyse eindeutig oder höchstwahrscheinlich festzustellen sei, das unrechtmäßige Verhalten wahrscheinlich aufgedeckt werde und welche Strafen festgesetzt werden könnten.

788. In ihre Beurteilung bezieht die Europäische Kommission sowohl mögliche wettbewerbswidrige Wirkungen der Fusion als auch mögliche wettbewerbsfördernde Wirkungen ein, die sich aus den von den Parteien nachgewiesenen Effizienzgewinnen ergeben. Für die Bewertung der Effizienzgewinne verweist die Kommission auf die in Abschnitt VII der Mitteilung über horizontale Zusammenschlüsse dargelegten Grundsätze. Damit behauptete Effizienzvorteile bei der Analyse einer Fusion berücksichtigt werden können, müssen diese somit den Verbrauchern zugute kommen, fusionsspezifisch und nachprüfbar sein. Darüber hinaus trifft die Europäische Kommission die Feststellung, dass Zusammenschlüsse sowohl horizontale als auch nichthorizontale Wirkungen entfalten können. In einem solchen Fall wird die Wettbewerbsbehörde die horizontalen, vertikalen und/oder konglomeraten Effekte gemäß den in den entsprechenden Mitteilungen enthaltenen Leitlinien beurteilen.

789. Grundsätzlich begrüßt die Monopolkommission die Initiative der Europäischen Kommission, ihre künftige Entscheidungspraxis bei nichthorizontalen Zusammenschlüssen darzulegen. Im gegenwärtigen Berichtszeitraum standen zwar überwiegend die horizontalen Auswirkungen von Zusammenschlüssen im Mittelpunkt der fusionskontrollrechtlichen Untersuchungen. Vertikale und konglomerate Effekte von Fusionen haben weit weniger Bedeutung erlangt. Dies wirft die Frage auf, ob der erhebliche zeitliche und personelle Aufwand für die Erstellung der Nichthorizontal-Leitlinien gerechtfertigt ist. Vor dem Hintergrund der bisherigen behördlichen Entscheidungspraxis ist diese Frage aber zu bejahen. In früheren Verfahren hat die Europäische Kommission beispielsweise eine wesentlich kritischere Haltung gegenüber konglomeraten Zusammenschlüssen eingenommen als in den vorliegenden Leitlinien. So wurden insbesondere Erweiterungen des Portfolios als wettbewerbsbeschränkend bewertet; diese Bewertung hat die Europäische Kommission mit den Leitlinien aufgegeben. Zwar hat die Rechtsprechung bestimmte von der Wettbewerbsbehörde in der Vergangenheit eingenommene Positionen zwischenzeitlich korrigiert. Aus Sicht der betroffenen Unternehmen ist jedoch mit der Veröffentlichung der Leitlinien ein weiterer Zuwachs an Rechtssicherheit verbunden. Sie können nunmehr jedenfalls prinzipiell besser voraussehen, wie die Wettbewerbsbehörde künftig mit konglomeraten und vertikalen Zusammenschlüssen umgehen wird. Unklar ist freilich, ob die Leitlinien auf einer hinreichenden Fallerfahrung beruhen. Die oft recht offenen Formulierungen der Leitlinien lassen Zweifel aufkommen, wie die Europäische Kommission im konkreten Fall argumentieren und entscheiden wird.

790. In weiten Teilen stimmt die Monopolkommission den Ausführungen der Europäischen Kommission in den Leitlinien zu. Sie teilt auch die Auffassung, dass von nichthorizontalen Zusammenschlüssen in der Regel ge-

ringere Risiken für den Wettbewerb ausgehen als von horizontalen Fusionen. Die Monopolkommission gibt allerdings zu bedenken, dass eine Unterscheidung zwischen horizontalen und nichthorizontalen Zusammenschlüssen in der Praxis erhebliche Schwierigkeiten aufwerfen kann. Eine solche Differenzierung hängt entscheidend von der vorzunehmenden Marktabgrenzung ab. Insbesondere bei differenzierten Produkten ist die Marktdefinition indes stets mit einer gewissen Willkür verbunden. Auf derartige Schwierigkeiten weist die Europäische Kommission selbst in Fußnote 5 ihrer Bekanntmachung hin. Vor diesem Hintergrund wird ein rein verhaltensbezogener Ansatz bei der Prüfung nichthorizontaler Zusammenschlüsse skeptisch gesehen. Schon früher hat die Monopolkommission sich dafür ausgesprochen, auch bei konglomeraten Zusammenschlüssen Marktstrukturkriterien, wie sie z. B. § 19 Abs. 2 GWB vorsieht, zu berücksichtigen.[197] Zu nennen wäre hier etwa eine verstärkte Betonung des Zugangs zu Absatz- oder Beschaffungsmärkten. Stärkere Berücksichtigung bei der Beurteilung nichthorizontaler Fusionen sollte daneben der Wegfall potenzieller Wettbewerber finden. Entsprechende Überlegungen der Europäischen Kommission finden sich auch in ihrer Entscheidungspraxis, beispielsweise in dem Fall ENI/EDP/GDP.[198]

791. Die vorgelegten Leitlinien bestimmen, dass neben der Fähigkeit der neuen Unternehmenseinheit zu einer bestimmten Verhaltensweise auch die entsprechenden Anreize untersucht werden sollen. Hierbei sind sowohl die positiven Anreize als auch die anreizmindernden Faktoren, wie etwa absehbare Sanktionen bei Verstößen gegen nationales oder europäisches Recht, zu berücksichtigen. Die Monopolkommission bekräftigt ihre Zweifel in Bezug auf die geforderte Prüfung. Sie hat sich schon früher gegen die Untersuchung von Missbrauchspraktiken im Rahmen der Fusionskontrolle gewendet.[199] Eine umfassende Prüfung derartiger Rechtsverstöße muss schon an der zeitlichen Begrenzung des fusionskontrollrechtlichen Verfahrens scheitern. Sie würde daneben – ebenso wie die anschließende Kosten-/Nutzenanalyse – genaue Kenntnis der Unternehmensinterna erfordern, die der Europäischen Kommission im Rahmen des Fusionskontrollverfahrens regelmäßig nicht zur Verfügung stehen. Die notwendigen zusätzlichen Ermittlungen wären im Rahmen des Fusionskontrollverfahrens kaum zu bewältigen. Zudem hat der EuGH die Simulation eines Missbrauchs nach dem Zusammenschluss im Zeitpunkt der präventiven Fusionskontrolle als zu spekulativ abgelehnt.[200] Auch wenn die Horizontal-Leitlinien lediglich eine summarische Prüfung von Rechtsverstößen und ihren Folgen vorsehen, gelten doch die oben dargestellten Einwände weitgehend fort. Insbesondere ändert sich nichts an dem vom Gerichtshof festgestellten spekulativen Charakter des Prüfungsergeb-

[197] Vgl. Monopolkommission, Hauptgutachten 2002/2003, a. a. O., Tz. 866 ff.
[198] Europäische Kommission, Entscheidung vom 9. Juli 2004, M.3440.
[199] Vgl. Monopolkommission, Hauptgutachten 2002/2003, a. a. O., Tz. 870.
[200] EuGH, Urteil vom 15. Februar 2005, Rs. C-12/03 P, Kommission/Tetra Laval, Slg. 2005, I-987, Rn. 71 ff.

nisses. Bei einer „ersten Analyse", wie sie in den Leitlinien gefordert wird, bestehen zusätzliche Zweifel bezüglich des Aussagewerts eines solchen Prüfungsergebnisses. Jedenfalls sind dem Beurteilungsspielraum der Europäischen Kommission hier kaum noch Grenzen gesetzt. Zusätzlich fällt ins Gewicht, dass die Identifizierung von missbräuchlichen Verhaltensweisen nach den wettbewerbspolitischen Diskussionen der letzten Jahre, insbesondere dem Diskussionspapier der Europäischen Kommission zu Artikel 82 EGV von Dezember 2005, zunehmend unsicher wird. Warum sollten die Zusammenschlussparteien Sanktionen für Rechtsverstöße in Rechnung stellen, wenn sich nicht eindeutig voraussagen lässt, welches Verhalten ein Rechtsverstoß ist?

792. In der Diskussion um die vorgelegten Nichthorizontal-Leitlinien war die Frage besonders umstritten, auf welche Weise die mit nichthorizontalen Fusionen verbundenen Effizienzgewinne in die Prüfung einbezogen werden sollten. Erwogen wurde einerseits ihre Berücksichtigung im Rahmen einer einheitlichen Gesamtanalyse, die sowohl die wettbewerbsbeschränkenden als auch die wettbewerbsfördernden Effekte umfassen sollte. Andererseits wurde ein Zwei-Stufen-Test – wie aus den Horizontal-Leitlinien bekannt – vorgeschlagen, bei dem zunächst die antikompetitiven Auswirkungen ermittelt und in einem zweiten Schritt den geltend gemachten Effizienzgewinnen nachgegangen werden sollte. Die Europäische Kommission hat sich in den Leitlinien für die letztere Alternative entschieden, indem sie im Hinblick auf die Behandlung von Effizienzen auf die entsprechenden Ausführungen in den Horizontal-Leitlinien verweist.[201]

Es ist allerdings festzustellen, dass die Europäische Kommission in ihrer Entscheidungspraxis einen anderen Weg einschlägt. Dies wird besonders deutlich, wenn man die Behandlung des Effizienzeinwands in den rein horizontalen Zusammenschlüssen Inco/Falconbridge und Ryanair/Aer Lingus mit der Behandlung von Effizienzen in dem Verfahren Metso/Aker Kvaerner vergleicht, in dem horizontale und konglomerate Auswirkungen zusammentreffen.[202] In den beiden horizontalen Zusammenschlüssen, in denen die Effizienzgewinne im Wesentlichen aus Kosteneinsparungen resultieren, erfolgt eine zweistufige Prüfung: Nach der Feststellung der Wettbewerbsbeschränkung geht die Europäische Kommission der Frage nach, ob geltend gemachte Effizienzen quantifiziert wurden und fusionsspezifisch sind, ob sie wahrscheinlich an die Verbraucher weitergegeben werden und in ausreichender Weise belegt wurden. Die Berücksichtigung der Effizienzen scheitert in beiden Fällen unter anderem daran, dass die Europäische Kommission sie nicht als fusionsspezifisch ansieht. Außerdem mangelt es nach Ansicht der Europäischen Kommission teilweise an ausreichenden Belegen, insbesondere an im Vorhinein erstellten Studien zu den geltend gemachten Effizienzen. In dem Verfahren Metso/Aker Kvaerner, in dem Effizienzgewinne aus der Erweiterung des Portfolios folgen, stellt die Wettbewerbs-

behörde wesentlich niedrigere Anforderungen an die Voraussetzungen und den Nachweis der geltend gemachten Effizienzen. Die Wettbewerbsbehörde lässt als Nachweis der positiven Wettbewerbseffekte im Wesentlichen die Antworten einiger Marktteilnehmer im Rahmen der Marktuntersuchung genügen, die ein Angebot aus einer Hand als vorteilhaft ansehen. Dieses Vorgehen ist insoweit verständlich, als die Vorteile aus einer Portfolio-Erweiterung – anders als solche aus Kosteneinsparungen – den Abnehmern direkt zugute kommen. Außerdem haben die Nachfrager – im Unterschied zu den Zusammenschlussparteien – keine Anreize, die positiven Wirkungen eines Zusammenschlusses zu übertreiben. Die Europäische Kommission geht des Weiteren nicht auf die Frage ein, ob die geltend gemachten Effizienzvorteile fusionsspezifisch sind oder auch auf anderem Weg hätten erzielt werden können. Darüber hinaus werden die horizontalen, wettbewerbsbeschränkenden und die konglomeraten, wettbewerbsfördernden Effekte in einer einheitlichen Gesamtanalyse untersucht. Bei der Abwägung der gegenläufigen Effekte kommt die Europäische Kommission indes zu dem Schluss, dass die positiven Effekte des Zusammenschlusses seine negativen Auswirkungen nicht überwiegen.

Unabhängig von den oben geäußerten inhaltlichen Bedenken gegen eine rein verhaltensbezogene Fusionskontrolle bei nichthorizontalen Zusammenschlüssen ist zu konstatieren, dass die Entscheidungspraxis und die Nichthorizontal-Leitlinien der Europäischen Kommission in Bezug auf die Berücksichtigung von Effizienzen auseinanderfallen. Dies lässt zwei Interpretationsmöglichkeiten zu: (1) Da die Entscheidung Metso/Aker Kvaerner bereits im Dezember 2006 erlassen worden ist, hat die Europäische Kommission zwischenzeitlich ihre Auffassung geändert und wird künftig auch in nichthorizontalen Zusammenschlüssen einen zweistufigen Test anwenden, der eine Prüfung sämtlicher in den Horizontal-Leitlinien vorgesehenen Voraussetzungen umfasst. (2) Die Horizontal-Leitlinien stehen in einem gewissen Widerspruch – auch – zur künftigen Vorgehensweise in der fusionskontrollrechtlichen Praxis. Jedenfalls im letzteren Fall würden die veröffentlichten Leitlinien ihrem Zweck nicht gerecht, die Entscheidungsgrundsätze der Europäischen Kommission für betroffene Unternehmen deutlich und vorhersehbar zu machen.

793. Keinen Aufschluss geben die Leitlinien schließlich über die essenzielle Frage, wie eine Abwägung von wettbewerbsbeschränkenden Effekten und wettbewerbsfördernden Auswirkungen im Einzelfall erfolgen soll. Diese Frage betrifft zum einen rein horizontale Fälle, in denen zwischen wettbewerbsbeschränkenden Auswirkungen auf der einen Seite und wettbewerbsfördernden Effizienzgewinnen auf der anderen Seite abzuwägen ist. In allgemeinerer Form betrifft sie jedoch sämtliche Fälle, in denen horizontale Effekte mit vertikalen und/oder konglomeraten Effekten zusammentreffen. Die Monopolkommission hält prinzipielle Ausführungen der Europäischen Kommission zu diesem Aspekt für wünschenswert. Im Übrigen bleibt abzuwarten, wie die Europäische Kommission künftig in Einzelfällen vorgehen wird.

---

[201] Nichthorizontal-Leitlinien, Rn. 53.
[202] Vgl. Tz. 734 ff., 737 ff. und 724 ff.

Kapitel V

Potenziale für mehr Wettbewerb auf dem Krankenhausmarkt

1. Aktuelle Entwicklungen auf dem Krankenhausmarkt

794. Der deutsche Krankenhausmarkt befindet sich im Umbruch. In den zurückliegenden Jahren wurde seine Finanzierung von tagesgleichen Pflegesätzen auf Fallpauschalen umgestellt. Zugleich setzt sich der durch die angespannten Staatsfinanzen bedingte schleichende Rückzug der öffentlichen Hand aus der Investitionsfinanzierung fort. Krankenhausbetreiber begegnen diesem sowie den teils nachfragebedingten, teils angebotsbedingten Kostensteigerungen mit stetigen Rationalisierungsbemühungen, der Privatisierung öffentlicher Krankenhäuser und mit vermehrten Krankenhausfusionen.

795. Sofern Krankenhausfusionen von den Aufgreifkriterien des § 35 GWB erfasst wurden, hat das Bundeskartellamt diese zumeist genehmigt. Bei der zuständigen Beschlussabteilung wurden seit 2004 mehr als 100 Krankenhauszusammenschlüsse angemeldet. Bei drei von vier Untersagungen wurde eine Ministererlaubnis nach § 42 GWB beantragt. Zu den Anträgen hat die Monopolkommission entsprechend § § 42 Abs. 4 Satz 2 GWB Stellung genommen. In den Zusammenschlussverfahren Rhön-Klinikum/Grabfeld[1] und Asklepios Kliniken Hamburg/ Krankenhaus Mariahilf[2] konnte eine Ministererlaubnis nicht empfohlen werden. Hingegen ist die Monopolkommission in dem Zusammenschlussverfahren Universitäts klinikum Greifswald/Kreiskrankenhaus Wolgast[3] zu der Einschätzung gelangt, dass die Gemeinwohlvorteile des Zusammenschlusses seine wettbewerbsbeschränkenden Wirkungen überwiegen.

796. Die Auseinandersetzung mit diesen Fällen hat die Monopolkommission dazu bewogen, im vorliegenden Hauptgutachten einen besonderen Blick auf die Strukturen des deutschen Krankenhausmarktes zu werfen und Vorschläge für eine Anpassung seiner Rahmenbedingungen auszuarbeiten. Die Kommission ist sich hierbei bewusst, dass den Krankenhausmarkt eine Reihe konsumtiver und informatorischer Besonderheiten auszeichnet und dass die Gestaltung des Krankenhausmarktes ein hohes Gut, nämlich den Erhalt und die Wiederherstellung der menschlichen Gesundheit, betrifft. Die im Folgenden noch im Einzelnen zu erörternden Problemfelder und wettbewerbsorientierten Lösungsvorschläge sollen daher nicht außer Acht lassen, dass stets eine gewisse Begründung für die staatliche Sicherstellung einer flächendeckenden, qualitativ hochwertigen Versorgung mit Krankenhausleistungen besteht.

797. Der deutsche Gesundheitssektor verzeichnete 2005 ein Marktvolumen von insgesamt 239,4 Mrd. Euro[4] Auf den Krankenhausmarkt entfiel hierbei mit 62,1 Mrd. Euro ein Anteil von 25,9 Prozent. Im Zehnjahresvergleich gegenüber 1996 ist dieser Anteil leicht gesunken. Damals betrug der Anteil des Krankenhausmarktes am Volumen des Gesundheitsmarktes noch 26,4 Prozent. Allerdings nahm im gleichen Zeitraum auch das Gesamtvolumen des Gesundheitsmarktes nominell von 194,9 Mrd. Euro um 22,8 Prozent deutlich zu, so dass auch der Krankenhausmarkt in dieser Zeit absolut, nämlich von 51,5 Mrd. Euro um 10,6 Mrd. Euro gewachsen ist und nur relativ zu anderen Marktbereichen, insbesondere im Vergleich zur Pflege und den Apotheken, verloren hat. Diese Ausgabensteigerung auf dem Krankenhausmarkt hat vielfältige demografische und technologische Ursachen, wird zugleich aber auch beeinflusst von nachfrageseitigen Besonderheiten auf dem Gesundheitsmarkt und einer umfangreichen staatlichen Regulierung. Durch sie konnte in den zurückliegenden zehn Jahren das Wachstum des Gesundheitsmarktes im Allgemeinen und des Krankenhausmarktes im Speziellen in etwa auf dem Niveau des Wachstums des Bruttoinlandsprodukts gehalten werden. Während Letzteres zwischen 1996 und 2005 um 21,2 Prozent wuchs, verzeichneten die Gesundheitsausgaben ein Wachstum von 22,8 Prozent mit einem Wachstum des Krankenhausmarktes im selben Zeitraum in Höhe von 20,6 Prozent.

798. Für die Länder der OECD lässt sich über die letzten 35 Jahre ein Anstieg der kaufkraftbereinigten Gesundheitsausgaben feststellen. Dieser ist unabhängig davon, ob ein Gesundheitssystem wie in den Vereinigten Staaten eher privatwirtschaftlich organisiert und prämienfinanziert ist, wie in Großbritannien eher planwirtschaftlich funktioniert und steuerfinanziert ist oder korporatistisch strukturiert und über Lohnbeiträge finanziert ist wie in Deutschland.[5] Es scheinen daher den staatlichen Regulierungen zur Kostensenkung im Gesundheitswesen durch

---

[1] Vgl. Monopolkommission, Zusammenschlussvorhaben der Rhön-Klinikum AG mit dem Landkreis Rhön-Grabfeld, Sondergutachten 45, Baden-Baden 2006.

[2] Vgl. Monopolkommission, Zusammenschlussvorhaben der Asklepios Kliniken Hamburg GmbH mit der Krankenhaus Mariahilf gGmbH, Sondergutachten 52, Baden-Baden 2008.

[3] Vgl. Monopolkommission, Zusammenschlussvorhaben des Universitätsklinikums Greifswald mit der Kreiskrankenhaus Wolgast gGmbH, Sondergutachten 53, Baden-Baden 2008.

[4] Vgl. Statistisches Bundesamt, Gesundheit, Ausgaben, 2005, Wiesbaden 2007, Tabelle 1. Die angegebenen Zahlen sind nicht inflationsbereinigt.

[5] Die vorliegende Betrachtung konzentriert sich auf Reformoptionen für den Krankenhaussektor im Zusammenhang mit der vorherrschenden gesetzlichen Krankenversicherung. Die gesetzliche Krankenversicherung erhebt von ihren Beitragszahlern im Gegensatz zur privaten Krankenversicherung keinen dem zu versichernden Risiko entsprechenden Beitrag, sondern bemisst ihre Krankenkassenbeiträge an der Höhe der Erwerbseinkommen. Im Jahr 2005 waren 85,3 Prozent der Bevölkerung gesetzlich versichert. Hingegen entfielen auf die private

fundamentale Determinanten der Nachfrage nach Gesundheitsleistungen, die unabhängig von der Organisation und Finanzierung des Gesundheitswesens sind, Grenzen gesetzt. Allerdings gilt für Deutschland im Vergleich mit anderen OECD-Ländern die Feststellung, dass der Anstieg der Gesundheitsausgabenquote am Bruttoinlandsprodukt in den letzten 15 Jahren vergleichsweise gering ist. Während in Deutschland der Anteil der Gesundheitsausgaben am Bruttoinlandsprodukt nur moderat von 10,1 Prozent in 1995 auf 10,7 Prozent in 2005 stieg, hatte die Steigerung in den meisten anderen Ländern eine deutlichere Dynamik. So stieg die Gesundheitsausgabenquote in der Schweiz im selben Zeitraum von 9,7 Prozent auf 11,6 Prozent, im Vereinigten Königreich von 7,0 Prozent auf 8,3 Prozent, in Frankreich von 9,9 Prozent auf 11,1 Prozent und in den Vereinigten Staaten von bereits hohen 13,3 Prozent auf 15,3 Prozent.[6]

1.1 Demografische Einflüsse

799. Inwiefern der demografische Wandel für die gestiegenen und weiter ansteigenden Kosten im Gesundheitswesen im Allgemeinen und im Krankenhaussektor im Speziellen verantwortlich gemacht werden kann, ist umstritten. Der Anteil der über 60-Jährigen an der Bevölkerung wird nach Modellrechnungen des Statistischen Bundesamtes von 24,9 Prozent im Jahr 2005 auf 38,2 Prozent im Jahr 2030 anwachsen.[7] Ältere haben zugleich einen überproportionalen Anteil an den Patienten im Krankenhaus. Derzeit stellen die über 60-Jährigen etwa 40 Prozent der behandelten Fälle, bis zum Jahr 2050 wird ihr Anteil auf über 50 Prozent anwachsen. Zudem ist ihre mittlere Verweildauer im Krankenhaus deutlich länger als die der jüngeren Bevölkerungsgruppen.[8] Denn ältere Patienten benötigen beispielsweise eine längere Zeit, um sich von einem operativen Eingriff zu erholen, und im Alter steigt auch das Risiko für Komplikationen.

Für eine zuverlässige Prognose der aus demografischen Veränderungen resultierenden Kostenentwicklung ist jedoch eine differenzierte Betrachtung erforderlich. Hierbei ist insbesondere die Frage von Interesse, inwiefern die auch aus medizinisch-technischen Fortschritten resultierende verlängerte Lebenserwartung mit einem Zugewinn

an gesunden Lebensjahren einhergeht und daher die Phase kostenaufwendiger medizinischer Behandlung im Alter nur hinausschiebt oder mit einer gestiegenen Häufigkeit und einer längeren Dauer von Krankheit und Behinderung verbunden ist.[9]

Die demografische Entwicklung bildet allerdings in erster Linie eine Herausforderung für die Finanzierung des Gesundheitswesens. Zum einen steht einer relativ größer werdenden Zahl von Leistungsempfängern eine relativ kleiner werdende Gruppe von erwerbstätigen Leistungszahlern entgegen. Diese gesundheitspolitische Herausforderung stellt sich aufgrund der geringen Reproduktionsrate selbst bei der vergleichsweise optimistischen Vermutung ein, dass die verlängerte Lebenserwartung die Phase kostenintensiver medizinischer Behandlung im Alter nur hinausschiebt. Die Herausforderung würde umso größer, je bedeutender für die längerfristige Kostenentwicklung im Gesundheitswesen die pessimistische zweite Vermutung ist, nach der mit zunehmender erwarteter Lebensdauer auch der Umfang der erwarteten Inanspruchnahme von Gesundheitsleistungen ansteigt. Für die isolierte Betrachtung des Krankenhaussektors ist in jedem Fall die Schlussfolgerung relevant, dass aufgrund demografischer Einflüsse zumindest in mittlerer Frist mit einer stetigen Steigerung des Kostendrucks zu rechnen ist.

1.2 Technologische Einflüsse

800. Neben möglichen demografischen Einflüssen auf die Kostenentwicklung im Krankenhaussektor erzeugen technische Fortschritte einen stetigen Kostendruck. Krankenhäuser sind die dominierenden Nachfrager nach kapitalintensiver Medizintechnik. Beispielsweise war in jüngerer Zeit der Bereich der bildgebenden Diagnostik von einiger Bedeutung, die den Komfort und die Aussagekraft von Untersuchungsmethoden verbessert, jedoch auch zu Kostensteigerungen beigetragen hat. Dies gilt insbesondere, da Computertomographie (CT) und Magnetresonanztomographie (MRT) weitgehend komplementär und nicht substitutiv zu den weniger aussagekräftigen bisherigen Standardverfahren eingesetzt werden. Zudem bedingen ständige Weiterentwicklungen kürzere Halbwertzeiten von Geräten und einen kontinuierlichen Bedarf an Erneuerungsinvestitionen.

801. Technologiebedingte Kostensteigerungen im Krankenhaussektor sind immer dann unproblematisch, wenn die durch sie hervorgerufenen Qualitätsverbesserungen und Mengenausweitungen auf eine entsprechende Präferenz der Patienten zurückgehen und sie durch die Zahlungsbereitschaft der Versichertengemeinschaft gedeckt sind. Unter dieser Bedingung entfaltet der Wettbewerb zwischen Krankenhäusern seine positiven Wirkungen, denn er ermittelt das gesellschaftlich erwünschte Angebot und bietet den Krankenhäusern Anreize zu wirtschaftlichem Verhalten. Aufgrund der spezifischen Nachfragege-

---

Krankenversicherung lediglich 10,0 Prozent der Bevölkerung. Von den insgesamt 62,1 Mrd. Euro, die 2005 im Krankenhaussektor umgesetzt wurden, trugen die gesetzlichen Krankenkassen 50,7 Mrd. Euro und die privaten Krankenversicherungen 6,3 Mrd. Euro (eigene Berechnungen der Monopolkommission auf der Grundlage von: Statistisches Bundesamt, Gesundheit, a. a. O.). Maßgeblicher Finanzierer des Krankenhaussektors ist mithin die gesetzliche Krankenversicherung.

6   Vgl. Felder, S., Der Krankenhaussektor in einem wettbewerblich ausgerichteten deutschen Gesundheitswesen, Gutachten im Auftrag der Monopolkommission, Magdeburg 2007, S. 10.

7   Vgl. Statistisches Bundesamt, Bevölkerung Deutschlands bis 2050, Wiesbaden 2006; die vorgestellten Zahlen entsprechen einem Szenario mit konstanter Geburtenhäufigkeit, einem moderaten Anstieg der Lebenserwartung bei Geburt und einem ausgeglichenen Zuwanderungssaldo.

8   Vgl. Schmidt, Ch./Möller, J., Katalysatoren des Wandels, in: Klauber, J./Robra, B.-P./Schellschmidt, H.: Krankenhaus-Report 2006, Stuttgart 2007, S. 4.

9   Vgl. hierzu insbesondere den Schlussbericht der Enquête-Kommission „Demographischer Wandel – Herausforderungen unserer älter werdenden Gesellschaft an den Einzelnen und die Politik", Bundestagsdrucksache 14/8800 vom 28. März 2002, S. 184 ff.

gebenheiten im Krankenhaussektor kann jedoch nicht ausgeschlossen werden, dass zumindest ein Teil der Kostensteigerungen auch auf angebotsinduzierte Nachfrageentscheidungen zurückzuführen und daher in ineffizienter Weise übersteigert ist.

Die Nachfrage nach Gesundheitsleistungen entfaltet sich in der Beziehung zwischen Patient und behandelndem Arzt. Der Patient ist gegenüber dem Arzt in der Regel hinsichtlich seiner Bedürfnisse unvollständig informiert. In dieser Situation und unter dem Eindruck einer schwerwiegenden, möglicherweise lebensbedrohlichen Erkrankung delegiert der Patient die Entscheidung über alternative Therapien weitgehend an den Arzt und behält sich lediglich ein Letztentscheidungsrecht darüber vor, ob er dem Ratschlag des Arztes, der zugleich auch ein Angestellter und Interessenvertreter des Krankenhauses ist, Folge leisten will. Ärzte, die sich in einer oftmals auch für den Heilungserfolg entscheidenden Vertrauensbeziehung mit dem Patienten befinden, können nun die Patientenentscheidungen in vielfältiger Weise beeinflussen und gegebenenfalls auch in Richtung der finanziellen Interessen des Krankenhauses lenken. Dieser Sachverhalt wird kritisch, wenn sich der Arzt nicht länger wie ein perfekter Sachwalter der Interessen des Patienten verhält. Zwar wird der Arzt die wertvolle Vertrauensbeziehung zu seinem Patienten nicht leichtfertig aufs Spiel setzen, es sollte ihm jedoch in der Regel durch seinen Informationsvorsprung leicht fallen, zusätzliche oder alternative Untersuchungen und Therapien auszuführen, wenn diese mit nur geringen zusätzlichen Unannehmlichkeiten für den Patienten verbunden sind. Das bestehende Vollversicherungssystem der Patienten erleichtert dieses Verhalten, da den Patienten nur zu vernachlässigende zusätzliche Ausgaben und in der Hauptsache indirekte Kosten aus dem Krankheitsleid und der Aufenthaltsdauer im Krankenhaus entstehen. Führen Ärzte nun systematisch unnötig aufwendige Diagnostik und Behandlungen aus, um die Auslastung ihres Krankenhauses sicherzustellen, so wird aus einer präferenzgeleiteten Nachfrage eine angebotsinduzierte Nachfrage nach Krankenhausleistungen.

Neben den Fehlanreizen, die sich den Anbietern von Gesundheitsleistungen aus Informationsvorsprüngen über den tatsächlichen Behandlungsbedarf gegenüber den Patienten und Kostenträgern eröffnen, existieren auch für die Patienten Fehlanreize, die zu einer ineffizient hohen Nachfrage nach Krankenhausleistungen beitragen. In dem vorherrschenden gesetzlichen Vollversicherungssystem werden die Patienten bei ihren Nachfrageentscheidungen ungenügend angeleitet, die Kosten alternativer Behandlungen abzuwägen, da diese von den Krankenkassen annähernd vollständig getragen werden. Ihre Auswahlentscheidung wird daher ausschließlich von qualitativen Kriterien geleitet und ignoriert die aus ihr hervorgehenden Kosten für die Versichertengemeinschaft.

802. Die Monopolkommission geht davon aus, dass auch in Zukunft mit einer technologiebedingten Steigerung des Kostendrucks im Krankenhaussektor zu rechnen ist. Der medizinisch-technische Fortschritt kann Diagnostik und Therapie in entscheidender Weise verbessern und

von den Präferenzen der Patienten und der Zahlungsbereitschaft der Versichertengemeinschaft gedeckt sein. Inwiefern Anreize zur Entwicklung und zum Einsatz neuer Technologien bestehen, hängt in kritischer Weise von der durch Regulierung beschränkten Vergütung für Krankenhausleistungen ab. Für die Anbieter von Krankenhausleistungen bestehen allerdings auch Möglichkeiten zur Beeinflussung der Patientennachfrage. Ihnen ist hierbei die Tatsache von Nutzen, dass die individuellen Gesundheitskosten der Patienten in dem bestehenden Vollversicherungssystem weitgehend sozialisiert werden und die Patienten in der Regel in Anbetracht einer schwerwiegenden Erkrankung nur unvollständig über ihre Bedürfnisse informiert sind und daher die Therapieentscheidung bis auf ein Letztentscheidungsrecht an den behandelnden Mediziner delegieren.

1.3   Politische Einflüsse

803. Die demografie- und technologiebedingte Steigerung des Kostendrucks im Krankenhaussektor wird zu einem wirtschaftlichen Problem, da die zur Verfügung stehenden Mittel begrenzt sind und nicht erwartet werden kann, dass die Einnahmen des Gesundheitssystems aus den Beiträgen zu den Krankenversicherungen und aus freiwilligen Leistungen mit dem Ausgabendruck anwachsen werden. Zwar legen empirische Untersuchungen in den OECD-Ländern nahe, dass es sich bei Gesundheit um ein superiores Gut mit einer hohen Einkommenselastizität der Nachfrage handelt, welches überproportional dann nachgefragt wird, wenn die Einkommen der Nachfrager steigen. Das Pro-Kopf-Einkommen in den OECD-Ländern stieg seit 1970 um durchschnittlich 4,2 Prozent jährlich und es lassen sich daher zum Teil auch überproportional steigende Gesundheitsausgaben mit den sich stetig verbessernden wirtschaftlichen Verhältnissen der Nachfrager begründen. In Deutschland jedoch wird von politischer Seite großer Wert darauf gelegt, dass das Wachstum der Gesundheitsausgaben ganz im Sinne relativ stabiler Beitragssätze zur gesetzlichen Krankenversicherung, die der dominierende Träger bei den Gesundheitsausgaben ist, begrenzt wird.

804. Im Krankenhaussektor ergibt sich aus dieser Entwicklung zuallererst die Notwendigkeit zu kostensparenden Begrenzungen im Bereich der laufenden Krankenhausbetriebskosten, da ihre Finanzierung gemäß § 18 Krankenhausfinanzierungsgesetz (KHG) den Krankenkassen obliegt. Im Bereich der stationären Krankenhausversorgung hat hierbei die Einführung von DRG-Fallpauschalen zu einer Vielzahl von Prozessverbesserungen angeregt. Diese haben auch dazu beigetragen, dass sich die durchschnittliche Verweildauer von Patienten im Bereich der personalkostenintensiven stationären Versorgung zwischen 1995 und 2005 um 2,8 Tage reduziert hat.[10] Aber auch für die Investitionen im Krankenhaussektor, für die gemäß § 4 KHG in Verbindung mit § 9 KHG die Bundesländer zuständig sind, reduzierte die öffentliche Hand ihre Zuschüsse kontinuierlich. So betrug

---

[10] Vgl. Felder, S., a. a. O., S. 17.

der jährliche reale Rückgang der zur Verfügung gestellten KHG-Fördermittel im Zeitraum von 1991 bis 2005 im Durchschnitt 3,3 Prozent bei einem gleichzeitig durch den medizinisch-technischen Fortschritt und die Vorgabe hoher Standards stetig gestiegenen Investitionsbedarf.[11] Hierdurch habe sich bis dato bei den deutschen Krankenhäusern ein beträchtlicher Investitionsstau angehäuft, der je nach Quelle auf bis zu 50 Mrd. Euro beziffert wird.

Es ist allerdings auch in Anbetracht der großen wirtschaftlichen Herausforderungen für die deutschen Krankenhäuser darauf hinzuweisen, dass die wirtschaftliche Situation sämtlicher Kliniken keineswegs in gleicher Weise schlecht ist. Denn bei einzelner Betrachtung erweist sich die wirtschaftliche Situation deutscher Krankenhäuser als vergleichsweise heterogen. Generell hat sich die Ertragslage der deutschen Krankenhäuser in jüngster Zeit verbessert. Zwischenzeitliche Anpassungen haben dazu geführt, dass 2005 nur noch 31 Prozent der Kliniken einen Verlust meldeten gegenüber noch 46 Prozent im Jahr 2003. Auffällig ist hierbei ein Ost-West-Gefälle. So haben nur 14 Prozent der ostdeutschen Krankenhäuser 2005 mit einem Verlust abgeschlossen.[12]

1.4 Reorganisation als Reaktion

805. Die Krankenhäuser reagieren auf die sich verändernden wirtschaftlichen und politischen Rahmenbedingungen durch Reorganisation. Ziel ist hierbei in erster Linie die Hebung von Rationalisierungspotenzialen, da die engen regulativen Rahmenbedingungen auf dem deutschen Krankenhausmarkt keine kurzfristige Ausweitung und Verlagerung des Angebotes in möglicherweise lukrativere Bereiche zulassen, für die ein Krankenhaus in dem jeweiligen Bedarfsplan eines Bundeslandes nicht vorgesehen ist. Allgemeine Standards sollen in der Krankenhausversorgung Arbeitsabläufe, Qualität und Wirtschaftlichkeit verbessern. Kliniken stehen in dem ständigen Bestreben, den Patientendurchsatz zu erhöhen sowie einen wirtschaftlicheren Personaleinsatz und eine effiziente Gestaltung der Klinikinfrastruktur zu erzielen. Einzelne Leistungsbereiche, bei denen sich Größenvorteile ergeben, wie Verpflegung und Wäsche, das Facility Management oder Labor- und Sterilisationsdienste werden gegebenenfalls von externen Dienstleistern übernommen oder in einem gemeinsamen Verbund mit anderen Kliniken erbracht. Auch bemühen sich Kliniken vermehrt, die Wertschöpfungskette vom ambulanten zum stationären und poststationären Sektor in effizienter Weise miteinander zu verknüpfen; dies geschieht im Bereich der integrierten Versorgung gemäß § 140a SGB V, der es den Krankenkassen ermöglicht, für ihre Versicherten Verträge über eine die Leistungssektoren übergreifende Versorgung mit ausgewählten Leistungserbringern abzuschließen.

1.5 Krankenhausfusionen als Reaktion

806. Krankenhäuser nutzen neben Möglichkeiten zur Reorganisation zudem vermehrt die Möglichkeit zur Fusion mit anderen Kliniken, um gegebenenfalls weitere Größen- und Rationalisierungsvorteile auszuschöpfen und ihre lokale Marktposition im Vergleich zu ihren Wettbewerbern zu stärken. Existierten 1991 in Deutschland 2 411 Krankenhäuser, wurden im Jahr 2006 noch 2 104 wirtschaftliche Einheiten geführt.[13] Ein beträchtlicher Teil dieses Rückgangs dürfte auch in Anbetracht der weiterhin bestehenden Überkapazitäten im Klinikbereich auf Fusionstätigkeit zurückzuführen sein.[14]

807. Durch Fusionen lassen sich Skaleneffekte ausnutzen. Größenvorteile lassen sich durch die Bündelung zentral erbrachter Leistungen erzielen, beispielsweise in den Bereichen Management, Controlling, Qualitätssicherung, Öffentlichkeitsarbeit und Einkauf. Rationalisierungspotenziale, die bereits die Kooperation unabhängiger Kliniken beispielsweise zum gemeinsamen Einkauf oder dem gemeinsamen Betrieb eines Labors begründen, lassen sich möglicherweise infolge einer Fusion zu geringeren Transaktionskosten erschließen. Führungs- und Produktionsprozesse werden hierdurch optimiert. Auch kann ein Zusammenschluss von Krankenhäusern zu Krankenhausketten der Markenbildung dienen und daher Vorteile bei der Signalisierung eines hochwertigen Dienstleistungsangebotes im Qualitätswettbewerb bieten. Außerdem sind in einem Klinikverbund Rationalisierungsmöglichkeiten dadurch gegeben, dass sich einzelne Häuser spezialisiert ausrichten und innerhalb eines Netzwerkes auf neue technische Möglichkeiten, beispielsweise auf die Teleradiologie, zurückgegriffen wird.

808. Krankenhausfusionen erhöhen das Fallaufkommen und können in spezialisierten Teilbereichen des Angebotsspektrums geeignet sein, Expertise und Sachverstand zu vertiefen und hierdurch Lernkurveneffekte zu erschließen sowie die Auslastung medizinischer Großgeräte zu verbessern. Neben den hiermit verbundenen kostensparenden Wirkungen hat dies auch Auswirkungen auf die Ergebnisqualität, da bei seltenen operativen Eingriffen die notwendige Routine für Operateur und OP-Team nur in Krankenhäusern mit einem hinlänglich großen Gesamtfallaufkommen sichergestellt werden kann. Hohe Auslastungsgrade dämmen zudem die Gefahr angebotsinduzierter Nachfrage, da mit geringeren Leerständen auch die Möglichkeiten und Anreize der Kliniken abnehmen,

---

[11] Vgl. Augurzky, B. u. a., Krankenhaus Rating Report 2007, RWI Materialien, H. 32, Essen 2007, S. 51.

[12] Vgl. Augurzky, B. u. a., Krankenhaus Rating Report 2008, RWI Materialien, H. 41, Essen 2008, S. 94.

[13] Vgl. Statistisches Bundesamt, Fachserie 12: Gesundheitswesen, Reihe 6.1.1: Grunddaten der Krankenhäuser 2006, Wiesbaden 2007, Tabelle 1.1. In der Krankenhausstatistik des Statistischen Bundesamtes werden als Krankenhäuser jeweils eigenständige Wirtschaftseinheiten erfasst, die unter einer einheitlichen Kontrolle stehen.

[14] Das RWI Essen stellt für das Jahr 2005 in 37 Prozent der Kreise Überkapazitäten von mehr als 10 Prozent und in 3 Prozent der Kreise Überkapazitäten von über 20 Prozent fest. Diese Situation würde sich bei gleichbleibenden Kapazitäten und nachfragebedingten Anpassungen bis 2020 deutlich verschärfen. Gegenüber 2006 würden die Überkapazitäten dann von etwa 11 Prozent auf durchschnittlich 37 Prozent anwachsen. Vgl. Augurzky, B. u. a., Krankenhaus Rating Report 2008, a. a. O., S. 51 ff., 70 ff.

nicht zwingend erforderliche Untersuchungen und Operationen an Patienten auszuführen.

809. In der Literatur wird neben der Erschließung von Rationalisierungsvorteilen als Motiv für die Fusion von Krankenhäusern auch darauf verwiesen, dass Fusionen als Vorbereitung einer späteren materiellen Privatisierung dienen und den Verkaufswert eines Krankenhauses erhöhen können. So werde den Kommunen von Unternehmensberatern empfohlen, marktbeherrschende Stellungen aufzubauen, um diese dann hochpreisig an private Klinikketten zu veräußern, die aus eigenen Stücken eine marktbeherrschende Stellung aus fusionskontrollrechtlichen Gründen nicht hätten aufbauen können. Hinter dieser Argumentation verbirgt sich die Logik, dass die wettbewerbliche Alleinstellung den zu veräußernden Gesamtkomplex besonders lukrativ mache. Wäre dies tatsächlich so, ließe das Argument jedoch auch Rückschlüsse darüber zu, dass den weithin vorgetragenen Rationalisierungsvorteilen bei Krankenhausfusionen auch bedenkliche Nachteile für die gesellschaftliche Wohlfahrt entgegenstehen, die in einem verringerten Wettbewerb, in höheren Preisen und in einer – aufgrund der Konsolidierung – weniger wohnortnahen Versorgung der Bevölkerung mit stationären Leistungen zu sehen sind.[15]

Die Monopolkommission weist in diesem Zusammenhang darauf hin, dass die besondere Lukrativität eines marktmächtigen Unternehmens von seiner Fähigkeit abhängig ist, den Verkaufspreis für sein Produkt über das Wettbewerbsniveau zu heben oder – bei exogen gegebenen, konstanten Preisen – seine Qualität durch einen geringeren Mitteleinsatz, etwa in der Pflege oder bei der Verpflegung, unter das Wettbewerbsniveau zu senken, ohne dass Nachfrage in kritischer Weise abwandert. Weil es sich, wie im Folgenden noch näher auszuführen sein wird, bei dem Krankenhausmarkt um einen annähernd vollständig preisregulierten Markt handelt, müsste folglich ein allein durch seine Marktstellung außerordentlich lukratives Krankenhaus unter sonst gleichen Bedingungen eine systematisch niedrigere Qualität anbieten als ein Krankenhaus im Wettbewerb. Da nun aber die aus einer Krankenhausfusion hervorgehenden Größenvorteile gegebenenfalls auch zu Qualitätssteigerungen führen, ist ohne eine genauere Kenntnis des Einzelfalls zunächst nicht eindeutig festzustellen, ob der Nettoeffekt der marktanteilserhöhenden Fusion auf die Qualität und damit der Nutzen für die Patienten eher positiv oder negativ ausfällt, zumal Qualitätsminderung und -steigerung oft verschiedene Aspekte der Behandlung betreffen.

Der Monopolkommission erscheint in diesem Zusammenhang allerdings in jedem Fall das Argument gewichtig, dass eine konkurrenzlose Alleinstellung die Anreize eines Krankenhauses zu einem effizienten Angebot in sämtlichen Dienstleistungsbereichen mindert. Es ist daher in der Regel davon auszugehen, dass marktmächtige Krankenhäuser die – auch aufgrund der Fusion – vorhan-

denen Qualitätssteigerungspotenziale nur unvollkommen umsetzen. Da jedoch insgesamt die Qualitätsentwicklung infolge einer Fusion keineswegs klar ist, schließt dies im Einzelfall, insbesondere bei einer Fusion vergleichsweise kleiner Krankenhäuser, die mit erheblichen Lernkurveneffekten verbunden ist, nicht aus, dass die fusionsbedingten Vorteile überwiegen.

810. Das Bundeskartellamt befasst sich seit etwa 2003 auch mit Krankenhausfusionen. Nur für die wenigsten Zusammenschlussvorhaben musste das Amt nach Abschluss des Vorprüfverfahrens ein Hauptprüfverfahren einleiten, in dem ein Zusammenschlussvorhaben einer genaueren Untersuchung im Hinblick auf kritische wettbewerbsbeschränkende Wirkungen unterzogen wird. Anschließend wurde in vier Fällen das Zusammenschlussvorhaben nur unter Auflagen freigegeben, in weiteren vier Fällen kam es zu einer Untersagung durch das Amt. In den übrigen Fällen wurden keine kritischen wettbewerbsbeschränkenden Wirkungen festgestellt. In den Untersagungsfällen Rhön Klinikum/Grabfeld, Asklepios Kliniken Hamburg/ Krankenhaus Mariahilf und Universitätsklinikum Greifswald/ Kreiskrankenhaus Wolgast wurde im Anschluss an die Untersagung jeweils eine Ministererlaubnis gemäß § 42 GWB beantragt und ein Beschwerdeverfahren vor dem zuständigen Oberlandesgericht Düsseldorf eingeleitet. Durch die Rechtsprechung und den öffentlichen Diskurs im Rahmen der Ministererlaubnisverfahren ist die Rolle der Fusionskontrolle im Krankenhaussektor nach anfänglich großer Kritik inzwischen weitgehend gefestigt. Es besteht kein Zielkonflikt zwischen dem Wettbewerbsrecht auf der einen und den sozialpolitischen Zielen der Gesundheitspolitik auf der anderen Seite. Krankenhäuser sind folglich als Unternehmen im Sinne des Wettbewerbsrechts zu behandeln und stehen im Wettbewerb um Patienten.[16]

811. Allerdings ist zu bemerken, dass aufgrund der zumeist geringen Größe der beteiligten Krankenhausunternehmen eine Vielzahl von Krankenhausfusionen erst gar nicht von den Aufgreifschwellen des GWB zur Fusionskontrolle erfasst wird und daher wegen ihrer für Deutschland mangelnden wirtschaftlichen Bedeutung vom Bundeskartellamt unbeobachtet bleibt. Anders liegen die Dinge nur bei Beteiligung großer privater Krankenhausketten oder landeseigener Großkliniken wie etwa Universitätskliniken. Die geringe Überwachungsintensität kann insofern als problematisch erachtet werden, als sich Krankenhäuser als Dienstleistungsanbieter typischerweise einer überwiegend regional gebundenen Nachfrage gegenübersehen und daher auch die Wettbewerbsbeschränkungen aus Krankenhauszusammenschlüssen, trotz ihrer offensichtlich mangelnden Relevanz für den Gesamtmarkt, im regionalen Umfeld dennoch von einiger Bedeutung sein können.[17]

---

[15] Vgl. Bangard, A., Krankenhausfusionskontrolle, Zeitschrift für Wettbewerbsrecht 5, 2007, S. 187.

[16] Insbesondere steht auch das Krankenhausplanungsrecht der Anwendung des Wettbewerbsrechts auf Krankenhäuser nicht entgegen; vgl. Monopolkommission, Sondergutachten 52, a. a. O., Tz. 62 ff.

[17] Vgl. im Folgenden auch die Erörterungen zur Aufgreifschwellenproblematik in Kapitel IV, Abschnitt 2.2.1.

812. Die Aufgreifschwellen des § 35 GWB dienen als eine Heuristik, die die Anwendung der Fusionskontrolle auf kritische Fälle begrenzt und gleichzeitig leicht anwendbar sowie für die beteiligten Unternehmen leicht zu ermitteln ist. Eine solche Heuristik ist notwendigerweise nicht frei von Fehlern und es bedarf daher eines Fehlers von einer besonders systematischen Qualität, um eine Anpassung der Heuristik geboten erscheinen zu lassen. Insbesondere ist eine Anpassung der Aufgreifkriterien auch davon abhängig zu machen, ob im allgemeinen Anwendungsfall genauere und ebenso einfach zu bestimmende Heuristiken denkbar sind. Entsprechend der stärker ökonomischen Ausrichtung der Fusionskontrolle ist hier den besonderen wettbewerbspolitischen Anforderungen einzelner Branchen Rechnung zu tragen, wenn dies einer genaueren Erfassung möglicher Wettbewerbsbeschränkungen dienen kann.

813. Nach Ansicht der Monopolkommission wird am Beispiel des Krankenhausmarktes deutlich, dass die Aufgreifschwellen nur unzureichend in der Lage sind, als Indikatoren für die volkswirtschaftliche Bedeutsamkeit eines Fusionsvorhabens in einer regionalen Marktstruktur zu dienen. Eine allein nach Umsätzen geregelte Notifizierungspflicht ist daher im Sinne einer an den ökonomischen Gegebenheiten ausgerichteten Betrachtungsweise für den Krankenhaussektor anpassungsbedürftig. Brancheneigene Besonderheiten, bei denen das Gewicht der Wettbewerbsbeschränkung nicht an den allgemeinen Umsatzkriterien festzumachen ist, werden in § 38 GWB durch eine Anpassung der anzusetzenden Umsätze aufgegriffen. Die Monopolkommission schlägt vor, hier auch für den Krankenhausmarkt einen Umsatzmultiplikator in das GWB aufzunehmen.

Wie die Monopolkommission in ihren Sondergutachten 45, 52 und 53 ausführlich diskutiert hat, ist der verbleibende Qualitätswettbewerb im Krankenhaussektor außerordentlich schützenswert, da er die Wahlmöglichkeiten der Patienten sichert und damit einziger Garant für eine hochwertige Versorgung ist. Dieser Schutzbedarf wird durch die einheitliche Aufgreifschwelle nicht adäquat erfasst, da Krankenhausmärkte im Allgemeinen einen lokalen oder allenfalls regionalen Zuschnitt haben, so dass Zusammenschlüsse in diesem örtlichen Bereich die Aufgreifschwellen im Allgemeinen nicht erreichen, obwohl sie eine erhebliche Wettbewerbsbeschränkung bewirken können. Die jetzige Regelung setzt sogar Anreize für regional tätige Krankenhausbetreiber, durch Zukauf von weiteren Häusern regionale marktbeherrschende Stellungen aufzubauen. Gleichzeitig führt die hohe Regulierungsdichte auf dem Krankenhausmarkt zu hohen administrativen Marktzutrittsbarrieren, weshalb den durch zunehmende Konzentration entstehenden Allokationsverzerrungen nicht durch potenziellen Wettbewerb entgegengewirkt werden kann.

Jedoch will die Monopolkommission gleichfalls nicht bestreiten, dass ein Konsolidierungsbedarf auf dem Krankenhausmarkt besteht und die Fusion von kleineren Krankenhäusern auch nicht unnötig durch bürokratische Hürden erschwert werden darf. Demzufolge schlägt sie

vor, den § 38 GWB so zu modifizieren, dass für ambulante und stationäre Krankenhausleistungen das Dreifache der Umsatzerlöse in Ansatz zu bringen ist. Im Ergebnis würde damit den generell sensiblen Wettbewerbsbedingungen im Krankenhaussektor Rechnung getragen und gleichzeitig eine steigende Bewertung von Krankenhausumsätzen gegenüber konzernverbundenen Umsätzen erreicht. Der Gesetzgeber sollte daher § 38 GWB folgenden Absatz hinzufügen:

„Für den Umsatz von Krankenhausunternehmen ist das Dreifache der Umsatzerlöse in Ansatz zu bringen."

Diese Regelung hätte zur Folge, dass ein Krankenhauszusammenschluss der Zusammenschlusskontrolle unterliegt, wenn die kumulierten Umsätze der beteiligten Unternehmen sich auf mehr als 167 Mio. Euro summieren. Der durchschnittliche Umsatz eines Krankenhauses liegt gegenwärtig bei ca. 30 Mio. Euro; ein Zusammenschluss zweier durchschnittlicher Krankenhäuser wäre folglich nach wie vor kontrollfrei. Künftig würden Zusammenschlüsse der Aufsicht demnach lediglich unterliegen, wenn zumindest eine der Kliniken einem Unternehmen angehört, das mehrere Krankenhäuser oder ein besonders großes Krankenhaus betreibt oder andere, branchenfremde Umsätze hat.

1.6 Krankenhausprivatisierungen als Reaktion

814. Zur Linderung des Kostendrucks, aus organisatorischen Gründen sowie zur Stärkung der Wettbewerbsfähigkeit streben viele öffentliche Träger zumindest eine formelle Privatisierung ihrer Krankenhäuser an. Seit 1995 ist die Zahl der Krankenhäuser in privater Trägerschaft von 409 auf 584 im Jahr 2006 angewachsen, während sich die Zahl der freigemeinnützigen Krankenhäuser im gleichen Zeitraum von 944 auf 803 reduzierte und die der Krankenhäuser unter öffentlicher Kontrolle von 972 auf 717 zurückging. Gemessen an den Krankenhausbetten ist die Entwicklung weniger stark. Die Zahl der insgesamt aufgestellten Betten ist von 609 123 im Jahr 1995 auf 510 767 Betten im Jahr 2006 zurückgegangen. Davon stehen noch über die Hälfte (51,1 Prozent) in öffentlichen Krankenhäusern, weitere 35,3 Prozent in freigemeinnützigen Einrichtungen und 13,6 Prozent in privaten Kliniken.[18] Kommunale Krankenhäuser sind in der Regel in einer Weise in die lokale Politik und ihre Interessen eingebunden, dass Kommunalpolitik und Kommunalverwaltung selbst auf Einzelentscheidungen des Tagesgeschäftes Einfluss nehmen. Daher schafft die formelle Privatisierung eines solchen Krankenhauses zumindest für das Tagesgeschäft die erforderliche Unabhängigkeit von der Tagespolitik.[19] Von den öffentlichen Krankenhäusern sind mittlerweile über die Hälfte (367 im Jahr 2006) privatrechtlich organisiert. Die materielle Privatisierung

---

[18] Eigene Berechnungen der Monopolkommission auf der Grundlage von: Statistisches Bundesamt, Fachserie 12, Reihe 6.1.1, a. a. O.

[19] Vgl. Jordan, E.: Probleme und Perspektiven öffentlicher Krankenhäuser, in: Klauber, J., Robra B.-P., Schellschmidt, H., Krankenhaus-Report 2006, a. a. O., S. 163 ff.

geht über die formelle hinaus und wird meist dann vollzogen, wenn ein Krankenhaus unter dem kommunalen Träger dauerhaft defizitär ist. Der Verkauf eines Krankenhauses spült dann Geld in die kommunalen Kassen und entlastet zukünftige kommunale Haushalte. Im Durchschnitt lassen sich durch ihn etwa zwei Drittel des Jahresumsatzes eines Krankenhauses erlösen.

815. Unbestritten ist, dass private Träger kostenseitige Vorteile gegenüber öffentlichen Trägern genießen, da sie in dem personalkostenintensiven Krankenhaussektor nicht in gleicher Weise an tarifliche Vereinbarungen des öffentlichen Dienstes gebunden sind wie öffentliche Krankenhäuser. Insbesondere die höheren Altersvorsorgeaufwendungen je Arbeitnehmer belasten die öffentlichen Träger im Vergleich mit privaten Krankenhäusern.[20] Auch ist davon auszugehen, dass die Minderung politischer Einflüsse die Anreize für das Krankenhaus zu einem an wirtschaftlichen Kriterien ausgerichteten Angebot stärkt und daher die Wirtschaftlichkeit von Arbeitsabläufen und des Einsatzes von Ressourcen in privaten Kliniken deutlicher in den Blickpunkt rückt.

Umstrittener ist die Frage, inwiefern private Kliniken gegenüber öffentlichen Krankenhäusern im Wettbewerb benachteiligt werden. Eine mögliche Wettbewerbsverzerrung ergibt sich aus der Betrachtung der unterschiedlichen Besteuerungsmodalitäten für öffentliche, freigemeinnützige und private Krankenhausträger. Plankrankenhäuser erfüllen durch ihre gemeinnützigen Aufgaben die Voraussetzungen nach den §§ 51 bis 68 der Abgabenordnung („Steuerbegünstigende Zwecke") und sind von der Gewerbe-, Umsatz- und Grundsteuer befreit. Krankenhäuser in öffentlicher Trägerschaft sind zusätzlich von der Körperschaftsteuer befreit.

816. In der Vergangenheit waren öffentliche Krankenhäuser durch die Gewährträgerhaftung der öffentlichen Hand effektiv vor einem Konkurs geschützt. Hieraus können Vorteile bei der Aufnahme von Krediten erwachsen, die jedoch durch den höheren Aufwand der notwendigen haushaltsrechtlichen Prüfungen und Genehmigungen bei kommunalen Krankenhausträgern zumindest teilweise konterkariert werden. Zudem belegt gerade auch die fortschreitende Welle von Privatisierungen öffentlicher Krankenhäuser mit langfristig defizitären Kostenstrukturen, dass die durch die hohe Belastung der sozialen Sicherungssysteme knappen finanziellen Mittel der öffentlichen Hand keine dauerhafte Aufrechterhaltung der Gewährträgerhaftung erlauben. Ob daher öffentliche Krankenhäuser gegenüber ihren privaten Wettbewerbern bei der Aufnahme von Krediten zur Finanzierung von Investitionen signifikant im Vorteil sind, ist zweifelhaft. Entscheidender wird bei der Kreditvergabe seit Basel II die Prüfung sein, inwiefern die bestehenden organisatorischen Strukturen eines Krankenhauses Rückschlüsse auf

ein niedriges Kreditausfallrisiko zulassen. Hier kann vermutet werden, dass private Anbieter durch ihre gegenüber öffentlichen Trägern bereits wirtschaftlichere Organisation regelmäßig im Vorteil sind.[21]

2. Transparenz und Wettbewerb auf dem Krankenhausmarkt

2.1 Preiswettbewerb auf dem Krankenhausmarkt

817. Die laufenden Betriebskosten der deutschen Krankenhäuser werden von den Krankenkassen über Fallpauschalen vergütet. Die in Deutschland verwendete Form einer leistungsorientierten Vergütung über DRG-Fallpauschalen je Behandlungsfall konvergiert bis zum Ende der Konvergenzphase im Jahr 2009 zu einem System mit krankenhauseinheitlichen Basisfallwerten für jedes Bundesland.[22] Daher wird das Fallpauschalensystem voraussichtlich zwar Unterschiede im Preisniveau zwischen den Bundesländern zulassen, jedoch erlaubt es keine Preisdifferenzierung der Krankenhäuser gegenüber unterschiedlichen gesetzlichen Krankenversicherungträgern. Die Bereiche der Krankenhausversorgung, in denen Preiswettbewerb eine gewisse Bedeutung hat, sind hingegen von allenfalls geringer wirtschaftlicher Relevanz. Preiswettbewerb betrifft zum einen den Bereich der integrierten Versorgung, zum anderen bieten sich gewisse Preissetzungsspielräume bei allen freiwilligen Leistungen, bei Wahlleistungen und bei Leistungen, die gegenüber privat Versicherten erbracht werden.

Daher existiert gegenwärtig kein spürbarer Preiswettbewerb auf dem deutschen Krankenhausmarkt. Zwar besteht, solange noch krankenhausspezifische Basisfallwerte existieren, die theoretische Möglichkeit, dass Krankenkassen ihre Patienten bei der Krankenhauswahl beeinflussen und sie in günstige Krankenhäuser lotsen. Allerdings lässt in der Praxis bereits für das Konvergenzniveau des Jahres 2007 der Abgleich der Patientenzuwanderungen auf Kreisebene mit den Basisfallwerten keine nennenswerte Beziehung und damit auch keine aktive Steuerung nach Preisen erkennen.[23] Dies mag auch daran liegen, dass die Einflussmöglichkeiten der Krankenkassen auf die Patientenentscheidungen gering sind, da die GKV-Versicherten in Abstimmung mit den einweisenden Medizinern ihr Krankenhaus frei wählen können.

818. Die Abwesenheit spürbaren Preiswettbewerbs auf dem deutschen Krankenhausmarkt bedingt auch, dass fusionsbedingte Marktmacht nicht dazu genutzt werden kann, Preise kurzfristig missbräuchlich anzuheben. Selbst

---

[20] Vgl. Augurzky, B. u. a., Krankenhaus Rating Report 2008, a. a. O., S. 103 f. Die durchschnittlichen Aufwendungen zur Altersvorsorge je Vollzeitkraft betrugen 2006 bei privaten Trägern 1 082 Euro gegenüber 2 414 Euro bei freigemeinnützigen Trägern und 3 110 Euro bei öffentlichen Trägern.

[21] Vgl. Augurzky, B. u. a., Krankenhaus Rating Report 2008, a. a. O., S. 106.

[22] Der Basisfallwert entspricht den durchschnittlichen Behandlungskosten je Fall. Zur Abrechnung im deutschen Fallpauschalensystem wird unterschiedlichen Diagnosen ein individuelles Fallgewicht zugeordnet, mit dem der Basisfallwert zu gewichten ist. Während die Fallgewichte bundeseinheitlich festgelegt werden, ist für die Landesbasisfallwerte auch nach dem Abschluss der Konvergenzphase 2009 eine Differenzierung vorgesehen.

[23] Vgl. Augurzky, B. u. a., Krankenhaus Rating Report 2008, a. a. O., S. 39.

für Krankenhausbehandlungen, deren Nachfrage preiselastisch reagiert, bleiben daher durch die Regulierung auf dem Krankenhausmarkt die ansonsten durch fusionsbedingte Marktmacht induzierten allokativen Effizienzverluste aus. Allerdings hat die Monopolkommission wiederholt betont, dass längerfristig durchaus mit Problemen aus fusionsbedingter Marktmacht zu rechnen ist.[24] Zum einen erscheint es nicht sinnvoll, die zweifelsfrei in der Zukunft gegebenen Möglichkeiten für eine stärkere Rolle des Preiswettbewerbs schon heute dadurch zu unterminieren, dass Monopolsituationen geschaffen werden. Vielmehr sollten heute Strukturen erhalten werden, die dem Gesetzgeber zumindest die Möglichkeit lassen, Formen von Preiswettbewerb im Krankenhaussektor wirken zu lassen. Zum anderen, und das ist bei der Beurteilung von Krankenhausfusionen das entscheidende Moment, kann durch fusionsbedingte Marktmacht der Qualitätswettbewerb zwischen Kliniken beeinträchtigt werden.

2.2 Qualitätswettbewerb auf dem Krankenhausmarkt

819. Gesetzliche Qualitätsvorgaben für Krankenhausleistungen sind ungeeignet, ein hohes Qualitätsniveau zu garantieren. Dies gilt in gleicher Weise beispielsweise für Empfehlungen zu Prozeduren wie für Vorschriften im Rahmen der Fallpauschalenregelung zur Mindestverweildauer der Patienten im Krankenhaus. Sie dienen lediglich als Mindestvorgaben zur Absicherung des Qualitätsniveaus nach unten und erfüllen den Zweck, die Patienten vor besonders gravierendem Fehlverhalten der Ärzte zu bewahren. Im Übrigen ist darauf hinzuweisen, dass sich der Qualitätsbegriff bei Krankenhausleistungen auch auf solche Leistungen bezieht, für die er nicht explizit zu kodifizieren und daher rechtlich kaum einklagbar ist. Hierzu zählen beispielsweise die Freundlichkeit des Klinikpersonals, Wartezeiten, die „Hotelqualitäten" des Krankenhauses, die Ausstattung seiner Zimmer oder die Verpflegung. Nur ein effektiver Qualitätswettbewerb zwischen Krankenhäusern ist hier in der Lage, für ein gleichbleibend hohes, den Patientenpräferenzen entsprechendes Qualitätsniveau zu sorgen.

820. Obwohl in Anbetracht des weitgehend fehlenden Preiswettbewerbs und der allgemeinen Präferenz von Patienten für eine wohnortnahe Krankenhausversorgung der Standort des Krankenhauses und die Qualität des Dienstleistungsangebotes die entscheidenden Wettbewerbsparameter im Krankenhausmarkt bilden, ist auch der Qualitätswettbewerb zwischen den Krankenhäusern eingeschränkt. Damit Qualitätswettbewerb im Krankenhausmarkt funktioniert, wäre Transparenz über das Leistungsgeschehen eine wichtige Vorbedingung. Qualitätswettbewerb wird besonders in jenen Bereichen relevant, in denen der Patient selbständig Entscheidungen zu seiner Therapie treffen kann, also typischerweise für den recht breiten Bereich der elektiven, planbaren Krankenhausleistungen, nicht jedoch für den Bereich der Notfallrettung. Qualitätstransparenz allerdings ist in weiten Teilen

weder für Fachleute noch für die Patienten als relevante Zielgruppe gegeben.

821. Seit dem Jahr 2005 sind die nach § 108 SGB V zugelassenen Krankenhäuser zur Erstellung eines Qualitätsberichtes verpflichtet, der gemäß § 137 SGB V durch die Krankenkassen veröffentlicht wird. Das erste Berichtsjahr war das Jahr 2004. Von Interesse ist bisher insbesondere die externe vergleichende Qualitätssicherung, in deren Rahmen die deutschen Krankenhäuser für bestimmte Leistungsbereiche qualitätsrelevante Daten dokumentieren und der Bundesgeschäftsstelle Qualitätssicherung gGmbH (BQS) zentral überlassen. Diese Leistungsmessung ermöglicht in erster Linie den Krankenhäusern das Benchmarking ihrer eigenen Ergebnisqualität an den Ergebnissen anderer deutscher Krankenhäuser. Jedoch schaffen die bisherigen Qualitätssicherungsverfahren nur wenig Transparenz für Patienten, einweisende Mediziner oder die Krankenkassen als Kostenträger im Gesundheitswesen, da die Beurteilungsergebnisse einzelner Krankenhäuser weitgehend anonymisiert werden. Erst seit 2007 sind die Krankenhäuser auch dazu verpflichtet, im zweijährigen Turnus zusätzlich 27 von 270 Prozess- und Ergebnisindikatoren der externen Qualitätssicherung nach § 137 SGB V offenzulegen.

Die Verpflichtungen zur Offenlegung bestimmter Qualitätsindikatoren entfalten ihre Wirkungen daher gegenwärtig vor allen Dingen auf professioneller Ebene. Qualitätstransparenz wird überwiegend betrieben von Profis für Profis. Damit jedoch auch Patienten in stärkerem Maße als bisher die sich bietenden Qualitätsinformationen nutzen können, wäre darauf zu achten, leicht verständliche und für Vergleiche geeignete Informationsangebote zur Qualität von Krankenhausbehandlungen vorzubereiten. Hilfreich hierbei könnte auch die Bildung eines systematischen Qualitätsregisters für Krankenhausbehandlungen sein. Dieses würde Daten der Krankenhäuser über ihre Behandlungsmaßnahmen und Pflegeresultate abbilden und würde zum einen der Qualitätstransparenz gegenüber den Patienten dienen sowie zum anderen der evidenzbasierten Medizin – wie beispielsweise in Schweden praktiziert – breitere Möglichkeiten eröffnen. Gewisse Vorbehalte der Krankenhäuser gegenüber der weitreichenden Veröffentlichung von Qualitätsdaten sind hierbei verständlich. So ist die Qualität der Krankenhausversorgung ein hochkomplexes Gebilde, das subjektiver Wahrnehmung in hohem Maße ausgesetzt ist und nur an wenigen Stellen eine an Zahlen gemessene objektive Beurteilung erlaubt. Und auch die Ergebnisqualität, gemessen etwa an Todesraten, Rückfallquoten oder der Art und der Zahl von Komplikationen bei einem bestimmten Eingriff, kann von einer Reihe von Einflussfaktoren beeinträchtigt werden, die außerhalb der Kontrolle des Krankenhauses liegen. So hat die Qualität der ambulanten Vor- und Nachbehandlung mitentscheidenden Einfluss auf das Ergebnis. Auch das Verhalten des Patienten und seine individuelle Beteiligung sind für den Heilungserfolg von einiger Bedeutung. Im wirksamen Qualitätswettbewerb kann dies möglicherweise auch zu zusätzlicher Patientenselektion durch die Krankenhäuser Anreiz geben, da die Krankenhäuser die Nachteile einer schlechten Bewertung fürchten, die nicht in ihrer unmittelbaren Verantwortung, son-

---

[24] Vgl. Monopolkommission, Sondergutachten 45, a. a. O., Tz. 124; dies., Sondergutachten 52, a. a. O., Tz. 77.

dern in dem Verhalten der einweisenden Mediziner und der Mitwirkung der Patienten begründet liegt.

Die Monopolkommission ist der Auffassung, dass diese Argumente jedoch nicht geeignet sind, um sich dauerhaft einer umfassenden Transparenz des Leistungsgeschehens auf dem Krankenhausmarkt zu verschließen. Insbesondere sollten sich die entsprechenden stochastischen Probleme bereits in einem durchschnittlichen Krankenhaus mit einem jährlichen Aufkommen von etwa 8 000 Fällen vergleichsweise gut kontrollieren lassen. Empirische Untersuchungen belegen, dass der Qualitätswettbewerb überall dort wirksam ist, wo Qualität durch die Patienten leicht zu beobachten ist.[25] Hingegen führt eine Steigerung des Wettbewerbsdrucks in allen übrigen Bereichen, die sich Qualitätstransparenz entziehen, zu einer Qualitätsreduktion. Der ökonomische Hintergrund dieser Beobachtung ist nahe liegend. Krankenhäuser leiten ihre Ressourcen in besonderer Weise in jene Bereiche, die für die Nachfrageentscheidung der Patienten relevant sind. Solange keine umfassende Qualitätstransparenz im Krankenhaussektor existiert, sind die Patienten bei ihrer Wahlentscheidung auf den Rat der einweisenden Ärzte und die Erfahrungswerte aus ihrem Freundes- und Bekanntenkreis sowie dem familiären Umfeld angewiesen. Es mag daher wenig verwundern, wenn Krankenhäuser gegenwärtig vergleichsweise hohe Anstrengungen in offensichtliche Faktoren, beispielsweise die Hotelqualitäten ihrer Einrichtung, lenken und die weniger wahrnehmbaren Qualitätsbereiche vernachlässigen.

Fortschritte ließen sich bereits dadurch erzielen, dass es Krankenhäusern gestattet wird, gezielter als bisher mit Qualitätsindikatoren und Behandlungsmethoden zu werben und diese als Signale für eine hohe Angebotsqualität im Wettbewerb um Patienten einzubringen. Dem Einsatz von Werbung durch Krankenhäuser im Wettbewerb um Patienten setzen gegenwärtig das Heilmittelwerbegesetz und die Berufsordnung der Ärzte enge Grenzen. Nicht gestattet ist Ärzten insbesondere eine anpreisende, irreführende oder vergleichende Werbung. Außerhalb der Fachkreise ist zudem die Werbung für therapeutische Verfahren und Behandlungen beschränkt, um einer unsachlichen Beeinflussung von Patienten vorzubeugen und Gefahren abzuwenden, die bei schwerwiegenden Erkrankungen von einer möglichen Selbstbehandlung durch die Patienten ausgehen würden. Diese Grenzen zulässiger Werbung im Krankenhaussektor erscheinen der Monopolkommission insofern restriktiv, als Krankenhäuser allein schon zur Wahrung der Rechtssicherheit gezwungen sein könnten, mit der Weitergabe von Qualitätsinformationen an eine breite Öffentlichkeit übervorsichtig umzugehen.[26]

[25] Vgl. Propper, C., Burgess, S., Gossage, D., Competition and Quality: Evidence from the NHS Internal Market 1991-9, Economic Journal 118, 2008, S. 138–170.
[26] Vgl. zur Rolle von Werbebeschränkungen in den Berufsordnungen ausgewählter freier Berufe außerdem die Meinung der Monopolkommission im Sechzehnten Hauptgutachten: Mehr Wettbewerb auch im Dienstleistungssektor!, Hauptgutachten 2004/2005, Baden-Baden 2006, Tz. 821 ff.

822. Die insgesamt geringe Qualitätstransparenz im Krankenhaussektor diszipliniert Krankenhäuser derzeit nur unzureichend in ihren Anreizen, die Behandlungsqualität abzusenken. Dies gilt umso mehr, als zu befürchten steht, dass auch die einweisenden Ärzte die ihnen zustehende Mittlerfunktion bei der Krankenhauswahl der Patienten nur unvollkommen ausfüllen. Denn die einweisenden ambulanten Mediziner bewegen sich bei ihren Empfehlungen für oder gegen ein bestimmtes Krankenhaus an der auch im Interesse einer effizienten Versorgung immer wichtiger werdenden Schnittstelle zwischen dem ambulanten und dem stationären Sektor. Da die Verweildauer der Patienten aufgrund kostensparender Anreize, die das DRG-Fallpauschalensystem für die stationäre Krankenhausbehandlung entfaltet, deutlich zurückgegangen ist, ist zunehmend davon auszugehen, dass Nachsorgeaufgaben in der Folge operativer Eingriffe von den ambulanten Medizinern in unmittelbarer Wohnortnähe der Patienten übernommen werden.

Zunächst bietet das DRG-Fallpauschalensystem den Krankenhäusern gewisse Anreize, bei bestimmten Behandlungen die Verweildauer der Patienten im Krankenhaus stark abzukürzen. Werden Patienten aber allzu frühzeitig aus der stationären Behandlung entlassen, wird regelmäßig eine Nachsorge im ambulanten Bereich erforderlich. Diese Nachsorgeaufgaben werden inzwischen zumindest gelegentlich explizit in sog. Kick-back-Geschäften zwischen dem Krankenhaus auf der einen Seite und ambulanten Medizinern auf der anderen vertraglich geregelt. Mit ambulanten Ärzten werden Rahmenverträge abgeschlossen, in denen pro Fall oder erforderlichem Nachsorgebesuch bestimmte Zahlungen vorgesehen sind, die von den Kliniken aus der DRG-Fallpauschale bezahlt werden und für den aufnehmenden Arzt zu dem Honorar hinzukommen, das er von der Krankenkasse des Patienten für diese Behandlung erhält. Je nach Art der erforderlichen Behandlung kommen nur Ärzte mit bestimmten Qualifikationen oder einer bestimmten Apparateausstattung für eine Nachsorge in Betracht. Als Kick-back-Geschäfte beziehen sich die Vereinbarungen im Allgemeinen auf Patienten, die von den betreffenden Ärzten auch ursprünglich in das Krankenhaus eingewiesen wurden. Die Vereinbarungen liegen dann im wirtschaftlichen Interesse des einweisenden Arztes, selbst wenn sie ganz im Einklang mit der Berufsordnung der Ärzte eine nur der erbrachten Leistung entsprechende Vergütung vorsehen. Sobald regelmäßige explizite vertragliche Bindungen zwischen einzelnen Ärzten und einzelnen Kliniken zur Nachsorge stationärer Aufenthalte bestehen oder aber auch nur implizite Bindungen aus der Erfahrung, dass der Patientenrücklauf aus dem einen Krankenhaus im Durchschnitt höher ausfällt als aus einem anderen, kann nicht länger davon ausgegangen werden, dass der einweisende ambulante Arzt bei seiner Krankenhausempfehlung völlig unabhängig von wirtschaftlichen und allein nach qualitativen Kriterien urteilt. Die Monopolkommission bewertet daher alle vergleichbaren engen vertraglichen Beziehungen zwischen dem stationären und dem ambulanten Sektor als kritisch für die Funktionsfähigkeit des Qualitätswettbewerbs in der Krankenhausversorgung.

823. Die Monopolkommission behauptet nicht, dass in Anbetracht des fehlenden Preiswettbewerbs und der großen Mängel des Qualitätswettbewerbs auf dem deutschen Krankenhausmarkt für die kritischen Fusionsvorhaben von Kliniken mildere Maßstäbe zu gelten haben als für Fusionen in wettbewerblicher organisierten Industrien. Ganz im Gegenteil führt ihre Analyse sie zu der Feststellung, dass bei der fusionskontrollrechtlichen Beurteilung von Krankenhauszusammenschlüssen gerade auf den Erhalt des verbleibenden Qualitätswettbewerbs Wert zu legen ist. Wie bereits für den Preiswettbewerb gilt aus Sicht der Monopolkommission auch für den Qualitätswettbewerb auf dem deutschen Krankenhausmarkt, dass heute Strukturen erhalten werden sollen, die dem Gesetzgeber für die Zukunft die Möglichkeit belassen, die Rolle des Qualitätswettbewerbs auf dem Krankenhausmarkt im Interesse einer qualitativ hochwertigen Versorgung der Patienten mit Krankenhausleistungen weiter zu stärken.

3. Finanzierung der Krankenhausversorgung

3.1 Fehlanreize in der dualistischen Krankenhausfinanzierung

3.1.1 Investitionsförderung

824. Ziel des Krankenhausfinanzierungsgesetzes (KHG) ist die wirtschaftliche Sicherung der Krankenhäuser, um eine bedarfsgerechte Versorgung der Bevölkerung mit leistungsfähigen, eigenverantwortlich wirtschaftenden Krankenhäusern zu gewährleisten und zu sozial tragbaren Pflegesätzen beizutragen. Hierzu übernehmen die Bundesländer gemäß § 6 Abs. 1 KHG die Krankenhausplanung und stellen Investitionsprogramme auf. Der Investitionsbedarf ergibt sich aus der Krankenhausplanung, die für jede Region Zahl und Art der Krankenhausbetten anhand von Kennzahlen wie der Bevölkerungszahl, der Verweildauer oder der Bettenauslastung festlegt. Die Aufnahme in den bedarfsgerechten Krankenhausplan des jeweiligen Bundeslandes ist für Krankenhäuser nach § 8 Abs. 1 KHG Voraussetzung für eine staatliche Förderung. Plankrankenhäuser und Universitätskliniken sind zur Versorgung versicherter Personen durch einen Versorgungsvertrag mit den Landesverbänden der Krankenkassen und den Verbänden der Ersatzkassen verpflichtet. Nur wenige Kliniken außerhalb der Landesbedarfspläne, sog. Vertragskrankenhäuser, besitzen einen Versorgungsvertrag, bleiben jedoch von der Finanzierung ihrer Investitionen durch die Bundesländer ausgenommen.[27] Die Investitionsförderung teilt sich zumeist in eine antragsfreie Pauschalförderung für kurzlebige Investitionsgüter mit einer Lebensdauer von ein bis drei Jahren sowie in eine Antragsförderung für mittel- und langlebige Investitionsprojekte auf. Ihr jeweiliges relatives Gewicht an der Gesamtförderung ist von Bundesland zu Bundesland unterschiedlich. Im dualen Krankenhausfinanzierungssystem tragen die Bundesländer sodann gemäß § 4 KHG in Verbindung mit § 9 KHG die Investitionskosten der Klini-

ken, während den Krankenversicherungen gemäß § 18 KHG die Finanzierung der laufenden Betriebskosten obliegt.[28]

825. Investitionskosten, die einer Förderung durch die Bundesländer offenstehen, betreffen gemäß § 2 Nr. 2 KHG insbesondere den Neubau, den Umbau oder die Erweiterung von Krankenhäusern sowie die Wiederbeschaffung von Anlagegütern. Die Instandhaltung von Kliniken hingegen wird nicht durch die Länder finanziert, sondern durch einen Zuschlag auf die Vergütung stationärer medizinischer Leistungen. Die anfallenden Investitionskosten werden auf Antrag durch die Länder gefördert. Diese entscheiden über die Förderfähigkeit jedes Antrages und prüfen, ob das geförderte Objekt mit dem festgestellten Leistungsauftrag des Krankenhausplanes übereinstimmt. Der öffentliche Anteil am Gesamtinvestitionsaufwand der Plankrankenhäuser reduziert sich kontinuierlich, was gemeinhin mit der Überschuldung der öffentlichen Haushalte erklärt wird. So sanken die realen Fördermittel zwischen 1991 und 2005 um etwa 40 Prozent.[29] Gemäß § 8 Satz 2 KHG können die zuständigen Landesbehörden eine Teilfinanzierung mit Restfinanzierung durch den Krankenhausträger vereinbaren, wodurch die diskretionäre Anpassung des Umfangs der öffentlichen Förderung erleichtert wird. So hat die Monopolkommission für das Beispiel der Freien und Hansestadt Hamburg im Ministererlaubnisfall Asklepios Kliniken Hamburg/Krankenhaus Mariahilf festgestellt, dass hier bei Krankenhausneubauten in der Regel eine Eigenbeteiligung des Krankenhausträgers von einem Drittel der förderfähigen Gesamtkosten gefordert wird.[30] Auch ergeben sich für geförderte Investitionsentscheidungen je nach Haushaltslage des jeweiligen Bundeslandes häufig kurzfristige Restriktionen.

826. Vor dem Hintergrund der stetig rückläufigen Investitionsförderung durch die öffentliche Hand sind die Krankenhäuser zunehmend gezwungen, Investitionsprojekte über Kredite zu finanzieren und diese aus den laufenden Einnahmen zu decken. Die seit 2007 für alle Kreditinstitute verbindlichen Regeln des Basel II-Abkommens zwingen die Banken dazu, ihre Kredite in ökonomisch sinnvoller Weise risikogerecht zu bepreisen. Mithin sollen Krankenhäuser mit einem höheren Kreditausfallrisiko höhere Kapitalkosten tragen als solche, die über ein niedrigeres Kreditausfallrisiko verfügen. Von einem relativ hohen Kreditausfallrisiko sind insbesondere kleine Krankenhäuser in öffentlicher Trägerschaft betroffen, die niedrige Fallzahlen besitzen und in deren Behandlungsstruktur die TOP10-Diagnosegruppen[31] einen

---

27 Vgl. Bruckenberger, E., Klaue, S., Schwintowski, H.-P.: Krankenhausmärkte zwischen Regulierung und Wettbewerb, Berlin 2006, S. 156.

28 Hochschulkliniken genießen bezüglich ihrer dualen Finanzierung einen Sonderstatus ohne die Voraussetzung der Aufnahme in den jeweiligen Krankenhausplan des Bundeslandes (§ 5 KHG).

29 Vgl. Augurzky, B. u. a., Krankenhaus Rating Report 2007, a. a. O., S. 51.

30 Vgl. Monopolkommission, Sondergutachten 52, a. a. O., insbesondere Tz. 91 ff.

31 Die TOP10-Diagnosegruppen umfassen die zehn häufigsten Diagnosen, die einer Krankenhausbehandlung zugrunde liegen. Je höher der Anteil der TOP10-Diagnosegruppen am Gesamtbehandlungsvolumen eines Krankenhauses ist, desto ausgeprägter sollte sein Spezialisierungsgrad sein.

vergleichsweise niedrigen Anteil einnehmen.[32] Da sie auch nur in einem vergleichsweise geringem Umfang auf eigenes Kapital zurückgreifen können, zeigen sich daher insbesondere die kleinen und öffentlichen Träger bei ihren Investitionsentscheidungen auf Zuwendungen aus den staatlichen Förderprogrammen der Bundesländer angewiesen.[33] In diesem Kontext ist allerdings darauf hinzuweisen, dass es sich bei den unterschiedlichen Finanzierungslasten nicht um eine strukturelle Wettbewerbsbenachteiligung kleiner und öffentlicher Krankenhausträger handelt, da die bei diesen anfallenden höheren Kapitalkosten in der Regel wirtschaftlich relevanten Gesichtspunkten entsprechen sollten, nämlich der Ausfallwahrscheinlichkeit ihrer vergleichsweise riskanten Kredite. Strukturell benachteiligt sind jedoch – solange eine Krankenhausplanung betrieben und eine Investitionsförderung durch den Staat nur Plankrankenhäusern gewährt wird – die Nichtplankrankenhäuser gegenüber den Plankrankenhäusern. Denn im Wettbewerb um privat versicherte Patienten müssen ausschließlich die Nichtplankrankenhäuser sämtliche Kapitalkosten selbst tragen.

827. Die duale Finanzierung ist ökonomisch problematisch, weil sie triftige Nachfrageprognosen durch staatliche Planung voraussetzt. Die Investitionsplanung muss Nachfrageentwicklungen prognostizieren und zutreffende Kenntnisse über die zukünftig gesellschaftlich erwünschte Nachfrage nach stationären Krankenhausleistungen besitzen. Damit Krankenhauskapazitäten und die technische Ausstattung in der Fläche zutreffend festgelegt werden können, wird Wissen über die künftige regionale Bevölkerungsentwicklung benötigt. Hierbei gilt es, einerseits die bloße quantitative Veränderung abzuschätzen, aber auch Veränderungen in der Bevölkerungsstruktur, da sich hieraus wichtige Schlussfolgerungen für den Bedarf an Versorgungsangeboten in einer Region ziehen lassen. In zeitlicher Hinsicht ist diese Nachfrageentwicklung dann über den gesamten Nutzungszeitraum des jeweils betrachteten Investitionsgutes abzuschätzen, damit in ökonomisch richtiger Weise über seine Anschaffung und Errichtung entschieden werden kann. Da dieser Betrachtungszeitraum im Krankenhausbereich durchaus 25 Jahre betragen kann und das innovatorische Leistungsvermögen der Branche weiterhin ungebrochen ist, sollte es staatlichen Stellen besonders schwerfallen, auf eine solch lange Sicht die für eine erfolgreiche Investitionsplanung notwendige Nachfrageprognose abzugeben.

Die Monopolkommission ist sich bewusst, dass es auch bei einer wettbewerblichen Organisation des Krankenhausmarktes zu Fehlentscheidungen bei der Investitionsplanung kommen kann. Eine stärkere Rolle für den Wettbewerb bei der Organisation des Angebotes von Krankenhausleistungen ist jedoch geboten, da der Wettbewerb die dezentral vorliegenden Informationen besser nutzen, daher auch begangene Fehler schneller korrigieren und im Zeitablauf besser zur Aufdeckung bislang unbekannter Innovationsmöglichkeiten beitragen kann, als es die planerische Investitionssteuerung vermag.

828. Die staatliche Investitionsförderung führt außerdem zu Wettbewerbsverzerrungen zwischen dem ambulanten und dem stationären Versorgungsbereich und benachteiligt besondere Vertragsformen. Dies gilt insbesondere in Bereichen, in denen die Krankenkassen als Kostenträger mitwirken und daher die relativen Preise der unterschiedlichen Bereiche eine gewisse Lenkungswirkung entfalten. Ein solcher Zusammenhang ist für besondere Vertragsformen gegeben wie beispielsweise für das Angebot integrierter Versorgungsformen, mit denen die Krankenkassen für bestimmte Erkrankungen eine die Leistungssektoren übergreifende Versorgung über Einzelverträge mit ausgewählten Leistungserbringern sicherstellen können und hierdurch die Häufigkeit von Krankenhauseinweisungen und die Verweildauer im Krankenhaus reduzieren. Bei korrekten Preisverhältnissen ergäben sich für diese höhere Ersparnisse, als aufgrund des durch die Subventionierung künstlich niedrigen Kostenniveaus des stationären Bereiches erreicht werden.

829. Weiterhin ist die duale Finanzierung des Krankenhaussektors problematisch, da sie die Investitionsentscheidungen verzerrt. Denn es lassen sich im Krankenhaussektor zum einen Kapital und Arbeit zumindest teilweise substituieren. Es sollte daher von den relativen Preisen langlebiger Investitionsgüter und den laufenden Kosten ihres Betriebes abhängig sein, welcher Technologie bei der Anschaffung der Vorzug gegeben wird. Zu beachten ist, dass die Personalkosten im Krankenhaussektor den wesentlichen Kostenanteil ausmachen. Im Jahr 2006 betrug ihr Anteil 62,3 Prozent an den Gesamtkosten, auf Sachkosten entfielen hingegen nur 36,2 Prozent.[34] Sollen die Investitionsentscheidungen über den Einsatz von Arbeit und Kapital nun in optimaler Weise getroffen werden, müssen diese simultan und daher „aus einer Hand" erfolgen.

Zum anderen bedingt eine optimale Investitionsentscheidung stets eine Abwägung der Investitionskosten mit den aus der Investition zukünftig zu erwartenden Erträgen. Jedes Investitionsprojekt soll mit der Zeit zu Erträgen führen, die seine direkten Kosten zuzüglich seiner Finanzierungskosten zumindest aufwiegen. In der dualen Krankenhausfinanzierung aber wird die Kostenseite von der Ertragsseite losgelöst, da die Kapitalkosten nicht angemessen in die Investitionsentscheidung eingehen und auch die notwendigen finanziellen Mittel nicht auf dem Kapitalmarkt beschafft werden müssen. Der Investitionsprozess ist daher auch keinem strengen betriebswirtschaftlichen Optimierungsprozess unterworfen. Ganz im Gegenteil besteht aufgrund der großen Einflussmöglichkeiten von politischen Gremien und von Interessenver-

---

[32] Vgl. Augurzky, B. u. a., Krankenhaus Rating Report 2007, a. a. O., S. 84 f.

[33] Die Fördermittel der öffentlichen Hand bilden zugleich eigenkapitalähnliche Positionen in den Bilanzen der geförderten Krankenhäuser. Insbesondere „Sonderposten aus Fördermitteln nach dem KHG" fallen hierunter. Denn solange ein Krankenhaus seine Zweckbestimmung nicht ändert und es entsprechend im Krankenhausplan enthalten ist, sind die Fördermittel grundsätzlich nicht zurückzuzahlen.

[34] Vgl. Augurzky, B. u. a., Krankenhaus Rating Report 2008, a. a. O., S. 44.

bänden auf die Entscheidungsprozesse sogar die Gefahr, dass sparsame und wirtschaftliche Lösungen nicht durchgesetzt werden können.

830. Die Monopolkommission sieht in der von den Bundesländern geleisteten zentralen Krankenhausplanung und der mit ihr verbundenen Investitionsförderung für Plankrankenhäuser ein wichtiges Hemmnis für Innovationen und Wirtschaftlichkeit im Krankenhaussektor. Die Monopolkommission plädiert stattdessen für eine Krankenhausplanung, die nicht länger die Gewährleistung einer allumfassenden Krankenhausversorgung auf dem Gebiet eines jeden Bundeslandes im Blick hat, sondern auf die Sicherstellung lediglich einer unbedingt erforderlichen Mindestversorgung gerichtet ist. Für alle übrigen Bereiche muss ein Finanzierungssystem gefunden werden, das es den Krankenhäusern erlaubt, ihr Angebot im Wettbewerb an dem durch die Krankenkassen und Patienten geäußerten lokalen Bedarf auszurichten und stetig fortzuentwickeln.[35] Ausschlaggebend für diese Forderung sind die zahlreichen verzerrenden Wirkungen des Investitionsförderverfahrens, das zudem anfällig gegenüber einseitig an nicht gesundheitspolitischen Fragestellungen ausgerichteter politischer Einflussnahme ist. Die staatliche Investitionsförderung benachteiligt Nichtplankrankenhäuser gegenüber Plankrankenhäusern im Wettbewerb um Privatpatienten, ihr zentralistisches Verfahren nutzt die dezentral vorliegenden Informationen über den lokalen Bedarf an Krankenhausleistungen nicht in effizienter Weise, lässt mögliche innovatorische Potenziale unausgeschöpft und kann im Einzelfall sinnvolle unternehmerische Tätigkeit von Krankenhausträgern unterbinden. Am bedeutendsten aber ist, dass die staatliche Investitionssteuerung im Krankenhauswesen die Investitionsentscheidungen verzerrt, da sie Entscheidungen über Anlagegüter und Technologien auf der einen Seite von den Entscheidungen über Arbeit auf der anderen loslöst und die betriebswirtschaftlichen Beziehungen der Kosten- und Ertragsseite eines Investitionsprojektes vernachlässigt.

3.1.2 Fallpauschalen

831. Für alle Fachabteilungen der stationären Versorgung außer Psychiatrie, Psychosomatik und psychotherapeutischer Medizin wurde im Jahr 2003 das G-DRG-System[36] als ein Fallpauschalensystem eingeführt, über das die Krankenhäuser die behandelten Fälle zur Deckung ihrer laufenden Betriebskosten abrechnen. Seit dem Jahr 2004 wird es durchgängig verwendet. Fallpauschalen bezeichnen Einmalzahlungen an die Krankenhäuser, die diese nach einer Diagnose zur Abgeltung sämtlicher Behandlungskosten erhalten. Im Grundsatz erfolgt die Vergütung unabhängig davon, wie lange der Aufenthalt des Patienten im Krankenhaus tatsächlich dauert und welchen Behandlungen er in dieser Zeit unterzogen wird. Da eine

längere Verweildauer eines Patienten aber genauso wie eine höhere Behandlungsqualität für das Krankenhaus in der Regel zusätzliche Kosten verursacht, sind einer Vergütung über Fallpauschalen Anreize zur frühzeitigen oder sogar verfrühten, sog. „blutigen" Entlassung und zur Absenkung der Behandlungsqualität immanent, die das deutsche Fallpauschalen-System durch eine Reihe von Auffangmechanismen zu kontrollieren versucht.

832. Durch die Vergütung über Fallpauschalen geht das kurzfristige Behandlungskostenrisiko von der Krankenkasse auf das Krankenhaus über. Erfordert die Behandlung eines Patienten eine besondere Qualität, deren Kosten von der Fallpauschale nur unvollkommen abgedeckt werden, oder benötigt ein Patient eine außergewöhnlich lange Verweildauer im Krankenhaus, so trägt zunächst das Krankenhaus die hieraus entstehenden Verluste. Da diesen besonders schwerwiegenden Fällen jedoch in der Regel auch Fälle entgegen stehen sollten, deren tatsächliche Behandlungskosten unter der Fallpauschalenvergütung liegen, sollte bereits ein durchschnittlich großes Krankenhaus, das etwa 8 000 Fälle im Jahr behandelt, dieses Risiko zumindest teilweise übernehmen können.[37] Um dennoch problematische Kostenausreißer zu vermeiden, wird mit jeder Fallpauschale eine obere Grenzverweildauer verknüpft, ab der die prospektive Vergütung aussetzt und eine am tatsächlichen Mehraufwand orientierte zusätzliche Vergütung über tagesgleiche Pflegesätze einsetzt. Im Ergebnis bewirkt diese Regelung eine Aufteilung des Krankheitskostenrisikos zwischen den Krankenhäusern auf der einen und den Krankenkassen auf der anderen Seite.

833. Die genannte Regelung wirkt sich auch auf die finanziellen Anreize zur Patientenselektion aus. Denn bei jeder gegebenen Fallpauschalenhöhe sind besonders jene Patienten für das Krankenhaus attraktiv, die einen vergleichsweise kostengünstigen Behandlungsverlauf erwarten lassen. Es ist daher davon auszugehen, dass Krankenhäuser sich darum bemühen, die Einweisungen der Ärzte zu steuern und unattraktive Fälle an konkurrierende Kliniken abzuschieben. Hierzu hat ein Krankenhaus auch einige Gelegenheit, indem es gegenüber wenig attraktiven Patienten beispielsweise auf seine hohe Auslastung, seine vermeintlich unzureichende medizinische Infrastruktur oder seine vergleichsweise geringe Erfahrung in dem betreffenden Spezialgebiet verweist.[38] Der Einsatz einer kostenorientierten Vergütung oberhalb der kritischen Grenzverweildauer wirkt nun zumindest solchen Anreizen zur Patientenselektion entgegen, die aus den zusätzlichen Kosten einer überdurchschnittlich langen Behandlungsdauer herrühren. Anreize zur Patientenselektion jedoch, die daraus entstehen, dass vereinzelt besonders kostenaufwendige Behandlungsmethoden zum Einsatz kommen müssen, werden hierdurch noch nicht abgemildert.

---

[35] Der Abschnitt 3.2.2 wird klären, nach welchen Kriterien hierbei vorzugehen ist und wie sich die flächendeckende Versorgung mit dem politisch erwünschten Mindestangebot von Krankenhausleistungen wettbewerbsneutral erreichen lässt.

[36] German-Diagnosis-Related-Groups-System.

[37] Vgl. Felder, S., a. a. O., S. 54 ff.

[38] Dieser finanzielle Anreiz zur Patientenselektion verstärkt den bereits als problematisch erachteten Selektionsanreiz bei hoher Qualitätstransparenz und wirksamen Reputationsmechanismen im Krankenhaussektor, vgl. Abschnitt 2.2.

834. Der Gefahr „blutiger" Entlassungen wird durch die Festlegung einer unteren Grenzverweildauer begegnet. Durch die pauschalierte Vergütung besteht für das Krankenhaus ein Anreiz, Patienten aus Gründen der Kostenersparnis vorzeitig zu entlassen. Da die hierdurch auftretenden Komplikationen Zusatzkosten aufseiten der Krankenkasse durch erforderlich werdende Zusatzbehandlungen nach sich ziehen, werden zum einen Regelungen getroffen, die eine Mehrfacheinweisung aufgrund derselben Diagnose verhindern sollen und mithin zusätzliche Gewinnmöglichkeiten für das Krankenhaus schmälern, und zum anderen untere Grenzverweildauern definiert. Unterschreitet ein Patient die der Diagnose entsprechende Mindestaufenthaltsdauer im Krankenhaus, wird die betreffende Leistungspauschale gekürzt.

835. Grundlage für die Abrechnung der Leistungen eines Krankenhauses bildet gegenwärtig sein individueller Basisfallwert. Während der Konvergenzphase bis zum Jahr 2009 werden die Basisfallwerte der Krankenhäuser sukzessive an den jeweiligen Landesbasisfallwert angepasst, der die Vergütung eines durchschnittlichen Falles in dem jeweiligen Bundesland beschreibt. Nach Abschluss der Konvergenzphase soll der Landesbasisfallwert für sämtliche Krankenhäuser eines Bundeslandes die einheitliche Berechnungsgrundlage bilden.[39]

Um aus dem Basisfallwert den für den einzelnen Behandlungsfall relevanten Abrechnungswert (Fallpauschale) zu ermitteln, werden Kostengewichte und eine Klassifikation des betreffenden Falles in eine Fallgruppe benötigt. In Deutschland findet hierfür die G-DRG-Klassifikation Anwendung, bei der es sich um eine Weiterentwicklung der differenzierten australischen DRG-Klassifikation für den deutschen Krankenhausmarkt handelt. Zu ihrer Anpassung untersucht das Institut für das Entgeltsystem im Krankenhaus (InEK) jährlich die Kostenstrukturen in einer Stichprobe von Kalkulationskrankenhäusern. Auf diese Weise werden die Kostengewichte einzelner Diagnosegruppen zueinander ermittelt und es werden ihnen Bewertungsrelationen zugewiesen. Der durchschnittlich teure Fall erhält den Wert 1, mithin entspricht seine Fallpauschale dem Basisfallwert. Bei der Abgrenzung einer Diagnosegruppe werden neben den medizinischen Indikationen und Prozeduren auch die Fallkosten berücksichtigt. Sobald die Varianz der Fallkosten ein bestimmtes Maß überschreitet, wird die betrachtete DRG in zwei oder mehrere Diagnosegruppen aufgespalten. Daher ist die Zahl der Diagnosegruppen von anfänglich 664 im Jahr 2003 auf mittlerweile 1 137 angewachsen. Darüber hinaus sind gegenwärtig 115 Zusatzentgelte für besondere Leistungen vereinbart, also teure therapeutische Verfahren, Medikamente oder Blutprodukte, die neben den Fallpauschalen abgerechnet werden können.

836. Die Landesbasisfallwerte, zu denen die individuellen Basisfallwerte der Krankenhäuser konvergieren, werden entsprechend § 18 KHG auf Landesebene zwischen den Krankenhausträgern und den Krankenversicherungsträgern ausgehandelt. Maßgeblich für die Regelung dieses Verhandlungsprozesses ist § 10 Krankenhausentgeltgesetz (KHEntgG). Bei seiner erstmaligen Vereinbarung für das Jahr 2005 war jeder Landesbasisfallwert so festzulegen, dass Beitragserhöhungen für die Kassen ausgeschlossen waren.[40] Diese Regelung impliziert, dass der Fallwert hier nicht allein anhand von Kostenstrukturen festgelegt wurde. Seither wird der Landesbasisfallwert, ausgehend von der Vereinbarung des Vorjahres, jeweils neu ausgehandelt, wobei vielfältige Faktoren zu berücksichtigen sind. § 10 Abs. 3 KHEntgG zählt hierzu unter anderem die allgemeine Kostenentwicklung, Möglichkeiten zur Ausschöpfung von Wirtschaftlichkeitsreserven und die allgemeine Kostendegression bei Fallzahlsteigerungen. Im Ergebnis entspricht das G-DRG-Fallpauschalensystem daher einer Price-Cap-Regulierung, die in statischer und in dynamischer Hinsicht entsprechende positive wie negative Anreize entfaltet.

Während der laufenden Konvergenzphase wird die wirtschaftliche Betätigung der Krankenhausträger außerdem gemäß § 4 KHEntgG durch eine Berechnung prospektiver flexibler Budgets und durch einen teilweisen Ausgleich von Mehr- und Mindererlösen beschränkt. Hierdurch soll über die Dauer der Konvergenzphase, in der das DRG-Fallpauschalensystem noch als ein lernendes, sich ständig adaptierendes System ausgelegt ist, vermieden werden, dass sich aus Veränderungen im Leistungsumfang problematische finanzielle Belastungen für einzelne Krankenhäuser einstellen. Grundidee der Budgetierung ist es, dass den Krankenhäusern bei Unterschreiten des erwarteten Leistungsumfangs zumindest genügend Mittel verbleiben, um ihre Fixkosten zu decken, und ihnen andererseits bei einer Mehrleistung noch Mittel in einer Höhe belassen werden, dass die tatsächlich entstandenen Mehrkosten abgedeckt sind. Die Monopolkommission weist darauf hin, dass die Budgetierung in der Übergangsphase im Wesentlichen als ein Instrument zu begreifen ist, mit dem den Krankenhäusern Anreize genommen werden, ihren Leistungsumfang durch eine Fallzahlenausweitung mit großer Geschwindigkeit zulasten der übrigen Anbieter auszudehnen. Sie verfestigt die bestehenden Strukturen in der Krankenhausversorgung. Die Monopolkommission ist daher der Auffassung, dass eine Fortschreibung der Budgetierung über die Konvergenzphase hinaus eine erhebliche Störung des Krankenhauswettbewerbs bedeuten und wichtige marktliche Anpassungsprozesse unnötig verlangsamen würde.

837. Grundsätzlich ist das Fallpauschalensystem nicht gegen Qualitätssenkungen durch die Krankenhäuser und auch nicht gegen ein manipulatives Kodierverhalten gefeit. Da die Krankenhäuser in dem als Festpreissystem ausgelegten DRG-Vergütungssystem für unterschiedli-

---

[39] Unterschiedlich hohe Landesbasisfallwerte der Bundesländer werden damit begründet, dass es regionale Kostenunterschiede bei der Bereitstellung stationärer Krankenhausleistungen gibt. Es ist nicht unmittelbar ersichtlich, weswegen solche Kostenunterschiede nur zwischen den Bundesländern und nicht auch innerhalb der Bundesländer relevant werden. Entsprechend erscheinen der Monopolkommission Stadt-Land-Unterschiede gegebenenfalls problematischer als die Unterschiede zwischen zwei Bundesländern.

[40] Beitragserhöhungen werden gemäß § 10 Abs. 2 KHEntgG gebilligt, wenn sie nach Ausschöpfung jeglicher Wirtschaftlichkeitsreserven zur Aufrechterhaltung der medizinischen Versorgung erforderlich sind.

che Therapieformen unterschiedlich hohe Gewinnmargen erzielen können, besteht ein Anreiz, die behandelten Fälle lukrativ einzugruppieren und auf diese Weise das Behandlungsaufkommen bei Diagnosen und Zusatzentgelten mit hohen Margen auszuweiten. Ein Beispiel hierfür bildet die Beobachtung, dass zumindest während der Einführungsphase des DRG-Katalogs in Deutschland kaum mehr normale Entbindungen dokumentiert wurden und stattdessen die Angabe von Geburtskomplikationen die Regel darstellte. Nach Ansicht der Monopolkommission werden sich die im DRG-Abrechnungsverfahren angelegten Anreize für ein vergleichbares missbräuchliches Verhalten der Krankenhäuser niemals gänzlich beseitigen lassen. Die Regelungen zur unteren und oberen Grenzverweildauer sind wie die Kodierrichtlinien, trotz aller zwischenzeitlichen Bemühungen, nur in begrenztem Umfang dazu geeignet, missbräuchliches Verhalten durch die Krankenhäuser einzudämmen.

838. Die Einführung innovativer Untersuchungs- und Behandlungsmethoden stellt das im Grundsatz an den durchschnittlichen Bereitstellungskosten der Vergangenheit orientierte DRG-System vor eine Herausforderung. Innovative Konzepte sind durch die Krankenhäuser immer dann bedenkenlos umsetzbar, wenn sie zugleich nicht teurer sind als die Fallpauschale bei der entsprechenden Diagnose. Der Einsatz der Innovation hängt dann lediglich davon ab, ob die bisherige Standardmethode zu höheren oder geringeren Kosten für das Krankenhaus führt.

Eine Innovation, die zu Mehrkosten führt, muss jedoch auf anderen Wegen finanziert werden. Krankenhäuser müssen nach § 6 Abs. 2 KHEntgG mit den Krankenkassen vor Ort zunächst zeitlich befristete, fallbezogene Entgelte oder Zusatzentgelte für die neue Untersuchungs- und Behandlungsmethode vereinbaren. Jedoch muss das Krankenhaus vor der Vereinbarung einer gesonderten Vergütung bereits bis zum jeweiligen 31. Oktober eines Jahres beim InEK für das folgende Abrechnungsjahr eine Information dazu einholen, ob die neue Methode mit den bestehenden Fallpauschalen und Zusatzentgelten sachgerecht abgerechnet werden kann. Das InEK prüft dann zusätzlich, ob das innovative Verfahren in die Regelversorgung aufgenommen werden und in welcher Weise es durch eine DRG oder ein Zusatzentgelt finanziert werden soll. Hierzu müssen zusätzliche Kostendaten erhoben werden. Bis zum Zeitpunkt der Aufnahme in die Regelversorgung muss jedes Krankenhaus einzeln die Prüfung der neuen Leistung beantragen. Dies kann insbesondere durch die Fristsetzung zu Verzögerungen führen, wenn innovative Methoden gleichzeitig in mehreren Häusern evaluiert werden sollen, einzelne Häuser jedoch die Beantragung der Prüfung versäumen. Die Fristsetzung ist nur erforderlich, damit die innovative Untersuchungs- und Behandlungsmethode gegebenenfalls bereits im Folgejahr als Regelversorgungsbestandteil abgerechnet werden kann. Im Interesse der zeitnahen Markteinführung eines neuen Verfahrens in einem einzelnen Krankenhaus sollte sie jedoch nach Auffassung der Monopolkommission bedeutungslos sein und sollten daher Verhandlungen des Krankenhauses mit den Krankenkassen jederzeit geführt werden können.

839. Das DRG-System setzt als ein prospektives Vergütungssystem für jedes Krankenhaus kurzfristige Anreize zu kostensparendem Verhalten. Denn ein Krankenhaus kann stets die Differenz zwischen der Vergütung und seinen tatsächlich entstandenen Kosten einbehalten. Mit Blick auf die Gesamtheit der deutschen Krankenhäuser allerdings handelt es sich bei dem DRG-System weiterhin um eine kostenbasierte Regulierung, in der die Preise für einzelne Krankenhausleistungen nur insofern von der Zahlungsbereitschaft der Gesellschaft für diese abhängig gemacht werden, als die Nebenbedingung moderater Krankenkassenbeiträge eingehalten werden soll, und sie ansonsten einzig von ihren durchschnittlichen Bereitstellungskosten abhängig gemacht werden.

Durch die detaillierte Ausdifferenzierung der G-DRG-Fallpauschalen nimmt die Vergütung immer stärker den Charakter einer Einzelleistungsvergütung an. Auf der einen Seite wird hierdurch das Behandlungsgeschehen in den einzelnen Krankenhäusern zwar auch immer besser abgebildet. So können selbst sehr kostenintensive Therapien den Krankenhäusern entgolten werden, mithin wird das Kostenrisiko für die Krankenhäuser erheblich reduziert. Auf der anderen Seite jedoch ähnelt das ganze System auch wieder zunehmend einer Kostenerstattungsregelung, die zumindest mittelfristig die kurzfristig gewonnenen Anreize zu kostensparendem Verhalten vertilgt und Anreize zur Vermehrung unnötiger Behandlungen bietet.

840. Nicht vergessen werden darf schließlich, dass das DRG-System einen nicht unerheblichen Transaktionskostenaufwand mit sich bringt. Dieser fällt einerseits bei der ständigen Justierung des Abrechnungskatalogs an zentraler Stelle an und ist auch in den Krankenhäusern selbst nicht von der Hand zu weisen. So ist der bürokratische Aufwand, den Krankenhausärzte und Verwaltungsmitarbeiter leisten, in den letzten Jahren auch aufgrund der Einführung des Fallpauschalen-Systems angewachsen.

841. Die Einführung einer prospektiven Vergütung über G-DRG-Fallpauschalen sollte die Fehlanreize tagesgleicher Pflegesätze beseitigen, einen bedarfsgerechten und effizienten Ressourceneinsatz und einen leistungsorientierten Fluss von Finanzmitteln gewährleisten, den Wettbewerb fördern und eine stärker am tatsächlichen Bedarf orientierte Entwicklung von Strukturen und Kapazitäten bewirken. Tatsächlich setzt das System den Krankenhäusern kurzfristige Kostensenkungsanreize und stärkt während der Konvergenzphase die Transparenz der Angebots- und Kostenstrukturen im Krankenhauswesen.

Insgesamt bleibt allerdings weitgehend ambivalent, ob das momentane Finanzierungsregime eher eine Erhöhung der Angebotsqualität oder ihre Verringerung fördert. Denn in dem Festpreissystem erweisen sich die nur mühsam zu kontrollierenden Anreize für wirtschaftlich agierende Krankenhausbetreiber als problematisch, zur Steigerung der eigenen Gewinne die Behandlungsqualität kostenreduzierend abzusenken, Patienten zu frühzeitig aus der Behandlung zu entlassen, eine Selektion der Patienten nach wirtschaftlichen Kriterien vorzunehmen sowie unnötige, zusätzliche Behandlungen, wie beispielsweise die häufig nicht zwingend erforderlichen Mandeloperationen in HNO-Kliniken, vorzunehmen.

Die Entwicklung zur Einzelleistungsvergütung bei den G-DRG-Fallpauschalen kann zudem Innovationsanreize hemmen. Zwar sind die kurzfristigen Anreize zur Kostensenkung anzuerkennen, als problematisch erweist sich jedoch der Trend zu standardisierten Behandlungen und Prozeduren. Den Krankenhäusern und behandelnden Ärzten bleiben zudem ohne explizite Verhandlungen mit den Kostenträgern nur geringe Spielräume zur Entwicklung neuartiger Behandlungen, die einerseits teurer als etablierte Methoden sind, andererseits aber auch die Qualität weiter verbessern würden. Im Zusammenspiel mit den verzerrenden Wirkungen der staatlichen Investitionsförderung ergeben sich daher aus der dualen Finanzierung insgesamt bedenkliche Implikationen für die Innovationstätigkeit im Krankenhaussektor.

3.2 Handlungsempfehlungen

3.2.1 Rückkehr zur Monistik

842. Aus Sicht der Monopolkommission ist es ein überlegenswerter Schritt, den Krankenhausmarkt erneut einem monistischen Finanzierungssystem zu unterwerfen. In einem solchen würden sämtliche Betriebsausgaben und Investitionen aus Fallpauschalen gedeckt. Insbesondere vonseiten deutscher Krankenhäuser regt sich gegen diesen seit längerer Zeit diskutierten Vorschlag jedoch einiger Widerstand. Hierbei wird insbesondere auf den Investitionsstau verwiesen, den die in der Vergangenheit nicht bedarfsgerechten Investitionszuschüsse der öffentlichen Hand hinterlassen haben und der zur Schaffung fairer Wettbewerbsbedingungen erst beseitigt werden müsse, bevor ein monistisches Krankenhausfinanzierungssystem eingeführt werden könne.

843. Aus ökonomischer Sicht sollte mit dem Terminus Investitionsstau jene Investitionssumme beschrieben werden, die zum Erreichen des optimalen Investitionsniveaus fehlt. Da dieses jedoch von einer Vielzahl sich teilweise dynamisch entwickelnder und in die Zukunft gerichteter, unsicherer Faktoren abhängig ist, beispielsweise von den relativen Preisen menschlicher Arbeit und des einzusetzenden Kapitals, von den sich wandelnden technischen Möglichkeiten sowie von den Vorlieben der Patienten und der Ausgestaltung des Versicherungssystems, ist seine exakte Quantifizierung schwierig bis unmöglich. Die in der Öffentlichkeit diskutierten Summen schwanken daher stark, obgleich insgesamt kein Zweifel an der Existenz eines gewissen Investitionsrückstandes im Krankenhaussektor besteht. Die Deutsche Krankenhausgesellschaft hat 2006 den bestehenden Investitionsstau wegen ausbleibender gesetzlich vorgesehener Investitionsfinanzierung auf 50 Mrd. Euro beziffert.[41] Bei der genannten Zahl handelt es sich offensichtlich um die Differenz zwischen dem Investitionsbedarf der Plankrankenhäuser, für den diese in

der Vergangenheit Investitionsfördermittel beantragt hatten, und den tatsächlichen Investitionen, die unter Bewilligung von Investitionsfördergeldern ausgeführt wurden. Allerdings bleiben hierbei jene Investitionen unberücksichtigt, die Krankenhausträger aus den laufenden Einnahmen oder unter Aufnahme von Fremdkapital ausgeführt haben. Zudem kann der beantragte Fördermittelbedarf auch nur ein sehr ungenauer Indikator für den tatsächlichen Investitionsrückstand der deutschen Krankenhäuser sein. Denn der deutsche Krankenhausmarkt verfügt weiterhin über Überkapazitäten. Da die verantwortlichen Entscheidungsträger in den Krankenhäusern ihre eigene Kapazitäten in vermutlich nur sehr geringem Umfang infrage stellen und stattdessen auf die Erneuerung der bestehenden Kapazitäten drängen werden, ist daher davon auszugehen, dass ein in dieser Weise beschriebener Investitionsstau tendenziell zu hoch angesetzt ist.

Andere Untersuchungen kommen daher auch zu einem moderateren Ergebnis. Das Rheinisch-Westfälische Institut für Wirtschaftsforschung e. V. (RWI) beispielsweise hat zur Kalkulation des Investitionsstaus im deutschen Krankenhaussektor das westdeutsche Bundesland mit den höchsten Fördermitteln je Fall, Bayern, als Benchmark herangezogen und unterstellt, dass die Fördermittel Bayerns für die übrigen Bundesländer gerade ausreichend wären, um die erforderlichen Investitionen der Krankenhäuser zu tätigen. Diese Vorgehensweise ist dann plausibel, wenn man davon ausgeht, dass der Betrag, um den der notwendige Investitionsbedarf in Bayern über den tatsächlich gewährten Fördermitteln liegt, in etwa der Investitionssumme entspricht, die die bayerischen Krankenhäuser aus eigenen Mitteln aufgebracht haben. Bei einer linearen Abschreibung der Investitionen von 2,5 Prozent p. a. lässt sich der Investitionsstau dann auf 23,6 Mrd. Euro schätzen, bei einer degressiven Abschreibung von 5 Prozent p. a. beträgt er 19 Mrd. Euro.[42]

844. Nach der Rückkehr zur Monistik generieren nun Investitionszuschläge auf die Betriebskosten-Fallpauschalen für Investoren einen Anreiz zum Abbau des bestehenden Investitionsstaus. Investitionstätigkeit ist stets in die Zukunft gerichtet. Nur solange die erwarteten Grenzerträge eines Investitionsprojektes die Grenzkapitalkosten übertreffen, sollte ein risikoneutraler Krankenhausträger weiteres Geld in sein Vorhaben lenken. In der Vergangenheit sind in deutschen Krankenhäusern notwendige Investitionen ausgeblieben, weil den durch die stetig sinkende staatliche Investitionsförderung hohen erforderlichen privaten Investitionsaufwendungen keine entsprechenden erwarteten Erträge entgegen standen. Im dualistischen Krankenhausfinanzierungssystem hätten die staatlichen und durch die Bundesländer an die Plankrankenhäuser gewährten Investitionsfördermittel das Maß an zusätzlich erforderlichen Eigenmitteln der Krankenhausträger zumindest reduzieren sollen und auf diese Weise gebotene Investitionstätigkeit rentabel gemacht. Ausreichend bemessene Investitionszuschläge wirken nun in ähnlicher Weise, indem sie die aus der Investitionstätig-

[41] Vgl. Deutsche Krankenhausgesellschaft, Deutschland droht Spitzenplatz in der Medizin zu verlieren – Bundesweites Sonder-Investitionsprogramm gefordert, Pressemitteilung vom 8. April 2007, http://www.Dkgev.de/media/file/2826.2007-04-08_PM-DKG-zur-Investitionsquote-der-Kliniken.pdf [Stand: 25. März 2008].

[42] Vgl. Augurzky, B. u. a., Krankenhaus Rating Report 2007, a. a. O., S. 51 f.

keit zu erwartenden Erträge auf ein Niveau anheben, das den Einsatz privater Mittel lohnt.

845. Investitionszuschläge erfüllen außerdem eine erwünschte Lenkungswirkung bei der Investitionssteuerung, da die Krankenhäuser zuallererst in diejenige Bereiche investieren werden, die ihnen einen vergleichsweise hohen Deckungsbeitrag durch ein hohes Fallaufkommen sicherstellen. Gerade in dieser Hinsicht bietet die monistische Krankenhausfinanzierung einen bedeutenden Vorteil gegenüber dem dualistischen System. Zum einen fällt es der staatlichen Krankenhausplanung schwer, die Nachfrage im Rahmen einer Planwirtschaft zutreffend zu erfassen, zum anderen werden durch die dualistische Finanzierung Investitionsentscheidungen verzerrt, da die Entscheidungen über Kapital- und Arbeitseinsatz, die teilweise substituierbar sind, nicht simultan, sondern separat gefällt werden. Mithilfe von Investitionszuschlägen jedoch können und sollen die Krankenhäuser nun selbst über die Art und den Umfang ihrer Investitionstätigkeit entscheiden und dabei bewusst jene Informationen strategisch nutzen, über die nur sie verfügen, weil sie vor Ort den täglichen Bedarf an Krankenhausleistungen bereitstellen. Im Sinne wirtschaftlicher Entscheidungen wären die Krankenhäuser fortan auch zu einer laufenden Erfolgsrechnung gezwungen und könnten ihre Investitionsentscheidungen auf der Grundlage einer Investitionsrechnung ausführen, die den Zusammenhang zwischen den jeweiligen Investitionskosten und den mit ihnen verbundenen Erträgen transparenter werden ließe.

846. Die Deutsche Krankenhausgesellschaft sieht die Einführung eines monistischen Krankenhausfinanzierungssystems mit der Schwierigkeit behaftet, dass vor seiner Einführung erst der vollständige Abbau des bestehenden Investitionsstaus betrieben werden und hiernach eine dauerhaft gesicherte Finanzierung des tatsächlichen Investitionsbedarfs gegeben sein müsse.[43] Diese Auffassung mag unter Gerechtigkeitserwägungen einige Schlagkraft besitzen, aus wettbewerbsökonomischer Sicht jedoch ist ein Ausgleich des Investitionsstaus vorab keineswegs zwingend, wenn für die Zukunft die Zahlung von Investitionszuschlägen zu den DRG-Fallpauschalen unterstellt wird. Zum einen muss der bestehende Investitionsstau bei Einführung der Monistik überhaupt nicht ausgeglichen werden, wenn er alle konkurrierenden Plankrankenhäuser in gleicher Weise trifft. Und sollte er zum anderen verschiedene konkurrierende Plankrankenhäuser in unterschiedlicher Weise treffen, begründete er im Wesentlichen ein verteilungspolitisches Problem. Denn selbst eklatante Unterschiede im Investitionsniveau zwischen den Krankenhäusern entsprechen in ihrer ökonomischen Wirkung lediglich dem First-Mover-Vorteil

auf normalen Märkten. Dieser kann auf dem betrachteten Krankenhausmarkt auch nicht kurzfristig zu wettbewerbsbeschränkendem Verhalten eingesetzt werden, da aufgrund der vorherrschenden Price-Cap-Regulierung ein Preiswettbewerb zwischen konkurrierenden Krankenhäusern ausgeschlossen ist. Ceteris paribus ergeben sich für die begünstigten Krankenhäuser allerdings Wettbewerbsvorteile im Qualitätswettbewerb, insbesondere wenn es um die Erschließung neuer Marktsegmente und die Erweiterung des Leistungsspektrums in Bereiche geht, die von keinem der im Wettbewerb stehenden Anbieter bisher besetzt wurden. Der Wettbewerbsvorteil entsteht hierbei aus den zusätzlichen Kapitalkosten des bereits bekannten Angebotes, die nur der benachteiligte Anbieter, nicht jedoch das begünstigte Krankenhaus zu tragen hat, während dieses seine Investitionsstrategie bereits neuen Marktsegmenten zuwenden kann. In allokativer Hinsicht ist dieser Wettbewerbsvorteil allerdings von keinem besonderen Gewicht. Auffällig ist in diesem Zusammenhang auch die Feststellung des RWI, dass Krankenhäuser, die in größerem Umfang staatliche Fördermittel erhielten, kein besseres Rating aufweisen als Häuser, die nur wenig gefördert wurden. Im Gegenteil verzeichnen Krankenhäuser mit großzügigen öffentlichen Zuwendungen sogar eine insgesamt höhere Kreditausfallwahrscheinlichkeit. Diese Beobachtung kann darauf zurückzuführen sein, dass der Zugang zu öffentlichen Fördermitteln den Anreiz mindert, profitabel zu wirtschaften. Mithin erscheint die gegenwärtige wirtschaftliche Situation der Krankenhäuser weitgehend unabhängig von jener Investitionsförderung, die ihnen in der Vergangenheit zuteil wurde.[44]

847. Vorteile im Investitionsniveau bei der Umstellung auf eine monistische Krankenhausfinanzierung mögen aus grundsätzlicher Erwägung als unfair angesehen werden, da ihnen keine originären wirtschaftlichen Leistungen der begünstigten Krankenhäuser in der Vergangenheit entgegen stehen. Wird also unter dieser Gerechtigkeitserwägung ein Ausgleich des asymmetrischen Investitionsstaus vor Einführung eines monistischen Krankenhausfinanzierungssystems angestrebt, so kann eine konkrete Lösung in der Bildung eines Ausgleichspools bestehen.[45] Zunächst würde der Investitionsbestand deutscher Krankenhäuser erfasst, indem für jedes Krankenhaus die Restwerte staatlicher Investitionen aufgeführt und aufaddiert werden. Anschließend wäre ein Schlüssel festzulegen, nach dem sich eine faire Aufteilung der Investitionssumme auf die Krankenhäuser bemessen würde. Vorstellbar ist hierbei ein pauschaler Betrag je Bett oder je Fall, der gegebenenfalls auch mit einem Case-Mix-Gewicht zur besseren Vergleichbarkeit versehen sein kann. Übersteigt nun die faire, nach dem Verteilungsschlüssel berechnete Investitionssumme für ein Krankenhaus seinen tatsächlich bestehenden Restwert staatlicher Investition,

[43] Vgl. Deutsche Krankenhausgesellschaft, Krankenhausplanung als staatliche Aufgabe belassen – Künftig Wettbewerb um Qualität, nicht um Preise, Pressemitteilung vom 7. März 2007, http://www.dkgev.de/media/file/2817.2007-03-07_PM-DKG-zur-GMK-Sondersitzung.pdf [Stand: 25. März 2008]; vgl. auch Deutsche Krankenhausgesellschaft, Konzept für die Ausgestaltung des ordnungspolitischen Rahmens ab dem Jahr 2009, Berlin 2007, http://www.dkgev.de/pdf/1633.pdf [Stand: 23. April 2008].

[44] Vgl. Augurzky, B. u. a., Krankenhaus Rating Report 2007, a. a. O., S. 83 f.

[45] Vgl. Felder, S., Fetzer, S., Wasem, J., „Was vorbei ist, ist vorbei": Zum Übergang in die monistische Krankenhausfinanzierung, in: Klauber, J./Robra, B.-P./Schellschmidt, H., Krankenhaus-Report 2007, Stuttgart 2008, S. 143–153.

so müsste das Krankenhaus den Differenzbetrag in den Ausgleichspool abführen. Andernfalls erhielte das Krankenhaus eine Ausschüttung aus dem Pool in Höhe seines Fehlbetrags und es glichen sich insgesamt die Ein- und Auszahlungen des Ausgleichspools aus. Alternative Vorschläge zu einem solchen expliziten Ausgleich des Bestandes staatlicher Investition in deutschen Krankenhäusern sehen beispielsweise die Bildung eines Ausgleichspools zur Förderung künftiger Investitionstätigkeit vor. Krankenhäuser hätten nach Maßgabe ihres Bestandes staatlicher Investition Abgaben in unterschiedlicher Höhe abzuführen, aus denen anschließend Zinszuschüsse für Bauvorhaben gewährt würden. Über die Jahre würde dann auf diese Weise eine gewisse Konvergenz des staatlichen Investitionsanteils in deutschen Krankenhäusern erreicht.

848. Die Monopolkommission steht der Bildung eines Ausgleichspools kritisch gegenüber. Zum einen dürften wiederum seine Transaktionskosten nicht unerheblich ausfallen, wobei ein Ausgleichspool, der im Wesentlichen nur über eine sehr kurze Frist zum Zeitpunkt der Umstellung auf das monistische Finanzierungssystem existiert, hier noch vergleichsweise unproblematisch sein dürfte. Längerfristige Lösungen aber, die auf lange Sicht die Investitionstätigkeit der Krankenhäuser unterstützen sollen, führen zum Aufbau einer schwerfälligen Bürokratie und bergen die Gefahr einer ineffizienten Geldanlage durch den Staat.

An jeder Form des Ausgleichs von Unterschieden im bestehenden Investitionsbestand grundsätzlich problematisch ist allerdings aus ökonomischer Sicht die Tatsache, dass der Restwert investierten Kapitals eine vergangenheitsbezogene Größe ist, die an sich für zukunftsbezogene Entscheidungen keine Relevanz besitzt. Denn der Wert einer einmal getätigten, dauerhaften Investition, beispielsweise in Krankenhausgebäude oder aufwendige, immobile medizinische Geräte, bemisst sich nicht an ihren tatsächlichen Kosten oder den heute zu veranschlagenden Wiederbeschaffungskosten, sondern lediglich an den aus dieser Investition zukünftig noch zu erwartenden Erträgen. Es ist daher vorstellbar, dass ein Krankenhaus ein hohes Niveau staatlich geförderter Investitionen besitzt, diese jedoch „am Markt vorbei" nicht nachfragegerecht ausgeführt wurden, wogegen ein anderes Krankenhaus mit weit weniger staatlichem Förderanteil seine Investitionsmittel in ein äußerst lukratives Teilsegment gelenkt hat. Neben der großen Schwierigkeit, die zu erwartenden Erträge in den beiden Fällen zutreffend zu quantifizieren, stellt sich nun zudem die berechtigte Frage, welches dieser Krankenhäuser das durch die Unterschiede im Niveau vergangener staatlicher Zuwendungen eigentlich benachteiligte Krankenhaus ist. Wählt man den ursprünglichen Investitionszeitpunkt zum Ausgangspunkt der Betrachtung, so erscheint ohne das Wissen um die noch unsicheren zukünftigen Entwicklungen eindeutig dasjenige Krankenhaus mit den größeren staatlichen Investitionsfördermitteln mit einem größeren Startchancenvorteil ausgestattet. Betrachten wir hingegen die Situation aus der Gegenwartsperspektive, verhält es sich umgekehrt. Aus der Sicht der von ungleichen Startchancen

betroffenen Krankenhäuser lassen sich daher einzelne Argumente für einen Ausgleich der Unterschiede im Investionsniveau vor der Einführung eines monistischen Krankenhausfinanzierungssystems durchaus nachvollziehen, die Startchancenunterschiede erscheinen jedoch aus der Sicht der Monopolkommission nicht als ein systematisches Problem in einer Weise fundiert, dass ein expliziter Ausgleich über den Einzelfall hinaus notwendig ist.

849. Aus der Perspektive der Krankenkassen wird noch zu klären sein, in welcher Weise die nun zusätzlich für jede Krankenhausbehandlung zu erbringenden Investitionszuschläge refinanziert werden können. Bislang war es Aufgabe der Krankenkassen, ausschließlich den laufenden Betrieb der Krankenhäuser abzudecken. Die Krankenkassenbeiträge der gesetzlich Versicherten trugen daher nur zur Deckung dieser laufenden Betriebskosten bei, während die Investitionsfördermittel im Grundsatz aus Steuergeldern bereitgestellt wurden.[46] Die Monopolkommission teilt die Auffassung, dass gerade der Gesundheitsfonds, der im Jahr 2009 für die gesetzliche Krankenversicherung eingeführt werden soll, hier eine günstige Gelegenheit bereitstellt, um die dualistische Krankenhausfinanzierung auf eine monistische Finanzierungsform umzustellen. In dem Gesundheitsfonds werden die einkommensabhängigen Beiträge der gesetzlich Versicherten über einen einheitlichen Beitragssatz zusammengefasst und mit einer Pauschale des Bundes zusammengeführt, die der Abgeltung von Aufwendungen der Krankenkassen für versicherungsfremde Leistungen dienen soll. Die Aufteilung der Mittel erfolgt durch pauschale Zahlungen je Versicherten an die gesetzlichen Krankenkassen. Unterschiede bei Alter, Geschlecht und Morbidität werden durch Zu- und Abschläge auf die Pauschalen ausgeglichen. Es ist nun nahe liegend, auch die Mittel der Bundesländer zur Investitionsfinanzierung im Krankenhaussektor in den Gesundheitsfonds fließen zu lassen und über die Versichertenpauschalen an die gesetzlichen Krankenkassen auszuschütten.

In dieser Idee liegt freilich ein nicht unerhebliches Konfliktpotenzial. Derzeit existiert eine stark unterschiedliche Verteilung des relativen Fördermitteleinsatzes in den Bundesländern. Würde man daher einfach nur die bestehenden Fördertöpfe der Bundesländer in dem Gesundheitsfonds zusammenführen und die Mittel anschließend nach einem für alle Krankenhäuser einheitlichen Schlüssel ausschütten, so würde dies de facto eine Quersubventionierung von Krankenhäusern in Bundesländern mit niedrigen Förderquoten zulasten von Häusern in Bundesländern führen, die ihrer Förderverpflichtung bislang in vergleichsweise großem Umfang nachkommen. Zwar vertritt die Monopolkommission die Auffassung, dass sich hierzu letztlich eine geeignete Lösung auf dem Verhandlungswege – ein geeignetes Forum hierfür bietet die

---

[46] Diese Betrachtung ist allerdings insofern einseitig, als Investitionen, die die Krankenhausträger bisher vollständig aus eigenen Mitteln tätigen, und auch jenes Kapital, das gegebenenfalls durch Fördermittel nur ergänzt wird, bereits über Einnahmen aus Fallpauschalen und Abrechnungen gegenüber privaten Krankenversicherungsgesellschaften zu erbringen ist.

Föderalismuskommission – wird ermitteln lassen, dennoch kann die Gefahr eines Scheiterns nicht ausgeschlossen werden. Hierbei ist hervorzuheben, dass die Überführung der Krankenhausfinanzierung in ein monistisches System nicht zwangsläufig das Ende des Einflusses der Bundesländer auf die Struktur der Krankenhausversorgung bedeutet, die diese zusammen mit den kreisfreien Städten und Landkreisen sicherstellen. Sollten die Verhandlungen daher zu einem positiven Abschluss gelangen und die Bundesländer anschließend in der Summe in mindestens demselben Maße wie bisher zur Investitionsfinanzierung des Krankenhaussektors beitragen, so führt die Umstellung auf ein monistisches Finanzierungssystem im Ergebnis auch nicht zu einer höheren Beitragslast auf den Schultern der Versicherten in der gesetzlichen Krankenversicherung.

Für den Fall des Scheiterns einer Überführung der Krankenhausfinanzierung in ein vollmonistisches System ist zumindest über die Einführung einer teilmonistischen Finanzierung, wie sie beispielsweise das RWI diskutiert, nachzudenken.[47] Hierbei würde auf die antragspflichtige Einzelförderung verzichtet und es würden sämtliche staatlichen Mittel nur noch in Form pauschaler Fördermittelzuwendungen an die Krankenhäuser ausgeschüttet. Es entfiele der aufwendige Antragsprozess und dem Krankenhausmanagement würden zusätzliche Freiheiten gegeben, bei der Investitionsplanung auch kurzfristig diskretionär zu verfahren. Allerdings müsste ein geeigneter Schlüssel gefunden werden, über den die Bundesländer ihre Fördergelder ausschütten. Da die bisherige Bindung an die Planbettenzahl aufgrund der mit Angebots- oder Prozessinnovationen im Krankenhaussegment zwangsläufig einhergehenden Kapazitätsanpassungen nicht anreizgerecht erscheint, muss ein zeitgemäßerer Schlüssel etwa in Form einer Bindung an den Krankenhausumsatz entwickelt werden. Da die Teilmonistik von den Bundesländern in Eigenregie umzusetzen wäre, ist hierzu jedoch ohnehin eine bundeseinheitliche Lösung nicht zwingend erforderlich.

3.2.2 Flächendeckende Versorgung und Monistik

850. Gegenwärtig liegt der Sicherstellungsauftrag für die Krankenhausversorgung bei den Bundesländern und Gemeinden. Dieser leitet sich aus dem Sozialstaatsprinzip des Artikel 20 Abs. 1 GG ab und findet sich in der Regel in den Krankenhausgesetzen der Bundesländer. Kreisfreie Städte und Gemeinden sind demnach verpflichtet, eine bedarfsgerechte Krankenhausversorgung dort vorzuhalten, wo diese nicht bereits von einem freigemeinnützigen oder privaten Träger gewährleistet wird.[48] Geht es nach dem Willen der Bundesländer, so soll sich an diesen Zuständigkeiten zukünftig nichts ändern. Auf der Sonderkonferenz der Gesundheitsminister zur Zukunft der Kran-

kenhausversorgung haben sie deutlich gemacht, dass die Sicherstellung der Krankenhausversorgung auch bei einer grundsätzlich wettbewerblicheren Organisation des Krankenhausmarktes eine Aufgabe der Bundesländer bleiben soll und durch Ländergesetze zu regeln ist.[49]

851. Staatliche Eingriffe in Märkte lassen sich aus ökonomischer Sicht grundsätzlich nur unter der Bedingung rechtfertigen, dass Gründe für Marktversagen vorliegen. Als mögliche Marktversagensgründe kommen Informationsasymmetrien, das Vorliegen externer Effekte, ein natürliches Monopol sowie die Möglichkeit in Betracht, dass das zu produzierende Gut Eigenschaften eines öffentlichen Gutes besitzt. Für den Krankenhausmarkt wurde aus der Diskussion um Qualitätstransparenz und Qualitätswettbewerb deutlich, dass zwar grundsätzlich schwerwiegende Informationsprobleme bestehen, aber dennoch eine stärker wettbewerbliche Organisation des Krankenhaussektors möglich ist. Zudem ist eine Vielzahl alternativer Instrumente vorstellbar, die die Problematik asymmetrischer Information mildern können. Externe Effekte sind auf dem Krankenhausmarkt ebenfalls zu vernachlässigen. Auch Kostensubadditivität oder die Irreversibilität von Invesititionen scheinen auf dem Krankenhausmarkt nicht so ausgeprägt zu sein, dass räumlich begrenzte natürliche Monopole in einer problematischen Weise aufzutreten drohen. Zwar sollte die an Fallzahlen gemessene mindestoptimale Betriebsgröße in den letzten Jahren angewachsen sein, was besonders in dünn besiedelten ländlichen Räumen eine Ausdünnung des Krankenhausnetzes bedingt – jedoch ist auch zu bedenken, dass zugleich die räumliche Mobilität der Bevölkerung gewachsen ist.[50] Die monistische Krankenhausfinanzierung mit Investitionszuschlägen auf den Fallpauschalen sollte daher auf ineffizient kleine Häuser einen notwendigen Anpassungsdruck ausüben. Mögliche innovative Anpassungen können dann auch in marktstrukturellen Veränderungen gesehen werden, etwa in einer stärkeren Integration der ambulanten Versorgung in den Krankenhausbetrieb oder in der Umsetzung von Portalklinikkonzepten in weniger dicht besiedelten Regionen, durch die in einem Klinikverbund die unmittelbare Notfallversorgung vor Ort sichergestellt und gleichzeitig die spezialisierte stationäre Krankenhausversorgung in überregionalen Zentren übernommen wird. Das sich einstellende marktliche Leistungsangebot sollte dann bei korrekt bemessenen Investitionszuschlägen – zumindest im Hinblick auf die elektiven Krankenhausleistungen, die rein private Güter sind – dem effizienten Versorgungsniveau weitgehend entsprechen.

852. Die Europäische Kommission sieht den Krankenhaussektor insofern in einer besonderen Rolle, als dieser mit Dienstleistungen von allgemeinem wirtschaftlichem Interesse betraut sein kann. Im jetzigen Entwicklungsstadium des Binnenmarktes steht daher die Wettbewerbsverfälschung in diesem Sektor nicht zwangsläufig in einem

---

[47] Vgl. Augurzky, B. u. a., Krankenhaus Rating Report 2007, a. a. O., S. 55.

[48] Vgl. exemplarisch § 1 Abs. 3 KHG NRW, § 3 Hessisches Krankenhausgesetz und § 1 Abs. 3 Sächsisches Krankenhausgesetz.

[49] Vgl. Ministerium für Arbeit und Soziales Baden-Württemberg, Pressemitteilung Nr. 47/2007 vom 8. März 2007.

[50] Vgl. für eine Analyse Kuchinke, B., Krankenhausdienstleistungen und Effizienz in Deutschland, Baden-Baden 2004, Kapitel 4, insbesondere S. 102 ff.

direkten Verhältnis zum Umsatz und zu der Höhe der gewährten Ausgleichszahlungen. Ausgleichszahlungen an Krankenhäuser werden daher als unproblematisch im Sinne von Artikel 86 Abs. 2 EGV angesehen, wenn die betroffenen Krankenhäuser Tätigkeiten ausführen, die von dem jeweiligen Mitgliedstaat als Dienstleistungen von allgemeinem wirtschaftlichem Interesse eingestuft wurden.[51] In Deutschland wird in diesem Zusammenhang regelmäßig auf die Notwendigkeit zur sog. Daseinsvorsorge verwiesen. Daseinsvorsorge ist ein verwaltungsrechtlicher Ausdruck, der die Sicherstellung einer Grundversorgung der Bevölkerung durch die öffentliche Hand meint. Die Monopolkommission betont, dass es bei der Daseinsvorsorge auf Krankenhausmärkten wohl in erster Linie nicht um die Korrektur eines ökonomisch fundierten Marktversagens geht, sondern vielmehr um die Bereitstellung eines politisch gewünschten, flächendeckenden Umfangs an Krankenhausleistungen nach dem Prinzip der Tarifgleichheit im Raum. Sofern dieser politisch gewünschte Umfang nicht dem ökonomisch effizienten Umfang entspricht, kann seine Bereitstellung in einer Demokratie dennoch legitim sein, denn es spielen hierbei neben ökonomischen Effizienzzielen auch an Wertvorstellungen anknüpfende Zielsetzungen eine Rolle.

853. Bestimmte Formen der Dualistik in der Krankenhausfinanzierung besitzen in politischen Vorgaben zu Höchstentfernungen und Versorgungsstufen bereits eine gewisse Rechtfertigung. Insbesondere ist zu berücksichtigen, dass ein Teil der Krankenhausversorgung Eigenschaften öffentlicher Güter besitzt. Dies gilt für den Optionsnutzen, den die Bevölkerung aus der Vorhaltung von Reservekapazitäten für den Katastrophenfall und aus der Bereitstellung einer effektiven Notfallversorgung schöpft und von dem de facto – vornehmlich aus ethischen Gründen – niemand ausgeschlossen werden kann, daher auch keine Konsumrivalität auftreten soll. Der Monopolkommission erscheint es nicht sinnvoll, den Sicherstellungsauftrag für Reservekapazitäten und die Notfallversorgung den Krankenkassen zu übertragen, gerade weil bei der gemeinschaftlichen Bereitstellung dieser Güter im Hinblick auf ihren Optionsnutzen ein Trittbrettfahrerproblem aufzutreten droht und daher der sensible Bereich allgemeiner Versorgungssicherheit auf dem Krankenhausmarkt potenziell einem privaten Bereitstellungsproblem ausgesetzt ist. Auch eine bundeszentrale Organisation der allgemeinen Notfallversorgung erscheint unangemessen. Gegen sie und für die Organisation durch die Länder, Kreise und Gemeinden sprechen insbesondere die hierdurch besseren Wahrnehmungsmöglichkeiten für lokale Präferenzen und die hierdurch erreichte Übereinstimmung der Zahler- und Empfängerkreise.

854. Sollte daher die politisch motivierte, staatliche Daseinsvorsorge in bestimmten Regionen ein höheres Ver-

sorgungsniveau als das durch den Markt bereitgestellte gebieten, ließe sich das Zusatzangebot in effizienter Weise durch wettbewerbskonforme, wiederkehrende Ausschreibungen sicherstellen.[52] Wettbewerb findet hierbei als Wettbewerb um den Markt in transparenten Ausschreibungsverfahren seinen Platz, die ineffizient hohe und diskriminierende Beihilfenintensitäten vermeiden. Die Ausschreibungsverfahren sind in einer Weise zu gestalten, dass stets jener Bieter mit dem Zusatzangebot betraut wird, der dieses in der gewünschten Qualität und im gewünschten Umfang mit dem geringsten Bedarf an öffentlichen Zuschüssen bereitstellt. Entsprechend wettbewerbskonform gewährte Zuschüsse wären dann auch im Sinne von Artikel 87 Abs. 1 EGV nicht als Beihilfen zu qualifizieren und es bedürfte daher auch keiner Klassifikation der Angebote des Krankenhaussektors als Dienstleistungen von allgemeinem wirtschaftlichem Interesse. Im Ergebnis entstünde auf dem Krankenhausmarkt also wieder eine Form dualer Finanzierung, die diesmal allerdings auf die im Hinblick auf die Investitionsanreize problematische Trennung von staatlich getragenen Investitionskosten einerseits und durch die Krankenkassen getragenen Krankenhausbetriebskosten andererseits verzichtete. Stattdessen wäre im Krankenhaussektor nun zwischen den wettbewerblich bereitgestellten und vollständig aus dem einheitlichen DRG-Abrechnungssystem zu finanzierenden Leistungsangeboten sowie den politisch gewollten und staatlich bezuschussten Zusatzangeboten zu unterscheiden.

4. Mehr Wettbewerb durch Opting-out-Möglichkeiten

855. Die Analyse des DRG-Fallpauschalensystems hat auf institutionelle Fehler in der Krankenhausversorgung aufmerksam gemacht, die eine präferenzgerechte Bereitstellung von Krankenhausleistungen zu niedrigen Kosten erschweren. Die gesetzlich versicherten Patienten genießen in dem bestehenden Vollversicherungssystem das Recht auf Behandlung in sämtlichen Plankrankenhäusern und den Vertragskrankenhäusern. § 39 SGB V sichert weitgehende Wahlfreiheiten, die lediglich formal durch die Empfehlungen des jeweils einweisenden Arztes begrenzt sind. Der niedergelassene behandelnde Arzt verordnet dem Patienten eine Krankenhausbehandlung in einem von zwei nächstgelegenen Krankenhäusern, die er selbst für geeignet hält. Wählt der Versicherte dennoch ein anderes als ein in der Einweisung genanntes Krankenhaus, können ihm gemäß § 39 Abs. 2 SGB V die Mehrkosten ganz oder teilweise auferlegt werden. Solange sich der einweisende Arzt jedoch bei seiner Entscheidung auch auf vergleichsweise teure Anbieter, etwa auf eines der in der Regel teuren Universitätskrankenhäuser bezieht, ist der gesetzlich Versicherte ohne zusätzliche finanzielle Beschränkungen in der Wahl seines Krankenhauses frei. Die Krankenkassen als Kostenträger im

---

[51] Vgl. Entscheidung der Kommission über die Anwendung von Artikel 86 Absatz 2 EG-Vertrag auf staatliche Beihilfen, die bestimmten mit der Erbringung von Dienstleistungen von allgemeinem wirtschaftlichem Interesse betrauten Unternehmen als Ausgleich gewährt werden, ABl. EU Nr. L 312 vom 29. November 2005, S. 67 ff.

[52] Vgl. hierzu auch die Erörterungen eines „more economic approach" in der europäischen Beihilfenkontrolle im Kapitel VI dieses Gutachtens.

Gesundheitswesen sind sodann verpflichtet, die hieraus entstehenden Kosten annähernd vollständig zu tragen.[53]

Die Patienten nehmen daher Leistungen allein unter Qualitätsgesichtspunkten in Anspruch und ohne Rücksicht auf die durch sie verursachten Kosten. Die Regulierung der Kosten erfolgt im Krankenhaussektor über das einheitliche DRG-Fallpauschalensystem. Die Analyse hat aufgezeigt, dass die vorherrschende Struktur den Kliniken Anreize bietet, einerseits das Angebot unnötig auszuweiten und andererseits die Angebotsqualität zu senken. Die Monopolkommission ist der Auffassung, dass die sich gegenwärtig bietenden Fehlanreize nur schwerlich über eine weitere Ausdifferenzierung des einheitlichen Fallpauschalensystems und über eine weiter intensivierte Regulierung des Krankenhausmarktes zu kontrollieren sind. Insbesondere führt die durch die Ausdifferenzierung des Fallpauschalensystems bedingte Tendenz zur Einzelleistungsvergütung zu einem eng abgegrenzten, einheitlichen Leistungskatalog der Krankenhäuser sowie einem homogenen Leistungsangebot und verhindert, dass sich die möglicherweise heterogenen Präferenzen der Patienten in Bezug auf die Krankenhausversorgung in einem entsprechend differenzierten und effizienten Angebot widerspiegeln.

4.1 Eingeschränkte Krankenhauswahl als Optionstarif

856. Das G-DRG-System läuft Gefahr, durch seine extreme Ausdifferenzierung die Vorteile der prospektiven Vergütung weitgehend zu verspielen. Die weitere Differenzierung der Fallpauschalen sollte daher zumindest gestoppt, wenn nicht zurückgeführt werden, um den Krankenhäusern neue Gestaltungsspielräume bei der Entwicklung und Umsetzung innovativer Behandlungen zu eröffnen. Weiterhin ist darüber nachzudenken, inwieweit das Leistungsangebot der Krankenhäuser dadurch verbessert werden kann, dass die Krankenkassen als Kostenträger stärkere Einflussmöglichkeiten auf die Wahlentscheidungen der Versicherten nehmen und hierbei die Interessen des Patienten mit den Interessen der Versichertengemeinschaft zum Ausgleich bringen.

857. Als einen ersten Schritt schlägt die Monopolkommission die Einführung spezieller Optionstarife für die Krankenhausversorgung in der gesetzlichen Krankenversicherung vor, innerhalb derer die Wahlmöglichkeiten zwischen verschiedenen Krankenhäusern für Patienten begrenzt und die Steuerungsmöglichkeiten der Krankenkassen ausgeweitet werden. Die geeignete Ausgestaltung eines solchen Optionsmodells könnte die wettbewerbliche Öffnung des Krankenhausmarktes weiter vorantreiben, den Qualitätswettbewerb intensivieren und erste

Schritte in Richtung eines Preiswettbewerbs zwischen den Krankenhäusern einleiten. Die Krankenkassen sollen für ihren Optionstarif mit einzelnen Krankenhäusern selektive Versorgungsverträge abschließen, die sich durch ein günstiges Preis-Leistungs-Verhältnis auszeichnen. Die Versicherten haben sodann die Möglichkeit, einen Versicherungsvertrag zu den Bedingungen des Optionstarifes einzugehen, der sie im Grundsatz dazu verpflichtet, Krankenhausleistungen nur in den ausgewählten Vertragskrankenhäusern ihrer Krankenkasse wahrzunehmen.

4.2 Keine Einschränkung des gesetzlichen Leistungsumfangs

858. Das Angebot eines Optionstarifes für Krankenhausbehandlungen soll keineswegs implizieren, dass der gesetzliche Vollversicherungsschutz reduziert wird. Grundsätzlich sollen Pflichtversicherte auch nach der Einführung des Optionsmodells im gesetzlichen Standardtarif versichert sein. Der im Standardtarif durch die Beschlüsse des Gemeinsamen Bundesausschusses festgelegte und in allen Plan- und Vertragskrankenhäusern für gesetzlich versicherte Patienten zu erbringende Versorgungsumfang grenzt jenes Versorgungsniveau ab, das die Gesellschaft im Rahmen des gesetzlichen Vollversicherungstarifes für jeden Pflichtversicherten solidarisch versichert wissen will. Jedem Einzelnen soll nun jedoch durch das Optionsmodell die Möglichkeit eröffnet werden, durch ein freiwilliges Opting-out zwar nicht auf den Leistungsumfang dieses Vollversicherungsschutzes zu verzichten, wohl aber auf die freie Auswahl des Krankenhauses, in dem eine Behandlung erbracht werden soll. Für die Krankenkassen bedeutet dies, dass sie zur Sicherstellung der Behandlung ihrer Versicherten im Optionstarif selektive Versorgungsverträge mit geeigneten Krankenhäusern über das gesamte Leistungsangebot des gesetzlichen Standardtarifs, mithin über die Behandlung sämtlicher Diagnosen des DRG-Katalogs abschließen müssen.

859. Letztlich ist es eine politische Entscheidung festzulegen, welche Bestandteile des gesetzlichen Standardtarifs von den Krankenkassen innerhalb eines zulässigen Optionstarifs für die Krankenhausversorgung herausgenommen werden dürfen. Um beispielsweise im Bereich der Maximalversorgung mit Spitzenmedizin Härten für die Versicherten im Optionstarif zu vermeiden, erscheint insbesondere die maximal zulässige Entfernung zwischen dem Wohnort der Versicherten und dem nächstgelegenen Vertragskrankenhaus regulierungsbedürftig. Die Grenzen des Optionsmodells sind daher durch den Gesetzgeber abzustecken und einer kontinuierlichen Überprüfung zu unterwerfen. Hierbei gilt es zu berücksichtigen, dass den Krankenkassen auf der einen Seite hinlängliche Möglichkeiten gegeben sein müssen, ihre Tarife qualitativ zu differenzieren und so Vorteile im Wettbewerb gegenüber anderen Krankenkassen auch durch Unterschiede im Leistungsangebot zu erlangen. Auf der anderen Seite ist dem kritischen Zeitinkonsistenzproblem bei langfristigen Versicherungskontrakten Rechnung zu tragen. Denn es mag im Gesundheitsbereich die individuelle Entscheidung für oder wider ein bestimmtes Versicherungspaket von der momentanen Lebenssituation des Versicherungs-

---

[53] Gesetzlich Versicherte zahlen lediglich eine Zuzahlung in Höhe von 10 Euro je Tag stationärer Krankenhausbehandlung. Die Dauer der Zuzahlung ist auf längstens 28 Tage im Kalenderjahr beschränkt. Die Zuzahlung knüpft daher nicht an den tatsächlich aus der Behandlung entstehenden Kosten an, sondern an der Aufenthaltsdauer im Krankenhaus und entfaltet daher keine zuverlässige Anreizwirkung in der Hinsicht, dass sich der Patient an der Auswahl einer kostengünstigen Therapie beteiligt.

nehmers ungleich stärker beeinflusst sein als von der Erwartung über seinen mit großen Unwägbarkeiten behafteten zukünftigen Bedarf. Gerade mit Blick auf das auch mit Unannehmlichkeiten und Ängsten behaftete Thema Krankheit und Vorsorge mögen daher die individuellen Einschätzungen der hiermit verbundenen persönlichen und wirtschaftlichen Risiken systematisch von dem Ergebnis eines rationalen Erwartungsbildungsprozesses abweichen. Die Monopolkommission ist deshalb der Auffassung, dass das Optionsmodell in einem ersten Schritt lediglich den Krankenhauszugang auf die unmittelbaren Vertragskrankenhäuser der Krankenkasse beschränken und ansonsten das Leistungsspektrum für die Versicherten im Optionstarif gegenüber dem gesetzlichen Standardtarif unverändert lassen soll. Nach einer Evaluation der mit diesem Modell in der Einführungsphase gemachten Erfahrungen kann zu einem späteren Zeitpunkt ganz im Sinne der wettbewerblichen Öffnung des Krankenhausmarktes über weitere Schritte nachgedacht werden.

4.3 Selektive Versorgungsverträge im Optionstarif

4.3.1 Die Perspektive der Krankenkassen

860. Bereits ein moderates Optionsmodell sollte positive Anreizwirkungen im Hinblick auf ein differenzierteres Angebot von gesetzlichen Krankenversicherungsverträgen und die wettbewerbliche Versorgung der Bevölkerung mit Krankenhausleistungen entfalten. Die Krankenkassen schließen für ihre im Optionstarif Versicherten selektive Versorgungsverträge mit ausgewählten Krankenhäusern ab. Ziel jeder Krankenkasse muss es hierbei sein, schließlich für Versicherte durch die geeignete Ausgestaltung ihres Optionstarifs hinsichtlich der Preis- und/oder Qualitätskomponente gegenüber den Angeboten konkurrierender Krankenkassen attraktiv zu werden. Entsprechend stützen sie auf der Suche nach geeigneten Krankenhäusern die Nachfragepräferenzen ihrer Zielgruppen und suchen nicht notwendigerweise nach denjenigen Vertragspartnern im Krankenhaussektor, die für die Behandlung einer bestimmten Diagnose den günstigsten Preis aufrufen. Je nach Kundensegment und ihrer jeweiligen Fähigkeit, den Versicherungsnehmern einen tatsächlichen Qualitätsvorsprung auch zu vermitteln, kann daher ebenso die besonders hohe Qualität des Leistungsangebotes eines Krankenhauses den Ausschlag zum Vertragsschluss bieten.

861. Um hinlängliche Anreize für preis- und qualitätswirksame selektive Vertragsschlüsse zu besitzen, müssen Krankenkassen verhindern können, dass die Versicherten im Optionstarif Leistungen in ungeschmälertem Umfang in anderen Krankenhäusern als den Vertragskrankenhäusern in Anspruch nehmen. Im Wettbewerb der Krankenkassen sollte dann ein Tarif mit einer höheren Versorgungsqualität und mit größeren Freiheitsgraden für den Versicherten teurer sein als ein Tarif, der eine stärkere Lenkung des Versicherten durch die Krankenkasse vorsieht. Die Tarife im Optionsmodell sollten umso preisgünstiger werden, je schwieriger den Versicherten ein Wechsel zu-

rück in den gesetzlichen Standardtarif fällt. Zwar ist das solidarische Finanzierungssystem der gesetzlichen Krankenversicherung, innerhalb dessen nicht alleine die Vermögensrisiken einer Erkrankung, sondern zusätzlich soziale Risiken umverteilt werden, nicht in gleicher Weise wie die private risikoorientierte Krankenversicherung darauf angewiesen, dass jeder Rückkehrer in das Vollversicherungssystem fortan einen seinem gegebenenfalls in der Zwischenzeit gestiegenen Erkrankungsrisiko entsprechenden höheren Versicherungsbeitrag entrichtet. Zur Realisierung der Einsparpotenziale durch selektives Kontrahieren ist es erforderlich, eine zumindest befristete Bindung der Versicherten an den freiwillig durch sie gewählten Optionstarif zuzulassen. Andernfalls böte sich für gesunde Versicherte eine Möglichkeit zu schädlichem Trittbrettfahrerverhalten. Sie könnten als Gesunde zunächst von dem preisgünstigen Optionsmodell profitieren und später als Erkrankte in den gesetzlichen Standardtarif mit seinen größeren Wahlfreiheiten zurückkehren. Für die Krankenkassen als Kostenträger im Gesundheitswesen wäre es sodann auch im Optionstarif unmöglich, die Wahlentscheidungen ihrer Versicherten kostensparend zu beeinflussen und die Patienten in die vergleichsweise günstigen Vertragskrankenhäuser zu steuern.

4.3.2 Die Perspektive der Krankenhäuser

862. Ziel der Krankenhäuser im Vertragswettbewerb ist es, von den Krankenkassen für ihre Optionstarife als Vertragskrankenhäuser berücksichtigt zu werden. Wettbewerbsparameter sind konkurrenzfähige Preise einerseits und eine überlegene Behandlungsqualität andererseits. Denn die Zusammenstellung der für die Patienten im Krankheitsfall verfügbaren Vertragskrankenhäuser bestimmt dann im Verbund mit der Höhe des Versichertenbeitrags die Attraktivität des Optionstarifs für die Versicherten.

863. Welche konkreten Wirkungen die Optionstarife der gesetzlichen Krankenkassen insgesamt auf das Angebot von Krankenhausleistungen entfalten werden, muss sich im Anbieterwettbewerb erweisen. Es sind sowohl Tarife vorstellbar, die mit dem Ziel einer geringen Beitragslast für die Versicherten einzig ein Angebot zu den für das Optionsmodell geltenden gesetzlichen Mindestanforderungen bieten, als auch Tarife, die eine qualitativ hochwertige Versorgung über das Niveau des gesetzlichen Standardtarifes hinaus bereitstellen. Die Präferenzen der Versicherten entscheiden dann darüber, ob sich für letztere Tarife nicht sogar höhere Beiträge als im gesetzlichen Standardtarif am Markt werden durchsetzen lassen.[54] Die Monopolkommission ist der Auffassung, dass der Wett-

---

[54] Es ist zumindest nicht auszuschließen, dass für einen Teil der Versicherten ein Optionstarif gerade deswegen attraktiv wird, weil er eine gesteigerte Versorgungsqualität ermöglicht. Da in dem gegenwärtig durch ein standardisiertes Leistungsangebot geprägten System eine Differenzierung der Krankenkassentarife in preislicher wie in qualitativer Hinsicht nur in geringem Umfang zulässig ist, wird ein treffsicheres Abbild der Versichertenpräferenzen im Angebot auf dem Gesundheitsmarkt weitgehend erschwert. Hiervon sollte vor allen Dingen

bewerb der Krankenhäuser um die Aufnahme in die Optionstarife der gesetzlichen Krankenkassen dann zu besonders wirkungsvollen Ergebnissen gelangen kann, wenn die gesetzlichen Vorgaben zu den Inhalten von Vereinbarungen zwischen Krankenhäusern und Krankenkassen nicht restriktiv sind. Insbesondere soll das G-DRG-Vergütungssystem für die Tarife im Optionsmodell lediglich noch empfehlenden Charakter besitzen. Die Vertragspartner sollen grundsätzlich frei sein, Zu- und Abschläge oder eine alternative Vergütungsstruktur zu vereinbaren.

4.3.3 Die Perspektive der Patienten

864. Für die Patienten bedeutet die Wahl des Optionstarifes keinerlei Einschränkung des Leistungsniveaus in der Krankenhausversorgung. Jeder Versicherte hat auch weiterhin Anspruch auf jede Krankenhausbehandlung im vollen Umfang des gesetzlichen Standardtarifes. Bei Vertragsschluss erklärt sich ein Versicherter im Optionstarif lediglich dazu bereit, die elektiven Krankenhausleistungen ausschließlich in den ausgewählten Vertragskrankenhäusern seiner Krankenkasse wahrzunehmen.

865. Die Regelungen der gesetzlichen Krankenkassen zum Versicherungsschutz im Ausland sollen im Optionstarif denen des gesetzlichen Standardtarifs entsprechen. Sie sind durch selektive Vertragsschlüsse über das bisherige Niveau hinaus nicht wesentlich zu optimieren. Die Möglichkeit zum Abschluss einer Auslandskrankenversicherung, wie sie die privaten Krankenversicherer als Zusatzversicherung anbieten, besteht für alle Pflichtversicherten. Auch im Hinblick auf die Gewährleistung einer qualitativ hochwertigen Versorgung in Notfällen, bei denen die Transportzeit des Patienten bis zur Einlieferung ins Krankenhaus ein wesentlicher Faktor für den späteren Heilungserfolg ist und bei denen regelmäßig Situationen auftreten, in denen Patienten nicht länger eigenverantwortlich über ihre Einweisung in ein Krankenhaus entscheiden können, soll im Optionstarif die Notfallversorgung von den Beschränkungen der selektiven Versorgungsverträge ausgenommen sein. Mithin soll im Notfall daher auch der Versicherte im Optionstarif freien Zugang zu jedem Krankenhaus erhalten. Jedoch ist durchaus vorstellbar, dass die Krankenkasse seine spätere Verlegung in ein ausgewähltes Vertragskrankenhaus bestimmt, wenn die weitere Behandlung in diesem kostengünstiger erfolgen kann und daher die Kosten der Verlegung rechtfertigt.

866. Schließlich sind Tarife im Rahmen des Optionsmodells vorstellbar, innerhalb derer der Versicherte für Behandlungen in teureren Kliniken, die nicht zum Vertragsbereich seiner Krankenkasse gehören, den jeweils

---

der Bereich höchster Versorgungsqualität betroffen sein, wenn es sich bei Gesundheitsleistungen tatsächlich um superiore Güter handelt; vgl. hierzu auch die eingangs im Abschnitt 1.3 getroffenen Feststellungen. Grundsätzlich geht die Monopolkommission jedoch davon aus, dass zunächst kostensparende Optionsmodelle erfolgreich sein werden, die mit Beitragssenkungen für die Versicherten verbunden sind.

höchsten erstattungsfähigen Betrag gewissermaßen als einen Zuschuss erhält, um anschließend seiner Versicherung den noch ausstehenden Differenzbetrag aus eigenen Mitteln zu zahlen. Ähnliches ist bereits heute im gesetzlichen Standardtarif möglich, wenn Patienten im Krankenhaus beispielsweise die Zusatzkosten eines Einzelzimmers gegenüber einem Mehrbettzimmer selbst tragen. Ein solcher Optionstarif würde den Patienten zusätzliche Wahlfreiheiten eröffnen und es ihnen ermöglichen, im konkreten Behandlungsfall stets die von ihnen als beste Versorgung empfundene Krankenhausleistung nachzufragen. Im Wettbewerb der Krankenkassen wäre ein solcher Tarif wegen seines größeren Freiheitsgrades, der weniger restriktiven Ausschlussmöglichkeit durch die Versicherung und der hiermit einhergehenden geringeren Einsparmöglichkeiten durch selektives Kontrahieren vermutlich nur gegen einen Beitragsaufschlag gegenüber anderen Optionstarifen abzuschließen.

4.4 Diskussion

867. Neben den im Abschnitt 4.2 angeregten Festlegungen, hinter denen kein zulässiger Optionstarif im Hinblick auf seinen Leistungsumfang zurückbleiben darf und die im Vertragswettbewerb einerseits die gebotenen Handlungsspielräume für Krankenkassen und Krankenhäuser erst eröffnen sowie andererseits eine qualitativ hochwertige Versorgung für alle Patienten im Optionstarif sichern sollen, muss der Gesetzgeber außerdem Rahmenbedingungen für den Preiswettbewerb im Optionsmodell vorgeben. Zu klären ist, in welcher Weise die Krankenkassen ihren Versicherten Preisnachlässe für die Wahrnehmung des Optionstarifes gewähren dürfen.

Eine politisch leicht zu vermittelnde Lösung mag darin gesehen werden, den Beitragssatz im Optionstarif abzusenken. Zum einen erforderte dies allerdings eine Abkehr von dem Prinzip des einheitlichen Beitragssatzes, zu dem der Gesetzgeber gerade erst im Zuge der Gesundheitsreform 2007 zurückkehrt. Zum anderen würden hierdurch die verzerrenden Wirkungen der GKV-Finanzierungsmodalitäten auch in den Optionstarif getragen. Problematisch ist insbesondere der Umstand, dass die gesetzliche Krankenversicherung neben ihrer primären Aufgabe, die unmittelbaren Vermögensrisiken einer Erkrankung auf die Versicherten umzulegen, zusätzlich auch Teile des Vermögensausgleichs im Sozialsystem als eine sekundäre Umverteilungsaufgabe wahrnimmt. Die Beiträge zur gesetzlichen Krankenversicherung bemessen sich folglich proportional zu den Erwerbseinkommen ihrer Mitglieder und es werden die Kinder gesetzlich Versicherter sowie erwerbslose Ehegatten aus der Sicht der Beitragszahler kostenlos mitversichert. Die sich innerhalb des Systems ergebenden vielfältigen Transferströme sind nicht notwendigerweise an der Bedürftigkeit der jeweiligen Personenkreise orientiert und in keiner Weise an den individuellen Kostenrisiken, die jeder Versicherte auf die Versichertengemeinschaft überträgt. Zudem werden weder andere Einkommensarten als die Erwerbseinkommen noch die Mitglieder der privaten Krankenversicherungen in umfassender Weise bei der Lastenverteilung berücksichtigt.[55]

Für Preisnachlässe im Optionstarif durch Absenkung des Beitragssatzes bedeutet dies, dass die Teilnahme an dem Optionsmodell für ansonsten homogene Versichertengruppen sehr unterschiedlich attraktiv sein kann, nur weil sie sich in der Höhe ihrer Erwerbseinkommen unterscheiden. In vielen Fällen sind die Beiträge an die Krankenkassen durch niedrige Erwerbseinkommen so gering, dass für die Versicherten kein Anreiz besteht, bei Beitragssatzunterschieden in den Optionstarif zu wechseln.[56] Dies kann dazu führen, dass vergleichsweise junge und gesunde Erwerbstätige mit einem hohen Einkommen und mit durch den verminderten Beitragssatz hohen absoluten Beitragsersparnissen einen wesentlich höheren Anreiz zur Teilnahme an dem Optionsmodell erhalten als Versicherte, die mit hohen Krankheitskostenrisiken belastet sind und nur über ein geringes Erwerbseinkommen verfügen. Dass besser verdienende Versicherte in der Regel gesünder sind und daher niedrigere Krankheitskosten als Versicherungspflichtige mit niedrigem Einkommen verursachen, verdeutlichen empirische Studien.[57] Wechseln nun aber überwiegend die gesunden Versicherten in Optionstarife, werden hierdurch auch die Einsparmöglichkeiten des Modells ungünstig eingeschränkt, da die erweiterten Steuerungsmöglichkeiten der Krankenkassen gerade bei den mit hohen Krankheitskostenrisiken belasteten Versicherten größere Einsparpotenziale erwarten lassen.

868. Es ist grundsätzlich eine Preisdifferenzierung wünschenswert, die den Versicherten korrekte Signale zur Wirtschaftlichkeit ihrer Tarifentscheidung übermittelt. Sämtliche Versicherten sollen daher in einer anreizgerechten Weise an den Einsparungen partizipieren, die sie ihrer jeweiligen Versichertengemeinschaft durch ihre Wahlentscheidung zugunsten des Optionsmodells ermöglichen. Idealerweise sollten daher den Versicherten Preisnachlässe in Form von kassenindividuellen, pauschalen Prämien gewährt werden. Zudem ist darüber nachzudenken, ob preismindernde Prämien nicht lediglich je Beitrags-

zahler, sondern je Versicherten ausgezahlt werden sollen. Hierdurch hätten auch die nichtbeitragspflichtigen GKV-Versicherten sowie Bezieher von Arbeitslosengeld II und Sozialhilfe ein unmittelbares Interesse, die Wirtschaftlichkeit ihrer Tarifentscheidung zu bedenken und den Wechsel in einen Optionstarif zur Krankenhausversorgung zu erwägen.

Weiterhin ist über die Möglichkeit einer regionalen Prämiendifferenzierung nachzudenken. Hierdurch würde der Tatsache Rechnung getragen, dass sich die Krankenhausversorgung der Versicherten einer Krankenkasse überwiegend im regionalen, wohnortnahen Umfeld abspielt, daher auch für den einzelnen Versicherten die zwischen seine Krankenkassen und den Krankenhäusern vor Ort geschlossenen selektiven Verträge eine besondere Relevanz besitzen. Investitionen in besondere „Spar- oder Luxustarife", nach denen gegebenenfalls nur eine lokale Nachfrage besteht, würden auf diese Weise auch für überregional tätige Krankenkassen interessant.

869. Damit das Optionsmodell seine positiven Anreizwirkungen gänzlich entfaltet, ist es unerlässlich, dass die Krankenkassen die durch das selektive Kontrahieren mit einzelnen Krankenhäusern gewonnenen Kostenvorteile im Wettbewerb mit anderen Krankenkassen vollumfänglich an die Versicherten im Optionstarif weiterreichen können. Geschieht dies nicht, würde das Preissignal zugunsten des gesetzlichen Standardtarifs und zulasten des Optionsmodells verzerrt, in dem der Versicherte erst durch seinen individuellen freiwilligen Verzicht auf größere Wahlfreiheiten in der Krankenhausversorgung Kostenersparnisse ermöglicht. Es wäre daher anreizschädlich, diese Kostenersparnisse ganz oder teilweise zugunsten allgemeiner Solidarziele über den Risikostrukturausgleich auch den Versicherten im Standardtarif zukommen zu lassen.

Ein Risikostrukturausgleich ist in einem wettbewerbsoffenen, gesetzlichen Krankenversicherungssystem, in dem die Beiträge der Versicherten nicht an die zu versichernden Risiken, sondern an die Arbeitseinkommen gebunden sind, zur Vermeidung von Anreizen zur Risikoselektion unerlässlich. Durch einen Risikostrukturausgleich sollen die finanziellen Nachteile derjenigen Krankenkassen ausgeglichen werden, die überdurchschnittlich viele Personen mit hohen Krankheitskostenrisiken versichern.[58] Als ein Finanzausgleich wird er aus Zahlungen der übrigen Kran-

---

[55] Mit der Einführung eines Gesundheitsfonds zur Finanzierung der gesetzlichen Krankenversicherung im Jahr 2009 soll unter anderem die beitragsfreie Mitversicherung von Kindern sowie die Finanzierung verschiedener versicherungsfremder Leistungen nicht mehr aus den Beiträgen der Pflichtversicherten, sondern aus Steuermitteln aufgebracht werden. Hierdurch werden die bisher in dem System der gesetzlichen Krankenversicherung wirkenden Transferströme teilweise neutralisiert. Allerdings weist die Monopolkommission darauf hin, dass damit noch nicht die problematischen Anreizwirkungen eines einkommensabhängigen Beitragssatzes auf der Seite der Versicherten beseitigt werden, die für die hier vorgenommene Betrachtung relevant sind.

[56] Mitte 2006 waren als Familienangehörige 18,64 Mio. Personen kostenfrei mitversichert. Die Zahl der Bezieher von Arbeitslosengeld II belief sich zu diesem Zeitpunkt auf etwa 4,96 Mio. Auch für sie spielt die Höhe des Beitragssatzes keine Rolle, da ihre Beiträge der Bund übernimmt. Mithin hat bereits gut ein Drittel der rund 70 Mio. Versicherten in den gesetzlichen Krankenkassen nur einen allenfalls mittelbaren Anreiz, die Beitragshöhe ihrer Krankenkasse zu beachten und einen Kassenwechsel aufgrund von Unterschieden im Beitragssatz zu erwägen; vgl. Felder, S., a. a. O., S. 42.

[57] Vgl. Breyer, F., Heineck, M., Lorenz, N., Determinants of Health Care Utilization by German Sickness Fund Members with Application to Risk Adjustment, Health Economics 12, 2003, S. 367–376.

[58] Der gegenwärtige Risikostrukturausgleich (RSA) gleicht die finanziellen Auswirkungen der von den Krankenkassen nicht beeinflussbaren Unterschiede in der Risikostruktur ihrer Versicherten aus. Berücksichtigt werden hierbei die Höhe der beitragspflichtigen Einnahmen der Mitglieder, die Zahl der beitragsfrei mitversicherten Familienangehörigen, Geschlecht und Alter sowie der Bezug einer Erwerbsminderungsrente. In geringem Umfang finden Kosten, die durch chronisch erkrankte Versicherte entstehen, Berücksichtigung. Zum Jahr 2009 soll dem Risikostrukturausgleich eine zusätzliche Morbiditätsorientierung gegeben werden (Morbi-RSA). Für 50 bis 80 schwerwiegende und kostenintensive chronische Krankheiten sollen Morbiditätszuschläge ermittelt werden, bei denen die durchschnittlichen Leistungsausgaben je Versicherten die GKV-weiten durchschnittlichen Leistungsausgaben je Versicherten um mindestens 50 Prozent übersteigen.

kenkassen gespeist, die eine unterdurchschnittlich teure Versichertenstruktur besitzen. Bei der Einführung des Optionsmodells muss nun verhindert werden, dass Einsparungen, die eine Krankenkasse alleine aus der erfolgreichen Einführung ihres Optionstarifes bei einem Teil ihrer Versicherten erzielt, dem allgemeinen Umverteilungsmechanismus des Risikostrukturausgleichs zur Verfügung gestellt wird. Denn hierdurch würden gerade jene im Wettbewerb erfolgreichen Krankenkassen mit einem hohen Anteil an Versicherten im Optionstarif und effizienten Angeboten besonders belastet, die anschließend ihren Versicherten nicht länger einen ihrer überlegenen Leistung entsprechenden günstigen Optionstarif anbieten könnten. Aus Sicht der Monopolkommission ist daher unter Beachtung des hierfür erforderlichen zusätzlichen bürokratischen Aufwandes zu empfehlen, den Risikostrukturausgleich für die Tarife des Optionsmodells von dem Risikostrukturausgleich für den gesetzlichen Standardtarif zu trennen.

870. Schließlich gebietet die Einführung des Optionsmodells die bereits ohnehin überfällige Klärung des Verhältnisses von Sozialrecht und Wettbewerbsrecht in der Beziehung von Krankenkassen und Krankenhäusern. Insbesondere muss, damit der Vertragswettbewerb der Krankenkassen funktionsfähig wird, die Nachfragemacht marktbeherrschender Krankenkassen der Wettbewerbsaufsicht unterworfen werden. Derzeit bestimmt das Fünfte Sozialgesetzbuch in § 69 Satz 1, dass die Rechtsbeziehungen der gesetzlichen Krankenkassen und ihrer Verbände zu Ärzten, Zahnärzten, Psychotherapeuten, Apotheken sowie zu sonstigen Leistungserbringern und ihren Verbänden durch das Vierte Kapitel des SGB V sowie für besondere Versorgungsformen durch die §§ 63, 64 SGB V abschließend geregelt werden. Unter den sonstigen Leistungserbringern sind auch Krankenhäuser zu subsumieren. Mithin kommt der § 69 SGB V für die Rechtsbeziehungen von Krankenkassen zu den Leistungserbringern im Gesundheitswesen einer Bereichsausnahme gegenüber dem deutschen Kartell- und Unlauterkeitsrecht gleich.[59] Das Wettbewerbsrecht gilt dagegen für alle Vereinbarungen der Krankenkassen untereinander, die von dem Kartellverbot des § 1 GWB erfasst werden. Nur solange die gesetzlichen Krankenkassen mit privaten Versicherern konkurrieren, können § 1 GWB und das UWG zur Anwendung kommen. Und dies gilt auch für das Verhältnis der Leistungserbringer zueinander, und hier im Speziellen der Krankenhäuser, solange es um die Leistungsbeziehungen zu den gesetzlichen Krankenkassen geht.[60,61]

Der Gesetzgeber ist in der Debatte um die Gesundheitsreform 2007 nicht dem Vorschlag des Bundeskartellamts und des Wissenschaftlichen Beirats beim Bundesministerium für Wirtschaft und Technologie gefolgt, den § 69 SGB V

ersatzlos zu streichen.[62] Der Vorschlag wurde damit begründet, dass den Krankenkassen durch die Bereichsausnahme gegenüber dem Kartell- und Unlauterkeitsrecht die wettbewerbspolitisch problematische Möglichkeit gegeben ist, Verträge mit Leistungserbringern anstatt einzeln nun kollektiv abzuschließen. Folglich werden den gesetzlichen Krankenkassen ansonsten kartellrechtswidrige Absprachen zwischen Wettbewerbern auf der Nachfrageseite erlaubt. Auf diese Weise wird eine mittel- bis langfristig wohlfahrtsschädigende Konzentration von Nachfrage zulässig.

Diese Gefahr sieht auch die Monopolkommission. Sie bekäme besondere Relevanz in einem durch seine vertragliche Ausgestaltung wettbewerblicher ausgerichteten Krankenhausmarkt. Die Koordination zwischen den Marktseiten und der Marktseiten untereinander würde den vertragswettbewerblichen Wirkmechanismus stören und daher die für die Versicherten der gesetzlichen Krankenversicherung mittel- bis langfristig möglichen qualitativen und

---

[59] Vgl. für eine Übersicht über die Entstehung und Wirkung von § 69 SGB V Roth, Wulf-Henning: Kartellrechtliche Aspekte der Gesundheitsreform nach deutschem und europäischem Recht, Gewerblicher Rechtsschutz und Urheberrecht (GRUR) 2007 (8), S. 645 ff.

[60] Vgl. BKartA, Stellungnahme zum Entwurf eines GKV-WSG vom 28. November 2006, S. 8.

[61] Allerdings sind hier nur diejenigen Leistungen von der Wirkung des Kartell- und Unlauterkeitsrechts freigestellt, die nicht dem europäischen Kartellrecht unterliegen. Die Anwendbarkeit des europäischen

Kartellrechts bleibt von der Bereichsausnahme des § 69 SGB V unberührt. Für die Anwendbarkeit des europäischen Kartellrechts ist der Unternehmensbegriff in Artikel 81 EGV (Verbot aufeinander abgestimmter Verhaltensweisen) und in Artikel 82 EGV (Verbot des Missbrauchs einer marktbeherrschenden Stellung) bestimmend. Die Unternehmenseigenschaft lässt sich hiernach nicht abstrakt definieren, sondern ist stets in Bezug auf eine bestimmte, für die jeweilige kartellrechtliche Fragestellung relevante wirtschaftliche Tätigkeit zu untersuchen und festzustellen. Er ist allein auf die Angebotstätigkeit einer handelnden Einheit abzustellen, Nachfragetätigkeit ist nur in denjenigen Fällen als eine unternehmerische Tätigkeit anzusehen, in denen der Nachfrager die nachgefragten Leistungen seinerseits am Markt anbietet (im Sinne des Erwerbs von Vor- und Zwischenprodukten, Handelstätigkeit). Nach der Rechtsprechung des Europäischen Gerichtshofs ist eine Tätigkeit der gesetzlichen Krankenkassen in der Regel auch deshalb keine wirtschaftliche Tätigkeit, weil sie einem sozialen Zweck dient, sie ohne Gewinnerzielungsabsicht betrieben wird, die Höhe der Beiträge nicht nach dem Prinzip der Risikoäquivalenz bestimmt wird und das System vom Prinzip des Solidarausgleichs zwischen den Kassen und seine Absicherung durch Pflichtmitgliedschaft geprägt ist. Die wirtschaftliche Tätigkeit einer gesetzlichen Krankenkasse wird hingegen dann gegeben sein, wenn sich von einer Tätigkeit unter Marktbedingungen sprechen lässt, etwa wenn die betrachtete Krankenkasse freiwillige Leistungen in Konkurrenz mit anderen Kassen (etwa bei den freiwillig Versicherten) oder privaten Krankenversicherungen (etwa bei den freiwillig Versicherten im Standardtarif und bei den Zuwahlleistungen) anbietet. Demnach ist die Nachfragetätigkeit der gesetzlichen Krankenkassen bei den Leistungserbringern im Gesundheitswesen nach der Rechtsprechung des Europäischen Gerichtshofs als eine nichtwirtschaftliche Tätigkeit anzusehen, soweit die Nachfrage auf die Erfüllung der sozialen, am Grundsatz der Solidarität orientierten Pflichten der Kassen zielt. Beim Wettbewerb um freiwillig Versicherte lässt sich jedoch für die Beziehungen der Krankenkassen zu den Leistungserbringern ein gewisser Konflikt zwischen dem europäischen und dem deutschen Recht feststellen. Nach § 69 SGB V sind auch die Leistungen an freiwillig versicherte Personen von einer Anwendung des Wettbewerbs- und Unlauterkeitsrechtes ausgenommen. Nach europäischer Rechtsprechung handelt es sich hierbei allerdings um eine unternehmerische Tätigkeit, die dem Artikel 81 EGV und dem Artikel 82 EGV unterzuordnen ist. Da weiterhin die Tätigkeit eines Leistungserbringers nach europäischem Recht in der Regel als eine unternehmerische Tätigkeit anzusehen ist, kommen hierdurch die Artikel 81 und 82 EGV auch bei Leistungen im Rahmen der gesetzlichen Pflichtversicherung zur Anwendung.

[62] Vgl. BKartA, Stellungnahme zum Entwurf eines GKV-WSG vom 28. November 2006, sowie Wissenschaftlicher Beirat beim BMWi, Pressemitteilung vom 30. Januar 2007.

preislichen Verbesserungen untergraben. Der Gesetzgeber hingegen hat im Gesetzgebungsprozess vermutlich nur die kurzfristig kostendämpfenden Wirkungen der Nachfragebündelung vor Augen gehabt. Die Monopolkommission weist jedoch darauf hin, dass die dem § 69 SGB V zugrunde liegende Logik, wonach die Bündelung von Einkaufsmacht zur Kostendämpfung im Gesundheitswesen führen und übernormale Gewinne reduzieren kann, aus wettbewerbsökonomischer wie aus ordnungspolitischer Sicht nicht pauschal gültig ist.

Eine Koordination der Nachfrageentscheidungen der gesetzlichen Krankenkassen kann dazu beitragen, dass sich auch die Leistungserbringer im Gesundheitswesen weiter konzentrieren. Sollten die gesetzlichen Krankenkassen in dem vertragswettbewerblichen Modell in großem Umfang gemeinsame Nachfrageentscheidungen treffen, wäre einzelnen Krankenhäusern dann ein Alleingang in Ermangelung alternativer Nachfrager außerhalb des Nachfrageverbundes verwehrt. Daher steht die Bildung eines bilateralen Oligopols mit mittel- bis langfristigen Tendenzen zu – aufgrund des fehlenden Wettbewerbsdrucks – überhöhten Preisen, eingeschränkten Angebotsmengen und suboptimalen Angebotsqualitäten zu befürchten, in dem jede Marktseite die Partizipation ihrer Mitglieder an den Überschüssen des Krankenhausmarktes durch oligopolistische Strukturen sichert. Der Gesetzgeber hat anstelle einer ersatzlosen Streichung des § 69 SGB V den Absatz 1 durch einen neuen Satz 2 ergänzt. Durch diesen ist eine wettbewerbsrechtliche Missbrauchskontrolle entsprechend den §§ 19 bis 21 GWB auf die freiwilligen vertraglichen Beziehungen der Krankenkassen und ihrer Verbände mit Leistungserbringern im Gesundheitswesen anwendbar.[63] Das Bundeskartellamt hat richtigerweise in seiner damaligen Stellungnahme betont, dass die so formulierte Zulässigkeit einer Missbrauchskontrolle im Gesundheitswesen schon insofern widersprüchlich erscheint, als diese in der Regel nur deshalb notwendig wird, weil erst der § 69 SGB V den Krankenkassen und den Leistungserbringern die kartellmäßige Koordination gestattet und daher zum Missbrauch einer marktbeherrschenden Stellung geradezu einlädt.[64]

871. Die Monopolkommission gelangt daher für den in dem vorliegenden Gutachten betrachteten Krankenhausmarkt zu der Auffassung, dass die vertraglichen Vereinbarungen zwischen den gesetzlichen Krankenkassen und den Krankenhäusern in vollem Umfang wettbewerbsrechtlichen Regelungen und kartellrechtlicher Kontrolle zu unterwerfen sind. Gleichzeitig soll die Bereichsausnahme des § 69 SGB V auch für alle übrigen Beziehungen der gesetzlichen Krankenkassen zu den Leistungserbringern im Gesundheitswesen einer kritischen Überprüfung

im Hinblick auf eine stärker wettbewerbliche Ausrichtung des Gesundheitsmarktes insgesamt unterzogen werden.

5. Zusammenfassung der Handlungsempfehlungen

872. Der deutsche Krankenhausmarkt befindet sich im Umbruch. Die Monopolkommission hat in ihrer Analyse wesentliche Entwicklungen nachvollzogen und Vorschläge für eine Reform der wettbewerblichen Rahmenbedingungen gemacht. Auf dem Krankenhausmarkt hat die stetige, auch in Zukunft ungebrochene Steigerung der Gesundheitsausgaben vielfältige demografische und technologische Ursachen. Sie wird zugleich beeinflusst von nachfrageseitigen Besonderheiten und einer umfangreichen staatlichen Regulierung. Die politische Vorgabe, diese Ausgaben zu begrenzen, ist eine Leitlinie für alle institutionellen Veränderungen. Sie steht einer Nutzung des Wettbewerbs zur Entdeckung effizienter Lösungen in ihrem Rahmen aber nicht im Wege. Die Reformvorschläge sollen dazu beitragen, dass sich der medizinisch-technische Fortschritt in der Diagnostik und Therapie stärker entlang den Präferenzen der Patienten in ihrer schwierigen Dreiecksbeziehung mit den behandelnden Ärzten und den Krankenkassen ausprägen kann. Die Vorschläge müssen daher der Heterogenität der Versicherten Rechnung tragen.

873. In Anbetracht des mangelnden Preiswettbewerbs und der allgemeinen Präferenz von Patienten für eine wohnortnahe Krankenhausversorgung bilden der Standort des Krankenhauses und die Qualität des Dienstleistungsangebotes die entscheidenden Wettbewerbsparameter im Krankenhausmarkt. Da allerdings auf dem deutschen Krankenhausmarkt die Transparenz des Leistungsgeschehens weitgehend fehlt, ist auch der Qualitätswettbewerb zwischen den Krankenhäusern in seiner Funktionsfähigkeit beschränkt. Die Monopolkommission empfiehlt daher die Entwicklung verständlicher und für Vergleiche geeigneter Informationsangebote zur Qualität von Krankenhausbehandlungen, damit Patienten künftig in stärkerem Maße als bisher Qualitätsinformationen nutzen können. Überlegenswert ist die Bildung eines Qualitätsregisters für Krankenhausbehandlungen, das systematisch Daten der Krankenhäuser über Behandlungsmaßnahmen und Pflegeresultate abbilden würde. Der Monopolkommission erscheinen die Grenzen zulässiger Werbung im Krankenhaussektor als zu vage und damit tendenziell als zu restriktiv. Zudem sind die wachsenden vertraglichen Abhängigkeiten zwischen einweisenden Ärzten und Krankenhäusern (aus sog. Kick-back-Verträgen) als kritisch für die Funktionsfähigkeit des Qualitätswettbewerbs im Krankenhaussektor anzusehen, solange den einweisenden Ärzten eine Mittlerfunktion bei der Krankenhauswahl der Patienten zusteht.

874. In der Fusionskontrolle wird aufgrund der zumeist geringen Größe der beteiligten Krankenhausunternehmen eine Vielzahl von Krankenhausfusionen nicht von den Aufgreifschwellen des GWB erfasst und bleibt daher vom Bundeskartellamt unbeobachtet. Die Monopolkommission ist der Auffassung, dass am Beispiel des Krankenhausmarktes deutlich wird, dass die Aufgreifschwellen

63 Im Wortlaut: „Die §§ 19 bis 21 des Gesetzes gegen Wettbewerbsbeschränkungen gelten entsprechend, dies gilt nicht für Verträge von Krankenkassen oder deren Verbände mit Leistungserbringern, zu deren Abschluss die Krankenkassen oder deren Verbände gesetzlich verpflichtet sind und bei deren Nichtzustandekommen eine Schiedsamtsregelung gilt."
64 Vgl. BKartA, Stellungnahme zum Entwurf eines GKV-WSG vom 28. November 2006.

nur unzureichend in der Lage sind, als Indikatoren für die volkswirtschaftliche Bedeutsamkeit eines Fusionsvorhabens in einer regionalen Marktstruktur zu dienen.

Den verbleibenden Qualitätswettbewerb im Krankenhaussektor erachtet die Monopolkommission als außerordentlich schützenswert, da er die Wahlmöglichkeiten der Patienten sichert und einziger Garant für eine hochwertige Versorgung ist. Für die Fusionskontrolle auf dem Krankenhausmarkt muss daher gelten, dass heute Strukturen erhalten werden sollen, die dem Gesetzgeber für die Zukunft die Möglichkeit belassen, die Rolle des Preiswettbewerbs und des Qualitätswettbewerb im Interesse einer präferenzgerechten und qualitativ hochwertigen Versorgung der Patienten mit Krankenhausleistungen weiter zu stärken. Der hohe Schutzbedarf des Wettbewerbs auf dem Krankenhausmarkt wird durch die einheitliche Aufgreifschwelle nicht adäquat erfasst. Daher schlägt die Monopolkommission vor, dem § 38 GWB den folgenden Absatz hinzuzufügen:

„Für den Umsatz von Krankenhausunternehmen ist das Dreifache der Umsatzerlöse in Ansatz zu bringen."

Im Ergebnis würde damit den generell sensiblen Wettbewerbsbedingungen im Krankenhaussektor Rechnung getragen und gleichzeitig eine steigende Bewertung von Krankenhausumsätzen, d.h. in der Sache eine Absenkung der Aufgreifschwellen der Zusammenschlusskontrolle erreicht, wie sie auf lokalen und regionalen Märkten angemessen ist.

875. Die Monopolkommission sieht in der von den Bundesländern geleisteten zentralen Krankenhausplanung und der mit ihr verbundenen Investitionsförderung für Plankrankenhäuser ein wichtiges Hemmnis für Innovationen und Wirtschaftlichkeit im Krankenhaussektor. Sie plädiert stattdessen für eine Krankenhausplanung, die nicht länger die Gewährleistung einer allumfassenden Krankenhausversorgung auf dem Gebiet eines jeden Bundeslandes im Blick hat, sondern auf die Sicherstellung lediglich einer unbedingt erforderlichen Mindestversorgung gerichtet ist. Für alle übrigen Bereiche muss ein Finanzierungssystem gefunden werden, das Anreizverzerrungen vermeidet und es den Krankenhäusern erlaubt, ihr Angebot im Wettbewerb an dem durch die Krankenkassen und Patienten geäußerten lokalen Bedarf auszurichten und stetig fortzuentwickeln.

876. Das gegenwärtige DRG-Fallpauschalensystem entspricht im Wesentlichen einer Price-Cap-Regulierung, wie sie üblicherweise zur Regulierung natürlicher Monopole Anwendung findet. Es läuft Gefahr, durch seine extreme Ausdifferenzierung die Vorteile der prospektiven Vergütung weitgehend zu verspielen. Die Monopolkommission ist der Auffassung, dass sich die in ihm verankerten Fehlanreize für Krankenhäuser, überfrühe „blutige" Entlassungen vorzunehmen, unnötige Behandlungen auszuführen und Patienten nach wirtschaftlichen Kriterien zu selektieren, nur schwerlich über eine weitere Ausdifferenzierung des einheitlich gültigen Fallpauschalensystems werden kontrollieren lassen. Die weitere Differenzierung der Fallpauschalen sollte daher zumindest gestoppt, wenn

nicht zurückgeführt werden, auch um den Krankenhäusern neue Gestaltungsspielräume bei der Entwicklung und Umsetzung innovativer Behandlungen zu eröffnen.

877. Die Monopolkommission empfiehlt die Rückkehr zu einem monistischen Finanzierungssystem für die Krankenhäuser. Darin würden sämtliche Betriebsausgaben und Investitionen aus Fallpauschalen gedeckt. Ein Ausgleich des Investitionsstaus ist hierbei aus wettbewerbsökonomischer Perspektive vor Einführung der Monistik keineswegs zwingend. Zum einen muss der bestehende Investitionsstau bei Einführung der Monistik nicht ausgeglichen werden, wenn er alle konkurrierenden Plankrankenhäuser in gleicher Weise trifft. Andernfalls begründet er im Wesentlichen ein verteilungspolitisches Problem und entspricht dem First-Mover-Vorteil eines Akteurs auf einem normalen Wettbewerbsmarkt.

878. Den möglichen Ausgleich des Investitionsstaus über einen Ausgleichspool sieht die Monopolkommission kritisch. Einerseits wären seine Transaktionskosten vermutlich nicht unerheblich, er würde zum Aufbau einer schwerfälligen Bürokratie führen und die Gefahr einer ineffizienten Geldanlage durch den Staat bergen. An jeder Form des Ausgleichs von Unterschieden im bestehenden Investitionsbestand ist jedoch grundsätzlich problematisch, dass der Restwert investierten Kapitals eine vergangenheitsbezogene Größe ist, die an sich für zukunftsbezogene Entscheidungen keine Relevanz besitzt. Wenn auf politischem Wege kein vollmonistisches System erreicht werden kann, so ist zumindest über die Einführung einer teilmonistischen Finanzierung nachzudenken. Hierbei würde auf die antragspflichtige Einzelförderung von Krankenhäusern verzichtet und es würden sämtliche staatlichen Mittel nur noch in Form pauschaler Fördermittelzuwendungen an die Krankenhäuser ausgeschüttet. Allerdings müsste hierzu ein besser geeigneter Verteilungsschlüssel als die Planbettenzahl gefunden werden, über den die Bundesländer ihre Fördergelder ausschütten.

879. Mit Blick auf die Forderung nach der Sicherstellung einer flächendeckenden Versorgung mit Krankenhausleistungen betont die Monopolkommission, dass es bei der Daseinsvorsorge auf Krankenhausmärkten in erster Linie nicht um die Korrektur eines ökonomisch fundierten Marktversagens geht, sondern vielmehr um die Bereitstellung eines politisch gewünschten, flächendeckenden Umfangs an Krankenhausleistungen. Sofern dieser politisch gewünschte Umfang nicht dem ökonomisch effizienten Umfang entspricht, kann seine Bereitstellung in einer Demokratie legitim sein, denn es spielen hierbei neben ökonomischen Effizienzzielen auch an Wertvorstellungen anknüpfende Zielsetzungen eine Rolle. Für eine Sicherstellung der Reservekapazitäten und der Notfallversorgung durch die Länder, Kreise und Gemeinden sprechen insbesondere die hierdurch besseren Wahrnehmungsmöglichkeiten für lokale Präferenzen und die Übereinstimmung der Zahler- und Empfängerkreise. Das Zusatzangebot ließe sich in effizienter Weise durch wettbewerbskonforme, wiederkehrende Ausschreibungen bereitstellen. Die Ausschreibungsverfahren sind in einer Weise zu gestalten, dass stets jener Bieter mit dem Zusatzangebot betraut wird, der dieses in der gewünschten Qualität und im gewünschten Umfang mit dem geringsten Bedarf an öffentlichen Zuschüssen bereitstellt. Im Ergebnis entstünde auf dem Krankenhausmarkt wieder eine Form dualer Finanzierung, die diesmal allerdings auf die im Hinblick auf die Investitionsanreize problematische Trennung von staatlich getragenen Investitionskosten einerseits und durch die Krankenkassen getragenen Krankenhausbetriebskosten andererseits verzichtete.

880. Die Monopolkommission schlägt die Einführung spezieller Optionstarife für die Krankenhausversorgung in der gesetzlichen Krankenversicherung vor, innerhalb derer die Wahlmöglichkeiten zwischen Krankenhäusern für Patienten bei unverändertem Leistungsumfang begrenzt und die Steuerungsmöglichkeiten der Krankenkassen ausgeweitet werden. Die Krankenkassen sollen für Optionstarife mit einzelnen Krankenhäusern selektive Versorgungsverträge abschließen. Den Versicherten wird sodann die Möglichkeit eröffnet, durch ein freiwilliges Opting-out Krankenhausleistungen nur in den ausgewählten Vertragskrankenhäusern ihrer Krankenkasse wahrzunehmen.

881. Die Grenzen des Optionsmodells sind durch den Gesetzgeber abzustecken und einer kontinuierlichen Überprüfung zu unterwerfen. Hierbei gilt es insbesondere zu berücksichtigen, dass den Krankenkassen auf der einen Seite hinlängliche Möglichkeiten gegeben sein müssen, ihre Tarife qualitativ zu differenzieren und so Vorteile im Wettbewerb gegenüber anderen Krankenkassen auch durch Unterschiede im Leistungsangebot zu erlangen. Auf der anderen Seite ist dem kritischen Zeitinkonsistenzproblem der Versicherten bei langfristigen Versicherungskontrakten Rechnung zu tragen. In jungen Jahren unterschätzen Versicherte regelmäßig das Bedürfnis für den Krankenversicherungsschutz, den sie im Alter benötigen. Die Monopolkommission rät deshalb dazu, durch das Optionsmodell in einem ersten Schritt lediglich den Krankenhauszugang auf die unmittelbaren Vertragskrankenhäuser der Krankenkasse zu beschränken und das Leistungsspektrum für die Versicherten im Optionstarif gegenüber dem gesetzlichen Standardtarif ansonsten unberührt zu lassen. Jeder Versicherte hat sodann auch weiterhin Anspruch auf eine Krankenhausbehandlung im vollen qualitativen Umfang des gesetzlichen Standardtarifs. Weiterhin sollen im Optionstarif die Regelungen der gesetzlichen Krankenkassen zum Versicherungsschutz im Ausland denen des gesetzlichen Standardtarifs entsprechen. Ebenso sollen Versicherte im Optionstarif im Notfall freien Zugang zu jedem Krankenhaus erhalten.

882. Die Monopolkommission ist der Auffassung, dass der Wettbewerb der Krankenhäuser um die Aufnahme in die Optionstarife der gesetzlichen Krankenkassen dann zu besonders wirkungsvollen Ergebnissen gelangen kann, wenn die gesetzlichen Vorgaben zu den Inhalten von Vereinbarungen zwischen Krankenhäusern und Krankenkassen nicht restriktiv sind. Insbesondere soll das DRG-Vergütungssystem für die Tarife im Optionstarif lediglich

noch empfehlenden Charakter besitzen. Die Vertragspartner sollen grundsätzlich frei sein, Zu- und Abschläge oder eine alternative Vergütungsstruktur zu vereinbaren.

883. Der Gesetzgeber muss außerdem Rahmenbedingungen für den Preiswettbewerb im Optionsmodell vorgeben. Politisch leicht zu vermitteln mag eine Beitragssatzsenkung für den Optionstarif sein. Jedoch bedeutete diese auch, dass die Teilnahme an dem Optionsmodell für ansonsten homogene Versichertengruppen sehr unterschiedlich attraktiv sein kann, nur weil sie sich in der Höhe ihrer Erwerbseinkommen unterscheiden. Aus Sicht der Monopolkommission ist grundsätzlich eine Preisdifferenzierung wünschenswert, die den Versicherten korrekte Signale zur Wirtschaftlichkeit ihrer Tarifentscheidung übermittelt. Idealerweise sollten daher den Versicherten Preisnachlässe in Form von kassenindividuellen, pauschalen Prämien gewährt werden. Zudem ist darüber nachzudenken, ob preismindernde Prämien nicht lediglich je Beitragszahler, sondern je Versicherten ausgezahlt werden sollen. Weiterhin ist die Möglichkeit einer regionalen Prämiendifferenzierung zu erwägen. Hierdurch würde der Tatsache Rechnung getragen, dass sich die Krankenhausversorgung überwiegend im regionalen, wohnortnahen Umfeld der Versicherten abspielt, daher auch für den einzelnen Versicherten die vor Ort zwischen seiner Krankenkasse und den Krankenhäusern geschlossenen selektiven Verträge eine besondere Relevanz besitzen.

884. Es wäre anreizschädlich, Kostenersparnisse, die eine Krankenkasse alleine aus der erfolgreichen Einführung ihres Optionstarifes bei einem Teil ihrer Versicherten erzielt, ganz oder teilweise zugunsten allgemeiner Solidarziele über den Risikostrukturausgleich auch den Versicherten im Standardtarif zukommen zu lassen. Die Monopolkommission empfiehlt daher, den Risikostrukturausgleich für die Tarife des Optionsmodells unter Beachtung des hierfür erforderlichen zusätzlichen bürokratischen Aufwandes von dem Risikostrukturausgleich für den gesetzlichen Standardtarif zu trennen.

885. Damit der Vertragswettbewerb der Krankenkassen funktionsfähig wird, muss schließlich die Nachfragemacht marktbeherrschender Krankenkassen angegriffen werden. Die vertraglichen Vereinbarungen zwischen den gesetzlichen Krankenkassen und den Krankenhäusern sind daher nach Auffassung der Monopolkommission im vollen Umfang wettbewerbsrechtlichen Regelungen und kartellrechtlicher Kontrolle zu unterwerfen. Die Bereichsausnahme des § 69 SGB V für die Rechtsbeziehungen zwischen den gesetzlichen Krankenkassen und den Leistungserbringern vom deutschen Kartell- und Unlauterkeitsrecht soll daher zumindest für den Krankenhaussektor aufgehoben werden. Für alle übrigen Beziehungen der Krankenkassen zu den Leistungsbringern im Gesundheitswesen ist sie einer kritischen Überprüfung im Hinblick auf eine stärker wettbewerbliche Ausrichtung des Gesundheitsmarktes insgesamt zu unterziehen.

Kapitel VI

Der more economic approach in der europäischen Beihilfenkontrolle

1. Einleitung

1.1 Untersuchungsgegenstand

886. Der Begriff des more economic approach – also eines stärker ökonomisch fundierten Ansatzes – ist in der öffentlichen Diskussion und wissenschaftlichen Auseinandersetzung zur europäischen Wettbewerbspolitik allgegenwärtig. Die Generaldirektion Wettbewerb der EU-Kommission verfolgt seit einigen Jahren das Ziel, das Wettbewerbsrecht unter Berufung auf einen more economic approach Schritt für Schritt neu auszurichten. In der ökonomischen und juristischen Fachwelt wird über diesen Ansatz, seine Ziele und Inhalte sehr kontrovers diskutiert. Im Zentrum des allgemeinen Interesses stehen bislang das europäische Kartellrecht[1] (Artikel 81, 82 EGV sowie die europäische Fusionskontrollverordnung) und die Reformvorhaben der EU-Kommission in diesem Bereich.[2] Die EU-Kartellrechtsbestimmungen, deren Adressat die im europäischen Binnenmarkt agierenden Unternehmen sind, bilden jedoch nicht den Gegenstand dieses Sonderkapitels. Vielmehr geht es um die mögliche Anwendung eines more economic approach auf dem Gebiet der EU-Beihilfenkontrolle (Artikel 87 ff. EGV). Diese bildet den zweiten Teil der europäischen Wettbewerbsregeln und richtet sich gegen Wettbewerbsbeschränkungen, die durch staatliche Hoheitsträger in Form einer Beihilfenvergabe verursacht werden. Die EU-Kommission möchte auch diesen Bereich durch eine stärkere ökonomische Ausrichtung grundlegend reformieren.[3] Die derzeitige Wettbewerbskommissarin Kroes misst der Reform des Beihilfenrechts erhebliche Bedeutung bei und bezeichnet diese sogar als „flagship project" ihrer Amtszeit.[4]

887. Der neue Ansatz im Beihilfenrecht ist nicht identisch mit den Methoden und Konzepten, welche die EU-Kommission im Zusammenhang mit dem more economic approach im EU-Kartellrecht anwendet. Das Beihilfenrecht ist zwar ebenso wie das EU-Kartellrecht auf den Schutz des Wettbewerbs im Gemeinsamen Markt

ausgerichtet.[5] Gleichwohl bestehen entscheidende Unterschiede. Die Verursacher möglicher Wettbewerbsbeschränkungen sind im Beihilfenrecht nicht Unternehmen und Marktteilnehmer, sondern staatliche Hoheitsträger. Ferner sind im Beihilfenrecht nicht nur ökonomische Ziele, sondern auch andere Zielsetzungen sozialer, verteilungspolitischer und kultureller Art von Bedeutung. Zudem ist die europäische Beihilfenkontrolle durch ein Transferschema gekennzeichnet. Die Zuwendungen stammen aus Steuern, die ihrerseits Wohlfahrtsverluste nach sich ziehen oder anders eingesetzt werden könnten (Opportunitätskosten).

1.2 Beihilfen als besondere Form der Subvention

1.2.1 Beihilfenbegriff

888. Der Begriff „Beihilfen" (engl.: state aid) wird im europäischen Recht für Subventionen verwendet, die unter den Anwendungsbereich des europäischen Beihilfenverbots in Artikel 87 Abs. 1 EGV fallen.[6] Hierin wird der Beihilfenbegriff wie folgt konkretisiert: „Soweit in diesem Vertrag nicht etwas anderes bestimmt ist, sind staatliche oder aus staatlichen Mitteln gewährte Beihilfen gleich welcher Art, die durch die Begünstigung bestimmter Unternehmen oder Produktionszweige den Wettbewerb verfälschen oder zu verfälschen drohen, mit dem Gemeinsamen Markt unvereinbar, soweit sie den Handel zwischen den Mitgliedstaaten beeinträchtigen."

Es müssen also fünf Voraussetzungen vorliegen, damit eine Maßnahme als Beihilfe zu qualifizieren ist und der europäischen Beihilfenkontrolle unterliegt:

– Es handelt sich um eine „Begünstigung", also einen wirtschaftlichen Vorteil für den Empfänger.

1 Der Begriff „Kartellrecht" wird in diesem Sonderkapitel weit ausgelegt und erfasst sämtliche unternehmensbezogenen Wettbewerbsbestimmungen unter Einschluss der Fusionskontrolle.
2 Zurzeit insbesondere Aspekte der Missbrauchskontrolle, Artikel 82 EGV.
3 Die EU-Kommission verwendet im Zusammenhang mit der angestrebten Reform der Beihilfenkontrolle neben dem Begriff des more economic approach auch den Ausdruck „refined" economic approach.
4 Neelie Kroes, „European Competition Policy in a changing world and globalised economy: fundamentals, new objectives and challenges ahead", SPEECH/07/364, GCLC/College of Europe Conference on „50 years of EC Competition Law", Brussels, 5th June 2007.
5 Dies kommt bereits in der gesetzlichen Systematik zum Ausdruck. So gliedert sich das Kapitel „Wettbewerbsregeln" des Titels VI des EG-Vertrages in „Abschnitt 1 – Vorschriften für Unternehmen" und „Abschnitt 2 – Staatliche Beihilfen". Während Abschnitt 1 die Artikel 81 bis 86 EGV umfasst und die kartellrechtlichen Bestimmungen enthält, beinhaltet Abschnitt 2 die europäischen Beihilfenbestimmungen (Artikel 87 bis 89 EGV).
6 Der Begriff der Beihilfe wird im Detail sehr unterschiedlich verwendet. So wird etwa in der volkswirtschaftlichen Gesamtrechnung des Statistischen Bundesamtes und daran anlehnend in der fiskalpolitischen Ökonomie ein enger Beihilfenbegriff zugrunde gelegt, der ausschließlich positive finanzielle Zuwendungen (Geldtransfers) an Unternehmen erfasst; vgl. Statistisches Bundesamt, Statistisches Jahrbuch 2007, S. 439; Brümmerhoff, D., Finanzwissenschaft, München 2007, S. 17 ff. Demgegenüber ist beispielsweise das Kieler Institut für Weltwirtschaft der Auffassung, dass sämtliche Vorteile, welche die Allokation der gesamtwirtschaftlichen Ressourcen verzerren, als Beihilfen zu qualifizieren sind; vgl. Boss, A., Rosenschon, A., Beihilfen in Deutschland: Eine Bestandsaufnahme, Kieler Arbeitspapiere Nr. 1267, Kiel 2006, S. 4 ff.

– Diese wird zugunsten „bestimmter Unternehmen oder Produktionszweige" gewährt, wirkt also selektiv.

– Es handelt sich um eine „staatliche oder aus staatlichen Mitteln gewährte" Maßnahme. Gemeint ist ausschließlich ein Transfer von mitgliedstaatlichen Ressourcen (Beihilfen, welche die EU selbst gewährt, werden nicht erfasst).

– Die jeweilige Maßnahme muss zudem „Wettbewerb verfälschen oder zu verfälschen drohen".

– Darüber hinaus muss sie den „Handel zwischen den Mitgliedstaaten beeinträchtigen".

889. Maßnahmen mit Beihilfencharakter sind gemäß Artikel 87 Abs. 1 EGV grundsätzlich unvereinbar mit dem Gemeinsamen Markt. Bei jeder beabsichtigten Einführung oder Umgestaltung von Beihilfen haben die Mitgliedstaaten die EU-Kommission nach Artikel 88 Abs. 3 Satz 1 EGV so rechtzeitig zu unterrichten, dass diese sich dazu äußern kann (Anmeldepflicht).[7] Die EU-Kommission überprüft, ob die betreffende Beihilfe ausnahmsweise erlaubt ist, denn das Verbot des Artikel 87 Abs. 1 EGV gilt nicht absolut. Vielmehr enthält der EGV verschiedene Ausnahmetatbestände (Artikel 87 Abs. 2 und 3, Artikel 86 Abs. 2 EGV), die allgemein formuliert sind und der EU-Kommission bei der Ausübung ihrer Kontrolle einen weiten Ermessensspielraum einräumen. Eine Genehmigung kommt danach zum einen bei Beihilfen mit wirtschaftspolitischer Zielsetzung in Betracht, z. B. falls die jeweilige Maßnahme „die Förderung der Entwicklung gewisser Wirtschaftszweige" bezweckt (Artikel 87 Abs. 3 Buchstabe c EGV). Zum anderen sehen die Rechtfertigungsgründe des EGV vor, dass auch Beihilfen mit sozial- bzw. verteilungspolitischem Hintergrund – insbesondere Beihilfen zur Förderung benachteiligter Regionen[8] oder solche mit kultureller Zielsetzung[9] – freigestellt werden können.

890. Dies macht bereits deutlich, dass es sich bei der europäischen Beihilfenaufsicht – anders als bei der Anwendung der kartellrechtlichen Bestimmungen (Artikel 81, 82 EGV, Fusionskontrollvorschriften) – um einen politisch geprägten Teil des europäischen Wettbewerbsrechts handelt. Neben wettbewerbspolitischen Aspekten spielen auch sozial- und verteilungspolitische Aspekte eine bedeutende Rolle. Bei der Bewertung einer Beihilfe hat die EU-Kommission diese Aspekte gegeneinander abzuwägen und dabei die Auswirkungen auf den Wettbewerb im Auge zu halten.

1.2.2 Gesamtwirtschaftliche Bedeutung

891. Die Beihilfen, die durch die Mitgliedstaaten gewährt werden und unter den Anwendungsbereich der europäischen Beihilfenkontrolle fallen, sind von hoher gesamtwirtschaftlicher Bedeutung. Die Höhe der in der EU insgesamt gewährten Beihilfen hat sich zwar von durchschnittlich 104 Mrd. Euro in den Jahren 1993 bis 1995 reduziert, sie betrug nach Angaben der EU-Kommission aber im Jahr 2006 immer noch 67 Mrd. Euro.[10] Dies entspricht einer Quote von etwa 0,6 Prozent des Bruttoinlandsprodukts (BIP) der EU.

892. Die Höhe der gewährten Beihilfen variiert in den Mitgliedstaaten zum Teil erheblich. In absoluten Zahlen stand Deutschland im Jahr 2006 mit 20 Mrd. Euro, was 30 Prozent des gesamten Beihilfenvolumens in der EU entspricht, an der Spitze, vor Frankreich (10 Mrd. Euro), Italien (5,5 Mrd. Euro) und Spanien (5 Mrd. Euro). In relativer Hinsicht – gemessen am BIP – führen andere Mitgliedstaaten die Statistik an. Deutschland verwendete aber immerhin 0,87 Prozent seines BIP für Beihilfen und lag damit über dem EU-Durchschnitt von 0,58.[11]

893. Wie aus einer Statistik der EU zur Aufteilung der Beihilfen nach Wirtschaftszweigen in Prozent der Gesamtbeihilfen hervorgeht, fließt der überwiegende Teil der Beihilfen in Deutschland mit 66 Prozent in das Verarbeitende Gewerbe (EU-Durchschnitt: 58 Prozent), mit 20 Prozent in die Landwirtschaft (EU-Durchschnitt: 24 Prozent) und mit 11 Prozent in den Kohlenbergbau (EU-Durchschnitt: 5 Prozent). Von den Beihilfen mit horizontaler Zielsetzung, die nicht von vornherein auf bestimmte Branchen beschränkt sind, sondern mit denen Ziele in allen Sektoren verfolgt werden, liegen in Deutschland die für Umweltschutzmaßnahmen und Energieeinsparungen gewährten Beihilfen an erster

---

[7] Diese Anmeldepflicht gilt lediglich für „neue Beihilfen" (vgl. Artikel 1 Buchstabe c der Verfahrensverordnung Nr. 659/1999). Für „bestehende Beihilfen" (vgl. Definition in Artikel 1 Buchstabe b der Verfahrensverordnung Nr. 659/1999) gilt dagegen das in Artikel 88 Abs. 1 und 2 EGV beschriebene Verfahren.

[8] Vgl. Artikel 87 Abs. 3 Buchstabe a und c EGV.

[9] Vgl. Artikel 87 Abs. 3 Buchstabe d EGV.

[10] Vgl. Bericht der Kommission, Anzeiger für staatliche Beihilfen, Herbstausgabe 2007, KOM(2007) 791 endg., S. 3, Fn. 1. Der angegebene Wert erfasst Beihilfen für die Bereiche Verarbeitendes Gewerbe, Dienstleistungssektor, Kohlenbergbau, Landwirtschaft, Fischerei und Teile des Verkehrssektors. Nicht enthalten sind dagegen Beihilfen für den Schienensektor und Ausgleichsleistungen für Dienstleistungen von allgemeinem wirtschaftlichem Interesse (vgl. hierzu näher Abschnitt 5.4.3), da laut EU-Kommission hierfür kein vergleichbares Datenmaterial zur Verfügung stand. Das nominell ausgewiesene EU-Beihilfenniveau ist im Vergleich zu dem Subventionsvolumen, das im 21. Subventionsbericht der Bundesregierung allein für Deutschland im gleichen Zeitraum (2006) in einer Höhe von 45,8 Mrd. Euro ausgewiesen wird, vergleichsweise niedrig. Diese Zahl setzt sich aus den Finanzhilfen und Steuervergünstigungen des Bundes, der Länder und der Gemeinden ohne die Marktordnungsausgaben der EU und ohne die ERP-Finanzhilfen zusammen.; vgl. Bericht der Bundesregierung über die Entwicklung der Finanzhilfen des Bundes und der Steuervergünstigungen für die Jahre 2005 bis 2008 (21. Subventionsbericht), S. 22, http://www.bundesfinanzministerium.de/nn_53848/DE/BMF__Startseite/Service/Broschueren__Bestell service/Finanz__und__Wirtschaftspolitik/40200,property=publication File.pdf. Allerdings ist in diesem Zusammenhang zu berücksichtigen, dass in der EU-Statistik, anders als im Subventionsbericht der Bundesregierung, lediglich der reine Beihilfenanteil berücksichtigt wird, d.h. bei Austauschverträgen nur das Subventionsäquivalent im Vergleich zu dem mutmaßlichen Verhalten eines privaten Investors ermittelt und ausgewiesen wird.

[11] Spitzenreiter war Malta mit einem BIP-Anteil von 2,29 Prozent, gefolgt von Lettland (1,8 Prozent), Finnland (1,53 Prozent) und Schweden (1,15 Prozent). Ein besonders geringes Niveau war in Großbritannien (0,22 Prozent), Griechenland (0,26 Prozent) und Luxemburg (0,32 Prozent) zu verzeichnen.

Stelle.[12] Die überdurchschnittlich hohen Beihilfen für den Umweltschutz und den Kohlenbergbau sind ein wesentlicher Grund für das hohe Beihilfenniveau in Deutschland im Vergleich zu den übrigen EU-Mitgliedstaaten.[13]

1.3 Auswirkungen auf den Wettbewerb

894. Die Vergabe von Beihilfen ist mit unterschiedlichen Kosten und Auswirkungen verbunden. Auf der Kostenseite sind zunächst die entstehenden Finanzierungs- oder Opportunitätskosten sowie die Wohlfahrtsverluste, die infolge der notwendigen Steuererhebung in anderen Bereichen auftreten (Schattenpreis der Besteuerung), in Rechnung zu stellen. Zudem können Beihilfen, bedingt durch Mitnahmeeffekte und Fehlprognosen, zu einer ineffizienten Verwendung öffentlicher Mittel führen.

895. Neben diesen volkswirtschaftlichen Kosten besteht auch die Gefahr nachteiliger Auswirkungen auf den Wettbewerb. Aus wettbewerbspolitischer Sicht sind die erheblichen Wettbewerbsverzerrungen, die durch Beihilfen auf den betroffenen Produkt- und Dienstleistungsmärkten hervorgerufen werden können, von herausragender Bedeutung. Eine so induzierte Wettbewerbsbeschränkung setzt Fehlanreize in allokativer, produktiver und dynamischer Hinsicht.

896. In allokativer Hinsicht ist zu berücksichtigen, dass vorhandene Ressourcen durch Beihilfen in weniger nutzenstiftende Verwendungen gezogen werden können. Ist der Wettbewerb funktionsfähig, sendet der Markt klare Signale an die Anbieter darüber, welche Produkte und Dienstleistungen von den Konsumenten erwünscht sind. Sollte die Beihilfe das begünstigte Unternehmen dazu veranlassen, den Preis zu senken, können diese Signale verzerrt und deshalb mehr Ressourcen für die subventionierte Tätigkeit verwendet werden. Wird ein ganzer Sektor begünstigt, kann dies nachteilige Wirkungen auf andere Sektoren zur Folge haben. Hinzu kommt, dass Marktteilnehmern anderer Branchen in ihrer Funktion als Steuerzahler finanzielle Mittel entzogen werden. Diese allokative Fehlsteuerung ist z. B. im Kohlenbergbau evident.

897. Beihilfen können ferner dazu führen, dass weniger leistungsfähige Unternehmen künstlich am Leben gehalten werden und dadurch neuen, effizienten Unternehmen der Markteintritt erschwert wird. Die produktive Effizienz von Unternehmen kann auch dadurch beeinträchtigt werden, dass diese ihre Ressourcen für Rent-seeking-Aktivitäten verwenden, die sie bei einem Wirken freier Marktkräfte produktiv einsetzen könnten. Zudem bestehen für Unternehmen geringere Anreize, effizient zu produzieren und zu investieren, wenn sie davon ausgehen können, dass der Staat ihnen bei finanziellen Engpässen (zum Erhalt von Arbeitsplätzen) zu Hilfe kommt (Verringerung des Kostendrucks).

898. Sofern eine Beihilfe die Profitabilität einer Investition ändert, kann dies Unternehmen dazu veranlassen, Höhe, Art und Zeitpunkt der Investition zu verändern. Auf diese Weise können verzerrende Investitionsentscheidungen getroffen und die dynamische Effizienz beeinträchtigt werden.

899. Besonders problematisch sind Beihilfen, die zur Förderung der Marktmacht eines einzelnen Unternehmens beitragen. Die Vergabe von Beihilfen an etablierte Unternehmen kann eine Markteintrittsbarriere für Newcomer bewirken, zu einer Abschottung des Heimatmarktes beitragen und Verdrängungspraktiken erleichtern. Ist es dem Unternehmen zudem möglich, eine so erlangte Marktmacht durch eine Quersubventionierung auf angrenzende Märkte zu übertragen, wird das wettbewerbliche Problem weiter verschärft.

2. Mögliche Zwecke einer Beihilfenvergabe

2.1 Arten von Beihilfen

900. Beihilfen sind in vielerlei Formen anzutreffen; die Unterschiede betreffen

– die Form der Begünstigung[14],

– die Bindung an bestimmte Projekte[15],

– die absolute Höhe und relative Größe im Verhältnis zu den Kosten der geförderten Tätigkeit,

– die Art und Weise der Vergabe[16],

– die Dauer[17],

– die Breitenwirkung[18] sowie

– die mit der Beihilfenvergabe verfolgten Zwecke.

901. Nachfolgend werden die Zwecke für die Vergabe von Beihilfen näher erläutert, anhand derer sich die Eignung dieses wirtschaftspolitischen Instruments untersuchen lässt. Diese Zwecke spielen für die Rechtmäßigkeit einer Beihilfe eine große Rolle. Beihilfen können dazu dienen, sog. Marktversagen zu kurieren. Die Beseitigung

---

[12] Dies dürfte insbesondere auf die Ausnahmeregelungen zurückzuführen sein, die selektiv für deutsche energieintensive Unternehmen geschaffen wurden. Denn Maßnahmen, die sämtliche Unternehmen gleichermaßen betreffen, stellen keine Beihilfen dar; es fehlt insoweit an dem von Artikel 87 Abs. 1 EGV geforderten Merkmal der Selektivität. Wenn alle in Deutschland produzierenden Unternehmen gleichermaßen belastet würden, handelte es sich dementsprechend um eine allgemeine wirtschaftspolitische Maßnahme, die nicht in der Beihilfenstatistik ihren Niederschlag fände.

[13] Vgl. 21. Subventionsbericht der Bundesregierung, a. a. O., S. 43.

[14] So können Beihilfen beispielsweise in Form eines Darlehens oder einer Steuervergünstigung gewährt werden.

[15] Beihilfen können an eine bestimmte Tätigkeit gebunden sein oder aber Betriebsbeihilfen, über die das begünstigte Unternehmen frei verfügen kann, gewährt werden.

[16] Beihilfen können beispielsweise in einem transparenten Ausschreibungsverfahren vergeben werden.

[17] Beihilfen können als Einmalzahlung oder aber wiederholt gewährt werden.

[18] Eine Beihilfenmaßnahme kann individuellen Charakter aufweisen und lediglich ein bestimmtes Unternehmen begünstigen. Daneben gibt es Beihilfenmaßnahmen, die alle Unternehmen eines bestimmten Sektors begünstigen. Schließlich gibt es Beihilfen mit horizontaler Zielsetzung, die nicht von vornherein auf einen bestimmten Wirtschaftszweig beschränkt sind.

von Marktversagen ist der klassische ökonomische Rechtfertigungsgrund für die Vergabe von Beihilfen und anderen Subventionen. Diese klassischen Marktversagenstatbestände werden in Abschnitt 2.2 erörtert. Darüber hinaus gibt es aber auch außerökonomische Ziele, welche durch die Vergabe von Beihilfen erreicht werden sollen. Diese außerökonomischen Ziele sind Gegenstand von Abschnitt 2.3.

2.2 Kompensation von Marktversagen als Zweck für die Gewährung von Beihilfen

902. Beihilfen können prinzipiell dazu beitragen, ein Markt- bzw. Wettbewerbsversagen einzudämmen. In der ökonomischen Literatur werden als Ursachen für ein Markt- bzw. Wettbewerbsversagen gravierende externe Effekte, öffentliche Güter, natürliche Monopole, asymmetrische Informationen und Anpassungsmängel genannt. Dabei bleibt stets zu beachten, dass durch den staatlichen Eingriff oftmals selbst Ineffizienzen entstehen, die zu Staats- oder Politikversagen führen können. Ursachen eines Staats- oder Politikversagens bei der Vergabe von Beihilfen können insbesondere Informationsdefizite, fehlerhafte Analysen und Prognosen, Entscheidungs- und Wirkungsverzögerungen beim Mitteleinsatz sowie Fehlanreize innerhalb der Politik und der öffentlichen Bürokratie darstellen. Vor diesem Hintergrund sollte im Vorfeld einer Beihilfenvergabe eine Prüfung im Sinne eines komparativ-institutionenökonomischen Ansatzes durchgeführt werden, in der das etwaige Marktversagen mit dem drohenden Staatsversagen abgewogen wird. Schließlich ist eine Beihilfenvergabe nicht bereits dann gerechtfertigt, wenn ein Marktversagen vorliegt, sondern nur wenn sich die Beihilfe zur Korrektur dieses Marktversagens in besonderem Maße eignet.[19]

2.2.1 Externe Effekte

903. Positive und negative externe Effekte entstehen, wenn von der Aktivität (z. B. Produktion oder Konsum) eines Wirtschaftssubjekts Wirkungen auf den Nutzen (Erhöhung bzw. Beeinträchtigung) anderer Wirtschaftssubjekte ausgehen, ohne dass diese Wirkungen im marktlichen Preissystem berücksichtigt werden oder eine anderweitige Kompensation erfolgt.[20] Externe Effekte sind die unmittelbare Folge unzureichend definierter bzw. definierbarer oder nicht hinreichend durchsetzbarer Verfügungsrechte.

904. Negative externe Effekte sind aus der Umweltpolitik bekannt. Haben von einer Umweltverschmutzung Betroffene keine durchsetzungsfähigen Eigentumsrechte an dem Gut Umwelt, so wird es ihnen typischerweise nicht gelingen, den Verursacher an der Umweltverschmutzung zu hindern bzw. ihm die Kosten für die Umweltver-

schmutzung (externe Kosten) anzulasten. Diese fehlende Einbeziehung der externen Kosten in den marktlichen Preismechanismus (fehlende Internalisierung) hat eine übermäßige Umweltverschmutzung zur Folge. Zum Beispiel sind CO_2-Emissionen, die etwa im Rahmen der Stromproduktion (insbesondere bei Kohlekraftwerken) anfallen, mit negativen externen Effekten verbunden, sofern diese Kosten nicht durch geeignete politische Maßnahmen (z. B. Steuern oder Emissionszertifikate) internalisiert werden.

905. Das Auftreten positiver externer Effekte wird z. B. im Bereich der Grundlagenforschung vermutet. Die Grundlagenforschung ist dadurch gekennzeichnet, dass Dritte kaum von der Nutzung der gewonnenen Erkenntnisse ausgeschlossen werden können, da aufgrund der mangelnden Möglichkeit der Patentierung keine durchsetzungsfähigen Eigentumsrechte existieren. Aufgrund der fehlenden Ausschlussmöglichkeit profitieren auch Dritte von der Grundlagenforschung, ohne dass sie dafür eine Kompensation leisten müssten.

906. Die fehlende Zuordnung der Eigentumsrechte führt sowohl im Falle negativer als auch im Falle positiver externer Effekte dazu, dass der Preismechanismus allein nicht für effiziente Marktergebnisse sorgen kann. So würde bei einer reinen Marktlösung mehr als die volkswirtschaftlich effiziente Menge an CO_2 ausgestoßen und weniger als volkswirtschaftlich effizient für Grundlagenforschung ausgegeben. Ein staatlicher Eingriff muss im Fall gravierender externer Effekte darauf abzielen, dass die Divergenz zwischen einzelwirtschaftlich berücksichtigten und tatsächlich für die Gesamtgesellschaft anfallenden Kosten und Erträgen durch Maßnahmen zur Internalisierung der externen Effekte beseitigt wird.

907. Prinzipiell kann eine Beihilfe, die z. B. in Form einer Investitionsprämie für die Reduktion von Umweltbelastungen gewährt wird, zur Internalisierung negativer externer Effekte beitragen. Eine ähnliche Wirkung können Beihilfen im Bereich der Grundlagenforschung haben. Jedoch bleibt zu beachten, dass der externe Effekt zunächst als gravierend identifiziert und in Form von externen Kosten quantifiziert werden muss.[21] Dabei ist die Bewertung des externen Effektes durch das subjektive Empfinden und den Informationsstand des Entscheidungsträgers beeinflusst. Zusätzlich ist der Betrachtungszeitraum für das Ausmaß des externen Effektes bzw. die Höhe der externen Kosten relevant. Schließlich ist das wirtschaftspolitische Instrument der Beihilfe auf seine besondere Eignung zur Internalisierung der externen Effekte zu untersuchen. Ähnlich wie bei Steuern lässt sich die Gütermenge im sozialen Optimum nur näherungsweise bzw. in einem langwierigen Trial-and-Error-Verfahren erreichen. Darüber hinaus erscheint die Gewäh-

---

[19] Vgl. dazu schon Coase, R. H., The Problem of Social Cost, Journal of Law and Economics 3, 1960, S. 1-44 sowie Demsetz, H., Information and Efficiency: Another Viewpoint, Journal of Law and Economics 12, 1969, S. 1-22.

[20] Da diese Effekte außerhalb der freiwilligen Marktbeziehungen auftreten, werden sie als externe Effekte bezeichnet.

[21] Streng genommen, lässt sich kaum eine ökonomische Aktivität vorstellen, bei der keinerlei positive oder negative Externalitäten auftreten (Ubiquität externer Effekte). Würde der Staat versuchen, sämtliche Externalitäten zu internalisieren, käme dies einem umfassenden Interventionismus gleich, der die private Wirtschaftsaktivität vielfach lähmen würde.

rung einer Beihilfe für den Verursacher eines negativen externen Effektes vor dem Hintergrund bedenklich, weil dieser für die Verminderung bzw. Vermeidung des externen Effektes belohnt wird. Vielmehr müsste der Verursacher des externen Effektes dazu verpflichtet werden, die sich hieraus ergebenden externen Kosten zu tragen.

2.2.2 Öffentliches Gut

908. Ein Gut, das keine Rivalität im Konsum aufweist und somit grenzkostenlos mehrnutzbar ist und von dessen Nutzung niemand mit vertretbarem Aufwand und vertretbaren Mitteln ausgeschlossen werden kann, ist ein sog. reines öffentliches Gut.

909. Vereinzelt wird in der ökonomischen Literatur bereits die Nichtrivalität im Konsum als hinreichende Bedingung für das Vorliegen eines öffentlichen Gutes angesehen, dessen private Bereitstellung ohne staatlichen Eingriff zu einem Marktversagen führt.[22] Das Vorliegen von Nichtrivalität hat bei einem bereits existenten Gut zur Folge, dass ein zusätzlicher Nachfrager des gleichen Gutes keine weiteren Kosten der Bereitstellung verursacht, d. h., die Grenzkosten eines zusätzlichen Nutzers sind null. Im Idealfall sollte daher niemand von der Nutzung ausgeschlossen werden. Zu einem Preis von null würde das entsprechende Gut jedoch privatwirtschaftlich ohne Subventionen gar nicht erst bereitgestellt.[23]

910. Das Auftreten von Nichtrivalität ist jedoch allein noch keine hinreichende Bedingung für das Vorliegen von Marktversagen. Ist es nämlich möglich, potenzielle Nachfrager von der Nutzung des Gutes auszuschließen, so kann ein Anbieter die einmaligen Bereitstellungskosten bei der Preissetzung berücksichtigen (z. B. durch mehrteilige Tarife), ohne dass es sich hierbei generell um ein – aus einer komparativen Perspektive betrachtet – ineffizientes Angebot handeln muss.[24]

911. In der ökonomischen Literatur wird daher überwiegend nur dann von einem öffentlichen Gut und einem hierdurch induzierten Marktversagen gesprochen, wenn zusätzlich aufgrund unzureichend definierter bzw.

definierbarer Verfügungsrechte ein Ausschluss zahlungsunwilliger Nachfrager nicht mit vertretbaren Mitteln möglich ist. Beispiele für ein reines öffentliches Gut stellen die innere und äußere Sicherheit eines Landes oder auch die Sicherstellung des Wettbewerbs auf Märkten dar. Kein Verbraucher kann mit vertretbaren Mitteln von den Vorteilen des Wettbewerbs ausgeschlossen werden, kein Bürger von der inneren und äußeren Sicherheit.

912. Aus der Nichtausschließbarkeit resultiert ein Trittbrettfahrerverhalten: Da niemand ausgeschlossen werden kann, hat auch niemand starke Anreize, sich (ohne Zwang) an der Finanzierung eines öffentlichen Gutes zu beteiligen. Dies hat zur Folge, dass ein reines öffentliches Gut ohne staatlichen Eingriff in aller Regel nicht in effizientem Maße bereitgestellt wird.

913. Die Bereitstellung eines öffentlichen Gutes muss allerdings deshalb noch lange nicht durch die öffentliche Hand erfolgen. Sie kann auch von privaten Unternehmen gewährleistet werden, sofern diese die Möglichkeit haben, durch einen öffentlichen Zuschuss ihre Kosten zu decken.[25] Eine derartige Bezuschussung kann eine Beihilfe im Sinne des Artikel 87 Abs. 1 EGV darstellen. Falls jedoch eine ordnungsgemäße Ausschreibung um die private Bereitstellung des öffentlichen Gutes erfolgt und das Unternehmen mit dem besten Angebot in Bezug auf Leistung und Preis den Zuschlag erhält, wird der in diesem Zusammenhang gewährte öffentliche Zuschuss von den europäischen Gerichten nicht als Beihilfe qualifiziert.[26]

2.2.3 Größenvorteile im Bereich der relevanten Nachfrage

914. Angebots- oder nachfrageseitige Größenvorteile im Bereich der relevanten Marktnachfrage können ein natürliches Monopol bedingen. In diesem Fall stellt ein einziger Anbieter die am Markt nachgefragte Menge am kostengünstigsten her. Angebotsseitige Größenvorteile sind z. B. bei Stromnetzen anzutreffen. Sie werden insbesondere durch das Verlegen der engmaschigen Stromverteilnetze hervorgerufen.

915. Nachfrageseitige Größenvorteile entstehen durch das Auftreten bedeutender positiver Netzwerkeffekte. Ein positiver Netzwerkeffekt bezeichnet das Phänomen, dass ein neuer Nachfrager des gleichen Gutes den Nutzen der aktuellen Nachfrager erhöht. So mehrt ein neuer Nachfrager einer Anwendungssoftware den Nutzen der anderen Anwender, weil er einen zusätzlichen potenziellen Austauschpartner (z. B. für Textverarbeitungsdokumente oder Informationen) darstellt. Der sich hieraus ergebende Wunsch, an einem möglichst großen Netzwerk teilzunehmen, kann im Extremfall zur Monopolisierung des ge-

---

[22] Typische Güter, die durch Nichtrivalität im Konsum gekennzeichnet sind, stellen virtuelle Güter wie Software und Inhalte in Fernsehen, Rundfunk und Internet dar.

[23] Dies gilt insbesondere vor dem Hintergrund, dass ein Anbieter für die Bereitstellung eines Gutes in der Regel Fixkosten hat. So verursacht etwa die Bereitstellung von Software, die ebenfalls durch Nichtrivalität im Konsum gekennzeichnet ist, einmalige Forschungs- und Entwicklungskosten. Die Kosten der Vervielfältigung sind jedoch vernachlässigbar gering.

[24] Ein derartiges Vorgehen ist auf diversen Märkten für virtuelle Güter zu beobachten, deren Bereitstellung nicht durch ein generelles Marktversagen gekennzeichnet ist. Darüber hinaus wird das Abschöpfungspreissystem (skimming pricing) in frühen Marktphasen nicht selten von Innovatoren angewendet, um so eine schnelle Amortisation der Forschungs- und Entwicklungskosten zu gewährleisten. Eine solche Strategie wird beispielsweise häufig auf dem Markt für PC-Prozessoren-Chips verfolgt, bei dem zu beobachten ist, dass der Anbieter, der den Prozessor-Chip der nächsten Generation entwickelt hat, zunächst hohe Preise verlangt, die, sobald Wettbewerber mit einem Chip gleicher Leistung in den Markt eintreten, deutlich absinken.

[25] So sind in Deutschland bereits einige Gefängnisse teilprivatisiert worden.

[26] Vgl. hierzu detailliert Abschnitt 5.3.4.

samten Marktes durch einen Anbieter führen.[27] Ein bekanntes Beispiel für ein nachfrageseitig induziertes (Quasi-)Monopol stellt die Anwendungssoftware Microsoft Office dar.

916. Oftmals liegen bei einem natürlichen Monopol die Grenzkosten unter den Durchschnittskosten, so dass ein Grenzkostenpreis zu einem Defizit bei dem Betreiber des Monopols führen würde. Ein Abweichen vom Grenzkostenpreis hingegen führt gegenüber dem theoretischen Idealzustand zu einem allokativen Effizienzverlust. Theoretisch ließe sich daher eine Beihilfe ökonomisch rechtfertigen. In der Praxis bedingen natürliche Monopole jedoch in aller Regel nicht die Notwendigkeit staatlicher Beihilfen. Der allokative Effizienzverlust ist eher theoretischer Natur und ohne praktische Relevanz. In vielen Fällen erfordern natürliche Monopole sogar vielmehr eine staatliche Preisaufsicht, um die Nachfrager vor einer Ausbeutung durch zu hohe Preise zu schützen. Diese Fälle treten dann ein, wenn der monopolistische Anbieter durch hohe Marktzutrittsschranken vor potenziellen Konkurrenten geschützt ist und so seinen Preis dauerhaft über das wettbewerbliche Niveau anheben kann.

2.2.4 Asymmetrische Informationen

917. Asymmetrische Informationen liegen vor, wenn von den relevanten Akteuren am Markt eine Seite besser informiert ist als die andere. Sie können als unerwünschte Wirkungen moralisches Risiko[28] und negative Auslese hervorrufen.

918. Asymmetrische Informationen liegen z. B. auf Kreditmärkten vor. Die Anbieter von Krediten haben keine volle Kenntnis über das exakte Ausfallrisiko des jeweiligen Kreditnachfragers. Folglich werden sie ihren Kreditzins (den Preis für den Kredit) am geschätzten durchschnittlichen Ausfallrisiko ausrichten. Nachfrager mit einem geringen individuellen Ausfallrisiko (sog. gute Risiken) werden diesen Preis als zu hoch ansehen und sich gegebenenfalls gegen die Kreditaufnahme entscheiden. Nachfrager mit überdurchschnittlichen Risiken (sog. schlechte Risiken) profitieren hingegen von der für sie vergleichsweise günstigen Preisgestaltung. Die systematische Verdrängung der guten durch die schlechten Risiken (negative Auslese) kann im Extremfall zu einem Markt-

versagen führen, da nutzenstiftende Transaktionen ausbleiben.[29]

919. Insbesondere bei der Kapitalbeschaffung für kleine und mittlere Unternehmen wird vermutet, dass bedeutende Informationsasymmetrien vorliegen, die ein Marktversagen bedingen können. Sowohl für Risikokapitalmärkte als auch für die private Kreditvergabe von Banken wird davon ausgegangen, dass die Anbieter des Kapitals das Ausfallrisiko von Krediten an diese Unternehmensgruppe systematisch überschätzen und so den Preis für die Kapitalbeschaffung zu hoch ansetzen.[30] Als Folge wird kleineren und mittleren Unternehmen die Kapitalbeschaffung im Vergleich zu größeren Unternehmen erschwert, so dass sie erhebliche Wettbewerbsnachteile erleiden können.

920. Mit dem Ziel, diese Wettbewerbsnachteile zu kompensieren, gewährt die öffentliche Hand kleinen und mittleren Unternehmen häufig Kredite zu vergünstigten Konditionen. Aufgrund der selektiven Begünstigung nehmen diese Kredite einen Beihilfencharakter an. Deshalb sollte im Vorfeld eines staatlichen Eingriffs, z. B. durch eine günstige Kreditgewährung, stets geprüft werden, ob sich nicht auf dem Markt selbst Schutzmechanismen herausbilden, die ein Marktversagen verhindern können. Mögliche Schutzmechanismen stellen dabei ein wirkungsvolles Screening oder Signalling dar, durch welche die Gefahren von moralischem Risiko und negativer Auslese vermindert werden. Eine genaue Prüfung ist auch vor dem Hintergrund angezeigt, dass Informationsasymmetrien an Kapitalmärkten nicht notwendigerweise zu einer zu geringen Kreditvergabe führen, da sich auch ineffizient hohe Kredite als Folge nachweisen lassen, wenn Risiken unterschätzt werden. In diesem Fall würde eine staatliche Kreditvergabe zu zusätzlichen Effizienzverlusten führen.

2.2.5 Anpassungsmängel

921. Als Anpassungsmängel werden zum einen Situationen verstanden, in denen ein Marktgleichgewicht aufgrund ungünstiger Angebots- und Nachfragekonstellationen nicht existiert oder ein neues Gleichgewicht nicht oder nicht in der gewünschten Geschwindigkeit – insbesondere infolge von Flexibilitätsmängeln der Marktakteure – zustande kommt. Ein Beispiel für Flexibilitätsmängel stellt die ruinöse Konkurrenz dar, die durch die „falsche" Reihenfolge des Marktaustritts von Anbietern hervorgerufen wird (z. B. in den Bereichen Binnenschifffahrt und Landwirtschaft).

---

27 Dieser Fall tritt dann ein, wenn bei mehreren inkompatiblen proprietären Technologien eine dieser Technologien eine sog. kritische Masse an Nachfragern erreicht hat. Aufgrund des dann einsetzenden positiven Rückkopplungseffekts wird diese Technologie nach dem Erreichen der kritischen Masse die gesamte Marktnachfrage auf sich ziehen (winner takes all/winner takes most). Diese Form des nachfrageseitig induzierten Wettbewerbs um die dominante Marktstellung ist insbesondere auf Märkten für virtuelle Netzwerkgüter zu beobachten, da hier keine angebotsseitigen Restriktionen vorliegen. So ist es z. B. einem Anbieter von Software nahezu in jeder beliebigen Geschwindigkeit möglich, sein Angebot an Nachfrageänderungen anzupassen (sog. instant scalability).

28 Moralisches Risiko liegt vor, wenn eine Marktseite über die Möglichkeit verfügt, wesentliche transaktionsrelevante Sachverhalte nach Vertragsschluss (ex post) unbemerkt (aufgrund der Informationsasymmetrie) zulasten der anderen Marktseite zu verändern.

29 Das klassische Beispiel für negative Auslese, die durch Informationsasymmetrien zu Lasten der Nachfrager hervorgerufen wird, stellt der Markt für Gebrauchtwagen dar. Vgl. hierzu Akerlof, G., The Market for ‚Lemons': Quality Uncertainty and the Market Mechanism, Quarterly Journal of Economics 84, 1970, S. 488–500.

30 Eine Ursache liegt darin, dass potenzielle Investoren vor vergleichsweise größeren Problemen stehen, einen Zugang zu verlässlichen Informationen über die Geschäftsaussichten von kleinen und mittleren Unternehmen zu erhalten, als dies bei Großunternehmen der Fall ist. Vgl. EU-Kommission, Leitlinien der Gemeinschaft für staatliche Beihilfen zur Förderung von Risikokapitalinvestitionen in kleine und mittlere Unternehmen, ABl. EU Nr. C 194 vom 18. August 2006, S. 2.

922. In der EU und den Mitgliedstaaten werden Beihilfen häufig als Instrument der sektoralen Strukturpolitik eingesetzt. Diese hat zum Ziel, die sich aus dem Strukturwandel vom landwirtschaftlichen (primären) und warenproduzierenden (sekundären) Sektor hin zum Dienstleistungssektor (tertiären Sektor) ergebenden Probleme sozialverträglich abzumildern. Die Notwendigkeit einer sektoralen Strukturpolitik wird in den zuvor skizzierten Flexibilitätsmängeln gesehen.

923. Ökonomisch lassen sich als wirtschaftspolitisches Instrument der sektoralen Strukturpolitik unter bestimmten Voraussetzungen allenfalls Anpassungsbeihilfen (bzw. Umstrukturierungsbeihilfen im europäischen Recht) rechtfertigen. Anpassungsbeihilfen werden Unternehmen mit dem Ziel gewährt, den Anpassungsprozess an die gegebenen wirtschaftlichen Verhältnisse zu vereinfachen. So wurden nach der Wiedervereinigung insbesondere landwirtschaftliche Produktionsgenossenschaften in den neuen Bundesländern mit Anpassungsbeihilfen gefördert. Durch die Beihilfen, die z. B. für die Anschaffung von modernen landwirtschaftlichen Geräten gezahlt wurden, sollte eine schnellere Annäherung an die marktwirtschaftlichen Bedingungen ermöglicht werden.

924. Prinzipiell ist eine Anpassungsbeihilfe als Hilfe zur Selbsthilfe gedacht. Sie sollte nur so lange ausgezahlt werden, bis eine notwendige Anpassung an geänderte strukturelle Rahmenbedingungen vollzogen ist. Jedoch war in der Vergangenheit häufig zu beobachten, dass eine ursprünglich als kurzfristige Maßnahme gedachte Beihilfe aufgrund des politischen Drucks zu einer dauerhaften Begünstigung eines bestimmten Wirtschaftszweiges bzw. bestimmter Unternehmen wurde. Hierdurch blieben alte Strukturen erhalten und die ursprüngliche Intention, eine Beschleunigung der Anpassungsprozesse, wurde konterkariert. Eine dauerhafte Begünstigung stellt jedoch kein ursachenadäquates Instrument zur Beseitigung des fraglichen – durch Anpassungsmängel hervorgerufenen – Marktversagens dar. Vielmehr werden durch dauerhafte Begünstigungen, die den Charakter von Erhaltungssubventionen annehmen, andere wirtschaftspolitische Zwecke verfolgt.

2.3 Außerökonomische Zwecke von Beihilfen

2.3.1 Regional-, verteilungs-, beschäftigungs- und industriepolitische Zwecke

925. Erhaltungssubventionen, im europäischen Recht auch Rettungsbeihilfen genannt, werden als strukturpolitisches Instrument eingesetzt, um wirtschaftliche, kulturelle und landeskulturelle Strukturen zu bewahren. Sie werden dabei z. B. in Form einer Ausgleichszulage in den Bereichen Landwirtschaft und Bergbau gewährt. Durch den Einsatz von Erhaltungsbeihilfen soll das Einkommen der Beschäftigten in dem vom Strukturwandel betroffenen Sektor (z. B. Steinkohlenbergbau) auf einem bestimmten, sozial gewünschten Niveau (verteilungspolitische Zielsetzung) gehalten und eine übermäßige Arbeitslosigkeit in den betroffenen Regionen vermieden

werden (beschäftigungspolitische Zielsetzung).[31] Eine bekannte Form der Erhaltungssubventionen stellten auch die Preisstützungskäufe in der EU dar.[32]

926. Generell sind Beihilfen als strukturpolitisches Instrument, sowohl in Form einer Anpassungs- als auch in Form einer Erhaltungsbeihilfe, aufgrund ihrer fehlenden Zielgenauigkeit und der durch sie hervorgerufenen negativen Nebeneffekte kritisch zu sehen. Insbesondere Erhaltungsbeihilfen setzen falsche Preissignale auf den Produktmärkten und führen so zu erheblichen Wettbewerbsverzerrungen zugunsten der subventionierten Industrie. Ferner haben die hieraus resultierenden falschen Einkommenssignale zur Folge, dass Arbeitnehmer in nicht mehr zukunftsträchtigen Arbeitsverhältnissen verbleiben. Hierdurch wird der notwendige strukturelle Anpassungsprozess behindert, was weitere volkswirtschaftliche Effizienzverluste nach sich zieht. Andere Instrumente wie die Subjektförderung der Arbeitnehmer sind zur Erreichung beschäftigungs- und verteilungspolitischer Ziele besser geeignet. Durch eine gezielte Förderung der Arbeitnehmer in Altindustrien, z. B. in Form von Weiterbildungs- und Umschulungsmaßnahmen, ließen sich die Ziele ohne die negativen Nebenwirkungen effizienter und nachhaltiger erreichen.

927. Der Fokus der Regionalpolitik liegt auf der Verteilung des Produktionspotenzials und auf der infrastrukturellen Entwicklung der Räume innerhalb einer Volkswirtschaft. Das Ziel regionalpolitischer Maßnahmen ist die Schaffung gleichwertiger Lebensverhältnisse in einer Region. Vor diesem Hintergrund werden in strukturschwachen Gebieten, die durch eine hohe Arbeitslosigkeit gekennzeichnet sind, unter anderem Ansiedlungsbeihilfen gewährt, um Unternehmen aus zukunftsträchtigen Branchen anzulocken und so die Arbeitsnachfrage zu erhöhen. Zusätzlich erhoffen sich die politischen Entscheidungsträger mit der Ansiedlung von Unternehmen auch weitere positive Auswirkungen wie Agglomerationsvorteile.[33] Regionalpolitisch motivierte Beihilfen sind jedoch mit ei-

---

[31] Neben beschäftigungspolitischen und verteilungspolitischen Zielen wird für Subventionen in den Bereichen Kohlenbergbau und Landwirtschaft, die in der Vergangenheit in Deutschland eine herausragende Bedeutung einnahmen, insbesondere die Versorgungssicherheit eines Landes als Argument angeführt. Diese nationalstaatliche Betrachtungsweise verliert im europäischen Kontext an Bedeutung.

[32] Diese fanden insbesondere auf dem Agrarmarkt Anwendung, um bei gleichzeitiger Festlegung eines Mindestpreises ein bestimmtes Einkommen der Branche zu garantieren. Der Mindestpreis wurde dabei über dem markträumenden Gleichgewichtspreis angesetzt. Das hierdurch hervorgerufene überschüssige Angebot, das die Anbieter zu dem gegebenen Mindestpreis nicht am Markt absetzen konnten, wurde von den staatlichen Entscheidungsträgern zu dem zuvor festgelegten Interventionspreis aufgekauft und – sofern möglich – als Vorrat gelagert. Diese Lagerung führte zu den bekannten „Butter- und Schweinebergen". Alternativ lässt sich die Preisstützung auch durch eine Beihilfenzahlung erreichen, die an eine Kapazitätsbeschränkung gekoppelt ist (z. B. Stilllegungsprämien).

[33] Beihilfen im Rahmen der Regionalpolitik können einen Wettbewerb unterschiedlicher Jurisdiktionen „um die Ansiedlung privater Unternehmen" hervorrufen, der in dynamischer Hinsicht zu Effizienzgewinnen führen kann. So ist es denkbar, dass sich von mehreren Leistungspaketen das effizienteste Leistungspaket durchsetzt – somit die Region, die der Unternehmensansiedlung den höchsten Wert beimisst. Auf diesen Punkt wird in Abschnitt 3 gesondert eingegangen.

nem erheblichen Prognoserisiko belastet und können daher die beabsichtigte Wirkung verfehlen.

928. Auf nationaler Ebene war in den vergangenen Jahren eine gezielte Förderung von Großunternehmen, unter anderem durch selektive Steuervergünstigungen, zu beobachten. Die Intention der staatlichen Entscheidungsträger lag unter anderem darin, durch die Förderung dieser nationalen Champions ihre internationale Wettbewerbsfähigkeit zu stärken. Nach der Theorie der sog. strategischen Außenhandelspolitik kann eine aktive Industriepolitik bei Vorliegen erheblicher Größen- und Verbundvorteile dazu führen, dass das jeweilige inländische Unternehmen im Ausland mittel- bis langfristig Gewinne erzielt, die der eigenen Wirtschaft zugute kommen.[34]

929. Die Monopolkommission hat in der Vergangenheit bereits dargelegt, dass sie einer solchen Förderung nationaler Champions, wie sie in Deutschland etwa gegenwärtig im Bahn- und Postbereich zu beobachten ist, aus mehreren Gründen sehr kritisch gegenüber steht.[35] Sie bezweifelt, dass die Subventionierung der eigenen Industrie dem Beihilfen gewährenden Staat nützt und der Nutzen, der durch die (eventuell) im Ausland aufgrund der Förderung erzielbaren Gewinne entsteht, die Kosten der Vermachtung der Märkte für das Inland übersteigt.[36] Selbst die Anhänger der Theorie der strategischen Außenhandelspolitik gehen davon aus, dass in Konstellationen, in denen sämtliche Staaten Beihilfen gewähren, sich im Ergebnis alle schlechter stehen (sog. Gefangenendilemma[37]) und es zu ineffizienten Beihilfenwettläufen kommt (sog. Rattenrennen[38]).

2.3.2 Meritorische Güter und Daseinsvorsorge

930. In vielen Fällen werden Beihilfen auch gewährt, um die Bereitstellung einer sozial gewünschten Menge an Gütern zu gewährleisten. Für Güter, die prinzipiell im Marktmechanismus bereitgestellt werden, bei denen diese Bereitstellung jedoch in einem als zu gering erachteten Umfang erfolgt, wurde in der finanzwissenschaftlichen Literatur der Begriff meritorische Güter geprägt.[39] Diesen zu geringen Umfang an meritorischen Gütern führen die Vertreter des Konzepts auf eine fehlerhafte Selbsteinschätzung des individuellen Nutzens der privaten Nachfrager zurück, die wiederum durch verzerrte Präferenzen,

fehlende oder falsche Informationen und irrationale Entscheidungen der Bürger hervorgerufen würden. Hieraus resultiere eine zu geringe Zahlungsbereitschaft und demnach eine zu geringe Nachfrage nach meritorischen Gütern. Um ökonomische Ineffizienzen zu vermeiden, die mit der charakterisierten „Fehlentwicklung" einhergehen, komme den politischen Entscheidungsträgern die Aufgabe zu, die Bereitstellung meritorischer Güter z. B. durch staatliche Zuschüsse (Beihilfen) derart zu fördern, dass der von den Bürgern zu zahlende Preis bei der gesellschaftlich gewünschten Konsummenge ihrer „zu geringen Zahlungsbereitschaft" entspricht. Als typische meritorische Güter werden von den Vertretern dieses Konzepts Bildung, Kultur, Gesundheits- und Altersvorsorge angesehen.

931. Das Prinzip meritorischer Güter hat als ökonomisches Konzept heute kaum noch eine Bedeutung in der Wirtschaftstheorie, da es schon von seinem Grundansatz her problematisch ist. Zunächst ergibt sich das Problem, welches Gut als förderungswürdig zu klassifizieren ist (Identifikationsproblem). Dabei kommt es generell zu einer staatlichen Einmischung in individuelle Präferenzen der Bürger, wobei staatliche Entscheidungsträger auch den Grad der Einmischung (die zu konsumierende Menge) normativ festlegen müssen. Dies birgt ein erhebliches Fehler- und Konfliktpotenzial, da die Entscheidung eines Kollektivs – bzw. der von einem Kollektiv beauftragten Entscheidungsträger – über die des Individuums gestellt wird.[40] Zusätzlich besteht aufseiten der staatlichen Elite ein Informationsdefizit darüber, wie die Nachfrager auf die veränderten Preise reagieren. Unklar ist auch, woher staatliche Entscheidungsträger überhaupt Informationen über das optimale Ausmaß eines meritorischen Gutes haben sollen, wenn schon die Bürger ihre Präferenzen nicht kennen. Es bleibt im Dunkeln, woher diese höhere Einsicht kommen soll. Deshalb wird sich die politisch gewünschte Menge des meritorischen Gutes selbst im günstigsten Fall nur durch ein aufwendiges Trial-and-Error-Verfahren erreichen lassen. Vor diesem Hintergrund erscheint es mehr als fraglich, weite Bereiche staatlicher Politik, etwa die Gesundheits- und Altersvorsorge, mit dem Argument der Meritorik zu rechtfertigen. Letztlich handelt es sich hierbei stets um ein Werturteil, das bei der Abwägung zwischen individuellen und kollektiv gesetzten Präferenzen unvermeidlich ist.

932. Für staatliche Beihilfen, die mit dem fraglichen Argument der Meritorik gerechtfertigt werden, sind teilweise auch alternative Begründungen denkbar. Unter der Annahme, dass der moderne Sozialstaat einen Menschen selbst dann unterstützt, wenn dieser sich in einer selbstverschuldeten Notlage befindet, lassen sich etwa bestimmte Versicherungspflichten auch als Mittel zur Verhinderung eines Trittbrettfahrerverhaltens ansehen.[41] So

---

[34] Vgl. Brander, J., Spencer, B., Export Subsidies and International Market Share Rivalry, Journal of International Economics 18, 1985, S. 83–100.

[35] Vgl. Monopolkommission, Wettbewerbspolitik im Schatten „Nationaler Champions", Hauptgutachten 2002/2003, Baden-Baden 2005, Tz. 1 ff.

[36] Vgl. ebenda, Tz. 16.

[37] Das Gefangenendilemma kennzeichnet eine Situation, in der individuell rationales Verhalten der einzelnen Gruppenmitglieder zu einem für die Gruppe insgesamt schlechten Ergebnis führt.

[38] Als Rattenrennen werden Wettbewerbsprozesse bezeichnet, in denen steigenden Aufwendungen keine entsprechenden insgesamt zu erwartenden Mehrerlöse gegenüberstehen und die somit durch eine Ressourcenverschwendung gekennzeichnet sind.

[39] Vgl. Musgrave, R. A., A Multiple Theory of Budget Determination, Finanzarchiv N. F. 17, 1956/1957, S. 333–343.

[40] Unbestritten ist eine solche Argumentation lediglich in einigen wenigen Ausnahmefällen, in denen tatsächlich die Entscheidungskompetenz eines einzelnen Menschen als nicht gegeben angesehen werden kann (z. B. Kinder bis zu einem bestimmten Alter).

[41] Dieses Trittbrettfahrerverhalten kommt dadurch zustande, dass der Ausschluss bedürftiger Personen vom staatlichen Transfersystem nicht gewollt ist. Insofern käme es einem negativen externen Effekt gleich.

wäre denkbar, dass Arbeitnehmer keine Rücklagen für das Alter bilden, wenn sie davon ausgehen, dass sie nach dem Ausscheiden aus dem Arbeitsleben staatliche Transferzahlungen erhalten. Im skizzierten Fall wird ein mögliches Trittbrettfahrerverhalten durch die obligatorische Altersversicherung unterbunden. Für die Kranken- und die Pflegeversicherung ließen sich vergleichbare Argumentationen anführen. Auch eine gewisse Förderung von Kultur und Bildung lässt sich durch das Vorliegen positiver externer Effekte gegebenenfalls rechtfertigen.

933. Im Zusammenhang mit einigen staatlich bereitgestellten oder subventionierten Gütern (z. B. Personennahverkehr, Gesundheitsvorsorge oder Rundfunk) wird auch der verwaltungsrechtliche Begriff der Daseinsvorsorge zur Begründung einer Beihilfenvergabe verwendet.[42] Unter Daseinsvorsorge werden alle staatlichen Maßnahmen subsumiert, welche die „Grundversorgung" der Bevölkerung sicherstellen sollen. Im Gegensatz zu den Vertretern der Meritorik wird diese Bereitstellung nicht damit begründet, dass es aufgrund eines fehlerhaften Einschätzens des individuellen Nutzens zu einer ineffizienten Versorgung mit dem jeweiligen Gut kommt. Vielmehr geht es darum, dass der Markt das jeweilige Gut der öffentlichen Daseinsvorsorge nicht im politisch gewünschten Umfang bereitstellt. Dabei muss der politisch gewünschte Umfang nicht dem ökonomisch effizienten Umfang der Leistungserstellung entsprechen. Hiermit einhergehende ökonomische Effizienzverluste werden bewusst zugunsten anderer politischer Ziele in Kauf genommen. Die Monopolkommission sieht die Verfolgung dieser anderen Ziele als ein durchaus legitimes Vorgehen in einer Demokratie an. Jedoch sollte bei der Bereitstellung des politisch gewünschten Umfangs von Leistungen der öffentlichen Daseinsvorsorge darauf geachtet werden, dass diese zu den geringsten volkswirtschaftlichen Kosten erfolgt, um unnötige Wettbewerbsverzerrungen und damit einhergehende Ineffizienzen zu vermeiden.

934. Eine effiziente Bereitstellung von Gütern der öffentlichen Daseinsvorsorge kann durch wettbewerbskonforme Ausschreibungsverfahren erreicht werden. Diese sind so zu gestalten, dass das Unternehmen, welches das entsprechende Gut in gewünschter Qualität und Menge zu den geringsten Kosten bereitstellt, den Zuschlag erhält. Der Teil der Kosten, der nicht im marktlichen Prozess gedeckt ist, kann durch staatliche Zuschüsse kompensiert werden. Diese Zuschüsse werden – wie bereits bei der privaten Bereitstellung öffentlicher Güter erörtert – im EU-Recht nicht als Beihilfe im Sinne von Artikel 87 Abs. 1 EGV qualifiziert, sofern sie innerhalb eines ordnungsgemäß durchgeführten temporären Ausschreibungsverfahrens vergeben werden. Eine wettbewerbskonforme Bereitstellung der politisch gewünschten Menge an Daseinsvorsorge kann damit sogar zu einer Erhöhung der öffentlichen und politischen Akzeptanz von ordnungspolitischen Reformen beitragen.

2.3.3 Politökonomische Gründe

935. Die obigen Ausführungen machen deutlich, dass Beihilfen einen Eingriff in den Marktmechanismus darstellen und so erhebliche Wettbewerbsverzerrungen zur Folge haben können. In diesem Zusammenhang verursachen Beihilfen nicht unerhebliche volkswirtschaftliche Kosten. Da sie aus Steuermitteln gezahlt werden, stellen sie zunächst einen Einkommensentzug dar, der in selektiver Form an privilegierte Industriezweige bzw. Unternehmen ausgeschüttet wird. Zusätzlich entstehen durch die Vergabe von Beihilfen Bürokratiekosten sowie Transaktionskosten aufseiten der Unternehmen (z. B. für Beihilfenberatung, Antragstellung und Berichtspflichten). Insbesondere der Schutz einer stagnierenden Branche durch eine Erhaltungsbeihilfe entzieht einer Volkswirtschaft weitere Mittel. Darüber hinaus rufen Beihilfen unerwünschte Nebeneffekte, z. B. in Form von Preisverzerrungen, hervor, die weitere staatliche Unterstützungszahlungen zur Folge haben können.

936. Trotz dieser bekannten Nachteile von Beihilfen ist in der politischen Realität zu beobachten, dass diese selbst dann gewährt werden, wenn sich andere Instrumente zur Erreichung bestimmter wettbewerblicher bzw. nichtwettbewerblicher Zwecke besser eignen. So weisen einmalige subjektbezogene direkte Transfers (z. B. Einmalzahlungen an die Beschäftigten im Bergbau) ein günstigeres volkswirtschaftliches Kosten-Nutzen-Verhältnis auf. Die ineffiziente Vergabe von Beihilfen ist auch darauf zurückzuführen, dass Beihilfen im politischen Prozess vergeben werden. Dabei verfolgen die verantwortlichen Akteure bei politischen Entscheidungen auch eigene Interessen. Bei Beihilfen ist die Gefahr eines eigennützigen Verhaltens der politischen Entscheidungsträger, das auf die persönliche Wiederwahl bzw. den Wahlerfolg der jeweiligen Partei gerichtet ist, besonders hoch. So kann durch kurzfristig angelegte populistische Maßnahmen der (falsche) Eindruck vermittelt werden, dass in einer Region infolge der Beihilfe Arbeitsplätze dauerhaft erhalten bzw. geschaffen werden. Eine Beihilfe, die als großer fühlbarer Betrag einer kleinen Gruppe (z. B. einem Unternehmen) gewährt wird, ist deutlich spürbar. Die große Gruppe der Steuerzahler finanziert diese Beihilfe hingegen durch vergleichsweise kleine, individuell kaum spürbare Beträge. Während die geringe Spürbarkeit aufseiten der Steuerzahler dazu führt, dass diese nicht aktiv werden, handeln die betroffenen Unternehmer und Arbeitnehmer zumeist öffentlichkeitswirksam und können damit zum Wahlerfolg eines Politikers bzw. einer Partei beitragen.

3. Mögliche alternative Konzepte zu einer europäischen Beihilfenkontrolle

3.1 Vollständige Harmonisierung der wirtschaftspolitischen Rahmenbedingungen?

937. Innergemeinschaftliche Wettbewerbsverzerrungen können nicht nur durch selektiv wirkende Beihilfen, sondern auch durch allgemeine wirtschaftspolitische Maßnahmen der Mitgliedstaaten hervorgerufen werden.

---

[42] Vgl. zur Daseinsvorsorge auch unten Abschnitt 5.3.4.

Teilweise wird vorgeschlagen, diese Wettbewerbsverzerrungen in der EU durch eine vollständige Harmonisierung der wirtschaftspolitischen Regeln, namentlich der nationalen Regulierungen (Arbeitsmarktpolitik, Umwelt- und Produktstandards, Gesellschaftsrecht), Unternehmenssteuern und Staatsausgaben, zu beseitigen.[43] Ein Verbot staatlicher Beihilfen auf europäischer Ebene sei nicht ausreichend, vielmehr sei darüber hinausgehend die umfängliche Durchsetzung eines „level playing field" anzustreben. Dies könne dazu beitragen, nationalstaatlich verursachte, künstliche Wettbewerbsverzerrungen zu beseitigen, und es den Unternehmen ermöglichen, die Kostenvorteile der Produktion bestmöglich auszunutzen und die Wohlfahrt im europäischen Binnenmarkt zu maximieren.

938. Eine Rechtsangleichung kann in Teilbereichen ein sinnvolles Instrument darstellen, etwa wenn hierdurch die Transaktionskosten bei Sachverhalten mit grenzüberschreitendem Bezug erheblich verringert werden. Eine flächendeckende Harmonisierung innerhalb der EU ist jedoch nach Auffassung der Monopolkommission nicht zu empfehlen, da andernfalls jeglicher Systemwettbewerb zwischen den Mitgliedstaaten und den Regionen in der EU ausgeschlossen würde und der Umstand unberücksichtigt bliebe, dass in den Mitgliedstaaten unterschiedliche Gewohnheiten und Präferenzen in Bezug auf die Ausgestaltung der wirtschaftspolitischen Rahmenbedingungen vorhanden sind.[44] Im Rahmen des Systemwettbewerbs stehen Institutionen im Wettbewerb um leistungs- und wertschöpfungsstarke mobile Faktoren wie Unternehmen, Finanzkapital und mobile Arbeitskräfte.[45] Die wirtschaftspolitischen Parameter, die den Staaten und Regionen zur Verfügung stehen, um mobile Faktoren anzuziehen bzw. deren Abwanderung zu verhindern, setzen sich aus öffentlichen Leistungen wie Infrastruktur, Lohnniveau, Ausbildungs- und Technologiestand sowie Produktregulierung einerseits und den zur Finanzierung erhobenen Steuern und Abgaben andererseits zusammen. Systemwettbewerb kann dazu beitragen, die tatsächlichen Präferenzen der Nachfrager, also der Entscheidungsträger über mobile Faktoren, im Hinblick auf das staatlich angebotene Steuer-Leistungs-Paket aufzudecken.

939. Darüber hinaus eröffnet der Systemwettbewerb – unabhängig von der Mobilität der Faktoren – die Möglichkeit, verschiedene Konzepte zur Lösung gesellschaftspolitischer Probleme im Wege eines Ideenwettbewerbs zu erproben und miteinander zu vergleichen. Im Sinne eines Entdeckungsverfahrens bestehen für die politischen Akteure im Systemwettbewerb Anreize, attraktive institutionelle Regelungen zu entwickeln und überflüssige Regulierungen und bürokratische Hürden abzubauen. Von der Konkurrenz anderer Hoheitsträger kann ein heilsamer Reformdruck ausgehen. Vor diesem Hintergrund spricht sich die Monopolkommission gegen eine vollständige Harmonisierung der wirtschaftspolitischen Rahmenbedingungen innerhalb der EU aus. Sie würde den Systemwettbewerb eliminieren.

3.2 Standortwettbewerb durch die Vergabe von (Ansiedlungs-)Beihilfen?

940. Einige Autoren vertreten aufgrund der positiven Auswirkungen eines Systemwettbewerbs die Auffassung, dass die der EU-Kommission übertragene Beihilfenaufsicht – zumindest im Bereich von Neuansiedlungen – abgeschafft und es den Mitgliedstaaten und Regionen in der EU ermöglicht werden sollte, auch (Ansiedlungs-) Beihilfen als Wettbewerbsparameter einzusetzen.[46] Die Vergabe entsprechender Beihilfen könne dazu beitragen, dass Unternehmen bzw. Investoren effiziente Standortentscheidungen treffen. Politökonomisch sei davon auszugehen, dass politische Entscheidungsträger ein vehementes Interesse an Unternehmensansiedlungen in ihrer Jurisdiktion haben, um damit Arbeitsplätze zu schaffen und ihre Steuerbasis zu vergrößern. Auf der anderen Seite hätten mobile Unternehmen ein Interesse an möglichst günstigen Konditionen, die ein Standort anbiete und die es den Unternehmen erlaubten, zu möglichst geringen Kosten zu produzieren und Nachfrager zu beliefern. Die Vergabe von Beihilfen könne ein wirksames Instrument sein, die positiven Auswirkungen, welche die Unternehmensansiedlung in einer bestimmten Region insbesondere in Form von Agglomerationsvorteilen nach Einschätzung der Beihilfen vergebenden Stelle auslösen werde, zu berücksichtigen und zu internalisieren. Da die positiven Folgewirkungen unterschiedlich hoch ausfallen könnten, je nachdem welche Charakteristika das ansiedlungswillige Unternehmen und die betreffende Region aufwiesen, sei es effizient, dass Hoheitsträger Preisdifferenzierungen durch Beihilfen, verstanden als Rabatte auf Steuerzahlungen, durchführten. Im Standortwettbewerb könne sich die Region durchsetzen, für welche die betreffende Unternehmensansiedlung die meisten Vorteile verspreche.

941. Ferner wird vorgebracht, dass manche Unternehmen im Falle einer Ansiedlung zwangsläufig langfristige standortspezifische Investitionen tätigen müssen, so z. B. Infrastrukturanbieter im Energie-, Transport- oder Telekommunikationsbereich. In diesen Fällen bestehe die Gefahr, dass der betreffende Hoheitsträger im Anschluss die Rahmenbedingungen – etwa in Form nachträglicher Steu-

---

[43] Vgl. hierzu näher Ehlermann, C.-D., Ökonomische Aspekte des Subsidiaritätsprinzips: Harmonisierung vs. Wettbewerb der Systeme, Integration 18, 1995, S. 11-21.

[44] Systemwettbewerb, der auch als institutioneller, interjurisdiktioneller Wettbewerb oder Standortwettbewerb bezeichnet wird, bedeutet, dass nicht nur Unternehmen im Wettbewerb zueinander stehen, sondern auch Wirtschaftssysteme oder Standorte.

[45] Vgl. bereits Monopolkommission, Systemwettbewerb, Sondergutachten 27, Baden-Baden 1998, Tz. 9.

[46] Ausführlich hierzu Gröteke, F., Europäische Beihilfenkontrolle und Standortwettbewerb – Eine ökonomische Analyse, Stuttgart 2007, S. 182 ff. Gegner dieses extremen Systemwettbewerbsansatzes sehen in der Vergabe von Beihilfen demgegenüber gerade einen potenziellen Auslöser für eine ineffiziente Allokation von Unternehmen auf die verschiedenen Standorte und erachten die europäische Beihilfenaufsicht als notwendige institutionelle Rahmenbedingung. Vgl. etwa Koenig, C., Kühling, J., Reform des EG-Beihilfenrechts aus der Perspektive des mitgliedstaatlichen Systemwettbewerbs – Zeit für eine Neuausrichtung?, Europäische Zeitschrift für Wirtschaftsrecht 10, 1999, S. 517–523.

ererhöhungen oder sonstiger Regulierungen – nachteilig verändere.[47] Eine Ansiedlungsbeihilfe könne ein Mittel zur Absicherung spezifischer Investitionen gegen spätere Verschlechterung und Ausbeutung durch den jeweiligen Hoheitsträger sein (Hold-up-Problematik). Zudem sei die Beihilfenvergabe im Standortwettbewerb der Hoheitsträger ein möglicher Wettbewerbsparameter von vielen. Es stelle sich daher die Frage, wieso gerade dieser Parameter reguliert werden müsse. Der Standortwettbewerb werde durch die Beihilfenaufsicht der EU nur auf andere Parameter – wie den Ausbau von physischer Infrastruktur, die kostenlose oder subventionierte Ausbildung von Arbeitskräften, baurechtliche Vorschriften etc. – verlagert.

942. Nach Ansicht der Monopolkommission handelt es sich bei dem Vorschlag, die Beihilfenaufsicht im Bereich von Neuansiedlungen zugunsten eines Wettbewerbs der Standorte abzuschaffen, um ein interessantes theoretisches Konzept. Diese extreme Form des Systemwettbewerbs, wonach (Ansiedlungs-)Beihilfen einen zulässigen Wettbewerbsparameter der Standorte bilden und keiner vorgelagerten Kontrolle unterliegen sollten, wäre in der Praxis allerdings nur dann voll funktionsfähig, wenn das Prinzip der fiskalischen Äquivalenz verwirklicht wäre.[48] Fiskalische Äquivalenz bedeutet, dass Beihilfen vollständig von der die Beihilfen gewährenden Region finanziert werden und harte Budgetrestriktionen gelten, so dass eine Region bei finanziellen Schwierigkeiten nicht mit einem Ausgleich durch andere Hoheitsträger rechnen kann. Andernfalls besteht die Gefahr, dass die Kosten, die mit der Ansiedlung eines Unternehmens verbunden sind, auf andere Hoheitsträger verlagert würden. Diese Externalisierung von Kosten könnte dazu führen, dass eine Region zu hohe Beihilfenangebote abgibt und infolgedessen ineffiziente Standortentscheidungen getroffen werden. Das Prinzip fiskalischer Äquivalenz ist allerdings kaum zu realisieren. Unklar ist schon, auf welcher Ebene es verwirklicht werden soll: in der einzelnen Gemeinde, in Teilen eines Bundeslandes, in einem Bundesland insgesamt, in mehreren Bundesländern (z. B. in Norddeutschland) oder im gesamten Bundesgebiet. Angenommen, das einzelne Bundesland wäre die maßgebliche Bezugsgröße, so wäre das Problem damit nicht gelöst. Es hieße, dass Quersubventionierungen innerhalb eines Bundeslandes akzeptiert werden, grenzüberschreitende Quersubventionierungen zwischen Bundesländern dagegen zu unterbinden seien. Jedes Bundesland müsste dann selbst in dem Standortwettbewerb die steuerliche Belastung festlegen und über Zuwendungen an Investoren entscheiden. Diese Prämisse eines freien Beihilfenwettbewerbs der Bundesländer stünde in offenem Gegensatz zur Finanzverfassung des Grundgesetzes. Soweit Steuern gemäß Artikel 106 GG als gemeinsame Steuern auch den Ländern zustehen – und dies gilt mit Einkommen-, Körperschaft- und Um-

satzsteuer für den größten Teil des Steueraufkommens – hat der Bund gleichwohl die (konkurrierende) Gesetzgebungszuständigkeit mit der Folge einer einheitlichen Besteuerung, die gerade nicht nach dem Sitzland des Steuerpflichtigen entscheidet. Auch der zwingend vorgeschriebene Länderfinanzausgleich gemäß Artikel 107 Abs. 2 GG steht der Verwirklichung der fiskalischen Äquivalenz entgegen. Auch in der EU ist die Politik zur Redistribution zwischen den Regionen verpflichtet. Die am stärksten benachteiligten Gebiete werden gemäß Artikel 158 ff. EGV im Interesse des wirtschaftlichen und sozialen Zusammenhalts der Union gefördert. Hier finden verteilungspolitisch motivierte Zahlungsströme in erheblicher Größenordnung (häufig in Form von EU-Subventionen) statt.

943. Darüber hinaus besteht bei der Vergabe von Beihilfen die Gefahr staatlicher Fehleinschätzungen mit der Folge, dass sich die erhofften positiven Auswirkungen für die betreffende Region langfristig nicht einstellen. Dieses Prognoserisiko ließe sich theoretisch dadurch verringern, dass bei einem Ausbleiben der vermuteten positiven Auswirkungen für die Region eine Rückzahlung der gewährten Beihilfen erfolgt. Die Konkretisierung und Umsetzung einer solchen Rückzahlungsverpflichtung ist jedoch nur möglich, soweit sie Garantien zum Gegenstand hat, die im eigenen Verantwortungsbereich des Beihilfenempfängers liegen, wie etwa die Zusage, eine bestimmte Anzahl von Arbeitsplätzen zu schaffen. Sie kann dagegen nicht die externen tatsächlichen Auswirkungen einbeziehen, welche die jeweilige Neuansiedlung in der Region insgesamt hervorruft, da diese sich nur schwer messen und nicht exakt vorhersagen lassen. Eine ineffiziente Gewährung von Beihilfen kann zudem daraus resultieren, dass die politischen Entscheidungsträger bei der Beihilfenvergabe auch eigennützig (im Hinblick auf eine bevorstehende Wahl) handeln und infolgedessen kurzfristig angelegte populistische Maßnahmen ergreifen sowie Partikularinteressen fördern. Darüber hinaus kann die in Tz. 941 beschriebene Gefahr eines Hold-up auch mit umgekehrtem Vorzeichen bestehen. So ist denkbar, dass das begünstigte Unternehmen ein mit zunehmender Größe wachsendes Drohpotenzial dahingehend aufbauen kann, dass es mit seiner Abwanderung und dem hiermit für die Region verbundenen Verlust an Arbeitsplätzen droht. Inwiefern Unternehmen oder Hoheitsträger ein höheres Drohpotenzial besitzen, hängt allerdings von der Spezifität/Irreversibilität der getätigten Investitionen ab. Ein Unternehmen, das erheblich in standortspezifische Einrichtungen investiert hat (z. B. in Infrastrukturen), kann nur in sehr begrenztem Umfang glaubwürdig mit Abwanderung drohen.

944. Für eine supranationale Beihilfenkontrolle spricht ferner, dass die Vergabe von Beihilfen durch einen Mitgliedstaat in anderen Mitgliedstaaten negative Effekte in Form von Wettbewerbsverzerrungen auf den Produkt- und Dienstleistungsmärkten hervorrufen kann. Dies gilt insbesondere in Fällen, in denen im Inland ansässige Großunternehmen oder die Unternehmen einer bestimmten Branche aufgebaut und gefördert werden, um ihre Wettbewerbsfähigkeit im internationalen Vergleich zu

---

[47] Vgl. Haucap, J., Hartwich, T., Fördert oder behindert die Beihilfenkontrolle der Europäischen Union den (System-)Wettbewerb, in: Schäfer, W. (Hrsg.), Wirtschaftspolitik im Systemwettbewerb, Schriften des Vereins für Socialpolitik, N. F. Bd. 309, Berlin 2006, S. 93 ff.

[48] Dies wird auch von Befürwortern dieses Ansatzes so gesehen. Vgl. näher Gröteke, F., a. a. O., S. 206 ff.

stärken. Eine europäische Beihilfenaufsicht kann dazu beitragen, grenzüberschreitende Wettbewerbsverzerrungen im EU-Binnenmarkt zu verringern.

945. Weil das Prinzip der fiskalischen Äquivalenz nicht hinreichend verwirklicht ist und die mit Prognoseproblemen belastete Vergabe von Beihilfen grenzüberschreitende Wettbewerbsverzerrungen auf den Produkt- und Dienstleistungsmärkten auslösen kann, spricht sich die Monopolkommission nicht für eine Abschaffung der europäischen Beihilfenkontrolle aus. Zu berücksichtigen ist insoweit auch, dass das in Artikel 87 Abs. 1 EGV normierte Beihilfenverbot nicht absolut gilt, sondern vielmehr zahlreiche Ausnahmen vorgesehen sind. Den Mitgliedstaaten ist somit eine Gewährung von Ansiedlungsbeihilfen im bestehenden System nicht von vornherein verwehrt. Allerdings sollte die EU-Kommission die positiven Auswirkungen, die ein Wettbewerb der Standorte im Bereich von Neuansiedlungen auslösen kann, stärker als bisher berücksichtigen.

4. Aufgaben der EU-Kommission bei der Beihilfenkontrolle nach Artikel 87 ff. EGV

4.1 Mögliche ökonomische Gründe für die Verlagerung der Beihilfenkontrolle auf eine supranationale Instanz

946. Aus ökonomischer Sicht gibt es zwei mögliche Beweggründe, die Aufsicht über die Vergabe von Beihilfen auf eine supranationale Ebene wie die EU zu übertragen. Mit der Einräumung einer entsprechenden Kompetenz kann der Zweck verfolgt werden, negative Effekte zu verhindern, die eine Beihilfenvergabe durch Wettbewerbsverzerrungen in anderen Staaten auslöst. Ein weiterer möglicher Grund kann darin bestehen, den effizienten Einsatz öffentlicher Ressourcen extern überprüfen zu lassen und durch diese Form der Haushaltskontrolle sog. Bindungsprobleme (commitment problems) zu vermeiden.[49] Hoheitsträgern fällt es wegen des politischen Drucks mitunter schwer, Beihilfen zu verweigern und sich im Voraus auf langfristige Beihilfenverbote und ein fixes Budget festzulegen. Politiker können daher geneigt sein, Beihilfen zu vergeben, die im Hinblick auf eine bevorstehende Wahl kurzfristig einen Zuwachs an Wählerstimmen versprechen, jedoch aus ökonomischer Sicht nicht effizient sind und letztlich eine Verschwendung öffentlicher Gelder darstellen. Die Delegierung der Kontrolle staatlicher Zuwendungen an eine höhere Instanz ohne politische Abhängigkeit kann dazu beitragen, entsprechende Bindungsprobleme zu vermeiden.

4.2 Wettbewerb im EU-Binnenmarkt als alleiniger Schutzzweck – keine haushaltspolitische Kompetenz

947. Sowohl die gesetzessystematische Stellung der Artikel 87 ff. EGV als auch der Wortlaut des Artikel 87 Abs. 1 EGV sprechen dafür, dass die Beihilfenkontrolle ausschließlich auf den Schutz des Wettbewerbs im Binnenmarkt ausgerichtet ist. Die Beihilfenvorschriften (Artikel 87 ff. EGV) sind Bestandteil des mit „Wettbewerbsregeln" überschriebenen Kapitels 1 des VI. Titels des EG-Vertrages. Sie sind somit ebenso wie die gleichfalls dort verankerten kartellrechtlichen Bestimmungen der Artikel 81, 82 EGV auf das in Artikel 3 Abs. 1 Buchstabe g EGV genannte Ziel bezogen, ein System zu errichten, „das den Wettbewerb innerhalb des Binnenmarkts vor Verfälschungen schützt". Artikel 87 Abs. 1 EGV nennt denn auch das Vorliegen einer Wettbewerbsverfälschung und die Beeinträchtigung des zwischenstaatlichen Handels ausdrücklich als maßgebliche Kriterien. Die Verhinderung negativer Spillover-Effekte in Form von Wettbewerbsverzerrungen im EU-Binnenmarkt bildet folglich den Schutzzweck der europäischen Beihilfenkontrolle. Mit ihrer Einführung sollte die Errichtung eines einheitlichen Binnenmarktes gefördert und verhindert werden, dass die Mitgliedstaaten den Abbau von Handelshemmnissen und die Verwirklichung der im EG-Vertrag genannten Grundfreiheiten durch den Einsatz von Beihilfen konterkarieren. Beihilfen an nationale Unternehmen können eine vergleichbare marktabschottende Wirkung wie Schutzzölle entfalten.[50] In den letzten Jahren sind Versuche der Mitgliedstaaten zu beobachten, den Verlust staatlicher Kontrolle bei den früheren Staatsmonopolen bzw. Netzindustrien durch den vermehrten Einsatz von Beihilfen und durch die Genehmigung nationaler Großfusionen zu kompensieren und den EU-Binnenmarkt insoweit zu behindern. Die Monopolkommission lehnt eine solche protektionistische Industriepolitik ab, die auf die Förderung heimischer Industrien und die Abschottung nationaler Märkte gerichtet ist.

948. Eine Kompetenz zur Kontrolle der Haushalte der Mitgliedstaaten hat die Gemeinschaft dagegen nicht. Der EU ist eine solche Zuständigkeit zur Haushaltskontrolle bislang nur in Bezug auf die Überwachung der Maastricht-Kriterien (Artikel 121 EGV) verliehen worden. Im Rahmen der Beihilfenkontrolle nach Artikel 87 ff. EGV gehört es indes nicht zu den Aufgaben der EU-Kommission, die richtige Verwendung mitgliedstaatlicher Ressourcen als solche zu überwachen.[51] Solange keine solche Kompetenz besteht, obliegt es den Mitgliedstaaten, im innerstaatlichen Bereich wirksame Kontrollmechanismen und ein stringentes System zu schaffen, um eine volkswirtschaftlich schädliche Verschwendung staatlicher Mittel durch eine ineffiziente Beihilfenvergabe zu verhindern. Entsprechend dem in Artikel 3 Abs. 1 Buchstabe g EGV formulierten Ziel besteht der alleinige Schutzzweck der europäischen Beihilfenvorschriften darin, Verzerrungen für den Wettbewerb auf den Produkt- und Dienstleistungsmärkten im europäischen Binnenmarkt zu vermeiden.

---

[49] Vgl. Friederiszick, H.W., Röller, L.-H.,Verouden, V., European State Aid Control: an Economic Framework, in: Buccirossi, P. (Hrsg.), Handbook of Antitrust Economics, Cambridge, Mass. 2008, S. 625–669.

[50] Vgl. Mestmäcker, E.-J., Schweitzer, H., Europäisches Wettbewerbsrecht, 2. Aufl., München 2004, § 42 Rn. 20.

[51] Vgl. Bartosch, A., Der More Economic Approach in Beihilfesachen, Recht der Internationalen Wirtschaft 53, 2007, S. 681–690.

949. Dieses Ziel wurde aus der endgültigen Fassung des künftigen EU-Reformvertrags gestrichen.[52] Die Monopolkommission hält dies wegen der hiervon ausgehenden negativen Signalwirkung für die europäische Wettbewerbspolitik für bedenklich. Juristisch betrachtet, werden sich jedoch keine unmittelbaren Änderungen für den Vollzug der EU-Wettbewerbsvorschriften im Kartellrecht und Beihilfenrecht ergeben.[53] So gehört nach Artikel 3 Abs. 3 des EU-Reformvertrags die Verwirklichung des Binnenmarkts zu den Primärzielen der Gemeinschaft, und in einem dem Reformvertrag angefügten Protokoll ist festgehalten, dass zum Binnenmarkt auch „ein System gehört, das den Wettbewerb vor Verfälschungen schützt".[54] Protokolle, die den primärrechtlichen Gemeinschaftsverträgen beigefügt sind, entfalten rechtsverbindliche Wirkung und haben denselben primärrechtlichen Rang.

4.3 Verbesserung der nationalen Kontrollmöglichkeiten

950. Für Beihilfen gewährende öffentliche Stellen ist es entscheidend, die voraussichtlichen Auswirkungen einer Beihilfenvergabe für die Gesamtwohlfahrt zu kennen (gesamtwohlfahrtsorientierter Kosten-Nutzen-Vergleich). Wie oben dargelegt, ist die EU-Kommission indes im Rahmen der Beihilfenkontrolle lediglich dazu berufen, diejenigen Kosten zu würdigen und mit dem angestrebten Nutzen abzuwägen, die in Form von Wettbewerbsbeeinträchtigungen durch die Beihilfe im Binnenmarkt entstehen können.

951. Auf nationaler Ebene sind demgegenüber neben den voraussichtlichen Wettbewerbsverzerrungen auch die weiteren durch eine Beihilfenvergabe induzierten volkswirtschaftlichen Kosten zu berücksichtigen. So obliegt den Mitgliedstaaten die Aufgabe, die Finanzierungskosten der Beihilfen und die hierdurch entstehenden Opportunitätskosten und Nettowohlfahrtsverluste (Schattenpreise der Besteuerung) zu ermitteln und sicherzustellen, dass Beihilfen effizient vergeben und eine Verschwendung öffentlicher Gelder vermieden wird.

952. In Deutschland gibt es eine Vielzahl von Förderprogrammen mit sich zum Teil überschneidender Zielsetzung, die von verschiedenen öffentlichen Stellen und unterschiedlichen Hoheitsträgern (EU, Bund, Länder und Kommunen) initiiert sind. Infolge der sich daraus ergebenden Intransparenz ist es für Unternehmen (insbesondere für kleine und mittlere Unternehmen) schwer zu überblicken, ob und in welcher Höhe sie Fördermittel erlangen können. Sie müssen zum Teil erhebliche Ressourcen zur Klärung dieser Frage aufwenden. Aufgrund der fehlenden Koordinierung besteht zudem die Gefahr, dass

Beihilfen zur Erreichung bestimmter Ziele in ineffizient hohem Umfang gewährt oder gegenläufige Ziele verfolgt werden. Die Abstimmung ließe sich verbessern, wenn Beihilfen und Beihilfenprogramme unter Beschreibung ihrer Zielsetzung, ihres Umfangs und der Eigenschaften ihrer tatsächlichen bzw. potenziellen Empfänger auf einer zentralen Plattform im Internet von sämtlichen Stellen vorab eingestellt werden müssten. Aus Gründen der Praktikabilität sollte diese Verpflichtung nur für Beihilfen gelten, die ein näher zu definierendes Volumen überschreiten. Eine solche zentrale Plattform könnte zur Senkung der Transaktionskosten für die Informationsbeschaffung aus Sicht potenzieller Beihilfenempfänger beitragen. Eine weitere Möglichkeit zur Senkung der Transaktionskosten – insbesondere für kleinere und mittlere Unternehmen – ließe sich verwirklichen, wenn die Unternehmen im Rahmen ihrer Steuererklärungen Beihilfen beantragen könnten, die in klar zu formulierenden Fördertatbeständen beschrieben und in Form einer Steuersenkung gewährt würden.

953. Die Monopolkommission empfiehlt, die nationalen Beihilfenprogramme einer regelmäßigen Erfolgskontrolle zu unterziehen, bei der eine unabhängige Einrichtung untersucht, ob die zuvor eindeutig zu formulierenden Ziele erreicht wurden und welche nachteiligen Effekte durch die Beihilfenvergabe aufgetreten sind. Um die Entstehung einer Subventionsmentalität zu vermeiden und eine effiziente Überprüfung sicherzustellen, sollten Beihilfen von vornherein befristet werden (sunset regulation). Darüber hinaus ist eine degressive Ausgestaltung längerfristiger Beihilfen zu befürworten.

954. Neben einer nachträglichen Erfolgskontrolle besteht die Möglichkeit, in besonders gravierenden Fällen, in denen das jeweilige Beihilfenprogramm oder die beabsichtigte Einzelbeihilfe ein näher zu definierendes Volumen erreicht, eine Ex-ante-Kontrolle vorzuschreiben, bei der die gesamten volkswirtschaftlichen Auswirkungen einer Beihilfe, einschließlich der Folgen für den Wettbewerb, prognostiziert werden. Die überprüfende Instanz wäre nicht befugt, eine politische Entscheidung anstelle des jeweiligen öffentlichen Beihilfengebers zu treffen. Sie sollte jedoch überprüfen, ob der Beihilfengeber sämtliche prognostizierbaren volkswirtschaftlichen Kosten der Beihilfe im Rahmen der vorzunehmenden Abwägungsentscheidung berücksichtigt, ob die Beihilfe ein grundsätzlich geeignetes und erforderliches Mittel zu Erreichung des angestrebten Zwecks darstellt und ob die zu erwartenden Kosten nicht außer Verhältnis zu dem voraussichtlichen Nutzen stehen. Die Zuständigkeit zu dieser Form einer gesamtwirtschaftlich angelegten nationalen Beihilfenkontrolle und -bewertung könnte z. B. den nationalen Rechnungshöfen übertragen werden, die bereits gegenwärtig die Aufgabe haben, die Haushalts- und Wirtschaftsführung der öffentlichen Verwaltung zu überprüfen. Alternativ wäre die Errichtung eines unabhängigen nationalen Sachverständigengremiums (Subventionskontrollrats) zu erwägen.[55] Die zuständige Einrichtung

[52] Vertrag von Lissabon zur Änderung des Vertrags über die Europäische Union und des Vertrags zur Gründung der Europäischen Gemeinschaft, unterzeichnet in Lissabon am 13. Dezember 2007, ABl. EU Nr. C 306 vom 17. Dezember 2007, S. 1.

[53] Die Artikel 81, 82 und Artikel 87 ff. EGV wurden bis auf wenige Modifikationen beibehalten; vgl. Artikel 2 Ziff. 75 ff. des Vertrags von Lissabon.

[54] Protokoll über den Binnenmarkt und den Wettbewerb, ABl. EU Nr. C 306 vom 17. Dezember 2007, S. 156.

[55] Vgl. hierzu schon Monopolkommission, Wettbewerbspolitik in Zeiten des Umbruchs, Hauptgutachten 1994/1995, Baden-Baden 1996, Tz. 154.

könnte im Rahmen einer Ex-ante-Kontrolle entweder mit Anhörungs-, Äußerungs- und Berichtsrechten ausgestattet werden und Empfehlungen aussprechen. Ihr könnte aber auch in Anlehnung an die Möglichkeiten der EU-Kommission in der europäischen Beihilfenkontrolle ein Einspruchsrecht eingeräumt werden.

955. Ferner sollten Beihilfen – ebenso wie dies für die Vergabe öffentlicher Aufträge vorgeschrieben ist (§§ 97 ff. GWB) – grundsätzlich im Rahmen eines offenen und transparenten Verfahrens vergeben werden. Sofern es sich um ein allgemein-abstraktes Beihilfenprogramm handelt, sollte die Zuwendung allen Unternehmen zugänglich sein, die bestimmte Kriterien erfüllen. Bei Einzelbeihilfen sollte ein Wettbewerb im Rahmen eines transparenten Ausschreibungsverfahrens stattfinden. Hierdurch ließen sich ineffizient hohe und diskriminierende Beihilfen sowie unnötige zusätzliche Wettbewerbsverzerrungen vermeiden.

956. Schließlich sollten subjektive Rechte potenzieller Beihilfenempfänger, betroffener Wettbewerber und ihrer Verbände sowie ein effizientes Rechtsschutzsystem geschaffen werden. Durch die Zulassung einer privaten Rechtsdurchsetzung kann nach Auffassung der Monopolkommission die Effizienz einer gesamtwirtschaftlichen nationalen Beihilfenkontrolle gesteigert werden. Als Vorbild könnten die Bestimmungen zur Überprüfung der Vergabe öffentlicher Aufträge dienen (§§ 104 ff. GWB). Danach können Unternehmen, die einen öffentlichen Auftrag nicht erhalten haben, bei Erreichen oder Übersteigen bestimmter Schwellenwerte nach §§ 107 ff. GWB Rechtsschutz vor unabhängigen Vergabekammern im Rahmen eines förmlichen Nachprüfungsverfahrens erlangen. Gegen die Entscheidung der Vergabekammer ist die sofortige Beschwerde zulässig, über die ein Vergabesenat des Oberlandesgerichts entscheidet, das für den Sitz der Vergabekammer zuständig ist (§ 116 GWB). In diesen Verfahren stellt sich ebenfalls die Thematik des Schutzes vertraulicher Geschäftsdaten. Um zu verhindern, dass Betriebs- und Geschäftsgeheimnisse des Begünstigten gegenüber dem klagenden Wettbewerber preisgegeben werden müssen, ist vorgesehen, dass die Vergabekammern und -senate das Recht zur Akteneinsicht bei entsprechenden Daten verweigern können.[56] Darüber hinaus könnten in Anlehnung an das Vergaberecht Beschleunigungsvorschriften eingeführt werden, damit Verzögerungen und Rechtsunsicherheiten vermieden werden.[57]

957. Beihilfen, die von vornherein auf individuelle Unternehmen zugeschnitten sind und bei denen daher kein Ausschreibungsverfahren durchgeführt wird, sowie Beihilfen zugunsten bestimmter, bereits etablierter Branchen sollten auf nationaler Ebene grundsätzlich verboten und allenfalls in Ausnahmefällen erlaubt werden. Derartige Beihilfen stellen sich aus gesamtvolkswirtschaftlicher

Sicht regelmäßig als besonders problematisch dar. Dies gilt etwa für Rettungsbeihilfen, die auf den Erhalt eines speziellen Unternehmens gerichtet sind. Neben dem Risiko, dass entsprechende Beihilfen die angestrebte Wirkung (Erhalt von Arbeitsplätzen) verfehlen, in zu hohem Umfang gewährt werden oder aber durch ein eigennütziges Handeln der verantwortlichen Politiker bedingt sind, können solche Beihilfen zu erheblichen Wettbewerbsverzerrungen führen, indem ineffiziente Unternehmen gefördert und effizienten Newcomern der Markteintritt erschwert wird.

958. Im Hinblick auf die oben in Abschnitt 2.2.3 erläuterten politökonomischen Zusammenhänge ist die Einführung einer effektiven Beihilfenkontrolle auf nationaler Ebene nicht unbedingt wahrscheinlich. Zu groß sind die Interessen politischer Handlungsträger an der Bewahrung von finanziellen Spielräumen, in denen sie ihre eigene Klientel bedienen können. Es ist vermutlich auf diese Zusammenhänge zurückzuführen, dass die europäische Beihilfenkontrolle ihren eigenen Anwendungsbereich durch eine weite Auslegung der Tatbestandselemente des Artikel 87 Abs. 1 EGV relativ stark erweitert hat.[58] Sie füllt gleichsam eine Lücke im institutionellen Gefüge der Mitgliedstaaten. Weil diese einerseits ihre eigene Subventionspraxis nicht wirksam kontrollieren, andererseits aber das haushaltspolitische Bedürfnis für eine Beschränkung sehen, akzeptieren sie es in der Regel ohne großen Protest, wenn die EU-Kommission die Beihilfenvergabe auch dort überprüft, wo sich eine spürbare Wettbewerbsbeschränkung und Beeinträchtigung des zwischenstaatlichen Handels gar nicht ernsthaft feststellen lässt, wo es also letztlich um haushaltspolitische Disziplin geht. Die Monopolkommission versteht ihre Vorschläge zur Rückführung der europäischen Beihilfenkontrolle auf wettbewerbsrelevante Beihilfen.[59] und zur Schaffung einer nationalen Beihilfenkontrolle als ein Paket komplementärer Maßnahmen, das nur insgesamt zu verwirklichen ist.

5. Rechtliche Rahmenbedingungen und ihre traditionelle Auslegung durch die europäischen Organe

5.1 Subventionen der EU und von Drittstaaten: keine Anwendbarkeit von Artikel 87 EGV

959. Die EU selbst gewährt Subventionen in nicht unerheblicher Größenordnung. Im Haushaltsplan 2007 wurden sie mit 126,5 Mrd. Euro angegeben.[60] Dagegen haben etwa die 25 EU-Mitgliedstaaten im Jahr 2006 „lediglich" Beihilfen mit einem Volumen von insgesamt 66,5 Mrd. Euro gewährt.[61] Die größte Bedeutung kommt bislang den verteilungspolitischen und landwirtschaftlichen EU-Maßnahmen zu. Die regionalen Strukturmaßnahmen,

---

56 Vgl. § 111 GWB, der in § 120 Abs. 2 GWB für das sofortige Beschwerdeverfahren vor den Vergabesenaten für entsprechend anwendbar erklärt wird.

57 Eine Beschleunigung des Nachprüfungsverfahrens vor den Vergabekammern ist in § 113 GWB vorgesehen.

58 Vgl. näher unten Abschnitt 5.2.4 und Abschnitt 5.2.5.

59 Vgl. unten Abschnitt 5.2 und Abschnitt 7.1.

60 EU-Kommission: Übersicht EU-Haushalt 2007, http://ec.europa.eu/budget/publications/budget_in_fig_de.htm.

61 Vgl. Bericht der Kommission, Anzeiger für staatliche Beihilfen, Herbstausgabe 2007, a. a. O., S. 10.

welche die Kohäsion zwischen den verschiedenen Regionen und verschiedenen Mitgliedstaaten verbessern sollen, hatten einen Anteil von 35,9 Prozent am EU-Haushalt im Jahr 2007. Im Haushaltsplan wurden hierfür 45,5 Mrd. Euro eingeplant, wobei 35,3 Mrd. Euro auf die wirtschaftlich schwächsten Regionen in der EU entfallen sollten. Der Anteil der Beihilfen im Bereich Landwirtschaft und ländliche Entwicklung am EU-Haushalt sollte im gleichen Zeitraum bei 44,4 Prozent (56,3 Mrd. Euro) liegen.[62]

960. Trotz ihrer Bedeutung fallen Beihilfen der EU nicht unter das Verbot des Artikel 87 Abs. 1 EGV. Das dortige Merkmal „staatliche oder aus staatlichen Mitteln" erfasst ausschließlich Maßnahmen der Mitgliedstaaten und von ihnen gewährte Zuwendungen. Die Beihilfen der Gemeinschaft, die zu einem erheblichen Anteil keine horizontale Zielsetzung verfolgen, sondern vielmehr bestimmten Sektoren (Landwirtschaft) zufließen und damit aus wettbewerbspolitischer Sicht als besonders problematisch einzustufen sind, unterliegen also nicht der strengen EU-Beihilfenkontrolle nach Artikel 87 ff. EGV. Sie unterstehen allein den Beihilfenregeln des WTO-Rechts. Entsprechende Regeln sind sowohl im Allgemeinen Zoll- und Handelsabkommen 1994 (GATT 1994) als auch im Übereinkommen über Beihilfen und Ausgleichsmaßnahmen (Agreement on Subsidies and Countervailing Measures, SCM-Agreement) enthalten.[63] Neben den Mitgliedstaaten ist die EG diesen völkerrechtlichen Verträgen gemäß Artikel 133 EGV beigetreten, so dass diese für die Organe der Gemeinschaft und für die Mitgliedstaaten verbindlich sind (Artikel 300 Abs. 7 EGV). Das europäische Beihilfenrecht stellt im Vergleich zum WTO-Recht das wesentlich ausdifferenziertere Regelungsregime dar, dessen Anwendung umfassend auf die Verwirklichung des Gemeinsamen Marktes unter Beseitigung von Wettbewerbsverzerrungen angelegt ist.[64]

961. Das gegenwärtige System der EU-eigenen Beihilfen ist durch ein Nebeneinander verschiedener Fonds gekennzeichnet, deren Aufgabenbereiche zum Teil nicht klar abgegrenzt sind. Gemeinschaftsbeihilfen werden institutionell etwa von dem Europäischen Ausrichtungs- und Garantiefonds für die Landwirtschaft (Artikel 34 Abs. 3 EGV), dem Europäischen Sozialfonds (Artikel 146 EGV), den Strukturfonds zur Erzielung der Kohäsion und Konvergenz (Artikel 158 ff. EGV), der Europäischen Investitionsbank (Artikel 266 f. EGV) sowie im Bereich Forschung und Entwicklung (Artikel 163 ff. EGV) gewährt.[65] Die Höhe der Finanzierung der einzelnen Fonds durch die Mitgliedstaaten ist vielfach das Ergebnis politischer Kompromisse.

962. Da sich die Kriterien für die Vergabe von Beihilfen durch die EU aus Sicht potenzieller Begünstigter als komplex und unübersichtlich darstellen, besteht die Gefahr überhöhter Bürokratiekosten und mangelnder Effizienz der gegenwärtigen EU-Förderung. Zudem bestehen Defizite bei der Überwachung der EU-Beihilfen, so dass Mitnahmeeffekte sowie missbräuchliche Betrugshandlungen drohen.[66] Angesichts der Intransparenz des Systems und der Höhe der gewährten Gelder können EU-Beihilfen nach Auffassung der Monopolkommission erhebliche Wettbewerbsverzerrungen im europäischen Binnenmarkt hervorrufen. Die gegenwärtigen, wenig ausdifferenzierten WTO-Bestimmungen, die vor allem im Verhältnis zu nicht EU-angehörigen Drittstaaten von Bedeutung sind, bieten nur einen rudimentären Schutz.

963. Teilweise wird vorgeschlagen, das in Artikel 87 ff. EGV geregelte Kontrollregime auf den Bereich der EU-Beihilfen zu erstrecken.[67] Eine solche Ausweitung wäre

---

[62] Die Direktzahlungen an die Landwirte und Marktordnungsmaßnahmen machen hiervon 45,8 Mrd. Euro aus.

[63] Vgl. ABl. EG Nr. L 336 vom 23. Dezember 1994, S. 3, hier: S.156–183 (Anhang 1A, Übereinkommen und Ausgleichsmaßnahmen).

[64] Das SCM-Agreement unterscheidet drei Kategorien von Beihilfen (sog. Ampelansatz):
- Verbotene (ROTE) Beihilfen (Part II SCM-Agreement). Dabei handelt es sich um Beihilfen, die an die Ausfuhr von Waren oder an die Verwendung inländischer Waren geknüpft sind. Diese sind per se verboten. Wenn die eingesetzte „Sondergruppe" des DSB (Dispute Settlement Body, ein WTO-Streitbeilegungsorgan) zu dem Ergebnis kommt, dass die jeweilige Maßnahme eine verbotene Beihilfe darstellt, so „empfiehlt" sie dem betreffenden Staat, die Beihilfe unverzüglich zurückzunehmen; geschieht dies nicht, darf der beeinträchtigte Staat keine Gegenmaßnahmen ergreifen.
- Anfechtbare (GELBE) Beihilfen (Part III SCM-Agreement). Voraussetzung für Anfechtbarkeit ist, dass die jeweiligen Beihilfen nachteilige Auswirkungen auf die Interessen anderer Mitglieder verursachen(Artikel 5 SCM-Agreement). Hier hat das die Beihilfe gewährende WTO-Mitglied die Möglichkeit, die Beihilfe zurückzunehmen oder die nachteiligen Auswirkungen zu beseitigen; erfolgt dies nicht, dürfen Gegenmaßnahmen (Ausgleichszölle (countervailing duties)) als Schutzmaßnahme gegen subventionierte Einfuhren (Artikel 10 ff. SCM-Agreement) ergriffen werden.
- Nichtanfechtbare (GRÜNE) Beihilfen (Part IV SCM-Agreement). Hierunter fallen bestimmte Forschungsbeihilfen, Beihilfen für benachteiligte Regionen und Umweltbeihilfen.

[65] Die EU-Kommission strebt auch im Bereich der EU-Beihilfen Reformen an. So ist beispielsweise für 2008 eine Grundsatzdebatte über die Neuausrichtung der gemeinsamen Agrarpolitik der EU geplant, die frühestens 2013 erfolgen wird. Die EU hat 1992 mit der ersten von mittlerweile drei Reformen begonnen, sich schrittweise aus dem Markt- und Preisstützung zurückzuziehen. Bei der letzten Agrarreform 2003 hatten die Mitgliedstaaten beschlossen, die Beihilfen von der Produktion zu entkoppeln und durch ein System der direkten Einkommensstützung zu ersetzen. Die pauschalen Zahlungen, welche die Landwirte inzwischen erhalten, orientieren sich der Höhe nach an den in den Vorjahren gewährten betrieblichen Beihilfen. Die EU-Kommission regt an, die Beihilfen für große Agrarbetriebe zu begrenzen und die EU-Direktzahlungen an die Bauern zugunsten einer Politik zur Förderung ländlicher Regionen zu kürzen. Vgl. näher Maas, S., Schmidt, P., Gemeinsame Agrarpolitik der EU, Wirtschaftsdienst 87, 2007, S. 94–100 sowie o. V., EU-Kommission stellt Basis für Agrarhilfen in Frage, Frankfurter Allgemeine Zeitung vom 31. Oktober 2007, S. 15.

[66] Der Rechnungshof der Europäischen Gemeinschaften kommt in seinem Jahresbericht über die Ausführung des Haushaltsplans zum Haushaltsjahr 2006 (ABl. EU Nr. C 273 vom 15. November 2007, S. 1, S. 132, l. Sp., Ziff. 6.39) zu dem Ergebnis, dass im Jahr 2006 etwa im Bereich der Strukturpolitik mindestens 12 Prozent der Fördergelder nie hätten genehmigt werden dürfen. Ursache für die hohe Fehlerquote seien zum einen Fahrlässigkeit und unzulängliche Kenntnisse aufseiten der auszahlenden Stellen und zum anderen gezielte Betrugsversuche, die durch mangelnde Qualität und Anzahl der Kontrollen erleichtert würden. In Deutschland ist der Beihilfenbetrug nach § 264 StGB strafbar.

[67] Vgl. etwa Schwintowski, H.-P., Staatlich veranlaßte Wettbewerbsbeschränkungen auf europäischen und internationalen Märkten, Rabels Zeitschrift für ausländisches und internationales Privatrecht 58, 1994, S. 232–291, 245.

jedoch nach Ansicht der Monopolkommission mit Schwierigkeiten verbunden. Problematisch wäre insbesondere, dass die EU sich selbst kontrollieren würde und überdies dasselbe Organ zuständig wäre. Denn die EU-Kommission ist nicht nur mit der Durchführung der Beihilfenkontrolle betraut, vielmehr fällt auch die Verwaltung der europäischen Fördermittel und Fonds in ihren Aufgabenbereich. Denkbar wäre eine Übertragung der Kontrollfunktion auf die europäischen Gerichte. Allerdings gestehen diese der EU-Kommission in politisch geprägten Entscheidungen traditionell einen weiten Ermessensspielraum zu. Deshalb erscheint fraglich, ob auf diese Weise eine effiziente Kontrolle der EU-Beihilfen erzielt werden könnte. Vorzugswürdig wäre es demgegenüber, die Kontrolle auf eine neu zu errichtende, unabhängige europäische Aufsichtsbehörde zu übertragen, die frei von politischer Einflussnahme agieren kann. Neben etwaigen EU-bezogenen Maßnahmen ist zu erwägen, sich verstärkt auf internationaler Ebene für die Einführung eines verbesserten Kontrollregimes innerhalb des WTO-Rahmens einzusetzen.

964. Zum Schutz des grenzüberschreitenden Wettbewerbs im EU-Binnenmarkt erfüllt die europäische Beihilfenkontrolle eine wichtige und tragende Funktion. In außereuropäischen Staaten fehlen entsprechende Schutzmechanismen häufig, so dass die Vergabe von Beihilfen durch die politischen Entscheidungsträger keiner strengen Kontrolle wie in der EU unterliegt. Infolgedessen besteht bei international umworbenen Großprojekten die Möglichkeit, dass Drittstaaten den Unternehmen höhere Beihilfenbeträge (Subventionen) in Aussicht stellen können als die an Artikel 87 ff. EGV gebundenen EU-Mitgliedstaaten. Nach Ansicht der Monopolkommission sollten die EU-Beihilfenregeln jedoch auch in solchen Konstellationen keine Einschränkung erfahren und nicht aufgeweicht werden. Vielmehr sollte angestrebt werden, bessere Schutzstandards auf internationaler Ebene zu etablieren und die Einführung strengerer Subventionsregeln (insbesondere im Rahmen der WTO) auch im Verhältnis zu Drittstaaten zu erwirken.

5.2 Tatbestandsebene (Artikel 87 Abs. 1 EGV)

5.2.1 Gewährung einer Begünstigung

965. Obwohl Artikel 87 Abs. 1 EGV eine Definition des Begriffs der Beihilfe enthält, handelt es sich bei den dort genannten Merkmalen um unbestimmte Rechtsbegriffe, die unterschiedlich auslegbar sind und einer Konkretisierung bedürfen. Um zu verdeutlichen, unter welchen Voraussetzungen eine Maßnahme bislang als Beihilfe qualifiziert wird und dem europäischen Kontrollregime unterworfen ist, werden im Folgenden die Merkmale des Artikel 87 Abs. 1 EGV im Einzelnen sowie ihre traditionelle Auslegung durch die EU-Organe dargestellt.

966. Eine Maßnahme stellt nur dann eine Beihilfe dar, wenn sie eine „Begünstigung" im Sinne des Artikel 87 Abs. 1 EGV beinhaltet. Diese kann aus positiven staatlichen Leistungen resultieren. Insoweit wird ein breites Spektrum von Beihilfenformen unter den Begriff der Beihilfe subsumiert. So werden – im Gegensatz zum Beihil-

fenbericht der Bundesregierung – auch Staatsbürgschaften erfasst. Darüber hinaus gelten Maßnahmen als Beihilfe, welche die Belastungen vermindern, die ein Unternehmen normalerweise zu tragen hat. Unter die europäische Beihilfenaufsicht fallen somit z. B. auch die Gewährung von Krediten zu Vorzugsbedingungen sowie Zahlungserleichterungen bei Steuern und Sozialversicherungsbeiträgen.

967. Das Beihilfenverbot des Artikel 87 Abs. 1 EGV erstreckt sich nicht nur auf einseitige staatliche Maßnahmen, sondern auch auf Vorteile, die der Staat einem Unternehmen im Rahmen einer Austauschbeziehung gewährt. Die Mitgliedstaaten dürfen zwar durchaus als Investoren mit Gewinnerzielungsabsicht am Wirtschaftsleben teilnehmen (Artikel 295 EGV). Um jedoch Umgehungen zu vermeiden, wird eine Begünstigung im Sinne von Artikel 87 Abs. 1 EGV auch dann angenommen, wenn die staatliche Leistung nicht mit einer angemessenen Gegenleistung einhergeht (sog. teilweise Unentgeltlichkeit, z. B. Verkauf eines Grundstücks unter Marktpreis). Inwiefern eine Kapitalzuführung, ein Verlustausgleich oder ein Gewinnverzicht eine Beihilfe darstellt oder aber als marktgerechtes Verhalten anzusehen ist, wird von der EU-Kommission im Einzelfall näher geprüft. Für die Abgrenzung zwischen tatbestandlicher Begünstigung und marktgerechtem staatlichem Verhalten ist nach ständiger Rechtsprechung das Kriterium des marktwirtschaftlich handelnden Privatinvestors heranzuziehen („private investor test").[68]

968. Lediglich bei dieser Voraussetzung des Artikel 87 Abs. 1 EGV nimmt die ökonomische Analyse bereits seit längerem breiten Raum ein. Die Erstellung und Verwendung ökonomischer Gutachten ist zumindest in problematischen Fällen bei der Prüfung, ob eine Begünstigung vorliegt (insbesondere im Rahmen des „private investor test"), – anders als bei den übrigen Tatbestandsmerkmalen – in der Praxis üblich.

5.2.2 Begünstigung „bestimmter Unternehmen oder Produktionszweige"

5.2.2.1 Mögliche Begünstigte

969. Das Vorliegen einer Beihilfe setzt ferner voraus, dass der betreffende Vorteil einem Unternehmen oder Produktionszweig zugute kommt. Der Begriff des Unternehmens in Artikel 87 Abs. 1 EGV entspricht dem Unternehmensbegriff in den anderen Bestimmungen des EU-Wettbewerbsrechts. Ebenso wie etwa bei Artikel 81 Abs. 1 EGV erfasst der Begriff des Unternehmens „jede eine wirtschaftliche Tätigkeit ausübende Einheit, unabhängig von ihrer Rechtsform und der Art ihrer Finanzierung" (sog. funktionaler Unternehmensbegriff).[69] Zuwen-

[68] Der EuGH hat in diesem Zusammenhang präzisiert, dass die Mitgliedstaaten weniger an einer kurzfristigen als an einer längerfristigen Rentabilität ihrer Investitionen interessiert sind. Ihr Verhalten als öffentliche Investoren müsse daher mit dem von Holdinggesellschaften oder privaten Unternehmensgruppen verglichen werden, deren Rentabilitätsdenken auf längere Sicht angelegt sei.

[69] EuGH, Urteil vom 17. Februar 1993, Verb. Rs. 159/91 und 160/91, Poucet/AGF und Camulrac und Pistre/Cancava, Slg. 1993, I-637, Rn 17.

dungen, die primär privaten Haushalten zugute kommen, werden jedoch nicht erfasst. Gegenstand der Beihilfenaufsicht nach Artikel 87 ff. EGV sind nicht nur Beihilfen an private Unternehmen, sondern auch Beihilfen an öffentliche Unternehmen (Artikel 86 Abs. 1 EGV). Öffentliche Unternehmen sind wirtschaftlich handelnde Einheiten beliebiger Rechtsform, auf deren Geschäftsplanung oder Tätigkeit öffentliche Hoheitsträger (über Eigentum, Beteiligungsverhältnisse, Stimmrecht oder in sonstiger Weise) unmittelbar oder mittelbar bestimmenden Einfluss ausüben können (z. B. Deutsche Bahn AG).[70] Nimmt der Begünstigte ausschließlich ihm gesetzlich zugewiesene soziale Aufgaben wahr, ist nach der Rechtsprechung des Europäischen Gerichtshofs (EuGH) die Unternehmenseigenschaft im Sinne des Artikel 87 Abs. 1 EGV zu verneinen, soweit die Leistungserbringung von Gesetzes wegen unabhängig von der Beitragshöhe und unter vollständiger Umsetzung des Solidaritätsgedankens erfolgt (z. B. gesetzliche Krankenkassen).[71] Unter das Beihilfenverbot fallen nicht nur Begünstigungen an Unternehmen, sondern auch solche an ganze Produktionszweige. Dieser Begriff wird weit im Sinne von Branche oder Sektor ausgelegt und umfasst auch Dienstleistungsbranchen.

5.2.2.2 Selektiver Vorteil

970. Die jeweilige Maßnahme muss bestimmte Unternehmen oder bestimmte Produktionszweige begünstigen. Nur staatliche Maßnahmen mit selektivem Charakter stellen demnach eine Beihilfe dar. Das Tatbestandsmerkmal der Selektivität zieht die Grenze zwischen der Regelungskompetenz der Mitgliedstaaten für allgemeine wirtschaftspolitische Maßnahmen und der Kompetenz der Gemeinschaft zum Schutz des Wettbewerbs vor punktueller Intervention. Staatliche Leistungen, die alle Unternehmen des betreffenden Mitgliedstaats unterschiedslos begünstigen (z. B. allgemeine Maßnahmen der Arbeitsmarktpolitik, allgemeine Steuerregeln oder Infrastrukturmaßnahmen, die sämtlichen Unternehmen eines Mitgliedstaats zugute kommen), sind keine Beihilfen im Sinne von Artikel 87 Abs. 1 EGV.

971. Unterschiedliche Ausgangsbedingungen und Wettbewerbsverzerrungen, die sich daraus ergeben, dass die Mitgliedstaaten von ihrer Kompetenz für entsprechende allgemeine wirtschaftspolitische Maßnahmen Gebrauch machen, können lediglich im Wege der Rechtsangleichung (Artikel 94 ff. EGV) beseitigt werden. Falls die jeweilige Maßnahme eine unterschiedliche Behandlung zwischen Unternehmen einführt, ist nach der Rechtsprechung entscheidend, ob diese Unterscheidung in der Natur oder im Aufbau des geltenden Systems angelegt ist. Ist die Unterscheidung auf andere als die mit dem allgemeinen System verfolgten Ziele zurückzuführen, wird

grundsätzlich angenommen, dass die fragliche Maßnahme als selektiv im Sinne des Artikel 87 Abs. 1 EGV einzustufen ist.

972. Im Allgemeinen wird das Tatbestandsmerkmal der Selektivität (Begünstigung „bestimmter Unternehmen oder Produktionszweige") von den EU-Organen sehr weit ausgelegt.[72] Danach werden nicht nur solche Vorteile der Beihilfenkontrolle unterzogen, die ein Mitgliedstaat individuell einem bestimmten Unternehmen oder einer bestimmten Branche zubilligt. Eine Maßnahme gilt vielmehr bereits dann als selektiv, wenn sich die Regelung

– nur auf Unternehmen in einer bestimmten Größe – unabhängig von der Branche – (z. B. nur auf Großunternehmen oder kleine und mittlere Unternehmen),

– nur auf Unternehmen, die physische Güter herstellen, oder

– nur auf neu gegründete Unternehmen, die eine Investition in bestimmter Höhe tätigen und eine bestimmte Anzahl von Arbeitsplätzen schaffen,

bezieht. Auch Maßnahmen zugunsten von Unternehmen benachbarter Branchen werden erfasst. Ferner wird Maßnahmen, die sämtlichen Unternehmen und Branchen in einer bestimmten Region zugute kommen, regelmäßig ein selektiver Charakter zugesprochen[73]. Wenn also beispielsweise ein deutsches Bundesland allen Unternehmen, die sich dort ansiedeln bzw. ansässig sind, einen niedrigen Steuersatz einräumte, würde diese Maßnahme durch das Beihilfenverbot erfasst und unterläge der Kon-

---

[70] Vgl. Artikel 2 Buchstabe b der Richtlinie 2006/111/EG der Kommission vom 16. November 2006 über die Transparenz der finanziellen Beziehungen zwischen den Mitgliedstaaten und den öffentlichen Unternehmen sowie über die finanzielle Transparenz innerhalb bestimmter Unternehmen (Transparenzrichtlinie), ABl. EU Nr. L 318 vom 17. November 2006, S. 17.

[71] EuGH, Urteil vom 16. März 2004, Verb. Rs. C-264/01, C-306/01, C-354/01, C-355/01, AOK-Bundesverband u. a., Slg. 2004, I-2493, Rn. 48 ff.

[72] Vgl. EuG, Urteil vom 13. September 2006, Rs. T-210/02, British Aggregates Association/Kommission, Slg. 2006, II-2789, Rn. 104 ff.

[73] Im Azoren Urteil vom 6. September 2006, Rs. C-88/03, Portugal/Kommission, hat sich der EuGH näher mit der Frage der Reichweite des Konzepts der regionalen Selektivität im Beihilfenrecht befasst. Er unterscheidet insoweit zwischen folgenden Fallgruppen:
– Fall fehlender Devolution (d. h. einer fehlenden Übertragung von Hoheitsbefugnissen auf regionale Körperschaften): Die Zentralregierung beschließt für eine bestimmte Region einen Steuersatz (für alle Wirtschaftsteilnehmer), der von dem Steuersatz auf nationaler Ebene nach unten hin abweicht. Nach Ansicht des EuGH ist eine solche Maßnahme stets selektiv, da sie nur für einen Teil des geografischen Gebiets gilt, für das der Steuergesetzgeber zuständig ist.
– Fall symmetrischer Devolution: Modell der aufgeteilten Steuerhoheit, in dem alle Gebietskörperschaften einer bestimmten Ebene in den Grenzen der ihnen verliehenen Zuständigkeiten befugt sind, den Steuersatz für ihr Zuständigkeitsgebiet frei zu wählen. Nach Ansicht des EuGH ist in solch einer Konstellation das Merkmal der Selektivität nicht erfüllt. Maßgeblicher Bezugsrahmen sei insoweit die regional zuständige Einheit und nicht der Gesamtmitgliedstaat.
– Fall asymmetrischer Devolution: Eine regionale oder lokale Körperschaft setzt in Ausübung von eigenen Befugnissen unter dem nationalen Satz liegenden Steuersatz fest, der ausschließlich für die Unternehmen in ihrem Hoheitsgebiet gilt. Nach Auffassung des EuGH ist eine Steuermaßnahme in solch einer Konstellation nur dann nicht selektiv im Sinne des Artikel 87 Abs. 1 EGV, wenn die Körperschaft ausreichend autonom in institutioneller, prozeduraler und wirtschaftlicher Hinsicht ist. Der niedrige Steuersatz darf demnach nicht quersubventioniert sein. Vielmehr müssen die wirtschaftlichen Folgen dieser Steuersenkungen von der Region selbst getragen werden.
Vgl. zu dem Urteil ausführlich: Arhold, C., Steuerhoheit auf regionaler oder lokaler Ebene und der europäische Beihilfenbegriff – wie weit reicht das Konzept von der regionalen Selektivität, Europäische Zeitschrift für Wirtschaftsrecht 17, 2006, S. 717–721.

trolle durch die EU-Kommission, auch wenn der Grad der selektiven Wirkung vergleichsweise gering ist[74].

5.2.3 Staatliche oder aus staatlichen Mitteln stammende Zuwendung

973. Das Verbot des Artikel 87 Abs. 1 EGV bezieht sich nur auf „staatliche oder aus staatlichen Mitteln gewährte" Beihilfen. „Staatlich" ist eine Beihilfe, wenn es sich bei dem Beihilfengeber um einen Hoheitsträger handelt. Normadressaten sind also nicht nur die Mitgliedstaaten als solche, sondern alle mitgliedstaatlichen Hoheitsträger (Länder, Kommunen, andere öffentlich-rechtliche Körperschaften und Anstalten). Nach der Rechtsprechung des EuGH werden von dieser Tatbestandsalternative nur Vorteile erfasst, die mit einer Übertragung staatlicher Mittel bzw. einer finanziellen Belastung des Staatshaushalts verbunden sind (sog. PreussenElektra-Rechtsprechung).[75] Das Merkmal ist demnach nicht erfüllt, wenn nur die Begünstigungswirkung durch staatliches Handeln gezielt veranlasst wird, die finanzielle Belastung aber allein Private zu tragen haben. Infolgedessen unterstehen etwa die Fördertatbestände im deutschen Erneuerbare-Energien-Gesetz (EEG)[76], die eine Pflicht zur Entrichtung nichtkompetetiver Preise vorsehen, nicht dem europäischen Beihilfenregime.

974. Aus ökonomischer Sicht können auch finanzielle Vorteile für Private, die als Folge einer staatlichen Regelung entstehen und deren Kosten von anderen Privaten zu tragen sind, vergleichbare wettbewerbsverzerrende Wirkungen nach sich ziehen wie Begünstigungen, die unmittelbar oder mittelbar aus staatlichen Haushalten stammen. Infolgedessen besteht die Gefahr, dass die Mitgliedstaaten durch geschickte Lenkung der Mittelflüsse das europäische Beihilfenregime umgehen. Nach Auffassung der Monopolkommission sollte der Begriff gleichwohl nicht auf sämtliche Maßnahmen erstreckt werden, die Transferzahlungen zwischen unterschiedlichen Marktteilnehmern anordnen. Eine solche Auslegung hätte zur Folge, dass zahlreiche Vorschriften einer mitgliedstaatlichen Rechtsordnung, die das Verhältnis verschiedener Privater untereinander regeln (z. B. zwingende Haftungsvorschriften oder arbeitsrechtliche Bestimmungen), unter die europäi-

sche Beihilfenaufsicht fielen. Auf diese Weise würde das gesamte zwingende Privatrecht Gegenstand einer für diese Zwecke ungeeigneten Beihilfenaufsicht. In Fällen, in denen der Gesetzgeber (verfassungsrechtlich) dazu verpflichtet ist, die Funktionsfähigkeit und die Finanzierung bestimmter Einrichtungen sicherzustellen, ist die Anordnung eines Ressourcentransfers zwischen diesen Unternehmen und ihren privaten Nutzern nach Auffassung der Monopolkommission dagegen als Ersparnis von Aufwendungen zu werten, die der Staat andernfalls selbst erbringen müsste, und daher als Beihilfe im Sinne von Artikel 87 Abs. 1 EGV zu qualifizieren (z. B. Finanzierung der öffentlich-rechtlichen Rundfunkanstalten).[77]

975. Mit der Tatbestandsalternative „oder aus staatlichen Mitteln" sollen Umgehungen vermieden und auch die mittelbare Zuführung öffentlicher Mittel durch solche Einrichtungen der Beihilfenkontrolle unterstellt werden, die keine Hoheitsträger sind (z. B. ein öffentliches Unternehmen wie eine staatseigene Bank). Das Merkmal ist erfüllt, wenn der wirtschaftliche Vorteil letztlich aus staatlichen Mitteln erbracht wird und die Beihilfe dem Staat darüber hinaus zurechenbar ist.[78]

5.2.4 Beeinträchtigung des zwischenstaatlichen Handels

976. Maßnahmen unterliegen nach Artikel 87 Abs. 1 EGV nur der Beihilfenkontrolle, „soweit sie den Handel zwischen Mitgliedstaaten beeinträchtigen". Das Tatbestandsmerkmal soll Auswirkungen auf den rein innerstaatlichen Handel aus dem Anwendungsbereich des Artikel 87 Abs. 1 EGV ausklammern und dient dazu, den Zuständigkeitsbereich zwischen der Gemeinschaft und den Mitgliedstaaten bei der Kontrolle von Beihilfen abzugrenzen. Der Europäische Gerichtshof prüft in vielen Fällen die Merkmale „gemeinschaftlich relevante Wettbewerbsverfälschung" und „Handelsbeeinträchtigung zwischen den Mitgliedstaaten" zusammen.

977. Die EU-Kommission ist nach ständiger Rechtsprechung nicht verpflichtet, die tatsächlichen Auswirkungen einer Beihilfe auf den innergemeinschaftlichen Handel nachzuweisen.[79] Vielmehr sieht sie eine Eignung zur Handelsbeeinträchtigung als ausreichend an. Die Anforderungen sind insoweit sehr gering. So schließen nach der Rechtsprechung weder der verhältnismäßig geringe Um-

---

[74] Entsprechende Maßnahmen der deutschen Bundesländer wären nach der in der vorangegangenen Fußnote vorgestellten Rechtsprechung des EuGH zur regionalen Selektivität (Azoren-Urteil) vom Beihilfenverbot nicht freigestellt, da sie – auch in Fällen, in denen die jeweilige Steuerart nicht bundeseinheitlich erhoben würde – insbesondere infolge des Länderfinanzausgleichs nicht in hinreichendem Maße wirtschaftlich autonom agieren. Vgl. auch Arhold, C., a. a. O.

[75] So hat der EuGH in seinem Urteil PreussenElektra vom 13. März 2001, Rs. C-379/98, Slg. 2001, I-2099, Rn. 59, entschieden, dass ein Gesetz, welches die Stromversorgungsunternehmen dazu verpflichtet, den in ihrem Versorgungsgebiet erzeugten Strom aus erneuerbaren Energien abzunehmen (Abnahmepflicht) und für diesen Strom eine (über den tatsächlichen wirtschaftlichen Wert dieses Stroms liegende) Mindestvergütung zu zahlen (Mindestvergütungsregel), mangels Belastung des Staatshaushalts keine staatliche Beihilfe darstellt.

[76] Gesetz für den Vorrang Erneuerbarer Energien vom 1. Juli 2004, BGBl. I S. 1918; zum EEG vgl. näher Monopolkommission, Strom und Gas 2007: Wettbewerbsdefizite und zögerliche Regulierung, Sondergutachten 49, Baden-Baden 2008, Tz. 79 ff.

[77] Vgl. Monopolkommission, Mehr Wettbewerb auch im Dienstleistungssektor!, Hauptgutachten 2004/2005, Baden-Baden 2006, Tz. 788.

[78] Wird der Vorteil durch ein öffentliches Unternehmen gewährt, reicht die bloße Tatsache, dass der Staat beherrschenden Einfluss ausüben kann, nach der Rechtsprechung des EuGH noch nicht aus. Um finanzielle Unterstützungsmaßnahmen dieses Unternehmens gegenüber einem Dritten dem Staat zuzurechnen, ist nach Ansicht des EuGH vielmehr erforderlich, dass staatliche Stellen in irgendeiner Weise am Erlass der konkreten Maßnahme beteiligt waren. Vgl. EuGH, Urteil vom 16. Mai 2002, Rs. C-482/99, Stardust Marine, Slg. 2002, I-4397, Rn. 52.

[79] EuG, Urteil vom 15. Juni 1999, Rs. T-288/97, Friuli Venezia Giuali/Kommission, Slg. 1999, II-1871, Rn. 47 f.; Urteil vom 15. Juni 2000, Rs. T-298/97, Alzetta Mauro/Kommission, Slg. 2000, II-2319, Rn. 76 ff.

fang einer Beihilfe noch die verhältnismäßig geringe Größe des begünstigten Unternehmens die Möglichkeit einer Beeinträchtigung des Handels zwischen den Mitgliedstaaten aus.[80] Anders als bei den kartellrechtlichen Bestimmungen der Artikel 81 und 82 EGV wird eine Spürbarkeit der Handelsbeeinträchtigung somit bislang nicht als ungeschriebenes Merkmal verlangt. Dies ist nach Auffassung der Monopolkommission nicht sachgerecht. Auch innerhalb der Beihilfenkontrolle sollte die Spürbarkeit der zwischenstaatlichen Handelsbeeinträchtigung als ungeschriebenes Merkmal vorausgesetzt werden, um zu verhindern, dass Sachverhalte mit rein lokaler Bedeutung unter das europäische Beihilfenregime fallen.

978. Anders als im EU-Kartellrecht verfügt die EU-Kommission im Rahmen der Beihilfenaufsicht bei der Frage, ob sie ein Verfahren durchführt, nicht über ein Aufgreifermessen. Vielmehr ist sie verpflichtet, bei sämtlichen Maßnahmen, bei denen es sich um rechtswidrige Beihilfenmaßnahmen handeln könnte, einzuschreiten. Für eine gewisse Entlastung sorgt die sog. De-minimis-Verordnung.[81] Diese sieht vor, dass bestimmte Beihilfen, die einen festgesetzten Betrag nicht überschreiten, keine Beeinträchtigung im Sinne von Artikel 87 Abs. 1 EGV auslösen und infolgedessen nicht bei der EU-Kommission nach Artikel 88 Abs. 3 EGV angemeldet werden müssen.[82] Darüber hinaus werden in Gruppenfreistellungsverordnungen bestimmte Beihilfen pauschal von der Anmeldepflicht befreit.

5.2.5 Wettbewerbsverfälschung

979. Mitgliedstaatliche Beihilfen fallen nach dem Wortlaut des Artikel 87 Abs. 1 EGV nur dann unter das Beihilfenverbot, wenn sie „den Wettbewerb verfälschen oder zu verfälschen drohen". Nach der Rechtsprechung der europäischen Gerichte ist das Merkmal der Wettbewerbsverfälschung des Artikel 87 Abs. 1 EGV erfüllt, wenn eine Beihilfe die Stellung des Begünstigten gegenüber (aktuellen oder potenziellen) Wettbewerbern stärkt.[83] Die EU-Kommission vertrat zunächst die Auffassung, sie brauche die Umstände, die nach ihrer Ansicht im konkreten Fall eine (drohende) Wettbewerbsverfälschung begründen, nicht darzulegen. Eine Beihilfe habe stets eine Verfälschung zur Folge.[84] Der EuGH entschied im Jahr 1985, die Kommission habe „diese Umstände in der Begründung ihrer Entscheidung zumindest anzugeben", obwohl

sich „in bestimmten Fällen bereits aus den Umständen, unter denen eine Beihilfe gewährt worden sei, ergeben könne, dass sie den Handel zwischen den Mitgliedstaaten beeinträchtigt oder zu verfälschen drohe".[85] An diese Darlegungspflicht der EU-Kommission stellt der EuGH jedoch keine hohen Anforderungen. Eine summarische Darlegung der wettbewerbsrelevanten Umstände sowie eine plausible Begründung der tatsächlichen oder drohenden Wettbewerbsverfälschung werden für den „Nachweis" einer zumindest drohenden Wettbewerbsverfälschung als ausreichend betrachtet.[86] Die EU-Kommission hat nur darzulegen, welche Sektoren von der Beihilfe potenziell betroffen sind, dass in diesen Sektoren Wettbewerb herrscht, Wettbewerber durch die fraglichen Beihilfen in unterschiedlicher Weise betroffen sind und die Begünstigung geeignet ist, sich im Wettbewerb auszuwirken.[87] Eine quantitative Analyse der möglichen Auswirkungen der Beihilfe auf den Wettbewerb und eine genaue Marktabgrenzung verlangt der EuGH nicht.[88]

980. Der EU-Kommission wird von der Rechtsprechung im Zusammenhang mit Artikel 87 Abs. 1 EGV somit traditionell ein weitreichender Beurteilungsspielraum eingeräumt. Anders als bei Artikel 81 und 82 EGV verlangt der EuGH keine bestimmte Intensität bzw. Spürbarkeit der Wettbewerbverfälschung als ungeschriebenes Tatbestandsmerkmal.[89] Im Ergebnis wird eine grenzüberschreitende Wettbewerbsverfälschung pauschal vermutet, sobald feststeht, dass eine selektive Begünstigung bestimmter Unternehmen oder Produktionszweige im Sinne der oben genannten Rechtsprechung vorliegt. Diese Vermutung wird auch nicht durch den Wortlaut der Norm vorgegeben. Durch die Verwendung des Begriffs „zu verfälschen drohen" in Artikel 87 Abs. 1 EGV kommt zwar zum Ausdruck, dass bereits die Möglichkeit einer Wettbewerbsverfälschung ausreicht und eine solche nicht tatsächlich eintreten muss, um das Verbot auszulösen. Hieraus ist jedoch nicht abzuleiten, dass eine konkrete Darlegung der Wettbewerbssituation und der Tatsachen, aus denen sich die Gefahr nachteiliger Effekte für den Wettbewerb ergibt, entbehrlich wäre.

981. Das Wettbewerbskriterium ist in Artikel 87 Abs. 1 EGV anders formuliert als in der kartellrechtlichen Norm des Artikel 81 Abs. 1 EGV. So wird dort nicht der Ausdruck „den Wettbewerb verfälschen oder zu verfälschen drohen" verwendet, sondern vielmehr darauf abgestellt, dass bestimmte Verhaltensweisen „eine Verhinderung,

[80] EuGH, Urteil vom 3. März 2005, Rs. C-172/03, Heiser/Finanzamt Innsbrück, Slg. 2005, I-1627, Rn. 25.

[81] Verordnung (EG) Nr. 1998/2006 der Kommission vom 15. Dezember 2006 über die Anwendung der Artikel 87 und 88 EG-Vertrag auf „De-minimis-Beihilfen", ABl. EU Nr. L 379 vom 28. Dezember 2006, S. 5.

[82] Die Obergrenze ist inzwischen angehoben worden. Früher galten Finanzhilfen, die einen Gesamtbetrag von 100 000 Euro innerhalb von drei Jahren nicht überschreiten, nicht als staatliche Beihilfen. In der neuen De-minimis-Verordnung ist dieser Betrag nun auf 200 000 Euro angehoben worden. Kreditsicherheiten werden in einer Höhe von bis zu 1,5 Mio. Euro zugelassen.

[83] Vgl. EuG, Urteil vom 13. Juni 2000, Rs. T-204/97, EPAC/Kommission, Slg. 2000, II-2267, Rn. 87 ff.

[84] Kommission der Europäischen Gemeinschaften, Elfter Wettbewerbsbericht 1981, Brüssel, Luxemburg 1982, Rn. 176.

[85] EuGH, Urteil vom 13. März 1985, Verb. Rs. 296 und 318/82, Niederlande und Leeuwarder Papierwarenfabriek, Slg. 1985, 809, Rn. 24.

[86] EuG, Urteil vom 15. Juni 1999, Rs. T-288/97, Friuli Venezia Giulia/Kommission, Slg. 1999, II-1871, Rn. 48/50; Urteil vom 15. Juni 2000, Rs. T-298/97, Alzetta Mauro/Kommission, Slg. 2000, II-2319, Rn. 95; Urteil vom 13. Juni 2000, Rs. T-204/97, EPAC/Kommission, Slg. 2000, II-2267, Rn. 35/47 f.; Urteil vom 29. September 2000, Rs. T-55/99, CETM/Kommission, Slg. 2000, II-3207, Rn. 102 ff.

[87] Vgl. EuG, Urteil vom 13. Juni 2000, Rs. T-204/97, EPAC/Kommission, Slg. 2000, II-2267, Rn. 87 ff.

[88] Vgl. EuGH, Urteil vom 17. September 1980, Rs. 730/79, Philip Morris/Kommission, Slg. 1980, 2671, Rn. 9 und 11 f.

[89] Vgl. EuGH, Urteil vom 19. September 2000, Rs. C-156/98, Deutschland/Kommission, Slg. 2000, I-6857, Rn. 32/29.

Einschränkung oder Verfälschung des Wettbewerbs innerhalb des Gemeinsamen Marktes bezwecken oder bewirken". Gleichwohl wird auch Artikel 81 Abs. 1 EGV in der Tatbestandsvariante der die Wettbewerbsbeeinträchtigung bezweckenden Verhaltensweise als Gefährdungsdelikt zum Schutz des Wettbewerbs interpretiert.[90] Beide Bestimmungen – sowohl Artikel 87 Abs. 1 EGV als auch Artikel 81 Abs. 1 EGV – sind zudem auf das in Artikel 3 Abs. 1 Buchstabe c EGV genannte Ziel bezogen, den Wettbewerb im Binnenmarkt vor Verfälschungen zu schützen. Aus der unterschiedlichen Formulierung des Wettbewerbskriteriums in Artikel 81 Abs. 1 EGV einerseits und in Artikel 87 Abs. 1 EGV andererseits folgt daher nicht zwingend, dass dieses Merkmal im Beihilfenrecht anders als im Kartellrecht auszulegen ist.

982. Die Monopolkommission hält den im Beihilfenrecht erfolgenden weitgehenden Verzicht auf eine Untersuchung der Wettbewerbssituation aus mehreren Gründen für fragwürdig: erstens, weil das Merkmal des zwischenstaatlichen Handels sehr weit ausgelegt und auf Fälle mit lokalem Schwerpunkt erstreckt wird, zweitens, weil bei dem Merkmal des selektiven Vorteils (der Begünstigung „bestimmter Unternehmen oder Produktionszweige") bereits ein sehr geringer Grad an Selektivität als ausreichend angesehen und etwa auch bei Maßnahmen bejaht wird, die allen Unternehmen in einer Region oder mit einer bestimmten Unternehmensgröße zugute kommen sowie drittens, weil die Höhe der gewährten Beihilfen sehr niedrig ausfallen kann.[91]

5.2.6 Fazit

983. Das Merkmal der Wettbewerbsverfälschung wurde in der Vergangenheit von der EU-Kommission keiner differenzierten ökonomischen Untersuchung unterzogen. Die Anforderungen der europäischen Gerichte an die ökonomische Beweisführung für dieses Merkmal sind – anders als im Bereich der Fusionskontrolle und der kartellrechtlichen Bestimmungen der Artikel 81 und 82 EGV – bisher minimal. Dementsprechend hat sich die EU-Kommission bei dem Merkmal der Wettbewerbsverfälschung regelmäßig auf eine sektorspezifische allgemeine Prüfung beschränkt. Sofern die Merkmale der Selektivität und der Begünstigung nach ihrer Ansicht vorliegen, wird die wettbewerbsverzerrende Wirkung und Handelsbeeinträchtigung regelmäßig vermutet und dies, obwohl infolge der weiten Auslegung des Merkmals der Selektivität eine Vielzahl von Maßnahmen mit horizontaler

Zielsetzung und erheblicher Breitenwirkung unter den Anwendungsbereich des Artikel 87 Abs. 1 EGV fällt. Bei den Merkmalen der zwischenstaatlichen Handelsbeeinträchtigung und der Wettbewerbsverfälschung wird – anders als bei den kartellrechtlichen Bestimmungen der Artikel 81 und 82 EGV – nicht als ungeschriebene Voraussetzung verlangt, dass die drohende Beeinträchtigung zumindest „spürbar" ist. Infolgedessen erstreckt sich der Anwendungsbereich des Artikel 87 Abs. 1 EGV auch auf Sachverhalte mit lokalem Schwerpunkt. Die Monopolkommission spricht sich demgegenüber dafür aus, im Beihilfenkontrollverfahren – wie auch bei Artikel 81 Abs. 1 EGV – die objektive Eignung einer Beihilfe zur spürbaren Wettbewerbsverfälschung und zur spürbaren Beeinträchtigung des zwischenstaatlichen Handels zu prüfen.

984. Die weite Auslegung des Beihilfenbegriffs und die geringen Nachweisanforderungen bringen es mit sich, dass die EU-Kommission auch Fällen von geringer Relevanz nachgehen muss. So hat sie gemäß Artikel 10 Abs. 1 der Verfahrensverordnung Nr. 659/1999[92] (im Folgenden: VVO) alle „Informationen gleich welcher Herkunft über angebliche rechtswidrige Beihilfen" unverzüglich zu prüfen. Meist wird die EU-Kommission durch Beschwerden von Wettbewerbern des begünstigten Unternehmens über nicht angemeldete, rechtswidrige Beihilfen informiert. Die Prüfungspflicht nach Artikel 10 Abs. 1 VVO geht sehr weit. Sobald die Prüfung der Informationen bestätigt, dass möglicherweise eine rechtswidrige Beihilfe vorliegt, muss die EU-Kommission das Verfahren wie bei angemeldeten Beihilfen weiterführen und eine Entscheidung treffen.[93]

5.3 Rechtfertigungsebene – Vereinbarkeitsprüfung (Artikel 87 Abs. 2 und 3 EGV, Artikel 86 Abs. 2 EGV)

985. Maßnahmen, die unter den Anwendungsbereich des Beihilfenverbots nach Artikel 87 Abs. 1 EGV fallen, können durch eine Ausnahme gerechtfertigt sein. Rechtfertigungsgründe sind im EGV insbesondere in Artikel 87 Abs. 2 und 3 sowie Artikel 86 Abs. 2 enthalten.[94] Über die Frage, ob die jeweilige Maßnahme ausnahmsweise erlaubt ist, entscheidet die EU-Kommission entweder im Rahmen eines individuellen Verfahrens oder aber pauschal in einer Gruppenfreistellungsverordnung. Die EU-Kommission muss bei der ihr übertragenen Vereinbarkeitsprüfung die beabsichtigten und die voraussichtlichen positiven Folgen mit den drohenden negativen Folgen der jeweiligen Beihilfe für den Wettbewerb gegeneinander abwägen.

---

[90] Eine Prüfung der tatsächlichen Auswirkungen ist nach der Rechtsprechung der europäischen Gerichte bei Artikel 81 Abs. 1 EGV entbehrlich, wenn die jeweilige Vereinbarung objektiv geeignet ist, eine Wettbewerbsbeeinträchtigung herbeizuführen. Für das Merkmal des Bezweckens ist es somit ausreichend, dass nachteilige Wettbewerbseffekte typischerweise eintreten, ohne dass den Beteiligten eine entsprechende subjektive Zielsetzung nachgewiesen werden muss. Vgl. näher Bechtold, R. u. a., EG-Kartellrecht. Kommentar, München 2005, Artikel 81 EGV Rn. 70 ff.

[91] Nach der neu gefassten De-minimis-Verordnung werden nur Beihilfen mit einer Förderungshöhe von bis zu 200 000 Euro freigestellt.

[92] Verordnung (EG) Nr. 659/1999 des Rates vom 22. März 1999 über besondere Vorschriften für die Anwendung von Artikel 93 des EG-Vertrags. ABl. EG Nr. L 83 vom 27. März 1999, S. 1.

[93] Vgl. Artikel 13 Abs. 1 in Verbindung mit Artikel 4 VVO.

[94] Daneben bestehen beihilfenrechtliche Spezialregelungen für die Bereiche Landwirtschaft (Artikel 36 EGV) und Verkehr (Artikel 73, 76 EGV).

5.3.1 Legalausnahmen des Artikel 87 Abs. 2 EGV

986. Artikel 87 Abs. 2 EGV enthält die folgenden Rechtfertigungsgründe:

- Buchstabe a stellt Beihilfen sozialer Art an einzelne Verbraucher frei, wenn sie ohne Diskriminierung nach der Herkunft der Ware gewährt werden.[95]

- Buchstabe b nimmt solche Beihilfen aus, die zur Beseitigung von Schäden, die durch Naturkatastrophen oder sonstige außergewöhnliche Ereignisse (z. B. wirtschaftliche Folgen des Golfkriegs) entstanden sind.

- Nach Buchstabe c sind schließlich Beihilfen mit dem Gemeinsamen Markt vereinbar, die zum Ausgleich der durch die Teilung Deutschlands verursachten wirtschaftlichen Nachteile erforderlich sind.[96]

987. Wenn die EU-Kommission bei ihrer Überprüfung zu dem Ergebnis kommt, dass einer dieser drei Ausnahmetatbestände vorliegt, muss sie die betreffende Beihilfe für vereinbar mit dem Gemeinsamen Markt erklären. Ihr steht bei der Anwendung des Artikel 87 Abs. 2 EGV kein Ermessen zu. In der Praxis kommt den Legalausnahmen des Artikel 87 Abs. 2 EGV jedoch nur eine geringe praktische Bedeutung zu.[97]

5.3.2 Rechtfertigungsgründe des Artikel 87 Abs. 3 EGV

988. Anders als bei Artikel 87 Abs. 2 EGV wird der EU-Kommission bei der Anwendung des Artikel 87 Abs. 3 EGV ein weites Ermessen zugestanden. Die in der Praxis häufig angewandte Bestimmung enthält in den Buchstaben a bis e die folgenden fünf, sehr allgemein formulierten Rechtfertigungsgründe:

- Buchstabe a betrifft Regionalbeihilfen zur Förderung der wirtschaftlichen Entwicklung von Gebieten, in denen die Lebenshaltung außergewöhnlich niedrig ist oder eine erhebliche Unterbeschäftigung herrscht. Förderungsfähig sind danach nur Gebiete, die gemessen am EU-Durchschnitt wirtschaftlich besonders schwach sind. Eine Benachteiligung im Vergleich zum nationalen Durchschnitt innerhalb des betreffenden Mitgliedstaats reicht als Rechtfertigung nicht aus. Durch diese Bestimmung soll die regionale Kohäsion zwischen den Mitgliedstaaten ermöglicht werden.

- Buchstabe b erfasst Beihilfen zur Förderung wichtiger Vorhaben von gemeinsamem europäischem Interesse oder zur Behebung einer beträchtlichen Störung im Wirtschaftsleben eines Mitgliedstaates. Vorhaben von gemeinsamem europäischem Interesse (erste Alternative) können etwa Beihilfen für Forschungs- und Entwicklungsprojekte sein, sofern es sich um qualitativ und quantitativ wichtige Vorhaben handelt, an denen die Gemeinschaft ein unmittelbares Interesse hat und verschiedene Mitgliedstaaten beteiligt sind. Eine beträchtliche Störung des Wirtschaftslebens (zweite Alternative) wird von der EU-Kommission nur äußerst selten und unter engen Voraussetzungen angenommen.[98]

- Buchstabe c bezieht sich auf Beihilfen zur Förderung der Entwicklung gewisser Wirtschaftszweige oder Wirtschaftsgebiete. Die erste Alternative (Wirtschaftszweige) erfasst eine Vielzahl unterschiedlicher Maßnahmen. Neben Rettungs- und Umstrukturierungsbeihilfen können nach diesen auch Maßnahmen mit horizontaler Zielsetzung (Forschungs- und Entwicklungsbeihilfen, Umweltschutzbeihilfen, Ausfuhrbeihilfen) sowie sektorale Beihilfen (z. B. für den Verkehrssektor oder die Kraftfahrzeugindustrie) gerechtfertigt sein. Die zweite Alternative (Wirtschaftsgebiete) betrifft erneut Regionalbeihilfen. Anders als bei Buchstabe a ist hier nicht erforderlich, dass die betreffende Region im Vergleich zum EU-Durchschnitt besonders benachteiligt ist. Förderungsfähig sind vielmehr auch Regionen mit allgemeinen Entwicklungsproblemen (im Vergleich zu anderen Regionen innerhalb des betreffenden Mitgliedstaats). Im Unterschied zu den als besonders förderungswürdig geltenden Gebieten im Sinne von Buchstabe a kommt eine Förderung nur in Betracht, „soweit sie nicht die Handelsbedingungen in einer Weise verändern, die dem gemeinsamen Interesse zuwiderläuft".

- Buchstabe d zielt auf Beihilfen zur Förderung der Kultur und der Erhaltung des kulturellen Erbes ab.

- Buchstabe e erlaubt dem Rat, auf Vorschlag der EU-Kommission sonstige Arten von Beihilfen zu bestimmen, die mit dem Gemeinsamen Markt vereinbar sind.[99]

---

[95] Voraussetzung ist zunächst, dass die jeweilige Maßnahme eine Beihilfe im Sinne des Artikel 87 Abs. 1 EGV darstellt. Dies ist bei Vorteilen, die Verbrauchern gewährt werden, nur dann anzunehmen, wenn hierdurch mittelbar bestimmte Unternehmen oder Produktionszweige begünstigt werden. Ein Beispiel sind Steuerbefreiungen, die ein Mitgliedstaat den Haltern eines Kfz mit Katalysator unabhängig von der Automarke gewährt.

[96] Die europäischen Gerichte legen diesen Ausnahmetatbestand, der lange vor der deutschen Wiedervereinigung in den Vertrag aufgenommen wurde, sehr eng aus. Nur solche Beihilfen werden demnach erfasst, die zum Ausgleich von Nachteilen gewährt werden, die sich als unmittelbare Folge der physikalischen Errichtung und Aufrechterhaltung der innerdeutschen Grenze ergeben. Dazu gehörten etwa Nachteile, die durch die Unterbrechung der Verkehrswege bedingt waren.

[97] Vgl. Jestaedt, T., Schweda, E. in: Heidenhain, M. (Hrsg.), Handbuch des Europäischen Beihilfenrechts, München 2003, § 14 Rn. 2.

[98] Seit Beginn der 1980er Jahre hat die EU-Kommission dies nur im Falle Griechenlands bejaht und beispielsweise die Folgen der deutschen Wiedervereinigung nicht ausreichen lassen.

[99] Von dieser Befugnis hat der Rat zur Regelung von Beihilfen für die Schiffsbauindustrie und den Steinkohlenbergbau Gebrauch gemacht. Neben der in Artikel 87 Abs. 3 Buchstabe e EGV genannten Option, den allgemeinen Katalog der genehmigungsfähigen Beihilfen zu erweitern, haben die Mitgliedstaaten noch die Möglichkeit, im Einzelfall eine (politische) Entscheidung im Sinne des Artikel 88 Abs. 2 Satz 3 EGV zu treffen. Wenn eine Beihilfe im Sinne des Artikel 87 Abs. 1 EGV nicht durch die EU-Kommission freigegeben wird, kann der Rat der Europäischen Union nach dieser Bestimmung auf Antrag eines Mitgliedstaats einstimmig entscheiden, dass eine von diesem Staat gewährte oder geplante Beihilfe in Abweichung von den im EG-Vertrag genannten Rechtfertigungsgründen als mit dem Gemeinsamen Markt vereinbar gilt, falls „außergewöhnliche Umstände eine solche Entscheidung rechtfertigen". Dieser Politikvorbehalt weist Parallelen zu der im deutschen Kartellrecht vorgesehenen Ministererlaubnis in Fusionsfällen (§ 42 GWB) auf.

989. Bei den genannten Kriterien des Artikel 87 Abs. 3 EGV, nach denen eine Freistellung nicht nur aus wirtschaftspolitischen Gründen, sondern insbesondere auch aus außerökonomischen Erwägungen (regionalpolitischer, sozialer, kultureller Art) in Betracht kommt, handelt es sich um unbestimmte Rechtsbegriffe, die der EU-Kommission einen erheblichen Ermessensspielraum einräumen. Infolgedessen wird die Gefahr intransparenter Entscheidungsfindung und (industrie-)politischer Einflussnahme trotz supranationaler Beihilfenkontrolle nicht ausgeräumt. Dies gilt insbesondere vor dem Hintergrund, dass die EU-Kommission nicht als unabhängige Wettbewerbsbehörde konzipiert ist, sondern vielmehr als ein politisches Gremium, das mit weitreichenden legislativen und exekutiven Befugnissen ausgestattet ist und sich aus zahlreichen Generaldirektionen zusammensetzt. Die Generaldirektionen verfolgen zum Teil naturgemäß auch gegenläufige Ziele (z. B. GD Umwelt und GD Unternehmen und Industrie). Darüber hinaus verfolgen auch die Mitgliedstaaten auf europäischer Ebene häufig nationale Interessen und versuchen, entsprechenden Einfluss zu nehmen. In der Praxis werden die meisten Freistellungen, die die EU-Kommission im Einzelfall oder pauschal innerhalb von Gruppenfreistellungsverordnungen erteilt, auf der Basis von Artikel 87 Abs. 3 Buchstabe a oder c EGV erteilt.

5.3.3 Bisherige Veröffentlichungen zwecks Konkretisierung der Genehmigungspraxis der EU-Kommission

990. Die EU-Kommission hat[100] in der Vergangenheit eine Vielzahl von Leitlinien und Gemeinschaftsrahmen erlassen, in denen sie die Genehmigungsbedingungen konkretisiert und die Abwägungsvorgänge typisiert. Sie bezweckt hiermit, bei der Anwendung des Artikel 87 Abs. 3 EGV und der dort – insbesondere in den Buchstaben a und c – enthaltenen Rechtfertigungsgründe Transparenz und Rechtssicherheit zu gewährleisten. So ist ein komplexes System verschiedener Regelwerke entstanden, in denen zumeist an die Zielsetzung der Beihilfen angeknüpft und zwischen folgenden Kategorien unterschieden wird (vgl. Übersicht VI.1).

991. Für die in der Vergangenheit ergangenen Veröffentlichungen (Gemeinschaftsrahmen, Mitteilungen, Leitlinien)[101] ist kennzeichnend, dass mehrere, vergleichsweise leicht feststellbare und kumulativ zu erfüllende Bedingungen aufgestellt werden, an deren Vorliegen automatisch bestimmte Rechtsfolgen (wie die Vereinbarkeit einer Beihilfe mit Artikel 87 Abs. 3 EGV) geknüpft sind. Die Rechtsfolgen hängen dementsprechend nicht von den ökonomischen Auswirkungen der betreffenden Maßnahme ab. Vielmehr spielt die richtige Kategorisierung

der jeweiligen Maßnahme (etwa als horizontale Umweltschutzbeihilfe oder als Regionalbeihilfe) eine entscheidende Rolle. Deshalb wird die bisherige Vorgehensweise auch als „form-based approach" bezeichnet.[102]

992. Neben diesen – die Vereinbarkeitsprüfung nach Artikel 87 Abs. 3 EGV betreffenden – Maßnahmen (Rechtfertigungsebene), hat die EU-Kommission[103] Mitteilungen und Verordnungen veröffentlicht, die folgende Bereiche betreffen:

– die Auslegung des Verbotstatbestands des Artikel 87 Abs. 1 EGV (Beispiel: De-minimis-Verordnung[104]),

– die Anmeldepflicht nach Artikel 88 Abs. 3 EGV (insbesondere Gruppenfreistellungsverordnungen[105]),

– bestimmte Formen von Beihilfen (z. B. Haftungsverpflichtungen und Bürgschaften),

– finanzielle Transfers an öffentliche Unternehmen und an Unternehmen, die Dienstleistungen von allgemeinem wirtschaftlichem Interesse erbringen sowie

– das durchzuführende Verfahren (Vor- und Hauptprüfverfahren der EU-Kommission, Rückforderung zu Unrecht gewährter Beihilfen durch die Mitgliedstaaten).[106]

993. Die genannten Sekundärrechtsakte und Maßnahmen ergänzen sich und verfolgen zum Teil überschneidende Zielsetzungen. So werden Regionalbeihilfen für strukturschwache Regionen, die horizontale Ziele verfolgen, privilegiert. Ferner gibt es mehrere Regelungen, die Privilegierungen für kleine und mittlere Unternehmen (KMU) enthalten.[107] Im State Aid Action Plan (SAAP – Aktionsplan Staatliche Beihilfen), in dem die EU-Kommission ihr neues Reformkonzept vorstellt, trifft sie selbst die zutreffende Feststellung, dass es im Lauf der Zeit zu einer zunehmenden Unübersichtlichkeit und Vielzahl von Texten gekommen sei, die eine Revision erforderlich machten.[108]

---

[100] Dies geschah zum Teil unter Mitwirkung des Rates der EU.

[101] Nur bei den Gemeinschaftsrahmen handelt es sich um allgemeine Rechtsakte, nicht dagegen bei den Leitlinien und Mitteilungen der EU-Kommission. Diese Instrumente, bei denen die EU-Kommission eine Selbstbindung eingeht, sind vergleichbar mit den aus dem deutschen Recht bekannten sog. „Verwaltungsvorschriften".

[102] Vgl. Lowe, P., Some Reflections on the European Commission's State Aid Policy, Competition Policy International 2, 2006, S. 77 ff.

[103] Teilweise unter Mitwirkung des Rates der EU.

[104] Hierin ist vorgesehen, dass bestimmte Beihilfen, die einen festgesetzten Betrag nicht überschreiten, keine Beeinträchtigung im Sinne von Artikel 87 Abs. 1 EGV auslösen und infolgedessen nicht bei der EU-Kommission nach Artikel 88 Abs. 3 Satz 1 EGV angemeldet werden müssen.

[105] Der Rat der Europäischen Union hat die EU-Kommission in der auf Artikel 89 EGV gestützten Verordnung Nr. 994/98, ABl. EG Nr. L 142 vom 14. Mai 1998, S. 1, zum Erlass von Gruppenfreistellungsverordnungen für bestimmte Gruppen horizontaler Beihilfen ermächtigt. Die Kommission darf dann für bestimmte horizontale Sachgebiete diejenigen Beihilfevorhaben bestimmen, die per se mit dem Gemeinsamen Markt vereinbar sind.

[106] Vgl. Verfahrensverordnung Nr. 659/1999.

[107] Z. B. die Leitlinien über staatliche Beihilfen zur Förderung von Risikokapitalinvestitionen in kleine und mittlere Unternehmen (ABl. EU Nr. C 194 vom 18. August 2006, S. 2), die Leitlinien für staatliche Beihilfen mit regionaler Zielsetzung 2007 bis 2013 (ABl. EU Nr. C 54 vom 4. März 2006, S. 13), die unter anderem sog. Unternehmensbeihilfen für kleine Unternehmen in Fördergebieten für ihre Entwicklung in der Start-up- und Frühphase vorsehen.

[108] Vgl. SAAP, Tz. 17.

Beihilfenkategorien

Leitlinien und Gemeinschaftsrahmen zur Auslegung von Artikel 87 Abs. 3 EGV nehmen Bezug auf:		
1) Horizontale Beihilfen	**2) Regionale Beihilfen**	**3) Sonstige Beihilfen**
		a) Sektorale Beihilfen
(= Beihilfen mit horizontaler Zielsetzung, die nicht von vornherein auf einzelne Unternehmen oder Wirtschaftszweige beschränkt sind)	(= Beihilfen zur Unterstützung der Regionalentwicklung und Kohäsion, Artikel 87 Abs. 3 Buchstabe a und c EGV)	Branchenspezifische, auf Artikel 87 Abs. 3 EGV bezogene Gemeinschaftsrahmen gibt es für folgende Bereiche:
für	Regionalbeihilfen nehmen einen großen Stellenwert bei der Fördertätigkeit der Mitgliedstaaten ein.	– Eisen und Stahl
– Forschung und Entwicklung		– Kunstfasern
– kleine und mittlere Unternehmen	Daneben bestehen verschiedene gemeinschaftsrechtliche Regionalförderinstrumente (Strukturfonds), auf welche die Regionalförderpolitik der Mitgliedstaaten zunehmend abgestimmt werden soll.	– Kraftfahrzeuge
– Risikokapital		– Schiffbau
– Beschäftigung und Ausbildung		– Agrarwirtschaft (Artikel 36 EGV)
– Umweltschutz		– Fischerei (Artikel 36 EGV)
Beihilfen mit horizontaler Zielsetzung werden von der EU-Kommission in der Regel als vergleichsweise weniger wettbewerbsverzerrend angesehen.[1]		– Luftverkehr und Seeverkehr
		– Stromwirtschaft
		Daneben bestehen Sonderregeln für den Eisenbahn-, Straßen- und Binnenschifffahrtsverkehr (Artikel 73, 76 und 78 EGV).
		b) Speziell: Rettungs- und Umstrukturierungsbeihilfen (für Unternehmen und Branchen in Schwierigkeiten)
		Entsprechende Beihilfen werden von der EU-Kommission als besonders problematisch eingestuft.

[1] Bericht der Kommission, Anzeiger für staatliche Beihilfen, Herbstausgabe 2006, KOM(2006)761 endg., S. 18.
Quelle: Eigene Darstellung

5.3.4 Sonderbereich öffentliche Daseinsvorsorge (Artikel 86 Abs. 2 EGV)

994. Der Rechtfertigungsgrund des Artikel 86 Abs. 2 EGV wird im Bereich der sog. öffentlichen Daseinsvorsorge relevant. Der Begriff der Daseinsvorsorge wird für staatliche Maßnahmen verwendet, durch die die „Grundversorgung" der Bevölkerung sichergestellt werden soll.[109] Welche Bereiche konkret unter die „Grundversorgung" fallen, ist nicht abschließend geklärt und kann in unterschiedlicher Weise definiert sein.[110] In Artikel 86 Abs. 2 EGV wird anstelle des Begriffs der Daseinsvorsorge der Ausdruck „Dienstleistungen von allgemeinem wirtschaftlichem Interesse" gebraucht. Während Leistungen der Daseinsvorsorge sowohl marktbezogene als auch nicht marktbezogene Tätigkeiten umfassen, beziehen sich Dienstleistungen von allgemeinem wirtschaftlichem Interesse allein auf marktbezogene Tätigkeiten.[111] Solche Dienstleistungen unterscheiden sich insofern von normalen Dienstleistungen, als sie in den Augen des Staates auch dann erbracht werden müssen, wenn der Markt hierfür unter Umständen nicht in politisch gewünschtem Maße Anreize bietet.[112] Nach der Rechtsprechung der europäischen Gerichte verfügen die Mitgliedstaaten in der Frage, welche Arten von Leistungen sie als Dienstleistungen von allgemeinem wirtschaftlichem Interesse ansehen,

---

[109] Vgl. Haucap, J., Daseinsvorsorge zwischen Beihilfenkontrolle und globalem Wettbewerb, Wirtschaftsdienst 87, 2007, S. 712–716.
[110] Vgl. hierzu bereits oben Abschnitt 2.3.2.

[111] Vgl. Kommission der Europäischen Gemeinschaften, Bericht für den Europäischen Rat in Laeken, Brüssel, 17. Oktober 2001, KOM(2001) 598, endg., S. 24; Kallmayer, A., Jung, C. in: Callies, C., Ruffert, M. (Hrsg.), EUV/EGV, 3. Aufl., München 2007, Artikel 16 EGV Rn. 2.
[112] Vgl. auch Artikel 16 EGV; Artikel 16 EGV wurde durch den Vertrag von Amsterdam in den EGV eingeführt und soll die besondere Bedeutung der gemeinwirtschaftlichen Dienste unterstreichen.

über einen großen Ermessensspielraum. Als Dienstleistungen von allgemeinem wirtschaftlichem Interesse werden etwa Arbeitsvermittlungs-, Post-, Telekommunikations-, Verkehrs-, Energieversorgungs- und öffentlich-rechtliche Rundfunkdienste anerkannt. Nach Auffassung der Monopolkommission sollte Artikel 86 Abs. 2 EGV als Ausnahmetatbestand eng ausgelegt werden. Andernfalls besteht die Gefahr, dass die Liberalisierungsbemühungen bei den Netzindustrien durch einen vermehrten Einsatz von Beihilfen konterkariert und die nationalen Märkte abgeschottet werden.[113]

995. Im November 2005 hat die EU-Kommission ihre Entscheidung veröffentlicht, nach der bestimmte Beihilfen im Bereich der Daseinsvorsorge von der Anmeldepflicht befreit werden.[114] Die Entscheidung erfüllt somit dieselbe Funktion wie eine Gruppenfreistellungsverordnung. In der Entscheidung werden Ausgleichszahlungen an Unternehmen freigestellt, deren Jahresumsatz mit allen Tätigkeiten vor Steuern in den beiden Rechnungsjahren, die der Übernahme einer Dienstleistung von allgemeinem wirtschaftlichem Interesse vorausgegangen sind, insgesamt weniger als 100 Mio. Euro betragen hat und die jährlich eine Ausgleichszahlung von weniger als 30 Mio. für die erbrachte Dienstleistung erhalten. Die maximale Beihilfenhöchstgrenze von 30 Mio. Euro liegt deutlich über der allgemeinen Obergrenze, die in der De-minimis-Verordnung genannt wird (200 000 Euro). Bestimmte Bereiche (sozialer Wohnungsbau, Krankenhaussektor, Flug- und Seeverkehrshäfen) werden nach der Entscheidung noch darüber hinaus privilegiert, weil für sie die genannten Umsatz- und Beihilfenhöchstgrenzen nicht gelten.

996. Nach Artikel 86 Abs. 2 EGV gilt das Beihilfenverbot des Artikel 87 Abs. 1 EGV für (öffentliche oder private) Unternehmen, die mit Dienstleistungen von allgemeinem wirtschaftlichem Interesse betraut sind, nur, soweit die Anwendung dieser Bestimmung nicht „die Erfüllung der ihnen übertragenen besonderen Aufgabe rechtlich oder tatsächlich verhindert". Der Rechtfertigungsgrund des Artikel 86 Abs. 2 EGV kommt indes lediglich dann zum Tragen, wenn die betreffende Maßnahme überhaupt als Beihilfe im Sinne des Artikel 87 Abs. 1 EGV und nicht lediglich als Ausgleichszahlung für öffentlich nachgefragte Leistungen zu qualifizieren ist.[115]

997. Das Verhältnis zwischen dem Verbotstatbestand des Artikel 87 Abs. 1 EGV – genauer gesagt dem dortigen Merkmal der „Begünstigung bestimmter Unternehmen oder Produktionszweige" (Selektivität) – und dem

Rechtfertigungsgrund in Artikel 86 Abs. 2 EGV ist umstritten. Hierzu werden die im Folgenden dargelegten Grundpositionen vertreten. Nach dem Beihilfenansatz stellt die einem Unternehmen für die Wahrnehmung von Gemeinwohlverpflichtungen gewährte staatliche Finanzierung immer eine Beihilfe im Sinne von Artikel 87 Abs. 1 EGV dar, die jedoch nach Artikel 86 Abs. 2 EGV gerechtfertigt sein kann.[116] Nach dem Ausgleichsansatz stellt die staatliche Finanzierung von Dienstleistungen von allgemeinem wirtschaftlichem Interesse nur dann eine Beihilfe im Sinne des Artikel 87 Abs. 1 EGV dar, falls und soweit der gewährte wirtschaftliche Vorteil entweder über eine angemessene Vergütung für die Erbringung von Dienstleistungen von allgemeinem wirtschaftlichem Interesse oder über die zusätzlichen Kosten dieser Erbringung hinausgeht.[117] Der Unterschied besteht darin, dass nach dem Ausgleichsansatz eine entsprechende staatliche Finanzmaßnahme bereits nicht der Anmeldepflicht des Artikel 88 Abs. 3 Satz 1 EGV unterliegt. Unabhängig von der juristischen Einordnung besteht jedoch darüber Einigkeit, dass eine Überkompensierung der Kosten von Unternehmen, die Leistungen der Daseinsvorsorge erbringen, in der Regel unzulässig ist, also den Tatbestand des Artikel 87 Abs.1 EGV erfüllt und auch nicht nach Artikel 86 Abs. 2 EGV gerechtfertigt ist. Problematisch ist nach Ansicht der Monopolkommission jedoch, wie die Mehrkosten, die aus der Dienstleistungserbringung im Rahmen der Daseinsvorsorge resultieren, konkret zu berechnen sind.

998. In der jüngeren Entscheidungspraxis greift die EU-Kommission pragmatisch auf beide Ansätze, den Beihilfenansatz und den Ausgleichsansatz, zurück und verwendet dasselbe Kriterium – angemessene Kompensation – sowohl auf Tatbestands- als auch auf Rechtfertigungsebene. Wenn das Vorliegen eines angemessenen Ausgleichs unproblematisch festgestellt werden kann, verneint sie bereits das Vorliegen des Tatbestands (Artikel 87 Abs. 1 EGV). Andernfalls nimmt sie eine eingehende Prüfung dieses Merkmals auf Rechtfertigungsebene vor (Artikel 86 Abs. 2 EGV). Als Maßstab zur Abgrenzung dienen die vom EuGH im Urteil Altmark Trans aufgestellten Grundsätze.[118] Danach ist im Bereich der öffentlichen Daseinsvorsorge bereits das Vorliegen einer tatbestandlichen Beihilfe im Sinne des

---

[113] Im kartellrechtlichen Bereich drohen staatliche Wettbewerbsbeeinträchtigungen in Form einer Genehmigung nationaler Großfusionen oder einer Verhinderung grenzüberschreitender Fusionen.

[114] Entscheidung der Kommission vom 28. November 2005 über die Anwendung von Artikel 86 Abs. 2 EG-Vertrag auf staatliche Beihilfen, die bestimmten mit der Erbringung von Dienstleistungen von allgemeinem wirtschaftlichem Interesse betrauten Unternehmen als Ausgleich gewährt werden, ABl. EU Nr. L 312 vom 29. November 2005, S. 67.

[115] Die Voraussetzungen hierfür hat der EuGH in dem Urteil Altmark Trans näher benannt; EuGH, Urteil vom 24. Juli 2003, Rs. C-280/00, Slg. 2003, I-7747.

[116] Vgl. Koenig, C., Kühling, J., in: Streinz, R. (Hrsg.), EUV/EGV, München 2003, Artikel 87 EGV Rn. 35.

[117] So der EuGH in seinem Urteil vom 22. Januar 2001, Rs. C-53/00, Ferring, Slg. 2001, I-907, Rn. 32 f.

[118] Vgl. EuGH, Urteil vom 24. Juli 2003, Rs. C-280/00, Altmark Trans, Slg. 2003, I-7747, Rn. 89–93. Konkret benennt der EuGH dort die folgenden Voraussetzungen, unter denen ein finanzieller Ausgleich für gemeinwirtschaftliche Verpflichtungen nicht als staatliche Beihilfe zu qualifizieren ist:
„Erstens muss das begünstigte Unternehmen tatsächlich mit der Erfüllung gemeinwirtschaftlicher Verpflichtungen betraut sein, und diese Verpflichtungen müssen klar definiert sein. Im Ausgangsverfahren hat das vorlegende Gericht somit zu prüfen, ob sich die gemeinwirtschaftlichen Pflichten, die Altmark Trans auferlegt wurden, klar aus den nationalen Rechtsvorschriften und/oder den im Ausgangsverfahren streitigen Genehmigungen ergeben.

Artikel 87 Abs. 1 EGV zu verneinen, falls die Finanzierungsmaßnahme eindeutig, transparent und unmittelbar eine Gegenleistung für klar definierte Gemeinwohlverpflichtungen beinhaltet und der Begünstigte nicht von vornherein feststeht. Sind diese Voraussetzungen im Einzelfall erfüllt, geht die EU-Kommission davon aus, dass der Ausgleich, der für die Erbringung von Dienstleistungen von allgemeinem wirtschaftlichem Interesse gewährt wird, keine tatbestandliche Begünstigung nach Artikel 87 Abs. 1 EGV darstellt. Sofern eine anmeldepflichtige Beihilfe vorliegt, kann diese nach Artikel 86 Abs. 2 EGV gerechtfertigt sein, wobei entscheidend ist, ob die in Rede stehenden Finanzierungsmaßnahmen als Ausgleich für die Erfüllung des öffentlichen Versorgungsauftrags erforderlich und diesem Zweck angemessen gewesen sind.

999. Im Gemeinschaftsrahmen vom November 2005[119] werden die Grundsätze für die Anwendung des Artikel 86 Abs. 2 EGV konkretisiert. Danach darf die Höhe des Ausgleichs nicht über das hinausgehen, was erforderlich ist, um die durch die Erfüllung der Gemeinwohlverpflichtung verursachten Kosten[120] unter Berücksichtigung der dabei erzielten Einnahmen und einer angemessenen Rendite aus der Erfüllung dieser Verpflichtungen abzudecken. Zudem darf der Ausgleich nur für das Funktionieren der betref-

fenden Dienstleistung von allgemeinem wirtschaftlichem Interesse verwendet werden. Ein Ausgleich, der dazu verwendet wird, um auf anderen Märkten tätig zu werden, ist nicht gerechtfertigt und wird als eine mit dem Gemeinsamen Markt unvereinbare staatliche Beihilfe qualifiziert. Solche Quersubventionen können im europäischen Wettbewerbsrecht sowohl beihilfenrechtlich als auch kartellrechtlich relevant werden. Gegen eine Quersubventionierung, bei der das betreffende Unternehmen über eine marktbeherrschende Stellung verfügt und durch einen Gewinntransfer versucht, seine Marktmacht auf einen angrenzenden Wettbewerbsmarkt zu übertragen, können die EU-Kommission bzw. die nationalen Wettbewerbsbehörden gestützt auf Artikel 82 EGV vorgehen. Sofern es sich bei den eingesetzten Mitteln um staatliche Zuwendungen handelt, kann die EU-Kommission unter Berufung auf das Beihilfenrecht einschreiten. Die Problematik der Quersubventionierung durch staatliche Daseinsvorsorgeleistungen tritt insbesondere in den liberalisierten Wirtschaftssektoren wie Post-, Telekommunikations- und Energiesektor auf.[121] Der Nachweis einer Quersubventionierung ist in der Praxis häufig mit erheblichen Schwierigkeiten verbunden.

5.4 Verfahrensrechtliche Aspekte

5.4.1 Verfahren vor der EU-Kommission

5.4.1.1 Ordnungsgemäß angemeldete Beihilfen

1000. Soweit nicht in einer Gruppenfreistellungsverordnung eine Ausnahme vorgesehen ist, sind die Mitgliedstaaten dazu verpflichtet, die EU Kommission über die

---

Zweitens sind die Parameter, anhand derer der Ausgleich berechnet wird, zuvor objektiv und transparent aufzustellen, um zu verhindern, dass der Ausgleich einen wirtschaftlichen Vorteil mit sich bringt, der das Unternehmen, dem er gewährt wird, gegenüber konkurrierenden Unternehmen begünstigt.
Gleicht daher ein Mitgliedstaat, ohne dass zuvor die Parameter dafür aufgestellt worden sind, die Verluste eines Unternehmens aus, wenn sich nachträglich herausstellt, dass das Betreiben bestimmter Dienste im Rahmen der Erfüllung gemeinwirtschaftlicher Verpflichtungen nicht wirtschaftlich durchführbar war, so stellt dies ein finanzielles Eingreifen dar, das unter den Begriff der staatlichen Beihilfe im Sinne von Artikel 92 Absatz 1 EG-Vertrag fällt.
Drittens darf der Ausgleich nicht über das hinausgehen, was erforderlich ist, um die Kosten der Erfüllung der gemeinwirtschaftlichen Verpflichtungen unter Berücksichtigung der dabei erzielten Einnahmen und eines angemessenen Gewinns aus der Erfüllung dieser Verpflichtungen ganz oder teilweise zu decken. Nur bei Einhaltung dieser Voraussetzung ist gewährleistet, dass dem betreffenden Unternehmen kein Vorteil gewährt wird, der dadurch, dass er die Wettbewerbsstellung dieses Unternehmens stärkt, den Wettbewerb verfälscht oder zu verfälschen droht.
Wenn viertens die Wahl des Unternehmens, das mit der Erfüllung gemeinwirtschaftlicher Verpflichtungen betraut werden soll, im konkreten Fall nicht im Rahmen eines Verfahrens zur Vergabe öffentlicher Aufträge erfolgt, das die Auswahl desjenigen Bewerbers ermöglicht, der diese Dienste zu den geringsten Kosten für die Allgemeinheit erbringen kann, so ist die Höhe des erforderlichen Ausgleichs auf der Grundlage einer Analyse der Kosten zu bestimmen, die ein durchschnittliches, gut geführtes Unternehmen, das so angemessen mit Transportmitteln ausgestattet ist, dass es den gestellten gemeinwirtschaftlichen Anforderungen genügen kann, bei der Erfüllung der betreffenden Verpflichtungen hätte, wobei die dabei erzielten Einnahmen und ein angemessener Gewinn aus der Erfüllung dieser Verpflichtung zu berücksichtigen sind."
[119] Gemeinschaftsrahmen für staatliche Beihilfen, die als Ausgleich für die Erbringung öffentlicher Dienstleistungen gewährt werden, ABl. EU Nr. C 297 vom 29. November 2005, S. 4.
[120] Diese umfassen nach Rn. 16 des Gemeinschaftsrahmens 2005:
   – die durch die Erbringung der Dienstleistung von allgemeinem wirtschaftlichem Interesse verursachten variablen Kosten,

   – einen angemessenen Beitrag zu den sowohl dienstleistungsbezogenen als auch anderweitig anfallenden Fixkosten und
   – eine der jeweiligen Dienstleistung von allgemeinem wirtschaftlichem Interesse zurechenbare angemessene Rendite auf das Eigenkapital.
Die Ermittlung der angemessenen Rendite durch Gewinnvergleich erfolgt nach den in Rn. 18 des Gemeinschaftsrahmens niedergelegten Grundsätzen:
   – Unter angemessener Rendite ist ein angemessener Kapitalertrag unter Berücksichtigung des von dem Unternehmen aufgrund des staatlichen Eingreifens eingegangenen Risikos, sofern vorhanden, zu verstehen. Dies gilt insbesondere dann, wenn der Staat ausschließliche oder besondere Rechte gewährt.
   – Die angemessene Rendite entspricht der im Sektor verzeichneten Rentabilität und darf in der Regel die in dem betreffenden Sektor in den Jahren zuvor erzielte durchschnittliche Rendite nicht übersteigen.
   – Bei Sektoren, in denen es an Unternehmen fehlt, die als Vergleichsmaßstab für das mit der Erbringung einer Dienstleistung von allgemeinem wirtschaftlichem Interesse betraute Unternehmen dienen könnten, können Unternehmen aus anderen Mitgliedstaaten oder gegebenenfalls auch aus anderen Wirtschaftszweigen zu Vergleichszwecken herangezogen werden unter der Voraussetzung, dass die besonderen Charakteristika des jeweiligen Sektors berücksichtigt werden.
Zur Problematik von Kostenstandards vgl. Monopolkommission, Preiskontrollen in Energiewirtschaft und Handel? Zur Novellierung des GWB, Sondergutachten 47, Baden-Baden 2007, Tz. 20.
[121] Vgl. Mestmäcker, E.-J., Schweitzer, H., a. a. O., § 43 Rn. 35 f.

geplante Vergabe einer neuen Beihilfe[122] zu unterrichten (Artikel 88 Abs. 3 Satz 1 EGV). Solange eine solche Anmeldung bei der EU-Kommission nicht erfolgt und von dieser genehmigt worden ist, darf der Mitgliedstaat die Beihilfe nicht gewähren (Artikel 88 Abs. 3 Satz 3 EGV). Zuwiderhandlungen gegen dieses Durchführungsverbot können von Wettbewerbern des begünstigten Unternehmens unmittelbar vor den nationalen Gerichten geltend gemacht werden.[123]

1001. Das Verfahren der EU-Kommission im Rahmen der Beihilfenkontrolle gliedert sich – ähnlich wie in der Fusionskontrolle – in zwei Phasen: das vorläufige Prüfverfahren und das sich gegebenenfalls anschließende förmliche Prüfverfahren. Innerhalb des vorläufigen Prüfverfahrens untersucht die EU-Kommission, ob das angemeldete Vorhaben Anlass zu Bedenken gibt. Nach Eingang einer vollständigen Anmeldung muss die EU-Kommission innerhalb von zwei Monaten eine Entscheidung darüber treffen, ob sie die Beihilfe freistellt oder ob sie eine eingehende Untersuchung durchführen möchte und das förmliche Prüfverfahren eröffnet. Lässt sie diese Frist verstreichen, ohne dass eine Entscheidung ergeht, kann eine Genehmigungsfiktion eintreten.[124] In dieser ersten Phase des Aufsichtsverfahrens sind ausschließlich die EU-Kommission und der betreffende Mitgliedstaat beteiligt, während das Beihilfen empfangende Unternehmen und dessen Wettbewerber nicht zugelassen sind. Letztere haben auch keine Möglichkeit, Kenntnis von der Anmeldung und Durchführung eines vorläufigen Prüfverfahrens zu erlangen, da diese Umstände nicht veröffentlicht werden. Die weit überwiegende Zahl der Fälle wird bereits im vorläufigen Prüfverfahren abgeschlossen.[125]

1002. Falls die EU-Kommission innerhalb der vorläufigen Prüfung die Frage der Rechtmäßigkeit der Beihilfe nicht klären konnte, eröffnet sie das förmliche Prüfverfahren. Die Entscheidung darüber wird im Amtsblatt veröffentlicht (Artikel 26 Abs. 2 in Verbindung mit Artikel 4 Abs. 4 VVO). Im förmlichen Prüfverfahren können neben dem jeweiligen Mitgliedstaat gemäß Artikel 20 Abs. 1 VVO auch andere „Beteiligte" eine schriftliche Stellungnahme abgeben. „Beteiligte" in diesem Sinne sind „Mitgliedstaaten, Personen, Unternehmen oder Unternehmensvereinigungen, deren Interessen aufgrund der Gewährung einer Beihilfe beeinträchtigt sein können, insbesondere der Beihilfenempfänger, Wettbewerber und Berufsverbände" (Artikel 1 Buchstabe h VVO). Die Beteiligungsmöglichkeit soll nicht nur den Interessen möglicher Betroffener Rechnung tragen, sondern auch der EU-Kommission eine Informationsquelle eröffnen. Nach Artikel 7 Abs. 6 Satz 2 VVO soll das förmliche Verfahren möglichst innerhalb von 18 Monaten abgeschlossen werden. Das Verstreichenlassen dieser – gegebenenfalls einvernehmlich verlängerten – Frist hat allerdings nur zur Folge, dass der Mitgliedstaat eine Entscheidung der EU-Kommission innerhalb von zwei Monaten auf der Grundlage der ihr zur Verfügung stehenden Informationen verlangen kann (Artikel 7 Abs. 7 VVO). Sollte die EU-Kommission auch diese Frist versäumen, sieht das Gesetz keine Regelung vor. Insbesondere wird – anders als im vorläufigen Prüfverfahren – keine unmittelbare Sanktion in Form einer Genehmigungsfiktion angeordnet. Der Mitgliedstaat könnte in einem solchen Fall daher lediglich eine Untätigkeitsklage vor dem EuGH gemäß Artikel 232 Abs. 1 EGV erheben.

1003. Die EU-Kommission bringt das förmliche Prüfverfahren nach Artikel 7 Abs. 2 bis 5 VVO zum Abschluss, indem sie entscheidet, dass keine Beihilfe vorliegt, die Beihilfe ohne Einwände genehmigt (Positiventscheidung), eine Positiventscheidung mit Auflagen erlässt oder die Beihilfe als unvereinbar mit dem Gemeinsamen Markt qualifiziert (sog. Negativentscheidung). Negativentscheidungen bilden in der Praxis die Ausnahme. So erteilt die EU-Kommission nur für etwa 2 Prozent der ordnungsgemäß angemeldeten Beihilfen keine Freigabe.[126]

5.4.1.2 Formell rechtswidrige Beihilfen

1004. In der Praxis kommt es nicht selten vor, dass die Mitgliedstaaten Beihilfen unter Verstoß gegen die Anmeldepflicht des Artikel 88 Abs. 3 EGV und das dort enthaltene Durchführungsverbot gewähren. So hat die EU-Kommission im Zeitraum von 2000 bis 2006 mehr als 600 Verfahren durchgeführt, die sich auf solche formell rechtswidrigen Beihilfen bezogen.[127] Rund 24 Prozent der durchgeführten Verfahren betrafen allein die Bundesrepublik Deutschland.[128] Die Anzahl formell rechtswidriger Beihilfen dürfte noch höher sein, da die EU-Kommission nicht von jeder Zuwiderhandlung Kenntnis erlangen wird. Nach Artikel 10 Abs. 1 VVO muss die EU-Kommission alle Informationen gleich welcher Herkunft über

---

[122] Während Artikel 88 Abs. 3 EGV für neue Beihilfen gilt, ist in Artikel 88 Abs. 1 und 2 EGV die Aufsicht über bestehende Beihilfen geregelt. Bestehende Beihilfen müssen im Gegensatz zu neuen Beihilfen nicht bei der EU-Kommission angemeldet werden. Die EU-Kommission überprüft bestehende Beihilfenregelungen fortlaufend (Artikel 88 Abs. 1 und 2 EGV). Als bestehende Beihilfen werden im Wesentlichen die Beihilfen bezeichnet, die bereits vor Inkrafttreten des EG-Vertrags am 1. Januar 1958 oder eines Beitrittsvertrags bestanden, sowie die Beihilfen, die von der EU-Kommission oder vom Rat in irgendeiner Weise genehmigt worden sind.

[123] Vgl. hierzu näher Abschnitt 5.4.3.

[124] Die Beihilfe gilt als genehmigt, wenn die EU-Kommission innerhalb von zwei Monaten ab vollständiger Anmeldung keine Entscheidung erlassen hat. Der Mitgliedstaat darf die Maßnahmen durchführen, wenn er die EU-Kommission hiervon in Kenntnis gesetzt hat und die EU-Kommission auch innerhalb von 15 weiteren Arbeitstagen keine Entscheidung erlässt (Artikel 4 Abs. 6 VVO).

[125] Im Bereich der ordnungsgemäß angemeldeten Beihilfen hat die EU-Kommission in den Jahren 2000 bis 2006 in rd. 95 Prozent der Fälle das förmliche Prüfverfahren gar nicht erst eröffnet, sondern bereits im vorläufigen Prüfverfahren eine abschließende Entscheidung erlassen. Vgl. Bericht der Kommission, Anzeiger für staatliche Beihilfen, Frühjahrsausgabe 2007, KOM(2007) 347 endg., S. 15.

[126] Vgl. Bericht der Kommission, Anzeiger für staatliche Beihilfen, Frühjahrsausgabe 2007, a. a. O., S. 7.

[127] Vgl. ebenda, S. 4.

[128] In den großen Mitgliedstaaten werden vergleichsweise häufig formell rechtswidrige Beihilfen gewährt. Neben Deutschland mit 24 Prozent entfielen auf Italien 17 Prozent, auf Spanien 12 Prozent, auf Frankreich 10 Prozent und auf das Vereinigte Königreich 9 Prozent. Vgl. Bericht der Kommission, Anzeiger für staatliche Beihilfen, Frühjahrsausgabe 2007, a. a. O., S. 15 ff.

angeblich rechtswidrige Beihilfen unverzüglich prüfen. Meist wird die EU-Kommission durch Dritte, denen nach Maßgabe des Artikel 20 Abs. 2 VVO ein Mitteilungsrecht zusteht, auf mögliche Verstöße aufmerksam.

1005. Das Verfahren bei formell rechtswidrigen Beihilfen gleicht dem bereits beschriebenen Verfahren, das bei ordnungsgemäß angemeldeten Beihilfen angewendet wird (Artikel 10 ff. VVO). Ein wesentlicher Unterschied besteht jedoch darin, dass bei Verfahren wegen formell rechtswidriger Beihilfen keine Fristen vorgesehen sind.

1006. Die endgültige Rückabwicklung einer Beihilfe, die unter Verstoß gegen Artikel 88 Abs. 3 Satz 3 EGV vorzeitig gewährt wurde, kann die EU-Kommission nicht allein aufgrund der formellen Rechtswidrigkeit anordnen. Vielmehr verlangen die europäischen Gerichte darüber hinaus, dass die betreffende Beihilfe auch materiell mit dem Gemeinsamen Markt unvereinbar ist und keine Freistellung – etwa nach Artikel 87 Abs. 3 EGV – in Betracht kommt. Die EU-Kommission ist in der Vergangenheit in ca. 25 Prozent der Fälle zu dem Ergebnis gekommen, dass die formell rechtswidrigen Beihilfen auch in materieller Hinsicht zu beanstanden sind.[129] In die sen Fällen regelmäßig ergehende Rückforderungsentscheidung ist an den Mitgliedstaat gerichtet, der die Beihilfe laut Artikel 14 Abs. 3 VVO „unverzüglich" nach Maßgabe seines nationalen Rechts zurückfordern muss.[130] Etwaige Einwände gegen die Rückforderung können nur in engen Grenzen erfolgreich geltend gemacht werden.[131]

1007. In der Vergangenheit wurden Rückforderungen entgegen Artikel 14 Abs. 3 VVO häufig nicht zügig durch die Mitgliedstaaten umgesetzt, sondern zogen sich, sofern sie überhaupt erfolgten, über mehrere Jahre hin.[132] Die Rückforderung kann auf mitgliedstaatlicher Ebene mit Schwierigkeiten verbunden sein. Dies gilt etwa, wenn das Unternehmen inzwischen Insolvenz angemeldet hat, ein Eigentümerwechsel erfolgt ist oder aber eine Vielzahl von Unternehmen von der Beihilfenmaßnahme profitiert haben und die Begünstigung in einer Belastungsminderung bestand (etwa im Fall einer selektiven Steuervergünstigung), so dass die Rückzahlungsverpflichteten und die Höhe der Rückforderungsbeträge nur mit erheblichem Aufwand bestimmt werden können. Nur in wenigen Mitgliedstaaten ist die Zuständigkeit für die Durchsetzung der Rückforderung auf eine zentrale staatliche Stelle übertragen. In Dänemark und Großbritannien sind die nationalen Wettbewerbsbehörden mit der Rückforderung

betraut. In Deutschland und den meisten anderen Mitgliedstaaten obliegt die Rückforderung dagegen derjenigen Stelle, welche die Beihilfe ursprünglich gewährt hat und die regelmäßig nicht über entsprechende Spezialkenntnisse verfügt. Dieser Umstand wird in Deutschland dadurch abgemildert, dass das beim Bundesministerium für Wirtschaft und Technologie angesiedelte zentrale Beihilfenreferat neben der Erstanmeldung von Einzelbeihilfen und Beihilfenregelungen bei der EU-Kommission die Aufgabe hat, zwischen der EU-Kommission und den verschiedenen nationalen Beihilfengebern bei der Durchführung von Beihilfenmaßnahmen einschließlich etwaiger Rückforderungsverfahren zu vermitteln.

1008. Ein weiterer Grund für die lange Dauer des Rückforderungsverfahrens ist, dass es in den meisten Mitgliedstaaten – wie auch in Deutschland – keine speziellen Vorschriften für die Rückforderung gibt, sondern vielmehr das allgemeine Verfahrensrecht zur Anwendung kommt. Ein Rückforderungsverfahren nimmt vor allem dann viel Zeit in Anspruch, wenn der Beihilfenempfänger gegen die Aufforderung zur Rückzahlung Rechtsschutz vor den nationalen Gerichten begehrt und dieses Rechtsmittel aufschiebende Wirkung hat, die von staatlicher Seite nicht ausgeschlossen werden kann.

1009. Dies ist im deutschen Recht etwa der Fall, wenn die Beihilfe im Rahmen eines privatrechtlichen Vertrages gewährt wurde. Nach allgemeinen Grundsätzen muss eine Rückforderung in solchen Fällen ebenfalls im Zivilrechtsweg erfolgen und kann nicht hoheitlich per Verwaltungsakt angeordnet werden. Das Oberverwaltungsgericht Berlin-Brandenburg hat die Rückforderung per Verwaltungsakt für den Bereich rechtswidriger Beihilfen allerdings in einem Beschluss vom 7. November 2005 unter Hinweis auf das im Gemeinschaftsrecht geltende Effektivitätsgebot[133] ausdrücklich gebilligt.[134] Diese Entscheidung ist rechtlich bedenklich, da eine belastende hoheitliche Maßnahme – wie der Erlass eines für sofort vollziehbar erklärten Verwaltungsakts – nach dem Rechtsstaatsprinzip nur aufgrund einer gesetzlichen Ermächtigungsgrundlage angeordnet werden darf (Lehre vom Gesetzesvorbehalt). Eine nationale gesetzliche Grundlage ist nicht ersichtlich und auch die unmittelbare Anwendbarkeit der gemeinschaftsrechtlichen Bestim-

---

[129] Vgl. Bericht der Kommisison, Anzeiger für staatliche Beihilfen, Frühjahrsausgabe 2007, a. a. O., S. 5.

[130] Eine Rückforderung darf nicht verlangt werden (Artikel 14 Abs. 1 Satz 2 VVO), wenn dies gegen einen allgemeinen Grundsatz des Gemeinschaftsrechts verstoßen würde. Nach Artikel 14 Abs. 2 VVO umfasst die Rückzahlungsverpflichtung auch die Verpflichtung zur Zahlung von Zinsen ab dem Zeitpunkt, ab dem die rechtswidrige Beihilfe dem Empfänger zur Verfügung stand, bis zu ihrer tatsächlichen Rückzahlung.

[131] Vgl. hierzu näher Sinnaeve, A., in: Heidenhain, M. (Hrsg.), a. a. O., § 34 Rn. 16 ff.

[132] Vgl. Bericht der Kommisison, Anzeiger für staatliche Beihilfen, Frühjahrsausgabe 2007, a. a. O., S. 17 ff.

[133] Nach dem Effektivitätsgebot (Effet-utile-Grundsatz) dürfen innerstaatliche Rechtsschutzvorschriften die Durchsetzung gemeinschaftsrechtlicher Ansprüche nicht praktisch unmöglich machen oder übermäßig erschweren.

[134] OVG Berlin-Brandenburg, Beschluss vom 7. November 2005, OVG 8 S 93.05, NVwZ 2006, 104–106. Im betreffenden Fall hatte die zuständige staatliche Stelle (Bundesanstalt für vereinigungsbedingte Sonderaufgaben) die sofortige Rückforderung per Verwaltungsakt angeordnet, obwohl die Beihilfe dem begünstigten Unternehmen (Aker Warnow Werft GmbH) im Rahmen eines zivilrechtlichen Vertrags gewährt worden war. Das OVG Berlin-Brandenburg vertrat die Auffassung, aufgrund des im Gemeinschaftsrecht geltenden Effektivitätsgebots sei eine hoheitlichen Anordnung zulässig, da nur auf diese Weise die in der Kommissionsentscheidung sowie in Artikel 14 Abs. 3 VVO ausgesprochene Verpflichtung einer sofortigen und tatsächlichen Vollstreckung der Rückforderungsentscheidung zu realisieren sei.

mung Artikel 14 Abs. 3 VVO erscheint angesichts des Wortlauts der Norm fraglich.[135] Das gemeinschaftsrechtliche Effektivitätsgebot kann zwar dazu führen, dass eine nationale Norm unangewendet bleibt, vermag aber nicht aus sich heraus eine Ermächtigungsgrundlage für einen belastenden Eingriff zu begründen. Der nationale Gesetzgeber sollte jedoch eine gesetzliche Ermächtigungsgrundlage schaffen, die eine sofortige Rückforderung ermöglicht und eine aufschiebende Wirkung von Rechtsmitteln auf nationaler Ebene generell ausschließt. Andernfalls werden die durch die Gewährung der Beihilfe ausgelösten Wettbewerbsverzerrungen weiterhin gegebenenfalls über Jahre aufrechterhalten. Ein Ausschluss der aufschiebenden Wirkung wäre auch nicht unverhältnismäßig, da eine Rückforderungsentscheidung der EU-Kommission durch die Mitgliedstaaten umgesetzt werden muss. Den Rechtsschutzinteressen der Beihilfenempfänger sollte dadurch Rechnung getragen werden, dass sie gegen die Rückforderungsentscheidung der EU-Kommission effektiv auf EU-Ebene vor den Gemeinschaftsgerichten vorgehen können.[136]

1010. Die EU-Kommission hat – ihrer Ankündigung im SAAP entsprechend – inzwischen eine Bekanntmachung zur Beschleunigung der Umsetzung von Rückforderungsentscheidungen herausgegeben, mit der sie auf die von den Gemeinschaftsgerichten herausgearbeiteten Grundsätze aufmerksam machen und die Praxis der Kommission im Bereich der Rückforderung erläutern möchte.[137] Die Bekanntmachung kann für die mit der Rückforderung betrauten Stellen der Mitgliedstaaten ein nützlicher Leitfaden sein. Sie kann jedoch keine verbindlichen einheitlichen Regeln schaffen. Die Monopolkommission hält die Schaffung einheitlicher Mindeststandards für den Rechtsschutz in Beihilfensachen vor nationalen Gerichten im Rahmen einer EU-Richtlinie für zweckmäßig, die unter anderem Regelungen über die Rechtsschutzmöglichkeiten bei Rückforderungsentscheidungen beinhaltet.[138]

5.4.1.3 Vergleich zum Kartellverfahren

1011. Das Beihilfenkontrollverfahren weicht in mehrfacher Hinsicht von dem Verfahren ab, das in EU-Kartellrechtsfällen zur Anwendung kommt. Die Rechte Privater – insbesondere des beihilfenbegünstigten Unternehmens und seiner Wettbewerber – sind schwächer ausgestaltet und unterliegen erheblichen Einschränkungen. Nur die EU-Kommission und der Beihilfen gewährende Mitgliedstaat sind Partei des Verfahrens. Beteiligungsmöglichkeiten Privater bestehen – abgesehen von der jederzeit möglichen Mitteilung nach Artikel 20 Abs. 2 VVO – erst dann, wenn die EU-Kommission das förmliche Prüfverfahren eröffnet hat und beschränken sich hier auf die Abgabe schriftlicher Stellungnahmen.

1012. Kehrseite der bilateralen Ausgestaltung des Beihilfenverfahrens ist zudem, dass die EU-Kommission keine Untersuchungsmöglichkeiten wie im Kartellrecht besitzt. So kann die EU-Kommission Unternehmen und Unternehmensvereinigungen nicht zur Erteilung von Auskünften verpflichten oder eine sektorspezifische Untersuchung durchführen (Artikel 17, 18 der Kartellverfahrensverordnung[139]). Da der EU-Kommission keine unmittelbaren Ermittlungsbefugnisse gegenüber den im Einzelfall betroffenen privaten Marktteilnehmern zur Verfügung stehen, die über die Verhältnisse in den jeweiligen Sektoren am besten informiert sind, kann sie die aktuelle Wettbewerbssituation nicht in dem Maße untersuchen, wie ihr dies im Kartellrecht möglich ist. Das Informationsproblem wird dadurch weiter verschärft, dass im Verhältnis zur EU-Kommission allein die zentrale Regierung des Mitgliedstaats als Ansprechpartner gilt, auch wenn die Beihilfen auf regionaler und lokaler Ebene geplant oder gewährt werden.

1013. Das Beihilfenrecht enthält zwar bestimmte Fristenregelungen für solche Kommissionsverfahren, die ordnungsgemäß angemeldete Beihilfen betreffen. Diese Fristen sind jedoch deutlich länger als in der Fusionskontrolle. Während für das vorläufige und förmliche Vorverfahren in der Beihilfenkontrolle Fristen von zwei bzw. 18 Monaten vorgesehen sind, darf in Fusionsfällen das Vorprüfverfahren höchstens 25 Arbeitstage und das Hauptprüfverfahren regelmäßig höchstens 105 Arbeitstage andauern (Artikel 10 Abs. 1 und 3 der Fusionskontrollverordnung[140] (FKVO)). Anders als in der Fusionskontrolle (Artikel 10 Abs. 6 FKVO) bleibt die Nichteinhaltung der Frist in der Beihilfenkontrolle im förmlichen Prüfverfahren für die EU-Kommission sanktionslos, da keine Genehmigungsfiktion eintritt.[141]

---

[135] Artikel 14 Abs. 3 VVO lautet: „Unbeschadet einer Entscheidung des Gerichtshofes der Europäischen Gemeinschaften nach Artikel 242 des Vertrags erfolgt die Rückforderung unverzüglich und nach den Verfahren des betreffenden Mitgliedstaats, sofern hierdurch die sofortige und tatsächliche Vollstreckung der Kommissionsentscheidung ermöglicht wird. Zu diesem Zweck unternehmen die betreffenden Mitgliedstaaten im Fall eines Verfahrens vor nationalen Gerichten unbeschadet des Gemeinschaftsrechts alle in ihren jeweiligen Rechtsordnungen verfügbaren erforderlichen Schritte einschließlich vorläufiger Maßnahmen."

[136] Vgl. hierzu Abschnitt 5.4.3.

[137] Vgl. Bekanntmachung der Kommission, Rechtswidrige und mit dem Gemeinsamen Markt unvereinbare staatliche Beihilfen: Gewährleistung der Umsetzung von Rückforderungsentscheidungen der Kommission in den Mitgliedstaaten, ABl. EU Nr. C 272 vom 15. November 2007, S. 4.

[138] Dies wird auch in der – von der Generaldirektion Wettbewerb in Auftrag gegebenen – Studie zur Durchsetzung des Beihilfenrechts auf nationaler Ebene empfohlen. Vgl. Study on the Enforcement of State Aid Law at National Level, March 2006, Jones Day, Lovells, Allen & Overy, http://ec.europa.eu/comm/competition/state_aid/studies_reports/studies_reports.cfm .

[139] Verordnung (EG) Nr. 1/2003 des Rates vom 16. Dezember 2002 zur Durchführung der in den Artikeln 81 und 82 EGV niedergelegten Wettbewerbsregeln, ABl. EG Nr. L 1 vom 4. Januar 2003, S. 1.

[140] Verordnung (EG) Nr. 139/2004 des Rates vom 20. Januar 2004 über die Kontrolle von Unternehmenszusammenschlüssen, ABl. EU Nr. L 24 vom 29. Januar 2004, S. 1.

[141] Beihilfenverfahren, die bereits im vorläufigen Prüfverfahren abgeschlossen werden, dauern nach Auskunft der Generaldirektion Wettbewerb im Durchschnitt 5,2 Monate. Die Verfahren, bei denen die EU-Kommission ein förmliches Prüfverfahren einleitet, werden durchschnittlich in 21,4 Monaten abgeschlossen.

1014. Ein weiterer Unterschied zum Kartellrecht ist, dass die EU-Kommission in der Beihilfenkontrolle aufgrund der niedrigen Anforderungen, welche die europäischen Gerichte an das Vorliegen der meisten Tatbestandsmerkmale des Artikel 87 Abs. 1 EGV stellen, verpflichtet ist, Fällen von geringer Relevanz nachzugehen. Anders als im Kartellrecht gilt in der Beihilfenkontrolle nicht das Opportunitätsprinzip wie bei Verstößen gegen Artikel 81 und 82 EGV (Artikel 11 Abs. 1 VO Nr. 1/2003) und es gelten keine hohen Aufgreifschwellen wie in der Fusionskontrolle (vgl. Artikel 1 Abs. 2 und 3 FKVO). Sobald die Prüfung der Informationen ergibt, dass möglicherweise eine rechtswidrige Beihilfe vorliegt, muss die EU-Kommission das Verfahren wie bei angemeldeten Beihilfen weiterführen und eine Entscheidung treffen (vgl. Artikel 13 in Verbindung mit Artikel 4 VVO). Nur die De-minimis-Verordnung, die einen sehr niedrigen Schwellenwert in Ansatz bringt (200.000 Euro innerhalb von drei Jahren) und die im Beihilfenbereich erlassenen Gruppenfreistellungsverordnungen sorgen für Entlastung. Unter der gegenwärtigen Wettbewerbskommissarin Kroes ist keine Reform der VVO geplant.

1015. Das Beihilfenkontrollverfahren sollte nach Ansicht der Monopolkommission reformiert und in bestimmten Punkten dem Kartellrechtsverfahren angeglichen werden. So könnte der EU-Kommission anstelle des bisherigen Legalitätsprinzips (Artikel 10 Abs. 1 VVO) wie im Kartellrecht ein Aufgreifermessen eingeräumt werden. Das Opportunitätsprinzip sollte jedoch nur unterhalb eines näher zu definierenden Förderungsvolumens, der bei Einzelbeihilfen etwa bei 1 Mio. Euro angesetzt werden könnte, eingeführt werden. Hierdurch würde es der EU-Kommission ermöglicht, flexibel zu reagieren und Prioritäten durch eine Konzentration auf wichtige Beihilfenfälle zu setzen. Wettbewerbsverzerrungen, die durch niedrige Beihilfenbeträge hervorgerufen werden, sind regelmäßig geringer als bei höheren Beträgen. Diese Aussage muss allerdings bei kleinen, hoch konzentrierten oder in der Entstehung begriffenen Märkten nicht zutreffen. Ein Einschreiten der EU-Kommission kann hier vielmehr geboten sein. Eine wirksame Kontrolle und Beurteilung könnte dadurch ermöglicht werden, dass die EU-Mitgliedstaaten bei Beihilfen, die den festgesetzten Schwellenwert nicht überschreiten, eine Kurzmitteilung sowie eine Beschreibung der gewährten Beihilfen und ihres Empfängers an die EU-Kommission übermitteln müssen. Äußert die EU-Kommission innerhalb einer näher zu regelnden Frist (von z. B. zwei Monaten) keine Bedenken, könnte die jeweilige Begünstigung als genehmigt gelten. Sollte der Mitgliedstaat gegen diese Mitteilungspflicht verstoßen, sollte ein nachträgliches Einschreiten der EU-Kommission möglich bleiben.

1016. Das Aufgreifermessen könnte durch die Einführung einer privaten Feststellungsklage zugunsten betroffener Wettbewerber bzw. ihrer Verbände flankiert werden. So könnte den Konkurrenten des begünstigten Beihilfenempfängers ein Klagerecht vor den Gemeinschaftsgerichten eingeräumt werden, wenn die EU-Kommission beschließt, aus Opportunitätsgründen kein Beihilfenverfahren durchzuführen. Damit das Aufgreif-

ermessen der EU-Kommission nicht konterkariert und eine Klageflut vermieden wird, wäre zu erwägen, den privaten Feststellungsanspruch an die Voraussetzung zu knüpfen, dass der Konkurrent durch die Beihilfe in seiner Stellung im betreffenden Markt erheblich beeinträchtigt wird.

1017. Darüber hinaus sollten die Verfahrensrechte der Beihilfenempfänger, der Konkurrenten und ihrer Verbände im Beihilfenverfahren gestärkt werden. Das Beihilfenverfahren sollte nicht als rein bilaterales Verfahren zwischen der EU-Kommission und dem jeweiligen Mitgliedstaat ausgestaltet bleiben, vielmehr sollten der Beihilfenempfänger als Partei und betroffene Wettbewerber (bzw. die entsprechenden Verbände) als Beteiligte bereits im vorläufigen Prüfverfahren zugelassen werden. Darüber hinaus sollten der EU-Kommission direkte Ermittlungsbefugnisse gegenüber Privaten eingeräumt werden. Hierdurch könnte die EU-Kommission einen verbesserten Zugang zu Informationen erhalten, die sie für eine ökonomisch fundierte Einschätzung der Wettbewerbssituation benötigt. Die Effizienz des Kommissionsverfahrens könnte zugleich durch die Einführung verbindlicher und kürzerer Verfahrensfristen gesteigert werden, bei deren fruchtlosem Verstreichenlassen eine Genehmigungsfiktion angeordnet wird. Dies erscheint allerdings nur dann angemessen, wenn die Mitgliedstaaten die Beihilfen ordnungsgemäß angemeldet haben und nicht schon unter Verstoß gegen das Durchführungsverbot des Artikel 88 Abs. 3 Satz 3 EGV vorzeitig gewährt haben. Durch den – bereits gegenwärtig vorgesehenen – Verzicht auf Verfahrensfristen im Bereich formell rechtswidriger Beihilfen wird ein Anreiz zur Einhaltung der Anmeldepflicht gesetzt.

5.4.2 Verfahren vor den Gemeinschaftsgerichten

1018. Hat die EU-Kommission eine Entscheidung getroffen, in der sie die Beihilfe als unvereinbar mit dem Gemeinsamen Markt einstuft (Negativentscheidung), kann der jeweilige Mitgliedstaat dagegen Nichtigkeitsklage nach Artikel 230 Abs. 2 EGV vor dem EuGH erheben.

1019. Auch die Untergliederung eines Mitgliedstaates kann gegen eine Negativentscheidung der EU-Kommission im Wege der Nichtigkeitsklage vorgehen. Dies kommt z. B. in Betracht, wenn ein Bundesland oder eine kommunale Gebietskörperschaft die jeweilige Beihilfe (zumindest teilweise) aus eigenen Mitteln gewähren möchte und hieran durch eine Negativentscheidung der EU-Kommission gehindert wird. Anders als die Mitgliedstaaten sind deren regionale Untergliederungen jedoch nicht privilegiert klagebefugt. Sie müssen vielmehr nachweisen, dass sie durch die Negativentscheidung unmittelbar und individuell betroffen sind (Artikel 230 Abs. 4 EGV).

1020. Das Kriterium der unmittelbaren Betroffenheit ist nach der Rechtsprechung dann zu bejahen, wenn sich der Gemeinschaftsrechtsakt ohne weiteren Durchführungsakt auf die Interessen- oder Rechtslage des Klägers auswirkt oder wenn die nationalen Behörden bei seiner Durchführung keinerlei Ermessen haben. Diese Voraussetzung ist bei Negativentscheidungen der EU-Kommission erfüllt, da diese zwar ausschließlich an den Mitgliedstaat gerichtet sind, aber keinen Raum für ein Ermessen lassen und auch durch die regionale Gebietskörperschaft beachtet werden müssen.

1021. Das Kriterium der individuellen Betroffenheit von (natürlichen oder juristischen) Personen, die nicht Adressat des Gemeinschaftsrechtsakts sind, ist nach dem sog. Plaumann-Urteil des EuGH[142] nur dann zu bejahen, wenn sie dieser Akt wegen bestimmter persönlicher Eigenschaften oder besonderer, sie aus dem Kreis aller übrigen Personen heraushebender Umstände berührt und dadurch in ähnlicher Weise individualisiert wie einen Adressaten. Diese Voraussetzung wird bei einer regionalen Gebietskörperschaft bejaht, wenn sie in finanzieller Hinsicht an der Beihilfe beteiligt ist oder ihr autonome Befugnisse bei der Vergabe oder Rückforderung zustehen.[143] Anders als bei Klagen der Mitgliedstaaten ist insoweit eingangs nicht der EuGH, sondern das Gericht erster Instanz (EuG) zuständig.[144]

1022. Der potenzielle Beihilfenempfänger kann ebenfalls ein Interesse daran haben, gegen eine Negativentscheidung der EU-Kommission im Wege der Nichtigkeitsklage vorzugehen. Auch er ist nur dann klagebefugt, wenn er darlegen kann, durch die Negativentscheidung unmittelbar und individuell betroffen zu sein (Artikel 230 Abs. 4 EGV). Das Kriterium der individuellen Betroffenheit wird von den Gemeinschaftsgerichten im Sinne der Plaumann-Formel eng ausgelegt. Bedeutsam ist in diesem Zusammenhang, ob die Negativentscheidung eine Einzelbeihilfe oder eine allgemeine Beihilfenregelung zum Gegenstand hat.

1023. Einzelbeihilfen sind dadurch gekennzeichnet, dass sie an ein bestimmtes Projekt gebunden oder im Hinblick auf den Empfänger individualisiert sind.[145] Sofern die EU-Kommission eine Einzelbeihilfe untersagt und das klagende Unternehmen hiervon profitiert hätte, wird das Erfordernis der individuellen Betroffenheit durch die europäischen Gerichte ohne nähere Prüfung als erfüllt angesehen.

1024. Etwas anderes gilt in Fällen, in denen sich die Negativentscheidung auf eine allgemeine Beihilfenregelung bezieht. Bei solchen Beihilfenregelungen sind die Anspruchsberechtigten und geförderten Projekte nicht konkret festgelegt, sondern in allgemeiner und abstrakter Weise definiert (z. B. eine gesetzliche Steuervergünstigung für die Verwendung bestimmter Umweltstan-

dards).[146] Beihilfenregelungen sind „self-executing", d. h., sie sind aus sich heraus vollziehbar und begründen unmittelbare Ansprüche. Eine individuelle Zuordnung der Begünstigungen findet im Anschluss statt, indem aufgrund der Beihilfenregelung konkrete Beihilfen gewährt werden, wobei diese – soweit sie von der Genehmigungsentscheidung gedeckt sind – nicht gesondert bei der EU-Kommission nach Artikel 88 Abs. 3 Satz 1 EGV angemeldet werden müssen. Bei allgemeinen Beihilfenregelungen werden Unternehmen, die von der Regelung nachweislich profitiert hätten, wenn die EU-Kommission keine Negativentscheidung getroffen hätte, nur ausnahmsweise als klagebefugt angesehen.[147] Wenn die jeweilige Beihilfenregelung z. B. eine Begünstigung für Unternehmen eines bestimmten Sektors vorsieht, reicht es nach der Rechtsprechung nicht aus, dass das klagende Unternehmen dem fraglichen Sektor zugehört und unmittelbar anspruchsberechtigt gewesen wäre. Nach Auffassung des EuGH handelt es sich aus Sicht des klagenden Unternehmens nur um eine generelle Rechtsnorm mit der Folge, dass die Voraussetzungen der oben skizzierten Plaumann-Formel, wonach der Kläger infolge persönlicher Eigenschaften oder besonderer Umstände durch die Entscheidung ähnlich wie ein Adressat individualisiert sein muss, nicht erfüllt sind. Diese restriktive Linie wird erst recht in Fällen angewendet, in denen sich die Untersagung der EU-Kommission auf eine horizontale Beihilfenregelung bezieht, die Unternehmen aus unterschiedlichen Sektoren zugute kommen soll.

1025. Demgegenüber werden in Fällen, in denen ein Mitgliedstaat eine allgemeine Beihilfenregelung unter Verstoß gegen das Durchführungsverbot des Artikel 88 Abs. 3 EGV bereits umsetzt, bevor die EU-Kommission hierüber abschließend entschieden hat, die begünstigten Unternehmen als individuell betroffen angesehen.[148] Diese können somit gegen eine Entscheidung der EU-Kommission, in der diese die allgemeine Beihilfenregelung als unvereinbar mit dem Gemeinsamen Markt einstuft, Nichtigkeitsklage nach Artikel 230 Abs. 4 EGV erheben. Hierdurch kommt es zu Wertungswidersprüchen.[149] Durch diese Rechtsprechung werden letztlich Unternehmen, denen unter Verstoß gegen Artikel 88 Abs. 3 EGV bereits eine Beihilfe gewährt wurde, gegenüber solchen Unternehmen privilegiert, die unmittelbar anspruchsberechtigt wären, sofern die EU-Kommission keine Einwände gegen die ordnungsgemäß angemeldete Beihilfenregelung erhoben hätte.

[142] EuGH, Urteil vom 15. Juli 1963, Rs. 25/62, Plaumann/Kommission, Slg. 1963, 213.

[143] Vgl. EuGH, Urteil vom 15. Dezember 1999, Verb. Rs. T-132/96 und T-143/96, Freistaat Sachsen u. a./Kommission, Slg. 1999, II-3663, Rn. 91.

[144] Vgl. Artikel 225 Abs. 1 EGV in Verbindung mit Artikel 51 des Protokolls über die Satzung des Gerichtshofs, ABl. EG Nr. C 80 vom 10. März 2001, S. 63.

[145] In Artikel 1 Buchstabe e VVO werden „Einzelbeihilfen" als Beihilfen definiert, „die nicht aufgrund einer Beihilfenregelung gewährt werden, und einzelne anmeldungspflichtige Zuwendungen aufgrund einer Beihilfenregelung".

[146] In Artikel 1 Buchstabe d VVO wird der Begriff „Beihilfenregelung" als Regelung definiert, „wonach Unternehmen, die in der Regelung in einer allgemeinen und abstrakten Weise definiert werden, ohne nähere Durchführungsmaßnahmen Einzelbeihilfen gewährt werden können, beziehungsweise eine Regelung, wonach einem oder mehreren Unternehmen nicht an ein bestimmtes Vorhaben gebundene Beihilfen für unbestimmte Zeit und/oder in unbestimmter Höhe gewährt werden können."

[147] Vgl. EuGH, Urteil vom 2. Februar 1988, Rs. 67, 68 und 70/85, Van der Kooy/Kommission, Slg. 1988, 219, Rn. 5.

[148] Vgl. EuG, Urteil vom 29. September 2000, Rs. T-55/99, CETM/Kommission, Slg. 2000, II-3207, Rn. 23 ff.

[149] Vgl. Soltesz, U. in: Heidenhain, M. (Hrsg.), a. a. O., § 43 Rn. 16.

1026. Auch der Vertrag von Lissabon sieht keine Verbesserung der Rechtsschutzmöglichkeiten gegen allgemeine Beihilfenregelungen vor.[150] Zwar ist in Artikel 265 des EU-Reformvertrags, der an die Stelle von Artikel 230 EGV treten soll, eine Ausweitung der Klagebefugnis vorgesehen. Danach können natürliche und juristische Personen künftig „gegen Rechtsakte mit Verordnungscharakter" der EU, „die sie unmittelbar betreffen und keine Durchführungsmaßnahmen nach sich ziehen", Klage erheben, ohne die individuelle Betroffenheit gesondert nachweisen zu müssen. Diese Voraussetzung ist indes bei einer Genehmigung einer allgemeinen Beihilfenregelung durch die EU-Kommission nicht erfüllt, da diese von den Mitgliedstaaten und nicht von den EU-Organen selbst erlassen wird und es zu ihrer Umsetzung zudem regelmäßig weiterer konkretisierender Durchführungsmaßnahmen – wie der Feststellung der Anspruchsberechtigung – bedarf. Bei allgemeinen Beihilfenregelungen wird daher auch nach einem Inkrafttreten des Vertrags von Lissabon der Nachweis einer strengen Betroffenheit erforderlich sein, an den der EuGH die dargestellten restriktiven Anforderungen der Plaumann-Formel stellt.

1027. Wettbewerber des durch eine Beihilfe begünstigten Unternehmens können ebenfalls Rechtsschutz auf europäischer Ebene erlangen, falls die EU-Kommission zum Abschluss des vorläufigen oder förmlichen Prüfverfahrens das Nichtvorliegen einer Beihilfe feststellt oder eine Beihilfe genehmigt. Entscheidende Hürde für die Zulässigkeit der Klage des Wettbewerbers ist erneut das Vorliegen der individuellen Betroffenheit nach Artikel 230 Abs. 4 EGV. Die Rechtsprechung der Europäischen Gerichte zum Kriterium der individuellen Betroffenheit von Dritten, die durch die Gewährung einer Beihilfe beeinträchtigt sein können, ist nicht stringent. Die insoweit aufgestellten Anforderungen variieren je nach Verfahrensabschnitt (vorläufiges oder förmliches Prüfverfahren) und Beihilfenform (Einzelbeihilfe oder allgemeine Beihilfenregelung).

1028. Hat die Kommissionsentscheidung keine Einzelbeihilfe, sondern eine allgemeine Beihilfenregelung zum Gegenstand, wird die individuelle Betroffenheit von Wettbewerbern ebenso wie bei Klagen des Beihilfenempfängers unter Hinweis auf die Plaumann-Formel grundsätzlich verneint. Etwas anderes gilt nur dann, wenn aufgrund der Beihilfenregelung bereits individuelle Beihilfen an konkurrierende Unternehmen gewährt wurden.[151]

1029. Wenn sich die Genehmigungsentscheidung auf eine Einzelbeihilfe bezieht und zudem lediglich ein vorläufiges Prüfverfahren stattgefunden hat, ist zu berücksichtigen, dass für den klagenden Wettbewerber keine Möglichkeit bestand, sich hieran aktiv zu beteiligen, da

Dritte in diesem Verfahrensstadium nicht zugelassen sind. Wie bereits dargelegt, haben andere Beteiligte als der jeweilige Mitgliedstaat erst im förmlichen Prüfverfahren die Gelegenheit, ihre auch durch Artikel 88 Abs. 2 EGV geschützten Verfahrensgarantien durch Abgabe einer schriftlichen Stellungnahme auszuüben. Zumindest nach früherer Rechtsprechung reichte es für die individuelle Betroffenheit eines privaten Dritten bereits aus, dass er sich darauf berief, er habe seine Rechte als Beteiligter im Verfahren vor der EU-Kommission mangels Eröffnung des förmlichen Prüfverfahrens nicht geltend machen können.[152] Für die Begründung einer Beteiligtenstellung im förmlichen Prüfverfahren genügt es bereits, dass bei Unternehmen „Interessen beeinträchtigt sein können" (Artikel 1 Buchstabe h VVO). Die bloße Möglichkeit einer Beeinträchtigung ist demnach hinreichend, ohne dass eine tatsächliche Beeinträchtigung nachgewiesen werden müsste. Die skizzierte Rechtsprechung wurde bislang nicht ausdrücklich aufgegeben. In jüngeren Entscheidungen wird jedoch zusätzlich für die individuelle Betroffenheit der Nachweis des Wettbewerbers verlangt, dass seine Wettbewerbsposition auf dem Markt durch die Gewährung der Beihilfe beeinträchtigt wird.[153] Es werden somit implizit höhere Anforderungen an die Klagebefugnis gestellt als diejenigen, die für eine Begründung der Stellung des Klägers als Beteiligter in einem – durch die EU-Kommission nicht eingeleiteten – förmlichen Prüfverfahren erforderlich gewesen wären. Ein bestimmter Grad der Beeinträchtigung (Spürbarkeit oder Erheblichkeit) wird bei der Überprüfung von Kommissionsentscheidungen, die im vorläufigen Prüfverfahren abgeschlossen wurden, indes nicht verlangt.

1030. Wird eine Einzelbeihilfe nach Durchführung eines förmliches Prüfverfahrens genehmigt, ist ein Wettbewerber des Beihilfenempfängers nach dem Cofaz-Urteil als individuell betroffen anzusehen, wenn er im Rahmen des zuvor durchgeführten Beihilfenverfahrens eine aktive Rolle gespielt hat und seine Marktstellung durch die Beihilfenmaßnahme spürbar beeinträchtigt wird.[154] Wie der EuGH in der Entscheidung Sniace vom 22. November 2007 ausgeführt hat, ist das Kriterium der aktiven Beteiligung nicht als notwendige Bedingung anzusehen.[155] Im Unterschied zu Konstellationen, in denen die angegriffene Kommissionsentscheidung innerhalb des vorläufigen Prüfverfahrens gefällt wurde, wird jedoch die „Spürbarkeit" bzw. die „Erheblichkeit" der Beeinträchtigung verlangt. Unter welchen Voraussetzungen dies zu bejahen ist, lässt sich der Rechtsprechung nicht eindeutig entnehmen. Fest steht, dass es auf der einen Seite nicht ausreicht, wenn das Unternehmen „in irgendeiner Wettbe-

---

[150] Vertrag von Lissabon zur Änderung des Vertrags über die Europäische Union und des Vertrags zur Gründung der Europäischen Gemeinschaft, unterzeichnet in Lissabon am 13. Dezember 2007, ABl. EU Nr. C 306 vom 17. Dezember 2007, S. 1.

[151] Vgl. EuG, Urteil vom 5. Juni 1996, Rs. T-398/94, Kahn Scheepart/Kommission, Slg. 1996, II-477, Rn. 41, 49.

[152] Vgl. EuGH, Urteil vom 19. Mai 1993, Rs. C-198/91, Cook/Kommission, Slg. 1993, I-2487, Rn. 20 ff.; EuGH, Urteil vom 15. Juni 1993, Rs. C-225/91, Matra/Kommission, Slg. 1993, I-3203, Rn. 14 ff..

[153] Vgl. EuG, Urteil vom 21. März 2001, Rs. C-69/96, Hamburger Hafen- und Lagerhaus/Kommission, Slg. 2001, II-1037, Rn. 41 ff.

[154] Vgl. EuGH, Urteil vom 28. Januar 1986, Rs. 169/84, Cofaz/Kommission, Slg. 1986, 391, Rn. 24. f.

[155] Vgl. EuGH, Urteil vom 22. November 2007, Rs. 260/05, Sniace/Kommission, Rn. 57, http://curia.europa.eu/jurisp/cgi-bin/form.pl?lang=de.

werbsbeziehung zum Beihilfenempfänger steht"[156], und es auf der anderen Seite genügt, wenn die betreffende Beihilfe dem konkurrierenden Empfänger ein Überleben auf einem Markt erlaubt hätte, der von einer sehr begrenzten Zahl von Herstellern, einem starken Wettbewerb und hohen Überkapazitäten gekennzeichnet ist.[157] In dem bereits erwähnten Sniace-Urteil teilt der EuGH den Standpunkt der Vorinstanz, dass das Bestehen eines unmittelbaren Wettbewerbsverhältnisses kein ausreichender Nachweis für das Vorliegen einer spürbaren bzw. erheblichen Beeinträchtigung der Marktstellung sei und deshalb keine Klagebefugnis vorliege.[158]

1031. Klagen von Verbänden vor den Gemeinschaftsgerichten werden prinzipiell in großzügigerem Umfang als im allgemeinen deutschen Prozessrecht zugelassen. Im Beihilfenbereich können Unternehmensvereinigungen sowohl aufseiten der Beihilfenempfänger als auch aufseiten der Wettbewerber tätig werden. Eine originäre Klagebefugnis in Verfahren, bei denen ein Verband die Beeinträchtigung eigener Interessen geltend macht, wird zwar nur in engen Grenzen bejaht.[159] Ein Verband gilt jedoch nach der Rechtsprechung der europäischen Gerichte nicht nur dann als klagebefugt, wenn dieser ein originäres eigenes Interesse an der Klage dartun kann, sondern auch, wenn die einzelnen Unternehmen des Verbandes ihrerseits (zumindest teilweise) klagebefugt sind und der Verband als Sachwalter der individuellen Interessen seiner Mitglieder auftritt.[160] Die Klage eines Verbandes auf Seiten des Beihilfenempfängers erscheint jedoch insbesondere dann als sinnvolles und effizientes Instrument, wenn die EU-Kommission keine Einzelbeihilfe, sondern eine allgemeine Beihilfenregelung untersagt hat, von der mehrere Mitglieder des Verbandes profitiert hätten. Umgekehrt kommen Klagen eines Verbandes von Wettbewerbern vor allem in Betracht, wenn viele seiner Mitglieder von der Beihilfe, die die EU-Kommission genehmigt hat, betroffen sind. Wie bereits dargestellt, besteht die Klagebefugnis eines Verbandes, der die Interessen seiner Mitglieder stellvertretend wahrnehmen möchte, indes nur dann, wenn zumindest ein Teil der Mitglieder selbst klagebefugt im Sinne des Artikel 230 Abs. 4 EGV ist. Da die Rechtsprechung bei Klagen einzelner Privater eine sehr restriktive Linie verfolgt, wenn es um allgemeine Beihilfenregelungen geht, scheitern akzessorisch angelegte

Klagen von Verbänden ebenfalls an der Hürde der Klagebefugnis nach Artikel 230 Abs. 2 EGV.

1032. Die Monopolkommission bewertet die Zulassung von Verbandsklagen grundsätzlich als positiv, da diese zu einer effizienten Durchsetzung des Beihilfenrechts beitragen können. Entgegen der Rechtsprechung des EuGH sollten Klagen der Beihilfenempfänger, der Wettbewerber sowie ihrer Verbände gegen Kommissionsentscheidungen, die eine allgemeine Beihilfenregelung betreffen, zugelassen und die enge Plaumann-Formel insoweit nicht angewendet werden. Dies entspricht auch dem Standpunkt, den Generalanwalt Jacobs in seinem Schlussanträgen im Verfahren Aktionsgemeinschaft vertreten hat.[161] Für die individuelle Betroffenheit eines potenziellen Beihilfenempfängers sollte lediglich verlangt werden, dass er im Falle einer Genehmigung unmittelbar anspruchsberechtigt gewesen wäre.

1033. Entsprechendes gilt für Klagen von Wettbewerbern gegen eine Freigabeentscheidung der EU-Kommission, sofern feststeht, dass aufgrund der Beihilfenregelung künftig Einzelbeihilfen gewährt werden, die das Unternehmen in seiner Wettbewerbsposition beeinträchtigen. Darüber hinaus sollte bei dem Kriterium der individuellen Betroffenheit nicht an verfahrensrechtliche Aspekte angeknüpft, sondern – unabhängig von dem Verfahrensstadium, in dem die Kommissionsentscheidung gefällt wurde – auf die materielle Betroffenheit abgestellt werden.[162] Für die individuelle Betroffenheit von Wettbewerbern im Sinne von Artikel 230 Abs. 4 EGV sollte nicht verlangt werden, dass diese eine tatsächliche Beeinträchtigung ihrer Wettbewerbsposition als Folge der Beihilfe konkret nachweisen. Ein solcher Kausalitätsnachweis wird in den wenigsten Fällen möglich sein und schreckt von einer Klageerhebung ab. Vielmehr sollte es genügen, dass ein Wettbewerber stichhaltig darlegt, dass er durch die Beihilfe beeinträchtigt werden kann. Aus Gründen der Verfahrensvereinfachung und Rechtssicherheit sollte eine individuelle Betroffenheit vermutet werden, wenn der Kläger nachweislich ein direkter Konkurrent des begünstigten Unternehmens ist und die Beihilfe ein näher zu definierendes Volumen, das bei Einzelbeihilfen bei 1 Mio. Euro angesetzt werden könnte, überschreitet. Das Bestehen eines konkreten und unmittelbaren Wettbewerbsverhältnisses sollte regelmäßig – entgegen der Rechtsauffassung des EuGH – als ausreichend betrachtet werden.

5.4.3 Verfahren vor nationalen Gerichten

1034. Im Beihilfenrecht sind nicht nur Klagen vor den Gemeinschaftsgerichten, sondern auch vor den nationalen

---

[156] Vgl. EuG, Urteil vom 22. Oktober 1996, Rs. T-266/94, Skibsvaerftsforeningen/Kommission, Slg. 1996, II-1399, Rn. 45 ff.

[157] Vgl. EuG, Urteil vom 21. Oktober 2004, Rs. T-36/99, Lenzing/Kommission, Slg. 2004, II-3597, Rn. 81 ff.

[158] Vgl. EuGH, Urteil vom Urteil vom 22. November 2007, Rs. 260/05, Sniace/Kommission, Rn. 60, 70, http://curia.europa.eu/jurisp/cgi-bin/form.pl?lang=de.

[159] Nach der Rechtsprechung ist von einer eigenen Betroffenheit des Verbandes auszugehen, wenn dieser durch die angefochtene Kommissionsentscheidung in seiner Position als Verhandlungspartner beeinträchtigt wird, sofern er über maßgebliche Mitentscheidungsbefugnisse an den betreffenden nationalen oder EU-beihilfenrechtlichen Regelungen verfügt. Vgl. EuGH, Urteil vom 2. Februar 1988, Rs. 67, 68 und 70/85, Van der Kooy/Kommission, Slg. 1988, 219, Rn. 15.

[160] Vgl. EuGH, Urteil vom 10. Juli 1986, Rs. 282/85, DEFI/Kommission, Slg. 1986, 2469, Rn. 16; vgl. auch Soltész, U. in: Heidenhain, M. (Hrsg), a. a. O., § 45 Rn. 4 ff.

[161] Vgl. EuGH, Urteil vom 13. Dezember 2005, Rs. C-78/03 P, Kommission/Aktionsgemeinschaft, Slg. 2005, I-10737, Rn. 138 ff. (Schlussanträge Generalanwalt Jacobs).

[162] So auch Generalanwalt Jacobs, a. a. O. Auf die verfahrensrechtliche Betroffenheit allein sollte jedoch dann abgestellt werden, wenn die EU-Kommission das förmliche Prüfverfahren nicht eröffnet hat und sich das Klagebegehren eines Dritten, der seine Rechte als Beteiligter nach Artikel 20 Abs. 2 VVO infolgedessen nicht geltend machen konnte, ausschließlich darauf beschränkt, dass die EU-Kommission dazu verpflichtet wird, das förmliche Prüfverfahren zu eröffnen.

Gerichten denkbar. Neben Rückforderungsfällen[163] sind in diesem Zusammenhang vor allem Klagen von Wettbewerbern zu nennen. Für den Rechtsschutz von Wettbewerbern auf nationaler Ebene ist zu berücksichtigen, dass das Beihilfenverbot des Artikel 87 Abs. 1 EGV nach der Rechtsprechung der europäischen Gerichte keine unmittelbare Wirkung entfaltet, d. h. nicht direkt vor nationalen Gerichten geltend gemacht und von diesen angewendet werden kann. Aufgrund der weit gefassten Ausnahmetatbestände des Artikel 87 Abs. 3 EGV zu diesem Verbot fehlt es an der für die unmittelbare Wirkung erforderlichen Konkretisierung und Unbedingtheit. Die Prüfung, ob eine Beihilfe mit dem Gemeinsamen Markt zu vereinbaren ist, obliegt demnach ausschließlich der EU-Kommission, die insoweit durch die europäischen Gerichte kontrolliert wird. Den nationalen Gerichten kommt jedoch nach der europäischen Rechtsprechung die Aufgabe zu, effektiven Rechtsschutz bei Verstößen gegen die unmittelbar anwendbare Bestimmung des Artikel 88 Abs. 3 EGV zu gewährleisten. Hierdurch sollen das System der präventiven Beihilfenkontrolle durch die EU-Kommission gesichert sowie Wettbewerbsvorteile verhindert werden, die der Begünstigte aus einer nicht auf dem vorgesehenen Weg gewährten Beihilfe ziehen kann.

1035. Allgemein anerkannt ist, dass ein betroffener Wettbewerber bei Zuwiderhandlungen gegen die in Artikel 88 Abs. 3 EGV normierte Anmeldepflicht und das Durchführungsverbot Ansprüche auf Unterlassung bzw. Beseitigung im Klagewege gegenüber dem öffentlichen Beihilfengeber durchsetzen kann (Konkurrentenklage). Wahlweise kann er auch eine Mitteilung bei der EU-Kommission nach Artikel 20 Abs. 2 VVO einreichen oder beide Möglichkeiten miteinander kombinieren. Im Falle einer Klage müssen die nationalen Gerichte überprüfen, ob eine formell rechtswidrige Beihilfe vorliegt. Sollte dies der Fall sein, hat das angerufene nationale Gericht nach der Rechtsprechung des EuGH regelmäßig die einstweilige Rückzahlung unabhängig davon anzuordnen, ob die Beihilfe materiell rechtmäßig ist und später durch die EU-Kommission genehmigt wird. Falls die Beihilfe im Rahmen eines zivilrechtlichen Austauschvertrags gewährt wird, ist der Vertrag aufgrund des Verstoßes gegen das Durchführungsverbot des Artikel 88 Abs. 3 Satz 3 EGV nach der Rechtsprechung des Bundesgerichtshofs insgesamt als nichtig anzusehen.[164]

1036. In dem CELF-Urteil vom 12. Februar 2008 hat der EuGH ausdrücklich festgestellt, dass die nationalen Gerichte die Rückzahlung einer formell rechtswidrigen Beihilfe gegebenenfalls auch dann anordnen können, wenn die EU-Kommission zwischenzeitlich bereits abschließend entschieden hat, dass die Beihilfe materiell rechtmäßig und mit dem Gemeinsamen Markt zu vereinbaren ist.[165] Dies gelte unbeschadet des Rechts des Mitgliedstaats, die Beihilfe erneut zu gewähren. Darüber hinaus seien die nationalen Gerichte dazu verpflichtet, dem Bei-

hilfenempfänger aufzugeben, für die Dauer der Rechtswidrigkeit Zinsen zu zahlen. Wie der EuGH überzeugend darlegt, besteht der nicht gerechtfertigte Vorteil des Beihilfenempfängers zum einen in der Nichtzahlung von Zinsen, die er auf den Betrag der fraglichen, mit dem Gemeinsamen Markt vereinbaren Beihilfe gezahlt hätte, wenn er sich diesen Betrag bis zum Erlass der Kommissionsentscheidung auf dem Markt hätte leihen müssen, und zum anderen in der Verbesserung seiner Wettbewerbsposition gegenüber anderen Marktteilnehmern während der Dauer der formellen Rechtswidrigkeit. Im CELF-Urteil führt der EuGH darüber hinaus – ohne nähere Konkretisierung – aus, dass die nationalen Gerichte zudem veranlasst sein könnten, Anträgen auf Ersatz von Schäden stattzugeben, die durch die (formelle) Rechtswidrigkeit entstanden seien.

1037. Die von den nationalen Gerichten vorzunehmende Prüfung des Artikel 88 Abs. 3 EGV kann sich – auch wenn sie nicht die Untersuchung der materiellen Rechtmäßigkeit umfasst – als komplex darstellen. Die Beantwortung der Frage, ob eine Maßnahme sämtliche Kriterien einer Beihilfe im Sinne des Artikel 87 Abs. 1 EGV erfüllt oder die Anmeldepflicht aufgrund einer Gruppenfreistellungsverordnung entfällt, kann in tatsächlicher und rechtlicher Hinsicht mit Schwierigkeiten verbunden sein. Die nationalen Gerichte können bzw. müssen bei rechtlichen Zweifeln den EuGH um Vorabentscheidung ersuchen (Artikel 234 Abs. 3 und 4 EGV). Darüber hinaus können die Gerichte die EU-Kommission konsultieren, diese zu ihrer üblichen Praxis bei der Einstufung einer Maßnahme als Beihilfe befragen und Informationen, wie Statistiken, Marktstudien und Wirtschaftsanalysen, anfordern.[166]

1038. Wenn – wie von der Monopolkommission befürwortet – das Merkmal der Wettbewerbsverfälschung in Artikel 87 Abs. 1 EGV bei Vorliegen der übrigen Tatbestandsvoraussetzungen künftig nicht mehr pauschal, sondern nur auf der Grundlage einer ökonomisch fundierten Begründung bejaht würde, könnte die durch die nationalen Gerichte vorzunehmende Qualifizierung als Beihilfe erschwert werden und Rechtsunsicherheit entstehen. Dies gilt entsprechend für die von den Mitgliedstaaten vorzunehmende Beurteilung der Frage der Anmeldepflicht, da nach Artikel 88 Abs. 3 EGV bei der EU-Kommission nur solche Maßnahmen anzumelden sind, bei denen es sich um Beihilfen im Sinne des Artikel 87 Abs. 1 EGV handelt und das Kriterium der Wettbewerbsverfälschung als Bestandteil des Beihilfenbegriffs angesehen wird. Dem ließe sich jedoch auf zwei Wegen entgegentreten. Zum einen könnten im Rahmen des Artikel 88 Abs. 3 EGV die bisherigen niedrigen Nachweisanforderungen an das Kriterium der Wettbewerbsverfälschung beibehalten werden, während bei Artikel 87 Abs. 1 EGV der EU-Kommission eine erhöhte Darlegungspflicht auferlegt wird. Zum anderen könnte alternativ der Begriff der Beihilfe anders aus-

---

163 Vgl. hierzu bereits oben Abschnitt 5.4.1.2.
164 Vgl. BGH, Urteil vom 4. April 2003, V ZR 314/02, EuZW 2003, S. 444.
165 EuGH, Urteil vom 12. Februar 2008, Rs. C-199/06, CELF.

166 Bekanntmachung der Kommission über die Zusammenarbeit zwischen der Kommission und den Gerichten der Mitgliedstaaten im Bereich der staatlichen Beihilfen, ABl. EG Nr. C 312 vom 23. November 1995, S. 8.

gelegt werden, indem das Kriterium der Wettbewerbsverfälschung nicht als wesensnotwendiger Bestandteil für die Qualifizierung einer Maßnahme als Beihilfe angesehen wird. Demnach wären nur die übrigen in Artikel 87 Abs. 1 EGV aufgeführten Merkmale als Aufgreifkriterien anzusehen, welche die supranationale Beihilfenkontrolle der EU-Kommission begründen, während das Merkmal der Wettbewerbsverfälschung als reines Eingriffskriterium zu interpretieren wäre, das allein die EU-Kommission zu würdigen hat.

1039. Neben den skizzierten Unterlassungs- und Beseitigungsklagen, die auf Nichtauszahlung oder Rückzahlung formell rechtswidriger Beihilfen gerichtet sind, kommen Schadensersatzklagen betroffener Wettbewerber in Betracht. Diese haben die Möglichkeit, den Mitgliedstaat, der die Beihilfe unter Verstoß gegen das Durchführungsverbot des Artikel 88 Abs. 3 EGV gewährt hat, nach den Grundsätzen der Francovich-Rechtsprechung des EuGH in Anspruch neben.[167] In Deutschland wird diese europarechtlich vorgegebene Schadensersatzpflicht über den Amtshaftungsanspruch nach § 839 BGB in Verbindung mit Artikel 34 GG realisiert. Ein entsprechender Schadensersatzanspruch gegen die öffentliche Hand besteht unter den folgenden Voraussetzungen: (1) die europäische Rechtsnorm, gegen die verstoßen wurde, ist unmittelbar anwendbar und bezweckt den Schutz subjektiver Interessen des Klägers, (2) der Verstoß ist hinreichend qualifiziert, (3) zwischen dem Verstoß und dem Schaden besteht ein unmittelbarer Kausalzusammenhang. Der Nachweis der ersten beiden Voraussetzungen wird betroffenen Wettbewerbern häufig gelingen.[168] Die erfolgreiche Geltendmachung eines Schadensersatzanspruchs betroffener Wettbewerber wird jedoch zumeist an der dritten Voraussetzung scheitern. Der Nachweis, dass gerade der Verstoß gegen das Durchführungsverbot zu einem konkreten Schaden für sein Unternehmen geführt hat, ist – ohne gesetzlich vorgesehene Beweiserleichterungen – schwierig zu führen.

1040. Unklar ist, ob ein Wettbewerber bei einer Zuwiderhandlung gegen Artikel 88 Abs. 3 EGV allein gegen den öffentlichen Beihilfengeber vorgehen kann oder ob ihm darüber hinaus auch Ansprüche gegen das jeweils begünstigte private Unternehmen zustehen, die er im Klage-

wege geltend machen kann. Als zivilrechtliche Anspruchsgrundlagen kommen insoweit §§ 8, 9 in Verbindung mit § 3 UWG sowie §§ 1004 Abs. 1 analog, 823 Abs. 2 BGB in Betracht. Die dort geregelten Unterlassungs-, Beseitigungs- und Schadensersatzansprüche setzen jedoch voraus, dass der Anspruchsgegner einen Pflichtverstoß begangen hat. Teilweise wird das Vorliegen eines Pflichtverstoßes unter Hinweis darauf verneint, dass nach dem Wortlaut der Norm ausschließlich die Mitgliedstaaten Adressaten der Anmeldepflicht und des Durchführungsverbots in Artikel 88 Abs. 3 EGV sind.[169] Nach anderer Auffassung ist der Begünstigte regelmäßig als deliktischer Mittäter anzusehen (§§ 830, 840 BGB), der für einen Verstoß gegen das Durchführungsverbot mitverantwortlich ist.[170] Für die letztgenannte Auffassung spricht, dass ein Marktteilnehmer, der durch eine Beihilfe eine vorteilhafte Position im Wettbewerb erlangt, der eigentliche Nutznießer der anzumeldenden Maßnahme ist und eine solche Begünstigung zulasten Dritter nur dann gerechtfertigt sein kann, wenn das vorgeschriebene Verfahren eingehalten wird. Daher erscheint es sachgerecht, Artikel 88 Abs. 3 EGV seinem Sinn und Zweck nach dahingehend auszulegen, dass der Begünstigte in den Pflichtenkreis einbezogen ist und betroffene Wettbewerber bei Verstößen auch gegen diesen direkt vorgehen können. Sie können danach von dem Begünstigten verlangen, dass er künftig die Mitwirkung an einer unangemeldeten Beihilfengewährung unterlässt und eine schon empfangene Beihilfe an die Beihilfen gewährende öffentliche Hand zurückzahlt. In Bezug auf Schadensersatzklagen gegenüber dem begünstigten Unternehmen ergibt sich jedoch gleichfalls das Problem, dass ein Schadens- und Kausalitätsnachweis kaum gelingen wird, da anders als etwa im Kartellrecht (§ 33 Abs. 3 Sätze 2 bis 4 GWB) keine erleichterten Voraussetzungen gelten.

1041. Vor diesem Hintergrund ist es nicht verwunderlich, dass Schadensersatzklagen von privaten Marktteilnehmern vor den Gerichten der Mitgliedstaaten, sowohl in Form von Amtshaftungsansprüchen gegen die öffentliche Hand als auch in Form von zivilrechtlichen Ansprüchen gegen das begünstigte Unternehmen, nach einer von der EU-Kommission in Auftrag gegebenen Studie in der EU äußerst selten erhoben werden und bislang kein Fall bekannt ist, in dem eine Klage Erfolg hatte.[171] In Bezug auf Unterlassungs- und Beseitigungsklagen, die von Privaten vor nationalen Gerichten wegen Verstößen gegen Artikel 88 Abs. 3 EGV erhoben werden, wird in der Studie zwischen den folgenden Konstellationen unterschieden: (a) ein privater Marktteilnehmer möchte sich gegen eine positive Begünstigung zur Wehr setzten, die einem Wettbewerber gewährt wurde, und (b) der Kläger möchte gegen eine ihm auferlegte Verpflichtung vorgehen, von

[167] Vgl. EuGH, Urteil vom 19. November 1991, Rs. C-6/90 und C-9/90, Francovich/Italien, Slg. 1991, 5357 ff.

[168] Die erste Voraussetzung ist erfüllt, da das Durchführungsverbot des Artikel 88 Abs. 3 Satz 3 EGV sicherstellen soll, dass vor einer Genehmigung durch die EU-Kommission keine Benachteiligungen zulasten privater Dritter im Wettbewerb entstehen und diese ihre verfahrensrechtlichen Befugnisse im förmlichen Prüfverfahren vor der EU-Kommission bzw. auf dem Rechtsweg vor den Gemeinschaftsgerichten wahrnehmen können. Auch die zweite Voraussetzung ist als erfüllt anzusehen. Ein Gemeinschaftsrechtsverstoß ist „hinreichend qualifiziert", wenn der Mitgliedstaat die Grenzen seines Handlungsermessens offenkundig und erheblich überschreitet. Dies ist bei einem Verstoß gegen die Anmeldepflicht und das Durchführungsverbot des Artikel 88 Abs. 3 EGV anzunehmen, da die Mitgliedstaaten insoweit über kein Ermessen verfügen. Sollte der Beihilfencharakter einer Maßnahme zweifelhaft sein, sind die Mitgliedstaaten aufgefordert, die entsprechende Maßnahme bei der EU-Kommission anzumelden, die diese Frage verbindlich klären kann.

[169] Schmidt-Kötters, T., in: Heidenhain, M. (Hrsg.), a. a. O., § 58 Rn. 34.

[170] Vgl. Tilmann, W., Schreibauer, M., Rechtsfolgen rechtswidriger nationaler Beihilfen, Gewerblicher Rechtsschutz und Urheberrecht 104, 2002, S. 212–224, 222.

[171] Study on the Enforcement of State Aid Law at National Level, March 2006, Jones Day, Lovells, Allen & Overy, http://ec.europa.eu/comm/competition/state_aid/studies_reports/studies_reports.cfm, S. 48 ff.

der andere Marktteilnehmer nicht betroffen sind (z. B. eine selektive Umweltabgabe). Die letztgenannte Konstellation macht den deutlich größeren Anteil der Klageerhebungen von Wettbewerbern aus.[172] Hintergrund ist erstens, dass die individuelle Betroffenheit des Klägers in diesen Fällen zweifelsfrei feststeht, und zweitens wohl auch, dass die Hemmschwelle in der erstgenannten Konstellation größer ist, da ein Unternehmen nicht direkt belastet ist und selbst von künftigen Beihilfen profitieren möchte. Es besteht insofern bei den Wettbewerbern ein rationales Desinteresse an der Klageerhebung. Auch Unterlassungs- und Beseitigungsklagen werden in der EU von den betroffenen Wettbewerbern insgesamt nur selten erhoben.

1042. Der Rechtsschutz auf nationaler Ebene ließe sich nach Ansicht der Monopolkommission durch die Schaffung einer Klagebefugnis für Verbände verbessern, die ähnlich wie im Kartellrecht (§ 33 Abs. 2 GWB) ausgestaltet werden könnte. Danach können rechtsfähige Verbände zur Förderung gewerblicher oder selbständiger beruflicher Interessen kartellrechtliche Unterlassungs- und Beseitigungsansprüche nach § 33 Abs. 1 GWB (jedoch keine Schadensersatzansprüche) geltend machen, „soweit ihnen eine erhebliche Zahl von Unternehmen angehört, die Waren oder Dienstleistungen gleicher oder verwandter Art auf demselben Markt vertreiben, soweit sie insbesondere nach ihrer personellen, sachlichen und finanziellen Ausstattung imstande sind, ihre satzungsmäßigen Aufgaben der Verfolgung gewerblicher oder selbständiger beruflicher Interessen tatsächlich wahrzunehmen und soweit die Zuwiderhandlung die Interessen ihrer Mitglieder berührt."[173] Zwar wird man von einem Verband nicht unbedingt erwarten können, dass er Unternehmen aus demselben Mitgliedstaat verklagt, zumal wenn sie seine eigenen Mitglieder sind. Anders verhält es sich jedoch, wenn es sich bei dem Beihilfenempfänger um ein Unternehmen aus einem anderen Mitgliedstaat handelt, das zu den eigenen Verbandsmitgliedern, die nicht in den Genuss der – ausländischen – Beihilfe kommen können, im Wettbewerb steht. Hier scheint eine Klage durchaus möglich. So könnte ein Anreiz zur effektiven privaten Rechtsdurchsetzung in Konstellationen geschaffen werden, in denen eine Vielzahl von Unternehmen betroffen ist. Das rationale Desinteresse des einzelnen Wettbewerbers an der Klage ließe sich so überwinden.

1043. Zur Verbesserung der Effizienz und Rechtssicherheit sollten die Rechtsschutzmöglichkeiten auf nationaler Ebene zusammenhängend geregelt und auf das Beihilfenrecht zugeschnitten werden. Neben dem Ausschluss der aufschiebenden Wirkung für Klagen bei Rückforderungsfällen, der Zulassung von Verbänden sowie Beweiserleichterungen bei der Geltendmachung von Schadens-

ersatzansprüchen könnte auch eine Spezialzuständigkeit für die Geltendmachung von Rechtsschutzinteressen in Beihilfenfällen geschaffen werden. Diese Zuständigkeit könnte wie im Vergaberecht geregelt werden.[174] Um eine einheitlichere Rechtsanwendung innerhalb der EU sicherzustellen, sollten zudem allgemein geltende Mindeststandards im Rahmen einer EU-Richtlinie festgelegt werden. Die Monopolkommission empfiehlt der EU-Kommission, in Vorarbeiten für ein solches Richtlinienpaket einzutreten, die sich an dem vergleichbaren Vorhaben zur privaten Durchsetzung von Artikel 81 und 82 EGV orientieren könnten.[175]

6. Reformvorhaben der EU-Kommission – Etablierung eines more economic approach in der Beihilfenkontrolle

6.1 Der „State Aid Action Plan" der EU-Kommission

1044. Die Ziele und Inhalte, die die EU-Kommission mit den von ihr vorgeschlagenen Reformen in der europäischen Beihilfenkontrolle verfolgt, sind nicht identisch mit denjenigen, die sie im europäischen Kartellrecht unter Berufung auf einen more economic approach anstrebt. Nachfolgend werden zunächst die Reformprojekte der EU-Kommission im Beihilfenbereich näher vorgestellt, bevor sodann die Kennzeichen dieses more economic approach im Beihilfenbereich im Vergleich zu demjenigen im Kartellrecht charakterisiert werden.

1045. Unter Wettbewerbskommissarin Kroes strebt die EU-Kommission eine umfassende Reform der europäischen Beihilfenkontrolle an. Am 7. Juni 2005 hat die EU-Kommission den sog. State Aid Action Plan (SAAP – Aktionsplan Staatliche Beihilfen) veröffentlicht.[176] Der SAAP enthält einen Fahrplan („roadmap") für die Überarbeitung der oben dargestellten sekundärrechtlichen Beihilfenregeln.[177] So sollen die bisherigen Gemeinschaftsrahmen, Mitteilungen und Verordnungen unter Beibehaltung der primärrechtlichen Bestimmungen des EG-Vertrags (Artikel 87 ff.) im Zeitraum von 2005 bis 2009 im Lichte eines more economic approach neu gefasst werden. Der SAAP ist als Konsultationspapier konzipiert, das eine politische Debatte über die Reform der europäischen Beihilfenpolitik anregen soll. Inzwischen sind bereits mehrere Maßnahmen zur Umsetzung des im SAAP angelegten Reformkonzepts ergangen.

[172] Ebenda, S. 33 ff.
[173] Beschränkt auf Unterlassungsklagen im Verbraucherrecht findet sich ein ähnliches Modell in der EG-Richtlinie 98//27/EG des Europäischen Parlaments und des Rates vom 19. Mai 1998 über Unterlassungsklagen zum Schutz der Verbraucherinteressen, ABl. EG Nr. L 166 vom 11. Juni 1998, S. 51.
[174] Vgl. hierzu bereits Abschnitt 4.3.
[175] Vgl. zuletzt das Weißbuch „Schadensersatzklagen wegen Verletzung des EG-Wettbewerbsrechts" vom 2. April 2008, KOM(2008) 165 endg.
[176] EU-Kommission, State Aid Action Plan, http://ec.europa.eu/comm/competition/state_aid/reform/reform. cfm. In der deutschen Fassung wird der Begriff „Aktionsplan Staatliche Beihilfen" verwendet, vgl. KOM(2005) 107 endg.
[177] In einer Rede vom 6. Juli 2006 (SPEECH/06/439) vor dem Europaausschuss des Deutschen Bundestages führte Wettbewerbskommissarin Neelie Kroes aus: „We are overhauling all our rules in order to firmly ground them on rigorous economic analysis and improve the speed, transparency and predictability of their application."

6.1.1 Inhalt des SAAP

1046. Im SAAP benennt die EU-Kommission vier Grundsätze, die mit einer Reform des Beihilfenrechts verfolgt werden sollen:

- weniger und besser ausgerichtete staatliche Beihilfen,

- effizientere Verfahren, bessere Rechtsanwendung, größere Berechenbarkeit und mehr Transparenz,

- geteilte Verantwortung zwischen Kommission und Mitgliedstaaten sowie

- eine verfeinerte wirtschaftliche Betrachtungsweise (more economic approach[178]).

6.1.1.1 Weniger und besser ausgerichtete staatliche Beihilfen

1047. Der SAAP greift das durch den Europäischen Rat im Rahmen der Lissabon-Strategie formulierte Ziel auf, dass die Mitgliedstaaten künftig weniger Beihilfen gewähren und diese zudem gezielter vergeben sollten.[179] Demnach sollen das quantitative Beihilfenniveau abgesenkt und die Beihilfen auf die Ziele der Lissabon-Agenda (Innovation sowie Forschung und Entwicklung, Investitionen in Humankapital, Förderung von Unternehmensgründungen) hin ausgerichtet werden. Die EU-Kommission möchte laut SAAP die Beihilfen, die kein gemeinsames Interesse der Gemeinschaft verfolgen, auf ein Minimum reduzieren. Die besonders problematischen Rettungs- und Umstrukturierungsbeihilfen sind nach Möglichkeit zu vermeiden. Mitgliedstaatliche Beihilfen sollen vielmehr horizontale Zielsetzungen verfolgen, die im Gegensatz zu sektoralen Hilfen nicht von vornherein auf einzelne Wirtschaftszweige begrenzt sind. Beihilfen sollen insbesondere dann zulässig sein, wenn ein Marktversagen vorliegt.

Grundsätzlich begrüßt die Monopolkommission diese Zielsetzungen. Sie gibt jedoch zu bedenken, dass der EU-Kommission im Rahmen der Beihilfenkontrolle nach Artikel 87 ff. EGV keine fiskalpolitische Kompetenz zusteht. Die Überwachung des Ressourceneinsatzes durch die Mitgliedstaaten gehört nicht zu den Aufgaben der EU-Kommission. Die europäischen Beihilfenvorschriften können daher nicht unmittelbar zu dem Zweck eingesetzt werden, das quantitative Beihilfenniveau in den Mitgliedstaaten abzusenken. Der Beihilfenabbau und die Verhinderung einer Verschwendung (mitglied-)staatlicher Mittel müssen in erster Linie auf nationaler Ebene sichergestellt werden. Ein Schwerpunkt der künftigen Beihilfenkontrolle sollte vielmehr sein, dass „weniger wettbewerbsverzerrende" Beihilfen gewährt werden und diese insofern besser ausgerichtet sind, als grenzüberschreitende Wettbewerbsverzerrungen im EU-Binnenmarkt so gering wie möglich gehalten werden. Eine so gestaltete europäische Wettbewerbspolitik kann nach Auffassung der Monopolkommission mittelbar zu einem begrüßenswerten Abbau des Beihilfenvolumens führen.

6.1.1.2 Effizientere Verfahren, bessere Rechtsanwendung, größere Berechenbarkeit und mehr Transparenz

1048. Die EU-Kommission bezweckt mit der geplanten Reform insbesondere auch ihre eigene Arbeitsentlastung. Sie möchte sich auf die problematischen Fälle konzentrieren und zu diesem Zweck den Anwendungsbereich der De-minimis-Verordnung erweitern und eine einheitliche Gruppenfreistellungsverordnung verabschieden. Das Ziel der Entlastung war auch der Hintergrund für die Kartellverfahrensverordnung, in der die zuvor als präventives Verbot mit Erlaubnisvorbehalt ausgelegte Bestimmung des Artikel 81 Abs. 3 EGV zur unmittelbar anwendbaren Legalausnahme erklärt wurde.

6.1.1.3 Geteilte Verantwortung zwischen EU-Kommission und Mitgliedstaaten

1049. Die EU-Kommission fordert die Mitgliedstaaten im SAAP auf, sich um mehr Effizienz, Transparenz und eine bessere Umsetzung der Beihilfenpolitik zu bemühen. Insbesondere soll durch sorgfältigere Anmeldungen eine Verkürzung der Verfahrensdauer bewirkt werden.[180] Die EU-Kommission beabsichtigt zudem, „best practices guidelines" herauszugeben.

1050. Im SAAP wird auch der Gedanke geäußert, unabhängige Behörden in den Mitgliedstaaten zu errichten, die die EU-Kommission bei der Durchsetzung des Beihilfenrechts unterstützen sollen.[181] Die Kommission greift insoweit auf die Erfahrungen im Rahmen des letzten Beitrittsprozesses zurück, in dessen Verlauf in den neuen Mitgliedstaaten Kontrollbehörden für die Überprüfung der staatlichen Beihilfen zuständig waren.

---

[178] Wörtlich heißt es in der englischen Fassung des SAAP in Tz. 18: „a refined economic approach".

[179] Auf einem Sondergipfel im März 2000 in Lissabon haben die Staats- und Regierungschefs der EU-Mitgliedstaaten (Europäischer Rat) die sog. Lissabon-Strategie mit dem Ziel verabschiedet, die EU innerhalb von zehn Jahren zum wettbewerbsfähigsten und dynamischsten wissensbasierten Wirtschaftsraum der Welt zu machen. Die Produktivität und Innovationsgeschwindigkeit soll durch verschiedene politische Maßnahmen erhöht werden. Die Lissabon-Strategie ist insbesondere auf Innovation und internationale Wettbewerbsfähigkeit der EU ausgerichtet. Auf einem Treffen im März 2005 zog der Europäische Rat eine Zwischenbilanz. Da sich der Wachstumsabstand, insbesondere zu den USA, in den vergangenen fünf Jahren vergrößert hatte, wurden bei diesem Treffen keine konkreten Zielvorgaben formuliert. Es wurde jedoch eine Neubelebung der Lissaboner Wachstumsziele beschlossen. Insoweit soll jeder Mitgliedstaat eigene Reformprogramme erstellen. In seinen Schlussfolgerungen geht der Europäische Rat auch auf nationale Beihilfen ein: „Der Europäische Rat ersucht die Mitgliedstaaten, zusätzlich zu einer aktiven Wettbewerbspolitik das allgemeine Niveau staatlicher Beihilfen weiter zu senken, wobei etwaigen Ausfällen der Märkte jedoch Rechnung zu tragen ist. Diese Tendenz muss mit einer Umlenkung der Mittel zugunsten bestimmter horizontaler Ziele – wie z. B. Forschung und Innovation sowie Erschließung von Humankapital – einhergehen. Darüber hinaus sollte die Reform der Regionalbeihilfen im Sinne der Lissaboner Ziele ein hohes Investitionsniveau begünstigen und das Gefälle zwischen den Regionen verringern."

[180] Vgl. SAAP, Tz. 49.

[181] Vgl. SAAP, Tz. 51.

1051. Nach Ansicht der Monopolkommission sollte, wie bereits dargelegt, auf nationaler Ebene eine gesamtwirtschaftlich angelegte Beihilfenkontrolle durch eine unabhängige nationale Instanz erfolgen.[182] Dieser Instanz könnte zugleich die Aufgabe übertragen werden, eng mit der EU-Kommission zusammenzuarbeiten und sie bei der Durchsetzung des europäischen, auf den Schutz des Wettbewerbs ausgerichteten Beihilfenrechts zu unterstützen.

6.1.1.4 Eine stärker ökonomisch ausgerichtete Betrachtungsweise (more economic approach)

1052. Die Kommission möchte zudem den ökonomischen Ansatz (economic approach) bei der Beihilfenkontrolle laut SAAP „verfeinern", um so „„… die Bewertung der mit staatlichen Beihilfen verbundenen Wettbewerbs- und Handelshemmnisse zu erleichtern und besser nachvollziehbar zu machen. Ein solcher Ansatz kann mit dazu beitragen herauszufinden, warum der Markt für sich allein genommen nicht in der Lage ist, die im gemeinsamen Interesse liegenden Ziele zu erreichen, und hilft dabei abzuschätzen, inwieweit staatliche Beihilfen tatsächlich ein Mittel sind, um diese Ziele zu verwirklichen. Von zentraler Bedeutung ist hier die Analyse des Marktversagens …".[183]

1053. Ob die Gewährung einer staatlichen Beihilfe mit wirtschaftspolitischer Zielsetzung gerechtfertigt ist, soll nach Maßgabe des SAAP somit künftig entscheidend davon abhängen, ob ein Marktversagen vorliegt. Als mögliche Ursachen eines Marktversagens benennt die EU-Kommission externe Effekte, öffentliche Güter, asymmetrische Informationen, Koordinationsmängel und Marktmacht.[184] Auch wenn die Beseitigung des Marktversagens nach dem Willen der EU-Kommission künftig eine zentrale Stellung einnehmen soll, können nach wie vor auch die im EG-Vertrag genannten sozialen, verteilungspolitischen und kulturellen Ziele rechtfertigend wirken.

1054. Die EU-Kommission beabsichtigt, bei der Vereinbarkeitsprüfung auf Rechtfertigungsebene, in der die positiven und negativen Wirkungen einer Beihilfe gegeneinander abzuwägen sind, künftig nach einem einheitlichen Schema vorzugehen. Wie im Gemeinschaftsrahmen für staatliche Beihilfen für Forschung, Entwicklung und Innovation[185] näher dargelegt wird, soll eine dreistufige Abwägungsprüfung vorgenommen werden (vgl. Übersicht VI.2).

1055. Die Monopolkommission bewertet es als positiv, dass die EU-Kommission den Vorgang der von ihr auf Rechtfertigungsebene vorzunehmenden Vereinbarkeitsprüfung (Artikel 87 Abs. 3 EGV) typisieren möchte. Die

---

[182] Vgl. Tz. 954 in diesem Kapitel.
[183] Vgl. SAAP, Tz. 22, 23.

[184] Zur Kompensation von Marktversagen als möglichem Zweck einer Beihilfenvergabe vgl. bereits oben Abschnitt 2.2.
[185] ABl. EU Nr. C 323 vom 30. Dezember 2006, S. 1.

Übersicht VI.2

Dreistufige Abwägungsprüfung (balancing test) der EU-Kommission

Stufe 1
Dient die geplante Beihilfenmaßnahme einem genau definierten Ziel von gemeinsamem Interesse, der Beseitigung eines Marktversagens oder einem anderen Ziel (z. B. regionaler oder sozialer Art)?
Stufe 2
Ist das Beihilfeninstrument geeignet, das im gemeinsamen Interesse liegende Ziel zu verwirklichen, d. h. das Marktversagen zu beheben oder ein anderes Ziel zu verfolgen? a) Ist eine staatliche Beihilfe das geeignete Mittel? b) Hat sie einen Anreizeffekt, d. h. ändert sie das Verhalten von Unternehmen? c) Ist die Beihilfe verhältnismäßig, d. h. könnte dieselbe Verhaltensänderung auch mit weniger Beihilfen erreicht werden?
Stufe 3
Sind die Nachteile – insbesondere die Wettbewerbs- und Handelsverzerrungen – begrenzt, so dass die positiven Folgen der Beihilfe die negativen überwiegen? Wie stark eine Beihilfe den Wettbewerb verzerrt, soll davon abhängen, – nach welchen Kriterien die Begünstigten ausgewählt werden und welche Auflagen mit der Beihilfe verbunden sind, – welche Merkmale der Markt und die Begünstigten aufweisen und – wie hoch die Beihilfe ausfällt und um welche Art von Beihilfeninstrument es sich handelt.

Quelle: EU-Kommission

EU-Kommission hat es jedoch versäumt, im SAAP eine stärker ökonomisch fundierte Analyse für den vorgelagerten Beihilfentatbestand (Artikel 87 Abs. 1 EGV) vorzusehen. Hier nimmt die EU-Kommission – insbesondere bei der Prüfung des Merkmals der Wettbewerbsverfälschung – regelmäßig nur die bereits dargestellte kursorische und pauschale Untersuchung vor. Diese bleibt weit hinter den Maßstäben zurück, die traditionell im EU-Kartellrecht angewendet worden sind und welche die EU-Kommission dort nun unter Berufung auf einen more economic approach durch stärker ökonomisch fundierte Kriterien ersetzen möchte. Eine nähere Untersuchung der marktstrukturellen Ausgangssituation und Wettbewerbslage soll nach dem Vorschlag der EU-Kommission im Beihilfenrecht erst auf Stufe 3 der Abwägungsprüfung auf Rechtfertigungsebene erfolgen. Die Prüfung läuft auf eine Verhältnismäßigkeitsprüfung hinaus, bei der die Geeignetheit, Erforderlichkeit und Angemessenheit einer staatlichen Maßnahme untersucht werden.

1056. Im Vorfeld einer Verhältnismäßigkeitsprüfung wird jedoch üblicherweise näher untersucht, ob ein Eingriff vorliegt. Hier steht zwar nicht ein Eingriff im engeren Sinne, also ein Eingriff in eine bestimmte subjektive Rechtsposition, in Rede. Vielmehr geht es um einen Eingriff in Form einer Wettbewerbsbeeinträchtigung im europäischen Binnenmarkt. Nur wenn eine solche Beeinträchtigung vorliegt, ist der EU-Kommission nach Artikel 87 ff. EGV die Kompetenz übertragen, mitgliedstaatliche Maßnahmen einer Beihilfenkontrolle zu unterziehen. Denn wie bereits dargelegt worden ist, bildet nur der Schutz des Wettbewerbs im Binnenmarkt das Leitbild der europäischen Beihilfenbestimmungen. Die Monopolkommission hält es generell für sachgerecht, bei bestimmten Formen mitgliedstaatlicher Beihilfen das Vorliegen einer Wettbewerbsverfälschung zu vermuten und innerhalb des Beihilfentatbestands auch ansonsten mit Vermutungen zu arbeiten. Da jedoch die Merkmale der Selektivität und der Beeinträchtigung des zwischenstaatlichen Handels sehr weit ausgelegt werden, ist eine pauschale Vermutung nicht in sämtlichen Fällen gerechtfertigt. Ein Reformansatz im Beihilfenrecht sollte nach Auffassung der Monopolkommission daher auch auf Tatbestandsebene, insbesondere bei den Merkmalen der Wettbewerbsverfälschung und des zwischenstaatlichen Handels des Artikel 87 Abs. 1 EGV, ansetzen.

6.2 Konkrete Umsetzung des SAAP – Beispiele

1057. Seit der Veröffentlichung des SAAP im Juni 2005 sind bereits zahlreiche Maßnahmen zur Umsetzung der darin angekündigten Reform getroffen worden.[186] Zudem hat die Generaldirektion Wettbewerb intern organisatori-

sche Maßnahmen im Zuge des more economic approach ergriffen. Ebenso wie die Merger Task Force wurde die Beihilfenabteilung (State Aid) aufgelöst und in die vorhandenen Abteilungen für die verschiedenen Industriesektoren eingegliedert, um so das dort vorhandene Wissen nutzen zu können. Zur Verdeutlichung des Reformansatzes der EU-Kommission sollen nachstehend exemplarisch drei verschiedene Umsetzungsmaßnahmen vorgestellt werden.

6.2.1 Erweiterung der De-minimis-Verordnung

1058. Die EU-Kommission hatte bereits im SAAP angekündigt, die Obergrenze für die De-minimis-Beihilfen zu erhöhen. Inzwischen ist eine entsprechende Verordnung ergangen. Zuvor galten Finanzhilfen, die einen Gesamtbetrag von 100 000 Euro innerhalb von drei Jahren nicht überschreiten, nicht als staatliche Beihilfen. In der neuen De-minimis-Verordnung wird dieser Betrag nun auf 200 000 Euro angehoben. Kreditsicherheiten werden in einer Höhe von bis zu 1,5 Mio. Euro zugelassen.

1059. Die Verordnung gilt jedoch nur für sog. „transparente" Beihilfen.[187] Eine Beihilfe gilt nur dann als transparent, wenn sich ihr Bruttosubventionsäquivalent[188] im

---

[186] Zu nennen sind:
Im Bereich der Dienstleistungen von allgemeinem wirtschaftlichem Interesse: Die Entscheidung der Kommission vom 28. November 2005 über die Anwendung von Artikel 86 Abs. 2 EGV auf staatliche Beihilfen, die bestimmten, mit der Erbringung von Dienstleistungen von allgemeinem wirtschaftlichem Interesse betrauten Unternehmen als Ausgleich gewährt werden (ABl. EU Nr. L 312 vom 29. November 2007, S. 67) sowie ein Gemeinschaftsrahmen für staatliche Bei-

hilfen, die als Ausgleich für die Erbringung öffentlicher Dienstleistungen gewährt werden (ABl. EU Nr. C 297 vom 29. November 2005, S. 4).
Im Bereich Regionalbeihilfen: Die Verordnung (EG) Nr. 1628/2006 der Kommission vom 24. Oktober 2006 über die Anwendung der Artikel 87 und 88 EGV auf regionale Investitionsbeihilfen der Mitgliedstaaten (Gruppenfreistellungsverordnung im Bereich regionaler Investitionsbeihilfen) (ABl. EU Nr. L 302 vom 1. November 2006, S. 29) sowie die Leitlinien für staatliche Beihilfen mit regionaler Zielsetzung 2007 bis 2013 (ABl. EU Nr. C 54 vom 4. März 2006, S. 13). In den Leitlinien legt die EU-Kommission dar, unter welchen Voraussetzungen sie Beihilfen zur Förderung der wirtschaftlichen Entwicklung bestimmter benachteiligter Gebiete innerhalb der EU nach Artikel 87 Abs. 3 Buchstabe a und c EGV als mit dem Gemeinsamen Markt vereinbar ansieht. Sie differenziert insoweit zwischen Investitionsbeihilfen an große Unternehmen, Betriebsbeihilfen und Investitionsbeihilfen an KMU, die in den benachteiligten Gebieten ansässig sind.
Darüber hinaus sind zu nennen: Die De-minimis-Verordnung (Verordnung Nr. 1998/2006 der Kommission vom 15. Dezember 2006 über die Anwendung der Artikel 87 und 88 EG-Vertrag auf „De-minimis"-Beihilfen, ABl. EU Nr. L 379 vom 28. Dezember 2006, S. 5), die Leitlinien der Gemeinschaft für staatliche Beihilfen zur Förderung von Risikokapitalinvestitionen in kleine und mittlere Unternehmen (ABl. EU Nr. C 194 vom 18. August 2006, S. 2), die Mitteilung der Kommission an die Mitgliedstaaten zur Änderung der Mitteilung nach Artikel 93 Absatz 1 EGV zur Anwendung der Artikel 92 und 93 EGV auf die kurzfristige Exportkreditversicherung (ABl. EU Nr. C 325 vom 22. Dezember 2005, S. 22), der Gemeinschaftsrahmen für staatliche Beihilfen für Forschung, Entwicklung und Innovation (ABl. EU Nr. C 323 vom 30. Dezember 2006, S. 1) sowie die Leitlinien der Gemeinschaft für staatliche Umweltschutzbeihilfen (ABl. EU Nr. C 82 vom 1. April 2008, S. 1).
Außerdem hat die EU-Kommission mehrere Vorschläge für künftige Regelwerke vorgelegt, insbesondere einen Entwurf der Allgemeinen Gruppenfreistellungsverordnung für staatliche Beihilfen.

[187] Vgl. Artikel 2 Abs. 4 der De-minimis-Verordnung.

[188] Das Subventionsäquivalent oder der Barwert einer Förderung gibt den wirtschaftlichen Nutzen einer Förderung wieder. Das Subventionsäquivalent wird häufig in Prozent der gesamten (berücksichtigungsfähigen) Projektkosten angegeben. Das sog. Bruttosubventionsäquivalent unterscheidet sich vom Nettosubventionsäquivalent dadurch, dass die Besteuerung der Fördermittel nicht berücksichtigt wird.

Voraus exakt berechnen lässt, ohne dass eine Risikobewertung erforderlich ist.[189] Eine solche präzise Berechnung ist beispielsweise bei Zuschüssen, Zinszuschüssen oder begrenzten Steuerbefreiungen möglich, nicht aber bei Kapitalzuführungen der öffentlichen Hand. Infolge dieser Einschränkung profitieren viele kommunale Projekte, die etwa in Form eines Public-Private-Partnership-Modells realisiert werden, nicht von der in der De-mini-mis-Verordnung angeordneten Freistellung. Vielmehr unterliegen entsprechende Projekte der Anmeldepflicht nach Artikel 88 Abs. 3 Satz 1 EGV und sind somit für die Beteiligten mit hohen Transaktionskosten verbunden. Das Transparenzkriterium hat jedoch den Vorteil, dass die Regeln der De-minimis-Verordnung aus Sicht der Rechtsanwender eindeutig und einfach zu handhaben sind.

1060. Ein möglicher Einwand gegen die De-minimis-Verordnung ist, dass sie einen absoluten Schwellenwert verwendet, der pauschal für alle Branchen gilt. Dies kann zu nicht sachgerechten Ergebnissen führen, da die Freistellung unabhängig von der Größe des Marktes, der Marktstellung des Begünstigten und der konkreten Wettbewerbssituation zum Tragen kommt. Auch können bei Verwendung eines pauschalen Schwellenwerts die durch eine Beihilfe drohenden Wettbewerbsverzerrungen nicht richtig abgeschätzt werden. Gleichwohl hält die Monopolkommission die Verwendung eines Schwellenwerts, unterhalb dessen Beihilfen von geringem Umfang freigestellt werden, für ein sinnvolles Instrument der Verfahrensvereinfachung, durch das die Rechtssicherheit erhöht wird und Bürokratiekosten vermieden werden können. Hierdurch wird die EU-Kommission entlastet und eine Konzentration auf problematische Fälle ermöglicht, in denen erhebliche Wettbewerbsbeeinträchtigungen drohen. Jedoch ist der inzwischen auf 200 000 Euro angehobene Schwellenwert immer noch sehr niedrig angesetzt.

1061. Die Monopolkommission ist der Ansicht, dass darüber hinaus auch bei Beihilfen, die ein höheres Volumen aufweisen, erleichterte Freistellungsvoraussetzungen eingeführt werden sollten. So könnte der EU-Kommission bei Beihilfen, die einen näher zu definierenden Betrag – der bei 1 Mio. Euro angesetzt werden könnte – ein Aufgreifermessen eingeräumt werden.[190] Bei Beihilfen unterhalb dieses Schwellenwertes sollte widerlegbar vermutet werden, dass keine spürbare Wettbewerbsverfälschung nach Artikel 87 Abs. 1 EGV vorliegt. Diese Vermutung sollte allerdings nur gelten, wenn die Beihilfe zusätzlich tätigkeitsbezogen vergeben wird, die Beihilfenintensität[191] vergleichsweise gering ist (nicht mehr als 30 Prozent) und die Zuwendung in einem offenen und transparenten Verfahren vergeben wird.[192]

6.2.2 Entwurf einer allgemeinen Gruppenfreistellungsverordnung

1062. Um die Zahl der anmeldepflichtigen Beihilfen zu verringern, setzt die EU-Kommission zunehmend sog.

Gruppenfreistellungsverordnungen ein. Diese Gruppenfreistellungsverordnungen stellen unmittelbar anwendbares Recht dar und ihre korrekte Anwendung kann – etwa auf Betreiben eines Konkurrenten des begünstigten Empfängers – vor den nationalen Gerichten überprüft werden. Die Kommission kündigt im SAAP an, die bisherigen Gruppenfreistellungsverordnungen durch eine einheitliche Gruppenfreistellungsverordnung zu vereinfachen, zu konsolidieren und um weitere Bereiche zu ergänzen. Inzwischen hat die EU-Kommission einen Entwurf für eine allgemeine Gruppenfreistellungsverordnung veröffentlicht.[193] Der Verordnungsentwurf sieht die Möglichkeit einer Freistellung für fast alle Wirtschaftszweige vor und wird – wenn er umgesetzt wird – eine Vielzahl der Beihilfenfälle erfassen. Die Mitgliedstaaten wären künftig nicht mehr verpflichtet, Beihilfen, die unter diese Verordnung fallen und die darin festgelegten Voraussetzungen erfüllen, bei der Kommission anzumelden und vor Gewährung der Beihilfen die Genehmigung der Kommission abzuwarten. Sie könnten ihre Beihilfenmaßnahmen vielmehr sofort umsetzen.

1063. Die bisherigen fünf Gruppenfreistellungsverordnungen (für Beihilfen an kleine und mittlere Unternehmen (im Folgenden: KMU[194]), Forschungs- und Entwicklungsbeihilfen für KMU, Beschäftigungsbeihilfen, Ausbildungsbeihilfen und Regionalbeihilfen) sollen in der allgemeinen Gruppenfreistellungsverordnung aufgehen; sie soll darüber hinaus neue Gruppen von Beihilfen erfassen: Umweltschutzbeihilfen, Risikokapitalbeihilfen sowie Forschungs- und Entwicklungsbeihilfen für Großunternehmen.

1064. Für die verschiedenen Gruppen werden im Verordnungsentwurf die maximal zulässigen Beihilfenintensitäten sowie die beihilfenfähigen Kosten näher definiert. Durch die Höhe der zulässigen Beihilfenintensität als dem Anteil, zu dem sich ein Mitgliedstaat an den (anerkannten) Gesamtkosten des Projekts beteiligen darf, bringt die EU-Kommission zum Ausdruck, wie erheblich sie das Risiko einer Wettbewerbsverfälschung in Bezug auf die jeweilige Beihilfenkategorie und deren voraus-

---

[189] Vgl. hierzu Erwägungsgrund 12 der De-minimis-Verordnung.
[190] Vgl. hierzu bereits oben Tz. 1015 ff.
[191] Als Beihilfenintensität wird der Anteil der Förderung an den Gesamtausgaben des jeweiligen Projekts bezeichnet.
[192] Vgl. hierzu näher unten Tz. 1106 ff.

[193] Vgl. Aufforderung zur Stellungnahme zu dem Entwurf der Allgemeinen Gruppenfreistellungsverordnung der Kommission für staatliche Beihilfen, ABl. EU Nr. C 210 vom 8. Septembr 2007, S. 14.
[194] Der Begriff der kleinen und mittleren Unternehmen wird in Anhang I der Verordnung (EG) Nr. 70/2001 der Kommission vom 12. Januar 2001 über die Anwendung der Artikel 87 und 88 EG-Vertrag auf staatliche Beihilfen an kleine und mittlere Unternehmen (ABl. EG Nr. L 10 vom 13. Januar 2001, S. 33) wie folgt wiedergegeben: „Artikel 1
(1) Die kleinen und mittleren Unternehmen, nachstehend ‚KMU' genannt, werden definiert als Unternehmen, die
– weniger als 250 Personen beschäftigen und
– einen Jahresumsatz von höchstens 40 Mio. Euro oder eine Jahresbilanzsumme von höchstens 27 Mio. Euro haben und
– die das in Absatz 3 definierte Unabhängigkeitskriterium erfüllen.
(2) Für den Fall, dass eine Unterscheidung zwischen kleinen und mittleren Unternehmen erforderlich ist, werden die „kleinen Unternehmen" definiert als Unternehmen, die
– weniger als 50 Personen beschäftigen und
– einen Jahresumsatz von höchstens 7 Mio. Euro oder eine Jahresbilanzsumme von höchstens 5 Mio. Euro haben und
– die das in Absatz 3 definierte Unabhängigkeitskriterium erfüllen."

sichtlichen Nutzen für die Allgemeinheit eingeschätzt. Je höher die Beihilfenintensität angesetzt wird, desto geringer sind die befürchteten Wettbewerbsbeschränkungen. Die Festlegung der Beihilfenintensität beinhaltet somit eine – wenngleich pauschale und grobe – Abwägung zwischen den positiven und negativen Beihilfenfolgen. Nach dem Verordnungsentwurf ist beispielsweise für allgemeine Ausbildungsmaßnahmen, bei denen übertragbare Qualifikationen erworben werden, eine höhere Beihilfenintensität zulässig (nämlich 65 Prozent) als für spezifische Ausbildungsmaßnahmen, die in erster Linie dem ausbildenden Unternehmen zugute kommen (35 Prozent). Im Verordnungsentwurf sind zudem an mehreren Stellen Begünstigungen für KMU vorgesehen.[195] Falls eine Beihilfenmaßnahme die im Verordnungsentwurf genannten Voraussetzungen erfüllt und die jeweilige gruppenspezifische Beihilfenintensität nicht überschreitet, soll ihre Vereinbarkeit mit dem Gemeinsamen Markt vermutet werden. Neben diesen Vermutungstatbeständen enthält der Entwurf der Allgemeinen Gruppenfreistellungsverordnung auch Bestimmungen, die höhere Anforderungen an den Rechtsanwender stellen. So muss bei Beihilfen an Großunternehmen positiv nachgewiesen werden, dass die Beihilfe einen Anreizeffekt entfaltet. Daran fehlt es, wenn der Empfänger das geförderte Projekt auch ohne die Beihilfe unter Marktbedingungen durchführen würde.

1065. Bei Beihilfen an KMU wird ein solcher Anreizeffekt als gegeben angesehen, wenn das betreffende KMU bei dem Mitgliedstaat einen Beihilfenantrag stellt, bevor es mit der Durchführung des geförderten Vorhabens oder der geförderten Tätigkeiten beginnt (Artikel 8 Abs. 2 Verordnungsentwurf). Im Fall von Beihilfen an Großunternehmen muss der Mitgliedstaat nachprüfen (Artikel 8 Abs. 3 Verordnungsentwurf), ob der Empfänger in einem internen Dokument die Durchführbarkeit des geförderten Vorhabens oder der geförderten Tätigkeiten mit und ohne Beihilfe analysiert hat. Das begünstigte Unternehmen hat diese Analyse ex ante anhand quantitativer und qualitativer Indikatoren durchzuführen. Der Mitgliedstaat hat diese Analyse zu überprüfen und zu den Akten zu nehmen.

1066. Die Monopolkommission bewertet es als positiv, dass die bisherigen Gruppenfreistellungsverordnungen im

Beihilfenbereich zur Verbesserung der Transparenz und Rechtssicherheit in einer einzigen Verordnung zusammengefasst werden sollen. Nach Auffassung der Monopolkommission können Gruppenfreistellungsverordnungen einen wichtigen Beitrag zur Verfahrensvereinfachung leisten. Diesen Zweck können sie jedoch nur erfüllen, wenn die Freistellungsvoraussetzungen klar formuliert sind und ihre Umsetzung unkompliziert möglich ist. Der im Verordnungsentwurf vorgesehene positive Nachweis des Anreizeffekts bei Beihilfen an Großunternehmen setzt dagegen ein kosten- und zeitintensives Verfahren voraus. Zwar werden Großunternehmen im Vorfeld der Beantragung einer Beihilfe regelmäßig einen „Business Plan" aufstellen, in dem sie bereits eine eingehende (kontrafaktische) Analyse durchgeführt haben. Das Erfordernis einer näheren Überprüfung der Analyse durch die mitgliedstaatlichen Behörden führt jedoch zu einem erheblichen bürokratischem Mehraufwand und erscheint wenig effizient, da die Kontrolle der Beihilfen gewährenden Stelle überantwortet wird. Die vorgeschlagene Regelung sollte daher nach Auffassung der Monopolkommission keinen Eingang in eine unmittelbar anwendbare Gruppenfreistellungsverordnung finden.

6.2.3 Gemeinschaftsrahmen Forschung, Entwicklung und Innovation

1067. Als typisches Beispiel dafür, wie die EU-Kommission die im SAAP genannten Ziele – insbesondere den angestrebten more economic approach – verwirklichen möchte, kann der Gemeinschaftsrahmen für Forschung, Entwicklung und Innovation (FuEuI) vom 22. November 2006 dienen, der – anders als die Vorgängerregelung – neben den Bereichen Forschung und Entwicklung auch Innovationsprojekte mit einbezieht. Der FuEuI-Gemeinschaftsrahmen gilt nur für solche Beihilfenmaßnahmen, die nicht bereits durch die De-minimis-Verordnung oder durch eine Gruppenfreistellungsverordnung von der Anmeldpflicht nach Artikel 88 Abs. 3 Satz 1 EGV befreit sind. Im FuEuI-Gemeinschaftsrahmen äußert sich die EU-Kommission am Rande auch zur Frage des Leitbilds der europäischen Beihilfenkontrolle.[196] Legitimes Ziel von FuEuI-Beihilfen sei die wirtschaftliche Effizienz.

---

[195] So sollen Investitions- und Beschäftigungsbeihilfen, Beihilfen zur frühzeitigen Anpassung an künftige Gemeinschaftsnormen und Beihilfen für die Inanspruchnahme von Beratungsdiensten nach dem Verordnungsentwurf nur dann freigestellt werden, wenn sie KMU gewährt werden. Für Beihilfengruppen, bei denen grundsätzlich auch Großunternehmen von der Freistellung profitieren können, sind Aufschläge bei den Beihilfenintensitäten zugunsten von KMU vorgesehen. Schließlich sollen für KMU erleichterte Nachweisanforderungen gelten (Artikel 8 Abs. 2 Verordnungsentwurf). Die EU-Kommission stuft KMU als besonders förderungswürdig ein, da sie „eine entscheidende Rolle bei der Schaffung von Arbeitsplätzen spielen und eine der Säulen für soziale Stabilität und wirtschaftliche Dynamik sind." Die EU-Kommission erwartet also, dass durch die Förderung von KMU solche positiven externen Effekte eintreten. Sie geht zudem davon aus, dass KMU typischerweise aufgrund von Marktversagen benachteiligt sind. KMU hätten wegen der häufig geringeren Risikobereitschaft bestimmter Finanzmärkte und geringerer Besicherungsmöglichkeiten vielfach Schwierigkeiten, Kapital, Risikokapital oder Darlehen zu beschaffen.

[196] In Ziff 1.1.1, Abs. 3 des FuEuI-Gemeinschaftsrahmens heißt es: „Staatliche Beihilfen sollen die wirtschaftliche Effizienz fördern und damit zu nachhaltiger Wirtschaftsentwicklung und Beschäftigung beitragen. Staatliche FuEuI-Beihilfen sind demnach mit dem Gemeinsamen Markt vereinbar, wenn von ihnen angenommen werden kann, dass sie zu zusätzlicher FuEuI-Tätigkeit führen und der Wettbewerb nicht in einem dem gemeinsamen Interesse zuwiderlaufenden Ausmaß beeinträchtigt wird; in diesem Falle sieht die Kommission das Kriterium der wirtschaftlichen Effizienz als erfüllt an. Dieser Gemeinschaftsrahmen soll die Verwirklichung dieses Ziels gewährleisten und den Mitgliedstaaten das gezieltere Zuschneiden der Beihilfen auf das festgestellte Marktversagen erleichtern." Hierzu führt sie in Fußnote 3 ergänzend aus: „In der Wirtschaftswissenschaft wird die (wirtschaftliche) Effizienz daran gemessen, inwieweit die Gesamtwohlstandsgewinne in einem einzelnen Markt oder der Volkswirtschaft als Ganzes optimiert werden. Zusätzliche FuEuI verbessert die wirtschaftliche Effizienz durch Umlenkung der Marktnachfrage auf neue oder verbesserte Produkte, Verfahren oder Dienstleistungen, was einem günstigeren Preis-Leistungs-Verhältnis der betreffenden Produkte entspricht."

Ohne darzulegen, warum sie nicht wie in den übrigen Bereichen der Wettbewerbspolitik insoweit auf die Konsumentenwohlfahrt abstellt, benennt die EU-Kommission beiläufig die Gesamtwohlfahrt als maßgebliches Leitbild.

1068. Die EU-Kommission sieht im FuEuI-Gemeinschaftsrahmen verschiedene Verfahren mit unterschiedlicher Prüfungsdichte vor: zum einen ein schnelleres Verfahren, bei dem auch gesetzliche Vermutungen zum Tragen kommen sollen, zum anderen ein sehr aufwendiges Prüfverfahren, bei dem eine konkrete und auf den FuEuI-Bereich zugeschnittene Anwendung der dreistufigen Abwägungsprüfung erfolgt. Die eingehende Würdigung soll vorgenommen werden, falls die Beihilfe bestimmte, in Kapitel 7 des FuEuI-Gemeinschaftsrahmens aufgeführte Obergrenzen überschreitet. Die Höhe dieser Schwellenwerte differiert je nach Beihilfenart und geförderter Tätigkeit.[197] Darüber hinaus enthält der FuEuI-Gemeinschaftsrahmen besondere Vorgaben für die Prüfung des Anreizeffekts.

1069. Konkret definiert die EU-Kommission in Kapitel 5 des FuEuI-Gemeinschaftsrahmens zunächst verschiedene Beihilfenkategorien, für die sie konkrete Voraussetzungen aufstellt und die zulässige Beihilfenintensität[198] bestimmt. Je marktferner die geförderte Tätigkeit ist, desto höher darf die Beteiligung an dem jeweiligen Projekt ausfallen (100 Prozent bei der Grundlagenforschung, 50 Prozent bei der industriellen Forschung und 25 Prozent bei der experimentellen Forschung). Dieser Abgrenzung liegt die zutreffende Annahme zugrunde, dass schädliche Wettbewerbsverzerrungen auf Produktmärkten umso wahrscheinlicher sind, je stärker die geplante Investition auf die Entwicklung neuer oder veränderter Produkte oder Verfahren angelegt ist.

1070. In Kapitel 6 des FuEuI-Gemeinschaftsrahmens geht die EU-Kommission sodann auf das Kriterium des Anreizeffekts ein, dem sie einen zentralen Stellenwert beimisst. Bei bestimmten Beihilfen – namentlich bei Projektbeihilfen für Großunternehmen, Projektbeihilfen für KMU über 7,5 Mio. Euro, Beihilfen für Prozess- und Organisationsinnovation im Dienstleistungssektor und Beihilfen für Innovationskerne – muss der Anreizeffekt von den anmeldenden Mitgliedstaaten konkret nachgewiesen werden. In entsprechenden Fällen müssen die Mitgliedstaaten unabhängig davon, ob darüber hinaus auch in Kapitel 7 für die konkrete Tätigkeit genannte Schwellenwert überschritten ist, der EU-Kommission eine Ex-ante-Bewertung der gesteigerten FuEuI-Tätigkeit vorlegen, die auf einem Vergleich der Situation ohne Beihilfe mit der Situation nach Beihilfengewährung basiert. Als mögliche Indikatoren benennt die EU-Kommission: Erhöhung des Projektumfangs, Erhöhung der Projektreichweite, Beschleunigung des Verfahrens, Aufstockung der Gesamtaufwendungen für FuEuI.[199]

1071. Sofern die jeweilige Beihilfenmaßnahme die Kriterien des Kapitels 5 erfüllt, den für die geförderte Tätigkeit vorgesehenen Schwellenwert des Kapitels 7 nicht überschreitet[200] und der Anreizeffekt entsprechend dem in Kapitel 6 beschriebenen Verfahren nachgewiesen wird, erfolgt keine weitere Prüfung. Vielmehr wird unterstellt, dass die dreistufige Abwägungsprüfung zu einem positiven Ergebnis führen würde. Da die EU-Kommission insoweit auf Schwellenwerte und nicht etwa auf Marktanteile abstellt, kommt dieser Vermutungstatbestand unabhängig von der Größe des Marktes und der Marktstellung des Begünstigten zum Tragen.

1072. Sofern der für die jeweilige Tätigkeit festgelegte Schwellenwert überschritten ist, soll die dreistufige Abwägungsprüfung einzelfallbezogen nach Maßgabe der in Kapitel 7 näher beschriebenen Vorgehensweise durchgeführt werden.

Zunächst muss der Mitgliedstaat auf Stufe 1 das Vorliegen eines berechtigten gemeinsamen Interesses nachweisen. Nach Maßgabe des FuEuI-Gemeinschaftsrahmens kommt eine Rechtfertigung von Beihilfen nur dann in Betracht, wenn die Beseitigung eines Marktversagens angestrebt wird.[201] Andere Ziele sozialer oder verteilungspolitischer Art lässt die EU-Kommission im Anwendungsbereich des FuEuI-Rahmens nicht gelten. Nach Ansicht der EU-Kommission sind im Bereich FuEuI als Formen des Marktversagens Wissens-Spillover, unvollständige und asymmetrische Informationen sowie mangelnde Koordinierung und Netzbildung denkbar. Deren bloße Behauptung reicht nicht aus, vielmehr muss der je-

---

[197] Nach Ziff. 7.1 des FuEuI-Gemeinschaftsrahmens sind die folgenden Schwellenwerte maßgeblich:

„– im Falle von Projektbeihilfen und Durchführbarkeitsstudien
 – bei Projekten, die überwiegend die Grundlagenforschung betreffen: 20 Mio. Euro je Unternehmen und Vorhaben/Durchführbarkeitsstudie;
 – bei Projekten, die überwiegend die industrielle Forschung betreffen: 10 Mio. Euro je Unternehmen und Vorhaben/Durchführbarkeitsstudie;
 – bei allen anderen Projekten: 7,5 Mio. Euro je Unternehmen und Projekt/Durchführbarkeitsstudie;
 – im Falle der Prozess- oder Betriebsinnovation im Dienstleistungssektor: 5 Mio. Euro je Unternehmen und Vorhaben;
 – im Falle von Innovationskernen (je Kern): 5 Mio. Euro."

[198] Hierunter versteht man „die in Prozent der beihilfenfähigen Kosten des Vorhabens ausgedrückte Höhe der Bruttobeihilfe. Sämtliche eingesetzten Beträge sind Beträge vor Abzug von Steuern oder anderen Abgaben. Werden Beihilfen nicht in Form eines Zuschusses gewährt, bestimmt sich die Höhe der Beihilfe nach ihrem Beihilfenäquivalent." (Ziff. 2.2 c) FuEuI-Gemeinschaftsrahmen).

[199] Falls der in Kapitel 7 genannte Schwellenwert nicht überschritten ist, möchte die EU-Kommission in der Regelfall annehmen, dass die geplante Beihilfe einen Anreizeffekt aufweist, wenn zumindest bei einem dieser Faktoren signifikante Veränderungen unter Berücksichtigung des normalen Verhaltens in dem betreffenden Wirtschaftszweig nachgewiesen werden können. Andernfalls gelten erhöhte Nachweispflichten.

[200] Hierunter fallen:
 – Projektbeihilfen und Durchführbarkeitsstudien, bei denen die Beihilfe einem KMU gewährt wird und der Beihilfenbetrag je KMU und Vorhaben unter 7,5 Mio. Euro liegt (Projektbeihilfe plus Beihilfe für Durchführbarkeitsstudie),
 – Beihilfen für von KMU zu tragende Kosten für gewerbliche Schutzrechte,
 – Beihilfen für junge innovative Unternehmen,
 – Beihilfen für Innovationsberatung; Beihilfen für innovationsunterstützende Dienstleistungen,
 – Beihilfen zur Ausleihung hochqualifizierten Personals.

[201] Vgl. Ziff. 1.3.2 FuEuI-Gemeinschaftsrahmen.

weilige Mitgliedstaat den Nachweis erbringen, warum im konkreten Fall ein spezifisches Marktversagen vorliegt.

Sodann soll auf Stufe 2 überprüft werden, ob es sich bei der Beihilfe um ein geeignetes Instrument handelt, ein Anreizeffekt vorliegt und die Beihilfe verhältnismäßig ist. Eine Maßnahme gilt bereits dann als geeignetes Instrument, wenn der betreffende Mitgliedstaat im Rahmen einer Folgenabschätzung andere Maßnahmen erwogen hat und (nachvollziehbar) zu der Feststellung gelangt ist, dass die Gewährung einer selektiv wirkenden Beihilfe Vorteile mit sich bringt. In diesem Zusammenhang gesteht die EU-Kommission den Mitgliedstaaten somit einen Einschätzungsspielraum zu. Demgegenüber verlangt sie in Bezug auf den Anreizeffekt einen positiven Nachweis, der eine äußerst komplexe und aufwendige Analyse voraussetzt, die über die in Kapitel 6 genannten Anforderungen hinausgeht. Die Ermittlung des Anreizeffekts bildet nach den Ausführungen der EU-Kommission im Rahmen des konkreten Abwägungstests „den wichtigste(n) Bestandteil bei der Analyse einer staatlichen FuEuI-Beihilfe".[202] Für die Prüfung der Verhältnismäßigkeit fordert die EU-Kommission die Mitgliedstaaten hingegen lediglich dazu auf, konkret darzulegen, inwiefern ein offenes Auswahlverfahren stattgefunden hat und ob die Beihilfe den erforderlichen Mindestbetrag nicht überschreitet.

Zum Schluss sollen auf Stufe 3 des Tests mögliche Wettbewerbs- und Handelsverzerrungen analysiert und mit den positiven Wirkungen (der Beseitigung des jeweiligen Marktversagens) abgewogen werden. Als Wettbewerbsverzerrungen, die durch eine FuEuI-Beihilfe ausgelöst werden können, benennt die EU-Kommission:

– die Verringerung der dynamischen Innovationsanreize für die Wettbewerber durch eine verstärkte Präsenz des begünstigten Unternehmens auf den Produktmärkten (Verdrängungseffekte); in diesem Zusammenhang möchte die EU-Kommission den Beihilfenbetrag,[203] die Marktnähe/Beihilfenart,[204] die Art der Vergabe,[205] eventuelle Austrittsschranken,[206] die Wettbewerbsanreize für einen zukünftigen Markt[207] und die Produkt-

differenzierung sowie die Intensität des Wettbewerbs[208] berücksichtigen;

– die Schaffung oder Aufrechterhaltung von Marktmacht; die EU-Kommission kündigt an, die Höhe der Zutrittsschranken,[209] die Nachfragemacht[210] und den Auswahlprozess in ihre diesbezügliche Betrachtung einzustellen.[211] Sie legt dar, es sei unwahrscheinlich, dass in Märkten, in denen jeder Begünstigte einen Anteil von weniger als 25 Prozent hält und sich die Marktkonzentration gemessen am HHI[212] auf unter 2 000 beläuft, Wettbewerbsbedenken wegen Marktmacht auftreten.

– die Aufrechterhaltung ineffizienter Marktstrukturen; die EU-Kommission möchte insoweit überprüfen, ob die Beihilfe in Märkten mit Überschusskapazitäten, für schrumpfende Wirtschaftszweige oder in sensiblen Sektoren gewährt wird.

1073. Zu begrüßen ist, dass die EU-Kommission die Wettbewerbsverzerrungen, die im Falle einer FuEuI-Beihilfe drohen, im Gemeinschaftsrahmen typologisiert und die Beurteilungskriterien ausdrücklich benennt. Die Untersuchung der negativen Auswirkungen auf Stufe 3 des Tests setzt voraus, dass eine detaillierte Wettbewerbsanalyse auf der Basis einer konkreten Definition des sachlich und geografisch relevanten Marktes erfolgt. Die EU-Kommission berücksichtigt bei der Wettbewerbsanalyse sowohl verschiedene Marktcharakteristika (die Stellung des begünstigten Unternehmens im relevanten Markt, die Marktanteilshöhe und -konzentration, Marktzutrittsbarrieren, den Grad an Produktdifferenzierung sowie Überkapazitäten im Markt) als auch Beihilfencharakteristika (die Art der Vergabe[213], die Höhe des Beihilfenbetrags, die

---

[202] Vgl. Ziff. 7.3.3. FuEuI-Gemeinschaftsrahmen.

[203] Bei besonders hohen Beihilfenbeträgen (gemessen an den gesamten privaten FuEuI-Ausgaben in dem betreffenden Sektor) sind nach Ansicht der EU-Kommission beträchtliche Verdrängungseffekte wahrscheinlicher.

[204] Mit zunehmender Marktnähe der durch eine Beihilfe geförderten FuEuI-Tätigkeit nimmt nach Einschätzung der EU-Kommission die Wahrscheinlichkeit erheblicher Verdrängungswirkungen zu.

[205] Die Gewährung der Beihilfen auf der Grundlage objektiver Kriterien wird von der Kommission positiver bewertet.

[206] Die EU-Kommission führt aus, dass die Wettbewerber eher geneigt sein werden, ihre Investitionen aufrechtzuerhalten oder sogar zu erhöhen, wenn die Schranken zur Aufgabe des Innovationsprozesses hoch sind. Dies kann der Fall sein, wenn ein Großteil der früheren Investitionsausgaben des Wettbewerbers in einer bestimmten FuEuI-Technologie gebunden ist.

[207] FuEuI-Beihilfen können nach Ansicht der EU-Kommission dazu führen, dass die Wettbewerber des Begünstigten auf den Wettbewerb um einen zukünftigen Markt verzichten, da die mit der Beihilfe verbundenen Vorteile (hinsichtlich des Maßes des technischen Vorsprungs oder zeitlicher Vorteile) die Rentabilität eines zukünftigen Markteintritts für die Wettbewerber verringern.

[208] Wenn die Produktinnovation auf die Entwicklung differenzierter Produkte (etwa bezogen auf bestimmte Marken, Normen, Techniken, Verbrauchergruppen) gerichtet ist, sind die Wettbewerber davon nach Auffassung der EU-Kommission in der Regel weniger stark betroffen. Dasselbe gelte, wenn viele effektive Wettbewerber auf dem Markt vertreten sind.

[209] Die EU-Kommission legt dar, dass im FuEuI-Bereich die Zutrittsschranken für Newcomer hoch sein könnten. Hierzu zählt sie Schranken rechtlicher Art (insbesondere Rechte des geistigen Eigentums), Größen- und Verbundvorteile, Schranken beim Zugang zu Netzwerken und Infrastrukturen und sonstige strategische Schranken für den Markteintritt oder das Wachstum.

[210] Die Marktmacht eines Unternehmens kann, so die EU-Kommission, durch die Marktstellung der Abnehmer eingeschränkt werden. Das Vorhandensein starker Abnehmer könne bewirken, dass eine starke Marktstellung weniger schwer wiege, wenn anzunehmen sei, dass die Käufer versuchen werden, ausreichenden Wettbewerb im Markt zu erlangen.

[211] Nach Ansicht der EU-Kommission sind Beihilfen bedenklich, die es Unternehmen mit starker Marktstellung ermöglichen, den Auswahlprozess zu beeinflussen, z. B. wenn sie das Recht haben, Unternehmen im Auswahlprozess zu empfehlen oder den Forschungspfad auf eine Weise zu beeinflussen, die alternative Pfade ungerechtfertigt benachteiligt.

[212] HHI ist die Abkürzung für Herfindahl-Hirschman-Index und beschreibt die Summe der quadrierten Marktanteile der Unternehmen im relevanten Markt.

[213] Maßnahmen, die innerhalb breiter Hilfsprogramme oder innerhalb offener Auswahlverfahren vergeben wurden, sind ceteris paribus weniger verzerrend als gezielte Ad-hoc-Maßnahmen zugunsten einzelner Firmen.

Beihilfenart und die Marktnähe der geförderten Tätigkeit).

1074. Vor dem Hintergrund, dass die Rechtfertigungsgründe in Artikel 87 Abs. 3 EGV sehr weit formuliert sind, sieht es die Monopolkommission als positiv an, dass die EU-Kommission ihr Vorgehen bei der Prüfung näher konkretisieren und auf die Besonderheiten von FuEuI-Beihilfen zuschneiden will. Hierdurch werden die Transparenz und das ökonomische Fundament der Beihilfenentscheidungen der EU-Kommission im FuEuI-Bereich im Vergleich zur früheren Praxis erhöht. Kritisch ist zu bewerten, dass die EU-Kommission die Wettbewerbssituation nicht bereits auf Tatbestandsebene (Artikel 87 Abs. 1 EGV), sondern erstmals auf Rechtfertigungsebene innerhalb der Vereinbarkeitsprüfung – Stufe 3 des Abwägungstests – untersucht. Vielmehr sollte – anders als nach dem Konzept der EU-Kommission und der gegenwärtigen Praxis – das Vorliegen einer grenzüberschreitenden Wettbewerbsverfälschung bereits im Vorfeld auf Tatbestandsebene ökonomisch fundiert festgestellt worden sein, bevor die EU-Kommission im Rahmen der Vereinbarkeitsprüfung die Geeignetheit und Erforderlichkeit einer Beihilfenmaßnahme im Hinblick auf das mit ihr verfolgte ökonomische oder verteilungspolitische Ziel untersucht.

1075. Nach Ansicht der Monopolkommission ist zudem zu beanstanden, dass die EU-Kommission dem Kriterium des Anreizeffekts im Vergleich zu den anderen Prüfungspunkten einen zentralen Stellenwert einräumt und den Anreizeffekt als „wichtigsten Bestandteil" ihres Abwägungstests beschreibt.[214] Nach Auffassung der Monopolkommission sollte dieses Kriterium im Vergleich zu anderen Prüfungspunkten nicht überbewertet und nicht an einen so aufwendigen und komplexen Nachweis gebunden werden, wie dies in Kapitel 7 des FuEuI-Gemeinschaftsrahmens vorgesehen ist. Obwohl Beihilfen grundsätzlich nur vergeben werden sollten, wenn sie einen Anreiz zur Verhaltensänderung setzen, da andernfalls Mitnahmeeffekte entstehen, stellt aus wettbewerblicher Sicht das bloße Nichtvorhandensein eines Anreizeffekts keinen Beleg für das Vorliegen einer Wettbewerbsbeeinträchtigung dar. Falls die Beihilfe keine Verhaltensänderung in Bezug auf das geförderte Projekt bewirkt, bedeutet dies, dass das begünstigte Unternehmen ohne die Beihilfe keine anderen Preis- oder Mengenentscheidungen auf den betrachteten Märkten getroffen und insoweit gerade keine Wettbewerbsverzerrung hervorgerufen hätte. Zwar kann umgekehrt aus dem Fehlen eines Anreizeffekts nicht auf das Fehlen einer Wettbewerbsverfälschung geschlossen werden, da ein Unternehmen langfristig betrachtet die Ressourcen, die ihm durch die Beihilfengewährung zur Verfügung gestellt werden und sein Betriebsergebnis begünstigen, einsetzen kann, um – etwa auf benachbarten Märkten – einen Wettbewerbsvorsprung zu erzielen. Innerhalb der von der EU-Kommission auf den Schutz des grenzüberschreitenden Wettbewerbs ausgerichteten Abwägungsprüfung stellt das Kriterium des Anreizeffekts jedoch kein geeignetes Prüfkriterium dar.

1076. Wenn die Funktionsweise eines bestimmten Marktes gravierenden Einschränkungen unterliegt, führt ein unverfälschter Wettbewerb in allokativer Hinsicht nicht zu effizienten Ergebnissen. Die EU-Kommission sollte jedoch im Rahmen der Vereinbarkeitsprüfung näher untersuchen, inwiefern das jeweilige Marktversagen spezifisch und wirksam durch die Beihilfe beseitigt werden kann und ob offensichtlich mildere Mittel zur Verfügung stehen, die den Wettbewerb weniger verzerren. Denn auch wenn ein Marktversagen vorliegt, bedeutet dies nicht automatisch, dass die Situation durch einen staatlichen Eingriff verbessert wird. Vielmehr besteht die Gefahr, dass Beihilfen aufgrund staatlicher Fehleinschätzung die gewünschte Wirkung verfehlen und die Wettbewerbssituation nachteilig verändern. Die EU-Kommission sollte daher auch überprüfen, ob gegebenenfalls mehrere Marktversagenstatbestände vorliegen und sich die Wettbewerbssituation – falls nur ein Marktversagen durch eine Beihilfe gezielt bekämpft wird – durch den staatlichen Eingriff voraussichtlich verschlechtert (Second-best-Problematik).

6.3 Kennzeichen des more economic approach in der Beihilfenkontrolle

6.3.1 Ursprünge des more economic approach im EU-Wettbewerbsrecht

1077. Unter Berufung auf einen more economic approach hat die EU-Kommission zunächst nur die schrittweise Neuausrichtung im Bereich der unternehmensbezogenen Wettbewerbsbestimmungen (Kartellrecht[215]) angestrebt. Hier liegen die Ursprünge des neuen Reformansatzes der EU-Kommission, der sich auf mehrere Ebenen und Fragestellungen erstreckt:

– die Frage nach dem maßgeblichen Leitbild,

– die Frage, wie die Typisierung von Recht bzw. Leitlinien (soft law/policy) erfolgen sollte, und

– die Frage, welche ökonomischen Erkenntnisse und Methoden in Einzelfallentscheidungen zugrunde gelegt werden sollten.

Der Begriff des more economic approach ist somit vielschichtig und seine Realisierung im Wettbewerbsrecht in unterschiedlichen Ausprägungen denkbar. Eine allgemein gültige Definition gibt es nicht. Nachfolgend soll der Ansatz, den speziell die EU-Kommission unter Bezugnahme auf den Begriff des more economic approach verfolgt, näher charakterisiert werden. Die Ziele, die die EU-Kommission dabei im Kartellrecht verfolgt, lassen sich wie folgt zusammenfassen:

– Ausrichtung der kartellrechtlichen Wettbewerbsregeln auf den Schutz der Konsumentenwohlfahrt,

---

[214] Vgl. Ziff. 7.3.3. FuEuI-Gemeinschaftsrahmen.

[215] Der Begriff „Kartellrecht" wird in diesem Sonderkapitel in einem weiten Sinn verwendet und erfasst auch die Bereiche der Missbrauchs- und Fusionskontrolle.

– Maßgeblichkeit der Auswirkungen des fraglichen Verhaltens bzw. der jeweiligen Transaktion auf das Marktergebnis (effects-based approach),

– Durchführung einer umfassenden Einzelfallanalyse in problematischen Fällen (anstelle von undifferenzierten Per-se-Regeln),

– durchgehende Zulassung des Effizienzeinwands und

– Einsatz neuer ökonomischer Modelle, Erkenntnisse und quantitativer Untersuchungsmethoden.

1078. Dieser von der EU-Kommission im Kartellrecht befürwortete more economic approach ist Gegenstand zahlreicher wissenschaftlicher Arbeiten und kontrovers geführter Diskussionen. Hieran wird sich die Monopolkommission im Rahmen dieses Sonderkapitels nicht beteiligen, sondern vielmehr die Chancen und Risiken der Anwendung eines more economic approach in der Beihilfenkontrolle bewerten. Um jedoch die Gemeinsamkeiten und Unterschiede zu verdeutlichen, die zwischen dem von der EU-Kommission einerseits im Kartellrecht und andererseits in der Beihilfenkontrolle angestrebten more economic approach bestehen, sollen die Merkmale der beiden Reformkonzepte im Folgenden einander gegenübergestellt werden.

6.3.2 Charakteristika des von der EU-Kommission in der Beihilfenkontrolle angestrebten more economic approach im Vergleich zum Kartellrecht

6.3.2.1 Leitbild

Kartellrecht

1079. Die Sicherung einer kompetitiven Marktstruktur und der Schutz der Freiheit des Wettbewerbs bilden die traditionellen Leitbilder des deutschen Wettbewerbsrechts, das über Jahrzehnte auch das europäische Wettbewerbsrecht beeinflusst hat. Demnach stellt der Wettbewerb als solcher bereits ein schützenswertes Gut dar. Dieses durch ordoliberales Gedankengut geprägte Verständnis basiert auf der Annahme, dass der Schutz des Wettbewerbs langfristig und mittelbar auch dem Endverbraucher zugute kommt und stellt darauf ab, ob das jeweilige Verhalten mit Handlungsbeschränkungen für Wettbewerber und Marktteilnehmer auf vor- bzw. nachgelagerten Marktstufen verbunden ist. Der Freiheitssicherung kommt nach diesem Ansatz ein eigenständiges Gewicht zu. Sie beinhaltet zwei Aspekte. Zum einen geht es um den Schutz individueller wirtschaftlicher Handlungsfreiheiten. Zum anderen soll die marktwirtschaftliche Privatrechtsordnung gegen die Gefährdungen geschützt werden, die ihr daraus erwachsen, dass Interessengruppen über den politischen Prozess Privilegien zu erwirken suchen.

1080. Die EU-Kommission möchte im Zuge des more economic approach ein Leitbild im EU-Kartellrecht etablieren, bei dem insbesondere die ökonomischen Ergebnisse von Bedeutung sind. Danach soll die Effizienz der Marktergebnisse den maßgeblichen Zielparameter bilden.

Zu betonen ist, dass Leitbilder nicht deskriptiv, sondern normativ sind. Da die EU-Kommission offenbar keine Änderung der primärrechtlichen Grundlagen durch den europäischen Gesetzgeber anstrebt, muss sich die von ihr geführte Leitbilddiskussion an den gesetzlichen Vorgaben orientieren. Diese Diskussion kann daher allenfalls eine veränderte Auslegung der bestehenden gesetzlichen Vorschriften und Merkmale (etwa des Merkmals der Wettbewerbsbeeinträchtigung in Artikel 81 Abs. 1 EGV) zum Ziel haben, wobei über diese Auslegungsfragen letztverbindlich die europäischen Gerichte zu entscheiden haben. Die EU-Kommission beabsichtigt, insoweit den Schutz der Konsumenten in den Mittelpunkt zu stellen (Konsumentenwohlfahrtsstandard). Der Wettbewerb soll somit nicht um seiner selbst willen und als Institution geschützt werden, sondern vielmehr als Mittel zur Erreichung dieses Ziels eingesetzt werden.[216]

1081. Die Etablierung eines Konsumentenwohlfahrtsstandards ist nicht unumstritten. So gibt es Stimmen in der Literatur, die sich ebenso wie die EU-Kommission für einen more economic approach aussprechen, in dem die Effizienz das Leitbild der Wettbewerbspolitik bildet. Gleichwohl wenden sie sich gegen den Konsumentenwohlfahrtsstandard und treten stattdessen für einen Gesamtwohlfahrtsstandard ein, der neben dem Nutzen für den Verbraucher auch die Vorteile für die Produzenten umfasst (total welfare standard).[217]

1082. Zur Begründung für den Standpunkt der EU-Kommission, nicht auf den sonst in der Ökonomie maßgeblichen Gesamtwohlfahrtsstandard, sondern auf den Konsumentenwohlfahrtsstandard abzustellen, wird darauf verwiesen, dass im Verhältnis zwischen der Wettbewerbsbehörde und den anmeldenden Unternehmen eine Informationsasymmetrie bestehe und zudem den Verbrauchern Möglichkeit und Anreiz fehlten, Lobbytätigkeiten auszuüben, die mit denjenigen finanzstarker Unternehmen vergleichbar wären.[218] Daher müsse bewusst eine Asymmetrie eingeführt und der Konsumentennutzen von den

[216] In seiner Rede auf der 13. Internationalen Kartellrechtskonferenz am 27. März 2007 in München „Consumer Welfare and Efficiency – New Guiding Principles of Competition Policy?" hat sich Generaldirektor Philip Lowe zur Leitbildfrage wie folgt geäußert: „Ladies and Gentleman, my overall message is short and simple. Yes, consumer welfare and efficiency are the new guiding principles of EU competition policy. Whilst the competitive process is important as an instrument, and whilst in many instances the distortion of this process leads to consumer harm, its protection is not an aim in itself. The ultimate aim is the protection of consumer welfare, as an outcome of the competitive process. And believe me that as head of the competition authority charged with protecting consumer welfare, I am at least as concerned about false negatives, i.e. under-enforcement, as I am about false positives, i.e. over-enforcement. I am therefore committed to make the new rules work in practice." , http://ec.europa.eu/competition/speeches/text/sp2007_02_en.pdf .
[217] Vgl. etwa Schmidtchen: Der „more economic approach" in der Wettbewerbspolitik, Wirtschaft und Wettbewerb 56, 2006, S. 6–17, 6 f.
[218] Vgl. Röller, L.-H., Neven, D. J., Consumer Surplus vs. Welfare Standard in a Political Economy, Model of Merger Control, International Journal of Industrial Organization 23, 2005, S. 829–848; Heidhues, P., Lagerlöf, J., On the Desirability of an Efficiency Defense in Merger Control, International Journal of Industrial Organization 23, 2005, S. 803–827.

Wettbewerbsbehörden stärker als die Gewinne der Produzenten berücksichtigt werden. Es mag sein, dass auch die einfachere Handhabung im Rahmen industrieökonomischer Modelle und Analyseverfahren zu dieser Ausrichtung beigetragen hat. Die neue Akzentuierung der EU-Kommission dürfte auch maßgeblich durch die US-amerikanische Wettbewerbspraxis beeinflusst sein, in welcher der Konsumentenwohlfahrtsstandard (consumer welfare standard) seit Längerem als Leitbild zugrunde gelegt wird.[219]

1083. Der EuGH, der für die Auslegung der europäischen Rechtsvorschriften letztinstanzlich zuständig ist, hat zur Frage nach dem maßgeblichen Schutzzweck und dem zu verfolgenden Leitbild im Urteil British Airways vom 15. März 2007 wie folgt Stellung genommen: „Zudem bezieht sich Artikel 82 EGV [...] nicht nur auf Verhaltensweisen, durch die den Verbrauchern ein unmittelbarer Schaden erwachsen kann, sondern auch auf solche, die ihnen durch einen Eingriff in die Struktur des tatsächlichen Wettbewerbs, von dem in Artikel 3 Abs. 1 Buchstabe g EGV die Rede ist, Schaden zufügen."[220] Der EuGH spricht sich insoweit zwar nicht gegen den Schutz der Konsumenten als Ziel der Wettbewerbsbestimmungen aus. Er erkennt dieses Ziel sogar ausdrücklich an, indem er ausführt, dass Artikel 82 EGV sich nicht nur auf Verhaltensweisen bezieht, die sich für die Konsumenten unmittelbar nachteilig auswirken. Gleichwohl betont er, dass ein Eingriff in die Struktur zur Begründung eines Wettbewerbsverstoßes ausreichen kann und knüpft damit an den traditionellen strukturorientierten Ansatz an, der im deutschen Wettbewerbsrecht nach wie vor maßgeblich ist. Eine unmittelbare Schädigung der Verbraucherinteressen ist demzufolge nicht zwingende Voraussetzung für ein Eingreifen des europäischen Wettbewerbsrechts. Eine ausschließliche Verwendung des Konsumentenwohlfahrtsstandards wird somit vom EuGH nicht befürwortet.

Beihilfenrecht

1084. Der SAAP enthält keine Angaben zur Frage, welches Leitbild in der EU-Beihilfenkontrolle maßgeblich ist. Wie bereits dargelegt, müssen bei der Leitbilddiskussion die bestehenden gesetzlichen Rahmenbedingungen des EG-Vertrages beachtet und eingehalten werden. In dem neuen FuEuI-Gemeinschaftsrahmen erwähnt die EU-Kommission beiläufig, dass in der europäischen Beihilfenkontrolle – anders als in den übrigen Bereichen der Wettbewerbspolitik – nicht die Konsumentenwohlfahrt, sondern vielmehr der Gesamtwohlfahrtsstandard maßgeblich sein soll, der neben der Konsumentenrente auch die Produzentenrente umfasst.

1085. In einer Studie schlug das damalige Chefökonomenteam der Generaldirektion Wettbewerb vor, im Beihilfenbereich auf einen Konsumentenwohlfahrtsstandard abzustellen, bei dem jedoch – anders als im EU-Kartellrecht – auch die Interessen der Steuerzahler berücksichtigt werden sollen.[221] In einer weiteren Studie, welche die EU-Kommission im Zuge der geplanten Beihilfenreform in Auftrag gegeben hat, wird befürwortet, sowohl die Interessen der Konsumenten als auch die Gewinninteressen der Konkurrenten zu berücksichtigen.[222]

1086. Unabhängig davon, wie man das von der EU-Kommission im europäischen Kartellrecht befürwortete neue Leitbild bewertet, sollte ein reiner und ausschließlicher Konsumentenwohlfahrtsstandard in der Beihilfenkontrolle nicht verwendet werden. Bei einer schlichten Übertragung dieses Ansatzes, bei dem die unmittelbaren Auswirkungen für die Konsumenten auf den jeweiligen Produktmärkten das maßgebliche Beurteilungskriterium bilden, bestünde die Gefahr, dass es zu einer nicht sachgerechten und zu positiven Bewertung von Beihilfen kommt. Bei kurzfristiger Betrachtung können Beihilfen zunächst niedrigere Preise zur Folge haben. Dies gilt jedenfalls dann, wenn die gewährten Beihilfen zu einer Senkung der variablen Kosten oder zu einem Markteintritt weiterer Unternehmen führen. Auf den ersten Blick wären dann in der Regel allokative Wohlfahrtsgewinne auf den jeweiligen Produktmärkten zu verzeichnen.[223]

1087. Hierbei würde jedoch vernachlässigt, dass Beihilfen – die durch Steuern finanziert werden müssen, die ihrerseits Wohlfahrtsverluste bedingen – mittel- und langfristig zu Wettbewerbsbeschränkungen führen können, die überhöhte Preise zur Folge haben und die Konsumenten letztlich schlechter stellen. So können Beihilfen an etablierte Unternehmen effiziente Newcomer vom Markteintritt abschrecken. Darüber hinaus können ineffiziente Firmen Marktanteile auf Kosten von nicht geförderten, effizienteren Unternehmen erlangen. Zudem können Beihilfen zu einer Beihilfenmentalität und einer Verringerung des Kostendrucks (soft budget constraint) führen und infolgedessen produktive Ineffizienzen hervorrufen. Denn für Unternehmen bestehen geringere Anreize, effizient zu produzieren und zu investieren, wenn sie davon ausgehen können, dass der Staat ihnen bei finanziellen Engpässen (etwa zum Erhalt von Arbeitsplätzen) zu Hilfe

---

[219] Einige Ökonomen sprechen sich gegen die wirtschaftliche Effizienz im Sinne des Wohlfahrtsansatzes aus und plädieren stattdessen für die Wettbewerbsfreiheit als Leitbild, befürworten aber zugleich, die Auswirkungen für den Konsumenten als maßgebliches Kriterium bei der Anwendung wettbewerblicher Bestimmungen zu berücksichtigen. Die Förderung der Freiheit des einen bedeutet immer auch die Einschränkung der Freiheit eines anderen Marktteilnehmers. Auch die unternehmerische Entscheidungsfreiheit marktmächtiger Unternehmen ist demnach schätzenswert und gegen die Wettbewerbsfreiheit der jeweiligen Wettbewerber oder der Marktgegenseite abzuwägen. Die Verbraucherinteressen sind demnach ein geeigneter Indikator für die Feststellung, wessen Wettbewerbsfreiheit im Einzelfall den höheren Schutz verdient. Vgl. Hellwig, M., Effizienz oder Wettbewerbsfreiheit. Zur normativen Grundlegung der Wettbewerbspolitik, Preprint 2006/20, Max-Planck-Institut zur Erforschung von Gemeinschaftsgütern, Bonn August 2006, S. 2 ff., http://www.coll.mpg.de/pdf_dat/2006_20online.pdf.

[220] Vgl. EuGH, Urteil vom 15. März 2007, Rs. C-95/ 04, Rn. 106.

[221] Vgl. Friederiszick, H. W., Röller, L.-H., Verouden, V., a. a. O., S. 39 ff.

[222] Vgl. Nitsche, R., Heidhues, P., Study on methods to analyse the impact of State aid on competition, European Economy, Economic Papers No. 244, February 2006, S. 5 ff., http://ec.europa.eu/economy_finance/publications/economic_papers/2006/economicpapers244_en.htm.

[223] Dies gilt, sofern man nicht von dem unrealistischen Bild vollständigen Wettbewerbs ausgeht.

kommt. Ferner kann eine fortwährende Beihilfenvergabe durch die dauerhafte Veränderung der relativen Preise gesamtwirtschaftliche Verzerrungen nach sich ziehen und Fehlallokationen der Ressourcen verursachen. Die Monopolkommission begrüßt es daher, dass die EU-Kommission offenbar nicht beabsichtigt, im Beihilfenbereich einen Konsumentenwohlfahrtsstandard in der Form zu etablieren, in der sie ihn im Kartellrecht befürwortet.[224]

1088. Wie bereits dargelegt wurde, bildet gemäß Artikel 87 Abs. 1 und Artikel 3 Abs. 1 Buchstabe g EGV der Schutz des Wettbewerbs im europäischen Binnenmarkt das maßgebliche Leitbild in der europäischen Beihilfenkontrolle. Eine fiskalpolitische Kompetenz steht der EU-Kommission im Rahmen der Artikel 87 ff. EGV nicht zu. Die EU-Kommission sollte sich daher ihrem gesetzlichen Auftrag entsprechend in der Beihilfenkontrolle darauf konzentrieren, negative Auswirkungen von Beihilfen für den grenzüberschreitenden Wettbewerb im europäischen Binnenmarkt zu verhindern oder auf das erforderliche Maß zu reduzieren. Für die Beurteilung der Frage, ob eine Beihilfe Wettbewerbsbeeinträchtigungen hervorruft, kann die kurzfristige Preisentwicklung, die infolge der Beihilfe auf den relevanten Produktmärkten aus Konsumentensicht eintritt, einer von mehreren zu berücksichtigenden Faktoren sein. Daneben ist insbesondere erheblich, in welchem Ausmaß die Beihilfe geeignet ist, die übrigen Marktteilnehmer – derselben Markstufe, der vor- und nachgelagerten Marktstufen sowie auf benachbarten Märkten – zu beeinträchtigen und grenzüberschreitend in das Marktgeschehen einzugreifen.

6.3.2.2 Auswirkungsansatz (effects-based approach)

Kartellrecht

1089. Im Zuge der Einführung des Konsumentenwohlfahrtsstandards als Leitbild verfolgt die EU-Kommission mit der Ausrichtung des europäischen Wettbewerbsrechts im Lichte eines more economic approach im Kartellrecht das Ziel, einen Auswirkungsansatz (effects-based approach) im Gegensatz zu dem traditionellen strukturorientierten Ansatz (form-based approach) zu etablieren.[225] Nach dem Strukturansatz kommt es maßgeblich auf die Sicherung einer funktionsfähigen Wettbewerbsstruktur an. Eine abstrakte Gefährdung genügt, um einen wettbewerbsbehördlichen Eingriff zu rechtfertigen. Bei der Ver-

wendung struktureller Merkmale ist der Nachweis einer Zuwiderhandlung regelmäßig leichter möglich als bei Zugrundelegung des Auswirkungsansatzes, bei dem auf die konkreten Wirkungen einer Maßnahme abgestellt wird. Nach dem Auswirkungsansatz müssen in kritischen Einzelfällen mehr Informationen als bisher einbezogen werden, um eine Untersagung zu rechtfertigen.

1090. Der Auswirkungsansatz spiegelt sich in der Formulierung jüngerer Sekundärrechtsvorschriften sowie in den Leitlinien der EU-Kommission wider, in welchen diese die Grundzüge ihrer eigenen Rechtsanwendungspraxis offen legen und sich insoweit selbst binden (soft law).[226] Der Auswirkungsansatz soll nach dem Willen der EU-Kommission in der Einzelfallpraxis eine maßgebliche Rolle spielen. Demnach sind die Effekte für das Marktergebnis in problematischen Fällen unter Einsatz industrieökonomischer Modelle und quantitativer Untersuchungsmethoden umfassend zu untersuchen. Dem Leitbild des Konsumentenwohlfahrtsstandards folgend, soll maßgeblich sein, ob die jeweiligen Auswirkungen gegebenenfalls vorteilig für die Verbraucher sind, wobei die tatsächlichen wie auch die wahrscheinlichen Auswirkungen in Betracht zu ziehen sind.[227] So kommt es etwa bei der Beurteilung einer Fusion maßgeblich darauf an, wie sich im Falle des Zusammenschlusses die Preise voraussichtlich entwickeln werden. Veränderungen der Marktstruktur oder die Form einer Wettbewerbshandlung sollen insoweit von Bedeutung sein, als mit ihnen Aussagen über die Folgen für die Verbraucher verbunden werden können.[228]

Beihilfenrecht

1091. Weder der State Aid Action Plan noch die bisher ergangenen Umsetzungsmaßnahmen sehen vor, dass die EU-Kommission bereits auf der Ebene des Tatbestands – Artikel 87 Abs. 1 EGV – die ökonomischen Auswirkungen auf den Wettbewerb näher untersucht. Die bisherige Praxis, nach der innerhalb des Artikel 87 Abs. 1 EGV bei den Merkmalen der Beeinträchtigung des zwischenstaatlichen Handels und der Wettbewerbsverfälschung lediglich eine pauschale ökonomische Prüfung ohne genaue Marktabgrenzung vorgenommen wird, wird nicht aufgegeben. Diese Praxis der EU-Kommission wurde in der Vergangenheit von den europäischen Gerichten gedeckt. Die Anforderungen, die die Rechtsprechung an die ökonomische Beweisführung der EU-Kommission im Beihilfenrecht stellt, weicht somit grundlegend von den Regeln ab, die sie insoweit innerhalb der kartellrechtlichen Verbotsbestimmungen – Artikel 81, 82 EGV sowie Artikel 2 Abs. 3 FKVO – aufgestellt hat.

---

[224] In einem Fachgespräch zwischen den Mitgliedern der Monopolkommission und Vertretern der Generaldirektion Wettbewerb am 10. April 2008 in Bonn haben diese bestätigt, dass die EU-Kommission im Beihilfenrecht nicht den im Kartellrecht verwendeten Konsumentenwohlfahrtsstandard heranzuziehen beabsichtigt und insoweit dargelegt: „Even leaving equity considerations aside, State aid assessment focuses on the effect of the aid on rivals and on the competitive process rather than measuring the direct effect on consumers. Such a focus is justified by the fact that if efficient rivals are weakened by aid measures, effective competition may be hindered with the result that allocative efficiency is reduced in the long run."

[225] Vgl. Albers, M. (Mitglied der GD Wettbewerb), Der more economic approach bei Verdrängungsmissbräuchen: Zum Stand der Überlegungen der Europäischen Kommission, S. 2 f.; http://ec.europa.eu/comm/ competition/antitrust/art82/index.html.

[226] Ein Beispiel bilden die Leitlinien zur Bewertung horizontaler Zusammenschlüsse (ABl. EU Nr. C 31 vom 5. Februar 2004, S. 5) und die dortigen Ausführungen zu den nicht koordinierten Wirkungen (sog. unilateralen Effekten) in Rn. 24 ff.

[227] Vgl. Albers, M., a. a. O., S. 2.

[228] Vgl. Kommission, Leitlinien für vertikale Beschränkungen, ABl. EG Nr. C 291 vom 13. Oktober 2000, S. 1, hier. S. 3, Rn.. 7; Leitlinien zur Bewertung horizontaler Zusammenschlüsse, a. a. O., Rn. 8 f. sowie DG Competition discussion paper on the application of Article 82 of the Treaty to exclusionary abuses, December 2005, Rn. 4, http://ec.europa. eu/comm/competition/antitrust/art82/ index.html.

1092. Für den Nachweis einer Beeinträchtigung des grenzüberschreitenden Wettbewerbs und Handels innerhalb des Beihilfentatbestands (Artikel 87 Abs. 1 EGV) muss die EU-Kommission demnach auch künftig weder den Ansprüchen des wirkungsorientierten Ansatzes (effects-based approach) Rechnung tragen, den sie neuerdings im kartellrechtlichen Bereich anwendet, noch den Anforderungen erfüllen, die im Kartellrecht traditionell nach dem strukturorientiertem Ansatz (form-based approach) maßgeblich waren.

1093. Eine Untersuchung der Marktlage und der Auswirkungen der Beihilfenmaßnahme auf den Wettbewerb ist vielmehr erst im Rahmen der Vereinbarkeitsprüfung nach Artikel 87 Abs. 3 EGV vorgesehen, genauer gesagt auf der Stufe 3 des oben skizzierten Abwägungstests. In vielen Fällen wird es aber zu dieser Prüfung gar nicht erst kommen. Sollte nämlich eine Beihilfenmaßnahme bereits eine der vorangehenden Stufen des Abwägungstests nicht bestehen – weil die Beihilfe entweder nicht auf die Beseitigung eines Marktversagens ausgerichtet ist (Stufe 1) oder aber hierfür nicht geeignet und erforderlich ist (Stufe 2) –, wird der Test abgebrochen. Demzufolge sind auch künftig Fälle denkbar, in denen die EU-Kommission eine Beihilfenmaßnahme untersagt, ohne dass ihre negative Wirkung auf den Wettbewerb im EU-Binnenmarkt untersucht worden wäre. Dies erscheint problematisch, da die EU-Kommission nach dem Schutzzweck der Artikel 87 ff. EGV überhaupt nur dann zur Ausübung der Beihilfenkontrolle legitimiert ist, wenn der Wettbewerb im europäischen Binnenmarkt durch die Beihilfe beeinträchtigt wird.

6.3.2.3 Durchführung einer Einzelfallanalyse anstelle einer Anwendung von Per-se-Regeln

Kartellrecht

1094. Die EU-Kommission beabsichtigt, künftig die Auswirkungen auf das Marktergebnis in besonders kritischen Einzelfällen im Rahmen einer genauen und komplexen Einzelfallanalyse zu untersuchen, um so ökonomisch effiziente Entscheidungen treffen zu können. Sie möchte in diesen Fällen somit nicht auf pauschalierende Gefährdungstatbestände und sog. Per-se-Regeln zurückgreifen. Für Letztere ist kennzeichnend, dass konkret definierte Verhaltensweisen oder Handlungsbeschränkungen per se als wettbewerbsrechtlich unzulässig bzw. zulässig eingestuft werden. Per-se-Regeln haben den Vorteil, dass der Ausgang des Verfahrens für die Beteiligten in der Regel leichter zu prognostizieren ist, und können deshalb zur Rechtssicherheit beitragen. Die EU-Kommission verfolgt allerdings nicht das Ziel, künftig generell auf Vermutungstatbestände und Per-se-Regeln zu verzichten. Vielmehr soll eine genaue und aufwendige Einzelfallbetrachtung nur bei problematischen Fällen durchgeführt werden. So ist etwa in der Fusionskontrolle eine geringe Anzahl der Wettbewerbsfälle betroffen. Die EU-Kommission strebt zudem eine Überarbeitung der bisherigen Per-se-Regeln und eine Formulierung differenzierterer ökonomischer Regeln an.

Beihilfenrecht

1095. Die EU-Kommission verfolgt auch hier nicht das Ziel, künftig vollständig auf Per-se-Regeln und Vermutungstatbestände in der europäischen Beihilfenkontrolle zu verzichten. Vielmehr hat sie, wie bereits dargestellt, im Zuge der Reform den Anwendungsbereich der De-minimis-Verordnung erweitert und die Obergrenze der freigestellten Beihilfenbeträge erhöht. Diese Verordnung enthält klare und einfach zu handhabende Regeln. Zudem hat die EU-Kommission eine allgemeine Gruppenfreistellungsverordnung vorgeschlagen, die mehr Beihilfen als bisher von der Anmeldepflicht entbinden und einen einheitlichen Rechtsrahmen schaffen soll.

1096. Falls eine Maßnahme weder die Voraussetzungen der De-minimis-Verordnung noch einer Gruppenfreistellungsverordnung erfüllt, unterliegt sie der Anmeldepflicht des Artikel 88 Abs. 3 Satz 1 EGV und wird durch die EU-Kommission geprüft. Die Grundsätze dieser Abwägungsprüfung werden in Leitlinien und Gemeinschaftsrahmen konkretisiert. Typisch für die seit der Reform veröffentlichten Leitlinien ist, dass hierin zwei verschiedene Verfahrensarten vorgesehen sind: einerseits ein schnelleres Verfahren, bei dem auch gesetzliche Vermutungen verwendet werden, sowie andererseits ein eingehendes Prüfverfahren für problematische Fälle und Großprojekte, bei dem eine genaue ökonomische Analyse unter Verwendung des skizzierten Abwägungstests durchgeführt wird. Wie erste Anwendungsfälle im Bereich des neuen FuEuI-Rahmens belegen, beinhaltet dies eine Untersuchung, die erheblich komplexer und aufwendiger ist, als die bislang auf Vereinbarkeitsebene vorgenommene Prüfung. Da die EU-Kommission den more economic approach bislang nur auf der Rechtfertigungsebene (Artikel 87 Abs. 3 EGV), nicht aber auf der Tatbestandsebene (Artikel 87 Abs.1 EGV) anwendet, trägt insoweit nicht sie, sondern der jeweilige Mitgliedstaat die Beweislast. Sofern ein eingehendes Prüfverfahren durchgeführt wird, müssen die beweispflichtigen Mitgliedstaaten – und im Hintergrund die begünstigten Unternehmen – einen erheblichen Aufwand betreiben, um die EU-Kommission von der Vereinbarkeit der Beihilfe zu überzeugen, und zahlreichen Informationspflichten nachkommen. Dies stellt einen der wesentlichen Unterschiede zum Kartellrecht dar, bei dem der more economic approach zu einer Verschärfung der Nachweispflichten für die EU-Kommission geführt hat. Der Aufbau der Beihilfenkontrolle, den die EU-Kommission anstrebt, kann durch die Übersicht VI.3 verdeutlicht werden.

Übersicht VI.3

Aufbau der Beihilfenprüfung

De-minimis-Verordnung
– unmittelbar anwendbar durch Mitgliedstaaten
– einfach zu handhabende Kriterien
– keine Anmeldepflicht

noch Übersicht VI.3

Allgemeine Gruppenfreistellungsverordnung
- unmittelbar anwendbar durch Mitgliedstaaten
- höhere Anforderungen für Rechtsanwender (Nachweis Anreizeffekt)
- keine Anmeldepflicht

Einzelfallprüfung
- Anmeldepflicht
- denkbare Varianten,
- soweit in Leitlinien vorgesehen:

  a) schnelleres Prüfverfahren, bei dem (auch) mit Vermutungstatbeständen gearbeitet wird

  b) aufwendiges Prüfverfahren unter konkreter Durchführung des Abwägungstests

Quelle: Eigene Darstellung

6.3.2.4 Berücksichtigung nachgewiesener Effizienzvorteile

Kartellrecht

1097. Die EU-Kommission bezweckt mit dem more economic approach im Kartellrecht, dass Effizienzvorteile durchgehend berücksichtigt werden können. Der EG-Vertrag sieht eine Berücksichtigung von Effizienzvorteilen, also möglichen Wohlfahrtsgewinnen, in Artikel 81 Abs. 3 EGV ausdrücklich vor, sofern die Verbraucher angemessen beteiligt werden.[229] Artikel 82 EGV enthält keine Artikel 81 Abs. 3 EGV entsprechende Bestimmung. Im Urteil British Airways vom 15. März 2007 hat der EuGH zunächst die nachteilige Verdrängungswirkung der von British Airways praktizierten Rabatt- und Prämienregelung festgestellt und dann die Geltendmachung von Effizienzvorteilen als Einwand innerhalb des Artikel 82 EGV ausdrücklich zugelassen.[230] In dieser Hinsicht bedeutet das Urteil British Airways – anders als in der Leitbildfrage – einen Erfolg für den more economic approach der EU-Kommission. Grundlage dieser Rechtsprechung ist die Annahme, dass Marktverhalten eine Doppelwirkung,

d. h., sowohl wettbewerbsbeschränkende als auch wohlfahrtsfördernde Auswirkungen, haben kann.[231]

In der Fusionskontrolle sind Effizienzvorteile seit der im Jahr 2004 im Lichte des more economic approach durchgeführten Reform von Bedeutung.[232] Wie die EU-Kommission in ihren Leitlinien für horizontale Zusammenschlüsse ausführt, berücksichtigt sie bei ihrer Gesamtbewertung eines Zusammenschlusses alle nachgewiesenen Effizienzvorteile. Diese müssten den Verbrauchern zugute kommen, fusionsspezifisch und überprüfbar sein.

Beihilfenrecht

1098. Einen Effizienzeinwand, der mit demjenigen im Bereich der kartellrechtlichen Wettbewerbsregeln identisch ist, will die EU-Kommission im Bereich der Beihilfenkontrolle nicht zulassen. Dies wäre im Bereich der Beihilfenkontrolle auch nicht möglich, da hier die Verursacher möglicher Wettbewerbsbeschränkungen nicht Unternehmen, sondern staatliche Hoheitsträger sind. Das Marktversagenskriterium kann jedoch als eine Art Effizienzeinwand im Bereich der staatlichen Beihilfen bezeichnet werden. Denn der Tatbestand des Marktversagens, der künftig innerhalb der Vereinbarkeitsprüfung nach Artikel 87 Abs. 3 EGV eine zentrale Rolle spielen soll, ist nach der Definition der EU-Kommission dann gegeben, wenn der Markt kein wirtschaftlich effizientes Ergebnis hervorbringt. Ferner tragen die Mitgliedstaaten – wie stets im Rahmen des Artikel 87 Abs. 3 EGV – die Beweislast dafür, dass ein hinreichendes Marktversagen im Sinne des dreistufigen Abwägungstests vorliegt. Da die Beweislast für das Vorliegen eines Marktversagens bei den Mitgliedstaaten liegt und dieser Beweis sich nicht leicht führen lässt, dürfte der von der EU-Kommission im Beihilfenrecht angestrebte more economic approach nicht automatisch eine positive Bewertung von Beihilfen und eine exzessivere Vergabepraxis zur Folge haben. Vielmehr ist mit einer restriktiveren Beihilfenkontrolle zu rechnen.

6.3.2.5 Ökonomische Untersuchungsmethoden

Kartellrecht

1099. Im Zuge des von ihr angestrebten more economic approach setzt die EU-Kommission in ihrer Entscheidungspraxis verstärkt industrieökonomische Modelle und quantitative Untersuchungsmethoden ein. So stellt die EU-Kommission auf den in der US-amerikanischen Fusionskontrolle bereits seit Längerem verwendeten Herfin-

---

[229] Laut Artikel 81 Abs. 3 EGV können solche Vereinbarungen vom Kartellverbot ausgenommen werden, die „unter angemessener Beteiligung der Verbraucher an dem entstehenden Gewinn zur Verbesserung der Warenerzeugung oder -verteilung oder zur Förderung des technischen und wirtschaftlichen Fortschritts beitragen, ohne dass den beteiligten Unternehmen a) Beschränkungen auferlegt werden, die für die Verwirklichung dieser Ziele nicht unerlässlich sind, oder b) Möglichkeiten eröffnet werden, für einen wesentlichen Teil der betreffenden Waren den Wettbewerb auszuschalten." Die Beweislast für die Erfüllung der Freistellungsvoraussetzungen des Artikel 81 Abs. 3 EGV liegt bei den Unternehmen, die sich auf diese Bestimmung berufen (Artikel 2 Satz 2 VO Nr. 1/2003).

[230] EuGH, Urteil vom 15. März 2007, Rs. C 95/04, British Airways, Rn. 86.

[231] Demgegenüber hat die European Advisory Group on Competition Policy (EAGCP), bei der es sich um ein Gremium unabhängiger Wissenschaftler handelt, das die Generaldirektion Wettbewerb berät, vorgeschlagen, dass etwaige pro-kompetitive Effekte in der Missbrauchskontrolle bereits von vornherein durch die EU-Kommission untersucht und berücksichtigt werden sollten, Vgl. European Advisory Group on Competition Policy (EAGCP, Gual, J., Hellwig, M., Perrot, A., Rey, P., Schmidt, K., Stenbacka, R.), „An economic approach to Article 82", EAGCP: http://www.europa.eu.int/comm/competition/publications/studies/ eagcp_july_21_05.pdf.

[232] Vgl. Fusionskontrollverordnung, Rn. 29, sowie die Ausführungen der EU-Kommission in den Leitlinien für horizontale Zusammenschlüsse Rn. 76-88, sowie in den Leitlinien für nichthorizontale Zusammenschlüsse (Leitlinien für die Fusion von vertikal oder konglomerat miteinander verbundenen Unternehmen), Rn. 53.

dahl-Hirschman-Index (HHI) ab, um die Konzentration auf dem jeweiligen Markt vor und nach der Fusion zu ermitteln.[233] Bei der sachlichen und räumlichen Marktabgrenzung bringt die EU-Kommission Preiskorrelationsanalysen, die Schockanalyse[234] sowie insbesondere den sog. hypothetischen Monopolistentest (SSNIP-Test – small but significant non-transitory increase in price)[235] zum Tragen.[236] Zudem verwendet die EU-Kommission Simulationsmodelle zur direkten Erfassung der Auswirkungen eines Zusammenschlusses auf die Preise, die Mengen und die Wohlfahrt, insbesondere bei Fusionen von Herstellern differenzierter Güter.[237]

Beihilfenrecht

1100. Sofern auf Rechtfertigungsebene eine eingehende Vereinbarkeitsprüfung erfolgt, will die EU-Kommission künftig komplexe ökonomische Analysen durchführen, die sie bisher nicht eingesetzt hat. Dies gilt insbesondere für das Kriterium des Anreizeffekts. Anders als bei den kartellrechtlichen Verbotstatbeständen beabsichtigt die EU-Kommission dagegen nicht, auf Tatbestandsebene (Artikel 87 Abs. 1 EGV) neue ökonomische Untersuchungsmethoden anzuwenden. Vielmehr soll es – vorerst – bei der kursorischen Prüfung bleiben, die noch erheblich hinter den Maßstäben des im EU-Kartellrecht im Vorfeld des more economic approach verwendeten Strukturansatzes (form-based approach) zurückbleibt.

7.   Vorschläge der Monopolkommission

7.1   Ökonomischer Ansatz bei Artikel 87 EGV

1101. Die Monopolkommission spricht sich dafür aus, das Merkmal der Wettbewerbsverfälschung innerhalb des Verbotstatbestands des Artikel 87 Abs. 1 EGV stärker ökonomisch auszulegen. Sie empfiehlt, ebenso wie bei der kartellrechtlichen Bestimmung des Artikel 81 Abs. 1 EGV, die objektive Eignung einer Beihilfe zur spürbaren

Wettbewerbsverfälschung innerhalb des Artikel 87 Abs. 1 EGV zu prüfen.

1102. Innerhalb des Beihilfenverbots des Artikel 87 Abs. 1 EGV wird bislang lediglich bei dem Merkmal der „Begünstigung" und dem hier maßgeblichen „private investor test" eine fundierte ökonomische Analyse durchgeführt. Das Merkmal der Wettbewerbsverfälschung wird hingegen in der Regel keiner differenzierten ökonomischen Beurteilung unterzogen. Hier nimmt die EU-Kommission lediglich eine pauschale sektorspezifische Untersuchung vor, die deutlich hinter den Maßstäben zurückbleibt, die im EU-Kartellrecht traditionell angewendet wurden und welche die EU-Kommission dort nun im Rahmen des more economic approach durch stärker ökonomisch fundierte Kriterien ersetzen möchte. Auch eine „Spürbarkeit" der Wettbewerbsverfälschung wird in der Beihilfenkontrolle – anders als bei der kartellrechtlichen Bestimmung des Artikel 81 EGV – nicht als ungeschriebenes Merkmal verlangt. Weder im State Aid Action Plan noch in den bisherigen Umsetzungsmaßnahmen ist eine Änderung dieser Praxis vorgesehen. Der more economic approach der EU-Kommission setzt vielmehr erst auf der Ebene der Rechtfertigung an, bei welcher der Mitgliedstaat die Beweislast trägt. Auf dieser Ebene wird untersucht, ob eine Beihilfe ausnahmsweise genehmigt werden kann (Artikel 87 Abs. 3 EGV). Dies ist nicht überzeugend, da das europäische Beihilfenverbot nur dann eingreift und ein Einschreiten der EU-Kommission als Kontrollinstanz rechtfertigt, wenn eine drohende Verfälschung des Wettbewerbs im Binnenmarkt zuvor festgestellt worden ist (Artikel 3 Abs. 1 Buchstabe g EGV). Nach Ansicht der Monopolkommission sollte bei Artikel 87 Abs. 1 EGV die objektive Eignung einer Beihilfe zur spürbaren Wettbewerbsverfälschung geprüft werden. Diese Vorgehensweise wäre mit einer Beschränkung des Anwendungsbereichs der von der EU-Kommission durchgeführten Beihilfenaufsicht verbunden und müsste durch die Einführung einer komplementären Beihilfenkontrolle auf nationaler Ebene und durch private Klagebefugnisse flankiert werden.[238]

1103. In Bezug auf das Merkmal der zwischenstaatlichen Handelsbeeinträchtigung des Artikel 87 Abs. 1 EGV sollte – ebenfalls wie im Kartellrecht – als ungeschriebene Voraussetzung verlangt werden, dass die Beeinträchtigung „spürbar" ist. Auf diese Weise kann vermieden werden, dass sich der Anwendungsbereich des Artikel 87 Abs. 1 EGV auch auf Sachverhalte von geringer zwischenstaatlicher Bedeutung mit lediglich lokalem Schwerpunkt erstreckt. Dies erscheint sachgerecht, da die Beihilfenkontrolle ebenso wie das Kartellrecht auf den Schutz des Wettbewerbs im Binnenmarkt (Artikel 3 Abs. 1 Buchstabe g EGV) ausgerichtet ist. Lediglich eine begründete Gefahr negativer grenzüberschreitender Auswirkungen vermag somit eine Kontrolle und ein Verbot von Beihilfen auf europäischer Ebene auszulösen.

1104. Die nachfolgenden Ausführungen enthalten Anregungen der Monopolkommission, wie die beschriebenen Ziele erreicht werden könnten. Generell erscheint es sachgerecht, bei bestimmten Beihilfen das Vorliegen ei-

---

[233] Der HHI beschreibt die Summe der quadrierten Marktanteile der Unternehmen im relevanten Markt.

[234] Insoweit werden Ereignisse und Schocks auf dem fraglichen Markt in der Vergangenheit (wie die Einführung eines neuartigen Produkts) zur Beurteilung des Marktes herangezogen, vgl. Schwalbe, U., Zimmer, D., Kartellrecht und Ökonomie, Frankfurt a.M. 2006, S. 133 f.

[235] Im Rahmen dieses Tests wird untersucht, ob die Kunden der Zusammenschlussbeteiligten als Reaktion auf eine angenommene kleine, bleibende Erhöhung der relativen Preise (im Bereich zwischen 5 und 10 Prozent) für die betrachteten Produkte und Gebiete auf leicht verfügbare Substitute ausweichen werden oder nicht. Ist die Substitution so groß, dass sich eine Preiserhöhung aufgrund des damit einhergehenden Absatzrückgangs nicht lohnen würde, werden in den sachlich und räumlich relevanten Markt weitere Produkte einbezogen und zwar so lange, bis eine geringe, dauerhafte Preiserhöhung einträglich wäre. Vgl. hierzu näher Schwalbe, U., Zimmer, D., a. a. O., S. 104 f.

[236] Vgl. näher Christiansen, A.: Der „more economic approach" in der EU-Fusionskontrolle, Zeitschrift für Wirtschaftspolitik 55, 2006, S. 150–174, 153 sowie Brinker, I., Praktische Probleme der Marktabgrenzung aus rechtlicher Sicht, in: Schwarze, J. (Hrsg.): Recht und Ökonomie im Europäischen Wettbewerbsrecht, Baden-Baden 2006, S. 41–52, 47 f.

[237] Vgl. hierzu näher Schwalbe, U., Zimmer, D., a. a. O., S. 211 f.; vgl. auch Monopolkommission, Hauptgutachten 2004/2005, a. a. O., Tz. 684; vgl. hierzu ferner Rn. 29 der Leitlinien zu horizontalen Zusammenschlüssen der EU-Kommission zur Ermittlung möglicher unilateraler (einseitiger) Effekte eines Zusammenschlusses.

[238] Vgl. dazu näher die Abschnitte 4.3 sowie 7.4.

ner spürbaren Wettbewerbsverfälschung zu vermuten. Da jedoch das Merkmal der Begünstigung (Selektivität) des Artikel 87 Abs. 1 EGV sehr weit ausgelegt wird, erscheint eine pauschale Vermutung nicht in allen Konstellationen gerechtfertigt. So werden auch Maßnahmen als Beihilfen qualifiziert, die allen Unternehmen einer Region oder einer bestimmten Größe zugute kommen. Entsprechendes gilt für Maßnahmen, die horizontal ausgestaltet sind und Unternehmen aus ganz unterschiedlichen Branchen begünstigen.

1105. Eine Vermutung der Wettbewerbsverfälschung kann bei Rettungsbeihilfen für Unternehmen, die sich in Schwierigkeiten befinden, angenommen werden. Hier ist die Gefahr einer ineffizienten Förderung zulasten effizienter Wettbewerber als besonders hoch anzusehen. Entsprechendes gilt bei Beihilfen zugunsten von Sektoren, in denen erhebliche Überkapazitäten bestehen (Umstrukturierungsbeihilfen). Diese Beihilfen können zum Erhalt der ineffizienten Marktstrukturen beitragen. Für derartige Beihilfen wäre auf Rechtfertigungsebene näher zu untersuchen, ob die Maßnahme ausnahmsweise infolge eines Marktversagens (Anpassungsmängel) oder aus außerökonomischen Gründen (insbesondere sozialer Art) zulässig ist.

1106. Die Monopolkommission empfiehlt, bei allen übrigen Beihilfenformen einen Spürbarkeitstest innerhalb des Artikel 87 Abs. 1 EGV durchzuführen. Hierbei könnten Elemente des sog. „significant impact test" (SIT) verwendet werden, dessen Einführung die EU-Kommission im Jahr 2003 geplant hatte, um sich künftig besser auf die problematischen Wettbewerbsverzerrungen konzentrieren zu können.[239] Der SIT der EU-Kommission ist aufgrund des Widerstands der Mitgliedstaaten nicht verwirklicht worden, da sie sich insbesondere nicht auf die darin vorgesehene Positivliste einigen konnten. In dieser Liste wurden bestimmte, vorher festgelegte Branchen aufge-

führt, bei denen spürbare grenzüberschreitende Auswirkungen als unwahrscheinlich gelten sollten.

1107. Nach Ansicht der Monopolkommission spricht gegen die Einführung einer solchen Positivliste, dass sie ein inflexibles Instrument darstellt und die Gefahr der Lückenhaftigkeit besteht. Sinnvoll könnte es indes sein, in Anlehnung an den SIT der EU-Kommission darauf abzustellen, dass

- die Beihilfe nicht von vornherein auf ein bestimmtes Unternehmen oder einen bestimmten Sektor beschränkt ist,

- die Beihilfengewährung, die ein einzelnes Unternehmen innerhalb eines Zeitraums von drei Jahren erhält, den Betrag von 1 Mio. Euro nicht überschreitet,

- die Beihilfe tätigkeitsbezogen vergeben wird und die Beihilfenintensität, d. h. der Anteil der Förderung an den Gesamtausgaben des jeweiligen Projekts, nicht mehr als 30 Prozent beträgt und

- die Zuwendung in einem offenen Verfahren vergeben wird. Dies bedeutet, dass die Zuwendung bei allgemeinen Beihilfenregelungen allen Unternehmen zugänglich sein muss, die bestimmte Kriterien erfüllen, und bei Individualbeihilfen transparente Ausschreibungsverfahren durchzuführen sind.

1108. Darüber hinaus sollten in der Beihilfenkontrolle die Marktanteile und der sich hieraus ergebende Konzentrationsgrad als Hilfsinstrument bei der Identifizierung einer Wettbewerbsverfälschung herangezogen werden. In Anlehnung an die Werte, welche die EU-Kommission in ihren Leitlinien zur Bewertung horizontaler Zusammenschlüsse benannt hat, könnten als Orientierungsmaßstab eine Marktanteilsschwelle von 25 Prozent und ein HHI von 1 000 zugrunde gelegt werden.[240]

1109. Bei einer Beihilfe zugunsten etablierter marktstarker Unternehmen besteht die Gefahr, dass diese ihren Vorteil gegenüber konkurrierenden Unternehmen weiter vergrößern können. Darüber hinaus wird der Markteintritt für Newcomer erschwert und die Durchführung von Verdrängungspraktiken erleichtert. Je höher die Marktkonzentration ist, desto wahrscheinlicher ist es, dass der Wettbewerb durch eine Beihilfe an etablierte Unterneh-

---

[239] Der SIT sah ein neues Konzept für die Bewertung staatlicher Beihilfen von geringerem Umfang und bestimmter Beihilfen mit begrenzten Auswirkungen auf den innergemeinschaftlichen Handel vor und setzte sich letztlich aus zwei verschiedenen Tests zusammen, dem LASA-Test und dem LET-Test. Eine Beihilfenkontrolle sollte unterbleiben, wenn die betreffende Maßnahme die Kriterien eines dieser beiden Tests erfüllte.
Innerhalb des LASA-Tests (limited amount of state aid test) sollte – ähnlich wie in der De-minimis-Verordnung – an die niedrige Höhe der gewährten Beihilfe angeknüpft werden. Außerdem sollten einige zusätzliche Voraussetzungen aufgestellt werden. Der Test sollte unabhängig vom betroffenen Sektor gelten und beinhaltete die folgenden Kriterien:
- Die Beihilfe ist unmittelbar auf die zurechenbaren Kosten eines im gemeinsamen Interesse liegenden, definierten Ziels gerichtet (z. B. FuE, Umweltschutz).
- Die Beihilfenintensität, d.h. der Anteil der Förderung an den Gesamtausgaben des jeweiligen Projekts, beträgt nicht mehr als 30 Prozent.
- Es wird maximal 1 Mio. Euro an ein einzelnes Unternehmen innerhalb von drei Jahren gewährt.
- Die Beihilfen werden in ein nationales Register eingetragen.
- Für die Gesamthöhe der aufgrund von LASA gewährten Beihilfen wird eine maximale Obergrenze für jeden Mitgliedstaat festgelegt, die nicht überschritten werden darf.
Unter diesen Voraussetzungen sollte nach dem LASA-Test die Vermutung gelten, dass eine Beihilfe nur begrenzte Auswirkungen auf Wettbewerb und Handel hat und deshalb keine Beihilfenkontrolle durch die EU-Kommission erforderlich ist.

Der LET-Test (limited effect on trade) sollte anders als der LASA-Test keine Obergrenze vorsehen und auch höhere Beihilfenbeträge mit einbeziehen. Kennzeichen dieses Tests waren:
- In einer Positivliste werden bestimmte, vorher festgelegte Branchen aufgeführt, bei denen signifikante grenzüberschreitende Auswirkungen unwahrscheinlich sind, d. h. Branchen, die keinem intensiven Wettbewerb auf Gemeinschaftsebene ausgesetzt sind.
- Die Zuwendung muss in einem offenen Verfahren vergeben werden: Bei allgemein-abstrakten Beihilfenregelungen muss die Zuwendung allen Unternehmen offen stehen, die bestimmte Kriterien erfüllen, bei Individualbeihilfen muss ein transparentes Ausschreibungsverfahren stattfinden.
- Die Beihilfenintensität darf 30 Prozent nicht überschreiten.

[240] Vgl. EU-Kommission, Leitlinien zur Bewertung horizontaler Zusammenschlüsse gemäß der Ratsverordnung über die Kontrolle von Unternehmenszusammenschlüssen, ABl. EU Nr. C 31 vom 5. Februar 2004, S. 5, hier: S. 7, Rn. 18 f.

men verzerrt wird, da in einem engeren Oligopol die Entscheidung eines jeden Marktteilnehmers die Entscheidungen anderer Marktteilnehmer beeinflusst. In diesem Fall lässt sich das Vorliegen einer tatbestandlichen Wettbewerbsverfälschung vermuten. Zugleich sind hier die Anreize in der Politik, wettbewerbsverzerrende Beihilfen zu gewähren, besonders hoch.

1110. Im Umkehrschluss könnte der EU-Kommission eine höhere Darlegungspflicht auferlegt werden, wenn die Marktanteile des begünstigten Unternehmens auf den Märkten, auf denen es tätig ist, vergleichsweise niedrig sind bzw. der Markt durch eine geringe Konzentration gekennzeichnet ist.

1111. Als entsprechender Filter könnte auch das Ausmaß an Selektivität dienen, das die jeweilige Beihilfenmaßnahme aufweist.[241] Falls die betreffende Beihilfe einen stark selektiven Charakter hat, lässt sich das Vorliegen einer Wettbewerbsverfälschung vermuten. Sofern die Maßnahme jedoch von geringer Selektivität ist, z. B. weil alle Unternehmen einer bestimmten Größe oder innerhalb einer bestimmten Region begünstigt werden sollen, wäre die EU-Kommission gehalten, die durch die Beihilfenmaßnahme drohenden Wettbewerbsbeeinträchtigungen näher zu untersuchen und deren Vorliegen zu begründen.

1112. Sollte keiner der skizzierten Vermutungstatbestände zu einem eindeutigen Ergebnis führen, ist die EU-Kommission aufgefordert, die Frage, ob die jeweilige Maßnahme spürbare grenzüberschreitende Wettbewerbsbeschränkungen hervorruft, im Rahmen einer genaueren Prüfung zu klären. Dabei sind mehrere Faktoren zu berücksichtigen, die sowohl die Beihilfe und ihre Vergabe (Beihilfenkriterien) als auch die relevanten Märkte, die prognostizierbaren Auswirkungen auf den Wettbewerb und die Marktstellung des begünstigten Unternehmens (Marktkriterien) betreffen. Als Beihilfenkriterien sind die Höhe der Beihilfe, ihre Größe im Verhältnis zu den Kosten der geförderten Tätigkeit (Beihilfenintensität) und die Art ihrer Vergabe zu berücksichtigen. Hierbei ist relevant, ob die Beihilfe lediglich einmalig oder wiederholt gewährt wird und ob ein offenes und transparentes Vergabeverfahren stattgefunden hat. Daneben sind als Marktkriterien das Bestehen von Überkapazitäten, der Marktanteil des begünstigten Unternehmens, die Marktkonzentration, der Marktanteilsabstand zum nächsten Wettbewerber, die Höhe der Markteintrittsbarrieren (hohe versunkene Kosten), der Grad seiner vertikalen Verbundenheit, das Maß an Produktdifferenzierung sowie die infolge der Beihilfe zu erwartende Preisentwicklung zu berücksichtigen.

1113. Die skizzierte Untersuchung setzt voraus, dass die EU-Kommission anstelle einer allgemeinen sektorbezogenen Prüfung künftig auch in Beihilfenverfahren, ebenso wie im Kartellrecht, die betroffenen Märkte sachlich und räumlich definiert und die Marktposition des Be-

günstigten ermittelt. Eine konkrete Marktabgrenzung unter Ermittlung des Marktanteils des Begünstigten kommt indes nur in Betracht, wenn das individuell begünstigte Unternehmen und das geförderte Projekt bereits feststehen. Durch das Beihilfenverbot des Artikel 87 Abs. 1 EGV werden jedoch nicht nur solche Beihilfen erfasst, sondern auch sog. allgemeine Beihilfenregelungen. So ist bei Beihilfenmaßnahmen mit horizontaler Zielsetzung häufig nicht festgelegt, welche Unternehmen aus welchen Branchen begünstigt werden und welche Märkte konkret betroffen sind. In diesem Fall sollte die Prüfung darauf beschränkt werden, ob die staatliche Maßnahme geeignet ist, einen spürbaren Eingriff in das Marktgeschehen und den Wettbewerbsprozess im EU-Binnenmarkt zu bewirken.

1114. Zu berücksichtigen ist, dass die europäischen Gerichte für die Auslegung des Beihilfenverbotstatbestands und des darin enthaltenen Merkmals der Wettbewerbsverfälschung letztverbindlich zuständig sind und traditionell sehr geringe Anforderungen an das Vorliegen dieses Kriteriums gestellt haben. Dieses Problem ließe sich durch eine gesetzliche Klarstellung lösen. Es ist jedoch auch denkbar, dass bereits eine veränderte Rechtsanwendungspraxis ausreicht und die europäischen Gerichte ihre traditionelle Rechtsprechung aufgeben. Als Indiz hierfür kann die Entscheidung Le Levant des EuG vom 22. Februar 2006 gelten, in der das Gericht die EU-Kommission ausdrücklich dafür rügte, dass diese in der angefochtenen Negativentscheidung keine nähere Prüfung des Merkmals der Wettbewerbsverfälschung vorgenommen hatte.[242]

1115. Sofern künftig die dargestellten höheren Anforderungen an das Vorliegen der Wettbewerbsverfälschung ihre Gültigkeit erlangen, ließe sich einwenden, dass dies für die Mitgliedstaaten die Beurteilung der Frage erschweren könnte, ob eine Maßnahme nach Artikel 88 Abs. 3 EGV anmeldepflichtig ist oder nicht. Dem ließe sich dadurch begegnen, dass im Rahmen des Artikel 88 Abs. 3 EGV die niedrigen Nachweisanforderungen beibehalten werden und nur der EU-Kommission bei Artikel 87 Abs. 1 EGV eine erhöhte Darlegungspflicht auferlegt wird.

7.2 Ökonomischer Ansatz auf Rechtfertigungsebene (Artikel 87 Abs. 3 EGV)

1116. Die Rechtfertigungsgründe des Artikel 87 Abs. 3 EGV sind sehr weit formuliert und eröffnen der EU-Kommission einen erheblichen Ermessensspielraum. Vor diesem Hintergrund ist es zu begrüßen, dass die EU-Kommission im Zuge eines more economic approach die Voraussetzung für diese Ermessensentscheidung näher konkretisiert, indem sie einen dreistufigen Abwägungstest einführt. Der more economic approach, den die EU-Kommission in der Beihilfenkontrolle einführen möchte, sorgt somit für mehr Transparenz und Rechtssicherheit.

---

[241] So auch der Vorschlag der britischen Wettbewerbsbehörde OFT in ihrer Stellungnahme zum State Aid Action Plan der EU-Kommission, OFT response to the European Commission's Plan on State Aid, September 2005, http://www.oft.gov.uk/shared_oft/reports/oft_response_to_consultations/ oft820.pdf.

[242] EuG, Urteil vom 22. Februar 2006, Rs. T 34/02, Le Levant/Kommission, Slg. 2006, II-267, Rn. 127.

1117. Im Rahmen des Abwägungstests stellt die EU-Kommission das Kriterium des Marktversagens[243] als möglichen Rechtfertigungsgrund in den Mittelpunkt. In diesem Zusammenhang stellt sich die Frage, ob nicht bereits zuvor auf Tatbestandsebene bei der Prüfung des Merkmals der Wettbewerbsverfälschung des Artikel 87 Abs. 1 EGV näher untersucht werden müsste, ob ausnahmsweise ein Marktversagen vorliegt und die Beihilfe das geeignete und erforderliche Mittel zur Korrektur darstellt. Denn sollte dies der Fall sein, wird die Wettbewerbssituation im Ergebnis regelmäßig nicht verschlechtert, sondern es wird vielmehr eine Verbesserung der wettbewerblichen Rahmenbedingungen angestrebt. In vielen Fällen, in denen ein – vermeintliches – Marktversagen beseitigt werden soll, droht jedoch ein Staatsversagen aufgrund von Fehlprognosen mit der Folge, dass die bestehende Wettbewerbssituation verschlechtert wird (Second-best-Problematik). Aufgrund der hierdurch drohenden überoptimalen staatlichen Eingriffsintensität erscheint es sachgerecht, dass die Beweislast für das Vorliegen eines spezifischen Marktversagens den Mitgliedstaaten obliegt und daher – wie von der EU-Kommission praktiziert – erst auf Rechtfertigungsebene näher untersucht wird. Das Vorliegen des Merkmals der Wettbewerbsverfälschung auf Tatbestandsebene wäre demnach zu bejahen, wenn die Beihilfe geeignet ist, spürbar in den grenzüberschreitenden Wettbewerbsprozess einzugreifen und das Verhalten der Marktteilnehmer und ihre Investitionsentscheidungen in eine erheblich andere Richtung zu lenken. Dem Marktversagenskriterium kommt demnach auf Rechtfertigungsebene eine vergleichbare Funktion zu wie dem Effizienzeinwand innerhalb des europäischen Kartellverbots (Artikel 81 Abs. 3 EGV).

1118. Kritisch ist zu bewerten, dass die EU-Kommission das Merkmal des Anreizeffekts als zentralen Bestandteil ihres neuen Abwägungstests begreift. Beihilfen sollten zwar nur gewährt werden, wenn sie einen Anreizeffekt auslösen, also eine Verhaltensänderung des begünstigten Unternehmens bewirken, da andernfalls kein zusätzlicher volkswirtschaftlicher Nutzen entsteht und öffentliche Mittel verschwendet werden. Die Befugnisse der EU-Kommission innerhalb der Beihilfenkontrolle beschränken sich jedoch auf den Schutz des grenzüberschreitenden Wettbewerbs. Das Kriterium des Anreizeffekts sollte entgegen dem Verordnungsentwurf der EU-Kommission auch nicht Eingang in eine einheitliche, unmittelbar anwendbare Gruppenfreistellungsverordnung finden.[244]

7.3 Effiziente Ausgestaltung des Verfahrens

1119. Wie im Rahmen des Abschnitts 5.4 dargestellt worden ist, ließe sich nach Ansicht der Monopolkommission die Effizienz des Beihilfenkontrollverfahrens durch eine Angleichung an das europäische Kartellverfahren steigern.[245] In diesem Zusammenhang sollten die Verfah-

rensrechte von Wettbewerbern und Beihilfenempfängern gestärkt, die Untersuchungsmöglichkeiten der EU-Kommission gegenüber Unternehmen verbessert und kürzere, verbindliche Genehmigungsfristen eingeführt werden. Anstelle des bisherigen Legalitätsprinzips (Artikel 10 Abs. 1 VVO) sollte der EU-Kommission, wie im Kartellrecht, zudem ein Aufgreifermessen eingeräumt werden, sofern die Beihilfe ein näher zu definierendes Volumen nicht überschreitet. Hierdurch würde es der EU-Kommission ermöglicht, Prioritäten zu setzen und sich auf wichtige Beihilfenfälle zu konzentrieren. Das Aufgreifermessen sollte durch die Einführung einer privaten Feststellungsklage flankiert werden.

1120. Die Monopolkommission empfiehlt, Klagen des Beihilfenempfängers, betroffener Wettbewerber und ihrer Verbände vor den Gemeinschaftsgerichten auch bei allgemeinen Beihilfenregelungen zuzulassen. Darüber hinaus sollten Wettbewerber erleichtert Rechtsschutz auf europäischer Ebene erlangen können.[246]

1121. Der Rechtsschutz auf nationaler Ebene sollte zusammenhängend geregelt werden und den Bedürfnissen des Beihilfenrechts Rechnung tragen.[247] In diesem Zusammenhang sollte insbesondere in Anlehnung an das Kartellrecht (§ 33 Abs. 2 GWB) eine Klagebefugnis für Verbände eingeführt werden. Darüber hinaus sollte die aufschiebende Wirkung von Klagen in Rückforderungsfällen ausgeschlossen und ein effizientes Rechtsschutzsystem geschaffen werden, das ähnlich wie im öffentlichen Vergaberecht (§§ 104 ff. GWB) ausgestaltet werden könnte.

7.4 Komplementäre Beihilfenkontrolle auf nationaler Ebene

1122. Neben negativen Folgen für den Wettbewerb in allokativer, produktiver und dynamischer Hinsicht kann eine Vergabe von Beihilfen mit weiteren erheblichen volkswirtschaftlichen Kosten verbunden sein. Beihilfen sind mit Finanzierungskosten oder anderen Opportunitätskosten verbunden und führen zu Wohlfahrtsverlusten, die zum einen durch die notwendige Steuererhebung in anderen Bereichen entstehen und zum anderen durch Fehlprognosen und Mitnahmeeffekte bedingt sind. Während sich die Kompetenz der EU-Kommission im Rahmen der europäischen Beihilfenkontrolle auf den Schutz des grenzüberschreitenden Wettbewerbs beschränkt, sind die Mitgliedstaaten berufen, die gesamten volkswirtschaftlichen Kosten bei der Vergabe von Beihilfen in Rechnung zu stellen und mit dem erwarteten Nutzen abzuwägen.

1123. Wird die europäische Beihilfenkontrolle auf den Schutz des grenzüberschreitenden Wettbewerbs in der oben beschriebenen Weise zurückgeführt, so wird ihr Anwendungsbereich im Vergleich zur bisherigen Verwaltungspraxis der EU-Kommission begrenzt. Nach Ansicht der Monopolkommission ist es dann unbedingt geboten,

---

[243] Als Rechtfertigungsgrund kommt auch ein außerökonomisches Ziel von gemeinsamem Interesse (z. B. regionale Kohärenz) in Betracht.

[244] Vgl. Tz. 1066.

[245] Vgl. Tz. 1015 ff.

[246] Vgl. Tz. 1031 ff.

[247] Vgl. Tz. 1043.

zugleich auf nationaler Ebene effektive komplementäre Kontrollmechanismen zu schaffen. Andernfalls besteht die Gefahr, dass infolge einer zu geringen Kontrolldichte die Vergabe von Beihilfen auf einem ineffizient hohen, volkswirtschaftlich schädlichen Niveau erfolgt.

1124. Nach Ansicht der Monopolkommission sollten nationale Beihilfenprogramme einer regelmäßigen Erfolgskontrolle unterzogen werden und in gravierenden Fällen, in denen die Einzelbeihilfe oder das Beihilfenprogramm ein näher zu definierendes Volumen überschreitet, eine gesamtwirtschaftlich angelegte Ex-ante-Kontrolle durch eine unabhängige nationale Instanz durchgeführt werden. Zudem sollten Beihilfen grundsätzlich im Rahmen eines offenen und transparenten Verfahrens vergeben werden. Beihilfen, die von vornherein auf individuelle Unternehmen oder eine spezifische Branche zugeschnitten sind, sollten verboten und nur in Ausnahmefällen im Rahmen einer nationalen Ex-ante-Kontrolle erlaubt werden. Neben einer Befristung von Beihilfenprogrammen und einer degressiven Ausgestaltung langfristiger Förderungen sollten Beihilfen, sofern sie ein bestimmtes Volumen überschreiten, vorab durch die jeweilige öffentliche Stelle auf einer zentralen Plattform im Internet veröffentlicht werden. Ferner sollten insbesondere subjektive Rechte potenzieller Beihilfenempfänger, betroffener Wettbewerber und ihrer Verbände sowie ein effizientes Rechtsschutzsystem in Anlehnung an das Vergaberecht (§§ 104 ff. GWB) geschaffen werden.

1125. Die Vorschläge der Monopolkommission zur Rückführung der europäischen und zum Ausbau der nationalen Kontrolle von Beihilfen sind als Paket gedacht, das nur zusammenhängend verwirklicht werden sollte.

7.5 Zusammenfassung der Empfehlungen

1126. Die Monopolkommission spricht sich dafür aus, im Beihilfenverfahren – wie auch bei Artikel 81 Abs. 1 EGV – die objektive Eignung einer Beihilfe zur spürbaren Wettbewerbsverfälschung und zur spürbaren Beeinträchtigung des zwischenstaatlichen Handels innerhalb des Beihilfentatbestands (Artikel 87 Abs. 1 EGV) zu prüfen. Anders als im Kartellrecht wird hier keine Spürbarkeit der Maßnahme als ungeschriebene Voraussetzung verlangt. Infolgedessen erstreckt sich der Anwendungsbereich der Beihilfenkontrolle auch auf Sachverhalte mit lokalem Schwerpunkt. In Bezug auf das Merkmal der Wettbewerbsverfälschung nimmt die EU-Kommission bislang regelmäßig nur eine pauschale sektorspezifische Untersuchung vor, die deutlich hinter den Maßstäben zurückbleibt, die im EU-Kartellrecht traditionell angewendet wurden und welche die EU-Kommission dort nun unter Berufung auf einen more economic approach um flexible ökonomische Kriterien ergänzen möchte. Der Reformansatz der EU-Kommission, eine nähere Untersuchung der marktstrukturellen Ausgangssituation und Wettbewerbslage erst auf Rechtfertigungsebene (Artikel 87 Abs. 3 EGV) durchzuführen, erscheint nicht überzeugend, da das europäische Beihilfenverbot seinem Schutzzweck nach nur eingreift, sofern eine drohende

Verfälschung des Wettbewerbs im Binnenmarkt vorliegt und entsprechend festgestellt worden ist.

1127. Nach Ansicht der Monopolkommission ist es durchaus sachgerecht, das Vorliegen einer Wettbewerbsverfälschung bei bestimmten Formen mitgliedstaatlicher Beihilfen zu vermuten (etwa bei Rettungs- und Umstrukturierungsbeihilfen). Da jedoch das Merkmal der Begünstigung innerhalb des Artikel 87 Abs. 1 EGV sehr weit ausgelegt wird, erscheint eine pauschale Vermutung nicht in allen Konstellationen gerechtfertigt. Nach Ansicht der Monopolkommission sollte ein widerlegbarer Spürbarkeitstest eingeführt werden, der bei Beihilfen unterhalb eines näher zu definierenden Schwellenwerts (z. B. 1 Mio. Euro) eine vereinfachte Freistellung unter Heranziehung verschiedener Kriterien ermöglicht. Sollten weder der Spürbarkeitstest noch andere Vermutungstatbestände eingreifen, ist die EU-Kommission aufgefordert, die Frage, ob die jeweilige Maßnahme grenzüberschreitende Wettbewerbsbeschränkungen hervorruft, im Rahmen einer näheren Untersuchung zu klären. Insoweit sind mehrere Faktoren zu berücksichtigen, die sowohl die Beihilfe und ihre Vergabe (Beihilfenkriterien) als auch die relevanten Märkte, die prognostizierbaren Auswirkungen auf den Wettbewerb und die Marktstellung des begünstigten Unternehmens (Marktkriterien) betreffen.

1128. Das in der Beihilfenkontrolle angewendete Verfahren sollte nach Ansicht der Monopolkommission reformiert und in bestimmten Punkten an das europäische Kartellverfahren angeglichen werden. In diesem Zusammenhang sollten die Verfahrensrechte von Wettbewerbern und Beihilfenempfängern gestärkt, die Untersuchungsmöglichkeiten der EU-Kommission gegenüber Unternehmen verbessert und kürzere, verbindliche Genehmigungsfristen eingeführt werden. Zu erwägen ist, anstelle des bisherigen Legalitätsprinzips der EU-Kommission, wie im Kartellrecht, ein Aufgreifermessen einzuräumen, sofern die Beihilfe ein bestimmtes Volumen nicht überschreitet. Hierdurch würde es der EU-Kommission ermöglicht, Prioritäten zu setzen und sich auf wichtige Beihilfenfälle zu konzentrieren. Das Aufgreifermessen könnte durch die Einführung einer privaten Feststellungsklage flankiert werden. Die Monopolkommission empfiehlt zudem, Klagen des Beihilfenempfängers, betroffener Wettbewerber und ihrer Verbände vor den Gemeinschaftsgerichten auch bei allgemeinen Beihilfenregelungen zuzulassen. Darüber hinaus sollten Wettbewerber erleichtert Rechtsschutz auf europäischer Ebene erlangen können. Der Rechtsschutz auf nationaler Ebene sollte zusammenhängend geregelt werden und den Bedürfnissen des Beihilfenrechts Rechnung tragen. Hierbei sollte insbesondere in Anlehnung an das Kartellrecht (§ 33 Abs. 2 GWB) eine Klagebefugnis für Verbände eingeführt werden. Welche Mindeststandards dafür in den Mitgliedstaaten zu schaffen sind, könnte Gegenstand einer EU-Richtlinie werden. Darüber hinaus sollte die aufschiebende Wirkung von Klagen in Rückforderungsfällen ausgeschlossen und ein effizientes Rechtsschutzsystem geschaffen werden, das ähnlich wie im öffentlichen Vergaberecht (§§ 104 ff. GWB) ausgestaltet werden könnte.

1129. Bei einer Rückführung der europäischen Beihilfenkontrolle auf den Schutz des grenzüberschreitenden Wettbewerbs wird ihr Anwendungsbereich im Vergleich zur bisherigen Verwaltungspraxis der EU-Kommission begrenzt. Nach Ansicht der Monopolkommission ist es geboten, zugleich auf nationaler Ebene effektive komplementäre Kontrollmechanismen zu schaffen.[248]

1130. Schließlich sollten auch die Beihilfen (Subventionen), welche die EU selbst vergibt und die anders als Maßnahmen der Mitgliedstaaten nicht unter den Anwendungsbereich der Artikel 87 ff. EGV fallen, einer näheren Überprüfung unterzogen werden. Insoweit ist zu erwägen, die Kontrolle über EU-eigene Subventionen auf eine neu zu errichtende, unabhängige europäische Aufsichtsbehörde zu übertragen, die frei von politischer Einflussnahme agieren kann. Neben etwaigen EU-bezogenen Maßnahmen sollten sich die EU und die Mitgliedstaaten auf internationaler Ebene verstärkt für die Einführung eines verbesserten Kontrollregimes innerhalb des WTO-Rahmens einsetzen.

Bonn, den 30. Juni 2008

J. Basedow

J. Aldag   J. Haucap   P.-M. Preusker   K. Trebitsch

---

[248] Vgl. hierzu Abschnitt 7.4.

Anhang

Inhaltsverzeichnis

A. Gesetz gegen Wettbewerbsbeschränkungen (Auszug: §§ 44 bis 47)

in der Bekanntmachung der Neufassung vom 15. Juli 2005 (BGBl. I S. 2114)

Achter Abschnitt

Monopolkommission

§ 44

Aufgaben

(1) [1] Die Monopolkommission erstellt alle zwei Jahre ein Gutachten, in dem sie den Stand und die absehbare Entwicklung der Unternehmenskonzentration in der Bundesrepublik Deutschland beurteilt, die Anwendung der Vorschriften über die Zusammenschlusskontrolle würdigt sowie zu sonstigen aktuellen wettbewerbspolitischen Fragen Stellung nimmt. [2] Das Gutachten soll die Verhältnisse in den letzten beiden abgeschlossenen Kalenderjahren einbeziehen und bis zum 30. Juni des darauffolgenden Jahres abgeschlossen sein. [3] Die Bundesregierung kann die Monopolkommission mit der Erstattung zusätzlicher Gutachten beauftragen. [4] Darüber hinaus kann die Monopolkommission nach ihrem Ermessen Gutachten erstellen.

(2) [1] Die Monopolkommission ist nur an den durch dieses Gesetz begründeten Auftrag gebunden und in ihrer Tätigkeit unabhängig. [2] Vertritt eine Minderheit bei der Abfassung der Gutachten eine abweichende Auffassung, so kann sie diese in dem Gutachten zum Ausdruck bringen.

(3) [1] Die Monopolkommission leitet ihre Gutachten der Bundesregierung zu. [2] Die Bundesregierung legt Gutachten nach Absatz 1 Satz 1 den gesetzgebenden Körperschaften unverzüglich vor und nimmt zu ihnen in angemessener Frist Stellung. [3] Die Gutachten werden von der Monopolkommission veröffentlicht. [4] Bei Gutachten nach Absatz 1 Satz 1 erfolgt dies zu dem Zeitpunkt, zu dem sie von der Bundesregierung der gesetzgebenden Körperschaft vorgelegt werden.

§ 45

Mitglieder

(1) [1] Die Monopolkommission besteht aus fünf Mitgliedern, die über besondere volkswirtschaftliche, betriebswirtschaftliche, sozialpolitische, technologische oder wirtschaftsrechtliche Kenntnisse und Erfahrungen verfügen müssen. [2] Die Monopolkommission wählt aus ihrer Mitte einen Vorsitzenden.

(2) [1] Die Mitglieder der Monopolkommission werden auf Vorschlag der Bundesregierung durch den Bundespräsidenten für die Dauer von vier Jahren berufen. [2] Wiederberufungen sind zulässig. [3] Die Bundesregierung hört die Mitglieder der Kommission an, bevor sie neue Mitglieder vorschlägt. [4] Die Mitglieder sind berechtigt, ihr Amt durch Erklärung gegenüber dem Bundespräsidenten niederzulegen. [5] Scheidet ein Mitglied vorzeitig aus, so wird ein neues Mitglied für die Dauer der Amtszeit des ausgeschiedenen Mitglieds berufen.

(3) [1] Die Mitglieder der Monopolkommission dürfen weder der Regierung oder einer gesetzgebenden Körperschaft des Bundes oder eines Landes noch dem öffentlichen Dienst des Bundes, eines Landes oder einer sonstigen juristischen Person des öffentlichen Rechts, es sei denn als Hochschullehrer oder als Mitarbeiter eines wissenschaftlichen Instituts, angehören. [2] Ferner dürfen sie weder einen Wirtschaftsverband noch eine Arbeitgeber- oder Arbeitnehmerorganisation repräsentieren oder zu diesen in einem ständigen Dienst- oder Geschäftsbesorgungsverhältnis stehen. [3] Sie dürfen auch nicht während des letzten Jahres vor der Berufung zum Mitglied der Monopolkommission eine derartige Stellung innegehabt haben.

§ 46

Beschlüsse, Organisation, Rechte und Pflichten der Mitglieder

(1) Die Beschlüsse der Monopolkommission bedürfen der Zustimmung von mindestens drei Mitgliedern.

(2) [1] Die Monopolkommission hat eine Geschäftsordnung und verfügt über eine Geschäftsstelle. [2] Diese hat die Aufgabe, die Monopolkommission wissenschaftlich, administrativ und technisch zu unterstützen.

(2a) Die Monopolkommission kann Einsicht in die von der Kartellbehörde geführten Akten, einschließlich Betriebs- und Geschäftsgeheimnisse und personenbezogener Daten nehmen, soweit dies zur ordnungsgemäßen Erfüllung ihrer Aufgaben erforderlich ist.

(3) [1] Die Mitglieder der Monopolkommission und die Angehörigen der Geschäftsstelle sind zur Verschwiegenheit über die Beratungen und die von der Monopolkommission als vertraulich bezeichneten Beratungsunterlagen verpflichtet. [2] Die Pflicht zur Verschwiegenheit bezieht sich auch auf Informationen, die der Monopolkommission gegeben und als vertraulich bezeichnet werden oder die gemäß Absatz 2a erlangt worden sind.

(4) [1] Die Mitglieder der Monopolkommission erhalten eine pauschale Entschädigung sowie Ersatz ihrer Reisekosten. [2] Diese werden vom Bundesministerium für Wirtschaft und Technologie im Einvernehmen mit dem Bundesministerium des Innern festgesetzt. Die Kosten der Monopolkommission trägt der Bund.

§ 47
Übermittlung statistischer Daten

(1) [1] Für die Begutachtung der Entwicklung der Unternehmenskonzentration werden der Monopolkommission vom Statistischen Bundesamt aus Wirtschaftsstatistiken (Statistik im produzierenden Gewerbe, Handwerksstatistik, Außenhandelsstatistik, Steuerstatistik, Verkehrsstatistik, Statistik im Handel und Gastgewerbe, Dienstleistungsstatistik) und dem Statistikregister zusammengefasste Einzelangaben über die Vomhundertanteile der größten Unternehmen, Betriebe oder fachlichen Teile von Unternehmen des jeweiligen Wirtschaftsbereichs

a) am Wert der zum Absatz bestimmten Güterproduktion,

b) am Umsatz,

c) an der Zahl der tätigen Personen,

d) an den Lohn- und Gehaltsummen,

e) an den Investitionen,

f) am Wert der gemieteten und gepachteten Sachanlagen,

g) an der Wertschöpfung oder dem Rohertrag,

h) an der Zahl der jeweiligen Einheiten

übermittelt. [2] Satz 1 gilt entsprechend für die Übermittlung von Angaben über die Vomhundertanteile der größten Unternehmensgruppen. [3] Für die Zuordnung der Angaben der Unternehmensgruppen übermittelt die Monopolkommission dem Statistischen Bundesamt Namen und Anschriften der Unternehmen, deren Zugehörigkeit zu einer Unternehmensgruppe sowie Kennzeichen zur Identifikation. [4] Die zusammengefassten Einzelangaben dürfen nicht weniger als drei Unternehmensgruppen, Unternehmen, Betriebe oder fachliche Teile von Unternehmen betreffen. [5] Durch Kombination oder zeitliche Nähe mit anderen übermittelten oder allgemein zugänglichen Angaben darf kein Rückschluss auf zusammengefasste Angaben von weniger als drei Unternehmensgruppen, Unternehmen, Betrieben oder fachlichen Teile von Unternehmen möglich sein. [6] Für die Berechnung von summarischen Konzentrationsmaßen, insbesondere Herfindahl-Indizes und Gini-Koeffizienten, gilt dies entsprechend. [7] Die statistischen Ämter der Länder stellen die hierfür erforderlichen Einzelangaben dem Statistischen Bundesamt zur Verfügung.

(2) [1] Personen, die zusammengefasste Einzelangaben nach Absatz 1 erhalten sollen, sind vor der Übermittlung zur Geheimhaltung besonders zu verpflichten, soweit sie nicht Amtsträger oder für den öffentlichen Dienst besonders Verpflichtete sind. [2] § 1 Abs. 2, 3 und 4 Nr. 2 des Verpflichtungsgesetzes gilt entsprechend. [3] Personen, die nach Satz 1 besonders verpflichtet worden sind, stehen für die Anwendung der Vorschriften des Strafgesetzbuches über die Verletzung von Privatgeheimnissen (§ 203 Abs. 2, 4, 5; §§ 204, 205) und des Dienstgeheimnisses (§ 353b Abs. 1) den für den öffentlichen Dienst besonders Verpflichteten gleich.

(3) [1] Die zusammengefassten Einzelangaben dürfen nur für die Zwecke verwendet werden, für die sie übermittelt wurden. [2] Sie sind zu löschen, sobald der in Absatz 1 genannte Zweck erfüllt ist.

(4) Bei der Monopolkommission muss durch organisatorische und technische Maßnahmen sichergestellt sein, dass nur Amtsträger, für den öffentlichen Dienst besonders Verpflichtete oder Verpflichtete nach Absatz 2 Satz 1 Empfänger von zusammengefassten Einzelangaben sind.

(5) [1] Die Übermittlungen sind nach Maßgabe des § 16 Abs. 9 des Bundesstatistikgesetzes aufzuzeichnen. [2] Die Aufzeichnungen sind mindestens fünf Jahre aufzubewahren.

(6) Bei der Durchführung der Wirtschaftsstatistiken nach Absatz 1 sind die befragten Unternehmen schriftlich zu unterrichten, dass die zusammengefassten Einzelangaben nach Absatz 1 der Monopolkommission übermittelt werden dürfen.

B.   Untersagungen durch das Bundeskartellamt

Seit Beginn der Fusionskontrolle (Anfang 1974) bis Ende 2007 wurden 171 Untersagungen vom Bundeskartellamt ausgesprochen. Zum Zeitpunkt der Veröffentlichung dieses Gutachtens Ende Juni 2008 wurde folgender Verfahrensstand erreicht:

106 Untersagungen sind rechtskräftig oder übereinstimmend für erledigt erklärt

1.   Haindl/Holtzmann
Beschluss des BKartA vom 4. Februar 1974, B6-46/73, WuW/E BKartA 1475

2.   Kaiser/Preussag Aluminium
(nach Ablehnung des Antrages auf Ministererlaubnis)
Beschluss des BKartA vom 23. Dezember 1974, B8-251/74, WuW/E BKartA 1571
Verfügung des BMWi vom 26. Juni 1975, WuW/E BWM 149

3.   Lech-Elektrizitätswerke AG/Erdgas Schwaben[1]
(Erledigungserklärung nach Rückverweisung durch den Bundesgerichtshof)
Beschluss des BKartA vom 9. März 1976, B8-119/75, WuW/E BKartA 1647
Beschluss des KG vom 23. März 1977, Kart 11/76, WuW/E OLG 1895
Beschluss des BGH vom 12. Dezember 1978, KVR 6/77, WuW/E BGH 1533

4.   GKN/Sachs
(nach Rechtsbeschwerde beim Bundesgerichtshof und Rücknahme des Antrages auf Ministererlaubnis)
Beschluss des BKartA vom 12. Mai 1976, B7-67/75, WuW/E BKartA 1625
Beschluss des KG vom 1. Dezember 1976, Kart 51/76, WuW/E OLG 1745
Beschluss des BGH vom 21. Februar 1978, KVR 4/77, WuW/E BGH 1501

5.   Alsen-Breitenburg/Zementwerk Klöckner-Werke AG
(nach Rechtsbeschwerde beim Bundesgerichtshof)
Beschluss des BKartA vom 22. Dezember 1976, B7-24/76, WuW/E BKartA 1667
Beschluss des KG vom 15. März 1978, Kart 1/77, WuW/E OLG 1989
Beschluss des BGH vom 23. Oktober 1979, KVR 3/78, WuW/E BGH 1655

6.   RWE/Gesellschaft für Energiebeteiligung
(nach Beschwerde beim Kammergericht)
Beschluss des BKartA vom 16. September 1977, B8-37/77, AG 1978, S. 109
Beschluss des KG vom 15. März 1979, Kart 23/77, WuW/E OLG 2113

7.   Bergedorfer Buchdruckerei (Springer)/Elbe-Wochenblatt
(nach Rechtsbeschwerde beim Bundesgerichtshof)
Beschluss des BKartA vom 18. Januar 1978, B6-62/77, WuW/E BKartA 1700
Beschluss des KG vom 1. November 1978, Kart 4/78, WuW/E OLG 2109
Beschluss des BGH vom 18. Dezember 1979, KVR 2/79, WuW/E BGH 1685
Entflechtung: WuW/E BKartA 1888, WuW/E OLG 2753, WuW/E BGH 2031

8.   Bertelsmann/Deutscher Verkehrsverlag
(nach Rücknahme der Beschwerde)
Beschluss des BKartA vom 22. Februar 1978, B6-75/77, WuW/E BKartA 1709

[1]   Die Statistik wurde der Zählweise des Bundeskartellamtes angepaßt. Bis zum Achten Hauptgutachten wurde dieser Fall unter der Rubrik „vom Kartellamt zurückgenommen oder in sonstiger Weise erledigt" geführt.

9. Andreae-Noris Zahn/R. Holdermann
(nach Rücknahme der Beschwerde)
Beschluss des BKartA vom 31. März 1978, B8-170/77, WuW/E BKartA 1747

10. AVEBE/KSH-Emslandstärke
(durch einstweilige Anordnung)
Beschluss des BKartA vom 3. Mai 1978, B6-187/77, WuW/E BKartA 1716

11. Springer Verlag/Münchener Zeitungsverlag
(nach Rechtsbeschwerde beim Bundesgerichtshof)
Beschluss des BKartA vom 6. Juli 1978, B6-88/76, WuW/E BKartA 1733
Beschluss des KG vom 24. Oktober 1979, Kart 19/78, WuW/E OLG 2228
Beschluss des BGH vom 29. September 1981, KVR 2/80, WuW/E BGH 1854

12. Münchener Wochenblatt Verlags- und Werbegesellschaft mbH/3 Münchener Anzeigenblätter
(nach Rechtsbeschwerde beim Bundesgerichtshof)
Beschluss des BKartA vom 22. November 1979, B6-12/79, AG 1980, S. 283
Beschluss des KG vom 7. November 1980, Kart 2/80, WuW/E OLG 2457
Beschluss des BGH vom 16. Februar 1982, KVR 1/81, WuW/E BGH 1905

13. Bayer AG/Röhm GmbH[2]
(Erledigung in der Hauptsache)
Beschluss des BKartA vom 28. Januar 1980, B8-117/79, AG 1980, S. 196

14. Deutsche Uhrglasfabrik/Eurotech Mirrors International Ltd.
Beschluss des BKartA vom 27. Mai 1980, B7-163/79, WuW/E BKartA 1875

15. Springer Verlag (Ullstein GmbH)/Verlag Haupt & Koska GmbH & Co. KG
(nach Rechtsbeschwerde beim Bundesgerichtshof)
Beschluss des BKartA vom 23. Oktober 1980, B6-125/79, AG 1981, S. 260
Beschluss des KG vom 3. Juli 1981, Kart 22/80, WuW/E OLG 2527
Beschluss des BGH vom 28. September 1982, KVR 8/81, WuW/E BGH 1954

16. Süddeutsche Zucker AG/KWS Kleinwanzlebener Saatzucht AG
Beschluss des BKartA vom 6. November 1980, B6-116/79, AG 1981, S. 288

17. Gruner & Jahr AG & Co./Zeitverlag Bucerius AG
(Rückverweisung durch den Bundesgerichtshof)
Beschluss des BKartA vom 9. Januar 1981, B6-95/80, WuW/E BKartA 1863
Beschluss des KG vom 24. November 1982, Kart 11/81, AG 1983, S. 285
Beschluss des BGH vom 2. Oktober 1984, KVR 5/83, WuW/E BGH 2112
Beschluss des KG vom 7. Februar 1986, Kart 17/84, WuW/E OLG 3807
Beschluss des BGH vom 22. September 1987, KVR 5/86, WuW/E BGH 2433

18. Rewe-Zentral-Handelsgesellschaft mbH/Florimex Verwaltungsgesellschaft mbH
(nach Beschwerde beim Kammergericht)
Beschluss des BKartA vom 30. Januar 1981, B6-44/80, WuW/E BKartA 1876
Beschluss des KG vom 22. März 1983, Kart 17/81, WuW/E OLG 2862

19. VPM Rheinmetall Plastikmaschinen GmbH/Württembergische Metallwarenfabrik
(nach Rechtsbeschwerde beim Bundesgerichtshof und Rücknahme des Antrages
auf Ministererlaubnis)
Beschluss des BKartA vom 4. März 1981, B7-35/80, WuW/E BKartA 1867
Beschluss des KG vom 9. September 1983, Kart 19/81, WuW/E OLG 3137
Beschluss des BGH vom 25. Juni 1985, KVR 3/84, WuW/E BGH 2150

---

[2] Vgl. vorige Fn.

20. Deutsche Lufthansa AG/f.i.r.s.t.-Reisebüro GmbH
(nach Rücknahme der Rechtsbeschwerde)
Beschluss des BKartA vom 14. August 1981, B6-162/80, WuW/E BKartA 1908
Beschluss des KG vom 8. Dezember 1982, Kart 42/81, WuW/E OLG 2849

21. Nordwest-Zeitung Druck- und Pressehaus GmbH/Ammerland-Echo Verlags GmbH & Co. KG
(nach Rücknahme der Beschwerde)
Beschluss des BKartA vom 1. September 1981, B6-8/81, WuW/E BKartA 1931

22. Burda GmbH/Axel Springer Gesellschaft für Publizistik KG
(nach Rücknahme der Beschwerde und des Antrages auf Ministererlaubnis)
Beschluss des BKartA vom 23. Oktober 1981, B6-47/81, WuW/E BKartA 1921

23. Co op AG/Supermagazin GmbH
(nach Rücknahme der Beschwerde der Beigeladenen vom Bundesgerichtshof zurückgewiesen)
Beschluss des BKartA vom 23. März 1982, B9-2002/82, WuW/E BKartA 1970
Beschluss des KG vom 19. Januar 1983, Kart 18/82, WuW/E OLG 2970
Beschluss des BGH vom 10. April 1984, KVR 8/83, WuW/E BGH 2077

24. Schaper Zentralverwaltung/Discounthaus zum „bösen Wolf", Theodor Wolf GmbH & Co. KG
(nach Beschwerde beim Kammergericht)
Beschluss des BKartA vom 17. Februar 1983, B9-2054/82, WuW/E BKartA 2022
Beschluss des KG vom 7. Dezember 1983, Kart 7/83, WuW/E OLG 3213

25. Deutag-Mischwerke GmbH & Co. KG/Oberbergische Asphaltmischwerke GmbH & Co. KG
(nach Rechtsbeschwerde beim Bundesgerichtshof)
Beschluss des BKartA vom 21. Februar 1983, B1-34/82, WuW/E BKartA 2077
Beschluss des KG vom 28. Februar 1984, Kart 5/83, WuW/E OLG 3417
Beschluss des BGH vom 1. Oktober 1985, KVR 6/84, WuW/E BGH 2169

26. Stadtwerke Bremen AG + Gasversorgung Wesermünde GmbH/Gasversorgung Schwanewede GmbH
Beschluss des BKartA vom 28. Februar 1983, B8-183/82, WuW/E BKartA 2107

27. Süddeutscher Verlag GmbH/Donau-Kurier Verlagsgesellschaft A. Ganghofer'sche Buchhandlung,
Courier Druckhaus KG
(nach Rechtsbeschwerde beim Bundesgerichtshof)
Beschluss des BKartA vom 24. Oktober 1983, B6-7/83, WuW/E BKartA 2103
Beschluss des KG vom 11. Juli 1984, Kart 28/83, WuW/E OLG 3303
Beschluss des BGH vom 27. Mai 1986, KVR 7/84, WuW/E BGH 2276

28. Panorama Anzeigenblatt GmbH + Rhein-Erft GmbH/Anzeigenblätter
(nach Rechtsbeschwerde beim Bundesgerichtshof)
Beschluss des BKartA vom 22. Dezember 1983, B6-96/82, AG 1984, S. 164
Beschluss des KG vom 4. März 1986 Kart 1/84, WuW/E OLG 3767
Beschluss des BGH vom 26. Mai 1987, KVR 3/86, WuW/E BGH 2425

29. Südkurier GmbH/Singener Wochenblatt GmbH & Co. KG
(nach Rechtsbeschwerde beim Bundesgerichtshof)
Beschluss des BKartA vom 3. Mai 1984, B6-32/82, WuW/E BKartA 2140
Beschluss des KG vom 23. April 1986, Kart 8/84, WuW/E OLG 3875
Beschluss des BGH vom 10. November 1987, KVR 7/86, WuW/E BGH 2443

30. Siemens, Philips, AEG, SEL, kabelmetal/GfL Gesellschaft für Lichtwellenleiter GmbH & Co. KG
Beschluss des BKartA vom 8. Juni 1984, B7-18/82, WuW/E BKartA 2143

31. Touristik Union International GmbH & Co. KG/Air-Conti Flugreisen GmbH & Co. KG
    (nach Rücknahme der Beschwerde)
    Beschluss des BKartA vom 19. Juli 1984, B6-89/83, WuW/E BKartA 2169

32. Pillsbury Company/Sonnen-Bassermann-Werke Sieburg & Pförtner GmbH & Co. KG
    (nach Beschwerde beim Kammergericht)
    Beschluss des BKartA vom 26. März 1985, B2-146/84, AG 1985, S. 281
    Beschluss des KG vom 7. November 1985, Kart 6/85, WuW/E OLG 3759

33. Karstadt AG + Kaufhof AG/NUR-Touristik GmbH + ITS International Tourist Services
    Länderreisedienste GmbH
    Beschluss des BKartA vom 23. September 1985, B6-26/85, AG 1986, S. 377

34. Kampffmeyer Mühlen GmbH/Georg Plange GmbH & Co. KG
    (nach Rechtsbeschwerde beim Bundesgerichtshof)
    Beschluss des BKartA vom 8. November 1985, B2-10/85, WuW/E BKartA 2223
    Beschluss des KG vom 16. Dezember 1987, Kart 73/85, WuW/E OLG 4167
    Beschluss des BGH vom 7. März 1989, KVR 3/88, WuW/E BGH 2575

35. Linde AG/Agefko Kohlensäure-Industrie GmbH
    Beschluss des BKartA vom 13. Dezember 1985, B3-54/85, WuW/E BKartA 2213

36. Weiss-Druck + Verlag GmbH & Co. KG/S-W Verlag GmbH & Co. für
    Lokalinformationen
    (nach Beschwerde beim Kammergericht)
    Beschluss des BKartA vom 16. Dezember 1985, B6-71/84, AG 1986, S. 371
    Beschluss des KG vom 15. Januar 1988, Kart 1/86 WuW/E OLG 4095

37. Darmstädter Echo Verlag und Druckerei GmbH/Südhessische Post GmbH
    (nach Rücknahme der Beschwerde)
    Beschluss des BKartA vom 12. Mai 1986, B6-16/85, AG 1986, S. 370

38. Hüls AG/Condea Chemie GmbH
    Beschluss des BKartA vom 8. Dezember 1986, B3-58/86, WUW/E BKartA 2247

39. Hamburger Wochenblatt Verlag GmbH/Schlei-Verlag GmbH
    (nach Rücknahme der Beschwerde)
    Beschluss des BKartA vom 14. Januar 1987, B6-108/86, WuW/E BKartA 2251

40. Lübecker Nachrichten GmbH/Stormarner Tageblatt Verlag und Druckerei GmbH & Co.
    (nach Rechtsbeschwerde beim Bundesgerichtshof)
    Beschluss des BKartA vom 18. Februar 1988, B6-24/87, WuW/E BKartA 2290
    Beschluss des KG vom 12. Juli 1990, Kart 4/88, WuW/E OLG 4547
    Beschluss des BGH vom 15. Oktober 1991, KVR 3/90, WuW/E BGH 2743

41. Heidelberger Zement AG/Malik Baustoffe GmbH & Co.KG
    (nach Rücknahme der Beschwerde)
    Beschluss des BKartA vom 27. Juli 1988, B1-107/87, WuW/E BKartA 2297

42. Wieland-Werke AG/Langenberg Kupfer- und Messingwerke KG
    (nach Beschwerde beim Kammergericht)
    Beschluss des BKartA vom 18. August 1988, B5-92/88, WuW/E BKartA 2304

43. Melitta Werke Bentz & Sohn/Kraft GmbH
    (nach Rechtsbeschwerde beim Bundesgerichtshof)
    Beschluss des BKartA vom 14. April 1989, B3-137/88, WuW/E BKartA 2370
    Beschluss des KG vom 23. Mai 1991, Kart 13/89, WuW/E OLG 4771
    Beschluss des BGH vom 7. Juli 1992, KVR 14/91, WuW/E BGH 2783

44. DLT Deutsche Luftverkehrsgesellschaft mbH/Südavia Fluggesellschaft mbH
Beschluss des BKartA vom 23. Mai 1989, B5-256/88, WuW/E BKartA 2391

45. Westdeutscher Rundfunk Köln/Radio NRW GmbH
(Erledigungserklärung im Rechtsbeschwerdeverfahren)
Beschluss des BKartA vom 18. Juli 1989, B6-71/88, WuW/E BKartA 2396
Beschluss des KG vom 26. Juni 1991, Kart 23/89, WuW/E OLG 4811

46. MAN B & W Diesel AG/Gebr. Sulzer AG
(nach Ablehnung des Antrages auf Ministererlaubnis)
Beschluss des BKartA vom 23. August 1989, B4-64/89, WuW/E BKartA 2405
Verfügung des BMWi vom 24. Januar 1990, WuW/E BWM 207

47. WMF Württembergische MetallwarenfabrikAG/Kistra Beteiligungsgesellschaft mbH
(nach Beschwerde beim Kammergericht)
Beschluss des BKartA vom 25. August 1989, B1-28/89, WuW/E BKartA 2414
Beschluss des KG vom 28. Juni 1991, Kart 25/89, WuW/E OLG 4865

48. Meistermarken-Werke GmbH/Martin Braun Backmittel und Essenzen KG
(nach Rücknahme der Beschwerde)
Beschluss des BKartA vom 19. Oktober 1989, B2-62/89, WuW/E BKartA 2421

49. Tengelmann Handelsgesellschaft/Gottlieb Handelsgesellschaft mbH
Beschluss des BKartA vom 20. November 1989, B9-2056/89, WuW/E BKartA 2441

50. Axel Springer Verlag AG/A. Beig Druckerei und Verlag GmbH & Co.
(nach Rechtsbeschwerde beim Bundesgerichtshof)
Beschluss des BKartA vom 25. April 1990, B6-59/86, WuW/E BKartA 2477
Beschluss des KG vom 13. Februar 1991, Kart 12/90, WuW/E OLG 4737
Beschluss des BGH vom 6. Oktober 1992, KVR 24/91, WuW/E BGH 2795

51. Mainpresse Richter Druck und Verlag GmbH/Bote vom Grabfeld GmbH
(nach Beschwerde beim Kammergericht)
Beschluss des BKartA vom 29. Mai 1990, B6-22/90
Beschluss des KG vom 14. November 1990, Kart 14/90, WuW/E OLG 4637

52. MAN AG + Daimler Benz AG/ENASA
(nach Rücknahme des Antrages auf Ministererlaubnis)
Beschluss des BKartA vom 13. Juli 1990, B5-271/89, WuW/E BKartA 2445

53. GfB Gesellschaft für Beteiligungsbesitz mbH & Co.KG/Zeitungsverlag Iserlohner Kreisanzeiger
und Zeitung (IKZ) Wichelhoven Verlags-GmbH & Co.KG
(nach Rechtsbeschwerde beim Bundesgerichtshof)
Beschluss des BKartA vom 9. August 1990, B6-116/89, WuW/E BKartA 2471
Beschluss des KG vom 12. Juni 1991, Kart 16/90, WuW/E OLG 4835
Beschluss des BGH vom 19. Januar 1993, KVR 32/91, WuW/E BGH 2882

54. BayWa AG/WLZ Raiffeisen AG
(nach Ablehnung des Antrags auf Ministererlaubnis)
Beschluss des BKartA vom 27. Dezember 1991, B2-42/91, AG 1992, S. 130
Verfügung des BMWi vom 16. Juni 1992, WuW/E BWM 213

55. Wandsbek Kurier Verlag GmbH/Stadt-Anzeiger Werbe- und Verlagsgesellschaft mbH, Leipzig
Beschluss des BKartA vom 26. Februar 1992, B6-157/91, WuW/E BKartA 2515

56. Werner & Pfleiderer GmbH/Franz Daub und Söhne (GmbH & Co.)
    (nach Rechtsbeschwerde beim Bundesgerichtshof)
    Beschluss des BKartA vom 13. Mai 1992, B4-173/91, AG 1992, S. 406
    Beschluss des KG vom 15. Dezember 1993, Kart 15/92, WuW/E OLG 5271
    Beschluss des BGH vom 24. Oktober 1995, KVR 17/94, WuW/E BGH 3026

57. Gillette Company/Wilkinson Sword Europe
    (nach Rücknahme der Beschwerde)
    Beschluss des BKartA vom 23. Juli 1992, B5-42/90, AG 1992, S. 363

58. Zahnradfabrik Friedrichshafen AG/Allison Transmission Division
    (nach Rücknahme der Beschwerde)
    Beschluss des BKartA vom 15. April 1993, B5-117/92, WuW/E BKartA 2521

59. Fresenius/Schiwa
    (nach Rücknahme der Rechtsbeschwerde)
    Beschluss des BKartA vom 23. August 1993, B3-52/92, WuW/E BKartA 2591
    Beschluss des KG vom 18. Oktober 1995, Kart 18/93, AG 1996, S. 268

60. ATG Automobiltransportlogistik GmbH, Eschborn/Menke Holding GmbH & Co.KG/
    Silcock & Colling Ltd.
    (nach Rücknahme der Beschwerde)
    Beschluss des BKartA vom 20. Juni 1994, B9-2013/94, WuW/E BKartA 2659

61. Narva Speziallampen GmbH (Philips GmbH)/Lindner Licht GmbH
    (Beschwerde vom Kammergericht zurückgewiesen, da kein Feststellungsinteresse
    nach Aufgabe des Vorhabens)
    Beschluss des BKartA vom 11. August 1994, B7-56/94, WuW/E BKartA 2669
    Beschluss des KG vom 6. September 1995, Kart 17/94, WuW/E OLG 5497

62. Hannover Braunschweigische Stromversorgungs-AG/Stadtwerke Garbsen GmbH
    (nach Rechtsbeschwerde beim Bundesgerichtshof)
    Beschluss des BKartA vom 30. September 1994, B8-111/94, WuW/E BKartA 2701
    Beschluss des KG vom 10. Januar 1996, Kart 23/94, WuW/E OLG 5621
    Beschluss des BGH vom 15. Juli 1997, KVR 21/96, WuW/E DE-R 32

63. Hochtief AG/Philipp Holzmann AG[3]
    (Erledigung in der Hauptsache)
    Beschluss des BKartA vom 24. Januar 1995, B1-252/94, WuW/E BKartA 2729
    Beschluss des KG vom 18. März 1998, Kart 3/95, WuW/E DE-R 94

64. RWE Energie AG/Stromversorgung Aggertal GmbH
    (nach Rechtsbeschwerde beim Bundesgerichtshof)
    Beschluss des BKartA vom 22. Februar 1995, B8-178/94, WuW/E BKartA 2713
    Beschluss des KG vom 20. März 1996, Kart 4/95, WuW/E OLG 5601
    Beschluss des BGH vom 15. Juli 1997, KVR 33/96, WuW/E DE-R 24

65. T & N plc/Kolbenschmidt AG
    (nach Rücknahme der Beschwerde)
    Beschluss des BKartA vom 6. Juli 1995, B5-25/95, WuW/E BKartA 2829

66. Société d'Application, Routières S.A./Limburger Lackfabrik GmbH
    Beschluss des BKartA vom 12. Dezember 1995, B3-50/95, WuW/E BKartA 2820

---

[3] Hochtief hat das Vorhaben aufgegeben; Erledigungserklärung im Rechtsbeschwerdeverfahren.

67. WMF Württembergische Metallwarenfabrik AG/Auerhahn Besteckfabrik GmbH[4]
(Erledigungserklärung im Rechtsbeschwerdeverfahren)
Beschluss des BKartA vom 9. Februar 1996, B5-33/95, AG 1996, S. 282
Beschluss des KG vom 16. April 1997, Kart 2/96, WuW/E OLG 5879

68. Tukan Verlagsgesellschaft mbH & Co. KG/Adolf Deil GmbH & Co. KG
(nach Rechtsbeschwerde beim Bundesgerichtshof)
Beschluss des BKartA vom 23. Februar 1996, B6-51/95, AG 1996, S. 477
Beschluss des KG vom 12. März 1997, Kart 5/96, WuW/E OLG 5907
Beschluss des BGH vom 8. Dezember 1998, KVR 31/97, WuW/E DE-R 243

69. Axel Springer Verlag/PSG Postdienst Service GmbH
Beschluss des BKartA vom 3. Januar 1997, B6-108/96, WuW/E BKartA 2909

70. Potash Corporation of Saskatchewan (PCS)/Kali + Salz
(nach Ablehnung des Antrages auf Ministererlaubnis)
Beschluss des BKartA vom 27. Februar 1997, B3-103/96, WuW/E BKartA 2885
Verfügung des BMWi vom 22. Juli 1997, WuW/E BWM 225

71. Moksel/Südfleisch/Ost-Fleisch GmbH
(nach Rechtsbeschwerde beim Bundesgerichtshof)
Beschluss des BKartA vom 21. August 1997, B2-13/97, WuW/E DE-V 9
Beschluss des KG vom 29. September 1999, Kart 23/97, WuW/E DE-R 439
Beschluss des BGH vom 8. Mai 2001, KVR 12/99, WuW/E DE-R 711

72. Axel Springer Verlag AG/Stilke Buch- und Zeitschriftenhandelsgesellschaft mH
(nach Rechtsbeschwerde beim Bundesgerichtshof)
Beschluss des BKartA vom 6. November 1997, B6-136/96, WuW/E DE-V 1
Beschluss des KG vom 28. Oktober 1998, Kart 26/97, WuW/E DE-R 270
Beschuss des BGH vom 21. November 2000, KVR 16/99, WuW/E DE-R 607

73. Verlag Dierichs GmbH & Co. KG/Werra Verlag Kluthe KG
(nach Rechtsbeschwerde beim Bundesgerichtshof)
Beschluss des BKartA vom 27. Januar 1998, B6-152/96, WuW/E DE-V 19
Beschluss des KG vom 23. Dezember 1998, Kart 13/98, WuW/E DE-R 317, 369
Beschluss des BGH vom 6. März 2001, KVR 18/99, WuW/E DE-R 668

74./75. Westdeutsche Allgemeine Zeitungsverlag GmbH & Co. Zeitschriften- und Beteiligungs KG/
Zeitungsverlag Iserlohn Iserlohner Kreisanzeiger und Zeitung (IKZ) Wichelhoven Verlags-GmbH & Co. KG[5]
(nach Rechtsbeschwerde beim Bundesgerichtshof)
Beschluss des BKartA vom 27. Februar 1998, B6-154/96, WuW/E DE-V 40
Beschluss des KG vom 16. Dezember 1998, Kart 14/98, WuW/E DE-R 336
Beschluss des BGH vom 21. November 2000, KVR 21/99, WuW/E DE-R 613

76. Bertelsmann AG/Premiere Medien GmbH & Co. KG
(nach Rücknahme der Beschwerde)
Beschluss des BKartA vom 1. Oktober 1998, B6-72/98, WuW/E DE-V 53

77. PTB Pay-TV Beteiligungs GmbH (Kirch-Gruppe)/Premiere Medien GmbH & Co. KG[6]
(nach Rücknahme der Beschwerde)
Beschluss des BKartA vom 1. Oktober 1998, B6-78/98, WuW/E DE-V 53

---

[4] Das Verfahren wurde von beiden Parteien übereinstimmend für erledigt erklärt, weil der Zusammenschluss nach neuer Rechtslage nicht mehr kontrollpflichtig ist.
[5] Im vorliegenden Fall geht es formal um zwei Untersagungen. Mit Wirkung zum 1. Oktober 1992 und zum 1. Juli 1994 hatte die WAZ Anteilserwerbe an der IKZ durch eine dritte natürliche Person finanziert.
[6] Das Verfahren wurde als einheitlicher Vorgang mit Bertelsmann/Premiere (Nr. 76) behandelt.

78. Thüringische Landeszeitung Verlag/R&B Werbe- und Verlagsgesellschaft mbH
    (nach Rücknahme der Beschwerde)
    Beschluss des BKartA vom 23. November 1998, B6-35/98

79. Betonschwellenwerk Coswig GmbH & Co. KG/Pfleiderer AG/Waiss & Freitag AG
    (nach Rücknahme der Beschwerde)
    Beschluss des BKartA vom 21. April 1999, B1-275/98, WuW/E DE-V 145

80. Henkel KGaA/Luhns GmbH
    Beschluss des BKartA vom 20. September 1999, B3-20/99

81. Westdeutsche Allgemeine Zeitungsverlag GmbH & Co. Zeitschriften
    und Beteiligungs KG/OTZ Ostthüringer Zeitung Verlag GmbH & Co. K
    (nach Beschwerde beim OLG und Ablehnung der Nichtzulassungsbeschwerde)
    Beschluss des BKartA vom 12. Januar 2000, B6-118/98
    Beschluss des OLG Düsseldorf vom 31. Januar 2001, Kart 5/00, WuW/E DE-R 647
    (Auflösungs-)Beschluss des BKartA vom 27. November 2003, B6-51/02
    WuW/E DE-V 885

82. Melitta Bentz KG/Airflo Europe N.V./Schultink
    (Rückverweisung durch den Bundesgerichtshof)
    Beschluss des BKartA vom 21. Juni 2000, B1-280/99, WuW/E DE-R 275
    Beschluss des OLG Düsseldorf vom 30. April 2003, Kart 9/00 (V),
    WuW/E DE-R 1112
    Beschluss des BGH vom 5. Oktober 2004, KVR 14/03, WuW/E DE-R 1355
    Beschluss des OLG Düsseldorf vom 14. Juni 2006, VI-Kart 9/00 (V)

83. Sanacorp/Andreae-Noris Zahn/DG-Bank
    (Rückverweisung durch den Bundesgerichtshof)
    Beschluss des BKartA vom 18. September 2001, B3-59/01
    Beschluss des OLG Düsseldorf vom 30. Oktober 2002, Kart 40/01 (V),
    WuW/E DE-R 1033
    Beschluss des BGH vom 13. Juli 2004, KVR 2/03, WuW/E DE-R 1301
    Beschluss des OLG vom 29. September 2006, Kart 40/01 (V), WuW/E DE-R 1987

84. Deutsche Post AG/trans-o-flex Schnell-Lieferdienst GmbH
    (nach Rechtsbeschwerde beim Bundesgerichtshof)
    Beschluss des BKartA vom 21. November 2001, B9-100/01, WuW/E DE-V 501
    Beschluss des OLG Düsseldorf vom 13. August 2003, Kart 52/01 (V),
    WuW/E DE-R 1149
    Beschluss des BGH vom 21. Dezember 2004, KVR 26/03, WuW/E DE R 1419

85. Liberty/KDG
    Beschluss des BKartA vom 22. Februar 2002, B7-168/01, WuW/E DE-V 558

86. Brunata/Viterra
    Beschluss des BKartA vom 3. Juli 2002, B10-177/01, WuW/E DE-V 618

87. Holtzbrinck/Berliner Verlag
    (nach Rücknahme des Antrages auf Ministererlaubnis)
    Beschluss des BKartA vom 10. Dezember 2002, B6-98/02, WuW/E DE-V 695

88. K. Nehlsen, Rethmann Entsorgung,swb/Bremerhavener Entsorgungsgesellschaft
    Beschluss des BKartA vom 17. Dezember 2002, B10-104/02, WuW/E DE-V 759

89. E.ON Hanse/Stadtwerke Lübeck
    Beschluss des BKartA vom 20. November 2003, B8-84/03, WuW/E DE-V 837

90. Holtzbrinck/Berliner Verlag II
   Beschluss des BKartA vom 2. Februar 2004, B6-120/03, WuW/E DE-V 871
   Beschluss des OLG Düsseldorf vom 10. April 2004, VI-Kart 7/04 (V),
   WuW/E DE-R 1361

91. Synthes-Stratec/Mathys
   (nach beidseitigen Erledigungserklärungen vom 26. Oktober 2004)
   Beschluss des BKartA vom 24. März 2004, B4-167/03, WuW/E DE-V 931

92. Lausitzer Rundschau/Wochenkurier Verlagsgesellschaft
   (nach Zurückweisung der Beschwerde durch das Oberlandesgericht Düsseldorf)
   Beschluss des BKartA vom 2. April 2004, B6-81/03, WuW/E DE-V 977
   Beschluss des OLG Düsseldorf vom 24. November 2004, VI-2 Kart 10/04 (V),
   WuW/E DE-R 1390

93. Agrana/Atys
   (Erledigung in der Hauptsache)
   Beschluss des BKartA vom 21. April 2004, B2-160/03; WuW/E DE-V 923
   Beschluss des OLG Düsseldorf vom 17. November 2004, VI-Kart 13/04 (V),
   WuW/E DE-R 1435

94. Deutsche Bahn/KVS Saarlouis
   (nach Rechtsbeschwerde beim Bundesgerichtshof)
   Beschluss des BKartA vom 9. Juni 2004, B9-16/04, WuW/E DE-V 937
   Beschluss des OLG Düsseldorf vom 4. Mai 2005, VI-Kart 19/04 (V),
   WuW/E DE-R 1495
   Beschluss des BGH vom 11. Juli 2006, KVR 28/05, WuW/E DE-R 1797

95. Mainova AG/Aschaffenburger Versorungs AG
   Beschluss des BKartA vom 22. Juli 2004, B8-27/04, WuW/E DE-V 983
   Beschluss des OLG Düsseldorf vom 23. November 2005, Kart 14/04 (V),
   WuW/E DE-R 1639

96. G+J/RBA
   (nach Rechtsbeschwerde beim Bundesgerichtshof)
   Beschluss des BKartA vom 3. August 2004, B6-45/04, WuW/E DE-V 955
   Beschluss des OLG Düsseldorf vom 15. Juni 2005, VI-Kart 25/04 (V),
   WuW/E DE-R 1501
   Beschluss des BHG vom 16. Januar 2007, KVR 12/06, WuW/E DE-R 1925

97. DuMont Schauberg/Bonner Zeitungsdruckerei
   Beschluss des BKartA vom 8. September 2004, B6-27/04, WuW/E DE-V 968
   Beschluss des OLG Düsseldorf vom 6. Juli 2005, VI-Kart 26/04 (V),
   WuW/E DE-R 1581

98. Leggett & Platt/AGRO
   (nach Rücknahme der Beschwerde)
   Beschluss des BKartA vom 29. September 2004, B5-170/03, WuW/E DE-V 1048

99. Rethmann/Tönsmeier
   (nach Beschwerde beim OLG und Ablehnung der Nichtzulassungsbeschwerde)
   Beschluss des BKartA vom 16. November 2004, B10-74/04, WuW/E DE-V 995
   Beschluss des OLG Düsseldorf vom 2. November 2005, VI-Kart 30/04 (V),
   WuW/E DE-R 1625

100. Rhön-Klinikum AG/Kreiskrankenhäuser Bad Neustadt, Mellrichstadt
(nach Ablehnung des Antrags auf Ministererlaubnis und Rechtsbeschwerde beim Bundesgerichtshof)
Beschluss des BKartA vom 10. März 2005, B10-123/04, WuW/E DE-V 1987
Verfügung des BMWi vom 22. Mai 2006
Beschluss des OLG Düsseldorf vom 11. April 2007, VI-Kart 6/05 (V),
WuW/E DE-R 1958
Beschluss des BGH vom 16. Januar 2008, KVR 26/07

101. S-W Verlag/Wochenspiegel (Mayen/Cochem/Zell)
Beschluss des BKartA vom 1. März 2005, B6-103/04, WuW/E DE-V 1135

102. Rhön-Klinikum/Krankenhaus Eisenhüttenstadt
(nach Rücknahme der Beschwerde)
Beschluss des BKartA vom 23. März 2005, B10-109/04

103. Volksfreund-Druckerei/TW Wochenspiegel
Beschluss des BKartA vom 31. Mai 2005, B6-106/04, WuW/E DE-V 1072

104. RUAG Deutschland GmbH/MEN Metallwerk Eisenhütte GmbH
(nach Beschwerde beim Oberlandesgericht Düsseldorf)
Beschluss des BKartA vom 30. Juni 2005, B4-50/05, WuW/E DE-V 1081
Beschluss des OLG Düsseldorf vom 3. Januar 2006, VI-Kart 14/05 (V),
WuW/E DE-R 1654

105. Süddeutscher Verlag/„Südost-Kurier"
(nach Beschwerde beim Oberlandesgericht Düsselsorf)
Beschluss des BKartA vom 26. Januar 2006, B6-138/05, WuW/E DE-V 1191
Beschluss des OLG Dusseldorf vom 14. März 2007, VI-Kart 8/06 (V),
WuW/E DE-R 1973

106. Phonak/GN ReSound
(nach Beschwerde beim Oberlandesgericht Düsseldorf und Rücknahme der Rechtsbeschwerde
beim Bundesgerichtshof)
Beschluss des BKartA vom 11. April 2007, B3-578/06, WuW/DE-V 1365
Beschluss des OLG Düsseldorf vom 8. August 2007, VI-Kart 8/07 (V),
WuW/E DE-R 2069

17 Beschlüsse wurden vom Bundeskartellamt zurückgenommen

1. Bitumenverkaufsgesellschaft
(nach Änderung, im Beschwerdeverfahren)
Beschluss des BKartA vom 29. Mai 1974, B8-95/73, WuW/E BKartA 1517

2. Mannesmann AG/Brüninghaus Hydraulik GmbH
(Erledigungserklärung nach Rückverweisung durch den Bundesgerichtshof)
Beschluss des BKartA vom 18. Mai 1977, B7-86/76, WuW/E BKartA 1685
Beschluss des KG vom 18. Mai 1979, Kart 13/77, WuW/E OLG 2120
Beschluss des BGH vom 24. Juni 1980, KVR 5/79, WuW/E BGH 1711

3. Klöckner-Werke AG/Becorit Grubenausbau GmbH
(Erledigungserklärung nach Rückverweisung durch den Bundesgerichtshof)
Beschluss des BKartA vom 15. Dezember 1978, B7-20/78, WuW/E BKartA 1831
Beschluss des KG vom 28. August 1979, Kart 4/79, WuW/E OLG 2182
Beschluss des BGH vom 2. Dezember 1980, KVR 1/80, WuW/E BGH 1749

4.   Mobil Oil AG/Wilh. Mertl
     Beschluss des BKartA vom 8. Dezember 1980, B8-128/80, AG 1981, S. 290

5.   Deutsche Total GmbH/Mineralölhandel Speier
     Beschluss des BKartA vom 17. August 1981, B8-66/81, TB BKartA 1981/82, S. 41

6.   Philip Morris Inc./Rothmans Tobacco Holding Ltd.
     (nach Änderung des Zusammenschlusses erneute Untersagung)
     Beschluss des BKartA vom 24. Februar 1982, B6-49/81, WuW/E BKartA 1943
     Beschluss des KG vom 1. Juli 1983, Kart 16/82, WuW/E OLG 3051
     Beschluss des BKartA vom 9. Juli 1985, B6-71/85, WuW/E BKartA 2204
     Beschluss des BGH vom 29. Oktober 1985, KVR 1/84, WuW/E BGH 2211

7.   Metro Vermögensverwaltung GmbH & Co. KG/Kaufhof AG
     (Erledigungserklärung nach Rückverweisung durch den Bundesgerichtshof)
     Beschluss des BKartA vom 20. Juni 1983, B9-2056/82, WuW/E BKartA 2060
     Beschluss des KG vom 16. Oktober 1984, Kart 14/83, WuW/E OLG 3367
     Beschluss des BGH vom 11. März 1986, KVR 2/85, WuW/E BGH 2231

8.   Klöckner-Werke AG/Seitz Enzinger Noll Maschinenbau AG
     (nach Rücknahme des Antrages auf Ministererlaubnis; Beschwerde eingelegt, aber zurückgenommen nach Er-
     klärung des Bundeskartellamtes, aus dem Untersagungsbeschluss keine Rechte mehr geltend zu machen)
     Beschluss des BKartA vom 10. Oktober 1984, B7-106/83, WuW/E BKartA 2178

9.   Badenwerk AG/Energie- und Wasserwerke Rhein-Neckar AG – Gasversorgung
     Beschluss des BKartA vom 13. Mai 1985, B8-236/84, AG 1985, S. 337

10. Vereinigte Elektrizitätswerke Westfalen AG - BGE Beteiligungsges. für Energieunternehmen/Ruhrkohle AG
     (nach Ablehnung des Antrages auf Ministererlaubnis wegen Formfehlers;
     Beschwerde eingelegt; Untersagung zurückgenommen)
     Beschluss des BKartA vom 19. Juni 1985, B8-31/85, AG 1986, S. 335
     Verfügung des BMWi vom 20. Februar 1986, WuW/E BWM 185

11. Westdeutsche Allgemeine Zeitungsverlagsges. mbH & Co./Borbecker Nachrichten
     + Werdener Nachrichten Wilhelm Wimmer GmbH & Co.KG[7]
     (nach Erledigungserklärung im Beschwerdeverfahren)
     Beschluss des BKartA vom 19. Mai 1987, B6-88/86, AG 1987, S. 354

12. Messer Griesheim GmbH/Buse Gase GmbH
     (nach Änderung, im Beschwerdeverfahren)
     Beschluss des BKartA vom 2. August 1988, B3-35/88, WuW/E BKartA 2319

13. Nordfleisch e.G. Raiffeisen Vieh- und Fleischzentrale Schleswig-Holstein/
     Centralgenossenschaft Vieh und Fleisch e. G.
     (nach Änderung, im Beschwerdeverfahren)
     Beschluss des BKartA vom 30. November 1989, B2-75/89, WuW/E BKartA 2428

14. Axel Springer Verlag AG/Erich Lezinsky Verlag und Buchdruckerei GmbH
     (nach Erledigungserklärung im Beschwerdeverfahren)
     Beschluss des BKartA vom 14. Mai 1990, B6-56/89, WuW/E BKartA 2497

---

[7] Das ursprüngliche Vorhaben wurde umstrukturiert. Vgl. Monopolkommission, Die Wettbewerbsordnung erweitern, Hauptgutachten 1986/1987,
     Baden-Baden 1988, Tz. 372.

15. Bayerische Asphalt-Mischwerke GmbH & Co. Kommanditgesellschaft für Straßenbaustoffe/
H + W Asphalt-Mischwerke GmbH
(nach Erledigungserklärung im Beschwerdeverfahren)
Beschluss des BKartA vom 1. Oktober 1990, B1-104/88, WuW/E BKartA 2488

16. Westdeutsche Allgemeine Zeitungsverlag GmbH & Co. Zeitschriften und Beteiligungs KG/
Ostthüringer Nachrichten Verlag GmbH & Co.KG
(Erledigung in der Hauptsache)
Beschluss des BKartA vom 25. Oktober 1990, B6-103/90, WuW/E BKartA 2483

17. Gebr. Gerstenberg GmbH & Co./Druckerei und Verlag E. Jungfer GmbH & Co. KG –
Sarstedter Kurier-Kreisanzeiger
(Rücknahme der Beschwerde, Erledigungserklärung durch das Bundeskartellamt)
Beschluss des BKartA vom 17. Januar 1994, B6-153/92, WuW/E BKartA 2641

27 Verfügungen wurden rechtskräftig aufgehoben

1. Johnson/Hahn
Beschluss des BKartA vom 18. November 1974, B8-259/74, WuW/E BKartA 1561
Beschluss des KG vom 16. Februar 1976, Kart 4/75, WuW/E OLG 1712

2. Teerbau/Makadam
(nach Rückverweisung durch den Bundesgerichtshof vom Kammergericht aufgehoben)
Beschluss des BKartA vom 24. Mai 1978, B6-108/77, WuW/E BKartA 1753
Beschluss des KG vom 10. Januar 1979, Kart 17/78, WuW/E OLG 2093
Beschluss des BGH vom 12. Februar 1980, KVR 4/79, WuW/E BGH 1763
Beschluss des KG vom 9. Dezember 1981, Kart 13/80, WuW/E OLG 2633

3. RWE/Stadt Leverkusen
Beschluss des BKartA vom 30. Juni 1978, B8-78/77, WuW/E BKartA 1727
Beschluss des KG vom 19. September 1979, Kart 20/78, WuW/E OLG 2202

4. Deutscher TransportbetonVertrieb GmbH, Ratingen/Transportbeton-Vertrieb Sauerland GmbH
(nach Rückverweisung durch den Bundesgerichtshof vom Kammergericht aufgehoben)
Beschluss des BKartA vom 21. September 1978, B6-184/77, WuW/E BKartA 1771
Beschluss des KG vom 24. Oktober 1979, Kart 25/78, WuW/E OLG 2265
Beschluss des BGH vom 22. Juni 1981, KVR 7/80, WuW/E BGH 1810
Beschluss des KG vom 12. März 1982, Kart 33/81, WuW/E OLG 2655

5. Deutscher TransportbetonVertrieb GmbH, Ratingen/
Verkaufsbüro Siegerländer Transportbeton GmbH & Co. KG
(nach Rückverweisung durch den Bundesgerichtshof vom Kammergericht aufgehoben)
Beschluss des BKartA vom 21. September 1978, B6-172/77, WuW/E BKartA 1779
Beschluss des KG vom 24. Oktober 1979, Kart 24/78, WuW/E OLG 2259
Beschluss des BGH vom 22. Juni 1981, KVR 7/80, WuW/E BGH 1810
Beschluss des KG vom 12. März 1982, Kart 33/81, WuW/E OLG 2655

6. Tonolli International B.V./Blei- und Silberhütte Braubach GmbH
Beschluss des BKartA vom 30. März 1979, B8-137/78, WuW/E BKartA 1799
Beschluss des KG vom 16. Januar 1980, Kart 14/79, WuW/E OLG 2234
Beschluss des BGH vom 22. Juni 1981, KVR 5/80, WuW/E BGH 1824

7. Braun Melsungen AG/Almo-Erzeugnisse Erwin Busch GmbH
Beschluss des BKartA vom 24. Juni 1980, B8-45/79, WuW/E BKartA 1853
Beschluss des KG vom 26. Mai 1981, Kart 14/80, WuW/E OLG 2539
Beschluss des BGH vom 29. Juni 1982, KVR 7/81, WuW/E BGH 1949

8. Hastra Hannover-Braunschweigische Stromversorgungs-AG (Veba)/ Stadt Wolfenbüttel GmbH
    Beschluss des BKartA vom 29. Juli 1980, B8-132/79, WuW/E BKartA 1857
    Beschluss des KG vom 16. Juni 1981, Kart 15/80, WuW/E OLG 2507

9. Bayer AG/Firestone France S. A.
    Beschluss des BKartA vom 23. September 1980, B8-45/80, WuW/E BKartA 1837
    Beschluss des KG vom 26. November 1980, Kart 17/80, WuW/E OLG 2411

10. Deutsche Texaco AG/Zerssen & Co.
    Beschluss des BKartA vom 28. Oktober 1980, B8-50/80, WuW/E BKartA 1840
    Beschluss des KG vom 2. Juli 1982, Kart 21/80, WuW/E OLG 2663
    Beschluss des BGH vom 4. Oktober 1983, KVR 3/82, WuW/E BGH 2025

11. Vereinigte Elektrizitätswerke Westfalen AG/Gelsenwasser AG
    Beschluss des BKartA vom 5. Dezember 1980, B8-136/80, AG 1981, S. 314
    Beschluss des KG vom 14. April 1982, Kart 23/80, WuW/E OLG 2677
    Beschluss des BGH vom 19. April 1983, KVR 1/82, WuW/E BGH 2013

12. Maschinenfabrik Buckau R. Wolf AG (Krupp)/Total-Kidde Gaslöschanlagen
    Beschluss des BKartA vom 31. März 1981, B7-92/80, WuW/E BKartA 1882
    Beschluss des KG vom 30. März 1983, Kart 25/81, WuW/E OLG 2887

13. Hussel Holding AG/Mara Kosmetik Parfümerie- und Drogerie GmbH
    Beschluss des BKartA vom 29. Juni 1981, B8-159/80, WuW/E BKartA 1897
    Beschluss des KG vom 24. April 1985, Kart 34/81, WuW/E OLG 3577
    Beschluss des BGH vom 18. November 1986, KVR 9/85, WuW/E BGH 2337

14. Verlagsgruppe Georg v. Holtzbrinck GmbH/Rowohlt Verlag GmbH
    Beschluss des BKartA vom 19. Oktober 1981, B6-76/81, AG 1982, S. 79
    Beschluss des KG vom 13. Oktober 1982, Kart 51/81, WuW/E OLG 2825

15. Co op Schleswig-Holstein e.G./Deutscher Supermarkt Handels-GmbH
    Beschluss des BKartA vom 23. August 1983, B9-2037/82, WuW/E BKartA 2114
    Beschluss des KG vom 22. Mai 1985, Kart 21/83, WuW/E OLG 3591
    Beschluss des BGH vom 24. März 1987, KVR 10/85, WuW/E BGH 2389

16. Thüringer Gas AG/Stadtwerke Westerland
    Beschluss des BKartA vom 9. September 1983, B8-79/83, WuW/E BKartA 2110
    Beschluss des KG vom 18. Februar 1985, Kart 24/83, WuW/E OLG 3469

17. Energie-Versorgung Schwaben AG/Technische Werke der Stadt Stuttgart AG
    Beschluss des BKartA vom 23. März 1984, B8-91/83, WuW/E BKartA 2157
    Beschluss des KG vom 28. Dezember 1984, Kart 6/84, WuW/E OLG 3443

18. Co op AG/H. Wandmaker GmbH
    Beschluss des BKartA vom 14. August 1984, B9-2006/84, WuW/E BKartA 2161
    Beschluss des KG vom 5. November 1986, Kart 15/84, WuW/E OLG 3917

19. Axel Springer Verlag + Axel Springer Gesellschaft für Publizistik GmbH & Co. KG/
    Kieler Zeitung, Verlags- und Druckerei KG GmbH & Co
    Beschluss des BKartA vom 29. April 1987, B6-111/86, WuW/E BKartA 2259
    Beschluss des KG vom 4. Dezember 1987, Kart 32/87, WuW/E OLG 4075
    Beschluss des BGH vom 19. Dezember 1989, KVR 2/88, WuW/E BGH 2620

20. Flensburger Zeitungsverlag GmbH/Schleswig-Holsteinische Landeszeitung Heinz Müller KG
     Beschluss des BKartA vom 20. Mai 1988, B6-30/87, WuW/E BKartA 2292
     Beschluss des KG vom 1. März 1989, Kart 14/88, WuW/E OLG 4379

21. Linde AG/Lansing GmbH
     Beschluss des BKartA vom 3. März 1989, B4-123/88, WuW/E BKartA 2363
     Beschluss des KG vom 22. März 1990, Kart 6/89, WuW/E OLG 4537
     Beschluss des BGH vom 10. Dezember 1991, KVR 2/90, WuW/E BGH 2731

22. Kaufhof AG/Saturn Elektro-Handelsgesellschaft mbH - Hansa-Foto Handelsgesellschaft
     Beschluss des BKartA vom 23. Oktober 1989, B9-2050/88, WuW/E BKartA 2437
     Beschluss des KG vom 26. Oktober 1990, Kart 29/89, WuW/E OLG 4657
     Beschluss des BGH vom 28. April 1992, KVR 9/91, WuW/E BGH 2771

23. Radio Ton-Regional/Lokalradio Services
     (nach Rückverweisung durch den BGH erneut vom OLG Düsseldorf aufgehoben)
     Beschluss des BKartA vom 23. April 2004, B6-56/03, WuW/E DE-V 1011
     Beschluss des OLG Düsseldorf vom 6. Oktober 2004, VI-Kart 14/04 (V),
     WuW/E DE-R 1413
     Beschluss des BGH vom 7. November 2006, KVR 39/05, WuW/E DE-R 1890
     Beschluss des OLG Düsseldorf vom 30. April 2008, VI Kart 14/04 (V)

24. G+J/Lizenz für National Geographic
     Beschluss des BKartA vom 2. August 2004, B6-26/04, WuW/E DE-V 947
     Beschluss des OLG Düsseldorf vom 15. Juni 2005, VI-Kart 24/04 (V),
     WuW/E DE-R 1504
     Beschluss des BGH vom 10. Oktober 2006, KVR 32/05, WuW/E DE-R 1979

25. MSV Medien Spezial Vertrieb GmbH & Co. KG/Presse Vertrieb Nord KG
     Beschluss des BKartA vom 27. Oktober 2005, B6-86/05, WuW/E DE-V 1135
     Beschluss des OLG Düsseldorf vom 28. Juni 2006, VI-Kart 18/05 (V),
     WuW/E DE-R 1805

26. DuPont/Pedex
     Beschluss des BKartA vom 15. März 2006, B3-136/05, WuW/E DE-V 1247
     Beschluss des OLG Düsseldorf vom 22. Dezember 2006, VI-Kart 10/06 (V),
     WuW/E DE-R 1881

27. Sulzer/Kelmix
     Beschluss des BKartA vom 14. Februar 2007, B5-10/07, WuW/E DE-V 1163
     Beschluss des OLG Düsseldorf vom 5- März 2007, VI-Kart 3/07 (V),
     WuW/E DE-R 1931
     Beschluss des BGH vom 25. September 2007, KVR 19/07, WuW/E DE-R 2133

Acht Untersagungsfälle wurden vom Bundesminister für Wirtschaft vollständig oder unter Auflagen genehmigt

1. Veba/Gelsenberg
    Beschluss des BKartA vom 7. Januar 1974, B8-33/73, WuW/E BKartA 1457
    Verfügung des BMWi vom 1. Februar 1974, WuW/E BWM 147

2. Babcock/Artos
    Beschluss des BKartA vom 25. März 1976, B7-127/75, WuW/E BKartA 1653
    Verfügung des BMWi vom 17. Oktober 1976, WuW/E BWM 155 (Erlaubnis mit Auflagen)

3. Rheinstahl (Thyssen)/Hüller
    Beschluss des BKartA vom 17. Dezember 1976, B7-36/76, WuW/E BKartA 1657
    Verfügung des BMWi vom 1. August 1977, WuW/E BWM 159 (Teilerlaubnis)
    Beschluss des KG vom 7. Februar 1978, Kart 2/77, WuW/E OLG 1921
    Beschluss des KG vom 7. Februar 1978, Kart 15/77, WuW/E OLG 1937

4. BP/Veba
    Beschluss des BKartA vom 27. September 1978, B8-92/78, WuW/E BKartA 1719
    Verfügung des BMWi vom 5. März 1979, WuW/E BWM 165 (Erlaubnis mit Auflagen)

5. IBH Holding/Wibau Maschinenfabrik Hartmann AG
    Beschluss des BKartA vom 3. Juli 1981, B7-44/80, WuW/E BKartA 1892
    Verfügung des BMWi vom 9. Dezember 1981, WuW/E BWM 177

6. Daimler-Benz AG/Messerschmitt-Bölkow-Blohm GmbH
    Beschluss des BKartA vom 17. April 1989, B7-137/88, WuW/E BKartA 2335
    Verfügung des BMWi vom 6. September 1989, WuW/E BWM 191 (Erlaubnis mit Auflagen)

7. E.ON/Ruhrgas[8]
    Beschluss des BKartA vom 17. Januar 2002, B8-109/01 (E.ON/Gelsenberg),
    WuW/E DE-V 511
    Beschluss des BKartA vom 26. Februar 2002, B8-149/01(E.ON/Bergemann),
    WuW/E DE-V 533
    Verfügung des BMWi vom 5. Juli 2002, WuW/E DE-V 573
    Verfügung des BMWi vom 18. September 2002 (modifiziert), WuW/E DE-V 643 (Erlaubnis mit Auflagen)

8. Universitätsklinikum Greifswald/Kreiskrankenhaus Wolgast[9]
    Beschluss des BKartA vom 11. Dezember 2006 WuW/E DE-V 1407
    Verfügung des BMWi vom 17. April 2008

In sechs Fällen wurde die Ministererlaubnis versagt

(Diese Fälle werden unter den rechtskräftigen bzw. zurückgenommenen Untersagungen des Bundeskartellamtes aufgeführt.)

1. Kaiser/Preussag Aluminium
    Beschluss des BKartA vom 23. Dezember 1974, B8-251/74, WuW/E BKartA 1571
    Verfügung des BMWi vom 26. Juni 1975, WuW/E BWM 149)

2. Vereinigte Elektrizitätswerke Westfalen AG - BGE Beteiligungsges. für Energieunternehmen/Ruhrkohle AG
    Beschluss des BKartA vom 19. Juni 1985, B8-31/85, AG 1986, S. 335
    Verfügung des BMWi vom 20. Februar 1986, WuW/E BWM 185

3. MAN B&W Diesel AG/Gebr. Sulzer AG
    Beschluss des BKartA vom 23. August 1989, B4-64/89, WuW/E BKartA 2405
    Verfügung des BMWi vom 24. Januar 1990, WuW/E BWM 207

4. BayWa AG/WLZ Raiffeisen AG
    Beschluss des BKartA vom 27. Dezember 1991, B2-42/91, AG 1992, S. 130
    Verfügung des BMWi vom 16. Juni 1992, WuW/E BWM 213

---

[8] Die beiden Fälle E.ON/Gelsenberg und E.ON/Bergemann wurden zu einem Ministererlaubnisverfahren (E.ON/Ruhrgas) zusammengefasst. In der Gesamtzahl der bisher untersagten Zusammenschlüsse von 171 sind sie jedoch weiterhin als zwei Untersagungen enthalten.

[9] Obgleich der Zusammenschluss durch die Erteilung der Ministererlaubnis freigegeben wurde, hat das Bundeskartellamt Rechtsbeschwerde gegen die Aufhebung der Untersagungsverfügung durch das OLG eingereicht, da in diesem Fall in einzelnen Rechtsfragen grundsätzlicher Klärungsbedarf bestand. Die Untersagung wird daher auch in der Rubrik „Rechtsbeschwerde beim Bundesgerichtshof" aufgelistet; in der Gesamtzahl der untersagten Fälle von 171 ist sie jedoch nur einmal enthalten.

5. Potash Corporation of Saskatchewan (PCS)/Kali + Salz
Beschluss des BKartA vom 27. Februar 1997, B3-103/96, WuW/E BKartA 2885
Verfügung des BMWi vom 22. Juli 1997, WuW/E BWM 225

6. Rhön-Klinikum AG/Kreiskrankenhäuser Bad Neustadt, Mellrichstadt[10]
Beschluss des BKartA vom 10. März 2005, B10-123/04, WuW/E DE-V 1987
Verfügung des BMWi vom 22. Mai 2006

In sieben Fällen wurden die Anträge auf Ministererlaubnis zurückgenommen

(Diese Fälle werden unter den rechtskräftigen bzw. zurückgenommenen Untersagungen des Bundeskartellamtes aufgeführt.)

1. GKN/Sachs
Beschluss des BKartA vom 12. Mai 1976, B7-67/75, WuW/E BKartA 1625
Beschluss des KG vom 1. Dezember 1976, Kart 51/76, WuW/E OLG 1745
Beschluss des BGH vom 21. Februar 1978, KVR 4/77, WuW/E BGH 1501

2. VPM Rheinmetall Plastikmaschinen GmbH/Württembergische Metallwarenfabrik
Beschluss des BKartA vom 4. März 1981, B7-35/80, WuW/E BKartA 1867
Beschluss des KG vom 9. September 1983, Kart 19/81, WuW/E OLG 3137
Beschluss des BGH vom 25. Juni 1985, KVR 3/84, WuW/E BGH 2150

3. Burda GmbH/Axel Springer Gesellschaft für Publizistik KG
Beschluss des BKartA vom 23. Oktober 1981, B6-47/81, WuW/E BKartA 1921

4. Klöckner-Werke AG/Seitz Enzinger Noll Maschinenbau AG
Beschluss des BKartA vom 10. Oktober 1984, B7-106/83, WuW/E BKartA 2178

5. MAN AG + Daimler Benz AG/ENASA
Beschluss des BKartA vom 13. Juli 1990, B5-271/89, WuW/E BKartA 2445

6. Holtzbrinck/Berliner Verlag
Beschluss des BKartA vom 10. Dezember 2002, B6-98/02, WuW/E DE-V 695

7. LBK/Mariahilf[11]
Beschluss des Bundeskartellamtes vom 6. Juni 2007, B3-6/07, WuW/E DE-V 1407

Gegen neun Untersagungen läuft ein Beschwerdeverfahren beim Kammergericht bzw. beim Oberlandesgericht Düsseldorf

1. Raiffeisen Hauptgenossenschaft Nord AG/Raiffeisen Haupt-Genossenschaft eG, Hannover
(Rückverweisung durch den Bundesgerichtshof – beiderseitige Erledigungserklärung)
Beschluss des BKartA vom 20. September 1993, B2-35/93, AG 1993, S. 571
Beschluss des KG vom 9. November 1994, Kart 20/93, WuW/E OLG 5364
Beschluss des BGH vom 19. Dezember 1995, KVR 6/95, WuW/E BGH 3037
(Verfahren ruht)

2. Veba Energiebeteiligungs-GmbH/Stadtwerke Bremen AG
Beschluss des BKartA vom 29. Mai 1996, B8-148/95, AG 1996, S. 378
(Verfahren ruht)

---

[10] Die Ministererlaubnis war vom Landkreis Rhön-Grabfeld beantragt worden; unabhängig davon hat die Rhön-Klinikum AG Beschwerde beim OLG Düsseldorf eingelegt, die zurückgewiesen wurde. Die anschließende Rechtsbeschwerde beim BGH hatte ebenfalls keinen Erfolg. Der Fall wird daher bei den rechtskräftigen Untersagungen unter der Nr. 100 aufgeführt.

[11] Es ist noch ein Beschwerdeverfahren vor dem Oberlandesgericht Düsseldorf anhängig.

3.   Merck/KMF Laborchemie Handels GmbH
      Beschluss des BKartA vom 3. Juni 1997, B3-132/96, WuW/E BKartA 2905
      (Verfahren ruht)

4.   Axel Springer/ProSiebenSat 1 Media
      (Rückverweisung durch den Bundesgerichtshof)
      Beschluss des BKartA vom 19. Januar 2006, B6-103/05, WuW/E DE-V 1163
      Beschluss des OLG Düsseldorf vom 29. September 2006, VI-Kart 7/06 (V)
      WuW/E DE-R 1839
      Beschluss des BGH vom 25. September 2007, KVR 30/06, WuW/E DE-R 2221

5.   Coherent/Excel Technology
      Beschluss des BKartA vom 25. Oktober 2006, B7-97/06, WuW/DE-V 1325

6.   RWE Energie/Saar Ferngas
      Beschluss des BKartA vom 12. März 2007, B8-62/06, WuW/E DE-V 1357

7.   LBK/Mariahilf[12]
      Beschluss des Bundeskartellamtes vom 6. Juni 2007, B3-6/07, WuW/E DE-V 1407

8.   Faber/BAG/AML
      Beschluss des BKartA vom 15. November 2007, B1-190/07, WuW/E DE-V 1507

9.   LRP/Lotto Rheinland-Pfalz
      Beschluss des BKartA vom 29. November 2007, B6-158/07, WuW/E DE-V 1517

In vier Fällen ist Rechtsbeschwerde bzw. Nichtzulassungsbeschwerde beim Bundesgerichtshof anhängig

1.   Herlitz AG/Landré GmbH[13]
      Beschluss des BKartA vom 6. Februar 1997, B10-54/96, WuW/E BKartA 2894
      Beschluss des KG vom 20. Oktober 1999, WuW/E DE-R 451

2.   E.ON Energie AG/Stadtwerke Eschwege
      Beschluss des BKartA vom 12. September 2003, B8-21/03, WuW/E DE-V 823
      Beschluss des OLG Düsseldorf vom 6. Juni 2007, VI-2 Kart 7/04 (V),
      WuW/E DE-R 2093

3.   Universitätsklinikum Greifswald/Kreiskrankenhaus Wolgast[14]
      Beschluss des BKartA vom 11. Dezember 2006 WuW/E DE-V 1407
      Beschluss des OLG Düsseldorf vom 7. Mai 2008, VI Kart 1/07 (V)

4.   Cargotec/CVS Ferrari
      Beschluss des BKartA vom 24. August 2007, B5-51/07, WuW/E DE-V 1442
      Beschluss des OLG Düsseldorf vom 7. Mai 2008, VI Kart 13/07 (V)

---

[12] Der Antrag auf Ministererlaubnis wurde zurückgenommen.

[13] Das Rechtsbeschwerdeverfahren wird von den Verfahrensbeteiligten nicht mehr betrieben, seitdem das Insolvenzverfahren über das Vermögen der Herlitz AG eröffnet wurde. Es kann jedoch jederzeit auf Antrag der Verfahrensbeteiligten fortgesetzt werden.

[14] Obgleich der Zusammenschluss durch die Erteilung der Ministererlaubnis freigegeben wurde, hat das Bundeskartellamt Rechtsbeschwerde gegen die Aufhebung der Untersagungsverfügung durch das OLG eingereicht, da in diesem Fall in einzelnen Rechtsfragen grundsätzlicher Klärungsbedarf bestand. Die Untersagung wird daher auch in der Rubrik „Ministererlaubnis erteilt" aufgelistet; in der Gesamtzahl der untersagten Fälle von 171 ist sie jedoch nur einmal enthalten.

C. Veröffentlichungen von im Auftrag der Monopolkommission erstellten Gutachten

BAUM, Clemens/MÖLLER, Hans-Hermann:
Die Messung der Unternehmenskonzentration und ihre statistischen Voraussetzungen
in der Bundesrepublik Deutschland.
Meisenheim a. Glan: Hain 1976.
(Wirtschaftswissenschaftliche Schriften. H. 11.)

MARFELS, Christian:
Erfassung und Darstellung industrieller Konzentration.
Baden-Baden: Nomos Verlagsgesellschaft 1977.
(Wirtschaftsrecht und Wirtschaftspolitik. Bd. 52.)

MÖNIG, Walter u. a.:
Konzentration und Wettbewerb in der Energiewirtschaft.
München: Oldenbourg 1977.
(Aktuelle Fragen der Energiewirtschaft. Bd. 10.)

MÖSCHEL, Wernhard:
Das Trennsystem in der U.S.-amerikanischen Bankwirtschaft.
Baden-Baden: Nomos Verlagsgesellschaft 1978.
(Studien zum Bank- und Börsenrecht. Bd. 3.)

OBERHAUSER, Alois:
Unternehmenskonzentration und Wirksamkeit der Stabilitätspolitik.
Tübingen: Mohr 1979.
(Wirtschaft und Gesellschaft. 13.)

PISCHNER, Rainer:
Möglichkeiten und Grenzen der Messung von Einflüssen der
Unternehmenskonzentration auf industrielle Kennziffern.
Berlin: Duncker & Humblot 1979.
(DIW-Beiträge zur Strukturforschung. H. 56.)

MÖSCHEL, Wernhard:
Konglomerate Zusammenschlüsse im Antitrustrecht der Vereinigten Staaten von Amerika.
In: Rabels Zeitschrift für ausländisches und internationales Privatrecht, Jg. 44, 1980,
S. 203–256.

ALBACH, HORST:
Finanzkraft und Marktbeherrschung.
Tübingen: Mohr 1981.

DIRRHEIMER, Manfred/WAGNER, Karin/HÜBNER, Thomas:
Vertikale Integration in der Mineralöl- und Chemischen Industrie.
Meisenheim a. Glan: Hain 1981.
(Sozialwissenschaft und Praxis. Bd. 28.)

KNIEPS, Günter/MÜLLER, Jürgen/WEIZSÄCKER, Carl Christian von:
Die Rolle des Wettbewerbs im Fernmeldebereich.
Baden-Baden: Nomos Verlagsgesellschaft 1981.
(Wirtschaftsrecht und Wirtschaftspolitik. Bd. 69.)

SCHOLZ, Rupert:
Entflechtung und Verfassung.
Baden-Baden: Nomos Verlagsgesellschaft 1981.
(Wirtschaftsrecht und Wirtschaftspolitik. Bd. 68.)

PIETZKE, Rudolf:
Patentschutz, Wettbewerbsbeschränkungen und Konzentration im Recht
der Vereinigten Staaten von Amerika.
Köln u. a.: Heymanns 1983.
(Schriftenreihe zum gewerblichen Rechtsschutz. Bd. 58.)

MÖSCHEL, Wernhard:
Konglomerate Zusammenschlüsse in den Vereinigten Staaten seit 1979.
In: Rabels Zeitschrift für ausländisches und internationales Privatrecht, Jg. 48, 1984,
S. 552–577.

SANDROCK, Otto:
Vertikale Konzentrationen im USamerikanischen Antitrustrecht unter
besonderer Berücksichtigung der Reagan-Administration.
Heidelberg: Verlagsgesellschaft Recht und Wirtschaft 1984.
(Schriftenreihe Recht der Internationalen Wirtschaft. Bd. 25.)

DONGES, Juergen B./SCHATZ, Klaus-Werner:
Staatliche Interventionen in der Bundesrepublik Deutschland.
Kiel: Institut für Weltwirtschaft 1986.
(Kieler Diskussionsbeiträge. 119/120.)

PFAB, Reinhard/TONNEMACHER, Jan/SEETZEN, Jürgen:
Technische Entwicklung und der Strukturwandel der Massenmedien.
Berlin: Heinrich-Hertz-Institut für Nachrichtentechnik 1986.
(Wirtschafts- und sozialwissenschaftliche Arbeitsberichte des
Heinrich-Hertz-Instituts für Nachrichtentechnik. 1986/8.)

RÖPER, Horst:
Stand der Verflechtung von privatem Rundfunk und Presse 1986.
In: Media Perspektiven 5/1986, S. 281–303.

FINSINGER, Jörg:
Verbraucherschutz auf Versicherungsmärkten.
München: Florentz 1988.
(Law and Economics. Bd. 9.)

HÜBNER, Ulrich:
Rechtliche Rahmenbedingungen des Wettbewerbs in der Versicherungswirtschaft.
Baden-Baden: Nomos Verlagsgesellschaft 1988.
(Wirtschaftsrecht und Wirtschaftspolitik. Bd. 96.)

KÜBLER, Friedrich/SCHMIDT, Reinhard H.:
Gesellschaftsrecht und Konzentration.
Berlin: Duncker & Humblot 1988.
(Schriften zur wirtschaftswissenschaftlichen Analyse des Rechts. Bd. 3.)

ULLRICH, Hanns:
Kooperative Forschung und Kartellrecht.
Heidelberg: Verlag Recht und Wirtschaft 1988.
(Abhandlungen aus dem gesamten Bürgerlichen Recht,
Handelsrecht und Wirtschaftsrecht. H. 61.)

BASEDOW, Jürgen:
Wettbewerb auf den Verkehrsmärkten.
Heidelberg: Müller 1989.
(Augsburger Rechtsstudien. Bd. 5.)

BÜHNER, Rolf:
Die fusionskontrollrechtliche Bedeutung der Finanzkraft.
In: Wirtschaft und Wettbewerb, Jg. 39, 1989, S. 277–284.

FWU Forschungsgesellschaft für Wettbewerb und
Unternehmensorganisation M. b. H. (Hrsg.):
Versicherungsmärkte im Wettbewerb.
Baden-Baden: Nomos Verlagsgesellschaft 1989.

HAMM, Walter:
Deregulierung im Verkehr als Aufgabe.
München: Minerva Publ. 1989.
(Studien des Forschungsinstituts für Wirtschaftspolitik an der Universität Mainz. 36.)

MESTMÄCKER, Ernst-Joachim u. a.:
Der Einfluß des europäischen Gemeinschaftsrechts auf die deutsche Rundfunkordnung.
Baden-Baden: Nomos Verlagsgesellschaft 1990.
(Law and Economics of International Telecommunications. Vol. 15.)

ESCH, Bastiaan van der:
Die Artikel 5, 3f, 85/86 und 90 EWGV als Grundlage der wettbewerbsrechtlichen
Verpflichtungen der Mitgliedstaaten.
In: Zeitschrift für das gesamte Handelsrecht und Wirtschaftsrecht,
Bd. 155, 1991, S. 274–299.

BACH, Albrecht:
Wettbewerbsrechtliche Schranken für staatliche Maßnahmen
nach europäischem Gemeinschaftsrecht.
Tübingen: Mohr 1992.
(Tübinger rechtswissenschaftliche Abhandlungen. Bd. 72.)

BLETSCHACHER, Georg/KLODT, Henning:
Strategische Handelspolitik und Industriepolitik.
Tübingen: Mohr 1992.
(Kieler Studien. 244.)

BURKERT, Thomas O. J.:
Die Zulässigkeit von Koppelungsgeschäften aus wettbewerbsrechtlicher Sicht.
Baden-Baden: Nomos Verlagsgesellschaft 1992.
(Wirtschaftsrecht und Wirtschaftspolitik. Bd. 122.)

Seufert, Wolfgang:
Die Entwicklung des Wettbewerbs auf den Hörfunk- und Fernsehmärkten
der Bundesrepublik Deutschland.
Berlin: Duncker & Humblot 1992.
(Beiträge zur Strukturforschung. H. 133.)

TÄGER, UWE CHRISTIAN U. A.:
Entwicklungsstand und -perspektiven des Handels mit Konsumgütern.
Berlin/München: Duncker & Humblot 1994.
(Struktur und Wachstum. Reihe Absatzwirtschaft. H. 14.)

REUTER, Dieter:
Möglichkeiten und Grenzen einer Auflösung des Tarifkartells.
In: Zeitschrift für Arbeitsrecht, Jg. 26, 1995, S. 1–94.

ENGEL, Christoph:
Medienordnungsrecht.
Baden-Baden: Nomos Verlagsgesellschaft 1996.
(Law and Economics of International Telecommunications. Bd. 28.)

KÖHLER, Helmut:
Zur Reform des GWB.
In: Wettbewerb in Recht und Praxis, Jg. 42, 1996, S. 835–848.

BASEDOW, Jürgen:
Weltkartellrecht.
Tübingen: Mohr 1998.
(Beiträge zum ausländischen und internationalen Privatrecht. Bd. 63.)

FREDEBEUL-KREIN, Markus/SCHÜRFELD, Angela:
Marktzutrittsregulierungen im Handwerk und bei technischen Dienstleistungen.
Köln: Institut für Wirtschaftspolitik 1998.
(Untersuchungen zur Wirtschaftspolitik.112.)

MEYER, Dirk:
Wettbewerbliche Neuorientierung der Freien Wohlfahrtspflege.
Berlin: Duncker & Humblot 1999.
(Volkswirtschaftliche Schriften. H. 486.)

STUMPF, Ulrich/SCHWARZ-SCHILLING, Cara
(unter Mitarb. von Wolfgang Kiesewetter):
Wettbewerb auf Telekommunikationsmärkten.
Bad Honnef: Wissenschaftliches Institut für Kommunikationsdienste 1999.
(Diskussionbeiträge des Wissenschaftlichen Instituts
für Kommunikationsdienste. Nr. 197.)

KLEINERT, Jörn/KLODT, Henning:
Megafusionen.
Tübingen: Mohr 2000.
(Kieler Studien. 302.)

STREIT, Manfred E./KIWITT, Daniel:
Zur Theorie des Systemwettbewerbs.
In: Manfred Streit/Michael Wohlgemuth (Hrsg.): Systemwettbewerb
als Herausforderung an Politik und Theorie, Contributiones Jenenses.
Bd. 7, Baden-Baden: Nomos Verlagsgesellschaft 1999, S. 13–48.

WOLL, Artur:
Reform der Hochschulausbildung durch Wettbewerb.
Berlin: Duncker & Humblot 2001.
(Abhandlungen zu Bildungsforschung und Bildungsrecht. Bd. 10.)

ABERLE, Gerd/EISENKOPF, Alexander:
Schienenverkehr und Netzzugang.
Hamburg: Deutscher Verkehrs-Verlag 2002.
(Giessener Studien für Transportwirtschaft und Kommunikation. Bd.18.)

ENGEL, Christoph:
Verhandelter Netzzugang.
Baden-Baden: Nomos Verlagsgesellschaft 2002.
(Common Goods: Law, Politics and Economics. Vol. 7.)

VEELKEN, Winfried:
Die Abgrenzung zwischen Strukturauflage und laufender Verhaltenskontrolle in den
Freigabeentscheidungen des Bundeskartellamts und bei der Ministererlaubnis.
In: Wettbewerb in Recht und Praxis, Jg. 49, 2003, S. 692–724.

GERKE, Wolfgang/SCHWINTOWSKI, Hans-Peter:
Alterssicherung aus rechtlicher und ökonomischer Sicht.
Baden-Baden: Nomos Verlagsgesellschaft 2004.
(Versicherungswissenschaftliche Studien. Bd. 27.)

VOGELSANG, Ingo:
Resale und konsistente Entgeltregulierung.
Bad Honnef: wik Wissenschaftliches Institut für Infrastruktur
und Kommunikationsdienste 2005.
(wik Diskussionsbeiträge. Nr. 269.)

EHRICKE, Ulrich:
Die EG-rechtliche Beurteilung der Rundfunkfinanzierung.
Baden-Baden: Nomos Verlagsgesellschaft 2006.

ENGEL, Christoph:
Paketvermittelte Telefonie.
Baden-Baden: Nomos Verlagsgesellschaft 2006.
(Law and Economics of International Telecommunications. Bd. 55.)

EISENKOPF, Alexander/KNORR, Andreas (Hrsg.):
Neue Entwicklungen in der Eisenbahnpolitik.
Berlin: Duncker & Humblot 2008.
(Schriftenreihe der Hochschule Speyer. Bd. 189.)

Die hier aufgeführten Veröffentlichungen stimmen größtenteils nicht mit der im Auftrag der Monopolkommission erstellten Fassung überein. Es handelt sich überwiegend um überarbeitete, gekürzte bzw. erweiterte oder zusammmenfassende Darstellungen. In Einzelfällen sind Teile der für die Monopolkommission erstellten Untersuchungen in umfangreichere Veröffentlichungen eingeflossen.

D.   Gutachten der Monopolkommission

Hauptgutachten I:	(1973/1975):	Mehr Wettbewerb ist möglich. 2. Aufl. 1977.
Hauptgutachten II:	(1976/1977):	Fortschreitende Konzentration bei Großunternehmen. 1978.
Hauptgutachten III:	(1978/1979):	Fusionskontrolle bleibt vorrangig. 1980.
Hauptgutachten IV:	(1980/1981):	Fortschritte bei der Konzentrationserfassung. 1982.
Hauptgutachten V:	(1982/1983):	Ökonomische Kriterien für die Rechtsanwendung. 1984.
Hauptgutachten VI:	(1984/1985):	Gesamtwirtschaftliche Chancen und Risiken wachsender Unternehmensgrößen. 1986.
Hauptgutachten VII:	(1986/1987):	Die Wettbewerbsordnung erweitern. 1988.
Hauptgutachten VIII:	(1988/1989):	Wettbewerbspolitik vor neuen Herausforderungen. 1990.
Hauptgutachten IX:	(1990/1991):	Wettbewerbspolitik oder Industriepolitik. 1992.
Hauptgutachten X:	(1992/1993):	Mehr Wettbewerb auf allen Märkten. 1994.
Hauptgutachten XI:	(1994/1995):	Wettbewerbspolitik in Zeiten des Umbruchs. 1996.
Hauptgutachten XII:	(1996/1997):	Marktöffnung umfassend verwirklichen. 1998.
Hauptgutachten XIII:	(1998/1999):	Wettbewerbspolitik in Netzstrukturen. 2000.
Hauptgutachten XIV:	(2000/2001):	Netzwettbewerb durch Regulierung. 2003.
Hauptgutachten XV:	(2002/2003):	Wettbewerbspolitik im Schatten „Nationaler Champions". 2005.
Hauptgutachten XVI:	(2004/2005):	Mehr Wettbewerb auch im Dienstleistungssektor! 2006.

Sondergutachten 1:	Anwendung und Möglichkeiten der Mißbrauchsaufsicht über marktbeherrschende Unternehmen seit Inkrafttreten der Kartellgesetznovelle. 2. Aufl. 1977.
Sondergutachten 2:	Wettbewerbliche und strukturelle Aspekte einer Zusammenfassung von Unternehmen im Energiebereich (VEBA/Gelsenberg). 1975.
Sondergutachten 3:	Zusammenschlußvorhaben der Kaiser Aluminium & Chemical Corporation, der Preussag AG und der Vereinigte Industrie-Unternehmungen AG. 1975.
Sondergutachten 4:	Zusammenschluß der Deutsche Babcock AG mit der Artos-Gruppe. 1977.
Sondergutachten 5:	Zur Entwicklung der Fusionskontrolle. 1977.
Sondergutachten 6:	Zusammenschluß der Thyssen Industrie AG mit der Hüller Hille GmbH. 1977.
Sondergutachten 7:	Mißbräuche der Nachfragemacht und Möglichkeiten zu ihrer Kontrolle im Rahmen des Gesetzes gegen Wettbewerbsbeschränkungen. 1977.
Sondergutachten 8:	Zusammenschlußvorhaben der Deutschen BP AG und der VEBA AG. 1979.
Sondergutachten 9:	Die Rolle der Deutschen Bundespost im Fernmeldewesen. 1981.

Sondergutachten 10:	Zusammenschluß der IBH Holding AG mit der WIBAU AG. 1982.
Sondergutachten 11:	Wettbewerbsprobleme bei der Einführung von privatem Hörfunk und Fernsehen. 1981.
Sondergutachten 12:	Zusammenschluß der Burda Verwaltungs KG mit der Axel Springer GmbH/Axel Springer Gesellschaft für Publizistik GmbH & Co. 1982.
Sondergutachten 13:	Zur Neuordnung der Stahlindustrie. 1983.
Sondergutachten 14:	Die Konzentration im Lebensmittelhandel. 1985.
Sondergutachten 15:	Zusammenschluß der Klöckner-Werke AG mit der Seitz Enzinger Noll Maschinenbau AG. 1986.
Sondergutachten 16:	Zusammenschlußvorhaben der Vereinigte Elektrizitätswerke Westfalen AG mit der Société Sidéchar S. A. (Ruhrkohle AG). 1986.
Sondergutachten 17:	Konzeption einer europäischen Fusionskontrolle. 1989.
Sondergutachten 18:	Zusammenschlußvorhaben der Daimler-Benz AG mit der Messerschmitt-Bölkow-Blohm GmbH. 1989.
Sondergutachten 19:	Zusammenschlußvorhaben der MAN Aktiengesellschaft und der Gebrüder Sulzer Aktiengesellschaft. 1989.
Sondergutachten 20:	Zur Neuordnung der Telekommunikation. 1991.
Sondergutachten 21:	Die Mißbrauchsaufsicht über Gas- und Fernwärmeunternehmen. 1991.
Sondergutachten 22:	Zusammenschlußvorhaben der BayWa Aktiengesellschaft und der WLZ Raiffeisen Aktiengesellschaft. 1992.
Sondergutachten 23:	Marktstruktur und Wettbewerb im Handel. 1994.
Sondergutachten 24:	Die Telekommunikation im Wettbewerb. 1996.
Sondergutachten 25:	Zusammenschlußvorhaben der Potash Corporation of Saskatchewan Inc. und der Kali und Salz Beteiligungs Aktiengesellschaft. 1997.
Sondergutachten 26:	Ordnungspolitische Leitlinien für ein funktionsfähiges Finanzsystem. 1998.
Sondergutachten 27:	Systemwettbewerb. 1998.
Sondergutachten 28:	Kartellpolitische Wende in der Europäischen Union? 1999.
Sondergutachten 29:	Wettbewerb auf Telekommunikations- und Postmärkten? 1999.
Sondergutachten 30:	Wettbewerb als Leitbild für die Hochschulpolitik. 2000.
Sondergutachten 31:	Reform der Handwerksordnung. 2002.
Sondergutachten 32:	Folgeprobleme der europäischen Kartellverfahrensreform. 2002.
Sondergutachten 33:	Wettbewerbsentwicklung bei Telekommunikation und Post 2001: Unsicherheit und Stillstand. 2002
Sondergutachten 34:	Zusammenschlussvorhaben der E.ON AG mit der Gelsenberg AG und der E.ON AG mit der Bergemann GmbH. 2002.
Sondergutachten 35:	Zusammenschlussvorhaben der E.ON AG mit der Gelsenberg AG und der E.ON AG mit der Bergemann GmbH. Ergänzendes Sondergutachten. 2002.

Sondergutachten 36:	Zusammenschlussvorhaben der Georg von Holtzbrinck GmbH & Co. KG mit der Berliner Verlag GmbH & Co. KG. 2003.
Sondergutachten 37:	Wettbewerbsfragen der Kreislauf- und Abfallwirtschaft. 2003.
Sondergutachten 38:	Zusammenschlussvorhaben der Georg von Holtzbrinck GmbH & Co. KG mit der Berliner Verlag GmbH & Co. KG. Ergänzendes Sondergutachten. 2003.
Sondergutachten 39:	Telekommunikation und Post 2003: Wettbewerbsintensivierung in der Telekommunikation – Zementierung des Postmonopols. 2004.
Sondergutachten 40:	Zur Reform des Telekommunikationsgesetzes. 2004.
Sondergutachten 41:	Das allgemeine Wettbewerbsrecht in der Siebten GWB-Novelle. 2004.
Sondergutachten 42:	Die Pressefusionskontrolle in der Siebten GWB-Novelle. 2004.
Sondergutachten 43:	Wettbewerbsentwicklung bei der Telekommunikation 2005: Dynamik unter neuen Rahmenbedingungen. 2006.
Sondergutachten 44:	Wettbewerbsentwicklung bei der Post 2005: Beharren auf alten Privilegien. 2006.
Sondergutachten 45:	Zusammenschlussvorhaben der Rhön-Klinikum AG mit den Kreiskrankenhäusern des Landkreises Rhön-Grabfeld (Kreiskrankenhaus Bad Neustadt/Saale sowie Kreiskrankenhaus Mellrichstadt). 2006.
Sondergutachten 46:	Die Privatisierung der Deutschen Bahn AG. 2006.
Sondergutachten 47:	Preiskontrollen in der Energiewirtschaft? Zur Novellierung des GWB. 2007.
Sondergutachten 48:	Wettbewerbs- und Regulierungsversuche im Eisenbahnverkehr. 2007.
Sondergutachten 49:	Strom und Gas 2007: Wettbewerbsdefizite und zögerliche Regulierung. 2007.
Sondergutachten 50:	Wettbewerbsentwicklung bei der Telekommunikation 2007: Wendepunkt der Regulierung. 2007.
Sondergutachten 51:	Wettbewerbsentwicklung bei der Post 2007: Monopolkampf mit allen Mitteln. 2007.
Sondergutachten 52:	Zusammenschlussvorhaben der Asklepios Kliniken Hamburg GmbH mit der Krankenhaus Mariahilf gGmbH. 2007.
Sondergutachten 53:	Zusammenschlussvorhaben des Universitätsklinikums Greifswald mit der Kreiskrankenhaus Wolgast gGmbH. 2008.

Alle Veröffentlichungen sind im Nomos-Verlag, Baden-Baden, erschienen.

Die Sondergutachten 4 bis 6, 10 und 12, 15 und 16, 41 und 42, 46 und 48 sowie 52 und 53 wurden jeweils in einem Band zusammengefasst. Das Sondergutachten 17 liegt auch in einer englischen und in einer französischen Fassung vor, die Sondergutachten 28 und 32 in einer englischen Fassung.

Summary

Less State, More Competition
– Markets for Health Care and State Aids in the Competitive System –

The Seventeenth Biennial Report 2006/2007
by the *Monopolies Commission* (Monopolkommission)
in accordance with Section 44 Paragraph 1 Sentence 1 of the Act Against Restraints
of Competition (*Gesetz gegen Wettbewerbsbeschränkungen – GWB*)[*]

Current Issues in Competition Policy

- **Competition Policy in Regard to Rail Privatisation**

1.* The Federal Government has decided to enable private investment in the German Railways (*Deutsche Bahn AG – DB AG*) before the end of 2008. The companies that now operate freight, passenger and regional transport are to be grouped into a new company that will be responsible for transport and logistics. As the sole shareholder in this company – to date – DB AG is to sell up to 24.9 % to private investors. It will also continue to hold 100 % of the network operating company. In turn, DB AG will continue to be fully owned by the Federal Government. Therefore the infrastructure will remain in public ownership.

2.* The Monopolies Commission assesses this part-privatisation concept as a clear advance on earlier plans for the integral privatisation of DB AG, including the network and the operations. Indeed, the new plan does not fulfil the Monopolies Commission's recommendation to separate the network and the operations, because the infrastructure and the transport companies will remain combined. However the part-privatisation model that has now been decided would certainly not prevent the concern being split up later into a railway company, a larger part of which could perhaps be privatised, and a separate infrastructure company. In the view of the Monopolies Commission such a split is still desirable to enable the network operator to occupy a neutral position in the competition between DB AG's transport company and its private competitors. Undistorted competition on the network is the most likely way to expand the share of rail transport on the transport market as a whole. This would also reduce the environmental damage, which comes mainly from road transport.

3.* Admittedly, if the network and the transport operators are under the same management the risk of future discrimination of private competitors on the network will remain. This is a consideration not only in regard to competition policy but in regard to European law as well. The European Union's directives on the railways require the transport and logistics divisions to be de facto independent of the network division. The meaning and purpose of this requirement will be greatly jeopardised if a joint holding company is created. In the view of the Monopolies Commission the institutional links should not be further strengthened through personnel links. A joint management board for the network operator, the transport operator and the holding company would therefore be problematic in regard to Community law. The relations between these companies should be such that the network operator on the one side and the transport operator on the other each enjoy the greatest possible operational independence.

4.* In the political arena there have been demands for a block on any changes to the privatisation model that has now been agreed. The Monopolies Commission opposes those considerations. DB AG must be able to attract private equity through further privatisations, beyond the currently agreed tranche of 24.9 %. That is the only way it will be able to meet the innovation and investment requirements it will face in the long term, if it wants to maintain its position in competition with other transport modes. A block on change would also be irreconcilable with the basic idea of Art. 87 e of the Basic Law, nor, the Monopolies Commission firmly believes, could it be introduced through a collective wage agreement.

5.* The Monopolies Commission has doubts regarding the Federal Government's intended use of the receipts from the sale. Part of the funds is to flow into the Federal budget, part to be used for investment programmes and part to

---

[*]   The Monopolies Commission would like to thank Mrs. Eileen Martin for translating the original German text into English.

increase the equity of DB AG. The receipts from the sale will be collected by DB AG, that is, the holding company. The Monopolies Commission points out that an allocation of funds to the subsidiaries of this state enterprise (the network operator on the one side and the transport operator on the other) fulfils the criteria of financial state aid in Art. 87 EC. Financial state aid of this kind is more likely to be approved on grounds of infrastructure under Art. 73 EC than if the funds were allocated to the transport operator. For in the latter case they would result in distortion of competition between the transport operator and its private competitors.

- **Proposals from the European Commission on Unbundling in the Energy Industry**

6.* On 19 September 2007 the European Commission passed the third package of legislative proposals to promote the European Single Market in energy. A central aspect of the package is the separation of production and supply from transmission networks. This is to be done either through ownership unbundling or, alternatively, through the use of an independent system operator, ISO. The European Commission hopes that this will best counter the negative consequences of vertical integration on competition.

7.* The European Commission prefers the unbundling of ownership, that is the network should be taken out of the value chain of a vertically integrated energy supply company. All the network's assets would be transferred to a third company that is independent of the original parent company. The ISO solution is a structural intervention of less intensity than ownership unbundling, because the transmission or long distance networks can remain in the hands of the vertically integrated energy utilities. However, the actual business operations may only be performed by an ISO, that is entirely separate from the vertically integrated company.

8.* The plans put forward by the European Commission have met with different reactions from EU Member States. Great Britain, the Netherlands, Sweden and Denmark for example, support the proposal, while France and Germany, who will be mainly affected, reject it. These two Member States have worked out an alternative proposal, known as the third way (effective and efficient unbundling), which is supported by six other Member States. In the view of these eight countries effective separation of the network operations can be guaranteed already by ensuring by a number or safeguards that would make the existing regulations on deconcentration more stringent, without the need of unbundling as proposed by the European Commission. In view of the fact that the eight Member States who support this third way can block the desired agreement in the Council of Ministers, the European Commission is seeking a compromise solution. It suggests that the third way should be made much more stringent (e.g. with right of veto for the national regulatory authorities on personnel and investment decisions by the Supervisory Board) before the third way can be included as another option in the legislative package. In June 2006 the Council of Ministers agreed to include the third way as an additional option in the legislative package for both sectors, electricity and gas.

As political opposition is preventing the European Commission from achieving its aim of ownership unbundling through the legislative process, the Commission seeks to achieve this aim by using its extensive powers in competition law as an executive organ. It seems that it has already achieved some success here. In February 2008 the German E.ON Company, fearing a fine of up to 10 % of its world-wide turnover, offered to sell its own transmission network to an operator who is not active in electricity generation or supply. E.ON would also like to offer about one fifth of its power station capacity for sale. In return the European Commission has indicated that the current cartel proceeding, with the threat of fines, would be stopped.

9.* The Monopolies Commission does agree in principle with the view of the European Commission that the lack of competition in the electricity and gas market can be solved primarily with the use of structural policy instruments. Above all, vertical deconcentration can have positive effects in extending the cross border capacities. Nevertheless, the studies by the European Commission and the implications derived from them at the present time are not sufficient to justify such a severe structural intervention. The data used by the European Commission in its studies of the German energy market mainly refers to the periods before the Energy Industry Act (*Energiewirtschaftsgesetz – EnWG*) of 2005 came into force. In particular, the deconcentration requirements in the law had not then been fully implemented, the Federal Network Agency for Electricity, Gas, Telecommunications, Post and the Railway (*Bundesnetzagentur für Elektrizität, Gas, Telekommunikation, Post und Eisenbahnen)* had not yet been established as a regulatory authority in the energy sector, and consequently, there had been no *ex ante* regulation of the transmission charges. Hence it has not so far been possible to make a serious statement on the effectiveness of the German regulatory model that is now in force. The Monopolies Commission doubts that competition on the grid-connected energy markets can be vitalised at the present time exclusively by the two alternatives for deconcentration put forward by the European Commission.

10.* In this context the Monopolies Commission points out that the deconcentration proposals and their implementation entail quite considerable economic risks and legal problems. There is a risk that the investment incentives for network operators will be remarkably reduced. Furthermore the effect of deconcentration on energy prices is uncertain. They could even rise after the deconcentration. In addition, unbundling of legal ownership in particular is a considerable intervention in private ownership rights. That can result in protracted legal proceedings, particularly as the Community's legislative powers on ownership are very doubtful. In addition, the European Commission's deconcentration instrument would have an asymmetrical effect in the countries concerned. For state-owned enterprises it would be sufficient that two separate public bodies exercise control over the gas extraction activities (or electricity generating and supply activities) on the one side and the transmission activities on the other. However, if the company in question is in private hands it should not retain any significant shares in the network operator following a vertical deconcentration.

11.* Finally the desired vertical separation on the electricity market cannot directly solve the real problem, namely the high level of concentration of suppliers in electricity generation. At best it could only solve it in the long run. The Monopolies Commission has fundamental doubts in the effectiveness of the EU deconcentration instrument for the gas sector. Beside the fact that the suppliers on the gas market are in some substitution competition with the suppliers of other commodities, the gas suppliers are primarily companies domiciled outside the EU. If companies like Gazprom were forced to split up their networks within the EU they could easily react by raising network charges/gas prices at the Russian border. If gas production, transport and distribution were separated the risk of double marginalisation would be much greater than on the electricity market, as gas import prices can hardly be influenced.

12.* Hence the Monopolies Commission recommends making the present network regulations more stringent in the next two to three years with targeted measures. Therefore it on principle welcomes the planned tightening of the so-called third way to intensify the present requirements on deconcentration in the Energy Law. But it agrees with the European Commission that the requirements for the network operators should be made even more stringent. In its Special Report on the Energy Market of November 2007 the Monopolies Commission argued that all the staff employed by the network operator should be forbidden from exercising any other functions in the corporate group. That would make it much more difficult to pass on confidential information and so put affiliated companies in a more favourable position.

13.* In addition, the detailed bundle of measures which the Monopolies Commission proposed in its Special Report on the Energy Market should be implemented quickly. If after a period of about six years from the start of regulation serious structural shortcomings are still evident on the markets for network energies ownership unbundling could be conceivable as the ultima ratio.

- **The Transition from Regulation to Competition Supervision on the Telecommunication Markets**

14.* As competition increases telecommunication markets need to be gradually taken out of sector-specific regulation and brought under general competition law. The institutional competence will then be transferred from the Federal Network Agency to the Federal Cartel Office. In the discussion over the transition into general competition law two aspects predominate. Firstly, there are complaints that in the examination of the need for regulation in accordance with § 10, Para. 2 of the Telecommunications Act (*Telekommunikationsgesetz – TKG*) too little attention is paid to the criterion of the insufficiency of competition law. As a result the regulation is cemented. Secondly it is argued that competition law is less efficient in prosecuting abuse than the *ex post* regulation under the TKG, and that the regulatory authority is the more appropriate authority to exercise supervision to prevent abuse in the telecommunications sector. Hence an interim stage is needed in deregulation.

15.* The examination of whether general competition law is adequate to counter a certain market failure is part of the three criteria test in § 10, Para. 2 TKG. This insufficiency test is potentially the most important criterion for deregulation, but this is not evident either from the recommendation by the European Commission on markets or in the application of the three criteria test in practice. In regulatory practice the insufficiency of competition law is generally explained by differences that always exist between competition law and regulation law. If such differences are sufficient to justify sector-specific regulation the limiting effect of the third criterion ceases.

16.* In the view of the Monopolies Commission high standards should be set for the examination of the insufficiency of competition law. It must be remembered here that the structural disadvantages of interventions under competition law, which can only be made *ex post* and are only possible on certain points, do not mean that competition law is always inadequate. This argument is supported, not only by the fact that regulation in the market economy must be the justified exception, owing to the intensity of its intervention, but also that it cannot remove the most important cause of market failure on telecommunication markets, namely the existence of bottlenecks. Rather, it tends to cement them because access regulation reduces the incentives to invest in avoiding or duplicating bottlenecks. It would be helpful if the European Commission, which applies the three criteria test on Community level, would prescribe criteria for carrying out this test in practice on national level.

17.* The Monopolies Commission refuses to implement an abuse supervision in the Telecommunications Act, which is independent of the examination whether a market may be subject to sector-specific regulation. It is doubtful that such a provision would be consistent with European law. The arguments that the Federal Network Agency is the more appropriate authority to exercise supervision to prevent abuse on telecommunication markets, and that the TKG enables more efficient and rapid intervention, are not convincing either. Even if it is correct to say that the Federal Network Agency has greater specific knowledge of the market in telecommunications, the Federal Cartel Office has more specialised knowledge in economic matters, owing to the large number of cases it handles, and with its many years of official experience it is the more appropriate authority to exercise abuse supervision over enterprises with a dominant market position. Moreover, the instruments in competition law for behaviour control have been made more stringent in recent years, and the powers of the cartel authorities have been widened. Another fact that supports consistent transition into general competition law is that the regulatory authority is more exposed to political influence than the Federal Cartel Office. This is partly due to the decision-making structures in the Federal Network Agency, and partly to the fact that the Federal Government is still both owner and regulator, which is bound to lead to conflicts of interests.

18.* The Monopolies Commission as well refuses that the Federal Network Agency acts as a competition authority and applies cartel law to telecommunication markets as part of its abuse supervision. The parallel application of competition law by different authorities would induce problems in regard to the uniform application of the law. Similar problems will arise if the Federal Cartel Office and the Federal Network Agency have to agree consensually on the competence of regulation, following the concept of the "ladder of remedies". The Monopolies Commission takes a positive view of the proposal to rely on the more economically oriented concept of the "ladder of remedies" in the question of "how to regulate".

- **Cooperation with the Federal Statistical Office and the Proposal for § 47 of the Law Against Restraints of Competition**

19.* Cooperation with the Federal Statistical Office (*Statistisches Bundesamt*) was mainly positive in the past two years. Especially the preparatory work for this Biennial Report progressed in partnership and in a productive atmosphere. By providing the business register the Federal Statistical Office has enabled comprehensive cross-sectoral figures on concentration in the German economy to be compiled for the first time. That is a considerable improvement for the reports by the Monopolies Commission, although further developments in the method are essential to improve the quality of the data.

20.* A particularly important development in the economic statistics, in the view of the Monopolies Commission, is the compilation of a data base on multinational enterprise groups as part of the EU EuroGroups Register project. This data will for the first time give an insight into European market structures and the economic interdependence between markets and companies on European level. This knowledge is essential for an assessment of the competition situation of the many companies in Germany that operate internationally. The Federal Statistical Office has so far taken a rather reserved position towards the EU project, as it has legal doubts. The legal conditions are now being created with ordinances. Greater involvement by the Federal Statistical Office to promote German interests in this field would be of the greatest importance, particularly while the data base is being built up.

21.* The Federal Statistical Office and the Monopolies Commission have different views on the interpretation of § 47 GWB. The Monopolies Commission would like to undertake evaluations under § 16, Para. 6 of the Federal Statistics Act (*Bundesstatistikgesetz – BStatG*) in future. This regulation permits to use confidential information for research projects, and it would greatly improve the scope for analysis by the Monopolies Commission. The Federal Statistical Office refers to legal reasons for rejecting the application of § 16, Para. 6 BStatG by the Monopolies Commission. The Monopolies Commission does not agree with that interpretation of the law.

22.* Both sides assess that a uniform interpretation of the application of § 16, Para. 6 BstatG is not possible on the basis of the present legislation. Consequently they agree that the present different interpretations can only be eliminated by changing the law. Moreover, the present wording of § 47 GWB is no longer sufficient for current procedures. So the two sides have jointly formulated the contents and aims of an amendment to § 47 GWB and the Monopolies Commission has put forward a proposal for the law to be amended accordingly.

- **Access to Files held by the Federal Network Agency**

23.* Under § 46, Para. 2a of the Seventh Amendment to the Act Against Restraints of Competition the Monopolies Commission, in order to perform its legal task, was given right of access to the files held by the cartel authority. This includes confidential commercial and business information and personal data, insofar as this is necessary for the proper performance of its function. The new regulation describes the bases of current practice to date and insofar it merely clarifies the present legal position.

24.* The legal task assigned to the Monopolies Commission has in recent years been extended far beyond the regulations laid down in the GWB. The additional tasks are laid down in the Telecommunications Act (*Telekommunikationsgesetz – TKG*), the Postal Services Act (*Postgesetz – PostG*), the General Railway Act (*Allgemeines Eisenbahngesetz – AEG*) and the Energy Industry Act (*Energiewirtschaftsgesetz – EnWG*). All these tasks entail observance of the regulatory practice in the network sectors covered by these laws. None of them envisaged right of access to files for the Monopolies Commission, and without a legal base the Federal Network Agency was not in a position to hand over confidential information on regulatory practice, as is done in the decision-making practice of the Federal Cartel Office, for example.

25.* The Monopolies Commission had proposed that the legislature should also give it right of access to files on the regulatory practice by the Federal Network Agency. So far this has only happened in the TKG, where an appropriate regulation has been added to the law, analogous to the wording of § 46, Para. 2a GWB. There is no regulation on access to files in the other laws (PostG, AEG and EnWG).

26.* Without this legal basis the Monopolies Commission cannot fully perform its legal tasks. Comprehensive assessment of regulatory practice is only possible on the basis of all the relevant information in the case files, including confidential matters. But establishing right of access to files for the Monopolies Commission in these laws would also be in the interest of the Federal Network Agency. The clause would provide clear authorisation of the Monopolies Commission's powers to assess regulatory practice, and – unlike informal procedures – it would give the authority legal certainty that it is permissible to hand out information to the Monopolies Commission.

Preliminary Remarks to Chapters I and II

27.* In Chapters I and II of its Biennial Report the Monopolies Commission regularly assesses the status and foreseeable development of corporate concentration in the Federal Republic of Germany, on the basis of § 44 GWB. For this purpose comprehensive and continuous statistics on concentration are kept, and this enables to observe the general trends in corporate concentration in Germany. The complete concentration tables as well as supplementary explanations of the method are published as annexes to this Biennial Report in the form of an attached CD-ROM.

28.* The need for comprehensive and continuous statistics on concentration can only be met by establishing general structures. The extent of concentration is compiled exclusively for the national market and according to the sectoral classification or the classification of goods used for the production statistics. This does not adequately reflect the relevant geographical and product markets. Altogether, the analyses by the Monopolies Commission have shown that in times of globalisation reports that are limited to Germany are difficult to interpret. When national markets merge into a single European market, or a global market, the development in the national concentration of supply gives a distorted picture. Systematic difficulties in interpretation also arise when a large number of the companies covered operate on regionally limited markets, like hospitals, public utilities and disposals, daily newspapers and banks. The extent of concentration shown for these enterprises understates the concentration that is actually present on these regional markets. The European Commission defines relevant product markets by the possibilities for exchangeability or factor mobility of products. In this definition the relevant product markets are also subject to constant change, e.g. through technical progress or product innovations that cannot be covered by the available sectoral classifications. Moreover, the extent of concentration can only be one indicator among others to establish the intensity of competition on a market. Other indicators, like potential competitors or market access barriers, are not shown in the statistics.

29.* The Monopolies Commission attempts to take due account of this by evaluating additional information on individual sectors, e.g. for the first time foreign trade interdependences. It also intends to work out proposals to improve the reporting on concentration, to enable interpretations that are even more relevant for competition policy. In this connection the Monopolies Commission is also considering whether it would be better not to compile reports on the concentration in every sector throughout the German economy, and instead carry out more in-depth individual sector inquiries. It herewith offers all the interested parties the opportunity to comment on this.

I. *Statistics on Corporate Concentration and Groups in Germany*

30.* The empirical basis for the Monopolies Commission's statistics on concentration for this Biennial Report is a data base from the Federal Statistical Office. For the first time this has been compiled from the business register and commercial data on corporate links. The use of the business register instead of the survey of investment used in the past enables a much better account to be given of the German corporate scene. Instead of the companies employing 20 persons or more in mining, manufacturing and construction, a total of about 51,000 units surveyed in the past, around 3 million units with an annual turnover of EUR 17,500 and more, and/or at least one employee paying statutory social insurance in nearly every economic sector are covered. In addition, a number of surveys and specialised statistics from the Federal Statistical Office were consulted, like the statistics on production, foreign trade and the evaluation of public funds, institutions and companies, as well as data from other sources. The data currently available is for the report year 2005. Owing to the use of administrative data sources a report using more up to date figures will unfortunately not be possible in the foreseeable future.

31.* The shares which enterprise groups account for in total turnover and number of persons employed are in some cases considerable, in the enlarged data basis as well. The study of the importance of corporate groups for the economy as a whole shows that 6.3 % of companies in Germany are part of a group. They account for around 66 % of turnover and 53 % of the workforce. These shares are particularly high in mining, manufacturing, energy and water supplies, and transport and communications.

32.* The Monopolies Commission has examined the structure and distribution of the German enterprise groups in regard to a number of aspects. Companies in groups with members outside the area in question (e.g. from another economic sector or abroad) can affect competition despite a low market share. For instance, vertical links with exclusive supply contracts between companies upstream or downstream reduce the number of available suppliers or customers for the independent companies. In this case the degree of concentration, taking account of all the companies in a sector, would give a false picture of the competition structure. This kind of integration was particularly evident between enterprises engaged in sewage disposal, which is the responsibility of the municipalities, energy supplies and the large customers for energy. Links in the services sector for shipping and air transport services and other industries are clearly evident. Beside the vertical links conglomerates (outside the sector) or multinational interdependencies can increase the capital available to companies, enabling them to displace competition in the medium to long term. Companies linked in this way have particularly high turnover shares in the economic sectors 10, Coal and Peat (71.8 %), 23, Coking, Petroleum Products, Fissile and Breeder Material (88.2 %), 24, Chemical Products (53.2 %), 27, Metal Production and Processing (58.8 %), 35, Other Vehicles (Water, Rail and Air Transport) (66.3 %) and 40, Energy Supplies (69.4 %).

33.* The importance of foreign control is analysed both by the headquarters of the parent companies and by economic sector. German companies in groups headed by a foreign company only make up 0.7 % of all companies, but they account for around 19 % of turnover and employ 10 % of the workforce. Enterprise groups headed by a US company have the highest turnover shares among all the multinational groups, followed by Great Britain, the Netherlands, France and Switzerland. In the assessment by economic sector companies in multinational groups in Sector 23, Coking, Petroleum Products, Fissile and Breeder Material have the highest turnover shares (87.3 %), followed by 21, Paper (40.6 %), 32, Communications, Radio and Television Sets (39.6 %), 30, Office Machines, DV Machines and Equipment (38 %) and 35, Other Vehicles (Water, Rail and Air Transport) (37.7 %).

34.* The share of state-controlled companies in a sector can considerably influence competition, e.g. through direct subsidisation, advantageous financing (soft budget restrictions), tax concessions or regulations in sub-sections. In sectors that are still entirely or partly regulated (energy and water supplies, the railways and waste disposal) the turnover shares of state enterprises are particularly high. The development of concentration in these sectors as privatisation progresses will be of particular interest.

II. The State and Development of Corporate Concentration in Germany

35.* The Monopolies Commission examines the state and development of corporate concentration in Germany on the basis of the concentration statistics. In the first part the state of concentration in Germany in 2005 is considered by economic sectors. The composition of sectors C, D and F has changed so much from previous publications owing to the inclusion of small companies that a comparative analysis was first made of the extent of concentration. This shows that up to the report year 2003 the extent of concentration in many sectors was overestimated, owing to the cut off point of companies employing 20 people and more. In some sectors, however, it is higher in 2005 than in 2003, despite the wider data base. This applies, among others, to the economic sectors 3410, Production of Vehicles and Vehicle Engines, 3430, Production of Parts and Accessories for Vehicles and Vehicle Engines, and 2416, Production of Plastics in Primary Form, which are also some of the biggest sectors in Germany, measured by turnover. In these sectors a real increase in concentration can be assumed.

36.* Despite the difficulty of adequately reflecting the relevant geographical and product markets in the concentration statistics, the market structures in some sectors can be well represented with the available data. In manufacturing they include the foodstuffs industry, publishing and printing products that appear at most four times a week, the production of concrete, cement and plaster as well as products using these materials. These industries are for the most part also highly concentrated.

37.* For an assessment of the data on all the sectors that appear in the concentration statistics for the first time comparative figures from branch reports, and from the associations and research institutes, are used first. They show that the quality of the data base does not as yet enable an interpretation of the data in many areas. In some sectors the number of units given is far too high. This is partly due to erroneous sector assignment and partly because enterprise groups cannot be systematically compiled owing to their organisational form. That applies particularly to the energy, retail trade, banking and insurance sectors.

38.* In Sector I, Transport and Communications, the figures do give a good picture of the concentration that is still present, especially in some formerly state controlled areas or structural monopolies. The long term development of the concentration figures in these areas will be of particular interest. The same applies to other areas, where concentration data has been compiled for the first time, like the provision of services. Here the Monopolies Commission is expecting an increasing consolidation through the establishment of corporate chains.

39.* The development in concentration in the mining and manufacturing sectors between 1995 and 2004 is traced using an investment survey. The branches which achieved a rise in turnover during the period observed are divided into four quadrants according to their level of concentration in the initial year 1995 and its development up to 2004 (cf. diagram).

40.* Altogether 148 branches in mining and manufacturing showed a rise in turnover in the period observed. Of these about 40 % are below a concentration rate of the ten largest companies of 50 % in the base year 1995 (Quadrants I and II in the diagram) and 60 % were above this (Quadrants III and IV). The average annual growth rate in the concentration rate of the ten largest companies (CR10) is positive up to 2004 in around 50 % of the branches (Quadrants II and III).

41.* A time flow analysis identifies the branches where corporate concentration has risen considerably. They are 1513, Meat Processing, 2212, Newspaper Publishing, 3611, Production of Office Furniture, and 2442, Special Pharmaceutical Products and Other Pharmaceuticals in Quadrant II. Of particular interest for competition policy are the branches in Quadrant III, which were already showing a high level of concentration in the base year, and which grew during the period observed. Among others they include 1512, Poultry Slaughter, and 3210, Production of Electronic Components. In 26 branches concentration is very high throughout the entire period observed.

Diagram:

The Relation between the Level of CR10 in the Base Year 1995 and the Average Annual Growth Rate in CR10 (dW$_t$) between 1995 and 2004 by Economic Branches

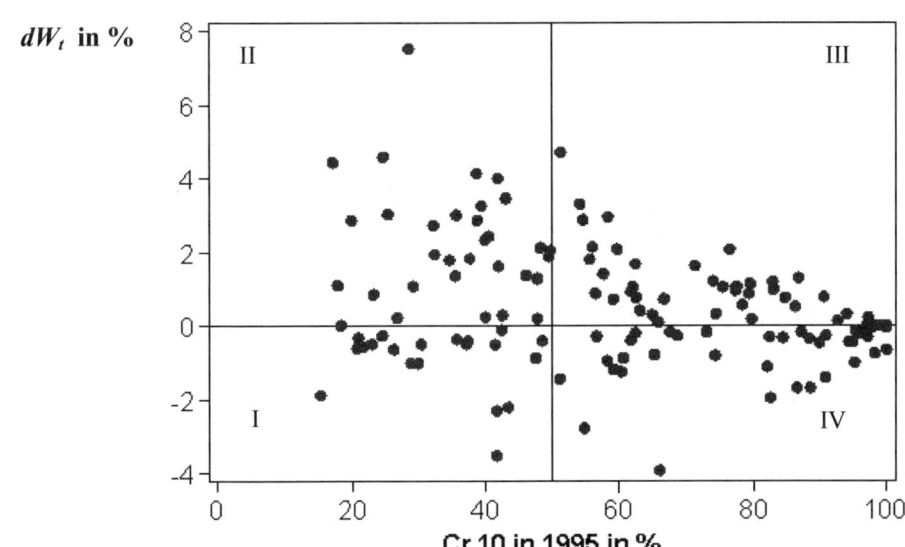

Source: Compilation by the Monopolies Commission using date from the Federal Statistical Office

III. The State and Development of Concentration among large Companies (Aggregate Concentration)

42.* The starting point for the Monopolies Commission's report assessing the state and development of aggregate concentration is the list of the hundred largest companies in the economy as a whole by domestic value added. In addition to the domestic concerns the Monopolies Commission also analyses world value added by the large companies. The study of the hundred largest companies by domestic value added also covers the ties between these companies in the form of shareholdings, personnel links and cooperation through joint ventures. The consideration of the hundred largest companies is supplemented by identifying the largest companies in the producing sector, trade, transport and services, banking and insurance, measured by their branch-specific volume of business.

43.* Altogether the hundred largest companies showed value added of around EUR 281 billion in the year reviewed. This was a rise of 13.2 % from 2004. The value added by all companies in Germany rose during the period observed by 4.9 %. The contribution of the large companies to total value added by all companies thus rose to 18.0 % (2004: 16.7 %), reaching the highest level since 2000.

Account is taken of the increasingly international orientation of the production and acquisition processes through globalisation, and the consequent shifting of companies' divisions abroad, with an additional analysis of worldwide value added. This also enables the economic weight of the decision-making centres responsible for these companies to be adequately identified. The share of domestic value added in worldwide value added for the ten largest companies dropped slightly, from 57.7 % in 2004 to 57.3 % in 2006. The results suggest that the relative increase in outsourcing to foreign production plants, particularly of labour-intensive parts of the value added chain, or of the intermediate inputs which large companies buy from domestic or foreign suppliers, at least slackened during the period observed.

44.* The ten largest companies accounted for 40.98 % of the value added by all the large companies examined, and this was below the figure for the previous period (42.45 %). The share of the twenty largest companies in the value added by the hundred largest companies also fell, from 61.78 % in 2004 to 58.88 % in 2006.

45.* As far as data for the two years could be compiled, the development for the large companies between 2004 and 2006 was also analysed by number of persons employed, fixed assets and cash flow.

Eighty-eight companies that were among the hundred largest companies in both years were included in the examination of the number employed. Their share in the number employed by all companies was 13.40 % in 2006, compared with 13.98 % in 2004. The importance of the large companies as employers has thus fallen again, although the drastic reduction in the number employed by the large companies in the previous periods had clearly slackened in 2006, following corporate consolidation measures.

The moderate decline in the number employed combined with the clear rise in domestic value added led to an increase in the value added per person employed of 21.57 % in the 88 companies studied to an average of EUR 116,710 in 2006.

46.* In addition to the value added branch-specific features taken directly from the annual financial statements are used to assess the size of companies. Turnover is used for industrial, transport and services companies, and for trading companies. The balance sheet total is preferred as a measure of the size of banks, while income from policies is used for insurance companies. But value added must be regarded as a better criterion of size, as unlike the above alternatives, which reflect the volume of business, it permits the comparison of companies across branches and also reflects the degree of their vertical integration. The study of the largest companies by volume of business is thus a supplementary study with the aim of throwing more light on the importance of large companies in the individual branches.

The growth in the volume of business of the largest companies was above the general market development in the producing sector and in insurance and banking. The aggregate concentration, on the other hand, declined in trade and in transport and services. Measured by the share of the ten largest companies in the volume of business of all the companies operating in a branch, insurance and banking still show the highest level of concentration.

47.* The shareholders of the large companies are analysed first in regard to the shareholder structure of the companies in the group under consideration, and then the capital ties between the hundred largest companies are examined. In most of the companies studied the ownership had not greatly changed. As in 2004 the public authorities reduced their shares in some large companies (Deutsche Telekom AG, Deutsche Post AG, Fraport AG Frankfurt Airport Services Worldwide).

There were the following changes in the groups of shareholders who hold the majority in the large companies examined. The number of companies where a single foreign owner held the majority rose from 2004 by four to 28. In second place, with the same number, 21, were the companies with one individual, a family or family foundation holding the majority. Only slightly smaller (20 cases, as in 2004) was the number of companies whose shares were widely distributed. The fourth largest group, measured by the number of companies it contained in 2006, was the twelve (2004: twelve) large companies in which a public authority held the majority of the shares. Again in twelve cases (2004:14) it was not possible to show whether the majority of the equity was held by another large company, a single foreign owner, a public authority, individuals, families or family foundations, nor whether the shares were widely distributed or held by other shareholders. In two (2004: three) cases the shares held by the hundred largest companies amounted to more than 50 %.

48.* During the period observed the number of interlinked companies rose from 35 in 2004 to 39. The slight rise is largely due to a change in the composition of the group surveyed. If the development since 1996 is taken a progressive tendency to deconcentration is evident. Where there were 39 interlinked companies in 2006 62 companies were interlinked through shareholdings in 1996. The total number of shareholders follows the same trend (1996: 39, 2006: 21), as does the number of subsidiaries (1996: 51, 2006: 29). The total number of holdings fell during the same period from 143 to 50. After inclusion of the data from the last Biennal Report it can also be stated that the total number of shareholdings in the hands of the largest financial services providers has fallen steadily from 75 cases in 1996 to 26 in 2006. Most of the shareholdings in other companies on the hundred largest companies list were, as in previous years, held by Allianz SE, with 16 (2004: 14). The decline in shareholdings can be seen as due to the progressive globalisation and the increasing importance of international companies. But it is also due to institutional changes within Germany. Beside deconcentration some of the reduction in the degree of interlinking may also be explained by mergers between formerly closely interlinked members of the hundred largest companies list.

49.* In examining the personnel links only those ties between companies are included where one or more persons are on the management or control organ of at least two companies on the hundred largest companies list at the same time. In 2006 34 (2004: 34) companies of those studied had members of their management on the control organs of 44 (2004: 46) companies on the list. The total number of ties through management board members was 84 (2004: 86). The number of ties through management board members of banks and insurance companies fell by 20 %, from 30 in 2004 to 24 in 2006. Since 1996 the number has fallen by 76.2 %. The comparison over ten years shows, as in the case of equity ties, a steady decline in the role played by financial services providers in the network of personnel links.

50.* The number of links through joint ventures between the twenty largest companies had fallen in 2006, to 30 from 35 in 2004. The degree of integration as the share of such links in the total number of possible ties fell from 18.4 % to 15.8 % in 2006. Altogether there were 58 (2004: 75) joint ventures. In some cases the contact between two companies was through several joint ventures. In one case more than two companies were involved in one joint venture.

Beside the twenty largest companies the eight (2004: seven) energy supply companies on the hundred largest companies list were also examined in regard to cooperation through joint ventures. The number of ties between the energy suppliers rose from nine in 2004 to eleven in 2006. The degree of integration of the seven companies that were studied in both years, 2004 and 2006, rose from 42.9 % to 47.6 %. The number of joint ventures fell during the same period slightly, from 48 to 45. The companies in the energy industry were distinguished by particularly intensive cooperation in joint ventures, with 28 and 62 % of those operating in the same branch as their head companies.

51.* In studying the involvement of the hundred largest companies in the mergers completed and reported to the Federal Cartel Office in accordance with § 39, Para. 6 of the Act Against Restraints of Competition the Monopolies Commission is stressing the importance for competition policy of the external growth of the hundred largest companies. Companies on this list were involved in 582 (2004/05: 661) of the total of 3,303 (2004/05: 2,541) mergers reported. So the share of companies on the hundred largest companies list involved in the total number of mergers fell again, from 26.0 % to 17.6 %. During the period reviewed, 2006/2007, 3,779 decisions to clear mergers were also given, of which 529 (14 %) involved companies on the hundred largest companies list.

52.* Altogether the impression is of slightly increasing concentration during the period under review in the various size features and economic sectors examined. The share of large companies in total value added has clearly risen compared with the development in previous years. In the producing sector the process of increasing concentration, that was already evident in former years, continued. There was an increase in concentration from the previous period in banking and insurance, but the importance of the large companies in trade and transport and services fell. Contrary to the macroeconomic development the number of jobs provided by the large companies fell.

There is also a declining trend in shareholding ties and in personnel links between the hundred largest companies, and this led to the dissolution of most of the network of mutual ties. The slight rise in shareholdings is mainly the result of changes in the composition of the group studied. The number of links through joint ventures fell during the period studied, as did the participation of the large companies in the mergers reported to the Federal Cartel Office and in the number of decisions to clear mergers.

IV. Antitrust and Merger Control

53.* In its antitrust supervision the Federal Cartel Office conducted several proceedings of significance for cartel law during the period under review. Traditionally the energy sector accounts for a major part of the work of the Federal Cartel Office, and the amendment to the Energy Law affected the work of the Office during the period under review. With the start of regulation of the gas and electricity networks by the Federal Network Agency under the provisions of the amended Energy Industry Act, the Federal Cartel Office ceased to be responsible for prosecuting cases of abuse of network access and network connections under national law and in accordance with § 111 of the Energy Law. The main focus of the work of the Federal Cartel Office is now on the markets for purchases, production and sales, which are not regulated. On suspicion of abuse of a dominant market position the Federal Cartel Office acted i.a. against long-term gas supply contracts with onward distributors and against inclusion of certain cost elements based on CO_2 emissions trading in electricity pricing. The Monopolies Commission sees the ban on long-term gas supply contracts as an effective instrument to promote competition, but it advises taking note of the effects on the incentive structure for long-distance gas companies. When the ban expires it should be carefully considered whether the market situation at that time requires a renewed ban. The Monopolies Commission acknowledges the efforts made by the Federal Cartel Office to prove that the duopoly of E.ON and RWE, who have a very strong market position, are abusing this. But it holds the view that it cannot be proved that the inpricing of CO_2 certificates is raising prices in the electricity sector. The Monopolies Commission holds the view that the impricing is not only legitimate business practice but is on principle also essential for CO_2 certificates trade to function. The argument put forward by the Federal Cartel Office cannot be accepted unconditionally.

54.* In February 2006 the Federal Cartel Office concluded an antitrust proceeding against Soda-Club, a producer of equipment to add gas to drinking water. The company had tried to exclude competitors from filling the CO_2 cyclinders needed for the final equipment by only leasing the containers to end-customers. The appeal against the decision has now been rejected by the Intermediate Court of Appeal and the Federal Supreme Court. The Monopolies Commission observes that this is also a case of sealing a secondary market, as the filling market is a part of the market for the cylinders. A similar constellation is known on other markets, for example the market for printers and printer cartridges. However, coupling a primary with a secondary product is not necessarily abuse if the constellation will lead to gains in benefit. The Monopolies Commission holds the view that objection cannot be raised on economic grounds to sealing off a secondary market under strict conditions. These conditions are active competition on the primary market and segmenting customers into groups that are characterised by a reciprocal relationship between the quantity in demand and price elasticity. But these conditions were not met in the case of abuse under consideration.

55.* The Federal Cartel Office prosecuted Praktiker Baumärkte GmbH for undue hindrance in the vertical relationship between franchise customers and suppliers. The company, which both administers and supplies franchises, required some of its franchise customers to take 100 % of the building market goods they were selling from it but did not hand on to them its resultant purchasing advantages, which enabled the company's outlets to offer goods at much better prices than its franchise holders were able to do. In January 2008 the Düsseldorf Court of Appeal repealed the decision by the Federal Cartel Office. The Monopolies Commission sees the action by Praktiker as only partial restraint of competition, as its scope for action as supplier of franchises in the fiercely contested branch is still controlled by competition from other firms. However, there is some competition between the administration company and the franchise holders on the same geographical markets, where there is also some risk of a price-cost scissors movement. In the last amendment to the GWB a ban on such splitting of sales prices has been included in § 20, Para. 4, Sentence 2, No. 3 as a general example of undue hindrance. However, the Monopolies Commission only regards the amendment as partly meaningful, as the franchise supplier still has opportunities for creaming off the yields that the market still contains, while at the same time it must be feared that practices that will increase efficiency are being prohibited.

56.* The ban on selling products below cost price has also been amended. § 20, Para. 4 GWB as amended in December 2007 now contains a general example in which the occasional offer under cost price is defined as undue hindrance for groceries in the meaning of § 2, Para. 2 of the Groceries and Animal Feed Code. The Monopolies Commission takes a critical view of the amendment, as of the ban on selling below cost price in itself, as de facto it does not lead to advantages for the customer. It also makes only a very limited contribution to the protection of small shopkeepers, as big chains can still charge lower prices simply owing to their purchasing advantages. The Monopolies Commission sees setting below cost prices as part of a mixed calculation as a regular parameter in competition, as long as the below cost price is not used as an instrument to restrict competition in a displacement strategy. Moreover, the Federal Cartel Office's practice in several cases shows that enforcing the ban on selling below cost is difficult. In the case of abuse involving Rossmann, a drugstore goods chain, a number of discounts on individual products in the range had to be moved. It remains questionable here whether the advertising cost grant should only be applied to products actually purchased. The Monopolies Commission does not believe that a clear and economically correct assignment is possible, and so in a free society the supplier should himself decide on the assignment. But this also shows that a consistent implementation of the ban on below cost selling is not possible.

57.*   Finally, a case of abuse during the period under review concerned the boycott of commercial ticket vendors by state lottery companies. The emergence of private ticket vendors on the regulated market for lotteries ended the monopoly of the state lottery companies. This gave them the incentive to limit the activity of commercial ticket vendors within their radius of action. Deutsche Lotto- und Totoblock required its members not to accept tickets from vendors who had extended their activity to include terrestrial selling. The Federal Cartel Office took action against this as a boycott in the meaning of § 21 GWB, and its decision was very largely confirmed in the appeals procedure. The Monopolies Commission regards the action by the Federal Cartel Office as correct under the present law, but points to conflicts between the aim of combatting compulsive gambling on the one side and that of extending participation in the lottery to encourage competition on the other. Moreover, there is a risk that the intervention by the Federal Cartel Office will not benefit consumers but simply shift yields on monopolies from public to private suppliers.

58.*   The merger control statistics from the Federal Cartel Office shows a clear rise in the number of cases handled in the period covered by the Monopolies Commission's report, 2006/ 2007, compared with previous years. The number of new applications has risen again. Hence a further rise in the number of cases is to be expected for the next report period. In the past report period the Federal Cartel Office completed the main appraisal procedure for 65 cases, of which 38 were cleared without the imposition of conditions or remedies. 15 cases were cleared with conditions and remedies imposed, and twelve were forbidden.

The Monopolies Commission has considered the criteria for exercising merger control and has discussed possibilities of adjusting it to make it more efficient. In regard to the clause on associations in § 36, Para. 2, Sentence 1 GWB and the general threshold for exercising control in § 36, Para. 1, Fig. 1 GWB it must be stated that this heuristic approach to the obligation to report mergers to the Federal Cartel Office is intended particularly for critical merger projects. It is clear from the example of mergers involving public hospitals that the obligation to exercise control in this sector depends in a number of cases on which shareholdings the territorial authority responsible has acquired. The merger between the Greifswald University Clinic and Wolgast District Hospital initially required approval because the income to the State of Mecklenburg-Western Pommerania from enterprises, most of which comes from the State Lottery Company, was assigned to the University Clinic. In May 2008 the Düsseldorf Court of Appeal upheld the plaintiff's case. The yield on turnover earned by the State of Mecklenburg-Western Pommerania and associated enterprises must be taken into account, but in including the lottery turnover the prize money paid out must be deducted as reducing these earnings. If this method of calculating the yield on turnover is used the merger falls below the general threshold for intervention. In the merger between the Ludwigsburg-Bietigheim Clinics and the Enzkreis Clinics the inclusion of the yield on turnover earned by the Ludwigsburg Savings Bank was determinant in taking the merger to the turnover threshold where merger control law applies. The Monopolies Commission has pointed out that a qualitative distinction must be drawn between the consolidated turnover achieved by territorial authorities and that of private companies. Especially in mergers between public hospitals statutory control should be initiated more frequently, and it should be less dependent on those enterprises that are assigned to the territorial authorities under the clause on associations. The Monopolies Commission regards greater involvement of merger control in hospital mergers as necessary, partly because these are largely regional markets, and partly because of the very high administrative barriers to market access. It therefore proposes that the calculation of the yields on turnover on this market should be adjusted by adding the following clause to § 38 GWB: "For the turnover of hospital enterprises three times the yield on turnover is to be used."

59.*   During the period under review the application of the clause on insignificant markets in § 35, Para. 2, Sentence 2 GWB has been concretised. In its decision on the appeal over the Sulzer/Kelmix/Werfo merger the Federal Supreme Court has clarified the question whether application of the insignificant market clause should depend on turnover on the domestic market or on the commercial market. In the latter case the relevant market could extend beyond the area where the GWB applies. Here the regulation indicates that only turnover on the domestic market should be considered. The Monopolies Commission welcomes the decision by the Federal Supreme Court, as it is in accordance with the meaning and purpose of the insignificant market clause, namely only to cover mergers of sufficient economic importance within Germany. However, a purpose-oriented interpretation of this kind is also appropriate if turnover from several materially relevant markets is added together, as the importance of a merger for the economy as a whole grows if a large number of markets is affected. But the Federal Supreme Court has set considerable barriers to aggregate turnover. The Monopolies Commission therefore recommends that the legislature should concretise the insignificant market clause to include the grouping of several domestic markets explicitly in the norm.

60.*   In this context the insignificant market clause must also be seen as an indicator of whether a merger is of sufficient importance in Germany at all. For under § 130, Para. 2 the GWB applies to all restraints of competition that have an effect within the area of application of the law, even if the cause lies outside that area. Accordingly, mergers between foreign companies also have to be reported in Germany if they will have repercussions here. The Federal

Cartel Office forbade the mergers proposed between Coherent/Excel, CVS Ferrari/Cargotec and Phonak/GN Re-Sound, which are all foreign companies. Beside the insignificant market clause also the limit of EUR 25 million for domestic turnover serves to establish the genuine link to affect German merger control law. So far the turnover of one of the companies has been used as criterion. There has been some criticism of the criteria for exercising German merger control over projected foreign mergers, because this means that worldwide mergers have to be reported under several jurisdictions, and it is difficult for those involved to identify the threshold of the insignificant market, as it refers back to the definition of the materially relevant market. Proposals here aim to strengthen the criteria for exercising control by setting a second domestic turnover threshold that might also replace the insignificant market clause. However, the Monopolies Commission takes a critical view of this adjustment of the GWB, as it is to be feared that mergers that could contribute to considerable restraint of competition within Germany would be released from mandatory control. In regard to the above foreign mergers that were not cleared it should be pointed out here that if the present domestic turnover threshold of EUR 25 million was raised two of the companies involved would not have been covered by all the regulation.

61.* In several cases during the period under review companies involved in mergers have argued that the GWB cannot be applied because it is overlaid by other norms. Chief among these were hospital mergers, where in many cases the parties involved assumed the GWB did not apply owing to the exclusion clause in § 69 of the Social Code V (*Sozialgesetzbuch – SGB V*), or hospital planning law, which takes priority. In the mergers between Rhön-Klinikum AG/Bad Neutstadt and Mellrichstadt District Hospitals, and LBK Hamburg/Mariahilf Hospital, the parties all applied for ministerial approval under § 42 GWB. In its Special Report in accordance with § 42, Para. 4 GWB, which forms part of the procedure, the Monopolies Commission commented that it regards the GWB as applicable in these cases as well. On 16 January 2008 the Federal Supreme Court confirmed in its decision on the case of Rhön-Klinikum AG/Bad Neustadt and Mellrichstadt District Hospitals that competition law also applies to mergers between public hospitals. It was argued that competition law is overlaid in the merger procedure between the Hanover Regional Clinic and Hanover Region as well, as the merger was due to the municipal reorganisation of the territorial authorities in the Hanover region. In this case, too, the Federal Cartel Office did not regard the area of application of the GWB as limited. The procedure closed on 13 November 2006 with clearance for the merger.

62.* Owing to the large number of hospital mergers during the period under review the Monopolies Commission has considered market definition in the hospital sector. The practice of the Federal Cartel Office shows that patients prefer to be treated close to their place of residence, and this often gives rise to small regional markets. I.a. the Office calculated a self-sufficiency ratio but it refrained from naming definite figures from which a geographically relevant market can be identified, preferring to base the definition on a number of criteria. The Monopolies Commission welcomes the exact method used by the Federal Cartel Office to define a geographical market. To define a materially relevant market the Federal Cartel Office regularly uses the entire market for hospital services, without differentiating by specialised departments. In one of its own empirical studies the Federal Cartel Office has identified strong ties between the specialised departments, and for this reason it regards using the entire market for hospital treatment of acute cases as adequate. However, it does draw a distinction when a psychiatric clinic is involved in a merger, as psychiatry differs from the physical hospital market in various respects. The Monopolies Commission regards definition by specialised departments as not appropriate in many respects. However, it proposes that only those diagnosis related group (DRG) cases should be included in which at least two of the hospitals involved have invoiced a minimum number of cases. In the view of the Monopolies Commission this will lead to better delimitation of the area affected by the merger.

63.* During the period under review the Federal Cartel Office modified its definition of the market in the energy sector and adjusted it to current market developments. The Monopolies Commission, which was in favour of modification in the last Biennal Report, welcomes this action by the Federal Cartel Office. However, it warns that this market definition cannot reflect all market developments. It holds the view that insufficient attention has been paid to the regular energy market, and that the consideration of the distribution stage is insufficiently differentiated. The Monopolies Commission would have liked to see analyses by the Federal Cartel Office underpinned with quantitative economic studies, as it believes this would have yielded greater insight. The current discussion on defining a uniform heating market, in which gas should be included as a source of heating energy, could benefit from such a basis. The Monopolies Commission suggests that in defining the market in the gas sector a distinction should be drawn according to the competition policy measure that is based on it. It is in favour of a broad definition of the market when severe structural policy instruments are to be applied, like deconcentration of ownership, and it regards a slightly narrower definition, based purely on the gas market, as sufficient for merger and abuse control. Deconcentration is a considerable intervention in the ownership rights of companies, and so, in the view of the Monopolies Commission, it needs a very sensitive approach, with a comprehensive analysis of all the forces of competition. So the Monopolies Commission would like to see a tendentially wider market definition here. In addition, the Monopolies Commission acknowledges the different view now taken by the Federal Cartel Office of competition between the various distribution routes in the foodstuffs retail trade.

64.* The Monopolies Commission has undertaken a more exact examination of the Federal Cartel Office's material appraisal of the competition conditions in various merger procedures. In the procedure between the American companies Coherent and Excel, both of which produce lasers and precision optical instruments, the Federal Cartel Office forbade the merger because it would lead to a dominant position on the market for sealed-off RF CO_2 lasers up to 600 W. The companies would certainly have high market shares on this market after a merger, but it was striking that several small companies have entered the market for lasers up to 100 W recently. The Monopolies Commission therefore argued that in this case the competition from fringe suppliers should have been more carefully examined, as theoretically they might erode the dominant position of the parties to the merger. However, the Monopolies Commission also observed that most of the new entrants to the market were in the segment for lasers of low wattage, and no other decision could have been taken, if only owing to the market position in the segment for more powerful lasers.

65.* The Federal Cartel Office also forbade the merger between Phonak and GN ReSound, which manufacture hearing aids, because it would create a dominant oligopoly on the market. The Federal Cartel Office has shown that owing to ties between suppliers through various associations, joint ventures and patent exchanges there is already largely parallel behaviour by the present oligopoly suppliers, and with GN ReSound the only actively pricing competitor would then be integrated in the oligopoly. It could be shown convincingly that the present oligopoly had a high degree of market transparency and effective sanction mechanisms, while there was no buyer power to act as counterweight and exert a disciplinary influence. The Monopolies Commission welcomes the fact that the Federal Cartel Office has based its examination strongly on the strategic possibilities for the protagonists, which could in future create more competition.

66.* There has also been an increase in concentration in the air transport sector. During the period under review the Federal Cartel Office approved the acquisition of dba and LTU by Air Berlin. The takeover of Condor has been reported and is still under examination. It was already evident from the takeover of LTU that the merger would result in high levels of concentration on some medium haul routes to Spain. However, the Federal Cartel Office based its decision to allow the takeover largely on the low barriers to market entry in air travel, which make it easy for potential competitors to start operating on these routes. The Monopolies Commission, on the other hand, does not regard a very generalised reference to the potential competition in air travel as appropriate. If reference is made to the potential competition the likelihood of new entrants and the possibilities for individual competitors should be stated precisely. Analogous to the European Commission's decision on Ryan Air/Aer Lingus, for example, a distinction can be drawn between the barriers to market entry for competitors who already have a base at one end of the stretch in question, and those who first need to build one up or have to offer point-to-point flights.

67.* The growing trend for electricity producers to acquire downstream companies has been stopped by the Federal Cartel Office. The two cases of E.ON/Stadtwerke Eschwege and RWE/Saar Ferngas brought an end to the trend. The Monopolies Commission welcomes these decisions, because they will counter further vertical concentration in the electricity sector. It sees the forwards integration of the duopoly members as market sealing and a successive expansion of market power. In addition, in the view of the Monopolies Commission the vertical integration constitutes a considerable barrier to market entry, preventing potential competitors from establishing themselves on the electricity market if they cannot cover every stage of it. Moreover, should there be progressive vertical integration, through shareholdings in municipal providers, for example, the influence on the production capacities of the municipal providers, who are at present the only counterweight to the four associated companies, must be seen as undesirable.

68.* In November 2007 the Federal Cartel Office forbade the State of Rhineland-Palatinate from taking over the state lottery company, Lotto Rheinland-Pfalz, as this would strengthen the dominant position of Lotto Rheinland-Pfalz in the state and would lead to stronger market positions for the lottery companies in Baden-Württemberg, Bavaria, Hesse, Saxony and Thuringia on the lottery markets in these states. Lotto Rheinland-Pfalz is at present the only German lottery company that is not controlled by the federal state on behalf of which it holds lotteries. The Monopolies Commission sees the merger as unique in that the State of Rhineland-Palatinate would be the only lottery organiser in the state even without the merger. That results from the new law on state lotteries in Rhineland-Palatinate, under which the state will only grant a concession to Lotto Rheinland-Pfalz if it holds the majority of its equity. Otherwise the State of Rhineland-Palatinate will transfer the organisation of lotteries to one of its own enterprises. Thus, if the merger fails because it is not cleared by the Federal Cartel Office the organisation of lotteries in Rhineland-Palatinate will pass to the state in any case. This throws a particular light on to the examination of the causality of a merger in establishing or strengthening a dominant position. The Federal Cartel Office has undertaken a short analysis here, in comparison with the observation of the effects in strengthening a dominant position, and it has affirmed causality. However, the Monopolies Commission sees a case of this kind as requiring particular examination, as it is unclear whether the merger would in fact strengthen dominance, and to ensure that a merger that would increase efficiency is not being forbidden. So the causality must be examined by a justified prognosis of whether the strengthening effects stated by the Federal Cartel Office would also occur should the lotteries be organised by the State of Rhineland-Palatinate.

69.* During the period under review the Federal Cartel Office made use of the possibility to compare, within the framework of the assessment clause, the dominant market position that would be created by a merger with improvements in the competition conditions on other markets. The practice by the Federal Cartel Office was praised in two cases: The Monopolies Commission agrees with the arguments put forward by the Federal Cartel Office, which has cleared the creation of a joint platform for trade in secondary capacities for gas transport, trac-x, under the assessment clause. The Monopolies Commission also regards the merger as having positive effects on the number of companies participating, the volume of transactions, liquidity and the consequent creation of network effects. Similarly, the Monopolies Commission approves the clearing of the Kabel Deutschland/Orion-Gesellschaften merger in April 2008. Ending the artificial separation of network levels 3 and 4 in the German broadband cable network will help these networks to expand as alternative infrastructure for the supply of telecommunications services, and it will also create the condition for infrastructure competition with other fixed line operators on telecommunication markets.

70.* During the period 2006/2007 there were a number of notable developments in European merger control. At 758 more cases were reported to Brussels than during the "merger wave" in 2000/2001. However, the European Commission – as in the preceding period – only forbade one (Ryanair/Aer Lingus). The possibilities for referral on the initiative of the parties introduced in the recent reform of the Merger Control Regulation, especially Art. 4, Para. 5, have again clearly grown in importance. In addition, the Spanish Government has contested the exclusive competence of the European Commission in the E.ON/Endesa and Enel/Acciona/ Endesa mergers. In several cases when defining the market the European Commission has not adhered to the aim of making as clear and precise a definition as possible. The SIEC test has become firmly established, and it was used in the first "gap" case – T-Mobile Austria/ Tele.ring. The criterion of market dominance is still important – as part of the new test. In some procedures the European Commission has considered the objection of efficiency. Efficiencies also played an important role in the discussion over the treatment of non-horizontal mergers, which resulted in guidelines from the European Commission in November 2007. The revised guidelines on remedies are still in the draft stage. The Court of the First Instance (the European Court) i.a. published its long awaited decision on Schneider Electric/European Commission concerning claims for damages in merger cases.

71.* During the period under review the Spanish Government contested the exclusive competence of Brussels in the E.ON/Endesa and Enel/Acciona/Endesa mergers. Although the European Commission had approved both unconditionally Spain made the implementation of the mergers dependent on far-reaching conditions. The Monopolies Commission strictly rejects intervention by Member States in the competence given to the European Commission in the Merger Control Regulation. It expressly objects to a national policy that promotes the formation of domestic champions and subordinates the concerns of competition policy to industrial policy interests. In this context it recalls that such intervention is ultimately at the expense of consumers. In the view of the Monopolies Commission the European Commission should exhaust all the means at its disposal to induce Spain to revoke the conditions imposed and so also set a signal for other Member States.

72.* In the distribution of competences between the European Commission on the one side and the national competition authorities on the other the referrals on the initiative of Member States under Art. 9 and 22 of the Merger Control Regulation are receding further and further into the background, while considerable increase is evident in the referrals upon application by the companies involved in the merger. Referrals from the national competition authorities to the European Commission are very much more frequent than vice versa. However, as was already to be observed in the previous report period, Member States hardly ever make use of their right of veto.

73.* The development to a less rigid market definition that was evident during the period under review is striking. In several cases – i.a. the decisions on Omya/Huber, Glatfelder/ Crompton and Travelport/Worldspan – the European Commission did define a materially relevant market – often explicitly excluding certain neighbouring products. But it stated at the same time that these neighbouring products do exert some pressure of competition on the parties to the merger, and must thus be taken into account in the further assessment of the competition. In the view of the Monopolies Commission it remains to be seen whether this approach will pass the European Court. It is doubtful particularly in cases where the European Commission has based its assessment of the competition on the criterion of market dominance. The question of whether a dominant position will be created or strengthened requires the definition of a materially and geographically relevant market as a clear frame of reference. Identification of considerable hindrance of effective competition also requires the decision to be practicable. As the outlines of the SIEC test are not clear it is particularly important for the justification and the consistency of the procedure to accord here.

74.* Whereas the last period covered by the Biennial Report was still characterised by the transition from the market dominance test to the SIEC test, the latter has become finally established in the last two years. The introduction of the SIEC test was justified i.a. by possible gaps in the market dominance criterion in covering non-coordinated effects in an oligopoly. In the T-Mobile Austria/Tele.ring merger the European Commission has applied the SIEC test for the first time to a so-called "gap" case. As in the past, the European Commission has used economic studies and econometric analyses in its judgement of individual merger projects. This was done – e.g. in Omya/Huber, Inco/Falconbridge, Ineos/ BP Dormagen and Sea-Invest/EMO-EKOM and Ryanair/Aer Lingus – both for market definition and for the further assessment of competition.

But it must also be observed that the market dominance criterion certainly remained important in the SIEC test. In five out of ten conditional clearance decisions in the second phase the European Commission examined whether dominance would be established or strengthened. Finally the competition authority based its only ban on a merger during the period under review, Ryanair/Aer Lingus, on the aspect of market dominance. Market shares also still play an important role in the decision-making practice and they regularly form the starting point for further assessment of competition. In several decisions (e.g. Metso/Aker Kvaerner, Orica/Dyno and Renolit/Solvay, the European Commission has stressed that very high market shares of 50 % and more are in themselves an indicator that the parties in the merger hold a dominant position.

75.* On principle the Monopolies Commission welcomes econometric analyses as a supplement to the traditional methods of examination, because this reveals sources of error and helps to improve the estimate of competition. However, the cases of Ryanair/Aer Lingus and Omya/Huber in particular give rise to the question whether the analyses did actually yield greater insight for the assessment of these mergers. In the view of the Monopolies Commission the European Commission should concentrate its scarce resources on real cases of doubt, in view of the high expenditure of personnel and time which economic analyses require.

76.* During the period under review horizontal mergers were the main focus of decision-making. Only a few cases with vertical effects, like SFR/Télé2France and Thales/Finmeccanica/AAS/Telespazio, occurred. Conglomerate effects were also appraised only rarely – for example in the Metso/Aker Kvaerner and Danone/Numico procedures. In both these cases the European Commission took a positive view on principle of the increase in the product range. From the standpoint of the customer it is regarded as advantageous if the entire "range" can be purchased from one supplier. In the case of Danone/Numico, however, it seems questionable whether this advantage is actually due to the merger. It is also striking that the European Commission is not following up possible restraints of competition which the increase in the product range could entail.

77.* In November 2007 the European Commission published guidelines on non-horizontal mergers. The Monopolies Commission shares the view that non-horizontal mergers generally pose fewer risks to competition than horizontal mergers. However, it points out that distinguishing between horizontal and non-horizontal mergers can cause considerable difficulties in practice. In view of this it is sceptical towards a purely behavioural approach in examining non-horizontal mergers. The Monopolies Commission has earlier stated that market structure criteria, as envisaged for example in § 19, Para. 2 GWB, should be taken into account in conglomerate mergers as well. The Monopolies Commission also objects to the examination of abusive practices as part of merger control.

78.* A major innovation in Regulation No. 139/2004 is that under Preamble (29) the European Commission is to take account of efficiency gains that are substantial and likely. In several cases – Korsnäs/Cartonboard, T-Mobile Austria/Tele.ring, Inco/Falconbridge and Ryanair/Aer Lingus – the European Commission has considered possible efficiency gains. An in-depth examination was made in the second phase of the Inco/Falconbridge and Ryanair/Aer Lingus procedures. In none of the above cases was the result of the competition analysis revised as a result of the efficiencies claimed. In cases where the European Commission feared considerable restraints of competition the objection of efficiency was rejected because the necessary conditions were not fulfilled. The European Commission has therefore not yet had to really weigh between competition restraint on the one side and efficiency gains on the other.

79.* The Monopolies Commission takes a critical view of the European Commission's procedure in the Korsnäs/Cartonboard case, which was cleared in the first phase without conditions and remedies. Although the competition authority stated right at the start that there were no fears for competition, it next considered the efficiencies claimed. The Monopolies Commission expressly favours separating the primary examination of any effects in restraining competition from an ensuing examination of efficiencies. An efficiency appraisal should only be undertaken if the competition analysis raises serious doubts about the merger. The European Commission used this approach in the cases of Inco/Falconbridge and Ryanair/Aer Lingus.

80.* In the Ryanair/Aer Lingus case none of the efficiencies claimed meets all the necessary requirements, in the view of the European Commission. The decision makes it clear that simply claims or assumptions by the parties to the merger that the merger will create efficiencies are not enough for a positive decision by the competition authority. An important indicator of how serious the advantages claimed are can be found in documents drawn up before the actual merger and which support the arguments put forward. The decision also confirms that only those efficiencies will be taken into account that will result from the merger. Cost savings, on the other hand, which one of the companies could also achieve alone, will not count. Moreover, the European Commission also makes clear that only additional efficiency gains will be taken into account. For the companies concerned this means that they cannot argue in the merger control procedure that cost savings resulting from greater buyer power will promote efficiency.

81.* During the period under review 31 first phase and 10 second phase decisions were taken with conditions and remedies imposed. In almost all the second phase procedures the European Commission accepted structural commitments. Some involved the surrender of supply contracts, trade marks or technology as well as the sale of production plant. But in isolated cases behavioural obligations also formed the main part of the measures imposed on the parties, as in the SFR/Télé2France case and Axalto/Gemplus. Only in a single case – Ryanair/Aer Lingus – did the European Commission regard the commitments offered as insufficient and ban the merger. The number of bans thus remained on a low level. The impression is strengthened that the European Commission is ready to accept extensive commitments rather than ban a merger. The Monopolies Commission takes a sceptical view of this, especially against the background of the shortcomings observed in the past in the implementation of the measures required. It also points to the risk that the competition authority may utilise the instrument of remedies in an active industrial policy.

82.* In April 2007 the European Commission presented the draft of the revised guidelines on remedies. This was primarily in response to a study published in 2005 and that established considerable shortcomings in the implementation of commitments. The Monopolies Commission welcomes the initiative by the European Commission, particularly against the background of these shortcomings. A more stringent approach in accepting commitments, as is reflected in the draft, is needed, since in the past only about half the remedies have proved effective. This approach is particularly important in view of the fact that the European Commission is more inclined to impose extensive obligations than forbid a merger.

The Monopolies Commission shares the doubts which the European Commission holds on principle regarding behavioural remedies. But in this context it regards the comments on access obligations as insufficiently critical. It agrees with the European Commission in underlining the importance of the right buyer for the success of the remedy. It also supports the initiative by the European Commission to rely more on up-front buyer and fix it first solutions. Among other things, this will ensure that the merger is only completed if a competent buyer is found for the package to be sold.

83.* The Court of the First Instance and the European Court have taken several important decisions during the period under review. The decision on Schneider Electric/European Commission deserves particular mention, for here the European Court commented for the first time on claims for damages in the merger control procedure, awarding Schneider Electric damages under Art. 288, Para. 2 EC Treaty. The European Court only affirmed adequately proven infringement of the law in infringement of the rights of defence under Art. 18 of the Regulation on Merger Control. The court refused to award further damages on the grounds that there would have been no reason to clear the merger even without the fault that was established. In confirming sufficiently proven infringement the court thus put the emphasis on formal aspects. In this way it strengthened the rights of defence of the companies concerned and ensured a fair proceeding. Where errors in the economic analysis are involved the European Court does not on principle exclude the obligation to pay damages, but it underlines several times the wide powers of discretion given to the European Commission. The court also stated that there is always insufficient causal connection if a ban would also have been possible even with the correct procedure. Against that background the obligation to pay damages for material errors in judgement should remain limited to a few exceptional cases.

84.* The decision on Impala/European Commission also caused much comment, as the Court of the First Instance declared a decision by the European Commission to clear a merger (Sony/Bertelsmann) invalid. The court first confirmed the criteria it had established in the Airtours/European Commission decision for the examination of joint market dominance. Then it commented on the criterion for proving that joint market dominance would be strengthened. It refrained from direct proof of market transparency, regarding certain indications as sufficient. However, it is questionable whether the decision will in practice make it really easier to provide proof. For on a closer inspection the conditions for proving market transparency will not be easy to meet on the basis of the above evidence. That applies particularly to the "prices above competitors' level" mentioned by the court, and to the "lack of other reasonable explanations for evident parallel pricing". The Monopolies Commission does agree with the court insofar as parallel pricing alone is not sufficient proof of joint market dominance.

In addition, the court attacks the fundamental U-turn by the European Commission between communicating the points contested under Art. 18 of the Merger Control Regulation, the oral hearing of the parties to the merger and the final decision under Art. 8, Para. 2 Merger Control Regulation. In doing so it emphasises, as it was to do again later in Schneider Electric/European Commission, the importance of the parties' procedural rights. In the view of the Monopolies Commission, after the remarks by the court on the points contested, the European Commission must make greater efforts in future to give plausible explanations if it changes its opinion in the course of a merger control procedure. It must certainly be ensured that the parties can state their position on all the points that affect the decision.

85.* The Monopolies Commission expressly objects to demands to limit the scope for third party suits by the regular application of Art. 10, Para. 6 Merger Control Regulation. The possibility of clearance under this article is an instrument to protect the parties from delays by the competition authority, it is not an instrument to avoid legal proceedings. Arguments against the proposed method are, firstly, the lack of transparency it would involve and the increased risk of political influence. Secondly, Art. 10, Para. 6 Merger Control Regulation evidently refers only to exceptional cases, and it cannot generally replace a decision by the authority under Art. 2 of the Regulation. Moreover, the Merger Control Regulation not only protects the institution of competition as such, it also protects third parties' confidence that competition will be maintained. So third parties must be able to rely, in the same way as the parties to a merger, on the correctness of the results and if necessary be able to contest them. Furthermore, an important instrument to guarantee correct decisions would be lost if the possibility of third party suits were removed. If there was no possibility for third parties to sue, ultimately competitors and other market participants would be less keen to ensure that the correct decisions are taken. A systematic delay in merger control procedures in order to uphold the assumption for clearance under Art. 10, Para. 6 Merger Control Regulation would, in the view of the Monopolies Commission, be a gross procedural error. It would also constitute a qualified infringement of the law, which under Art. 288, Para. 2 EC Treaty would make the Community officially liable.

V. Potentials for More Competition on the Hospital Market

86.* The German hospital market is undergoing major change. In recent years the financing method has been changed from daily rates for hospital treatment to lump-sum payments under the diagnosis related groups system. At the same time the gradual withdrawal of the public authorities from investment financing, which is due to the difficult situation in public finance, is continuing.

87.* The constant rise in health care expenditure on the hospital market is due to numerous demographic and technological factors. It is also affected by special demand-side factors and extensive state regulation. The ageing of the population is a challenge to health care financing, and a further rise in cost pressure is to be expected in the hospital sector as well, at least in the medium term, owing to demographic causes. The legislature has made repeated efforts in recent years to limit costs on the health care market and to keep them down. All the legal measures involve dense regulation and they seem to leave very little room for the forces of competition. The Monopolies Commission is, however, convinced that what remains of competition should be strengthened and utilised to ensure efficient use of the available funds.

88.* Technological factors are no less relevant. Technical progress in medicine can decisively improve diagnostics and therapy, and the cost can be covered by the preferences of patients and the willingness of the insured to pay. However, the providers of hospital services also have ways to influence patients' demand through their offers. For the demand for health care services develops in the relation between the patient and the doctor who is treating him. The providers benefit from the fact that the individual health care costs to patients are largely socialised in the present full insurance system, and that patients generally are not fully informed of what they will need if they are seriously ill.

89.* The hospital operators are reacting to the changing economic and political conditions with constant rationalisation, more hospital mergers and the privatisation of public clinics. The reduction in political influence which privatisation brings strengthens the incentives for hospitals to align their services with commercial criteria, and in private clinics it puts much more emphasis on the business aspects of the work organisation and the use of resources. Whether private hospitals are at an advantage in taking up loans to finance investment, on the other hand, is doubtful. Since Basel II the examination of in how far the existing organisational structures of a hospital indicate low risks of default on the loan will play a much bigger part in the decision whether to lend.

90.* Hospital mergers open up economies of scale and may lead to quality improvements due to doctors gaining more experience and routine through handling more cases. At the same time if the hospital has no local competitor its incentives to supply efficiently are lessened for all services. In general, therefore, it can be assumed that hospitals with a strong market position do not fully utilise the existing potentials for improving quality. However, as neither the direction nor the intensity of quality changes following a merger is by no means clear, it may certainly be possible that merger-induced advantages will predominate in an individual case, especially in a merger of relatively small hospitals, which involves considerable learning curve effects.

91.* The role of merger control in the hospital sector is now largely established through jurisdiction and the public discourse that is part of the ministerial approvals procedure. Hospitals have to be treated as enterprises according to competition law. However, the Monopolies Commission points out that as most of the hospitals involved in mergers are small, many hospital mergers are below the turnover threshold for merger control under the GWB and so are not considered by the Federal Cartel Office. The low intensity of supervision can be regarded as problematic in that hospitals, as the providers of services, are typically dealing with largely regional demand, and so the restraints of competition due to hospital mergers can be of some importance in their regional environment, despite an evident lack of relevance for the market as a whole.

92.* The Monopolies Commission therefore demands that the turnover threshold for merger control be lowered for the hospital market and the following clause be added to § 38 GWB: "For turnover by hospital enterprises three times the yield on turnover is to be used."

93.* Price competition on the hospital market is very limited owing to the tight regulatory control, and as most patients are fully insured. The DRG system, in which the running costs of hospitals are invoiced, does allow for differences in the price level between federal states, but it does not allow the hospitals to vary their charges to different health insurance institutes. Patients paying statutory health insurance in the present full cover system are entitled to treatment in all the hospitals in the system and all contract hospitals. § 39 of the Social Code V grants them largely free choice, which is only limited formally by the recommendations of the referring doctor, and this makes demand for hospital services largely price inelastic. The patients choose solely by quality standards and with no regard for costs. Thus, the regulation in the DRG system prevents market power created by mergers from being abused to raise prices at short term. And even for those hospital treatments where demand does react to prices, price-induced allocative efficiency losses do not occur that would otherwise result from market power following a merger.

94.* As there is little price competition, and as patients generally prefer a hospital close to their homes, the location of a hospital and the quality of the services it offers are the decisive competition parameters on the hospital market. Quality competition is relevant, especially in those areas where the patient can take decisions on the therapy himself, so typically the very broad area of elective hospital treatment that can be planned in advance. Empirical studies have shown that quality competition is effective wherever it is easy for patients to observe quality. But as there is little transparency on services on the German hospital market quality competition between the hospitals is limited. At present the obligations to publish certain quality indicators in § 137 Social Code V mainly affect the professional level. To enable patients to make more use of the quality information that is available care must be taken to prepare information on the quality of hospital treatment that is easy to understand and suitable for comparisons. It is worth considering to build up a quality register of hospital treatment that could provide systematic data on the hospitals, their treatments and the results. A quality register would firstly improve transparency on quality for patients and secondly offer greater scope for evidence-based medicine.

95.* The Monopolies Commission feels that the limits to permissible advertising in the hospital sector set by the Act on Advertising Drugs (*Heilmittelwerbegesetz*) and the Medical Practitioners Code (*Berufsordnung der Ärzte*) are at present too vague, and consequently tendentially too restrictive. To preserve legal certainty hospitals can be forced to be over-cautious in handing out information on quality to the general public. The Monopolies Commission also regards the increasingly tight contractual relationships between the in-patient and the ambulatory sectors as obstacles to quality competition in the supply of hospital treatment. They can contribute to economic dependencies and may hinder doctors fully performing their mediating function which they should play in the patients' choice of hospital.

96.* The Monopolies Commission regards it as extremely important to protect what remains of quality competition in the hospital sector, as it ensures patient choice and is the only guarantee of high-quality services. The Monopolies Commission observes that in assessing hospital mergers under merger control law value must be placed particularly on maintaining the remaining quality competition. Structures for merger control on the hospital market must be maintained today that will provide the legislature with the opportunity of further strengthening the role of price and quality competition in future, to ensure a supply of high quality hospital services that suits patients' preferences.

97.* The Monopolies Commission regards the central hospital planning by the Länder and promotion of investments for plan hospitals as a major obstacle to innovation and economy in the hospital sector. Instead it wants to see hospital planning that no longer focuses on ensuring a comprehensive supply of hospital services in every federal state but on ensuring only the minimum supply that is absolutely necessary. For all the other areas a financing system must be found that will enable the hospitals to direct their supply in competition to the local needs as expressed by the statutory health insurance institutes and the patients, and to keep developing this. The reason for this demand are the many distorting effects of the investment promotion procedure, which is also vulnerable to outside political influence. The promotion of investments by the state disadvantages hospitals outside the plan against plan hospitals in competition for private patients. Its centralist procedure does not make efficient use of information on the local need for hospital services that is available decentrally, it leaves possible innovative potentials unutilised and in individual cases it can prevent meaningful enterpreneurial activity by hospital authorities. Most important, however, is the fact that the investment steering in the hospital sector distorts investment decisions, as it separates decisions on fixed assets and technologies on the one side from decisions on work, namely treatment, on the other, and does not pay enough attention to the economic relations between the cost and the earnings side of an investment project.

98.* The DRG system gives the hospitals incentives to lower costs in the short term and it strengthens the transparency of the supply and cost structures in the hospital market during the convergence phase. For the German hospital system as a whole, however, this is still a cost-based regulatory system, in which the prices for individual hospital services are only dependent on society's willingness to pay insofar as the subsidiary constraint of still moderate health insurance contributions must be fulfilled. Hospital treatment is otherwise made solely dependent on the average cost of providing it. The DRG system therefore largely corresponds to a price-cap regulation, as it is common in the regulation of natural monopolies. Altogether it remains unclear whether the current financing regime encourages increasing the quality of the supply through greater transparency, or reducing it. For in the fixed price system the incentives for hospital operators to increase their own profits by lowering the quality of treatment, discharging patients too soon, selecting patients by economic criteria and carrying out unnecessary additional treatment have proven problematic.

99.* Another cause for concern is the trend to pay for individual services, as is the trend to standardised treatment and procedures that prevents possibly heterogeneous preferences by patients for hospital treatment from being reflected in correspondingly differentiated and efficient supply. The DRG system runs the risk of wasting most of the advantages of the prospective remuneration with its increasing differentiation. Without explicit negotiations with cost bearers the hospitals are left with little scope to develop innovative treatments, which on the one hand are more expensive than established methods, but on the other would also further improve quality. The Monopolies Commission holds the view that the current disincentives will be difficult to control by further differentiation of the uniform financing system, or by more intensive regulation of the hospital market. The differentiation of the lump-sum payments should therefore at least be stopped, if not reduced in order to open up new scope for the hospitals to develop and implement innovative treatments.

100.* In the view of the Monopolies Commission the possibility should be considered of re-introducing a monistic financing system on the hospital market, in which all the hospitals' operating expenditure and investment would be covered by lump-sum payments. After a return to the monistic system investment surcharges on top of the present lump-sum payments to cover operating costs would generate an incentive for investors to reduce the present backlog of investment. From an economist's point of view reducing the backlog of investment before introducing the monistic system is not essential. The direct transition to monism might be deemed unfair, since the current differences in the level of installed capital are not necessarily grounded on corresponding differences in performance in the past. However, the Monopolies Commission believes it would be difficult to reduce the investment backlog. It would have to be done through a compensation pool, and the transaction costs would presumably be considerable. Solutions that would provide for the payments to be spread over a longer period will continue to build up a cumbersome bureaucracy with an inherent risk of inefficient investment of funds by the state. Finally, any method of levelling the present imbalances would on principle pose problems, because the residual value of invested capital refers to the past, and is in itself of no relevance to decisions for the future.

101.* The biggest obstacle to the introduction of monism would probably be conflicts between the Länder. In recent years they have performed their subsidisation obligations in very different ways, and so there is likely to be political controversy over who is to bear which costs in a hospital system with monistic financing. If in future the Länder are to contribute to financing investment in the hospital sector at least to the same extent as hitherto, the conversion to a monistic financing system should not put a greater burden of contributions on the shoulders of those who pay statutory health insurance.

102.* If a fully monistic system cannot be achieved at least the introduction of a partly monistic financing system should be considered. In this case individual hospitals would not have to apply for individual amounts, all the state funds would only be disbursed as lump sums. However, a suitable key would have to be found for the disbursement by the Länder. As the method practised to date of tying financing to the number of plan beds does not appear to produce positive incentives, since supply or process innovations in the hospital segment necessarily involve capacity adjustments, a key more suited to modern conditions needs to be developed. One avenue might be tying the financing to the hospital's turnover.

103.* If the investment surcharges are correctly measured the resultant supply of market services should largely be the efficient level of supply. There might then be innovative adjustments in the form of structural market changes, for instance greater integration of out-patient treatment within the hospitals or the introduction of gateway clinics in less densely populated regions. That would ensure that emergency treatment would be given on the spot by a clinic in an association, while specialised in-hospital treatment could be taken over by supra-regional centres. The Monopolies Commission emphasises that in ensuring the public provision of hospital services the concern is not first and foremost to correct market failure but to provide a politically desired, non-discriminatory supply throughout Germany. And if this politically desirable supply does not correspond to the economically efficient supply, its provision can still be legitimate, for beside economic efficiency aims other values also play a part in objectives.

104.*   It does not appear meaningful to the Monopolies Commission to transfer the responsibility for providing and ensuring reserve capacities and emergency treatment to the statutory health insurance institutes, precisely because if these goods are provided on a community basis a problem with free riding could arise. Moreover, the sensitive area of ensuring a general supply is potentially exposed to a private provision problem. A centralised federal organisation for general emergency treatment does not appear appropriate either. It would be better, if the Länder, the municipalities and the district councils were responsible for this, as they can better meet local preferences and therefore achieve greater coordination between those paying and those receiving treatment. Additional supply could then be ensured efficiently by holding repeated competitive tenders. The tender procedures must be designed so that in every case the successful bidder is the one who can offer the desired quality and the desired amount with the least need for public grants. As a result again a form of dual financing would develop on the hospital market.

105.*   The Monopolies Commission proposes that a special optional rate for hospital treatment be introduced into the statutory health insurance system to widen the scope for steering by the health insurance institutes. They would sign selective treatment contracts at optional rates with individual hospitals, and the persons insured with them would have the possibility of opting out of the standard rate voluntarily. They would still be entitled to the full range of services available for persons fully insured, but they would not be free to choose the hospital for their treatment. To secure treatment for their members insured on the optional rate the health insurance institutes would have to enter into selective treatment contracts with suitable hospitals for the entire range of services available on the standard rate and for treatment of all the diagnoses on the DRG list.

106.*   The limits to the optional model would need to be set by the legislature and subjected to continuous reappraisal. It must be borne in mind here that the health insurance institutes would have to be given sufficient scope to differentiate their charges qualitatively, and so gain advantages in competition through differences in the services provided. To avoid hardship for persons insured on the optional rate it would appear meaningful for the regulator to specify the maximum permissible distance between the residence of the person insured and the nearest contract hospital. Moreover, the important problem of time inconsistency in long term insurance must also be taken into account. Young people generally underestimate the insurance they will need when they are old, and the Monopolies Commission believes that the optional model should initially limit access to the hospitals that are directly under contract to the health insurance institute. For the rest, the range of services for those on the optional rate should remain the same as those available on the statutory standard rate.

107.*   It would then be the aim of every health insurance institute to make its optional rate attractive to its members with an appropriate price and a superior quality compared with the offers from its competitors. To realise the savings potentials from selective contracting it should be permissible to bind persons insured on the optional rate, at least for a certain period of time. Otherwise the healthy would be able to enjoy free riding, which is undesirable. It should be the aim of the hospitals competing for contracts to be considered by the health insurance institutes for the optional rate. Their decision parameters are competitive prices on the one side and superior quality of treatment on the other. The Monopolies Commission holds the view that the competition between hospitals could yield particularly valuable results if the legal requirements for the contents of the contracts between the hospitals and the statutory health insurance institutes are not restrictive. In particular, the DRG remuneration system for the optional rates should only be of the nature of a recommendation. The contracting parties should on principle be free to agree premiums and discounts or even an alternative payments structure.

108.*   For the patients the choice of the optional rate would not mean any reduction in the level of hospital treatment. Each person insured would still be entitled to the full range of treatment available on the statutory standard rate. The health insurance institutes' rules on insurance abroad would be the same on the optional rate as on the standard rate. And in regard to guaranteeing high-quality treatment in emergencies, where the time needed to transport the patient to a hospital is a major factor in any later recovery, emergency treatment on the optional rate should be exempt from the restrictions in the selective treatment contracts. So in an emergency persons on the optional rate should be admitted to any hospital.

109.*   The legislature should also lay down framework conditions for price competition in the optional model. It must be made clear how the health insurance institutes may grant their insured members discounts for choosing the optional rate. One solution that would be politically easy to explain may be seen in lowering the optional contribution rate. A particular problem here is that beside its primary task of transferring the direct monetary risks of falling ill to the insured, the statutory health insurance system also performs parts of the function of asset balancing in the social system as a secondary redistributive task. Thus, if discounts were given on the optional rate in the form of lower contribution rates, that would mean that the attractiveness of joining on the optional rate could vary greatly for otherwise homogeneous groups of insured members, only because they differ in their income from employment.

110.*   On principle price differentiation is desirable if it sends the right economic signals on their choice to the insured. Ideally, therefore, they should be given reductions in the form of general discounts, if insured in the optional rate. It should also be considered whether discounts should be paid not only per contributer but per person insured. The possibility of regional differentiation of the premiums could also be considered. That would take account of the fact that hospital treatment is generally given in the patient's region and close to his home, and so the selective contract between his insurance institute and the local hospitals is particularly relevant for the insured.

111.* It would be detrimental to economic incentives, if cost savings which a health insurance institute solely achieved from successfully introducing its optional rate were benefitting those insured on a standard rate via solidary redistribution in the risk structure compensation scheme. In the view of the Monopolies Commission, therefore, it is to be recommended that the risk structure compensation for the optional rates should be separated from that for the statutory standard rate, subject to taking into account the necessary additional bureaucratic expenditure this would entail.

112.* Finally, the demand power of dominant health insurance institutes should be subject to competition supervision in order to enable competition for contracts between the health insurance institutes. Concerning the legal relations between the health insurance institutes and health care providers § 69 of the Social Code V is comparable to an area of exception from German cartel law and the law against unfair competition. This legislation gives health insurance institutes the opportunity of collectively signing contracts with providers instead of individually. Coordination among and across market sides would disrupt the mechanisms of competition and undermine improvements in price and quality which those insured in the statutory health insurance system may enjoy in the medium to long term. The formation of a bilateral oligopoly is to be feared with medium to long term tendencies to excessive price increases, restricted supply and sub-optimal quality. However, in regard to the economic aspects of competition policy it is not possible to generally approve the logic of § 69 of the Social Code V, under which the bundling of purchasing power should lead to lower costs and reduce excessive profits in the health system. In the view of the Monopolies Commission the contracts between the statutory health insurance institutes and the hospitals should therefore be fully subject to the rules of competition law and antitrust control.

VI. The "More Economic Approach" in European State Aid Control

113.* The European Commission has announced comprehensive reform of European control of state financial aids. In its State Aid Action Plan (SAAP), published in November 2005, it states that the main aim of this reform is to apply a "more economic approach". In its endeavours to adopt a more economic approach the European Commission has for some years now been attempting gradually to reform the European competition rules that apply to companies (Art. 81, 82 EC Treaty and the European norms on merger control, here as EU cartel law). The more economic approach is the focus of numerous research studies and is a subject of controversy in legal circles and between economists. However, there has so far been much less scientific discussion on the opportunities and risks of a more economic approach in the control of state financial aids.

114.* State aid control as laid down in Art. 87 ff EC Treaty forms the second component of European competition law beside EU cartel law. While Art. 81 and 82 EC Treaty are intended to control private restraints of competition Art. 87 ff EC Treaty deal with an important case of state restraint of competition, namely aid granted by Member States. European law refers to subsidies as state aid if they fulfil the five criteria listed in Art. 87, Para. 1 EC Treaty. In this definition measures are state aid if they

– firstly include favourable conditions, that is, an economic advantage for the recipient

– secondly are granted for certain companies or production branches, that is, if they are selective

– thirdly if they are state aid, or granted using state funds

– fourthly if they distort competition or threaten to do so and

– fifthly if they restrict competition between Member States.

115.* Granting state aid can cause considerable distortion of competition on the product and services markets affected in regard to allocation, production and dynamic. In this case the possible restraint of competition has not been caused by companies and market actors but sovereign states. Beside the motive to prevent cross-frontier restraint of competition delegating aid control to a supranational body like the EU can on principle also enable the external appraisal of the efficient use of public resources to be appraised externally. State aid can not only have considerable negative consequences on competition, it can also lead to more costs for the economy as a whole and inefficiencies. As a transfer pattern is characteristic of state aid it initially involves direct financing costs. Moreover, the grants are made from tax revenue, which in turn involves loss of benefit in other areas (the shadow price of taxation) or could be used elsewhere (opportunity costs). Moreover, erroneous prognoses and free riding can also cause aids to be a waste of public funds. And there is the risk that the political decision-makers will use aid for publicity effect and in support of particular interests, to ensure their own re-election or election victory for their own party.

116.* The position of these clauses in the legal system and the wording of the ban on aids make it clear that Art. 87 ff EC Treaty are intended to cover competition on the Single Market and not to instigate external control of national budgets. The regulations on aids control were introduced in 1958, they were intended to promote the formation of a uniform single market and to prevent Member States from using financial aids to counter the reduction of barriers to trade and the realisation of the basic European freedoms. The European Commission does not have powers to control national budgets under Art. 87 ff EC Treaty. On the contrary, Member States are required to create effective control mechanisms and a stringent system of control within their national borders to prevent the waste of state funds as a consequence of excessive subsidisation.

117.* European state aid control performs an important and fundamental function in protecting cross-frontier competition on the EU single market. Non-European states often lack corresponding protective mechanisms, so that the granting of aids by their political decision-makers is not subject to strict control as it is in EU Member States. Consequently, when there is international bidding for major projects, it is possible for non-EU states to offer companies higher amounts in grants (subsidies) than EU Member States can offer, who are bound by Art. 87 ff EC Treaty. Nevertheless, in the view of the Monopolies Commission there should be no restriction or relaxation of the EU rules on aids in such situations. The aim should rather be to establish better standards of protection and to introduce more stringent rules on subsidisation on international level (especially in the WTO). However, the aids granted by the EU itself should also be subject to more stringent controls, for unlike the aids granted by Member States they are not subject to Art. 87 ff EC Treaty. In the view of the Monopolies Commission the possibility should be considered of transferring control of national and EU subsidies to a new, independent European supervisory authority that can act free of political influence.

118.* Under Art. 87, Para. 1 EC Treaty financial aids by Member States are on principle incompatible with the Common Market. However, this ban on financial aids does not apply absolutely, for the treaty provides for a large number of exceptions and reasons to justify aids (especially in Art. 87, Para. 3). The European Commission decides whether to exempt, and it has wide powers of discretion here. The Member States are required to inform the European Commission of any aid which they intend to grant or alter, in sufficient time for the European Commission to respond (obligatory notification in Art. 88, Para. 3, Sentence 1 EC Treaty). As long as the European Commission has not been notified and has not made a final decision the Member State may not grant the aid (ban on implementation, Art. 88, Para. 3, Sentence 3 EC Treaty).

119.* Several measures have now been taken to implement the reform announced by the European Commission in SAAP. They show that in establishing a more economic approach in aid control the European Commission does not intend to refrain from using *per se* rules and assumptions in future. Rather, it has extended the area of application of the *de minimis* regulation and raised the upper limit for exempt aids to EUR 200,000 (for a period of three years). It has also proposed a general group exemption regulation that would free more aids than hitherto from obligatory notification and create a uniform legal framework.

120.* The European Commission's more economic approach does not start on the level where aid is defined (Art. 87, Para. 1 EC Treaty) but only on the level of justification (Art. 87, Para. 3 EC Treaty), where the Member States are responsible for proving that the aid in question is, by way of exception, compatible with the Common Market. The European Commission intends to carry out a three-stage assessment test as part of the appraisal of compatibility, and concretises this further in secondary legal acts for certain kinds of aid (e.g. for research, development and innovation). In Stage 1 of this test the European Commission will examine whether the aid serves an exactly defined objective of common interest that cannot be achieved through the free play of market forces. It wishes to see the removal of market failure as a primary objective. This is the classical economic ground for justifying aid. In Stage 2 of the assessment test the European Commission is to examine whether the aid is a suitable instrument to achieve the objective common interest, that is, to remove market failure or to pursue another objective that is worth protecting. In Stage 3, finally, the European Commission will examine whether the disadvantages – especially the distortions to competition and trade – are limited, so that the positive effects will predominate.

121.* As the grounds for justification in Art. 87, Para. 3 EC Treaty are very broadly formulated the Monopolies Commission regards it as positive on principle that the European Commission has concretised its procedure for assessing compatibility. This has increased the transparency and strengthened the economic foundation of the assessment on the level of justification compared with earlier practice. In connection with the criterion of market failure as a ground for granting aid it should be observed that in the ideal case aid can help to reduce market failure. However, if there is market failure by way of exception, the initial situation is not generally improved by granting aid. On the contrary, there is a risk that state aid will not have the desired effect and that competition will deteriorate (second best problem). The main reasons for state or policy failure in granting aid may be asymmetric information, erroneous analyses and prognoses, delays in the decision making process, lagging effects of policy measures and disincentives in policy and the public administration. So any market failure should be weighed against the risk of state failure. Finally it should be remembered that granting aid is not justified by market failure, it is only justified if the aid is particularly suited to correct this market failure.

122.* On the preliminary level of the facts (Art. 87, Para. 1 EC Treaty) and in regard to the restriction of international trade the Monopolies Commission believes that it should be an unwritten condition, as in cartel law, that the restriction must be "perceptible". That will prevent the area of application of the ban on aid also extending to cases of minor international importance and of purely local concentration.

123.* The Monopolies Commission also recommends that the objective likelihood of an aid distorting competition should be examined on the level of the facts under Art. 87, Para. 1 EC Treaty and that here, too, as in cartel law, it must be shown to be "perceptible". With respect to distortions of competition the European Commission so far only undertakes a general sector-specific inquiry, which is clearly less than the standard traditionally applied in EU cartel law, and which the European Commission would now like to widen by including flexible economic criteria. The European Commission's way of tackling reform, namely through a closer examination of the initial market structure and the competition situation, but only on the level of justification, and here to carry out Stage 3 of the assessment test outlined above, appears problematic, as in many cases the examination will never be made. For if an intended aid should not pass one of the earlier stages of the test – either because it is not designed to end market failure (Stage 1) or is neither suitable nor necessary for this (Stage 2) the test will not be completed. Accordingly, even with the new approach cases are conceivable where the European Commission forbids an aid without examining its negative effect on competition on the EU single market. This approach may not convince, as the European ban on aids will only take effect and justify intervention by the European Commission if a risk of distorting competition on the Single Market has previously been established.

124.* The Monopolies Commission regards it as quite appropriate, for certain forms of aid by Member States, to assume distortion of competition (for instance rescue and restructuring aid). But as the definition of favourable treatment is very broad in Art. 87, Para. 1 EC Treaty, a general assumption does not appear justified in every constellation. In the view of the Monopolies Commission, moreover, a test of perceptibility should be introduced that can be refuted, and that would allow for a simplified exemption for aid below a certain threshold (e.g. EUR 1 million) with reference to certain criteria. Should neither the perceptibility test nor other assumptions apply the European Commission should be required to undertake a closer examination to clarify whether the measure in question will distort international competition. So several factors need to be taken into account that affect both the aid and granting it (aid criteria) and the relevant markets, the foreseeable effects on competition and the market position of the company receiving the grant (market criteria).

125.* This method would not necessarily make it more difficult for Member States and national courts to assess whether a measure has to be reported under Art. 88, Para. 3 EC Treaty, or whether it infringes the ban on implementation. This could be prevented by retaining the low requirements for proof applying so far under Art. 88, Para. 3 EC Treaty and only imposing on the European Commission a greater obligation of proof under Art. 87, Para. 1 EC Treaty. The fact that the European courts are responsible for interpreting whether a ban on aid applies in the final instance for interpreting whether a ban on aid applies, and that they traditionally have set a very low standard for establishing that competition was being distorted, does not counter the above approach, as a statutory clarification would be possible. Moreover, it is conceivable that a change in the practice of the law would suffice if the European courts were to abandon their traditional jurisdiction.

126.* The procedure applied in the control of state aid should, in the view of the Monopolies Commission, be reformed and in certain points aligned with European cartel procedure. In this context the procedural rights of competitors and recipients of aid should be strengthened, the scope for examination of companies by the European Commission improved and shorter, binding deadlines for approval introduced. Instead of the legality principle applied so far by the European Commission, as in cartel law, the possibility should be considered of allowing the European Commission to exercise discretion over whether to take up a case, if the aid does not exceed a certain amount. That would enable the European Commission to set priorities and concentrate on important cases of financial assistance. The judgement whether to take up a case could be flanked by the introduction of a private action for a declaratory judgement. The Monopolies Commission recommends permitting actions before the Community courts by recipients of aid, affected competitors and their associations also over general regulations on state aid. In addition, competitors should be able to acquire legal protection on European level more easily. Legal protection on national level should be regulated coherently and take due account of the requirements of the law on state aid. Associations in particular should have the right to bring an action, analogous to cartel law (§ 33, Para. 2 GWB). What minimum standards need to be created for this in Member States could be the subject of an EU directive. In addition, the delaying effect of legal proceedings in cases where the state demands return of the grant should be excluded and an efficient legal protection system created. This system could be designed akin to the legal protection system in the law on public procurements (§§ 104 ff GWB).

127.* If European control of state aid is reduced to protection of cross-frontier competition its area of application will be limited compared with the present administrative practice of the European Commission. In the view of the Monopolies Commission it is necessary to create effective complementary control mechanisms on national level at the same time. Otherwise there is a risk that with too low a density of control state aid could be granted on an inefficiently high level that will harm the economy as a whole. While the competence of the European Commission in state aid control is limited to the protection of cross-frontier competition the Member States are called upon to take into account the entire economic costs – including the financing costs and opportunity costs – in granting aid, and weigh these against the expected benefit.

128.* In the view of the Monopolies Commission national aid programmes should be subject to regular success control and in serious cases, where the individual grant or the state aid programme exceeds a volume that needs to be more exactly defined, *ex ante* control of the effect on the economy should be carried out by an independent national body. Moreover, state aid should on principle be given in an open and transparent procedure. State aid designed right from the start for individual companies or a specific branch should be banned and only be permitted in exceptional cases as part of national *ex ante* control. In addition to fixed time horizons for state aid programmes and a degressive design of long term aids, from a certain volume state aid should be published on a central internet platform by the public authority concerned. Besides, an efficient system of legal protection and subjective rights for potential recipients of state aid for competitors affected and for their associations should be created.

129.* The Monopolies Commission's proposals to reduce supervision by the European Commission to those state aids that are relevant to competition and to create national control mechanisms are a package of measures that should only be implemented as a whole. The European and national controls of state aid are interlinked, and this is the only way to ensure that granting aid will be effective.

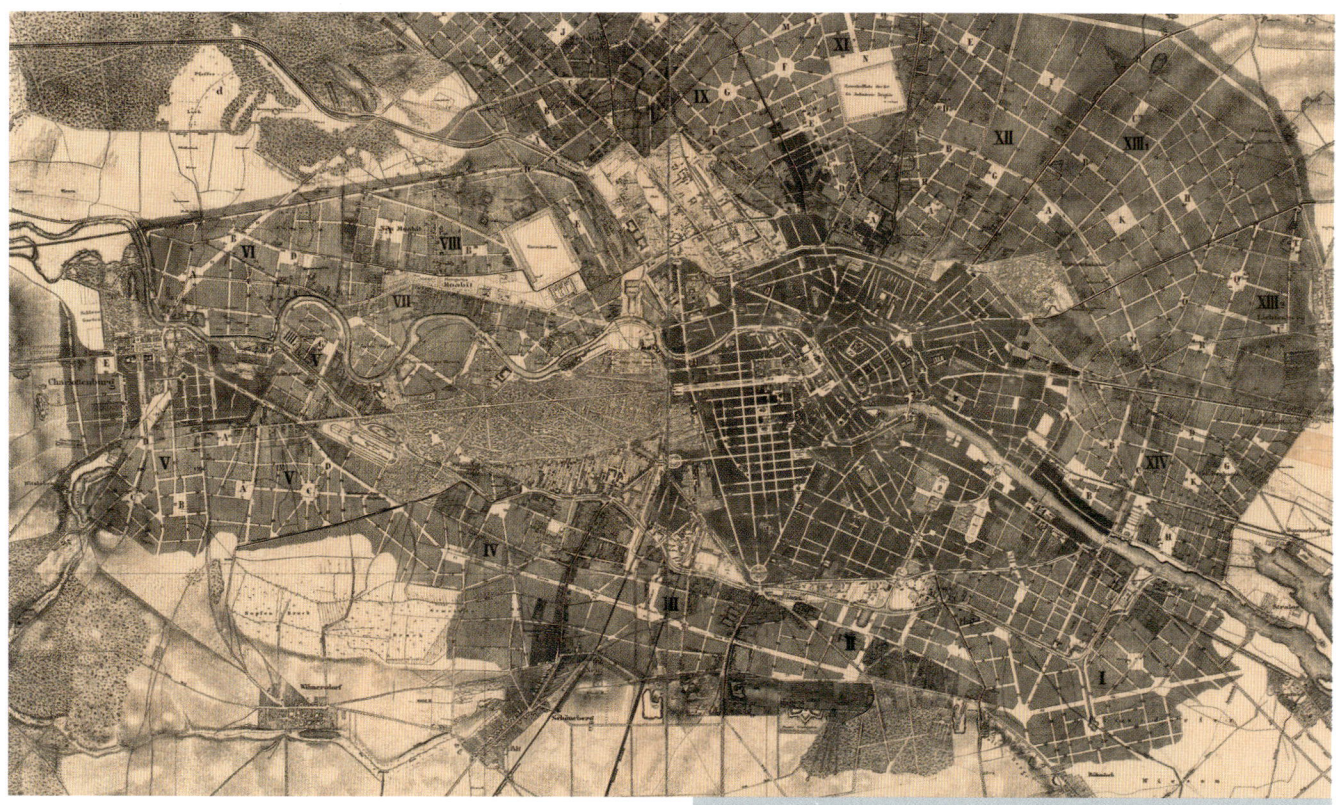

Übersichtskarte des Bebauungsplans von James Hobrecht, 1862

Außerhalb der alten Stadtgrenzen hinterließ nun auch die rasante Industrialisierung ihre Spuren im Stadtbild. Deutschland war jetzt die erste Wirtschaftsmacht Europas und Berlin die größte deutsche Industriestadt, mit einem Schwerpunkt auf der Bekleidungs- und Nahrungsmittelindustrie, vor allem aber der Eisenbahn- und Schwerindustrie und seit den 1890er-Jahren auch der Elektroindustrie (AEG und Telefunken). Einige der bedeutendsten Industriebetriebe des Landes produzierten hier auf so großem Raum, dass nach ihnen ganze Stadtteile benannt wurden. Man denke nur an die zwischen Spandau und Berlin errichtete Siemensstadt oder das zwischen Tegel und Reinickendorf gelegene Borsigwalde.

Auch die damit verbundene Proletarisierung weiter Teile der Stadtbevölkerung manifestierte sich jetzt im Stadtbild und verschärfte die Segregation im Wohnen. Es gab Stadtviertel wie Wedding, Kreuzberg, Friedrichshain oder Prenzlauer Berg und die angrenzenden, bis 1920 unabhängigen Gemeinden wie Lichtenberg oder Rixdorf (das spätere Neukölln), die in der Nähe der neuen großen Industriebetriebe und Fabriken lagen und in denen sich nun vor allem Arbeiter, darunter

viele aus ganz Deutschland und Mittelosteuropa zugewanderte Menschen, niederließen. Unter der Ägide Wilhelms I. begann der von 1863 bis 1872 amtierende Oberbürgermeister Karl Theodor Seydel (1812–1873), jene Mietskasernen mit ihren Hinterhöfen erbauen zu lassen, mit denen sich noch heute unser Bild vom gründerzeitlichen Berlin verbindet. Die Grundlage dafür bildete der unter Federführung des Ingenieurs und Stadtplaners James Hobrecht (1825–1902) entwickelte und später nach ihm benannte „Bebauungsplan der Umgebungen Berlins", der im Juli 1862 in Kraft trat. Abgesehen von einigen wenigen Vorgaben zur Fassade (geschlossene Bebauung zur Straßenseite), zur Größe des Innenhofes, zur Höhe (max. 22 Meter) und Tiefe des Gebäudes (max. 57 Meter) ließ dieser Plan den Bauherren große Gestaltungsmöglichkeiten, was deren Renditevorstellungen sehr entgegenkam, konnten sie doch das Gelände so dicht bebauen lassen wie irgend möglich. So hausten in manchen Quartieren des „steinernen Berlin"[12] bis zu „60 000 Menschen auf einem

23

Quadratkilometer". Die Folgen sind noch heute sichtbar: die Mietskasernenstadt, deren Fassaden „unter Zuhilfenahme von standardisierten Musterkatalogen" entstanden und in deren Hinterhöfen meist kinderreiche Familien, Niedrigverdiener und Arme lebten, die oftmals alleinstehende Männer, sogenannte Schlafgänger, aufnehmen und mit diesen unter meist unhygienischen Bedingungen auf allerengstem Raum zusammenleben mussten.[13]

Nicht so in der Beletage des Vorderhauses: Hier logierten nicht selten die Eigentümer in großzügig zugeschnittenen, lichtdurchfluteten Wohnungen. Zu den gehobenen Wohnlagen zählten dabei nach wie vor die heute in Berlin-Mitte gelegenen Stadtviertel wie das Alsenviertel im nördlichen Spreebogen (dessen Bebauung mit Ausnahme der Schweizer Botschaft nicht mehr vorhanden ist), die Dorotheenstadt oder die Friedrichstadt. Immer häufiger aber zogen gutsituierte Bürger und Adlige vor die Tore der Stadt, weit weg von den Industriebetrieben, in damals noch eigenständige Städte wie Charlottenburg, Wilmersdorf und Schöneberg, die allmählich ihre Unabhängigkeit einbüßten, auch wenn sie offiziell erst 1920 nach Groß-Berlin eingemeindet wurden. Andere zog es noch weiter ins Grüne: in den Grunewald und nach Lichterfelde, wo ganze Villenkolonien entstanden, dann auch nach Karlshorst bzw. an die umliegenden Seen wie den Wannsee im Westen oder den Müggelsee im Osten.

Wer hier wohnte, konnte die Natur, die Seen und Wälder, weitgehend ungestört genießen. Es war nicht nur der intensive Arbeitsalltag, der die einfachen Menschen und vor allem die Frauen, die oftmals sowohl außer Haus arbeiten als auch den Haushalt versorgen mussten, von der Natur fernhielt. Auch die Fahrtkosten schreckten sie ab, denn erst 1891 wurde ein kostengünstiger Nahverkehrstarif eingeführt. Immerhin gab es einige Viertel, die wie Steglitz (1864) oder Wannsee (1874) ans Netz der Eisenbahn angeschlossen waren. Viele Gebiete im Grunewald waren dagegen so nicht zu erreichen, freilich „nicht unbedingt gegen den Willen der zumeist wohlhabenden Villenbesitzer, die sich mit privaten Droschken und seit den 1890er-Jahren auch mit den ersten privaten Automobilen chauffieren ließen."[14]

Verkehr

Schon zu diesem Zeitpunkt schien es vielen Berlinern, als ob das Straßennetz der Stadt unter dem Andrang des Verkehrs kollabieren müsse. Längst waren die „viel zu engen Straßen […] nicht mehr in der Lage, den ständig wachsenden Verkehr von Wagen, Straßenbahnen, Omnibussen, Fahrrädern aufzunehmen."[15] Hinzu kamen der nicht zuletzt durch Pferdeäpfel verursachte Schmutz auf den Straßen und das chaotische Verkehrsverhalten der Berliner. Die Berliner „Volks-Zeitung" urteilte am 25. Juli 1873, dass die Gefahr, überfahren zu werden, „an den Knotenpunkten unserer Straßen bei dem überaus lebhaften Wagenverkehr keine geringe mehr [sei]. So sehen wir häufig Frauen, welche Kinder an der Hand führen, unter Zittern und Zagen sich durch die schnell fahrenden Droschken und Roll-

Auf dem Potsdamer Platz herrschte bereits Ende des 19. Jahrhunderts dichter Verkehr. Kolorierte Fotografie, um 1900

wagen winden, welche über den Potsdamer Platz kommen. Fünf Straßen münden auf diesen verhältnismäßig sehr kleinen Platz aus, und das Wagengerassel ist hier ein vollkommen betäubendes.“[16]

Auch in diesem Verkehrsaufkommen manifestierte sich der Wandel, den Berlin binnen weniger Jahrzehnte durchlaufen hatte. Denn der nun zentral gelegene Potsdamer Platz, der sich in den 1920er-Jahren zu einem der verkehrsreichsten Orte Europas mit der ersten Ampel in ganz Deutschland entwickeln sollte, hatte sich noch in den 1830er-Jahren am

Ein Zweispänner der Berliner Pferdeeisenbahn befördert Ausflügler.

Stadtrand befunden, von wo aus die 1792 fertiggestellte Berlin-Potsdamer Chaussee zur Sommerresidenz Friedrich Wilhelms II. führte. Zu jener Zeit machte die Stadt nicht zuletzt aufgrund der Straßenverhältnisse auf Außenstehende noch einen höchst provinziellen Eindruck. Zwar waren schon zu Zeiten Friedrich Wilhelms I. einige Straßen gepflastert und mit Laternen versehen worden; auch eine Verkehrsordnung hatte man erlassen. Dennoch wirkten Berlins Straßen noch um 1800 selbst auf einen Einheimischen wie den Pädagogen Theodor Heinsius „so irregulair und schlecht gepflastert, daß jeder Fremde, wenn er nur wenige Stunden umhergeht, über Schmerzen in den Fußsohlen klagt“. An dunklen Abenden laufe man „Gefahr, zu stürzen oder ein Bein zu brechen“; bei dem „kleinsten, unbedeutendsten Regen“ entstehe „gleich ein fast undurchdringlicher Koth […], der dem Passagier Durchkommen jeden Augenblick“ erschwere. An öffentlichen Gebäuden seien „todte Körper und allerlei Gegenstände des Schmutzes in Menge, welche die Luft verpesten und den Vorübergehenden ekelhafte Anblicke geben“. Auch die Beleuchtung sei mangelhaft, es gebe ganze Gegenden und Straßen, „wo kein Strahl von Licht sichtbar“ sei. Selbst die gewöhnlichen Laternen gäben „oft mehr Schatten als Licht, und ihre Anzahl [sei]

offenbar für eine Stadt wie Berlin zu gering. Diebstähle, und zwar sehr beträchtliche, [seien] hier nicht selten; eben so gewaltsame Anfälle zur Abendzeit auf öffentlichen Plätzen."[17]

Auch das Fernstraßennetz befand sich zu diesem Zeitpunkt noch in einem desolaten Zustand. Der Weg von Berlin nach Potsdam sei so schlecht, monierte ein Reisender im Januar 1787, dass man sich nicht genug wundern könne, „wie eine Straße, die von allen in den Preußischen Staaten am meisten bereißt" werde und „die der König selbst so oft [passiere], nicht besser und bequemer angelegt" werde. Man fahre „in einem ganz sandigen Boden, und die Aussicht auf die unfruchtbaren Ebenen [werde] durch keinen angenehmen Gegenstand unterbrochen".[18] „Wie viel blühender würde [...] unser Handel, wie viel reicher würden die Fabriken, wie viel einträglicher die Zölle seyn!", wenn es nur Chausseen gäbe, klagte ein anderer von Berlin selbst durchaus beeindruckter Reisender. „Die schlechten Wege und Wirthshäuser und die mittelmäßige Bedienung der Postämter" seien „größtentheils daran Schuld [...], daß man uns auswärts für Barbaren hält". Wenn die französischen und englischen Kaufleute überall „schlechte Bedienung und ununterbrochen elende Wege finden; müssen sie dann nicht geneigt seyn, unser Land mit Sibirien zu vergleichen und uns ein halb Dutzend Stufen auf der Leiter der Cultur herabzusetzen?"[19] Andere Besucher wie Friedrich von Coelln (1766–1820) fühlten sich weniger nach Sibirien als in die „Sandwüsten Arabiens" versetzt.[20] Mit Ausnahme der Chausseen, die von Potsdam und Charlottenburg nach Berlin führten, waren die allermeisten Landstraßen „unbefestigte Sandpisten ohne jeden Unterbau".[21] Noch 1808 fragte sich der französische Schriftsteller Stendhal (1783–1842), wie „bloß jemand auf die Idee kommen [konnte], mitten in all dem Sand eine Stadt zu gründen?"[22]

All diese Beschreibungen überraschen insofern, als sich Berlin in einer verkehrsgünstigen Lage sowohl für den Postkutschen- als auch für den Schiffsverkehr befand. Fernstraßen und Kanäle verbanden die Stadt mit Schlesien und Ostpreußen, Leipzig und Hamburg, der Ost- und der Nordsee. Und doch trat eine spürbare Verbesserung der Verkehrsverhältnisse erst mit der Einführung der Eisenbahn ein. Innerhalb des in Deutschland verhältnismäßig spät verlegten Eisenbahnnetzes entwickelte sich Berlin nun recht schnell zu einem Verkehrsknotenpunkt. Schon drei Jahre nach Eröffnung der ersten Eisenbahnstrecke Deutschlands zwischen Nürnberg und Fürth im Jahre 1835 verband eine Eisenbahn Potsdam mit Zehlendorf und Berlin. 1841 wurde der Anhalter Bahnhof eröffnet, von dem man nach Köthen reisen konnte. Ein Jahr später fuhr eine Bahn vom Frankfurter Bahnhof (heute Ostbahnhof) nach Frankfurt an der Oder. Es folgten Verbindungen nach Lehrte (1843), Breslau und Hamburg (1846). Gut 60 Jahre später, im Jahre 1909, wurde wenige Kilometer nördlich von Schönefeld der Motorflugplatz Johannisthal-Adlershof in Betrieb genommen, nach Darmstadt der zweite deutsche Flugplatz. 1915, mitten im Ersten Weltkrieg, eröffnete bei Spandau ein Luftschiffhafen, der bis in die 1930er-Jahre als Regierungsflugplatz diente und nach 1945 kurzzeitig von den Sowjets als Militärflughafen genutzt wurde.

Auch das innerstädtische Beförderungssystem wurde kontinuierlich ausgebaut. Verstärkt seit den 1840er-Jahren hatte man sich daran gemacht, den Nahverkehr mithilfe von Pferdebahnen und -omnibussen einzurichten. 1865 wurde die Berlin-Charlottenburger Pferde-Eisenbahn, die erste Straßenbahnlinie in Deutschland, in Betrieb genommen. In den 1870er-Jahren erweiterte man das Netz. 1877 wurde eine die Kopfbahnhöfe der Stadt verbindende Ringbahn fertiggestellt und seit 1882 durch die Stadtbahn ergänzt. Ein Jahr zuvor war in Lichterfelde die erste elektrische Straßenbahn weltweit in Betrieb genommen worden. Im Jahre 1902, nur zwei Jahre nach Einführung der Pariser Metro, nahm zudem die erste elektrisch betriebene U-Bahn für den öffentlichen Personenverkehr ihre Fahrt auf; drei Jahre später fuhr bereits ein motorgetriebener Omnibus durch die Stadt. Nicht immer verlief dieser Ausbau reibungslos. Vor allem war er permanent von Klagen und Protesten begleitet, sei es, dass man die hohen Fahrpreise, sei es, dass man den Schmutz oder die Langsamkeit der Verkehrsmittel beklagte. Immerhin gab es auch positive Stimmen, die wie Theodor Fontane die Entwicklung priesen: Berlin, so schrieb der Schriftsteller in einem Brief vom 2. Juni 1881, habe sich

„ganz außerordentlich verändert und ist jetzt eine schöne und vornehme Stadt. Wir verdanken das allem möglichen, aber doch weitaus am meisten dem Asphalt und den Pferdebahnen. Nicht nur ist der Verkehr in einem ganz unglaublichen Grade gewachsen, er hat vor allem auch sein Ansehen geändert. […] Alles ist Leben, Frische, Wohlgekleidetheit. Ich freue mich, diese vernobelte Zeit, an die ich kaum geglaubt, noch erlebt zu haben.“[23]

Hygienische Verhältnisse

Ein solcher Wandel vollzog sich allmählich auch im Bereich der sanitären und hygienischen Verhältnisse. Die moderne Stadt besteht ja nicht nur aus Gebäuden und Straßen, Plätzen und Parks. Ebenso unverzichtbar ist die unterirdische Infrastruktur zur Versorgung und hygienischen Bewältigung des Alltags. Auch hier erwies sich Berlin als Spätzünder. Zwar waren schon unter dem „Großen Kurfürsten" Friedrich Wilhelm I. (reg. 1640–1688) unterirdische Kanäle für die Abwässer angelegt worden. Ein tief greifender Ausbau der städtischen Infrastruktur erfolgte aber erst nach 1848, zunächst auf Veranlassung des Berliner Polizeipräsidenten Carl Ludwig Friedrich von Hinckeldey (1805–1856), der die

Stadtreinigung und die Wasserversorgung verbesserte; dann unter dem seit 1862 amtierenden Oberbürgermeister Karl Theodor Seydel, der nicht nur neue Straßen und Schulen bauen ließ, sondern auch das Gesundheitswesen reformierte und James Hobrecht mit dem Bau eines Kanalisationssystems beauftragte.

Begonnen wurde mit dessen Aufbau allerdings erst zwei Jahre nach Seydels Tod, im Jahre 1875. Zu diesem Zeitpunkt müssen die hygienischen Verhältnisse in Berlin recht primitiv gewesen sein. Das ist einem rückblickend verfassten Bericht August Bebels zu entnehmen, der 1871 als sächsischer Reichstagsabgeordneter nach Berlin kam und als Mitbegründer der deutschen Sozialdemokratie gilt:

„Das damalige Berlin kann sich mit dem heutigen in nichts vergleichen. Die schmucklosen Fassaden der Häuser an den langen geraden Straßen ließen es langweilig und eintönig erscheinen. Die Häuser standen gleichmäßig nebeneinander wie ein Regiment Soldaten, aber ohne anregende Farbe. Der Verkehr war im Vergleich zu heute gering.

Berliner Kinder stehlen Torf von einem Wagen und sammeln aus dem Rinnstein Reste von brennbarem Material, Zeichnung von Th. Hosemann, um 1840

Ab und zu humpelte ein Omnibus mit zwei müden Gäulen über das Pflaster. Droschken sah man selten, deren Benutzung war dem Berliner jener Zeit zu teuer. Das einzige moderne Verkehrsmittel war die Pferdebahn, die vom Kupfergraben nach Charlottenburg führte. Mit den hygienischen Zuständen war es übel bestellt. Eine Kanalisation war noch nicht vorhanden. In den Rinnsteinen, die längs der Bürgersteige hinliefen, sammelten sich die Abwässer der Häuser und verbreiteten an warmen Tagen mefitische [erstickende, modrige] Gerüche. Bedürfnisanstalten auf den Straßen oder Plätzen gab es nicht. Fremde und namentlich

Frauen gerieten in Verzweiflung, bedurften sie einer solchen. In den Häusern selbst waren diese Einrichtungen meist unglaublich primitiv. Eines Abends besuchte ich mit meiner Frau das Königliche Schauspielhaus. Ich war entsetzt, als ich in einem Zwischenakt in den Raum trat, der für die Befriedigung kleiner Bedürfnisse der Männer bestimmt war. Mitten in dem Raum stand ein Riesenbottich, längs den Wänden standen einige Dutzend Pots de Chambre [Nachttöpfe], von denen man den benutzten höchst eigenhändig in den großen Kommunebottich zu entleeren hatte. Es war recht gemütlich und ganz demokratisch. Berlin als Großstadt ist wirklich erst nach dem Jahre 1870 aus dem Zustand der Barbarei in den der Zivilisation getreten." [24]

Überall in der Stadt wird gebaut, wie hier in der Grenadierstraße im Scheunenviertel. Gemälde von Friedrich Kaiser, um 1875

Demografische Entwicklung

Dieser Aufschwung, der sich in Berlin im Laufe des späten 19. Jahrhunderts vollzog, spiegelt sich auch in der demografischen Entwicklung wider. Schätzungen zufolge lebten im Jahr 1709 rund 55 000 Menschen in Berlin. Um 1747 hatte sich die Zahl mit 106 803 Einwohnern schon fast verdoppelt, bis 1800 mit 172 122 Einwohnern sogar mehr als verdreifacht.[25] Im Verlauf des 19. Jahrhunderts setzte sich diese rasante Aufwärtsentwicklung fort: von 200 000 Einwohnern (1815) über 400 000 (1845) und 800 000 (1871) auf eine Million im Jahre 1877 und rund 3,5 Millionen Einwohner im gesamten Großraum um 1900.[26] Schon 1846 war Friedrich Sass zu der Einschätzung gelangt, dass Berlin „in allen seinen Verhältnissen als *große Stadt* zu betrachten" sei, als eine ganz und gar „moderne Stadt", die einer „Größe und Zukunft" entgegenwachse, deren „Gestalt gar nicht vermuthet werden" könne. Dieses Bevölkerungswachstum verdankte sich zu einem nicht unbeträchtlichen Teil der verstärkten Zuwanderung aus allen Teilen Mitteleuropas, die Sass in vier unterschiedliche Gruppen unterteilte:

„1) Die Reichen, die Wohlhabenden, kurz, alle diejenigen, welche nicht unter die specielle Rubrik der arbeitenden Classen gehören und eine gesicherte Existenz mitbringen, um sie hier entweder geschäftlich fortzuführen oder nur auf längere oder kurze Zeit zu genießen. […] 2) Die reinen Proletarier. d. h. diejenigen, welche Arbeitslust und Arbeitskraft mitbringen, um in Berlin Arbeit zu suchen und die Existenz nothdürftig zu fristen. […] Tagelöhner, Handwerksgesellen und kleine Gewerbtreibende bilden in dieser Classe die Mehrzahl, obgleich auch sehr viele in ihr stehen, die sich zur Wissenschaft, zur Kunst, zur Schule u.s.w. bekennen und deren Glaube es ist, in dem intelligenten Berlin ihre bescheidenen Hoffnungen am leichtesten verwirklichen zu können. […] 3) Die dritte Partie […]. Unter ihr vereinigen sich die Liederlichen, die Abenteurer, die Lumpen aller Classen, aller Provinzen, aller Länder. […] Schwindelexistenz, Verarmung und Armuth und Verbrechen, das hängt hiemit innig zusammen. 4) Die Soldaten. Ein Soldat ist nichts anderes als ein Proletarier, im Kleide des Königs […]. Sie verheirathen sich in Berlin, machen Familie, greifen entweder zu ihrer alten Hanthierung […] oder werden Kutscher, Bediente, Hausknechte, Tagelöhner, oder legen auch einen kleinen Kram an".[27]

Urbanisierung und Bevölkerungswachstum zählen zu den grundlegenden Prozessen im Europa des 19. und frühen 20. Jahrhunderts. Kaum eine Stadt wurde seinerzeit von Schrumpfungsprozessen geplagt. Vergleicht man aber den Anstieg mit anderen europäischen Großstädten, wird das Ausmaß der demografischen Revolution in Berlin besonders deutlich. Noch im Jahre 1750, also zur Zeit Friedrichs II., rangierte Berlin gerade einmal auf Platz 16 der einwohnerstärksten Städte Europas: hinter London (Platz 1), Paris, Neapel, Amsterdam, Lissabon, Wien, Moskau, Venedig, Rom, St. Petersburg, Dublin, Palermo, Madrid, Mailand und Lyon. Schon 100 Jahre später war Berlin unter den ersten fünf großen Städten Europas vertreten.[28] Dabei handelte es sich gleichzeitig um die politischen Zentren Europas, die Hauptstädte der fünf europäischen Großmächte. Um 1900 war Berlin schließlich die größte Stadt des Kontinents – und das noch vor London und Paris, das retrospektiv mit gutem Grund als „Hauptstadt des XIX. Jahrhunderts" bezeichnet worden ist.[29]

Insofern spiegelt sich in Berlin ein Prozess wider, der ganz Deutschland kennzeichnete: So wie binnen weniger Jahrzehnte aus einem Agrarland der erste Industriestaat Europas geworden war, hatte sich die Mitte des 19. Jahrhunderts im Vergleich zu anderen Metropolen zurückgeblieben wirkende preußische und seit 1871 auch deutsche Hauptstadt in eine Metropole verwandelt, die sich in allen Bereichen der Kultur, Politik, Gesellschaft und Wirtschaft zu den bedeutendsten Städten ihrer Zeit zählen durfte. Es ist diese gerade einmal 60 Jahre lang während Phase als Weltstadt mit einem im klassizistischen Stil erbauten Stadtkern, die noch heute das Image Berlins prägt.

Am 14. März 1848 gehen bewaffnete Kavallerie-Einheiten auf dem Berliner Schlossplatz gegen die unbewaffnete Volksmenge vor. Holzstich nach einer Zeichnung von August Löffler, 1891

POLITIK UND PROTEST

Das Allgemeine Landrecht, die Stein-Hardenbergschen Reformen, die Gründung des ersten deutschen Nationalstaats und Bismarcks Sozialgesetzgebung – das sind sicherlich die vier wichtigsten Maßnahmen, die Preußen und seinen politischen Eliten bei vielen den Ruf eingebracht haben, Motor der Modernisierung in Deutschland zu sein. Als preußisch-deutsche Hauptstadt wurde Berlin damit manchem gar zum Synonym für eine in Europa einmalige Reformpolitik von oben, die den Prozess der Rechtsstaats-, Nationalstaats- und Sozialstaatsbildung nachhaltig befördert habe – was denn auch zu einer Mythenbildung um den preußischen Staat beigetragen hat. Doch längst sind neben die positiven Darstellungen eines besonders reformfreudigen Staates jene Deutungen getreten, die auf die im Vergleich zu Westeuropa bestehenden Defizite der Reformpolitik verweisen, Preußen zum Ausgangspunkt einer fatalen Entwicklung Deutschlands im 19. und vor allem 20. Jahrhundert machen und von einem preußisch-deutschen „Sonderweg" sprechen, der zum Nationalsozialismus geführt habe.[1]

Ein kritischer Blick auf die politische Geschichte Preußens und Berlins hat es demzufolge mit positiven wie negativen Überzeichnungen zu tun, denen man nur durch einen Vergleich mit anderen Stadt- und Nationalgeschichten beikommen kann. Und aus einer solchen vergleichenden Perspektive verblasst die Berlin und Preußen unterstellte Sonderstellung ein wenig – zumal sich die Reformen von oben nicht in einem Vakuum vollzogen. Sehr oft kamen die Anstöße von außen (aus England oder Frankreich), von der Peripherie (Königsberg) oder von unten (aus der Bevölkerung). Nicht selten handelte es sich dabei auch um Akte „defensiver Modernisierung", die von äußerem oder innerem Druck erzwungen waren und in der Absicht verfolgt wurden, das Alte (und damit überkommene Privilegien) so gut wie möglich zu erhalten.

Eine Geschichte der preußischen Reformpolitik muss deshalb auch diejenigen Akteure in den Blick nehmen, die die Veränderungen gegen den Willen der in Berlin residierenden Machthaber und Regierungen erzwangen. Dabei spielt der lokale Faktor eine zentrale Rolle. Denn Konflikte wurden im 18. und 19. Jahrhundert vornehmlich auf den Straßen der Hauptstadt ausgetragen. Wenn es in Berlin zu Protesten und Zusammenstößen mit der Obrigkeit kam, dann wirkten diese unmittelbar auf die Regierungspolitik ein, die hier, vor Ort, für das ganze Land bestimmt wurde. Eine politische Stadtgeschichte, die zeigen kann, dass sich die Berliner Bevölkerung seit Ende des 18. Jahrhunderts zusehends von den Machthabern entfremdete und dass die Stadt gegen Ende des 19. Jahrhunderts schließlich zu einer „Metropole der Opposition"[2] mutierte und damit die Regierungspolitik beeinflusste, betrachtet Berlin nicht nur als ein besonders anschauliches *Objekt*, sondern auch als *Subjekt* der allgemeinen preußisch-deutschen Geschichte. Gleichzeitig kann ein Blick auf die im „langen 19. Jahrhundert" vorherrschenden Stimmungen und eigensinnigen Verhaltensweisen der Berliner so manches Urteil über den angeblichen Untertanengeist und das Obrigkeitsdenken „der" Deutschen zumindest abschwächen.

Berlin wird Königsstadt (1701–1713)

Politik beruht nicht selten auf Tausch. Wer etwas durchsetzen will und dazu der Zustimmung oder Duldung eines anderen Mächtigen bedarf, der muss dafür eine Gegenleistung erbringen. Im Falle der 1701 erfolgten Erhebung Preußens zum Königreich war dies das Versprechen des brandenburgischen Kurfürsten Friedrich III., die Habsburger im Spanischen Erbfolgekrieg zu unterstützen. Nach dem Tod des kinderlosen Königs Karl II. von

Spanien im Jahr 1700, des letzten spanischen Habsburgers, rivalisierten zwei Allianzen um die Thronfolge: auf der einen Seite die bourbonische Allianz unter Führung Ludwigs XIV. von Frankreich und unter Beteiligung von Kurköln und Bayern; auf der anderen Seite die Haager Große Allianz, ein Bündnis um den österreichisch-habsburgischen Kaiser, dem nicht nur das Heilige Römische Reich Deutscher Nation, sondern auch die Niederlande und England angehörten. Dafür, dass auch Friedrich III., seit 1688 Kurfürst von Brandenburg-Preußen, seine Regimenter zur Verfügung stellte und sich zu hohen Zahlungen an den habsburgischen Kaiser Leopold I. verpflichtete, willigte dieser in dessen Rangerhöhung ein.

Besonders betroffen von der brandenburgischen Hilfe für den fernen Kaiser in Wien waren diejenigen Familien, deren Söhne zu diesen Regimentern zählten und ihr Leben auf den Schlachtfeldern des insgesamt 14 Jahre andauernden Kabinettskrieges ließen. Aber auch für die Berliner, die aufgrund einer weitgehenden Befreiung vom Militärdienst zumeist nicht direkt in Kriege involviert waren, hatte dieser politische „Deal" Friedrichs

weitreichende Folgen sowohl politischer als auch wirtschaftlicher und kultureller Art. Denn Berlin war fortan Königsstadt – ein Status, dem nicht nur architektonisch Rechnung getragen wurde, sondern auch durch die Zunahme von Luxus, Prunk und Pomp am Hofe.

Das wirkte sich auf die gesamte städtische Gesellschaft aus. Denn nicht nur am Berliner Hof wurde gefeiert. Auch das Bürgertum kam nun verstärkt mit neuen Formen des Vergnügens in Berührung. Davon zeugt die Eröffnung zahlreicher neuer Gasthäuser, Tanzlokale und Bordelle sowie der bis dahin in Berlin unbekannten Kaffeehäuser. Binnen kurzer Zeit entwickelte sich die Stadt zum Anziehungsort für Menschen, die auf Abenteuer aus waren und ihr Glück zu machen suchten: Arbeiter und Handwerker, Schauspieler, Künstler und Tänzer, Wirte, Gaukler und Prostituierte. Von staatlicher Seite wurde dies durchaus begrüßt, denn für die wirtschaftliche und finanzielle Entwicklung der Stadt erwiesen sich der Zuzug von Menschen und der damit verbundene Geldzufluss und Aufbau neuer Wirtschaftszweige als Segen. In einer 1713 an Friedrich Wilhelm I., den Nachfolger Friedrichs I., gerichteten Denkschrift betonte Generalfeldmarschall Friedrich Wilhelm von Grumbkow (1678 – 1739) diese positiven Impulse nachdrücklich:

Am 6. Mai 1701 wird König Friedrich I. mit Pomp vor dem Berliner Stadtschloss empfangen. Kupferstich von Pieter Schenk, 1701

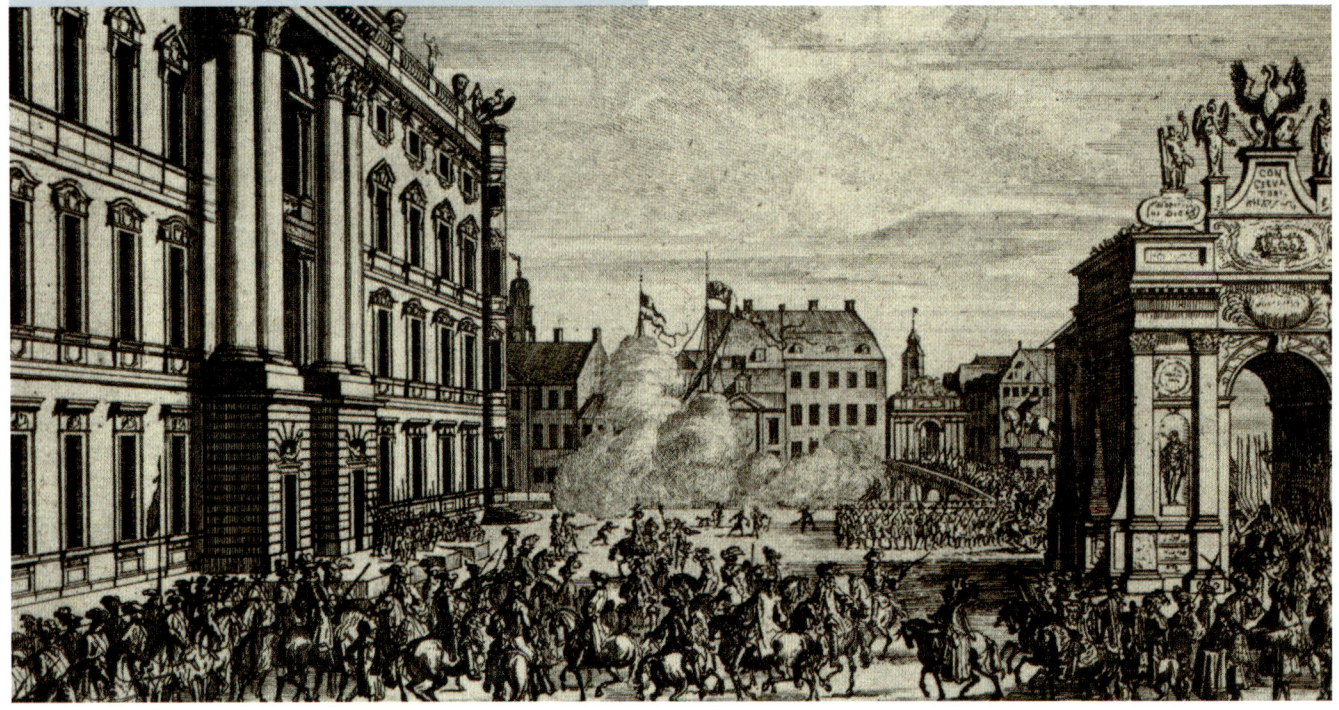

„Das vielfältige Bauen hat viel tausend Künstler, Handwerker und Arbeiter, welche doch ihren Verdienst durch consumtion wiederum der Accise zugetragen, hergezogen; viele Fremde haben sich, um den Hof und verschiedene allhier vorhandene Curiositäten zu sehen, eingefunden und viele tausend Thaler in die Stadt gebracht. Unter den königl. Hofbedienten haben die Cammer-Herren und Cammer-Junker, welche 800 oder 1000 Reichsthaler Besoldung gehabt, von ihren eigenen Mitteln gar considerable Summen zugeschossen und verzehret, dergleichen auch von verschiedenen Fremden, so sie sich […] allhier häußlich niedergelassen, geschehen. Die Kunst- und Maler-Academie hat den Effect gehabt, daß, da vorher die Märker und Berliner anderwärts, zur Erlernung guter Künste […] ihr Geld in die Fremde haben schicken müssen, nachhero diese Academie die Künstler und Handwerker aus der Fremde hergelocket […], welche sich allhier in ihrer Kunst qualificiret und das Geld, so sie anderwärts vor sich gebracht, mit Freuden in Berlin verzehret haben. Dies alles nun hat die Anzahl der Consumenten, folglich auch die Einkünfte der Accise vermehrt, die seit anno 1688 von Jahre zu Jahre zugenommen hat."[3]

Ungeachtet solch rationaler ökonomischer Argumente prallte Grumbkows Plädoyer, von Sparmaßnahmen abzusehen, an Friedrich Wilhelm I. ab. Für Pomp und Luxus hatte der sogenannte Soldatenkönig nur Verachtung übrig. Aber auch die Nachwelt hat dem höfischen und städtischen Leben unter Friedrich I. nichts abgewinnen können. In vielen Geschichtsdarstellungen liest man denn auch immer wieder von der Verschwendungs- und Geltungssucht, die Einzug hielten in die Stadt. Damit folgten sie einer Deutung Friedrichs II., der in seinen 1751 zunächst auf Französisch veröffentlichten „Mémoires de la Maison de Brandebourg" seinem Großvater ein denkbar schlechtes Zeugnis ausgestellt hatte:

„Er verwechselte Eitelkeiten mit echter Größe. Ihm lag mehr an blendendem Glanz als am Nützlichen, das bloß gediegen ist. 30 000 Untertanen opferte er in den verschiedenen Kriegen des Kaisers und der Verbündeten, um sich die Königskrone

33

zu verschaffen. Und er begehrte sie nur deshalb
so heiß, weil er seinen Hang für das Zeremonien-
wesen befriedigen und seinen verschwenderischen
Prunk durch Scheingründe rechtfertigen wollte.
Er zeigte Herrschepracht und Freigebigkeit. Aber
um welchen Preis erkaufte er sich das Vergnügen,
seine Passionen zu befriedigen! Er verschacherte
das Blut seines Volkes an Engländer und Hollän-
der. [...] Die Freigebigkeit, die Friedrich I. liebte,
war [...] nur Vergeudung, wie ein eitler und
verschwenderischer Fürst sie übt. Seine
Hofhaltung war eine der prächtigsten in
Europa, seine Gesandtschaften waren
nicht minder prunkvoll als die der
Portugiesen. Er bedrückte die Ar-
men, um die Reichen zu mästen.
Seine Günstlinge erhielten hohe
Gnadengehälter, während sein
Volk im Elend schmachtete.
Seine Bauten waren pracht-
voll, seine Feste glänzend, seine Marställe und Dienerschaft
zeugten eher von asiatischem
Prunk als von europäischer
Würde. [...] Sein Hof war
wie ein großer Strom, der alle
Bächlein in sich aufnimmt.
Seine Günstlinge wurden mit
Wohltaten überhäuft, seine
Verschwendung kostete Tag für
Tag ungeheure Summen, während Ostpreußen und Litauen
der Hungersnot und der Seuche
preisgegeben waren, ohne daß
der freigebige Monarch sich
herbeiließ, ihnen zu helfen. Ein
geiziger Fürst ist für sein Volk
wie ein Arzt, der einen Kranken
in seinem Blut ersticken läßt.
Der verschwenderische gleicht
einem Arzt, der den Kranken so
lange zur Ader läßt, bis er ihn
getötet hat."⁴

Seit Heinrich von Treitschke (1834–1896) sind zahlreiche Historiker diesem von ethnischen Stereotypen
(„asiatischer Prunk" vs. „europäische Würde")
unterlegten Urteil gefolgt
und haben die
„pejorative

Grundhaltung" gegenüber Friedrich I. fortgeschrieben.[5] Auch im 20. Jahrhundert hat sich ein dezidierter Linker wie der Publizist Bernt Engelmann (1921–1994) in diese Tradition eingereiht mit dem Ver-

weis, dass es sich „in Europa herumgesprochen hatte", dass Friedrich I., der neue König, „ein ungemein eitler und törichter Wicht sei, dem man nahezu alles aufschwatzen konnte, wenn es nur pompös zu werden versprach".[6]

Freilich ignoriert ein solch vernichtendes Urteil nicht nur die bereits erwähnten wirtschaftsstimulierenden Effekte, die von dieser Form der Hofhaltung ausgingen. Es verkennt auch die mannigfaltigen außen- wie innenpolitischen Motive, die der höfischen Lebensführung zugrunde lagen, und personalisiert und banalisiert damit ein hochkomplexes Phänomen. Denn der in Berlin (schon vor 1701) praktizierte Pomp und Prunk war keineswegs nur die Marotte eines Einzelnen, eines eitlen und vergnügungssüchtigen Fürsten, den man von der „wahren Politik" abhalten musste, um Schaden abzuwenden – so wie es seinerzeit Eberhard von Danckelman (1643–1722) sah, dem von 1695 bis zu seinem Sturz im Jahre 1697 die brandenburgischen Regierungsgeschäfte oblagen. Vielmehr handelte es sich um ein *europäisches* Phänomen, wie ein vergleichender Blick nach Frankreich zeigt. Dort regierte mit Ludwig XIV. (König 1661–1715) ein Monarch, der sich als Sonnenkönig inszenierte und mit dem nahe bei Paris gelegenen Schloss Versailles den Prototyp monarchischer Hofarchitektur und -haltung schuf.

Anton von Werners Studie für ein Wandgemälde zur Krönung Friedrichs I. in Königsberg am 18. Januar 1701 empfindet nach, wie mit symbolhaften Handlungen Politik gemacht wurde. Gemälde, 1887

Friedrich I., König in Preußen, Gemälde von Friedrich Wilhelm Weidemann, um 1701

grundsätzlich auch die Annexion und Auflösung eines Staates zuließ. Man denke nur an das an Preußen grenzende Polen, das im letzten Drittel des 18. Jahrhunderts mehrfach geteilt und erst 1918 wiedergegründet wurde. In diesem „ewigen Geschiebe und Gezerre"[7] setzten sich in der Regel die Stärkeren und Geschickteren durch. Und einen Teil dieses Geschicks demonstrierte man durch symbolische Politik: Wer besonders prunkvoll war, der verschaffte sich Geltung und Gehör. Repräsentation war Teil der allgemeinen Staatsräson.

Und jener bedurfte Preußen seit 1701 auf besondere Weise. Denn keineswegs handelte es sich bei diesem Staat um ein Königreich, dessen Status an den Englands, Frankreichs, Russlands oder der Habsburger-Monarchie herangereicht hätte. Das kam schon in der Titulatur zum Ausdruck: Friedrich I. war ja nur „König in Preußen", nicht aber „König von Preußen". Hinter diesem scheinbaren Detail verbarg sich ein Statusdefizit. Denn das 1701 zum Königtum erhobene Preußen, das 1618 zunächst als polnisches Lehen an die Hohenzollern gefallen war und über das der Kurfürst 1657 im Vertrag von Wehlau schließlich die Souveränität gewonnen hatte, gehörte nicht zum Heiligen Römischen Reich Deutscher Nation. Und so wurde der brandenburgische Kurfürst Friedrich III., dem der in Wien residierende Kaiser für sein Beistandsversprechen im Spanischen Erbfolgekrieg die Königswürde zugestanden hatte, denn auch nicht gekrönt, sondern setzte sich die Königskrone selbst auf – und das nicht in Berlin, sondern im außerhalb des Heiligen Römischen Reiches liegenden ostpreußischen Königsberg. Das führte in europäischen Adelskreisen zu Heiterkeit und abschätzigen Urteilen, sodass sich Friedrich I. geradezu genötigt sah, seinen neuen Status europaweit zu demonstrieren. Auch wenn sich Berlin noch für sehr lange Zeit politisch nicht mit London, Paris, Wien oder Moskau bzw. St. Petersburg messen konnte, versuchte es jetzt zumindest kulturell an andere bedeutende Hauptstädte Europas aufzuschließen.

Darüber hinaus lagen der verschwenderisch wirkenden Hofführung auch innenpolitische Motive zugrunde. Es ging um nichts Geringeres als um den Aufbau und die Konsolidierung eines modernen bürokratischen Staatswesens und damit verbunden um eine Neuaus-

Zahlreiche deutsche Fürsten eiferten ihm nach – und das nicht nur aus Gründen persönlicher Eitelkeit und Geltungssucht. Prunk und Luxus stellten mehr dar als reine Oberflächenphänomene einer barocken Epoche. Sie waren integraler Bestandteil einer Politik, die den sich in der Frühen Neuzeit herausbildenden Staat nach außen wie nach innen konsolidieren sollte. Je bedeutender der Titel, je prächtiger das Schloss, je verschwenderischer das höfische Leben, desto bedeutender, mächtiger und überlebensstärker der Staat – so das Kalkül zahlreicher Fürsten. Denn obgleich sich die einzelnen miteinander rivalisierenden Staaten Europas gegenseitig anerkannten und bestimmte Regeln des Völkerrechts akzeptierten, standen sie doch in einem permanenten Konkurrenzverhältnis und Verdrängungswettbewerb, der

richtung des politischen Systems. Seit dem 17. Jahrhundert vollzog sich in weiten Teilen Europas ein „Verstaatungsprozess", der alle Dimensionen der Gesellschaft erfasste. Mit der Errichtung stehender Heere, der Schaffung eines Beamtenapparates und der Einführung eines merkantilistischen Wirtschaftssystems, das starke Eingriffe des Staates vorsah und auf eine aktive Handelsbilanz ausgerichtet war, beanspruchten zahlreiche Fürsten in Europa eine neue Führungsrolle.

Um sich gegen etwaige Opponenten vor allem aus dem Adel, aber auch aus dem gemeinen Volk zu behaupten und diese unter Kontrolle zu bringen, bedienten sich die europäischen Monarchen verschiedener Mittel. Drakonische Strafen und Gewaltanwendung, zum Beispiel zur Niederschlagung von Aufständen, bildeten nur die Ultima Ratio. Effizienter war es, die drohende Konkurrenz zu integrieren und damit auszuschalten. Gerade die Eliten, den Klerus, den Adel und das Großbürgertum, versuchte man daher einzubinden, sie emotional und finanziell abhängig zu machen. Und dabei spielte das höfische Leben eine zentrale Rolle. Durch den Ausbau der Schlösser und die Entfaltung höfischen Lebens zog der König vor allem die Adligen an seinen Hof und brachte sie so unter seine Aufsicht und in finanzielle Abhängigkeit. Denn das Leben am Hofe war kostspielig.

Ludwig XIV. hatte das vorgemacht: Nirgendwo wurde das höfische Leben so zelebriert wie in Versailles. Mit dem sogenannten Sonnenkönig etablierte sich in Europa ein Herrscher, der sich als Inkarnation des Staates begriff, was sich der Legende nach in dessen Ausspruch „L'état c'est moi" („Der Staat, das bin ich") kristallisiert haben soll. Die Historiografie hat dafür lange Zeit den Kunstbegriff „Absolutismus" verwendet – einen in der Restaurationszeit geformten Begriff, der eine nahezu totalitäre Herrschaftspraxis suggerierte. Doch handelte es sich in Wirklichkeit um ein „ziemlich fragiles oder prekäres Staatswesen",[8] das stets auf die aktive Unterstützung der traditionellen Eliten und auch des neuen Bürgertums angewiesen war.

Eine solche Diskrepanz zwischen dem „absolutistischen" Machtanspruch des Fürsten und seiner tatsächlichen Rolle im Herrschaftssystem lässt sich auch für Preußen konstatieren. Immerhin gelang es der Krone,

Ludwig XIV., König von Frankreich, Gemälde von Hyacinthe Rigaud, 1700

eine gewisse politische Zentralisierung durchzusetzen, wovon die Berliner Stadtverwaltung und damit auch die Berliner auf direkte Weise betroffen waren. Denn mit der 1710 vorgenommenen Revision der Stadtverfassung beraubte Friedrich I. die Stadt jetzt endgültig ihrer Unabhängigkeit. Treffend spiegelte sich dieser Verlust in der neuen Gestaltung des Stadtsymbols: „Der Berliner Bär stand zwar aufrecht, hatte allerdings nun ein Halsband und stand unter der Krone sowie dem preußischen und dem brandenburgischen Adler. Souverän sah [...] das nicht aus."[9]

„Souverän" war aber auch nicht gerade das Handeln der Krone. Denn eine wirklich absolute Machtstellung hätte entsprechender Finanzmittel bedurft, um den Staat zu einem effizienten handlungsfähigen Akteur zu formen. Die Modernisierung und Rationalisierung von Verwaltung und Heer tat not – wofür wiederum ein schlagkräftiges Beamtentum die Voraussetzung war. Von all dem konnte in Preußen nicht die Rede sein. Im Gegenteil: Mit Johann Kasimir Kolbe von Wartenberg (1643–1712) regierte ein extrem korrupter Premierminister, der das Land in den Ruin zu reißen drohte und schließlich Ende 1710 mit Unterstützung des Kronprinzen, des späteren „Soldatenkönigs", zum Rücktritt gezwungen werden konnte.

Staat und Reformpolitik unter Friedrich Wilhelm I., Friedrich II. und Friedrich Wilhelm II.

Dass „Männer […] die Geschichte" machen, ist ein von dem Historiker Heinrich von Treitschke (1834–1896) zwar nur beiläufig formulierter Satz.[10] In der Geschichtsschreibung aber beanspruchte er lange Zeit nahezu kanonische Gültigkeit und trug damit auch zur Mythenbildung um die preußischen Könige des 18. Jahrhunderts bei. Die Geschichtswissenschaft hat sich längst von einer solchen Perspektive gelöst. Auch wenn dem Faktor Persönlichkeit gerade in Krisenzeiten, in Momenten, in denen es einer wegweisenden Entscheidung bedarf, eine wichtige Rolle zugeschrieben wird, besteht weitgehend Konsens darüber, dass alle Regierenden, selbst sich allmächtig wähnende Despoten, im Rahmen vorgegebener Strukturen handeln. Auch sie sind mit bestimmten Sachzwängen konfrontiert und kaum in der Lage, der Eigendynamik mittel- und langfristiger Prozesse etwas entgegenzusetzen. Auch sie können zumindest langfristig nicht permanent gegen die Interessen ihrer Bevölkerung herrschen. Dies galt auch für die in der Frühen Neuzeit scheinbar absolut regierenden Könige Preußens, für Friedrich I. ebenso wie für seine beiden Nachfolger, Friedrich Wilhelm I. und Friedrich II., jene Monarchen, die von der traditionellen Geschichtsschreibung einst als die beiden großen Persönlichkeiten und „Macher" preußisch-deutscher Geschichte beschrieben wurden: der eine als Preußens „größter innerer König",[11] der andere kurz und bündig als „der Große".

Vergleicht man das Handeln der drei ersten Preußenkönige mit dem anderer europäischer Monarchen, so

1717 wurde in Preußen die allgemeine Schulpflicht eingeführt. Adolph von Menzel idealisierte das später mit seinem Bild einer Schulinspektion des Königs. Kolorierter Holzstich nach einem Gemälde, 1858

treten denn auch eher die zahlreichen Parallelen zutage. Und doch: Je mehr man sich dem historischen Gegenstand nähert, desto plastischer treten die Unterschiede vor Augen – die zwischen den europäischen Herrscherpersönlichkeiten ebenso wie die zwischen den allgemeinen Strukturen, innerhalb derer sie agierten. Auch untereinander unterschieden sich die preußischen Könige auf markante Weise, sowohl in ihrer Selbstinszenierung als auch in ihrem innen- und außenpolitischen Handeln. Das hatte nicht zuletzt für die Entwicklung der Stadt Berlin einschneidende Folgen.

Mit Friedrich Wilhelm bestieg ein Asket den preußischen Thron, der die höfische Prachtentfaltung zutiefst verabscheute. Obwohl er die „finanzielle Lage des Staates günstiger [vorfand], als er erwartet hatte"[12] und man ihm die konjunkturfördernden Impulse der bisherigen Hofführung vor Augen führte, verordnete er eine drastische Sparpolitik, die sich unmittelbar auf den lokalen Arbeitsmarkt auswirkte: „zwei Drittel der bei Hofe angestellten Dienerschaft – einschließlich des *Chocolatiers*, der beiden Kastraten, der Cellisten, Komponisten und Orgelbauer – wurden fristlos entlassen; die Übrigen mussten Gehaltskürzungen von bis zu 75 Prozent hinnehmen"; auch die Pensionen wurden reduziert.[13]

Die seiner Finanzpolitik zugrunde liegenden Prinzipien brachte der König 1722 in einer zu „Botsdam den 17. fewer 1722" erlassenen „Instruckcion" für seinen Nachfolger auf den Punkt: „Dahero machet auch Keine schulden und gehbet nichts mehr aus als Ihr einzunehmen habet".[14] Es hat den Anschein, als ob dieser Sparkurs bei vielen Berlinern durchaus gut ankam. In den öffentlichen Blättern der Stadt kursierte jedenfalls ein Gedicht, das der König, dem dieses zu Ohren kam, als Bestätigung seiner Sparmaßnahmen verstanden haben soll:

> „Die Curen, die der König thut, sind alle wohl
> gerathen.
> Man setzt nicht mehr so häufig auf Pasteten,
> Torten, Braten.
> Wer grose Bissen eingeschluckt, dem hilft er von
> dem Steine.
> Wer sich in Kutschen fahren lies, den bringt er auf
> die Beine.

> Dem, der die Kleider immerdar mit Golde lies
> bordiren,
> Dem hilft er von der Gelbesucht, und lehrt ihn
> menagiren.
> Die Toden weckt er wieder auf zu einem neuem
> Leben.
> Wer allzuviele Dienste hat, dem will er Ruhe
> geben.
> Wer sich in Sänften tragen lies, der kan nun
> wieder gehen.
> Wer auf der faulen Seite lag, beginnet
> aufzustehen.
> Was ehedem unmöglich schien bey unsern lieben
> Alten,
> Geschicht itzt. Denn es lernt der Hof genaue
> Wirthschafft halten."[15]

Die gewaltigen Summen, die der König fortan einsparte, gab er allerdings gleich wieder aus, und zwar für die preußische Armee. Ihrem Ausbau von 40 000 auf 83 000 Mann wurden alle anderen politischen Aufgaben und Ziele untergeordnet. Das schlug sich unmittelbar im Staatshaushalt nieder, von dem nun rund drei Viertel das Heer betrafen, und prägte das Bild des Hofes wie das der ganzen Stadt auf nachhaltige Weise. Der „adlig-opulente Glanz des Hofes" wich „bürgerlicher Rationalität und der Nüchternheit des Kasernenhofs".[16] Aus Berlin, das sich schon unter dem ‚Großen Kurfürsten' Friedrich Wilhelm von Brandenburg in eine Garnisonsstadt verwandelt hatte, wurde jetzt eine „Stadt im Gleichtakt",[17] mit Exerzierplätzen und einer Akzisemauer, die der Desertion vorbeugen sollte.

Dementsprechend war nun auch das Wirtschaftsleben auf militärische Belange ausgerichtet. Die zahlreichen Soldaten mussten schließlich einquartiert, eingekleidet und bewaffnet werden. Daher förderte der preußische Staat jene Gewerbebetriebe und Manufakturen, die Uniformen und Waffen produzierten, und schützte sie durch hohe Importzölle. Damit verschaffte er „der Berliner Wirtschaft gegenüber anderen Wirtschaftszentren einen Standortvorteil, der durch die günstige Lage der Stadt im Verkehrsnetz noch verstärkt wurde". Überhaupt profitierte nun ganz Preußen von dieser neuen Wirtschaftspolitik:

Aus einem „Land der Textilimporte war ein Exportstaat geworden",[18] der dringend auf den Zuzug von Arbeitskräften angewiesen war – sodass Friedrich Wilhelm die Einwanderung mit allen Kräften förderte und primär aus religiösen Gründen verfolgte Flüchtlinge ins Land holte.

Sosehr sich diese Politik Friedrich Wilhelms I. von der seines Vaters unterscheiden mochte und sosehr sich Berlin infolgedessen veränderte, beide Monarchen hatten sich einer Politik verschrieben, die den Staatsbildungsprozess Preußens beförderte. Die Pracht des Hofes und die nach außen demonstrierte Militärmacht waren nur zwei Seiten ein und derselben Medaille: Beide trugen dazu bei, das Gewicht Preußens im europäischen Mächtewettbewerb zu stärken und Berlins Rolle als symbolisches bzw. ökonomisches und militärisches Zentrum des Landes zu stärken. So belastend dies für die Bewohner nicht nur Berlins, sondern ganz Preußens auch sein mochte, mit Ausnahme des kurz währenden Pommernfeldzuges (1715/16) hielt sich der „Soldatenkönig" aus kriegerischen Auseinandersetzungen heraus. In seiner „Instruccion" von 1722 warnte er denn auch seinen Sohn eindringlich: „Betret zu Gott und fanget niemahlen ein ungerechten Krig an."[19]

Der sollte diese Warnung nicht beherzigen. Gerade einmal sechs Monate im Amt, nutzte Friedrich II. die prekäre Situation der gerade auf den österreichischen Thron gelangten Maria Theresia (reg. 1740–1780) und fiel mit der von seinem Vater hochgerüsteten Armee in das zum habsburgischen Reich gehörende Schlesien ein – ein Krieg, dem weitere folgen sollten. Es waren aber nicht nur die vielen Schlachten, die Friedrichs Ruf prägten und zu höchst unterschiedlichen Urteilen bei den Nachgeborenen führten, sondern auch seine Reformpolitik. Zuletzt versuchte die SED vom Friedrich-Mythos zu profitieren, als sie 1980 das von Christian Daniel Rauch (1777–1857) geschaffene und 1851 enthüllte Reiterstandbild Friedrichs des Großen, das um 1960 fast eingeschmolzen worden wäre, wieder Unter den Linden, nahe der Humboldt-Universität, aufstellen ließ. Zeitgleich bemühte sich die DDR-Historiografie um eine Neubewertung des Königs, den man ungeachtet aller Defizite „in die geistige Ahnengalerie der DDR einzuordnen" bemüht war.[20] Aber auch Westdeutsche haben „ihrem" Friedrich einen festen Platz in der Reihe bedeutender Könige sichern wollen. Wenn Friedrich II. noch heute von vielen als „der Große" tituliert wird, dann freilich nicht mehr

Christian Daniel Rauchs Reiterstandbild Friedrichs II. Unter den Linden

aufgrund seiner militärischen Leistungen. Im Vordergrund stehen vielmehr die sogenannten preußischen Tugenden wie Aufrichtigkeit, Bescheidenheit, Fleiß und Pflichtbewusstsein, Pünktlichkeit und Zuverlässigkeit, als deren Inkarnation Friedrich bewundert wird; vor allem aber die friderizianischen Reformen, die der König während seiner Regierungszeit in Angriff nahm.

Tatsächlich begegnet uns mit Friedrich II. ein zeittypischer Machtpolitiker und *Roi philosophe*, ein von der Aufklärung inspirierter König, der wie viele andere europäische Fürsten seine Autorität einsetzte, um die von zeitgenössischen Denkern vorgelegten Vorschläge für eine radikale Umgestaltung von Staat und Gesellschaft durchzusetzen. So schaffte er die bis dahin bei Kriminalprozessen zwecks Wahrheitsfindung angewandte Folter zunächst für bestimmte Delikte und schließlich ganz ab. Des Weiteren beauftragte er namhafte Rechtsgelehrte, ein Gesetzbuch auszuarbeiten, das 1794 unter dem Namen „All-

gemeines Landrecht für die Preußischen Staaten" in Kraft treten sollte und eine Rechtsvereinheitlichung und mehr Rechtssicherheit zum Ziel hatte. Vor allem aber propagierte er das Bild von einem Staat, dem sich alle Menschen unterordnen sollten, was sich bis heute in der berühmten Sentenz vom Souverän als „erstem Diener seines Staates" im kollektiven Gedächtnis der Deutschen erhalten hat.[21]

Allerdings wird dabei oftmals übersehen, dass diese Auffassung keineswegs neu war, dass sich seinerzeit auch andere Herrscher durch einen ausgeprägten Reformeifer auszeichneten und sich zum Teil, wie der Habsburger Joseph II. (Kaiser 1765–1790) oder Katha-

Friedrich war sich bewusst, dass er sein Land wirtschaftlich wieder gesunden lassen musste. Dieses Historiengemälde zeigt ihn um 1780, wie er in der Neumark seinen Wagen halten lässt, um die Kartoffelernte eines Bauern zu begutachten. Gemälde von Robert Warthmüller, 1886

rina II. (Zarin 1762–1796), mit noch weitaus radikaleren Projekten an einer Umgestaltung ihrer Länder im Sinne eines „aufgeklärten Absolutismus" versuchten. Während Friedrich II. zu keinem Zeitpunkt eine Verfassung im modernen Sinne anstrebte und die feudale Gesellschaftsordnung keineswegs infrage stellte, hätte eine erfolgreiche Umsetzung der josephinischen Reformen vermutlich eine Transformation von Staat und Gesellschaft von revolutionärem Ausmaß zur Folge gehabt. Dazu aber sollte es nicht kommen, weder in Österreich noch in Preußen. Zu groß waren die Beharrungskräfte, zu halbherzig manche Versuche, zu klein das zur Verfügung stehende Zeitfenster. Denn infolge der 1789 ausgebrochenen Französischen Revolution kam es zu einem Erstarken der restaurativen Kräfte, sodass viele Reformprojekte vorerst auf Eis gelegt wurden.

Von nachhaltiger Bedeutung waren dagegen die siedlungs-, gewerbe- und agrarwirtschaftlichen Maßnahmen, die Friedrich II. angeordnet hatte. Durch die zahlreichen kostspieligen Kriege, die dieser geführt hatte, den Ersten und den Zweiten Schlesischen Krieg (1740–1742 und 1744/45), vor allem aber den Siebenjährigen Krieg (1756–1763), war Preußen in den Kreis der nunmehr fünf Großmächte Europas (Pentarchie) aufgestiegen. Gleichzeitig aber waren das ganze Land und auch Berlin in Mitleidenschaft gezogen worden. Schwerer noch als die 1757 und 1760 erfolgte Besetzung der Stadt wogen die indirekten Folgen des lange andauernden Kriegszustandes. Zwar profitierten einige Unternehmer von den zahlreichen Militäraufträgen, langfristig aber schlugen die „Verluste durch das Abschneiden von auswärtigen Märkten sowie der zivilen Nachfrage" im Inland zu Buche. Insofern bedurfte es „eines ganzen Kataloges politischer und wirtschaftlicher Maßnahmen, die Folgen des Krieges zu beseitigen."[22] Dazu zählten konjunkturfördernde Bauprogramme, eine Reorganisation der Finanzverwaltung und der Erlass rigider Einfuhr- und Ausfuhrverbote. Vor allem aber förderte die Krone die Ansiedlung neuer Gewerbe, namentlich die Seidenraupenzucht, aber auch den Obst- und Gemüseanbau.

So entwickelte sich Berlin mehr und mehr zu einem wichtigen Wirtschaftsstandort – womit jedoch auch manch negative Begleiterscheinung verbunden war. Ein Resümee der Regierungszeit Friedrichs II. fällt umso zwiespältiger aus, als dass sich nun auch die soziale Frage verstärkt bemerkbar zu machen begann – und das nicht nur in Schlesien, sondern auch in Berlin. Nicht einmal der borussophile Historiker William Pierson (1833–1899) kam in seiner „Preußischen Geschichte" von 1865 umhin, das sich in der Hauptstadt ausbreitende Elend eindringlich zu beschreiben:

„Es stellte sich eine sehr zahlreiche Fabrikbevölkerung ein, mit all dem sittlichen und leiblichen Elend, das überall ihre Begleitung zu sein pflegt. Die Fabrikherren äußerten wol selber, sie könnten darum ihre Ware so billig stellen, weil die Arbeiterinnen nur einen sehr geringen Lohn erhielten, aber dabei beständen, da sie das Fehlende Abends reichlich als Dienerinnen der Wollust erwürben. Mit Trauer und Zorn sahen die alten ,Friedrich-Wilhelms-Männer', deren Reihen immer dünner wurden, wie die Zucht und Sitte der Väter verschwand, wie die Hetzjagd nach Geld und Genuß alles hinriß, die Beispiele von Betrügereien und Veruntreuungen, von Schuldenmachen und Bankerotten, von Ausschweifungen aller Art sich rings um sie von Jahr zu Jahr vermehrten. Die ebenso große Zunahme der Verfeinerung des Schönheitssinnes und der Bequemlichkeit schien dagegen doch ein zweifelhafter Gewinn. Welch ein Unterschied schon im Aeußern gegen die gute alte Zeit."[23]

Dementsprechend gering scheint die Sympathie gewesen zu sein, die die Mehrheit der Bevölkerung dem großen König zum Ende seiner Regierungszeit entgegenbrachte. Darauf deuten zumindest einige zeitgenössische Quellen hin, die sich der Reaktion der Berliner auf den Tod des Königs widmen. So berichtet Graf Mirabeau (1749–1791) in einem Brief vom 19. August 1786:

„Alles ist düster, Nichts ist traurig; Alles ist beschäftigt, Nichts ist betrübt! Nicht eine Klage, nicht ein Seufzer, nicht ein Lob! In dieser Weise

also endigen so viel gewonnene Schlachten, so viel Ruhm, eine Regierung von fast einem halben Jahrhundert voll von großen Thaten! Ein Jeder wünschte ihr Ende!" [24]

Nun hat „historische Größe" als eine von manchen Geschichtswissenschaftlern auch heute noch bemühte Kategorie nicht zwingend etwas mit Popularität, einem vorbildlichen Charakter oder gar humanitären Leistungen zu tun. Dem Schweizer Kulturhistoriker Jacob Burckhardt (1818–1897) zufolge zeichnet sich der große Herrscher aus durch den „wirklichen Willen, sich der Lage zu bemächtigen, und zugleich eine abnorme Willen*kraft*, welche magischen Zwang um sich verbreitet und alle Elemente der Macht und Herrschaft an sich zieht und sich unterwirft." Und so bescheinigte Burckhardt Friedrich II. in seinen 1905 veröffentlichten „Weltgeschichtlichen Betrachtungen" historische

Größe, da „alle seitherige mitteleuropäische Geschichte […] davon bedingt" sei, dass dieser zwischen 1759 und 1763 „gewisse Seelenspannungen und Anstrengungen ersten Ranges" aushalten konnte. [25] Solchen Kategorien können Historiker, die das „Hazardeurhafte" Friedrichs betonen (Stichwort „Friederisiko"), [26] heute kaum noch etwas abgewinnen. Plausibler scheint da schon die von Burckhardt dem Individuum zugeschriebene Fähigkeit, „sich nach Belieben auf *eine* Sache zu konzentrieren und dann ebenso zu einer andern überzugehen." [27] Schließlich verstand es Friedrich II., viele unterschiedliche Rollen virtuos zu spielen: die des Machtmenschen und Strategen, die des Reformpolitikers und Agrarexperten, des Komponisten und Musikers, des Historikers und Korrespondenten. Andere wiederum sehen Friedrichs Größe vornehmlich darin „dass er es wie kein anderer geschafft hat, das Bild, das sich die Nachwelt von ihm gemacht hat, selbst zu bestimmen." [28]

1781 stürzte der begonnene Deutsche Dom am Gendarmenmarkt wegen ungenügender Fundamentierung ein. Holzstich, 1781

Zu einer solchen erfolgreichen Selbststilisierung gehörte auch sein Versuch, das Bild seines Nachfolgers zu beeinflussen, der als Friedrich Wilhelm II. 1786 den preußischen Thron besteigen sollte. Schon 1770 hatte der kinderlose Friedrich in einem Brief an seine Schwester den gemeinsamen Neffen als „das schwerfälligste Tier, das Sie sich denken können", bezeichnet:

„Linkisch in allem was er tut, grob, stur, launisch, ein Wüstling, verdorben, ein Dummkopf und unangenehm, da haben Sie ihn nach der Natur gemalt. […] Nun, meine liebe Schwester, das ist der Abschaum der Familie."[29]

Nicht nur in seiner familiären Korrespondenz, auch Außenstehenden gegenüber ließ Friedrich keinen Zweifel daran aufkommen, was er von dem künftigen König hielt:

„Ich werde Ihnen sagen, wie es nach meinem Tode gehen wird. Es wird ein lustiges Leben bei Hofe werden. Mein Neffe wird den Schatz verschwenden, die Armee ausarten lassen. Die Weiber werden regieren, und der Staat wird zugrunde gehen."[30]

Friedrich Wilhelm nahm das seinem Onkel verständlicherweise übel, wie einem Brief an seine Geliebte Wilhelmine Encke (1752–1820) zu entnehmen ist:

„das thier ist doch eine recht zucht ruhte gotes, die aus der höle durch gotes zorn auf die erden gespien ist".[31]

Friedrich der Große in seinen letzten Tagen, Holzstich nach einer Statue von Harro Magnussen, 1890

Tatsächlich standen sich mit Friedrich II. und seinem Neffen zwei Herrschertypen gegenüber, die sich quasi idealtypisch voneinander abgrenzen lassen: hier „der letzte in einer außergewöhnlich langen Reihe außergewöhnlich begabter Herrscher aus dem Hohenzollerngeschlecht"; dort „die vielleicht schwächste Figur auf dem preußischen Thron in den letzten 150 Jahren", „nicht außergewöhnlich dumm", aber ein „impulsiver, labiler Charakter", nicht skeptisch, rationalistisch wie sein Onkel, sondern abergläubisch und mystisch, kein Frauenfeind, ja Menschenfeind wie „der Alte Fritz", sondern „freundlich, gesellig und geradezu sorglos im Umgang mit dem anderen Geschlecht"[32] – eine euphemistische Beschreibung eines Herrschers, der sexuelle Freizügigkeit praktizierte. Schenkt man einem Zeitzeugen wie dem klassizistischen Bildhauer Johann Gottfried Schadow Glauben, dann herrschte zur Zeit Friedrich Wilhelms II. „die größte Liederlichkeit":

„Alles besoff sich in Champagner, fraß die größten Leckereien, frönte allen Lüsten. Ganz Potsdam war ein Bordell; alle Familien dort suchten nur mit dem Könige, mit dem Hof zu tun zu haben, Frauen und Töchter bot man um die Wette an, die größten Adelichen waren am eifrigsten." [33]

Eine ausschließlich auf die unterschiedliche Persönlichkeit der beiden Monarchen abzielende Gegenüberstellung der friderizianischen und postfriderizianischen Zeit bis 1797 würde allerdings die zahlreichen Kontinuitäten verkennen, die weit über das Todesjahr Friedrichs II. hinausreichten, zum Beispiel in der preußischen Außenpolitik, was sich in der Fortführung der polnischen Teilungen (1772 bzw. 1793 und 1795) niederschlug, oder in der Justizpolitik, insofern das unter Friedrich II. in Angriff genommene „Allgemeine Landrecht für die Preußischen Staaten" erst 1794, unter Friedrich Wilhelm II., fertiggestellt wurde und in Kraft trat. Kontinuitäten gab es auch in der Baupolitik, die sich an dem Aufschwung des bereits vor 1786 entwickelnden Klassizismus ablesen lassen, sowie gesellschaftspolitisch, insofern man an der feudalen Ordnung festhielt und die Unterschichten

in der Hauptstadt zunehmend verelendeten. Anders jedoch als in Frankreich, wo 1789 eine Revolution ausbrach, die eine unvorhersehbare Eigendynamik entwickelte, kam es weder in Preußen noch in Berlin zu nennenswerten Unruhen.

Dabei hatten sich in der Hauptstadt durchaus demokratische Zirkel gebildet, die immer wieder durch Publikationen auf sich aufmerksam machten. [34] So wurden im Oktober 1792 Flugblätter verteilt, in denen die Teilnahme Preußens am Koalitionskrieg gegen das revolutionäre Frankreich scharf kritisiert und die Berliner zu einem Umsturz aufgerufen wurden:

Das Gegenbild zu seinem asketischen Onkel Friedrich II.: König Friedrich Wilhelm II., Gemälde von Anton Graff, 1788

„Aufforderung an die Einwohner von Berlin. Brave Bürger! Ihr schlaft und die Tyrannei schwebt über euren Köpfen. Eure Schätze sind zerstreut, eure Heere streiten wider die Freiheit, um euch in die Sklaverei desto gewisser zu werfen. Nach einem schimpflichen Kriege, wenn er schon einen glücklichen Ausgang nehmen sollte, würdet ihr genötigt sein, drückende Auflagen zu ertragen, euren Schweiß zu verschwenden, um zu den Ausgaben der wollüstigen Frauenzimmer eures Beherrschers beizutragen. Der Augenblick ist vorhanden, benutzt denselben, aber ohne Ausschweifung,

ohne Laster. Euer Wille muss sich durch Gewalt offenbaren, durch Nachdruck, aber mit einer Gelassenheit, die nur Gerechtigkeit und Mut geben kann. Befehlet, daß dieser ungerechte Krieg ein Ende nehme, daß die Ordnung in euren Finanzen wiederhergestellt werde, daß das Volk für den wahren Souverän erkannt werde, daß der Unterschied zwischen den Ständen aufhöre, welcher uns herabwürdigt, und daß der Mensch in seine ursprüngliche Würde zurückkehre, welche nur durch die Frechheit des Tyrannen zu sein aufgehört hat; daß diejenigen, welche das Vaterland, die Ehre und die Menschheit lieben, sich miteinander auf den 31. Oktober erheben. Ehre sei der Freiheit, der Gleichheit, der Einigkeit und der Tugend."[35]

Kurz darauf ereignete sich tatsächlich ein „Auflauf am Schönhauser Tore, bei dem Heumagazine für das Heer in Brand gesteckt wurden und die Menge in Freiheits- und Gleichheitsrufe ausbrach."[36] Grundsätzlich aber pflegte die Berliner Polizei und Justiz unverzüglich und erfolgreich gegen jegliche Form demokratischer Agitation vorzugehen. Immerhin schied Preußen mit dem am 5. April 1795 geschlossenen Frieden zu Basel frühzeitig aus der Kriegskoalition gegen das revolutionäre Frankreich aus,

Auf dem sich bürgernah gebenden Friedrich Wilhelm III., hier mit Königin Luise um 1800 auf einem Berliner Weihnachtsmarkt im Gespräch mit einer Bürgersfrau, ruhten viele Hoffnungen nach einem Ende der Repressionen gegen die Bevölkerung. Wie sehr dies nachwirkte, zeigt diese Chromotypie nach Richard Knötel von 1896.

was den innenpolitischen Druck gegen Friedrich Wilhelm II. vermutlich abmilderte. Als dieser im November 1797 starb, nahm man dies in Berlin jedenfalls „ohne große Anteilnahme auf".[37] Die nun vor allem vom Bürgertum in seinen Sohn und Thronnachfolger Friedrich Wilhelm III. (König bis 1840) gesetzten Hoffnungen sollten sich indes nicht erfüllen.

Im Windschatten Frankreichs: Die preußischen Reformen (1806–1815)

Anders als in Frankreich, wo es infolge der nahezu vollständigen Reformunfähigkeit der Monarchie zu einer Staats- und Gesellschaftskrise ungeahnten Ausmaßes kam, die sich schließlich 1789 in einer Revolution entlud, blieben die innenpolitischen Verhältnisse in Preußen auch um die Jahrhundertwende stabil. Nicht eine Revolution brachte den preußischen Staat zum Einsturz; er implodierte vielmehr. Im Zuge der Doppelschlacht bei Jena und Auerstedt im Oktober 1806, bei der das preußische Heer von den Franzosen vernichtend geschlagen wurde, zeigte sich, dass der (post-)friderizianische Staat ungeachtet aller zaghaften Reformen in wirtschaftlicher, diplomatischer und vor allem militärischer Hinsicht am Ende war. Ohne die Fürsprache des russischen Zaren Alexander I. (reg. 1801–1825), der 1807 mit dem siegreichen Napoleon in Tilsit einen vergleichsweise günstigen Frieden für sein Land abschloss, wäre der preußische Staat vermutlich schon damals endgültig von der Landkarte verschwunden. So aber beließ es Napoleon bei einer Halbierung des Territoriums. Die westlich gelegenen Landesteile wurden größtenteils dem Großherzogtum Berg und dem Königreich Westphalen zugeschlagen – zwei Neugründungen, die gemeinsam mit jenen Staaten, die 1806 aus dem Heiligen Römischen Reich Deutscher Nation ausgetreten waren und damit dessen Auflösung bewirkt hatten, den Rheinbund, eine mit Frankreich verbündete Konföderation deutscher Staaten, bildeten.

Den Berlinern wurde die Überlegenheit Frankreichs und damit auch seines von der Revolution geprägten Systems durch den Einmarsch der *Grande Armée* eindringlich vor Augen geführt. Mit der zuvor noch vorherr-

Königin Luise versucht 1807 in Tilsit, Kaiser Napoleon mildere Friedensbedingungen für Preußen abzuringen. Chromotypie nach Woldemar Friedrich, 1896

schenden Indifferenz war es im Oktober 1806 vorbei, als zunächst Marschall Louis-Nicolas Davout (1770–1823) mit seinen Truppen und zwei Tage später Napoleon in Berlin einzogen. Über die Reaktionen der Bevölkerung liegen höchst unterschiedliche Zeugenaussagen vor. So berichtet der damalige Berliner Kriegs- und Domänenrat und spätere preußische Regierungs- und Oberpräsident Magnus Friedrich von Bassewitz (1773–1858), dass man

„an den Fenstern der Häuser […] zwar viele Zuschauer [sah], besonders Frauen, die jedoch nicht mit Tüchern wehten, wie solches [General] Hulin mündlich gewünscht hatte, sondern oft mit selbigen die Tränen von ihren Augen abwischten und dadurch zeigten, welchen tiefen Kummer die Einwohner der Stadt über diesen Triumphzug des Kaisers empfanden."[38]

In vielen anderen Memoiren aus jener Zeit liest man dagegen „von Fraternisierungsszenen zwischen französischen Soldaten und Einwohnern Berlins". Demzufolge wurde Napoleon auf seinem Ritt Unter den Linden „von der Menge mit Beifall begrüßt"[39] – so wie dies ja auch für viele andere deutsche Städte bezeugt ist. Nun hat der Verwaltungsjurist Friedrich von Raumer in seinen „Lebenserinnerungen" grundsätzlich „die französischen Berichte und die in Paris befindlichen Gemälde von großem Beifall, flehenden Damen und dgl." als „unwahr und gelogen" bezeichnet.[40] Freilich stellt sich die Frage, ob den deutschen Zeitzeugen, deren Erinnerungen zum Teil mehr als 40 Jahre später veröffentlicht wurden, mehr Glauben zu schenken ist. Schließlich war es nach 1813 in der preußischen Beamtenschaft alles andere als von Vorteil, ein positives Urteil über die sogenannte Franzosenzeit zu fällen und so nachträglich in den Verdacht der Kollaboration mit den Besatzern zu geraten. Selbst Napoleon gegenüber kritisch eingestellte Beamte, die im Interesse der einheimischen Bevölkerung in Berlin geblieben waren und die ihnen vorgelegte Loyalitätserklärung „bewußt unleserlich unterschrieben" hatten – ein Kriegsrat goss gar ein Tintenfass darüber –,[41] wurden später von

Friedrich Wilhelm III., der seinerzeit nach Ostpreußen geflüchtet und von den Berliner Straßenjungen mit dem Gassenhauer „Unser Dämel sitzt in Memel" verspottet worden war,[42] in Ungnade entlassen. Aber auch Zeitzeugen, die keine solchen Unannehmlichkeiten zu befürchten hatten, verfielen im Laufe des 19. Jahrhunderts nicht selten in einen frankophoben Nationalismus, der ihren retrospektiven Blick auf die Errungenschaften der napoleonischen Zeit trübte und sie gelegentlich sogar ihre einstige Sympathie für Napoleon vergessen ließ.

Es gab nämlich einige Gründe, warum reformfreudige Kräfte, Bürger wie Adlige, den Franzosen und ihrem Kaiser zunächst aufgeschlossen begegneten. So deutete zunächst alles auf eine grundlegende Professionalisierung der Stadtverwaltung und eine kommunalpolitische Partizipation zumindest der begüterten Bürger hin. Denn unmittelbar nach seinem Eintreffen in Berlin entließ

Dieses französische Gemälde zeigt links Abgeordnete des Berliner Stadtrats, wie sie am 19. November 1806 von Napoleon im Berliner Stadtschloss empfangen werden. Gemälde von René Berthon, 1808

Napoleon den Zivilgouverneur Berlins, Franz Ludwig von Hatzfeld (1756–1823), der nach der Flucht seines Schwiegervaters, des für Berlin zuständigen Gouverneurs Friedrich Wilhelm von der Schulenburg-Kehnert (1742–1815), die städtische Verwaltung übernommen hatte, und ließ eine Liste der 2000 wohlhabendsten Bürger Berlins erstellen, die am 29. Oktober 1806 in der Petrikirche zusammentraten, um am nächsten Tag eine 60-köpfige Generalverwaltungsbehörde zu wählen, die wiederum sieben ihrer Mitglieder für ein *Comité administratif* bestimmte, das an die Stelle des bisherigen Magistrats trat. Gleichwohl sollten die Berliner schon bald mit den Schattenseiten der Besatzungsherrschaft Bekanntschaft machen. Denn letztlich dienten alle administrativen Reformen immer auch militärischen Zwecken: „Um das besetzte Land nach Kräften auspressen zu können, bedurfte es einer effektiven Verwaltung".[43] Und ausgepresst wurden Preußen und Berlin so gut es nur ging. So musste die Stadt in der zweijährigen Besatzungszeit von 1806 bis 1808 zahlreiche Konfiskationen erdulden. Der unter dem französischen Generalinspektor der Museen, Dominique-Vivant Denon (1747–1825), betriebene Kunstraub machte noch nicht einmal vor Schadows Quadriga auf dem Brandenburger Tor halt, die zerlegt und in Kisten verpackt nach Paris geschafft wurde – wo man für sie allerdings keine Verwendung fand. Viele Berliner mochten das als einen symbolischen Akt der Erniedrigung empfinden. Aber schlimmer wogen sicherlich die materiellen Lasten, die ihnen auferlegt wurden: die Einquartierungen der Truppen bzw. die zu leistenden Ausgleichszahlungen, die Lieferungen an die französische Armee und die finanziellen Zwangserhebungen (Kontributionen). Hinzu kamen die für die Berliner Textil- und Luxusindustrie verheerenden Folgen der Kontinentalsperre, einer gegen England gerichteten Wirtschaftsblockade, der Preußen hatte beitreten müssen, sowie eine schlechte Ernte (1807), sodass sich schon bald eine wirtschaftliche und soziale Krise abzeichnete. Den höchsten Preis aber zahlten diejenigen Familien, deren Söhne am Russlandfeldzug 1812/13 teilnehmen mussten, von dem sie oftmals nicht mehr zurückkehrten.

Dementsprechend schlug die politische Stimmung allmählich um, zunächst im städtischen Bildungsbür-

gertum. Noch während der Besatzungszeit hatte sich ein Kreis Berliner Patrioten gebildet, zu dem namhafte Persönlichkeiten wie der Schriftsteller Ernst Moritz Arndt (1769–1860), der Dichter Adelbert von Chamisso (1781–1838), der Rechtsgelehrte Friedrich Carl von Savigny (1779–1861), der Theologe Friedrich Schleiermacher (1768–1834) und der Naturforscher Henrich Steffens (1773–1845) zählten, die sich unter anderem in den berühmten Berliner Salons von Henriette Herz (1764–1847) und Rahel Varnhagen von Ense (1771–1833) trafen. Sie standen jenen frankophilen Persönlichkeiten gegenüber, die sich teils aus Opportunismus, teils aus fortschrittlicher Überzeugung mit der Siegermacht arrangiert hatten und später als „Kollaborateure" verunglimpft wurden.[44] Einer von ihnen war Simson Alexander David (1755–1813), ein Freund Gotthold Ephraim Lessings (1729–1781) und Schützling Carl August Fürst von Hardenbergs (1750–1822), der unter verschiedenen Pseudonymen (Alexander Daveson und Carl Julius Lange) auftrat und als Publizist schon in den 1790er-Jahren radikaldemokratische Tendenzen vertreten hatte. Zwischen 1806 und 1808 war er Herausgeber der von den Franzosen geförderten ersten Berliner Tageszeitung „Der Telegraph", die mit der preußischen Monarchie und ihren Repräsentanten hart ins Gericht ging – wofür ihn manche Zeitgenossen wie der Berliner Publizist und Dichter Ludwig Rellstab (1799–1860) noch Jahrzehnte später scharf kritisierten:

„Gegen diesen richtete sich der äußerste Haß, Wuth möchte man sagen, und die schwerste Verachtung. Jeder Schulknabe kannte seinen Namen, und bezeichnete mit ihm das äußerste Maaß des Nichtswürdigen. Er durfte sich, wie sehr ihn die französische Gensdarmerie in Schutz nahm, kaum auf der Gasse sehen lassen, ohne insultirt zu werden. "[45]

Mit dem Abzug der Franzosen Anfang Dezember 1808 verstummten die frankophilen Stimmen, und manch demokratisch gesinnter Bürger nahm Reißaus. Fortan mehrten sich in der Bevölkerung frankophobe Bekenntnisse, einige befürworteten sogar einen Aufstand gegen Napoleon. Vorerst aber hielten sich die antifranzösischen

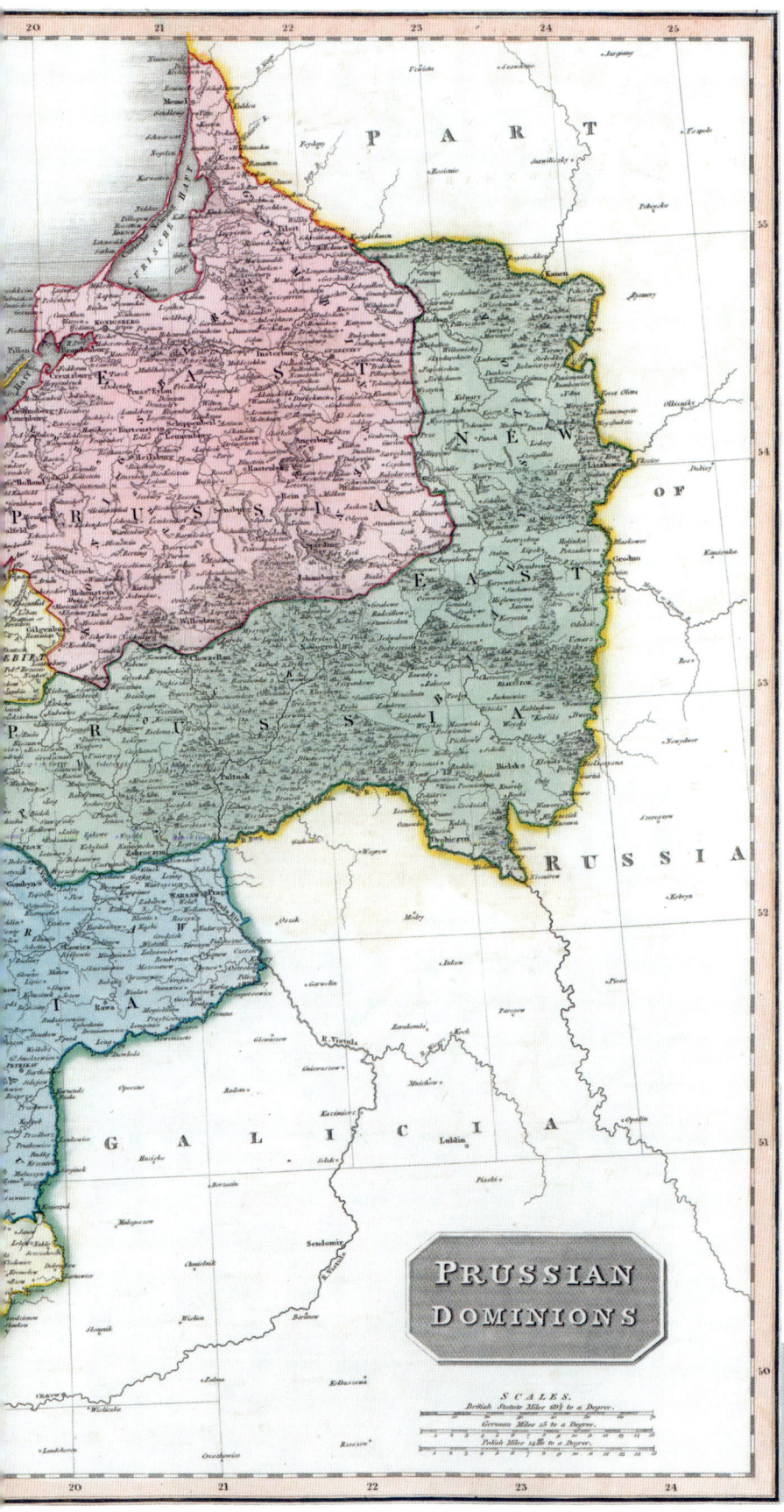

Bekenntnisse noch in Grenzen. Als die Franzosen im Februar 1812 Preußen zur Beteiligung am Russlandfeldzug zwangen und im März erneut in Berlin einrückten, kam es zwar immer wieder zu Protesten, Übergriffen und Sabotageakten. Aber erst gegen Ende des Jahres 1812, als sich ein Scheitern der *Grande Armée* in Russland abzuzeichnen begann, brach die franzosenfeindliche Stimmung in allen Schichten endgültig durch.

Manche Intellektuelle überboten sich nun in ihrem Hass auf Napoleon und die Franzosen. Viele Freiwillige, darunter vor allem Jugendliche, meldeten sich zum Armeedienst. All das setzte den preußischen König unter Druck, der sich am 23. Februar 1813 von Napoleon lossagte und wenige Tage später ein Bündnis mit Russland einging. Schon am 20. Februar – die Franzosen waren noch in Berlin stationiert – hatte man einen Straßenkampf nur mit Mühe abwenden können. Die Berliner waren jedenfalls froh, als die Franzosen in der Nacht zum 4. März 1813 endlich und endgültig abzogen. Es folgten zwei Wochen, „in denen sich die angestaute Spannung in einem Rausch von Festlichkeiten, Illuminationen, Bällen, Festvorstellungen und Dankesfeiern entlud".[46] Als die von Napoleon 1806 geraubte und von Paris aus zurückgeführte Quadriga in Anwesenheit des preußischen Königs am 7. August 1814 wieder aufgestellt wurde, strömten Tausende Berliner zum Brandenburger Tor, das nun zu einem wichtigen Nationalsymbol wurde. Auch der Kult um die 1810 verstorbene Königin Luise (1776–1810), die sich in Tilsit in

Karte Preußens, 1810. Berlin liegt ganz am westlichen Rand. Preußen hatte seine Staatlichkeit gegen Frankreich knapp behaupten können.

einem persönlichen Gespräch mit Napoleon für einen maßvollen Frieden eingesetzt hatte und seither zur patriotischen Märtyrerin stilisiert worden war, erreichte jetzt seinen ersten Höhepunkt.

Weniger erfreut zeigten sich vor allem die bürgerlichen Kreise über den politischen Weg, der nach dem Sieg über Napoleon eingeschlagen wurde. Dabei hatten die in Königsberg weilenden reformorientierten Kräfte schon im Oktober 1806 einen Kurswechsel eingeleitet, der Preußen auf eine Stufe mit den fortschrittlichsten Rheinbundländern stellen sollte. So gab die verheerende Niederlage und Unterordnung des Landes den Anstoß für einen Reformprozess, der nahezu alle Bereiche von Staat und Gesellschaft berührte. Aus der Einsicht in Frankreichs erdrückende politische, militärische,

wirtschaftliche und gesellschaftliche Überlegenheit und wohl auch im Wissen um die reformfreudige Stimmung in Teilen der Bevölkerung zeigte der König sich nun endlich bereit, jene Reformer gewähren zu lassen, die bislang wie der Reichsfreiherr Heinrich Friedrich Karl vom und zum Stein (1757–1831) und Hardenberg in der Peripherie (in Westfalen bzw. Ansbach-Bayreuth) gewirkt hatten und nun von Berlin aus dem ganzen Land eine Generalkur verordneten. Mit den Preußischen Reformen erlebte das Land eine Art „defensiver Modernisierung"[47] – eine von der Französischen Revolution und Napoleons Reformpolitik inspirierte und gleichzeitig gegen sie gerichtete „Reform von oben", die Preußen effizienter und damit auch wieder kampffähig machen sollte. Dementsprechend gab es kaum einen

Der Raub der Quadriga auf dem Brandenburger Tor und ihre Überführung nach Paris 1806 wurde von vielen Berlinern als besondere Schmach empfunden. Wenige Jahre später kehrte die Quadriga jedoch an ihren angestammten Platz zurück. Aquatinta von Daniel Berger, 1814

Die Protagonisten der Reformen: General Gerhard von Scharnhorst, Minister Carl August von Hardenberg, Staatsminister Karl vom und zum Stein (v.l.n.r.), Holzstich um 1860

Bereich, der nicht von diesem Reformprozess erfasst wurde. Das Reformpaket bestand aus tief greifenden Maßnahmen zur Umgestaltung von Verwaltung, Heer und Justiz, Wirtschaft und Gesellschaft, Bildung und Kultur. Die Gleichstellung der Juden, die Befreiung der Bauern, die Einführung der Gewerbefreiheit, die Aufhebung adliger Privilegien – all das rückte nun auf einmal in greifbare Nähe. Freilich ging man nicht so weit wie im benachbarten Königreich Westphalen, einem von Napoleon ins Leben gerufenen und von seinem Bruder Jérôme Bonaparte (König 1807–1813) regierten Modellstaat, eine Verfassung zu oktroyieren und ein Parlament zu errichten. Immerhin aber initiierte man mit der Städteordnung von 1808 eine kommunale Selbstverwaltung, sodass seither der Oberbürgermeister Berlins gewählt und vom König nicht mehr eingesetzt, sondern nur noch bestätigt wurde.

Lange Zeit haben Historiker über den Stellenwert dieser Reformen diskutiert – auch und vor allem im Vergleich zu jenen Reformen, die zeitgleich im rheinbündischen Deutschland, vor allem in Baden, Württemberg, Bayern und Westphalen durchgeführt und lange Zeit geringgeschätzt wurden. Heute würde wohl kaum noch ein Historiker bestreiten, dass die Reformen im rheinbündischen Deutschland „einen eigenständigen und dauerhaften Weg der Modernisierung einleiteten, der den preußischen Reformen ebenbürtig war."[48] Allerdings muss man in Preußen ebenso wie in Süd- und Westdeutschland eine Diskrepanz zwischen Anspruch und Wirklichkeit konstatieren. Denn ungeachtet aller Errungenschaften, die mit den preußischen und rheinbündischen Reformen verbunden waren: Sie erreichten bei Weitem nicht das ihnen zugedachte Ausmaß; vor allem aber dienten sie primär militärischen Zwecken. Als mit der Niederlage Napoleons der von

Frankreich direkt oder indirekt ausgeübte Reformdruck wegfiel, ließ der Reformeifer abrupt nach und viele Reformprojekte wurden ausgebremst oder rückgängig gemacht. Unter Friedrich Wilhelm III., dem Hardenberg zwei Verfassungsversprechen abgerungen hatte (die nicht eingelöst wurden), zählte Preußen gemeinsam mit Österreich zwischen 1815 und 1848 schließlich zu den politisch rückständigsten Ländern in Deutschland.

Konstitutionalisierung im Deutschen und im Norddeutschen Bund (1815–1866/71)

Nach dem endgültigen Sieg über Napoleon in Waterloo am 18. Juni 1815 gelang es Preußen, sich wieder als zweite deutsche Großmacht neben Österreich zu etablieren. Auf dem Wiener Kongress war bereits am 9. Juni 1815 eine territoriale und politische Neuordnung Mitteleuropas beschlossen worden, die die Errichtung eines Staatenbundes vorsah, in dem die einzelnen Länder weitgehend ihre Autonomie wahren konnten. Obwohl dieser Deutsche Bund (1815–1866) den Menschen Mitteleuropas eine im Vergleich zum 17. und 18. Jahrhundert verhältnismäßig lange Zeit des Friedens bescherte, haben ihn Generationen von Historikern negativ beurteilt: als Hemmschuh für die Konstitutionalisierung Deutschlands und die Herausbildung eines deutschen Nationalstaates. Tatsächlich hatten die im Bund versammelten Fürsten, darunter nicht nur deutsche Oberhäupter, sondern auch der König von Großbritannien und Irland (für Hannover), der dänische König (für Holstein und Lauenburg) und der König der Niederlande (als Großherzog von Luxemburg), kaum ein Interesse an einem

Diese Radierung von 1816, die eine Tagung der Gesandten aller Bundesstaaten des Deutschen Bundes in Frankfurt am Main zeigt, trägt den Titel „Deutschlands Hoffnung".

deutschen Nationalstaat. Weder dem österreichischen Kaiser noch dem preußischen oder dem bayerischen König war daran gelegen, seine Souveränität an einen übergeordneten Fürsten abzutreten.

Weniger Einigkeit bestand hinsichtlich der Verfassungsfrage. Artikel 13 der Kongressakte sah vor, dass „in allen Bundesstaaten […] eine landständische Verfassung stattfinden" werde,[49] ließ aber offen, wann dies geschehen solle und wie dies inhaltlich umzusetzen sei. In Baden, Württemberg, Bayern und Hessen-Darmstadt nutzte man diese Klausel, um eine verhältnismäßig moderne Verfassung zu verabschieden, in Preußen und Österreich dagegen nicht. Eine Verfassung und ein Parlament, wie es in Karlsruhe, Stuttgart, München oder Darmstadt bestand, blieben den preußischen Untertanen verwehrt. Die acht zwischen 1824 und 1827 eingerichteten Provinzialstände verfügten kaum über Kompetenzen; sie unterstanden königlicher Aufsicht und „entwickelten sich zu Trägern eines konservativen Regionalismus".[50] Von einem Reformeifer, wie er bedingt unter Friedrich II. und dann vor allem unter Stein und Hardenberg zu beobachten gewesen war, konnte seit dem Wegfall des von Frankreich ausgeübten Reformdrucks in Preußen keine Rede mehr sein. Im Gegenteil: Alle diejenigen, die sich für einen liberalen oder gar demokratischen Nationalstaat starkmachten, fielen nun politischer Verfolgung anheim oder wurden an den Rand gedrängt.

Davon waren nicht einmal so loyale Mitstreiter der preußischen Krone ausgenommen wie der Generalfeldmarschall August Graf Neidhardt von Gneisenau (1760–1831), der schon im April 1815 mit Verbitterung registrierte, dass man ihn „unter die Jakobiner und Revolutionäre" rechnete.[51] Vor allem aber traf es Demokraten, Liberale und Nationalisten. Eines der ersten Opfer war der frankophob-ultranationalistische Friedrich Ludwig Jahn (1778–1852), der nicht nur eine fünfjährige Haft verbüßen musste, sondern nach seiner Freilassung noch jahrelang unter Polizeiaufsicht stand und sich nicht mehr in Berlin niederlassen durfte – und das obwohl ihn der für den Fall zuständige Richter, der zu diesem Zeitpunkt schon als Schriftsteller erfolgreiche E. T. A. Hoffmann (1776–1822), der Mitglied der in Berlin eingerichteten „Immediat-Untersuchungskom-

mission zur Ermittlung hochverräterischer Verbindungen und anderer gefährlicher Umtriebe" war, hatte freilassen wollen. Die Härte des Staates war eine Reaktion auf den Mordanschlag eines deutschen Nationalisten auf den Dichter August von Kotzebue (1761–1819). Mit den daraufhin gefassten Karlsbader Beschlüssen von 1819 wurde die Meinungsfreiheit im Deutschen Bund drastisch eingeschränkt. Pressezensur und Überwachung von Universitätsprofessoren standen fortan auf der Tagesordnung, Denunziationen und Verhaftungen haben dieser Zeit den Stempel „Restaurationsepoche" aufgedrückt.

Andere bezeichneten die Jahrzehnte mit Blick auf die Reaktionen des Bürgertums auch als „Biedermeier": eine Zeit, geprägt durch „eine resignierte Abwendung von der Politik, einen bewußten Rückzug in die eigene Behausung, die man, sofern die Mittel dazu ausreichten, so wohnlich wie möglich zu machen suchte." Zumindest in den besser gestellten Kreisen (nicht nur Berlins) scheint sich „ein apolitischer, auf Behaglichkeit und Beschaulichkeit ausgerichteter bürgerlicher Wohn- und Lebensstil mit einem ausgeprägten geselligen Leben, künstlerischen und literarischen Interessen und starken Anleihen bei der Romantik" durchgesetzt zu haben. Langfristig indes führten „Demagogenriecherei" und „Verfolgungshysterie" dazu, dass „sich die Verbundenheit von Dynastie und Hauptstadt lockerte" und einer Entfremdung zwischen Krone und Bevölkerung wich.[52]

Eine solche Entfremdung zeichnete sich vor allem in der in Burschenschaften organisierten Studentenschaft, unter Intellektuellen und in den Unterschichten ab. Schon das Ausmaß politischer Verfolgung zeugt davon, wie groß der Widerstand gegen die restaurative Politik Preußens gerade in diesen gesellschaftlichen Gruppen Berlins gewesen sein muss. Gelegentlich kam es sogar zu handgreiflich ausgetragenen Konflikten, so etwa im Jahre 1820 am Oranienburger Tor, als Bürger aus den unteren Schichten mit „Lang-lebe-Napoleon"-Rufen einen Tumult auslösten,[53] oder im September 1830, als es infolge der Pariser Julirevolution zu einem „revolutionären Aufmucken und zu einer für Berliner Verhältnisse beispiellosen Demonstration", der sogenannten Schneiderrevolution, kam.[54] Dabei handelte es sich um einen mehrtägigen Aufruhr, dem neben eher randständigen Forderungen nach einer

Abschaffung der Hundesteuer und für die Raucherlaubnis im Tiergarten durchaus revolutionäre Absichten zugrunde lagen. Das ist einem von der Polizei abgefangenen Anschlagzettel zu entnehmen, der zwar weniger radikal ausfiel als Georg Büchners (1813–1837) 1834 verteilter und auch heute noch berühmter „Hessischer Landbote", der aber dennoch auf eine fundamentale politische Neuordnung ausgerichtet war:

„Auf, auf, ihr Teutsche! Schüttelt das Joch ab, welches seit 15 Jahren immer drückender geworden ist. Blickt nach Süden und Westen, da seht ihr ein ruhmvolles Beispiel, wie sich andere Nationen mit Gewalt ihre Freiheit erkämpfen. Wollen wir diesen nachstehen? Wollen wir noch länger Sklaven bleiben? Nein, brave teutsche Mitbrüder! Fort mit der absoluten Gewalt! Nieder mit den Händen der Tyrannei, den Gendarmen. Es lebe die Nation, es lebe eine repräsentative Verfassung! Es lebe der konstitutionelle König!" [55]

Die Berliner Stadtbehörden ließen von Anfang an nichts unversucht, jedweden Protest im Keim zu ersticken: Es kam zu Festnahmen, brutaler Gewalt, Drohungen und paternalistisch gehaltenen Appellen („Unser theurer König, den wir Alle so innig lieben, muß mit Mißfallen dies unbedachte Zusammenlaufen bemerken"). Aber erst nach einer Woche gelang es der Polizei, die Unruhen niederzuschlagen. Über 200 Personen wurden verhaftet, von denen fast alle zu Peitschenhieben, Arrest oder Arbeitshaus verurteilt wurden. So groß war die Zahl der politisch Verfolgten in Berlin, dass man sich veranlasst sah, neue Gefängnisse zu bauen. [56]

Im Rückblick mutet es grotesk an, wie massiv die Staatsgewalt mitunter auf geringste Vorkommnisse reagierte. Das zeigte sich auch im Jahre 1835 bei einem Volksfest anlässlich des Geburtstags Friedrich Wil-

Rückzug ins Private: Die Familie des Berliner Schlossermeisters C.F.A. Hauschild aus der Stralauer Straße 49, Gemälde von Eduard Gärtner, 1843

helms III., als Polizei und Gendarmerie mit aller Gewalt gegen den Einsatz von Feuerwerkskörpern vorgingen, was eine mehrtägige Straßenschlacht mit über 100 Schwerverletzten und sogar zwei Toten zur Folge hatte. Dass sich diese „Feuerwerksrevolution" gegen die Obrigkeit, keineswegs aber gegen die Person Friedrich Wilhelms III. selbst richtete, spricht für die Beliebtheit des Herrschers bei den Berlinern: dass man „alles was Gutes in Preußen geschah", dem König zuschrieb, „seiner Gerechtigkeit und seiner Gutmütigkeit, während man die Summe der unbeliebten Maßnahmen, vom Bruch des Verfassungsversprechens bis zu den Demagogenverfolgungen, seinen Ministern und Ratgebern anlastete."[57] Offensichtlich hätte man sich zu diesem Zeitpunkt noch mit der Einführung einer konstitutionellen Monarchie wie in Baden, Bayern oder Württemberg, mit dem König als Souverän, einer Verfassung und einem parlamentarischen Mitbestimmungsorgan zufriedengegeben. Die Hoffnungen der Bevölkerung auf den König waren dabei keineswegs so naiv, wie es rückblickend erscheinen mag. Oftmals handelte es sich bei den an die Krone gerichteten Appellen und Wünschen um taktische Manöver: Man versuchte den König zu vereinnahmen, um ihn gegen seine Entourage auszuspielen.

Offensichtlich bemühte man auch 1840 eine solche Taktik. Als Friedrich Wilhelm IV. (bis 1861 König von Preußen) die Nachfolge seines im Juni verstorbenen Vaters antrat, richteten sich auf ihn die Hoffnungen zahlreicher Liberaler. Tatsächlich schien der neue König zunächst einen Kurswechsel vorzunehmen, was sich in einer Amnestie für politische Gefangene, einer gelockerten Pressezensur und einer liberaleren Berufungspolitik an der Berliner Universität niederschlug. Aber schon bald folgten Ernüchterung und schließlich Enttäuschung. Noch im Jahr seines Regierungsantritts machte der König deutlich, dass er nicht daran dachte, eine Verfassung, wie sie in den süd- und mitteldeutschen Staaten längst existierte, auch in Preußen einzuführen, und demonstrierte durch unpopuläre Personalentscheidungen bei der Besetzung von Regierungs-, Gerichts- und Universitätsposten seine konservativ-reaktionäre Grundeinstellung, sodass er „ein gutes halbes Jahr nach seinem Regierungsantritt [...] bei den Liberalen allen Kredit verspielt" hatte.[58]

Die französische Julirevolution inspirierte die Berliner, es den Franzosen gleichzutun. Straßenkämpfe vor dem Rathaus in Paris. Farblithografie nach F. Hoffbauer

1840 huldigten die preußischen Stände dem neuen König Friedrich Wilhelm IV. vor dem Berliner Stadtschloss. Zeitgenössisches Gemälde von Franz Krüger

Über den Kreis bildungsbürgerlicher Reformkräfte und einen kleinen Zirkel radikaler Intellektueller hinaus – zu dem auch der 1836 bis 1841 in Berlin studierende Karl Marx (1818–1883) zählte – begannen sich nun auch Menschen aus dem Volk für die Verfassungsfrage zu interessieren. Der Anstoß dazu kam aus der Peripherie des Königreiches, aus dem ostpreußischen Königsberg. Im Jahre 1841 veröffentlichte der Arzt Johann Jacoby (1805–1877) zunächst anonym eine Schrift, in der er eine Verfassung und ein Parlament forderte:

„Seit drei Jahrzehnten deuten Preußens Geschichte und Preußens Gesetzgebung gleich unabweisbar auf die Nothwendigkeit einer Volksvertretung hin; nur durch sie kann der Beamten-Willkür Einhalt geschehn, nur durch sie kann des Volkes Stimme zum Throne gelangen und zwischen Regierung und Regierten das Vertrauen wieder hergestellt werden, welches allein bei künftigen politischen

Stürmen (und schon ziehen die Wolken dicht zusammen) das Land vor dem Schicksale des Jahres 1807 zu schützen vermag.“[59]

Obwohl Jacoby sich explizit auf das von Friedrich Wilhelm III. gegebene Verfassungsversprechen bezog und dessen Nachfolger einzubinden versuchte, indem er ihm ein Exemplar mit Widmung zukommen ließ, versuchte Friedrich Wilhelm IV., ihn auf juristischem Wege auszuschalten – ein Vorgehen, das sich als kontraproduktiv erweisen sollte. Denn nicht nur endete der gegen Jacoby angestrengte Hochverratsprozess 1843 mit einem Freispruch; Jacoby und seine Publikationen wurden nun auch einem größeren Kreis der Berliner bekannt.

Zu diesem Zeitpunkt war die Stadt bereits im Begriff, sich zu einem Zentrum oppositioneller Liberaler und radikaler Demokraten zu entwickeln, die in Weinstuben und Cafés (beispielsweise im Café Kranzler an der Ecke Friedrichstraße/Unter den Linden) miteinander diskutierten. Von diesen Intellektuellen sollten einige nicht nur ideengeschichtliche (wie der individualistische Anarchist Max Stirner [1806–1856]), sondern auch weltpolitische Bedeutung entfalten wie Marx und Friedrich Engels (1820–1895), der hier 1841/42 seinen Militärdienst

ableistete und Vorlesungen besuchte. Darüber hinaus begannen sich nun auch Teile der Unterschichten zu politisieren. In seinen „Erinnerungen eines Achtundvierzigers" hat der Buchdrucker und Protagonist der deutschen Arbeiterbewegung Stephan Born (1824–1898) berichtet, wie er 1845 dem zwei Jahre zuvor gegründeten

> Berliner Lesecafés trugen zur Intellektualisierung breiter Bevölkerungskreise bei. Dieses Gemälde von Gustav Taubert (1832) heißt „Alles liest alles".

Berliner Handwerkerverein beitrat, der sich unversehens in eine „Bildungsstätte für heranwachsende Revolutionäre" wandelte:

„In dem Vereine wurden belehrende Vorträge gehalten. Die Beantwortung der eingelaufenen Fragen gab zu Diskussionsübungen Gelegenheit. Der Verein hatte seinen Männerchor, sogar seinen Kreis junger Poeten aus dem Handwerkerstande. Mein erstes Auftreten mit einem Liede „Der Bettelmann", zu dessen sentimentaler Melodie ich den Text gedichtet hatte, war, wie alles, was der politischen Stimmung der Zeit Ausdruck gab, von ungeheurem Erfolg. Der vor der Pforte des Palastes singende Bettelmann war das Volk, dem in der letzten Strophe zugerufen wurde, um die Freiheit dürfe man nicht betteln, man müsse sie sich erkämpfen. Das Gedicht war recht gering, seine Wirkung aus dem angegebenen Grunde trotzdem sehr groß. [...] In dem Berliner Handwerkerverein atmete man in jenen Tagen den Lebensodem einer für Deutschland nahenden neuen Geschichtsepoche."[60]

Rückblickend behauptete Born gar, dass „schärfere Geister" im Berliner Handwerkerverein schon 1845/46 die Bildung einer „sozialdemokratischen Arbeiterpartei" hätten vorhersehen können. Von einer organisierten Massenpartei im modernen Sinne konnte freilich zu diesem Zeitpunkt noch keine Rede sein. Immerhin trat nun die soziale Frage in all ihrer Dringlichkeit zusehends neben die Forderungen nach einer Verfassung und einem deutschen Nationalstaat. Allmählich wurde sich Friedrich Wilhelm IV. bewusst, dass er Zugeständnisse machen musste, um Schlimmeres zu verhindern. Halbherzig stellte er 1844 die Einberufung eines Vereinigten Landtages, eine Versammlung der acht preußischen Provinzialstände in Aussicht, die tatsächlich im April 1847, mit äußerst geringen Kompetenzen ausgestattet, im Berliner Stadtschloss zusammenkam. Schon in seiner Eröffnungsrede am 11. April 1847 machte der König klar, dass er eine Konstitutionalisierung und Parlamentarisierung Preußens strikt ablehnte:

„Es drängt Mich zu der feierlichen Erklärung: daß es keiner Macht der Erde je gelingen soll, Mich zu bewegen, das natürliche, gerade bei uns durch seine innere Wahrheit so mächtig machende Verhältniß zwischen Fürst und Volk in ein conventionelles, constitutionelles zu wandeln, und dass Ich es nun und nimmermehr zugeben werde, dass sich zwischen unseren Herr Gott im Himmel und dieses Land ein beschriebenes Blatt [eine Verfassung] gleichsam als zweite Vorsehung eindränge, um uns mit seinen Paragraphen zu regieren und durch sie die alte, heilige Treue zu ersetzen."

Großzügig gewährte der König den Abgeordneten das Recht, Bitten und Beschwerden vorzubringen, machte aber gleichzeitig klar:

„Das aber ist ihr Beruf nicht: ‚Meinungen zu repräsentiren', Zeit- und Schulmeinungen zur Geltung bringen zu sollen. Das ist völlig undeutsch und obendrein völlig unpraktisch [...] denn es führt nothwendig zu unlösbaren Konflikten mit der Krone, welche nach dem Gesetze Gottes und des Landes und nach eigener Bestimmung herrschen soll, aber nicht nach dem Willen von Majoritäten regieren kann und darf."[61]

Spätestens zu diesem Zeitpunkt musste auch allen gemäßigten Liberalen klar geworden sein, dass von diesem „Romantiker auf dem Thron"[62] keine politische Modernisierung zu erwarten war. In seinem Tagebuch hat der Schriftsteller und Diplomat Karl August Varnhagen von Ense (1785–1858), der Ehemann der berühmten Salonnière, die entsprechenden Reaktionen in der Berliner Bevölkerung, den „scharfen Tadel gegen des Königs Rede", der sich „überall ohne Scheu mit Nachdruck" aussprach, festgehalten:

„‚Keine Zeile, die nicht unwahr oder albern wäre [...]' – ‚Bisher konnte man von Unsinn, jetzt muß man von Wahnsinn reden.' – ‚Der hat Karl's des Zehnten Geschichte [dessen restaurative Maßnahmen die Pariser Juli-Revolution 1830 ausgelöst hatten] schon vergessen.'"[63]

Friedrich Wilhelm IV. bei der Eröffnungsfeier des Vereinigten Landtages am 11. April 1847, zeitgenössischer Holzstich

Es war Sonntag, und die öffentlichen Locale waren daher gefüllt. Allein nirgends konnten wir, wie sehr wir auch spähten und lauschten, selbst nur das geringste Zeichen von Theilnahme an dem für den nächsten Tag bevorstehenden wichtigen Ereigniß entdecken. Auch als die Thronrede in der Staatszeitung gedruckt erschien, war davon, daß etwa ein Zudrang zu den Ausgabestellen des Blattes stattgefunden hätte, nichts zu entdecken. Und eben so wenig sah man am Tage der Eröffnung selbst ein Zusammenströmen von Menschen oder Kundgebungen von Sympathien für die Vertreter des Volkes. "[64]

Indes, die Mehrheit der Berliner hatte von Anfang an kein sonderliches Interesse für dieses Pseudo-Parlament, wie man in den Erinnerungen des Philosophen und Politikers Karl Biedermann (1812–1901) lesen kann:

„Auffallend war mir die Theilnahmlosigkeit der Berliner Bevölkerung angesichts der Eröffnung des Vereinigten Landtags. Ich war auf meiner Reise nach Berlin mit einem jungen Schriftsteller, Emil Frensdorf, zusammengetroffen und bekannt geworden, der in Belgien seine journalistische Schule gemacht hatte und nun, gleich mir, diese epochemachende Wandlung der Dinge in Preußen aus der Nähe beobachten wollte. […]

Tatsächlich galt die Aufmerksamkeit der Berliner eher den bedrückenden Arbeitsbedingungen und der Armut, unter der weite Kreise der städtischen Bevölkerung litten. Schon 1844 hatten die Berliner Kattundrucker ihre Arbeit niedergelegt. Drei Jahre später erfasste der Protest gegen die soziale Lage weite Kreise der Stadt. Noch bevor der Vereinigte Landtag zu Ende gegangen war, entlud sich die angespannte Stimmung in der sogenannten Kartoffelrevolution, einer aufgrund der gestiegenen Lebensmittelpreise ausgelösten Protestbewegung, die auch vor Symbolen der königlichen Macht nicht haltmachte. Auch das hat Biedermann in einem noch im selben Jahr erschienenen Buch anschaulich beschrieben:

„Die materielle Noth war auf einen bedenklichen Höhepunkt gestiegen; tumultuarische Auftritte, durch die Verzweiflung der hungernden und hülflosen Menge und durch einzelne wucherische Erpressungen beim Verkaufen der ersten Lebensmittel veranlaßt, hatten in mehreren Städten der Monarchie bereits stattgefunden. Jetzt begannen sie auch in der Hauptstadt, unter den Augen des Königs und der versammelten Stände. Drei Tage lang wiederholten sich die Exzesse; eine entfesselte Menge wogte durch die Straßen und auf den öffentlichen Plätzen, zerstörte, plünderte, mishandelte. [...] Die Polizei und das Militär, sonst so rasch zur Hand und so bereit zum strengen Einschreiten, kamen diesmal fast überall entweder zu spät oder griffen nur schwach ein und bestärkten dadurch den Muthwillen der erregten Masse. Die Bürger, eine allgemeine Entfesselung des Pöbels und die Zerstörung oder Plünderung ihres Eigenthums fürchtend, boten ihre Hülfe zur Unterdrückung der Ruhestörungen an und baten um die Erlaubniß, eine Bürgerwache bilden zu dürfen; der Minister des Innern wies diesen Antrag zurück – man fand es bedenklich, dem Gedanken der Selbstregierung bei den Bürgern Nahrung zu geben und die Illusionen von der Allmacht und Alleinberechtigung der Polizei und des Militärs zu schwächen. Doch fing man jetzt an, etwas ernster gegen die Tumultuanten zu verfahren, und in Kurzem war die Ruhe hergestellt." [65]

Kartoffelhändler werden von aufgebrachten Berlinern verprügelt.
Zeitgenössische Lithografie von Vinzenz Katzler

Es waren fast ausschließlich Frauen, die diesen Aufstand ausgelöst und dabei auch Gewalt gegen die Kartoffelhändler ausgeübt hatten. Das erklärte sich nicht nur aus dem Umstand, dass Frauen für den Einkauf zuständig waren, derweil „daheim Gatte und Kinder auf eine sättigende Mahlzeit warteten".[66] Vielmehr handelt es sich um ein Indiz einer fundamentalen Politisierung, die längst auch die Frauen erfasst hatte. Seit den 1840er-Jahren engagierten sich bürgerliche Frauen nicht nur in der sozialen Frage – in Berlin allen voran Bettina von Arnim (1785–1859) mit einem dem König gewidmeten Buch.[67] Auch Forderungen nach weiblicher Partizipation kamen nun auf die Agenda liberaler wie katholischer und protestantischer Gruppierungen. So entstand 1848 „eine erste, in lokalen Vereinen organisierte und durch ein überregionales Publikationsorgan verbundene Frauenbewegung".[68] In den Unter- und in den Mittelschichten, unter Männern wie Frauen, herrschte 1847 eine weitverbreitete Unzufriedenheit mit der allgemeinen Lage. Die Zeit, so schien es, war reif für eine tief greifende Umwälzung der politischen und gesellschaftlichen Verhältnisse.

Bis weit ins 20. Jahrhundert löste der Begriff „Revolution" höchst unterschiedliche Reaktionen aus. Konservative assoziierten damit vor allem Gewaltexzesse, Chaos und Terrorpolitik, während radikale Demokraten und Sozialisten an grundlegenden Wandel, Verbesserung und Fortschritt dachten. Karl Marx bezeichnete Revolutionen gar als die „Lokomotiven der Geschichte".[69] Auch heute noch spielen sie in der amerikanischen, französischen und russischen Geschichtskultur eine derart dominante Rolle, dass man geneigt ist, die historische Entwicklung Europas und Nordamerikas primär mit den revolutionären Ereignissen von 1763/83, 1789 und 1917 in Verbindung zu bringen. Dabei bildeten Revolutionen im 19. und 20. Jahrhundert eher die Ausnahme als die Regel. Es mussten schon zahlreiche Faktoren, situative wie strukturelle, politische wie sozioökonomische, zusammenkommen, damit sich verschiedene Gruppen aus zum Teil höchst unterschiedlichen Motiven engagierten und es zu einer veritablen Revolution kam.

Und es bedurfte eines Anlasses, einer Initialzündung. Die kam – wieder einmal – aus Paris. Dort war am 24. Februar 1848 König Louis Philippe (reg. seit 1830) gestürzt und die konstitutionelle Monarchie durch eine demokratische Republik ersetzt worden. Noch am selben Tag versammelten sich im nahe Frankreich gelegenen Mannheim zahlreiche Bürger, deren sogenannte Märzforderungen nach Pressefreiheit, einer Verfassung und einer Nationalrepräsentation binnen weniger Tage auch in anderen süddeutschen Städten und schließlich in ganz Deutschland kursierten. Allerorts sahen sich nun die Fürsten mit einem derart massiven Volkswillen konfrontiert, dass sie unverzüglich nachgaben und die Bildung neuer Regierungen, sogenannter Märzministerien, zuließen. Zu spät, wie Varnhagen von Ense in seinem Tagebucheintrag vom 6. März 1848 meinte:

„Eines kränkt und beschämt mich immerfort, daß wir Deutschen nichts aus uns selbst, daß wir alles aus Frankreich bekommen als Nebenwirkung und Nachtrag der dortigen Ereignisse. Jedes Zugeständniß der bestürzten Regierungen ist mir ein Stich durchs Herz. Schande über Schande, daß sie jetzt alle eilig geben, was sie mehr als dreißig Jahre mit dünkelvollem Trotz verweigert haben! Und das bischen Pressefreiheit, das bischen Vereinigungsrecht, das bischen Freiheit für die Stände, wie bald werden sie es wieder verkümmern!"[70]

Einen Tag später erreichten die Märzforderungen auch Berlin, wo sie von einer Bürgerversammlung, „in tiefster Unterthänigkeit" an den König gerichtet, verabschiedet wurden.[71] Allerdings taten sich die preußischen wie kommunalen Eliten bei deren Annahme weitaus schwerer als andernorts, denn der König und seine Berater „sahen in einem solchen Akt der ,Zudringlichkeit' ein bedenkliches Zeichen drohenden demokratischen Umsturzes; man winkte ungnädig ab [...]. Die Adressenbewegung [...] schien in Berlin zur Farce zu geraten". Es war wohl vor allem den verarmten Volksmassen zu verdanken, dass sich die Stimmung allmählich radikalisierte und sich der Konflikt zusehends ins Innere der Stadt verlagerte. Schon am 13. März kam es zu ersten Zusammenstößen mit dem Militär, zum Barrikadenbau und zum Einsatz von Waffen; kurz darauf waren die ersten

Toten und Verletzten zu beklagen. In dieser emotional aufgeladenen Atmosphäre entwickelte sich Militärhass zu einem „Grundgefühl in der Berliner Bevölkerung", und die „Erfahrung ohnmächtiger Hilflosigkeit verlieh dem Feindbild ‚Militär' irrationale Züge", derweil die Soldaten „zunehmend schießfreudiger" wurden und „untere Chargen […] voreilige Angriffskommandos" gaben.[72] Als bekannt wurde, dass der österreichische Staatsmann und Außenpolitiker Clemens Fürst von Metternich (1773–1859), die verhasste Gallionsfigur der deutschen Restauration, am 13. März 1848 zurückgetreten und aus Wien geflohen war, zeigte sich der preußische König endlich zu einer Liberalisierung und Konstitutionalisierung der preußischen Monarchie bereit. Mittlerweile schien sich aber auch das Volk an den Gedanken gewöhnt zu haben, „im offenen Kampf dem Militär zu widerstehen und eine Revolution zu machen".[73] Offensichtlich hatte die Protestbewegung bereits eine solche Eigendynamik entwickelt, dass ihr weder von oben noch von unten beizukommen war. Auf einer am 18. März 1848 vor dem Berliner Schloss stattfindenden Volksversammlung, auf der man den

König jubelnd empfing und sein Innenminister Ernst von Bodelschwingh (1794–1854) die Einführung der Pressefreiheit, die Umwandlung Preußens in eine konstitutionelle Monarchie und eine Lösung der nationalen Frage in Aussicht stellte, sollte die Situation eskalieren. Die Jubelversammlung schlug um in eine Protestdemonstration: „König, Minister und Stadthonoratioren sahen hilflos, wie ihnen die Massen entglitten." Anstatt der Forderung nach einem Abzug des Militärs entgegenzukommen, gab Friedrich Wilhelm IV. nun General Karl Ludwig von Prittwitz (1790–1871) den Befehl, dass er mit seiner Kavallerie „den Schloß-Platz säubern und dem dort herrschenden Skandal endlich ein Ende machen solle" – ohne das Gewehr aufzunehmen.[74] Als dennoch zwei Schüsse fielen, fühlte sich die Menge verraten, Panik brach aus und die Barrikadenkämpfe begannen. Der später weltberühmte Mediziner Rudolf Virchow (1821–1902) hat diesen revolutionären Moment in einem Brief an seinen Vater festgehalten:

Angriff auf die Barrikade am Alexanderplatz am 18. März 1848. Zeitgenössische Kreidelithografie

Keine furchteinflößende Truppe: Schlafende Posten der Bürgerwehr vor der Wohnung Friedrich Wilhelms IV. im Berliner Schloss. Gemälde von Eduard Grawert, 1848

„Alles schrie Verrath und Rache. In wenig Stunden war ganz Berlin unter Barrikaden, u. wer Waffen bekommen konnte, rüstete sich. Leider war aber die Zahl der grösseren Schiessgewehre ausserordentlich klein, da die Waffenhändler ihren Vorrath hatten abliefern müssen u. die Berliner nur ausnahmsweise Büchsen oder Flinten besitzen. Gegen 4 Uhr standen in Berlin etwa 25 000 Mann Militär unter den Waffen, da durch Zuzug von Potsdam, Charlottenburg, Spandau, Stettin, Frankfurt, Guben u. Halle die Garnison bedeutend verstärkt war. Die Zahl der kämpfenden Bürger lässt sich nicht angeben. Der Kampf begann, ich weiss nicht mehr genau wann, es mag gegen 5 Uhr gewesen sein. Zum erstenmal seit der französischen Revolution des vorigen Jahrhunderts, zum erstenmal seit dem Beginn der deutschen Geschichte ist es vorgekommen, dass ein Landesfürst auf seine Unterthanen mit Kanonen hat schiessen lassen; das Kleingewehrfeuer genügte nicht – nein, Kartätschen u. Granaten liess er in das Volk schleudern. Der Kampf wüthete gleichzeitig an 3 Punkten: in der Nähe des Schlosses, in der Königsstadt u. in der Friedrichsstadt; erst in der Nacht um 2 Uhr begann er an einem 4ten Punkt an der Marschallsbrücke in unserm Viertel. "[75]

Ein noch in derselben Nacht erlassener Aufruf „An meine lieben Berliner", in dem der König seine „treue Gesinnung" beteuerte, eine „meist aus Fremden" bestehende „Rotte von Bösewichtern" für die Eskalation verantwortlich machte und an die „Wohlgesinnten" appellierte, die Barrikaden zu räumen, verhallte ungehört.[76] Schließlich sah sich der König gezwungen, das Feuer einstellen zu lassen und das Militär abzuziehen. Ja, er zeigte sich sogar bereit, bei einem Ritt mit Generälen und Ministern durch Berlin am 21. März 1848 eine schwarz-rot-goldene Armbinde anzulegen und einen Tag später 183 zivilen Opfern der Straßenkämpfe, den sogenannten Märzgefallenen, die letzte Ehre zu erweisen, bevor sie auf einem im heutigen Volkspark Friedrichshain eingerichteten Gräberfeld bestattet wurden.

Des Weiteren bewilligte Friedrich Wilhelm IV. eine bewaffnete Bürgerwehr, setzte eine Märzregierung unter Ministerpräsident Ludolf Camphausen (1803–1890) ein, führte die Vereins- und Pressefreiheit ein, erließ eine Amnestie für politische Gefangene und signalisierte eine Unterstützung der Idee eines nationalen Bundesstaats („Preußen geht fortan in Deutschland auf"[77]). Am 1. Mai 1848 wurden zudem Wahlen durchgeführt, an der sich alle über 24 Jahre alten und nicht auf die städtische Armenfürsorge angewiesenen Männer beteiligen durften. Neben der deutschen Nationalversammlung in Frankfurt am Main konstituierte sich in der Folge auch eine Preußische Nationalversammlung in Berlin. Spätestens jetzt zeigte sich, wie tief der Graben zwischen der Krone und der Bevölkerung der Hauptstadt geworden war. Denn unter den zehn von den Berlinern gewählten Repräsentanten befand sich kein einziger konservativer Abgeordneter. Im Gegensatz zum Stadtparlament, das nur von 25 000 ausschließlich begüterten Bürgern gewählt wurde und dementsprechend ausschließlich aus konservativen und gemäßigt-liberalen Honoratioren bestand, waren die Berliner Abgeordneten der Preußischen Nationalversammlung allesamt der demokratischen Linken zuzuordnen.[78]

Allerdings zeichnete sich bereits jetzt ein Auseinanderbrechen der revolutionären Basis ab. Einschlägige Quellen lassen vermuten, dass sich unter den 3000 bis 4000 Barrikadenkämpfern und den Zehntausenden von Unterstützern Angehörige „aller sozialen Schichten", Fabrikanten, Kaufleute, Beamte, Bildungsbürger, Studenten, Handwerker, Arbeiter und Tagelöhner, ja sogar Frauen und Kinder, befanden.[79] Auch in politischer Hinsicht spannte sich der Bogen der Märzbewegung recht weit: von gemäßigten Liberalen über radikale Demokraten bis zu (wenn auch vergleichsweise wenigen) Sozialisten und Kommunisten. Viele von ihnen organisierten sich in Vereinen oder gruppierten sich um Zeitungen, wodurch eine neue politische Öffentlichkeit entstand, die auf eine Überwindung des alten politischen und gesellschaftlichen Systems abzielte.

Doch diese Allianz war nur von kurzer Dauer. Denn die nun einsetzenden politischen Debatten und sozialen

Am 11. November 1848 wird in Berlin die Bürgerwehr entwaffnet. Im Hintergrund ist die Friedrichswerdersche Kirche zu sehen. Zeitgenössische kolorierte Lithografie (Neuruppiner Bilderbogen)

Konflikte polarisierten zusehends die städtische Bevölkerung, von der sich ein Teil schon im März 1848 für die Rückkehr des Militärs als Ordnungsfaktor aussprach – eine Petition, der vonseiten der neuen Regierung stattgegeben wurde. In den folgenden Monaten verschlechterte sich das Verhältnis zwischen der Bürgerwehr und der politischen Linken. Es kam verschiedentlich zu Zusammenstößen, unter anderem zu einem Sturm auf das Zeughaus am 14. Juni. Am 16. Oktober 1848 schoss die Bürgerwehr auf Arbeiter auf dem Köpenicker Feld. Unter dem Eindruck der in Wien eine Woche später einsetzenden Konterrevolution (23. Oktober bis 1. November 1848) verschärften sich die gewaltsam ausgetragenen Konflikte zwischen Bürgerwehr und Demonstranten ein weiteres Mal, sodass die Märzbewegung schließlich auseinanderbrach.

Nun griff der König tatsächlich durch. Am 1. November berief er mit Friedrich Wilhelm Graf von Brandenburg (1792–1850) einen konservativen Ministerpräsidenten; am 9. November 1848 befahl er, den Sitz des links dominierten Parlaments gegen dessen Widerstand nach Brandenburg zu verlegen; am 10. November ließ er in Berlin die Armee einrücken und den Sitzungssaal versperren; am 12. November wurde der Belagerungszustand über Berlin ausgerufen, auch eine Entwaffnung wurde durchgeführt. Als daraufhin das Parlament zu einer allgemeinen Steuerverweigerung aufrief, wollten ihm viele Bürger aus Angst vor einer weiteren Eskalation nicht mehr folgen. Am 5. Dezember wurde es dann endgültig aufgelöst.

Resignation und eine allgemeine Revolutionsmüdigkeit hatten sich über die Stadt gelegt. Während in der Frankfurter Paulskirche bis Mai 1849 und im Stuttgarter Rumpfparlament noch bis zum 18. Juni 1849 getagt wurde, während im Rahmen der sogenannten Reichsverfassungskampagne in der Pfalz, in Sachsen und in Baden Aufstände ausbrachen, war es in Berlin nach Anbruch des Jahres 1849 längst wieder still. Daran änderten auch im Januar 1849 abgehaltene Neuwahlen des Abgeordnetenhauses, der nunmehr nur noch zweiten Kammer des neuen Preußischen Landtags, nichts – zumal auch dieses Parlament, das sich für die Annahme der Reichsverfassung aussprach, im Mai 1849 aufgelöst wurde. An die Stelle des gleichen Männerwahlrechts trat nun ein Dreiklassenwahlrecht, das das Stimmgewicht von der Steuerleistung abhängig machte und damit seinen restaurativen Zweck ebenso wenig verfehlen sollte wie die zahlreichen repressiven Maßnahmen, welche die ein Jahr zuvor erkämpften Freiheiten wieder erheblich einschränkten.

Die Revolution scheiterte nicht nur in Wien und Berlin, aber sie scheiterte vor allem hier. Dass die Konterrevolution ausgerechnet in den beiden größten und wichtigsten deutschen Staaten so früh so erfolgreich war, dass sich erst der österreichische Kaiser und dann auch der preußische König weigerten, die Krone eines konstitutionellen Kaisertums anzunehmen, all das hat die Niederlage der deutschen Revolution von 1848/49 entscheidend befördert. Insofern war die Berliner Märzrevolution mehr

Das war der Moment, in dem der König und seine Entourage Morgenluft witterten, um die Hauptstadt und damit das ganze Land wieder unter ihre Kontrolle zu bringen: „Ich wiederhole […] daß die Eiterbeule von Berlin operiert werden muß. Je eher, je besser. Jeder Tag ist unwiederbringlich verloren, weil es das Ansehen der Regierungen antastet und meine Stellung zu Grunde richtet", hatte Friedrich Wilhelm IV. seinen Ministerpräsidenten Camphausen schon am 18. Juni 1848, zwei Tage vor dessen Rücktritt, wissen lassen.[80]

Ein Revolutionär wird am Pranger gefesselt. Lithografie, 1836

als nur ein Kapitel der Stadtgeschichte. In ihr verdichteten sich vielmehr die lokale und die nationale Geschichte zu einem zentralen Ereignis von weitreichender Bedeutung für die Entwicklung Mitteleuropas. Wie weit diese Bedeutung reichte, darüber haben Historiker jahrzehntelang debattiert. Für die Vertreter der Sonderwegs-These war 1848 gewissermaßen der Sündenfall der modernen deutschen Geschichte. Ihnen zufolge behaupteten sich mit dem Scheitern der Revolution jene vormodernen Kräfte, die wie die ostdeutschen Großgrundbesitzer mit den wirtschaftsbürgerlichen Eliten der Schwerindustrie ein Bündnis eingingen und die Herausbildung eines selbstbewussten und selbstständigen Bürgertums blockierten – mit der Folge, dass sich das deutsche Bürgertum an den überkommenen feudalen Werten des preußischen Adels orientiert habe und sich ein Untertanengeist und ein Obrigkeitsdenken ausgebreitet hätten, was letztlich zum Aufstieg Hitlers geführt habe. Gegen die Annahme eines solchen „Sonderwegs" spricht nicht nur ein Vergleich mit Frankreich, dessen Februarrevolution ebenfalls scheiterte und spätestens 1851 in eine Diktatur mündete – ohne dass dies einer späteren republikanischen Entwicklung entgegenstand. Auch die vielen liberalen und demokratischen Traditionslinien, die 1848/49 begründet wurden und nach Weimar und in die Bundesrepublik Deutschland reichen sollten, sprechen gegen die Konstruktion einer „Einbahnstraße" von 1849 bis 1933[81] – zumal die Revolution keineswegs auf allen Feldern scheiterte. Sicherlich blieben ein föderaler Nationalstaat mit gesamtdeutscher Verfassung und ein demokratisch gewähltes Parlament

vorerst im Bereich des Utopischen. Gleichzeitig aber politisierten sich die mehr und mehr nationale Ideen vertretenden Unter- und Mittelschichten, an denen auch die verstocktesten Konservativen nicht mehr vorbeikamen. Ein Zurück zu den alten Verhältnissen war seither nicht einmal in Preußen mehr möglich. Schon im Dezember 1848 hatte Friedrich Wilhelm IV. im Rahmen seines Staatsstreiches eine Verfassung oktroyiert, die nach vielfältigen Revisionen in die preußische Verfassung vom 31. Januar 1850 mündete. Auch wenn diese Verfassung, die bis 1918 gültig bleiben sollte, dem König außerordentliche Vollmachten zubilligte, band sie ihn doch an ein Grundgesetz und garantierte zumindest offiziell einige bürgerliche Freiheitsrechte. Das war sehr viel weniger, als die Demokraten und die Liberalen im März 1848 gefordert hatten. Aber immerhin war nun auch Preußen in den Kreis der deutschen Verfassungsstaaten getreten.

Friedrich Wilhelm IV. empfängt am 3. April 1849 im Berliner Stadtschloss eine Deputation der Frankfurter Nationalversammlung, die ihm die deutsche Kaiserkrone anbietet. Der König verweigert sich. Stahlstich von Veit Froer, 1861

Es folgte ein Jahrzehnt der Repressionen: Pressezensur, Polizeikontrollen, Bespitzelungen und Verhaftungen politischer Dissidenten, Überwachungen und Verbote demokratischer Vereine und Versammlungen waren fortan an der Tagesordnung. Sogar die Strafe des Prangerstehens wurde wieder vollstreckt. Das blieb nicht ohne Folgen für die allgemeine politische Stimmung in der Stadt. Die „Herrschaft der Reaktion" lastete schwer auf dem ganzen preußischen Lande, am drückendsten fühlbar aber wurde sie in der Hauptstadt", so hat es der Stadtchronist Adolf Streckfuß (1823–1895), der zu jener Zeit selbst unter zahlreichen Schikanen zu leiden hatte, rückblickend beschrieben:

„Es herrschte in Berlin im Frühjahr 1850 eine apathische Ruhe; alle Parteien und am meisten das politisch gleichgültige Bürgertum waren der politischen Bewegung müde, selbst die bisher so rührige Volkspartei war durch die polizeiliche Verfolgung, der sie nun schon seit mehr als einem Jahre ausgesetzt war, mürbe geworden, sie suchte jede Gelegenheit zu vermeiden, welche der Polizei eine Veranlassung zu einem Einschreiten hätte geben können." [82]

Die restaurative Wende manifestierte sich auch in den Kommunalverfassungen von 1850 und 1853. So wurde in Preußen eine neue Gemeindeordnung eingeführt, die einerseits die Selbstverwaltung bestätigte und nicht nur den Städten, sondern allen Kommunen zubilligte, andererseits aber die Autonomie der Städte stark einschränkte, insofern sie dem Gemeinderat Kompetenzen entzog und dem Bürgermeister ein weitreichendes Vetorecht bei dessen Beschlüssen einräumte. Der Bürgermeister wurde zwar vom Gemeinderat gewählt, musste aber vom König bestätigt werden. Zudem bedurften die Magistratsmitglieder fortan einer Bestätigung durch die Regierung. Der König konnte das städtische Parlament zudem auflösen und Neuwahlen ausschreiben. Dabei stand eine liberale oder gar linke Ausrichtung nicht zu erwarten, da infolge des hohen Zensus die Bevölkerungsmehrheit vom Wahlrecht ausgeschlossen blieb und aufgrund des Dreiklassenwahl-

rechts die Stimmen der besonders Wohlhabenden sehr viel mehr Gewicht erhielten. So ergaben die Septemberwahlen von 1850 einen konservativen Gemeinderat. Auch der Oberbürgermeister zählte zum konservativen Lager: Heinrich Wilhelm Krausnick (1797–1882) hatte Berlin bereits von 1834 bis 1848 vorgestanden, war im Verlauf der Märzevolution abgewählt worden und sollte nun von 1850 bis 1862 erneut die Stadt leiten. [83]

Allerdings war nicht Krausnick der starke Mann Berlins jener Jahre, sondern Carl Ludwig Friedrich von Hinckeldey, der als Berliner Polizeipräsident von 1848 bis 1856 nicht nur die städtische Infrastruktur grundlegend modernisierte, sondern auch das städtische Polizeiwesen reorganisierte und die ihm zugestandenen Machtbefugnisse ausgiebig nutzte. Hinckeldeys antirevolutionäre Polizeipraxis fußte wohl auf einem negativen Großstadtbild, wie es sich seinerzeit (nicht nur) in Berlin Bahn brach und das in konservativen Kreisen bis in die 1930er-Jahre wirksam blieb: ein Bild, das die Großstadt „in ihrer moralischen und politischen Undurchschaubarkeit zu einer Gefahr für die Menschheit" stilisierte und sie mit Kriminalität und politischem Radikalismus geradezu identifizierte. [84] Dass Hinckeldey nicht nur Liberale und Demokraten verfolgte, sondern auch konservative Kritiker der Regierung, Aristokraten und sogar adlige Offiziere ins Visier nahm, sollte ihm schließlich zum Verhängnis werden: „Mitglieder der Berliner Aristokratie trieben den Polizeipräsidenten in eine manipulierte Beleidigungsaffäre, die sich schließlich zu einer Duellforderung verwickelte" [85] – und mit dessen Tod 1856 endete.

Von einem Ende der Ära Hinckeldey konnte indes erst zwei Jahre später die Rede sein. Als Friedrich Wilhelm IV. infolge mehrerer Schlaganfälle nicht mehr in der Lage war, die Regierungsgeschäfte zu führen, übernahm sein Bruder Wilhelm die Verantwortung, zunächst als sein Stellvertreter (1857), dann als Prinzregent (1858) und schließlich als König (1861–1888). Dass sich anfangs ausgerechnet mit dem einst so rücksichtslos gegen die 1848er vorgehenden „Kartätschenprinzen" so viele Hoffnungen auf eine „Neue Ära" verbanden, hing mit der Berufung einer neuen, reformorientierten Regierung zusammen. Bald aber machte sich Ernüchterung breit. Denn Wilhelms „Reformpolitik" betraf vor allem die Armee: Die Friedenspräsenzstärke des Heeres sollte gesteigert, die Dienstzeit von zwei auf drei Jahre erhöht und die bürgernahe Landwehr geschwächt werden. Demgegenüber vertrat die liberale Mehrheit im Landtag das Konzept eines Volksheeres, was zu einem mehrjährigen Konflikt zwischen Regierung und Parlament führte. Dies hätte vermutlich schon 1862 zum Rücktritt des Königs und damit zur Umwandlung der konstitutionellen in eine parlamentarische Monarchie geführt, wenn nicht im letzten Moment der konservative Politiker Otto von Bismarck (1815–1898) mit den Regierungsgeschäften betraut worden wäre. Dieser setzte die Heeresreform gegen den Willen des Landtages durch und verschärfte

dadurch erst einmal den preußischen Verfassungskonflikt. Da es ihm aber gleichzeitig gelungen war, nach zwei erfolgreichen Kriegen gegen Dänemark 1864 und gegen Österreich 1866 den Norddeutschen Bund und nach einem Krieg gegen Frankreich 1870/71 das deutsche Kaiserreich und damit den ersten deutschen Nationalstaat zu errichten, gewann er die Unterstützung zahlreicher Liberaler, denen die Lösung der deutschen Frage wichtiger war als verfassungsrechtliche Bedenken. Generationen von Historikern haben Bismarck für diese Politik von „Eisen und Blut" verehrt, eine Politik, die dieser bereits am 30. September 1862 im Abgeordnetenhaus entworfen hatte:

Ein Denkmal erinnerte an der Stelle des Duells am Forsthaus Königsdamm an den Tod von Hinckeldey; es steht seit 1956 im Volkspark Jungfernheide.

Otto von Bismarck spricht vom Bundesratstisch im Reichstag.
Gemälde von Anton von Werner, 1888

„Nicht auf Preußens Liberalismus sieht Deutschland, sondern auf seine Macht; Bayern, Württemberg, Baden mögen dem Liberalismus indulgieren [nachgeben], darum wird ihnen doch keiner Preußens Rolle anweisen; Preußen muß seine Kraft zusammenfassen und zusammenhalten auf den günstigen Augenblick, der schon einige Male verpaßt ist; Preußens Grenzen nach den Wiener Verträgen sind zu einem gesunden Staatsleben nicht günstig; nicht durch Reden oder Majoritätsbeschlüsse werden die großen Fragen der Zeit entschieden – das ist der große Fehler von 1848 und 1849 gewesen – sondern durch Eisen und Blut.“[86]

Auch in Berlin fanden sich zahlreiche Liberale und gemäßigte Demokraten, die nach der niedergeschlagenen Revolution und der vorsichtigen Konstitutionalisierung Preußens der Einheit einen Vorrang vor der Freiheit einräumten und auf eine Vorreiterrolle Preußens setzten. Viele von ihnen organisierten sich im Deutschen Nationalverein, der 1859 in Berlin gegründet worden war und die Bildung eines deutschen Nationalstaates unter Ausschluss Österreichs zum Ziel hatte. Ein stärkeres Gewicht auf verfassungsrechtliche Aspekte legten die Liberalen in der Deutschen Fortschrittspartei, die sich ebenfalls in Berlin konstituierte und deren Repräsentanten sowohl im Abgeordnetenhaus als auch in der Stadtverordnetenversammlung stark vertreten waren. Auch hier kam es zu einer Polarisierung: zwischen den eher fortschrittlich orientierten Stadtverordneten und dem von einer liberalen Mehrheit 1862 gewählten Oberbürgermeister Karl Theodor Seydel, der wohl eher konservativ gesinnt war, sich aber vor allem durch sein selbstherrliches Verhalten unbeliebt machte.[87] Weniger erfolgreich war die politische Linke. Erst Ende der 1870er-Jahre sollte es der Sozialdemokratie gelingen, in Berlin Fuß zu fassen. Aber auch die Konservativen vermochten hier keine Mehrheit zu erringen. Kein Wunder also, dass Wilhelm I. der Stadt „bis an sein Lebensende" misstraute[88] und Bismarck sie für „politisch absolut unzuverlässig" hielt.[89] Noch am 4. März 1881 bekannte dieser in einer Reichstagsrede:

„Ich habe mich immer dem Gedanken nicht verschließen können, daß der Reichstag und die Zentralbehörden besser in einer anderen, weniger bevölkerten und der Unruhe weniger ausgesetzten Stadt wie Berlin ihre Sitzungen hielten.“[90]

Tatsächlich hatte man 1871 über die Wahl eines anderen Regierungs- und Parlamentssitzes nachgedacht. So hatte die konservative Berliner „Landeszeitung" das zentral gelegene Kassel als Alternative zur „Riesenstadt" Berlin „mit der kolossalen (hungernden) Arbeiterbevölkerung" vorgeschlagen,[91] derweil sich mancher Liberaler für Frankfurt am Main mit der Paulskirche als traditionsreichem Tagungsort aussprach und Vertreter kleinerer Länder Leipzig oder gar Erfurt in Erwägung zogen. Gelegentlich vermischten sich auch politische mit kulturellen Ressentiments: etwa im linksrheinischen Deutschland, wo sich das historische Sonderbewusstsein nicht nur aus der römischen Geschichte und der Bedeutung im Mittelalter herleitete, sondern auch mit dem rechtlichen Sonderstatus zusammenhing – bis zur Einführung des Bürgerlichen Gesetzbuches im Jahre 1900 galt hier mit dem *Code Napoleon* das sogenannte Rheinische Recht. Hier war man „überhaupt nicht angetan von der Aussicht, künftig im Schatten einer Stadt zu stehen, die nur eine Delle in der Brandenburger Steppe gewesen war". Vor allem aber nahmen nichtpreußische Deutsche „Anstoß an Berlins östlicher Lage und Orientierung; sie sprachen geringschätzig von der ‚Hauptstadt Ostelbiens', als sei Berlin eine Pioniersiedlung am Rand der slawischen Wildnis."[92] Berlin, das blieb vor allem in den Augen vieler Süd- und Westdeutscher ein Emporkömmling – was auch in dem neuen Beinamen „Parvenupolis" zum Ausdruck kam.[93]

Reichshauptstadt und Kaiserstadt (1871–1914)

Gleichsam über Nacht war Berlin 1871 zur Hauptstadt eines neuen Staates, des ersten deutschen Nationalstaates geworden. Von dessen Gründung bekamen die Berliner allerdings nicht viel mit, denn die Kaiserpro-

Am 16. Juni 1871 wurden die heimkehrenden preußischen Truppen am Pariser Platz feierlich empfangen.

klamation vom 18. Januar 1871 vollzog sich nicht hier, sondern in Versailles, vor den Toren von Paris. Der symbolischen Bedeutung des Ortes mussten sich alle Beteiligten bewusst sein. Ausgerechnet am 18. Januar, am Jahrestag der Königskrönung Friedrichs I., und ausgerechnet im prachtvollen Spiegelsaal desjenigen Schlosses, das als Prototyp fürstlicher Machtvollkom-

menheit und „einer der heiligsten Orte des Geschichtsbewußtseins Frankreichs" galt,[94] feierte man den (zu diesem Zeitpunkt noch nicht vollendeten) Sieg über Frankreich und begründete gleichzeitig eine neue Großmacht, die an Preußens Stelle trat. All das musste man in den folgenden Jahrzehnten in Frankreich umso mehr als einen Akt der Demütigung und der histo-

Viele Deutsche verfielen 1871 in einen frankophoben Nationalismus. In der Berliner Bevölkerung scheint man hingegen auf die Reichsgründung am 18. Januar nicht sonderlich enthusiastisch reagiert zu haben. So notiert die Baronin Hildegard von Spitzemberg (1843–1914), eine Verehrerin der bismarckschen Außenpolitik, in ihrem Tagebucheintrag vom 20. Januar 1871:

„Während sonst überall die Wiedererstehung des deutschen Kaisertums mit Sang und Klang gefeiert wurde, war hier sowohl Beflaggung als Beleuchtung keineswegs dem wichtigen Ereignis entsprechend. Die Berliner sind ein ekelhaft blasiertes, nüchternes Volk; um sie zu begeistern, muß man ganze Heere und Kaiser fangen, und außer dem Falle von Paris und dem Friedensschluß wird nichts mehr die Flaggen hervorzaubern." [95]

Dass es in dem linksliberal und demokratisch geprägten Milieu der neuen Hauptstadt auch politische Vorbehalte gegen Bismarcks eigentümlichen Entwurf einer konstitutionellen Monarchie geben mochte, kam der Baronin nicht in den Sinn. Denn obgleich es sich bei der Reichsverfassung von 1871 um die erste gesamtdeutsche Verfassung handelte und diese zahlreiche fortschrittliche Passagen enthielt (etwa ein allgemeines, gleiches und direktes Männerwahlrecht und einen mit weitreichenden Kompetenzen ausgestatteten Reichstag), konnte von einer parlamentarischen Monarchie oder einem demokratischen System nicht die Rede sein. Zu übermächtig war die Stellung des Erbkaisers bzw. des allein von seiner Gunst abhängigen Reichskanzlers; zu schwach erwies sich die Stellung des Reichstags. Nicht nur fehlte diesem Organ das zentrale Recht, die Regierung durch ein Misstrauensvotum zu Fall zu bringen. Der Reichstag wurde auch durch den Bundesrat ausgebremst – eine nicht nach demokratischen Prinzipien gebildete Vertretung der Gliedstaaten des Reiches, die sowohl über legislative als auch über exekutive und judikative Kompetenzen verfügte. Diesem unausgegorenen Nebeneinander demokratischer und nichtdemokratischer Elemente entsprach die Inszenierung der Kaiserproklamation. Denn die Abgeordneten des 1867 gebildeten norddeutschen

rischen Rache verstehen, als noch im März 1871 ein Großteil des im 17. Jahrhundert von Ludwig XIV. eroberten Elsasses sowie Teile Lothringens vom deutschen Kaiserreich annektiert wurden. Dass 48 Jahre später, am 28. Juni 1919, die für Deutschland so harten Friedensbedingungen am selben Ort in einer mehrstündigen Zeremonie unterzeichnet wurden, empfanden viele Franzosen daher sicherlich als Wiedergutmachung für diese traumatische Erfahrung.

Reichstages, der wie der norddeutsche Bundesrat dem preußischen König im Dezember 1870 die Kaiserkrone angetragen hatte, traten in Versailles kaum in Erscheinung. Militärs und Fürsten dominierten hier das Bild.

So zurückhaltend die Berliner auf die Nachricht der Kaiserproklamation reagierten, so enthusiastisch verhielten sie sich bei der pompösen Siegesfeier am 16. Juni 1871 (s. Kap. III). Wie lässt sich dieses Nebeneinander von Gleichgültigkeit und Begeisterung in der Berliner Gesellschaft erklären? Eine mögliche Antwort erschließt sich mit Blick auf den politischen Zeitgeist im Berlin jener Jahre. Dem hier dominierenden Linksliberalismus waren Verfassungsbewusstsein und Nationalismus zwei Seiten ein und derselben Medaille. Nur von einem starken Nationalstaat versprach man sich die Verwirklichung der Forderung nach Freiheit und Gleichheit – dementsprechend feierte man den Sieg über Frankreich am 16. Juni, nicht aber die Proklamation des neuen Obrigkeitsstaates am 18. Januar 1871. Die Berliner gaben den Kampf für eine weitere Liberalisierung des Kaiserreiches nicht auf und gerieten dadurch immer stärker in Opposition zur Regierungspolitik Otto von Bismarcks, zumal dieser mit seiner 1878 durch seine Schutzzollpolitik erfolgten Abwendung vom Freihandel auch in wirtschaftspolitischer Hinsicht gegen liberale Standpunkte verstieß.

Für die Arbeiterschaft gaben dagegen soziale und politische Aspekte den Ausschlag für ihre oppositionelle Grundhaltung. Nicht zuletzt infolge einer massiven Zuwanderung von Unterschichtsangehörigen tat sich eine immer größer werdende Kluft zwischen Bevölkerung und Regierung auf. Ausgerechnet die Hauptstadt des neuen autoritären Obrigkeitsstaates verwandelte sich zusehends in eine „Hauptstadt der Opposition",[96] in der Linksliberale und seit Mitte der 1880er-Jahre auch Sozialdemokraten dominierten.

Das schlug sich natürlich auch im Wahlverhalten nieder. Obwohl die Wahlen zur Stadtverordnetenversammlung auf dem Dreiklassenwahlrecht basierten (das das jeweilige Stimmgewicht von der Steuerleistung abhängig machte), blieb der Linksliberalismus auch nach 1871 die prägende Kraft auf kommunalpolitischer Ebene – auch wenn die ersten Oberbürgermeister Karl Theodor Seydel (von 1863 bis 1872), Arthur Hobrecht (von 1872 bis

1878) und Max von Forckenbeck (von 1878 bis 1892) zum Nationalliberalismus zählten. Erst zwei Jahre nach Ende der Bismarckzeit gelangten mit Robert Zelle (von 1892 bis 1898) und Martin Kirschner (von 1899 bis 1912) linksliberal gesinnte Oberbürgermeister ins Rote Rathaus. Auch bei den Deputierten, die die Berliner ins preußische Abgeordnetenhaus entsandten, dominierten die Linksliberalen. Immerhin gelang es den Berliner Sozialdemokraten bei den Wahlen von 1908, sechs Sitze zu erringen. Das war die Hälfte der für Berlin vorgesehenen Mandate – ein riesiger Erfolg, wenn man bedenkt, dass die Partei infolge des Dreiklassenwahlrechts in ganz Preußen nur sieben von 443 Mandaten errang![97]

Wie es um die tatsächliche Stimmung in der Hauptstadt bestellt war, das zeigen die Ergebnisse der Reichstagswahlen, für die ja ein zumindest im europäischen Vergleich recht fortschrittliches gleiches Männer-Mehrheitswahlrecht galt. Die insgesamt sechs Wahlkreise Berlins gingen bis zu den Reichstagswahlen von 1881 allesamt an linksliberale Kandidaten. Dann aber begann der Siegeszug der Sozialdemokraten: 1884 holten sie zwei Wahlkreise (im Norden und Osten der Stadt), 1893 dann vier, 1898 nur drei, seit 1903 dann aber fünf der sechs Wahlkreise – und das mit heutzutage unvorstellbar hohen Werten: schon 1898 erreichten die Sozialdemokraten 59,6 Prozent, bei den letzten Reichstagswahlen von 1912 gar 75,6 Prozent. Auch im näheren Umfeld Berlins, in Charlottenburg, Wilmersdorf, Schöneberg und Neukölln, hatten die Sozialdemokraten Erfolg: mit 46 Prozent (1898) und 49,1 Prozent (1912) lagen sie weit über dem Reichsdurchschnitt (von 27,2 bzw. 34,8 Prozent) und weit vor anderen europäischen Metropolen jener Zeit. Damit bestätigte sich, was Friedrich Engels bereits 1893 bemerkt hatte: dass Berlin aus sozialistischer Sicht „an der Spitze aller europäischen Großstädte" stand und „selbst Paris weit überflügelt" hatte.[98]

Rückblickend soll August Bebel den Aufstieg seiner Partei schon 1878 vorhergesehen haben. „Berlin gehört uns", frohlockte er und leitete daraus einen Anspruch auf ganz Deutschland ab: „denn in Berlin sitzt unser großer Feind, und dort muss der große Schlag geführt werden".[99] Die Taktik allerdings, mittels derer manche Sozialdemokraten diesen „großen Schlag" führen

wollten, ließ manche aufschrecken. So meinte Wilhelm
Liebknecht (1826–1900), wie Bebel einer der Grün-
derväter der Sozialdemokratie, auf einer öffentlichen
Versammlung des demokratischen Arbeitervereins Berlin
am 31. Mai 1869, dass „der Sozialismus keine Frage der
Theorie mehr, sondern einfach eine Machtfrage [sei],
die in keinem Parlament, die nur auf der Straße, auf
dem Schlachtfelde zu lösen [sei], gleich jeder anderen
Machtfrage".[100] Nicht auszuschließen, dass solche Bekenntnisse einen Konservativen wie Otto von Bismarck
aufhorchen ließen und ihn an die 1848 praktizierte
außerparlamentarische Taktik mancher Revolutionäre
erinnerte, die zum vorübergehenden Zusammenbruch
des restaurativen Systems geführt hatte. Zumindest handelte der Reichskanzler entsprechend. So wie man 1819
auf die Ermordung Kotzebues mit den Karlsbader Beschlüssen reagiert hatte, nahm man 1878 zwei Attentate

auf Wilhelm I., die in keinem Zusammenhang mit der
Sozialdemokratie standen, zum Anlass, um diese dort zu
bekämpfen, wo sie am gefährlichsten erschien: auf der
Straße. Während sozialdemokratisch gesinnte Privatpersonen weiterhin für den Reichstag kandidieren durften
und als Abgeordnete ihre Immunität wahrten, setzte eine
beispiellose Verfolgung der Partei im Alltag ein. Täglich,
so berichtet der dänische Schriftsteller Georg Brandes
(1842–1927) in seinen Erinnerungen an Berlin,

*„erfährt man von Hausdurchsuchungen, Fest-
nahmen und Urteilssprüchen, die betrüben muß,
wer Deutschland eine weitere Entwicklung in*

jene Richtung wünschte, die das neue Reich bei seiner Gründung eingeschlagen hatte. Fünf Jahre Gefängnis für ein im Halbrausch ausgestoßenes Schimpfwort gegen den Kaiser sind nichts Ungewöhnliches; ein bis zwei Jahre für ähnliche leichtsinnige Ausrutscher von Angehörigen der Arbeiterklasse werden dutzendweise verfügt [...]. In einem meiner Wohnung gegenüberliegenden Ausstellungslokal wurde eine einfache Frau [...] angezeigt, arretiert und zu vier Jahren Gefängnis verurteilt, weil sie bei einem während der Ausstellung ausgebrachten Hoch auf den Kaiser gelacht und irgend etwas Antikaiserliches zwischen den Zähnen gemurmelt hatte. Das harte Urteil wurde mit ihrem Geschlecht begründet und damit, daß der Verbreitung geistiger Unart bei den Frauen vorsorglich Schranken gesetzt werden sollten. Zu Dutzenden wurden Schuljungen eingesperrt, weil sie sich (in Pausen und auf Spaziergängen) Klassenkameraden gegenüber als ,Sozialdemokraten aus Überzeugung' bezeichnet hatten."[101]

Damit nicht genug. Im 1878 neu konstituierten Reichstag wurde gegen die Stimmen der Linksliberalen, der katholischen Zentrumspartei und der Sozialdemokraten ein „Gesetz gegen die gemeingefährlichen Bestrebungen der Sozialdemokratie" verabschiedet, das Vereine, Versammlungen und Druckerzeugnisse, „in welchen sozialdemokratische, sozialistische oder kommunistische auf den Umsturz der bestehenden Staats- oder Gesellschaftsordnung gerichtete Bestrebungen in einer den öffentlichen Frieden, insbesondere die Eintracht der Bevölkerungsklassen gefährdenden Weise zu Tage treten", verbot[102] – ein Gesetz, das mehrfach, bis ins Jahr 1890, verlängert wurde. In der Folge kam es zu einer massiven Einschränkung sozialdemokratischer Arbeit durch Vereinsverbote und Auflösungen von Versammlungen, Pressezensur, Ausweisungen, Verhaftungen und Prozessen mit Geld- und Haftstrafen vor allem in den sozialdemokratischen Hochburgen des Reiches wie Hamburg, Leipzig und Berlin. Um dennoch eine sozialdemokratische Parteiarbeit aufrechtzuerhalten, traf man sich in den folgenden zwölf Jahren vor allem in Kneipen und Wirtshäusern, wo

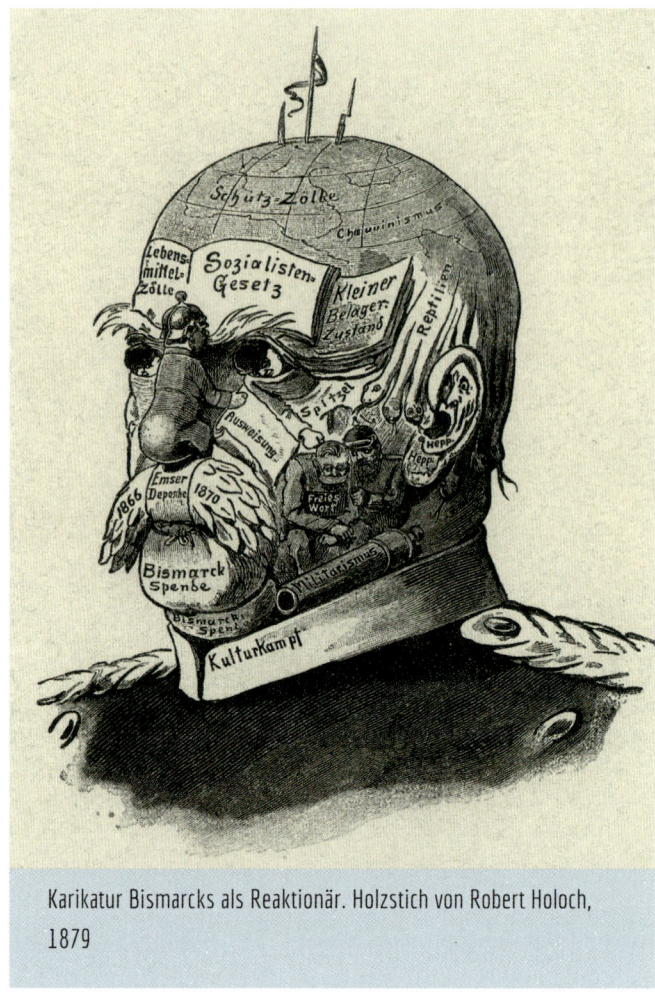

Karikatur Bismarcks als Reaktionär. Holzstich von Robert Holoch, 1879

man scheinbar unpolitischen Aktivitäten nachging. Das blieb der Staatsmacht nicht verborgen, sodass permanent inkognito ermittelnde Beamte und Denunzianten die einschlägigen Lokale besuchten. In Berlin war dies unter anderem der Mohrenklub, worüber der Schriftsteller Max Kretzer (1854–1941) in seinen Erinnerungen berichtet:

„Studenten, Künstler, Kaufleute und intelligente Arbeiter kamen unter harmloser Maske in einem Vereinszimmer zusammen, vergnügten sich bei Speise und Trank, besprachen Parteiinteressen, steckten sich Mosts ,Freiheit' und andere verbotene Schriften zu, veranstalteten Sammlungen, verkauften Billets zu sozialdemokratischen Festen, die irgendwo unter anderer Flagge veranstaltet wurden, und trafen zweckdienliche Verabredungen. [...] Fanden wichtige Beratungen statt, wurde gewöhn-

Auflösung einer sozialdemokratischen Sitzung, Holzstich um 1880

lich auf dem Treppenflur ein Posten ausgestellt, der Scharfblick genug hatte, um den ‚Geheimen‘ schon an dem unzertrennlichen Regenschirm zu erkennen. Das Spitzeltum trieb damals die übelduftendsten Blüten [...]. In der Regel wurde aber dem Spioniersystem der Polizei ein Schnippchen geschlagen, besonders was die Verbreitung verbotener Schriften betraf. [...] Zahlreich waren die ‚offenen Klubs‘, die man in ganz bekannten Lokalen finden konnte, wie zum Beispiel bei Waßmann in der Leipziger Straße. An einem halben Dutzend Tischen, zerstreut im Lokal, saßen harmlose Skatspieler oder müßige Gäste, größtenteils junge Männer. Eine Tischgesellschaft nahm von der anderen keine Notiz, und der Unbeteiligte, der das Lokal betrat, hatte sicher keine Ahnung davon, daß das sozialdemokratische Genossen waren, die sich alle kannten. Wenn man sich verständigen wollte, ging man durch das Lokal, nahm sich von dem betreffenden Tisch Feuer oder traf sich an einem gewissen Ort, wo man sich ungeniert unterhalten konnte. [103]

Kurzfristig schaffte es Bismarck, mit seiner Repressionspolitik die Nationalliberalen an sich zu binden und den Aufschwung der Sozialdemokraten auszubremsen; mittelfristig war seiner Taktik kein Erfolg beschieden. Vielmehr gingen die Sozialdemokraten aus den Reichstagswahlen von 1890, die knapp vier Wochen nach der Nichtverlängerung des Gesetzes stattfanden, gestärkt hervor.

Es waren nicht nur Bismarcks Sozialistengesetze, sein Kulturkampf und seine Polenpolitik, sondern auch seine Schutzzollpolitik und sein Autoritarismus, die den Reichskanzler unpopulär machten. In seiner Regierungszeit brachte Bismarck daher nicht nur die Arbeiterschaft, die katholischen und Polnisch sprechenden Einwohner, sondern auch das liberale Bürgertum der Stadt gegen sich auf. So standen gegen Ende der 1880er-Jahre „Berlin, seine Presse, seine vorherrschenden Parteien, seine führenden gesellschaftlichen Zirkel [...] fast einmütig gegen den Mann, den die Stadt im Frühjahr 1871 mit großem Pomp zu ihrem Ehrenbürger ernannt hatte".[104]

Der linksliberale Politiker Eugen Richter (1838–1906) sprach vielen Berlinern aus dem Herzen, als er anlässlich des forcierten Rücktritts des Reichskanzlers am 18. März 1890 in der von ihm herausgegebenen, in Berlin erscheinenden (und deutschlandweit gelesenen) „Freisinnigen Zeitung" schrieb:

„Gott sei Dank, daß er fort ist! so sagen wir heute ebenso aufrichtig, wie wir ihm gegenüber stets gewesen sind. Es wäre ein Segen für das Reich gewesen, wenn er schon viel früher beseitigt worden wäre. Nicht um der Person willen sagen wir dies, sondern wegen des Regierungssystems, welches Fürst Bismarck befolgte. [...] Es ist unsere innerste

Anfang 1894 besucht Bismarck auf Einladung Wilhelms II. zum letzten Mal Berlin. Vor dem Stadtschloss wird ihm ein festlicher Empfang bereitet. Zeitgenössischer Farbholzstich

Überzeugung, daß eine Fortsetzung der bisherigen inneren Politik [...] tatsächlich Deutschland in den Abgrund geführt haben würde. [...] Wie seine falsche innere Politik an dem Volksleben gesündigt, das wird in seinem ganzen Umfang erst späteren Generationen zum vollen Bewußtsein gelangen, die noch unter den Nachwirkungen dieser Politik zu leiden haben werden."

Erst „eine spätere Generation" werde „ein vollkommen gerechtes Urteil über den Fürsten Bismarck fällen", meinte Richter.[105] Und in der Tat hat Bismarck als politische Persönlichkeit in den letzten 120 Jahren verschiedene, zum Teil gegensätzliche Ausdeutungen erfahren. Will man dem Reichskanzler gerecht werden, sollte man sicherlich sämtliche Dimensionen seiner Politik in den Blick nehmen. Mit Blick auf die *Art und Weise*, wie Bismarck seine Interessen durchzusetzen und seine Macht zu erhalten versuchte, bestätigt sich, dass es sich bei dem „Eisernen Kanzler" um einen autoritären Machtmenschen handelte, der skrupellos gegen politische, religiöse und ethnische Minderheiten vorging. Dagegen fällt eine Bewertung der politischen *Inhalte* weitaus positiver aus. Man denke nur an Bismarcks Sozialgesetzgebung (Krankenversicherung 1883, Unfallversicherung 1884, Alters- und Invaliditätsversicherung 1889), die auch heute noch als Jahrhundertwerk beurteilt wird, ja als eine „europäische Leistung",[106] die ihm mit vielen anderen Reformen den Ruf eines „weißen Revolutionärs" eingebracht hat.[107] Natürlich muss man dabei die antisozialistische Stoßrichtung berücksichtigen: Ohne den Druck von unten, einen Druck, der in Berlin besonders stark zu spüren war, hätte es die Sozialgesetzgebung in dieser Form vermutlich nicht gegeben.

Mit einem liberal gesinnten Kaiser und bei einer entsprechenden Mehrheit im Reichstag hätte Deutschland womöglich den Weg der Demokratisierung beschreiten können – mit dem Ergebnis, dass sich die konstitutionelle Monarchie in eine parlamentarische Monarchie gewandelt hätte. Ein solcher liberaler Kaiser fehlte allerdings. Als Wilhelm I. im Jahre 1888 starb, bestieg zwar mit seinem Sohn eine Persönlichkeit den Thron, auf den viele Liberale ihre Hoffnung gesetzt hatten. Doch war Friedrich III. zu

diesem Zeitpunkt bereits todkrank. Er starb noch im selben Jahr und machte damit den Weg frei für seinen Sohn, Wilhelm II., der, anders als sein Großvater (der die Regierungsgeschäfte Bismarck überlassen hatte), selbst zu regieren beanspruchte, aber nicht über die dafür notwendigen Kompetenzen verfügte. Das erkannte schon Bismarck, der ihn als einen „Brausekopf" beschrieben haben soll, der nicht schweigen könne, Schmeichlern zugänglich sei und „Deutschland in einen Krieg stürzen [könne], ohne es zu ahnen und zu wollen".[108]

P.B. & C⁹ 3516.

Kaiser Wilhelm I. auf einem Zigarrenkistenbild von 1895.
Der Kaiser musste solche Porträts genehmigen.

Es waren nicht zuletzt Wilhelms außenpolitische Reden und Interviews, die Teile der deutschen Bevölkerung irritierten und auch bei ausländischen Beobachtern den Eindruck entstehen ließen, dass ein Dilettant dem Deutschen Reich vorstand. Rückblickend erschien Bismarck vielen nun umso mehr als Lichtgestalt, was sich seit den

1890er-Jahren in einem, in Teilen gegen Wilhelm II. gerichteten Bismarck-Kult zeigte, der auch in der Reichshauptstadt um sich griff. Gleichzeitig huldigte ein anderer Teil der Berliner dem neuen Staatsoberhaupt und stimmte in einen Kaiser-Wilhelm-Kult ein, der sich sogar im Äußeren und im Verhalten niederschlug: Viele jüngere bürgerliche Männer trugen nun „einen Schnurrbart mit nach oben gezwirbelten Spitzen in der Manier des Kaisers" und bemühten sich, „im Umgang mit Untergebenen oder gesellschaftlich unter ihnen Stehenden wie Miniaturausgaben des Kaisers aufzutreten." Dagegen mochte das linksliberale Bürgertum weder Bismarck noch Wilhelm II. viel abgewinnen, was auch in dem Entschluss der Fortschrittspartei zum Ausdruck kam, „sich dem von der Stadtverwaltung entsandten Geburtstaggruß" an Bismarck nicht anzuschließen.[109] Selbst manche Konservative konnten sich für den jungen Kaiser nicht erwärmen. So wird in den postum herausgegebenen Erinnerungen des Generalfeldmarschalls Alfred Graf von Waldersee (1832–1904), der gegen Friedrich III. intrigiert hatte und auch am Sturz Bismarcks nicht unbeteiligt gewesen war, ein wenig schmeichelhaftes Bild des neuen Regenten gezeichnet:

„11. August 1890 […] Der Kaiser hat noch auf keinem Gebiete eine eigentliche Ansicht und weiß nicht, worauf er hinauswill; er ist von leidlich geschickten Leuten leicht zu beeinflussen und macht die überraschendsten Sprünge nach allen Seiten. Ein Gedanke bestimmt alle seine Handlungen: das Interesse für seine persönliche Stellung, der Wunsch, populär zu sein! Dazu tritt die Sorge für persönliche Sicherheit und schnell zunehmende Eitelkeit. […] Er hascht geradezu nach Ovationen und hat nichts lieber als hurrabrüllende Volksmassen. Da er von den eigenen Fähigkeiten sehr eingenommen ist (was leider auf arger Täuschung beruht), so empfindet er Schmeicheleien sehr angenehm. […] Die große Stärke des Kaisers ist das ihm eigene Geschick, mit Menschen umzugehen, er besitzt eine bezaubernde Liebenswürdigkeit und gewinnt die Herzen überall, wo er hinkommt und – nicht lange bleibt."[110]

Ein ähnliches Stimmungsbild in den politischen Eliten zeichnete die Schriftstellerin und spätere Berliner Salonnière Marie von Bunsen (1860–1941), der zufolge vom Kaiser „fast so viel wie vom Wetter geredet wurde": „meistens kritisch, auch in den konservativsten Kreisen".[111] All das blieb Wilhelm II. natürlich nicht verborgen, sodass er dementsprechend unwirsch auf seine Kritiker reagierte. Als ihm im Oktober 1888 eine Delegation der städtischen Behörden auf Druck des Kultusministeriums einen Brunnen (den heute zwischen Marienkirche und Rotem Rathaus gelegenen Neptunbrunnen des Schöneberger

Leo von Caprivi, 1880

Bildhauers Reinhold Begas [1831–1911]), als Huldigungsgeschenk antrug, begegnete der Kaiser ihr frostig und verweigerte Oberbürgermeister von Forckenbeck gar den Handschlag. Wie Bismarck hegte Wilhelm I. einen „gewissen Widerwillen gegen die Reichhauptstadt"[112] und favorisierte schon seit Längerem Potsdam, wie einem Brief des fließend Englisch sprechenden Thronerben an Marie Gräfin Dönhoff (1848–1929) von 1879 zu entnehmen ist:

„I never feel happy, real[l]y happy at Berlin. Only Potsdam that is my ‚el dorado' […] where one feels free with the beautiful nature around you and soldiers as much as much as you like, for I love my dear Regiment very much." [Ich bin nie wirklich glücklich in Berlin. Allein Potsdam ist mein Eldorado, wo man sich inmitten der schönen Natur und umgeben von Soldaten, so viele man sich nur wünscht, ganz frei fühlen kann. Denn ich liebe mein Regiment sehr.][113]

Die Abneigung gegen Berlin beruhte nicht zuletzt auch auf der starken sozialdemokratischen Präsenz in der Reichshauptstadt. Zwar hatte sich Wilhelm II. 1890 für eine Aussetzung des Sozialistengesetzes ausgesprochen und die Arbeiterschaft durch soziale Reformen für sich zu gewinnen versucht. So brachte der von Leo von Caprivi (Reichskanzler 1890–1894) eingeschlagene „Neue Kurs" einige Gesetze auf den Weg, die der Arbeiterschaft zugutekommen sollten (u. a. wurden die Sonntagsarbeit sowie die Fabrikarbeit von Kindern unter 13 Jahren verboten und die Arbeitszeit für Jugendliche und Frauen auf zehn bzw. elf Stunden begrenzt). Als jedoch wider Erwarten die links eingestellten Teile der Arbeiterschaft der Sozialdemokratie nicht den Rücken kehrten, verlor Wilhelm II. das Interesse an weiteren Sozialreformen. Vor allem aber verprellte er die Sozialdemokraten durch fortgesetzte Denunziationen, etwa wenn er sie bei einem anlässlich des Sedanstags am 2. September 1895 abgehaltenen Festmahl im Berliner Schloss als „eine Rotte von Menschen, nicht wert, den Namen Deutscher zu tragen", bezeichnete.[114]

Gleichzeitig ergriff die Obrigkeit weiterhin verschiedene polizeiliche Maßnahmen gegen die Arbei-terbewegung, besonders in Preußen. Die massiven Repressionen hat der Publizist Hellmut von Gerlach (1866–1935) in einem 1909 erschienenen Aufsatz eindringlich beschrieben:

„Das Sozialistengesetz ist aufgehoben. Aber de facto wird nach wie vor nach seinen Grundsätzen verfahren. Die Sozialdemokraten sind Staatsbürger zweiter Klasse. Kein Sozialdemokrat wird im bescheidensten Staats- oder Gemeindeamt, als Nachtwächter oder Laternenanzünder, geduldet. Kein Sozialdemokrat wird als Mitglied einer Schulverwaltung bestätigt. Kein Sozialdemokrat kann es auch nur zum Turnlehrer bringen. Sozialdemokratische Staatsarbeiter werden fortgejagt. Die ,Freiheit der Wissenschaft' an den Hochschulen macht halt vor der Sozialdemokratie. Ein Wirt, der seinen Saal den Sozialdemokraten öffnet, ein Barbier,

Die SPD-Fraktion im Berliner Reichstag, 1899. Obere Reihe von links: Johann Dietz, August Kühn, Wilhelm Liebknecht, Karl Grillenberger, Paul Singer. Sitzend von links: Georg Schumacher, Friedrich Harm, August Bebel, Heinrich Meister, Karl Franz Frohme.

der in einem sozialdemokratischen Blatt inseriert, wird von den Militärbehörden boykottiert. Ein Bürgermeister, der ein städtisches Gebäude allen Parteien für Versammlungen zur Verfügung stellt, wird diszipliniert. Ein Amtsvorsteher, der eine Wohnung einem Sozialdemokraten vermietet, wird aus dem Amte entfernt. Ein Lehrer, der sich bei der Stichwahl zwischen Sozialdemokraten und Antisemiten der Stimme enthält, wird in Geldstrafe genommen.[115]

Diese brutale Unterdrückungspolitik beschränkte sich aber nicht auf die Sozialdemokratie; sie erstreckte sich „auf alle oppositionellen und freigesinnten Elemente". Wie anders, so von Gerlach, sei dagegen Süddeutschland: Noch sei „auch dort die Gleichberechtigung aller Bürger einschließlich der Sozialdemokraten nicht durchgeführt"; aber man befinde sich „wenigstens auf dem besten Wege dazu".[116]

Ungeachtet aller Repressionen vollzog sich der Aufstieg der Sozialdemokratie in den beiden folgenden Jahrzehnten, sodass die Stadt schon um die Jahrhundertwende als „das Rote Berlin" bezeichnet wurde.[117] Das schlug sich nicht nur in den Wahlergebnissen nieder, sondern auch in der Organisationsstruktur der Partei wie der ihr nahestehenden Freien Gewerkschaften, die beide einen Professionalisierungsschub erlebten. Zwar wurde die Sozialdemokratie seit dem Auslaufen des Sozialistengesetzes verstärkt durch interne Parteikämpfe erschüttert, in deren Folge sich zwei Parteiflügel herausbildeten: ein reformorientierter Flügel um Eduard Bernstein (1850–1932) und ein radikaler Flügel um Karl Liebknecht (1871–1919), Rosa Luxemburg (1871–1919) und Franz Mehring (1846–1919). Doch konnten beide vorerst vom sogenannten Zentrum um August Bebel eingebunden werden. Indem man die Sozialdemokratie als „eine *revolutionäre*, nicht aber eine *Revolutionen machende* Partei" definierte,[118] versuchte man, den Spagat zwischen radikaler Programmatik und reformorientierter Praxis zu überbrücken. Gleichzeitig konzentrierte man sich auf Kampagnen, die den Weg zur sozialistischen Gesellschaft durch legale Machtübernahme ebnen sollten. Und dieser Weg führte über die Wahlurne. Bei der Forderung nach

einer Demokratisierung des Wahlrechts ging es allerdings weniger um die Einführung des Frauenwahlrechts als um die Abschaffung des preußischen Dreiklassenwahlrechts. Einen Höhepunkt erreichte diese Kampagne im Jahre 1910 mit einer Wahlrechtsdemonstration im Treptower Park. Zuvor, am 6. März 1910, war ein kurzfristig in den Tiergarten verlegter „Wahlrechtsspaziergang" von der Berliner Polizei gewaltsam aufgelöst worden, wie man in der um Ausgewogenheit bemühten „Berliner Volks-Zeitung" lesen konnte:

„Aber in diesem Augenblick trat auch die Katastrophe ein; [...] auf die erschütternde Kundgebung folgte die Schreckensherrschaft der preußischen Polizei. Eine halbe Schwadron Berittener kam von der Siegesallee her im Galopp; im Galopp ritt sie die Reichstagsrampe aufwärts; ein wilder Aufschrei der Entrüstung wurde laut; die Menschen stürzten über die Brüstungen der Treppe hinab; die Hinzuströmenden stockten, man setzte sich langsam gegen das Roon-Denkmal zu in Bewegung. Man wollte langsam heimgehen. In diesem Augenblick kam im Galopp eine zweite Abteilung Berittener vom Brandenburger Tore angesprengt und fuhr ohne Sinn und Verstand rücklings in den abströmenden Haufen. [...] mitten über den Rasen hetzten die Attackierenden die Fußgänger, stürmten auf Frauen und Kinder ein, die harmlos auf den Bänken saßen, setzten über die Blumenparketts des Königsplatzes, ritten in Kinderscharen hinein, die, von Lehrerinnen geführt, den Platz überquerten [...]. Ich sah, wie Greise umgerissen wurden, wie man auf Frauen einritt, wie man Kinder zur Verzweiflung brachte; ich sah, wie ein Schutzmann vom Pferde sprang und mit dem Säbel auf einen Mann einschlug, der sich in die kleine Pforte zur Siegessäule hineinflüchten wollte.[119]

Bis zum Ende des Kaiserreichs blieb das für die Landtags- und Gemeindewahlen geltende preußische Dreiklassenwahlrecht erhalten. Auch das Frauenwahlrecht wurde erst 1919 eingeführt. Überhaupt fällt für die wilhelminische Zeit die Bilanz einer Reformpolitik recht bescheiden aus. Schlussendlich muss man festhalten, dass die innere Reformpolitik nicht nur in der ersten Phase von 1890 bis 1900 gescheitert ist. Auch nach der Jahrhundertwende gelang es nicht, den „eisernen Ring der Selbstblockade des wilhelminischen Staatswesens" aufzubrechen.[120] Der Widerstand wuchs denn auch: in Deutschland, in Preußen, vor allem aber in Berlin, wo nun drei von vier Stimmen an die Sozialdemokratie fielen und sich die Zahl der Parteimitglieder zwischen 1906 und 1913 nahezu verdreifachte. In Großberlin zählte die Partei 118 000 Mitglieder.

An den politischen Verhältnissen änderte sich dadurch freilich kaum etwas. Deutschland verharrte in einem strukturellen Reformstau. Erst im Laufe des Ersten Welt-

krieges sollte sich im Reichstag eine politische Mehrheit aus Sozialdemokraten, Zentrumspolitikern und Linksliberalen bilden, die eine Überwindung des autoritären Regimes in Angriff nahm. Mit den Oktoberreformen von 1918 wurde nun endlich ein parlamentarisches Regierungssystem etabliert – ein System, das allerdings schon einen Monat später von den revolutionären Ereignissen überrollt wurde, die zur Ausrufung der ersten Deutschen Republik, der ersten deutschen Demokratie, führten.

Karl Liebknecht spricht 1911 im Treptower Park bei einer Demonstration gegen das Dreiklassenwahlrecht.

In Berlin ist das Militär allgegenwärtig. Hier Kaiser Wilhelm auf dem Pferd in der Mitte, Kronprinz Friedrich (links) und Reichkanzler Bismarck bei der Einweihung der Siegessäule am 2. September 1873. Zeitgenössische Lithografie

MILITÄR UND MILITARISMUS

Dass andere Staaten eine Armee besitzen, Preußen aber eine Armee sei, die einen Staat besitzt, ist ein dem Grafen Mirabeau zugeschriebenes und auch heute noch kursierendes Zitat,[1] in dem sich zu kristallisieren scheint, was landläufigen Vorstellungen zufolge die preußisch-deutsche Geschichte von anderen, scheinbar normal verlaufenden Nationalgeschichten unterscheidet: dass es in Preußen seit dem 18. Jahrhundert einen außergewöhnlich starken Militarismus gegeben habe, eine Dominanz militärisch geprägter Wertvorstellungen und Verhaltensweisen in Politik und Gesellschaft; dass dieser sich unter Friedrich II. mit einem Bellizismus verbunden habe, einer Politik, die den Einsatz militärischer Gewalt zur Durchsetzung politischer Ziele nicht nur für legitim, sondern sogar für erstrebenswert hält. Im Laufe des 19. Jahrhunderts habe sich dieser Militarismus unter dem Einfluss des Nationalismus und schließlich des Imperialismus radikalisiert und damit maßgeblich zum Ausbruch des Ersten und zur Entfesselung des Zweiten Weltkriegs beigetragen. Nirgendwo, so scheint es, lässt sich dieser Prozess anhand ausgewählter Ereignisse anschaulicher nachvollziehen als an der Geschichte Berlins. Der Bogen reicht vom „Soldatenkönig" Friedrich Wilhelm I., der Berlin in eine Garnisonsstadt verwandelte, über Friedrich II., der sich im Friedensvertrag von Berlin (1742) die Annexion Schlesiens bestätigen ließ, Otto von Bismarck, der 1862 in Berlin seine vielzitierte „Eisen-und-Blut"-Rede hielt,[2] Wilhelm II., der am 6. August 1914 im *Reichsanzeiger* zu den Waffen rief („Jedes Schwanken, jedes Zögern wäre Verrat am Vaterlande!"[3]), bis zu Joseph Goebbels, der am 18. Februar 1943 seine berüchtigte Sportpalastrede hielt („Wollt ihr den totalen Krieg? Wollt ihr ihn, wenn nötig, totaler und radikaler, als wir ihn uns heute überhaupt erst vorstellen können?"[4]).

Der militaristischen, bellizistischen, nationalistischen und imperialistischen Regierungspolitik entspricht in dieser Erzählung eine Gesellschaft, die wie keine andere von ebendiesen Ideen durchdrungen gewesen sei, deren Handeln und Verhalten angeblich vom Militarismus bestimmt und deren Mentalitäten von Untertanengeist und Obrigkeitsdenken geprägt waren – ein Befund, der die These von einem „deutschen Sonderweg" stützt. Berlin wird aus dieser Perspektive zum Zentrum des deutschen Militarismus und Nationalismus. Und tatsächlich: Schon im späten 17. Jahrhundert war das Militärische aus dem Stadtbild Berlins nicht mehr wegzudenken. Gleichwohl stellt sich die Frage, ob der Militärstaat hier wirklich massiver als andernorts auftrat und welche Folgen die Präsenz des Militärischen für die lokale Gesellschaft hatte, wie viel Untertanengeist die Stadt atmete und ob die in Preußen und Berlin lebenden Menschen einem im europäischen Vergleich besonders aggressiven Militarismus, Nationalismus und Imperialismus huldigten.

Fünfmal von der Pest heimgesucht, zweimal von den kaiserlichen Truppen, dreimal von schwedischen Regimentern gebrandschatzt, ja sogar von den eigenen Truppen ausgebeutet: Berlin hatte den Dreißigjährigen Krieg (1618–1648) keineswegs unbeschadet überstanden. Auf zwei Drittel seiner Einwohnerzahl und seinen mittelalterlichen Kern reduziert, seiner Residenzfunktion verlustig gegangen und wirtschaftlich am Rande des Ruins, war die Stadt am Ende des Krieges „vollends in die Provinzialität abgesunken". Auch vom Umland konnte sie nicht zehren. Denn die Mark Brandenburg zählte „zu den am meisten zerstörten Regionen des Reiches". Hier waren ganze Ortschaften ausgelöscht, ganze „Landstriche verödet und entvölkert".[5] Schon acht Jahre vor dem Westfälischen Frieden (1648) zeichnete denn auch der Rat der Stadt Berlin ein Bild, das kaum dramatischer ausfallen konnte:

„Die beiden Residenzien [Berlin und Cölln] seien so nahe zum Ruin gebracht, daß sie zum Spektakel und zum Schimpf gleich andern Städten, Flecken und Dörfern vollends zu Grunde getrieben und zur Wüstenei gemacht werden sollen. Summa, das ganze Land, beide Städte und derselben Einwohner seiend, theils durch Peste, Brand, Raub und andere Erpressungen, so sehr verringert und in solche äußerste Armuth gebracht worden, daß theils aus Verzweifelung zum Wasser, theils zum Strange, theils zum Messer ihnen selbst Hand anzulegen und das Leben zu nehmen geeilet. Die übrigen Alle aber endlich gedrungen werden, wo ihnen von Ew. Churfürstlichen Durchlaucht nicht geholfen wird, mit Weib und Kindern auch ins bittre Elend zu gehen und wie schon von mehreren Etlichen geschehen, die hiesigen Städte zu verlassen."[6]

Angesichts solch traumatischer Erlebnisse lag es nahe, die Stadt und das Land vor künftigen Kriegen schützen zu wollen. Und so machte sich Friedrich Wilhelm von Brandenburg daran, Berlin zu befestigen – sehr zum Unbehagen der Stadtbevölkerung, die sich nicht nur an den Kosten beteiligen musste, sondern auch „mit Schaufel und Hacke zu den Schanzarbeiten" herangezogen wurde. Zudem erfolgte der Aufbau einer Garnison, sodass die kurfürstliche Residenz nun „das Gepräge einer Soldatenstadt" erhielt.[7] Auch darüber zeigten sich

Mitte des 17. Jahrhunderts entstand diese Gesamtansicht Berlins von Caspar Merian. In der Mitte unter dem Buchstaben A ist das Schloss zu sehen.

die Berliner alles andere als erfreut, wie eine 1661 vorgebrachte Klage der Bürgermeister und Ratsleute von
Berlin und Cölln bezeugt:

*„Dann 1, ist daß gewiß, daß bey solchen stetz
wehrenden Guarnison die Wirthe viele und große
molestien [= Belästigungen] haben. Sie müßen
die Soldaten offte mit Weib und Kind beherber-
gen und von ihnen, ihren Weibern und Kindern
viele ungemach außstehen, denenselben Betten
geben, Holtz, Lichte, eßig, gewürtze und geträncke
[...] schaffen und daneben sich befahren [= der
Gefahr aussetzen], daß ihnen ihre Heuser durch
verwahrlosunge angezündet, oder von ihre eigenen
Gäste balt bestohlen, balt auch geschlagen, ihre
Kinder verführet und Sie durch ihnen von ihrer
Nahrunge und hanthierunge abgehalten werden,
und waß dergleichen inkommoditäten mehr zuer-*
*zehlen sein. 2, Dahinkegen kann der forthel von
der Guarnison gegen dies Beschwerunge in keiner
Consideration kommen, dan von den gemeinen
Knechten kann fast niemand (Zumahl ihnen die
Lieverey und Kleidunge von den Regimentern
gereichet wird) etwaß haben, weder Krahmer,
Schuster noch Schneider, alß nur etwan der Becker, Breuer und Höcker. Aber diese drey machen
ia nicht die gantze Stadt. 3, Und ob schon die
Officirer etwaß mehrers kauffen oder außgeben
möchten, so kömbt doch solches nicht der gantzen
Stadt zum besten, was ein particulier [Mann, der
über ausreichende Einkünfte aus seinem Vermögen
verfügt] oder privatus anwendet oder bekömbt,
sondern genießet einer einen Thlr. von der Guarnison, So seind hinkegen wohl 50, ia hundert, die
nicht alleine keinen Pfennig von ihnen genießen,
sondern zehenfach so viele schaden leiden".[8]*

In der Schlacht bei dem nördlich von Berlin gelegenen Fehrbellin 1675 schlugen die Truppen Kurfürst Friedrich Wilhelms die siegesgewohnten Schweden. Es war das erste selbstständige militärische Auftreten Brandenburgs. Kolorierter Holzstich nach Zeichnung von Oskar Pletsch, 1862

Auch religiöse Vorbehalte gab es gegenüber den Soldaten. In den Augen mancher Bürger waren sie gottlos; manche verdächtigten sie gar der Zauberei, wie dem auf 1657 datierten Bericht eines zeitgenössischen Geschichtsschreibers zu entnehmen ist:

„Ich habe mein Leben lang viel Soldaten gesehen, aber niemals ein so gottesvergessenes Volk als die meisten der gemeinen Reiter waren. Man hörte kein Singen und Beten von ihnen, sondern lauter Fluchen und Gotteslästern. Die Meisten waren Zauberer und Teufelsbanner, Stahl- und Eisenfeste, konnten Büchsen besprechen, Kugeln abwenden u. s. w. […]. Rauben, Stehlen, Saufen u. s. w. waren ihre täglichen exercitia.“ [9]

Das Militär im Berliner Alltag des 18. Jahrhunderts

Nichtsdestoweniger setzte der eigentliche Militarismus erst unter Friedrich Wilhelm I., dem Enkel des Großen Kurfürsten, ein. Der sogenannte Soldatenkönig ließ während seiner Regierungszeit (1713–1740) den Löwenanteil der staatlichen Ausgaben der Armee zukommen – mit der Folge, dass sich die Heeresstärke von 40 000 auf 83 000 Mann mehr als verdoppelte und Brandenburg-Preußen schließlich die viertgrößte Armee Europas unterhielt, obwohl es nach Gebietsumfang nur an zehnter und an Bevölkerungszahl sogar nur an dreizehnter Stelle rangierte. Möglich wurde dies nicht zuletzt durch die Errichtung eines neuen Militärsystems. Hatte man bislang ausschließlich auf Zwangsaushebungen und die Anwerbung in- und ausländischer Söldner gesetzt, so erlaubte das 1733 eingeführte und zuvor bereits erprobte Kantonsystem, das das ganze Land in Aushebungsbezirke unterteilte, eine flächendeckende Erfassung und zumindest prinzipiell auch Verpflichtung sämtlicher Männer. Fortan wurden alle männlichen Untertanen ab dem 10. Lebensjahr „enrolliert", d. h. registriert und einem Truppenteil zugeordnet, um bei Bedarf die Tauglichsten unter ihnen rund zehn Jahre später einer zweijährigen Ausbildung und einer zunächst lebenslangen, dann 20 jährigen Dienstzeit unterwerfen zu können (wobei viele Soldaten bis zu zehn Monate ohne Sold freigestellt wurden). Adelige waren davon nicht betroffen, allerdings blieben auch sie nicht vom Militär verschont. Der König setzte alles daran, die Söhne der Adelsfamilien zu Offizieren auszubilden und schickte seine Werber auf die Landgüter, wo diese mitunter mit Zwang den Führungsnachwuchs für die Kadettenanstalt rekrutierten. Dahinter stand der von Friedrich Wilhelm I. schon 1722 angemeldete Anspruch, „das der gantze adell [...] von Jugent auf darinnen erzohgen werden und Keinen herren kennen als Gott und den Köhnig von Preussen".[10]

Daneben vertraute man weiterhin auch auf die Anwerbung ausländischer Rekruten, nicht selten mithilfe gewaltsamer Methoden, unter Vortäuschung falscher Tatsachen oder unter Einsatz von Alkohol. Einem zeitgenössischen Bericht zufolge kaufte man so „für ein Billiges Franzosen, Spanier, Zigeuner, Türken und Tatarn auf ihren Werbeplätzen" ein und trieb sie nach Preu-

ßen.[11] Gleichzeitig gewährte der preußische Staat seinen eigenen Untertanen recht großzügige Ausnahmeregelungen. So wurden reiche Bürgersöhne, Angehörige bestimmter Handwerksberufe und die Bewohner wirtschaftsstarker Regionen und Städte vom Militärdienst befreit. Auch die Bevölkerung Berlins blieb weithin verschont. Eine Verfügung vom 21. Mai 1733 sah vor, dass die Regimenter hier nur „lose Leute von geringer Extraktion [Herkunft], z. B. Schuster, Schneider und dgl. gemeiner Leute Kinder" enrollieren durften, derweil „Meiner wirklichen Bedienten, auch anderer Bemittelter und dem Publico dienst-

Georg Wenzeslaus von Knobelsdorff, der eigentlich nicht Architekt, sondern Maler war, porträtierte den „Soldatenkönig" 1737.

licher Leute Kinder und so von ihren Mitteln leben, wie auch Kaufleute, Manufacturiers und Fabrikanten und welche zum Lagerhaus gebraucht werden" davon verschont bleiben sollten.[12]

Freilich blieben auch die vom Militärdienst Befreiten vom Militärischen nicht unberührt. Das galt in besonderem Ausmaß für die Bewohner Berlins, wo besonders viele Soldaten stationiert waren. So lag der Anteil der Militärpersonen schon im Jahre 1709, unter Friedrich I., bei 9,4 Prozent. In der Regierungszeit Friedrich Wilhelms I. stieg deren Anteil auf 11,7 Prozent (1721) und schließlich auf 23,1 Prozent (1735), um unter Friedrich II. zunächst auf 20,1 Prozent zu sinken

(1747), zwischenzeitlich auf 26,2 Prozent (1755) zu steigen und gegen Ende seiner Regierungszeit wieder 23 Prozent zu erreichen (1784).[13] Rechnet man noch die Familien und die Bediensteten hinzu, so war vermutlich zu jener Zeit jeder zweite Bewohner der Stadt vom Militär abhängig.

Eine solch massive Präsenz der Armee musste in allen Bereichen mannigfaltige Spuren hinterlassen: in der Wirtschaft, wo nun verstärkt für die Bedürfnisse der Armee produziert und gearbeitet wurde; vor allem

aber im Stadtbild, da nun zahlreiche Kasernen und Garnisonsgebäude entstanden (wiewohl eine Unterbringung zahlreicher Soldaten in Privatquartieren weiterhin üblich blieb). Auch die Akzisemauer, die Friedrich Wilhelm I. Mitte der 1730er-Jahre anstelle der nutzlos gewordenen und geschleiften Festung errichten ließ, musste die Berliner tagtäglich an den militärischen Charakter ihrer Stadt erinnern, diente sie doch der Unterbindung nicht nur von Schmuggel, sondern auch von Desertion. Ersetzt wurde sie um die Jahrhundertwende durch eine nach außen verschobene, bis zu 4,20 Meter hohe und rund 17 Kilometer lange Steinmauer, in die Schilderhäuschen für Wachen ein-

Preußische Truppen leisten vor König Friedrich Wilhelm I. ihren Eid. Kupferstich von Peter Schenk, 1713

gebaut waren. Seinen sichtbarsten Ausdruck fand der militärische Charakter Berlins auf den Exerzierplätzen, auf denen die preußischen Soldaten gedrillt wurden. Rückblickend auf das Jahr 1756 hat der Schweizer Ulrich Bräker (1735–1798) – wie so viele auch er unter Vortäuschung falscher Tatsachen angeworben – diesen Drill anschaulich beschrieben:

„Was hiernächst auch auf dem Exerzierplatz vorgieng, gab uns zu ähnlichen Betrachtungen Anlaß. Auch da war des Fluchens und Karbatschens [Peitschens] von prügelsüchtigen Jünkerlins, und hinwieder des Lamentierens der Geprügelten kein Ende. Wir selber zwar waren immer von den ersten auf der Stelle, und tummelten uns wacker. Aber es that uns nicht minder in der Seele weh, andre um jeder Kleinigkeit willen so unbarmherzig behandelt, und uns selber so, Jahr ein Jahr aus, coujoniert [schikaniert] zu sehn; oft ganzer fünf Stunden lang in unsrer Montur eingeschnürt wie geschraubt stehn, in die Kreutz und Querre pfahlgerad marschieren, und ununterbrochen blitzschnelle Handgriffe machen zu müssen; und das alles auf Geheiß eines Offiziers, der mit einem furiosen Gesicht und aufgehobnem Stock vor uns stuhnd, und alle Augenblick wie unter Kabisköpfe [Kohlköpfe] drein zu hauen drohte. Bey einem solchen Traktament mußte auch der starknervigste Kerl halb lahm, und der geduldigste rasend werden. Und kamen wir dann todmüde ins Quartier, so giengs schon wieder über Hals und Kopf, unsre Wäsche zurecht zu machen, und jedes Fleckgen auszumustern; denn bis auf den blauen Rock war unsre ganze Uniform weiß. Gewehr, Patrontasche, Kuppel, jeder Knopf an der Montur, alles mußte spiegelblank geputzt seyn. Zeigte sich an einem dieser Stücke die geringste Unthat, oder stand ein Haar in der Frisur nicht recht, so war, wenn er auf den Platz kam, die erste Begrüssung eine derbe Tracht Prügel. Das währte so den ganzen May und Juni fort. Selbst den Sonntag hatten wir nicht frey; denn da mußten wir auf das properste Kirchenparade machen. Also blieben uns zu jenen Spazier-

gängen nur wenige zerstreute Stunden übrig, und wir hatten kurz und gut zu nichts Zeit übrig – als zum Hungerleiden." [14]

Hinter den Misshandlungen (die mitunter auch von prominenter Seite, etwa durch den Berliner Stadtkommandanten, scharf kritisiert wurden [15]) und hinter dem systematischen Drill (dessen Ursprünge in den Niederlanden um 1600 zu suchen sind) standen durchaus rationale Motive. Man versprach sich davon eine Verbesserung der „Manövrierfähigkeit großer Truppenverbände in schwierigem Gelände" und eine gesteigerte Effektivität durch möglichst pausenloses Beschießen des Gegners. [16]

Auch die berüchtigte Strafpraxis folgte einem Kalkül. Denn insofern zahlreiche Soldaten, allen voran die gegen ihren Willen zum Militär- und Kriegsdienst verpflichteten Söldner, nur eine geringe Loyalität gegenüber Land und Armee verspürten und daher nicht selten die erste Gelegenheit zur Desertion nutzten, setzte man auf die abschreckende und einschüchternde Wirkung ungewöhnlich harter Strafen – die sogar die Vorgesetzten traf, wenn die ihnen unterstellten Soldaten das Weite suchten. Eine solche „erzieherische Absicht" am Werke sah auch der Pädagoge Karl Friedrich von Klöden (1786–1856), der als Sohn eines preußischen Unteroffiziers sechs Jahre seiner Kindheit in einer Berliner Kaserne verbrachte:

„Den eigentlichen Kern des Heeres bildeten natürlich die Landeskinder, und sie galten mit Recht als die zuverlässigsten Soldaten, während man bei den übrigen, und also bei mehr als der Hälfte des Heeres, wie in einem Zuchthause, stets damit zu thun hatte, Vergehungen und Desertionen zu verhüten. Unter diesen Umständen waren alle Disciplinareinrichtungen so getroffen, als ob das ganze Heer aus Menschen bestände, welche nur durch barbarische, härteste Strafmittel nothdürftig in Ordnung zu halten seien, und diese Strafen wurden mit Unbarmherzigkeit angewendet, weil man überzeugt war, daß nur die furchtbarste Mannszucht im Stande sei, den Soldaten zu zügeln." [17]

Auf dieser Radierung werden zwei Militärstrafen gezeigt: vorne das Spießrutenlaufen, oben die „Stäupung", das Auspeitschen des Delinquenten mit Reisigbündeln. Daniel Chodowiecki, um 1770

Noch zu Beginn des 19. Jahrhunderts war eine solche Strafpraxis gang und gäbe. Wie brutal sie bei gefassten Deserteuren ausfiel, ist den Erinnerungen Ulrich Bräkers zu entnehmen, dem noch im Jahr seiner Rekrutierung (1756) die Flucht gelingen sollte:

„Bald alle Wochen hörten wir nämlich neue ängstigende Geschichten von eingebrachten Deserteurs, die, wenn sie noch so viele List gebraucht, sich in Schiffer und andre Handwerksleuthe, oder gar in Weibsbilder verkleidt, in Tonen und Fässer versteckt, u. d. gl. dennoch ertappt wurden. Da mußten wir zusehen, wie man sie durch

200 Mann, achtmal die lange Gasse auf und ab Spißruthen laufen ließ, bis sie athemlos hinsanken – und des folgenden Tags aufs neue dran mußten; die Kleider ihnen vom zerhackten Rücken heruntergerissen, und wieder frisch drauf losgehauen wurde, bis Fetzen geronnenen Bluts ihnen über die Hosen hinabhingen. Dann sahen Schärer und ich einander zitternd und todtblaß an, und flüsterten einander in die Ohren: ‚Die verdammten Barbaren'!" [18]

So menschenverachtend man die Deserteure behandelte, so groß war die Anerkennung, die man treu dienenden Soldaten zollte. Auch die sogenannten Langen Kerls, ein in Potsdam stationiertes Regiment, das ausschließlich aus hochgewachsenen, für die Bedienung von Gewehren mit Langläufen besonders geeigneten

Männern bestand, erfreuten sich besonderer Wertschätzung. Insbesondere bei Friedrich Wilhelm I., der so oft es nur ging „in einem Zimmer mit Ausblick auf einen Exerzierplatz" arbeitete. Seine obsessiv anmutende Freude am Militärischen brachte der Soldatenkönig auch durch seine Kleidung zum Ausdruck. Seit Mitte der 1720er-Jahre sah man ihn immer wieder in der „Uniform eines preußischen Leutnants oder Hauptmanns". So wie sein Sohn und Nachfolger Friedrich II. „einen alten blauen Soldatenrock" trug, „dessen Revers mit Spuren von spanischem Schnupftabak befleckt war".[19]

Solche Reverenzen an den Militärstand waren an konkrete Erwartungen an ein soldatisches Verhalten geknüpft – ein Verhalten, das in der Folge je nach politischem Standpunkt mit Attributen wie „Preußische Tugenden" oder „Kadavergehorsam" bedacht werden sollte. Der preußische General Friedrich August Ludwig von der Marwitz (1777–1837) hat diese Erwartungshaltung mit Blick auf das Offizierskorps auf den Punkt gebracht:

„Entsagung jedes persönlichen Vorteils, jedes Gewinstes, jeder Bequemlichkeit, – ja, jeder Begehrlichkeit, wenn ihm nur die Ehre blieb! Dagegen jede Aufopferung für diese, für seinen König, für

Friedirch Wilhelm I. inspiziert neu angeworbene „Lange Kerls". Holzstich nach einem historisierenden Gemälde von Arthur Kampf, 1890

sein Vaterland, für seine Kameraden, für die Ehre der preußischen Waffen! Im Herzen Pflichtgefühl und Treue, für den eigenen Leib keine Sorge." [20]

Für die gemeinen Soldaten galt dieser Ehranspruch sicherlich nicht. Aber auch ihnen wurde Gehorsam bis zur Selbstaufgabe abverlangt. Das ist dem viel zitierten (indes nicht zuverlässig bezeugten) Ausruf „Ihr Racker, wollt ihr ewig leben?" zu entnehmen, den Friedrich II. seinen Soldaten zugerufen haben soll, als diese im Verlauf der Schlacht bei Kolin gegen Österreich am 18. Juni 1757 das Weite suchten. [21]

So befremdlich ein solcher Spruch auch damals schon auf die dienenden Soldaten wirken mochte: Die Militarisierung des Staates war zu jener Zeit beileibe kein Spezifikum preußischer Politik. Das stärkste

Das Militär war in Berlin allgegenwärtig, wie hier bei einer Parade Unter den Linden. Gemälde von Franz Krüger, 1824

Heer in Europa war nicht das preußische, sondern das französische. Überhaupt vollzog sich die Entstehung des modernen Militärwesens andernorts: die Bildung eines stehenden Heeres, das Einüben militärischer Verhaltensweisen durch Exerzieren und Marschieren, die Errichtung militärischer Festungen und Gebäudekomplexe, die Begründung der modernen Militärwissenschaft – all das wurde bereits unter Ludwig XIV. in Frankreich praktiziert und hatte seine Wurzeln mitunter im 16. Jahrhundert, im italienischen Festungsbau oder in der Oranischen Heeresreform.

Gleichwohl musste sich die massive Präsenz des Militärs in einer so kleinen Residenzstadt wie Berlin auf ganz andere Weise im Stadtbild manifestieren als in einer europäischen Metropole wie Paris. Das Militärische war in Berlin allgegenwärtig, was sich nicht nur in

der Allgegenwart von Uniformträgern, sondern auch im sozialen Verhalten bemerkbar machte. So bildete sich unter den hier stationierten Soldaten ein gewisser Korpsgeist heraus, der auch die niederen Ränge erfasste. Gelegentlich lösten die Methoden, mit denen die Soldaten zu willfährigen Instrumenten ihrer Vorgesetzten geformt werden sollten, auch tiefe psychische Störungen aus. Einige wussten sich nicht mehr zu helfen und nahmen sich das Leben. Manche geschundene Kreatur wurde gar zum Mörder. Auch das ist den Ausführungen Friedrichs von Klöden zu entnehmen, der sich auf die Erzählungen seiner Mutter bezog:

„Man hat jetzt kaum eine Vorstellung von den Subjecten, welche damals unter den Soldaten steckten, aber auch eben so wenig von der Behandlung, die ihnen zu Theil wurde. Nicht selten vermochten sie bei aller Gewöhnung an die unwürdigste Mißhandlung das Leben nicht mehr zu ertragen und schnitten sich den Hals ab, aber fast alle nicht tief genug. Dann wurde die schmerzhafte Wunde zugenäht und geheilt, und war der Mensch wieder gesund, so mußte er 12mal Spießruthen laufen. Welch eine Lust zu leben dadurch erweckt wurde, kann man sich denken. Manche ergriffen den Ausweg und tödteten ein Kind in der Verzweiflung, um als Mörder ergriffen und hingerichtet zu werden, und dies gehörte nicht zu den ungewöhnlichen Fällen, ja ich selber bin einmal, wie mir einmal meine Mutter erzählt hat, einer solchen Gefahr kaum entgangen."[22]

Noch häufiger versuchten sich die Soldaten durch Fahnenflucht dem Militärdienst zu entziehen, vor allem jene, die auf gewaltsame oder betrügerische Weise angeworben worden waren, die aus fremden Ländern kamen und in Brandenburg-Preußen keine Familie zurückließen. Aber auch für die einheimischen Rekruten gab es gute Gründe, sich der harten Ausbildung und dem Leib und Leben bedrohenden Kriegsdienst zu entziehen. Berechnungen zufolge desertierten zwischen 1713 und 1740 über 30 000 Mann aus der preußischen Armee (was freilich auf die einzelnen Jahre heruntergerech-

net einer Quote von unter zwei Prozent entsprach).[23] Spätestens zu Beginn des 20. Jahrhunderts und oft bis in die jüngste Vergangenheit war es üblich, ein solches Verhalten moralisch zu diskreditieren und den Deserteur als „Drückeberger", wenn nicht gar als „Volksverräter" zu brandmarken – ein Verdikt, das auch auf jene Zeit zurückprojiziert wurde, als der Militärdienst noch nicht als nationale Pflichterfüllung galt.

Tiefe Spuren hinterließ der preußische Militärstaat auch bei vielen Zivilisten. Manch auswärtiger Beobachter Berlins zeichnete denn auch das Bild einer durch und durch militarisierten Gesellschaft. So schrieb der sächsisch-polnische Diplomat, Politiker und Militär Jacob Heinrich Reichsgraf von Flemming (1667–1728) über die Berliner:

„Die Soldaten machen den größten Teil der Bewohner der Residenz dieses Königs aus; auch die gewöhnliche Unterhaltung der Gelehrten, Geistlichen und Bürger – und sogar unserer Damen – dreht sich nur um militärische Angelegenheiten; man hört nur reden von Marsch und Gegenmarsch, von Reih und Glied. Die Damen der ersten Gesellschaft machen sich zu Regimentskommandeuren unter den Frauen, und die der nächsten Rangstufe sind zufrieden, Bataillon und Kompagnien zu befehligen. Wenn die Soldaten und Offiziere außer Dienst durch die Straßen gehen, marschieren sie in der gleichen Manier, die sie im geschlossenen Bataillon gewöhnt sind; und sogar die, die nicht aus dem Krieg einen Beruf machen, haben sich samt und sonders daran gewöhnt, wie die Soldaten im Gleich- und Stechschritt zu marschieren. Kurz, Berlin gleicht nicht einer Residenz, sondern einem Heerlager an der Grenze, wo die Stärke der Bewohner in der Garnison besteht und wo der Rest der Ansiedler, Männer wie Weiber, nur dazu da ist, die Soldaten zu bedienen. So kann man die Staatsminister betrachten als hohe Militärbeamte, die Kanzlisten als Musterschreiber, die Damen als Waschfrauen, Marketenderinnen, Schnapsverkäuferinnen, Schankwirtinnen usw. und die Kaufleute als Lieferanten und Fouriere."[24]

„Heute wollen wir es noch zusammen versuchen." So ist ein kolorierter Kupferstich betitelt, auf dem gezeigt wird, wie Friedrich II. 1857 vor der Schlacht bei Leuthen einen Deserteur begnadigt. Tatsächlich hatten Deserteure in der Regel drakonische Strafen zu erwarten. Gottfried Arnold Lehmann, um 1800

Auf den ersten Blick fügt sich diese Beobachtung ein in das Gesamtbild, das sich viele Historiker seit den 1980er-Jahren von Preußen gemacht haben. Demnach entwickelte sich das Militär seit 1713 zur entscheidenden Disziplinierungs- und Sozialisationsinstanz der gesamten preußischen Gesellschaft. Diese These, die den Ausgangspunkt des vermeintlichen deutschen Sonderwegs ins frühe 18. Jahrhundert zurückverlegt, ist in den letzten Jahrzehnten immer wieder diskutiert und schließlich revidiert worden. Neuere Forschungen zu Preußen betonen denn auch, dass von einer „von sozialer Militarisierung getränkten Gesellschaft" nicht die Rede sein könne. Dafür sprechen nicht zuletzt die vielen sehr oft erfolgreich unternommenen Versuche, sich dem Militärdienst zu entziehen, und die Grenzen,

an die der autoritär zentralistische Militärstaat bei seinem Versuch stieß, die Gesellschaft zu durchdringen. Nichtsdestoweniger zeigt der Blick auf den Berliner Alltag auch, dass Preußen zu jener Zeit eine, wenn auch im Rahmen der europäischen Verhältnisse angesiedelte, „Militärmonarchie" war.[25]

Kriegs- und Friedenssehnsucht (1740–1815)

Bei vielen Urteilen über Preußen, positiven wie negativen, handelte es sich um Rückprojektionen. So wie die Nationalisten des 19. und frühen 20. Jahrhunderts den preußischen Militärstaat des 18. Jahrhunderts zum Vorläufer des deutschen Nationalstaates erklärten, so sahen viele bundesrepublikanische Historiker in ihm eine Ursache für den Zivilisationsbruch zwischen 1933 und 1945. Dabei ging es ihnen weniger um die politischen und sozialen als um die mentalen Spätfolgen im 18. und 19. Jahrhundert einsetzender Prozesse und Strukturen: um die Herausbildung eines vermeintlich typisch deutschen Obrigkeitsdenkens, eines vermeintlich typisch deutschen Untertanengeistes, eines vermeintlich typisch deutschen Bellizismus.

Militarismus und Bellizismus gehen oft, aber nicht zwangsläufig miteinander einher. Das zeigt der Fall des „Soldatenkönigs", dessen Liebe zum Militärischen von keinem anderen preußischen Monarchen übertroffen wurde, der aber alles andere als kriegslüstern war. So belastend und bedrückend das Leben seiner Soldaten unter seiner Herrschaft auch sein mochte: von Kriegseinsätzen blieben sie (mit Ausnahme des Pommernfeldzuges von 1715/16) verschont. Auch wenn für Friedrich Wilhelm I. das Militärische nicht nur reiner Selbstzweck war und er sich davon eine Steigerung seines Ruhms und eine größere Unabhängigkeit beim Verfolgen eigener Interessen versprach, so zeigte er doch keinerlei expansionistische Neigungen. Dass für ihn vielmehr eine auf Kriegsvermeidung ausgerichtete Außenpolitik Programm war, entnimmt man seinem Testament, in dem er seinen Nachfolger aufruft, keinen ungerechten Krieg zu führen.[26]

Dass Friedrich II. ganz anders dachte und handelte, offenbart sein noch im Jahr seines Machtantritts (1740) unter fadenscheinigem Vorwand vorgenommener Überfall auf das zum habsburgischen Reich gehörende Schlesien. Mit diesem Feldzug löste er zugleich den Österreichischen Erbfolgekrieg aus (1740–1748), an dem sich auch viele andere europäische Staaten beteiligten und der seine Fortsetzung im Siebenjährigen Krieg (1756–1763) fand, dessen Schauplätze sich auf vier Kontinente (in Nordamerika, Indien, Afrika und Europa) verteilten – weshalb ihn manche Historiker mittlerweile auch als ersten „Weltkrieg" bezeichnen.[27]

Bis heute scheiden sich die Geister, wie die Persönlichkeit Friedrich II. im Allgemeinen und die Bedeutung seines Schlesienunternehmens im Besonderen

zu bewerten seien. Da sind jene Historiker, die diesen Angriffskrieg zu den „sensationellsten Verbrechen der Geschichte der Neuzeit" zählen[28] und auf den „lange nachwirkenden Ungeist, den bösen Geist von Sanssouci", verweisen.[29] Da sind andere, die den Angriffskrieg im europäischen Kontext verorten und für „alles andere als außergewöhnlich" halten.[30] Verstummt sind jene Stimmen, die die Annexion Schlesiens im machiavellistischen Sinne rechtfertigten, weil sie den Ausgangspunkt für Preußens Aufstieg zur europäischen Großmacht bildete; verstummt auch jene, die Friedrich II. zum Retter Deutschlands und Vorkämpfer eines deutschen Nationalstaates verklärten („Es ist nicht auszudenken, was unsere Nation der harten politischen Erziehungsarbeit seines Macht- und Militärstaates verdankt"[31]). Erst recht verbot sich nach dem Hitler-Stalin-Pakt und dem deutschen Überfall auf Polen im Jahre 1939 jeglicher positive Bezug auf die Polenpolitik Friedrichs, der das Land schon 1752 mit einer Artischocke verglichen hatte, die man „Blatt für Blatt" essen müsse: „bald eine Stadt, bald einen anderen Bezirk […] bis alles geschluckt ist"[32] – eine Empfehlung an seine Nachfolger, der er 1772 selbst nachkam, als er sich an der ersten polnischen Teilung beteiligte.

Wie man auch immer Friedrichs II. Außenpolitik bewerten mag: Ihn in eine Ahnenreihe voluntaristisch agierender Machtpolitiker zu stellen, die über Otto von Bismarck bis zu Adolf Hitler reicht, wird dem historischen Kontext, in dem der Preußenkönig agierte, nicht gerecht. Ein solcher Zugriff verkennt die gänzlich anderen Rahmenbedingungen und den fundamentalen Unterschied zwischen den Außenbeziehungen der europäischen Höfe und Dynastien im 18. Jahrhundert und den internationalen Beziehungen der souveränen Nationalstaaten Europas im späten 19. und 20. Jahrhundert. Der Überfall und die Zerschlagung eines Staates, mit dem sich eine ganze Bevölkerung identifiziert, ist schließlich ein weitaus radikalerer Eingriff als die Annexion, Teilung oder der Austausch von Ländern, die einem einzelnen Fürsten gehören.

Dementsprechend wenig Anteil nahm denn zunächst auch das gemeine Volk an den Siegen und Verlusten der preußischen Armee. Für den Vorfrieden von

NS-Propagandakarte, 1935

Breslau (1740), in dem sich Preußen den größten Teil Schlesiens zusicherte, interessierte sich nur ein Bruchteil der Bevölkerung. Erst mit Beginn des Siebenjährigen Krieges (1756-1763) lösten Siege wie Niederlagen „ein allgemeines Gefühl der Solidarität mit den Zielen und der Person des Monarchen aus", und eine „Woge patriotischer Gefühle" schwappte über die preußischen Gebiete hinweg.[33] Publizisten, Gelehrte und Dichter heizten der Bevölkerung nun mit Schriften, Reden und Gedichten regelrecht ein. So etwa Johann Wilhelm Ludwig Gleim (1719–1803) mit seinen *Preußischen Kriegsliedern in den Feldzügen 1756 und 1757 von einem Grenadier* (1758) oder Ewald Christian von Kleist (1715–1759), der in seinem Epos *Cissides und Paches* (1757) in Anlehnung an Horaz den „süßen Tod fürs Vaterland" („dulce et decorum est pro patria mori") besingt:

„Der Tod fürs Vaterland ist ewiger
Verehrung werth. – Wie gern sterb ich ihn auch
Den edlen Tod, wenn mein Verhängniß ruft!
Ich, der ich dieses sang im Lerm des Kriegs,
Als Räuber aller Welt mein Vaterland
Mit Feur und Schwerdt in eine Wüsteney
Verwandelten; als Friedrich selbst die Fahn
Mit tapfrer Hand ergriff, und Blitz und Tod
Mit ihr, in Feinde trug, und achtete
Der theuern Tage nicht für Volk und Land,
Das in der finstern Nacht des Elends seufzt."[34]

Abbildungen auf Alltagsgegenständen (wie Tabaksdosen), Lithografien und vor allem Predigten taten ihr Übriges, nicht nur Beamte und Akademiker, sondern auch Handwerker und Gewerbetreibende, ja auch weite Teile des illiteraten Volkes mit den friderizianischen Kabinettskriegen vertraut zu machen. In Berlin war es der Hofprediger August Friedrich Wilhelm Sack

(1703–1786), der „die von dem großen Könige Friedrich II. im Jahre 1757 erfochtenen Siege bei Prag, bei Roßbach und bei Leuthen" in seinen *Drei Dank-Predigten* verherrlichte.[35]

Dass solche martialischen Predigten vor allem in den östlichen Teilen des Landes und auch in Berlin auf fruchtbaren Boden fielen, dafür gab es viele Gründe. Da war zum einen die persönliche Betroffenheit jener Familien, deren eingezogene Söhne ihr Leben auf den Schlachtfeldern aufs Spiel setzten. Zum anderen drohte jetzt auch die Bevölkerung Berlins in das Kriegsgesche-

hen involviert zu werden. Schon 1745, im Laufe des zweiten schlesischen Krieges, waren die Österreicher der Stadt bedrohlich nahe gekommen, was unter den Einwohnern Panik ausgelöst hatte. So liest man in einem zeitgenössischen Brief:

„Dieser Tag war ein erschreclicher Tag. Der größte Theil der Einwohner in denen Vorstädten kam, seine Zuflucht in der Stadt zu suchen; die Großen, die Reichen und wohlhabenden Leute eilten, ihre Reichthümer und ihre besten Sachen in Sicherheit

Mit Historiengemälden wie diesem von Wilhelm Camphausen (1864), das preußische Soldaten zeigt, die am Abend der für Preußen siegreichen Schlacht bei Leuthen 1757 einen Choral singen, sollte die militärische Macht Preußens religiös überhöht werden.

zu bringen; andre verließen die Stadt; noch and-
re wollten ihnen nachfolgen, und konnten keine
Pferde bekommen. [...] Alle Gesichter waren
niedergeschlagen, die Bestürzung blickte auf allen
Seiten hervor, und innwendig in den Häusern sah
man nichts als traurige Gegenstände und hörte
nichts als Klagen."[36]

In jenem Jahr blieben die Berliner noch einmal von
einer Besatzung verschont. Das sollte sich im Laufe
des Siebenjährigen Krieges ändern. Zweimal wurde die

Stadt nun besetzt: zunächst im Oktober 1757 von un-
garischen und kroatischen Truppen unter Führung des
kaiserlichen Feldmarschallleutnants Andreas Hadik von
Futak (1711–1790), der die Stadt, deren Kommandant
„mitsamt seiner Truppen angstschlotternd" in Richtung
Spandau abzog, gegen eine Zahlung von 215 000 Ta-
lern von einer Plünderung verschonte (der sogenannte
Berliner Husarenstreich); dann im Oktober 1760 von
russischen und österreichischen Truppen, die der Stadt
einen Millionenbetrag abpressten und sie kurz darauf
räumten, wobei es in Vororten wie Charlottenburg

Noch lange nach seinem Tod diente Friedrich II. als patriotische Projektionsfläche. Auf dieser Radierung von 1820 sieht man zwei junge Berliner, die sich freiwillig zur Armee gemeldet haben und die von ihrem Vater mit einer großen Geste auf die an der Wand hängenden Porträts von Friedrich Wilhelm III. und Friedrich II. verabschiedet werden. Der kleine Bruder links ist neidisch, die Mutter und die Schwester rechts hingegen traurig.

nicht nur zu Raubzügen, sondern auch zu Übergriffen auf die Zivilbevölkerung kam.[37]

Schon aus Angst vor weiteren Heimsuchungen mochten die Berliner daher ihre ganze Hoffnung auf einen preußischen Sieg setzen. Vielleicht verdankte sich die intensive Anteilnahme am Kriegsgeschehen mitunter aber auch politischem Kalkül. Der neue Patriotismus, der Bürger und Adelige miteinander verband und sie für ein gemeinsames höheres Interesse, das preußische Vaterland, kämpfen (und sterben) ließ, war geeignet, die bis dahin nahezu unüberwindbaren Schranken der alten Ständegesellschaft zu überwinden – so zumindest die Hoffnung mancher Zeitgenossen. Bei diesem Patriotismus der 1750er-Jahre handelte es sich freilich noch nicht um einen Nationalismus im modernen Sinne, wie er uns zu dieser Zeit schon in Frankreich oder England begegnet. Den (vor allem im Osten des Landes und in Berlin anzutreffenden) Patrioten ging es weniger um Deutschland als um Preußen; weniger um einen geographischen Raum oder die Monarchie als solche als um eine konkrete Persönlichkeit. Im Mittelpunkt stand Friedrich II., „der Große", „der Einzige", wie ihn jetzt viele in Texten,

Bildern und Anekdoten verehrten – eine Verehrung, mit der der Preußenkönig, der sich seit 1763 nach Potsdam zurückgezogen hatte und sich kaum noch in Berlin aufhielt, wenig anfangen konnte.

Bei Weitem nicht alle Berliner huldigten dem Preußenkönig auf solche Weise – erinnert sei nur an Mirabeaus Momentaufnahme unmittelbar nach dessen Tod. Diejenigen wiederum, die in den folgenden Jahren einen besonders intensiven Friedrich-Kult betrieben, taten dies wohl oftmals auch in der Absicht, den großen Preußenkönig gegen seine Nachfolger auszuspielen. Tatsächlich eigneten sich weder Friedrich Wilhelm II. noch Friedrich Wilhelm III. noch Friedrich Wilhelm IV. so sehr als Projektionsfläche patriotischer Phantasien wie Friedrich II. Auch war keiner seiner Nachfolger so kriegsfreudig. Vielmehr verfolgte das

einigem Zögern ging man seit 1791 zu einer aggressiven Außenpolitik über, beteiligte sich mit Österreich an Kämpfen gegen Frankreich und an der zweiten und dritten polnischen Teilung (1793 und 1795), machte aber schon 1795 einen Separatfrieden mit Frankreich und verfolgte in den folgenden zehn Jahren eine alles andere als bellizistisch zu nennende Neutralitätspolitik, von der das finanziell erschöpfte Land auch territorial profitierte (unter anderem wurden ihm 1803, im Rahmen des Reichsdeputationshauptschlusses, große Teile Westdeutschlands zugeschlagen). Schon 1798, ein Jahr nach der Regierungsübernahme, hatte sich Friedrich Wilhelm III. intern zu einer auf Frieden ausgerichteten Außenpolitik bekannt:

„Alle Welt weiß, dass ich den Krieg verabscheue und dass ich nichts Größeres auf Erden kenne als die Bewahrung des Friedens und der Ruhe als einziges System, das sich für das Glück der Menschheit eignet.“[39]

Friedrich Wilhelm III. war wegen seiner wankelmütigen Politik in der Bevölkerung wenig beliebt. Gemälde von Ernst Gebauer, 1814

Land zwischen 1789 und 1813 in seiner Außenpolitik einen „rasch wechselnden Zickzackkurs", bei dem „ausgeklügelte Doppeldiplomatie, ängstliches Schwanken und Anfälle von Habgier" einander ablösten.[38] Nach

In der Entourage des Königs gab es durchaus Unterstützung für dessen Neutralitätspolitik. So ist den 1823 verfassten „Nachrichten über Preußen in seiner großen Katastrophe" des preußischen Generalmajors und Heeresreformers Carl von Clausewitz (1780–1831) zu entnehmen, dass sich um 1805/06 in der preußischen Oberschicht nicht nur antinapoleonische Bellizisten bzw. Befürworter der napoleonischen Reformpolitik befanden, sondern auch Neutralisten,

die um eine Konfliktminimierung bemüht waren.[40] Als Preußen auf Druck einer Kriegspartei am Hofe 1806 dann doch wieder in den Krieg gegen Napoleon zog, sollte es in Jena und in Auerstedt eine derart verheerende Niederlage erleben, dass das Land an den Rand des Abgrunds geriet und seine Hauptstadt besetzt wurde.

Mit dem Einmarsch der Franzosen änderte sich das Stimmungsbild in der Bevölkerung. Hatte man zuvor eine gewisse Indifferenz beobachtet, so wurden nun viele zu erklärten Parteigängern und Unterstützern Napoleons. Neben unpolitischen Motiven wie der allerorts auftretenden Heldenverehrung des Kaisers spielte dabei auch die napoleonische Reformpolitik eine nicht unbeträchtliche Rolle. Die einschneidenden Eingriffe in Staat und Gesellschaft, die nun vorgenommen wurden, machten auch vor dem Militär nicht halt. So ordnete Napoleon die Aufstellung einer Bürgergarde an. Den alten Eliten war diese ein Dorn im Auge, wie der Revolutionär von 1848 Adolf Streckfuß in seiner populären, 1886 veröffentlichten Stadtgeschichte Berlins beschreibt:

„Für die gefangenen preußischen Offiziere, welche nach Berlin kamen, war die Uniformirung der Bürgergarde ein gewaltiger Aerger; die gefangenen Gendarmerie-Offiziere, welche vor dem Kriege so gewaltig bramarbasirt [geprahlt] hatten, um bei Jena feig das Versengeld zu geben, konnten sich gar nicht darüber trösten, daß unter der Bürgergarde Schneider und Schuhmacher Offizierrang bekleideten; sie trieben ihre Unverschämtheit so weit, diese ‚Kameraden‘ häufig zu verspotten."

Jetzt aber, so Streckfuß, war die „Zeit der Wiedervergeltung" gekommen. Die Berliner Bürger „überhäuften die früher so sehr gefürchteten Gensdarmerie-Offizie-re, wo sie dieselben trafen, mit herbem Spott und sie wurden darin unterstützt durch die Franzosen, welche ihre Verachtung gegen die hochadligen Herrn niemals verhehlten". Streckfuß, der wie die meisten Bürger seiner Epoche dem nationalistischen Zeitgeist huldigte,

sah „eine tiefe sittliche Entwürdigung darin, daß die Bürger von Berlin im Bündniß mit dem Feinde über das Unglück ihrer eigenen Armee höhnten", zeigte aber immerhin ein gewisses Verständnis aufgrund der dahinterliegenden sozialen und politischen Ursachen:

„War es wohl zu verwundern, wenn dies geschah, wenn ein Volk, dem man bisher kein Recht gegönnt hatte, welches nur als eine Steuer zahlende Masse betrachtet, stets mit frechem Uebermuth behandelt worden war, keinen Patriotismus besaß?"[41]

Von einem von nationalistischen Motiven getragenen Revanchismus konnte mithin in der breiten Bevölkerung um 1806 keine Rede sein. Wenn die Begeisterung allmählich der Ernüchterung wich und sich zusehends Unmut über die französische Besatzung verbreitete, dann aufgrund der mit ihr verbundenen Kosten und Lasten, vor allem der Konfiskationen, Kontributionen und Konskriptionen.

Insbesondere im Bildungsbürgertum wurden immer vernehmlicher patriotische und antifranzösische Töne angeschlagen und auch ein erneuter Krieg gegen Napoleon als Option ernsthaft erwogen. Schon im Dezember 1808 hatten viele Berliner dem Freikorpsführer Ferdinand von Schill (1776–1809) bei seinem Einzug in die Stadt zugejubelt. Als er sie mit seinem Regiment im April 1809 wieder verließ, um „ohne königlichen Befehl und ohne Wissen der Behörden und seiner Vorgesetzten […] auf eigene Faust den Kampf gegen Napoleon zu beginnen", scheinen ihm vor allem die Sympathien der höheren Stände gehört zu haben – wiewohl viele vorhersahen, dass der Aufstandsversuch kläglich scheitern musste.[42] Auch der deutschtümelnde „Turnvater Jahn", der zu einer Ikone der späteren Nationalbewegung werden sollte und seit dem Frühjahr 1811 seine Schüler im patriotischen Geiste in der Neuköllner Hasenheide trainierte, trug zur Militarisierung

„Turnvater" Jahn eröffnete am 19. Juni 1811 den ersten Turnplatz in der Hasenheide – ein Sammelpunkt des Widerstands gegen die französische Besetzung. Zeitgenössische Radierung

und zu einem wachsenden Bellizismus bei. Mit dem kläglichen Rückzug der Großen Armee aus Russland, bei dem Hunderttausende, darunter auch viele preußische Soldaten, ihr Leben ließen, schlug die Stimmung in Berlin endgültig um. Vor allem Intellektuelle überboten sich nun in ihrem Hass auf Napoleon und die Franzosen. So ließ der an der neu gegründeten Berliner Universität lehrende Ernst Moritz Arndt (1769–1860), ursprünglich ein Anhänger der Französischen Revolution, in seiner erstmals 1813 erschienenen, vielzitierten Schrift *Ueber Volkshaß und über den Gebrauch einer fremden Sprache* nun seinem Franzosenhass freien Lauf:

„Wir sollen die Franzosen nicht allein wegen dessen hassen, was sie uns in den letzten zwanzig Jahren Uebels gethan haben [...]; nein, wir sollen sie hassen, weil sie schon über drei Jahrhunderte unsere Freiheit hinterlistig belauert haben [...]. Die Franzosen sind unsere mächtigsten und gefährlichsten Nachbarn, und sie werden es bleiben [...]. Ich will denn Haß gegen die Franzosen, nicht bloß für diesen Krieg, ich will ihn für lange Zeit, ich will ihn für immer. [...] So bleibe denn der Haß als ein heiliger und schützender Wahn im Volke.“[43]

1813 erschien erstmals auch die von Heinrich von Kleist (1777–1811) verfasste Ode, in der mit den Worten „Dämmt den Rhein mit ihren Leichen“ zum Volkskampf gegen die Franzosen aufgerufen wurde:

Chor: „Zu den Waffen, zu den Waffen!
Was die Hände blindlings raffen!
Mit der Keule, mit dem Stab,
Schlacht, in dein Gefild hinab! [...]
Wer in unheilbaren Wunden
Dieser Fremden Hohn empfunden,
Brüder, wer ein deutscher Mann,
Schließe diesem Kampf sich an! [...]
Eine Jagdlust, wie wenn Schützen
Auf der Spur dem Wolfe sitzen!
Schlagt ihn tot! Das Weltgericht
Fragt euch nach den Gründen nicht! [...]“[44]

Tatsächlich verfiel ein Teil der Berliner Jugend in einen patriotischen Taumel und meldete sich zur Armee. „Das Gedränge der Freiwilligen, die sich einschreiben lassen, ist heute so groß auf dem Rathhause wie bei Theurung vor einem Bäckerladen“, berichtete der Berliner Historiker Barthold Georg Niebuhr (1776–1831). Zwei Wochen später geriet der vormalige Kritiker des Militärs gar ins Schwärmen:

„Seitdem Scharnhorst unsre Armee neu organisirt hat, ist sie von aller Steifheit und Schwerfälligkeit befreit, die man ihr sonst vorwarf: in keiner andern ist gewiß der Soldat einzeln so sehr gentleman wie jetzt bei uns: man hat alles unnütze erschwerende weggeworfen [...]. Wenn meine Vorlesungen zu Ende sind, d. h. vom Anfang der künftigen Woche an, werde ich suchen an den Vormittagen mit ordentlichen Recruten zu exerciren, und so oft als möglich auch der Scheibe zu schießen.“[45]

Wie verbreitet die Bereitschaft in der allgemeinen deutschen Bevölkerung war, erneut in einen Krieg zu ziehen, darüber gehen heute die Meinungen der Historiker auseinander. Zumindest mit Blick auf die süddeutschen Länder ist von dem fast 200 Jahre aufrechterhaltenen „Mythos vom Befreiungskrieg" kaum etwas übrig geblieben.[46] Auch für Berlin finden sich Zeitzeugen, die von einer Kriegsbegeisterung nichts wissen wollten. Dem Universitätsrektor Theodor von Schmalz (1760–1831) zufolge eilte „Alles [...] zu den Waffen [...], wie man aus ganz gewöhnlicher Bürgerpflicht zum Löschen einer Feuersbrunst beim Feuerlärm eilt.“[47] Gleichwohl scheint im Vergleich zu Süd- und Westdeutschland in Berlin und den östlichen Landesteilen nicht nur die Kriegsbereitschaft, sondern auch die Freude über den Sieg gegen Napoleon relativ hoch und weitverbreitet gewesen zu sein. Dass sich die Freiwilligenbewegung aus allen Schichten speiste, ist ein Hinweis darauf, dass nicht nur die militärische und politische Führung, sondern auch Teile der einfachen Bevölkerung kriegslustiger waren als Friedrich Wilhelm III., der bis zuletzt zögerte, sich einer militärischen Koalition gegen Frankreich anzuschließen. Ungeachtet dessen zeichneten konservative Historiker

Zum Gedenken an die in den Befreiungskriegen Gefallenen war ursprünglich ein „Befreiungsdom" vor dem Potsdamer Tor geplant. Von dieser Idee blieb letztlich nur das zwischen 1818 und 1821 auf dem Kreuzberg erbaute Denkmal übrig. Radierung, um 1830

über 150 Jahre das Bild eines entschlossenen Monarchen, der im Kampf gegen Frankreich die Führungsrolle im Kampf gegen Napoleon übernommen habe, so wie es schon Heinrich Clauren (1771–1854) mit seinem Lied *Der König rief und alle kamen* propagiert hatte.[48] Auch wenn diese Legende immer wieder infrage gestellt wurde

(„Alle, wirklich alle riefen, bis [auch] der König oder der Kurfürst kamen"[49]), hielten preußisch-deutsch-national gesinnte Historiker wie Gerhard Ritter (1888–1967) noch in den 1950er-Jahren daran fest, dass das preußische Volk 1813 „willig dem Ruf seines Königs folgend, […] zum blutigen Waffengang" angetreten sei.[50]

Langer Frieden, kurze Kriege (1815–1890)

In dieser fast 200 Jahre andauernden Debatte ging es um mehr als die Frage, wem die Initiativrolle im Krieg gegen Napoleon zukam, dem Volk oder dem König und seinen Beratern. Man stritt vor allem darum, wofür bzw. wogegen die Deutschen 1813 gekämpft hatten: primär gegen die französische Fremdherrschaft oder auch für einen freiheitlich verfassten deutschen Nationalstaat? Das war eine eminent politische Frage, die schon in der Wortwahl zum Ausdruck kam. So sprachen konservative Monarchisten und später auch antidemokratisch gesinnte Nationalisten und Militaristen von „Befreiungskriegen", während Liberale und Demokraten den Begriff „Freiheitskriege" bevorzugten. Die Befreiung von der napoleonischen „Fremdherrschaft" und der Kampf für eine Verfassung in einem modernen Nationalstaat waren diesen zwei Seiten einer Medaille. Unversöhnlicher Franzosenhass musste damit nicht einhergehen. Viele fortschrittlich gesinnten Bürger betrachteten Frankreich vielmehr auch nach 1815 als Ursprungsland der universalen Ideen von Freiheit und Gleichheit und damit als Vorbild. Regelmäßig richtete sich daher der Blick der Berliner nach Paris, wenn es dort zu politischen Unruhen kam. Als im Zuge der Pariser Julirevolution 1830 der sogenannte Bürgerkönig Louis-Philippe den reaktionären Bourbonen Karl X. (König 1824–1830) ablöste und die französische Verfassung liberalisierte, wurde dies in Berlin aufmerksam registriert. Allerorts diskutierten und agitierten die Einwohner der Stadt; vor allem in den Konditoreien, „wo man sich in dichtgedrängten Gruppen die Pariser Nachrichten laut vorlas, war eine mächtige Wirkung zu spüren".[51] Nicht anders Ende Februar 1848, als in Paris erneut eine Revolution ausbrach: unmittelbar nach Bekanntwerden der Ereignisse strömten die Berliner auf die Straße; drei Wochen später wurden Barrikaden errichtet und die mit deutschem Text unterlegte *Marseillaise* gesungen.

Daneben gab es immer auch antifranzösische Stimmen. Bürger, die sich der Deutschtümelei und einem dumpfen Hass auf den französischen „Erbfeind" hinga-

ben, wie ihn schon Arndt und Kleist gepredigt hatten. Gelegentlich steigerte sich dieser fremdenfeindliche Nationalismus auch in Kriegshetze: so etwa im Laufe der Rheinkrise von 1840, als der französische Regierungschef Adolphe Thiers (1797–1877) Ansprüche auf die linksrheinischen, größtenteils preußischen Gebiete erhob und damit eine diplomatische Krise auslöste, die den deutschen Frühnationalismus befeuern sollte. In Nikolaus Beckers (1809–1845) Rheinlied, das eine defensiv-kriegerische Haltung einforderte („Sie sollen ihn nicht haben/Den freien deutschen Rhein,/Bis seine Fluth begraben/Des letzten Mann's Gebein"[52]), fand dieser gegen Frankreich gerichtete Nationalismus seine inoffizielle Hymne, deren Popularität bis nach Berlin reichte, wo sie nicht nur in Konzertsälen, sondern auch auf Leierkästen gespielt wurde. Auch im Verlauf der deutschen Revolution wurden immer wieder frankophobe Töne angeschlagen. So kursierte im Mai 1848 in der Hauptstadt eine von der konservativen Berliner Zeitschrift *Bürgerwache* in Umlauf gebrachte *Anti-Marseillaise* („Geh' hin zu den Franzosen/Und sing ‚Allons enfants'./Wir bleiben ohne Wanken/Bei unserm alten Wort,/[…] Mit Gott für unsern König,/Fürs deutsche Vaterland"[53]). Allerdings sollten solche Stimmen schnell verhallen. So wie auch die Versuche der Obrigkeit, „die revolutionäre Stimmung als fremdgesteuertes Werk französischer Verschwörer hinzustellen und so den in Teilen des Berliner Bürgertums bereits virulenten Nationalismus gegen Frankreich zu instrumentalisieren", zum Scheitern verurteilt waren.[54] Für eine antifranzösische Grundstimmung, wie es die These von der sogenannten Erbfeindschaft zwischen Deutschen und Franzosen suggeriert, gibt es denn auch Mitte des 19. Jahrhunderts in Berlin keine Anhaltspunkte.

Auch die antidänischen Töne, die 1848 im Rahmen der Schleswig-Holstein-Frage von Parlamentariern der Paulskirche und Teilen der deutschen Öffentlichkeit angeschlagen wurden, stießen in Berlin eher auf Zurückhaltung. Nachdem der dänische König signalisiert hatte, das nicht zum Deutschen Bund gehörige Schleswig dem dänischen Staat einverleiben zu wollen und es zu ersten feindlichen Handlungen zwischen dänischen Truppen und Bundestruppen unter preußischem Kom-

Sie sollen ihn nicht haben, den freien deutschen Rhein,
Bis seine Flut begraben des letzten Mannes Gebein.

674216

Sie sollen ihn nicht haben!

Eine antifranzösische Fotopostkarte von 1914 greift das 1840 veröffentlichte „Rheinlied" von Nikolaus Becker auf.

mando gekommen war, zog Preußen seine Truppen zurück und begann Waffenstillstandsverhandlungen. Nicht nur gegenüber Dänemark, auch gegenüber Frankreich verzichteten die preußischen Monarchen auf eine allzu aggressive Außenpolitik. Als schwächste Großmacht der europäischen Pentarchie, als Mitglied des Deutschen Bundes und der Heiligen Allianz war Preußens außenpolitischer Handlungsspielraum begrenzt – was nicht zuletzt der Aufrechterhaltung des innerdeutschen Gleichgewichtes und des europäischen Friedens zugutekommen sollte.

Erst mit der Regierungsübernahme durch Otto von Bismarck im September 1862 wurde unter diese Politik ein Schlussstrich gezogen. Ohne sich mit den anderen Staaten des Deutschen Bundes abgesprochen zu haben, richteten Preußen und Österreich im Januar 1864 ein Ultimatum an Dänemark, marschierten kurz darauf

in Schleswig ein, besiegten die dänische Armee und stellten sowohl Holstein als auch Schleswig unter ihre Verwaltung. Schon zwei Jahre später sollte dieses Bündnis zerbrechen: 1866 trat Preußen aus dem Deutschen Bund aus, erklärte Österreich, das von den größeren deutschen Staaten unterstützt wurde, den Krieg und annektierte nach seinem Sieg bei Königgrätz unter anderem das Königreich Hannover, das Kurfürstentum Hessen und das Herzogtum Nassau. Schließlich provozierte Bismarck 1870 einen Krieg mit Frankreich, der mithilfe der nord- und süddeutschen Staaten schnell gewonnen werden konnte und die Annexion des Elsass und Lothringens zur Folge hatte.

Im Rückblick sind diese drei Kriege von Generationen borussophiler Historiker zu einem einzigen Ereignis verdichtet worden: den sogenannten Einigungskriegen, deren Ergebnis die Vollendung der deutschen Einheit, die Errichtung des ersten deutschen Nationalstaates, gewesen sei. In der Bundesrepublik haben Vertreter der Sonderwegs-These diese positiv-teleologische Deutung aufgegriffen und ins Negative verkehrt. Infolge der kriegerischen Herstellung der deutschen Einheit habe man eine unheilvolle Verknüpfung von expansionistischem Angriffskrieg und deutschem Nationalstaat hergestellt. Das sei nicht zuletzt dem Kalkül Bismarcks geschuldet gewesen, der auf diese Weise die im Verfassungskonflikt gegen ihn opponierenden Liberalen kompromittiert und gespalten habe und schließlich einen großen Teil des Bürgertums für die Unterstützung des neuen autoritären Machtstaates von 1871 gewonnen habe.

Dass Bismarck ein gewiefter Machttaktiker war und Preußen in den 1860er-Jahren zu einer, wenn nicht *der* kriegstreibenden Kraft in Mitteleuropa machte, hatte sicherlich auch innenpolitische Ursachen. Längst waren es nämlich nicht mehr nur die Monarchen, die über Krieg und Frieden entschieden. Infolge der im 19. Jahrhundert zunehmenden Politisierung und Nationalisierung der

Bevölkerung war Außenpolitik nun immer weniger „ein Arkanum der Regierungen und Diplomaten", sondern wurde „Sache der Völker".[55] Seit den 1820er-Jahren begannen viele Deutsche ihren Wunsch nach nationaler Unabhängigkeit und politischer Freiheit auf andere Nationalbewegungen im Süden und Osten Europas zu projizieren. Mitunter versuchten sie auch als Kriegsfreiwillige oder über Presse, Publizistik oder Parlamente Einfluss auf außenpolitische Entscheidungen zu nehmen.

Gleichwohl scheint sich die Kriegsbegeisterung der Deutschen bis Ende der 1860er-Jahre im Großen und Ganzen in Grenzen gehalten zu haben. Das zeigte sich 1864, als sich die von Bürgermeister Seydel angeleitete Berliner Bürgerschaft in der Schleswig-Holstein-Frage nicht auf die Seite der Regierung stellte, sondern den liberalen Herzog von Augustenburg unterstützte, dessen Anspruch auf die beiden Herzogtümer Preußen um je-

Adolph von Menzel fängt in seinem Gemälde von 1871 die Kriegsbegeisterung der Berliner im Sommer 1870 ein. Ganz klein in der Kutsche links ist König Wilhelm I. zu sehen, der zur Armee nach Frankreich aufbricht.

Ganz Berlin ist im Freudentaumel. Empfang der Gardelandwehr am Potsdamer Bahnhof in Berlin, 22. März 1871. Holzstich nach einer Zeichnung von Knut Ekwall

den Preis verhindern wollte. Auch der als „Bruderkrieg" kritisierte Krieg gegen Österreich scheint zumindest in Teilen der Bürgerschaft auf wenig Gegenliebe gestoßen zu sein. Erst 1870/71 positionierte sich die städtische Bevölkerung klar auf preußisch-deutscher Seite, indem sie den Feldzug durch Kriegsanleihen unterstützte und „aufopferungsvollen Dienst in den zahlreichen improvisierten Lazaretten" [leistete], die zumeist auf dem Tempelhofer Feld aufgestellt" worden waren.[56] Noch größer war der Enthusiasmus nach Kriegsende. Während die im fernen Versailles am 18. Januar 1871 vollzogene Kaiserproklamation eher zurückhaltend aufgenommen worden war, wurde die Stadt am 18. Juni 1871 anlässlich der Siegesfeier von einer Woge patriotischer Begeisterung erfasst. Auch wenn unter den Schaulustigen viele Nichtberliner waren und es sicherlich auch unpolitische Gründe gab, bei gutem Wetter in der Nähe von Bier- und Würstchenbuden mitzufeiern, scheint die Freude über den Sieg über Frankreich grenzenlos gewesen zu sein. Das suggerierte selbst die linksliberale *Vossische Zeitung*:

> *„Kein schönerer Junimorgen hat je über Berlin geleuchtet als dieser sechzehnte. [...] Von der ersten Morgenfrühe an hatten die Schaubegierigen ihre Plätze eingenommen [...]. Auf Mauern, auf Dächern, Dachrinnen, auf fliegenden Gerüsten, auf Möbelwagen und Karren [...] waren sie in Scharen etabliert längs der ganzen äußeren Strecke. Kein Dach zu hoch, kein Stuhl zu niedrig, daß er nicht von Menschen besetzt gewesen wäre [...]. Selbst auf den schwindelnden Höhen des Brandenburger Tores zeigte sich [...] kein leerer Platz, keine Möglichkeit mehr des Sehens im Sitzen. Weiber und Männer wetteiferten dort in der Kühnheit der Posen, in einem Trotz gegen die Schwindel- und Todesverachtung, die etwas Erstaunliches hatten".[57]*

121

Auch der seinerzeit populäre deutsch-jüdische Schriftsteller Berthold Auerbach (1812–1882), der bereits
im Vormärz politisch aktiv gewesen war und dafür im
Jahre 1837 zwei Monate in Festungshaft hatte verbrin-
gen müssen, stimmte in einem auf den 17. Juni 1871
datierten Brief in den Chor der Patrioten ein:

*„Ich habe Weltgeschichte von Angesicht zu Ange-
sicht gesehen. Das Dasein hat eine Füllung, der
nichts mehr gleichkommen kann. Auf einem großen
Umwege fuhr ich mit den Meinen nach der Mittel-
straße, von wo aus wir in das Freundeshaus unter*
*den Linden kamen. Ich kann dir den Triumphzug
nicht schildern. Das nur muß ich dir sagen, als die
81 französischen Tricoloren und goldenen Adler
vorübergetragen wurden und ein Jubelschrei ohne
Gleichen erdröhnte, da durchschauerte es mich
unsagbar: es ist vollbracht, der sinnenverwirrende
blutlechzende Dämon der
Gloire ist niedergeworfen,
hoffentlich für alle Zeit. [...]
Wir Deutschen haben hof-
fentlich das Glück und
die Kraft, daß uns*

Anlässlich der Heimkehr der siegreichen Truppen nach Berlin am
16. Juni 1871 ist im Berliner Lustgarten ein Altar für einen Feldgot-
tesdienst aufgebaut. Zu beiden Seiten des Altars stehen Kanonen.

dieser Sieg ohne Gleichen nicht anders macht, nur unser redliches Bemühen, unser Dichten und Trachten für alles Gute und Schöne soll ungeängstigt vom bösen Nachbarn sich frei ausleben. Wie stramm und fest ziehen die Sieger dahin, zu Fuß, zu Roß, ein Jeder muß doch fühlen, daß er eine neue Welt mitgeschaffen. Der Kaiser kommt! hieß es. Ihm vorauf ritten Bismarck, Moltke und Roon. Der Kaiser ritt allein, Niemand neben ihm. Der wunderbare Greis muß eine überlebensgroße Menschenkraft haben, diese äußeren Strapazen und innern Bewegungen so zu überdauern, und ich glaube, daß nur eine elementarisch einfache, unzergrübelte Natur so aushalten kann. Es duldete mich nicht mehr im Hause. Ich ging auf die Straße, ins Gedränge, überall eine Gehobenheit, ein Strahlen von Glück und daneben in Gruppen Hunderte von herzlichen Bewillkommungen und darüber der hellste, so lang entbehrte volle Sonnenschein."[58]

Vermutlich feierte man 1871 nicht so sehr den Krieg als den Sieg und vor allem den Frieden. Einen Frieden, der einen kleindeutschen Staat unter preußischer Führung, den ersten deutschen National- und Verfassungsstaat zur Folge hatte. Dieses Ergebnis rechtfertigte die drei verhältnismäßig kurzen und wenig verlustreichen Kriege nicht nur im Urteil vieler Zeitgenossen und erst recht der Nachgeborenen; es prägte auch die Erwartungen, die man an einen künftigen Krieg stellte – ein fataler Irrtum, wie sich unmittelbar nach Ausbruch des Ersten Weltkrieges zeigen sollte.

Nicht nur das Verhältnis zum Krieg änderte sich im Laufe des 19. Jahrhunderts, auch das Verhältnis zum Militär. Das hing erstens mit den Militärreformen zusammen, die nach der verheerenden Niederlage in Jena und Auerstedt (1806) eingeleitet wurden. Nicht nur wurden die barbarischen Körperstrafen abgeschafft; auch das adlige Privileg bei der Besetzung von Offiziersstellen wurde beseitigt (wiewohl die Infanterie und die Kavallerie de facto eine Domäne des Adels blieben). Gleichzeitig wurde die allgemeine Wehrplicht eingeführt und eine Bürgerbewaffnung (in Form von Landwehr und Landsturm) eingeführt. Das machte den Militärdienst erträglicher und trug dazu bei, den sozialen Status des Soldaten aufzuwerten. Hinzu kamen, zweitens, die vom Militärdienst ausgehenden emanzipatorischen Impulse.

Zur Enthüllung der Siegessäule auf dem Königsplatz, dem heutigen Platz der Republik, sind am 2. September 1873 zahlreiche Truppen angetreten.

Denn wer bereit war, sein Leben für den Staat zu riskieren, der erhob nicht selten auch Anspruch auf politische Partizipation. Drittens erkannte man spätestens seit der mithilfe des Militärs niedergeschlagenen Revolution von 1848/49, dass nur derjenige über politische Macht verfügte, der die Kontrolle über die Armee ausübte. Dementsprechend ging es auch bei dem Verfassungskonflikt der 1860er-Jahre nicht nur um eine Heeresreform, sondern letztlich um die Systemfrage, um die Beibehaltung der konstitutionellen oder die Einführung einer parlamentarischen Monarchie.

Insofern sich das Militär im Laufe des 19. Jahrhunderts zum zentralen Austragungsort aller grundlegenden Konflikte entwickelt hatte, spielte es eine immer größere Rolle in nahezu allen Bereichen von Politik und Gesellschaft. Das spiegelte sich auch im Berliner Alltag wider: an der Zahl der hier abgehaltenen militärischen Feierlichkeiten und Paraden, dem Zulauf zu militärischen Vereinen, der Vielzahl militärischer Bilder und Symbole oder dem besonderen Respekt gegenüber Bürgern in Uniform, die „selbst an freien Tagen, voller Stolz getragen" wurde.[59] Freilich war ein Militärkult auch in anderen europäischen Großstädten durchaus präsent. Überhaupt hatte sich Berlin im Laufe des 19. Jahrhunderts zu einer „normalen" Großstadt entwickelt, in der das zivile Element das Militärische bei Weitem in den Schatten stellte. Als Berlin 1871 Reichshauptstadt wurde, war das politische und soziale Leben der Stadt längst „weit über die alten Strukturen der Residenz mit ihren vorherrschenden bürokratischen und militärischen Traditionen hinausgewachsen".[60]

Nicht selten stießen nun die von oben verordneten Deutungsangebote von „Preußens Gloria" auf Ablehnung oder Spott. Das zeigen die Reaktionen auf die Siegessäule, ein Monument, das zunächst am Königsplatz (heute Platz der Republik) stand und erst 1938/39 auf den Großen Stern im Tiergarten versetzt wurde. Gedenken sollte das am 2. September 1873 mit großem Pomp eingeweihte Denkmal der drei Einigungskriege. Doch schon schnell machte der Berliner Volksmund aus der „Siegessäule" einen „Siegesspargel" und taufte die von ihr getragene Bronzeskulptur Viktoria in „Goldelse" um, das „einzige Mädchen in Berlin, das kein Verhältnis hat", wie Luc Gersal (1886–1939) kolportierte. Wenn ein Fremder nach Berlin komme, so der französische Journalist, sei es „die erste Sorge seiner Freunde, ihn nach der Siegessäule zu führen." Die sanfte Heiterkeit, die eine Betrachtung der sittsam gekleideten Borussia hervorrufe, lasse einen „Berlin in einem viel freundlicheren Lichte erscheinen."[61]

Militarismus und Pazifismus in der wilhelminischen Gesellschaft (1890–1914)

Weniger vorteilhaft fiel das Urteil des französischen Dichters Anatole France (1844–1924) aus, der dem wilhelminischen Berlin mehrere Besuche abstattete. Als „Geißel von Berlin" charakterisierte er die sich hier aufhaltenden Offiziere: „Ohne sie wäre das Leben dort erträglich […]. Man sieht nur sie, man hört nur sie. Sie sind überall obenan, sie erlauben sich alles."[62] Das war gewiss übertrieben. Gleichwohl bestätigen auch andere Zeitzeugen, dass sich das militaristische Klima in den 1890er-Jahren deutlich verschärft hatte. So etwa ein von 1904 bis 1907 an der Berliner Universität lehrender Gynäkologe:

„Das also war Berlin! […] Offiziere ritten wie Puppen die Mittelpromenade entlang. Hochmütig blitzten ihre Eingläser. Mindestens jeder fünfte Mann zwischen Schloß und Brandenburger Tor schien Uniform zu tragen. […] Die Offiziere grüßten einander mit zackigen Bewegungen. Geriet ein Unteroffizier oder gar ein einfacher Soldat, vielleicht mit dienstlichem Auftrag, in dieses geheiligte Zentrum der obersten Gesellschaft, dann hatte er ein gar beschwerliches Fortkommen. Die Linden wurden für ihn zum Exerzierplatz; seine linke Hand zuckte an die Hosennaht, die rechte salutierend an die Mütze, sobald ein Vorgesetzter sichtbar wurde. Nahte aber ein ‚hohes Tier', mußte der ranglose Uniformist zur Seite springen, Frontstellung einnehmen und im ‚Stillgestanden'

Hindenburg als Leutnant und Adjudant im 3. Garderegiment zu Fuß, 1866

mit beiden Händen an den Hosennähten seinen Kopf dem ‚Lametta‘-Träger so lange nachdrehen, bis dieser weit genug entfernt war. Augen geradeaus! Zack-Zack mit den Füßen, und der Bedauernswerte durfte endlich seinen Weg fortsetzen.“[63]

Nicht nur auf der Straße, auch am Hofe und in der bürgerlichen Gesellschaft dominierte das militärische Element. Zahlreiche, vor allem „kleinere Leute“ organisierten sich in den Kriegervereinen. Auch in den „sogenannten führenden Kreisen drängte sich militaristischer und engstirniger Beamtengeist [...] der Geselligkeit auf“, wie der Kunsthistoriker Werner Weisbach (1873–1953) zu berichten wusste.[64] Rückblickend gelangte der in Berlin lehrende Historiker und spätere „Vernunftrepublikaner“ Friedrich Meinecke (1862–1954) zu einem ähnlichen Urteil:

„Der preußische Leutnant ging als junger Gott, der bürgerliche Reserveleutnant wenigstens als Halbgott durch die Welt. Zum Reserveoffizier musste man es bringen, um in der großbürgerlichen Welt und vor allem in der Staatsverwaltung voll zu gelten. [...] Man muß diesen Typus im Laufe eines langen Lebens und unzähligen Exemplaren vor Augen gehabt haben, man muß ihn selbst in sich erlebt, mit ihm gerungen, sich langsam von ihm befreit haben, um seine Macht über die Gemüter zu verstehen.“[65]

Die Verherrlichung des Militärischen wurde flankiert durch eine Geschichtspolitik, die die politische Bedeutung von Krieg und Armee schon den Kindern im Schulunterricht einhämmerte und die preußischen Siege durch Feiern und Feste (wie den Sedanstag) regelmäßig beschwor. Auch im Stadtbild erinnerten nun immer häufiger Straßennamen und Denkmäler an die militärischen Leistungen der preußischen Monarchie. Dass all dies nicht ohne Wirkung blieb und sich im historischen Urteil, in der alltäglichen Sprache (Kommandoton) wie im Verhalten (Strammstehen, Arroganz der Offiziere gegenüber Zivilisten) niederschlug, mag kaum verwundern. Freilich stellt sich die Frage, ob dieser Militärkult typisch preußisch oder gar berlinerisch war.

Bis in die 1990er-Jahre haben Historiker diesen alltäglich praktizierten Sozialmilitarismus als zentralen Bestandteil eines „deutschen Sonderweges“ ausgemacht und ihn als eine „Strategie innergesellschaftlicher Machtsicherung“ beschrieben, „mit deren Hilfe die Eliten des Kaiserreichs vorhandene soziale Spannungen durch Ablenkung nach außen zu neutralisieren gesucht hätten.“ Ein „quantitativer wie qualitativer Mangel an Bürgerlichkeit habe es erst ermöglicht, dass innenpolitisch wirksam über die Sozialagentur des Militärs flächendeckend Untertanengeist und Kadavergehorsam produziert und damit der Nährboden nationalsozialistischer Gewaltpolitik bereitet werden konnte.“[66] Jüngere Historiker haben hinter dieser These eines einzigartigen Militarismus in Preußen mehr als ein Fragezeichen angebracht und auf die zahlreichen Parallelen zu Frankreich und England verwiesen. Darüber hinaus gilt es zu beachten, dass es im Kaiserreich verschiedene Militarismen gab: einen aristokratisch-konservativen Militarismus, einen liberal-bürgerlichen Militarismus und einen Militarismus der kleinen Leute, der emanzipatorische und egalitäre Züge tragen konnte. Denn nicht nur wirkte das Militärische auf das zivile Leben ein; auch vom zivilen Leben gingen Impulse auf das Militärische aus. Außerdem unterschlägt eine auf Obrigkeitsdenken und Untertanenmentalität fixierte Sicht auf die städtische Gesellschaft um 1900 das vielfältige, von Eigensinn bestimmte Verhalten so vieler Berliner, Preußen und Deutscher – von dem nicht zuletzt die zahlreichen Majestätsbeleidigungen und Proteste gegen die Kulturkampfmaßnahmen und Sozialistengesetze zeugen.

Daneben manifestierte sich eine antimilitaristische Haltung oft auch auf recht harmlose Weise, etwa im Berliner Volksmund, der die 1895 in Auftrag gegebene und 1901 vollendete Siegesallee im Tiergarten in „Puppenallee“ umtaufte. Auch die Reaktion der städtischen Bevölkerung auf den Coup Friedrich Wilhelm Voigts zeugt von dem gar nicht so autoritätshörigen Verhalten vieler Berliner. Gerade erst aus einer 15-jährigen Haft entlassen, hatte sich der Stadtstreicher und Schuster im Oktober 1906 in die Uniform eines Hauptmanns geworfen (die er zuvor in verschiedenen Trödelläden zusammengekauft hatte), um im Namen des Königs mehrere zufällig seinen Weg kreuzende Soldaten zu verpflichten, ihn ins Rathaus von Köpenick zu begleiten, wo er den Stadtsekretär und Bürgermeister verhaften ließ und die Stadtkasse plünderte – sehr zur Belustigung der Berliner Bevölkerung. Wie eine Parabel erscheint diese Geschichte, die Licht warf auf ein soziales Umfeld, das „von kriecherischem Respekt vor militärscher Autorität geprägt war", aber auch auf eine

Gesellschaft, die sich mit ihrer unverhohlen zur Schau gestellten Sympathie für einen Gauner über den weitverbreiteten Militarismus und Autoritarismus lustig machte.[67] Dass sich die künstlerischen Verarbeitungen dieses Vorfalls, vor allem durch Carl Zuckmayers (1896–1977) Theaterstück und dessen Verfilmung, jahrzehntelang so großer Popularität erfreuten, ist ein weiteres Indiz dafür, wie populär zumindest in Teilen

der deutschen Bevölkerung eine „Verhohnepiepelung" des Militärischen war.

Zudem gab es im wilhelminischen Berlin auch einen dezidiert politischen Pazifismus. Immer deutlicher polarisierte sich die städtische Gesellschaft seit der Jahrhundertwende in allen Fragen, die um imperialen Expansionismus und Krieg als Mittel der Politik kreisten. Da waren zum einen jene Berliner,

die ultranationalistischen Organisationen (wie dem Alldeutschen Verband, dem Flottenverein oder der Deutschen Kolonialgesellschaft) angehörten oder mit deren Zielen sympathisierten. Nicht wenige von ihnen vertraten radikal-rassistische, antisemitische, imperia-

Ob sich so der Patriotismus der Berliner befördern ließ? Blick in die Siegesallee. Kolorierte Fotopostkarte, 1905

Ein Polizist führt mit gezogenem Säbel einen Demonstranten bei einer Demonstration gegen das Dreiklassenwahlrecht ab, 1911.

von der Berliner Sozialdemokratie einberufenen öffentlichen Versammlungen:

„Die Versammlungen waren sämtlich gut besucht, einige Lokale waren überfüllt; das Proletariat war in Massen herbeigeströmt, um Protest einzulegen gegen die jetzt so beliebte uferlose Weltpolitik. Ist es doch das arbeitende Volk, das in allerster Linie die Kosten jener abenteuerlichen Flottenpläne aufzubringen hat [...]. In Kellers Saal referierte Genosse Bebel vor einer aus etwa 4 000 Personen bestehenden Volksmenge. Da das Lokal polizeilich gesperrt war, fanden viele keinen Einlaß mehr. In 2¼ stündigem Vortrage begründete der Referent, gestützt auf ein reichhaltiges Thatsachenmaterial, unsren flottengegnerischen Standpunkt. Durch lebhaften Beifall gab die Versammlung ihr Einverständnis mit den Ausführungen Bebels. Hierauf übernahm es Professor Adolph Wagner, die Flottenpolitik mit den bekannten Argumenten zu verteidigen. Insbesondere bemühte er sich, den Arbeitern in echt professoraler Weise einzureden, daß die uferlosen Flottenpläne für die deutschen Arbeiter ein ebenso nützliches wie billiges Unternehmen seien [...]. Die Beweisführung des flottenschwärmerischen Professors fand bei den Versammelten natürlich allgemeinen Widerspruch."[68]

listische, expansionistische Positionen und wünschten sich einen Krieg gegen den Hauptrivalen England. Viele durchaus namhafte Berliner Wissenschaftler und Industrielle rechneten sich zu diesen Kreisen; aber auch Angehörige der Mittel- und Unterschichten träumten von einer Welt, die am „deutschen Wesen genesen" sollte, befürworteten eine rücksichtslose Kolonialpolitik und fantasierten vom Lebensraum in Afrika und Osteuropa. Da waren aber zum anderen auch die entschiedenen Kritiker einer solchen Politik, auf die man in Berlin vor allem in den Kreisen der organisierten Arbeiterschaft, der sozialdemokratischen Partei und ihrer Vereine traf. Einem Bericht im *Vorwärts* vom 8. Februar 1900 lässt sich entnehmen, dass beide Gruppen mitunter aufeinandertrafen, etwa bei

Noch mehr Menschen vermochte die Sozialdemokratie zwölf Jahre später zu mobilisieren. Wie in keiner anderen deutschen Stadt kam es in Berlin zu Massenveranstaltungen, auf denen gegen einen heraufziehenden Krieg protestiert wurde. So etwa im Herbst 1912, als über 250 000 Menschen im Treptower Park „gegen Krieg, Teuerung und Drei-Klassen-Wahlrecht" demonstrierten,[69] oder am 17. November 1912, als an einem „Antikriegsmeeting in sechs überfüllten Großlokalen" auch ausländische Sozialisten wie Jean Jaurès (1859–1914) teilnahmen.[70]

Dem Programm und auch ihrer Rhetorik nach handelte es sich bei der damaligen Sozialdemokratie um eine internationalistisch und pazifistisch orientierte Partei. Dem Ultranationalismus und Imperialismus, wie er in Teilen des wilhelminischen Bürgertums grassierte, konnten weder die Parteiführer noch die einfachen Mitglieder (von wenigen Ausnahmen abgesehen) etwas abgewinnen. Dementsprechend groß war der Andrang, wenn die Partei zu Demonstrationen für Frieden und Völkerverständigung aufrief. Noch am 28. Juli 1914 fand in Berlin eine Antikriegskundgebung statt. Gleichzeitig zog aber auch „allabendlich eine von chauvinistischer Hysterie erfüllte Menschenmenge durch die Straßen der Berliner Innenstadt" und forderte, „nun endlich loszuschlagen auf die Feinde Deutschlands".[71] Kurz darauf schlug die Stimmung vollends um. Nachdem Wilhelm II. am 4. August 1914 einen „allgemeinen Burgfrieden" verkündet hatte („Ich kenne keine Parteien mehr, Ich kenne nur Deutsche!"[72]), die sozialdemokratische Reichstagsfraktion ihre Zustimmung zur Bewilligung der Kriegskredite gegeben hatte und die ersten Siegesmeldungen eintrafen, kannte die Euphorie keine Grenzen mehr. Berlin, so erinnerte sich der

später sehr erfolgreiche Schauspieler Alexander Granach (1890–1945), „war besoffen von Kriegsbegeisterung."[73] Auch die berühmte dänische Schauspielerin Asta Nielsen (1881–1972) fand sich einer Massenhysterie ausgesetzt:

„Berlins Straßen glichen einem aufgewühlten Menschenmeer. Truppen marschierten in endlosen Kolonnen mit klingendem Spiel und mit Blumen an den Bajonetten an die Front. Frauen klammerten sich schluchzend den Soldaten an die Arme und schleppten sich auf dem Todesmarsch mit, soweit sie konnten. ‚Deutschland über alles!' scholl es aus allen Kehlen. ‚Gott strafe England!' hörte man heisere Männerstim-

Ein Leutnant verliest am 31. Juli 1914 vor dem Berliner Zeughaus die Verlautbarung über den „Zustand drohender Kriegsgefahr".

men brüllen. [...] Die Stadt wurde zu einem brodelnden Hexenkessel. Steine flogen in die Fenster der englischen Gesandtschaft, und die

Glassplitter klirrten auf die tobende, schreiende Volksmenge herunter. Berittene Polizei trieb die Massen die Linden hinab. Man schrie, weil die anderen schrien, man trampelte, um nicht nie-dergetrampelt zu werden." [74]

Jubelnd ziehen kriegsbegeisterte junge Männer 1914 über den Pariser Platz.

Was auch immer für diesen plötzlichen Stimmungsum-schwung verantwortlich sein mochte: ein schon lange

auch in der sozialdemokratisch gesinnten Arbeiterschaft Berlins schwelender Nationalismus, ein „Nachholbedarf patriotischer Pflichterfüllung",[75] gepaart mit dem Wunsch, sich des Stigmas „vaterlandloser Gesellen" zu entledigen, oder die Angst vor einem Angriff des zaristischen Russlands – jede Bekundung für den Krieg war ein außerparlamentarisches Votum für die Kriegspolitik der politischen Machthaber. Das galt umso mehr für

jede Kundgebung, die in der Hauptstadt, also direkt vor den Augen der Regierung, erfolgte, in einer Stadt, deren Bürger noch zwei Jahre zuvor mit der Sozialdemokratie zu 75 Prozent eine oppositionelle Partei gewählt hatten.

Zwei Jahre später hatte der Enthusiasmus nachgelassen. Das aber sollten viele von denen, die 1914 begeistert in den Krieg gezogen waren, nicht mehr erleben.

Baracken von Obdachlosen in Berlin. Holzstich nach einer Zeichnung von Georg Koch, 1872

ARME UND AUSSENSEITER

Wer die Gesellschaft der Frühen Neuzeit systematisch zu beschreiben und in ihrer Vielgestaltigkeit zu erfassen versucht, der stößt an gewisse Grenzen. Eine Unterteilung in drei oder vier Stände (Klerus, Adel, Bürger und Bauern) wird der sozialen Hierarchie jener Zeit jedenfalls nicht gerecht, wie schon ein Blick auf die Rechtsstellung der Menschen zeigt. So erwies sich die gesellschaftliche Ordnung noch im 18. Jahrhundert als ein Kaleidoskop höchst unterschiedlicher Rechtsräume. Keineswegs waren alle Menschen vor dem Gesetz gleich. Auch nach der Amerikanischen und der Französischen Revolution blieb der von manchen Aufklärern vehement vertretene Gedanke der Rechtsgleichheit eine Utopie. So fristeten in den USA und in Frankreich zahlreiche Menschen ein Leben als Bürger zweiter Klasse, allen voran die in den Südstaaten und den französischen Kolonien lebenden Sklaven; und auch die Frauen kamen erst im Laufe des 20. Jahrhunderts in den Genuss all jener Rechte, die Männern längst zugestanden worden waren. In den deutschen Ländern waren nicht einmal die Männer gleichgestellt. Vielmehr konnte sich hier die ständische Gesellschaftsordnung bis ins 19. Jahrhundert hinein behaupten. Ungeachtet der wenigen, immer wieder vorgenommenen Nobilitierungen und auch der sozialen Abstiege verstand sich die Gesellschaft des „langen 18. Jahrhunderts" als eine statische Gesellschaft, die jedem von seiner Geburt bis zu seinem Tod einen festen Ort innerhalb der hierarchischen Ordnung zuwies.

Allerdings differierte diese Ordnung von Land zu Land, ja von Stadt zu Stadt. Im Berlin der 1780er-Jahre kannte man insgesamt sechs Bevölkerungsklassen, die sich über ihren Rechtsstatus definierten: die Angehörigen des Militärstandes, die sogenannten Eximierten (jene privilegierten Bürger, die nicht der Gerichts-barkeit des Magistrats und der Stadt, sondern des königlichen Kammergerichts unterstanden), die Bürgerschaft deutscher Nation sowie die Angehörigen der französischen Kolonie, der böhmischen Kolonie und die Juden. Überlagert wurde diese Einteilung von einer sozialen Schichtung, die auf der ungleichen Verteilung ökonomischen Kapitals beruhte. Jenseits der Garnison fächerte sich die städtische Gesellschaft um 1800 in vier Gruppen: 1. die aristokratische, an den Hof gebundene Elite, 2. die Bürgerschaft, bestehend aus Bürgern und Männern mit eigenem Hauswesen, 3. eine breite Schicht von Unselbstständigen (Gesellen, Arbeitern und Angehörigen des Dienst- und Hauspersonals) sowie 4. eine breite Unterschicht mit Tagelöhnern, Prostituierten, erwerbsunfähigen oder arbeitslosen Armen. Der Großteil, rund drei Viertel sowohl der selbstständigen Gewerbetreibenden als auch der in der Fabrikation Beschäftigten, verdiente seinen Lebensunterhalt mit der Herstellung und Verarbeitung von Textilien. Andere Gewerbezweige spielten dagegen nur eine untergeordnete Rolle. Gleichzeitig verlagerte sich die Produktion allmählich vom heimischen Arbeitsplatz in die Fabrik, wo von Anfang an auch Frauen und Kinder arbeiteten.[1]

Armut und Protest

Städtische Armut hatte es schon immer gegeben. Dementsprechend begegnen uns sowohl im 17. Jahrhundert, nicht zuletzt infolge des Dreißigjährigen Krieges, als auch im frühen 18. Jahrhundert immer wieder Klagen über grassierende Armut. So heißt es in einer Eingabe der Stadtverordneten an den Magistrat aus dem Jahre 1737:

Ferkelbucksche Hänekens aus Kumerland, t'Stücken fenig.

Eine Berliner Straßenhändlerin preist Spielzeughähne an. Kupferstich, um 1785

„Daß die Armut und Dürftigkeit in unserer Stadt so groß sei, als es leider wirklich ist und noch kommen wird, mag wohl von vielen nicht geglaubet werden; es ist uns aber mehr als zuviel bekannt, und hat die Armut inner ein paar Jahren so sehr zugenommen, daß man kein Mittel zur Zeit siehet, wie solches möchte gewendet werden".[2]

Unter der Regentschaft Friedrichs II. sollte sich die Lage noch verschlechtern. Schon 1741, ein Vierteljahr nach dem Überfall auf Schlesien, berichtete ein Prediger über die große Not in Teilen der städtischen Gesellschaft:

„Auf unserer Friedrichsstadt ist ungemeine Armuth: denn da die Woll-Arbeit fast lieget, so versetzen viele 100 ihre Kleider nach und nach, und zehren davon bis sie ganz nackend sind, daß sie weder in die Kirche noch sonst wohin gehen können. Beym Mangel der Betten und Kleider werden sie nun leichte krank. In der Krankheit leben denn viele von puren Wasser, so lange es möglich, und kommen endlich jämmerlich um. […] ich kann aber nicht helfen, und wie sie sagen, können sie auch vom Rathhaus nichts bekommen. Ja ich habe Kinder gefunden, welche aus Hunger ihren eignen Mist S. V. [salva venia/mit Verlaub] gefressen: weis aber nicht mehr wie sie heißen. Sie sind gestorben."[3]

Nicht nur Missernten, harte Winter und Kriege trugen dazu bei, das allgemeine Elend zu verschärfen, sondern auch das Wachstum der Stadt. Je mehr Menschen Berlin im 18. Jahrhundert anzog, desto prekärer wurde die Situation nicht nur der Arbeitslosen und Arbeitsunfähigen, sondern auch der arbeitenden Bevölkerung. Während sich die Lebenshaltungskosten zwischen 1750 und 1800 mehr als verdoppelten, stiegen die Löhne der Handwerker bestenfalls leicht an, derweil die der Manufakturarbeiter sogar fielen. Ein Fazit zur sozialen Lage der breiten Unterschicht Berlins kann denn auch kaum deprimierender ausfallen: „Verringerung des Reallohnes, elende Wohnverhältnisse bei hohen Mieten, unzureichende Ernährung, zermürbende und gesundheitsschädigende Arbeitsbedingungen führten zu einem enormen Anwachsen von Bettelei und Prostitution."[4] Dementsprechend gab es immer wieder Proteste. So etwa im November 1775, als die Berliner Seidenwirker-

gesellen ihre Arbeit niederlegten – ein Streik, auf den die Obrigkeit sofort mit den „kräftigsten Maßregeln" reagierte, in dem es „die Rädelsführer zum Verhaft" brachte.[5] Oder im Juli 1801, als die Berliner Schneidergesellen für mehr Lohn streikten und dafür in einem kurzen Prozess zu „bis zu zwanzig Peitschenhieben in Gegenwart der Altgesellen und Altmeister […] und zu dreimonatiger Festungshaft" verurteilt wurden.[6]

Auch in den 1820er- und 1830er-Jahren herrschte in Teilen der Stadt bittere Armut. Zwar blieben Preußen und Berlin dank der neuen auf dem Wiener Kongress beschlossenen Sicherheitsarchitektur für fast fünfzig Jahre von neuen Kriegen und damit verbundenen Belastun-

Eine arme Witwe stiehlt mit ihren Kindern Reisig, Holzstich von Haase nach einer Zeichnung von Fr. Grenier, 1850

gen verschont. Auch kam es infolge der Liberalisierung von Gewerbe und Handel und der allmählich einsetzenden Industrialisierung zu einem gewissen Aufschwung in manchen Wirtschaftssektoren. Damit einher ging ein tief greifender Wandel von der ständischen zur bürgerlichen Gesellschaft. Infolge der Agrarreformen und durch Einführung der Gewerbefreiheit (1810) gewannen die Männer deutlich mehr Entwicklungsmöglichkeiten. Gleichzeitig aber zeitigte der sich ankündigende Strukturwandel auch nachteilige Folgen. Soziale Sicherungsmechanismen, wie sie in den Zünften bestanden hatten, entfielen; neue Formen der Armut entstanden. Ganze Handwerkszweige der Stadt gerieten nun ins Hintertreffen; vielen Handwerkern drohte infolge industrieller Konkurrenz und massenhafter Zuwanderung vom Land die Arbeitslosigkeit. Zu Beginn der 1840er-Jahre erreichte diese Übergangskrise ein solches Ausmaß, dass erste Zeitgenossen, allen voran Bettina von Arnim und Ernst Dronke, darauf aufmerksam wurden. In seinem 1846 veröffentlichten Buch über Berlin entwarf dieser ein bedrückendes Gesamtbild von der Lage der städtischen Handwerker und Fabrikarbeiter:

„Sind diese Leute schon schlimm daran, so liegen dagegen diejenigen in den kläglichsten Verhältnissen, welche sich auf Zufall hin den ersten besten Beschäftigungen abwechselnd in die Arme werfen müssen. Es sind dies meist Familien, wo der Mann krank oder gestorben ist, und entweder schwache Großeltern oder zahlreiche unmündige Kinder mit zu ernähren bleiben. Die Kinder werden, sobald sie im mindesten die Kraft dazu haben, in die Fabriken geschickt. Hier bleiben sie von Morgens 5 bis Abends 9 Uhr und verdienen [...] 3 Silbergroschen täglich. Nicht nur daß sie physisch bei der anstrengenden Arbeit verkommen, wie solches der bei ihnen einheimische

Lungenhusten, die gebückte Körperhaltung und die krummen Beine beweisen; auch moralisch werden sie durch dies Leben in jeder Weise abgestumpft und vernichtet. In den Bleiweißfabriken unter andern werden sie durch das Einathmen der giftigen Dünste total ruinirt, denn selbst ein kräftiger Mann kann den Aufenthalt in denselben kaum einige Jahre ertragen. Und doch senden die Mütter ihre Kinder hierher, obwohl sie wissen, daß die Kinder einem sichern Tode entgegengehen. Vielleicht grade weil sie es wissen. Die Kinder sind ihnen zur Last und das Elend raubt ihnen jedes menschliche Gefühl; zu dem hat ja die wohlanständige Gesellschaft diese Fabriken gegründet und es kann in den Augen derselben wohl kein Verbrechen sein, wenn man Kinder dorthin schickt. Es kömmt aber nicht so selten

Suppenverteilung an Arme Kinder in einer Hotelküche. Holzstich nach einer Zeichnung von Ernst Hosang, 1895

vor, daß sich Eltern ihrer Kindern durch offenes Verbrechen ‚entledigen'; sie haben ihnen keine Nahrung zu geben, sie nähren sich oft selbst nur durch Abnagen der Knochen, welche sie vor den Wassersteinen der Küchen finden, was sollen sie mit den Kindern machen? Auch gehören hierher alle vorzugsweise so genannte Kindermorde: wenn junge Mütter ihr Neugebornes umbringen, weil sie nicht wissen, wie sie es ernähren sollen. Die berliner Zeitungen bringen nicht selten die Nachricht, daß man in Kloaken solche unbekannte Gebeinchen gefunden hat."[7]

Auch der von 1843 bis 1848 in Berlin lebende Schriftsteller Friedrich Sass berichtete eindrücklich über die elenden Lebens- und Arbeitsbedingungen der Berliner Unterschichten. Die soziale Diversifizierung der städtischen Gesellschaft brachte er auf einen kurzen Nenner: „Oben der Glanz einer Residenz und des Reichthumes, in breiter Unterlage die Schichten einer nothdürftigen Existenz und des Proletariates."[8]

Nicht nur blieb die Lage im Lohn- und Beschäftigungssektor angespannt; infolge von Mißernten kam es auch noch zu Teuerungen. Nachdem es schon in den Jahren zuvor immer wieder Proteste gegeben hatte, erreichte die Unzufriedenheit unter den Unterschichtsangehörigen im Frühling 1848 einen neuen Höhepunkt. Dem Versuch des Magistrats und der Regierung, mit einem Notstandsprogramm (das Arbeitsbeschaffungsmaßnahmen, eine Verkürzung der Arbeitszeit auf zehn Stunden täglich und eine Erhöhung der Tagelöhne vorsah) gegenzusteuern, war kein sonderlicher Erfolg beschieden. So groß war das Unruhepotential, dass sich immer weitere Teile nicht nur des Bürgertums, sondern auch der Handwerker- und Arbeiterschaft von den „proletarischen Schichten der ‚Ungelernten'" distanzierten und die Bürgerwehr als Ordnungsfaktor unterstützten – ein Vorgang, der zum Scheitern der Revolution mit beitragen sollte.[9]

So blieb die soziale Frage auch in den folgenden Jahrzehnten eines der beherrschenden Themen auf der politischen Agenda. Gleichzeitig veränderte sich die Struktur der städtischen Gesellschaft merklich. Denn dank der

Eckensteher Nante, ein Berliner Original, das von Adolf Glaßbrenner verewigt wurde, ist ein Dienstmann, der mit einer Konzessionsnummer am Arm als offizieller Registrierung auf Arbeit wartete. Illustration von Theodor Hosemann, 1845

Berlin nun voll ergreifenden Industrialisierung und der damit einhergehenden Urbanisierung – zwischen 1849 und 1871 sollte sich die Einwohnerzahl ja verdoppeln – kamen nun immer mehr Menschen vor allem aus ländlichen Gebieten in die Stadt, um hier ihr Glück zu suchen: darunter viele junge Frauen, die sich als Dienstmädchen oder Arbeiterinnen verdingten, sowie junge Männer, die auf einen Job in einem der expandierenden Industriebetriebe hofften. Ungeachtet der gewaltigen Maßnahmen, die ergriffen wurden, um neuen Wohnraum zu schaffen, die Infrastruktur auszubauen und die hygienischen Verhältnisse zu verbessern, blieben die Lebensbedingungen der dadurch beträchtlich anwach-

senden Unterschichten mehr als heikel. Schlimmer noch als diejenigen, die in den Hinterhöfen der Mietskasernen hausten und oft aufgrund der unaufhörlich steigenden Mieten vor die Tür gesetzt wurden und in billigere Unterkünfte umziehen mussten, waren jene dran, die in Asylen und Baracken unterzukommen gezwungen waren. So groß war das Elend, dass man selbst in der national-liberal ausgerichteten *Berliner Börsen-Zeitung* die Augen davor nicht verschließen konnte:

> *„Die Bewohner des großen dreistöckigen Vorder-und Hinterhauses Schillerstraße Nr. 22 wurden Sonntag früh mit dem Besuche des Exekutors und*

einer Anzahl handfester Leute beehrt. Das Haus war seit dem 1. Oktober in andere Hände übergegangen. Die Kündigung war rechtzeitig geschehen, die Bewohner waren aber nicht ausgezogen, da sie keine Wohnung aufzutreiben vermochten. Man fing nun an, sämtliche Fenster und Türen auszuheben. Dies veranlaßte einen Teil der Bewohner, nach einem nahe gelegenen Rohbaue überzusiedeln. Der daselbst angestellte Vizewirt vermietete die Stuben zu drei bis fünf Taler monatlich mit dem Hinzufügen, daß Fenster und Türen selbst zu beschaffen wären. Acht Familien waren nicht so glücklich, ein Unterkommen zu

finden. Diese biwakieren an dem Zaune der Erbsenwurstfabrik. Der Dienstmann Nolte, der ebenfalls schon vor einiger Zeit exmittiert wurde, schläft mit seiner Familie seit vierzehn Tagen auf freiem Felde. Bettstellen mit Strohsäcken sind vorhanden, in den zu gleicher Zeit mehrere Personen liegen, dem Anblicke des Publikums freigegeben. Ein Kind des Nolte ist bereits, durch die Nachtluft schwer erkrankt, nach der Charité befördert und dort an den Augen operiert worden. Eine Frau, die vor einigen Tagen ihren Mann verloren, kauert zwischen einigen Kasten an der Erde mit ihren drei hungernden Kindern. "[10]

Armut und Elend verschwanden auch in den folgenden Jahrzehnten nicht aus dem Stadtbild. Und das obwohl sich Berlin mit seinem Umland neben Hamburg in Bezug auf das Volkseigentum seit 1871 zur „mit Abstand […] wohlhabendsten Region im Reich" entwickelte.[11] Doch auch wenn bis 1914 die Einkünfte stiegen und die Lebenshaltungskosten sanken, blieb die Lage prekär, nicht nur für die Ärmsten der Armen, sondern auch die vielen Tausend Familien der Fabrikarbeiterschaft, die stets knapp bei Kasse auf engstem Raum eingepfercht hausten. In seinem 1913 veröffentlichten Buch über *Die Architektur der Großstadt* hat der Kunstkritiker Karl Scheffler (1869–1951) diese Situation und deren Folgen eindringlich beschrieben:

„Armer Poet", Gemälde von Carl Spitzweg, 1839

*„Diese engen, luftlosen und gedrängten Mas-
senquartiere, die in gewissen Stadtteilen
wie eine Menge aneinandergeklebter und
übereinandergebauter Heckzellen erscheinen, sind
alle zwar sorgsam mit Wasserleitung, Kanalisation
und Gas versehen. Aber das ist nur der Fall, weil
die Wohnungen ohne diese Einrichtungen [...]
einfach unbewohnbar wären [...]. Es gibt [...]
Mietshäuser, die von weit mehr als 150 Personen
bewohnt werden. [...] Dem Großstädter bleibt
keine Wahl; er muß als Mieter in diese Massen-
quartiere hinein und muß dafür eine für seine
Verhältnisse unnatürlich hohe Miete zahlen. [...]
Da der Arbeiter diese Mietsummen natürlich von
seinem Lohn nicht aufbringen kann, so ist die
Folge das Schlafburschenwesen, die Hergabe der
Wohnung als Absteigequartier für Prostituierte
usw., das heißt: der zu einer unnatürlichen Enge
zwingende Mietpreis ruiniert mindestens einem
Drittel der Großstadtbevölkerung mehr oder weniger Gesundheit, Moral und Lebensglück".*[12]

Immerhin gab es mit der Sozialdemokratischen Partei
und den ihr nahestehenden Freien Gewerkschaften eine
politische Kraft, die sich die Verbesserung der proletarischen Arbeits- und Lebensbedingungen zur Haupt-
aufgabe gemacht hatte. Sie bildeten den Mittelpunkt
eines Milieus, von dem der einzelne nicht nur Halt
und Solidarität erwarten konnte, sondern das ihm auch
vielfältige Möglichkeiten der Freizeitgestaltung bot.
Die Berliner Arbeiterviertel mochten „auf Außenstehende trostlos wirken, sie bargen aber durchaus soziale
Biotope voller Kraft und Leben. Neben Hunderten
von Kneipen gab es Kegelbahnen, Eislaufbahnen und
improvisierte Volksfeste, die oft auf Baustellen gefeiert
wurden."[13] Hinzu kamen die vielen sozialdemokratischen Sport- und Gesangsvereine, die Konsumgenos-
senschaften und Kulturangebote, die den einzelnen
„von der Wiege bis zur Bahre" begleiteten, ein besonderes Selbstbewusstsein schufen und den Glauben an eine
bessere Zukunft am Leben erhielten. Berlin vor Ausbruch des Weltkriegs war eine reiche Stadt, eine präch-
tige Stadt geworden. Und auch wenn nur ein kleinerer

Teil der Bevölkerung an diesem Reichtum teilhatte,
blieb bei vielen Armen im Vertrauen auf einen Sieg des
Sozialismus die Hoffnung auf bessere Zeiten und ein
menschenwürdiges Leben bestehen.

Ein Hort der religiösen Toleranz?

Dass in seinem Lande ein jeder nach seiner Façon selig
werden müsse, ist ein immer wieder zitierter Satz Friedrichs II., der bis heute zur Mythenbildung um Preußen

als einem Hort der religiösen Toleranz beiträgt. Tatsächlich muten Friedrichs Aussagen zur Religion im Allgemeinen („Müsen alle Tolleriret werden"[14]) und zum Islam im Besonderen („und wen Türken und Heiden kähmen und wolten das Land Pöpliren, so wollen wier sie Mosqueen und Kirchen bauen"[15]) eigentümlich modern an – auch wenn der damalige Begriff von Toleranz (Duldung Andersgläubiger) kaum etwas mit seiner heutzutage üblichen Verwendung (im Sinne einer Akzeptanz Andersgläubiger als gleichberechtigte Mitbürger) zu tun hat. Nichtsdestoweniger unterscheidet sich die seit der Frühen Neuzeit

in Preußen und hier vor allem in Berlin praktizierte Offenheit gegenüber Glaubensflüchtlingen und Andersgläubigen auf eklatante Weise von der Religionspolitik vieler anderer Städte und Territorien. Die in Frankreich, Salzburg und Böhmen verfolgten Protestanten fanden in Preußen ebenso Aufnahme wie zahlreiche Juden – eine

Historisierende Darstellung von König Friedrich Wilhelm I., der 1732 bei Zehlendorf Salzburger Emigranten begegnet. Schon für den „Soldatenkönig" war die „Peuplierung" des Landes von großer Bedeutung. Gemälde von Fritz Neuhaus, 1882

Einwanderungspolitik, die auf nicht unmaßgebliche Weise zum wirtschaftlichen Wohlstand und zur kulturellen Bereicherung Preußens und Berlins führen sollte.

Für diese Toleranz gab es sowohl religiöse als auch politische und ökonomische Ursachen. Schon sehr früh hatten die preußischen Landesherren erkannt, dass im Interesse des gesellschaftlichen Friedens eine gewisse Zurückhaltung im Umgang mit Andersgläubigen geboten war. Schließlich gehörten die Hohenzollern seit der am Weihnachtstag 1613 erfolgten Konversion des Kurfürsten Johann Sigismund (reg. 1608–1619) zum Calvinismus im lutherisch geprägten Brandenburg selbst einer religiösen Minderheit an, zumal einer Minderheit, deren Tolerierung erst im Westfälischen Frieden von 1648 zugesichert wurde. Alle gegen das Luthertum ergriffenen Maßnahmen stießen in der Bevölkerung von Anfang an auf Widerstand. In Berlin und Cölln kam es zunächst sogar zu Tumulten, sodass sich der Landesherr und seine calvinistischen Berater schließlich gezwungen sahen, „ihre Hoffnungen auf eine zweite Brandenburgische Reformation zu begraben" und einem interkonfessionellen Frieden das Wort zu reden.[16] Freilich ergriffen der Kurfürst wie auch seine Nachfolger, die allesamt an einem Ausbau ihrer Machtstellung wie an der Verbreitung ihres Glaubens interessiert waren, verschiedene Maßnahmen, um die Stellung des Calvinismus im Land zumindest zu stärken. Und dazu zählte auch die Einwanderungspolitik. Denn bei den nach 1685 aufgenommenen Hugenotten (die infolge der Aufhebung des Ediktes von Nantes ihrer religiösen und bürgerlichen Rechte in Frankreich beraubt worden waren) handelte es sich um calvinistische Christen, so wie auch die meisten aus der Kurpfalz und den schweizerischen Kantonen aufgenommenen Protestanten reformierten Glaubens waren. Weniger duldsam zeigte man sich dagegen gegenüber den Katholiken. So nahm das am 20. Oktober 1685 vom Großen Kurfürsten Friedrich Wilhelm erlassene Edikt von Potsdam Katholiken explizit von der Toleranz aus. Toleranz war und blieb ein einseitiges und widerrufbares Zugeständnis der Herrschenden an ausgewählte Gruppen und wurde nicht als ein für alle Bürger geltendes Prinzip verstanden, aus dem sich Ansprüche auf Gleichbehandlung aller ableiten ließen.

Hugenotten, Böhmen und andere Protestanten

Der forcierten Einwanderungspolitik lagen nicht zuletzt auch wirtschaftliche Motive zugrunde. Der Dreißigjährige Krieg hatte ein verwüstetes und entvölkertes Land hinterlassen. Allein in Berlin war die Einwohnerzahl um ein Drittel gesunken. Da bedurfte es starker politischer Impulse, um den Niedergang des Landes und seiner Hauptstadt abzuwenden. Was lag näher, als eine Gruppe mitteloser, aber zum Teil gut ausgebildeter und arbeitswilliger Flüchtlinge ins Land zu lassen?

Mit den französischen Hugenotten kamen Tausende Flüchtlinge nach Brandenburg-Preußen, von denen sich gut 40 Prozent in der Hauptstadt niederließen. Werber lasen die *Refugiés* bereits „in Köln, Amsterdam und Frankfurt am Main auf, statteten sie mit Pässen aus und sorgten für eine Reisegelegenheit in den Osten."[17] Rückblickend handelt es sich bei diesem Umgang mit der Flüchtlingsfrage um eine Erfolgsgeschichte, die noch heute im kollektiven Gedächtnis Berlins abgespeichert ist. So kann kein Zweifel daran bestehen, dass die *Refugiés* die in sie gesetzten Erwartungen voll erfüllten: „Sie erbrachten wichtige Leistungen für den Aufbau von Manufak-

turen und neuen Gewerbezweigen und waren mit Erfolg auch in anderen Bereichen tätig – als Prinzenerzieher, als Offiziere der preußischen Armee und als Wissenschaftler." Ohne die Flüchtlinge „wären weder die Leistungen der ,Academie der Wissenschaften' noch das rege Geistesleben der Berliner Aufklärung denkbar gewesen."[18] Tatsächlich etablierten die Hugenotten viele neue, in der Stadt bislang nicht vertretene Gewerbe vor allem im Bereich der Luxuswaren, Textilien und Eisenwerkstätten, die vielfach für das

Der Große Kurfürst empfängt nach Brandenburg gekommene Hugenotten, 1685. Holzstich nach Historiengemälde von Hugo Vogel, 1885

Militär produzierten und „den Grundstock zur Entwicklung der Berliner Feinmechanik legten".[19]

Trotz des gewaltigen Aufschwungs, den die wirtschaftliche und kulturelle Entwicklung Berlins dank der Flüchtlinge nahm, stieß die Zuwanderung oftmals auf den Widerstand der Alteingesessenen und war mit zahlreichen Spannungen und der Herausbildung fremdenfeindlicher Ressentiments verbunden. Zahlreiche deutsche Handwerker betrachteten die Franzosen als Konkurrenten und neideten ihnen ihre Privilegien (wie die Befreiung vom Militärdienst, eine zeitweilige Steuerfreiheit und freies Meisterrecht), die 1709 von Friedrich I. noch einmal mit dem Naturalisationsedikt bestätigt wurden. Dass die deutschsprachige Bevölkerung und die französischen Migranten nur schwer zueinander fanden, lag auch an der lange Zeit zu beobachtenden Selbstisolierung der *Refugiés*, die zunächst auf eine Rückkehr nach Frankreich gehofft hatten: sie wohnten in eigenen Vierteln, insbesondere in Moabit und in der Friedrichstadt, sprachen weiterhin Französisch, hielten die Reihen der *Colonie française* „mit ihrer eigenen Kirchenverwal-

tung, Gerichtsbarkeit und Kaufmannschaft geschlossen und heirateten weitgehend unter sich".[20] Mit der für die Glaubensflüchtlinge zwischen 1701 und 1705 fertiggestellten Friedrichstadtkirche und dem zwischen 1780 und 1785 erfolgten Anbau eines Kuppelturms (Französischer Dom) demonstrierten Friedrich I. und Friedrich II., dass sie den Hugenotten den gleichen Stellenwert beimaßen wie den Reformierten und den Lutheranern, für die vis-à-vis im selben Zeitraum der Deutsche Dom, ein an die evangelische Simultankirche angebauter Kuppelbau, geschaffen wurde.

Es dauerte mehr als einhundert Jahre, bis sich die französischen Flüchtlinge vollständig in die Berliner Gesellschaft integriert hatten und die *Colonie* mit all ihren Sonderrechten aufgelöst wurde. Das ist den Erinnerungen von Friedrich August Ludwig von der Marwitz zu entnehmen:

„Da seit dieser Ansiedelung [1685] schon hundert Jahre verstrichen waren, so waren die französischen adeligen Familien schon mit allen einheimischen verschwägert. In dem Beamten-, Gelehrten- und Kauf-

mannsstande war dies zwar weniger der Fall, weil die Sprache hier noch ein Hindernis des Bekanntwerdens war. Da aber die französischen Kaufleute und Fabrikanten die geschicktesten und in vielen Fächern die einzigen waren, so war mit diesen der meiste Verkehr, und in allen Kaufläden wurde französisch gesprochen; auch verursachte die äußere feinere Bildung, daß die Erzieherinnen beinahe ausschließlich aus den Refugiés genommen wurden. Im Durchschnitt waren damals die älteren Leute die Enkel der Eingewanderten. Diese sprachen zwar schon sämtlich deutsch, aber schlecht und mit sehr merklichem Akzent. Wenn sie sich deutlich ausdrücken wollten, mußten sie französisch sprechen. Die ganz alten Leute (etwa noch Söhne der wirklichen Refugiés) konnten gar kein Deutsch. […] In den seitdem verflossenen fünfzig Jahren hat sich alles verändert. Die vierte und fünfte Generation ist herangewachsen. In allen Ständen hat eine gänzliche Vermischung mit den Deutschen stattgefunden; sehr viele führen jetzt noch französische Namen und können kein Wort französisch mehr. Ihre Kirchen stehen leer."[21]

Immer häufiger wurden im 19. Jahrhundert nun auch französische Namen germanisiert oder auf Deutsch ausgesprochen (verwiesen sei nur auf Theodor Fontane [1819–1898], dessen Eltern hugenottischer Herkunft waren). Ungeachtet dieser schließlich vollständig erfolgten Assimilierung blieb ein gewisses Sonderbewusstsein erhalten. Noch zu Beginn der 1980er-Jahre verwies der in eine Berliner Hugenottenfamilie geborene Germanist Pierre-Paul Sagave (1913–2006) darauf, dass „noch heute hugenottischer Geist in Berlin" lebe.[22]

Etwas rascher vollzog sich die Eingliederung der aus Nordostböhmen stammenden Lutheraner und Reformierten, die zwischen 1732 und 1771 als Glaubensflüchtlinge in Berlin eintrafen. Auch sie genossen einige Privilegien und siedelten zunächst in eigenen Vierteln (in der südlichen Friedrichstadt, in Rixdorf und Schöneberg), wo sie als Bauern und Weber ihren Lebensunterhalt verdienten. Obwohl sich diese Ethnie vergleichsweise schnell mit der ansässigen Bevölkerung

vermischte, hielten viele von ihnen bis ins 19. Jahrhundert an ihrem religiösen Kultus und ihrer Muttersprache, dem Tschechischen, fest.

Mit zwischenzeitlich 1340 Mitgliedern (1743) handelte es sich bei den Böhmen um eine recht große Gemeinschaft.[23] Zählt man noch die anderen Protestanten hinzu, die ihre Heimat ebenfalls aus religiösen Gründen hatten verlassen müssen, die Pfälzer (die Müggelheim begründeten), die Schweizer und Salzburger (von denen viele nach Ostpreußen weiterzogen), dann wird deutlich, wie außergewöhnlich hoch der Anteil an Flüchtlingen und Menschen mit „Migrationshintergrund" im Berlin des 17., 18. und 19. Jahrhunderts war. Eine vergleichbar hohe Zahl an Fremden sollte die Stadt erst um 1945 wieder aufnehmen, als Hunderttausende der insgesamt 12 bis 14 Millionen Flüchtlinge und Vertriebenen ihre neue Heimstatt im kriegszerstörten Berlin suchten.

Die Berliner Juden zwischen Emanzipation und Ausgrenzung

Integration vollzieht sich in der Regel nicht von heute auf morgen, sondern ist ein Prozess von langer Dauer. Bisweilen erlebt dieser Prozess auch Rückschläge. Im Fall der preußischen, deutschen und europäischen Juden kam es mit der Shoah sogar zu einer bis dahin nicht vorstellbaren Katastrophe. Für die Zeitgenossen nicht vorstellbar auch deshalb, weil die preußischen Juden bis 1933 auf eine nahezu einmalige Erfolgsgeschichte zurückblicken konnten. Vor allem die Geschichte der Berliner Juden im 18. und 19. Jahrhundert kann als eine Geschichte der Emanzipation, der Integration und des sozialen Aufstiegs erzählt werden.

Dieser Aufstieg begann am 21. Mai 1671 mit einem Edikt des Großen Kurfürsten, in dem das in der Mark seit 1572 offiziell geltende Siedlungsverbot für Juden durchbrochen wurde. Im Gegensatz zu der großzügigen Aufnahme protestantischer Flüchtlinge blieb die Zahl der Juden, die man ins Land zu lassen gewillt war, allerdings äußerst gering. Und sie umfasste zunächst nur wohlhabende Familien und damit eine äußerst kleine Gruppe unter den meist sehr armen Juden im Reich. 1688 lebten in Berlin gerade einmal 40 Familien. Da der preußische Staat nicht schlecht an den Schutzbriefen für Juden verdiente, öffnete er in der Folge die Tore der Stadt auch für ärmere Juden, die sich als Trödler und Hausierer verdingten. Um 1700 lebten immerhin schon 177 jüdische Familien in Berlin (von denen allerdings nur 70 einen Schutzbrief hielten, die anderen waren nur geduldet). 100 Jahre später zählte man schon 3300 Juden. Damit stellten sie einen Anteil von 1,9 Prozent an der Gesamtbevölkerung der Stadt – was im Vergleich zu Wien (0,3 Prozent) viel war, verglichen mit anderen Städten des Reiches wie Hamburg/Altona (6 Prozent), Frankfurt am Main (7,5 Prozent), Prag (10,6 Prozent) oder Fürth (15 Prozent) aber relativ niedrig erscheint. In dem 1793 von Preußen annektierten Posen betrug der Anteil der Juden um 1800 sogar 23 Prozent.[24]

Innenansicht der „Priviligirten Juden Synagoge in der Königlichen Residentz Berlin welche erbaut worden Anno 1714", Kupferstich von A. B. Goblin nach einer Zeichnung von Anna Maria Werner, 1714

In den folgenden Jahrzehnten sollte sich hinsichtlich des Anteils der Juden an der Berliner Bevölkerung zunächst wenig ändern: zwischen 1817 und 1843 schwankte er zwischen 1,8 und 2,4 Prozent. Erst in der zweiten Hälfte des 19. Jahrhunderts stieg er merklich und pendelte sich bei 4,3 Prozent (1871 bzw. 1910) ein. Angesichts des durchschnittlichen Anteils von rund einem Prozent verfügte der Berliner Raum damit neben Frankfurt am Main (6,3 Prozent im Jahr 1910) über einen der größten jüdischen Bevölkerungsanteile in Deutschland.[25]

Erst seit 1871, seit Gründung des Deutschen Kaiser-reiches, waren die Juden allen anderen deutschen Bürgern gleichgestellt. Im Vergleich zu anderen religiösen Minderheiten gestaltete sich ihr Emanzipationsprozess nicht nur langwieriger, er war zwischenzeitlich auch von Rückschlägen begleitet gewesen. Von Beginn an standen sich die zunächst sehr wenigen jüdischen Berliner weitaus schlechter als die hier lebenden Hugenotten: Privilegien hatten sie kaum, im Gegenteil wurden ihnen hohe Abgaben auferlegt. Auch die Mitgliedschaft in Zünften und den meisten Gewerben war ihnen verschlossen, sodass der Tätigkeitsbereich der neuen Zuwanderer „nahezu völlig auf den Bereich des Geld-, Pfand- und Kredithandels begrenzt" blieb. Allerdings war die Lage selbst der wohlhabendsten Juden prekär, wie der Fall der sogenannten Liebmännin Esther Schulhoff (1649–1714) zeigt. So ließ Friedrich Wilhelm I. gleich nach seinem Regierungsantritt die jüdische Witwe des 1702 verstorbenen Hofjuweliers und Kreditgebers Jost Liebmann (1640–1702), die für den Hof Münzen prägen ließ und ihn mit Luxuswaren belieferte, verhaften. Zwar wurde die Liebmännin rehabilitiert. Dennoch musste sie auf ihre Außenstände beim Hofe verzichten und nach Frankfurt an der Oder fliehen.[26]

Auch im weiteren Verlauf des 18. Jahrhunderts, als sich die Zahl der in Preußen und vor allem in Berlin lebenden Juden merklich erhöhte, blieben diese eine diskriminierte Minderheit. Wohl wurden unter Friedrich Wilhelm I. 1714 zunächst einige Beschränkungen gelockert oder aufgehoben. Doch schon 16 Jahre später kamen mit dem *Generalprivilegium für alle Juden der Monarchie* neue Verbote und Einschränkungen hinzu: Bestimmte Handwerke blieben ihnen verschlossen, der Hauserwerb wurde verboten und der Handel begrenzt. Unter Friedrich II. wurde dieser Kurs mit dem *Revidierten General-Privilegium und Reglement für die Judenschaft* (1750) noch verschärft. Auch wenn Berlin im letzten Drittel des 18. Jahrhunderts „die einzige deutsche Residenzstadt [war], in der die jüdischen Bewohner nicht in einem Ghetto leben mussten,"[27] waren sie weiterhin eine gegenüber Angehörigen christlicher

Der jüdische Hoffaktor Veitel Heine Ephraim wurde durch seine Geldgeschäfte im Siebenjährigen Krieg so reich, dass er sich ein prächtiges Stadtpalais am Mühlendamm errichten ließ. Das heutige Ephraim-Palais ist ein Nachbau aus den 1980er-Jahren.

Religionsgemeinschaften benachteiligte Gruppe, für die vielfältige, zum Teil höchst diskriminierende Regeln und Sonderabgaben galten. Etwa war ihnen die Einreise nur durch eines der Stadttore (das Rosenthal-Tor) erlaubt; und ihnen oblag eine besondere Steuer (Leibzoll), die sonst nur auf Vieh erhoben wurde. Allerdings galten nicht alle Gesetze gleichermaßen für alle Juden. So unterschied das *Revidierte General-Privilegium* insgesamt sechs Klassen mit jeweils unterschiedlichen Auflagen und Privilegien.

Im kollektiven Gedächtnis der Stadt haben sich nicht die Namen der zahllosen armen Juden gehalten, der Gebrauchtwarenhändler, der Hausierer und Bettler oder der illegal aus Polen Zugewanderten, die die Stadt im 18. Jahrhundert bevölkerten. Es sind vielmehr die Ausnahmegestalten, von denen noch heute das Bild vom „jüdischen Berlin" zehrt: die wenigen wohlhabenden und privilegierten Bankiers, Kaufleute und Industriellen wie Daniel Itzig (1723–1799) oder Veitel Heine Ephraim (1703–1775), mit denen Friedrich II., der gegenüber den von ihm verachteten Juden einen „zynischen Sinn fürs Zweckmäßige" hatte,[28] zusammenarbeitete, um die Staatseinnahmen zu erhöhen und den Siebenjährigen Krieg zu finanzieren; die Hochgebildeten wie der Philosoph Moses Mendelssohn (1729–1786), der als Vierzehnjähriger mit seinem Lehrer, dem Rabbi David Fränkel (1707–1762), 1743 nach Berlin zog und dort Wegbereiter der jüdischen Aufklärung (Haskala) wurde; die Salonnièren wie Henriette Herz und Rahel Varnhagen von Ense, geb. Levin, die eine neue Form der Geselligkeit entwickelten, in der zumindest dem Anspruch nach überkommene ständische und religiöse Barrieren sowie Unterschiede zwischen Männern und Frauen eingeebnet wurden.

In den Häusern von Mendelssohn und Herz verkehrte auch Christian Wilhelm Dohm (1751–1820), der mit seiner 1781 veröffentlichten Schrift *Über die bürgerliche Verbesserung der Juden* eine grundsätzliche Emanzipation einforderte. Umgesetzt wurden seine Forderungen zuerst allerdings nicht in Preußen, sondern im napoleonischen Modellstaat Westphalen, für das er 1807 als Staatsrat und von 1808 bis 1810 als

königlicher Gesandter wirkte. Immerhin rang sich die preußische Regierung dank Hardenbergs Intervention dazu durch, diesem Beispiel zu folgen und mit dem *Edikt betreffend die bürgerlichen Verhältnisse der Juden in dem preußischen Staate* vom 11. März 1812 eine, wenn auch nicht vollständige, Emanzipation der Juden in die Wege zu leiten.

Allerdings sollte es im Zuge der 1815 einsetzenden Restauration auch hier zu herben Rückschlägen kommen, was sich vor allem bei der Besetzung staatlicher Ämter bemerkbar machte. Die Juden wurden nun einer „regelrechten Ausschlußgesetzgebung" unterworfen, die erst 1848 aufgehoben wurde.[29] So blieben die preußischen Juden denn auch weit bis ins 19. Jahrhundert Bürger zweiter Klasse. Erst 1869 wurden sie ihren christlichen Mitbürgern gleichgestellt. So heißt es in dem Gesetz betreffend die Gleichberechtigung der Konfessionen in bürgerlicher und staatsbürgerlicher Beziehung:

„Alle noch bestehenden, aus der Verschiedenheit des religiösen Bekenntnisses hergeleiteten Beschränkungen der bürgerlichen und staatsbürgerlichen Rechte werden hierdurch aufgehoben. Insbesondere soll die Befähigung zur Theilnahme an der Gemeinde- und Landesvertretung und zur Bekleidung öffentlicher Ämter vom religiösen Bekenntniß unabhängig sein."[30]

Ungeachtet dessen bestand in den folgenden Jahrzehnten eine nicht zu übersehende Diskrepanz zwischen Rechtsanspruch und Rechtswirklichkeit. Trotz ihrer formalen Gleichstellung in allen Bereichen der Gesellschaft blieben die preußischen und deutschen Juden – wie auch die preußischen Katholiken – im höheren Staatsdienst, im Militär, an den Hochschulen und in der Verwaltung unterrepräsentiert.

Schon im 18. Jahrhundert resultierten die in allen Kreisen der Berliner Gesellschaft zu beobachtenden Ressentiments gegen Juden weniger aus religiösen als vielmehr aus wirtschaftlichen und kulturellen Motiven. So sahen die Berliner Handwerker und Händler in den Juden vor allem eine unliebsame Konkurrenz:

Lavater und Lessing zu Gast bei Moses Mendelssohn.
Gemälde von Moritz Daniel Oppenheim, um 1771

der „überkommene zünftlerische Handel traf hier auf den freien, durch keine Schranken des Herkommens gebremsten Wettbewerb."[31] Auch die preußischen Könige äußerten sich immer wieder herablassend und ablehnend gegenüber Juden. So bezeichnete Friedrich Wilhelm I., der sich nicht scheute, der zwischen 1712 und 1714 erbauten Synagoge in der Heidereuthergasse einen Besuch abzustatten, Juden ohne Schutzbriefe als „heuschrechen einnes landes", die die Christen ruinierten und deshalb aus dem Lande zu jagen seien. Gleichzeitig empfahl er seinem Nachfolger, von den einheimischen Juden so viel Geld wie möglich einzutreiben und rechtfertigte ein solches Verhalten unter Berufung auf das Christentum:

„Ihr müßet sie drücken den sie Jesus Kristij verrether sein und sie nicht trauen den der redelichste Jude ein ertzbedriger und schelm ist seidt Persuadieret."[32]

Auch Friedrich II., dessen außenpolitische Erfolge sich in nicht unerheblichem Maße jüdischer Unterstützung verdankten, „hegte gegenüber den Juden zeitlebens eine tiefe Aversion", entwickelte Pläne über Zwangsumsiedlungen und „sprach einem erheblichen Teil der eingesessenen Judenschaft überhaupt die Niederlassungsberechtigung ab".[33] Aber auch unter den zeitgenössischen Aufklärern teilten viele die antijüdischen Stereotype der übrigen Bevölkerung, hatten „besonders wenig Sympathie für die rituelle Strenge der jüdischen Religionsgesetze und verurteilten die jiddische Sprache als ungebildetes Kauderwelsch."[34] Die von ihnen geforderte Emanzipation war für viele von ihnen mit einem vollständigen Aufgehen der Juden in der christlichen Kultur verbunden. Nur wenige akzeptierten die Juden so wie sie waren – etwa der zwischenzeitlich in Berlin lebende Schriftsteller Gotthold Ephraim Lessing, der mit Moses Mendelssohn befreundet war und in seinem 1783 in Berlin uraufgeführten Drama *Nathan der Weise* keinen hierarchischen Unterschied zwischen den drei großen monotheistischen Buchreligionen, dem Judentum, dem Christentum und dem Islam, machen wollte.

Es sollte fast ein Jahrhundert dauern, bis sich der preußisch-deutsche Staat diese Sicht zu eigen machte und allen männlichen Bürgern dieselben Rechte zugestand. Teile der preußischen Gesellschaft taten sich auch danach noch mit der Emanzipation der Juden schwer. Obwohl oder gerade weil die deutschen Juden sich erfolgreich in die Mehrheitsgesellschaft integrierten, stießen sie bei vielen auf umso größere Ablehnung. Wenige Jahre nachdem die Berliner Juden ihr neues Selbstbewusstsein durch den Bau der Neuen Synagoge in der Oranienburger Straße zum Ausdruck gebracht hatten, entstand ein Antisemitismus, der einer Lawine gleich immer weitere Vorurteile an sich band und schließlich „die Juden" für sämtliche angeblichen oder vorgeblichen Missstände in der Welt verantwortlich machen wollte und eine „Lösung" der sogenannten Judenfrage forderte. Dieser Antisemitismus, der von den Nationalsozialisten aufgegriffen wurde und in die Shoah mündete, speiste sich auch aus mittelalterlichen und frühneuzeitlichen Quellen der Judenfeindschaft, gewann seine eigentliche Dynamik aber erst im Laufe des 19. Jahrhunderts mit der Herausbildung der modernen Industriegesellschaft. Es waren zunächst vor allem jene Schichten, die „als ehemals privilegierte des alten Wirtschaftssystems sich jeder Neuordnung widersetzten und dabei die Juden zu Nutznießern oder aber zu Initiatoren des neuen Systems stilisierten" und sie mit „dem" Kapitalismus identifizierten.[35]

Tatsächlich gab es im „langen 19. Jahrhundert" unter den Berliner Juden viele wirtschaftlich außergewöhnlich erfolgreiche Bürger, darunter Bankiers, Großkaufleute und Industrielle (vor allem im Bereich der Textilindustrie). Ungeachtet dessen waren die Berliner Juden in allen Schichten vertreten. Es gab lediglich signifikante, historisch-soziologisch zu erklärende Unterschiede in der Verteilung auf die Gesamtgesellschaft, wobei die Juden in den Mittelschichten und hier vor allem im Bildungsbürgertum deutlich überrepräsentiert waren – ein Phänomen, das gerade bei Krisen auf dem Arbeitsmarkt beim akademischen Nachwuchs Neid und Missgunst auslöste. Dementsprechend war im Kaiserreich der Antisemitismus nicht nur unter Theologiestudenten, sondern auch unter Studenten vor allem der philosophischen und juristischen Fakultäten weitverbreitet. Um den Kreis potenzieller Konkurrenten zu verkleinern, befürworteten viele von ihnen nicht nur die Einführung einer begrenzenden Quote für jüdische Kommilitonen, sondern sogar deren Entfernung. Wie ausgeprägt gerade unter Berliner Studenten dieser gesellschaftliche Antisemitismus war, zeigt deren Reaktion auf die Antisemiten-Petition von 1880/81, die eine Revision der Juden-emanzipation und eine Einschränkung

Berlin lebende Ernst Moritz Arndt gefordert, dass die europäischen Juden, die Deutschland „mit ihrem Schmutz und ihrer Pest zu überschwemmen" drohten, „unter keinem Vorwande und mit keiner Ausnahme" in Deutschland aufgenommen werden dürften, und dies mit Verweis auf eine angeblich kulturelle Unvereinbarkeit begründet:

Ernst Moritz Arndt war einer der fanatischsten Judenhasser seiner Zeit. Daguerreotypie, 1848

„Die Juden als Juden passen nicht in diese Welt und in diese Staaten hinein, und darum will ich nicht, daß sie auf eine ungebührliche Weise in Teutschland vermehrt werden. Ich will es aber auch deswegen nicht, weil sie ein durchaus fremdes Volk sind und weil ich den germanischen Stamm so sehr als möglich von fremdartigen Bestandtheilen rein zu erhalten wünsche. [...] Alle unsere Staaten sind mehr oder weniger auf dem Christenthum und seinen Lehren gegründet, und in unsern Sitten, Ordnungen und Gesetzen, ja auch in unsern kleinsten Einrichtungen und Weisen ist der dunklere oder hellere Widerschein dieses Christenthums. [...] Die Juden mit ihrer schroffen und alles Andere feindselig ausschliessenden Art stehen völlig ausserhalb dem Christenthum, ja sie haben eine viel entferntere Berührung mit demselben, als man bei dem ersten Blick glauben

der jüdischen Einwanderung aus Osteuropa forderte. Reichsweit unterzeichneten gerade einmal 0,6 Prozent der männlichen Bevölkerung, darunter immerhin 19 Prozent aller deutschen Universitätsstudenten diese an den Reichskanzler gerichtete Petition – in Berlin dagegen 41 Prozent aller immatrikulierten Studenten![36]

Sehr oft verband sich dieser sozioökonomisch motivierte Judenhass mit einem nationalistischen Denken, das in der multireligiösen Gesellschaft eine Gefahr für den Fortbestand des jungen deutschen Nationalstaats sah. Schon 1810 hatte der zu diesem Zeitpunkt in

sollte. Fast allen unseren Einrichtungen, Ordnungen und Gesetzen
fremd, sind sie durchaus unfähig, mehrere Pflichten
zu erfüllen, deren jeder
christliche Mitbürger
schuldig ist; sie sind
also unfähig, in
einem christli-
chen Staate volle
Bürger zu seyn:
denn wie mag
alle Bürger-
rechte haben,
wer nicht alle
Bürgerpflich-
ten erfüllen
kann? Die den
Juden also mit
allen übrigen
Bürgern gleiche
Rechte beilegen,
mögen bedenken,
ob sie etwas Klu-
ges und Nützliches
thun. Eben das mögen
diejenigen bedenken,
welche die Einfuhr und
das Einwandern jüdischer
Menschen aus fremden Ländern
erlauben, weil sie nicht bloß ein
fremdes, sondern auch ein mit dem Staate
nie innig zusammenwachsendes und mit Grundsätzen desselben unverträgliches Volk einlassen."

1879 und 1881 ausgetragenen Debatte,
die durch einen Artikel des an der
Berliner Universität lehrenden
Historikers Heinrich von
Treitschke in den *Preußischen Jahrbüchern* ausge-
löst wurde, in dem die-
ser sich abfällig über
viele heimische Ju-
den als „deutsch re-
dende Orientalen"
ausließ und jüdi-
sche Einwanderer
als „eine Schaar
strebsamer ho-
senverkaufender
Jünglinge" be-
zeichnete, „deren
Kinder und Kin-
deskinder dereinst
Deutschlands
Börsen und Zei-
tungen beherrschen"
sollten.[38]

Der Althistoriker Theodor Mommsen
galt als Inbegriff eines liberalen Berliner
Bürgers. Kolorierte Fotografie, 1890

Dass es, wie Arndt meinte, kaum ein größeres Unheil
gebe „als Staaten im Staate und als Völkchen im Volke, die für sich noch etwas Besonderes oder wohl gar
etwas Besseres bedeuten wollen, als das Volk, welches
sie in sich aufgenommen hat",[37] war eine Idee, die bis
ins 20. Jahrhundert (nicht nur) im deutschen Nationalismus weitverbreitet war. Artikuliert wurde sie vor
allem im Berliner Antisemitismusstreit, einer zwischen

Zumindest unter den Professoren der Berliner
Universität rief Treitschkes Artikel so viele Kritiker
(namentlich seinen Kollegen, den Althistoriker Theodor Mommsen [1817–1903],) auf den Plan, dass er
weitgehend in Isolation geriet. Überhaupt erwies sich
die Mehrheit der städtischen Gesellschaft jener Zeit
als unempfänglich für antisemitische Hetze: Weder
im eher freisinnig geprägten Bürgertum noch in der
meist sozialdemokratisch orientierten Arbeiterschaft
stieß Treitschkes Polemik auf große Resonanz. Gleichwohl wäre es verfehlt, diesen Vorfall zu bagatellisieren:
nicht nur, weil der Historiker mit seinem aus dem

Zusammenhang gerissenen Zitat „die Juden sind unser Unglück!" zum Stichwortgeber der späteren national-sozialistischen Judenhetze wurde, sondern vor allem wegen des von ihm begangenen Tabubruchs. Denn mit seinen Ausführungen trug einer der renommiertesten Vertreter der akademischen Elite Deutschlands dazu bei, eine bislang hauptsächlich in kleinbürgerlichen und mittelständischen Kreisen kursierende Ideologie ins Bildungsbürgertum zu tragen. Damit stärkte er einen sozioökonomisch und religiös motivierten Antisemitismus, der sich von Berlin ausgehend seit Ende der 1870er-Jahre erstmals auch politisch organisierte. Treibende Kraft dieser Bewegung war der evangelische Pfarrer Adolf Stoecker (1835–1909), der 1874 auf Empfehlung Wilhelms I. als Hof- und Domprediger nach Berlin gekommen war. In seinen mehrfach aufgelegten Erinnerungen hat Stoecker auf demagogische Weise zu begründen versucht, warum ihn die Reichshauptstadt zum Judenhasser machte:

„Berlin fand ich in den Händen des kirchenfeindlichen Fortschritts und der gottfeindlichen Sozialdemokratie; das Judentum herrschte in beiden Parteien. Die Reichshauptstadt war in Gefahr, entchristlicht und entdeutscht zu werden. Als öffentliche Macht war das Christentum tot; ebenso die Königstreue und Vaterlandsliebe. [...] Es schien, als wäre der große Krieg geführt, damit das Judentum Herr von Berlin sei. [...] Es war wie vor dem Weltuntergang; die Ungerechtigkeit hatte überhand genommen, die Liebe war erkaltet." [39]

1878 gründete Stoecker die Christlich-Soziale Arbeiterpartei, mit der er bei den im selben Jahr abgehaltenen Reichstagswahlen in Berlin gerade einmal 1421 Stimmen erzielte. Deutlich mehr Erfolg hatte Stoecker, als er sein Programm mit antijüdischen Parolen anreicherte und sich als selbstständige Gruppe der Deutschkonservativen Partei anschloss. Stoecker engagierte sich auch in der sogenannten Berliner Bewegung, einem Bündnis antijüdischer, antiliberaler und antisozialistischer Gruppen und Personen, die bei den Reichstagswahlen in Berlin für die konservative Liste kandidierten. Auch wenn diese in den 1880er- und 1890er-Jahren gegen die Liberalen bzw. die Sozialdemokraten keine Chancen hatte, schafften sie es doch, zwischen 15 und 30 Prozent der Stimmen für sich zu gewinnen. [40]

Die meisten Antisemiten störten sich an dem gesellschaftlichen und wirtschaftlichen Aufstieg der deutschen Juden und nahmen Anstoß an der kulturellen Andersartigkeit einer Glaubensgemeinschaft, die nicht in einer deutsch-protestantischen Leitkultur aufging. Das unterschied sie von den biologisch-rassistisch denkenden Antisemiten, für die die jüdische Religionszugehörigkeit nur noch eine untergeordnete Rolle spielte und die auch areligiöse Juden und Konvertiten, ja sogar deren Nachkommen als Juden definierten, die es aus dem deutschen „Volkskörper" auszuschließen gelte. Dass ein Großteil der deutschen Juden sich assimiliert hatte, dass zahlreiche Berliner Juden sich taufen ließen, intensive Kontakte zu ihren christlichen Mitbürgern unterhielten und sogenannte Mischehen eingingen, war für sie ohne Bedeutung.

„Es ist die höchste Zeit, daß der Rassenstolz wieder in uns Deutschen erwacht. Wir sind die Herren, wir sind auf der Burg, unser ist das Land, wir sind das Wirtsvolk, wir haben das Recht zu sagen: Wir haben nur allzuviel und allzulange Gastfreundschaft gewährt, ihr habt das Gastrecht gemißbraucht. Nun ist's genug: Wir kündigen euch die Gastfreundschaft. Hinaus mit Euch [...]. Wir müssen die Warenhäuser boykottieren, wir müssen endlich einmal Ernst damit machen, unter keinen Umständen beim Juden zu kaufen, ja, wir müssen sogar soviel nationale Kraft besitzen, daß wir denjenigen, den wir dabei erwischen, daß er beim Juden gekauft hat, lynchen. [...] Wir dürfen unter keinen Umständen Kunden des Judenhändlers werden, weder des jüdischen Warenhauses, noch des jüdischen Arztes oder Rechtsanwaltes, noch der – jüdischen Zeitung. [...] Hasse den Juden, bedränge den Juden, ruhe nicht eher, bis der Jude aus dem Lande ist." [41]

Adolf Stoecker spricht auf einer Versammlung, 1878.
Zeitgenössischer Holzstich

Andere wie der Berliner Privatgelehrte Eugen Dühring (1833–1921) gingen noch einen Schritt weiter. In seiner 1881 erschienenen Kampfschrift *Die Judenfrage als Racen-, Sitten- und Culturfrage* forderte Dühring über die Entrechtung, Enteignung und Deportation hinaus die „Ausscheidung der Judenrace aus dem modernen Völkerleben". Damit war noch vor der Jahrhundertwende das gesamte antisemitische Programm, das seit 1933 sukzessive umgesetzt wurde, ausformuliert.[42] Das war freilich um die Jahrhundertwende noch nicht abzusehen. Denn zum einen handelte es sich bei den Antisemiten nur um eine, wenn auch lautstarke Minderheit; zum anderen gab es viele verschiedene Antisemitismen. Was deren Anhänger vereinte, war ihre Neigung, die Juden für alles verantwortlich zu machen, was ihnen nicht passte: den Kapitalismus und die Wirtschaftskrisen, den Liberalismus und den Marxismus, die Globalisierung und den Internationalismus. Vor allem aber verband sie der Hass auf das Fremde – wie auch immer man das definieren mochte. Darin waren die Unzufriedenen, die Wütenden und die Übelmeinenden jener Jahrzehnte sich einig.

Katholiken in der Diaspora

Als Fremde galten sehr lange nicht nur die Juden, sondern auch die Katholiken, die im Laufe des 18. und 19. Jahrhunderts nach Berlin gekommen waren: katholische Soldaten, die für die preußische Armee rekrutiert wurden, katho-

lische Arbeiter aus Lüttich, die für die Gewehrfabriken in Potsdam und Spandau angeworben wurden, deutsch- und polnischsprachige Katholiken aus Schlesien, Posen und Westpreußen, die es nach der Annexion ihrer Gebiete in die neue Hauptstadt zog; Katholiken aus West- und Süddeutschland, die in der aufstrebenden Stadt studieren oder arbeiten wollten. Hatte es sich noch zu Beginn des 19. Jahrhunderts um eine recht kleine Minderheit gehandelt, so stellten die Katholiken um die Jahrhundertwende rund zehn Prozent der Gesamtbevölkerung. Damit hatte sich Berlin zur größten Diasporastadt Norddeutschlands entwickelt – wobei freilich bestenfalls die Hälfte der hier ansässigen Katholiken den

eigenen Glauben noch aktiv praktizierte, ungeachtet der seit Mitte des 19. Jahrhunderts erfolgenden Gründung neuer katholischer Gemeinden.[43]

Die Ausübung ihres Glaubens wurde den in Berlin lebenden Katholiken erst vergleichsweise spät zugestanden. Hatte sich der Große Kurfürst noch im Jahre 1667 rühmen können, dass die Kur Brandenburg gottlob „von Pabstlichen groben greulen vnd Abgötterey gentzlich befreiet" sei und seinen Nachfolger ermahnt, darauf achtzugeben, „damitt Sich die Romische Cattolische nicht wieder heimblich einschleichen",[44] rang sich sein Enkel Friedrich Wilhelm I. durch, eine katholische Kapelle einzurichten und einen Ka-

Die St.-Matthias-Kirche am Schöneberger Winterfeldplatz wurde 1895 geweiht. Die Gemeinde umfasste damals bereits mehr als 10 000 Mitglieder. Fotopostkarte, um 1909

Die hinter dem Opernhaus gelegene katholische Hedwigskirche ist dem Pantheon in Rom nachempfunden. Guckkastenblatt, um 1750

plan anzustellen: „weill viell Kattolische Burger und leutte viell da sein. bey die Regimenter sein auch viel Kattolische". Grundsätzlich aber empfand er wenig Sympathie für den Katholizismus, insbesondere nicht für die Jesuiten:

> „Jesuwitter müßet Ihr in eure lender nicht dulden. Sein deuffels die dar KaPable [fähig seien] zu viellen Böhses und schedtl: gegen euch und gegen landt und leuthe also müßet Ihr sie nicht dulden unter was Pretex [Vorwand] sie sich auch wolten einnistellen in euer lender."[45]

Auch sein Sohn, Friedrich II., der grundsätzlich alle Religionen für „mehr oder weniger absurd hielt", misstraute neben den Juden vor allem den Katholiken und betrachtete die Jesuiten als die „gefährlichste Gattung unter allen Mönchen". Nichtsdestoweniger bemühte er sich im Interesse des gesellschaftlichen Friedens, sämtliche Konfessionen gleich zu behandeln:

> „Es ist unmöglich, daß ein Mensch mit gesundem Verstand [...] nicht den Irrtum [aller Religionen] sieht; aber diese Vorurteile, diese Irrtümer, diese Wunder sind für die breite Masse gemacht, und man muß auf die Öffentlichkeit Rücksicht zu nehmen wissen, um sie nicht in ihrem Kult zu verletzen, welche Religion es auch sei."

Unmissverständlich verfügte Friedrich II., dass neben den Lutheranern und Reformierten alle christlichen Sekten – und dazu zählte nach seinem Verständnis auch der Katholizismus – zu dulden seien: „Man schließt dem ersten den Mund, der einen Zivilkrieg entfachen will."[46] So weit ging Friedrichs Toleranzpolitik, dass er sich durchrang, den Katholiken eine Kirche zur Verfügung zu stellen. Die 1773 eingeweihte Hedwigskirche war vor allem für die katholischen Zuwanderer aus dem annektierten Schlesien gedacht. Dass dieser an zentraler Stelle, am Forum Fri-

Nr. 35.

Berlin, Freitag, 30. August 1872.

5. Jahrgang.

Man abonnirt
für
15 Sgr.
vierteljährlich
bei allen
Postanstalten,
Buchhand-
lungen,
Zeitungs-
speditenren
und in der
Expedition,
Krausenstraße 41
am Dönhofsplatz.

Einzelnummern
à 2½ Sgr.

Man abonnirt
für
15 Sgr.
vierteljährlich
bei allen
Postanstalten,
Buchhand-
lungen,
Zeitungs-
speditenren
und in der
Expedition,
Krausenstraße 41
am Dönhofsplatz

Einzelnummern
à 2½ Sgr.

Berliner Wespen.

Illustrirtes humoristisches Wochenblatt.

Verantwortlicher Redacteur: Julius Stettenheim. — Illustrirt von H. Heil.

Mit Feuer und Schwert

werden nur die Baracker vertrieben, die schwarzen Racker und Loyola's Pennbrüder mit Glacéhandschuhen.

Bei der Weißen.

Walter. Kellner, ick warte nu schon seit der Jeburt Wrangels auf eine Weiße. Warum kommen Sie denn nich?

Ieschke. Weil Sie jrade davon sprechen, — der König Ludwig kommt ja ooch nich.

Schwabbe. Können Sie denn von nichts reden, als von den Wanderkaisern? Seit vierzehn Tagen kommen wir von Allem auf die drei Imperatoren. Das Panoptikum, die Lucca, der amerikanische Circus, die Börsensteuer, die Baracken, —

kaum spricht man davon, wupp, fallen Sie ab und springen zum Cäsaren-Rendezvous.

Walter. Wem das nich jefällt, der kann ja nach der Pflugschen Maschinenbauanstalt jehen, da is er janz alleene.

Ieschke. Warum kommt denn der König Ludwig nich?

Lehmann. Er will nich Decoration sind.

Kowalski. Unsinn, er hält doch am Ende die Dreikaiserversammlung nich vor 'ne Komödie?

Lehmann. Wer weeß ooch. Keen Mensch kann sagen, was die drei Kaiser vorhaben. Allens is Vermuthung. Bloß um mal in den Thiergarten reinzuriechen, kommen sie doch nich nach Berlin.

Schwabbe. Meine Herren, treiben Sie keinen Spott mit so ernsten Dingen, wie es ein Kaiserstelldichein ist. Blättern Sie in den alten Jahrgängen der Vossischen Zeitung, und Sie werden finden, daß großen Kriegen stets die Versicherungen treuer Freundschaft vorangingen. Alle

dericianum errichtete Rundbau das römische Pantheon imitierte, verweist noch heute darauf, dass Friedrich II. hier ursprünglich einen Ort hatte schaffen wollen, an dem alle möglichen Religionsgemeinschaften ihrem Kultus nachgehen sollten. Immerhin und ungewöhnlich genug finanzierte hier ein nichtkatholischer Monarch den Bau einer katholischen Kirche. Nach Aufhebung des Jesuitenordens durch Papst Clemens XIV. im Jahre 1773 gewährte er sogar einigen Jesuiten Zuflucht in Preußen, um mit ihrer Hilfe den Unterricht an katholischen Schulen und das Abhalten katholischer Gottesdienste aufrechterhalten zu können. Und doch konnte all das nicht über seine antikatholischen Ressentiments hinwegtäuschen.

Von solchen Ressentiments waren auch Friedrichs Nachfolger nicht frei. So kam es im Laufe des 19. Jahrhunderts immer wieder zu Konflikten mit der katholischen Kirche und Bevölkerung, vor allem im Rahmen von Ämterbesetzungen und bei sogenannten Mischehen. Solche Konflikte erschütterten in Preußen vor allem jene Regionen, die wie Schlesien, Posen und Westpreußen, später auch das Rheinland und Westfalen über einen sehr großen katholischen Bevölkerungsanteil verfügten. In Berlin, wo die Katholiken eine Minderheit blieben, kam es hingegen kaum zu nennenswerten Protesten vonseiten der katholischen Bevölkerung gegen ihre Ungleichbehandlung. Selbst während des in den 1870er- und 1880er-Jahren geführten preußischen Kulturkampfes, der in einer „tiefschwarzen" Stadt wie Münster zumindest im übertragenen Sinne „bis aufs Messer" geführt wurde,[47] unterblieb eine nennenswerte Mobilisierung der Berliner Katholiken.

Umso heftiger war die Gewalt, die hier von nicht-katholischer Seite aus gegen Angehörige der katholischen Kirche verübt wurde. Davon zeugt der sogenannte Moabiter Klostersturm aus dem Jahre 1869, ein Ereignis, das den Auftakt zum preußischen Kulturkampf bildete. Schon zuvor war infolge von Berichten über die Misshandlung

> „Mit Feuer und Schwert werden nur die Baracker vertrieben, die schwarzen Racker und Loyola's Pennbrüder mit Glacéhandschuhen." Das Blatt „Berliner Wespen" behauptete 1872, dass Katholiken zu gut behandelt werden.

einer Nonne in Krakau die antikatholische Stimmung in Berlin angeheizt worden. Schauergeschichten über katholische Folterer machten die Runde und versetzten zahlreiche Bürger, die schon seit Längerem eine Katholisierung der Stadt befürchteten, in Alarmstimmung. Am 16. August 1869 eskalierte die Lage dann: verschiedenen Schätzungen zufolge zogen 3000 bis 10 000 mit Knüppeln, Pfählen und Pflastersteinen bewaffnete Bürger zu einem von Dominikanern geführten Waisenhaus mit Kapelle, das irrtümlich für eine neue Klosterniederlassung gehalten wurde. Sie bewarfen das Haus mit Exkrementen und Steinen und demolierten Zaun, Hof und Gebäude. Die Mönche und die Waisenkinder konnten sich gerade noch vor dem Lynchmob in Sicherheit bringen, wurden aber auch Monate danach noch angefeindet. Obwohl die Dominikaner ihre Ordenskleider in der Öffentlichkeit ablegten, wurden sie weiterhin als Mönche identifiziert und bedroht, wie einer der Patres erinnerte:

„Zuweilen hörte man: Du wirst auch bald an der Laterne baumeln; zuweilen wurden uns Steine nachgeworfen. Protestantische Mädchen, die aus der Schule kamen, blieben vor uns stehen und spuckten vor uns aus."[48]

Als konfessionelle Minderheit waren Katholiken bei Weitem nicht einem solchen Hass ausgesetzt, wie er Juden entgegenschlug. Gleichwohl blieben auch sie vor Diskriminierung nicht verschont, insbesondere dann nicht, wenn ihre Muttersprache Polnisch war. Dementsprechend suchte auch diese Minderheit Schutz in der eigenen konfessionellen und ethnischen Gruppe. So verteilten sich die Berliner Katholiken um 1905 zwar über alle Viertel der Stadt; gehäuft aber wohnten sie in Vierteln und Straßenzügen, die sich in unmittelbarer Nachbarschaft zu katholischen Kirchen befanden oder in der Nähe von Fabriken lagen, in denen besonders viele Schlesier und Polen arbeiteten.[49]

Je mehr Berlin wuchs, desto vielfältiger wurde die Gesellschaft auch in soziokultureller Hinsicht. Freilich vollzog sich die Integration der Hinzugezogenen, der Katholiken und Juden, der Polen und Süddeutschen nicht von heute auf morgen. Gelegentlich brauchte es Jahrzehnte, bis aus Fremden Eigene wurden.

Alexander von Humboldt hat den Wissenschafts-standort Berlin im frühen 19. Jahrhundert geprägt. Hier zeigt ihn ein historisierender Holzstich von 1870 mit Karl Varnhagen von Ense (l.) in seinem Berliner Arbeitszimmer.

WISSENSCHAFTEN, KUNST UND KULTUR

Mit dem rasant erfolgenden Aufstieg Preußens und Berlins im Laufe des 19. Jahrhunderts wuchsen auch die Sorgen: dass ein weit über seine alten Grenzen hinausgewachsenes Preußen in Deutschland aufzugehen und seine Identität zu verlieren drohe; dass die zur Hauptstadt gewordene Residenzstadt Berlin ihren idyllischen Charakter einbüße und sich zu einem Großstadt-Moloch entwickle. „Das königlich preußische findet im kaiserlichen Reichsberlin keinen Platz mehr. Spreeathen ist tot und Spreechicago wächst heran", so brachte Walther Rathenau diese Befürchtung 1899 auf den Punkt[1] – zu einem Zeitpunkt, als Berlin sich anschickte, zur führenden Metropole nicht nur Deutschlands, sondern ganz Europas zu werden, zu einer Weltstadt nicht nur in ökonomischer, sondern auch in wissenschaftlicher und kultureller Hinsicht.

„Spree-Athen", dieser Begriff geht zurück auf Erdmann Wircker, der 1706 in seiner Festschrift *Märckische Neun Musen* den ersten preußischen König für seine Kultur- und Wissenschaftspolitik rühmte:

> „Daß ganz Europa nicht von einem Fürsten hört! /
> Der so der Künste Kern als König Friedrich liebet. /
> Die Fürsten wollen selbst in deine Schule gehen /
> Drumb hastu auch für Sie ein Spree-Athen gebauet,
> Wo Prinzen in der Zahl gelehrter Musen stehn /
> Da wird die Weisheit erst in rechter Pracht geschauet."[2]

Damit hatte Wircker der Stadt Berlin einen Beinamen gegeben, der bis in unsere Gegenwart mit nostalgischem, gelegentlich auch ironischem Beiklang verwandt wird; ein Beiname, der sich nicht nur auf das von klassizistischer Architektur geprägte Stadtbild

bezieht, sondern auch auf den Stellenwert, der hier den Wissenschaften, der Philosophie und den Künsten beigemessen wurde. Warum ist ein solcher Titel anderen deutschen Städten verwehrt geblieben? Hat sich Berlin im 18. und 19. Jahrhundert tatsächlich mehr als jede andere deutsche Stadt den Denkern und Dichtern, den Wissenschaftlern und Künstlern zugewandt? Welchen Anteil hatten daran der Hof bzw. der Staat, welchen die Gesellschaft? Welche ästhetischen und (gesellschafts-)politischen Positionen vertraten die Künstler? Beschränkten sie sich auf eine epigonenhafte Fortführung überkommener Formen, oder fanden sie zu neuen Ausdrucksformen? Ging es ihnen primär um eine Bestätigung der Machtverhältnisse oder kritisierten sie die politischen und sozialen Verhältnisse ihrer Zeit? Wie innovativ und kritisch waren die in Berlin lehrenden Wissenschaftler? Forderten sie den preußischen Machtstaat heraus, oder dienten sie sich ihm an? Und welche Grenzen setzte der Staat den kritischen Geistern? Wie war es bestellt um die politische Zensur?

Höfische und bürgerliche Kultur im 18. Jahrhundert

Als Stadt der Wissenschaften und Künste tritt Berlin relativ spät in Erscheinung. Universitätsstadt wird Berlin erst im Jahre 1809, mit der Gründung der Alma Mater Berolinensis, die ein Jahr später ihren Betrieb aufnimmt. Zu diesem Zeitpunkt konnten andere Städte des Landes wie die Brandenburgische Universität in Frankfurt an der Oder (1506), die Albertus-Universität Königsberg (1544) oder die Friedrichs-Universität in Halle an der Saale (1694) bereits auf eine lange Tra-

Allegorie auf die Gründung der Preußischen Akademie der Künste und der mechanischen Wissenschaften. Zeichnung von Matthäus Terwesten, 1696

dition zurückblicken – ganz zu schweigen von jenen europäischen Universitäten in Bologna, Paris oder Oxford, deren Gründung weit ins Mittelalter zurückreicht. Immerhin verzeichnete das Berliner Schulwesen seit Ende des 17. Jahrhunderts einen kontinuierlichen Aufschwung. Neben den höheren, meist reformiert geprägten Lehranstalten (zu denen auch eine französische Schule zählte) gab es zahlreiche Bürger- und auch Armenschulen. Ungeachtet aller Defizite im Elementarschulwesen hatte die sich so schon im 18. Jahrhundert herausbildende Schuldichte zur Folge, dass wohl „kaum ein Berliner ohne jede Schulbildung blieb".[3] Zudem gab es bereits seit Ende des 17. Jahrhunderts erste Initiativen, Berlin zu einem Zentrum der Künste und Wissenschaften zu formen.

Schon 1696 war in Berlin die Academie der Mahler-, Bildhauer- und Architectur-Kunst gegründet worden, auf der neben Künstlern auch Chirurgen, Uhrmacher oder Tischler ausgebildet wurden. Zumindest der Selbstwahrnehmung nach handelte es sich bei dieser Schule (der Vorläuferin der heutigen Akademie der Künste) um eine europaweit anerkannte Institution, wie einer Mitte des 18. Jahrhunderts erschienenen Beschreibung zu entnehmen ist, derzufolge die Schüler

„ihre zu erlernende Professiones mit erwünschten Succeß [Erfolg] angetreten haben, so, daß Berlin izo vor den meisten Städten Teutschlandes sich rühmen kan, die geschicktesten Ouvriers [Handwerker und Künstler] zu haben, deren Arbeit von allen umliegenden Städten und Landen hochgeachtet, gesuchet und nach Würden bezahlet wird. [...] Die Zahl der Academisten hat sich jederzeit von Jahr zu Jahr sehr gehäufet, und der Ruf von dieser Academie ist so weit, und in die entlegenste Königreiche und Länder gedrungen, daß viel hundert, nach Anzeige der Academischen Matricul, aus Pohlen, Ungern, Dännemark, Schweden, Holland, Braband, Franckreich, Schweiz und andern Orten die Künste zu erlernen sich hieselbst eingefunden, und von den Academischen Unterweisungen profitiret haben."[4]

Auch die Wissenschaften wurden seit der zweiten Hälfte des 17. Jahrhunderts gefördert. Zwar scheiterte der erste, von dem schwedischen Diplomaten Bengt Skytte (1614–1683) unternommene Versuch, Berlin zum Wissenschaftsstandort zu machen. Dafür war Gottfried Wilhelm Leibniz (1646–1716), einem der bedeutendsten Gelehrten seiner Zeit, mehr Erfolg beschieden. Nach einem mehrjährigen Aufenthalt in Paris nutzte der Universalgelehrte seine Beziehungen zum brandenburgischen Hof, um die Gründung einer Akademie voranzutreiben, die 1700 als Kurfürstlich-Brandenburgische Societät der Wissenschaften gestiftet und 1711 als Königlich Preußische Sozietät der Wissenschaften eingeweiht wurde und die anders als in London und Paris sowohl die Geistes- als auch die Naturwissenschaften unter einem Dach zusammenfasste. Allerdings zog es Leibniz, der die Präsidentschaft übernommen hatte, doch über die geringe finanzielle Ausstattung enttäuscht war, noch im selben Jahr nach Wien. Mit der österreichischen Hauptstadt, *dem* kulturellen Zentrum Deutschlands im 18. Jahrhundert, konnte sich Berlin zu dieser Zeit nicht messen. Immerhin stand die Berliner Akademie in einem guten Ruf. Das bestätigte rückblickend auch Jakob Friedrich von Bielfeld (1717–1770), seit 1744 selbst Ehrenmitglied:

„Der Herr von Leibniz schritte [...] zu der Wahl geschickter Leute, welche diese königliche Gesellschaft ausmachen sollten, und fügte derselben die berühmtesten Gelehrten in Europa unter dem Titel auswärtiger Mitglieder noch bey. Die neue Gesellschaft trat ihre Laufbahn in denen Wissenschaften als ein muntrer Kämpfer von selbst an, und machte sich auf selbiger durch ihren guten Fortgang gar bald berühmt. Sie gab Nachrichten unter dem Titel: Miscellanea Berolinensia im Druck heraus, welche den Beyfall des ganzen gelehrten Europa erhielten. Solange Friedrich I. und Leibniz lebten, erschienen diese Nachrichten ordentlich, und der Eifer der Mitglieder war unermüdet."[5]

Gottfried Wilhelm Leibniz beeindruckt Sophie Charlotte (l. sitzend), die Frau Friedrichs I., mit seinen Kenntnissen. Holzstich nach einer historisierenden Zeichnung von Theobald Freiherr von Oer, 1855

Tatsächlich bedeutete der Tod Friedrichs I. 1713 einen tiefen Einschnitt. Denn seinem Sohn und Nachfolger Friedrich Wilhelm I. war nicht nur jeder Luxus verhasst; auch für Künste und Geisteswissenschaften hatte er kaum etwas übrig. Nicht nur ließ er den berühmten, an der Universität Halle lehrenden Philosophen Christian Wolff (1679–1754) „binnen 48 Stunden aus dem Lande jagen"[6] und strich den Haushalt der Königlichen Bibliothek auf ein Minimum zusammen; auch bei der Berliner Akademie und selbst bei den Bezügen ihres Präsidenten setzte er den Rotstift an. Noch einmal Bielfeld:

> *„Fast alle Einkünfte des Staats wurden auf das Kriegswesen verwendet, und die Einkünfte der Gesellschaft stunden in großer Gefahr, von diesem Strome mit fortgerissen und in dem nämlichen Abgrund mit verschlungen zu werden. [...] Verschiedne ordentliche Mitglieder ließen bey ihrer Arbeit den Muth sinken, die Abhandlungen erschienen sehr langsam und unordentlich, und die Bemühungen der Musen waren dem Gespötte ausgesetzt."[7]*

Lediglich den Naturwissenschaften und vor allem der Medizin konnte der „Soldatenkönig" etwas abgewinnen. Schließlich bedurfte es guter Chirurgen und Wundärzte für seine Armee. Und so förderte er den Ausbau des 1710 vor dem Spandauer Tor gegründeten Pesthauses zu einem Krankenhaus mit Übungsschule, der Maison de Charité, die mit der Akademie und 1810 mit der Berliner Universität verbunden wurde. So wurde „durch das Zusammenwirken von Theorie und Praxis die Grundlage für eine sehr erfolgreiche medizinische Forschung in der preußischen Hauptstadt" gelegt – woran noch heute der Name Charité erinnert.[8]

In den folgenden Jahrzehnten waren es vor allem die Naturwissenschaften, die den Schwerpunkt der Berliner Akademie bildeten. Erst unter Friedrich II., der die Institution 1744 reorganisierte, wurden auch die Geisteswissenschaften wieder gefördert und vor allem der Philosophie ein hoher Stellenwert beigemessen – und das mehr als an jedem anderen Hof Europas. Die Mitgliederliste der Akademie, die nicht zuletzt durch die von ihr gestellten Preisaufgaben europaweit von sich reden machte, liest sich denn auch wie ein *Who's who* der deutschen und der französischen Aufklärung: neben dem Vordenker der modernen Gewaltenteilung, Charles de Secondat, Baron de Montesquieu (1689–1755), stößt man darin auf die Herausgeber der *Encyclopédie*, Jean le Rond d'Alembert (1717–1783) und Denis Diderot (1713–1784), auf Lessing, Christoph Martin Wieland (1733–1813) und Immanuel Kant (1724–1804). Zwischenzeitlich hofierte der König sogar kritische Denker wie den aus Frankreich und Holland geflüchteten Materialisten Julien Offray de La Mettrie (1709–1751). Vor allem aber gelang es dem König, Voltaire für die Akademie zu gewinnen und für einige Jahre, von 1750 bis 1753, sogar an den Hof zu ziehen. Schon als Kronprinz hatte Friedrich (der ja Französisch besser als Deutsch beherrschte) mit diesem einen intensiven Briefwechsel unterhalten und sich selbst als philosophierender Schriftsteller versucht – immer auch mit der Absicht, sich selbst als *Roi philosophe* zu inszenieren. Und tatsächlich wird er bis heute noch von vielen als „Philosoph auf dem Thron" verehrt – ein Mythos, von dem Potsdam und Berlin als Zentren der europäischen Aufklärung bis in die Gegenwart zehren.

Friedrich II. weniger wohlgesonnene Zeitgenossen mögen dagegenhalten, dass dieser einen Essay Voltaires verbrennen und diesen sogar einmal verhaften ließ, dass Friedrich seit seiner Machtübernahme permanent gegen die in seinem *Anti-Machiavel* (1740) aufgestellten Maximen verstieß und die von ihm hofierten Denker auf zynische Weise in ihre Grenzen wies („räsonirt, soviel ihr wollt und worüber ihr wollt; aber gehorcht!"[9]), dass mit Johann Wolfgang Goethe (1749–1832) einer der größten Dichter um 1800 wenig Gefallen an Berlin fand, dass die Akademie auf das Französische als Verkehrssprache setzte und am Hofe wie im Theater am Gendarmenmarkt die französische Dichtung domi-

nierte, derweil das „offizielle Berlin [...] der deutschen Literatur kaum Beachtung" schenkte.[10] Für Friedrich zählte nur die französische Literatur, das machte er in seiner 1781 ins Deutsche übersetzten Schrift *Ueber die deutsche Litteratur, die Mängel, die man ihr vorwerfen kann; die Ursachen derselben und die Mittel sie zu verbessern* unmissverständlich klar.

Freilich, um zu einem ausgewogenen Urteil über das friderizianische Berlin als Stadt der Wissenschaften und der Künste zu gelangen, sollte man sich nicht nur von normativen Vorgaben leiten lassen, sondern auch eine historisch-vergleichende Perspektive einnehmen. Erst so tritt die gewaltige kulturelle Entwicklung, die die Stadt unter Friedrich II. nahm, vor Augen. Es war schließlich alles andere als selbstverständlich, dass sich ein Monarch im 18. Jahrhundert mit so vielen berühmten und derart kritischen Geistern umgab, ja sogar einem radikalen Deisten wie Johann Christian Edelmann Asyl gewährte (wenn auch unter der Bedingung, von weiteren Veröffentlichungen abzusehen).[11] Mit Friedrich II. hatte Preußen einen überdurchschnittlich gebildeten König, der die wichtigsten philosophischen Traktate seiner Zeit kannte und Berlin durch den Ausbau der Akademie zu einer bedeutenden Position innerhalb des europäischen Gelehrtennetzwerks verhalf, aber auch einen musisch veranlagten Monarchen, der nicht nur leidenschaftlich musizierte, sondern auch komponierte und Unter den Linden ein Opernhaus errichten ließ. Auch wenn das literarische und musikalische Leben der Stadt kaum mit anderen deutschen Kulturzentren Deutschlands, allen voran Wien, mithalten konnte, hatte sich die Stadt unter Friedrich II. zu einem intellektuell wie künstlerisch attraktiven Ort entwickelt.

Das verdankte Berlin allerdings nicht nur der fürstlichen Kunst- und Wissenschaftspolitik, sondern auch den bürgerlichen Aufklärern, die „die preußische Residenzstadt aus ihrer geistigen Provinzialität herausführten und zu einer kulturellen Hauptstadt werden ließen."[12] In der zweiten Hälfte des 18. Jahrhunderts waren es vor allem drei Persönlichkeiten, die das geistige Klima der Stadt nachhaltig prägten: der Dichter Gotthold Ephraim Lessing, dessen Drama *Nathan der Weise* noch heute zur Weltliteratur zählt, der Philosoph

Friedrich II. und Voltaire im Bibliothekszimmer von Schloss Sanssouci.
Historisierender Holzstich nach einer Zeichnung von
Philipp Grotjohann, um 1900

Hochkultur im Wohnzimmer: Quartettabend bei Bettina von Arnim, geb. Brentano. Aquarell von Carl Johann Arnold, 1854/56

Moses Mendelssohn, der der Haskalah, der jüdischen Aufklärung, den Weg bereitete, und der Verleger Friedrich Nicolai (1733–1811), der weniger durch seine eigenen Veröffentlichungen als durch den Aufbau und die Pflege eines kulturellen Netzwerkes der Aufklärung in Berlin zum Durchbruch verhalf. Denn Aufklärung erschöpfte sich nicht nur im Abfassen und Lesen gelehrter oder poetischer Texte. Aufklärung vollzog sich auch durch Austausch: durch intensive Korrespondenz, vor allem aber durch eine neue Praxis der Konversation, die dem Ideal eines „kritischen, respektvollen und offenen Dialogs zwischen freien und autonomen Gesprächspartnern" verpflichtet war.[13] Dieser Austausch erfolgte an vielerlei Orten: in Vereinen, Gesellschaften, Freimauerlogen und Buchhandlungen, vor allem aber in den privaten Salons der bildungsbürgerlichen Elite, die seit den 1780er-Jahren aus dem gesellschaftlichen Leben der Stadt nicht mehr wegzudenken waren.

Hier entstand ein Raum, in dem die Herkunft der Teilnehmer zumindest idealiter keine Rolle spielen sollte, ein Raum, in dem sich Adelige und Bürger, Christen und Juden, Männer und Frauen auf Augenhöhe begegnen und austauschen und die starren Regeln der hierarchischen Ständegesellschaft außer Kraft setzen sollten. Dass mit Henriette Herz und Rahel Levin ausgerechnet zwei bürgerliche Frauen jüdischer Herkunft zu den bedeutendsten Salonnièren ihrer Zeit avancierten, deutete diesen Anspruch auf Gleichheit aller Menschen ebenfalls an. In dem von Herz zwischen 1780 und 1803 geführten Salon verkehrten Naturforscher wie Alexander von Humboldt (1769–1859), Staatsmänner wie sein Bruder Wilhelm von Humboldt (1767–1835) und Metternichs späterer Berater Friedrich von Gentz (1764–1832), Künstler wie Schadow, Gelehrte, Dichter und Intellektuelle wie Schleiermacher, Friedrich Schlegel (1772–1829), Jean Paul (1763–1825) und Ludwig Börne (1786–1837). Auch Rahel Levin (seit 1814 Varnhagen von Ense) hielt sich hier auf, bevor sie 1791 ihren ersten eigenen, bis 1806 bestehenden Salon eröffnete, in dem neben den beiden Humboldts, Jean Paul und Schlegel auch Ludwig Tieck (1773–1853) und Prinz Louis Ferdinand von Preußen (1772–1806) gern gesehene Gäste waren. Allein diese soziale, politi-

sche und kulturelle Vielfalt war eine Form praktizierter Gesellschaftspolitik. In einer Gesellschaft, in der es keine Rechtsgleichheit zwischen den Angehörigen verschiedener Stände, Glaubensgemeinschaften und beider Geschlechter gab, bildeten die Salons einen Gegenraum tendenziell gleichberechtigter Menschen, einen Mikrokosmos, in dem zumindest dem Anspruch nach über alle Dinge des öffentlichen Lebens geredet werden sollte: nicht nur über Wissenschaft und Literatur, sondern auch über Politik, Religion und Gesellschaft.

Dass die Salons in dieser Hinsicht nur die Spitze des Eisberges bildeten, dass nicht nur gelehrte Bildungsbürger miteinander sprachen, sondern über alle Standesgrenzen hinweg philosophiert und politisiert wurde, entnimmt man dem fiktiven Reisebericht des aufgeklärten Theologen Friedrich Gedike (1754–1803), in dem dieser ein äußerst vorteilhaftes Bild vom geistigen Klima Berlins zeichnete:

„Ueber das Spekuliren und Räsonniren des gemeinen und mittlern Standes hier würden Sie Sich sehr wundern. Es giebt ungemein gescheute Leute unter Bürgern, Handwerkern, Soldaten, die scharf und richtig nachdenken, und sich sehr treffend ausdrükken. Es ist eine Lust, mit diesen Leuten zu sprechen, nicht bloß über ihr Gewerbe, sondern auch über Moral, Religion und Politik."[14]

Allerdings waren dieser bürgerlichen Aufklärung enge Grenzen gesetzt – vielleicht sogar engere Grenzen als in anderen europäischen Hauptstädten. Das hat zumindest kein geringerer als Lessing behauptet. Nachdem ihm eine Anstellung als Direktor der Königlichen Bibliothek verwehrt geblieben war, verließ der Dichter die Stadt und siedelte 1767 nach Hamburg und 1770 dann nach Wolfenbüttel über. Ein Jahr zuvor rechnete er in einem Brief an Nicolai mit der unter Friedrich II. auferlegten Einschränkung der Meinungsfreiheit ab:

„Sagen Sie mir von Ihrer Berlinischen Freiheit zu denken und zu schreiben ja nichts. Sie reduziert sich einzig und allein auf die Freiheit, gegen die Religion soviel Sottisen zu Markte zu bringen, als

Lessings „Briefe, die Neueste Litteratur betreffend" erschienen im Verlag von Friedrich Nicolai, dem bedeutendsten Berliner Verleger seiner Zeit.

man will [...] Lassen Sie es aber doch einmal einen in Berlin versuchen, über andere Dinge so frei zu schreiben, als Sonnenfels in Wien geschrieben hat; lassen Sie es ihn versuchen, dem vornehmen Hofpöbel so die Wahrheit zu sagen, als dieser sie ihm gesagt hat; lassen Sie einen in Berlin auftreten, der für die Rechte der Untertanen, der gegen Aussaugung und Despotismus seine Stimme erheben wollte, wie es itzt sogar in Frankreich und Dänemark geschieht: und Sie werden bald die Erfahrung haben, welches Land bis auf den heutigen Tag das sklavischste Land von Europa ist."[15]

Wie wäre wohl Lessings Urteil über Friedrichs Nachfolger ausgefallen? Zwei Jahre nach seinem Regierungsantritt verlangte Friedrich Wilhelm II. nach einer Verschärfung der Zensur:

„Da Ich auch vernehme, daß die Preßfreiheit in Berlin in Preßfrechheit ausartet, und die Bücher-Censur völlig eingeschlafen ist [...], so habt ihr gegen den Buchdrucker und Buchhändler sofort fiscum zu exzitieren, und Mir übrigens Vorschlag zu thun, wie die Bücher-Censur auf einen bessern Fuß eingerichtet werden kann. Ich will Meinen Unterthanen alle erlaubte Freiheiten gern accordiren; aber Ich will auch Ordnung im Lande haben, welche durch die Zügellosigkeit der jetzt sogenannten Aufklärer, die sich über alles wegsetzen, gar sehr gelitten hatt."[16]

Kurz darauf, im Dezember 1788, trat denn auch ein von Staats- und Justizminister Johann Christoph von Woellner (1732–1800) initiiertes und Carl Gottlieb Svarez (1746–1798) verfasstes Zensuredikt in Kraft, das im Laufe der Französischen Revolution noch verschärft und in modifizierter Form bis 1848 Bestand haben sollte und weitreichende Folgen für die in Preußen und Berlin publizierenden Dichter und Denker hatte. Viele Historiker haben denn auch nicht mit vernichtenden Urteilen über die Ära Woellner gespart: von einem „Radikalenerlass"[17] und einer „ersten modernen Gesinnungsdiktatur" ist mitunter die Rede.[18] Allerdings gilt es auch hier zwischen Anspruch und Wirklichkeit zu unterscheiden: denn trotz aller Zensureingriffe, Verbote und Ausweisungen nichtpreußischer ‚Revolutionsfreunde' „bleibt festzuhalten, daß unter preußischer Zensur zwischen 1789 und 1806 in der ‚Haupt- und Residenzstadt' Berlin vier Journale erscheinen konnten, in denen die Französische Revolution als historische Notwendigkeit und Sieg der Vernunft über aristokratische Anmaßung und königliche Mißwirtschaft gefeiert wurde."[19] So erscheint das Zensuredikt denn auch weder strenger noch milder gewesen zu sein als in anderen deutschen Staaten.[20] Und auch im Vergleich mit dem revolutionären und napoleonischen Frankreich zeigt sich, wie normal solche Zensurmaßnahmen in den 1790er-Jahren waren.

Zu diesem Zeitpunkt hatte sich in Berlin längst ein Wandel des Zeitgeistes vollzogen. Nicht nur Friedrich Wilhelm II. und viele seiner Vertrauten hingen spiritistisch-mystischen Gedanken nach, „auch große Teile der Stadtbevölkerung nahmen Zuflucht zu übersinnlichen Vorstellungen", sodass Propheten und Wunderheiler einigen Zulauf verbuchen konnten.[21] Und doch war die Aufklärung aus dem kulturellen Stadtbild keineswegs verschwunden. Gerade in der Verwaltungsspitze existierte „ein Netz aus Beamten […], die die Schule der Berliner Aufklärung durchlaufen hatten und bereit waren, ihre Auffassung von einer aufgeklärten politischen Ordnung gegen die autoritären Verordnungen" Woellners und Friedrich Wilhelms II. zu verteidigen.[22] Gleichzeitig wurde mit der aufkommenden Romantik

eine neue Epoche eingeleitet, deren Protagonisten sich nur scheinbar vom politischen Geschehen der Gegenwart abwandten. So manifestierte sich beispielsweise in der auf den ersten Blick weltfremd wirkenden Idealisierung des deutschen Mittelalters ein hochpolitischer Wunsch nach nationaler Identitätsstiftung.

Wissenschaften, Künste und Geselligkeit im 19. Jahrhundert

Dass Berlin wie keine andere deutsche Stadt sowohl von den rationalistischen als auch den romantischen Strömungen in kultureller wie wissenschaftlicher Hinsicht zu profitieren vermochte, verdankte sich nicht zuletzt der napoleonischen Besatzung. Zum einen entwickelten sich die Buchhandlungen und die noch immer bestehenden bzw. wiederbelebten Salons seit 1806 zu einem Ort explizit politischer Konversation frühnationalistisch gesinnter Dichter und Gelehrter. Zum anderen machte die Auflösung der renommierten

Der Spiritismus kam im 18. Jahrhundert in Adelskreisen in Mode. Hier lässt sich eine Gesellschaft in Dresden mit einer „Geisterbeschwörung" beeindrucken. Holzstich nach Zeichnung von Woldemar Friedrich, 1876

und größten preußischen Universität in Halle an der Saale (das nun dem Königreich Westphalen einverleibt wurde) eine Neugründung notwendig. Was lag näher, als der Hauptstadt Preußens endlich eine eigene Universität zu geben?

Dass sich bei der 1809 genehmigten Universitätsgründung Wilhelm von Humboldt, damals Leiter der im Innenministerium angesiedelten Sektion Kultur und Unterricht, mit seiner Bildungsreform durchsetzen konnte, war ein Glücksfall für den Wissenschaftsstandort Berlin. Denn Humboldts Hochschulkonzept sah nicht nur

Denkmal Wilhelm von Humboldts vor dem Hauptgebäude der Universität Unter den Linden

WILHELM
VON
HUMBOLDT

eine enge Verbindung von Lehre und Forschung, sondern auch weitgehende Lehr- und Lernfreiheit vor. Das machte die neue Universität, die ihren Lehrbetrieb im Oktober 1810 aufnahm, im ersten Drittel des 19. Jahrhunderts für namhafte Naturwissenschaftler, vor allem aber für renommierte Geisteswissenschaftler attraktiv: etwa die Philosophen Johann Gottlieb Fichte (1762–1814), Georg Wilhelm Friedrich Hegel (1770–1831) und Friedrich Wilhelm Schelling (1775–1854), den Begründer der Historischen Rechtsschule Friedrich Carl von Savigny (1779–1861), den Theologen Friedrich Schleiermacher und den Begründer der modernen Geschichtswissenschaft Leopold von Ranke (1795–1886).

Ungeachtet aller Provisorien – manche Professoren sahen sich gezwungen, die Lehrveranstaltungen in ihren Privatwohnungen abzuhalten – galt die Reformuniversität seit ihrer Gründung „als die lebendigste und wichtigste in Deutschland".[23] Schon zwanzig Jahre später war sie nach Wien auch die größte im deutschsprachigen Raum. 1732 Studenten hatten sich im Jahre 1832 immatrikuliert. Zudem wurde an den Akademien und zahlreichen höheren Bildungsanstalten geforscht oder gelehrt. Auch die höheren Lehranstalten, deren Besuch dem Nachwuchs der oberen Schichten vorbehalten war, erfuhren einen Aufschwung, derweil das Elementarschulwesen bis in die zweite Hälfte des 19. Jahrhunderts vernachlässigt wurde. Die hier unterrichteten Kinder (die vielfach ja bereits in jungen Jahren zur Fabrikarbeit gezwungen wurden) brachten „es kaum zum fließenden Lesen", die Grundrechenarten wurden nur „mit Mühe erlernt; an das Rechtschreiben war nicht zu denken". Und „die meisten Eltern hielten den Unterricht der Mädchen für unnötig, Stricken und Nähen galt als Hauptsache".[24]

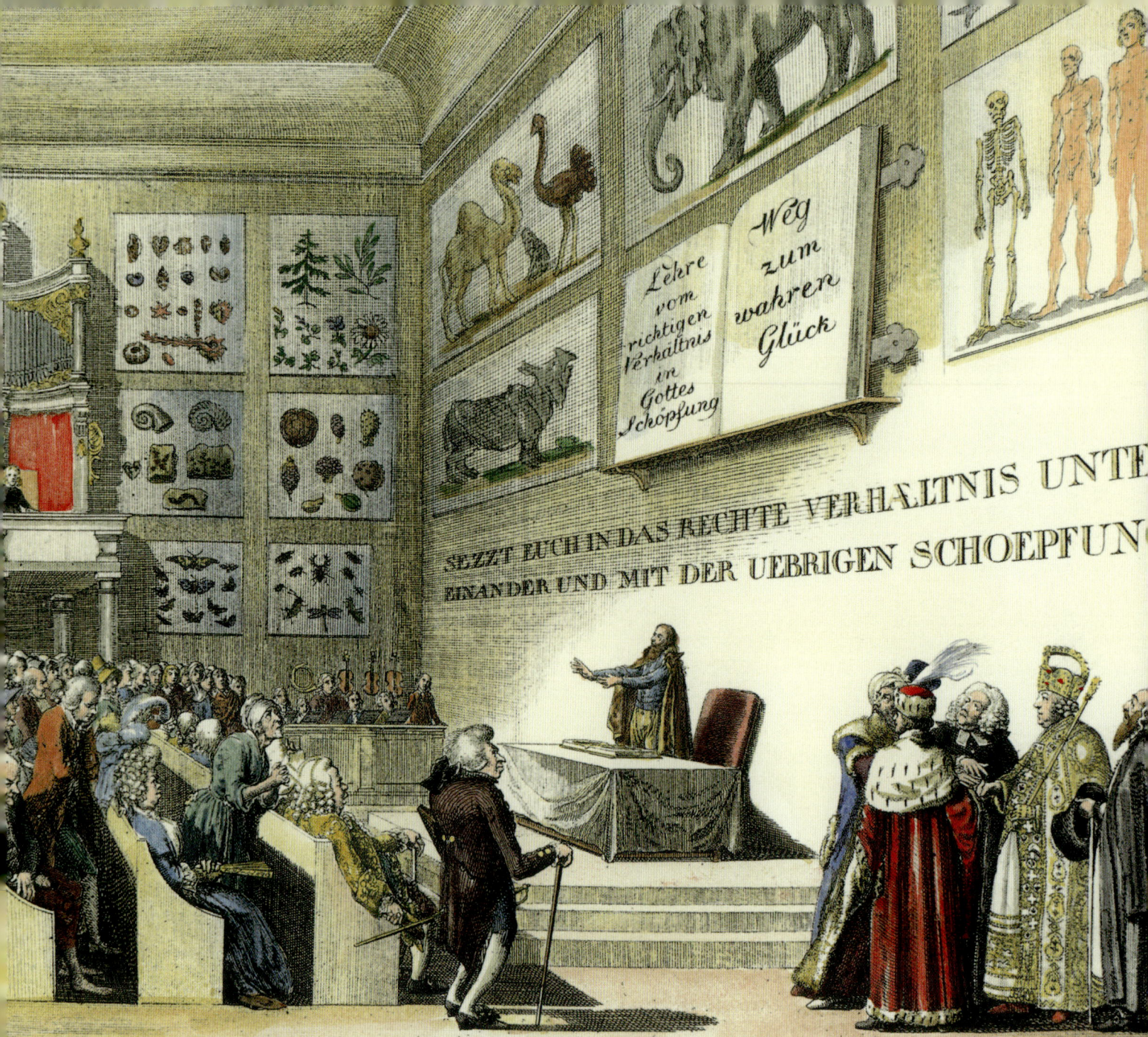

Within the illustration:
Lehre vom richtigen Verhältnis in Gottes Schöpfung

Weg zum wahren Glück

SEZZT EUCH IN DAS RECHTE VERHÄLTNIS UNTE...
EINANDER UND MIT DER UEBRIGEN SCHOEPFUN...

Bildung für alle: Daniel Chodowieckis Titelkupfer zu F. H. Zeigenha-
gens „Lehre vom richtigen Verhältnis in Gottes Schöpfung" (1791)
zeigt eine Akademie, in der rechts gekrönte Häupter, in den Bankrei-
hen aber breite Bevölkerungskreise, auch Frauen, vertreten sind.

Bildung war und blieb ein Privileg für die Söhne aus
gehobenen Ständen. Erst 1908 wurde in Preußen das
Frauenstudium offiziell erlaubt. Immerhin bot sich ihnen
im frühen 19. Jahrhundert die Möglichkeit, an Privatvor-
lesungen teilzunehmen, wie sie von Alexander von Humboldt, einem der renommiertesten Naturforscher seiner
Zeit, u. a. in der Singakademie abgehalten wurden –

auch wenn sie dafür den Spott männlicher Zeitgenossen
(„Der Saal faßte nicht die Zuhörer, und die Zuhörerin-
nen faßten nicht den Vortrag"[25]) erdulden mussten. Die
Komponistin Fanny Mendelssohn (1805–1847), der im
Gegensatz zu ihrem berühmten jüngeren Bruder Felix
Mendelssohn Bartholdy (1809–1847) aufgrund ihres
Geschlechtes eine Karriere verwehrt blieb, brachte dies in
einem Brief an einen Freund der Familie auf den Punkt:

*„Dass Alexander von Humboldt ein Kollegium an
der Universität liest (physikalische Geographie),
ist Ihnen vielleicht bekannt, wissen Sie aber auch,*

dass er auf Höchstes Begehren einen zweiten Kursus im Saal der Singakademie begonnen hat, an dem Alles Theil nimmt, was nur einigermassen auf Bildung und – Mode Anspruch macht, vom König und ganzen Hof, durch alle Minister, Generale, Offiziere, Künstler, Gelehrte, Schriftsteller, schöne und hässliche Geister, Streber, Studenten und Damen bis zu dero unwürdigen Correspondentin herab? Das Gedränge ist fürchterlich, das Publikum imposant und das Kollegium unendlich interessant. Die Herren mögen spotten soviel sie wollen, es ist herrlich, dass in unseren Tagen uns die Mittel geboten werden, auch einmal ein gescheutes Wort zu hören, wir geniessen dies Glück und müssen uns

Elsa Neumann wurde 1899 als erste Frau an der Berliner Universität promoviert. Auf diesem kolorierten Holzstich nach einer Zeichnung von Ewald Thiel erhält sie ihre Promotionsurkunde. Neumann musste für den Besuch von Lehrveranstaltungen und die Promotion selbst Ausnahmegenehmigungen beantragen.

*über das Spötteln zu trösten suchen. Um uns nun
vollends Ihrem Spotte Preis zu geben, muss ich Ihnen bekennen, dass wir noch eine zweite Vorlesung
hören und zwar eine von einem Ausländer gehaltene über Experimentalphysik. Auch dieser Kursus
wird grösstentheils von Damen besucht.*[26]

Dass die Wissenschaften nicht nur in Berlin, sondern in
ganz Preußen eine solche Zuwendung erfuhren, verdankte sich nicht zuletzt dem Wirken des reformorientierten
Politikers Karl vom Stein zum Altenstein (1770–1840),
der bis 1838 das preußische Kultusministerium leitete.
Auch danach – das ist den Erinnerungen von Friedrich
Engels zu entnehmen – blieb die Universität „das Allerbe-
deutendste in Berlin, das, wodurch die preußische Hauptstadt sich so sehr vor allen anderen auszeichnet". Es sei
„der Ruhm der Berliner Universität, daß keine so sehr wie
sie in der Gedankenbewegung der Zeit" stehe und sich so
zur „Arena der geistigen Kämpfe gemacht" habe:

> *„Wie viele andere Universitäten, Bonn, Jena,
> Gießen, Greifswald ja selbst Leipzig, Breslau und
> Heidelberg haben sich diesen Kämpfen entzogen
> und sind in jene gelehrte Apathie versunken, die
> von jeher das Unglück der deutschen Wissenschaft
> war! Berlin dagegen zählt Vertreter aller Rich-
> tungen unter seinen akademischen Lehrern und
> macht dadurch eine lebendige Polemik möglich,
> die dem Studierenden eine leichte, klare Übersicht
> über die Tendenzen der Gegenwart verschafft.*[27]

Allerdings litt auch die Berliner Universität unter den
Repressionen, die im Zuge der Karlsbader Beschlüsse
von 1819 gegenüber allen Universitäten des Deutschen Bundes verhängt worden waren: den vielfältigen
Zensurmaßnahmen, der Überwachung und Verfolgung
liberal und national gesinnter Professoren und Studenten. Selbst ein so harmloses Unterfangen wie die
Gründung eines studentischen Lesevereins sah sich vielfältigen Schikanen ausgesetzt. So berichtet Rahel Varnhagen von Enses Ehemann Karl August in seinem Tagebuch, dass die Behörde einen solchen Kreis untersagt
habe, „weil sie auch solche Zeitungen halten wollten,

Das Universitätsgebäude in Berlin, das ehemalige Palais des
Prinzen Heinrich. Zeitgenössische kolorierte Lithografie von
Wilhelm Loeillot

die zwar nicht verboten, aber mißfällig" seien.[28] Besorgt
betrachtete Varnhagen im Dezember 1843 die weitere
Entwicklung:

> *„Der Minister des Innern, verbunden mit dem
> des Kultus, führt einen wahren Krieg gegen die*

Studenten, die ihrerseits die Sache lustig nehmen. Wenn sie in ihren Kneipen – sie kommen zu zwei- bis dreihundert zusammen – sich von Polizeispä- hern belauscht wissen, so lassen sie den Polizeipräsi- denten von Puttkammer hoch leben, die gesammte Polizei, die Pedelle [Universitätshausmeister], un- ter dem größten Gelächter! Dieser Studentenkrieg hat aber eine sehr ernste Seite; er zeigt die ganze Erbärmlichkeit der obersten Behörden, die sich kleinlichst in jede Jugendäußerung einmischen mit Unverstand und Rohheit; er kann auch noch andre Folgen haben! Zum erstenmale hört' ich gestern die bisher nie gedachte Möglichkeit erwähnen, daß die Studenten, der elenden Scheerereien müde, einmal von Berlin abzögen und die Universität in Verruf erklärten! Das wäre ein Schlag, von dem sie tief erschüttert würde, der in der ganzen Welt wider- hallte, und der den König leicht veranlassen könn- te, die Minister auf der Stelle wegzujagen, unter denen ein solches Aergerniß hervorbräche!"[29]

Selbst wenn die Akademie mitunter Gelehrte aufnahm, die wie die Brüder Jakob und Wilhelm Grimm aufgrund ihrer Gesinnung andernorts verfolgt worden waren, wurde weiterhin auch in Berlin so manchem Dozenten die Vorlesungserlaubnis entzogen. Und keineswegs ließ dieser von reaktionären Vertretern der Obrigkeit ausgeübte Druck nach der Revolution von 1848/49 nach. Unter dem 1850 zum Kultusminister ernannten Karl Otto von Raumer (1805–1859) erreichten die Repressionen vielmehr einen neuen Höhepunkt – mit der Folge, dass sich Varnhagens Befürchtung bewahrheitete und die Zahl der Professoren wie der Studenten stark zurückging, sodass Berlin seinen „Ruf als eine der ersten Universitäten Europas" verlor.[30] Erst seit Beginn der 1860er-Jahre machten vereinzelte Professoren wieder als Kritiker der illiberalen Politik von sich reden.

Es dauerte noch zwei Jahrzehnte, bis die Berliner Universität erneut eine Spitzenstellung in Forschung und Lehre einnahm. Begeistert schreibt der dänische Philosoph Georg Brandes, der zwischen 1877 und 1882 in Berlin lebte, in seinen Erinnerungen:

„Niemand ahnt, was in einer Stadt wie Berlin an Wissen und Kenntnis, an Einsicht und Tüchtigkeit, an Talent und Genialität angehäuft ist. […] In keiner europäischen Stadt wird kühner, vorurteilsfreier, umfassender gedacht als in Berlin von den hellsten und sachkundigsten Köpfen. Ein guter Maßstab ist das offizielle Leben. An der Berliner Universität werden Vorlesungen gehalten, die an der Sorbonne oder am Collège de France undenkbar wären; von London wollen wir gar nicht erst reden. Und in der Schar der jungen Wissen-

Rudolf Virchow, hier bei einer Pathologie-Vorlesung an der Berliner Universität, war einer der herausragendsten Gelehrten seiner Zeit.

schaftsgarde gibt es vereinzelt Männer [...], die an Klarheit, reinem Enthusiasmus und felsenfester Überzeugung den französischen, deutschen und englischen Philosophen des 18. Jahrhunderts nahekommen und fest entschlossen sind, deren Arbeit aufzunehmen." [31]

Um die Jahrhundertwende zählte die Universität dann sogar zu „einer der angesehensten Hochschulen der Welt",[32] was sich nicht zuletzt in der Verleihung von Nobelpreisen niederschlug. Dieser Aufstieg des Wissenschaftsstandortes Berlin in die Weltspitze verdankte sich u. a. dem seit 1882 im preußischen Kultusministerium wirkenden Bildungspolitiker Friedrich Althoff (1839–1908), der auf zum Teil unbürokratische Weise zahlreiche bedeutende Wissenschaftler an die Friedrich-Wilhelms-Universität holte: Historiker wie Ernst Curtius (1814–1896) und Theodor Mommsen, Wirtschafts- und Sozialwissenschaftler wie Gustav Schmoller (1838–1917), Theologen wie Adolf von Harnack (1851–1930), Mediziner wie Rudolf Virchow (1821–1902) und Robert Koch (1843–1910), Physiker wie Hermann von Helmholtz (1821–1894) und Max Planck (1858–1947). Es waren vor allem die Naturwissenschaften und die Medizin, die gefördert wurden und einen wesentlichen Beitrag sowohl zur Grundlagen- als auch zur anwendungsbezogenen Forschung (etwa zur Seuchenbekämpfung, zum Bau von Kriegsschiffen oder zur Herstellung chemischer Kampfstoffe) leisteten. Der neue Status, den man den Naturwissenschaften beimaß, manifestierte sich auch in der Gründung einer Technischen Hochschule sowie zahlreicher teils staatlich, teils privat finanzierter Forschungsinstitute, die wie die 1911 gegründete Kaiser-Wilhelm-Gesellschaft zur Förderung der Wissenschaften dazu beitrugen, weltweit den Ruf Deutschlands im Allgemeinen und Berlins im Besonderen als einen führenden Wissenschaftsstandort zu begründen – einen Ruf, den Berlin bis zum Beginn der NS-Diktatur beibehalten sollte.

Auch Berlins Stellung als Kulturmetropole endete zu dieser Zeit. So wie zahlreiche Wissenschaftler in den 1930er-Jahren aus politischen oder rassistischen Gründen vertrieben wurden, verließ auch ein großer Teil der Kunstschaffenden Stadt und Land, wenn sie nicht wie Erich Kästner (1899–1974) in die innere Emigration gingen – ein Aderlass, von dem sich die Stadt lange nicht erholen sollte. Damit endete abrupt ein langer Weg, der im 18. Jahrhundert begonnen hatte und Berlin im Laufe des 19. Jahrhunderts zu einer kulturellen Hochburg hatte werden lassen. Dass man hier bereits in der ersten Hälfte des 19. Jahrhunderts auf zahlreiche Dichter wie Heinrich von Kleist oder E. T. A. Hoffmann stieß, deren Werke auch heute noch zum literarischen Kanon zählen, beruhte nicht allein auf der Anziehungskraft, die von der besonderen Salonkultur Berlins ausging, sondern erklärte sich schlicht auch aus der Größe der Stadt. Im Zuge des rasanten demografischen Wachstums war hier ein urbanes Milieu entstanden, wie man es im deutschen Sprachraum seinerzeit sonst wohl nur noch in Wien fand. Anders als in Weimar, wo auch nach dem Tode Friedrich Schillers (1759–1805), Wielands und Goethes einzelne herausragende Persönlichkeiten des europäischen Kulturlebens wie Franz Liszt (1811–1886) und Henry van de Velde (1863–1957) wirkten, traten in diesem urbanen Milieu sowohl die politischen als auch die sozialen Konflikte des frühen 19. Jahrhunderts besonders markant hervor – was sich auf die Produktion gesellschaftskritischer Werke vorteilhaft auswirken musste.

Allerdings setzte die Zensur den Dichtern und Denkern recht enge Grenzen. Schon 1819 war die Aufführung von Goethes Trauerspiel *Egmont* verboten worden. Auch Kleists Drama *Der Prinz von Homburg* gelangte nicht zur Aufführung. Der Publizist Moritz Gottlieb Saphir (1795–1858) konnte von solchen Repressionen im buchstäblichen Sinne ein Lied singen. Über den Berliner Zensor Johann Bogislaw Grano (1766–1831) schrieb er nach dessen Tod:

„Er hat mich gepeinigt, gezwickt, gekneipt, gemartert, gespießt, gefoltert, mit Wollust gezaus't, mißhandelt, gehöhnt; ich hab' es mir gelobt, ihm ein Liedlein zu singen: [...]. Man schwäzt, man faselt viel, man übertreibt viel in Deutschland von der Wiener Censur; aber sie ist eine Gottheit gegen die Preußisch-Granow'sche! In Wien hat die

Censur ihre Gesetze, ihre bestimmten Schranken; wenn man diese kennt, sie beobachtet, kömmt man gut durch. Die Wiener Censur ist, wie alles in Oesterreich offen und fest ausgesprochen. In Oesterreich ist keine Heuchelei; man will nicht anders, nicht besser und nicht schlimmer scheinen als man ist, aber das, was man ist, ist man exakt, conzis, rund, ohne Seiten- und Winkel-

züge. In Oesterreich herrscht eine Censur, aber keine Zwick- und Kneipanstalt wie in Berlin. In Wien ist keine Willkühr bei der Censur. Hinz hat keine andere Censur wie Kunz, und der Censur läßt nicht dem Einen stehen, was er dem andern streicht. In Berlin aber habe ich oft das im Gesellschafter drucken lassen, was mir in der Schnellpost gestrichen wurde. Der Geheimrath Granow war nicht Censor, er war Despot, Tyrann aller Geister. […] Er ist todt, aber sein Sohn ist Censor! Das ist einmal eine schöne Institution, eine erbliche Cen-

sur! Warum auch nicht? Hämorrhoiden pflanzen sich auch vom Vater zum Sohne fort, warum nicht auch die Censur?[33]

Angesichts der im Metternichschen Österreich massiv praktizierten Zensur fällt die polemische Spitze in Saphirs Vergleich unmittelbar ins Auge. Schließlich war dort jeder Buchimport, jede Neuerscheinung, jeder Artikel der Zensur unterworfen, darunter auch Werke von Franz Grillparzer (1791–1872), Nikolaus Lenau (1802–1850), und Johann Nestroy (1801–1862). Aber

auch die preußischen Zensurbestimmungen verfehlten ihre Wirkung nicht: das „politische Interesse der Bürger wurde mehr und mehr erstickt".[34] Diese zogen sich ins Privatleben zurück, was sich auch im Kulturleben jener Jahre niederschlug: zum einen im sogenannten Biedermeierstil, der diesen Rückzug aus dem öffentlichen Leben in Erzählungen wie auf Bildern idealisierte; zum anderen in einer verstärkten Hinwendung des Publikums zu scheinbar unpolitischen Kunstformen

Vor dem Alten Museum wurde im Lustgarten 1831 eine Granitschale aufgestellt, die heute noch an dieser Stelle steht. Gemälde von Johann Erdmann Hummel, 1831

wie der Musik. Scheinbar unpolitisch – denn auch das Musikleben wurde mitunter von ideologischen Debatten überformt, wie sich an dem Opernstreit ablesen lässt, der Berlin zu Beginn der 1820er-Jahre in Atem hielt. Auf der einen Seite standen die Unterstützer Gaspare Spontinis (1774–1851), der in seiner Zeit als Generalmusikdirektor am Königlichen Opernhaus (1820–1841) einen italienisch-französischen Stil etabliert hatte; auf der anderen Seite die Anhänger Carl Maria von Webers (1786–1826), der mit seinem *Freischütz* eine romantische Oper geschaffen hatte, die als erste deutsche Nationaloper verklärt werden sollte. Während sich Friedrich Wilhelm III. für Spontini einsetzte, schlugen sich nationalistisch eingestellte Berliner auf die Seite Webers, dem eine Festanstellung verwehrt bleiben sollte.

Ungeachtet der blühenden Theater- und Musiklandschaft, ungeachtet des starken Starkults um Schauspieler oder Musiker (wie Paganini [1782–1840]), ungeachtet des von Schinkel errichteten und 1830 eröffneten Alten Museums, das eine stattliche Sammlung antiker Skulpturen und Gemälde beherbergte: zur Kulturmetropole avancierte Berlin nicht. Auch nach 1848 blieb die Stadt nur ein kulturelles Zentrum unter vielen in Deutschland. Nicht einmal das Theaterleben erlangte hohe Bedeutung. Im Gegenteil: Mit der 1851 erfolgten Ernennung Botho von Hülsens (1815–1886) zum Generalintendanten der Königlichen Schauspiele

Die Berliner Singakademie, entworfen von Karl Friedrich Schinkel, wurde zwischen 1824 und 1826 am Festungsgraben erbaut. Farblithografie von Ludwig Eduard Lütke, 1842

zu Berlin wurde eine Personalentscheidung getroffen, die weit über die Grenzen der Stadt hinaus „als ein Signal reaktionärer Kulturpolitik gedeutet wurde" und – was wohl noch verheerender war – dem Schauspielhaus und der Oper den Ruf einbrachte, langweilig zu sein.[35]

Auch nach seiner Erhebung zur Hauptstadt des neu gegründeten Deutschen Reiches gelang es Berlin zunächst nicht, mit anderen Kulturmetropolen Europas gleichzuziehen. Einer der wenigen Schriftseller von Rang, der in Berlin lebte und die Stadt zum Schauplatz seiner Romane machte, war Theodor Fontane. Ansonsten blieben „die meisten schöpferischen Geister" der Stadt nach wie vor fern.[36] Was „an Werken der schönen Literatur den Tageserfolg" überdauerte, entstand zumeist „am Rande des Reiches, jedenfalls nicht in Berlin".[37] Vernichtend auch die Urteile, die zeitgenössische Kritiker über das Leseverhalten der Berliner und den Buchmarkt der Hauptstadt fällten. In den Buchhandlungen der 1870er-Jahre, so erinnerte sich Heinrich Hart (1855–1906), stieß man auf „triviale Hausmannskost oder süßliches Naschwerk"[38] – wobei die meisten Berliner in ihrem Leben ohnehin keine Buchhandlung zu betreten pflegten: Sie befriedigten „ihr Lesebedürfnis, so vorhanden, aus den illustrierten Familienzeitschriften oder

dem Angebot der fliegenden Händler, die ihre reißerisch aufgemachte Ware in Kneipen, vor Fabriktoren und an den Wohnungstüren" feilboten. Offensichtlich gehörte Buchbesitz „nicht zum Statussymbol der hauptstädtischen ‚guten Gesellschaft'".[39]

Auch der lokalen Theaterszene der Bismarckzeit konnte so mancher ausgewiesene Literaturkenner wenig abgewinnen. Trotz der fünfzehn bis zwanzig Theater sei es „in Berlin mit der Pflege der ernsthaften neueren dramatischen Literatur schlechter bestellt als in mancher anderen deutschen Stadt", konnte man 1871 in der *National-Zeitung* lesen.[40] Selbst nach Einführung der Theaterfreiheit, die es auch den nichtstaatlichen Bühnen Berlins erlaubte, klassische Dramen und Trauerspiele aufzuführen, bestimmte ökonomisches Kalkül die Ausrichtung der Spielpläne. Seichte Unterhaltung wurde großgeschrieben, daneben auch eine unkritische Verherrlichung des jungen Reiches, wie Georg Brandes bemerkte:

„Man hat sich in den Straßen umgetan und kommt nach Haus [...], und man hat die Theaterplakate gelesen: ‚Armin' im Opernhaus, ‚Die Schauspieler des Kaisers' im Schauspielhaus. Chauvinismus und Kaiserverehrung vor einem und hinter einem und in allen Richtungen. Man öffnet die Bücher. Der Inhalt? Noch mehr Chauvinismus und Kaiserverehrung und Bismarckverehrung. Allah! Wann wird das ein Ende haben?"[41]

Auch in der bildenden Kunst nahm die Stadt in den 1870er- und 1880er-Jahren keinen Spitzenplatz ein. Kunstsammler und bedeutende Künstler lebten hier nur wenige. Mit beißendem Spott kommentierte der Kunstkritiker Karl Scheffler den Versuch Berlins, „trotz München und Düsseldorf, auch Reichshauptstadt der Kunst werden" zu wollen:

„Die Akademie wußte längst nicht mehr, was Kunst ist, die Talente waren mittleren Ranges, die Publikumskunst gefiel sich im Banalen, Imitativen und süßlich Epigonischen. […] Alles zielte auf leichte Unterhaltung, die Kunst nannte sich selbst eine Kunst für alle und paßte sich den Instinkten von Emporkömmlingen an. Künstler, die sich solcherart betätigten, hatten Erfolg, kamen zu Ämtern, Würden, Titeln und erlangten eine kurzlebige Popularität.“ [42]

Die Musikszene hingegen errang in jenen Jahren einen Ruf, der weit über die Stadtgrenzen hinausreichte. Vor allem die Singakademie, die bereits zu Beginn des 19. Jahrhunderts unter ihrem zweiten Direktor Carl Friedrich Zelter (1758–1832) viel zur Musikpflege in Berlin beigetragen hatte, und die 1869 gegründete Hochschule für Musik machten von sich reden.

Vor allem aber profilierte sich die staatliche Kulturpolitik durch die gezielte Förderung des Museumswesens. So versuchte die Stadt „durch spektakuläre Museumsgründungen und Kunstankäufe […], den älteren Kunstmetropolen ihre Vormachtstellung streitig zu machen“ und entwickelte insbesondere gegenüber London „ein eifersüchtiges Konkurrenzdenken“. Eine solche nicht zuletzt zu Repräsentationszwecken verfolgte Politik ließ an der nördlichen Spitze der Spreeinsel eine neue Museumslandschaft entstehen. Unmittelbar nach der Jahrhundertwende beherbergte die Museumsinsel neben dem Alten und dem 1859 eröffneten Neuen Museum, die 1876 eingeweihte (Alte) Nationalgalerie, das heute nach dem Generaldirektor der staatlichen Kunstsammlungen Wilhelm von Bode (1845–1929) benannte Kaiser-Friedrich-Museum und das 1901 eröffnete Pergamon-Museum (das später durch einen Neubau ersetzt wurde).[43]

Neben meist großbürgerlichen Mäzenen, die für ihre Initiativen mit Anerkennung, Orden oder Adelstiteln belohnt wurden, engagierte sich der Staat in allen Bereichen der Kunst, wobei die offiziellen Kreise zumeist „einem mehr traditionellen, epigonenhaften, mal klassizistischen, mal schwulstig-romantischen Geschmack“ huldigten.[44] Vor allem Wilhelm II. tat sich als Kunstförderer hervor. In seiner 1901 anlässlich der Einweihung des letzten Denkmals der Siegesallee in Berlin gehaltenen Rede *Über die wahre Kunst* ließ er die Öffentlichkeit an seinem Kunstverständnis teilhaben:

„Eine Kunst, die sich über die von Mir bezeichneten Gesetze und Schranken hinwegsetzt, ist keine Kunst mehr, sie ist Fabrikarbeit, ist Gewerbe, und das darf die Kunst nie werden. Mit dem viel mißbrauchten Worte ‚Freiheit‘ und unter seiner Flagge verfällt man gar oft in Grenzenlosigkeit, Schrankenlosigkeit, Selbstüberhebung. […] Die Kunst soll mithelfen, erzieherisch auf das Volk einzuwirken, sie soll auch den unteren Ständen nach harter Mühe und Arbeit die Möglichkeit geben, sich an den Idealen wiederaufzurichten. Uns, dem deutschen Volke, sind die großen Ideale zu dauernden Gütern geworden, während sie anderen Völkern mehr oder weniger verlorengegangen sind. Es bleibt nur das deutsche Volk übrig, das an erster Stelle berufen ist, diese großen Ideen zu hüten, zu pflegen, fortzusetzen […]. Wenn nun die Kunst, wie es jetzt vielfach geschieht, weiter nichts tut, als das Elend noch scheußlicher hinzustellen, wie es schon ist, dann versündigt sie sich damit am deutschen Volke.“ [45]

Vor allem Anton von Werner (1843–1915), der mit seinem gleich dreimal angefertigten Gemälde der *Proklamierung des Deutschen Kaiserreichs* in Erinnerung geblieben ist, fand die Unterstützung des Kaisers. Er setzte seinen Einfluss als Vorsitzender der Königlichen Akademischen Hochschule für die Bildenden Künste (bis 1915) und des Vereins Berliner Künstler (bis 1907) ein, um neuere Strömungen zu bekämpfen. Im Mai 1898 kam es schließlich zum Eklat: 65 Künstler, darunter Max Liebermann (1847–1935), gründeten 1898 ihre eigene Bewegung, die Berliner Secession, die auch jüngere auswärtige Künstler anzog und der modernen Malerei „über Berlin in Deutschland“ den Weg bereitete. Den Durchbruch zur Kunstmetropole erlebte Berlin dann kurz vor Ausbruch des Ersten Weltkriegs, als sich von der Künstlergruppe die Neue Secession abspaltete, der sich expressionistische Maler wie Paul Klee (1879–1940), Franz Marc (1880–1916), Emil Nolde (1867–1956), Wassily Kandinsky (1866–1944), Max Pechstein (1881–1955) und Karl Schmidt-Rottluff (1884–1976) anschlossen. Mit der Freien Secession entstand 1913 eine weitere Neugründung, mit Liebermann, Ernst Barlach (1870–1938), Max Beckmann (1884–1950), Georg Kolbe (1877–1947), Käthe Kollwitz (1867–1945), Schmidt-Rottluff und Heinrich Zille (1858–1929). Damit war Berlin neben München „zum Zentrum der neuen Avantgarde der Malerei in Mitteleuropa" geworden.[46]

1900 porträtierte Lovis Corinth den jungen Gerhart Hauptmann.

Im Bereich Literatur und Theater hatte Berlin zu diesem Zeitpunkt München und Wien noch nicht eingeholt. Immerhin hatte sich die Stadt seit den 1880er-Jahren als Zentrum des deutschen Naturalismus etablieren können, mit Gerhart Hauptmann (1862–1946) als bekanntestem und erfolgreichstem Vertreter dieser Strömung. Um die Jahrhundertwende machte dann die Berliner Bohème von sich reden. Vor allem Lyriker zog es in die Stadt, wie die in Elberfeld geborene Else Lasker-Schüler (1869–1945) oder den aus Prag stammenden Rainer Maria Rilke (1875–1926). Georg Heym (1887–1912) war schon als Schüler, Gottfried Benn (1886–1956) als Student nach Berlin gekommen. Überhaupt hielten sich zwischenzeitlich zahlreiche avantgardistische Künstler und Autoren in der Stadt auf. Zum Aufschwung trugen zudem die freien Thea-

terbühnen wie die Freie Bühne oder die sozialdemokratisch ausgerichtete Volksbühne bei.

Der eigentliche Durchbruch aber erfolgte erst nach dem Ersten Weltkrieg. Erst in der Weimarer Republik entfaltete sich in Berlin eine Theaterlandschaft von herausragender Bedeutung; erst jetzt wurde Berlin „zu einem echten Musikzentrum von Weltgeltung";[47] erst jetzt wurde Berlin zum „Mittelpunkt der deutschsprachigen Kulturwelt", nicht nur der Malerei und Literatur, sondern auch des Films, des Tanzes und der sogenannten leichten Unterhaltung. Nicht dass es nicht auch in anderen deutschsprachigen Städten ein intensives Kulturleben gegeben hätte: in Hamburg, in Darmstadt, München und Dresden, in Leipzig und Köln, in Zürich und Wien. Und doch war Berlin zwischen 1918 und 1933 ein Ort, der seinesgleichen in der Welt suchte.

Wie individuell ist Berlin? Lesser Ury malte 1888 den Bahnhof Friedrichstraße.

L. Ury
88

BLOSS EIN „ORT"?

Babylon, Chicago und Athen: Im Laufe seiner Geschichte ist Berlin mit den unterschiedlichsten Städten verglichen oder gleichgesetzt worden. Andere schlugen den entgegengesetzten Weg ein und verneinten eine Ähnlichkeit: Berlin sei „nicht Sodom", betonte Reichskanzler Bernhard von Bülow (Reichskanzler 1900–1909) 1907 anlässlich der Enthüllungen Maximilian Hardens (1861–1927) über den Freundeskreis Wilhelms II.;[1] „Berlin ist nicht Chicago!", lässt Thomas Brasch (1945–2001) eine wütende Menge in seinem Film *Engel aus Eisen* (1981) skandieren; Berlin sei kein Moloch, so Eberhard Diepgen, Regierender Bürgermeister der Stadt Mitte der 1980er-Jahre.[2] Heinrich Heine wiederum sprach der Stadt in seinen *Reisebildern* jegliche Individualität ab:

> „Berlin ist gar keine Stadt, sondern Berlin giebt bloß den Ort dazu her, wo sich eine Menge Menschen, und zwar darunter viele Menschen von Geist, versammeln, denen der Ort ganz gleichgültig ist; diese bilden das geistige Berlin."

In all diesen Zuschreibungen manifestiert sich der Versuch, dem Phänomen Berlin gerecht zu werden – einem Phänomen, das einmalig ist. Denn Berlin – daran kann kein Zweifel bestehen – entwickelte sich spätestens seit dem letzten Drittel des 19. Jahrhunderts zu einer außergewöhnlichen Stadt, einer europäischen Metropole, die sowohl in ökonomischer als auch in künstlerischer Hinsicht Weltgeltung hatte und von der aus für einige Jahrzehnte eine Politik betrieben wurde, die einschneidenden Einfluss auf die europäische Entwicklung nahm und in der sich nach 1945 die globale Politik des Kalten Krieges wie unter einem Brennglas studieren lässt.

Schon zuvor hatte es unter den Reisenden und Besuchern der Stadt höchst vielfältige Berlinbilder gegeben, positive wie negative. Das scheint die meisten Berliner jedoch noch in der ersten Hälfte des 19. Jahrhunderts kaltgelassen zu haben. Überrascht konstatierte Heinrich Heine, wie teilnahmslos die Einwohner auf Lob und Kritik reagierten:

> „Keine Stadt hat nämlich weniger Lokalpatriotismus als Berlin. Tausend miserable Schriftsteller haben Berlin schon in Prosa und Versen gefeiert, und es hat in Berlin kein Hahn danach gekräht, und kein Huhn ist ihnen dafür gekocht worden, und man hat sie unter den Linden immer noch für miserable Poeten gehalten, nach wie vor. Dagegen hat man eben so wenig Notiz davon genommen, wenn irgendein After-Poet etwa in Parabasen auf Berlin losschalt."[3]

Das sollte sich spätestens nach dem Zweiten Weltkrieg ändern. Nach wie vor kursierten zwar positive wie negative Berlinbilder, aber sie waren emotional aufgeladener denn je. Jedes Bekenntnis zu Berlin, zumal während der ersten Berlin-Blockade (1948/49) oder zur Zeit des Mauerbaus von 1961, war nun ein Politikum ersten Ranges. Aber auch die Beschreibungen des historischen Berlin entfalteten nun eine tief greifendere Bedeutung. Denn fast jedes Urteil über Berlin oder Preußen im 18. und 19. Jahrhundert wurde fortan mit Blick auf die spätere Entwicklung gefällt. Je nach historisch-politischem Standpunkt fielen diese Urteile höchst unterschiedlich aus: den einen galt Berlin weiterhin als *das* deutsche Zentrum politischer Reformen, der Toleranz, der Künste

und Wissenschaften; anderen war Berlin *der* deutsche Ursprungsort von Untertanengeist, Militarismus und Bellizismus; wiederum andere betrachteten Berlin als Hauptstadt von Protest und Widerstandsgeist.

All diese Bilder waren überzeichnet und schufen positive wie negative Mythen. Dabei bedurfte und bedarf Berlin solcher Mythen gar nicht. Sein Aufstieg von einer beschaulichen Residenzstadt zu einer europäischen Metropole, ja einer Weltstadt binnen nicht einmal 200 Jahren ist schon spektakulär genug.

„Bürger der Welt, schaut auf diese Stadt!" Voller Pathos fordert Berlins Bürgermeister Ernst Reuter am 9. September 1948 in einer Rede vor der Ruine des Reichstags den Beistand der Alliierten für die Stadt ein. Reuters Beschwörung des „Mythos Berlin" ging um die Welt.

ANMERKUNGEN

Einleitung

1 Ernst Dronke, *Berlin*, Bd. 1, Frankfurt am Main 1846, S. 9f.

2 Walther Rathenau, Die schönste Stadt der Welt [1899/1902], in: Jürgen Schutte/Peter Sprengel, *Die Berliner Moderne 1885-1914*, Stuttgart 1987, S. 100-104, hier S. 100.

3 Arthur Eloesser, *Die Straße meiner Jugend. Berliner Skizzen*, Berlin 1987, S. 31.

4 David Clay Large, *Berlin. Biographie einer Stadt*, München 2002, S. 65.

5 Laurenz Demps, Von der preußischen Residenzstadt zur hauptstädtischen Metropole, in: Werner Süß/Ralf Rytlewski (Hg.), *Berlin. Die Hauptstadt. Vergangenheit und Zukunft einer europäischen Metropole*, Bonn 1999, S. 17-51, hier S. 18.

6 Demps, Von der preußischen Residenzstadt zur hauptstädtischen Metropole, S. 18.

Residenzstadt – Hauptstadt – Metropole

1 Krijn Thijs, *Drei Geschichten, eine Stadt. Die Berliner Stadtjubiläen von 1937 und 1987*, Köln u.a. 2008, S. 272.

2 Bernd Stöver, *Kleine Geschichte Berlins*, München 2012, S. 7.

3 Christopher Clark, *Preußen. Aufstieg und Niedergang 1600-1947*, München 2008, S. 99.

4 Anne Germaine de Staël Holstein, Über Deutschland, Reutlingen 1815, abrufbar unter https://www.hs-augsburg. de/~harsch/gallica/Chronologie/19siecle/DeStael/sta_1117. html [24.7.2017].

5 Heinrich Heine, Briefe aus Berlin, in: ders., *Sämtliche Schriften*, Bd. 3: *Schriften 1822-1831*, hg. von Günter Häntzschel, Frankfurt am Main u.a. 1981, S. 7-68, hier S. 11, 13-17, 19.

6 Georg Friedrich Rebmann, *Kosmopolitische Wanderungen durch einen Teil Deutschlands*, hg. und eingeleitet von Hedwig Voegt, Frankfurt am Main 1968, S. 95f.

7 Zitiert nach Michael S. Cullen, *Der Reichstag. Symbol deutscher Geschichte*, Berlin 2015, S. 9.

8 Stöver, *Kleine Geschichte Berlins*, S. 39f.

9 Victor Tissot, *Reportagen aus Bismarcks Reich. Berichte eines reisenden Franzosen, 1874-1876*, hg. von Erich Pohl, Stuttgart 1989, S. 143.

10 Hermann Konsbrück, Neu-Berlin, in: *März* (7. Januar 1908), zitiert nach Dieter Glatzer/Ruth Glatzer, *Berliner Leben. 1900-1914. Eine historische Reportage aus Erinnerungen und Berichten*, Bd. 2, West-Berlin 1986, S. 153.

11 Max Osborn, *Berlin 1870-1929. Der Aufstieg zur Weltstadt*, Berlin 1994 [1929].

12 Vgl. den Titel des erstmals 1930 erschienenen Buches von Werner Hegemann, *1930. Das steinerne Berlin. Geschichte der größten Mietkasernenstadt der Welt*, Braunschweig/Wiesbaden 1979.

13 Stöver, *Kleine Geschichte Berlins*, S. 41 und 40.

14 Stöver, *Kleine Geschichte Berlins*, S. 44.

15 Ruth Glatzer, *Berlin wird Kaiserstadt. Panorama einer Metropole 1871-1890*, mit einer Einleitung von Lothar Gall, Berlin 1993, S. 284f.

16 *Volks-Zeitung* (25. Juli 1873), Beiblatt, zitiert nach Glatzer, *Berlin wird Kaiserstadt*, S. 288.

17 [Theodor Heinsius], *Berlin, von seiner Entstehung bis auf gegenwärtige Zeit, historisch-geographisch beschrieben. Nebst einigen Bemerkungen über Litteratur, Sitten und Gebräuche seiner Einwohner*, Berlin 1798, S. 98-100.

18 Beschluß der Briefe eines Reisenden aus Berlin, in: *Der Teutsche Merkur* (1788), hg. von Christoph Martin Wieland, H. 3, S. 155-175, hier S. 155f.

19 Bemerkungen eines Reisenden über Potsdam, Magdeburg, Halberstadt, und beiläufig über Berlin. An Hrn. ***, in: *Italien und Deutschland in Rücksicht auf Sitten, Gebräuche, Litteratur und Kunst. Eine Zeitschrift*, Bd. 4, hg. von Karl Philip Moritz und A. Hirt, Berlin 1791, S. 51f.

20 F[riedrich] v[on] C[oell]n, *Wien und Berlin in Parallele. Nebst Bemerkungen auf der Reise von Berlin nach Wien durch Schlesien über die Felder des Krieges. Ein Seitenstück zu der Schrift: Vertraute Briefe über die innern Verhältnisse am preußischen Hofe seit dem Tode Friedrichs II.*, Amsterdam/Köln 1808, S. 71.

21 Ilja Mieck, Von der Reformzeit zur Revolution (1806-1847), in: Wolfgang Ribbe (Hg.), *Geschichte Berlins*, Bd. 1: *Von der Frühgeschichte bis zur Industrialisierung*, München 1987, S. 407-602, hier S. 410.

22 „Je ne sais pas qui a donné l'idée de planter une ville au milieu de ce sable", Stendhal in einem Brief von 1808, zitiert nach Mieck, Von der Reformzeit zur Revolution, S. 410.

23 Brief Theodor Fontanes vom 2. Juni 1881, zitiert nach Glatzer, *Berlin wird Kaiserstadt*, S. 291.

24 August Bebel, *Aus meinem Leben*, bearb. von Ursula Herrmann unter Mitarbeit von Wilfried Henze und Ruth Rüdiger, Teil 2 [1911], Ost-Berlin 1983, S. 286f.

25 Angaben nach Felix Escher, Die brandenburgisch-preußische Residenz und Hauptstadt Berlin im 17. und 18. Jahrhundert, in: Wolfgang Ribbe (Hg.), *Geschichte Berlins*, Bd. 1: *Von der Frühgeschichte bis zur Industrialisierung*, München 1987, S. 341-403, hier S. 383 und Mieck, Von der Reformzeit zur Revolution, S. 413.

26 Zahlen nach Stöver, *Kleine Geschichte Berlins*, S. 32.

27 Friedrich Sass, *Berlin in seiner neuesten Zeit*, Leipzig 1846, S. 246, 248f. und 252f.

28 Angaben nach Paul M. Hohenberg/Lynn Hollen Lees, *The Making of Urban Europe 1000-1994*, Cambridge/London 1995, S. 227.

29 Walter Benjamin, Paris, die Hauptstadt des XIX. Jahrhunderts (1935), in: ders., *Gesammelte Schriften*, Bd. V/1, hg. von Rolf Tiedemann, Frankfurt am Main 1991, S. 45-59.

POLITIK und PROTEST

1 Vgl. Helga Grebing unter Mitarbeit von Doris von der Brelien-Lewien und Hans Joachim Franzen, *Der „deutsche Sonderweg" in Europa 1806–1945. Eine Kritik*, Stuttgart u.a. 1986.

2 Michael Erbe, Berlin im Kaiserreich (1871-1918), in: Wolfgang Ribbe (Hg.), *Geschichte Berlins*, Bd. 2: *Von der Märzrevolution bis zur Gegenwart*, München 1987, S. 689-793, hier S. 755.

3 Zitiert nach Bernt Engelmann, *Preußen. Land der unbegrenzten Möglichkeiten*, München 1979, S. 71f.

4 *Die Werke Friedrichs des Großen*, Bd. 1: *Denkwürdigkeiten zur Geschichte des Hauses Brandenburg*, hg. von Gustav Berthold Volz, deutsch von Friedrich von Oppeln-Bronikowski, Willy Rath und Carl Werner v. Jordans, Berlin 1913, S. 117f.

5 Ines Elsner, *Friedrich III./I. von Brandenburg-Preußen (1688-1713) und die Berliner Residenzlandschaft. Studien zu einem frühneuzeitlichen Hof auf Reisen. Ein Residenzhandbuch*, Berlin 2012, S. 21.

6 Engelmann, *Preußen*, S. 65.

7 Hans-Ulrich Wehler, *Deutsche Gesellschaftsgeschichte*, Bd. 1: *Vom Feudalismus des Alten Reiches bis zur Defensiven Modernisierung der Reformära 1700-1815*, München 1987, S. 220.

8 Ulrich Muhlack, Absoluter Fürstenstaat und Heeresorganisation in Frankreich im Zeitalter Ludwigs XIV., in: Johannes Kunisch (Hg.), *Staatsverfassung und Heeresverfassung in der europäischen Geschichte der frühen Neuzeit*, Berlin 1986, S. 249-278, hier S. 251.

9 Stöver, *Kleine Geschichte Berlins*, S. 21.

10 So Heinrich von Treitschke, *Deutsche Geschichte im Neunzehnten Jahrhundert*, Bd. 1: *Bis zum zweiten Pariser Frieden*, Leipzig 1879, S. 28.

11 Helmut Neuhaus, Friedrich Wilhelm I. Brandenburg-Preußens ‚größter innerer König', in: Bernd Heidenreich/Frank-Lothar Kroll (Hg.), *Macht- oder Kulturstaat? Preußen ohne Legende*, Berlin 2002, S. 21-30.

12 Escher, Die brandenburgisch-preußische Residenz und Hauptstadt Berlin im 17. und 18. Jahrhundert, S. 374.

13 Clark, *Preußen*, S. 106.

14 Instruktion König Friedrich Wilhelms I. für seinen Nachfolger (1722), in: *Politische Testamente der Hohenzollern*, hg. von Richard Dietrich, München 1981, S. 100-124, hier S. 113.

15 [Anonym.], *Helden- Staats- und Lebens-Geschichte Des Allerdurchlauchtigsten und Grosmächtigsten* Fürsten und *Herrns, HERRN Friedrichs des Andern Jetzt glorwürdigst regirenden* Königs in *Preussen, Chur-Fürstens zu Brandenburg, und souverainen Herzogs in Schlesiens, etc. etc. Aus ächten Urkunden mit unpartheyischer Feder bis zu Ostern 1746. pragmatisch und umständlich beschrieben, auch hin und wieder Mit nützlichen Anmerkungen erläutert, nichtsweniger Mit nöthigen Genealogi-*

schen Tabellen versehen, und mit saubern Kupfern gezieret, welche alle 5. Haupt-Schlachten in den bisherigen Schlesisch- und Böhmischen Kriegen, wie auch die vielfältigen Läger beyderseitiger Armeen daselbst, möglichster Masen richtig vorstellen, Frankfurt/Leipzig ²1758, S. 96f.

16 Jürgen Angelow, Residenz und Bürgerstadt. Das 17. und 18. Jahrhundert, in: Julius H. Schoeps/Bildarchiv Preußischer Kulturbesitz (Hg.), *Berlin. Geschichte einer Stadt*, Berlin 2012, S. 28-53, hier S. 32

17 Henry Werner, *Berlin. 1000 Jahre Geschichte*, mit einem Vorwort von Franziska Nentwig, Berlin 2014, S. 56.

18 Escher, Die brandenburgisch-preußische Residenz und Hauptstadt Berlin im 17. und 18. Jahrhundert, S. 380 und 378.

19 Instruktion König Friedrich Wilhelms I. für seinen Nachfolger (1722), S. 118.

20 Heinz Duchhardt, *Das Zeitalter des Absolutismus*, München 1989, S. 187.

21 Politisches Testament Friedrichs des Großen (1752), in: *Politische Testamente der Hohenzollern*, hg. von Richard Dietrich, München 1981, S. 132-255, hier S. 175. Im Original: „Un prince est le premier serviteur et le premier magistrat de l'Etat" (in: Friedrich II., *Mémoires pour servir à l'histoire de la maison de Brandebourg*, in: Œuvres de Frédéric le Grand, hg. von Johann D. E. Preuss, Berlin 1846, Bd. 1, S. 123).

22 Escher, Die brandenburgisch-preußische Residenz und Hauptstadt Berlin im 17. und 18. Jahrhundert, S. 398.

23 William Pierson, *Preußische Geschichte*, Berlin 1864, S. 317.

24 Zitiert nach einer Übersetzung von Friedrich von Raumer, der diesen Brief fälschlicherweise Charles Maurice de Talleyrand-Périgord zuschreibt (Briefe des Fürsten Talleyrand, geschrieben in Braunschweig und Berlin, während der Monate Juli, August und September 1786, in: *Blätter für literarische Unterhaltung* 163 (12. Juni 1838), S. 661). Im Original: „Tout est morne; rien n'est triste. Tout est occupé; rien n'est affligé. Pas un visage qui n'annonce le délassement et l'espoir; pas un regret; pas un soupir; pas un éloge – et c'est donc là qu'aboutissent tant de batailles gagnées, tant de gloire; un régne [sic] de près d'un demi siècle, si rempli de tant de faits! Tout le monde en désiroit la fin, tout le monde s'en félicite" ([Honoré-Gabriel de Riqueti comte de Mirabeau], *Lettres du comte de Mirabeau à un de ses amis en Allemagne. Ecrites durant les années 1786, 1787, 1788, 1789 et 1790*, 1792, S. 11-15, hier S. 12).

25 Jacob Burckhardt, *Weltgeschichtliche Betrachtungen*, Stuttgart 1983, S. 218f.

26 So der Titel einer 2012 im Neuen Palais und im Park Sanssouci gezeigten Ausstellung. Siehe auch die beiden Katalogbände *Friederisiko. Friedrich der Große. Die Ausstellung* bzw. *Die Essays*, hg. von der Generaldirektion der Stiftung Preußische Schlösser und Gärten Berlin-Brandenburg, München 2012.

27 Burckhardt, *Weltgeschichtliche Betrachtungen*, S. 217.

28 Jürgen Luh, zitiert nach Sven Felix Kellerhoff, Wie bedeutend war Friedrich der Große wirklich? [18.11.2009], abrufbar unter https://www.welt.de/kultur/article4612368/Wie-bedeutend-war-Friedrich-der-Grosse-wirklich.html [12.1.2018].

Anmerkungen

29 Schreiben Friedrich II. an seine Königin Ulrike von Schweden vom 14. November 1780, zitiert nach Alfred P. Hagemann, Friedrich und sein Nachfolger – Déjà-vu eines Traumas, in: *Friederisiko. Friedrich der Große. Die Ausstellung*, hg. von der Generaldirektion der Stiftung Preußische Schlösser und Gärten Berlin-Brandenburg, München 2012, S. 230-237, hier S. 232.

30 Friedrich II. zu Friedrich Anton Heynitz im Jahre 1785, zitiert nach Gerd Heinrich, *Geschichte Preußens. Staat und Dynastie*, Frankfurt am Main 1981, S. 255.

31 Zitiert nach Hagemann, Friedrich und sein Nachfolger, S. 232.

32 Clark, *Preußen*, S. 292, 342, 317 und 316.

33 Zitiert nach Daniel Schönpflug, *Luise von Preußen. Königin der Herzen. Eine Biographie*, München 2010, S. 92.

34 Siehe etwa den in Berlin 1793 veröffentlichten *Revolutions-Katechismus* von Heinrich Würzer.

35 *Mainzer National-Zeitung* Nr. 183 (26. November 1792), zitiert nach Walter Grab, Die Revolutionspropaganda der deutschen Jakobiner, in: *Archiv für Sozialgeschichte* (1969), S. 113-156, hier S. 150.

36 Grab, Die Revolutionspropaganda der deutschen Jakobiner, S. 151.

37 Engelmann, *Preußen*, S. 145.

38 Zitiert nach Paul Goldschmidt, *Berlin in Geschichte und Gegenwart*, Berlin 1910, S. 151.

39 Pierre-Paul Sagave, *Berlin und Frankreich 1685-1871*, West-Berlin 1980, S. 136.

40 Friedrich von Raumer, *Lebenserinnerungen und Briefwechsel*, Bd. 1, Leipzig 1861, S. 78.

41 Mieck, Von der Reformzeit zur Revolution, S. 426.

42 Zitiert nach Wieland Giebel, Vorwort, in: ders. (Hg.), *Die Franzosen in Berlin 1806-1808*, S. 9-11, hier S. 10.

43 Mieck, Von der Reformzeit zur Revolution, S. 426.

44 Siehe Mieck, Von der Reformzeit zur Revolution, S. 438-441.

45 L[udwig] Rellstab, *Aus meinem Leben*, Bd. 1, Berlin 1861, S. 113.

46 Mieck, Von der Reformzeit zur Revolution, Zitate S. 464 und 465

47 Wehler, *Deutsche Gesellschaftsgeschichte*, Bd. 1, S. 343.

48 Eberhard Weis, Einleitung, in: ders. (Hg.) unter Mitarbeit von Elisabeth Müller-Luckner, *Reformen im rheinbündischen Deutschland*, München 1984, S. VII-XIII, hier S. IX.

49 Die Deutsche Bundes-Acte vom 8. Juni 1815, in: Hans Boldt (Hg.) unter Mitwirkung von Franz Werner Mausberg, *Reich und Länder. Texte zur deutschen Verfassungsgeschichte im 19. und 20. Jahrhundert*, München 1987, S. 196-209, hier S. 205.

50 Manfred Botzenhart, *Deutsche Verfassungsgeschichte 1806-1949*, Stuttgart u.a. 1993, S. 58.

51 So Gneisenau in einem Brief an Justus Gruner vom 10. April 1815, zitiert nach Mieck, Von der Reformzeit zur Revolution, S. 476.

52 Mieck, Von der Reformzeit zur Revolution, S. 522 und 525.

53 Siehe Armin Owzar, „Wie einst gegen Napoleon"? Berlin und die Franzosen im 19. Jahrhundert, in: *Berliner Geschichte. Zeitschrift für Geschichte und Kultur* 7 (2016), S. 40-49, hier S. 44.

54 Mieck, Von der Reformzeit zur Revolution, S. 526.

55 Mit „Brutus" unterzeichneter Anschlagzettel, zitiert nach Mieck, Von der Reformzeit zur Revolution, S. 527.

56 Mieck, Von der Reformzeit zur Revolution, S. 528, Zitat S. 529.

57 Mieck, Von der Reformzeit zur Revolution, S. 531 und 587.

58 Mieck, Von der Reformzeit zur Revolution, S. 588.

59 [Johann Jacoby], *Vier Fragen beantwortet von einem Ostpreußen*, Mannheim 1841, S. 36.

60 Stephan Born, *Erinnerungen eines Achtundvierzigers* (1898), hg. und eingel. von Hans J. Schütz, Berlin 2017, S. 16f. und 19.

61 Zitiert nach Wolfgang J. Mommsen, *1848. Die ungewollte Revolution. Die revolutionären Bewegungen in Europa 1830-1849*, Frankfurt am Main 1998, S. 82f.

62 David Friedrich Strauß, *Der Romantiker auf dem Throne der Cäsaren, oder Julian der Abtrünnige. Ein Vortrag*, Mannheim 1847.

63 Tagebucheinträge von Karl August Varnhagen von Ense vom 13. und 11. April 1847, in: *Tagebücher von K. A. Varnhagen von Ense*, Bd. 4, Leipzig 1862, S. 63 und 61.

64 Karl Biedermann, *Mein Leben und ein Stück Zeitgeschichte*, Bd. 1: *1812-1849*, S. 190f.

65 Karl Biedermann, *Geschichte des ersten preußischen Reichstags*, Leipzig 1847, S. 130f.

66 Bericht aus der Berliner Gerichtzeitung *Der Publizist* vom 21. April 1847, zitiert nach Köhler/Richter (Hg.), *Berliner Leben 1806-1847*, S. 385-287, hier 386f.

67 Bettina von Arnim, *Dies Buch gehört dem König* [1843] (Bettina von Arnims *Sämtliche Werke*, Bd. 6, hg. von Waldemar Oehlke, Berlin 1921).

68 Ute Frevert, *Frauen-Geschichte. Zwischen Bürgerlicher Verbesserung und Neuer Weiblichkeit*, Frankfurt am Main 1986, S. 72.

69 Karl Marx, Die Klassenkämpfe in Frankreich 1848 bis 1850 [1850], in: ders./Friedrich Engels, *Werke*, Bd. 7, (Ost-)Berlin 1960, S. 9-107, hier S. 85.

70 Tagebucheintrag von Karl August Varnhagen von Ense vom 6. März 1848, in: *Tagebücher von K. A. Varnhagen von Ense*, Bd. 4, S. 264f.

71 Adresse einer Bürgerversammlung in Berlin an den König vom 7. März 1848, zitiert nach Friedemann Bedürftig, (Hg.), *Preußisches Lesebuch. Bilder – Texte – Dokumente*, Stuttgart 1981, S. 164.

72 Günter Richter, Zwischen Revolution und Reichsgründung (1848-1870), in: Wolfgang Ribbe (Hg.), *Geschichte Berlins*, Bd. 2: *Von der Märzrevolution bis zur Gegenwart*, München 1987, S. 603-687, Zitate S. 607 und 610f.

73 Adolf Streckfuß, *500 Jahre Berliner Geschichte. Vom Fischerdorf zur Weltstadt. Geschichte und Sage*, in gekürzter Darstellung und bis in die neueste Zeit fortgeführt von Leo Fernbach, Berlin 1900, S. 634.

74 Karl Ludwig von Prittwitz, *Berlin 1848. Das Erinnerungswerk des Generalleutnants Karl Ludwig von Prittwitz und andere Quellen zur Märzrevolution und zur Geschichte Preußens um die Mitte des 19. Jahrhunderts*, bearb. und eingel. von Gerd Heinrich, West-Berlin/New York 1986, S. 129.

75 Rudolf Virchow, *Briefe an seine Eltern*, hg. von Marie Rabl, geb. Virchow, Leipzig ²1906, S. 134f.

76 Friedrich Wilhelms IV. Aufruf *An meine lieben Berliner* aus der Nacht vom 18. zum 19. März, zitiert nach Bedürftig (Hg.), *Preußisches Lesebuch*, S. 168f.

77 Zitiert nach Richter, Zwischen Revolution und Reichsgründung, S. 620.

78 Siehe Richter, Zwischen Revolution und Reichsgründung, S. 630.

79 Richter, Zwischen Revolution und Reichsgründung, S. 622 .

80 Zitiert nach Ilja Mieck, Preußen von 1807 bis 1850. Reformen, Restauration und Revolution, in: Otto Büsch (Hg.), *Handbuch der preußischen Geschichte*, Bd. 2: *Das 19. Jahrhundert und Große Themen der Geschichte Preußens*, Berlin/New York 1992, S.1-292, hier S. 261.

81 Siehe Thomas Nipperdey, 1933 und die Kontinuität der deutschen Geschichte, in: ders., *Nachdenken über die deutsche Geschichte*, München 1990, S. 225-248.

82 Streckfuß, *500 Jahre Berliner Geschichte* (1900), S. 725 und 723f.

83 Siehe Richter, Zwischen Revolution und Reichsgründung, S. 646.

84 Richter, Zwischen Revolution und Reichsgründung, S. 648.

85 Richter, Zwischen Revolution und Reichsgründung, S. 650.

86 Programmrede des Ministerpräsidenten Otto von Bismarck vor der Budgetkommission des preußischen Abgeordnetenhauses vom 30. September 1862, in: Wolfgang Hardtwig/Helmut Hinze (Hg.), *Deutsche Geschichte in Quellen und Darstellung*, Bd. 7: *Vom Deutschen Bund zum Kaiserreich 1815-1871*, Stuttgart 2011, S. 409-412, hier S. 411f.

87 Siehe Richter, Zwischen Revolution und Reichsgründung, S. 677.

88 Large, *Berlin*, S. 17.

89 Stöver, *Kleine Geschichte Berlins*, S. 36.

90 Bismarck auf der 9. Sitzung am 4. März 1881, in: *Stenographische Berichte über die Verhandlungen des Deutschen Reichstags. 4. Legislaturperiode. IV. Session*, Bd. 1: *Von der Eröffnungssitzung am 15. Februar bis zur vierunddreißigsten Sitzung am 27. April 1887*, Berlin 1881, S. 169-171, hier S. 169.

91 Zitiert nach Lothar Gall, Das Berlin der Bismarckzeit, in: Glatzer (Hg.), *Berlin wird Kaiserstadt*, S. 11-24, hier S. 18.

92 Large, *Berlin* S. 25.

93 [Maximilian Harden], Neu-Byzanz, in: *Die Zukunft* 11 (1895), S. 577-586, hier S. 584.

94 Hagen Schulze, Versailles, in: Etienne François/Hagen Schulze (Hg.), *Deutsche Erinnerungsorte*, Bd. 1, München ⁴2002, S. 407-421, hier S. 413.

95 *Das Tagebuch der Baronin Spitzemberg, geb. Freiin v. Varnbüler. Aufzeichnungen aus der Hofgesellschaft des Hohenzollernreiches*, ausgewählt und hg. von Rudolf Vierhaus, mit einem Vorwort von Peter Rassow, Göttingen 1960, S. 116.

96 Large, *Berlin*, S. 55.

97 Diese und die folgenden Angaben zur Berliner Wahltopographie nach Erbe, Berlin im Kaiserreich, S. 770-775.

98 Friedrich Engels, Rede auf einer sozialdemokratischen Versammlung in Berlin am 22. September 1893, in: Karl Marx/Friedrich Engels, *Werke*, Bd. 22, Ost-Berlin 1963, S. 412f.

99 Überliefert ist diese Aussage von dem englischen Publizisten Henry Vizetelly (1820-1894): „If we have behind us the mass of the working classes of Berlin, we can say 'Berlin is ours'! And if Berlin is ours, we can say that Germany belongs to us; for at Berlin is our great enemy, and there the great blow must be struck" (Henry Vizetelly, *Berlin Under the New Empire, its Institutions, Inhabitants, Industry, Monuments, Museums, Social Life, Manners, and Amusements*, Bd. 2, London 1879, S. 437).

100 Wilhelm Liebknecht, *Ueber die politische Stellung der Sozialdemokratie insbesondere mit Bezug auf den Reichstag. Ein Vortrag, gehalten in einer öffentlichen Versammlung des Demokratischen Arbeitervereins zu Berlin am 31. Mai 1869*, Leipzig ³1874, S. 3-16, hier S. 7.

101 Georg Brandes, *Berlin als deutsche Reichhauptstadt. Erinnerungen aus den Jahren 1877-1883*, hg. von Erik M. Christensen und Hans-Dietrich Loock, West-Berlin 1989, S. 168f.

102 *Reichsgesetzblatt* No. 34 vom 21. Oktober 1878, abrufbar unter http://library.fes.de/pdf-files/netzquelle/sozialistengesetz.pdf [11.1.2018].

103 Max Kretzer, *Wilder Champagner. Berliner Erinnerungen und Studien*, Leipzig 1919, zitiert nach Glatzer (Hg.), *Berlin wird Kaiserstadt*, S. 259f.

104 Gall, Das Berlin der Bismarckzeit, S. 23.

105 Eugen Richter in: *Freisinnige Zeitung* 68 (21. März 1890), zitiert nach Gerhard A. Ritter (Hg.), *Das Deutsche Kaiserreich 1871-1914. Ein historisches Lesebuch*, Göttingen ⁵1992, S. 260-62, hier S. 260f.

106 Thomas Nipperdey, *Deutsche Geschichte 1866-1918*, Bd. 2: *Machtstaat vor der Demokratie*, München1992, S. 414.

107 Lothar Gall, *Bismarck. Der weiße Revolutionär*, Frankfurt am Main 1980.

108 So eine immer wieder zitierte, allerdings nur von Dritten überlieferte Aussage Bismarcks aus dem Jahre 1887, zitiert nach John C. G. Roehl, *Wilhelm II. Die Jugend des Kaisers 1859-1888*, München ²2001, S. 739.

109 Large, *Berlin*, S. 715.

110 *Denkwürdigkeiten des General-Feldmarschalls Alfred Grafen von Waldersee*, auf Veranlassung des Generalleutnants Georg Grafen von Waldersee bearb. und hg. von Heinrich Otto Meisner, Bd. 2: *1888-1900*, Stuttgart/Berlin 1922, S. 137f.

111 Marie von Bunsen, zitiert nach Glatzer (Hg.), *Berlin wird Kaiserstadt*, S. 378.

112 Large, *Berlin*, S. 68.

113 So Wilhelm in einem Brief vom 20. Februar 1879, zitiert nach Isabel V. Hull, *The Entourage of Kaiser Wilhelm II 1888-1918*, Cambridge u.a. 1982, S. 20.

114 Trinkspruch Wilhelms II. auf der Parade zur 25. Feier des Sedanfestes in Berlin, 2. September 1895, in: *Die Reden Kaiser Wilhelms II. in den Jahren 1888-1895*, hg. von Johs. Penzler, Leipzig [1905], S. 314f., hier S. 315.

115 H[ellmut] von Gerlach, Siegreiche Besiegte, in: *März. Halbmonatsschrift für deutsche Kultur* 2/4 (1908), S. 83-89, hier S. 85.

116 Ebd.

117 Axel Weipert, *Das Rote Berlin. Eine Geschichte der Berliner Arbeiterbewegung 1830-1934*, Berlin 2013.

118 Karl Kautsky, Ein sozialdemokratischer Katechismus, in: *Die Neue Zeit. Revue des geistigen und öffentlichen Lebens* 12 (1894), Bd. 1, S. 361-369, hier S. 368.

119 *Berliner Volks-Zeitung* (7. März 1910), zitiert nach Ruth Glatzer (Hg.), *Das Wilhelminische Berlin. Panorama einer Metropole 1890-1918*, mit einer Einleitung von Ernst Engelberg, Berlin 1997, S. 264-266, hier S. 266.

120 Volker Ullrich, *Die nervöse Großmacht. Aufstieg und Untergang des deutschen Kaiserreichs 1871-1918*, Frankfurt am Main 1997, S. 188 und 249.

MILITÄR und MILITARISMUS

1 Im Original: „La Prusse n'est pas un pays qui a une armée; c'est une armée qui a un pays!", zitiert nach Un diplomate, Guillaume II intime, in: *Revue illustrée* 205 (15. Juni 1894), S. 15–20, Zitat S. 15.

2 Programmrede des preußischen Ministerpräsidenten Otto von Bismarck vor der Budgetkommission des preußischen Abgeordnetenhauses vom 30. September 1862, in: Wolfgang Hardtwig/Helmut Hinze (Hg.), *Deutsche Geschichte in Quellen und Darstellung*, Bd. 7: *Vom Deutschen Bund zum Kaiserreich 1815-1871*, Stuttgart 1997, S. 410-412.

3 Für einen Abdruck der *Aufruf an das Volk* überschriebenen Rede Wilhelms II. siehe https://www.dhm.de/lemo/bestand/objekt/schmuckblatt-mit-der-rede-wilhelms-ii-zum-kriegsbeginn-1914.html. [15.4.2019]

4 Für eine Aufzeichnung dieser Rede siehe https://archive.org/details/JosephGoebbels-Sportpalastrede, hier 1h34 [20.2.2018].

5 Angelow, Residenz und Bürgerstadt, S. 29.

6 Schreiben des Rates der Stadt Berlin an Friedrich Wilhelm von Brandenburg vom 27. Juli 1640, zitiert nach Otto Wiedfeldt, *Statistische Studien zur Entwickelungsgeschichte der Berliner Industrie von 1720 bis 1890*, Leipzig 1898, S. 45.

7 Escher, Die brandenburgisch-preußische Residenz und Hauptstadt Berlin im 17. und 18. Jahrhundert, S. 349f.

8 An den Kurfürsten gerichtetes Supplicatum der „Bürgermeistere und Rathmanne beider Churf. Brandenb. Resid. und Haupt Städte Berlin und Cölln an der Sprew" von 1661, zitiert nach F[riedrich] Holtze, *Geschichte der Befestigung von Berlin*, Berlin ²1874, S. 108-113, hier S. 109f.

9 Lokel, zitiert nach Streckfuß, *500 Jahre Berliner Geschichte* (1886), S. 182.

10 Instruktion König Friedrich Wilhelms I. für seinen Nachfolger (1722), S. 108.

11 [J. C. Friedrich Schulz], *Kleine Wanderungen durch Teutschland*, Berlin 1786, S. 173.

12 Zitiert nach Curt Jany, Die Kantonverfassung des altpreußischen Heeres, in: Otto Büsch/Wolfgang Neugebauer (Hg.), *Moderne Preußische Geschichte 1648-1947. Eine Anthologie*, Bd. 2, Berlin/New York 1981, S. 767-809, hier S. 787.

13 Errechnet nach Angaben bei Escher, Die brandenburgisch-preußische Residenz und Hauptstadt Berlin im 17. und 18. Jahrhundert, S. 383 und 400.

14 [Ulrich Bräker], *Lebensgeschichte und Natürliche Ebentheuer des Armen Mannes im Tockenburg*, hg. von H. H. Füßli, Zürich 1789, S. 131-133.

15 Siehe Michael Sikora, „Ueber die Veredlung des Soldaten". Positionsbestimmungen zwischen Militär und Aufklärung, in: Daniel Hohrath/Klaus Gerteis (Hg.), *Die Kriegskunst im Lichte der Vernunft. Militär und Aufklärung im 18. Jahrhundert*, Teil 1, Hamburg 1999, S. 25-50, hier S. 42f.

16 Clark, *Preußen*, S. 125.

17 *Jugenderinnerungen Karl Friedrichs v. Klöden*, hg. und durch einen Umriß seines Weiterlebens vervollständigt von Max Jähns, Leipzig 1874, S. 18f.

18 [Bräker], *Lebensgeschichte und Natürliche Ebentheuer des Armen Mannes im Tockenburg*, S. 131.

19 Clark, *Preußen*, S. 124 und 285.

20 Friedrich August Ludwig von der Marwitz, *Ein märkischer Edelmann im Zeitalter der Befreiungskriege*, hg. von Friedrich Meusel, Bd. 1: *Lebensbeschreibung*, Berlin 1908, S. 512.

21 Christopher Duffy, *Friedrich der Große. Ein Soldatenleben*, München 1986, S. 185.

22 *Jugenderinnerungen Karl Friedrichs v. Klöden*, S. 26.

23 Michael Sikora, *Disziplin und Desertion. Strukturprobleme militärischer Organisation im 18. Jahrhundert*, Berlin 1996, S. 70.

24 Jacob Heinrich von Flemming, Bericht über Berlin, zitiert nach Ruth Glatzer (Hg.), *Berliner Leben. 1648-1806. Erinnerungen und Berichte*, Ost-Berlin 1956, S. 130. Für einen Abdruck des auf Französisch verfassten und auf den 30. Juni 1723 datierten Originals siehe Eine Schilderung Berlins aus dem Jahre 1723. Mitgeteilt von Gustav Schmoller, in: *Forschungen zur Brandenburgischen und Preußischen Geschichte* 4 (1891), S. 213-216, hier S. 214f.

25 Bernhard R. Kroener, *Kriegswesen, Herrschaft und Gesellschaft 1300-1800*, München 2013, S. 54.

26 Siehe die Instruktion König Friedrich Wilhelms I. für seinen Nachfolger (1722), S. 118.

27 Marian Füssel, *Der Siebenjährige Krieg. Ein Weltkrieg im 18. Jahrhundert*, München 2010; Sven Externbrink (Hg.), *Der Siebenjährige Krieg (1756–1763). Ein europäischer Weltkrieg im Zeitalter der Aufklärung*, Berlin 2011.

28 G[eorge] P. Gooch, *Friedrich der Große. Herrscher, Schriftsteller, Mensch*, Göttingen 1951, S. 23.

29 Karl Otmar von Aretin, *Friedrich der Große. Größe und Grenzen des Preußenkönigs. Bilder und Gegenbilder*, Freiburg u.a. 1985, S. 150.

30 Clark, *Preußen*, S. 235.

31 Gerhard Ritter, *Friedrich der Große. Ein historisches Profil*, Leipzig 1936, S. 261.

32 Politisches Testament Friedrichs des Großen (1752), S. 203.

33 Clark, *Preußen*, S. 261-284, Zitat S. 262.

34 Ewald Christian von Kleist, *Cissides und Paches in drey Gesängen*, in: *Des Herrn Christian Ewald von Kleist sämtliche Werke*, Bd. 2, Berlin 1760, S. 93-124, hier S. 123.

35 August Friedrich Wilhelm Sack, *Drei Dank-Predigten über die von dem großen Könige Friedrich II. im Jahre 1757 erfochtenen Siege bei Prag, bei Roßbach und bei Leuthen, in demselben Jahre im Dom zu Berlin gehalten. Zum hundertjährigen Gedächtniß der genannten Schlachten*, Berlin 1857.

36 Brief des Baron von Bielfeld an seinen Bruder vom 1. Dezember 1745, in: *Des Freyherrn von Bilfeld freundschaftliche Briefe nebst einigen andern*, Teil 2, Danzig/Leipzig 1765, S. 214-231, hier S. 228f.

37 Siehe Angelow, Residenz und Bürgerstadt, S. 34.

38 Clark, *Preußen*, S. 333.

39 Brief Friedrich Wilhelms III. an seinen Onkel, zitiert nach Clark, *Preußen*, S. 349.

40 Carl von Clausewitz, *Nachrichten über Preußen in seiner großen Katastrophe* (Kriegsgeschichtliche Einzelschriften 10), Berlin 1888, S. 467.

41 Streckfuß, *500 Jahre Berliner Geschichte*, Bd. 1 (1886), S. 588.

42 Mieck, Von der Reformzeit zur Revolution, S. 451.

43 E[rnst] M[oritz] Arndt, *Ueber Volkshaß und über den Gebrauch einer fremden Sprache*, o.O. 1815, S. 15, 18 und 20.

44 Heinrich von Kleist, *Germania an ihre Kinder* [6. Fassung], in: ders., *Sämtliche Werke und Briefe*, Bd. 1, hg. von Helmut Sembdner, München ⁹1993, S. 716-719.

45 Brief Barthold Georg Niebuhrs vom 13. Februar 1813 und vom 21. März 1813, in: *Lebensnachrichten von Barthold Georg Niebuhr aus Briefen desselben und aus Erinnerungen einiger seiner nächsten Freunde*, Bd. 1, Hamburg 1838, S.539f. und 541-545, Zitate S. 539 und 542f.

46 Ute Planert, *Der Mythos vom Befreiungskrieg. Frankreichs Kriege und der deutsche Süden. Alltag – Wahrnehmung – Deutung 1792-1841*, Paderborn u.a. 2007.

47 [Theodor von] Schmalz, *Berichtigung einer Stelle in der Bredow-Venturinischen Chronik für das Jahr 1808. Ueber politische Vereine, und ein Wort über Scharnhorsts und meine Verhältnisse zu ihnen*, Berlin 1815, S. 14.

48 So Heinrich Clauren [d. i. Carl Gottlieb Samuel Heun] in der Anfangszeile seines gleichnamigen Lieds, in: *Hermann. Eine Zeitschrift von und für Westfalen* Nr. 11 (8. März 1814), S. 44.

49 So Eckart Kehr in einem Brief an Wolfgang Hallgarten vom 30. Mai 1932, zitiert nach Hans-Ulrich Wehler, Einleitung, in: Eckart Kehr, *Der Primat der Innenpolitik. Gesammelte Aufsätze zur preußisch-deutschen Sozialgeschichte im 19. und 20. Jahrhundert*, hg. und eingeleitet von H.-U. W., mit einem Vorwort von Hans Herzfeld, (West-)Berlin 1965, S. 1-29, hier S. 15 (Anm. 37).

50 Gerhard Ritter, *Stein. Eine politische Biographie*, Stuttgart 1958, S. 432.

51 Rückblick der Monatsschrift *Europa* vom März 1848, zitiert nach Sagave, *Berlin und Frankreich 1685-1871*, S. 150.

52 Nikolaus Becker, Der deutsche Rhein, in: *Galicia. Zeitschrift zur Unterhaltung, zur Kunde des Vaterlandes, der Kunst, der Industrie und des Lebens* 1, Nr. 71 (15. Dezember 1840), S. 283.

53 So abgedruckt in der konterrevolutionären Berliner Zeitschrift *Die Bürgerwache* 1 (Mai 1848), zitiert nach Sagave, *Berlin und Frankreich 1685-1871*, S. 158.

54 Armin Owzar, „Wie einst gegen Napoleon"? Berlin und die Franzosen im 19. Jahrhundert, in: *Berliner Geschichte. Zeitschrift für Geschichte und Kultur* 7 (2016), S. 40-49, hier S. 45.

55 Thomas Nipperdey, *Deutsche Geschichte 1800-1866. Bürgerwelt und starker Staat*, München ⁵1991, S. 363.

56 Richter, Zwischen Revolution und Reichsgründung, S. 686.

57 *Vossische Zeitung* (17. Juni 1871), zitiert nach Glatzer (Hg.), *Berlin wird Kaiserstadt*, S. 31.

58 Berthold Auerbach, *Briefe an seinen Freund Jakob Auerbach*, Neuedition der Ausgabe von 1884 mit Kommentaren und Indices, hg. von Hans Otto Horch, Teilbd. 2: *Briefe 1870 – 1882*, München 2015, S. 67f.

59   Clark, *Preußen*, S. 684.

60   Richter, Zwischen Revolution und Reichsgründung, S. 687.

61   Luc Gersal [Jules-Emile Legras], *Spree-Athen. Berliner Skizzen von einem Böotier*, Leipzig 1892, zitiert nach Glatzer, *Berlin wird Kaiserstadt*, S. 67.

62   Anatole France, zitiert nach Glatzer (Hg.), *Das Wilhelminische Berlin*, S. 276.

63   Walter Stoeckel, *Erinnerungen eines Frauenarztes*, München 1966, S. 135f.

64   Werner Weisbach, *Geist und Gewalt*, Wien/München 1956, zitiert nach Glatzer, *Das Wilhelminische Berlin*, S. 276.

65   Friedrich Meinecke, *Die deutsche Katastrophe. Betrachtungen und Erinnerungen*, in: ders., *Autobiographische Schriften*, hg. und eingeleitet von Eberhard Kessel (Friedrich Meinecke, *Werke*, Bd. 8), Stuttgart 1969, S. 321-445, hier S. 336.

66   So aus kritischer Distanz Bernhard R. Kroener, *Militär, Staat und Gesellschaft im 20. Jahrhundert*, München 2011, S. 64.

67   Clark, *Preußen*, S. 682

68   Art. Gegen die Flottenvorlage, in: *Vorwärts* 17, Nr. 32 (8. Februar 1900), S 3f.

69   Käthe Kollwitz, Brief an ihren Sohn vom 21. Oktober 1912, in: *Briefe an den Sohn. 1904 bis 1945*, hg. von Jutta Bohnke-Kollwitz, Berlin 1992, S. 63f. hier S. 63.

70   Glatzer (Hg.), *Das Wilhelminische Berlin*, S. 359.

71   Glatzer (Hg.), *Das Wilhelminische Berlin*, S. 368.

72   So Wilhelm II. auf der Eröffnungssitzung im Weißen Saale des Königlichen Schlosses zu Berlin am Dienstag den 4. August 1914, in: *Verhandlungen des Reichstags. XIII. Legislaturperiode. II. Session*, Bd. 306: *Stenographische Berichte. Von der Eröffnungssitzung am 4. August 1914 bis zur 34. Sitzung am 16. März 1916*, Berlin 1916, S. 1f., hier S. 2.

73   Alexander Granach, *Da geht ein Mensch*, autobiographischer Roman, Weimar 1949, S. 252.

74   Asta Nielsen, *Die schweigende Muse*, Ost-Berlin 1977, S. 242f.

75   Ullrich, *Die nervöse Großmacht*, S. 266.

ARME und AUSSENSEITER

1   Siehe Horst Möller, *Fürstenstaat oder Bürgernation. Deutschland 1763-1815*, Berlin 1989, S. 117 und Mieck, Von der Reformzeit zur Revolution, S. 416-419.

2   Handschrift des Berliner Stadtarchivs, zitiert nach Glatzer (Hg.), *Berliner Leben 1648-1806*, S. 139f.

3   Brief des Predigers Fuhrmann vom 22. März 1741 an den Geheimrat von Piper, zitiert nach [Anton Balthasar König], *Kurzgefaßte Regierung und Staatsgeschichte Friedrich des II. Königs von Preußen. Vom Jahr 1740 bis 1786* (Versuch einer Historischen Schilderung der Hauptveränderungen, der Religion, Sitten, Gewohnheiten, Künste, Wissenschaften [et]c. der Residenzstadt Berlin seit den ältesten Zeiten, bis zum Jahre 1786, Bd. 5), Berlin 1800, S. 30.

4   Mieck, Von der Reformzeit zur Revolution, S. 419.

5   Rescript des V. Departements an Tarrach vom 4. Dezember 1775, zitiert nach *Die Preußische Seidenindustrie im 18. Jahrhundert und ihre Begründung durch Friedrich den Großen*, Bd. 2: *Akten seit 1769*, bearb. von G[ustav] Schmoller und O[tto] Hintze (*Acta Borussica*), Berlin 1892, S. 132f.

6   Glatzer (Hg.), *Berliner Leben 1648-1806*, S. 344

7   Dronke, *Berlin*, S. 42f.

8   Sass, *Berlin in seiner neuesten Zeit*, S. 253.

9   Richter, Zwischen Revolution und Reichsgründung, S. 628

10   *Berliner Börsen-Zeitung* (1. November 1871), zitiert nach Glatzer (Hg.), *Berlin wird Kaiserstadt*, S. 78f.

11   Erbe, Berlin im Kaiserreich, S. 725

12   Karl Scheffler, *Die Architektur der Großstadt*, mit einem Nachwort zur Neuausgabe von Helmut Geisert, Berlin 1998, S. 30f.

13   Large, *Berlin*, S. 112.

14   Im Original heißt es: „Die Religionen Müsen alle Tolleriret werden und Mus der fiscal nuhr das auge darauf haben, das keine der andern abruch Tuhe, den hier mus ein jeder nach Seiner Fasson Selich werden" (Rand-Verfügung des Königs zum Immediat-Bericht des Geistlichen Departements vom 22. Juni 1740, in: Max Lehmann, *Preußen und die katholische Kirche seit 1640. Nach den Acten des Geheimen Staatsarchives*, T. 2: *Von 1740 bis 1747*, Leipzig 1881, S. 4*).

15   Rand-Verfügung des Königs zum Immediat-Bericht des General-Directoriums vom 15. Juni 1740 Mai, in: ebd., S. 1*.

16   Clark, *Preußen*, S. 149

17   Stöver, *Kleine Geschichte Berlins*, S. 30.

18   Marie-Louise von Plessen, Juden, Hugenotten, Böhmen, in: Gottfried Korff/Reinhard Rürup (Hg.), *Berlin, Berlin. Die Ausstellung zur Geschichte der Stadt*, Berlin 1987, S. 102f.

19   Escher, Die brandenburgisch-preußische Residenz und Hauptstadt Berlin im 17. und 18. Jahrhundert, S. 359f.

20   von Plessen, Juden, Hugenotten, Böhmen, S. 103.

21   von der Marwitz, *Ein märkischer Edelmann im Zeitalter der Befreiungskriege*, Bd. 1, S. 19f.

22   Sagave, *Berlin und Frankreich 1685-1871*, S. 35.

23   Siehe Helga Schultz, *Berlin 1650-1800. Sozialgeschichte einer Residenz*, mit einem Beitrag von Jürgen Wilke, Ost-Berlin 1987, S. 174, 176 und 297.

24   Zahlen nach Stefi Jersch-Wenzel, Bevölkerungsentwicklung und Berufsstruktur, in: Michael A. Meyer (Hg.) unter Mitwir-

kung von Michael Brenner, *Deutsch-jüdische Geschichte in der Neuzeit*, Bd. 2: *Emanzipation und Akkulturation 1780-1871*, München 1996, S. 57-95, hier S. 64.

25 Zahlen nach Monika Richarz, Die Entwicklung der jüdischen Bevölkerung in: Michael A. Meyer (Hg.) unter Mitwirkung von Michael Brenner, *Deutsch-jüdische Geschichte in der Neuzeit*, Bd. 3: *Umstrittene Integration 1871-1918*, München 1997, S. 13-38, hier S. 33.

26 Escher, Die brandenburgisch-preußische Residenz und Hauptstadt Berlin im 17. und 18. Jahrhundert, S. 376, Zitat S. 357.

27 Clark, *Preußen*, S. 304.

28 Clark, *Preußen*, S. 306.

29 Mieck, Von der Reformzeit zur Revolution, S. 492.

30 Gesetz betreffend die Gleichberechtigung der Konfessionen in bürgerlicher und staatsbürgerlicher Beziehung vom 3. Juli 1869, zitiert nach Ernst Rudolf Huber (Hg.), *Dokumente zur Deutschen Verfassungsgeschichte*, Bd. 2: *Deutsche Verfassungsdokumente 1851-1900*, Stuttgart u.a., ³1986, S. 312.

31 Escher, Die brandenburgisch-preußische Residenz und Hauptstadt Berlin im 17. und 18. Jahrhundert, S. 358.

32 Instruktion König Friedrich Wilhelms I. für seinen Nachfolger (1722), S. 116f.

33 Tobias Schenk, Friedrich und die Juden, https://www.perspectivia.net/publikationen/friedrich300-colloquien/friedrich-bestandsaufnahme/schenk_juden [27.12.2018].

34 Barbara Stollberg-Rilinger, *Europa im Jahrhundert der Aufklärung*, Stuttgart 2000, S. 267.

35 Arno Herzig, *Jüdische Geschichte in Deutschland. Von den Anfängen bis zur Gegenwart*, München ²2002, S. 164.

36 Siehe Norbert Kampe, Die Entstehung des bildungsbürgerlichen Antisemitismus im Deutschen Kaiserreich. Zur Wirkungsgeschichte der Vereine Deutscher Studenten, in: Wolfgang Michalka/Martin Voigt (Hg.), *Judenemanzipation und Antisemitismus in Deutschland im 19. und 20. Jahrhundert. Ein Tagungsband*, Eggingen 2003, S. 57-103, hier S. 73f. und 82.

37 Ernst Moritz Arndt, *Blick aus der Zeit auf die Zeit*, Germanien [Frankfurt am Main] 1814, S. 188-190, 199 und 201.

38 Heinrich von Treitschke, Unsere Aussichten, in: *Preußische Jahrbücher* 44 (1879), S. 559-76, hier S. 576, 572f. und 575.

39 Adolf Stoecker, *Dreizehn Jahre Hofprediger und Politiker*, in: Reinhold Seeberg (Hg.), *Reden und Aufsätze von Adolf Stoecker. Mit einer biographischen Einleitung*, Leipzig 1913, S. 54-124, hier S. 97.

40 Zahlen nach Erbe, Berlin im Kaiserreich, S. 768.

41 Heinrich Pudor, *Wie kriegen wir sie hinaus? Deutsche Nutzanwendung. Eine deutsche Antwort auf die Berliner Tageblatt-Pöbeleien*, Leipzig 1913, S.35–37.

42 Eugen Dühring, *Die Judenfrage als Racen-, Sitten- und Culturfrage. Mit einer weltgeschichtlichen Antwort*, Leipzig 1881, S. 131.

43 Angaben nach Hugh McLeod, *Piety and Poverty. Working-Class Religion in Berlin, London and New York 1870-1914*, New York/London 1996. S. 24.

44 Politisches Testament des Großen Kurfürsten (1667), in: Dietrich (Hg.), *Politische Testamente der Hohenzollern*, S. 53-79, hier S. 56.

45 Instruktion König Friedrich Wilhelms I für seinen Nachfolger (1722), S. 115.

46 Politisches Testament Friedrichs des Großen (1752), S. 167f.

47 *Westfälischer Merkur* (23. Januar 1884), zitiert nach Horst Gründer, „Krieg bis auf's Messer" – Kirche, Kirchenvolk und Kulturkampf (1872–1887), in: Franz-Josef Jakobi (Hg.) unter Mitwirkung von Thomas Küster, *Geschichte der Stadt Münster*, Bd. 2: *Das 19. und 20. Jahrhundert (bis 1945)*, Münster 1993, 131-165, hier 132.

48 Manuel Borutta, „Pflanzstätten des Aberglaubens, der Unzucht und des Verbrechens". *Moabiter Klostersturm* und deutscher *Kulturkampf*, in: *Comparativ* 12.5-6 (2002) 63-80, hier S. 72.

49 Siehe McLeod, *Piety and Poverty*, S. 24.

WISSENSCHAFTEN, KUNST und KULTUR

1 [Walter Rathenau], Die schönste Stadt der Welt, in: *Die Zukunft* 26 (1899), S. 36-48, hier S. 39.

2 Erdmann Wircker, *Märckische Neun Musen, welche sich unter den allergroßmächtigsten Schutz Sr. Königl. Majestät in Preußen als Ihres allergnädigsten Erhalters und andern Jupiters bey glücklichen Anfang Ihres Jubel-Jahres auff dem Franckfurtischen Helicon frohlockend auffgestellet*, Berlin 1706, S. 58-60, hier S. 59, zitiert nach Christian Scholl, Normative Anschaulichkeit versus archäologische Pedanterie: Karl Friedrich Schinkels ästhetischer Philhellenismus, in: Gilbert Heß/Elena Agazzi/Elisabeth Décultot (Hg.), *Klassizistisch-romantische Kunst(t)räume. Imaginationen im Europa des 19. Jahrhunderts und ihr Beitrag zur kulturellen Identitätsfindung*, Berlin 2009, S. 85-97, hier S. 85.

3 Escher, Die brandenburgisch-preußische Residenz und Hauptstadt Berlin im 17. und 18. Jahrhundert, S. 369.

4 Georg Gottfried Küster, *Des Alten und Neuen Berlin. Dritte Abtheilung deren Inhalt folgende Seite zeiget*, Berlin 1756, Sp. 170f.

5 *Des Freyherrn von Bielfeld freundschaftliche Briefe nebst einigen andern*, Teil 2, aus dem Französischen, Danzig/Leipzig 1765, S. 144f.

6 Glatzer (Hg.), *Berliner Leben 1648-1806*, S. 157.

7 *Des Freyherrn von Bielfeld freundschaftliche Briefe*, S. 145f.

8 Escher, Die brandenburgisch-preußische Residenz und Hauptstadt Berlin im 17. und 18. Jahrhundert, S. 393.

9 So zumindest in den Worten Immanuel Kants, Beantwortung der Frage: Was ist Aufklärung (1784), in: *Berlinische Monatsschrift* (1784), S. 481-494, hier S. 484.

10 Escher, Die brandenburgisch-preußische Residenz und Hauptstadt Berlin im 17. und 18. Jahrhundert, S. 397.

11 Siehe Jonathan I. Israel, *Radical Enlightenment. Philosophy and the Making of Modernity 1650-1750*, Oxford 2001, S. 659-663.

12 Leonore Koschnick, Aufklärung und Emanzipation, in: Korff/ Rürup (Hg.), *Berlin, Berlin*, S. 113.

13 Clark, *Preußen*, S. 293.

14 [Friedrich Gedike], Ueber Berlin. Von einem Fremden, in: *Berlinische Monatsschrift* (Januar bis Juni 1784), Bd. 3, S. 42-55, hier S. 50f.

15 Brief Lessings vom 25. August 1769 an Friedrich Nicolai, zitiert nach: Gotthold Ephraim Lessing, *Gesammelte Werke*, Bd. 9: *Briefe*, Ost-Berlin/Weimar 1968, S. 325-327.

16 Cabinets-ordre Friedrich Wilhelms II. vom 10. September 1788 an Großkanzler von Carmer, zitiert nach Franz Hugo Hesse, *Die Preußische Preßgesetzgebung, ihre Vergangenheit und Zukunft*, Berlin 1843, S. 17.

17 Wehler, *Deutsche Gesellschaftsgeschichte*, Bd. 1, S. 276.

18 Hartmut Titze, *Die Politisierung der Erziehung. Untersuchungen über die soziale und politische Funktion der Erziehung von der Aufklärung bis zum Hochkapitalismus*, Frankfurt am Main 1973, S. 82.

19 Axel Schumann, *Berliner Presse und Französische Revolution: Das Spektrum der Meinungen unter preußischer Zensur 1789-1806*, [Diss TUB], Berlin 2001, S. 236.

20 Siehe Wilhelm Bringmann, *Preußen unter Friedrich Wilhelm II. (1786-1797)*, Frankfurt am Main u. a. 2001, S. 230.

21 Escher, Die brandenburgisch-preußische Residenz und Hauptstadt Berlin im 17. und 18. Jahrhundert, S. 402.

22 Clark, *Preußen*, S. 320.

23 Hans-Jörg von Jena, *Zwischen Grauzonen und Glanzepochen: Berlin als Kulturmetropole*, in: Süß/Rytlewski (Hg.), *Berlin*, S. 739-785, hier S. 742.

24 Heinrich Eduard Kochhann, *Tagebücher*, Bd. 2: *Zeitbilder aus den Jahren 1830-1840*, Berlin 1905, zitiert nach Glatzer (Hg.), *Berliner Leben 1806-1847*, S. 222.

25 So der Publizist Moritz Gottlieb Saphir um 1827/28 im Berliner *Courier*, zitiert nach Glatzer (Hg.), *Berliner Leben 1806-1847*, S. 235.

26 Brief von Fanny Mendelssohn an Carl Klingemann vom 23. Dezember 1827, zitiert nach S[ebastian] Hensel, *Die Familie Mendelssohn 1729-1847. Nach Briefen und Tagebüchern*, Berlin ¹³1906, S. 171-175, hier S. 173.

27 Friedrich Engels, Tagebuch eines Hospitanten, in: ders., *Schriften der Frühzeit. Aufsätze, Korrespondenzen, Briefe, Dichtungen aus den Jahren 1838-1844 nebst einigen Karikaturen und einem unbekannten Jugendbildnis des Verfassers*, hg. von Gustav Mayer, Berlin/Heidelberg 1920, S. 179-185, hier S. 179f.

28 Tagebucheintrag von Karl August Varnhagen von Ense vom 6. November 1843, in: *Tagebücher von K. A. Varnhagen von Ense*, Bd. 2, Leipzig 1861, S. 222f.

29 Tagebucheintrag von Karl August Varnhagen von Ense vom 5. Dezember 1843, in: *Tagebücher von K. A. Varnhagen von Ense*, Bd. 2, S. 234f.

30 Richter, Zwischen Revolution und Reichgründung, S. 673.

31 Brandes, *Berlin als deutsche Reichshauptstadt*, S. 245f.

32 Leonore Koschnick, Zentrum der Wissenschaften, in: Korff/ Rürup, *Berlin, Berlin*, S. 290-292, hier S. 290.

33 M[oritz] G[ottlieb] Saphir, *Dumme Briefe, Bilder und Chargen, Cypressen, Literatur- und Humoral-Briefe*, München ²1835, S. 32f. und 40.

34 Leonore Koschnick, Das bürgerliche Berlin, in: Korff/Rürup (Hg.), *Berlin, Berlin*, S. 126-129, hier S. 128.

35 Richter, Zwischen Revolution und Reichgründung, S. 674.

36 von Jena, Zwischen Grauzonen und Glanzepochen, S. 742

37 Glatzer (Hg.), *Berlin wird Kaiserstadt*, S. 161.

38 Heinrich Hart, zitiert nach Glatzer (Hg.), *Berlin wird Kaiserstadt*, S. 162.

39 Glatzer (Hg.), *Berlin wird Kaiserstadt*, S. 162 und 165.

40 *National-Zeitung* (22. Juli 1871), 1. Beiblatt, zitiert nach Glatzer (Hg.), *Berlin wird Kaiserstadt*, S. 174.

41 Brandes, *Berlin wird Reichshauptstadt*, S. 250f.

42 Karl Scheffler, *Die fetten und die mageren Jahre. Ein Arbeits- und Lebensbericht*, München 1946, S. 66.

43 Leonore Koschnick, Kunst und Repräsentation, in: Korff/ Rürup, *Berlin, Berlin*, S. 276-279, hier S. 276.

44 Erbe, Berlin im Kaiserreich, S. 780.

45 Wilhelm II., Die wahre Kunst, in: Schutte/Sprengel (Hg.), *Die Berliner Moderne 1885-1914*, S. 571-574, hier 572f.

46 Erbe, *Berlin im Kaiserreich*, S. 790.

47 Erbe, *Berlin im Kaiserreich*, S. 786.

BLOSS EIN „ORT"?

1 Zitiert nach Large, *Berlin*, S. 108.

2 „Berlin ist kein Moloch". Ein ZEIT-Interview mit dem Regierenden Bürgermeister von Berlin, in: *Die Zeit* (9. Mai 1986), abrufbar unter https://www.zeit.de/1986/20/berlin-ist-kein-moloch/komplettansicht (11.3.2019, 19h20).

3 Heinrich Heine, *Reisebilder*, in: ders., *Sämtliche Schriften*, Bd. 3, S. 97-605, hier S. 317.

AUSWAHLBIBLIOGRAFIE

Ein Fundgrube für Quellen zur Stadtgeschichte Berlins bilden die bereits zu DDR-Zeiten herausgegebenen und nach 1990 ergänzten Bände von:

- Ruth Glatzer (Hg.), Berliner Leben. 1648-1806, Berlin 1956

- Ruth Köhler/Wolfgang Richter (Hg.), Berliner Leben. 1806-1847. Erinnerungen und Berichte, Ost-Berlin 1954

- Ruth Glatzer (Hg.), Berlin wird Kaiserstadt. Panorama einer Metropole 1871-1890, mit einer Einleitung von Lothar Gall, Berlin 1993

- Ruth Glatzer (Hg.), Das Wilhelminische Berlin. Panorama einer Metropole 1890-1918, mit einer Einleitung von Ernst Engelberg, Berlin 1997

- Dieter Glatzer/Ruth Glatzer (Hg.), Berliner Leben. 1900-1914. Eine historische Reportage aus Erinnerungen und Berichten, 2 Bde., Ost-Berlin 1986

Ein Standardwerk zur Stadtgeschichte Berlins:

- Wolfgang Ribbe (Hg.), Geschichte Berlins, Bd. 1: Von der Frühgeschichte bis zur Industrialisierung, Bd. 2: Von der Märzrevolution bis zur Gegenwart, München 1987

Daneben informieren zuverlässig:

- Werner Süß/Ralf Rytlewski (Hg.), Berlin. Die Hauptstadt. Vergangenheit und Zukunft einer europäischen Metropole, Bonn 1999

- Bernd Stöver, Kleine Geschichte Berlins, München 2012

- David Clay Large, Berlin. Biographie einer Stadt, München 2002

Kenntnisreich und reich bebildert:

- Gottfried Korff/Reinhard Rürup (Hg.), Berlin, Berlin. Die Ausstellung zur Geschichte der Stadt, [Berlin 1987]

- Hans-Ulrich Thamer/Barbara Schäche, Alltag in Berlin. Das 19. Jahrhundert, Berlin 2017

Informativ zur preußischen Geschichte:

- Christopher Clark, Preußen Aufstieg und Niedergang 1600-1947, München 2008

DANK

Für kritische Hinweise und Anmerkungen geht mein herzlicher Dank an Antje Flüchter (Bielefeld), Theo Jung (Freiburg), Ludolf Pelizaeus (Amiens), Rüdiger Schmidt (Münster) und Michael Sikora (Münster) sowie an das Team des Elsengold-Verlags, namentlich an Diana Cobet und Dirk Palm.

ABBILDUNGSNACHWEIS

Impressum

Copyright © 2019 Elsengold Verlag GmbH, Berlin

Dieses Werk einschließlich aller seiner Teile ist urheberrechtlich geschützt. Jede Verwertung, die nicht ausschließlich vom Urheberrechtsgesetz zugelassen ist, bedarf der vorherigen schriftlichen Zustimmung des Verlages. Dies gilt insbesondere für Vervielfältigungen, Bearbeitungen, Übersetzungen, Mikroverfilmungen, die Einspeicherung und Verarbeitung in elektronischen Systemen und die Nutzung im Internet.

Gestaltung und Satz: Mario Zierke, Berlin

Printed in the European Union

ISBN 978-3-944594-98-9
www.elsengold.de